DICCIONARIO
ESPAÑOL-FRANCÉS

FRANÇAIS-ESPAGNOL
DICTIONNAIRE

DPAJHLY
WGQXVI
KROCTN

EVEREST
DICCIONARIOS

Dirección editorial
Raquel López Varela

Coordinación editorial
Yolanda Lobejón Sánchez

Redacción y corrección
Gema Sanz Espinar

Equipo lexicográfico Interlex
Leire Amigo Fernández
Pedro Diez Orzas
María Jesús Fernández Sánchez
Alejandra López Varela
Sandra Márcia Pereira
José Antonio Menor Martínez
Tania Pedersen Álvarez
Gema Sanz Espinar

Colaboradores
Isabelle Fabre
Victoria Díaz Díaz

Maquetación
Carmen García Rodríguez
Carmen Gutierrez

Transcripción fonética
Silvia Hurtado González
Gema Sanz Espinar

Diseño de cubierta
David de Ramón
Francisco A. Morais

Bases de datos y software
José Simón Granda,
Universidad de Alcalá

Este diccionario ha sido realizado en el marco del Proyecto Interlex –una herramienta para profesionales multilingües en Internet– que ha sido subvencionado parcialmente por el Programa MLIS nº 103 (DG XIII) de la Comisión Europea.

No está permitida la reproducción total o parcial de este libro, ni su tratamiento informático, ni la transmisión de ninguna forma o por cualquier medio, ya sea electrónico, mecánico, por fotocopia, por registro u otros métodos, sin el permiso previo y por escrito de los titulares del Copyright.
Reservados todos los derechos, incluido el derecho de venta, alquiler, préstamo o cualquier otra forma de cesión del uso del ejemplar.

SEGUNDA EDICIÓN, segunda reimpresión 2004

© EDITORIAL EVEREST, S. A.
www.everest.es

Carretera León-La Coruña, km 5 - LEÓN
ISBN: 84-241-1372-1
Depósito legal: LE. 545-2003
Printed in Spain - Impreso en España

EDITORIAL EVERGRÁFICAS, S. L.
Carretera León-La Coruña, km 5
LEÓN (España)

INTRODUCCIÓN

La necesidad de comunicarse de los seres humanos hace que el lenguaje sea su principal vehículo de expresión. Para dominar el lenguaje y lograr expresar y comprender mensajes orales o escritos de cualquier lengua, es necesario conocer su léxico y utilizarlo correctamente. El nuevo *Diccionario Vértice Everest francés-español / espagnol-français* está pensado para satisfacer estas necesidades de forma adecuada, facilitando una consulta rápida y práctica.

Sus 40 000 términos, cuidadosamente seleccionados, van acompañados de transcripción fonética en todas las entradas, glosas explicativas, materias, ejemplos de uso con su traducción en ambas direcciones, etc. Además de anexos de verbos irregulares, tabla de pronunciación, alfabeto fonético, cuadros de números, etc.

La selección de términos y contenidos está orientada tanto a su uso en situaciones comunicativas básicas dentro del trabajo o la vida diaria, como a solucionar las principales dificultades de aprendizaje de las lenguas española o francesa, ya que está diseñado para que los hablantes y estudiantes de ambos idiomas puedan encontrar y entender la información que necesitan.

Su reducido tamaño, ideal para llevarlo en un bolso, mochila o cartera, lo convierte en un elemento imprescindible en viajes, para llevarlo a clase o simplemente para tenerlo siempre cerca sin que ocupe demasiado.

EDITORIAL EVEREST

TRANSCRIPCIÓN FONÉTICA DEL ESPAÑOL

Para la transcripción fonética del español hemos utilizado el sistema de uso más frecuente en todo el mundo, el Alfabeto Fonético Internacional (AFI), aunque adaptado al objetivo de facilitar la interpretación de la transcripción a todos los lectores, ofreciendo información suficiente sobre la correcta pronunciación de las palabras, tomando como referencia la norma culta estándar.

La información sobre la pronunciación se ofrece entre corchetes ([...]) inmediatamente después de la entrada léxica. El lugar en que recae el acento dentro de la palabra se indica mediante una tilde (´) superpuesta al núcleo de la sílaba tónica. Las correspondencias entre los símbolos fonéticos utilizados en este diccionario y las grafías están recogidas en la siguiente tabla:

SÍMBOLO	GRAFÍA	EJEMPLO
Vocales		
[a]	a	casa [kása]
[e]	e	peso [péso]
[o]	o	posar [posár]
[i]	i	pipa [pípa]
[j]	i	viene [bjéne]; aire [ájre]
[u]	u	pulso [púlso]
[w]	u	bueno [bwéno]; auto [áwto]
Consonantes		
[p]	p	palo [pálo]
[t]	t	tapa [tápa]
[k]	c + a, o, u;	cosa [kósa];
	c + cons.;	acción [akθjón];
	qu + e, i; k	queso [késo]; kilo [kílo]
[b]	v; b	vino [bíno]; bar [bár]

SÍMBOLO	GRAFÍA	EJEMPLO
[β]	v; b	avena [aβéna]; deber [deβér]
[d]	d	dama [dáma]
[ð]	d	alado [aláðo]
[g]	g + a, o, u; g + cons.; gu + e, i	gato [gáto]; globo [glóbo]; guiso [gíso]
[ɣ]	g + a, o, u g + cons.; gu + e, i	vago [báɣo]; agrupar [aɣrupár]; reguero [reɣéro]
[f]	f	feo [féo]
[θ]	c + e, i; z+ a, o, u	cielo [θjélo]; zapato [θapáto]
[s]	s	salir [salír]
[ĵ]	y	mayo [máĵo]
[x]	g + e, i; j + a, e, i, o, u	genio [xénjo]; jota [xóta]
[tʃ]	ch	mucho [mútʃo]
[m]	m; n	madre [máðre]; inminente [imminénte]
[n]	n	cana [kána]
[ɱ]	n	infame [iɱfáme]
[n̪]	n	duende [dwén̪de]
[n̟]	n	once [ón̟θe]
[ŋ]	n	tanga [táŋga]
[ɲ]	ñ	niña [níɲa]
[l]	l	sol [sól]
[l̪]	l	toldo [tól̪do]
[l̟]	l	alzar [al̟θár]
[ʎ]	ll	llamar [ʎamár]
[r]	r	pera [péra]
[r̄]	r; rr	rosa [r̄ósa]; perro [pér̄o]
[ks]	x	examen [eksámen]

ABREVIATURAS USADAS EN ESPAÑOL

abrev.	abreviación, abreviatura	*cult.*	cultismo
adj.	adjetivo		
adv.	adverbio, adverbial	*dat.*	dativo
advers.	adversativo	*dem.*	demostrativo
Aeron.	Aeronáutica	*Dep.*	Deportes
afirm.	afirmativo	*Der.*	Derecho
Agr.	Agricultura	*desp.*	despectivo
Alban.	Albañilería	*det.*	determinado
amb.	ambiguo	*dialect.*	dialectalismo
Amer.	América	*distrib.*	distributivo
Amer. C.	América Central	*disy.*	disyuntivo
Amer. del N.	América del Norte	*dud.*	duda
Amer. del S.	América del Sur		
Anat.	Anatomía	*Ecol.*	Ecología
Arq.	Arquitectura	*Econ.*	Economía
Arqueol.	Arqueología	*Electrón.*	Electrónica
art.	artículo	*enfát.*	enfático
Astrol.	Astrología	*Equit.*	Equitación
Astron.	Astronomía	*Esc.*	Escultura
Autom.	Automóvil	*Esp.*	España
aux.	auxiliar	*Etn.*	Etnología
		excl.	exclamativo
Biol.	Biología	*expr.*	expresión
Bot.	Botánica		
		f.	femenino
c.	cantidad	*fam.*	familiar
card.	cardinal	*Farm.*	Farmacia
caus.	causal	*fig.*	figurado
Cinem.	Cinematografía	*fin.*	final
col.	coloquial	*Fís.*	Física
compar.	comparativo	*form.*	formal
conces.	concesivo	*Fot.*	Fotografía
cond.	condicional	*fras. prov.*	frase proverbial
conj.	conjunción		
consec.	consecutivo	*Gastr.*	Gastronomía
contracc.	contracción	*Geogr.*	Geografía
cop.	copulativo		

Geol.	Geología	*Náut.*	Náutica
gralm.	generalmente	*neg.*	negativo, negación
		num.	numeral
Hist.	Historia		
		ord.	ordinal
ilat.	ilativo		
impers.	impersonal	*p.*	participio
Impr.	Imprenta	*p. us.*	poco usado
indef.	indefinido	*pers.*	persona
indet.	indeterminado	*Pint.*	Pintura
Inform.	Informática	*pl.*	plural
insult.	insulto	*Polít.*	Política
int.	interrogativo	*por ext.*	por extensión
interj.	interjección	*pos.*	posesivo
intr.	intransitivo	*prnl.*	pronominal
inv.	invariable en número	*prep.*	preposición
		pron.	pronombre
l.	lugar		
Ling.	Lingüística	*Quím.*	Química
Lit.	Literatura		
lit.	literario	*Rel.*	Religión
loc.	locución	*rel.*	relativo
loc. adv.	locución adverbial		
loc. lat.	locución latina	*s.*	sustantivo
		sing.	singular
m.	masculino		
Mat.	Matemáticas	*t.*	tiempo
Mec.	Mecánica	*Taur.*	Tauromaquia
Med.	Medicina	*Teatr.*	Teatro
Meteor.	Metereología	*Tecnol.*	Tecnología
Mil.	Militar	*tr.*	transitivo
Miner.	Mineralogía		
Mit.	Mitología	*v.*	verbo
mod.	modo	*Vet.*	Veterinaria
Mús.	Música	*vulg.*	vulgarismo
n. p.	nombre propio	*Zool.*	Zoología

NUMERALES

0	cero	zéro		
1	uno	un	primero, primer	premier, -ière
2	dos	deux	segundo	deuxième ; second, -de
3	tres	trois	tercer, tercero	troisième
4	cuatro	quatre	cuatro	quatrième
5	cinco	cinq	quinto	cinquième
6	seis	six	sexto	sixième
7	siete	sept	séptimo	septième
8	ocho	huit	octavo	huitième
9	nueve	neuf	noveno	neuvième
10	diez	dix	décimo	dixième
11	once	onze	undécimo	onzième
12	doce	douze	duodécimo	douzième
13	trece	treize	decimotercero	treizième
14	catorce	quatorze	decimocuarto	quatorzième
15	quince	quinze	decimoquinto	quinzième
16	dieciséis	seize	decimosexto	seizième
17	diecisiete	dix-sept	decimoséptimo	dix-septième
18	dieciocho	dix-huit	decimoctavo	dix-huitième
19	diecinueve	dix-neuf	decimonoveno	dix-neuvième
20	veinte	vingt	vigésimo	vingtième
21	veintiuno	vingt et un	vigésimo primero	vingt et unième
22	veintidós	vingt-deux	vigésimo segundo	vingt-deuxième
23	veintitrés	vingt-trois	vigésimo tercero	vingt-troisième
24	veinticuatro	vingt-quatre	vigésimo cuarto	vingt-quatrième
25	veinticinco	vingt-cinq	vigésimo quinto	vingt-cinquième
26	veintiséis	vingt-six	vigésimo sexto	vingt-sixième
27	veintisiete	vingt-sept	vigésimo séptimo	vingt-septième
28	veintiocho	vingt-huit	vigésimo octavo	vingt-huitième
29	veintinueve	vingt-neuf	vigésimo noveno	vingt-neuvième
30	treinta	trente	trigésimo	trentième
40	cuarenta	quarante	cuadragésimo	quarantième
50	cincuenta	cinquante	quincuagésimo	cinquante
60	sesenta	soixante	sexagésimo	soixante
70	setenta	soixante-dix	septuagésimo	soixante-dixième
80	ochenta	quatre-vingts	octogésimo	quatre-vingtième
90	noventa	quatre-vingt-dix	nonagésimo	quatre-vingt-dixième
100	cien	cent	centésimo	centième
200	doscientos	deux cents	ducentésimo	deux centième
300	trescientos	trois cents	tricentésimo	trois centième
400	cuatrocientos	quatre cents	cuadringentésimo	quatre centième
500	quinientos	cinq cents	quingentésimo	cinq centième
600	seiscientos	six cents	sexcentésimo	six centième
700	setecientos	sept cents	septingentésimo	sept centième
800	ochocientos	huit cents	octingentésimo	huit centième
900	novecientos	neuf cents	noningentésimo	neuf centième
1000	mil	mille	milésimo	millième
10 000	diez mil	dix mille	diezmilésimo	mille deuxième

VERBOS ESPAÑOLES

*1. presente indicativo, 2. imperfecto, 3. futuro, 4. condicional,
5. indefinido, 6. participio, 7. gerundio, 8. imperativo,
9. presente de subjuntivo, 10. imperfecto de subjuntivo*

	1ª conjugación-hablar	2ª conjugación-comer	3ª conjugación-partir
1	hablo, hablas, habla, hablamos, habláis, hablan.	como, comes, come, comemos, coméis, comen.	parto, partes, parte, partimos, partís, parten.
2	hablaba, hablabas, hablaba, hablábamos, hablabais, hablaban.	comía, comías, comía, comíamos, comíais, comían.	partía, partías, partía, partíamos, partíais, partían.
3	hablaré, hablarás, hablará, hablaremos, hablaréis, hablarán.	comeré, comerás, comerá, comeremos, comeréis, comerán.	partiré, partirás, partirá, partiremos, partiréis, partirán.
4	hablaría, hablarías, hablaría, hablaríamos, hablaríais, hablarían.	comería, comerías, comería, comeríamos, comeríais, comerían.	partiría, partirías, partiría, partiríamos, partiríais, partirían.
5	hablé, hablaste, habló, hablamos, hablasteis, hablaron.	comí, comiste, comió, comimos, comisteis, comieron.	partí, partiste, partió, partimos, partisteis, partieron.
6	hablado.	comido.	partido.
7	hablando.	comiendo.	partiendo.
8	habla, hable, hablemos, hablad, hablen.	come, coma, comamos, comed, coman.	parte, parta, partamos, partid, partan.
9	hable, hables, hable, hablemos, habléis, hablen.	coma, comas, coma, comamos, comáis, coman.	parta, partas, parta, partamos, partáis, partan.
10	hablara o hablase, hablaras o hablases, hablara o hablase, habláramos o hablásemos, hablarais o hablaseis, hablaran o hablasen.	comiera o comiese, comieras o comieses, comiera o comiese, comiéramos o comiésemos, comierais o comieseis, comieran o comiesen.	partiera o partiese, partieras o partieses, partiera o partiese, partiéramos o partiésemos, partierais o partieseis, partieran o partiesen.

IRREGULARIDADES ORTOGRÁFICAS

Algunos verbos presentan irregularidades exclusivamente ortográficas, que se corresponden con las presentadas en el siguiente cuadro.

Los terminados en	cambian	por	seguidos de	en los siguientes tiempos
-car (abarcar)	c	qu	-e	Presente de subjuntivo y de imperativo (*abarque, abarques,...*) y 1ª pers. sing. del pret. perfecto simple (*abarqué*)
-gar (ahogar)	g	gu	-e	Presente de subjuntivo y de imperativo (*ahogue, ahogues,...*) y 1ª pers. sing. del pret. perfecto simple (*ahogué*)
-zar (abrazar)	z	c	-e	Presente de subjuntivo y de imperativo (*abrace, abraces, ...*) y 1ª pers. sing. del pret. perfecto simple (*abracé*)
-cer, -cir (ejercer, esparcir)	c	z	-a, -o	Presente de subjuntivo y de imperativo (*ejerza, ejerzas,...*) y 1ª pers. sing. del presente de indicativo (*ejerzo, esparzo*)
-ger, -gir (proteger, urgir)	g	j	-a, -o	Presente de subjuntivo y de imperativo (*proteja, protejas,...*) y 1ª pers. sing. del presente de indicativo (*protejo, urjo*)
-guir (distinguir)	gu	g	-a, -o	Presente de subjuntivo y de imperativo (*distinga, distingas,...*) y 1ª pers. sing. del presente de indicativo (*distingo*)
-quir (delinquir)	qu	c	-a, -o	Presente de subjuntivo y de imperativo (*delinca, delincas,...*) y 1ª pers. sing. del presente de indicativo (*delinco*)

VERBOS IRREGULARES

1ª CONJUGACIÓN

acertar: 1. acierto, aciertas, aciertan **8.** acierta, acierte, acertad **9.** acierte, acierten.

averiguar: 1. averiguo **5.** averigüé, averigüe **9.** averigüe.

contar: 1. cuento, cuentas, cuentan **8.** cuenta, cuente, contad **9.** cuente, con-temos, cuenten.

costar: 1. cuesto, cuestas, cuestan **8.** cuesta, cueste, costad **9.** cueste, coste-mos, cuesten.

dar: 1. doy, das, da, damos, dais, dan **2.** daba **3.** daré **4.** daría **5.** di, diste, dio, etc. **6.** dado **7.** dando **8.** da, dé, dad **9.** dé, demos, den **10.** diera.

despertar: 1. despierto, despertamos, despiertan **8.** despierta, despiertes, des-pertad **9.** despierte, despertemos, des-pierten.

empezar: 1. empiezo, empezamos, em-piezan **5.** empecé **8.** empieza, empie-ce, empezad **9.** empiece, empecemos.

encontrar: 1. encuentro, encontramos, encuentran **8.** encuentra, encuentre, encuentren.

errar: 1. yerro, erramos, yerran **8.** yerra, yerre, errad **9.** yerre, erremos, yerren.

estar: 1. estoy, estás, etc. **5.** estuve **9.** esté, estemos, estén **10.** estuviera.

jugar: 1. juego, jugamos, juegan **5.** ju-gué **8.** juega, juegue, jugad **9.** juegue, juguemos, jueguen.

negar: 1. niego, negamos, niegan **5.** ne-gué **8.** niega, niegue, negad **9.** niegue, neguemos, nieguen.

pensar: 1. pienso, pensamos, piensan **8.** piensa, piense, pensad **9.** piense, pensemos, piensen.

rogar: 1. ruego, rogamos, ruegan **5.** ro-gué **8.** ruega, ruegue, rogad **9.** ruegue, roguemos, rueguen.

sentarse: 1. me siento, nos sentamos **5.** se sientan **8.** siéntate, siéntese, senté-monos, sentaos, siéntense **9.** me sien-te, nos sentemos, se sienten.

soñar: 1. sueño, soñamos, sueñan **8.** sueña, sueñe, soñad **9.** sueñe, soñe-mos, sueñen.

2ª CONJUGACIÓN

conocer: 1. conozco, conoces, etc. **8.** co-noce, conozca, conoced **9.** conozca.

entender: 1. entiendo, entendemos, en-tienden **8.** entienda, entienda, entended **9.** entienda, entendamos, entiendan.

haber: 1. he, has, ha/hay, hemos, habéis, han **3.** habré **4.** habría **5.** hube **8.** he, ya, habed **9.** haya **10.** hubiera.

hacer: 1. hago, haces, etc **3.** haré **4.** haría **5.** hice, hizo, hicimos **6.** hecho **8.** haz, haga, haced **9.** haga **10.** hiciera.

leer: 1. leo, etc. **5.** leí, leyó, leímos, leye-ron **6.** leído **7.** leyendo **10.** leyera.

mover: 1. muevo, movemos, mueven **8.** mueve, mueva, moved **9.** mueva, movamos, muevan.

ofrecer: 1. ofrezco, ofreces, etc. **8.** ofre-ce, ofrezca, ofreced **9.** ofrezca.

oler: 1. huelo, olemos, huelen **8.** huele, huela, oled **9.** huela, olamos, huelan.

parecer: 1. parezco, pareces, etc. **8.** pa-rece, parezca, pareced **9.** parezca.

poder: 1. puedo, podemos, pueden **3.** podré **4.** podría **5.** pude **7.** pudiendo **8.** puede, pueda, poded **9.** pueda, po-damos, puedan **10.** pudiera.

poner: 1. pongo, pones, etc. 3. pondré 4. pondría 5. puse 6. puesto 8. pon, ponga, poned 9. ponga.

querer: 1. quiero, queremos, quieren 3. querré 4. querría 5. quise 8. quiere, quiera, quered 9. quiera, queramos, quieran 10. quisiera.

saber: 1. sé, sabes, etc. 3. sabré 4. sabría 5. supe 8. sabe, sepa, sabed 9. sepa 10. supiera.

ser: 1. soy, eres, es, somos, sois, son 2. era 3. seré 4. sería 5. fui 6. sido 7. siendo 8. sé, sea, sed 9. sea 10. fuera.

tener: 1. tengo, tienes, tenemos, tienen 3. tendré 4. tendría 5. tuve 8. ten, tenga, tened 9. tenga 10. tuviera.

traer: 1. traigo, traes, etc. 5. traje 6. traído 7. trayendo 9. traiga 10. trajera.

ver: 1. veo, ves, ve, vemos, veis, ven 2. veía 4. veré 5. vi 6. visto 7. viendo 8. ve 9. vea.

valer: 1. valgo, vales, etc. 3. valdré 4. valdría 8. vale, valga, valed 9. valga.

volver: 1. vuelvo, volvemos, vuelva 8. vuelve, vuelva, volved 9. vuelva, volvamos, vuelvan.

3ª CONJUGACIÓN

decir: 1. digo, dices, decimos, dicen 3. diré 4. diría 5. dije 6. dicho 7. diciendo 8. di, diga, decid 9. diga 10. dijera.

divertir: 1. divierto, divertimos, divierten 5. divertí, divirtió, divertimos, divirtieron 7. divirtiendo 8. divierte, divierta, divertid 9. divierta, divirtamos, diviertan 10. divirtiera.

dormir: 1. duermo, dormimos, duerman 5. dormí, durmió, dormimos, durmieron 7. durmiendo 8. duerme, duerma, dormid 9. duerma, durmamos, duerman 10. durmiera.

reír: 1. río, reímos, ríen 5. reí, rió, reímos, rieron 6. reído 7. riendo 8. ríe, ría, reíd 9. ría 10. riera.

repetir: 1. repito, repetimos, repiten 5. repetí, repitió, repetimos, repitieron 7. repitiendo 8. repite, repita, repetid 9. repita 10. repitiera.

salir: 1. salgo, sales, etc. 3. saldré 4. saldría 8. sal, salga, salid 9. salga.

seguir: 1. sigo, sigues, seguimos, siguen 5. seguí, siguió, seguimos, siguieron 7. siguiendo 8. sigue, siga, seguid 9. siga 10. siguiera.

sentir: 1. siento, sentimos, sienten 5. sentí, sintió, sentimos, sintieron 7. sintiendo 8. siente, sienta, sentid 9. sienta 10. sintiera.

servir: 1. sirvo, servimos, sirven 5. serví, sirvió, servimos, sirvieron 7. sirviendo 8. sirve, sirva, servid 9. sirva 10. sirviera.

pedir: 1. pido, pedimos, piden 5. pedí, pidió, pedimos, pidieron 7. pidiendo 8. pide, pida, pedid 9. pida 10. pidiera.

preferir: 1. prefiero, preferimos, prefieren 3. preferí, prefirió, preferimos, prefi-
rieron 7. prefiriendo 8. prefiere, prefiera, preferid 9. prefiera 10. prefiriera.

prohibir: 1. prohíbo, prohibimos, pro-
híben 8. prohíbe, prohíba, prohibid 9. prohíba 10. prohibiera.

oír: 1. oigo, oyes, oye, oímos, oís, oyen 3. oiré 4. oiría 5. oí, oíste 7. oyendo 8. oye, oiga, oíd 9. oiga 10. oyera.

morir: 1. muero, morimos, mueren 5. morí, murió, morimos, murieron 7. muriendo 8. muere, muera, morid 9. muera, muramos, mueran 10. muriera.

ir: 1. voy, vas, va, vamos, vais, van 2. iba 3. iré 4. iría 5. fui 6. ido 7. yendo 8. ve, vaya, id 9. vaya 10. fuera.

A

a¹ [a] *s.f. m.* [Una "a" minúscula. *Un petit "a".*]

a² [a] *prep.* (a + el = al) **1.** (complemento indirecto) à [Se lo di a Juan. *Je l'ai donné à Jean.*] **2.** (países) en; au; aux [A Libano, a Estados Unidos, a Irán y a Alemania, a las Seychelles. *Au Liban, aux États Unis, en Iran et en Allemagne, aux Seychelles.*] **3.** (ciudades) à [Voy a Barcelona. *Je vais à Barcelone.*] **4.** (regiones y departamentos administrativos franceses pl. y m. sing.) dans [Vamos al Norte (Francia). *Nous allons dans le Nord (France).*] **5.** (tiendas y servicios, seguido en francés del nombre del comerciante) chez [Ir a la peluquería. *Aller chez le coiffeur.*] **6.** (al interior de) dans [Ir a un restaurante. *Aller dans un restaurant.*] **7.** (posición relativa) à [A la derecha, a mi izquierda, al fondo. *À droite, à ma gauche, au fond.*] **8.** (hacia) vers; à [El barco va al este. *Le bateau va vers l'est.*] **9.** (más allá) plus loin [Toledo está a 4 km. *Tolède se trouve à km plus loin.*] **10.** (distancia hasta un punto) jusqu'à [Faltan 40 km a Burdeos. *Il reste 40 km jusqu'à Bordeaux.*] **11.** (límite) jusqu'à [Con el agua a las rodillas. *L'eau jusqu'aux genoux.*] **12.** (horas) à [A las cuatro. *À quatre heures.*] **13.** (forma de elaboración) à [Pescado al horno. *Poisson au four.*] **14.** (modo) à [A pie. *À pied.*] **15.** (causa, modo) à force de [Me matará a disgustos. *Il me tuera à force de me donner des soucis.*] **16.** (estilo) à [Vestirse a la inglesa. *S'habiller à l'anglaise.*] **17.** (diseño) à [Jersey de cuadros. *Pull à carreaux.*] **18.** (precio) à; de [Unos zapatos a cinco mil pesetas. *Des chaussures à / de cinq mille pesetas.*] **19.** (distributivo) par [A millares, dos a dos. *Par milliers, deux par deux.*] **20.** (complemento de nombre de sentido o sentimiento de) de [Sabor a, miedo a. *Goût de, peur de.*] || **¡ ~ que...!** (apuesta o desafío) je parie que...! [¿A que no vienes? Je parie qu'il ne viendra pas.] • Seguida de artículo definido la preposición "à" se contrae: al, au, a los, a las, *aux*. En francés nunca se usa preposición delante de complemento directo: Vi a Juan, pero a nadie más. *J'ai vu Jean, mais personne d'autre.*

ábaco [áβako] *s. m.* abbé.

abad [aβáð] *s. m.* abbé.

abadesa [aβaðésa] *s.f.* abbesse.

abadía [aβaðía] *s.f.* abbaye.

abajo [aβáxo] *adv.* **1.** (en un lugar o una parte inferior) en bas [Se encuentra abajo. *Il se trouve en bas.*] **2.** (dirección del desplazamiento) en descendant [Iba cuesta abajo. *Il marchait en descendant la rue.*] **3.** (piso de abajo) au-dessous. **4.** (en locuciones) || **~ ¡ ~ !** interj. **5.** ¡abajo la dictadura! *À bas la dictature!* || **La abajo firmante**. *La soussignée, je soussigné*. **¡ Firmante** soussigné, ée (au/naturel). **de ~** du dessous [Los vecinos de abajo. *Les voisins d'en bas.*] **parte de ~** [La parte de abajo del vaso. *Le dessous du verre.*] **río ~** aval. **venirse ~** craquer, s'écrouler.

abalanzarse [aβalánθárse] *v. pr.* **1.** (arremeter) s'élancer, se jeter, foncer. **2.** (precipitarse) se lancer, se ruer.

abandonado, -da [aβandonáðo] *adj.* abandonné, -ée.

ABANDONAR - ABOBADO

abandonar [abandoná] *v. tr.* 1. abandonner. 2. (dejar) laisser. 3. (cesar) abandonner, laisser tomber [Abandonar los estudios. *Laisser tomber les études*]. 4. (un lugar) quitter. 5. (descuidar) négliger. 6. (entregar) livrer [Abandonar su alma, su cuerpo. *Livrer son âme, son corps*]. ‖ *v. intr.* 7. abandonner. ‖ **abandonarse** *v. pr.* 8. s'abandonner; se laisser aller.

abandono [abandóno] *s. m.* 1. abandon [El abandono de las ciudades. *L'abandon des villes*]. 2. (renuncia) abandon [Abandono del deber, de toda esperanza. *Abandon du devoir, de tout espoir*]. 3. (falta de cuidado) négligence *f.*

abanicar [abaniká] *v. tr.* éventer.

abanico [abaníko] *s. m.* éventail.

abaratar [abaratá] *v. tr.* 1. (los precios) diminuer, réduire. 2. (un producto) baisser le prix de.

abrazar [abɾaθá] *v. tr.* 1. embrasser. 2. *fig.* (comprender) comprendre.

abarrotar [abarotá] *v. tr.* (atestar) encombrer [Abarrotar el salón. *Encombrer le salon*].

abastecer [abasteθéɾ] *v. tr.* 1. approvisionner, ravitailler. 2. (alimentar) alimenter. ‖ **abastecerse** *v. pr.* 3. se fournir.

abastecimiento [abasteθimjénto] *s. m.* 1. (avituallamiento) ravitaillement. 2. *Econ.* approvisionnement; stockage. 3. (de alimento) provision *f.*

abasto [abásto] *s. m.* approvisionnement. ‖ **dar** – **suffire. no dar** ocuparse) ne pas y arriver. ‖ (no poder proveer) ne pas pouvoir satisfaire. **plaza de abastos** marché *m.* (de viande et d'aliments); halles *pl.*

abatido, -da [abatiðo] *adj.* abattu, -ue.

abatimiento [abatimjénto] *s. m.* abattement, découragement.

abatir [abatíɾ] *v. tr.* 1. (derribar) abattre. 2. (desanimar) abattre. 3. (plegar, bajar) rabatir. 4. *fig.* (el orgullo) rabattre. ‖ **abatirse** *v. pr.* 5. (precipitarse sobre) s'abattre. 6. *fig.* s'abattre.

abdicar [abðiká] *v. tr.* abdiquer.

abdomen [abðómen] *s. m.* abdomen.

abecé [abeθé] *s. m.* 1. (alfabeto) alphabet. 2. (cartilla) A B C (o abécé) syllabaire. 3. (rudimentos de un saber) A B C.

abecedario [abeθeðáɾjo] *s. m.* (alfabeto) alphabet.

abedul [abeðúl] *s. m.* (árbol) bouleau.

abeja [abéxa] *s. f.* *Zool.* abeille.

abejorro [abexóro] *s. m.* *Zool.* (insecto) bourdon.

abertura [abeɾtúɾa] *s. f.* 1. (hueco) ouverture. 2. (grieta) fente; crevasse. 3. (que permite el paso) percée. 4. *fig.* ouverture [Abertura de espíritu. *Ouverture d'esprit*].

abeto [abéto] *s. m.* *Bot.* (árbol) sapin.

abierto, -ta [abjéɾto] *adj.* ouvert, -e.

abismo [abísmo] *s. m.* 1. (sima) abîme; gouffre. 2. (submarino) abysse. 3. *fig.* (separación) abîme; monde.

abjurar [abxuɾáɾ] *v. tr. e intr.* abjurer.

ablandar [aβlandáɾ] *v. tr.* 1. (la carne, los alimentos) attendrir. 2. (músculos, materiales, objetos) ramollir. 3. (enternecer) attendrir. ‖ **ablandarse** *v. pr.* 4. (enternecerse) s'attendrir.

ablución [aβluθjón] *s. f.* ablution.

abnegación [abneɣaθjón] *s. f.* abnégation, dévouement *m.*

abobado, -da [aβoβáðo] *adj.* 1. (bobo) idiot, -te; stupide. 2. (por la sorpresa) hébété, -ée; ébahi, -ie.

abochornar [aβotʃoɾnaɾ] *v. tr.* **1.** (sofocar por el calor) suffoquer. **2.** *fig.* (avergonzar) faire rougir, faire honte.

abogado, -da [aβoɣaðo] *s. m. y f.* avocat, -e [Abogado defensor, criminalista. *Avocat défenseur, au criminel.*] || **~ de bufete** avocat consultant. **~ de oficio** avoué d'office. **~ fiscal** procureur.

abolir [aβoliɾ] *v. tr.* abolir.

abolladura [aβoʎaðuɾa] *s. f.* (deformación) bosse.

abollar [aβoʎaɾ] *v. tr.* bosseler, cabosser.

abombar [aβombaɾ] *v. tr.* **1.** (hinchar) gonfler, enfler. **2.** (doblar) bomber. || **abombarse** *v. pr.* **3.** se bomber.

abominable [aβominaβle] *adj.* abominable, détestable.

abonar [aβonaɾ] *v. tr.* **1.** (pagar) payer. **2.** (en una cuenta) verser, créditer. **3.** (teléfono, espectáculos) abonner. **4.** (fertilizar con abono) engraisser.

abono [aβono] *s. m.* **1.** (espectáculo, teléfono, suscripción) abonnement. **2.** (fertilizante) engrais, fumier (de origen animal).

abordaje [aβoɾðaxe] *s. m.* abordage.

abordar [aβoɾðaɾ] *v. tr.* **1.** (asaltar un barco) aborder. **2.** (a un desconocido) aborder, accoster. **3.** (un tema) aborder.

aborigen [aβoɾixen] *adj. y s. m. y f.* aborigène.

aborrecer [aβoreθeɾ] *v. tr.* détester.

abortar [aβoɾtaɾ] *v. intr.* **1.** (voluntariamente) avorter. **2.** (de forma natural) faire una falsa couche. || *v. tr.* **3.** (interrumpir, hacer fracasar) faire avorter.

aborto [aβoɾto] *s. m.* **1.** (voluntario) avortement. (involuntario) fausse couche. || **practicar un ~** avorter. **sufrir un ~** faire une fausse couche.

abrazadera [aβɾaθaðeɾa] *s. f.* **1.** (para un conducto o tubería) anneau *m.*; frette. **2.** (del mango de una herramienta) virole; frette.

abrazar [aβɾaθaɾ] *v. tr.* **1.** prendre dans ses bras, serrer dans les bras; étreindre; enlacer. **2.** *fig.* (una religión, unas ideas) adopter.

abrazo [aβɾaθo] *s. m.* **1.** (de amistad) accolade *f.*; embrassade *f.*; *fam.* **2.** (de cariño) étreinte *f.* || **un ~** (en las cartas, para personas íntimas) je t'embrasse (para ti); je vous embrasse (para vosotros). | (cariñoso) affectueusement. | (respetuoso) affectueusement. [Recibe un abrazo. *Amicalement vôtre.*]

abrebotellas [aβɾeβoteʎas] *s. m. inv.* ouvre-bouteille.

abrecartas [aβɾekaɾtas] *s. m. inv.* coupe-papier.

abrelatas [aβɾelatas] *s. m. inv.* ouvre-boîte.

abrevadero [aβɾeβaðeɾo] *s. m.* (de ganado) abreuvoir.

abrevar [aβɾeβaɾ] *v. tr.* abreuver.

abreviar [aβɾeβjaɾ] *v. tr.* **1.** (una palabra, una sílaba) abréger. **2.** (resumir) resserrer, couper. **3.** (un plazo) raccourcir.

abreviatura [aβɾeβjatuɾa] *s. f.* abréviation.

abrigar [aβɾiɣaɾ] *v. tr.* **1.** (arropar, cubrir con ropa de abrigo) emmitoufler, couvrir. **2.** (proteger) abriter. || **abrigarse** *v. pr.* **3.** se couvrir, s'emmitoufler.

abrigo [aβɾiɣo] *s. m.* **1.** (prenda) manteau (de mujer); pardessus (de hombre). **2.** (refugio) abri. || **al ~ de** à l'abri de. **de ~** chaud, -de [Ropa de abrigo. *Des vêtements chauds.*]

abril [aβɾil] *s. m.* avril [El uno o el dos de abril. *Le premier ou le deux avril*].

abrillantar [aβɾiʎantaɾ] *v. tr.* (pulir) brunir, polir, faire briller.

abrir [aβɾiɾ] *v. tr.* **1.** ouvrir. **2.** écarter [Abrir las piernas. *Écarter les jambes*] **3.** (cavar) creuser [Abrir una zanja. *Creuser une tranchée*]. **4.** (un camino, un paso) frayer. **5.** (un agujero) percer. **6.** *fig.* (el corazón) épancher. || **abrirse** *v. pr.* **7.** s'ouvrir. **8.** (las flores) éclore, s'épanouir. || ~ **como platos** (los ojos) écarquiller. || ~ **de par en par** (los ojos) écarquiller. || **en un** ~ **y cerrar de ojos** en un clin d'œil.

abrochar [aβɾotʃaɾ] *v. tr.* **1.** (con un cierre, corchete o imperdible) agrafer [Abrochar un collar, un vestido, un sujetador, una joya en la blusa. *Agrafer un collier, une robe, un soutien-gorge, un bijou à un chemisier*]. **2.** (cinturón) boucler. **3.** (cinturón de seguridad) attacher. **4.** (abotonar) boutonner. **5.** (zapatos) lacer.

abrumador, -ra [aβɾumaðoɾ] *adj.* écrasant, -te; accablant, -te.

abrumar [aβɾumaɾ] *v. tr.* écraser, accabler.

abrupto, -ta [aβɾupto] *adj.* abrupt, -te.

absceso [aβsθeso] *s. m.* abcès.

absolución [absoluθjon] *s. f.* absolution.

absoluto, -ta [absoluto] *adj.* **1.** absolu, -e. **2.** plein, -e. || **Poderes absolutos**. *Pleins pouvoirs*. || **en** ~ absolument pas, pas du tout, du tout.

absolver [absolβeɾ] *v. tr.* absoudre, pardonner, acquitter.

absorber [absoɾβeɾ] *v. tr.* **1.** (impregnarse) absorber [El trapo absorbe el agua. *Le torchon absorbe l'eau*]. **2.** (ingerir) absorber. **3.** *fig.* (ocupar) accaparer [Absorber la atención. *Absorber l'attention*].

absorto, -ta [absoɾto] *adj.* absorbé, -ée.

abstemio, -mia [abstemjo] *adj. y s. m. y f.* abstinent, -te.

abstenerse [abstenerse] *v. pr.* s'abstenir.

abstinencia [abstinenθja] *s. f.* abstinence.

abstracto, -ta [abstɾakto] *adj.* **1.** abstrait, -e. || *s. m.* **2.** abstrait [Lo abstracto. *L'abstrait*]. || **arte** ~ art abstrait.

absurdo, -da [absuɾðo] *adj.* absurde. || **cosa absurda** absurdité.

abuchear [abutʃeaɾ] *v. tr.* huer, siffler.

abuelo [aβwelo] *s. m.* **1.** grand-père. || **abuela** *s. f.* **2.** grand-mère. || *s. m. pl.* **3.** (abuelo y abuela) grands-parents.

abultado, -da [abultaðo] *adj.* **1.** gros, -osse; volumineux, -euse. **2.** (hinchado) enflé, -ée. **3.** (el vientre) rebondi, -ie. || **abultar** [abultaɾ] *v. tr.* **1.** *fig.* exagérer. || *v. intr.* **2.** (ocupar sitio) prendre de la place [Tu maleta abulta mucho. *Ta valise prend beaucoup de place*]. **3.** (ocupar demasiado sitio) être trop encombrant. **4.** (ser voluminoso) être gros, être volumineux. || **abultarse** *v. pr.* **5.** s'enfler.

abundancia [aβundanθja] *s. f.* abondance. || **en** ~ à foison.

abundante [aβundante] *adj.* **1.** abondant, -e. **2.** abondant, -te; large [Una propina abundante. *Un pourboir abondant*].

abundar [aβundaɾ] *v. intr.* abonder.

aburrido, -da [aβuriðo] *adj.* **1.** (que se aburre) ennuyé, -ée. **2.** (que aburre) ennuyeux, -euse; barbant, -te. *fam.* **3.** (cansado de algo) las, -asse. ~ **estar** ~ s'ennuyer [Está aburrido. *Il s'ennuie*].

aburrimiento [aβurimjento] *s. m.* ennui. **2.** (hastío) lassitude *f.*; dégoût.

aburrir [aβurir] *v. tr.* **1.** ennuyer. **2.** (las, cansar) fatiguer, lasser, dégoûter. || **aburrirse** *v. pr.* **3.** s'ennuyer, s'embêter. *fam.* **4.** (cansarse) se lasser.

ABUSAR - ACCESORIO

abusar [abusár] *v. intr.* abuser. ‖ **no ~** (do-)sificar, no malgastar) ménager [No abusar de sus fuerzas, *Ménager ses forces*].

abusivo, -va [abusípo] *adj.* abusif, -ive.

abuso [abúso] *s. m.* 1. abus. 2. (exceso) débauche *f.*

acá [aká] *adv.* (aquí) ici. ‖ **de ~ para allá** d'un endroit à l'autre. **más ~** (más cerca) plus près. ● En Amérique latine, pour indiquer "ici", on utilise plus fréquemment "acá" et non pas "aquí".

acabado, -da [akabádo] *adj.* 1. terminé, -ée; fini, -ie. 2. (perfecto) achevé, -ée; parfait, -te; consommé, -ée. 3. *fig.* (hundido) fini, -ie [Un hombre acabado. *Un homme fini*]. ‖ *s. m.* 4. finition *f.*

acabar [akaβár] *v. tr.* 1. (terminar) achever, finir. 2. (poner fin a) terminer [Él acabó la guerra, la reunión. *Il a terminé la guerre, la réunion*]. 3. (concluir, ultimar) conclure. 4. (completar, rematar) parachever [Acabar la obra. *Parachever l'œuvre*]. 5. (agotar, gastar) épuiser. ‖ *v. intr.* 6. finir. 7. (haber terminado recientemente) venir [Acaba de oír. *Il acaba de oír*]. 8. (ver los ruidos) *Je viens d'entendre les nouvelles*]. ‖ **acabarse** *v. pr.* 8. se terminer. ‖ **con ~** (deshacerse de algo) venir à bout de [Acabar con una dificultad, con un adversario. *Venir à bout d'une difficulté, d'un adversaire*] ‖ achever [Las preocupaciones han acabado con él. *Les soucis l'ont achevé*].

acacia [akáθja] *s. f. Bot.* acacia *m.*

academia [akaðémja] *s. f.* 1. (sociedad de sabios o artistas) académie. 2. école [Academia de lenguas, academia militar. *École de langues, école militaire*].

acaecer [akaeθér] *v. tr.* arriver, survenir, avoir lieu.

acallar [akaʎár] *v. tr.* 1. faire taire. 2. (calmar) apaiser.

acalorar [akalorár] *v. tr.* 1. *fig.* (excitar) échauffer. ‖ **acalorarse** *v. pr.* 2. s'échauffer.

acampar [akampár] *v. e intr.* camper.

acantilado [akantiláðo] *s. m.* falaise *f.*

acaparar [akaparár] *v. tr.* accaparer.

acariciar [akariθjár] *v. tr.* 1. caresser. 2. (con la mano) flatter [Acariciar a un perro. *Flatter un chien*].

acarrear [akarreár] *v. tr.* 1. (llevar) transporter. 2. charrier (en una carreta). charroyer (en carro). 3. *fig.* (ocasionar) entraîner, occasionner, amener.

acaso [akáso] *adv.* 1. peut-être [Acaso venga. *Peut-être viendra-t-il*]. ‖ **¿...?** est-ce que? ‖ **por si ~** (por precaución) au cas où, par précaution. **si ~** (si por casualidad) si. (llegado el caso) éventuellement. (como mucho) tout au plus, à la limite.

acatar [akatár] *v. tr.* 1. (respetar) respecter. 2. (obedecer) obéir à.

acatarrarse [akatarrárse] *v. pr.* s'enrhumer.

acaudalado, -da [akawðaláðo] *adj.* fortuné, -ée; riche.

acaudillar [akawðiʎár] *v. tr.* commander, être à la tête de.

acceder [akθeðér] *v. intr.* 1. (a un lugar) accéder. 2. (consentir) consentir [Acceder a ello. *Y consentir*].

accesible [akθesíβle] *adj.* 1. accessible. 2. *fig.* (comprensible) accessible [Un libro accesible. *Un livre accessible*].

acceso [akθéso] *s. m.* 1. accès. 2. quinte *f.* [Acceso de tos. *Quinte de toux*]. ‖ **dar ~ a** ouvrir.

accesorio, -ria [akθesórjo] *adj.* 1. accessoire. ‖ *s. m.* 2. accessoire. ‖ **accesorios** *s. m. pl.* 3. fourniture *f.* sing.

ACCIDENTADO - ACHAQUE

accidentado, -da [akθiðentaðo] *adj.*
1. (en un accidente) accidenté, -ée *fam.*
2. (terreno) accidenté, -ée. 3. *fig.* (agitado) agité, -ée; mouvementé, -ée.

accidental [akθiðental] *adj.* 1. accidentel, -elle (Muerte accidental *Mort accidentelle*). 2. (casual) accidentel, -elle; casuel, -elle.

accidente [akθiðente] *s. m.* accident.

acción [akθjon] *s. f.* action. || **mala ~ fait** *m.*

accionar [akθjonar] *v. tr.* 1. (poner en marcha un mecanismo) actionner (Accionar la palanca. *Actionner le levier*). 2. (hacer funcionar) commander (La palanca que acciona los frenos. *Le levier qui commande les freins*).

accionista [akθjonista] *s. m. y f.* actionnaire.

acebo [aθeβo] *s. m. Bot.* houx.

acechar [aθeʧar] *v. tr.* guetter.

acecho [aθeʧo] *s. m.* guet. || **estar al ~** être aux aguets; être à l'affût.

aceite [aθejte] *s. m.* huile. || **cambiar el ~** vidanger (l'huile d'une voiture). **cambio de ~** vidange.

aceitoso, -sa [aθejtoso] *adj.* huileux, -euse.

aceituna [aθejtuna] *s. f.* olive.

acelerador, -ra [aθeleraðor] *adj. y s. m.* accélérateur, -trice.

acelerar [aθelerar] *v. tr. e intr.* 1. (motor) accélérer. || *v. tr.* 2. (apresurar) presser, hâter; accélérer (Acelerar el paso. *Hâter le pas*).

acelga [aθelɣa] *s. f. Bot.* bette.

acémila [aθemila] *s. f.* bête de somme.

acento [aθento] *s. m.* accent.

acentuar [aθentuar] *v. tr.* 1. (una palabra) accentuer. 2. *fig.* (intensificar) accentuer (Acentuar los problemas. *Accentuer les problèmes*). 3. *fig.* accuser (Acentuar los contornos. *Accuser les contours*).

aceptable [aθeptaβle] *adj.* 1. acceptable. 2. (una cantidad) honnête; correct, -te.

aceptación [aθeptaθjon] *s. f.* 1. acceptation. 2. (aprobación) approbation. 3. (éxito) succès *m.*

aceptar [aθeptar] *v. tr.* accepter.

acequia [aθekja] *s. f.* 1. canal d'irrigation; rigole. 2. *Amér.* (arroyo) ruisseau *m.*

acera [aθera] *s. f.* trottoir *m.*

acerbo, -ba [aθerβo] *adj.* 1. (tono) acerbe; aigre.

acerca de [aθerka] *loc.* (sobre) sur; au sujet de (Hablaron acerca del problema. *Ils ont parlé sur le problème*).

acercar [aθerkar] *v. tr.* 1. rapprocher; approcher (Acerca la lámpara a la mesa. *Rapproche la lampe de la table*). 2. avancer (Acerca la silla. *Avance la chaise*). || **acercarse** *v. pr.* 3. s'approcher.

acero [aθero] *s. m.* acier.

acertado, -da [aθertaðo] *adj.* 1. (adivinado) trouvé, -ée; deviné, -ée. 2. (bien hecho) réussi, -ie. 3. (oportuno, pertinente) pertinent, -te.

acertar [aθertar] *v. tr.* 1. (un enigma, una adivinanza) trouver, deviner. 2. (hacer bien) réussir. || *v. intr.* 3. (en el blanco) atteindre. 4. (adivinar) trouver. || **no ~** (fallar) manquer.

acertijo [aθertixo] *s. m.* (adivinanza) devinette *f.*

acetona [aθetona] *s. f.* acétone.

achacar [aʧakar] *v. tr.* imputer; attribuer.

achacoso, -sa [aʧakoso] *adj.* 1. (con dolores) maladif, -ive; souffreteux, -euse. 2. (ligeramente enfermo) souffrant, -te.

achaque [aʧake] *s. m.* infirmité *f.*

achatar [atʃatar] *v. tr.* aplatir [Los polos achatados. *Los polos aplatis*].

achicar [atʃikar] *v. tr.* 1. diminuer. 2. (hacer más pequeño) rapetisser.

achicharrar [atʃitʃarar] *v. tr.* brûler.

achicoria [atʃikorja] *s. f. Bot.* chicorée.

achuchar [atʃutʃar] *v. tr.* pousser, bousculer.

aciago, -ga [aθjaɣo] *adj.* funeste.

aciate [aθjate] *s. m. fig.* aliciente stimulant.

acidez [aθiðeθ] *s. f.* 1. acidité. 2. (ce estómago) aigreurs *pl.* [Tener acidez. *Avoir des aigreurs d'estomac*]. 3. (de una fruta o vino no maduro) verdeur.

ácido, -da [aθiðo] *adj.* s. m. acide.

acierto [aθjerto] *s. m.* 1. réussite f. 2. *fig.* (maña) adresse f, habileté f.

aclamar [aklamar] *v. tr.* 1. acclamer. 2. (nombrar por aclamación) nommer par acclamation.

aclarar [aklarar] *v. tr.* 1. (el color, un líquido) éclaircir. 2. (ropa) rincer. 3. *fig.* (algo dudoso o confuso) clarifier; éclaircir; éclairer [Aclarar sus ideas. *Clarifier ses idées*]. 4. (un asunto) tirer au clair. || **aclararse** *v. pr.* 5. (el tiempo) s'éclaircir. || **aclararse la voz** se racler; se racler la gorge.

aclimatar [aklimatar] *v. tr.* 1. acclimater. || **aclimatarse** *v. pr.* 2. s'acclimater.

acné [akne] *s. m.* acné f.

acobardar [akoβarðar] *v. tr.* intimider.

acogedor, -ra [akoxeðor] *adj.* accueillant, -e.

acoger [akoxer] *v. tr.* 1. (recibir) accueillir [Acoger a un pariente en casa. *Accueillir un parent chez soi*]. 2. *fig.* (pa abras, ideas) accueillir [Acoger bien sus ideas. *Bien accueillir ses idées*].

acogida [akoxiða] *s. f.* accueil *m.* [Una acogida excelente. *Un accueil excellent*].

acoplar [akoplar] *v. tr.* 1. assembler, accoupler. 2. (dos piezas) coupler. 3. *fig.* accoupler.

acometer [akometer] *v. tr.* 1. (asaltar) assaillir. 2. (una tarea) entreprendre.

acometida [akometiða] *s. f.* 1. attaque.

acomodado, -da [akomoðaðo] *adj.* aisé, -ée (personas).

acomodador, -ra [akomoðaðor] *adj.* 1. accommodateur, -trice. || *s. m.* 2. placeur. || **acomodadora** *s. f.* 3. ouvreuse.

acomodar [akomoðar] *v. tr.* 1. (ordenar) arranger. 2. (a un espectador) placer. || **acomodarse** *v. pr.* 3. (en un espectáculo) se placer. 4. (arrellanarse) s'installer.

acompañamiento [akompaɲamjento] *s. m.* 1. accompagnement. 2. cortège; suite f (comitiva).

acompañar [akompaɲar] *v. tr.* 1. (hacer compañía) accompagner. 2. (ir con alguien) suivre. 3. (de vuelta) reconduire.

acompasado, -da [akompasaðo] *adj.* 1. (al compás) rythmé, -ée; cadencé, -ée. 2. *fig.* (pausado) posé, -ée.

acomplejado, -da [akomplexaðo] *adj. y s. m. y f.* complexé, -ée.

acondicionar [akondiθjonar] *v. tr.* 1. (un lugar) arranger; aménager. 2. (un producto para su venta) emballer. 3. (un objeto para un fin) conditionner.

acongojar [akongoxar] *v. tr.* angoisser.

aconsejar [akonsexar] *v. tr.* 1. conseiller. 2. (invitar amablemente) engager. || **aconsejarse** *v. pr.* 3. prendre conseil.

acontecer [akonteθer] *v. tr.* avoir lieu; arriver.

acontecimiento [akonteθimjento] *s. m.* événement.

acoplar [akoplar] *v. tr.* 1. assembler, accoupler. 2. (dos piezas) coupler. 3. *fig.* accoupler.

acorazado, -da [akoraθaðo] *adj.* **1.** cuirassé, -ée. **2.** blindé, -ée || *Cámara acorazada, Coffre blindé* || *s. m.* **3.** cuirassé.

acorazar [akoraθár] *v. tr.* **1.** cuirasser. **2.** (blindar) blinder. || **acorazarse** *v. pr.* **3.** (curtirse) s'endurcir.

acordar [akorðár] *v. tr.* **1.** (decidir) décider, décréter. **2.** (ponerse de acuerdo) convenir. || **acordarse** *v. pr.* **3.** (recordar) se souvenir; se rappeler; retenir. **4.** (volver a la memoria) revenir.

acorde [akórðe] *adj.* **1.** (conforme) conforme, d'accord, || *s. m.* **Mús.** accord.

acordeón [akorðeón] *s. m.* accordéon.

acordonar [akorðonár] *v. tr.* (rodear con un cordón) entourer d'un cordon.

acorralar [akoralár] *v. tr.* **1.** traquer. **2.** (no dejar escapatoria) coincer.

acortar [akortár] *v. tr.* **1.** raccourcir; (reducir) réduire. **3.** (las distancias) rap-procher, écourter. **4.** (el trabajo, el sufrimiento) abréger. || **acortarse** *v. pr.* **5.** (los días) raccourcir.

acosar [akosár] *v. tr.* **1.** poursuivre; harceler. **2.** (presionar, insistir) presser [Acosar a sus deudores. *Assiéger ses débiteurs*]. **3.** assaillir [Acosar a preguntas. *Assaillir de questions*]. **4.** *fig.* (atormentar) tourmenter.

acostar [akostár] *v. tr.* **1.** coucher. **2.** (tumbar) étendre. || **acostarse** *v. pr.* **3.** se coucher; s'étendre (echarse). || **hora de acostarse** coucher *m.*

acostumbrar [akostumbrár] *v. tr.* **1.** (tener la costumbre) avoir l'habitude de. || **acostumbrarse** *v. pr.* **2.** (habituarse) s'habituer. **4.** prendre l'habitude de.

acotar [akotár] *v. tr.* **1.** (delimitar) borner. **2.** (anotar en los márgenes) annoter.

acre [ákre] *adj.* **1.** âcre. || *s. m.* **2.** (medida) acre *f.*

acrecentar [akreθentár] *v. tr.* accroître.

acreditar [akreðitár] *v. tr.* **1.** (a un embajador, a un periodista) accréditer. **2.** (confirmar) accréditer. || **acreditarse** *v. pr.* **3.** devenir réputé.

acreedor, -ra [akreeðór] *adj. y. s. m. y f.* **1.** (deudor) créancier, -ière. **2.** (que ha dado crédito a alguien) créditeur, -trice.

acribillar [akriβiʎár] *v. tr.* cribler.

acrobacia [akroβáθja] *s. f.* acrobatie.

acróbata [akróβata] *s. m. y f.* acrobate.

acrónimo [akrónimo] *s. m.* acronyme.

acta [ákta] *s. f.* **1.** acte *m.* **2.** (de una reunión) compte rendu; procès-verbal *m.* || **actas** *s. f. pl.* **3.** (de congreso) actes *m.*

actitud [aktitúð] *s. f.* attitude.

activar [aktiβár] *v. tr.* **1.** activer. **2.** (acelerar) activer la circulación. *Activer la circulation.*] **3.** (poner en marcha) déclencher.

actividad [aktiβiðáð] *s. f.* activité. || **en ~** activité; en exercice.

activo, -va [aktíβo] *adj.* actif, -ive.

acto [ákto] *s. m.* **1.** acte. **2.** (gesto) geste. || *Teatr.* acte. || **en el ~** sur-le-champ.

actor [aktór] *s. m.* acteur, comédien.

actriz [aktríθ] *s. f.* actrice.

actuación [aktwaθjón] *s. f.* **1.** façon d'agir, conduite. **2.** *Teatr.* jeu *m.*; numéro *m.*

actual [aktwál] *adj.* actuel, -elle.

actualidad [aktwaliðáð] *s. f.* actualité.

actualizar [aktwaliθár] *v. tr.* mettre à jour; actualiser.

actuar [aktuár] *v. intr.* **1.** (comportarse) agir [Has obrado mal. *Tu as mal agi.*] **2.** (entrar en actividad) agir [La medicina actuó rápido. *Le médicament a agi vite.*] **3.** (intervenir) jouer. **4.** jouer; jouer un rôle.

acuarela [akwaréla] *s. f.* aquarelle.

Acuario[1] [akwárjo] *n. p. 2.* Verseau.

acuario[2] [akwárjo] *s. m. 1.* aquarium.

acuartelar [akwartelár] *v. tr. 1.* caserner.

acuático, -ca [akwátiko] *adj.* aquatique.

acuchillar [akutʃiʎár] *v. tr. 1.* poignarder. **2.** (el parquet) raboter. ‖ **acuchillarse** *v. pr.* se donner des coups de couteau.

acuciar [akuθjár] *v. tr.* (una necesidad) presser.

acudir [akuðír] *v. intr. 1.* arriver, venir. **2.** (asistir) se rendre. **3.** (corriendo o en tropel) accourir. **4.** *fig.* (una idea) venir à l'esprit.

acueducto [akweðúkto] *s. m.* aqueduc.

acuerdo [akwérðo] *s. m. 1.* (acción y resultado de acordar) accord. **2.** (entendimiento, harmonía) accord [Existe un acuerdo entre ellos. *Il y a un accord entre eux*]. **3.** (entre particulares o colectivos) arrangement. *Acuerdo comercial,* Convenio comercial. ‖ **de ~** (vale) d'accord, O.K. *fam.* ‖ **entendido de ~ con** (siguiendo a) selon, d'après [De acuerdo con este autor. *D'après cet auteur*.] (según) conforme a) conformément à [De acuerdo con la ley. *Conformément à la loi*.] ‖ **de común ~** d'un commun accord. ‖ **estar de ~** être d'accord, convenir [Estoy de acuerdo. *Je suis d'accord*.] ‖ **j'en conviens*]*. ‖ adhérer [Está de acuerdo con esas opiniones. *Il adhère à ces opinions*.] ‖ **llegar a un ~** s'entendre [Hay que llegar a un acuerdo con él. *Il faut s'entendre avec lui*.] **ponerse de ~** (para hacer algo) se mettre d'accord.

acumulación [akumulaθjón] *s. f.* accumulation.

acumular [akumulár] *v. tr. 1.* accumuler. ‖ **acumularse** *v. pr. 2.* s'accumuler.

acunar [akunár] *v. tr.* bercer.

acuñar [akuɲár] *v. tr.* (moneda) frapper, battre.

acupuntura [akupuntúra] *s. f.* acupuncture.

acurrucarse [akurrukárse] *v. pr. 1.* se blottir, se pelotonner. **2.** (agazaparse) se ramasser.

acusación [akusaθjón] *s. f.* accusation [Acusaciones malintencionadas. *Des accusations malveillantes*.] **2.** *Der.* accusation. **3.** (cargo) charge.

acusado, -da [akusáðo] *s. m. y f. 1. Der.* accusé, -ée [El banquillo de los acusados. *Le banc des accusés*.] ‖ *adj. 2.* (marcado, acentuado) accusé, -ée [Rasgos acusados. *Des traits accusés*.]

acusar [akusár] *v. tr. 1.* accuser. **2.** (denunciar) accuser; cafarder *fam.* (chivarse). ‖ **~ recibo** accuser réception.

acústico, -ca [akústiko] *adj. 1.* acoustique. ‖ **acústica** *s. f. 2.* acoustique.

adagio [aðáxjo] *s. m. Mús.* adagio.

adaptación [aðaptaθjón] *s. f.* adaptation.

adaptar [aðaptár] *v. tr. 1.* adapter [Adaptar una obra. *Adapter une œuvre*.] ‖ **adaptarse** *v. pr. 2.* s'adapter.

adecuado, -da [aðekwáðo] *adj.* adéquat, -te; approprié, -ée.

adecuar [aðekwár] *v. tr. 1.* (conformar) approprier, accorder. **2.** (amoldar) adapter; accommoder. ‖ **adecuarse** *v. pr. 3.* (convenir) convenir.

adefesio [aðefésjo] *s. m.* (persona fea o mal vestida) épouvantail.

adelantar [aðelantár] *v. tr. 1.* avanzar [Avanzar dos pasos. *Avancer de deux pas*.] **2.** (el reloj) avancer. **3.** (dejar atrás) devancer. **4.** (un coche) doubler, dépasser. **5.** (dinero) avancer. **6.** (avanzar rápido) progresser; avancer [Las obras han

ADELANTE - ADIÓS

adelantado. *Les travaux ont progressé*.
7. (hacer progresos) faire des progrès.
adelante [aðelánte] *adv.* **1.** plus loin, en avant [*Lleva su caballo adelante. Il a poussé son cheval en avant*]. **2.** en suivant [*Carretera adelante. En suivant la route*]. ‖ ¡ ~ ! *interj.* **3.** (cuando llama a la puerta) entrez! **4.** (animar a empezar o a continuar) continuez, allez-y; vas-y! [¡Adelante, lee! *Vas-y, lis!*] **5.** en avant; avancez! [¡Adelante, soldados! *Avancez, les soldats!*] ● **mas ~ au-delà** [Más adelante no hay más que las montañas. *Au-delà il n'y a que les montagnes*]. ‖ (más tarde) plus tard [Te veré más adelante *Je te verrai plus tard*]. ‖ (en escritos) par la suite. ● **Las formas "continuez" y "allez-y" se refieren a las personas vosotros, usted o ustedes. La forma "vas-y" a la 2ª pers. sing.

adelanto [aðelánto] *s. m.* **1.** (en tiempo) avance *f.* [Llevo tres horas de adelanto sobre los demás. *J'ai trois heures d'avance sur les autres*]. **2.** (desarrollo, progreso) avancement, progrès. **3.** (del sueldo) avance *f.* **4.** (por servicios) provision *f.*

adelgazar [aðelɣaθár] *v. tr.* **1.** amincir. ‖ *v. intr.* **2.** maigrir.

ademán [aðemán] *s. m.* **1.** (expresión del rostro) expression *f.* **2.** (gesto) geste. ‖ **ademanes** *s. m. pl.* **3.** manières *f.*

además [aðemás] *adv.* **1.** en plus **2.** (también) aussi. **3.** (argumento suplementario) et puis, d'ailleurs [Eso no es posible. Además no serviría de nada. *Cela n'est pas possible. D'ailleurs, cela ne servirait à rien*]. **4.** (en una enumeración o serie) et puis [Tiene varias colecciones de discos. Además colecciona radios... *Il a plusieurs collections de disques. Et puis, il fait collection de radios...*]. ‖ ~ **de** en plus de; outre [Además de eso. *En plus de cela / Outre cela*]. ‖ ~ **de que** outre le fait que.

adentrarse [aðentrárse] *v. pr.* **1.** s'enfoncer, s'introduire; pénétrer. **2.** *fig.* (profundizar) s'enfoncer; se livrer.

adentro [aðéntro] *adv.* **1.** (con movimiento) dedans, à l'intérieur. ‖ ¡ ~ ! *interj.* **2.** dedans! ‖ **mar ~** en pleine mer; haute mer. ‖ **tierra ~** dans l'arrière-pays; à l'intérieur du pays.

adepto, -ta [aðépto] *adj. y s. m. y f.* adepte.

aderezar [aðereθár] *v. tr.* **1.** (adornar) parer, omer. **2.** (alimentos) assaisonner, accommoder.

aderezo [aðeréθo] *s. m.* **1.** (adornos, joyas) parure *f.*; garniture *f.* **2.** *Gastr.* assaisonnement *f.*

adeudar [aðewðár] *v. tr.* **1.** devoir. **2.** *Econ.* (en una cuenta) débiter.

adherente [aðerénte] *adj. y s. m.* adhérent, -te.

adherir [aðerír] *v. tr.* **1.** coller, fixer. ‖ *v. intr.* **2.** adhérer. ‖ **adherirse** *v. pr.* (pegarse) adhérer. **4.** (a un partido) adhérer, se joindre. **5.** (a una opinión) se rallier.

adhesión [aðesjón] *s. f.* adhésion.

adhesivo, -va [aðesíβo] *adj.* **1.** adhésif, -ive. ‖ *s. m.* **2.** auto-adhésif.

adicción [aðikθjón] *s. f.* dépendance.

adición [aðiθjón] *s. f.* addition; somme.

adicionar [aðiθjonár] *v. tr.* additionner.

adicto, -ta [aðíkto] *adj.* toxicomane.

adiestrar [aðjestrár] *v. tr.* **1.** (amaestrar) dresser. **2.** (instruir) instruire.

adinerado, -da [aðineráðo] *adj. y s. m. y f.* riche; opulent, -te.

adiós [aðjós] *s. m.* (despedida definitiva) adieu ‖ ¡adiós! [Decir adiós. *Faire ses adieux*].

2. adieu [Decir adiós. *Dire adieu.*] || **¡ ~ !** *fórm.* **3.** (hasta la vista) au revoir; salut! *fam.* **4.** (hasta siempre) adieu! *litt.*

adivinanza [aðiβinánθa] *s. f.* devinette.

adivinar [aðiβinár] *v. tr.* deviner.

adivino, -na [aðiβíno] *s. m. y f.* devin, -ineresse.

adjetivo [aðχetíβo] *s. m., Ling.* adjectif.

adjudicar [aðχuðikár] *v. tr.* **1.** adjuger. || **adjudicarse** *v. pr.* **2.** s'adjuger.

adjuntar [aðχuntár] *v. tr.* **1.** joindre [Hay que adjuntar un documento. *Il faut joindre un document.*] **2.** (en anexo) annexer.

adjunto, -ta [aðχúnto] *adj.* **1.** adjoint, -te. **2.** (en anexo) annexe. || *adj. y adv.* **3.** ci-joint (se concuerda sólo cuando sigue al nombre) [Encontrará la hoja adjunta. *Vous trouverez la feuille ci-jointe.*] || *adj. y s. m. y f.* **4.** adjoint, -te [Director adjunto. *Directeur adjoint.*]

administración [aðministraθjón] *s. f.* administration.

administrador, -ra [aðministraðór] *s. m. y f.* **1.** administrateur, -trice. **2.** (de una propiedad) régisseur, -euse. **3.** (de un centro) économe. **4.** (militar o en un instituto de secundaria) intendant, -te.

administrar [aðministrár] *v. tr.* **1** administrer. **2.** (propiedades, negocios) administrer; gérer.

administrativo, -va [aðministratíβo] *adj.* administratif, -ive.

admirable [aðmiráβle] *adj.* admirable.

admiración [aðmiraθjón] *s. f.* admiration.

admirar [aðmirár] *v. tr.* **1.** admirer. || **admirarse** *v. pr.* **2.** se récrier.

admisible [aðmisíβle] *adj.* admissible.

admisión [aðmisjón] *s. f.* admission.

admitir [aðmitír] *v. tr.* **1.** admettre. **2.** (como posible o aceptable) accepter.

adobar [aðoβár] *v. tr.* **1.** (carne) mettre en daube; dauber. **2.** (pescado) mariner.

adobe [aðóβe] *s. m.* brique crue.

adolescencia [aðolesθénθja] *s. f.* adolescence.

adolescente [aðolesθénte] *adj. y s. m. y f.* **1.** adolescent, -te. || *s. m. y f.* **2.** (quinceañero) teenager *angl.*

adonde o a donde [aðónde] *adv. rel.* **1.** où [Ve adonde/ a donde quieras. *Va où tu voudras.*] **2.** où [Los lugares adonde vamos. *Les lieux où nous allons.*

adónde [aðónde] *adv. int.* **1.** où [¿Adónde vas? *Où vas-tu?*] || *adv. excl.* **2.** où [¡Adónde vamos a llegar! *Où va-t-on arriver!*]

adopción [aðopθjón] *s. f.* adoption.

adoptar [aðoptár] *v. tr.* adopter.

adoptivo, -va [aðoptíβo] *adj.* **1.** adoptif, -ive. **2.** (que adopta) adoptant, -te; adoptif, -ive [Madre adoptiva. *Mère adoptive.*]

adoquín [aðokín] *s. m.* **1.** pavé. **2.** *fig.* cruche *f.*

adorable [aðoráβle] *adj.* adorable.

adoración [aðoraθjón] *s. f.* adoration.

adorar [aðorár] *v. tr.* adorer.

adormecer [aðormeθér] *v. tr.* **1.** endormir; assoupir; engourdir. || **adormecerse** *v. pr.* **2.** (adormilarse) s'endormir. **3.** (un miembro) s'engourdir.

adormilarse [aðormilárse] *v. pr.* s'assoupir.

adornar [aðornár] *v. tr.* **1.** orner; parer. **2.** (añadir adornos) garnir; agrémenter. **3.** (hacer variado e interesante) agrémenter [Adornar su discurso. *Agrémenter son discours.*]

adorno [aðórno] *s. m.* **1.** (cosas) ornement. **2.** (joyas) parure *f.*; garniture *f.* (de un vestido).

ADOSADO - AFEITAR

adosado, -da [aðosáðo] *adj.* **1.** adossé, -ée. ‖ **adosados** *s. m. pl.* **2.** (chalets) pavillons jumeaux.

adquirir [aðkirír] *v. tr.* acquérir.

adquisición [aðkisiθjón] *s. f.* acquisition.

adrede [aðréðe] *adv.* exprès; à dessein; intentionnellement.

aduana [aðwána] *s. f.* douane.

aduanero, -ra [aðwanéro] *adj.* **1.** douanier, -ière. ‖ *s. m. y f.* **2.** douanier, -ière.

adueñarse [aðweɲárse] *v. pr.* **1.** (apropiarse) s'approprier. **2.** (un dolor, un sentimiento) s'emparer.

adulación [aðulaθjón] *s. f.* flatterie.

adulador, -ra [aðulaðór] *adj. y s. m. y f.* flatteur, -euse.

adular [aðulár] *v. tr.* flatter.

adulteración [aðulteraθjón] *s. f.* adultération.

adulterar [aðulterár] *v. tr.* **1.** adultérer. **2.** (un producto) altérer; falsifier.

adulterio [aðultérjo] *s. m.* adultère.

adulto, -ta [aðúlto] *s. m. y f.* **1.** adulte. **2.** (mayor de edad) adulte.

adverbio [aðβérβjo] *s. m., Ling.* adverbe.

adversario, -ria [aðβersárjo] *adj. y s. m. y f.* adversaire.

adversidad [aðβersiðáð] *s. f.* adversité.

adverso, -sa [aðβérso] *adj.* contraire; défavorable; adverse.

advertencia [aðβerténθja] *s. f.* **1.** (aviso) avertissement *m.* **2.** (observación) observation; remarque. **3.** (nota) avis *m.* [*Advertencia al lector. Avis au lecteur.*]

advertir [aðβertír] *v. tr.* **1.** (notar) remarquer; distinguer; observer. **2.** (avisar) avertir; signaler.

adyacente [aðjaθénte] *adj.* adjacent, -te.

aéreo, -a [aéreo] *adj.* aérien, -enne [*Líneas aéreas. Lignes aériennes.*]

aeróbic [aeróβik] *s. m., Dep.* aérobic *f.*

aerodinámico, -ca [aeroðinámiko] *adj.* **1.** aérodynamique. ‖ **aerodinámica** *s. f.* **2.** aérodynamique.

aeródromo [aeróðromo] *s. m.* aérodrome.

aerolito [aerolíto] *s. m.* aérolithe (aérolite).

aeronáutica [aeronáwtika] *s. f.* aéronautique.

aeronave [aeronáβe] *s. f.* aéronef *m.*

aeroplano [aeropláno] *s. m.* avion.

aeropuerto [aeropwérto] *s. m.* aéroport.

aerosol [aerosól] *s. m.* aérosol.

afabilidad [afaβiliðáð] *s. f.* affabilité.

afable [afáβle] *adj.* affable.

afamado, -da [afamáðo] *adj.* fameux, -euse; renommé, -ée; célèbre.

afán [afán] *s. m.* **1.** (ardor, celo) ardeur *f.;* empressement; zèle. **2.** (preocupación) souci.

afanar [afanár] *v. pr.* **1.** *fam.* (robar) piquer. ‖ **afanarse** *v. pr.* **2.** se donner de la peine; s'efforcer; se donner beaucoup de mal. **3.** (estar atareado) s'affairer.

afectado, -da [afektáðo] *adj.* **1.** affecté, -ée; maniéré, -ée. **2.** (dañado) endommagé, -ée. **3.** (damnificado) sinistré, -ée.

afectar [afektár] *v. tr.* **1.** (fingir) affecter. **2.** (conmocionar) toucher; affecter [*Le afectó mucho. Il a été très affecté.*] **3.** (llegar a influir) toucher [*Eso afectará a la economía. Cela touchera l'économie.*] **4.** (las desgracias, la enfermedad) éprouver [*La enfermedad le ha afectado. La maladie l'a éprouvé.*]

afectividad [afektiβiðáð] *s. f.* affectivité.

afecto, -ta [afékto] *s. m.* **1.** (cariño) affection *f.* **2.** (apego) attachement.

afeitar [afejtár] *v. tr.* raser. ‖ **maquinilla de ~** rasoir *m.*

AFEMINADO - AGACHAR

afeminado, -da [afeminaðo] *adj.* efféminé, -ée.

afianzar [afjanθar] *v. tr.* (fijar) fixer [Afianzar las bases. Fixer les bases].

aficionado, -da [afiθjonaðo] *adj.* y *s. m. y f.* 1. (amigo de) ami, -ie. 3. (seguidor) fan *m.*
‖ **aficionar** [afiθjonar] *v. tr.* 1. faire aimer.
‖ **aficionarse** *v. pr.* 2. prendre plaisir
‖ **aficionarse** *v. pr.* 2. prendre plaisir

afilador, -ra [afilaðor] *s. m. y f.* rémouleur *m.*

afilar [afilar] *v. tr.* 1. affiler. 2. (lápiz) tailler.
3. (un cuchillo) aiguiser, affûter, repasser.
‖ **afilarse** *v. pr.* 2. s'affilier, adhérer.

afín [afin] *adj.* 1. (contiguo) contigu, -uë.
‖ **afín** [afin] *adj.* 1. (contiguo) contigu, -uë.

afinar [afinar] *v. tr.* 1. accorder. 2. ajuster [Afinar la puntería. Ajuster son tir].
2. (semejante) analogue [Tener ideas afines. Avoir des idées analogues].

afirmación [afirmaθjon] *s. f.* affirmation.

afirmar [afirmar] *v. tr.* 1. (aseverar) affirmer, assurer. 2. (decir) soutenir. 3. (una construcción, los músculos) raffermir.
4. *fig.* (consolidar) raffermir. ‖ **afirmarse** *v. pr.* 5. s'affirmer.

aflicción [aflikθjon] *s. f.* affliction, peine.

afligido, -da [aflixiðo] *adj.* affligé, -ée.

afligir [aflixir] *v. tr.* 1. affliger. ‖ **afligirse** *v. pr.* 2. s'affliger, chagriner.

aflojar [afloxar] *v. tr.* 1. relâcher (cuerda), desserrer (cinturón, corbata, tornillo, nudo); lâcher (cinturón, riendas, cuerda). 2. (los músculos) détendre; relâcher. 3. (la velocidad) ralentir ‖ **aflojarse** *v. pr.* 4. (soltarse) se relâcher.

aflorar [aflorar] *v. intr.* (emerger) affleurer.

afluencia [afluenθja] *s. f.* affluence.
‖ **~ de público** affluence.

afluente [afluente] *s. m.* rivière *f.*; affluent *m.*

afluir [afluir] *v. intr.* 1. (el agua, la sangre) affluer. 2. confluer [Varios arroyos afluyen a este río. Plusieurs ruisseaux confluent avec cette rivière.] 3. *fig.* (llegar en abundancia) affluer, accourir.

afonía [afonja] *s. f.* aphonie.

afónico, -ca [afoniko] *adj.* aphone.

aforo [aforo] *s. m.* 1. jaugeage. 2. (de un teatro) nombre de places.

afortunado, -da [afortunaðo] *adj.* 1. (feliz) heureux, -euse. 2. (con suerte) chanceux, -euse.

afrenta [afrenta] *s. f.* affront *m.*, outrage *m.*; (deshonra) déshonneur *m.*

africano, -na [afrikano] *adj.* 1. africain, -ne. ‖ *s. m. y f.* 2. Africain, -ne.

afrontar [afrontar] *v. tr.* 1. (un peligro) affronter. 2. (una cosa) braver. 3. (poner frente a frente) mettre face à face.

afuera [afwera] *adv.* 1. (localización) dehors, au extérieur [Tengo el coche afuera. J'ai la voiture dehors]. 2. (dirección) dehors, à l'extérieur. ‖ **afueras** *s. f. pl.* 3. (de una ciudad) banlieue, alentours. ‖ ¡ ~ ! *interj.* 4. hors d'ici!, dehors! ‖ **hacia ~** (gralm. on écrit "hacia fuera") en dehors.

agachar [ɣaɣatʃar] *v. tr.* 1. (la cabeza, el cuerpo) baisser. ‖ **agacharse** *v. pr.* 2. se baisser.

agalla [aγáλa] s. f. ouïe. ‖ **tener agallas** avoir de l'estomac, avoir du cran.

agarrador [aγařaðór] s. m. poignée f.

agarrar [aγařár] v. tr. **1.** saisir, prendre; attraper. ‖ v. intr. **2.** (una raíz, una planta) prendre. ‖ **agarrarse** v. pr. **3.** s'accrocher; se cramponner.

agarrotar [aγařotár] v. tr. **1.** (atar) garrotter. **2.** (un músculo) raidir. ‖ **agarrotarse** v. pr. **3.** (un motor) gripper; bloquer. **4.** (un músculo) se raidir, devenir rigide.

agasajar [aγasaxár] v. tr. bien accueillir.

agazaparse [aγaθapárse] v. pr. **1.** se blottir. **2.** Amér. (esconderse) se tapir.

agencia [axénθja] s. f. agence f. [Agencia de viajes. *Agence de voyages*].

agenda [axénda] s. f. **1.** (de bolsillo) agenda m. **2.** carnet m. [Libreta de direcciones. *Carnet d'adresses*]. **3.** (orden del día) ordre du jour.

agente [axénte] s. m. agent. ‖ ~ **artístico** imprésario. ‖ ~ **de bolsa** agent de change.

ágil [áxil] adj. agile; souple.

agilidad [axiliðáð] s. f. (de movimientos) agilité; souplesse.

agitación [axitaθjón] s. f. **1.** agitation. **2.** (conmoción) remue-ménage m.

agitador, -ra [axitaðór] s. m. y f. agitateur, -trice.

agitar [axitár] v. tr. **1.** (sacudir) agiter; secouer [Agitar un árbol. *Secouer un arbre*]. **2.** fig. (levantar, sublevar) soulever. **3.** (commocionar) ébranler. ‖ **agitarse** v. pr. **4.** (el mar, el pelo) s'agiter. **5.** (moverse) se remuer. **6.** (revolotear) tourbillonner. **7.** fig. (hervir) bouillonner. **8.** (torcejear) se démener.

aglomeración [aγlomeraθjón] s. f. **1.** agglomération. **2.** encombrement m. **3.** (concentración) rassemblement m.

aglomerarse [aγlomerárse] v. pr. s'entasser.

aglutinante [aγlutinánte] adj. y s. m. agglutinant, -te.

aglutinar [aγlutinár] v. tr. **1.** agglutiner; coller. ‖ **aglutinarse** v. pr. **2.** s'agglutiner.

agobiar [aγoβjár] v. tr. **1.** (agotar) accabler. **2.** (provocar angustia) angoisser. **3.** (desbordar) déborder [El trabajo le agobia. *Le travail le déborde*].

agobio [aγóβjo] s. m. **1.** (agotamiento) accablement. **2.** (angustia) angoisse.

agolparse [aγolpárse] v. pr. **1.** (personas) se rassembler; se presser. **2.** (cosas) s'entasser.

agonía [aγonía] s. f. agonie; souffrance.

agonizar [aγoniθár] v. intr. agoniser.

agosto [aγósto] s. m. août [El uno o el dos de agosto. *Le premier ou le deux août*]. ‖ **hacer su ~** faire la saison, s'enrichir.

agotamiento [aγotamjénto] s. m. épuisement.

agotar [aγotár] v. tr. **1.** (terminar) épuiser [Agotar los recursos. *Épuiser les ressources*]. **2.** (vaciar, secar) vider, tarir. **3.** (un tema) épuiser. **4.** (abrumar) accabler. **5.** (de cansancio) épuiser. ‖ **agotarse** v. pr. **6.** s'épuiser.

agraciado, -da [aγraθjáðo] adj. y s. m. y f. **1.** (ganador) gagnant, -te [El número agraciado. *Le numéro gagnant*]. **2.** (favorecido) joli, -e. **3.** (guapo) beau, -elle.

agraciar [aγraθjár] v. tr. avantager [La naturaleza le agració. *La nature l'a avantagé*].

agradable [aγraðáβle] adj. agréable; doux, -ouce.

agradar [aγraðár] v. intr. plaire, aimer.

agradecer [aγraðeθér] v. tr. remercier.

agradecido, -da [aγraðeθíðo] adj. **1.** reconnaissant, -te. ‖ adj. y s. m. y f. **2.** obligé, -ée.

AGRADECIMIENTO - AGUARDAR

agradecimiento [ayraðeθimjénto] *s. m.*
1. (acción de agradecer) remerciement.
2. (reconocimiento) reconnaissance *f.*

agrado [ayráðo] *s. m.* 1. agrément. 2. plaisir. *Lo que sea de tu agrado.* Ce qui te fais plaisir.

agrandar [ayrandár] *v. tr.* 1. agrandir.
2. *fig.* (exagerar) grandir.

agrario, -ria [ayrárjo] *adj.* agraire.

agravar [ayraβár] *v. tr.* 1. aggraver. ‖ **agravarse** *v. pr.* 3. s'aggraver. 3. (complicarse) se compliquer.

agraviar [ayraβjár] *v. tr.* offenser.

agravio [ayráβjo] *s. m.* 1. (ofensa) offense *f.*; affront. 2. (perjuicio) dommage.

agregado [ayreɣáðo] *s. m. y f.* 1. attaché, -e [Agregado cultural. *Attaché culturel*]. 2. (profesor) maître-auxiliaire. ‖ *s. m.* 3. (conjunto) agrégat. 4. (añadido) annexe *f.*

agregar [ayreɣár] *v. tr.* 1. (añadir) ajouter. 2. (destinar) attacher.

agresión [ayresjón] *s. f.* agression.

agresividad [ayresiβiðáð] *s. f.* agressivité.

agresor, -ra [ayresór] *s. m. y f.* assaillant, -e; agresseur *m.*

agriar [ayrjár] *v. tr.* 1. aigrir. ‖ **agriarse** *v. pr.* 2. s'aigrir. 3. (la leche) tourner.

agrícola [ayríkola] *adj.* agricole.

agricultor, -ra [ayrikultór] *s. m. y f.* agriculteur, -trice.

agricultura [ayrikultúra] *s. f.* agriculture.

agridulce [ayriðúlθe] *adj.* aigre-doux, -ouce.

agrietar [ayrjetár] *v. tr.* 1. (la tierra, el suelo, una pared) fissurer. 2. (la piel) gercer. 3. (resquebrajar) fendre. ‖ **agrietarse** *v. pr.* 4. (la piel, la tierra) se gercer. 5. (una pared) se lézarder.

agrio, -gria [áyrjo] *adj.* 1. aigre. 2. (agriado) aigri, -ie [Leche agria. *Lait aigri*]. ‖ *s. m. Agr.* 3. agrume.

agrupación [ayrupaθjón] *s. f.* groupement *m.*

agrupar [ayrupár] *v. tr.* 1. grouper. 2. (reunir) rassembler. ‖ **agruparse** *v. pr.* 3. se grouper. 4. (en masa) se masser.

agua [áywa] *s. f.* eau [Agua sin gas. *Eau plate. Agua mineral. *Eau minérale*. Agua del grifo. *Eau du robinet*]. **aguas termales** eaux thermales.

aguacate [aywakáte] *s. m.* avocat.

aguacero [aywaθéro] *s. m.* averse *f.*; ondée *f.*; giboulée *f.*

aguadilla, hacer una [aywaðíʎa] *loc.* faire boire une tasse.

aguador, -ra [aywaðór] *s. m. y f.* porteur d'eau.

aguafiestas [aywafjéstas] *adj. y s. m. y f. inv.* 1. (inoportuno) rabat-joie. ‖ *s. m. y f. inv.* 2. trouble-fête.

aguafuerte [aywafwérte] *s. f.* 1. eau-forte. ‖ *s. m.* 2. (grabado) eau-forte.

aguanieve [aywanjéβe] *s. f.* neige fondue.

aguantar [aywantár] *v. tr.* 1. supporter, souffrir. 2. (con paciencia) endurer. 3. (golpes) encaisser. 4. (resistir) tenir [Aguantar el alcohol. *Tenir l'alcool*]. 5. (esperar) patientier. ‖ *v. intr.* 6. tenir [Ya no aguanta más. *Il ne tient plus*]. ‖ **aguantarse** *v. pr.* 7. (contenerse) se contenir. 8. (callarse) se taire. ‖ **¡que se aguante!** tant pis pour lui!

aguante [aywánte] *s. m.* endurance *f.*; résistance *f.*

aguar [aywár] *v. tr.* 1. (mezclar con agua) mélanger d'eau; couper; mouiller. 2. *fig.* (estropear) troubler; gâcher [Aguar la fiesta. *Troubler une fête*].

aguardar [aywarðár] *v. tr.* 1. attendre. ‖ *v. intr.* 2. attendre; patienter.

AGUARDIENTE - AHORA

aguardiente [aɣwarðjénte] *s. m.* (licor) eau-de-vie *f.*

aguarrás [aɣwarás] *s. m.* essence de térébenthine.

agudeza [aɣuðéθa] *s. f.* 1. (oído, instrumento) finesse. 2. (percepción, dolor) acuité. 3. (ingenio) esprit *m.*

agudo, -da [aɣúðo] *adj.* 1. (puntiagudo) aigu, -uë. 2. (astuto, sutil) fin, -ne. 3. (dolor) cuisant, -e. 4. (sonido, voz) haut, -e. 5. (penetrante) perçant, -e; mordant, -e. 6. (mordaz) piquant, -e. 7. (intenso, vivo) vif, -ive [Dolor agudo. *Douleur vive*].

agüero [aɣwéro] *s. m.* augure; présage. || **cosa de mal ~** porte-malheur *m. inv.* **de mal ~** porte-malheur *m. inv.* **mal ~** porte-malheur *m. inv.*

aguijón [aɣixón] *s. m.* 1. (punta) pointe de l'aiguillon; dard. 2. (de insecto) aiguillon. 3. *fig.* aiguillon, stimulant.

aguijonear [aɣixonẹár] *v. tr.* 1. aiguillonner. 2. *fig.* stimuler.

águila [áɣila] *s. f. Zool.* aigle *m.*

aguinaldo [aɣináldo] *s. m.* étrennes *f. pl.*

aguja [aɣúxa] *s. f.* 1. aiguille. 2. (aduanera) sonde. 3. (reloj) flèche; aiguille. 4. (de pino) aiguille. || **~ indicadora** index *m.*

agujerear [aɣuxeréár] *v. tr.* percer, trouer.

agujero [aɣuxéro] *s. m.* 1. trou. 2. (en una herramienta) lumière *f.* 3. (en una pared o muro) jour.

agujetas [aɣuxétas] *s. f. pl.* courbatures. || **lleno de ~** courbatu, -ue.

aguzar [aɣuθár] *v. tr.* 1. aiguiser. 2. (levantar) pointer [Aguzar las orejas. *Pointer les oreilles.*]; dresser; tendre; aiguiser [Aguzar el oído. *Dresser l'oreille.*].

¡ah! [á] *interj.* 1. (sorpresa, dolor) ah! 2. (dolor, queja) hélas!

ahí [aí] *adv.* 1. là-bas, là. Ahí no hay nadie. *Là-bas il n'y a personne!* 2. *fig.* près de *fig.* [Estuvo ahí cuando yo te necesité. *Il a été près de moi lorsque j'en avais besoin.*]. 3. (enfático) là; en cela [Ahí está el problema. *C'est là que se trouve le problème*]. 4. y [Va ahí a menudo. *Il y va souvent*]. || **~ está** Ahí están tus llaves. *Voilà tes clés!* **~ llega** Ahí llegan los niños. *Voilà les enfants!* **~ tienes** Ahí tienes tu dinero. *Voilà ton argent!* **~ viene** Ahí viene (él). *Le voilà!* **de ~ que** d'où le fait que [De ahí mi asombro. *D'où mon étonnement*]. **hasta ~** jusque-là. **por ~** (por ese lugar) par là. (en algún lugar) quelque part.

ahijado, -da [aixáðo] *s. m. y f.* filleul, -le.

ahínco [aíŋko] *s. m.* 1. (afán) ardeur *f.* 2. (insistencia) acharnement.

ahogar [aoɣár] *v. tr.* 1. noyer. 2. (asfixiar) étouffer. 3. (un motor) noyer. 4. (sofocar) suffoquer. 5. *fig.* (oprimir) oppresser. || **~ ahogarse** *v. pr.* 6. (hundirse) se noyer. 7. (atragantarse) s'étrangler. 8. *fig.* (sofocarse) étouffer.

ahogo [aóɣo] *s. m.* 1. (falta de aire) étouffement. 2. (sin respiración) essoufflement. 3. *fig.* (económico) gêne *f.*

ahondar [aondár] *v. tr.* approfondir; creuser.

ahora [aóra] *adv.* 1. (en este momento) maintenant [Ahora no puedo hablar. *Je ne peux pas parler maintenant*]. 2. (actualmente) maintenant; de nos jours; à l'heure actuelle. 3. (hace un momento o dentro de un momento) tout à l'heure [Ahora lo haré. *Je le ferai tout à l'heure.*]; (enseguida) tout de suite [Ahora mismo se va. *Il part tout de suite*]. || **¡ conj** 5. maintenant; cependant; or [Ahora, espero que no me

mientras, Maintenant, j'espère que tu ne me mentiras pas. ‖ ~ ... ~ sois ... sois tantôt ... tantôt. ‖ **bien maintenant**; cependant, or. **desde** ~ désormais, dorénavant. **hasta** ~ jusqu'à présent. **¡hasta ~!** à tout à l'heure! **por** ~ pour l'instant.

ahorcar [aɔrkár] v. tr. 1. pendre. ‖ **ahorcarse** v. pr. se pendre.

ahorrar [aɔřár] v. tr. 1. économiser; épargner, faire des économies; 2. (apartar dinero) mettre de côté. 3. fig. (palabras, críticas) ménager. 4. (evitar) éviter.

ahorro [aɔ́řo] s. m. 1. épargne f.; économie f. 2. **ahorros** s. m. pl. 2. économies f. ‖ **caja de ahorros** caisse d'épargne.

ahuecar [awekár] v. tr. 1. creuser, évider. 2. (tejidos, lana) alléger. ‖ **ahuecarse** v. pr. 3. devenir creux.

ahumado, -da [awmáðo] adj. 1. *carne* boucané, fumé, -ée; 2. (pescado) saur inv. fumé, -ée.

ahumar [awmár] v. tr. 1. (la carne, el pescado) fumer. 2. (la carne) boucaner. 3. (llenar de humo) enfumer. ‖ **ahumarse** v. pr. 4. s'enfumer.

ahuyentar [awjentár] v. tr. 1. (a os delincuentes) mettre en fuite. 2. fig. (los temores) chasser.

aimara [aimára] adj. y s. m. 1. aymara. ‖ s. m. y f. 2. Aymara.

airado, -da [airáðo] adj. furieux, -e; se; en colère. ‖ **vida airada** vie désordonnée.

aire [áire] s. m. 1. air. 2. fig. allure f.; air. ‖ **al ~ libre** en plein air; à la belle étoile. **cambiar de aires** s'aérer. **campamento al ~ libre** centre aéré. **tomar el ~** s'aérer.

airear [aireár] v. tr. 1. aérer, éventer. 2. fig. (un secreto) éventer. ‖ **airearse** v. pr. 3. s'aérer. 4. (tomar el aire) prendre l'air.

aislado, -da [aisláðo] adj. isolé, -ée.

aislamiento [aislamjénto] s. m. isolement.

aislante [aislánte] adj. y s. m. isolant, -e.

aislar [aislár] v. tr. 1. isoler. 2. fig. (dejar a un lado) mettre à l'écart. ‖ **aislarse** v. pr. 3. s'enfermer, se cantonner.

ajedrez [axeðréθ] s. m. échecs pl. ‖ **jugar al ajedrez** jouer aux échecs.

ajeno, -na [axéno] adj. 1. (de otra persona) d'autrui. ‖ **las affaires des affaires d'autrui**. 2. (lejano, excluido) étranger, -ère. ‖ **Ajeno a lo que ocurría. Étranger à ce qui arrivait.**

ajetreo [axetréo] s. m. (movimiento) affairement; agitation f. ‖ **El ajetreo de vehículos. L'affairement des véhicules.**

ajo [áxo] s. m. ail. ‖ **Un diente de ajo. Une gousse d'ail.**

ajuar [axwár] s. m. (de novia) trousseau.

ajustado, -da [axustáðo] adj. 1. (ceñido) collant, -e. 2. joint, -e. ‖ **Puertas ajustadas. Portes jointes.**

ajustar [axustár] v. tr. 1. ajuster. 2. (encajar) ajuster. ‖ **Ajustar dos tubos. Ajuster deux tuyaux.** 3. fig. (adecuar) conformer, alignar, modeler. 4. (establecer, determinar) arrêter. 5. (ropa) mouler, coller. 6. (el cinturón) serrer. 7. (cuentas) régler. ‖ v. intr. 8. (adaptarse una pieza a un vestido) joindre. ‖ **La puerta no ajusta. La porte ne joint pas.** ‖ **ajustarse** v. pr. 10. s'adapter. 11. (un vestido) coller. 12. (ser conforme con) se conformer.

ajuste [axúste] s. m. 1. *Tecnol.* ajustage. 2. (de un aparato) réglage. 3. (trato) marché. 4. *Impr.* mise en pages.

al [al] contracc. prep. y art. def. (a+le) 1. au (à+le). 2. en (+ger.); quand; lorsque [Al volver a su casa. En rentrant chez lui.] Quand il est rentré chez lui.]

ala [ála] *s. f.* **1.** (de pájaro, de edificio) aile. **2.** (del sombrero) bord *m*.

alabar [alaβár] *v. tr.* louer, vanter.

alabastro [alaβástro] *s. m.* albâtre.

alacena [alaθéna] *s. f.* placard *m*.

alacrán [alakrán] *s. m. Zool.* scorpion.

alambre [alámbre] *s. m.* fil de fer.

alameda [alaméða] *s. f.* **1.** (paseo con álamos) promenade de peupliers. **2.** (avenida) allée; avenue.

álamo [álamo] *s. m. Bot.* peuplier.

alarde [alárðe] *s. m.* démonstration *f*. ‖ **hacer ~ de** faire étalage de. ‖ (mostrar) afficher.

alardear [alarðeár] *v. intr.* **1.** faire le vantard. **2.** (jactarse de) se vanter.

alargamiento [alarγamjénto] *s. m.* prolongement.

alargar [alarγár] *v. tr.* **1.** (un pantalón, una falda) rallonger, allonger. **2.** (estirar) étirer, étendre. **3.** (tiempo) prolonger. **4.** passer [Alárgame el vino. *Passe-moi le vin*.] ‖ **alargarse** *v. pr.* **5.** (prolongarse) s'allonger. **6.** (extenderse) s'étendre. **7.** (estirarse) s'élancer. **8.** (los días) rallonger. ‖ **~ el paso** presser le pas.

alarido [alaríðo] *s. m.* hurlement. ‖ **dar alaridos** hurler.

alarma [alárma] *s. f.* **1.** alarme. **2.** (alerta) alerte. ‖ **dar la ~** alerter, donner l'alerte.

alarmar [alarmár] *v. tr.* **1.** alarmer. ‖ **alarmarse** *v. pr.* **2.** s'alarmer, s'inquiéter.

alba [álβa] *s. f.* **1.** (amanecer) aube. **2.** (madrugada) petit jour.

albañil [alβaníl] *s. m.* maçon.

albañilería [alβaniλería] *s. f.* maçonnerie. ‖ **obra de ~** maçonnerie.

albarda [alβárða] *s. f.* **1.** *bât m. Amér.* (silla de montar) selle.

albaricoque [alβarikóke] *s. m.* abricot. ‖ **~ libre** arbitre.

alberca [alβérka] *s. f.* bassin *m.*; réservoir *m*.

albergar [alβerγár] *v. tr.* **1.** héberger, abriter. **2.** *fig.* (esperanzas) nourrir.

albergue [alβérγe] *s. m.* **1.** (rural, de montaña) gîte. **2.** (mesón, parador rústico) auberge *f*. ‖ **Albergue juvenil** *Auberge de jeunesse*.

albino, -na [alβíno] *adj. y s. m. y f.* albinos.

albóndiga [alβóndiγa] *s. f.* boulette.

alborada [alβoráða] *s. f.* aube; point du jour.

alborear [alβoreár] *v. impers.* poindre.

albornoz [alβornóθ] *s. m.* (para el baño) peignoir.

alborotar [alβorotár] *v. intr.* **1.** (armar jaleo) faire du tapage. ‖ *v. tr.* **2.** troubler. **3.** (amotinar) ameuter. ‖ **alborotarse** *v. pr.* **4.** se troubler.

alboroto [alβoróto] *s. m.* **1.** vacarme; tapage; cohue *f*. **2.** (escándalo) chahut.

alborozo [alβoróθo] *s. m.* gaieté *f.*; grande joie; allégresse *f*.

albufera [alβuféra] *s. f.* lagon *m.*; étang *m.*

álbum [álβun] *s. m.* album. ● *Pl.* álbumes.

alcachofa [alkatʃófa] *s. f.* artichaut *m*.

alcalde [alkálde] *s. m.* maire.

alcaldesa [alkaldésa] *s. f.* maire *m.* [La Señora Alcaldesa. *Madame le maire*].

alcaldía [alkaldía] *s. f.* maire, hôtel de ville.

alcance [alkánθe] *s. m.* **1.** portée *f*. **2.** *fig.* (importancia) portée *f*. **3.** (posibilidad de alcanzar) atteinte *f*. ‖ **dar ~** rejoindre.

alcantarilla [alkantaríλa] *s. f.* égout *m*.

alcanzar [alkanθár] *v. tr.* **1.** atteindre. **2.** (dar alcance, coger) rejoindre, rattraper. **3.** (un buen resultado, una cantidad)

ALCAPARRA - ALFORJA

alcaparra [alkapárra] *s.f.* câpre.

alcázar [alkáθar] *s.m.* 1. (árabe) forteresse *f.* château fort. 2. (construit par les arabes en Espagne) palais royal.

alcohol [alkoól] *s.m.* alcool.

alcohólico, -ca [alkoóliko] *adj.* 1. (relativo al alcohol) alcoolique. || *adj. y s. m. y f.* (de una alcohólica) alcoolique.

alcoholismo [alkoolísmo] *s.m.* alcoolisme.

alcornoque [alkornóke] *s.m.* chêne-liège.

aldaba [aldába] *s.f.* heurtoir *m*; marteau *m.* (de porte).

aldea [aldéa] *s.f.* village *m.*

aldeano, -na [aldeáno] *adj. y s. m. y f.* (de una aldea) villageois, -se.

aleccionar [alekθjonár] *v. tr.* enseigner, instruire.

aleación [aleaθjón] *s.f.* alliage *m.*

alegar [aleγár] *v. tr.* 1. alléguer. 2. justificar) arguer, 3. (méritos) mettre en avant. || *v. intr.* 4. *Der.* (el abogado) plaider.

alegrar [aleγrár] *v. tr.* 1. réjouir. 2. *fig.* (dar vida, adornar) égayer, animer.
|| **alegrarse** *v. pr.* 3. se réjouir.

alegre [aléγre] *adj.* 1. joyeux, -euse. 2. (de buen humor) gai, -ie. 3. (risueño) enjoué, -ée.

alegría [aleγría] *s.f.* joie; allégresse (la alegría de vivir, *la joie de vivre*) 2. (regocijo) réjouissance. 3. (buen humor) gaieté.

obtenir. 4. (lograr, conseguir) atteindre. 5. (conseguir) parvenir. 6. (llegar) arriver, parvenir (*Alcanzar la cima, Arriver au sommet*). 7. *fig.* (llegar, herir) atteindre (la desgracia nos alcanza a todos, *le malheur nous frappe tous*). 8. (un arma, la vista) porter. 9. (llegar a un nivel, montar. || *v. intr.* 10. (ser bastante) suffire.

alejamiento [alexamjénto] *s.m.* 1. (distanciamiento) distance *f.* éloignement. 2. *fig.* (distancia) recul.

alejar [alexár] *v. tr.* 1. éloigner, écarter, séparer. 2. (de su deber) détourner.

alemán, -mana [alemán] *adj. y s. m.* 1. allemand, -de. || *s. m. y f.* 2. Allemand, -de.

alentar [alentár] *v. tr.* encourager.

alergia [aléryja] *s.f.* allergie.

alero [aléro] *s. m.* (del tejado) avant-toit, auvent.

alerón [alerón] *s.m.* aileron.

alerta [alérta] *s.f.* 1. alerte. || *adv.* 2. en alerte. || *¡ ~ ! interj* 3. alerte!

aleta [aléta] *s.f.* 1. (del pez) nageoire. 2. (de buceador) palme. 3. (de la nariz) aile; narine.

aletargar [aletaryár] *v. tr.* engourdir, endormir.

aletear [aleteár] *v. tr.* (los pájaros) battre des ailes, trémousser.

alevín [aleβín] *s. m.* 1. *Zool.* alevin. 2. *Dep.* (de 13 a 15 años) minime.

alevosía [aleβosía] *s.f.* *Der.* traîtrise.

alfabetizar [alfaβetiθár] *v. tr.* alphabétiser.

alfabeto [alfaβéto] *s. m.* alphabet.

alfalfa [alfálfa] *s.f.* *Bot.* luzerne.

alfarería [alfarería] *s.f.* poterie.

alfarero, -ra [alfaréro] *s. m. y f.* potier, -ière.

alférez [alféreθ] *s. m.* sous-lieutenant, -te.

alfil [alfíl] *s. m.* (pieza de ajedrez) fou.

alfiler [alfilér] *s. m.* 1. épingle *f.* 2. (de la ropa) épingle à linge *f.* 3. (joya) broche *f.*

alfombra [alfómbra] *s.f.* tapis *m.*

alfombrar [alfombrár] *v. tr.* recouvrir de tapis. 2. *fig.* (el suelo) jonher, tapisser.

alforja [alfórxa] *s.f.* 1. besace. || **alforjas** *s.f. pl.* 2. besace *sing.*

alga [alγa] *s. f. Bot.* algue.

algarabía [alγaraβia] *s. f.* charabia *m.*

algarroba [alγaroβa] *s. f. Bot.* 1. (planta) vesce. 2. (fruto) caroube.

algarrobo [alγaroβo] *s. m. Bot.* caroubier.

algo [alγo] *pron. indef.* 1. quelque chose, quelque chose de (+adj.) [Me dio algo muy bueno. Il m'a donné quelque chose de très bon]. || *adv.* 2. un peu [Algo grande. Un peu grand]. 3. (en exceso) trop [Es algo grande. C'est trop grand]. || ~ **de** un peu de [Tengo algo de vino. J'ai un peu de vin].

algodón [alγoðon] *s. m.* coton. || ~ **de azúcar** barbe à papa.

alguien [alγjen] *pron. indef.* quelqu'un [Llamó alguien. Quelqu'un a appelé]. • "Alguien" s'accorde toujours au m. sing.

algún, -guna [alγun] *adj. indef.* 1. (existencia desconocida) quelque [¿Tienes alguna vino? As-tu quelque vin?]. 2. (identidad desconocida) quelque; un, -ne [Vio algún niño. Il a vu quelque enfant]. || **algunos, -nas** *adj. indef. pl.* 3. (número escaso) quelques [Vi algunos cuadros. J'ai vu quelques tableaux]. 4. (determinados) certains, -nes. • "Algún" devient "algún" devant m. sing.

alguno, -na [alγuno] *pron. indef. sing.* 1. (cosa) en [Te queda alguno (algún pastel). Il t'en reste]. 2. (persona) quelqu'un. || **algunos, -nas** *pron. indef. pl.* 3. (persona) quelques-uns, -nes, certains, -nes; plusieurs [Algunos lo dicen. Certains le disent]. 4. (cosa) en [Tengo algunos. J'en ai (quelques-uns)].

alhaja [alaxa] *s. f.* 1. bijou *m.* 2. (de mucho valor) joyau *m.*

alhelí [aleli] *s. m. Bot.* giroflée *f.* • *Pl.* alhelíes.

aliado, -da [aljaðo] *adj.* 1. allié, -ée. || *s. m. y f.* 2. allié, -ée; ami, -ie.

alianza [aljanθa] *s. f.* alliance.

aliarse [aljarse] *v. pr.* s'allier.

alias [aljas] *adv.* 1. dit, -e; alias. || *s. m.* 2. sobriquet.

alicaído, -da [alikaiðo] *adj.* (decaído) abattu, -ue.

alicatar [alikatar] *v. tr.* carreler (cuisine).

alicate o alicates [alikate] *s. m.* 1. pince *f. pl.* 2. *Pl.* Alicates de uñas Pince à ongles. • *Gralm. au plurel.*

aliciente [aliθjente] *s. m.* attrait stimulant.

aliento [aljento] *s. m.* 1. (hálito) haleine *f.* souffle. 2. (resuello) souffle. 3. *fig.* (estímulo) encouragement. || **dejar sin** ~ essouffler. || **quedarse sin** ~ perdre son souffle. || **sin** ~ hors d'haleine, essoufflé, -ée.

aligerar [alixerar] *v. tr.* 1. alléger. 2. (carga, pena) soulager. 3. (los movimientos, el cuerpo) assouplir.

alijo [alixo] *s. m.* contrebande *f.*

alimaña [alimaɲa] *s. f.* 1. bête nuisible. 2. *fig.* (persona despreciable) vermine.

alimentación [alimentaθjon] *s. f.* alimentation.

alimentar [alimentar] *v. tr.* 1. alimenter. 2. (nutrir) nourrir.

alimento [alimento] *s. m.* nourriture *f.*; aliment [Almacenar alimentos. Stocker des aliments]. || **de mucho** ~ très nourrissant.

alinear [alineár] *v. tr.* aligner.

aliñar [aliɲar] *v. tr.* (un plato) assaisonner.

aliño [aliɲo] *s. m.* assaisonnement.

alisar [alisar] *v. tr.* 1. (pulir) lisser, polir. 2. (la madera) planer. 3. (el pelo) lisser.

alistamiento [alistamjento] *s. m. Mil.* 1. recrutement, enrôlement. 2. (llamada a filas) recensement.

alistarse [alistarse] *v. pr. Mil.* s'engager.

aliviar [alibjár] v. tr. **1.** (peso) alléger. **2.** (la preocupación) soulager; **3.** (dolor, desgracia) adoucir, calmer; **4.** (nervios) apaiser. **5.** fig. (conciencia) décharger.

alivio [alíβjo] s. m. **1.** (de un peso) allègement. **2.** (de una pena) adoucissement. **3.** (de cosas y personas) débarras. **4.** (de la tensión) détente f. **5.** fig. (de la conciencia) soulagement; décharge f.

allá [aʎá] adv. **1.** (lugar) là, là-bas, de ce côté. ● *Fuimos allá. Nous sommes allés à-bas.* **2.** (tiempo) autrefois [Allá por los años 30. *Autrefois, dans les années 30*]. ‖ ~ **abajo** là-bas. ‖ ~ **él** tant pis pour lui; c'est son affaire! ‖ **más** ~ au-delà [El más allá *L'au-delà*]. ‖ **muy** ~ loin, plus loin [más lejos, más allá, plus loin. | fig. (superación) au-delà [Mi competencia llega más allá. *Ma compétence s'étend au-delà.*] ● "Allá" indique un endroit plus vague que "allí".

allanar [aʎanár] v. tr. **1.** (igualar) aplanir; égaliser. **2.** (aplanar) aplatir. **3.** (las dificultades) vaincre. ‖ **allanarse** v. pr. **4.** fig. (se soumettre) se plier.

allegado, -da [aʎeɣáðo] adj. **1.** proche. ‖ **allegados** s. m. pl. **2.** proches, entourage.

allí [aʎí] adv. **1.** là, là-bas, de ce côté. **2.** y [El va allí todos los años. *Il y va tous les ans*]. ‖ ~ **está** voilà [Allí están los zapatos. *Voilà les chaussures*]. ~ **viene** voici [Allí vienen tus padres. *Voilà tes parents*]. **de** ~ en [Il en vient. *Viene de allí*]. **por** ~ par là.

alma [álma] s. f. **1.** âme. **2.** (espíritu) espíritu.

almacén [almaθén] s. m. magasin; entrepôt. ‖ **grandes almacenes** grands magasins.

almacenar [almaθenár] v. tr. **1.** emmagasiner, stocker. **2.** (dejar en un almacén) entreposer.

almeja [almeχa] s. f. Zool. clovisse.

almena [alména] s. f. créneau m.

almendra [alméndra] s. f. amande. ‖ ~ **garrapiñada** praline.

almendro [alméndro] s. m. Bot. amandier.

almíbar [almíβar] s. m. sirop (solution de sucre dans l'eau).

almidón [almiðón] s. m. amidon.

almidonar [almiðonár] v. tr. amidonner.

almirante, -ta [almiránte] adj. y s. m. amiral, -le.

almohada [almoáða] s. f. oreiller m.

almoneda [almonéða] s. f. vente aux enchères.

almorzar [almorθár] v. tr. e intr. déjeuner.

almuerzo [almwérθo] s. m. (a mediodía) déjeuner.

alocado, -da [alokáðo] adj. (insensato) irréfléchi, -ie.

alojamiento [aloχamjénto] s. m. **1.** logement. **2.** (temporal) logement.

alojar [aloχár] v. tr. **1.** loger. ‖ **alojarse** v. pr. **2.** (de forma temporal) loger.

alondra [alóndra] s. f. Zool. alouette.

alpargata [alparɣáta] s. f. espadrille.

alpinismo [alpinísmo] s. m. alpinisme; escalade.

alpino, -na [alpíno] adj. alpin, -ne.

alpiste [alpíste] s. m. Bot. alpiste.

alquilar [alkilár] v. tr. (dar o tomar en alquiler) louer [Se alquila. *A louer*].

alquiler [alkilér] s. m. **1.** (de una casa, de un coche) location f. **2.** (precio) loyer.

alquitrán [alkitrán] s. m. goudron.

alquitranar [alkitranár] v. tr. goudronner.

alrededor [alreðeðór] adv. **1.** (rodeando) autour, tout autour. ‖ **alrededores** s. m. pl. alentours, environs, abords, voisinage sing. ‖ ~ **de** (rodeando) autour de [Sentarse alrededor de la mesa. *S'asseoir*

autour de la table.) | (por los alrededores) autour de: *Mercedeaba alrededor de la casa, Il rôdait autour de la maison*.) | *fam.* autour de; à peu près *Alrededor del mediodía. Autour de midi*.| aux environs de (fechas y épocas); vers *Alrededor de 1900, Aux environs de 1900*. **alrededores de** (en las inmediaciones) aux environs de; aux alentours de.

alta [álta] *s. f.* 1. (admisión) entrée. 2. (de un hospital) bulletin de sortie.

altanería [altanería] *s. f.* orgueil *m.*

altanero, -ra [altanéro] *adj.* hautain, -ne.

altar [altár] *s. m.* ○ *Rel.* autel.

altavoz [altaβóθ] *s. m.* haut-parleur.

alteración [alteraθjón] *s. f.* (degradación) altération.

alterar [alterár] *v. tr.* 1. (modificar) altérer. 2. (adulterar) dénaturer. 3. (trastornar) déranger, dérégler. 4. pervertir (Alterar el sentido. *Pervertir le sens*.) || **alterarse** *v. pr.* 5. (modificarse) s'altérer. 6. (alborotarse) se troubler.

altercado [alterkáðo] *s. m.* altercation *f.*; dispute *f.*; accrochage; prise de bec.

alternar [alternár] *v. intr.* 1. (cambiar) alterner. 2. (frecuentar) fréquenter. || **alternarse** *v. pr.* 3. (turnarse) se relayer, alterner.

alternativa [alternatíβa] *s. f.* 1. alternative, -ive. 2. (elección posible) choix *m.* 3. *Taur.* alternative.

alternativo, -va [alternatíβo] *adj.* 1. alternatif, -ive.

alterno, -na [altérno] *adj.* 1. (corriente) alternatif, -ive. 2. (disposición espacial) alterne.

alteza [altéθa] *s. f.* altesse.

altibajos [altiβáxos] *s. m. pl.* hauts et bas.

altitud [altitúð] *s. f.* altitude.

altivo, -va [altíβo] *adj.* hautain, -ne.

alto, -ta [álto] *adj.* 1. (de estatura) grand, -de. 2. (elevado) élevé, -ée (Un edificio alto. *Un bâtiment élevé*.) 3. haut, -te (La Alta Edad Media. *Le haut Moyen Âge*.) || *s. m.* 4. (parada) halte. 5. (altura) hauteur *f.* 6. (la parte más alta) haut (Lo alto de l'échelle. *Le haut de l'escalier*.) 7. (de la montaña) sommet. 8. (de un edificio, de un árbol) faîte. || *adv.* 9. haut (Volar alto. *Voler haut*.) || *¡ ~ !* *interj.* 10. stop. 11. (sonido) fort. 12. *Mil.* halte. || **en voz alta** à voix haute.

altruismo [altruísmo] *s. m.* altruisme.

altura [altúra] *s. f.* 1. hauteur *f.* (Cien metros de altura. *Cent mètres de haut*.) 3. (altitud) altitude. 4. (elevación del terreno) butte. || **~ máxima** plafond *m.* **tener una ~ de** monter.

alubia [alúβja] *s. f.* haricot *m.*

alucinación [aluθinaθjón] *s. f.* hallucination.

alucinar [aluθinár] *v. tr.* halluciner.

alucine [aluθíne] *s. m.* (asombro) stupefacción *f.* (por la droga) délire.

alud [alúð] *s. m.* avalanche *f.*

aludir [aluðír] *v. intr.* (hacer alusión) parler; se référer (¿A qué alude usted? *De quoi parlez-vous?*)

alumbrado, -da [alumbráðo] *adj.* 1. éclairé, -ée. || *s. m.* 2. éclairage (Alumbrado público. *Éclairage public*.)

alumbrar [alumbrár] *v. tr.* 1. éclairer. (dar a luz) mettre au monde.

aluminio [alumínjo] *s. m.* aluminium.

alumno, -na [alúmno] *s. m. y f.* 1. (del colegio) élève; écolier, -ière. 2. (del instituto) lycéen, -enne. 3. (discípulo) disciple. 4. (que está aprendiendo) apprenant, -te.

alusión [alusjón] *s. f.* allusion.

35

ALUVIÓN - AMBULANTE

aluvión [aluβjón] *s. m.* **1.** (inundación) crue *f.* **2.** (materiales arrastrados) alluvion *f.;* apport d'alluvion. **3.** *fig.* (de gente) foule *f.*

alza [álθa] *s. f.* hausse (prix).

alzar [alθár] *v. tr.* **1.** (levantar, poner más alto) lever [Alzar los brazos. *Lever les bras.*] **2.** (la voz, una parte del cuerpo) hausser [Alzar las cejas. *Hausser les sourcils.*] **3.** (la voz, una queja) élever **4.** (algo o a alguien) relever; soulever. ‖ **alzarse** *v. pr.* **5.** (subir) s'élever. **6.** (el sol) se lever. **7.** *fig.* (el pueblo) se soulever. ‖ ~ **el vuelo** s'envoler.

amabilidad [amaβiliðáð] *s. f.* gentillesse.

amable [amáβle] *adj.* **1.** gentil, -ille; aimable. **2.** (atento) obligeant, -te.

amado, -da [amáðo] *adj.* aimé, -ée

amaestrar [amaestrár] *v. tr.* dresser; dompter.

amago [amáɣo] *s. m.* **1.** menace. **2.** *Med.* symptôme.

amainar [amajnár] *v. intr.* **1.** (el temporal) se calmer. **2.** (el viento) faiblir.

amamantar [amamantár] *v. tr.* **1.** (criar) allaiter; nourrir. **2.** (dar el pecho) donner le sein.

amanecer [amaneθér] *v. impers.* **1.** commencer à faire jour.‖ *s. m.* **2.** aube *f.* ‖ **al** ~ au point du jour.

amansar [amansár] *v. tr.* **1.** (domar) dompter. **2.** (domesticar) apprivoiser.

amante [amánte] *s. m. y f.* **1.** ami, -ie. ‖ *s. m.* **2.** amant. ‖ *s. f.* **3.** maîtresse. ‖ *adj.* **4.** qui aime; amateur; ami, -ie.

amapola [amapóla] *s. f., Bot.* coquelicot *m.*

amar [amár] *v. tr.* aimer.

amargado, -da [amaryáðo] *adj. y s. m. y f.* aigri, -ie.

amargar [amaryár] *v. tr.* rendre amer.

amargo, -ga [amáryo] *adj.* amer, -ère.

amargura [amaryúra] *s. f.* amertume.

amarillento, -ta [amariʎénto] *adj.* jaunâtre.

amarillo, -lla [amariʎo] *adj.* **1.** jaune. ‖ *s. m.* **2.** (color) jaune.

amarrar [amařár] *v. tr.* **1.** (un barco) amarrer. **2.** (atar) attacher. **3.** (con cuerdas) lier. **4.** (a una persona) ligoter.

amasar [amasár] *v. tr.* pétrir.

amasijo [amasíɣo] *s. m.* **1.** (masa de harina) pâte pétrie. **2.** *fig.* (de cosas estropeadas) gâchis.

amateur [amatér] *s. m. y f.* **1.** (no profesional) amateur *m.* **2.** (aficionado) ami, -ie.

amazona [amaθóna] *s. f.* amazone; écuyère; cavalière.

ámbar [ámbar] *s. m.* ambre.

ambición [ambiθjón] *s. f.* ambition.

ambicionar [ambiθjonár] *v. tr.* ambitionner.

ambientador [ambjentaðór] *s. m.* parfum d'ambiance.

ambientar [ambjentár] *v. tr.* **1.** (un lugar, un acto) créer l'ambiance de. ‖ **ambientarse** *v. pr.* **2.** (aclimatarse, habituarse) s'acclimater.

ambiente [ambjénte] *adj.* **1.** ambiant, -te. ‖ *s. m.* **2.** (medio) milieu. **3.** *fig.* ambiance *f.;* atmosphère *f.* **4.** (clima) climat.

ambigüedad [ambiɣweðáð] *s. f.* ambiguïté.

ambiguo, -ua [ambíɣwo] *adj.* ambigu, -uë.

ámbito [ámbito] *s. m., fig.* (medio) milieu.

ambos, -bas [ámbos] *adj. indef.* **1.** les deux. ‖ *pron. indef.* **2.** tous les deux (toutes les deux).

ambulancia [ambulánθja] *s. f.* ambulance.

ambulante [ambulánte] *adj.* **1.** ambulant, -te. **2.** (itinerante) itinérant, -te.

ambulatorio [ambulatorjo] *s. m.* dispensaire; hôpital.

amén [amén] *form. Rel.* amen, ainsi soit-il.

amenaza [amenaθa] *s.f.* menace.

amenazar [amenaθár] *v. tr.* **1.** (intimidar) menacer. **2.** risquer de. [Amenaza con volverse insoportable. Cela risque de devenir insoutenable.]

americana [amerikána] *s.f.* veston *m*.

americano, -na [amerikáno] *adj.* **1.** américain, -ne. || *s. m. y f.* **2.** Américain, -ne.

ametralladora [ametraʎaðóra] *s.f.* mitrailleuse.

amigable [amiɣáβle] *adj.* amical, -le; aimable

amígdala [amíɣðala] *s.f.* amygdale.

amigo, -ga [amíɣo] *s. m. y f.* **1.** ami, -ie; copain, -pine. **2.** (novio) ami, -ie.

amilanar [amilanár] *v. tr.* **1.** effrayer, faire peur. || **amilanarse** *v. pr.* **2.** s'effrayer. **3.** se décourager.

aminorar [aminorár] *v. tr.* **1.** (disminuir) amoindrir, diminuer. **2.** (velocidad) ralentir.

amistad [amistáð] *s.f.* amitié. || **trabar ~** se lier d'amitié.

amistoso, -sa [amistóso] *adj.* **1.** amical, -le. **2.** à l'amiable. **3.** à l'amiable. [Un arreglo amistoso. Un arrangement à l'amiable.]

amnistía [annistía] *s.f.* amnistie.

amo, -ma [ámo] *s. m. y f.* **1.** (propietario) maître, -esse; propriétaire; patron, -onne. **2.** (dueño) maître, -esse. || **ama de casa** (que lleva la casa, antitrona) ménagère (dedicada a las labores del hogar); femme au foyer. **ama de llaves** gouvernante.

amodorrarse [amoðorárse] *v. pr.* s'assoupir.

amoldar [amoldár] *v. tr.* **1.** (con un molde) modeler, mouler. **2.** (ajustar) ajuster. **3.** (la conducta) régler, aligner, adapter. [Amoldar su conducta a la de otros. Aligner sa conduite sur celle des autres.] || **amoldarse** *v. pr.* **4.** se mouler. **5.** *fig.* (adaptarse) suivre; s'adapter.

amonestar [amonestár] *v. tr.* (regañar) admonester; réprimander.

amoníaco [amoníako] *adj. y s. m.* ammoniaque *f*.

amontonar [amontonár] *v. tr.* **1.** (en montones) entasser, amonceler. **2.** (en un montón) amasser. **3.** (tierra, gente) tasser. **4.** (gente) masser; empiler. || **amontonarse** *v. pr.* **5.** (en montones) s'accumuler. **6.** (acumularse) s'accumuler. **7.** *fig.* (personas) s'agglutiner.

amor [amór] *s. m.* amour. || **~ a primera vista** coup de foudre. **~ mío** mon chou. **~ pasajero** amourette *f*. **hacer el ~** faire l'amour.

amordazar [amorðaθár] *v. tr.* **1.** (animales) museler. **2.** *fig.* (coartar la libertad de expresión) bâillonner.

amorfo, -fa [amórfo] *adj.* amorphe.

amorío [amorío] *s. m. fam.* (amor pasajero) amourette *f.*; caprice.

amoroso, -sa [amoróso] *adj.* affectueux, -euse.

amortajar [amortaxár] *v. tr.* ensevelir.

amortiguar [amortiɣwár] *v. tr.* **1.** amortir. **2.** *fam.* (el dolor) atténuer. **3.** (sonido) étouffer, assourdir.

amortización [amortiθaθjón] *s.f.* amortissement *m*.

amortizar [amortiθár] *v. tr.* **1.** *Econ.* amortir. **2.** (una deuda) éteindre.

amotinar [amotinár] *v. tr.* 1. ameuter; soulever. || **amotinarse** *v. pr.* 2. se mutiner, s'ameuter.

amparar [amparár] *v. tr.* 1. protéger, protection. || **ampararse** *v. pr.* s'abriter.

amparo [ampáro] *s. m.* 1. (protección) protection 2. *fig.* (refugio) refuge; abri.

ampliación [ampljaθjón] *s. f.* 1. agrandissement. 2. (aumento de la extensión) accroissement *m.* élargissement *m.* (Ampliación de los negocios, de una superficie. *Accroissement des affaires, d'une surface.)* 3. (de una foto) agrandissement *m.*

ampliar [ampljár] *v. tr.* 1. agrandir. 2. (hacer más extenso) élargir; étendre. 3. (una cantidad) augmenter (Ampliar el número de invitados. *Augmenter le nombre d'invités.)* 4. (una foto) agrandir.

amplificar [amplifikár] *v. tr.* amplifier.

amplio, -plia [ámpljo] *adj.* 1. (roca) ample; large. 2. (extenso) étendu, -ue. 3. (vasto) vaste. 4. *fig.* large (En sentido amplio. *Au sens large).*

amplitud [amplitúð] *s. f.* 1. ampleur. 2. (anchura, envergadura) largeur. 3. (de un movimiento) amplitude. 4. *importancia)* grandeur (La amplitud del problema. *La grandeur du problème).* 5. *fig.* (de miras, de ideas) largeur.

ampolla [ampóʎa] *s. f.* 1. (en la piel) ampoule. 2. (bebible, inyectable) poule; cloque.

amputar [amputár] *v. tr.* amputer.

amueblar [amweβlár] *v. tr.* meubler.

amuleto [amuléto] *s. m.* 1. amulette *f.* 2. porte-bonheur *inv.*

amurallar [amuraʎár] *v. tr.* fortifier.

ánade [ánaðe] *s. m. y f. Zool.* canard.

anagrama [anaɣráma] *s. m.* anagramme *f.*

analfabeto, -ta [analfaβéto] *adj. y s. m. y f.* analphabète; illettré, -ée.

análisis [análisis] *s. m.* analyse *f.*

analizar [analiθár] *v. tr.* analyser.

analogía [analoxía] *s. f.* analogie; ressemblance.

análogo, -ga [análoɣo] *adj.* analogue; semblable.

anarquía [anarkía] *s. f.* anarchie.

anarquista [anarkísta] *adj. y s. m. y f.* anarchiste.

anatomía [anatomía] *s. f.* anatomie.

anatómico, -ca [anatómiko] *adj.* anatomique.

anca [áŋka] *s. f.* (de rana) cuisse.

ancho, -cha [ántʃo] *adj.* 1. large (Hombros anchos. *De larges épaules.)* 2. (una pared) épais, -aisse. || *s. m.* 3. (anchura) largeur *f.* large.

anchoa [antʃóa] *s. f.* anchois *m.*

anchura [antʃúra] *s. f.* largeur. || ~ **de espaldas** (de hombros, de pecho) carrure.

anciano, -na [anθjáno] *adj.* 1. (de mucha edad) vieux, -eille; âgé, -ée. || *s. m. y f.* 3. (persona de mucha edad) ancien, -enne. || *s. m. y f.* 3. (persona de la tercera edad) vieillard *m.* (en general); vieux, -eille. || **anciana** *s. f.* vieille dame.

ancla [áŋkla] *s. f. Náut.* ancre.

anclar [aŋklár] *v. tr. e intr. Náut.* 1. mouiller; jeter l'ancre. || *v. tr. e intr.* 2. ancrer.

andaluz, -za [andalúθ] *adj.* 1. andalou, -ouse. || *s. m. y f.* 2. Andalou, -ouse.

andamio [andámjo] *s. m.* échafaudage.

andar¹ [andár] *v. intr.* 1. marcher; aller. || *v. tr.* 2. (ir a pie) parcourir. || **¡anda!** *interj.* 3. (sorpresa) tiens! 4. (petición) allons! || ~ **con cumplidos** faire des manières. ~ **con rodeos** louvoyer, tergiverser. ~ **de parranda** faire la noce. ~ **en tratos** être en pourparlers. ~ **rodando** traîner.

andar² [andár] *s. m.* **1.** (forma de andar) marche *f.*, allure *f.*; démarche *f.* **2.** (del tren, de un coche) train. • Souvent au pluriel.

andén [andén] *s. m.* **1.** (estación) quai. **2.** (de carretera) bas-côté. **3.** (de un puente) trottoir. • *Amér.* (acera) trottoir.

andrajo [andráxo] *s. m.* guenille *f.*; haillon.

andrajoso, -sa [andraxóso] *adj. y s. m. y f.* déguenillé, -ée.

anécdota [anékðota] *s. f.* anecdote.

anemia [anémja] *s. f.* anémie.

anémico, -ca [anémiko] *adj. y s. m. y f.* **1.** anémique. ‖ *adj.* **2.** *fig.* anémié, -ée [Una economía anémica. *Une économie anémiée*].

anestesia [anestésja] *s. f.* anesthésie.

anexionar [aneksjonár] *v. tr.* annexer.

anexo, -xa [anékso] *adj.* **1.** annexe. ‖ *s. m.* **2.** ci-joint. [e Una lista anexa. *Encontrará la lista anexa. Une liste ci-jointe. Vous trouverez ci-joint la liste*]. ‖ *s. m.* **3.** annexe *f.*

anfibio, -bia [amfíβjo] *adj. y s. m.* **1.** amphibie. ‖ *adj.* **2.** (vehículo) amphibie.

anfiteatro [amfiteátro] *s. m.* amphithéâtre.

anfitrión, -triona [amfitrjón] *s. m. y f.* amphitryon, -onne; hôte, -esse.

ángel [ánxel] *s. m.* **1.** ange *f.* **2.** *fig.* charme.

angina [anxína] *s. f.* *Med.* angine.

angoleño, -ña [angoléɲo] *adj.* **1.** angolais, -se. ‖ *s. m. y f.* **2.** Angolais, -se.

angosto, -ta [angósto] *adj.* étroit, -te; resserré, -ée; -ée.

anguila [angíla] *s. f.* *Zool.* anguille.

angula [angúla] *s. f.* *Zool.* civelle.

angular [angulár] *adj.* angulaire.

ángulo [ángulo] *s. m.* **1.** angle. **2.** (esquina) coin.

angustia [angústja] *s. f.* **1.** angoisse. **2.** (ansiedad) anxiété. **3.** (desamparo) détresse. **4.** (nudo en la garganta, en el pecho) serrement de cœur.

angustiar [angustjár] *v. tr.* angoisser.

anhelar [anelár] *v. tr.*, *fig.* (desear) désirer vivement, souhaiter.

anhelo [anélo] *s. m.* **1.** (ansia) vif désir. **2.** (deseo) souhait.

anidar [aniðár] *v. intr.* nicher, se nicher.

anilla [aníʎa] *s. f.* anneau *m.*

anillo [aníʎo] *s. m.* **1.** (sortija) bague *f.*; anneau. **2.** (aro) anneau. **3.** (eslabón de cadena) maille *f.* ‖ **~ de boda** alliance *f.*

animación [animaθjón] *s. f.* **1.** animation. **2.** (buen humor) entrain. **3.** (de una fiesta) ambiance. ‖ **dar ~** mouvementer.

animado, -da [animáðo] *adj.* **1.** (con animación) animé, -ée [Dibujos animados. *Dessins animés*]. **2.** (que anima) plein de vie; entraînant, -te; vivant, -te. **3.** (movido) mouvementé, -ée.

animal [animál] *adj.* **1.** animal, -le. ‖ *s. m. y f.* **2.** animal; bête *f.* **3.** (bruta) brute *f.* ‖ *animales s. m. pl.* **4.** bestiaux. ‖ **~ de carga** bête de somme. **~ de tiro** bête de trait.

animar [animár] *v. tr.* **1.** (a alguien, la conversación, un lugar) égayer. **3.** (el ambiente) chauffer. **4.** (dar ánimo) encourager. **5.** (poner de buen humor) mettre en train. **6.** (una historia, el estilo) animer, mouvementer, colorer. **7.** (un espectáculo, una revista) animer. ‖ **animarse** *v. pr.* **8.** s'animer.

ánimo [ánimo] *s. m.* **1.** (valor) courage. **2.** (estímulo) encouragement. **3.** (moral) moral. **4.** *ánime f.* [fuerza de ánimo] ‖ **¡~!** *interj.* **5.** courage! ‖ **con ~ de** dans l'intention de.

aniquilar [anikilár] *v. tr.* (destruir) anéantir, annihiler.

anís [anís] *s. m.* *Bot.* anis.

aniversario, -ria [aniβersárjo] *adj. y s. m.* anniversaire.

ano [áno] *s. m., Anat.* anus.

anoche [anótʃe] *adv.* hier soir.

anochecer [anotʃeθér] *v. impers.* **1.** faire nuit; tomber (la nuit). ∥ *s. m.* **2.** crépuscule; tombée de la nuit. ∥ **al ~** entre chien et loup.

anomalía [anomalía] *s. f.* anomalie.

anómalo, -la [anómalo] *adj.* anomal, -le.

anónimo, -ma [anónimo] *adj. y s. m.* anonyme.

anorak [anorák] *s. m.* anorak.

anorexia [anoréksja] *s. f.* anorexie.

anormal [anormál] *adj. s. m. y f.* anormal, -le.

anotación [anotaθjón] *s. f.* annotation.

anotar [anotár] *v. tr.* **1.** (tomar nota) noter. **2.** (poner notas en un escrito) annoter.

anquilosarse [ankilosárse] *v. pr.* **1.** *Med.* être ankylosé. **2.** être paralysé.

ansia [ánsja] *s. f.* anxiété.

ansiar [ansjár] *v. tr.* **1.** (codiciar) convoiter. **2.** (desear) désirer vivement.

ansiedad [ansjéðáð] *s. f.* anxiété.

ansioso, -sa [ansjóso] *adj.* **1.** (angustiado) anxieux, -euse. **2.** (que desea algo) désireux, -euse.

antagonismo [antaɣonísmo] *s. m.* antagonisme.

antagonista [antaɣonísta] *adj. y s. m. y f.* antagoniste.

ante[1] [ánte] *s. m.* daim.

ante[2] [ánte] *prep.* **1.** (en frente de) devant; en face de; face à. **2.** (frente a algo) devant [Ante la ley. *Devant la loi.*] **3.** auprès de [Disculparse ante ella. *S'excuser auprès d'elle.*] **4.** *fig.* (puesto que, visto que) étant donné. **5.** (antes de) avant ∥ **~ todo** (orden temporal) avant tout. (orden lógico) tout d'abord; d'abord.

anteanoche [anteanótʃe] *adv.* avant-hier soir.

anteayer [anteajér] *adv.* avant-hier.

antebrazo [anteβráθo] *s. m.* avant-bras.

antecámara [antekámara] *s. f.* antichambre.

antecedente [anteθeðénte] *s. m.* antécédent. ∥ **antecedentes penales** casier judiciaire. **persona con antecedentes penales** repris de justice.

antecesor, -ra [anteθesór] *s. m. y f.* **1.** (predecesor) prédécesseur; devancier, -ière. **2.** (ancestro) ancêtre; aîné, -ée.

antelación [antelaθjón] *s. f.* avance [Una hora de antelación. *Une heure d'avance.*] ∥ **con ~** à l'avance [Preparado con antelación. *Préparé à l'avance.*]

antemano, de [antemáno] *loc. adv.* d'avance; par anticipation.

antena [anténa] *s. f.* antenne.

anteojo [anteóχo] *s. m.* lunette *f.*

antepasado, -da [antepasáðo] *adj.* **1.** passé, -e (au précédent). ∥ *s. m. y f.* (gralm. au pl.) **2.** aïeul, -le; ancêtre.

antepenúltimo, -ma [antepenúltimo] *adj.* antépénultième.

anteponer [anteponér] *v. tr.* mettre devant.

anterior [anterjór] *adj.* **1.** (en el tiempo, en el espacio, en un razonamiento lógico) antérieur, -re [Es una época anterior; los miembros anteriores. *C'est une époque antérieure, les membres antérieurs.*] **2.** (inmediatamente antes) précédent, -te [El día anterior, la página anterior. *Le jour précédent, la page précédente.*]

antes [ántes] *adv. temp.* **1.** (con anterioridad a) avant [Llegó mucho antes. *Il est arrivé bien avant.*] **2.** (más pronto) plus tôt [Llegó antes. *Il est arrivé plus tôt.*] **3.** (primero) d'abord [Antes siéntate. *D'abord, assieds-toi.*] **4.** (en el pasado) au-

antibiótico [antiβjótiko] *s. m.* antibiotique.
anticiclón [antiθiklón] *s. m.* anticyclone.
anticipar [antiθipár] *v. tr.* 1. avancer. ‖ **anticiparse** *v. pr.* 2. prévenir, devancer.
anticipo [antiθípo] *s. m.* (sobre el sueldo) avance *f*.
anticonceptivo, -va [antikonθeptíβo] *adj. y s. m.* contraceptif, -ve.
anticuado, -da [antikwáðo] *adj.* 1. (una palabra) vieilli, -ie. 2. (pasado de moda) démodé, -ée. 3. (antiguo) antique.
anticuario, -ria [antikwárjo] *s. m. y f.* 1. antiquaire. 2. (negocio) magasin d'antiquités.
antídoto [antíðoto] *s. m.* antidote.
antifaz [antifáθ] *s. m.* loup; masque.
antiguamente [antiywaménte] *adv.* autrefois; jadis.
antigüedad [antiγweðáð] *s. f.* 1. (época) antiquité. 2. (obra de arte) antique *m*. 3. (en un trabajo) ancienneté. ‖ **antigüedades** *s. f. pl.* 4. antiquités. ‖ **tienda de antigüedades** magasin *sing.* d'antiquités.
antiguo, -gua [antíγwo] *adj.* 1. antique. 2. (anticuado) ancien, -enne; démodé, -ée [Antigua tradición. *Ancienne tradition.*]. ‖ *adj. y s.* 5. (detrás del sustantivo) d'avant, précédent, -te [El día antes. *Le jour précédent, d'avant.*]. ‖ *conj.* 6. plutôt [Antes morir que ser humillado. *Plutôt mourir qu'être humilié.*]. ‖ ~ **de** *avant* (+s.) [Antes del mediodía. *Avant midi.*]; avant de décider. (+v.) [Antes de decidirse. *Avant de se décider.*] (anterior en el espacio) avant [Antes del restaurante. *Avant le restaurant.*]. ~ **de que** avant que [Antes de que venga. *Avant qu'il ne vienne.*]. **que** avant [Lo vio mucho antes que tú. *Il l'a vu bien avant toi.*]. **lo ~ posible** le plus tôt possible.

antipatía [antipatía] *s. f.* antipathie.
antipático, -ca [antipátiko] *adj.* antipathique.
antípoda [antípoða] *s. m. y f.* antipode.
antiséptico, -ca [antiséptiko] *adj. y s. m.* antiseptique.
antítesis [antítesis] *s. f.* antithèse.
antojarse [antoxárse] *v. pr.* avoir envie; désirer.
antojo [antóxo] *s. m.* 1. (capricho) caprice. 2. (de embarazada o mancha en la piel del recién nacido) envie *f*.
antología [antoloxía] *s. f.* 1. anthologie. 2. (colección de textos) recueil *m*.
antónimo [antónimo] *s. m.* antonyme; contraire.
antorcha [antórtʃa] *s. f.* torche; flambeau *m*.
antro [ántro] *s. m.* antre.
antropófago, -ga [antropófaγo] *adj. y s.* *m. y f.* anthropophage.
anuario [anwárjo] *s. m.* annuaire, -elle. ‖ ~ **telefónico** annuaire.
anudar [anuðár] *v. tr.* 1. nouer. 2. (los cordones de los zapatos) attacher (les souliers).
anulación [anulaθjón] *s. f.* 1. annulation. 2. (ruptura de un acuerdo, de un tratado) dénonciation.
anular[1] [anulár] *s. m.* annulaire.
anular[2] [anulár] *v. tr.* 1. annuler. 2. (una reserva, un pedido) décommander; annuler. 3. (rescindir) résilier.
anunciar [anunθjár] *v. tr.* 1. annoncer. 2. (pronosticar) annoncer.

anuncio [anúnθjo] *s. m.* **1.** announce *f.;* avis. **2.** (publicitario) publicité *f.;* pub *f.* **3.** (cartel, póster) affiche *f.*

anverso [ambérso] *s. m.* face; envers.

añadidura [aɲaðiðúra] *s. f.* addition; supplément *m.*

añadir [aɲaðír] *v. tr.* **1.** (decir) ajouter. **2.** (un elemento) rajouter; additionner.

añejo, -ja [aɲéχo] *adj.* (vino) vieux, -eille.

añicos [aɲíkos] *s. m. pl.* miettes *f.;* morceaux. ‖ **hacer ~** (un papel) déchirer. (un plato) briser.

año [áɲo] *s. m.* **1.** an [Ella tiene veinte años. *Elle a vingt ans.*] **2.** (período anual) année *f.* ‖ **años** *s. m. pl.* **3.** (de edad) âge *sing.* [¿Cuántos años tiene usted? *Quel âge avez-vous?*] ‖ **Año Nuevo** le Nouvel An. **entrado en años** âgé, -ée. **tener...años** être âgé de...ans.

añoranza [aɲoránθa] *s. f.* regret *m.*

añorar [aɲorár] *v. tr.* regretter; manquer [Le añoro. *Je le regrette.*/ Il me manque.]

anzuelo [anθwélo] *s. m.* hameçon.

apabullar [apaβuʎár] *v. tr.* **1.** *fam.* écraser. **2.** *fig.* (hacer callar) faire taire.

apacible [apaθíβle] *adj.* **1.** paisible; calme. **2.** (clima) doux, -ouce.

apaciguar [apaθiɣwár] *v. tr.* **1.** (tranquilizar) apaiser; calmer. **2.** (las críticas, el mal humor) adoucir. ‖ **apaciguarse** *v. pr.* **3.** s'apaiser.

apadrinar [apaðrinár] *v. tr.* parrainer.

apagado, -da [apaɣáðo] *adj.* **1.** (fuego, volcán, voz) éteint, -te. **2.** (ruidos) mat, -te. **3.** (color) terne. **4.** (triste, sombrío) maussade; morne.

apagar [apaɣár] *v. tr.* **1.** éteindre; étouffer. **2.** (sonidos) assourdir. **3.** (la sed) étancher; apaiser.

apagón [apaɣón] *s. m.* panne *f.*

apaisado, -da [apajsáðo] *adj.* **1.** oblong, -gue. **2.** *Impr.* à l'italienne.

apalear [apaleár] *v. tr.* (dar bastonazos) battre à coups de bâton.

apaño [apáɲo] *s. m.* arrangement (provisoire).

aparador [aparaðór] *s. m.* buffet.

aparato [aparáto] *s. m.* **1.** appareil. **2.** (de radio, de TV) poste. **3.** (chisme) truc.

aparcamiento [aparkamjénto] *s. m.* **1.** (acción de aparcar) stationnement. **2.** (parking) parc de stationnement; parc. **3.** (entre dos coches) créneau.

aparcar [aparkár] *v. tr.* **1.** garer. ‖ *v. intr.* **2.** se garer [He aparcado cerca de casa. *Je me suis garé près de la maison.*] **3.** stationner [Prohibido aparcar. *Défense de stationner.*] **4.** (entre dos coches) faire un créneau.

aparecer [apareθér] *v. intr.* **1.** apparaître. **2.** (un libro) paraître. **3.** (en escena) paraître. ‖ **aparecerse** *v. pr.* **4.** revenir.

aparejador, -ra [apareχaðór] *s. m. y f.* aide-architecte.

aparejo [apareχo] *s. m.* **1.** (del trabajo industrial, construcción) préparation *f.* ‖ **aparejos** *s. m. pl.* **2.** (equipo necesario) attirail *sing.* **3.** (herramientas) outillage *sing.* **4.** *Naút.* gréement *sing.*

aparentar [aparentár] *v. tr.* **1.** (fingir) feindre; simuler. **2.** (representar, parecer) paraître [Aparentar tener treinta años. *Paraître avoir trente ans.*]

aparente [aparénte] *adj.* **1.** (visible) apparent, -te. **2.** (pretendido) apparent, -te.

aparición [apariθjón] *s. f.* **1.** apparition. **2.** (publicación) parution.

apariencia [aparjénθja] *s. f.* **1.** apparence. **2.** (aspecto exterior) extérieur *m.* **3.** (de una persona) mine. **4.** *fig.* voile *m.;* mas-

APARTADO - APETECER

apariencias *s. f. pl.* **5.** apparences. ‖ ~ **engañosa** trompe-l'œil *m.* **falsa** ~ semblant *m.* [Una apariencia de triunfo. *Un semblant de triomphe*].

apartado, -da [apartaðo] *adj.* **1.** (desviado) détourné, -ée. **2.** (dejano) reculé, -ée *s. m.* **3.** (separación, clasificación) triage. **4.** (parte en un documento) volet. ‖ ~ **de correos** boîte postale.

apartamento [apartamẽto] *s. m.* **1.** (estudio) studio. **2.** (de una o dos habitaciones) appartement, deux-pièces. **3.** Amér. (piso) appartement.

apartar [apartár] *v. tr.* **1.** (separar, dejar a un lado) écarter. **2.** (dejar un espacio) décaler. **3.** (del deber) détourner. **4.** (la vista, los temores, la atención) détourner. ‖ **apartarse** *v. pr.* **5.** (alejarse) s'éloigner. **6.** (echarse a un lado) s'écarter [¡Apártate! *Écarte-toi!*]. ‖ **La vista se** détourner.

aparte [apárte] *adv.* **1.** (a un lado) de côté [Dejar aparte. *Mettre de côté*]. **2.** (separadamente) à part [Le hablaron aparte. *On lui a parlé à part*]. ‖ ~ *m.* **3.** *Teatr.* aparte. **4.** (párrafo) alinéa. ‖ ~ **de** (además de) en dehors de; outre. ~ **de eso** mis à part cela, outre cela. ~ **de que** outre le fait que. **punto y** ~ point à la ligne.

apasionado, -da [apasjonaðo] *adj.* **1.** (entusiasta) passionné, -ée. **2.** (en el amor) passionné, -ée. **3.** (ferviente) ardent, -te.

apasionar [apasjonár] *v. intr.* **1.** passionner. ‖ **apasionarse** *v. pr.* **2.** se passionner.

apatía [apatía] *s. f.* apathie.

apeadero [apeaðéro] *s. m.* **1.** (tren) halte *f.* **2.** (vivienda de paso) pied-à-terre.

apearse [apeár] *v. pr.* mettre pied à terre.

apedrear [apedreár] *v. tr.* jeter des pierres.

apego [apéɣo] *s. m.* attachement.

apelación [apelaθjón] *s. f.* *Der.* appel *m.*

apelar [apelár] *v. intr.* **1.** faire appel. **2.** (interponer un recurso contra) recourir. **3.** *fig.* (invocar) faire appel; en appeler; se réclamer [Apelar a sus conocimientos. *En appeler à vos connaissances*]. **4.** (recurrir a) avoir recours à; recourir.

apellido [apeʎíðo] *s. m.* nom de famille.

apelotonar [apelotonár] *v. tr.* **1.** pelotonner. ‖ **apelotonarse** *v. pr.* **2.** (acurrucarse) se pelotonner; se blottir.

apenar [apenár] *v. tr.* **1.** peiner; affliger; chagriner. ‖ **apenarse** *v. pr.* s'affliger.

apenas [apénas] *adv.* **1.** (casi nada, casi no) à peine; presque pas; ne ... guère [Apenas se ha movido. *Il n'a presque pas bougé*]. **2.** (muy poco) guère (en frase negativa) [Apenas tiene dinero. *Il n'a guère d'argent*]. **3.** (escasamente) à peine [Apenas tiene 10 años. *Il a à peine 10 ans*]. ‖ *conj.* **1.** (en cuanto) à peine ... que [Apenas entró vio a su hermana. *Il est à peine entré qu'il aperçut sa sœur*].

apéndice [apéndiθe] *s. m.* **1.** appéndice. **2.** (en un libro) appendice.

apendicitis [apendiθítis] *s. f.* appendicite.

aperitivo [aperitíβo] *s. m.* **1.** (bebida) apéritif. **2.** (comida) amuse-gueule. **3.** (buffet, vino) pot.

apertura [apertúra] *s. f.* **1.** ouverture. **2.** (de la actividad escolar, política) rentrée.

apesadumbrar [apesaðumbrár] *v. tr.* **1.** attrister; affliger; chagriner. ‖ **apesadumbrarse** *v. pr.* s'affliger.

apestar [apestár] *v. tr.* **1.** empester; puer. ‖ *v. intr.* **2.** puer [Apesta. *Ça pue*].

apetecer [apeteθér] *v. intr.* **1.** faire envie; plaire; dire *fam.* [Te apetece? *Ça te dit?*]. **2.** avoir envie [Me apetece preparar la cena. *J'ai envie de préparer le dîner*].

APETITO - APÓSTROFO

apetito [apetito] *s. m.* appétit.

apiadarse [apjaðár] *v. r.* 1. apitoyer. || **apiadarse** *v. pr.* 2. s'apitoyer sur.

ápice [ápiθe] *s. m.* 1. (punta, extremo) pointe *f.*; extrémité *f.* 2. *fig.* (ni el más mínimo detalle) rien; iota [No fará ni un ápice. *Il ne manque rien, pas un iota*]. 3. (ni un milímetro) pouce [No moverse ni un ápice. *Ne pas bouger d'un pouce*]. || **ni un ~** (ni lo más mínimo) d'un iota; pas le moins du monde.

apilar [apilár] *v. tr.* 1. (en un montón) empiler. 2. (en montones) entasser; amonceler [Apilar libros. *Entasser des livres*].

apiñar [apiɲár] *v. tr.* 1. entasser; empiler. 2. serrer [Apiñados como arenques. *Serrés comme des harengs*]. || **apiñarse** *v. pr.* 3. s'entasser; se presser.

apio [ápjo] *s. m. Bot.* céleri.

aplacar [aplakár] *v. tr.* 1. apaiser calmer. 2. (la sed) étancher. 3. *fig.* (el entusiasmo, el ánimo) refroidir.

aplanar [aplanár] *v. tr.* 1. aplanir. 2. (allanar) aplatir. 3. (terreno) aplanir.

aplastar [aplastár] *v. tr.* 1. (con las manos, los pies, una prensa) écraser; fouler. 2. (aplanar) aplatir.

aplaudir [aplawðír] *v. tr. e intr.* applaudir; battre des mains, claquer.

aplauso [apláwso] *s. m.* applaudissement (gralm. en pl.); battement des mains.

aplazamiento [aplaθamjénto] *s. m.* ajournement, remise *f.*; renvoi.

aplazar [aplaθár] *v. tr.* 1. ajourner; remettre; renvoyer; différer. 2. repousser; reporter [Aplazar la fecha. *Reporter la date*]. 3. (dejar para más tarde) renvoyer à plus tard.

aplicación [aplikaθjón] *s. f.* 1. application. 2. pose [Aplicación de una venda. *Pose d'un pansement*]. 3. (puesta en marcha) mise en oeuvre. 4. (uso, destino) emploi *m.* 5. (en el trabajo) zèle *m.*

aplicar [aplikár] *v. tr.* 1. appliquer. 2. (un remedio) administrer. || **aplicarse** *v. pr.* 3. s'appliquer.

aplomo [aplómo] *s. m. fig.* (sangre fría) aplomb. || **cobrar ~** mettre d'aplomb.

apocarse [apokárse] *v. pr.* s'effrayer.

apoderado [apoðeráðo] *s. m.* 1. mandataire; fondé de pouvoir. 2. *Dep.* manager.

apoderar [apoðerár] *v. tr.* 1. nommer comme fondé de pouvoir. || **apoderarse** *v. pr.* 2. s'emparer; se saisir.

apodo [apóðo] *s. m.* surnom; sobriquet.

apogeo [apoxéo] *s. m. fig.* apogée. || **estar en pleno ~** battre son plein.

apolillar [apoliʎár] *v. tr.* 1. ronger. || **apolillarse** *v. pr.* 2. (madera) se vermouler.

apología [apoloxía] *s. f.* apologie.

apoplejía [apoplexía] *s. f.* apoplexie.

aporrear [aporreár] *v. tr.* (pegar) 1. battre; frapper. 2. frapper [Aporrear la puerta. *Frapper à la porte*]. || **aporrearse** *v. pr.* 3. *fam.* se battre.

aportación [aportaθjón] *s. f.* apport *m.*; contribution.

aportar [aportár] *v. tr.* 1. *Econ.* apporter. 2. *fig.* fournir.

aposta [apósta] *adv.* à dessein; exprès.

apostar [apostár] *v. tr. e intr.* 1. parier; faire un pari. 2. jouer; miser [Apostar mil euros. *Miser mille euros*]. 3. *fig.* (defender) miser. 4. (al acecho) poster; planter. Placer. || **apostarse** *v. pr.* 5. parier [¿Cuánto te apuestas a que no llega primero? *Combien paries-tu qu'il n'arrive pas le premier*]. 6. (plantarse) se poster, se planter; se placer.

apóstol [apóstol] *s. m.* apôtre.

apóstrofo [apóstrofo] *s. m.* apostrophe.

APOTEOSIS - APROPIADO

apoteosis [apoteósis] *s.f.* apothéose.

apoyar [apoʝáɾ] *v. tr.* 1. appuyer. 2. (basar, fundar) *fig.* (sostener) étayer [*Sus argumentos apoyan esta hipótesis. Ses arguments étayent cette hypothèse.*] || *v. intr.* 4. appuyer. || **apoyarse** *v. pr.* 5. s'appuyer. 6. (reposar, descansar) porter [*La viga se apoya en el muro. Le poutre porte sur le mur.*]

apoyo [apóʝo] *s. m.* 1. appui. 2. *fig.* pilier, soutien.

apreciable [apreθjáβle] *adj.* appréciable, estimable, sensible.

apreciación [apreθjaθjón] *s.f.* appréciation, estimation.

apreciado, -da [apreθjáðo] *adj.* apprécié.

apreciar [apreθjáɾ] *v. tr.* 1. apprécier, estimer. 2. (tener aprecio) apprécier, avoir de l'estime pour. || **no ~** méconnaître.

aprecio [apréθjo] *s. m.* *fig.* (estima, consideración) estime.

apremiar [apremjáɾ] *v. tr.* 1. (a alguien) presser. || *v. intr.* 2. presser [*El tiempo apremia. Le temps presse*].

aprender [aprendéɾ] *v. tr.* apprendre.

aprendiz, -za [aprendíθ] *s. m. y f.* 1. (en un oficio) apprenti, -ie. 2. apprenant, -e.

aprendizaje [aprendiθáxe] *s. m.* apprentissage.

aprensión [aprensjón] *s.f.* appréhension; crainte; peur.

aprensivo, -va [aprensíβo] *adj.* craintif, -ive.

apresar [apresáɾ] *v. tr.* saisir, capturer.

apresurado, -da [apresuɾáðo] *adj.* 1. (rápido) empressé, -ée. 2. (con prisa) hâté, -ée; précipité, -ée; hâtif, -ive [*Conclusiones apresuradas. Conclusions hâtives*].

apresurar [apresuɾáɾ] *v. tr.* 1. presser, hâter; accélérer. || **apresurarse** *v. pr.* 2. se dépêcher, se presser, se hâter.

apretado, -da [apretáðo] *adj.* 1. (ropa, cuerda) juste, serré, -ée. 2. *fig.* serré, -ée; difficile.

apretar [apretáɾ] *v. tr.* 1. serrer. 2. (estrechar, estrujar) étreindre. 3. (entre dos cosas, contra algo) comprimer. 4. (un montón) tasser [*Apretar la tierra. Tasser la terre*]. 5. resserrer [*Apretar un nudo, un tornillo. Resserrer un nœud, une vis*]. 6. (la ropa) serrer. 7. (con los brazos) enserrer. 8. (pulsar) appuyer, presser [*Apretar el botón. Appuyer sur la touche*]. 9. (apoyar, presionar) appuyer [*Apretar la cabeza contra la almohada. Appuyer la tête sur l'oreiller*]. 10. (acelerar) presser [*Apretar el paso, el ritmo. Presser le pas, le rythme*]. || **apretarse** *v. pr.* 11. se presser, s'entasser. || **~ el paso** hâter le pas.

apretón [apretón] *s. m.* étreinte. || **~ de manos** poignée de main.

aprieto [aprjéto] *s. m.* gêne *f.*; embarras.

aprisa [aprísa] *adv.* vite, rapidement.

aprisionar [aprisjonáɾ] *v. tr.* 1. (encarcelar) emprisonner. 2. *fig.* immobiliser; coincer.

aprobación [aproβaθjón] *s.f.* 1. approbation, jugement favorable. 2. accord *m.*

aprobado, -da [aproβáðo] *adj.* 1. (con visto bueno) approuvé, -ée. 2. (en un examen) reçu, -ue. || **ser ~** passer un examen, être reçu.

aprobar [aproβáɾ] *v. tr.* 1. (dar la aprobación) approuver. 2. (un examen) passer un examen. 3. (al candidato a un examen) être reçu, être admis [*Aprobar un examen. Être admis à un examen*].

apropiado, -da [apropjáðo] *adj.* approprié, -ée.

apropiarse [apropjárse] *v. pr.* s'approprier; s'emparer.

aprovechar [aproβetʃár] *v. tr.* **1.** profiter [Aprovechar el momento, la ocasión. *Profiter du moment, de l'occasion.*] **2.** (sacar provecho) profiter [Han aprovechado la estancia. *Ils ont profité du séjour.*] || **aprovecharse** *v. pr.* **3.** profiter; exploiter. || ~ **para** en profiter pour. ~ **y** *fam.* en profiter pour [Aprovechó y se marchó. *Il en a profité pour partir.*] **¡que aproveche!** bon appétit!

aprovisionar [aproβisjonár] *v. tr.* approvisionner; fournir; munir.

aproximación [aproksimaθjon] *s. f.* **1.** (valor aproximado) approximation. **2.** (acercamiento) rapprochement *m.;* approche *m.*

aproximar [aproksimár] *v. tr.* **1.** approcher; rapprocher. || **aproximarse** *v. pr.* **2.** s'approcher.

aptitud [aptitúð] *s. f.* **1.** aptitude. **2.** disposition.

apto, -ta [ápto] *adj.* (competente) apte. || **no ~** inapte.

apuesta [apwésta] *s. f.* **1.** (acción de apostar) pari *m.* **2.** (lo que se apuesta) mise [Doblar la apuesta. *Doubler la mise.*] **3.** (en el juego) jeu *m.* [Hagan sus apuestas. *Faites vos jeux.*] **4.** *fig.* (lo que está en juego) enjeu *m.*

apuesto, -ta [apwésto] *adj.* beau -elle; de belle prestance; élégant, -te.

apuntador, -ra [apuntaðór] *s. m. y f.,* *Teatr.* souffleur, -euse.

apuntar [apuntár] *v. tr.* **1.** pointer [Apuntar con el dedo. *Pointer du doigt.*] **2.** (un arma) braquer. **3.** (con un arma) ajuster [Apuntar a una liebre. *Ajuster une lièvre.*] **4.** (tomar apuntes) noter. **5.** *fig.* (subra-

yar, enfatizar) relever. **6.** (a los actores) souffler. **7.** (la lección) souffler (soplar la respuesta). || *v. intr.* **8.** (el día) poindre. **9.** (con un fusil) mettre en joue. **10.** (con un arma) viser [Apuntar antes de disparar. *Viser avant de tirer.*] **11.** viser [Apuntar a un blanco. *Viser une cible.*] || **¡apunten!** *interj.* **12.** en joue!

apunte [apúnte] *s. m.* annotation *f.;* note *f.*

apuñalar [apuɲalár] *v. tr.* poignarder.

apurado, -da [apuráðo] *adj.* **1.** (de dinero) gêné, -ée. **2.** (con prisa) pressé, -ée.

apurar [apurár] *v. tr.* **1.** (gastar hasta el final) épuiser. **2.** (presionar, apremiar) presser. || **apurarse** *v. pr.* **3.** (preocuparse) s'en faire. **4.** *Amér.* (darse prisa) se hâter.

apuro [apúro] *s. m.* **1.** (situación embarazosa) gêne *f.;* embarras *m.* **2.** (económico) détresse *f.* || **sacar de un ~** dépanner.

aquel [akél] *adj. dem. m. sing.* **1.** ce; cet; ce ... -là; cet ... -là (la forma "cet" se usa delante de vocal o "h" muda) [Ce haricot, ce livre, cet avion-là, cet homme-là. *Aquella judía, aquel libro, aquel avión, aquel hombre.*] || **aquella** *adj. dem. f. sing.* **2.** cette; cette ... -là. || **aquellos** *adj. dem. m. pl.* **3.** ces; ces ... -là. || **aqueas** *adj. dem. f. pl.* **4.** ces; ces ... -là.

aquel o aquél [akél] *pron. dem. m. sing.* **1.** celui-là [Me comeré aquél. *Je mangerai celui-là.*] **2.** (+ que/de) celui [Aquél que ves, aquél de tus padres. *Celui que tu vois, celui de tes parents.*] || **aquella** *pron. dem. f. sing.* **3.** celle-là. **4.** (+ que/de) celle. || **aquello** *pron. dem. n.* **5.** cela; ça *fam.* [Aquello me gusta. *Cela m'a plu.*] **6.** (+ que/de) ce [Aquello que me dijiste. *Ce que tu m'as dit.*] || **aquellos** *pron. dem. m. pl.* **7.** ceux-là. **8.** (+que/de) ceux. || **aquellas** *pron. dem. f. pl.* **9.** celles-là.

10. (+ que/de) celles. • Les pronoms démonstratifs peuvent s'écrire avec accent. *Voici mes fils.* Voici les clés. — **viene voici** [aquí vienen mis hijos. Aquí están las llaves. Voici les clés.] || ~ **está** voici [Aquí estan los presentes]. *Ci-présents*, *tes* [Aquí presentes] adjectifs y siempre con guión [Aquí presentes]. *es tu*]. **3.** ci (forma compuestos con adverbios de momento, alors, ici. **2.** (entonces) en ce moment, alors; là [Aquí se calló. *Alors il s'est tu*]. **3.** ci (forma compuestos con adjetivos y siempre con guión) [Aquí presentes. *Ci-présents*].

aquí [akí] *adv.* **1.** ici. **2.** (entonces) en ce moment, alors; là [Aquí se calló. *Alors il s'est tu*]. **3.** ci (forma compuestos con adjetivos y siempre con guión) [Aquí presentes. *Ci-présents*]. || ~ **está** voici [Aquí están las llaves. *Voici les clés.*] ~ **viene** voici [Aquí vienen mis hijos. *Voici mes enfants.*] ~ **y allá** ici et là. **hasta** ~ jusque-là.

aquietar [akjetár] *v. tr.* (los ánimos, el espíritu) apaiser.

árabe [árape] *adj. y s. m.* **1.** arabe. || *s. m. y f.* **2.** árabe.

arado [aráðo] *s. m.* charrue *f.*

arandela [arandéla] *s. f.* (para tuercas) rondelle.

araña [arána] *s. f.* **1.** Zool. araignée. **2.** (lámpara) lustre *m.*

arañar [aranár] *v. tr.* **1.** (la piel con las uñas, las garras) griffer. **2.** (devantar la piel) écorcher; égratigner; érafler [Les épines lui ont arañado la piel. *Les épines lui ont écorché la peau.*] **3.** (un mueble) rayer. || **arañarse** *v. pr.* s'écorcher.

arañazo [aranáθo] *s. m.* **1.** (de una persona) coup d'ongle. **2.** (de un animal) coup de griffe. **3.** (en la piel, en una superficie) égratignure *f.*; éraflure *f.* écorchure *f.* **4.** (de un mueble) rayure *f.*

arar [arár] *v. tr.* (con el arado) labourer (avec la charrue). **2.** *fig.* (surcar) sillonner.

arbitrar [arβitrár] *v. tr.* arbitrer.

arbitrariedad [arβitrarjeðáð] *s. f.* arbitraire *m.*

arbitrario, -ria [arβitrárjo] *adj.* arbitraire.

árbitro [árβitro] *s. m.* arbitre.

árbol [árβol] *s. m.* arbre.

arbolada [arβoléða] *s. f.* bosquet *m.*; futaie (árboles altos).

arbusto [arβústo] *s. m.* Bot. **1.** (planta leñosa sin tronco principal) arbrisseau. **2.** (de hasta 1 metro de altura) arbuste.

arca [árka] *s. f.* arche.

arcada [arkáða] *s. f.* **1.** (serie de arcos) arcade. **2.** (soportal, galería) arcades *pl.* || **arcadas** *s. f. pl.* **3.** nausées; haut-le-cœur *m. sing.* [Dar arcadas. *Avoir un haut-le-cœur*.]

arcaico, -ca [arkájko] *adj.* archaïque.

archén [arčén] *s. m.* accotement; bas-côté.

archipiélago [arčipjélayo] *s. m.* archipel.

archivador [arčiβaðór] *s. m.* classeur.

archivar [arčiβár] *v. tr.* classer.

archivo [arčíβo] *s. m.* **1.** archives *f. pl.* || **archivos** *s. m. pl.* **2.** (documentos archivados) archives *f.*

arcilla [arθíʎa] *s. f.* argile; terre glaise; glaise.

arco [árko] *s. m.* **1.** (forma geométrica, arma, elemento arquitectónico) arc. **2.** (conjunto del arco y sus puntos de apoyos) arcade *f.* **3.** (de un puente) arche. **4.** *Mús.* (para tocar instrumentos) archet. || ~ **iris** arc-en-ciel.

arder [arðér] *v. intr.* **1.** brûler. **2.** (encenderse, incendiarse) prendre. **3.** *fig.* (de pasión) être dévoré. **4.** (de ira) bouillir.

ardid [arðíð] *s. m.* ruse *f.*; stratagème *f.*

ardiente [arðjénte] *adj.* **1.** ardent, -te. **2.** (la pasión) brûlant, -te.

ardilla [arðíʎa] *s. f.* Zool. écureuil.

ardor [arðór] *s. m.* **1.** ardeur *f.* **2.** *fig.* feu; flamme *f.*; passion *f.* || **ardores** *s. m. pl.* **3.** (de estómago) brûlures *f.*; aigreurs *f.*

arduo, -dua [árðwo] *adj.* ardu, -ue.

área [área] *s. f.* **1.** aire; surface. **2.** (100 m²) are. || ~ **urbana** district urbain.

arena [aréna] *s. f.* **1.** sable *m.* **2.** (de circo, de anfiteatro) arène. **3.** *Med.* sable.

ARENAL -ARRANCAR

arenal [arenal] *s. m.* 1. sablière *f.* 2. (de grava) grève *f.*

arenisco, -ca [arenisko] *adj.* sablonneux, -euse.

arenoso, -sa [arenoso] *adj.* sablonneux, -euse.

arenque [arenke] *s. m.* hareng.

argentino, -na [aryentino] *adj.* 1. argentin, -ne. || *s. m. y f.* 2. Argentin, -ne.

argot [aryót] *s. m.* 1. (malhechores) argot. 2. (profesiones y oficios) jargon, argot.

argumentar [aryumentár] *v. intr.* argumenter.

argumento [aryumento] *s. m.* 1. argument. (tema de una obra) sujet.

ardez [ardéé] *s. f.* ardité.

árdido, -da [árðo] *adj.* 1. ardé. 2. (pesado, difícil) rébarbatif, -ive.

Aries [árjes] *n. p.* Bélier.

arisco, -ca [arísko] *adj.* 1. (insociable) farouche, hargneux, -euse. 2. (mal humorado) bourru, -ue; revêche.

arista [arísta] *s. f.* 1. arête. 2. (metal) bavure.

aristocracia [aristokráɵja] *s. f.* aristocratie.

arma [arma] *s. f.* arme.

armada [armáða] *s. f.* 1. flotte armée. 2. (escuadra) escadre.

armador [amaðór] *s. m.* *Naút.* armateur.

armadura [amaðúra] *s. f.* 1. (armas) armure. 2. *Tecnol.* (armazón) monture *f.* 3. (del tejado) charpente.

armamento [amamento] *s. m.* armement.

armar [amár] *v. tr.* 1. armer. 2. (montar) monter. 3. *fam.* organiser. || **armarse** *v. pr.* 4. se munir [Armarse de paciencia. Se munir de patience].

armario [amárjo] *s. m.* 1. armoire *f.* 2. (de madera fijada a la pared) placard. || **~ empotrado** placard, armoire encastrée. **~ ropero** armoire-penderie.

armazón [amaθón] *s. f.* 1. armature. 2. (de casa o embarcación) charpente. 3. *fig.* charpente. || *s. m.* 4. (esqueleto) carcasse *f.*

armonía [armonía] *s. f.* 1. harmonie. 2. (entendimiento, adaptación) harmonie, entente. • También harmonía.

armónica [amónika] *s. f.* harmonica *m.*

armonioso, -sa [amonjóso] *adj.* harmonieux, -euse.

armonizar [amoniθár] *v. tr.* 1. harmoniser. 2. (adaptar) accorder [Armonizar sus principios y su vida. Accorder ses principes et sa vie].

aro [áro] *s. m.* 1. *Amér.* (anillo) bague *f.* 2. (de metal o madera) cerceau. 3. (pendiente) boucle d'oreille.

aroma [aróma] *s. m.* 1. arôme; parfum. 2. (del vino) bouquet.

arpa [árpa] *s. f.* *Mús.* harpe.

arpía [arpía] *s. f.* (mala mujer) mégère; chipie.

arpillera [arpiʎéra] *s. f.* (tela basta) serpillière.

arquear [arkeár] *v. tr.* 1. arquer, cambrer. || **arquearse** *v. pr.* 2. (una persona) se cambrer. || **~ el tronco** se cambrer.

arqueología [arkeoloxía] *s. f.* archéologie.

arquero [arkéro] *s. m.* archer.

arquitecto, -ta [arkitékto] *s. m. y f.* architecte.

arquitectura [arkitektúra] *s. f.* architecture.

arrabal [araβál] *s. m.* faubourg.

arraigar [araiyár] *v. intr.* 1. enraciner. 2. (las plantas) prendre. || **arraigarse** *v. pr.* 3. s'enraciner.

arraigo [aráiyo] *s. m.* *fig.* (sentimiento) enracinement.

arrancar [araŋkár] *v. tr.* 1. (arrebatar) enlever; arracher. 2. (extraer) arracher. 3.

47

ARRANQUE - ARRENDAR

arranque [arãke] *s. m.* **1.** (planta, dientes) arrachage. **2.** (del motor) démarrage. **3.** (mecanismo para arrancar el motor) démarreur. **4.** *fig.* (impulso) élan. **5.** (salida graciosa) boutade *f.*; saillie *f.* **6.** (de una canción, de una nota) attaque.

arrasar [arasár] *v. tr.* **1.** (demoler) démolir; raser. **2.** (destruir completamente) ruiner; détruire. **3.** (una región) ravager.

arrastrar [arastrár] *v. tr.* **1.** (llevar a rastras) traîner. **2.** entraîner [El alud ha arrastrado todo a su paso. *L'avalanche a tout entraîné dans sa chute*]. **3.** *fig.* (conllevar) entraîner. ‖ **arrastrarse** *v. pr.* **1.** (las serpientes) ramper. **5.** *fig.* se traîner.

arrastre [arástre] *s. m.* **1.** (de vagones, etc.) traînage. **2.** *Mec.* (transmisión del movimiento) entraînement. **3.** *traîne f.* [Pesca de arrastre. *Pêche à la traîne*].

arrear [areár] *v. tr.* *fig.* (aguijonear) exciter.

arrebatar [arebatár] *v. tr.* **1.** (arrancar, despojar) enlever; arracher; ravir. **2.** *fig.* (enajenar, arrobar) transporter. ‖ **arrebatarse** *v. pr.* **3.** s'emporter.

arrebato [arebáto] *s. m.* **1.** (furor) emportement; (pronto) mouvement d'humeur. **3.** (de cólera) accès. **4.** (éxtasis) extase *f.*; transport. ‖ **dar un ~** s'emporter.

arrebujarse [arebuxárse] *v. pr.* s'emmitoufler.

arrecife [arefife] *s. m.* récif.

arreglado, -da [areyláðo] *adj.* **1.** (reparado) réglé, -ée. **2.** (acicalado) paré, -ée. **3.** (dispuesto) arrangé, -ée.

arreglar [areylár] *v. tr.* **1.** (reparar) arranger; réparer. **2.** dépanner [Arreglar un coche. *Dépanner la voiture*]. **3.** (poner en orden) ranger. **4.** (regular, ordenar) régler. **5.** (planta) arracher. **6.** (el peinado, la ropa) arranger. **7.** (modificar, acondicionar) aménager. **8.** (un error) corriger. **9.** *fig.* (una cuenta, un asunto) régler. ‖ **arreglarse** *v. pr.* **10.** s'arranger. **11.** (maquillarse) se faire sa toilette. **12.** (acicalarse) se parer; faire une beauté. ‖ **arreglárselas** se débrouiller; s'arranger.

arreglo [areylo] *s. m.* **1.** (acuerdo) accord; arrangement [Llegar a un arreglo. *Parvenir à un accord*]. **2.** (disposición, instalación de una casa) aménagement. **3.** (reforma, puesta a punto) remise en état. **4.** (ajuste de un aparato) réglage. **5.** (reparación) réparation. **6.** (acción de encajar y ajustar) ajustement. **7.** (modificación, corrección) remaniement [Realizó varios arreglos en el programa. *Il a fait plusieurs remaniements du programme*]. **8.** *fig.* (organización) agencement. **9.** *fig.* de cuentas, de un asunto) règlement. ‖ **~ a** (de acuerdo con) conformément à.

arremangar [aremaŋgár] *v. tr.* retrousser; relever.

arremeter [aremetér] *v. intr.* **1.** foncer; tomber [Arremeter contra. *Foncer sur*]. **2.** *fig.* s'attaquer.

arremolinarse [aremolinárse] *v. pr.* **1.** tournoyer. **2.** (la gente) tourbillonner.

arrendador, -ra [arendaðór] *adj.* y *s. m.* y *f.* **1.** *Der.* (que arrienda) bailleur, -euse. **2.** (que alquila) loueur, -euse.

arrendamiento [arendamjénto] *s. m.* **1.** (explotación de una finca) fermage. **2.** (cantidad pagada por el alquiler de una finca) affermage. **3.** (de una casa) location *f.* **4.** (contrato) bail.

arrendar [arendár] *v. tr.* **1.** (una tierra) affermer. **2.** (una casa) louer.

48

arrendatario, -ria [arẽndatárjo] *adj. y s. m. y f.* **1.** Der. preneur, -euse. **2.** (de una casa) locataire. || *s. m. y f.* **3.** (de una finca) fermier, -ière.

arrepentido, -da [arepentíðo] *adj.* repenti, -ie.

arrepentirse [arepentírse] *v. pr.* se repentir.

arrestar [arestár] *v. tr.* **1.** arrêter. **2.** Mil. consigner.

arriba [aříβa] *adv.* **1.** en haut [Subir arriba. Monter en haut]. **2.** (allá arriba) là-haut [Está arriba. Il est là-haut]. **3.** (piso de arriba) en dessus [Los vecinos de arriba. Les voisins d'en dessus.] **4.** en montant [Calle arriba. En montant la rue.]. || ~ ! interj. **5.** (vítores) vive! **6.** (para levantarse de pie) debout! || ~ las manos! haut les mains! de ~ (del piso de arriba) du dessus. de ~ abajo de haut en bas. hacia ~ en haut. más ~ en un escrito) ci-dessus; supra; plus haut. parte de ~ dessus *m.* río ~ en amont.

arriendo [arjéndo] *s. m.* **1.** (de una casa) location. **2.** (contrato de arrendamiento) bail. **3.** de una finca rural) ferme *f.* **4.** (precio de alquiler) loyer.

arriesgado, -da [arjesɣáðo] *adj.* risqué, -ée; dangereux, -euse; hasardeux, -euse.

arriesgar [arjesɣár] *v. tr.* **1.** risquer; hasarder. **2.** (aventurar) aventurer. || **arriesgarse** *v. pr.* **3.** se risquer; risquer de.

arrimar [arimár] *v. tr.* approcher; mettre auprès).

arrinconar [ařiŋkonár] *v. tr.* **1.** (dejar en una esquina) mettre dans un coin. **2.** (dejar de lado) mettre au rencart. **3.** *fig.* (acorralar) coincer.

arroba [ařóβa] *s. f. Inform.* arrobas

arrodillarse [ařoðiʎárse] *v. pr.* s'agenouiller.

arrogancia [aroɣáŋθja] *s. f.* arrogance.

arrogante [aroɣánte] *adj. y s. m. y f.* **1.** arrogant, -e. **2.** (orgulloso, altivo) hautain, -ne.

arrojado, -da [aroxáðo] *adj. fig.* hardi, -ie.

arrojar [aroxár] *v. tr.* **1.** jeter. **2.** (de vuelta) rejeter [Arrojar el pez al agua. Rejeter le poisson dans l'eau.] **3.** (proyectar) jeter. **4.** *fig.* (dejar ver) faire apparaître. || **arrojarse** *v. pr.* **5.** se jeter; se précipiter.

arrojo [aróxo] *s. m.* courage; hardiesse *f.*

arrollar [aroʎár] *v. tr.* **1.** (atropellar) renverser. **2.** (arrasar) emporter.

arropar [aropár] *v. tr.* **1.** couvrir; emmitoufler. || **arroparse** *v. pr.* **2.** se couvrir.

arroyo [aróʎo] *s. m.* ruisseau.

arroz [aróθ] *s. m. nz.*

arruga [ařúɣa] *s. f.* **1.** (en la piel) ride. **2.** (en una tela) pli *m.* || **arrugas** *s. f. pl.* **3.** (de cualquier superficie) sillons *m.*

arrugar [aruɣár] *v. tr.* **1.** (la ropa) rider; froisser. **2.** (un papel) chiffonner; froisser; fiper. || **arrugarse** *v. pr.* **3.** *fig.* (un anciano, una fruta) se ratatiner.

arruinar [aruinár] *v. tr.* **1.** ruiner. || **arruinarse** *v. pr.* **2.** se ruiner.

arrullar [aruʎár] *v. tr.* **1.** (canturrear) roucouler. **2.** (acunar) bercer.

arsenal [arsenál] *s. m.* arsenal.

arte [árte] *s. m.* || **bellas artes** beaux-arts *m.*

artefacto [artefákto] *s. m.* machine *f.*; engin.

artería [artérja] *s. f. Anat.* artère.

artesanía [artesanía] *s. f.* artisanat *m.*

artesano, -na [artesáno] *s. m. y f.* artisan, -ne; maître *m.*; maître artisan.

ártico, -ca [ártiko] *adj.* || *s. m.* arctique. **2.** (Polo Norte) Arctique.

articulación [artikulaθjón] *s. f.* articulation.

articular [artikular] *v. tr.* articuler.

artículo [artíkulo] *s. m.* **1.** article. **2.** *Econ.* produit. **3.** (mercancía) merchandise *f.*

artificial [artifiθjál] *adj.* artificiel, -elle.

artificio [artifíθjo] *s. m.* **1.** artifice. **2.** (truco) ruse *f.*; astuce *f.*; truc.

artillería [artiλería] *s. f.* artillerie.

artimaña [artimáɲa] *s. f.* **1.** (astucia, engaño) ruse; artifice *m.* **2.** (tejemaneje) agissements *m. pl.*

artista [artísta] *s. m. y f.* **1.** artiste; maître. **2.** (actor) comédien, -enne.

artístico, -ca [artístiko] *adj.* artistique.

arzobispo [arθoβíspo] *s. m.* archevêque.

as [as] *s. m.* as.

asa [ása] *s. f.* **1.** (de un recipiente) anse. **2.** (de un baúl) poignée; portant *m.*

asado [asáðo] *s. m.* rôti.

asalariar [asalarjár] *v. tr.* salarier.

asaltar [asaltár] *v. tr.* **1.** assaillir; attaquer. **2.** *fig.* (idea, sentimiento, muerte, enfermedad) venir.

asalto [asálto] *s. m.* **1.** assaut. **2.** (ataque) charge *f.*; offensive *f.* **3.** (agresión) attaque *f.* **4.** *Dep.* (boxeo) round.

asamblea [asambléa] *s. f.* assemblée.

asar [asár] *v. tr.* **1.** (en el horno) rôtir (au four). **2.** (en la parrilla) griller (au gril). **3.** cuire (au four, au gril). ‖ **asarse** *v. pr.* **4.** (en la parrilla) griller. ‖ ~ **en las brasas** brasiller.

ascendencia [asθendénθja] *s. f.* ascendance; lignée.

ascender [asθendér] *v. intr.* **1.** (subir, elevarse) monter. **2.** (una suma) s'élever, atteindre (Los gastos ascienden a 1 000 euros, *Les dépenses atteignent 1 000 euros*). **3.** (profesionalmente) être promu. ‖ *v. tr.* **4.** (profesionalmente) promouvoir; donner de l'avancement.

ascendiente [asθendjénte] *adj.* **1.** ascendant, -te; montant, -te. ‖ *s. m. y f.* **2.** (pariente en línea ascendente) ascendant, -te. ‖ *s. m.* **3.** ascendant; influence *f.*

ascensión [asθensjón] *s. f.* ascension.

ascenso [asθénso] *s. m.* **1.** (subida) ascensión *f.*; montée *f.* [Ascenso en globo. *Ascensión en ballon.*] **2.** (alpinismo) ascensión *f.* **3.** (profesional) avancement; promotion *f.* **4.** (de un militar) promotion *f.* **5.** (en una clasificación) remontée *f.*

ascensor [asθensór] *s. m.* ascenseur.

asco [ásko] *s. m.* **1.** (náusea) dégoût; nausée *f.* **2.** (repulsión) répugnance *f.*; répulsion *f.* ‖ **dar** ~ dégoûter; répugner; écœurer [Me da asco. *Ça me dégoûte.*] **hacer ascos** rechigner. **¡qué** ~**!** c'est dégoûtant!

asear [aseár] *v. tr.* **1.** laver. ‖ **asearse** *v. pr.* **2.** faire sa toilette; se laver.

asediar [aseðjár] *v. tr.* assiéger.

asedio [aséðjo] *s. m.* siège.

asegurar [aseɣurár] *v. tr.* **1.** assurer. ‖ **asegurarse** *v. pr.* **2.** s'assurer.

asentar [asentár] *v. tr.* **1.** asseoir. **2.** (una construcción) établir [Asentar los cimientos de una construcción. *Établir les fondements d'un bâtiment.*] **3.** (afianzar) affermir. ‖ **asentarse** *v. pr.* **4.** s'asseoir. **5.** (fijarse) se fixer. **6.** (en un lugar) s'établir.

asentimiento [asentimjénto] *s. m.* **1.** assentiment. **2.** (consentimiento) consentement.

asentir [asentír] *v. intr.* acquiescer.

aseo [aséo] *s. m.* **1.** (personal) toilette *f.* **2.** (limpieza) propreté *f.* ‖ **aseos** *s. m. pl.* **3.** (servicios) toilettes *f.*

asequible [asekíβle] *adj.* (al alcance) accessible (à la portée) [Productos asequibles. *Des produits accessibles.*]

aserción [aserθjón] *s. f.* assertion; affirmation.

ASESINAR - ASOCIACIÓN

asesinar [asesinár] v. tr. assassiner, tuer.

asesinato [asesináto] s. m. meurtre assassinat (magnicidio).

asesino, -na [asesíno] adj. y s. m. y f. meurtrier, -ière; assassin, -ne; tueur, -euse. • El fem. "assassine", se utiliza con el adjetivo pero no con el sustantivo.

asesor, -ra [asesór] adj. assesseur; conseiller, -ère.

asesorar [asesorár] v. tr. 1. conseiller. ‖ **asesorarse** v. pr. 2. consulter.

asestar [asestár] v. tr. assener, porter.

asfaltar [asfaltár] v. tr. asphalter.

asfalto [asfálto] s. m. asphalte.

asfixia [asfíksja] s. f. asphyxie.

asfixiar [asfiksjár] v. tr. 1. asphyxier. ‖ **asfixiarse** v. pr. 2. étouffer. 3. s'asphyxier. 4. fig. (de calor) étouffer.

así [así] adv. 1. ainsi [Es así. C'est ainsi]. 2. comme cela; comme ça [Yo siempre le he hablado así, de lui ai toujours parlé comme ça] adj. 3. comme celui-ce comme celle-la [Quiero unos zapatos así, je veux des chaussures comme celles-la]. ‖ ~ (+adj.)adv. (hasta tal punto) (regular) passable [¡cómo estás! –Así, así, passablement [¿Cómo estás? –Así, así, passablement]. ~ **como** ¡Cómo está tu? –Comme ci, comme ça]. ~ **como** ainsi que [Compré libros, así como revistas. J'ai acheté des livres, ainsi que des revues]. ~ **de** (+adj./adv.) (hasta tal punto) aussi; tellement; si [Es una aventura así de rara. C'est une aventure aussi étrange] ‖ **como ça** [Es así de grande. Il est grand comme ça]. ~ **es** c'est comme ça, c'est ça, il en est ainsi. ~ **mismo** (de la misma forma) de la même manière; pareillement. ~ **pues** ainsi donc; donc, alors. ~ **que** donc, alors. ~ **sea** ainsi soit-il. **¿no es** ~? n'est-ce pas?

asiático, -ca [asjátiko] adj. 1. asiatique. ‖ s. m. y f. 2. Asiatique.

asiduo, -dua [asíðwo] adj. 1. assidu, -ue. ‖ s. m. y f. habitué, -ée.

asiento [asjénto] s. m. 1. siège. 2. (de varias plazas) banquette f. [El asiento trasero de un coche. La banquette arrière d'une voiture]. 3. (en un espectáculo) place. 4. (de una botella, de una silla) fond. ‖ **plegable** strapontin. **tomar** ~ s'asseoir.

asignar [asignár] v. tr. 1. assigner. 2. (una cantidad) attribuer; affecter. 3. (conceder) accorder. 4. (un préstamo) allouer.

asignatura [asignatúra] s. f. matière, discipline.

asilo [asílo] s. m. asile.

asimilar [asimilár] v. tr. 1. assimiler. 2. (sustancias) assimiler. ‖ **asimilarse** v. pr. 3. s'assimiler. 4. (asemejarse) se ressembler, être similaire.

asimismo [asimísmo] adv. (además, también) aussi; de même. • No pas confondre avec "así mismo".

asir [asír] v. tr. prendre; saisir.

asistencia [asistéŋθja] s. f. 1. (presencia, asiduidad) présence. 2. (audiencia, público) assistance. 3. (ayuda) assistance; soins f. pl.; aide; secours m. ‖ ~ **médica** assistance médicale. ~ **a domicilio** Aide à domicile. [Asistencia a domicilio]. ~ **social** assistance.

asistente [asisténte] s. m. y f. (ayudante) assistant, -e. ‖ ~ **social** assistante sociale.

asistir [asistír] v. intr. 1. (presenciar) assister; être présent. 2. (concurrir) assister, aller [Asistir a una conferencia. Assister à une conférence.] v. tr. 3. (dar asistencia) asistir. 4. (cuidar, tratar) soigner [Asistir a los enfermos. Soigner les malades].

asma [ásma] s. m. asthme.

asno, -na [ásno] s. m. y f. âne, -esse.

asociación [asoθjaθjón] s. f. association.

51

asociar [asoθjár] *v. tr.* 1. associer. 2. (poner en relación) lier. 3. (crear un lazo) attacher. ‖ **asociarse** *v. pr.* s'associer.

asolar [asolár] *v. tr.* ravager, anéantir, dévaster.

asomar [asomár] *v. intr.* 1. apparaître. 2. (algo puntiagudo) pointer [Ya asoman los tejados, Les toits pointent.] ‖ *v. tr.* 3. (sacar) sortir. ‖ **asomarse** *v. pr.* 4. se montrer, se pencher.

asombrar [asombrár] *v. tr.* 1. *fam.* étonner; épater. ‖ **asombrarse** *v. pr.* 2. s'étonner.

asombro [asómbro] *s. m.* étonnement.

aspa [áspa] *s. f.* 1. croix de Saint André. 2. (del molino) aile.

aspecto [aspékto] *s. m.* 1. aspect. 2. (facetta) facette *f.* 3. (del rostro) mine *f.* 4. (de una persona) air, allure *f.* 5. (apariencia de las cosas) face *f.* 6. *fig.* (lado) côté [El aspecto bueno de las cosas, Le bon côté des choses.] 7. perspectiva *f.* (exterior) dehors sing. et jour insolite, Sous un jour insolite.] 8. (exterior) dehors sing. et pl. 9. (falso) semblant [Dar un aspecto de triunfo, Donner un semblant de triomphe.] ‖ **en ciertos aspectos** à certains égards.

aspereza [asperéθa] *s. f.* 1. (de una superficie) aspérité. 2. (del carácter) âpreté; rudesse.

áspero, -ra [áspero] *adj.* 1. (al gusto) âpre. 2. (al tacto) rugueux, -euse; âpre; rude. 3. (tejido basto) rêche. 4. (mordaz) aigre; cinglant, -te.

aspiración [aspiraθjón] *s. f.* aspiration.

aspirador, -ra [aspiraðór] *adj.* 1. aspirateur, -trice. ‖ *s. m.* 2. aspirateur. ‖ **aspiradora** *s. f.* 3. aspirateur.

aspirante [aspiránte] *s. m. y f.* aspirant, -te.

aspirar [aspirár] *v. tr. e intr.* 1. (aire) aspirer, inspirer, absorber. 2. (por la nariz) renifler, humer [Aspirar tabaco, un olor, renifler du tabac, une odeur.] ‖ *v. tr.* 3. (a un cargo o puesto) prétendre. 4. (ambicionar) aspirer à, ambitionner, souhaiter.

aspirina [aspirína] *s. f.* aspirine.

asquear [askeár] *v. tr. e intr.* dégoûter, écœurer.

asqueroso, -sa [askeróso] *adj.* 1. (que da asco) dégoûtant, -te; écœurant, -te; détestable. 2. (sucio) sale. 3. *fig.* (tiempo, humor) détestable.

asterisco [asterísko] *s. m.* astérisque.

astigmatismo [astigmastísmo] *s. m.* astigmatisme.

astilla [astíʎa] *s. f.* 1. (de madera) éclat *m.*; fragment de bois. 2. (de hueso) esquille.

astillar [astiʎár] *v. tr.* 1. (la madera) fendre. 2. (un hueso) fêler.

astillero [astiʎéro] *s. m.* chantier naval.

astringente [astrinxénte] *adj. y s. m.* astringent, -te.

astro [ástro] *s. m.* astre.

astrología [astroloxía] *s. f.* astrologie.

astronauta [astronáwta] *s. m. y f.* astronaute.

astronomía [astronomía] *s. f.* astronomie.

astucia [astúθja] *s. f.* 1. (ingenio) astuce. 2. (artimaña) ruse; artifice *m.*; astuce.

astuto, -ta [astúto] *adj.* astucieux, -euse; rusé, -ée; roué, -ée; fin, -ne; malin, -igne.

asumir [asumír] *v. tr.* assumer.

asunto [asúnto] *s. m.* 1. sujet; affaire *f.*; question *f.*; thème. ‖ **asuntos** *s. m. pl.* 2. affaires *f. pl.* [Ministerio de Asuntos Exteriores, Ministère des Affaires étrangères].

asustado, -da [asustáðo] *adj.* effrayé, -ée.

asustar [asustár] *v. tr.* 1. effrayer, faire peur. ‖ **asustarse** *v. pr.* 2. s'effrayer, avoir peur.

atacar [atakár] *v. tr.* 1. (asaltar) assaillir; 3. (agredir) agresser; 4. *fig.* (desacreditar) porter atteinte 5. (provocar) attaquer.

atajar [ataxár] *v. intr.* 1. (coger el camino corto) couper; prendre un raccourci. 2. (ser corto el camino) raccourcir. || *v. tr.* 3. couper le chemin; barrer le chemin. 4. *fig.* (frenar un problema, proceso o acción) arrêter; enrayer.

atajo [atáxo] *s. m.* raccourci; chemin de traverse.

atañer [ataɲér] *v. intr.* 1. (concernir) concerner; regarder; toucher. 2. (incumbir) incomber; 3. (competer) ressortir à; être du ressort de.; **en lo que atañe a** en ce qui concerne. ● Defectivo: sólo se conjuga en la 3ª pers.

ataque [atáke] *s. m.* 1. ataque *f.* 2. (agresión) agression *f.* 3. (asalto) assaut. 4. (de tos) accès. 5. (de nervios, ce epilepsia) crise *f.* Ataque cardíaco. Crise cardiaque.; **~ de risa** fou rire.

atar [atár] *v. tr.* 1. attacher. 2. (sujetar con cuerdas) lier; (con un cordel) ficeler. || **atarse** *v. pr.* a. se lier; b. attacher.; **~ado nes** lacer ses chaussures.

atardecer [atarðeθér] *v. impers.* 1. tomber. || *s. m.* 2. soir; coucher du soleil.

atascar [ataskár] *v. tr.* 1. boucher. 2. (un acceso) emboutelier. || **atascarse** *v. pr.* 3. (un conducto) se boucher. 4. (en una situación) s'emboucher. 5. (un mecanismo) se coincer.

atasco [atásko] *s. m.* 1. (tráfico) bouchon; embouteillage.

ataúd [ataúð] *s. m.* cercueil; bière *f.*

atemorizar [atemoriθár] *v. tr.* effrayer; faire peur.

atención [atenθjón] *s. f.* 1. attention. 2. (cuidado) soin *m.* 3. (amabilidad)

---

gentillesse. || **atenciones** *s. f. pl.* 4. (cuidados) soins *m.* 5. (detalles) petits soins. 6. (consideración) égards *m. sing.* || **a la ~ de ~ à l'attention de; pour: en ~ a** eu égard à [En atención a su salud. En considération de sa santé.]; **llamar la ~** se faire remarquer. **prestar ~** faire attention.

atender [atendér] *v. tr.* 1. (ocuparse de) s'occuper de. 2. (tener en cuenta) tenir compte. 3. (a un cliente) s'occuper de; servir. 4. (recibir) recevoir. || *v. intr.* 5. (prestar atención) faire attention.

atenerse [atenérse] *v. pr.* s'en tenir à.

atentado [atentáðo] *s. m.* 1. attentat. 2. *fig.* (ataque) atteinte *f.* [Atentado al honor. Attentat à l'honneur.]

atento, -ta [aténto] *adj.* 1. (que presta atención) attentif, -ive. 2. (amable) gentil, -il. ▸ **~able** obligeant, -te.

atenuar [atenuár] *v. tr.* 1. atténuer; diminuer. 2. (sonidos) assourdir.

ateo, -a [atéo] *adj. y s. m. y f.* athée.

aterir [atérir] *v. tr.* 1. (de frío) transir. || **aterirse** *v. pr.* 2. être transi de froid.

aterrar [atér̄ár] *v. tr.* 1. effrayer; terrifier. || **aterrarse** *v. pr.* 2. s'effrayer.

aterrizaje [ater̄iθáxe] *s. m.* atterrissage.

aterrizar [ater̄iθár] *v. intr.* atterrir; se poser.

aterrorizar [ater̄oriθár] *v. tr.* terroriser; effrayer; terrifier.

atesorar [atesorár] *v. tr.* 1. amasser; thésauriser. 2. *fig.* (cualidades) réunir.

atestado [atestáðo] *s. m.* 1. (acción de atestiguar) attestation. 2. constat; procès verbal. || **hacer un ~** faire un constat.

atestar [atestár] *v. tr.* 1. (llenar) bourrer. 2. encombrer; embarrasser [Atestar de muebles. Encombrer de meubles.]; 3. (testificar) atestar; testimoner.

ATESTIGUAR - ATRÁS

atestiguar [atestiywár] *v. tr.* **1.** (testificar) témoigner. **2.** (ser prueba de) prouver.

atiborrar [aṭiβorár] *v. tr.* **1.** (cebar) bourrer; gaver. **2.** *fam.* **atiborrarse** *v. pr. fam.* se gaver.

ático [átiko] *s. m.* grenier.

atinar [aṭinár] *v. intr.* **1.** (adivinar) trouver. **2.** (acertar) viser juste.

atizar [aṭiθár] *v. tr.* **1.** (el fuego) tisonner; attiser; raviver. **2.** *fam.* (pegar) frapper.

atlas [átlas] *s. m.* atlas.

atleta [atléta] *s. m. y f.* athlète.

atletismo [atletísmo] *s. m. Dep.* athlétisme.

atmósfera [atmósfera] *s. f.* **1.** atmosphère. **2.** *fig.* (ambiente) climat *m.*

atolladero [atoʎaðéro] *s. m.* **1.** bourbier; pétrin; embarras (Salir del atolladero. *Se tirer d'embarras*). **2.** *fig.* (atasco) impasse *f.*

atolondrado, -da [atoloṇdráðo] *adj.* **1.** étourdi, -ée. || *s. m. y f.* **2.** casse-cou.

atómico, -ca [atómiko] *adj.* atomique.

átomo [átomo] *s. m.* atome.

atónito, -ta [atónito] *adj.* supéfait, -e.

átono, -na [átono] *adj.* atone.

atontado, -da [atoṇtáðo] *adj.* **1.** (por fatiga) abêti, -ie; abruti, -ie. **2.** (por un golpe) abruti, -ie; hébété, -ée. **3.** (desconcertado) ébahi, -ie; ahuri, -ie. || **dejar ~** étourdir.

atontar [atoṇtár] *v. tr.* **1.** étourdir. **2.** (embrutecer) abêtir, abrutir.

atormentar [atormeṇtár] *v. tr.* **1.** tourmenter; torturer. **2.** (obsesionar) hanter; ronger; obséder. || **atormentarse** *v. pr.* se tracasser.

atornillar [atorniʎár] *v. tr.* visser.

atosigar [atosiɣár] *v. tr. fig.* harceler.

atracar [atrakár] *v. tr.* **1.** amarrer. **2.** (una persona, un lugar) voler à main armée; dévaliser. || *v. intr.* **3.** aborder, accoster.

atracarse *v. pr.* **4.** *fam.* se bourrer; se gaver.

atracción [atrakθjón] *s. f.* **1.** attraction. **2.** (atractivo) attirance. || **atracciones** *s. f. pl.* **3.** attractions (Parque de atracciones. *Parc d'attractions*).

atraco [atráko] *s. m.* agression *f.*; hold-up.

atractivo, -va [atraktíβo] *adj.* **1.** (cosas) attractif, -ive (La fuerza attractiva del imán. *La force attractive de l'aimant*). **2.** (personas) attirant, -te; accrocheur, -euse *fam.* **3.** (cautivador, curioso) attachant, -te (Una personalidad attractiva. *Une personnalité attachante*). || *s. m.* **4.** attrait; charme. || *s. m. pl.* **5.** appas.

atraer [atraér] *v. tr.* **1.** attirer. **2.** *fig.* (con un cebo) appâter. **3.** (tentar) allécher. || **~ con cebo** appâter.

atragantarse [atraɣaṇtárse] *v. pr.* (ahogarse) s'étrangler; s'étouffer.

atrancar [atraŋkár] *v. tr.* **1.** (con una barra) barricader. **2.** (un mecanismo) coincer. || **atrancarse** *v. pr.* **3.** se coincer.

atrapar [atrapár] *v. tr.* **1.** attraper; prendre. **2.** (sorprender) pincer. **3.** (un resfriado, una enfermedad) attraper.

atrás [atrás] *adv.* **1.** (a espaldas, detrás) derrière (Quedarse muy atrás. *Rester loin derrière*). **2.** (en sentido contrario a la marcha o a la vista) en arrière (Ir hacia atrás. *Aller en arrière*). || *adj.* **3.** arrière [Marcha atrás. *Marche arrière*]. || **¡ ~ !** *interj.* **4.** arrière! || **cuenta ~** compte à rebours. || **dar marcha ~** faire marche arrière. || **echarse ~** *fig.* (abandonar) reculer. || **echarse para ~** (moverse hacia atrás) reculer. || **hacia ~** en arrière (Il a regardé en arrière. *Miró hacia atrás*). || **para ~** en arrière.

ATRASAR - AUMENTO

atrasar [atrasár] *v. tr. e intr.* **1.** retarder [Mi reloj atrasa veinte minutos. *Ma montre retarde de vingt minutes.*] ‖ **atrasarse** *v. pr.* **2.** (quedarse atrás) rester en arrière; être retardé. **3.** (llevar retraso) être en retard; se mettre en retard.

atraso [atráso] *s. m.* **1.** retard. **2.** (de reloj) retard. ‖ **atrasos** *s. m. pl.* **3.** arriére *sing.* ‖ **con ~** (del reloj) en retard.

atravesar [atraβesár] *v. tr.* **1.** (poner de lado) mettre de travers. **2.** (cruzar) traverser; franchir; passer. **3.** (pasar a través de) percer; transpercer. **4.** *fig.* traverser.

atrayente [atrajénte] *adj.* **1.** (llamativo) attirant, -te **2.** (cosa atractiva, bonita) attrayant, -te.

atreverse [atreβérse] *v. pr.* oser. ‖ **no ~ a** hésiter à.

atrevido, -da [atreβíðo] *adj.* **1.** hardi, -ie; osé, -ée; courageux, -euse. **2.** (insolente) insolent, -te.

atrevimiento [atreβimjénto] *s. m.* **1.** (osadía) hardiesse *f.* **2.** (insolencia) audace *f.;* insolence *f.*

atribuir [atriβuír] *v. tr.* **1.** (otorgar) attribuer. **2.** *fig.* (dar sentido, valor) attacher. ‖ **atribuirse** *v. pr.* **3.** s'attribuer.

atributo [atriβúto] *s. m.* attribut.

atril [atríl] *s. m.* **1.** pupitre à musique. **2.** (misa) lutrin. **3.** (para libros) appui-livres.

atrio [átrjo] *s. m.* **1.** (de iglesia) parvis; portique. **2.** (vestíbulo) vestibule.

atrocidad [atroθiðáð] *s. f.* atrocité.

atrofia [atrófja] *s. f.* atrophie.

atropellar [atropeʎár] *v. tr.* **1.** (con el coche) renverser. **2.** écraser. **3.** (empujar violentamente) bousculer.

atroz [atróθ] *adj.* atroce.

atuendo [atwéndo] *s. m.* (vestimenta) tenue *f.;* mise *f.;* parure *f.*

atufar [atufár] *v. tr.* **1.** empester; puer. ‖ **atufarse** *v. pr.* **2.** s'étouffer.

atún [atún] *s. m.* thon.

aturdido, -da [aturðíðo] *adj. y s. m. y f.* (por el ruido) étourdi, -ie.

aturdir [aturðír] *v. tr.* étourdir.

audacia [awðáθja] *s. f.* audace.

audaz [awðáθ] *adj.* (osado) audacieux, -euse; osé, -ée; hardi, -ie.

audición [awðiθjón] *s. f.* audition.

audiencia [awðjénθja] *s. f.* **1.** audience. **2.** (de un programa) audience. ‖ **Audiencia de lo Criminal** cour d'assises; assises. **Audiencia Territorial** Cour d'appel.

audiovisual [awðjoβiswál] *adj.* audiovisuel, -elle.

auditivo, -va [awðitíβo] *adj.* auditif, -ive.

auditor, -ra [awðitór] *s. m.* auditeur, -trice.

auditorio [awðitórjo] *s. m.* **1.** (lugar) auditorium. **2.** (público) auditoire; public.

auge [áwχe] *s. m.* essor; apogée; expansion *f.* ‖ **cobrar ~** prendre son essor.

augurar [awγurár] *v. tr.* augurer; prédire.

augurio [awγúrjo] *s. m.* augure; présage.

aula [áwla] *s. m.* salle de classe.

aullar [awʎár] *v. intr.* hurler.

aullido [awʎíðo] *s. m.* hurlement.

aumentar [awmentár] *v. tr.* **1.** augmenter. **2.** accroître [Aumentar su poder, sus bienes. *Accroître sa puissance, ses biens.*] **3.** (extender, ampliar) étendre. **4.** (exagerar) grandir. **5.** (una imagen) grossir. **6.** (los precios) monter; majorer. **7.** (el nivel de vida, los impuestos) relever. ‖ *v. intr.* **8.** augmenter. **9.** (la oscuridad, la fortuna) grandir. **10.** *fig.* (el nivel) monter.

aumento [awménto] *s. m.* **1.** augmentation *f.;* accroissement. **2.** (de los precios, del valor) augmentation *f.* **3.** (de salario)

AUN - AUTORIZACIÓN

aun [awn] *adv.* **1.** même (+*adv.*+*gér.*) [*Aun con gafas no podía leerlo.* Même avec les lunettes, il ne pouvait pas le lire.] **2.** (+gerundio) bien que (+subjuntivo); même si (+indicativo) [*Aun siendo rico.* Même s'il est très riche *ou* Bien qu'il soit très riche.] **3.** (incluso) voire [*Pasaron semanas y aun meses. Des semaines sont passées, voire des mois.*] ~ **así** (a pesar de) tout de même ~ **cuando** même si (+indicativo); même (+gér.) [*Aun cuando viviera cien años más no lo vería. Même si je vivais encore cent ans, je ne le verrais pas.*] **y** ~ **así** et pourtant.

aún [aun] *adv.* (todavía) toujours; encore [*Aún llueve.* Il pleut toujours; *Aún llueve, aun esperan.* Il pleut toujours.] ~ **no** pas encore [*Aún no ha venido.* Il n'est pas encore venu.] | (sigue sin) toujours pas [*Aún no llueve.* Il ne pleut toujours pas.] ~ **más** qui plus est.

aunar [awnar] *v. tr.* joindre.

aunque [awnke] *conj.* bien que (+subjuntivo); même si (+indicativo); même (+gér.); quoique (+subjuntivo).

aupar [awpar] *v. tr.* **1.** hisser, lever. **2.** *fig.* exalter.

aureola [awreóla] *s. f.* auréole.

auricular [awrikulár] *adj.* **1.** auriculaire. || *s. m.* **2.** (del teléfono) écouteur. **3.** (receptor) récepteur.

aurífero, -ra [awrífero] *adj.* aurifère.

aurora [awróra] *s. f.* aurore.

auscultar [awskultár] *v. tr.* ausculter.

ausencia [awsénθja] *s. f.* absence.

ausentarse [awsentárse] *v. pr.* s'absenter.

austero, -ra [awstéro] *adj.* austère; sévère.

austral [awstrál] *adj.* austral, -e.

australiano, -na [awstraljáno] *adj.* **1.** australien, -enne. || *s. m. y f.* **2.** Australien, -enne.

austríaco, -ca o austriaco, -ca [awstríako] *adj.* **1.** autrichien, -enne. || *s. m. y f.* **2.** Autrichien, -enne.

auténtico, -ca [awténtiko] *adj.* **1.** authentique. **2.** vrai, -ie; véritable; bon, -onne [*Es un auténtico experto. C'est un véritable expert.*] **3.** vrai, -ie (joyas auténticas. *De vrais bijoux.*]

auto [áwto] *s. m.* **1.** (sentencia) arrêt. **2.** (orden) mandat. **3.** *fam.* (auto) *f.* automobile *f.*

autobiografía [awtoβjoɣrafía] *s. f.* autobiographie.

autobús [awtoβús] *s. m.* **1.** autobus; bus. **2.** (de línea) autocar.

autocar [awtokár] *s. m.* car, autocar.

autóctono, -na [awtóktono] *adj.* y *s. m. y f.* autochtone.

autoescuela [awtoeskwéla] *s. f.* auto-école.

autógrafo [awtóɣrafo] *s. m.* autographe.

automata [awtómata] *s. m. y f.* automate *m.*

automático, -ca [awtomátiko] *adj.* automatique.

automóvil [awtomóβil] *s. m.* automobile *f.*

automovilismo [awtomoβilísmo] *s. m.* automobilisme.

autonomía [awtonomía] *s. f.* autonomie.

autónomo, -ma [awtónomo] *adj.* autonome. || **trabajador** ~ travailleur indépendant.

autopista [awtopísta] *s. f.* autoroute.

autopsia [awtópsja] *s. f.* autopsie.

autor, -ra [awtór] *s. m. y f.* auteur *m.* [*Es autora del libro. Elle est l'auteur du livre.*]

autoridad [awtoriðáð] *s. f.* **1.** autorité. **2.** (poder) pouvoir *m.*

autoritario, -ria [awtoritárjo] *adj.* y *s. m. y f.* autoritaire.

autorización [awtoriθaθjón] *s. f.* **1.** (aprobación) autorisation; approbation; permission; consentement *m.*; accord *m.* **2.** (escrito) autorisation; permission; permis *m.*

AVE [áβe] *sigla* T.G.V. (Train à Grande Vitesse). • Alta Velocidad de España.

ave [áβe] *s.f.* 1. oiseau *m.* 2. (came) volaille. ‖ **aves de corral** volaille *sing.*

avellana [aβeʎána] *s.f.* 1. noisette. ‖ *adj. inv.* 2. noisette. ‖ **color ~** noisette.

avellano [aβeʎáno] *s. m. Bot.* 1. (árbol) noisetier. 2. (rama, madera) coudrier.

avemaría [aβemaría] *s. m. Rel.* avé.

avena [aβéna] *s.f. Bot.* avoine.

avenida [aβeníða] *s.f.* 1. (calle) avenue; cours *m.* (paseo con árboles). 2. (bulevar) boulevard *m.*

aventajado, -da [aβentaxáðo] *adj.* (alumno) avancé, -ée.

aventajar [aβentaxár] *v. tr.* dépasser.

aventura [aβentúra] *s.f.* aventure.

aventurar [aβenturár] *v. tr.* 1. aventurer. 2. (arriesgar) risquer; hasarder. ‖ **aventurarse** *v. pr.* 3. s'aventurer.

aventurero [aβenturéro] *adj.* 1. aventureux, -euse. ‖ *s. m. y f.* 2. aventurier, -ière.

avergonzado, -da [aβeɾɣonθáðo] *adj.* 1. honteux, -euse. 2. (por una torpeza cometida) penaud, -de; confus, -se. ‖ **estar ~ de** s'en vouloir de.

avergonzar [aβerɣonθár] *v. tr.* 1. faire honte. ‖ **avergonzarse** *v. pr.* 2. avoir honte; rougir.

avería [aβería] *s.f.* (de un coche) panne.

averiado, -da [aβeɾjáðo] *adj.* (un coche) en panne.

averiar [aβeɾjár] *v. tr.* 1. (una máquina) avarier. ‖ **averiarse** *v. pr.* 2. (un mecanismo) tomber en panne.

averiguar [aβeriɣwár] *v. tr.* 1. (examinar) vérifier. 2. (indagar) rechercher. 3. (informarse, enterarse) se renseigner.

aversión [aβersjón] *s.f.* aversion.

---

aves... mettre.

avasallar [aβasaʎár] *v. tr.* asservir soumettre.

avaro, -ra [aβáro] *adj. y s. m. y f.* avare.

avaricia [aβariθja] *s.f.* avarice.

‖ **hacer ~** avancer; pousser en avant. ‖ **fig.** (alegar) mettre en avant, porter en avant.

2. (lentamente) cheminer. 3. *fig.* s'améliorer. 4. *fig.* (alegar) mettre en avant; porter en avant.

avanzar [aβanθár] *v. intr.* 1. avancer.

avanzado, -da [aβanθáðo] *adj.* avancé, -ée.

avance [aβánθe] *s. m.* 1. avance *f.* 2. (de una película) bande-annonce *f.* 3. (progreso rápido) bond.

avalar [aβalár] *v. tr.* 1. (ser fianza) garantir. 2. (por medio de una fianza) gager. 3. (dar su aval) avaliser. 4. cautionner.

avalancha [aβalántʃa] *s.f.* (alud) avalanche.

aval [aβál] *s. m. Econ.* aval; garantie *f.* ‖ **primeros auxilios** premiers soins.

auxilio [awksíljo] *s. m.* secours; aide *f.*

auxiliar[2] [awksiljár] *v. tr.* 1. (socorrer) secourir. 2. (ayudar) aider.

auxiliar[1] [awksiljár] *adj. y s. m. y f.* 1. auxiliaire; adjoint, -te. 2. (de un investigador o profesor de ciencias) préparateur, -trice.

autovía [awtoβía] *s.f.* (peut avoir des passages à niveau) autoroute.

autostop [awtostóp] *s. m.* autostop. Hacer autostop. **Faire de l'autostop.**

autoservicio [awtoserβíθjo] *s. m.* libre-service.

autorretrato [awtořetráto] *s. m.* autoportrait.

autorizar [awtoriθár] *v. tr.* 1. autoriser. 2. (capacitar) habiliter; permettre; habiliter. 3. (acreditar) accréditer (Autorizar a un portavoz. *Accréditer un porte-parole*).

autorización [awtoriθaθjón] *s.f.* autorisation.

autorizado, -da [awtoriθáðo] *adj.* autorisé, -ée.

autorización... 3. (pase) laissez-passer *m. inv.*; permis *m.* 4. licence; permis *m.* [Autorización para cazar, pescar. *Permis de chasse, de pêche*].

avestruz [aβestɾuθ] s. m. Zool. autruche f.

aviación [aβjaθjon] s.f. aviation.

aviador, -ra [aβjaðoɾ] s. m. y f. aviateur, -trice.

avidez [aβiðeθ] s.f. avidité.

ávido, -da [aβiðo] adj. avide.

avinagrado, -da [aβinaɣɾaðo] adj. 1. (sazonado con vinagre) vinaigré, -ée. 2. (agrio) aigre, aigri, -ie.

avinagrar [aβinaɣɾaɾ] v. tr. 1. aigrir. || **avinagrarse** v. pr. s'aigrir.

avión [aβjon] s. m. avion. 1. ~ **de caza** chasseur. ~ **de reacción** jet.

avioneta [aβjoneta] s.f. avionnette.

avisar [aβisaɾ] v. tr. 1. avertir. 2. (prevenir) prévenir.

aviso [aβiso] s. m. 1. (información hecha pública) avis, annonce f. 2. (advertencia, recomendación) avertissement; avis. || ~ **previo** préavis.

avispa [aβispa] s. f. Zool. guêpe.

avispero [aβispeɾo] s. m. guêpier.

avituallar [aβitwaʎaɾ] v. tr. Mil. ravitailler.

avivar [aβiβaɾ] v. tr. 1. (el fuego) raviver, attiser. 2. (un incendio) activer. 3. fig. (estimular, espolear) exciter. 4. (reanimar) ranimer, aviver, rallumer. || **avivar-se** v. pr. s'aviver.

axila [aksila] s.f. aisselle.

ayer [aʝeɾ] adv. hier. **antes de** ~ (anteayer) avant-hier. ~ **por la mañana** hier matin. ~ **por la noche** hier soir.

ayuda [aʝuða] s. f. 1. (socorro) secours m. 2. (asistencia) assistance 4. (apoyo) appui m. [Ayuda financiera. *Appui financier*.] **con la** ~ **de** à l'aide de.

ayudante [aʝuðante] s. m. y f. 1. aide m; assistant, -te. 2. (adjunto, auxiliar) adjoint, -te. 3. (de un investigador o profesor de ciencias) préparateur, -trice.

ayudar [aʝuðaɾ] v. tr. 1. aider. 2. (socorrer) secourir, venir en aide.

ayunar [aʝunaɾ] v. intr. jeûner.

ayunas, en [aʝunas] loc. adv. à jeun.

ayuno, -na [aʝuno] adj. 1. à jeun. 2. s. m. jeûne.

ayuntamiento [aʝuntamjento] s. m. 1. concejo consejo municipal. 2. (edificio) mairie f; hôtel de ville.

azabache [aθaβatʃe] s. m. jais.

azada [aθaða] s. f. Agr. houe.

azafata [aθafata] s. f. 1. hôtesse de l'air. || **azafato** s. m. 2. steward. || ~ **de congresos** hôtesse d'accueil.

azafrán [aθafɾan] s. m. safran.

azahar [aθaaɾ] s. m. Bot. fleur d'oranger.

azar [aθaɾ] s. m. hasard.

azor [aθoɾ] s. m. Zool. autour.

azotaina [aθotaina] s.f. fessée.

azotar [aθotaɾ] v. tr. 1. (con cinturón o látigo) fouetter, battre. 2. (flagelar) sangler.

azote [aθote] s. m. 1. coup de fouet. 2. fig. (dolor) fouet. 3. (daño) outrage [Los azotes del tiempo. *Les outrages du temps*.] 4. (plaga) fléau.

azotea [aθotea] s.f. terrasse.

azúcar [aθukaɾ] s. amb. sucre m. || ~ **glas** o **glasé** sucre glacé.

azucarar [aθukaɾaɾ] v. tr. sucrer.

azucarillo [aθukaɾiʎo] s. m. morceau de sucre.

azucena [aθuθena] s.f. Bot. lis m.

azufre [aθufɾe] s. m. soufre.

azul [aθul] adj. 1. bleu. || s. m. 2. bleu.

azulejo [aθuleχo] s. m. 1. carreau de faïence. || **azulejos** s. m. pl. 2. (de una pared) carrelage sing.

azuzar [aθuθaɾ] v. tr. 1. (a los perros) exciter. 2. fig. exciter.

B

b [bé] *s. f.* b *m.*
baba [báβa] *s. f.* **1.** bave. **2.** (de algunas plantas) lait *m.*
babear [baβeár] *v. tr.* baver.
babero [baβéro] *s. m.* **1.** (para comer) bavoir, bavette **2.** (babi) blouse *f.* tablier.
babi [báβi] *s. m.* tablier.
babor [baβór] *s. m. Náut.* bâbord.
baboso, -sa [baβóso] *adj.* baveux, -euse.
babucha [baβúʧa] *s. f.* mule.
baca [báka] *s. f.* (del coche) galerie.
bacalao [bakaláo] *s. m. Zool.* morue *f.*
bache [báʧe] *s. m.* trou, creux.
bachiller, -ra [baʧiʎér] *s. m. y f.* bachelier, -ière. ● Se usa más en masculino.
bachillerato [baʧiʎeráto] *s. m.* **1.** enseñanza secundaria secondaire. **2.** (examen equivalente a la selectividad) baccalauréat, bac, bachot *fam.*
bacteria [baktérja] *s. f.* bactérie.
bádminton [báðminton] *s. m.* badminton.
bafle [báfle] *s. m.* baffle.
bagaje [baɣáxe] *s. m.* **1.** (equipaje) bagages *pl.* **2.** *fig.* (intelectual) bagage.
bagatela [baɣatéla] *s. f.* **1.** (baratija) babiole. **2.** *fig.* (madera) bagatelle.
bahía [baía] *s. f.* baie.
bailaor, -ra [bailaór] *s. m. y f.* danseur, -euse (de flamenco).
bailar [bailár] *v. tr.* danser. || **~ un vals** valser.
bailarín, -rina [bailarín] *adj.* y *s. m.* y *f.* danseur, -euse.
baile [báile] *s. m.* danse *f.*; bal.
baja [báxa] *s. f.* **1.** (precio, valor) baisse **2.** (laboral) arrêt de travail. **3.** *perne.* **~ por enfermedad** congé de maladie.
bajada [baxáða] *s. f.* **1.** (acción de hacer bajar) abaissement *m.* **2.** (fuerza, valor, precios) baisse, descente, abaissement. **3.** (pendiente) pente. **4.** (canalón) descente.
bajar [baxár] *v. intr.* **1.** (ir abajo o hacia abajo) descendre, baisser. **2.** (precios, valor, cantidad) descendre, baisser, diminuer, réduire. **3.** (una tapa) rabattre. **4.** (la fiebre) tomber. || *v. tr.* **5.** descendre. (Bajar las maletas. *Descendre les valises.*) **6.** (completamente) baisser. **7.** (colocar más abajo, inclinar) abaisser. **8.** (hacer descender) faire descendre. **9.** abaisser. **10.** (una parte del cuerpo) abaisser, baisser. **11.** *Inform.* (descargar) transférer. || **bajarse** *pr.* **12.** descendre.
bajo, -ja [báxo] *adj.* **1.** petit, -e. **2.** (altura) bas, -asse. (Techo bajo. *Plafond bas.*) **3.** (inclinado) baissé, -ée; incliné, -ée. **4.** (débil, escaso) faible. **5.** (ruin) bas, vil. || *s. m.* **6.** (instrumento, voz) basse *f.* || **bajos** *s. m. pl.* **7.** (de los pantalones) bas *sing.* **8.** (planta baja) rez-de-chaussée. || **bajo** [báxo] *adv.* **1.** (en voz baja) bas, doucement (Hablar bajo. *Parler bas.*) **2.** (altura, nivel, posición) bas Volar bajo. *Voler bas.* || *prep.* **3.** (debajo de) sous; au-dessous de (Bajo la mesa. *Sous la table.*) **4.** au-dessous de; moins [Quince grados bajo cero. *Quinze degrés au-dessous de zéro*] *fig.* sur (Moins quinze degrés.) **5.** *fig.* sous (Bajo palabra. *Sous parole.*) **6.** *fig.* sous [Trabaja bajo presión. *Il travaille sous pression.*] **7.** (período) sous (Bajo su reinado. *Sous son règne.*) || **~ pena de sous** peine de
bajón [baxón] *s. m.* **1.** (fuerte descenso) chute *f.* **2.** *fam.* (psicológico) dépression *f.*
bala [bála] *s. f.* (de fusil) balle.

dar de ~ réformer. estar de ~ être en congé

BALANCE - BAÑISTA

balance [baláns] *s. m.* 1. *Econ.* (cuenta) balance *f.*; 2. bilan (Hacer) balance. Faire le bilan). || **hacer** ~ (Calibrar) pesar.

balancear [balanθeár] *v. tr.* 1. balancer. || **balancearse** *v. pr.* 2. se balancer.

balanza [balánθa] *s. f.* balance.

balar [balár] *v. intr.* béler.

balazo [baláθo] *s. m.* 1. (tiro) coup de feu. 2. (herida) balle *f.*

balbucear [balβuθeár] *v. tr. e intr.* 1. balbutier. 2. (enfant) gazouiller.

balbucir [balβuθír] *v. intr. lit.* (balbucear) balbutier.

balcón [balkón] *s. m.* balcon.

balda [bálda] *s. f.* (de un armario) étagère, rayon *m.*

baldosa [baldósa] *s. f.* carreau *m.* (baldosin); dalle.

balde, en [bálde] *loc. adv.* en vain.

balido [balíðo] *s. m.* bêlement.

ballena [baʎéna] *s. f.* *Zool.* baleine.

ballesta [baʎésta] *s. f.* 1. (arma arrojadiza) arbalète. 2. (amortiguadores del coche) ressort à lames.

ballet [balé] *s. m.* ballet.

balneario [balneárjo] *s. m.* 1. station thermale. 2. (en el mar) station balnéaire.

balón [balón] *s. m.* ballon.

balonazo [balonáθo] *s. m.* coup de ballon.

baloncesto [balonθésto] *s. m.* basket-ball.

balonmano [balommáno] *s. m.* hand-ball.

balonvolea [balombolea] *s. m.* volley-ball.

balsa [bálsa] *s. f.* radeau *m.* || ~ **salvavidas** radeau de sauvetage.

bálsamo [bálsamo] *s. m.* baume.

bambolear [bamboleár] *v. tr.* branle.

bambú [bambú] *s. m. Bot.* bambou.

banana [banána] *s. f.* banane.

banca [báŋka] *s. f.* 1. (asiento) banquette. 2. *Econ.* banque. 3. (en el juego) banque.

bancarrota [baŋkařóta] *s. f.* banqueroute.

banco [báŋko] *s. m.* 1. (asiento) banc. 2. (de carpintero) banc d'établi, banc de menuisier. 3. (sucursal financiera) banque. || ~ **de arena** banc de sable. ~ **de datos** banque de données.

banda [bánda] *s. f.* 1. (de tela) cordon *m.* 2. (alrededor de la cintura) bande. 3. *Dep.* (lado del campo) touche. 4. (de un río) bord *m.*, rive. 5. (cuadrilla) bande. 6. (grupo de gente) troupe. 7. *fam.* (pandillas de holgazanes) Tus de paresseux). 8. (grupo político) parti *m.*; ligue; faction. || ~ **de malhechores** gang *m.* ~ **sonora** bande sonore, bande-son.

bandada [bandáða] *s. f.* vol *m.*; volée; nuée.

bandeja [bandéxa] *s. f.* plateau *m.*

bandera [bandéra] *s. f.* drapeau *m.*

banderilla [banderíʎa] *s. f.* banderille.

bandido, -da [bandíðo] *s. m.* 1. bandit; brigand. || **bandida** *s. f.* 2. femme bandit.

bando [bándo] *s. m.* 1. (público) ban, édit. 2. (municipal) arrête. 3. (policial) ordonnance *f.* 4. (partido) parti.

bandolera [bandoléra] *s. f.* 1. bandoulière. 2. (salteadora, bandida) femme bandit. || **en** ~ en bandoulière.

bandolero [bandoléro] *s. m.* brigand; bandit; voleur de grand chemin.

banqueta [baŋkéta] *s. f.* (taburete) tabouret *m.*

banquete [baŋkéte] *s. m.* banquet.

bañador, -ra [baɲaðór] *s. m.* maillot de bain, maillot.

bañar [baɲár] *v. tr.* 1. baigner. 2. *fig.* (recubrir) baigner; enrober. || **bañarse** *v. pr.* 3. se baigner. 4. (**en la bañera**) prendre un bain || **prohibido bañarse** baignade interdite.

bañera [baɲéra] *s. f.* baignoire.

bañista [baɲísta] *s. m. y f.* baigneur, -euse.

BAÑO - BÁSCULA

baño [báño] *s. m.* **1.** bain. **2.** (en lago, mar, río) baignade *f.* **3.** (bañera) baignoire *f.* **4.** (en cocina) enrobage *f.* **5.** (de pintura) couche *f.* **6.** (servicios) W.C. toilette *f.* lir al baño. *Aller aux W.C.*

bar [bár] *s. m.* bar (débit de boissons).

baraja [barãxa] *s. f.* jeu de cartes.

barajar [baraxár] *v. tr.* **1.** battre les cartes. **2.** *fig.* mettre en avant.

barandilla [barãndíʎa] *s. f.* **1.** (baranda, apoyo) balustrade. **2.** (de escalera) rampe, main courante. **3.** *Náut.* (en un barco) garde-corps *m. inv.*

baratija [baratíxa] *s. f.* **1.** (objeto sin valor) babiole; bricole; bibelot *m.* **2.** (joya) camelote.

barato, -ta [baráto] *adj.* bon marché.

barba [bárβa] *s. f.* barbe.

barbacoa [barβakóa] *s. f.* **1.** (parrilla) grill *m.*; barbecue *m.* **2.** (carne o pescado a la parrilla) grillade.

barbaridad [barβaríðáð] *s. f.* **1.** cruauté; barbarie. **2.** (disparate) absurdité; bêtise. **3.** (exageración) énormité. || **¡qué ∼!** quelle horreur!

bárbaro, -ra [bárβaro] *adj.* **1.** (salvaje) sauvage. **2.** *fig.* (formidable) formidable. || *adj. y s. m. y f.* **3.** barbare.

barbecho [barβéʧo] *s. m.* jachère *f.*

barbero [barβéro] *s. m.* coiffeur.

barbilla [barβíʎa] *s. f.* menton *m.*

barca [bárka] *s. f.* barque.

barcaza [barkáθa] *s. f.* (de río) péniche.

barco [bárko] *s. m.* bateau.

barniz [barníθ] *s. m.* vernis; laque *f.*

barnizar [barniθár] *v. tr.* vernir.

barón, -ronesa [barón] *s. m. y f.* baron, -onne.

barquillo [barkíʎo] *s. m.* (especie de galleta fina y enroscada) crêpe dentelé.

barra [bárra] *s. f.* **1.** (de cualquier material o sustancia) barre. **2.** (de metal o madera) tige. **3.** (de la cortina) tringle. **4.** (tranca de madera) bâcle. **5.** (de pan) baguette, flûte. **6.** (del bar) comptoir *m.* **7.** (pintalabios) **∼ de labios** *m.* rouge à lèvres.

barraca [barráka] *s. f.* baraque.

barracón [barrakón] *s. m.* baraque *f.*

barranco [barráŋko] *s. m.* ravin; précipice.

barrendero, -ra [barrendéro] *s. m. y f.* balayeur, -euse.

barreño [barréño] *s. m.* **1.** (para lavarse o lavar la ropa) terrine *f.* **2.** (de cocina, el líquido que contiene) bassine *f.* **3.** (de metal) bassin.

barrer [barrér] *v. tr.* balayer.

barrera [barréra] *s. f.* **1.** barrière. **2.** (cortina) écran *m.* **3.** *fig.* (muro) mur *m.*

barriada [barjáða] *s. f.* quartier *m.* (souvent marginale).

barricada [barrikáða] *s. f.* barricade. || **levantar barricadas** barricader.

barriga [barríɣa] *s. f.* panse; ventre *m.* || **dolor de ∼** mal au ventre.

barril [barríl] *s. m.* baril; tonneau (tonel).

barrio [bárjo] *s. m.* quartier; faubourg.

barrizal [barriθál] *s. m.* bourbier.

barro [bárro] *s. m.* **1.** (arcilla) terre glaise; argile *f.* **2.** (lodo) boue *f.*

barroco, -ca [barróko] *adj. y s. m.* baroque.

barrote [barróte] *s. m.* barreau.

barruntar [barruntár] *v. tr.* **1.** (adivinar) pressentir. **2.** (sospechar) soupçonner.

bártulos [bártulos] *s. m. pl.* affaires *f.*

barullo [barúʎo] *s. m.* **1.** (jaleo) confusion *f.*; remue-ménage. **2.** (desorden) mêlée *f.*; pêle-mêle *inv.* **3.** (tropel de gente) cohue *f.*

basar [basár] *v. tr.*; baser; appuyer.

báscula [báskula] *s. f.* **1.** bascule. **2.** (de baño) pèse-personne *m.*

base [báse] *s. f.* base. || **a ~ de** (materiales) a base de; (a fuerza de) á coups de.
básico, -ca [básiko] *adj.* (fundamental) de base; fondamental, -le.
basílica [basílika] *s. f.* basilique.
bastante [bastánte] *adv.* **1.** assez, suffisamment (Habla bastante / Il parle *assez*.) || *adj. indef.* **2.** assez de; suffisamment de. || *adj.* **3.** suffisant, -te (Esto es bastante *Cela est suffisant*.) || **~ como para** assez pour; **lo ~ para** assez pour; plus de.
bastar [bastár] *v. intr.* suffire. || **basta de** bâtard.
bastardo, -da [bastárdo] *adj. y s. m. y f.* bâtard.
bastidor [bastidór] *s. m.* **1.** *Teatr.* (armazón, soporte) portant. **2.** *Pint.* (de un lienzo) châssis. **3.** (costura) métier. || **entre bastidores** *fig.* en coulisse.
basto, -ta [básto] *adj.* **1.** (tejido) grossier, -ière. **2.** (tosco) gros, -osse. **3.** (grosero, zafio) grossier, -ière; rustre. || *s. m.* **4.** (para las bestias de carga) bât. **5.** (palo de la baraja) baste.
bastón [bastón] *s. m.* canne *f.*; bâton.
bastoncillo [bastonθíλo] *s. m.* bâtonnet.
basura [basúra] *s. f.* **1.** ordure; saleté. **2.** (conjunto de basuras) ordures *pl.*; déchets *m. pl.* **3.** (en descomposición) fumier *m.*; détritus *m. pl.* || **camión de la ~** benne à ordures; **cubo de ~** poubelle *f.*
basurero, -ra [basuréro] *s. m. y f.* **1.** éboueur, -euse. **2.** (lugar) dépotoir.
bata [báta] *s. f.* **1.** (de casa) robe de chambre. **2.** (de trabajo) blouse. || **~ mal, de trapillo** négligé -ée.
batacazo [batakáθo] *s. m.* chute *f.*
batalla [batáλa] *s. f.* bataille.
batallar [bataλár] *v. intr.* batailler; livrer bataille; lutter.
batallón [bataλón] *s. m.* bataillon.
batata [batáta] *s. f.* patate.
batería [batería] *s. f.* **1.** *Mil.* batterie || *s. m.* **2.** (músico) batteur.
batido, -da [batíðo] *adj.* **1.** battu, -ue. **2.** (nata) fouetté, -ée || *s. m.* **3.** milk-shake.
batidora [batiðóra] *s. f.* mixeur *m.*
batir [batír] *v. tr.* **1.** golpear, derrotar) battre. **2.** (nata, huevos) fouetter. **3.** (un récord) battre.
batuta [batúta] *s. f.* *Mús.* baguette.
baúl [baúl] *s. m.* malle *f.*; (de viaje) coffre.
bautismo [bawtísmo] *s. m.* *Rel.* baptême (sacrement).
bautizar [bawtiθár] *v. tr.* *Rel.* baptiser.
bautizo [bawtíθo] *s. m.* *Rel.* baptême.
baya [báχa] *s. f.* *Bot.* baie.
bayeta [baχéta] *s. f.* serpillière.
baza [báθa] *s. f.* (en el juego) levée.
bazar [baθár] *s. m.* bazar.
bazo [báθo] *s. m.* *Anat.* rate.
beato, -ta [beáto] *adj. y s. m. y f.* **1.** beat, -e. **2.** *desp.* (mojigato) bigot, -te.
bebé [bebé] *s. m.* bébé; nourrisson.
beber [beβér] *v. tr. e intr.* **1.** boire. || **~ se** *v. pr.* **2.** (vaciar) boire; vider.
bebida [beβíða] *s. f.* **1.** boisson. **2.** boire *m.* (La bebida y la comida. *Le boire et le manger*.)
beca [béka] *s. f.* bourse.
becario, -ria [bekáɾjo] *adj.* **1.** boursier, -ière. || *s. m. y f.* **2.** boursier, -ière.
becerro [beθérro] *s. m.* veau (animal).
bedel, -la [beðél] *s. m. y f.* appariteur.
begonia [beγónja] *s. f.* *Bot.* bégonia *m.*
beicon [béjkon] *s. m.* **1.** bacon, lard *m.* **2.** (en raquitos) lardon.
beige [béjs] *adj. y s. m. inv.* beige.
béisbol [béjsβol] *s. m.* *Dep.* base-ball.
belén [belén] *s. m.* crèche *f.*

belga [bélγa] *adj.* **1.** belge. || *s. m. y f.* **2.** Belge.
bélico, -ca [béliko] *adj.* militaire; de guerre.
belicoso, -sa [belikóso] *adj.* belliqueux, -euse.
belleza [beλéθa] *s. f.* beauté.
bello, -lla [béλo] *adj.* beau, -elle; bel *m.* (delante de *s. m.* sing. que empiece por vocal o "h" muda: *bel homme*).
bellota [beλóta] *s. f.* *Bot.* gland *m.*
bendecir [bendeθír] *v. tr.* bénir.
bendición [bendiθjón] *s. f.* bénédiction.
bendito, -ta [bendíto] *adj.* bénit, -te.
beneficencia [benefiθénθja] *s. f.* bienfaisance.
beneficiar [benefiθjár] *v. tr.* **1.** bénéficier (Un descubrimiento que beneficia a la humanidad. *Une découverte qui bénéficie à l'humanité*). **2.** profiter (Eso me beneficia. *Cela me profite*). **3.** reportar bienestar; faire du bien à. || **beneficiarse** *v. intr. y pr.* **4.** tirer profit, profiter.
beneficio [benefíθjo] *s. m.* **1.** (provecho) profit. **2.** bénéfice (*rare*) [El benefi cio de la duda. *Le bénéfice du doute*]. || **en ~ de** au profit de.
beneficioso, -sa [benefiθjóso] *adj* profi table; avantageux, -euse.
benéfico, -ca [benéfiko] *adj.* **1.** (bienhechor) bienfaisant, -te. **2.** (de beneficencia) de bienfaisance.
benigno, -na [beníγno] *adj.* **1.** (enfermedad) bénin, -igne. **2.** (clima) doux, -ouce.
benjamín, -mina [beŋxamín] *s. m. y f.* benjamin, -ne.
berbercho [berβérʧo] *s. m.* coque *f.*
berenjena [berenxéna] *s. f.* aubergine.
bermudas [bermúðas] *s. amb. pr.* bermuda *m.*

---

berrear [beřeár] *v. intr.* **1.** (animal) mugir. **2.** *fam.* crailler, pleurer. **3.** (cantar mal) brailler.
berrido [beříðo] *s. m.* **1.** (mugido) beuglement. **2.** *fig.* cri, beuglement.
berrinche [beříɲʧe] *s. m.* *fam.* rogne *f.*
berro [béřo] *s. m.* *Bot.* cresson *m.*
berza [bérθa] *s. f.* *Bot.* chou *m.*
besamel [besamél] *s. f.* béchamel.
besar [besár] *v. tr.* **1.** embrasser; donner un baiser. **2.** baiser (Besar la mano, los pies, la frente. *Baiser la main, les pieds, le front*). || **besarse** *v. pr.* **3.** s'embrasser. • Salvo en contadas expresiones, no debe usarse "baiser" con el sentido de "besar", pues hoy día significa principalmente "joder".
beso [béso] *s. m.* baiser; bise *f. fam.* (en la mejilla). || **dar un ~** donner un baiser (para saludar) faire une bise *fam.*
bestia [béstja] *s. f.* **1.** bête. || *s. m. y f.* **2.** *fig.* brute *f.*
bestial [bestjál] *adj.* **1.** bestial, -e. **2.** *fig.* énorme.
bestialidad [bestjaliðáð] *s. f.* **1.** bestialité. **2.** *fig.* énormité.
besugo [besúγo] *s. m.* daurade *f.*
betún [betún] *s. m.* cirage.
biberón [biβerón] *s. m.* biberon.
Biblia [bíβlja] *s. f. Rel.* Bible.
bibliografía [biβljoγrafía] *s. f.* bibliographie.
biblioteca [biβljotéka] *s. f.* bibliothèque.
bicarbonato [bikarβonáto] *s. m.* bicarbonate.
bicho [bíʧo] *s. m.* **1.** (pequeño, insecto) bestiole *f.* **2.** (animal) bête. **3.** *fig.* (persona rara) drôle de phénomène.
bicicleta [biθikléta] *s. f.* vélo *m.*; bicyclette.
bicolor [bikolór] *adj.* bicolore.
bidé [biðé] *s. m.* bidet.

BIDÓN - BLANDO

bidón [biðón] *s. m.* **1.** bidon. **2.** (de gasolina) jerrican.

bien[1] [bjén] *s. m.* **1.** bien. **2.** (en espagnol, mention de 6-7 sur 10) assez bien (en français, nota de 12-14 sobre 20).

bien[2] [bjén] *adv.* **1.** bien. **2.** (cómodamente) bien; à l'aise. **3.** (aceptable) bon [Está bien. *C'est bon.*] || *interj.* **4.** bien; bon. **5.** (afirmación) d'accord; soit; c'est bon!; O.K. || **muy** ~ très bien. **o** ~ ... **o** ~ ou ... ou; soit ... soit. **si** ~ bien que; quoique. **venir** ~ *fam.* convenir. ¿**y** ~ ? alors?

bienal [bjenál] *adj.* **1.** biennal, -le. || *s. f.* **2.** biennale.

bienaventurado, -da [bjenaβenturáðo] *adj. y s. m. y f.* bienheureux, -euse.

bienaventuranza [bjenaβenturánθa] *s. f.* béatitude.

bienestar [bjenestár] *s. m.* bien-être; confort.

bienio [bjénjo] *s. m.* période de deux ans.

bienvenida [bjembeníða] *s. f.* bienvenue.

bienvenido, -da [bjembeníðo] *adj. y s. m. y f.* bienvenu, -ue.

bifocal [bifokál] *adj.* bifocal, -le.

bifurcarse [bifurkárse] *v. pr.* bifurquer.

bigote [biɣóte] *s. m.* moustache *f.*

bilingüe [biliŋgwe] *adj. y s. m. y f.* bilingue.

bilis [bílis] *s. f.* bile.

billar [biʎár] *s. m.* billard.

billete [biʎéte] *s. m.* **1.** (de entrada) billet; ticket. **2.** (papel moneda) billet.

billetera [biʎetéra] *s. f.* portefeuille *m.*; porte-billets *m. inv.*

billón [biʎón] *s. m.* billion.

biodegradable [bjoðeɣraðáβle] *adj.* biodégradable.

biografía [bjoɣrafía] *s. f.* biographie.

biología [bjoloxía] *s. f.* biologie.

biombo [bjómbo] *s. m.* paravent.

biquini o bikini [bikíni] *s. m.* (bañador) bikini; deux pièces.

birlar [birlár] *v. tr.; fam.* (robar) chiper; faucher; piquer.

birria [bírja] *s. f.* (cuadro, libro) navet *m.*

bis [bís] *interj.* **1.** (en las actuaciones) bis. || *adv.* **2.** (duplicado) bis [Vivo en el 30 bis. *J'habite au numéro 30 bis.*]

bisabuelo [bisaβwélo] *s. m.* **1.** arrière-grand-père; bisaïeul. || **bisabuela** *s. f.* **2.** arrière-grand-mère; bisaïeule. || **bisabuelos** *s. m. pl.* **3.** arrière-grand-parents.

bisagra [bisáɣra] *s. f.* charnière.

bisel [bisél] *s. m.* biseau.

bisiesto [bisjésto] *adj. m.* bissextile *f.* || **año** ~ année bissextile.

bisnieto [bisnjéto] *s. m.* **1.** arrière-petit-fils. || **bisnieta** *s. f.* **2.** arrière-petite-fille.

bisonte [bisónte] *s. m.*, Zool. bison.

bistec o bisté [bisték] *s. m.* bifteck.

bisturí [bisturí] *s. m.* bistouri.

bisutería [bisutería] *s. f.* bijouterie de fantaisie; bijouterie en faux; bijouterie en simili. || **joya de** ~ bijou fantaisie.

bizco, -ca [bíθko] *adj. y s. m. y f.* louche. || **ser** ~ loucher.

bizcocho [biθkótʃo] *s. m.* (pastel) gâteau.

blanco, -ca [bláŋko] *adj.* **1.** blanc, -che. || *s. m.* **2.** (color) blanc. **3.** (objetivo, diana) cible *f.* [Fallar el blanco. *Manquer la cible.*] **4.** (centro de la diana) mouche *f.* [Dar en el blanco. *Faire mouche!*] || **blanca** *s. f.* **5.** *fig.* (moneda, dinero) rond *m.* || **sin blanca** fauché, -ée.

blancura [blaŋkúra] *s. f.* blancheur.

blandir [blandír] *v. tr.* brandir.

blando, -da [blándo] *adj.* mou, -olle; mol *m.* (delante de vocal o "h" muda).

BLANQUEAR - BOICOTEAR

blanquear [blaŋkeár] *v. tr.* **1.** (la ropa, el dinero) blanchir. **2.** (un muro) blanchir. || **~** *intr.* **3.** devenir blanc, blanchir.
blanqueo [blaŋkéo] *s. m.* **1.** (acción de blanquear) blanchiment. **2.** (de dinero, de la reputación) blanchissement.
blasfemar [blasfemár] *v. intr.* blasphémer.
blasfemia [blasfémja] *s. f.* blasphème *m.*
blasón [blasón] *s. m.* blason.
blindar [blindár] *v. tr.* blinder.
bloc [blók] *s. m.* (de papel) bloc.
bloque [blóke] *s. m.* bloc.
bloquear [blokeár] *v. tr.* **1.** bloquer; faire le blocus de. **2.** (un crédito, el sueldo) bloquer; (un arma) verrouiller. **4.** *fig.* bloquer.
bloqueo [blokéo] *s. m.* **1.** (militar) blocus. **2.** *Econ.* blocage.
blusa [blúsa] *s. f.* blouse; corsage *m.;* chemisier *m.*
blusón [blusón] *s. m.* marinière *f.* (sin abertura delante); blouse *f.*
boa [bóa] *s. f.* boa.
bobada [boβáða] *s. f.* **1.** (acción o dicho de un bobo) bêtise. **2.** (cosa sin interés) fadaise; niaiserie.
bobina [boβína] *s. f.* (de hilo) bobine.
bobo, -ba [bóβo] *adj.* y *s.* **1.** bête. || *adj.* **2.** *f.* (necio) sot, -otte. **3.** (insulto) niais, -se.
boca [bóka] *s. f.* **1.** bouche. **2.** *fam.* gueule *vulg.* (Cierra la boca. *Ferme ta gueule*.) || **~ abajo** (persona) à plat ventre; sur le vientre. | (objeto) sens dessus dessous; renversé, -ée. **~ arriba** à la renverse; sur le dos. (caras) sur table. **~ de metro** bouche de métro. **poner ~ abajo** renverser.
bocacalle [bokakáʎe] *s. f.* entrée d'une rue; débouché d'une rue.
bocadillo [bokaðíʎo] *s. m.* **1.** sandwich. **2.** (tebeo) bulle *f.* (bande dessinée).
bocado [bokáðo] *s. m.* **1.** (de comer) bouchée *f.* **2.** (trozo) morceau. **3.** (mordisco) morsure *f.;* coup de dent [Dar un bocado. *Faire une morsure*.]
bocajarro, a [bokaxárro] *loc. adv.* (disparar, hablar) à brûle-pourpoint; à bout portant.
bocanada [bokanáða] *s. f.* bouffée.
bocata [bokáta] *s. m. fam.* (pain de baguette) sandwich.
bocazas [bokáθas] *s. m.* y *f. inv.* grande gueule.
boceto [boθéto] *s. m.* esquisse *f.*
bochorno [botʃórno] *s. m.* **1.** chaleur étouffante. **2.** *fig.* honte *f.* || **hace ~** il fait lourd.
bochornoso, -sa [botʃornóso] *adj.* **1.** (clima) orageux, -euse; lourd, -de; étouffant, -te. **2.** (vergonzoso) honteux, -euse.
bocina [boθína] *s. f.* (de coche) avertisseur *m.;* klaxon *m.*
boda [bóða] *s. f.* mariage *m.;* noces *pl.* || **bodas de oro** noces d'or.
bodega [boðéɣa] *s. f.* **1.** (sótano) cave. **2.** (donde se guarda y cría el vino) cellier *m.* **3.** *Naút.* (de un barco) cale.
bodegón [boðeɣón] *s. m.* nature morte.
body [bóði] *s. m.* **1.** (cuerpo) corps. **2.** (prenda interior) body. **3.** (danza) maillot; justaucorps.
bofetada [bofetáða] *s. f.* gifle; claque.
bofetón [bofetón] *s. m.* gifle *f.*
boga [bóɣa] *s. f.* **1.** (moda) vogue. **2.** *Naút.* vogue. || **en ~** à la mode.
bohemio, -mia [boémjo] *adj.* **1.** (de Bohemia) bohémien, -enne. **2.** (vagabundo) bohémien, -enne.
boicot [bojkót] *s. m.* boycott.
boicotear [bojkoteár] *v. tr.* boycotter.

BOINA - BOQUILLA

boina [bójna] *s.f.* béret *m*.

bol [ból] *s.m.* bol.

bola [bóla] *s.f.* **1.** (de billar) bille, boule. **2.** (de lana, de caucho, *Pelote de laine, de caoutchouc.* **3.** (pelota) pelote [Bola de lana, de caucho. **4.** (patraña) bateau, *m*; bobard *m*. [Meter una bola. *Faire aller en bateau*.]

bolero [boléro] *s.m.*, *Mús.* boléro.

boletín [boletín] *s.m.* bulletin.

boleto [boléto] *s.m.* **1.** (de teatro, de tren) billet, ticket. **2.** (de sorteo o rifa) billet.

bólido [bólido] *s.m.* bolide.

bolígrafo [bolíyrafo] *s.m.* stylo-bille.

bollo [bóλo] *s.m.* **1.** (pequeño) petit pain. **2.** (una pieza de bollería) pâtisserie. **3.** (abolladura) bosse *f.*; bosselure *f.*

bolo [bólo] *s.m.* **1.** (juego) quille *f.* **2.** *bol* alimenticio. *Bol alimentaire.*

bolsa [bólsa] *s.f.* **1.** (saco) bourse, sacoche. **2.** (para llevar cosas) sac *m*. **3.** (arrugas de la ropa) faux pli, poche. **4.** *Anat.* (cavidad o pliegue) poche. **5.** *Geol.* poche. **6.** *fig.* (dinero) porte-monnaie *m. inv.* **7.** *Bolsa*. Bourse. || **~ de agua caliente** bouillotte. || **~ de la compra** panier *m.*; sac à provisions. | *fig.* (consumo familiar) panier de la ménagère. **de Bolsa** boursier, -ière.

bolsillo [bolsíλo] *s.m.* poche *f.*

bolso [bólso] *s.m.* **1.** (de mano) sac à main; sac. **2.** (bolsa del dinero) bourse *f.* || **~ de viaje** fourre-tout.

bomba [bómba] *s.f.* **1.** (explosivo) bombe. **2.** (máquina que bombea) pompe. **3.** (para hinchar) gonfleur *m.* || *adj.* **4.** piégé, -ée [Carta bomba, coche bomba. *Lettre piégée, voiture piégée.*]

bombacho [bombátʃo] *s.m.* pantalon bouffant.

bombardear [bombarðeár] *v.tr.* bombarder. **bombardeo** [bombarðéo] *s.m.* bombardement.

bombazo [bombáθo] *s.m.* **1.** explosion *f.* (d'une bombe). **2.** *fig. y fam.* (gran éxito) succès. **3.** *fig. y fam.* (noticia bomba) nouvelle sensationnelle, pétard.

bombear [bombeár] *v.tr.* (agua) pomper.

bombero [bombéro] *s.m.* (de incendios) pompier, sapeur-pompier.

bombilla [bombíλa] *s.f.* ampoule.

bombo [bómbo] *s.m.* **1.** *Mús.* grosse caisse. **2.** *fam.* (publicidad exagerada) bruit, tam-tam. **3.** (de la lotería) sphère *f.* || **dar ~** faire du tam-tam. **darse ~** *fig. y fam.* faire le vantard, se vanter. **tener la cabeza como un ~** avoir la tête comme ça.

bombón [bombón] *s.m.* chocolat.

bombona [bombóna] *s.f.* bouteille [Bombona de butano. *Bouteille de butane*].

bonachón, -chona [bonat∫ón] *adj.* bonasse, -onne; plein de bonté.

bondad [bondáð] *s.f.* bonté.

bondadoso, -sa [bondaðóso] *adj.* bon, -onne.

bonito [boníto] *adj.* **1.** (hermoso) beau, -elle; bel *m.* (delante de vocal o "h" muda). **2.** (lindo, mono) joli, -ie; mignon, -onne.

bonito [boníto] *s.m.*, *Zool.* bonite *f.*; thon, -onne.

bono [bóno] *s.m.* bon.

bonobús [bonoβús] *s.m.* carnet (de dix billets pour le bus).

boñiga [boɲíya] *s.f.* bouse.

boquete [bokéte] *s.m.* **1.** trou. **2.** (en la pared) brèche *f.*

boquiabierto, -ta [bokjaβjérto] *adj.* bouche bée, bouche ouverte; ébahi, -ie.

boquilla [bokíλa] *s.f.* **1.** porte-cigarettes *m. inv.*; fume-cigare *m. inv.* **2.** (de un instrumento) embouchure.

borda [bórða] *s.f. Náut.* bord *m.*
bordado, -da [borðáðo] *adj.* 1. brodé, -ée. 2. *fig.* a, broderie *f.*
bordar [borðár] *v. tr.* broder.
borde [bórðe] *s. m.* bord.
bordear [borðeár] *v. tr.* 1. (rodear) encadrer. 2. (ir a lo largo de) longer; border.
bordillo [borðíʎo] *s. m.* (de la acera) bord; bordure *f.*
bordo, a [bórðo] *loc. adv.* à bord.
boreal [boreál] *adj.* boréal, -le.
borla [bórla] *s.f.* 1. gland *m.* [Borlas de las cortinas. *Glands des rideaux*.] 2. pompon *m.* [La borla del gorro. *Le pompon du chapeau.*] 3. (pompon) houppe.
borracheda [botaʧéɾa] *s.f.* 1. cuite *f.* 2. (embriaguez) ivresse.
borracho, -cha [botáʧo] *adj.* 1. (debido) ivre; soûl, -le. 2. (alcohólico) ivrogne, -esse. ‖ *s. m. y f.* 3. ivrogne, -esse.
borrador [boraðór] *s. m.* brouillon.
borrar [borár] *v. tr.* 1. (con una goma) gommer. 2. (la pizarra) effacer. 3. *fig.* (hacer desaparecer) effacer.
borrasca [boráska] *s.f.* bourrasque.
borrascoso, -sa [boraskóso] *adj.* orageux, -euse.
borrego, -ga [boréɣo] *s. m. y f.* agneau, -elle.
borrico, -ca [boríko] *s. m. y f.* 1. âne, -esse. 2. *fam.* sot, -otte; ignorant, -e.
borrón [borón] *s. m.* tache d'encre.
borroso, -sa [boróso] *adj.* 1. (líquido) boueux, -euse. 2. (imagen) flou, -ue.
bosque [bóske] *s. m.* bois; forêt *f.*
bosquejo [boskéxo] *s. m.* 1. (boceto) ébauche *f.*; esquisse *f.* 2. *Pint.* canevas; croquis.
bostezar [bosteθár] *v. intr.* bâiller.
bostezo [bostéθo] *s. m.* bâillement.

bota [bóta] *s.f.* 1. (calzado) botte. 2. (de vino) gourde (pour le vin).
botánico, -ca [botániko] *adj.* botanique.
botar [botár] *v. tr.* 1. (un barco) lancer. 2. (una pelota) bondir. 3. (despedir) ficher dehors. ‖ *v. intr.* 4. (la pelota) rebondir.
bote [bóte] *s. m.* 1. (salto) bond. 2. (con tapa o cerrado) boîte *f.* 3. (de vidrio o cerámica, metal) pot. 4. *Náut.* canot [Bote salvavidas. *Canot de sauvetage*.]
botella [botéʎa] *s.f.* bouteille.
botijo [botíxo] *s. m.* gargoulette *f.*
botín [botín] *s. m.* butin; prise *f.*
botiquín [botikín] *s. m.* 1. (armario) armoire à pharmacie. 2. (estuche) boîte de secours, trousse de secours. 3. (maletín) pharmacie portative.
botón [botón] *s. m.* bouton.
botones [botónes] *s. m.* 1. (de un hotel) chasseur. 2. (chico de los recados) garçon de courses.
boutique [butík] *s.f.* boutique (de prêt-à-porter).
bóveda [bóβeða] *s.f.* voûte.
bovino, -na [boβíno] *adj. y s. m. y f.* bovin, -ne.
boxeador [bokseaðór] *s. m.* boxeur.
boxear [bokseár] *v. intr.* boxer.
boxeo [bokséo] *s. m.* boxe *f.*
boya [bója] *s.f. Náut.* bouée.
bozal [boθál] *s. m.* muselière *f.*
bracero [braθéro] *s. m.* (obrero no cualificado) manœuvre.
braga [bráɣa] *s.f.* 1. (de bebé) lange *m.*; couche. ‖ *s.f. pl.* 2. (de mujer) slip *m.* sing.
bragueta [braɣéta] *s.f.* braguette.
bramar [bramár] *v. intr.* 1. (res, ciervo) bramer. 2. *fig.* (con enfado) hurler. 3. (el viento) mugir; beugler.

bramido [bramiðo] *s. m.* **1.** (toro) mugissement. **2.** (rumiante) braiement. **3.** (elefante) barrissement.

brasa [brasa] *s. f.* **1.** braise. ‖ **brasas** *s. f. pl.* brasier *m.* sing.

brasero [brasero] *s. m.* brasero. • En francés se refiere a los utilizados en talleres.

brasileño, -ña [brasileɲo] *adj.* **1.** brésilien, -enne. ‖ *s. m. y f.* **2.** Brésilien, -enne. (toro) féroce, combatif, -ive. ‖ **¡ ~ !** *interj.* **3.** (ovación) bravo!

brazalete [braθalete] *s. m.* (joya) bracelet.

brazo [braθo] *s. m.* **1.** *Anat.* bras. **2.** (de un animal) patte. **3.** (de un asiento) accoudoir. ‖ **~ de gitano** bûche de Noël (propio de las Navidades en Francia).

brebaje [breβaxe] *s. m.* breuvage.

brecha [bretʃa] *s. f.* brèche.

breva [breβa] *s. f.* figue fleur.

breve [breβe] *adj. m. y f.* **1.** bref, -ève. **2.** (conciso) court, -te. **3.** (rápido) prompt, -te. ‖ **en ~** sous peu.

brevedad [breβeðað] *s. f.* brièveté.

bribón, -bona [briβon] *s. m. y f.* (granuja, golfo) fripon, -onne; coquin, -ne; polisson, -onne.

bricolaje [brikolaxe] *s. m.* bricolage.

brigada [briɣaða] *s. f.* (tropa) brigade.

brillante [briʎante] *adj.* **1.** (color) brillant, -te; éclatant, -te. ‖ *s. m.* **2.** (joya) brillant.

brillar [briʎar] *v. intr.* **1.** briller; resplendir. **2.** (relucir) luire; rayonner. **3.** (destellar, chispear) pétiller, étinceler. **4.** (las estrellas) scintiller.

brillo [briʎo] *s. m.* **1.** éclat, brillant, étincellement. **2.** (resplandor) rayonnement. **3.** (de los ojos, de la mirada) lueur *f.*

brincar [briŋkar] *v. intr.* bondir, sauter.

brinco [briŋko] *s. m.* bond, saut.

brindar [brindar] *v. tr.* **1.** *Taur.* (un toro) offrir, dédier. ‖ *v. intr.* **2.** porter un toast; trinquer, boire; boire à la santé de.

brindis [brindis] *s. m.* **1.** toast (Hacer un brindis por. *Porter un toast à*). **2.** *Taur.* (del toro) brindis.

brío [brio] *s. m.* **1.** (energía) vigueur *f.* **2.** (ímpetu) élan.

brisa [brisa] *s. f.* brise.

británico, -ca [britaniko] *adj.* **1.** anglais, -se. ‖ *s. m. y f.* **2.** Anglais, -se.

brocha [brotʃa] *s. f.* brosse. **2.** (pincel) pinceau *m.* ‖ **~ de afeitar** blaireau *m.*

broche [brotʃe] *s. m.* broche.

broma [broma] *s. f.* blague, plaisanterie. ‖ **~ pesada** plaisanterie de mauvais goût. ‖ **de ~** blagueur, -euse. ‖ **en ~** pour rire. ‖ **estar de ~** rigoler, -euse. ‖ **gastar una ~** a menier en bateau. ‖ **tomarse a ~** badiner.

bromear [bromear] *v. intr.* plaisanter.

bromista [bromista] *adj. y s. m. y f.* **1.** (dice cosas graciosas) blagueur, -euse. **2.** (gasta bromas o toma el pelo) farceur, -euse. **3.** (gasta bromas pesadas) mauvais plaisant.

bronca [broŋka] *s. f.* **1.** bagarre, querelle. **2.** (regañina) savon *m.* [Echar la bronca. *Passer un savon*]. ‖ **echar una ~** enguler. **recibir una ~** *fam.* se faire enguler.

bronce [bronθe] *s. m.* bronze.

bronceador [bronθeaðor] *s. m.* crème de bronzage.

broncear [bronθear] *v. tr.* **1.** bronzer. ‖ **broncearse** *v. pr.* **2.** bronzer.

bronco, -ca [broŋko] *adj.* **1.** (persona) âpre. **2.** (tono, voz) cassant, -te.

bronquio [broŋkjo] *s. m. Med.* bronche *f.*

bronquitis [broŋkitis] *s.f. Med* bronchite.

brotar [brotal] *v. intr* 1. (germinar) germer. 2. (plantas) pousser, pointer. 3. (echar brotes) bourgeonner. 4. (manar) jaillir. 5. (salir bruscamente) rejaillir. 6. *fig.* saillir. ¡ *Jaillit* La verdad brotó. *La vérité sait [sic].*

brote [brote] *s. m.* 1. *Bot.* (yema) bourgeon. ‖ **brotes de soja.** *Brotes de soja Pousses de soja.* ‖ **echar brotes** pousser. **echar nuevos brotes** repousser.

brujería [bruxeɾia] *s.f.* sorcellerie.

brujo, -ja [bɾuxo] *s. m. y f.* 1. sorcier, -ière. ‖ **bruja** *s.f.* 2. *fig. y fam.* (arpía) mégère.

brújula [bɾuxula] *s.f.* boussole.

bruma [bruma] *s.f.* brume; brouillard *m.*

brumoso, -sa [bɾumoso] *adj* brumeux, -euse.

brusco, -ca [bɾusko] *adj* 1. brusque. 2. (a trompicones) saccadé, -ée. 3. (precipitado) prompt; soudain, -ne.

brusquedad [bɾuskeðað] *s.f.* brusquerie.

brutal [brutal] *adj* 1. brutal, -le. 2. *fig.* (enorme) énorme.

brutalidad [brutaliðað] *s.f.* 1. brutalité. 2. (rudeza) rudesse.

bruto, -ta [bɾuto] *adj* 1. (tonto) bête; idiot, -te; stupide. 2. *brut, -te* [Materia bruta *Matière brute*.] ‖ *s. m. y f.* 3. brute *f*.

bucear [buθeaɾ] *v. intr* 1. (nadar zajo el agua) nager sous l'eau. 2. (practicar el buceo) plonger.

buche [butʃe] *s. m.* jabot.

budismo [buðismo] *s. m.* bouddhisme.

bueno, -na [bweno] *adj* °bueno.

buenaventura [bwenaβentuɾa] *s. f.* (augurio) bonne aventure.

bueno, -na [bweno] *adj* 1. bon, -onne; brave [Buena gente, un buen homb’e, una buena mujer. *De braves gens, un brave homme, une brave femme*.] 2. (formal, responsable) sage. 3. (atento, amable) gentil, -ille; aimable. 4. (provechoso, beneficioso) beau, -elle; avantageux, -euse. 5. (tiempo, clima, temperatura) beau, -elle; agréable; doux, -ouce [Hacer buen tiempo. *Faire beau*.] 6. (divertido) amusant, -te; joli, -ie. 7. (hábil) adroit, -te; habile. 8. bon, -onne; fort, -te [Bueno en matemáticas, en el juego. *Fort en mathématiques, au jeu*.] 9. (irónico) joli, -ie; drôle le de [¡Buen lío me cuentas! *Quelle drôle d'histoire tu me racontes*!] 10. (de gran tamaño o cantidad) bon, -onne; beau, -elle; joli, -ie. 11. (apropiado) bon, -onne; approprié, -ée. 12. (apro) apte; compétent, -te. 13. (propicio) bon, -onne; propice. 14. (auténtico) bon, -onne; vrai, -ie; véritable. 15. (con buenos efectos) bon, -onne; efficace. 16. (saludable) bon, -onne; salutaire. 17. (de buena calidad) bon, -onne; exquis, -se. 18. (válido) bon, -onne; valable. 19. (sabor) bon, -onne; délicieux, -euse. ‖ *s. m. y f.* 20. bon, -onne [Los buenos y los malos. *Les bons et les méchants*.] ‖ ¡ ~! *interj* 21. bon, bien. 22. (¡basta!) assez; c'en est assez; ça suffit. • L'adjectif "bueno" devient "buen" devant *s. m.* sing.: El buen pastor. *Le bon berger.*

buey [bwej] *s. m.* boeuf.

búfalo, -la [bufalo] *s. m. y f.* buffle *m.*

bufanda [bufanda] *s.f.* écharpe.

bufar [bufaɾ] *v. intr* (toros) souffler.

bufé o buffet o bufete [bufé] *s. m.* 1. (aparador) buffet; bahut. 2. (comida fría o caliente en una recepción) buffet. 3. (mesa para servir los alimentos) buffet.

bufete [bufete] *s. m.* °bufé.

búfido [bufiðo] *s. m.* 1. (toro) mugissement. 2. (enfado) bouffée *f*.

bufón, -fona [bufón] *adj.* **1.** bouffon, -onne. || *s. m. y f.* **2.** pitre [Hacer el bufón. *Faire le pitre*].

buhardilla [bwarðiʎa] *s. f.* (habitación bajo el tejado) mansarde.

búho [búo] *s. m., Zool.* hibou.

buhonero, -ra [bwonéro] *s. m. y f.* **1.** (de puerta en puerta) colporteur, -euse. **2.** (vendedor ambulante) camelot.

buitre [bwítre] *s. m., Zool.* vautour.

bujía [buxía] *s. f., Mec.* bougie.

bulevar [buleβár] *s. m.* boulevard.

bulimia [bulímja] *s. f.* boulimie.

bulla [búʎa] *s. f.* **1.** tapage *m.*; vacarme *m.* **2.** (empujones) bousculade.

bullicio [buʎíθjo] *s. m.* **1.** (ruido) brouhaha; tapage. **2.** (tropel) bousculade.

bullir [buʎír] *v. intr.* **1.** (hervir) bouillir. **2.** (insectos, gente) grouiller; fourmiller.

bulto [búlto] *s. m.* **1.** (hinchazón) grosseur *f.* **2.** (chichón) bosse *f.* **3.** (paquete) paquet. **4.** (equipaje) ballot. **5.** (para enviar colis.

buñuelo [buɲwélo] *s. m.* beignet.

buque [búke] *s. m.* navire.

burbuja [burβúxa] *s. f.* bulle.

burbujear [burβuxeár] *v. intr.* **1.** (hervir) bouillonner. **2.** (una bebida) pétiller.

burgués, -guesa [burɣés] *adj. y s. m. y f.* bourgeois, -se.

burguesía [burɣesía] *s. f.* bourgeoisie.

burla [búrla] *s. f.* **1.** moquerie; plaisanterie. **2.** (colectiva) risée. **3.** (irrisión) dérision [Gestos, risa de burla. *Gestes, rire de dérision*]. || **hacer ~ de** tourner en dérision.

burlar [burlár] *v. tr.* **1.** tromper. || **burlarse** *v. pr.* **2.** (tomar el pelo) se moquer; se ficher *fam.*, se foutre *fam.* **3.** (ridiculizar) railler; plaisanter.

burlón, -lona [burlón] *adj. y s. m. y f.* **1.** moqueur, -euse. **2.** railleur, -euse.

burocracia [burokráθja] *s. f.* bureaucratie.

burro, -rra [búro] *s. m. y f.* **1.** *Zool.* âne, -esse. **2.** *fig.* (tonto, bruto) âne *m.*

bus [bus] *s. m.* autobus; bus.

busca [búska] *s. f.* recherche; quête.

buscar [buskár] *v. tr.* chercher.

búsqueda [búskeða] *s. f.* recherche.

busto [bústo] *s. m.* buste.

butaca [butáka] *s. f.* fauteuil *m.*

butano [butáno] *s. m.* butane.

butifarra [butifára] *s. f.* saucisse catalane.

buzo [búθo] *s. m.* **1.** plongeur. **2.** (con escafandra) scaphandrier.

buzón [buθón] *s. m.* boîte aux lettres.

C

c [θe] *s.f.* c *m.*

cabal [kaβál] *adj.* juste; exact, -e.
|| *v. intr.* montrer à cheval.

cabalgar [kaβalɣár] *v. tr.* **1.** chevaucher. || *v. intr.* **1.** monter à cheval.

cabalgata [kaβalɣáta] *s.f.* **1.** défilé *m.* **2.** (desfile de máscaras) cavalcade *f.* **3.** (correría a caballo) chevauchée *f.*

caballa [kaβáʎa] *s.f. Zool.* maquereau *m.*

caballería [kaβaʎería] *s.f.* **1.** (montura) cabalgadura) monture. **2.** (orden) chevalerie. **3.** *Mil.* (cuerpo militar) cavalerie.

caballeriza [kaβaʎeríθa] *s.f.* écurie.

caballero, -ra [kaβaʎéro] *adj.* **1.** cavalier, -ière [Perspectiva caballera. *Perspective cavalière*.] || *s. m.* **2.** *apelativo* cortés) monsieur. **3.** (noble) chevalier. **4.** (hombre a caballo) homme à cheval. **5.** (relativo a la ropa) homme [Traje para caballero. *Costume pour homme*.]

caballeroso, -sa [kaβaʎeróso] *adj.* galant, -te.

caballete [kaβaʎéte] *s. m.* **1.** (del pintor) chevalet. **2.** (borriqueta) tréteau.

caballo [kaβáʎo] *s. m.* cheval.

cabaña [kaβáɲa] *s.f.* **1.** (conjunto de reses) troupeau de bêtes. **2.** (de radera) cabane, hutte. **3.** (choza) chaumière.

cabecera [kaβeθéra] *s.f.* (de la cama) chevet *m.* tête. || ~ **de** ~ traitant, -te [Médico de cabecera. *Médecin traitant*.]

cabecilla [kaβeθíʎa] *s. m. y f.* meneur, -euse.

cabellera [kaβeʎéra] *s.f.* chevelure; chevelure *f.* *m. pl.* ~ **postiza** (peluca) perruque.

cabello [kaβéʎo] *s. m.* cheveu.

caber [kaβér] *v. intr.* **1.** tenir; rentrer [El coche no cabe en tu garaje. *La voiture ne rentre pas dans ton garage*.] **2.** tenir [Es muy grande, no va a caber. *C'est très grand, ça ne tiendra pas*.] **3.** contenir [Caben cuatro litros en esta botella. *Cette bouteille peut contenir quatre litres*.] **4.** (poder albergar) loger [En el edificio caben cien personas. *Le bâtiment peut loger cent personnes*.] **5.** être possible [¿Dónde cabe que...? *Comment est-ce possible que...?*]

cabeza [kaβéθa] *s.f.* **1.** tête. **2.** (líder) chef *m.* **3.** (lugar de las ideas) esprit *m.* [Aquello me vino a la cabeza. *Cela m'est venu à l'esprit*.]

cabezada [kaβeθáða] *s.f.* **1.** (golpe) coup de tête. **2.** (al dormirse) dodelinement *m.* (de la tête).

cabezonería [kaβeθonería] *s.f.* entêtement *m.*

cabezota [kaβeθóta] *s. m. y f.* cabochard, -de; entêté, -ée; tête de mule.

cabida [kaβíða] *s.f.* (de un recipiente) capacité; jauge.

cabildo [kaβíldo] *s. m.* **1.** (de la Iglesia) chapitre. **2.** (ayuntamiento) conseil municipal.

cabina [kaβína] *s.f.* **1.** cabine. **2.** (de teléfonos) cabine téléphonique.

cabizbajo, -ja [kaβiβáxo] *adj.* tête basse.

cable [káβle] *s. m.* câble.

cabo [káβo] *s. m.* **1.** *Geogr.* cap. **2.** *Mil.* caporal. **3.** (cuerda) bout. || **al ~ de** au bout de.

cabra [káβra] *s.f.* *Zool.* chèvre. || **queso de ~** crottin.

cabreo [kaβréo] *s. m.* *fam.* irritation *f.* || **cogerse un ~** piquer une crise.

cabrío, -a [kaβrío] *adj.* caprin, -ne. || **macho ~** bouc.

cabriola [kaβrjóla] *s.f.* cabriole.

cabrito, -ta [kaβríto] *s. m.* **1.** chevreau; cabri. || *s. m. y f.* **2.** *insulto* salopard, -de.

cabrón, -brona [kaβrón] *s. m.* **1.** bouc. || *s. m. y f.* **2.** (insulto) salopard, -de. **cabruñete** [kaβruné̞te] *s. m.* aracháid *f.*

cacao [kakáo] *s. m.* **1.** (árbol) cacaoyer. **2.** (grano) cacao. **3.** (producto, bebida) chocolat. **4.** (lío, confusión) pagaille *f.* || ~ **mental** *fam.* confusion *f.*

cacarear [kakareár] *v. intr.* caqueter.

cacería [kaθería] *s. f.* **1.** partie de chasse. **2.** (caza) chasse.

cacerola [kaθeróla] *s. f.* cissérole (con mango); marmite.

cachalote [katʃalóte] *s. m.* *Zool.* cachalot.

cacharro [katʃář̞o] *s. m.* **1.** pot. **2.** *fam.* (cosa, trasto) machin. || **cacharros** *s. m. pl.* **3.** (trastos) affaires. **4.** (platos sucios) vaisselle *f.* sing.

cachear [katʃeár] *v. tr.* fouiller.

cachete [katʃéte] *s. m.* claque *f.* tape *f.*

cachiporra [katʃipór̞a] *s. f.* massue.

cachivache [katʃiβátʃe] *s. m.* (trasto) truc; machine.

cacho [kátʃo] *s. m. fam.* morceau.

cachondearse [katʃondeárse] *v. pr.* **1.** se fichar (Cachondearse de alguien. *Se ficher de queulqu'un*). **2.** (tomarse algo a broma) prendre à la rigolade. **3.** (tomarse todo a guasa) se payer la tête.

cachondeo [katʃondéo] *s. m.* rigolade *f.*; moquerie *f.*

cachondo, -da [katʃóndo] *adj.* **1.** (un animal) en rut, en chaleur. **2.** (una persona) en chaleur. **3.** *fam.* (divertido) marrant, -te; rigolo.

cachorro, -rra [katʃóř̞o] *s. m. y f.* **1.** (de mamífero) petit. **2.** (cría de perro, de felinos y otros mamíferos) chiot *m.*

cacique [kaθíke] *s. m.* cacique.

CABRÓN - CAER

caco [káko] *s. m.* **1.** *fam.* (ladrón) filou. **2.** (desvalijador de viviendas) cambrioleur, -euse.

cactus [káktus] *s. m.* cactus.

cada [káða] *adj. distrib.* **1.** chaque. **2.** (periodicidad) tout, -te (Cada día, cada dos semanas. *Tous les jours, toutes les deux semaines*). **3.** tout, -te (Cada cien metros. *Tous les cent mètres*). || *pron. distrib.* **4.** chaque (Uno de cada. *Un de chaque*). || ~ **uno, -na** chacun, -ne (Dos francos cada uno. *Deux francs chacun*). || ~ **vez más** de plus en plus. ~ **vez que** chaque fois que; toutes les fois que. **de** ~ sur [4 de cada 10 personas. *4 personnes sur 10*]. **uno** ~ **uno** (sendos) un chacun (Recibieron uno cada uno. *Ils en ont reçu un chacun*].

cadáver [kaðáβer] *s. m.* cadavre.

cadavérico, -ca [kaðaβériko] *adj.* cadavérique.

cadena [kaðéna] *s. f.* **1.** chaîne (Cadena del perro. *Chaîne du chien*). **2.** (de música) chaîne. || ~ **(collar)** chaîne. || **cadenas** *s. f. pl.* **4.** fers *m. pl.* || ~ **montañosa** chaîne de montañas. ~ **perpetua** travaux forcés à perpétuité. **chaîne** ~ **tirar de la** ~ tirer la chasse d'eau.

cadencia [kaðénθja] *s. f.* cadence.

cadera [kaðéra] *s. f.* hanche.

cadete [kaðéte] *s. m. y f.* cadet, -ette.

caducar [kaðukár] *v. intr.* se périmer.

caduco, -ca [kaðúko] *adj.* **1.** (anticuado) caduc, -uque. **2.** (caducado) périmé, -ée.

caer [kaér] *v. intr.* **1.** tomber. **2.** *fig.* tomber (Caer en la desesperación. *Tomber dans le désespoir*). **3.** (derrumbarse) s'effondrer. **4.** *fig.* (arruinarse) sauter. || **caerse** *v. pr.* **5.** tomber. **6.** (estar débil) ne pas tenir debout [Se caía de cansancio. *Il ne*

café [kafé] s. m. café. || ~ **con leche** café au lait. || ~ **cortado** café noisette. || ~ **de máquina** café filtre. || ~ **solo** café noir.

cafeína [kafeína] s. f. caféine.

cafetera [kafetéra] s. f. cafetière.

cafetería [kafetería] s. f. cafétéria.

cagar [kayár] v. tr. e intr. 1. chier fam. || **cagarla** v. pr. 2. fam. mettre les pieds dans le plat, faire une gaffe; gaffer. || **cagarse** v. pr. 3. faire sous lui.

cagarruta [kayarúta] s. f. crotte.

caída [kaída] s. f. 1. (hecho de caer) chute; tombée. 2. (dando una vuelta o voltereta) culbute. 3. (acción de volcar o volcarse) renversement m. 4. (del terreno) pente. 5. (de un imperio) effondrement m.

caja [káxa] s. f. 1. (pequeña, de cartón) boîte. 2. (grande, de madera) caisse. 3. (de escalera, de ascensor) cage. 4. (para el transporte de fruta) cageot m. 5. (de cerillas) boîte. || ~ **de cambios** boîte de vitesse. || ~ **fuerte** coffre-fort m.

pasar por ~ passer à la caisse.

cajero, -ra [kaxéro] s. m. y f. caissier, -ière.

cajetilla [kaxetíʎa] s. f. paquet m. (de tabac, de cigarrettes).

cajón [kaxón] s. m. tiroir.

cal [kál] s. f. 1. chaux. 2. (caneras) tartre.

cala [kála] s. f. 1. (de una fruta) tranche. 2. (del barco) cale. 3. (ensenada) anse, crique. 4. (del Mediterráneo) calanque.

calabaza [kalaβáθa] s. f. Bot. courge; citrouille (de gran tamaño); potiron m. || **dar calabazas** (en un examen) coller; recibir calabazas (en amores) essuyer un refus.

calabobos [kalaβóβos] s. m. inv. crachin; bruine f.

calabozo [kalaβóθo] s. m. cachot.

calada [kaláða] s. f. 1. (mojado o remojo) trempage m. 2. (cigarrillo) tirage. **calado** [kaláðo] s. m. 1. (bordado) ajour, broderie à jours. 2. (motor) calage.

calamar [kalamár] s. m. Zool. calmar.

calambre [kalámbre] s. m. Med. crampe.

calamidad [kalamiðáð] s. f. 1. calamité; grand malheur. 2. (azote) plaie, plaie f.

calar [kalár] v. tr. 1. (la ropa) tremper. 2. (el agua) traverser. 3. fig. (comprender) percer, pénétrer. 4. (medir la capacidad) jauger. 5. (una fruta) entamer. 6. (el sombrero) enfoncer. || **calarse** v. pr. 7. (el motor) caler. 8. (el sombrero) enfoncer.

calavera [kalaβéra] s. f. 1. tête de mort, crâne m. || s. m. 2. (cabeza loca) noceur, mauvaise tête.

calcar [kalkár] v. tr. 1. calquer, décalquer.

cálcareo, -a [kálkáreo] adj. calcaire.

calcetín [kalθetín] s. m. chaussette f. || ~ **corto** socquette f.

calcinar [kalθinár] v. tr. calciner, griller.

calcio [kálθjo] s. m. calcium.

calco [kálko] s. m. calque.

calcomanía [kalkomanía] s. f. décalcomanie.

calculadora [kalkulaðóra] s. f. calculatrice.

calcular [kalkulár] v. tr. 1. calculer, chiffrer. 2. fig. (sopesar, reflexionar) calculer; peser. 3. (creer, estimar) penser.

cálculo [kálkulo] s. m. 1. (operación matemática o lógica) calcul. 2. fig. (prudencia) prudence f. 3. Med. calcul.

CALDEAR - CALZADOR

caldear [kaldeár] *v. tr.* **1.** (metales, hasta la incandescencia) chauffer, rougir. **2.** échauffer (progresivamente).

caldera [kaldéra] *s. f.* chaudière.

caldo [káldo] *s. m.* bouillon.

calefacción [kalefakθjón] *s. f.* chauffage *m.*

calendario [kalendárjo] *s. m.* calendrier.

calentador, -ra [kalentaðór] *adj.* chauffant, -te. ‖ ~ **de agua** chauffe-eau.

calentar [kalentár] *v. tr.* **1.** chauffer. **2.** (lo que se ha enfriado) réchauffer. **3.** (un lugar) échauffer.

calentura [kalentúra] *s. f.* **1.** fièvre, température. **2.** (de la fiebre) bouton *m.*

calibre [kalíβre] *s. m.* **1.** calibre. **2.** *fig.* importance.

calidad [kalidáð] *s. f.* qualité. ‖ **en** ~ **de** à titre de.

cálido, -da [káliðo] *adj.* **1.** chaud, -de. **2.** *fig.* chaleureux, -euse.

caliente [kaljénte] *adj.* chaud, -de.

calificación [kalifikaθjón] *s. f.* qualification.

calificar [kalifikár] *v. tr.* **1.** (examen o prueba) qualifier; noter. ‖ **calificarse** *v. p.* **2.** *Dep.* se qualifier.

calificativo, -va [kalifikatíβo] *adj. y s. m.* qualificatif, -ive.

caligrafía [kaliɣrafía] *s. f.* calligraphie.

callado, -da [kaʎáðo] *adj.* **1.** silencieux, -euse; discret, -ète. **2.** (reservado) réservé, -ée.

callar [kaʎár] *v. tr.* **1.** taire. ‖ **callarse** *v. pr.* **2.** se taire. ‖ ¡**cállate!** *interj.* **3.** bouche-la! ‖ **hacer** ~ faire taire.

calle [káʎe] *s. f.* **1.** rue. **2.** (avenida) allée. ‖ ~ **mayor** grand-rue. **hacer la** ~ faire le trottoir. **poner de patitas en la** ~ (despedir) mettre à la porte.

callejear [kaʎexeár] *v. intr.* **1.** (vagar) flâner, courir les rues. **2.** *fig.* (vaguear) traîner.

callejero, -ra [kaʎexéro] *adj. y s. m. y f.* **1.** flâneur, -euse. *s. m.* **2.** répertoire des rues (d'une ville).

callejón [kaʎexón] *s. m.* passage, ruelle *f.* ‖ ~ **sin salida** impasse *f.*; cul-de-sac.

callista [kaʎísta] *s. m. y f.* pédicure.

callo [káʎo] *s. m. Med.* (en los pies) cor, callosité *f.* **2.** (juanete) oignon. **3.** *fig. y fam.* (feo) horreur *f.* ‖ **callos** *s. m. pl.* **4.** *Gastr.* tripes *f.*

calma [kálma] *s. f.* **1.** calme *m.*; paix. **2.** (tranquilidad) tranquillité. **3.** (lentitud, indolencia) nonchalance. ‖ **con** ~ en douceur. **en** ~ calme [El mar está en calma. *La mer est calme*].

calmante [kalmánte] *adj. y s. m. Med.* calmant, -te.

calmar [kalmár] *v. tr.* **1.** calmer, apaiser, adoucir. **2.** (tranquilizar) rassurer. **3.** (relajar) détendre. **4.** (aliviar dolor) mitiger, pallier. ‖ **calmarse** *v. pr.* **5.** se calmer.

calor [kalór] *s. m.* chaleur *f.* ‖ **hacer** ~ faire chaud.

caloría [kaloría] *s. f.* calorie.

calumnia [kalúmnja] *s. f.* calomnie.

calumniar [kalumnjár] *v. tr.* calomnier.

caluroso, -sa [kaluróso] *adj.* **1.** chaud, -de. **2.** *fig.* chaleureux, -euse.

calva [kálβa] *s. f.* **1.** (de la cabeza) calvitie. **2.** (en el campo) clairière.

calvinista [kalβinísta] *adj. y s. m. y f. Rel.* calviniste.

calvo, -va [kálβo] *adj. y s. m. y f.* chauve.

calzada [kalθáða] *s. f.* chaussée.

calzado, -da [kalθáðo] *adj.* **1.** chaussé, -ée. ‖ *s. m.* **2.** chaussure *f.*

calzador [kalθaðór] *s. m.* chausse-pied.

74

calzar [kalθár] *v. tr.* 1. (poner calzado) chausser [Calzar un 38 / el número 38. *Chausser du 38*.] 2. (con un calzo) caler.

calzón [kalθón] *s. m.* 1. (prenda interior) caleçon. 2. (pantalón corto de hombre) short, culottes *f. pl.* (pantalón de deporte) short, culottes *f.* || **calzones** *s. m. pl.* 4. (prenda interior de hombre) caleçon *sing.*

calzoncillos [kalθonθíλos] *s. m. pl.* 1. slip *sing.* 2. (largos) caleçon *sing.*

cama [káma] *s. f.* lit *m.*

camaleón [kamaleón] *s. m.* caméléon.

cámara [kámara] *s. f.* 1. *Cinem.* caméra. || **a ~ lenta** au ralenti. **~ de fotos** appareil de photo.

camarada [kamaráδa] *s. m. y f.* 1. (compañero) camarade. 2. (amigo) copain, -pine. 3. (que comparte ocupaciones) compagnon, -ne.

camarero, -ra [kamaréro] *s. m. y f.* 1. serveur, -euse || *s. m.* 2. garçon (de café).

camarón [kamarón] *s. m. Zool.* 1. (quisquilla) crevette *f.* 2. (langostín) bouquet.

camarote [kamaróte] *s. m. Naut.* cabine.

cambiar [kambjár] *v. tr.* 1. changer *t.* (intercambiar) échanger. 3. (invertir) renverser. 4. (en monedas de distinto valor) faire de la monnaie [Puede cambiarme un billete de diez euros. *Pouvez-vous me faire la monnaie de ces dix euros?*] 5. (una moneda por otra) changer [Cambiar pesetas en euros. *Changer des pesetas en euros*]. || *v. intr.* 6. changer. || **cambiarse** *v. pr.* 7. (de ropa) se changer. || **cambiarse de domicilio** (o de casa) déménager.

cambio [kámbjo] *s. m.* 1. changement (cambio de hora. *Changement d'heure*.) 2. (intercambio) échange. 3. *Econ.* (cotización) cours; cours du change. 5. (dinero en monedas de distinto valor) monnaie *f.* [Quiero cambio de diez euros. *Je veux la monnaie de dix euros*.] || **a ~** en échange de; moyennant. **a ~ de** en échange que. **~ de aires** (de estilo o ambiente) dépaysement. **dar ~** faire de la monnaie. **en ~** (oposición) par contre; en revanche.

camello [kaméλo] *s. m. Zool.* chameau.

camelo [kamélo] *s. m. fam.* baratin.

camerino [kamerino] *s. m.* loge *f.*

camilla [kamíλa] *s. f.* 1. (cama) lit (de repos). 2. (angarillas) brancard *m.*; civière *f.* 3. *fam.* (mesa) table ronde (sous laquelle on place un brasero).

caminante [kaminánte] *s. m. y f.* voyageur à pied.

caminar [kaminár] *v. intr.* marcher; cheminer; aller.

caminata [kamináta] *s. f. fam.* longue promenade randonnée.

camino [kamíno] *s. m.* 1. chemin. 2. (dirección, itinerario) route *f.* 3. (recorrido) parcours. 4. (a pie) marche *f.* 5. *fig.* (vía, medio) chemin; voie *f.*

camión [kamjón] *s. m.* camion.

camioneta [kamjonéta] *s. f.* camionnette.

camisa [kamísa] *s. f.* chemise.

camiseta [kamiséta] *s. f.* 1. (prenda interior) maillot de corps. 2. (de manga corta) tee-shirt *m.* 3. (de deporte) maillot *m.* 4. (sin mangas) débardeur *m.*

camisón [kamisón] *s. m.* chemise de nuit.

camorra [kamóra] *s. f.* bagarre.

campamento [kampaménto] *s. m.* 1. campement. 2. *camp* [Levantar el campamento. *Lever le camp*.]

campana [kampána] *s. f.* 1. cloche. 2. (de chimenea) manteau *m.* || **~ mayor** bourdon *m.* **dar una vuelta de ~** capoter.

CAMPANARIO - CÁNDIDO

campanario [kampanárjo] *s. m.* 1. clocher. 2. (torre) beffroi (en el Norte de Francia y Bélgica).

campanilla [kampaníʎa] *s. f.* campana pequeña) clochette; sonnette.

campante [kampánte] *adj. fam.* 1. (despreocupado) sans-souci. 2. (descarado) sans-gêne.

campechano, -na [kampet͡ʃáno] *adj.* sans-façon.

campeón, -ona [kampeón] *s. m. y f.* 1. champion, -onne. 2. *fig.* as.

campeonato [kampeonáto] *s. m.* championnat.

campesino, -na [kampesíno] *adj. y s. m. y f.* 1. (del campo, del campesino) campagnard, -de. 2. (del campo) paysan, -anne. 3. (de pueblo) villageois, -se; vilain, -ne.

campestre [kampéstre] *adj.* champêtre.

camping [kámpin] *s. m.* camping.

campo [kámpo] *s. m.* 1. campagne *f.* [El campo o la ciudad. *La campagne ou la ville*.] 2. (terreno, cultivo) champ. 3. (zona reservada) camp (Campo de aviación. *Camp d'aviation*.] 4. *Dep.* (fútbol, tenis) terrain. 5. (materia, disciplina) domaine. || ~ **de tenis** court (de tennis).

camuflaje [kamufláxe] *s. m.* camouflage.

camuflar [kamuflár] *v. tr.* camoufler.

cana [kána] *s. f.* cheveu blanc.

canadiense [kanaðjénse] *adj.* 1. canadien, -enne. *s. m. y f.* 2. Canadien, -enne.

canal [kanál] *s. m.* 1. canal. 2. (cañería) conduit, conduite *f.* 3. (curso de agua) lit. 4. (de desagüe, alcantarilla) égout. 5. (televisión y radio) chaîne *f.*

canalización [kanaliθaθjón] *s. f.* canalisation.

canalizar [kanaliθár] *v. tr.* canaliser.

canalla [kanáʎa] *s. m.* fripouille *f.*; canaille *f.*

canalón [kanalón] *s. m.* 1. gouttière *f.*; cheneau; égout. 2. (bajada de aguas) descente.

canapé [kanapé] *s. m.* 1. (sofá) canapé. 2. (aperitivo) canapé.

canario, -ria [kanárjo] *adj. y s. m. y f.* (de las Islas Canarias) canarien, -enne.

canasta [kanásta] *s. f.* 1. corbeille *f.* (cesto) banne. 3. *Dep.* (para encestar y punto obtenido) panier *m.* 4. (cartas) canasta.

canastilla [kanastíʎa] *s. f.* 1. corbeille (ropa de bebé) layette. 3. (ajuar del recién nacido) trousseau pour enfant.

canasto [kanásto] *s. m.* 1. (cesta) panier. 2. (cesto) corbeille *f.* || ¡ **canastos** ! *interj.* 3. sapristi!

cancelar [kanθelár] *v. tr.* annuler.

cáncer [kánθer] *s. m.* 1. *Med.* cancer. || **Cáncer** *n. p.* 2. Cancer.

canceroso, -sa [kanθeróso] *adj.* cancéreux, -euse.

cancha [kánt͡ʃa] *s. f.* (de tenis) terrain *m.*

canciller [kanθiʎér] *s. m.* chancelier.

canción [kanθjón] *s. f.* 1. chanson. 2. *fig.* refrain *m.*; rengaine (Siempre la misma canción. *Toujours la même rengaine.*]

candado [kandáðo] *s. m.* cadenas.

candelabro [kandeláβro] *s. m.* 1. (para una vela) chandelier. 2. (con varios brazos) candélabre.

candente [kandénte] *adj.* 1. (un metal) incandescent, -te; rouge; brillant, -te. 2. *fig.* (una situación, una cuestión) brûlant, -te.

candidato, -ta [kandiðáto] *s. m. y f.* candidat, -te; aspirant, -te.

candidez [kandiðéθ] *s. f.* candeur; naïveté; ingénuité.

cándido, -da [kándiðo] *adj.* candide; naïf, -ïve; ingénu, -ue.

76

CANDOR - CAPACIDAD

candor [kandór] *s. m.* candeur *f.*; naïveté *f.*
canela [kanéla] *s. f.* cannelle.
cangrejo [kaṇgréxo] *s. m.* **1.** *Zool.* (de río) écrevisse *f.* **2.** (de mar) crabe.
canguro [kaṇgúro] *s. m. Zool.* kangourou.
caníbal [kaníβal] *adj. y s. m. y f.* cannibale.
canica [kaníka] *s. f.* bille.
canijo, -ja [kaníxo] *adj. fam.* malingre, chétif, -ive.
canilla [kaníʎa] *s. f.* **1.** *Anat.* tibia. **2.** (de tonel) cannette; robinet *m.* (grifo). **3.** (para el hilo) fuseau *m.*
canino, -na [kaníno] *adj.* canin, -ne.
canjear [kaŋxeár] *v. tr.* échanger.
canoa [kanóa] *s. f.* canoë *m.*
canon [kanon] *s. m.* canon.
canonizar [kanoniθár] *v. tr.* canoniser.
canoso, -sa [kanóso] *adj.* aux cheveux blancs, grisonnant, -te.
cansado, -da [kansáðo] *adj.* **1.** (que sufre cansancio) fatigué, -ée; las, -asse. **2.** (que cansa) ennuyeux, -euse; fatigant, -te.
cansancio [kansánθjo] *s. m.* fatigue *f.*
cansar [kansár] *v. tr.* **1.** fatiguer, lasser. *v. pr.* **3.** se fatiguer.
cantante [kantánte] *s. m. y f.* **1.** chanteur, -euse. ‖ *s. f.* **2.** (de ópera) cantatrice.
cantaor, -ra [kantaór] *s. m.* chanteur, -euse (de flamenco).
cantar [kantár] *v. tr.* chanter.
cántaro [kántaro] *s. m.* cruche *f.*; pot d'eau. ‖ **llover a cántaros** pleuvoir à verse.
cante [kánte] *s. m.* chant populaire andalou.
cantera [kantéra] *s. f.* carrière.
cantidad [kantiðáð] *s. f.* **1.** quantité. **2.** (de dinero) somme; chiffre *m.*
cantimplora [kantimplóra] *s. f.* gourde.
cantina [kantína] *s. f.* **1.** (restaurante comunitario) cantine. **2.** (en una estación) buvette.

canto¹ [kánto] *s. m.* chant.
canto² [kánto] *s. m.* **1.** (borde) bord. **2.** (lado) côté. **3.** (de un libro, de una moneda) tranche *f.* **4.** (del cuchillo) dos. **5.** (guijarro) caillou. ‖ **~ rodado** galet.
cantor, -ra [kantór] *adj. y s. m. y f.* chanteur, -euse.
canturrear [kanturreár] *v. tr.* chantonner.
caña [káɲa] *s. f.* **1.** *Bot.* (planta acuática) roseau *m.* **2.** (de las gramíneas) tige. **3.** (paja de las gramíneas) chaume *m.* **4.** canne [Caña de azúcar. *Canne à sucre*]. **5.** *Anat.* (du bras ou de la jambe) os *m.* **6.** ligne [Pescar con caña. *Pêcher à la ligne*]. **7.** (de cerveza) demi *m.*; bière.
cañada [kaɲáða] *s. f.* **1.** (entre montañas) gorge; défilé *m.*; passage *m.* **2.** (para la transhumancia) draille.
cáñamo [káɲamo] *s. m.* chanvre.
cañería [kaɲería] *s. f.* canalisation, conduite; tuyau *m.* **2.** (de desagüe) drain *m.*
caño [káɲo] *s. m.* (de la fuente) tuyau.
cañón [kaɲón] *s. m.* canon.
caoba [kaóβa] *s. f. Bot.* acajou *m.*
caos [káos] *s. m.* chaos.
caótico, -ca [kaótiko] *adj.* chaotique.
capa [kápa] *s. f.* **1.** (prenda de abrigo) cape [De capa y espada. *De cape et d'épée*]. **2.** (de aire, pintura) couche. **3.** (de alguna sustancia) nappe. **4.** *Geogr.* (de la tierra o de la atmósfera) couche. **5.** (de tierra, de agua, de gas) nappe. **6.** (de hojarasca) couvert *m.* **7.** *fig.* (apariencia) apparence [Bajo una capa de. *Sous l'apparence de*]. ‖ **dar una ~** (untar) badigeonner. ‖ *fig.* badigeonner.
capacidad [kapaθiðáð] *s. f.* **1.** (volumen) capacité; contenance. **2.** (aptitud) capacité. **3.** (competencia) compétence. ‖ **tener ~ para** (poder contener) tenir.

CAPAR - CARCELERO

capar v. tr. châtrer, castrer.
caparazón [kaparaθón] s. m. carapace f.
capataz [kapatáθ] s. m. contremaître.
capaz [kapáθ] adj. capable, habile. ‖ **ser ~ de** être à même de.
capellán [kapeʎán] s. m. chapelain.
capicúa [kapikúa] adj. y s. m. palindrome.
capilar [kapilár] adj. capillaire.
capilla [kapíʎa] s. f. chapelle.
capital [kapitál] adj. 1. (de la cabeza) capital, -e. 2. (muy importante) capital, -e; essentiel, -elle. ‖ s. m. 3. capital: richesse f.; patrimoine; biens pl. 4. (fondos) fonds. ‖ s. f. 5. capitale 6. (de provincia) chef-lieu. ‖ **pecado ~ capital**, péché capital. **pena capitale**.
capitalista [kapitalísta] s. m. y f. capitaliste.
capitán [kapitán] s. m. capitaine.
capitel [kapitél] s. m. Arq. chapiteau.
capitular [kapitulár] v. intr. capituler.
capítulo [kapítulo] s. m. (libro) chapitre.
capota [kapóta] s. f. capote.
capote [kapóte] s. m. capote f.
capricho [kapríʧo] s. m. 1. caprice 2. (pasajero) lubie f.; fantaisie f. 3. (amorío) caprice; amourette f.
caprichoso, -sa [kapriʧóso] adj. y s. m. y f. capricieux, -euse.
Capricornio [kaprikórnjo] n. p. Capricorne.
cápsula [kápsula] s. f. 1. capsule 2. (medicamentosa) cachet m.
captar [kaptár] v. tr. 1. capter 2. fig. (comprender) saisir. 3. (adeptos) rallier.
captura [kaptúra] s. f. capture.
capturar [kapturár] v. tr. capturer.
capucha [kapúʧa] s. f. capuchon m.
capullo [kapúʎo] s. m. 1. (insectos y mariposas) cocon. 2. Bot. bouton.
caqui [káki] adj. y s. m. kaki.
cara [kára] s. f. 1. figure, face. 2. (semblante, expresión) visage m.; figure. 3. (aspecto) mine. 4. (lado) face; pan m. 5. fig. côté m. 6. (vertiente) versant m. 7. (anverso) face; envers m. ‖ **a ~ o cruz** à pile ou face. ‖ **a ~ de tête-à-tête; echar en ~ reprocher; plantar ~ faire face; poner mala ~** faire la moue.
caracol [karakól] s. m. Zool. escargot.
caracola [karakóla] s. f. conque.
carácter [karákter] s. m. 1. caractère. 2. Impr. caractère. • Pl. caracteres.
característica [karakterístika] s. f. caractéristique; trait m. (rasgo).
característico, -ca [karakterístiko] adj. caractéristique.
caracterizar [karakteriθár] v. tr. 1. (dar las características) caractériser. 2. (representar un personaje) jouer, interpréter. ‖ **caracterizarse** v. pr. 3. (ser característico) se distinguer. 4. (disfrazarse) se déguiser.
caradura [karadúra] s. f. 1. toupet m.; culot m. ‖ s. m. y f. 2. effronté, -ée; culotté, -ée.
¡caramba! [karámba] interj. 1. (impaciencia) mince! 2. (sorpresa) tiens!
caramelo [karamélo] s. m. 1. bonbon. 2. (golosina dulce) sucrerie f. 3. (azúcar derretida) caramel.
caravana [karaβána] s. f. caravane.
carbón [karβón] s. m. charbon.
carbonero, -ra [karβonéro] adj. y s. m. y f. charbonnier, -ière.
carbonizar [karβoniθár] v. tr. carboniser.
carbono [karβóno] s. m. carbone.
carburador [karβuraðór] s. m. carburateur.
carcajada [karkaxáða] s. f. éclat de rire.
cárcel [kárθel] s. f. 1. (prisión) prison; cachot m. 2. fig. geôle.
carcelero, -ra [karθeléro] s. m. y f. geôlier, -ière.

carcomer [karkomér] v. tr. 1. fig. ronger. ‖ **carcomerse** v. pr. 2. se ronger, se vermouler.
carcomido, -da [karkomído] adj. vermoulu, -ue.
cardenal [karðenál] s. m. 1. Rel. cardinal. 2. (hematoma) ecchymose f.; bleu.
cardíaco, -ca [karðíako] adj. y s. m. y f. cardiaque
cardinal [karðinál] adj. cardinal, -le.
cardo [kárðo] s. m. 1. (comestible) cardon; (planta espinosa) chardon.
carecer [kareθér] v. intr. manquer, être privé de.
carencia [karénθja] s. f. manque m.; carence, privation.
carestía [karestía] s. f. (falta de) disette; pénurie; manque m; rareté.
careta [karéta] s. f. masque m.
carga [kárγa] s. f. 1. (acción de cargar) chargement m. 2. (lo cargado) charge. 3. (peso, fardo) poids m.; fardeau m. 4. fig. croix; charge; souci m. [Es una carga. C'est une croix]. 5. Mil. (munición) charge. 6. (cartucho de tinta) cartouche.
cargamento [karγaménto] s. m. chargement; cargaison f.
cargante [karγánte] adj. fam. assommant, -te; fâcheux, -euse; casse-pieds.
cargar [karγár] v. tr. 1. charger 2. fig. (molestar) ennuyer. 3. (achacar) attribuer. 4. Econ. débiter. 5. (la pipa) bourrer. 6. intr. charger [Cargar contra el enemigo. Charger l'ennemi]. ‖ **cargarse** v. pr. 7. se charger. ‖ **~ de deudas** endetter. ‖ **~ en cuenta** débiter.
cargo [kárγo] s. m. 1. (puesto) charge f.; poste. 2. Der. (acusación) charge f. ‖ **hacerse ~ de** se rendre compte. **tomar a su ~** prendre à sa charge.
caricatura [karikatúra] s. f. caricature.
caricia [karíθja] s. f. 1. caresse; calinerie. 2. (mimo) cajolerie. ‖ **hacer caricias** s. f. pl. 3. tendresses.
caridad [kariðáð] s. f. charité.
caries [kárjes] s. f. carie.
cariño [karíɲo] s. m. 1. amour; affection f. tendresse f. 2. (apego) attachement m.
cariñoso, -sa [kariɲóso] adj. affectueux, -euse.
carisma [karísma] s. m. charisme.
caritativo, -va [karitatíβo] adj. charitable
cariz [karíθ] s. m. 1. aspect; face f. [La herida tiene mal cariz. La blessure a un mauvais aspect]. 2. fig. (giro) tournure f.
carnal [karnál] adj. 1. (del cuerpo o de la sensualidad) charnel, -elle. 2. sensuel, -elle. 3. (parentesco) germain, -ne.
carnaval [karnaβál] s. m. carnaval.
carne [kárne] s. f. 1. (del cuerpo humano) chair. 2. (para comer) viande
carné o carnet [karné] s. m. 1. carte f. [Carné de estudiante. Carté d'étudiant]. 2. (taco de papeletas, billetes) carnet; 3. libreta; carnet; cahier; f. (permiso) permis. ‖ **~ de identidad** carte d'identité.
carnero [karnéro] s. m. mouton.
carnicería [karniθería] s. f. boucherie.
carnicero, -ra [karniθéro] s. m. y f. 1. boucher, -ère. ‖ adj. y s. m. y f. 2. Zool. (animal) carnassier, -ière.
carnívoro, -ra [karníβoro] adj. y s. m. y f. carnivore.
carnoso, -sa [karnóso] adj. 1. charnu, -ue. 2. (planta) gras, -asse.
caro, -ra [káro] adj. 1. cher, -ère. ‖ adv. 2. cher.
carpa [kárpa] s. f. 1. Zool. (pez) carpe. 2. (de circo) chapiteau m.

carpeta [karpéta] *s.f.* **1.** (para escribir encima) sous-main *m.* **2.** (para llevar documentos) chemise; dossier *m.*

carpintería [karpintería] *s.f.* **1.** (oficio, taller) menuiserie. **2.** (en obras de construcción) charpenterie.

carpintero [karpintéro] *s. m.* **1.** menuisier. **2.** (de obra, de armar) charpentier. || **pájaro ~** pic.

carrera [karéra] *s.f.* **1.** (sports) course; trajet *m*; parcours *m.* **2.** (estudios superiores) études *pl.* (universitaires). **3.** (profesión, oficio) profession; carrière; métier *m.* [Hacer carrera. Faire carrière.] || **tener una ~** (en la media) filer, se démailler.

carreta [karéta] *s.f.* charrette.

carretel [karetél] *s. m.* **1.** (de hilo) bobine *f.* **2.** Fot. (de película) rouleau, bobine *f.* **3.** (caña de pescar) moulinet.

carretera [karetéra] *s.f.* route. || **de ~** carreteras routier, -ière.

carretilla [karetíʎa] *s.f.* **1.** (de una rueda) brouette. **2.** ~ **elevadora** chariot élévateur.

carril [karíl] *s. m.* **1.** voie *f.* **2.** Carretera de tres carriles. *Route à trois voies*] **2.** (surco dejado por la rueda) ornière *f.* **3.** (rail) rail.

carrillo [karíʎo] *s. m.* joue *f.*

carro [káro] *s. m.* **1.** (de cuatro ruedas) charrette *f*; char, chariot. **2.** (de la compra, de equipajes) chariot. *f.* **3.** *Amér.* (vehículo) voiture *f.* **4.** *Impr.* train. **5.** (de máquina de escribir, cámara de fotos) chariot. **6.** char [Carro de combate, de asalto. *Char de combat, d'assaut.*]

carrocería [karosería] *s.f.* carrosserie.

carromato [karomáto] *s. m.* **1.** chariot couvert. **2.** (de nómadas) roulotte *f.*

carroza [karóθa] *s.f.* **1.** carrosse *m.* **2.** (de desfile) char *m.*

carta [kárta] *s.f.* **1.** lettre. **2.** (de la baraja) carte. **3.** (de comida y vinos) carte. **4.** (menú) menu. **5.** *Geogr.* (geográfica) carte. || **~ de pago** *Econ.* quittance. **~ de valores declarados** lettre chargée. **echar las cartas** tirer les cartes.

cartel [kartél] *s. m.* affiche *f.* || **en ~** à l'affiche.

cartelera [karteléra] *s.f.* **1.** porte-affiches *m. inv.* **2.** (en un periódico) rubrique des spectacles.

cartera [kartéra] *s.f.* **1.** (para dinero) portefeuille *m.* **2.** (de mano) serviette. **3.** (del colegio) cartable *m.* **4.** (con correa) sacoche. **5.** (valores comerciales) portefeuille *m.* (de ministro) portefeuille *m.*

carterista [karterísta] *s. m. y f.* voleur à la tire; pickpocket.

cartero, -ra [kartéro] *s. m. y f.* facteur *m.*

cartilla [kartíʎa] *s.f.* syllabaire *m.*; A B C.

cartón [kartón] *s. m.* **1.** carton. **2.** (de cigarrillos) cartouche *f.*

cartuchera [kartutʃéra] *s.f.* **1.** *Mil.* cartouchière. || **cartucheras** *s.f. pl.* **2.** (de celulitis) culottes.

cartucho [kartútʃo] *s. m.* **1.** cartouche *f.* **2.** (de tinta) cartouche.

cartulina [kartulína] *s.f.* **1.** bristol *m.* **2.** (cartón fino) fin carton.

casa [kása] *s.f.* **1.** maison. **2.** (hogar) foyer. || **a ~ de** chez [Van a su casa. *Ils vont chez eux.*] **en ~ de** chez [En casa de Pierre. *Chez Pierre.*]

casado, -da [kasáðo] *adj.* marié, -ée.

casar [kasár] *v. tr.* **1.** marier. **2.** *fig.* asortir, marier. **3.** (concordar) s'accorder. || **casarse** *v. pr.* **4.** se marier. **5.** épouser, marier [Casarse con alguien. *Épouser quelqu'un.*]

CASCABEL - CASTAÑO

cascabel [kaskaβél] *s. m.* grelot. **1.** cascade. **2.** (salto de agua) saut *m.* **3.** *fig.* (serie, ristra) ricochet *m.*

cascanueces [kaskanwéθes] *s. m. inv.* casse-noix.

cascar [kaskár] *v. tr.* **1.** (un huevo, una vasija) fêler. **2.** (con los dientes) croquer. **3.** (una nuez, la voz) casser. || *v. intr.* **4.** *fam.* (hablar) bavarder. **5.** *fam.* (morir) mourir.

cáscara [káskara] *s. f.* **1.** (del marisco) coquille. **2.** (del queso) croûte. **3.** (del huevo) coque. **4.** (de naranja, limón, melón, sandía, frutos secos) écorce. **5.** (de limón) zeste *m.*

cascarón [kaskarón] *s. m.* coquille *f.*

cascarrabias [kaskaráβjas] *adj.* y *s. m.* y *f.* **1.** (gruñón) grincheux, -euse; rouchonneur, -euse. **2.** (rasctble) soupe au lait.

casco [kásko] *s. m.* **1.** (de aviador, soldado, bombero) casque. **2.** *fig.* (cráneo) crâne. **3.** *Náut.* coque *f.* **4.** (de caballo) sabot. **5.** (pedazo roto) éclat.

caserío [kaserío] *s. m.* hameau.

casero, -ra [kaséro] *adj.* **1.** ménager, -ère. **2.** (hogareño) casanier, -ière. **3.** (alimentos) de ménage. || *s. m.* y *f.* **4.** propriétaire.

caserón [kaserón] *s. m.* bâtisse *f.*

caseta [kaséta] *s. f.* **1.** maisonnette. **2.** (de baño) cabine. || ~ **del perro** niche

casete [kaséte] *s. amb.* **1.** (cinta) bande *f.*; cassette *f.* **2.** (de vídeo) videocassette *f.* || *s. m.* **3.** (magnetófono) magnétophone (no mucho) guère [No tiene casi tempo. *Il n'a guère de temps.*] **3.** (acción no iniciada) faillir (+ infinitivo) [Casi se cae. *Il a failli tomber.*] || ~ **no** ne ... guère; à peine [Casi no se mueve. *Il ne bouge guère.*]

casi [kási] *adv.* **1.** presque; quasiment. *fam.* **2.** Casi ha terminado. *Il a presque fini.*]

casilla [kasíʎa] *s. f.* case.

casino [kasíno] *s. m.* casino.

caso [káso] *s. m.* **1.** situación, circunstancia) cas. **2.** (situación hipotética) cas de figure. **3.** (suceso) histoire *f.*; *fam.* **4.** *Der.* (cuestión importante) affaire *f.* [El caso Dreyfus. *L'affaire Dreyfus.*] **5.** *Med.* cas. || *Ling.* **6.** || ~ **de que** au caso; dans tu caso o. ~ **en cualquier** ~ de toute forma, de todas maneras. ~ **en el mejor de los casos** au mieux; dans le meilleur de los cas. ~ **en el peor de los casos** au pire; au pis aller; en mettant les cosas au pire. ~ **en ese** ~ dans ce caso; en ce cas. (consecuencia) alors. ~ **en este** ~ en l'occurrence; alors. ~ **en tal** ~ en tout cas. ~ **en último** ~ à la limite; en dernier recours. ~ **hacer omiso de** faire abstracción; passer outre. ~ **ir al aller au fait.** ~ **llegado el** ~ le cas échéant; à l'occasion. ~ **si llega a** ~ à l'occasion; le cas échéant.

caspa [káspa] *s. f.* pellicules *pl.* Anticaspa. *Contre les pellicules.*

casquete [kaskéte] *s. m.* **1.** calotte *f.* (bonete redondo) toque *f.* bonete cilíndrico o cónico). **2.** calotte *f.* [Casquete polar. *Calotte polaire.*] • "Casquette" en francés equivale a "gorra".

casta [kásta] *s. f.* **1.** caste. **2.** (raza) race.

castaña [kastáɲa] *s. f.* châtaigne; marron *m.* • Se usa "châtaigne" para referirse al fruto del castaño; "marron" para referirse al fruto comestible.

castañetear [kastaɲeteár] *v. tr.* **1.** claquer; craqueter. || *v. intr.* **2.** jouer des castagnettes.

castaño, -ña [kastáɲo] *adj.* y *s. m.* **1.** châtain, -ne; marron *inv.*; brun, -ne (moreno). || *s. m.* **2.** *Bot.* (árbol) châtaignier.

CASTAÑUELA - CAVA

castañuela [kastaɲwela] *s. f.* (gralm. au pl.) castagnette.

castellano, -na [kasteʎano] *adj. y s. m.* 1. castillan, -ne. || *s. m. y f.* 2. Castillan, -ne.

castidad [kastiðað] *s. f.* chasteté.

castigar [kastiɣar] *v. tr.* 1. punir. 2. *fig.* malmener.

castigo [kastiɣo] *s. m.* châtiment; punition.

castillo [kastiʎo] *s. m.* château.

castizo, -za [kastiθo] *adj.* vrai, -ie; typique.

casto, -ta [kasto] *adj.* chaste; abstinent, -te.

castrar [kastrar] *v. tr.* castrer; châtrer.

casual [kaswal] *adj.* casuel, -le; accidentel, -elle; fortuit, -te; imprévu, -ue.

casualidad [kaswaliðað] *s. f.* hasard *m.* || **por ~** par hasard.

cataclismo [kataklismo] *s. m.* cataclysme.

catalán, -lana [katalan] *adj. y s. m.* 1. catalan, -ne. || *s. m. y f.* 2. Catalan, -ne.

catalogar [kataloɣar] *v. tr.* cataloguer.

catálogo [kataloɣo] *s. m.* catalogue.

cataplasma [kataplasma] *s. f.* cataplasme *m.*

catar [katar] *v. tr.* goûter; déguster.

catarata [katarata] *s. f.* 1. (de agua) cataracte; chute. 2. *Med.* cataracte.

catarro [kataro] *s. m.* rhume.

catastro [katastro] *s. m.* cadastre.

catástrofe [katastrofe] *s. f.* catastrophe.

catear [katear] *v. intr.* (en un examen) recaler; ne pas être reçu; coller.

catecismo [kateθismo] *s. m.* catéchisme.

cátedra [kateðra] *s. f.* chaire.

catedral [kateðral] *s. f.* cathédrale.

catedrático, -ca [kateðratiko] *s. m. y f.* (de instituto) agrégé, -ée; professeur agrégé

categoría [kateɣoria] *s. f.* 1. catégorie. 2. (jerarquía) rang *m.* 3. (noeles, servicios, estatuto social) classe. 4. *fig.* (tipo) nature; genre; sorte.

cateto, -ta [kateto] *adj. y s. m. y f.* 1. (ignorante) grossier, -ière. 2. (paleto) rustre; paysan, -anne.

catolicismo [katoliθismo] *s. m.* catholicisme.

católico, -ca [katoliko] *adj. y s. m. y f.* catholique.

catorce [katorθe] *adj. y pron.* 1. quatorze. || *s. m.* 2. quatorze.

cauce [kawθe] *s. m.* 1. (del río) lit. 2. *fig.* (vía) voie *f.*

caucho [kawtʃo] *s. m.* caoutchouc.

caudal [kawðal] *s. m.* 1. (de un río) débit. 2. (agua, luz) débit. 3. *fig.* (abundancia) abondance *f.* 4. (bagaje intelectual) bagage. 5. (de saber, de virtudes) fonds.

caudillo [kawðiʎo] *s. m.* 1. (líder) chef. 2. caudillo (en España, le terme fait référence au dictateur Franco).

causa [kawsa] *s. f.* 1. cause. 2. (razón) raison. 3. (motivo) motif *m.* 4. (principio) cause; principe *m.* || **a ~ de** à cause de; dû à.

causar [kawsar] *v. tr.* 1. causer; occasionner. 2. (dar, provocar) donner. 3. (dar lugar a) donner lieu à.

cautela [kawtela] *s. f.* prudence; précaution.

cautivar [kawtiβar] *v. tr.* 1. (hacer prisionero) faire prisonnier. 2. *fig.* (los sentidos); conquérir; séduire; ravir. 3. *fig.* (la atención) absorber; attacher.

cautiverio [kawtiβerjo] *s. m.* captivité *f.*

cautivo, -va [kawtiβo] *adj. y s. m. y f.* captif, -ive.

cauto, -ta [kawto] *adj.* prudent, -te.

cava [kaβa] *adj. y s. f.* 1. *Anat.* (vena) cave. || *s. f.* 2. (bodega) cave. 3. *Agr.* (labor) labourage *m.* (à la main). || *s. m.* 4. cava (vin mousseux catalan).

82

cavar [kaβár] v. tr. 1. creuser. 2. (un pozo) foncer. || v. intr. 3. fig. (ahondar) approfondir.

caverna [kaβérna] s. f. caverne; grotte.

caviar [kaβjár] s. m. caviar.

cavidad [kaβiðáð] s. f. cavité.

cavilar [kaβilár] v. intr. réfléchir, méditer.

caza [káθa] s. f. 1. (actividad) chasse. 2. (animal cazado) gibier m.; chasse (Caza mayor. Gros gibier). || s. m. 3. Aeron. chasseur (avión de chasse).

cazador, -ra [kaθaðór] adj. y s. m. y f. 1. chasseur, -euse. || **cazadora** s. f. 2. (prenda) blouson m.; vareuse.

cazar [kaθár] v. tr. 1. chasser. 2. fig. (atrapar) attraper par surprendre.

cazo [káθo] s. m. 1. (para servir) louche f. 2. (cacerola pequeña) casserole f.

cazuela [kaθwéla] s. f. casserole; cocotte.

cd-rom [θeðeróm] s. m. inform. cd-rom.

cebada [θeβáða] s. f. Bot. orge.

cebar [θeβár] v. tr. 1. gaver. 2. (animales) engraisser. 3. (aves de corral) empâter. 4. (una persona) goinfrer. || **cebarse** pr. y fig. 5. (de comida) s'empiffrer. 6. fig. ensañarse s'acharner.

cebo [θeβo] s. m. 1. (para cazar) appât. 2. (para cebar animales) nourriture f.

cebolla [θeβóλa] s. f. oignon m.

cebolleta [θeβoλéta] s. f. ciboulette.

cebra [θéβra] s. f. Zool. zèbre m.

cecear [θeθeár] v. intr. zézayer. • En francés, pronunciar la "j" y la "g" come "z", y la "ch" como "s". En español, pronuncer le "s" comme "z".

cecina [θeθína] s. f. viande fumée; viande boucanée.

ceder [θeðér] v. tr. 1. céder. || v. intr. 2. (capitular) céder. 3. (doblarse poco a poco) fléchir; courber. 4. fig. (debilitarse) faiblir.

cedro [θéðro] s. m. Bot. cèdre.

cédula [θéðula] s. f. 1. Amér. (documento de identidad) carte d'identité. 2. cédule.

cegar [θeγár] v. tr. 1. aveugler. 2. (un pozo) boucher. 3. fig. (deslumbrar) éblouir. 4. fig. (la pasión) aveugler.

ceguera [θeγéra] s. f. 1. cécité. 2. fig. (obcecación) aveuglement m.

ceja [θéxa] s. f. sourcil m.

cejilla [θexíλa] s. f. sillet m.

celda [θélda] s. f. cellule.

celebrar [θeleβrár] v. tr. 1. (festejar) fêter. 2. (con una ceremonia) célébrer. 3. officier; célébrer (Celebrar la misa. Dire la messe). || ~ **una sesión** siéger.

célebre [θeléβre] adj. 1. (conocido) célèbre. 2. (admirado) fameux, -euse; renommé, -ée.

celebridad [θeleβriðáð] s. f. célébrité; renommée.

celeste [θeléste] adj. 1. céleste. || **azul** ~ s. m. 2. bleu ciel; bleu del cielo.

celestial [θelestjál] adj. céleste.

celibato [θeliβáto] s. m. célibat.

célibe [θéliβe] adj. célibataire.

celo [θélo] s. m. 1. (cuidado extremo) zèle; ardeur f. 2. (animales) rut, -s m. pl. **celos** s. m. pl. 3. (envidia) jalousie f. sing.; envie f. sing. 4. (en el amor) jalousie f. sing. || **dar celos** rendre jaloux. **en** ~ en chaleur. **tener celos** (estar celoso) jalouser; être jaloux.

celofán [θelofán] s. m. cellophane f.

celoso, -sa [θelóso] adj. y s. m. y f. 1. (en el amor) jaloux, -ouse. 2. (envidioso) jaloux, -ouse. 3. (afanoso) zélé, -ée.

célula [θélula] s. f. cellule.

celular [θelulár] adj. cellulaire.

cementar [θementár] v. tr. cémenter.

cementerio [θementérjo] s. m. cimetière.

cemento [θeménto] s. m. ciment; béton. || ~ **armado** ciment armé.

cena [θéna] *s.f.* dîner *m.*

cenagoso, -sa [θenaγóso] *adj.* **1.** fangeux, -euse; boueux, -euse. **2.** (pantanoso) marécageux, -euse.

cenar [θenár] *v. tr.* dîner. || ~ **fuera** dîner en ville.

cenicero [θeniθéro] *s.m.* cendrier.

ceniza [θeníθa] *s.f.* cendre.

censo [θénso] *s.m.* recensement.

censor [θensór] *s.m.* censeur.

censura [θensúra] *s.f.* **1.** censure. **2.** (crítica) blâme *m.*

censurar [θensurár] *v. tr.* **1.** censurer. **2.** (criticar) réprouver; critiquer.

centella [θentéʎa] *s.f.* **1.** étincelle; foudre *Rápido como una centella. Rapide comme la foudre.* **2.** *fig.* (objeto de movimiento rápido) éclair *m.*

centellear [θenteʎeár] *v. tr.* **1.** scintiller; pétiller (le feu). **2.** *fig.* (de cólera) étinceler. **3.** (el mar) brasiller (la mer).

centena [θenténa] *s.f.* centaine.

centenar [θentenár] *s.m.* **1.** (unos cien) centaine *f.* **2.** (cien) cent.

centenario, -ria [θentenárjo] *adj.* y *s.m.* y *f.* **1.** centenaire. || *s.m.* **2.** centenaire.

centeno [θenténo] *s.m. Bot.* seigle.

centésimo [θentésimo] *adj.* y *pron.* **1.** (ordinal) centième. || *s.m.* **2.** (fraccionario) centième. || **centésima** *s.f.* **3.** centième *m.*

centígrado, -da [θentíγraðo] *adj.* y *s.m.* centigrade.

centigramo [θentiγrámo] *s.m.* centigramme.

centilitro [θentilítro] *s.m.* centilitre.

centímetro [θentímetro] *s.m.* centimètre.

céntimo, -ma [θéntimo] *adj.* **1.** (centésimo) centième. || *s.m.* **2.** (moneda) centime.

centinela [θentinéla] *s.m.* y *f.* **1.** sentinelle; guetteur, -euse. **2.** (soldado) factionnaire.

central [θentrál] *adj.* y *s.f.* central, -le.

centralia [θentrália] *s.f.* standard *m.*

centralizar [θentraliθár] *v. tr.* centraliser.

centrar [θentrár] *v. tr.* **1.** centrer. || **centrarse** *v. pr.* **2.** se centrer.

céntrico, -ca [θéntriko] *adj.* central, -le *Un barrio céntrico. Un quartier central.*

centro [θéntro] *s.m.* **1.** (punto central, núcleo) centre. **2.** (medio) milieu.

ceñir [θeɲír] *v. tr.* **1.** (cinturón, prendas) serrer. **2.** (rodear con una prenda) entourer. || **ceñirse** *v. pr.* **3.** (la ropa) coller. **4.** (limitarse a, atenerse a) s'en tenir à; se borner. **5.** (los gastos, las palabras) se modérer.

ceño [θéɲo] *s.m.* froncement de sourcils.

ceñudo, -da [θeɲúðo] *adj.* renfrogné, -ée. || **ponerse ~** se renfrogner.

cepa [θépa] *s.f.* **1.** (de la viña) cep *f.* **2.** (de un árbol) souche.

cepillar [θepiʎár] *v. tr.* **1.** (el pelo, los dientes) brosser. **2.** (la madera) raboter.

cepillo [θepíʎo] *s.m.* **1.** brosse *f.* **2.** *Tecnol.* rabot. **3.** (de la iglesia) tronc.

cera [θéra] *s.f.* cire. || **dar ~** (a los zapatos) cirer.

cerámica [θerámika] *s.f.* céramique.

cerca¹ [θérka] *s.f.* **1.** clôture. **2.** (reja) grille.

cerca² [θérka] *adv.* près. || ~ **de** (próximo, próxima) près de. | (más o menos) à peu près; environ *Son cerca de las cuatro. Il est environ quatre heures.* | (unos) quelque *Cerca de treinta personas. Quelques trente personnes.* || *fig.* (alguien) auprès de. **de ~** de près.

cercado [θerkáðo] *s.m.* **1.** (huerto enclos. **2.** (campo cultivado) clos. **3.** (valla) clôture *f.*

cercanía [θerkanía] *s.f.* **1.** voisinage *m.* || **cercanías** *s.f. pl.* **2.** environs *m.*; alen-

CERCANO - CESTA

cercano, -na [berkáno] *adj.* 1. (próximo) prochain, -ne. 2. *fig.* proche [Cercano a mí. *Probe de moi*]. 3. proche [Un pariente cercano. *Un parent proche*].

cercar [berkár] *v. tr.* 1. (poner una cerca) clôturer. 2. (rodear) entourer. 3. (sitiar) assiéger. 4. (rodear a alguien) cerner.

cerco [bérko] *s. m.* 1. (marca en un papel o tela) cerne. 2. (cerca, empalizada enceinte. 3. (de personas) cercle.

cerciorarse [berθjorárse] *v. pr.* s'assurer.

cerda [bérða] *s. f.* 1. (hembra del cerdo) truie. 2. (del cerdo o jabalí) soie. 3. (de la crin o de la cola del caballo) crin *m*.

cerdo, -da [bérðo] *s. m. y f.* 1. (animal) cochon, -onne; porc || *s. m.* 2. *carne* porc. || ~ **de** ~ porcin, -ne.

cereal [bereál] *s. m.* céréale *f*.

cerebro [berébro] *s. m. Anat.* cerveau.

ceremonia [beremónja] *s. f.* 1. cérémonie. 2. (rituales, convenciones) politesse.

cereza [beréθa] *s. f. Bot.* cerise *f.* || *adj. inv.* 2. (color) cerise.

cerezo [beréθo] *s. m. Bot.* cerisier.

cerilla [beríʎa] *s. f.* allumette.

cerner [bernér] *v. tr.* 1. (cribar) cribler. 2. *fig.* (matizar) nuancer; épurer. || **cernerse** *v. pr.* 3. planer.

cero [béro] *s. m.* zéro.

cerrado, -da [berráðo] *adj.* 1. fermé, -ée. 2. (taponado) bouché, -ée. 3. (espeso) touffu, -ue. 4. (concluido) clos, -se.

cerradura [berraðúra] *s. f.* serrure.

cerrajero [berraxéro] *s. m.* serrurier.

cerrar [berrár] *v. tr.* 1. fermer. 2. (meter (cerrar con cerrojo. *Mettre le verrou, fermer au verrou*]. 3. (cortar) barrer [Cerrar el paso. *Barrer le passage*]. 4. (tapar) boucher. 5. (apretar) serrer [Cerrar filas. *Serrer les rangs*]. 6. (un acuerdo, un balance, una negociación) conclure; clore; arrêter (una cuenta).

cerro [bérro] *s. m.* 1. coteau; colline *f*. 2. (aislado) butte *f*.

cerrojo [berróxo] *s. m.* verrou; targette *f*. || **echar el** ~ verrouiller.

certamen [bertámen] *s. m. fig.* concours.

certero, -ra [bertéro] *adj.* 1. (acertado) adroit, -te. 2. (que da en el blanco) juste. 3. (seguro, infalible) sûr, -re.

certeza [bertéθa] *s. f.* certitude.

certidumbre [bertiðúmbre] *s. f.* certitude.

certificado, -da [bertifikáðo] *adj.* 1. (confirmado) certifié, -ée. 2. (carta, envío) recommandé, -ée. || *s. m.* 3. (documento) certificat; (título, diploma) brevet. 5. (confirmación oficial) attestation *f*. [Un certificado de asistencia. *Une attestation de présence*].

certificar [bertifikár] *v. tr.* 1. certifier. 2. (cartas) recommander.

cervecería [berβeθería] *s. f.* brasserie.

cervezas brasser.

cerveza [berβéθa] *s. f.* bière. || **fabricar cesar** [besár] *v. intr.* 1. cesser. 2. (dejar) abandonner. || **sin** ~ sans arrêt; sans cesse.

cesárea [besárea] *s. f.* césarienne.

cese [bése] *s. m.* cessation *f*.

cesión [besjón] *s. f.* cession.

césped [béspeð] *s. m.* 1. gazon; pelouse *f*. 2. (hierba) herbe *f*.; verdure *f*.

cesta [bésta] *s. f.* 1. panier *m*.; corbeille. 2. (pequeña) panquette *f*. cesta de fresas. *Une barquette de fraises*]. || ~ **de la compra** panier de la ménagère.

cesto [θésto] *s. m.* 1. panier, corbeille *f.* 2. (canasta) banne.

cetro [θétro] *s. m.* sceptre.

ch [tʃé] *s. f.* ch *m.*

chabacano, -na [tʃaβakáno] *adj.* 1. (soez) grossier, -ière. 2. (bartoubajero) canaille.

chabola [tʃaβóla] *s. f.* 1. baraque. ‖ **chabolas** *s. f. pl.* 2. (barrio pobre) bidonville *m. sing.*, zone *sing.*

chachi [tʃátʃi] *adj. fam.* super.

chal [tʃál] *s. m.* 1. (pañuelo) écharpe *f.* 2. (mantón) châle.

chalar [tʃalár] *v. tr.* froisser.

chalado, -da [tʃaláðo] *adj. fam.* 1. cinglé, -ée; fou, folle; toqué, -ée. 2. (enamorado) fou d'amour. ‖ **estar ~ être marteau.

chalé o chalet [tʃalé] *s. m.* 1. pavillon, villa *f.* (más lujoso) 2. (en la montaña) chalet.

chaleco [tʃaléko] *s. m.* gilet.

champán [tʃampán] *s. m.* champagne *f.*

champiñón [tʃampiɲón] *s. m. Bot.* champignon (de París).

champú [tʃampú] *s. m.* shampooing.

chamuscar [tʃamuskár] *v. tr.* roussir.

chanchullo [tʃantʃúʎo] *s. m. fam.* tripotage; intrigue *f.* ‖ **hacer chanchullos** tripoter.

chancla [tʃáŋkla] *s. f.* 1. (zapato viejo) savate. 2. (zapatilla) pantoufle.

chándal [tʃándal] *s. m.* survêtement.
• Pl. chándales, chándals.

chantaje [tʃantáxe] *s. m.* chantage. ‖ **hacer ~** faire chanter (algun).

chapa [tʃápa] *s. f.* 1. (plancha) lame, tôle. 2. (de identidad) plaque. 3. (de botella) capsule.

chaparrón [tʃaparón] *s. m.* averse *f.*

chapotear [tʃapoteár] *v. intr.* patauger; barboter.

---

chapucear [tʃapuθeár] *v. tr.* bâcler, gâcher, saboter.

chapucería [tʃapuθería] *s. f., fam.* 1. bâclage *m.*; bricolage *m.* 2. (arreglo rápido de una prenda) ravaudage *m.*

chapucero, -ra [tʃapuθéro] *adj.* 1. bâclé, -ée; saboté, -ée. ‖ *s. m. y f.* 2. saboteur, -euse.

chapuza [tʃapúθa] *s. f.* 1. (trabajillo) bricole *f.*; bricolage *m.* 2. (chapuceria) bâclage *m.*; bricolage *m.* ‖ **hacer chapuzas** bricoler; (hacer mal) hacer una ~ (Hacer una chapuza de trabajo) bâcler un travail.

chapuzón [tʃapuθón] *s. m.* plongeon.

chaqueta [tʃakéta] *s. f.* 1. veste. 2. (de un traje) veston *m.*; veste. 3. (de lana) gilet *m.*

chaquetón [tʃaketón] *s. m.* (de mujer) veste *f.*; vareuse *f.* (par-dessus feminin).

charanga [tʃaráŋga] *s. f.* (orquesta de viento) fanfare (orchestre de cuivre); bastringue *m.*

charca [tʃárka] *s. f.* mare.

charco [tʃárko] *s. m.* flaque *f.*

charcutería [tʃarkutería] *s. f.* charcuterie.

charla [tʃárla] *s. f., fam.* bavardage *m.*; causerie.

charlar [tʃarlár] *v. intr.* 1. (conversar) discuter. 2. *fam.* bavarder; causer.

charlatán, -tana [tʃarlatán] *adj. y s. m. y f.* 1. (hablador) bavard, -de. ‖ *s. m.* 2. (liante) baratineur, -euse. 3. (vendedor ambulante) camelot. *m.* 4. (cotilla) commère *f.*

charol [tʃaról] *s. m.* vernis [Zapatos de charol. *Chaussures vernis*].

chasco [tʃásko] *s. m.* 1. (engaño, embuste) bluff. 2. (trampa) (tour, niche *f.*) 3. *fig.* (fiasco) fiasco, échec (fracaso).

chasquear [tʃaskeár] *v. intr.* **1.** (la madera) craquer. **2.** (el látigo, los dedos) la lengua claquer.

chasquido [tʃaskído] *s. m.* **1.** (del látigo, de la lengua) claquement. **2.** (de la madera) craquement.

chatarra [tʃatára] *s. f.* **1.** (hierros) ferraille. **2.** (objetos de metal viejos) quincaillerie. **3.** *fam.* (dinero) mitraille. **4.** *fig.* (vehículo) épaves *pl.*

chato, -ta [tʃáto] *adj.* aplati, -ie; camus, -se; écrasé, -ée; camarde.

chaval, -la [tʃaβál] *s. m. y f. fam.* **1.** (niño, crío) gamin, -ne; mioche; môme; moutard *m. col.* **2.** (chico, adolescente) gosse. **3.** *s. m.* **gars** *fam.*

chepa [tʃépa] *s. f.* bosse.

cheque [tʃéke] *s. m.* chèque.

chequeo [tʃekéo] *s. m.* **1.** (comprobación) contrôle *m.*; vérification *f.* **2.** (de salud) bilan de santé; check-up. **3.** (comparación) comparaison *f.*

chicharra [tʃitʃára] *s. f. Zool.* cigale.

chichón [tʃitʃón] *s. m.* bosse *f.*

chicle [tʃíkle] *s. m.* chewing-gum.

chico, -ca [tʃíko] *s. m. y f.* **1.** niño pequeño) enfant. **2.** *crio*, chiquillo) mioche. **3.** (muchacho) gosse. **4.** (adolescente) jeune. **5.** garçon, gars *fam.* || **chica** *s. f.* **6.** fille; jeune fille.

chiflado, -da [tʃifláðo] *adj. y s. m. y f. fam.* toqué, -ée; cinglé, -ée; zinzin.

chileno, -na [tʃiléno] *adj.* **1.** chilien, -enne. **2.** Ch. *m. y f.* Chilien, -enne.

chillar [tʃiʎár] *v. intr.* **1.** (una persona) crier; lancer des cris; pousser des cris. **2.** (de forma ridícula) brailler. **3.** (los niños) piailler *fam.* **4.** (un conejo, un perro) glapir. **5.** (murciélago, aves) grincer.

chillón, -llona [tʃiʎón] *adj. y s. m. y f.* **1.** criard, -de; hurleur, -euse. || *adj.* **2.** (color, voz) criard, -de. **3.** (agudo), -ué.

chimenea [tʃimenéa] *s. f.* cheminée.

chimpancé [tʃimpaŋθé] *s. m.* chimpanzé *Zool.*

chinche [tʃíntʃe] *s. f. Zool.* punaise.

chincheta [tʃintʃéta] *s. f.* punaise.

chinela [tʃinéla] *s. f.* (zapatilla) mule.

chino, -na [tʃíno] *adj.* **1.** chinois, -se. || *s. m. y f.* **2.** Chinois, -se.

chiquillo, -lla [tʃikíʎo] *s. m. y f.* **1.** (crío) chaval; gamin; marmot *m.*; moutard. **2.** (bebé) bambin, -ne. || **chiquilla** *s. f.* **3.** fillette.

chirriar [tʃiriár] *v. tr.* grincer.

chisme [tʃísme] *s. m.* **1.** (cotilleo) potin; commérage; bavardage. **2.** (cachivache) machin; truc.

chispa [tʃíspa] *s. f.* **1.** étincelle. **2.** *fig. bm m.*

chispazo [tʃispáθo] *s. m.* étincelle *f.*

chispeante [tʃispeánte] *adj.* **1.** étincelant, -e. **2.** *fig.* pétillant, -e.

chispear [tʃispeár] *v. impers.* **1.** étinceler; pétiller. **2.** (lloviznar) pleuviner.

chisporrotear [tʃispotʃeár] *v. intr.* **1.** (lo que arde) pétiller; crépiter; grésiller. **2.** (una radio) cracher.

chiste [tʃíste] *s. m.* blague *f.* || ~ **verde** histoire grivoise.

chistoso, -sa [tʃistóso] *adj.* blagueur, -euse; drôle.

¡chitón! [tʃitón] *interj.* chut!

chivarse [tʃiβárse] *v. pr.* cafarder; rapporter; moucharder.

chivo, -va [tʃíβo] *s. m. y f.* chevreau, -ette; moucharder.

chocante [tʃokánte] *adj.* choquant, -e.

chocar [tʃokár] *v. intr.* **1.** heurter; se heurter (chocar con/ contra un árbol. *Heurter un arbre*). **2.** (percutir) percuter. **3.** embourbir (Chocar contra un coche. *Embou-*

tir une voiture.] **4.** (un coche con otro) accrocher [Ese camión va a chocar con su coche, con la puerta de su coche. *Ce camion va accrocher votre voiture, la portière de votre voiture.*] **5.** (trenes) tamponner; se tamponner. **6.** (de frente) télescoper; se télescoper. **7.** *fig.* (enfrentarse con) heurter. **8.** choquer [Lo que oí me chocó. *Ce que j'ai entendu m'a choqué.*] || *v. intr.* **9.** (enfrentarse a) se buter.

chochear [tʃotʃeár] *v. intr.* radoter.

chocho, -cha [tʃótʃo] *adj.* radoteur, -euse; gâteux, -euse.

chocolate [tʃokoláte] *s. m.* chocolat.

chocolatina [tʃokolatína] *s. f.* croquette.

chófer [tʃófer] *s. m.* chauffeur.

chollo [tʃóʎo] *s. m.* aubaine *f.*

choque [tʃóke] *s. m.* **1.** choc; collision *f.* **2.** (de vehículos) accrochage. **3.** (de trenes) tamponnement. **4.** (ruido) cliquetis. **5.** *fig.* heurt. || **~ múltiple** carambolage.

chorizo [tʃoríθo] *s. m.* saucisson au piment.

chorrear [tʃor̄eár] *v. intr.* **1.** (líquidos) couler. **2.** (gotear) dégouliner; dégoutter. || *v. tr.* **3.** (derramar) verser. **4.** (sudor) ruisseler.

chorro [tʃór̄o] *s. m.* jet.

choza [tʃóθa] *s. f.* **1.** (de cañizo) chaumière. **2.** (chabola) hutte. **3.** (cabaña) cabane.

chubasco [tʃuβásko] *s. m.* averse *f.*; giboulée *f.*

chubasquero [tʃuβaskéro] *s. m.* imperméable; k-way (marca registrada).

chuchería [tʃutʃería] *s. f.* **1.** (baratija) babiole. **2.** (golosina) friandise.

chucho [tʃútʃo] *s. m., fam.* (perro) toutou.

chufa [tʃúfa] *s. f., Bot.* souchet *m.*

chuleta [tʃuléta] *s. f.* côtelette.

chulo, -la [tʃúlo] *adj.* **1.** effronté, -ée; insolent, -te. || *s. m.* **2.** (de putas) souteneur.

chupado, -da [tʃupáðo] *adj.* **1.** maigre; émacié, -ée. **2.** (mejillas) cave.

chupar [tʃupár] *v. tr.* **1.** sucer. **2.** (absorber) absorber; boire. **3.** *fig.* sucer.

chupete [tʃupéte] *s. m.* tétine *f.*; sucette *f.*

churro [tʃúr̄o] *s. m.* beignet. • En Espagne, on mange les "churros" avec du chocolat chaud comme petit déjeuner ou goûter.

churruscar [tʃur̄uskár] *v. tr.* **1.** (la carne) brûler. || **churruscarse** *v. pr.* **2.** brûler.

chusma [tʃúsma] *s. f., desp.* populace; racaille.

chutar [tʃutár] *v. intr.* tirer; shooter.

cicatriz [θikatríθ] *s. f.* **1.** cicatrice. **2.** (en la cara) balafre.

cicatrizar [θikatriθár] *v. tr.* cicatriser.

ciclismo [θiklísmo] *s. m., Dep.* cyclisme.

ciclista [θiklísta] *adj. y s. m. y f.* **1.** cycliste. **2.** (corredor) coureur cycliste.

ciclo [θíklo] *s. m.* cycle.

ciclón [θiklón] *s. m.* cyclone.

ciego, -ga [θjéγo] *adj. y s. m. y f.* **1.** aveugle. **2.** *fig.* (obtuso) bouché, -ée.

cielo [θjélo] *s. m.* **1.** ciel. || **cielos** *s. m. pl.* **2.** *Meteor.* ciels. **3.** *Rel.* cieux.

cien [θjén] *adj. y pron.* **1.** cent. || *s. m.* **2.** cent. || **~ por ~** cent pour cent. • On utilise "cien" devant les noms, et "ciento" dans les nombres composés : cien monedas, ciento dos monedas. *cent pièces, cent deux pièces.*

ciencia [θjénθja] *s. f.* science.

científico, -ca [θjentífiko] *adj. y s. m. y f.* scientifique.

ciento [θjénto] *adj.* (en números compuestos) cent [Ciento quince. *Cent quinze.*]

cierre [θjér̄e] *s. m.* **1.** (acción de cerrar) fermeture *f.* **2.** (clausura) clôture *f.*

cierto, -ta [θjérto] *adj.* **1.** (verdadero) vrai, -ie [Eso es cierto. *Ça c'est vrai.*] || *adj. in-*

def. **2.** (cantidad) certain, -ne [Cierta distancia. *Une certaine distance.*] **3.** (cualidad o identidad) certain, -ne [Cierta palabra. *Un certain mot.*] || *adv.* **4.** certes. || **ciertos, -tas** *adj. indef. pl.* **5.** certains, -nes; quelques-uns de. || **por ~** à propos.

ciervo [θjérβo] *s. m., Zool.* cerf. || **~ volante** *Zool.* (insecto) cerf-volant.

cifra [θífra] *s. f.* chiffre *m.*

cifrar [θifrár] *v. tr.* **1.** (calcular una cifra) chiffrer. **2.** (un mensaje) chiffrer. **3.** (resumir) abréger. || **cifrarse** *v. pr.* **4.** se chiffer.

cigarra [θiɣár̄a] *s. f., Zool.* (insecto) cigale.

cigarrillo [θiɣar̄íʎo] *s. m.* cigarette *f.*

cigarro [θiɣár̄o] *s. m.* (cigarrillo) cigarette *f.* || **~ puro** cigare.

cigüeña [θiɣwéɲa] *s. f., Zool.* cigogne.

cilíndrico, -ca [θilíṇdriko] *adj.* cylindrique.

cilindro [θilíṇdro] *s. m.* cylindre.

cima [θíma] *s. f.* **1.** sommet *m.;* cime; haut *m.* **2.** *fig.* faîte *m.;* cime [La cima del éxito. *Le faîte de la gloire.*]

cimentar [θimeṇtár] *v. tr.* cimenter.

cimiento [θimjéṇto] *s. m.* **1.** *fig.* origine *f.;* source *f.* || **cimientos** *s. m. pl.* **2.** *Arq.* fondations *f.* **3.** *fig.* assises *f.;* fondements; bases *f.*

cinc [θink] *s. m.* zinc.

cinco [θíŋko] *adj. y pron.* **1.** cinq. || *s. m.* **2.** cinq.

cincuenta [θiŋkwéṇta] *adj. y pron.* **1.** cinquante. || *s. m.* **2.** cinquante.

cine [θíne] *s. m.* cinéma.

cínico, -ca [θíniko] *adj. y s. m. y f.* cynique.

cinismo [θinísmo] *s. m.* cynisme.

cinta [θíṇta] *s. f.* **1.** ruban *m.* [Cinta adhesiva. *Ruban adhésif.*] **2.** (de un sombrero) bride. **3.** (audio) bande [Cinta magnética. *Bande magnétique.*]

cintura [θiṇtúra] *s. f.* ceinture; taille.

cinturón [θiṇturón] *s. m.* **1.** ceinture *f.* **2.** (cinto para armas) ceinturon. **3.** (fajín) bande *f.* || **abróchense los cinturones** attachez vos ceintures.

ciprés [θiprés] *s. m., Bot.* cyprès.

circo [θírko] *s. m.* cirque.

circuito [θirkuíto] *s. m.* circuit.

circulación [θirkulaθjón] *s. f.* circulation.

circular[1] [θirkulár] *adj.* **1.** circulaire. || *s. f.* **2.** (lettre) circulaire.

circular[2] [θirkulár] *v. intr.* circuler; rouler.

círculo [θírkulo] *s. m.* cercle.

circundar [θirkuṇdár] *v. tr.* (rodear) environner; entourer.

circunferencia [θirkuɱferéṇθja] *s. f.* **1.** circonférence. **2.** (contorno) tour *m.;* contour *m.*

circunstancia [θirkunstáṇθja] *s. f.* **1.** (factor determinante) circonstance. **2.** (gralm. au pl.) (situación) circonstance; occasion.

cirio [θírjo] *s. m.* cierge.

ciruela [θirwéla] *s. f., Bot.* prune.

ciruelo [θirwélo] *s. m., Bot.* (árbol) prunier.

cirugía [θiruχía] *s. f.* chirurgie.

cirujano, -na [θiruχáno] *s. m. y f.* chirurgien, -enne.

cisne [θísne] *s. m., Zool.* cygne.

cisterna [θistérna] *s. f.* citerne.

cita [θíta] *s. f.* **1.** (encuentro) rendez-vous *m.* **2.** (de un autor, de un texto) citation.

citación [θitaθjón] *s. f.* **1.** citation. **2.** *Der.* assignation.

citar [θitár] *v. tr.* **1.** (dar cita a) donner rendez-vous. **2.** (convocar) convoquer. **3.** *Der.* citer. **4.** citer (un texto, a un autor); rapporter (las palabras de). || **citarse con** prendre un rendez-vous avec.

cítrico, -ca [θítriko] *adj.* **1.** citrique. || *s. m.* **2.** *Agr.* agrume.

CIUDAD - CLAXON

ciudad [θjuðað] *s. f.* **1.** ville. **2.** (dentro de un recinto, antigua o moderna) cité *f.* Ciudad universitaria. *Cité universitaire.* || **de la ~** citadin, -ne.

ciudadano, -na [θjuðaðano] *s. m. y f.* **1.** (habitante de una ciudad) citadin, -ne. **2.** (de un estado o nación) citoyen, -enne; ressortissant, -te (súbdito) [Es ciudadano americano. *Il est citoyen américain.*]

civil [θiβil] *adj. y s. m. y f.* civil, -le.

civilización [θiβiliθaθjon] *s. f.* civilisation.

civilizar [θiβiliθar] *v. tr.* civiliser.

cizaña [θiθaɲa] *s. f.* **1.** *Bot.* zizanie; ivraie. **2.** *fig.* discorde; zizanie.

clamar [klamar] *v. tr.* **1.** (protestar) clamer; crier. || *v. intr.* **2.** (implorar) implorer. **3.** (protestar por) se récrier.

clamor [klamor] *s. m.* clameur *f.*

clan [klan] *s.* clan.

clandestino, -na [klandestino] *adj.* **1.** clandestin, -ne. **2.** marron, -onne [Abogado clandestino. *Avocat marron*].

clara [klara] *s. f.* blanc *m.* [Clara de huevo. *Blanc d'œuf*].

claraboya [klaraβoja] *s. f.* lucarne; œil-de-bœuf *m.*

clarear [klarear] *v. tr.* **1.** (dar claridad) éclairer. **2.** (los colores) éclaircir. || *v. intr.* **3.** clarté. **2.** (luz, iluminación) jour *m.* **3.** *fig.* (en el hablar) clarté; netteté.

clarificar [klarifikar] *v. tr.* éclaircir.

clarinete [klarinete] *s. m.* **1.** (instrumento) clarinette *f.* **2.** (músico) clarinettiste *m. et f.*

claro, -ra [klaro] *adj.* **1.** clair, -re. **2.** (manifiesto) évident, -te. **3.** (seguro, cierto) sûr, -e. **4.** (diáfano) clair et net. **5.** (franco) franc, -che. **6.** (neto, puro) net, -ette. **7.** (inteligible) net, -ette [Caligrafía clara, ideas claras. *Ecriture nette, idées nettes*]. || *s. m.* **8.** (en el bosque) clairière *f.* **9.** (en el cielo) éclaircie *f.* || **i ~ !** *interj.* **10.** (por supuesto) bien sûr! **11.** (lógicamente) pardi! || **~ que sí** bien sûr! || **está** bien entendu, bien sûr! || **mais oui.** ~ **ponerer en** ~ mettre au clair, tirer au clair, **car en** ~ mettre au clair [en contra de lo dicho].

clase [klase] *s. f.* **1.** classe. **2.** *fig.* (género) classe; genre; sorte. **3.** (rango) rang. **4.** (aula) classe. **5.** (grupo de colegiales) classe. **6.** (lección, curso) cours *m.*

clasificación [klasifikaθjon] *s. f.* **1.** (resultado) classification [Clasificación de las ciencias. *Classification des sciences*]. **2.** (acción o modo de clasificar) classement; (Clasificación por orden alfabético. *Classement par ordre alphabétique*]. **3.** *Dep.* classement *m.*

clasificar [klasifikar] *v. tr.* **1.** classer. **2.** (incluir en un catálogo) cataloguer. **3.** (seleccionar) trier.

claudicar [klawðikar] *v. tr.* capituler.

claustro [klawstro] *s. m.* cloître.

cláusula [klawsula] *s. f.* clause.

clausura [klawsura] *s. f.* clôture.

clausurar [klawsurar] *v. tr.* clôturer.

clavar [klaβar] *v. tr.* **1.** (un clavo, una cosa puntiaguda) enfoncer. **2.** (fijar con clavos) clouer. **3.** (un cuchillo) plonger. **4.** (la mirada) fixer. **5.** (la atención) fixer.

clave [klaβe] *s. f.* **1.** (para abrir) clef. || *s. m.* **2.** *Mus.* (instrumento) clavecin. || **la ~** *loc. adv.* **3.** le fin mot.

clavel [klaβel] *s. m.* *Bot.* œillet.

clavícula [klaβikula] *s. f.* *Anat.* clavicule *f.*

clavija [klaβixa] *s. f.* **1.** (de madera o metal) cheville. **2.** *Eléctrica* fiche.

clavo [klaβo] *s. m.* **1.** clou. **2.** (especia) clou de girofle, girofle.

claxon [klakson] *s. m.* klaxon.

clemencia [klemẽŋğa] *s.f.* clémence.
clérigo [klériγo] *s.m.* **1.** clerc. **2.** (eclesiástico) ecclésiastique.
clero [kléro] *s.m.* clergé.
cliché [klitjé] *s.m.* *fot.* (negativo) cliché.
clientela [kljẽntéla] *s.f.* clientèle.
cliente, -ta [kljẽnte, -ta] *s.m. y f.* client, -e.
clima [klíma] *s.m.* climat.
climatizar [klimatiθár] *v. tr.* climatiser.
clínica [klínika] *s.f.* clinique.
clip [klíp] *s.m.* **1.** trombone, attaché. **2.** (pinza) pince *f.* **3.** (pendiente, broche) clip.
cloaca [klőáka] *s.f.* cloaque, égout *m.*
cloro [klóro] *s.m.* chlore.
clorofila [kloröfíla] *s.f. bot.* chlorophylle.
club [klúp] *s.m.* club. || ~ **nocturno** boîte *f.* (nuit)
coagular [koaγulár] *v. tr.* **1.** coaguler. || **coagularse** *v. pr.* **2.** se coaguler.
coágulo [koáγulo] *s.m.* caillot.
coalición [koaliθjón] *s.f.* coalition, ligue.
coartada [koartáða] *s.f.* alibi *m.*
coartar [koartár] *v. tr.* limiter, entraver.
coba [kóβa] *s.f. fam.* (adulación) flatterie.
cobarde [koβárðe] *adj. y s.m. y f.* lâche.
cobardía [koβarðía] *s.f.* lâcheté.
cobertizo [koβertíθo] *s.m.* **1.** (para maquinaria) hangar, remise *f.* **2.** (cochera) handgar. **3.** (construcción rudimentaria) abri.
cobijar [koβixár] *v. tr.* **1.** abriter. **2.** *fig.* (resguardar) protéger.
cobra [kóβra] *s.f. zool.* cobra *m.*
cobrador, -ra [koβraðór, -ra] *s.m. y f.* **1.** receveur, -euse; encaisseur *m.* **2.** (de multas) percepteur, -trice.
cobrar [koβrár] *v. tr.* **1.** (percibir) toucher. **2.** (pedir dinero por un trabajo) prendre, demander. [Me cobró mucho dinero. *Il* *m'a pris beaucoup d'argent.*] **3.** (una deuda) encaisser, percevoir, recouvrer. **4.** *fig.* (tomar) prendre [Cobrar forma, cobrar seguridad. *Prendre une forme, prendre de l'assurance.*]
cobre [kóβre] *s.m.* cuivre.
cobro [kóβro] *s.m.* **1.** paie *f.* **2.** recette *f.* [Efectuar el cobro. *Faire la recette.*]
cocaína [kokaína] *s.f.* cocaïne.
cocción [kokθjón] *s.f.* cuisson.
cocer [koθér] *v. tr.* **1.** cuire, faire cuire. || *v. intr.* **2.** cuire. **3.** (hervir) bouillir. || ~ **a fuego lento** mijoter.
coche [kótʃe] *s.m.* **1.** (de caballos) voiture *f.* **2.** (automóvil) voiture *f.*, bagnole *f. fam.* **3.** (de tren) voiture, wagon. || ~ **de bomberos** voiture de pompiers. || ~ **de línea** (interurbano) car, autocar. || ~ **fúnebre** char funèbre. **cochecito de niño** (silla); poussette *f.*; voiture d'enfant.
coche-cama [kótʃe káma] *s.m.* wagon-lit. • Pl. coches-cama.
cochera [kotʃéra] *s.f.* **1.** garage *m.*; remise *f.* **2.** (de autobuses) dépôt *m.*
cochino, -na [kotʃíno] *adj. y s.m. y f.* cochon, -onne.
cocido, -da [koθíðo] *adj.* **1.** cuit, -e. || *s.m.* *Gastr.* pot-au-feu *inv.*
cocina [koθína] *s.f.* **1.** (habitación de la casa) cuisine. **2.** (hornilla para cocinar) cuisinière. **3.** (arte de cocinar) cuisine.
cocinar [koθinár] *v. tr.* **1.** cuisiner. || *v. intr.* **2.** faire la cuisine.
cocinero, -ra [koθinéro] *s.m. y f.* cuisinier, -ière.
coco [kóko] *s.m.* **1.** *Bot.* (fruto) noix de coco. **2.** *fam.* croque-mitaine.
cocodrilo [kokoðrílo] *s.m. zool.* crocodile.
cocotero [kokotéro] *s.m. bot.* cocotier.

cóctel [kŏktel] *s. m.* cocktail.
codera [kŏðera] *s. f.* coudière.
codicia [kŏðiθja] *s. f.* (de riqueza) cupidité. **2.** (envidia, ansia) convoitise.
código [kŏðiγo] *s. m.* code. ‖ ~ **secreto** mot de passe.
codo [kŏðo] *s. m.* coude.
codorniz [kŏðorniθ] *s. f., Zool.* caille.
coeficiente [koefiθjénte] *s. m.* coefficient.
coexistir [koeksistír] *v. intr.* coexister.
cofre [kŏfre] *s. m.* malle *f.*
coger [koxér] *v. tr.* **1.** prendre. **2.** (cargar, llevar) prendre. **3.** (con las manos) saisir. **4.** (con pinzas, tenazas, dedos) pincer. **5.** (recolectar) cueillir, récolter. **6.** prendre [Coger frío. *Prendre froid.*] **7.** (detener, atrapar) prendre, attraper, raccrocher. **8.** (alcanzar) rattraper. **9.** (sorprender, pillar) prendre, surprendre, trouver. **10.** (tomar prestado) emprunter [He cogido este libro de la biblioteca. *J'ai emprunté ce livre à la bibliothèque.*] **11.** (tomar una dirección) prendre; emprunter [Coger a la izquierda. *Prendre à gauche.*] **12.** *fig. y fam.* (entender) saisir. ‖ **cogerse** *v. pr.* **13.** (pillarse, atraparse) se prendre; se coincer. **14.** se tenir [Cogerse de la mano. *Se tenir par la main.*] ‖ ~ **prestado** emprunter. **cogerla con uno** s'en prendre à quelqu'un.
cogida [koxíða] *s. f., Taur.* coup de corne.
cogollo [koγóλo] *s. m.* cœur, pomme *f.*
cogote [koγŏte] *s. m., fam.* nuque *f.*
coherencia [koerénθja] *s. f.* cohérence.
coherente [koerénte] *adj.* cohérent, -e.
cohete [koéte] *s. m.* fusée *f.*
coincidencia [koinθiðénθja] *s. f.* coincidence.
coincidir [koinθiðír] *v. intr.* **1.** coïncider. **2.** (en un lugar) se rencontrer. **3.** (en el tiempo) tomber en même temps.

---

cojín [koxín] *s. m.* coussin.
cojinete [koxinéte] *s. m.* (un mueble) boiter.
cojo, -ja [kŏxo] *adj. y s. m. y f.* boiteux, -euse.
col [kŏl] *s. f., Bot.* chou *m.* ‖ ~ **de Bruselas** chou de Bruxelles.
cola [kŏla] *s. f.* **1.** (pegamento) colle. **2.** (del vestido) queue; traîne. **3.** (rabo) queue. **4.** (de gente) file d'attente. ‖ **hacer la** ~ faire la queue.
colaborar [kolaβorár] *v. intr.* collaborer, coopérer.
colada [kolaða] *s. f.* lessive [Hacer la colada. *Faire la lessive.*]
colador [kolaðór] *s. m.* passoire *f.*; tamis.
colapso [kolápso] *s. m., Med.* collapsus.
colar [kolár] *v. tr.* **1.** passer, filtrer. ‖ *v. intr.* **2.** (hacer creer) passer, prendre [Eso no cuela. *Ça ne prend pas.*] ‖ **colarse** *v. pr.* **3.** (deslizarse) se faufiler, se glisser, s'introduire. **4.** (por alguien) se toquer.
colcha [kŏltʃa] *s. f.* dessus-de-lit *m.*; couvre-lit *m.*
colchón [koltʃón] *s. m.* matelas.
colchoneta [koltʃonéta] *s. f.* **1.** (en los barcos) matelas *m.* **2.** (de gimnasia) coussin *m.* **3.** (inflable) matelas *m.*
colección [kolekθjón] *s. f.* **1.** (de libros, de cromos) collection. **2.** *fig.* échantillonnage *m.* **3.** (de textos) recueil *m.*
coleccionar [kolekθjonár] *v. tr.* collectionner.
colecta [kolékta] *s. f.* collecte; quête. ‖ **hacer la** ~ quêter, faire une ~ collecte.
colectividad [kolektiβiðáð] *s. f.* collectivité.
colectivo, -va [kolektíβo] *adj.* collectif, -ive.
colector, -ra [kolektór] *adj. y s. m.* **1.** collecteur, -trice. ‖ *s. m.* **2.** (sumidero) évier.

93 COLEGA - COLOREAR

3. (alcantarilla) égout *m.* **4.** récepteur [Colector de aguas. *Récepteur des eaux.*] ‖ **caja colectora** cuvette. **~ de basuras** (en una casa) vide-ordures *inv.*

colega [koléɣa] *s. m. y f.* collègue.

colegial, -la [koleʒjál] *s. m. y f.* **1.** (alumno de un colegio) collégien, -enne. **2.** (alumno de instituto) lycéen, -enne.

colegiata [koleʒjáta] *s. f.* (de iglesia) collégiale.

colegio [koléʒjo] *s. m.* collège; école *f.*

cólera [kólera] *s. f.* **1.** colère. **2.** *Med.* choléra.

colérico, -ca [kolériko] *adj.* colérique.

colesterol [kolesteról] *s. m.* cholestérol.

coleta [koléta] *s. f.* **1.** (de pelo sin trenzar) queue. **2.** (de los chinos) natte.

coletilla [koletíʎa] *s. f., fig.* (añadido) addition; supplément *m.*

colgadura [kolɣaðúra] *s. f.* tenture; draperie; tapisserie.

colgar [kolɣár] *v. tr.* **1.** pendre; accrocher; suspendre. **2.** (el teléfono) raccrocher. **3.** (ropa) étendre; tendre. **4.** (ahorcar) pendre. ‖ *v. intr.* **5.** (estar suspendido) pendre. ‖ **colgarse** *v. pr.* **6.** (de un árbol, de una barra) se pendre. **7.** *fig. y fam.* se cramponner.

cólico [kóliko] *s. m.* colique *f.*

coliflor [koliflór] *s. f.* chou-fleur *m.*

colilla [kolíʎa] *s. f.* (de cigarro) mégot *m.*

colina [kolína] *s. f.* **1.** colline; coteau *m.* **2.** (aislada) tertre *m.;* butte.

colisión [kolisjón] *s. f.* collision.

collar [koʎár] *s. m.* collier.

colmar [kolmár] *v. tr.* **1.** (un vacío) combler [Colmar una laguna, una necesidad. *Combler une lacune, un besoin.*] **2.** (llenar hasta los bordes) remplir. **3.** (una necesidad, un deseo) satisfaire. **4.** (suplir) suppléer. **5.** (dar en gran cantidad) combler.

colmena [kolména] *s. f.* ruche.

colmillo [kolmíʎo] *s. m.* **1.** (de hombre) canine *f.* **2.** (de jabalí, de morsa, de elefante) défense *f.* **3.** (de felinos, de perros, de lobos) croc.

colmo [kólmo] *s. m.* comble.

colocación [kolokaθjón] *s. f.* **1.** emploi *m.;* placement *m.;* place; situation [Agencia de colocación. *Agence de placement.*] **2.** (acción de poner) mise [La colocación en cajas. *La mise en boîtes.*] **3.** (acción de ordenar) rangement *m.* **4.** mise en place [La colocación de la primera piedra. *La mise en place de la première pierre.*] **5.** (instalación) pose [La colocación de los cables. *La pose des câbles.*]

colocar [kolokár] *v. tr.* **1.** placer; mettre. **2.** (dejar, posar) poser [Colocar en la mesa. *Poser sur la table.*] **3.** (dinero) investir. **4.** (ordenar) ranger. **5.** (disponer) disposer. **6.** (situar) situer [Colocar a los actores en el escenario. *Situer les comédiens sur la scène.*] ‖ **colocarse** *v. pr.* **7.** (ponerse) se mettre.

colombiano, -na [kolombjáno] *adj.* **1.** colombien, -enne. ‖ *s. m. y f.* **2.** Colombien, -enne.

colonia [kolónja] *s. f.* **1.** (campamento) colonie. **2.** (perfume) eau de cologne.

colonizar [koloniθár] *v. tr.* coloniser.

colono [kolóno] *s. m.* **1.** colon. **2.** (granjero) fermier; métayer.

coloquio [kolókjo] *s. m.* colloque.

color [kolór] *s. m.* **1.** couleur *f.* **2.** (de la cara) teint. **3.** (tinte) teinte *f.*

colorado, -da [koloráðo] *adj.* **1.** (rojo) rouge. ‖ *s. m.* **2.** (color rojo) rouge.

colorante [koloránte] *adj. y s. m.* colorant, -te.

colorear [koloreár] *v. tr.* colorer; colorier.

COLORETE - COMISARIO

colorete [koloréte] *s. m.* fard; rouge.

colorido [koloríðo] *s. m.* **1.** coloris. **2.** *fig.* couleur *f.* (ensemble de couleurs).

colosal [kolosál] *adj.* colossal, -le.

columna [kolúnna] *s. f.* **1.** colonne. **2.** *Anat.* (espinazo) échine; colonne.

columpio [kolúmpjo] *s. m.* balançoire *f.*

coma [kóma] *s. f.* virgule.

comadre [komáðre] *s. f.*, *fam.* commère.

comadrona [komaðróna] *s. f.* sage-femme.

comandante [komaṇdáṇte] *s. m.* commandant.

comando [komáṇdo] *s. m.* commando.

comarca [komárka] *s. f.* **1.** contrée. **2.** (región) région. **3.** cru *m.* [Vino de la comarca. *Du vin du cru.*]

comba [kómba] *s. f.* corde.

combate [kombáte] *s. m.* **1.** combat; lutte *f.* **2.** *Dep.* match.

combatir [kombatír] *v. tr. e intr.* combattre.

combinación [kombinaθjón] *s. f.* **1.** combinaison. **2.** (prenda interior femenina) combinaison.

combinar [kombinár] *v. tr.* combiner.

combustible [kombustíβle] *adj. y s. m.* combustible.

combustión [kombustjón] *s. f.* combustion.

comedero [komeðéro] *s. m.* mangeoire.

comedia [koméðja] *s. f.* comédie.

comedido, -da [komeðíðo] *adj.* modéré, -ée; mesuré, -ée.

comedor [komeðór] *s. m.* **1.** (de una casa) salle à manger. **2.** (comunitario) cantine *f.*

comentar [komeṇtár] *v. tr.* commenter.

comentario [komeṇtárjo] *s. m.* commentaire.

comenzar [komeṇθár] *v. intr.* **1.** commencer. **2.** (clases, año, sesión) ouvrir [Las clases comienzan mañana. *Les cours ouvrent demain.*] **3.** (debutar) débuter. ‖ *v. tr.* **4.** commencer; entamer; engager. **5.** (emprender) attaquer.

comer [komér] *v. tr. e intr.* **1.** (ingerir) manger; bouffer *fam.* **2.** (al mediodía) déjeuner. **3.** (para tener o recuperar fuerzas) se restaurer. **4.** (ajedrez, damas) prendre. ‖ **comerse** *v. pr.* **5.** manger. ‖ **¡a ~!** à table!

comerciante [komerθjáṇte] *adj. y s. m. y f.* **1.** commerçant, -te. ‖ *s. m. y f.* **2.** (con establecimiento) marchand, -de.

comerciar [komerθjár] *v. intr.* **1.** commercer. **2.** (traficar) trafiquer.

comercio [komérθjo] *s. m.* **1.** commerce; trafic. **2.** (negocio, establecimiento) fonds de commerce.

comestible [komestíβle] *adj. y s. m.* **1.** comestible. ‖ **comestibles** *s. m. pl.* **2.** denrées *f.* ‖ **tienda de comestibles** épicerie.

cometa [kométa] *s. f.* **1.** (juego) cerf-volant *m.* ‖ *s. m.* **2.** (astro) comète *f.*

cometer [kométer] *v. tr.* commettre.

cometido [kometíðo] *s. m.* **1.** mission *f.*; tâche *f.*; devoir. **2.** (función) rôle.

cómic [kómik] *s. m.* bande dessinée; B.D. *f.*

comicios [komíθjos] *s. m. pl.* (asamblea) comices; élections *f.*

comida [komíða] *s. f.* **1.** (alimento) nourriture; aliment *m.* **2.** (a lo largo del día) repas *m.* **3.** (del mediodía) déjeuner *m.* ‖ **~ campestre** pique-nique *m.*; déjeuner sur l'herbe. **~ para perros** pâtée. **servicio de ~ preparada** traiteur.

comienzo [komjénθo] *s. m.* **1.** commencement; début. **2.** *Mús.* entrée *f.*

comilón, -lona [komilón] *adj. y s. m. y f.* gros mangeur (grosse mangeuse, f.).

comisaría [komisaría] *s. f.* commissariat *m.*

comisario [komisárjo] *s. m.* commissaire.

COMISIÓN - COMPENSACIÓN

comisión [komisjón] *s. f.* **1.** (comité) commission. **2.** (prima) ristourne.

comité [komité] *s. m.* comité.

comitiva [komitíβa] *s. f.* cortège *m.;* suite.

como [kómo] *adv.* (modo) **1.** comme. **2.** (tanto como) autant que. **3.** (aproximadamente) à peu près; environ. ‖ *conj.* **4.** comme [Como la tienda estaba cerrada me fui. *Comme la boutique était fermée, je suis partie.*] **5.** (+subjuntivo) si; si jamais [Como no llueva, se perderá la cosecha. *S'il ne pleut pas, la moisson sera perdue.*] ‖ *prep.* **6.** (en calidad de) comme; en; en tant que [Como maestro. *En tant que maître.*] ‖ **~ para** pour [Demasiado grande como para cargar con ello. *Trop grand pour le porter.*] **es ... ~** c'est ... que [Es así como lo recuerdo. *C'est comme ça que je le rappelle.*] **sea ~ sea** quoi qu'il en soit.

cómo [kómo] *s. m.* **1.** comment; manière *f.* ‖ *adv. int.* **2.** comment [Cómo te llamas? *Comment tu t'appelles?*] ‖ *adv. excl.* **3.** comme [¡Cómo llueve! *Comme il pleut!*] **4.** combien [¡Cómo le quiero! *Combien je l'aime!*] ‖ **¿ ~ ?** *interj.* **5.** pardon?; comment? **6.** (¿cómo es posible?) comment ça se fait? ‖ **¡ ~ !** *interj.* **7.** (sorpresa, indignación) comment!; quoi! ‖ **¿ ~ es eso?** comment cela?; comment se fait-il? **¿ ~ no!** bien sûr! **¿ ~ que...?** comment ça...? [¿Cómo que no ha venido? *Comment ça, il n'est pas venu?*]

cómoda [kómoða] *s. f.* commode.

comodidad [komoðiðáð] *s. f.* confort *m.;* aisance.

cómodo, -da [kómoðo] *adj.* **1.** confortable. **2.** (fácil) commode. **3.** (a gusto) à l'aise. ‖ **ponerse ~** se mettre à l'aise.

compacto, -ta [kompákto] *adj.* **1.** compact, -te. **2.** (macizo) plein, -ne.

compadecer [kompaðeθér] *v. tr.* **1.** compatir à; plaindre; s'apitoyer sur. ‖ **compadecerse** *v. pr.* **2.** s'apitoyer sur; plaindre; compatir.

compañero, -ra [kompanéro] *s. m. y f.* **1.** camarade; collègue [Compañero de la oficina. *Collègue du bureau.*] **2.** compagnon *m.* [Compañero de viaje, de infortunios. *Compagnon de voyage, d'infortune.*] **3.** (amigo) copain, -pine. **4.** (pareja) partenaire. ‖ **compañera** *s. f.* **5.** compagne.

compañía [kompanía] *s. f.* **1.** compagnie [Hacer compañía. *Tenir compagnie.*] **2.** *Mil.* compagnie; troupe. **3.** (empresa) compagnie. ‖ **compañías** *s. f. pl.* **4.** (amigos) fréquentation *sing.*

comparación [komparaθjón] *s. f.* comparaison. ‖ **en ~ con** relativement à.

comparar [komparár] *v. tr.* **1.** (contrastar) comparer; confronter. **2.** (establecer comparación) rapprocher; mettre en parallèle.

compartir [kompartír] *v. tr.* (entre varios) partager.

compás [kompás] *s. m.* **1.** compas. **2.** *Mús.* mesure *f.* **3.** (ritmo) cadence *f.*

compasión [kompasjón] *s. f.* compassion; pitié.

compasivo, -va [kompasíβo] *adj.* compatissant, -te; pitoyable.

compatible [kompatíβle] *adj.* compatible.

compatriota [kompatrjóta] *s. m. y f.* compatriote.

compendiar [kompendjár] *v. tr.* abréger; résumer.

compendio [kompéndjo] *s. m.* **1.** précis; abrégé. **2.** (resumen) résumé.

compenetrarse [kompenetrárse] *v. pr.* se compénétrer.

compensación [kompensaθjón] *s. f.* compensation.

COMPENSAR - COMPROBAR

compensar [kompensár] *v. tr.* compenser.

competencia [kompeténθja] *s. f.* **1.** (en el mercado) concurrence. **2.** *Der.* (jurisdicción) compétence. ‖ **hacer ~** concurrencer. **ser de la ~ de** ressortir à.

competente [kompeténte] *adj.* compétent, -te.

competer [kompetér] *v. intr.* être de la compétence de; relever de; ressortir à.

competidor, -ra [kompetiðór] *s. m. y f.* concurrent, -te.

competir [kompetír] *v. intr.* **1.** concourir; rivaliser. **2.** *Econ.* faire concurrence. ‖ **~ con** concurrencer.

compinche [kompíntʃe] *s. m. y f.* **1.** (compañero) copain, -pine. **2.** (cómplice) compère *m.*

complacer [komplaθér] *v. tr.* **1.** (agradar) complaire. ‖ **complacerse** *v. pr.* **2.** (encontrar satisfacción) se complaire [Complacerse en sus ilusiones. *Se complaire dans ses illusions.*] **3.** (regocijarse) se réjouir. **4.** (encontrar gusto a) se plaire.

complejo, -ja [kompléxo] *adj. y s. m.* complexe.

complemento [kompleménto] *s. m.* complément.

completamente [kompletaménte] *adv.* **1.** tout à fait; complètement [Es completamente falso. *C'est tout à fait faux.*] **2.** (en su totalidad) entièrement [Estaba completamente pálido. *Il était tout pâle.*]

completar [kompletár] *v. tr.* compléter.

completo, -ta [kompléto] *adj.* complet, -ète.

complexión [kompléksjón] *s. f.* (del cuerpo) complexion. *litt.*

complicar [komplikár] *v. tr.* **1.** compliquer. **2.** (enredar) impliquer. ‖ **complicarse** *v. pr.* **3.** se compliquer.

cómplice [kómpliθe] *adj. y s. m. y f.* **1.** complice. ‖ *s. m. y f.* **2.** compère *m.*

complot [komplót] *s. m.* complot.

componer [komponér] *v. tr.* **1.** composer. ‖ **componerse** *v. pr.* **2.** s'arranger. ‖ **componérselas** s'arranger.

comportamiento [komportamjénto] *s. m.* conduite *f.;* comportement.

comportarse [komportárse] *v. pr.* se comporter; se conduire; agir.

composición [komposiθjón] *s. f.* composition.

compositor, -ra [kompositór] *s. m. y f.* compositeur, -trice.

compostura [kompostúra] *s. f.* tenue.

compota [kompóta] *s. f.* compote.

compra [kómpra] *s. f.* **1.** achat *m.* ‖ **compras** *s. f. pl.* **2.** courses [Hacer compras. *Faire des courses.*]

comprar [komprár] *v. tr.* acheter.

compraventa [kompraβénta] *s. f.* **1.** l'achat et la vente. **2.** commerce *m.*

comprender [komprendér] *v. tr.* **1.** comprendre [No le comprendo. *Je ne le comprends pas.*] **2.** (oír) entendre [No comprendo la frase. *Je n'entends pas la frase.*] **3.** *fam.* (captar) saisir; piger. **4.** (seguir el hilo) suivre. **5.** (incluir, contener) comprendre; comporter. ‖ **comprenderse** *v. pr.* **6.** se comprendre.

compresa [komprésa] *s. f.* **1.** (para heridas) compresse. **2.** (de mujer) serviette hygiénique; serviette périodique.

comprimido, -da [komprimíðo] *adj. y s. m.* comprimé, -ée.

comprimir [komprimír] *v. tr.* comprimer.

comprobación [komproβaθjón] *s. f.* vérification; contrôle *m.*

comprobar [komproβár] *v. tr.* **1.** (probar, verificar) vérifier. **2.** (notar, constatar)

COMPROMETERSE - CONCILIADOR

constater. **3.** (someter a control o examen) contrôler. **4.** (examinar documentos) dépouiller. **5.** (someter a una prueba) éprouver.

comprometerse [komprometérse] *v. pr.* se compromettre; s'engager.

compromiso [kompromíso] *s. m.* **1.** (obligación) engagement [Cumplir con sus compromisos. *Tenir ses engagements.*] **2.** (acuerdo legal) compromis.

compuesto, -ta [kompwésto] *adj.* **1** (formado) composé, -ée. **2.** (arreglado) arrangé, -ée. **3.** (una mujer) pomponné, -ée.

compulsado, -da [kompulsáðo] *adj.* certifié conforme; certifié, -ée.

computador [komputaðór] *s. m.* ordinateur *m.*

comulgar [komulɣár] *v. intr.* communier.

común [komún] *adj.* **1.** commun, -ne. **2.** (corriente) courant, -te. **3.** (ordinario) ordinaire; banal. **4.** moyen, -enne [Es un hombre común. *C'est un homme moyen.*]

comunicación [komunikaθjón] *s. f.* communication.

comunicar [komunikár] *v. tr.* **1.** communiquer. **2.** (dos habitaciones) communiquer. **3.** (dar parte) faire part. **4.** (el teléfono, la línea) être occupé; sonner occupé [Está comunicando. / Comunica. *C'est occupé. / Ça sonne occupé.*]

comunidad [komuniðáð] *s. f.* communauté. || **~ autónoma** communauté autonome (en España, équivaut plus ou moins à la région administrative).

comunión [komunjón] *s. f.* communion.

comunismo [komunísmo] *s. m.* communisme.

con [kón] *prep.* **1.** avec. **2.** (partes del cuerpo como instrumentos o medios) de [Con voz ronca. *D'une voix rauque.*] **3.** (causa)

par [Demostrar con ejemplos. *Prouver par des exemples.*] **4.** (modo) dans [Con estilo barroco. *Dans un style baroque.*] || **~ ... que** (+adj.) tout ... que (+subjuntivo ou indicativo) [Con lo bonitas que son no le gustan. *Toutes belles qu'elles sont, elles ne lui plaisent pas.*] **~ sólo** rien que [Con sólo sonreír. *Rien qu'en souriant.*]

cóncavo, -va [kónkaβo] *adj.* concave.

concebir [konθeβír] *v. tr. e intr.* **1.** (un hijo) concevoir. **2.** (un proyecto) former. || *v. tr.* **3.** concevoir. **4.** (imaginar) imaginer; se figurer; se représenter. **5.** (comprender) comprendre.

conceder [konθeðér] *v. tr.* **1.** accorder; octroyer. **2.** (una indemnización) allouer.

concejal, -la [konθeχál] *s. m. y f.* (del Ayuntamiento) conseiller municipal.

concejo [konθéχo] *s. m.* conseil municipal.

concentrar [konθentrár] *v. tr.* **1.** concentrer. || **concentrarse** *v. pr.* **2.** se concentrer.

concepción [konθepθjón] *s. f.* conception.

concepto [konθépto] *s. m.* concept.

concerniente [konθernjénte] *adj.* concernant, -te; relatif à.

concernir [konθernír] *v. intr.* concerner; regarder.

concertar [konθertár] *v. tr.* **1.** concerter; convenir [Concertar la cita. *Convenir de / Concerter l'heure du rendez-vous.*] **2.** (un trato, un matrimonio) conclure. || **concertarse** *v. pr.* **3.** se concerter.

concesión [konθesjón] *s. f.* concession.

concha [kóntʃa] *s. f.* (de marisco) coquille; coquillage. *m.*

conciencia [konθjénθja] *s. f.* conscience.

concierto [konθjérto] *s. m.* concert.

conciliador, -ra [konθiljaðór] *adj. y s. m. y f.* conciliateur, -trice.

CONCILIAR - CONDUCTO 98

conciliar [konθiljár] *v. tr.* **1.** concilier. || **conciliarse** *v. pr.* **2.** se concilier.

concilio [konθíljo] *s. m.* concile.

conciso, -sa [konθíso] *adj.* **1.** concis, -se; précis, -se. **2.** (estilo) serré, -ée.

concluir [konkluír] *v. intr.* **1.** conclure. || *v. tr.* **2.** (finalizar) finir. **3.** (una tarea) accomplir. **4.** (deducir) déduire.

conclusión [konklusjón] *s. f.* **1.** conclusion. **2.** (desenlace) dénouement *m.* **3.** (de una misión, un deber, de una formación) accomplissement *m.;* achèvement *m.* **4.** (deducción) déduction.

concluyente [konklujénte] *adj.* **1.** concluant, -te [Prueba concluyente. *Preuve concluante.*] **2.** (convincente) probant, -te [Argumento concluyente. *Argument probant.*]

concordar [konkorðár] *v. intr.* **1.** (ser parecido) concorder; s'accorder [Las dos versiones concuerdan. *Les deux versions concordent/ s'accordent.*] **2.** *Ling.* s'accorder [El sujeto concuerda con el verbo. *Le sujet s'accorde avec le verbe.*] || *v. tr.* **3.** *Ling.* accorder.

concordia [konkórðja] *s. f.* concorde.

concretar [konkretár] *v. tr.* **1.** concrétiser. **2.** *fig.* préciser. || **concretarse** *v. pr.* **3.** (hacerse más claro, más concreto) cristalliser; se préciser.

concreto, -ta [konkréto] *adj.* concret, -ète.

concurrencia [konkuréŋθja] *s. f.* (público) assistance.

concurrir [konkuřír] *v. intr.* **1.** (converger) concourir. **2.** (contribuir) contribuer. **3.** (asistir) assister; se rendre. **4.** (reunirse) se réunir.

concurso [konkúrso] *s. m.* concours.

condecoración [kondekoraθjón] *s. f.* **1.** décoration. **2.** (cordón) ruban *m.*

condecorar [kondekorár] *v. tr.* décorer.

condena [kondéna] *s. f.* peine.

condenado, -da [kondenáðo] *adj. y s. m. y f.* **1.** (judicialmente) condamné, -ée. **2.** (al infierno) damné, -ée. || *adj.* **3.** satané, -ée; sacré, -ée [Condenado mentiroso. *Satané menteur.*] **4.** *fam.* (notable) satané, -ée [Es un condenado trabajador. *C'est un satané travailleur.*]

condenar [kondenár] *v. tr.* condamner.

condensador [kondensaðór] *s. m.* condensateur.

condensar [kondensár] *v. tr.* **1.** condenser. **2.** (un texto) resserrer; abréger.

condescendencia [kondesθendéŋθja] *s. f.* condescendance.

condición [kondiθjón] *s. f.* **1.** condition. **2.** (índole) caractère *m.* **3.** (situación social) condition. **4.** (requisito) contrainte. **5.** *Der.* condition. || **a ~ de** à condition de. **a ~ de que** à condition que. **~ previa** préalable *m.* **estar en condiciones de** être à même de.

condimentar [kondimentár] *v. tr.* assaisonner.

condimento [kondiménto] *s. m.* condiment.

condón [kondón] *s. m.* condom.

condonar [kondonár] *v. tr.* (una deuda) remettre. (une dette)

conducción [kondukθjón] *s. f.* **1.** conduction. **2.** (de veñículos) conduite.

conducir [konduθír] *v. tr.* **1.** (en coche) conduire. **2.** (guiar) mener; diriger. **3.** (llevar de vuelta) ramener [Le condujo hasta su casa. *Il l'a ramené chez lui.*] **4.** *fig.* aboutir.

conducta [kondúkta] *s. f.* conduite; comportement *m.*

conducto [kondúkto] *s. m.* **1.** conduite *f.;* conduit. **2.** *fig.* (vía) voie *f.*

CONDUCTOR - CONFORME

conductor, -ra [konduktór] *adj. y s. m. y f.* **1.** conducteur, -trice. ‖ *s. m. y f.* **2.** (de vehículos) chauffeur. ‖

conectar [konektár] *v. tr.* **1.** connecter; brancher [Está conectado a varios servicios. *Il est branché sur plusieurs services.*] **2.** (enchufar) brancher [Conectó la lámpara. *Il a branché la lampe.*] **3.** (tubos) raccorder; accoupler. **4.** (poner en comunicación, en contacto) raccorder; relier [Conectar dos edificios. *Raccorder deux bâtiments.*] **5.** *fig.* (relacionar) mettre en rapport; relier. ‖ **conectarse** *v. pr.* **6.** se connecter.

conejo [konéχo] *s. m., Zool.* lapin.

conexión [koneksjón] *s. f.* **1.** connexion. **2.** (relación, ilación) liaison. **3.** (enchufe, toma) prise. **4.** (de líneas telefónicas) branchement *m.*

confección [komfekθjón] *s. f.* confection.

confeccionar [komfekθjonár] *v. tr.* confectionner.

confederación [komfeðeraθjón] *s. f.* confédération.

conferencia [komferénθja] *s. f.* **1.** (discurso público) conférence. **2.** (teléfono) communication.

conferir [komferír] *v. tr.* **1.** conférer. **2.** (investir) investir [Conferir poderes. *Investir de pouvoirs.*] **3.** (atribuir) attribuer.

confesar [komfesár] *v. tr.* **1.** confesser; avouer. **2.** (reconocer) reconnaître. ‖ **confesarse** *v. pr.* **3.** se confesser.

confiado, -da [komfjáðo] *adj.* confiant, -te.

confianza [komfjánθa] *s. f.* confiance. ‖ **excesiva ~** privauté.

confiar [komfjár] *v. tr.* **1.** confier. **2.** (dejar al cuidado de) laisser; remettre [Confiarle a sus hijos. *Lui laisse ses enfants.*] ‖ *v. intr.* **3.** avoir confiance. **4.** (fiarse de) se fier.

5. (contar con) compter sur. **6.** (esperar) espérer. ‖ **confiarse** *v. pr.* **7.** se confier.

confidencia [komfiðénθja] *s. f.* **1.** confidence. **2.** (noticia) tuyau *m.*

confidencial [komfiðenθjál] *adj.* confidentiel, -elle.

confidente [komfiðénte] *s. m. y f.* **1.** confident, -te. ‖ *s. f.* **2.** (dama de compañía) suivante.

confín [komfín] *s. m.* **1.** (lugar alejado) coin. ‖ **confines** *s. m. pl.* **2.** confins.

confinar [komfinár] *v. tr.* **1.** (encerrar) confiner. **2.** (relegar) reléguer. ‖ *v. intr.* **3.** (lindar, limitar con) confiner.

confirmación [komfirmaθjón] *s. f.* confirmation.

confirmar [komfirmár] *v. tr.* **1.** confirmer. ‖ **confirmarse** *v. pr.* **2.** (manifestarse) s'affirmer.

confiscar [komfiskár] *v. tr.* confisquer.

confitar [komfitár] *v. tr., Gastr.* confire.

confite [komfíte] *s. m.* sucrerie *f.*

confitería [komfitería] *s. f.* confiserie.

conflicto [komflíkto] *s. m.* conflit.

confluencia [komflwénθja] *s. f.* **1.** confluence. **2.** (de dos carreteras) point de jonction.

confluir [komfluír] *v. intr.* confluer.

conformar [komformár] *v. tr.* **1.** conformer. ‖ **conformarse** *v. pr.* **2.** se conformer.

conforme [komfórme] *adj.* **1.** (igual) conforme. **2.** (acorde con) conforme. **3.** (de acuerdo) d'accord. ‖ *adv.* **4.** soit [Conforme. Lo haremos. *Soit. Nous le ferons.*] ‖ *conj.* **5.** (a medida que) au fur et à mesure que [Conforme habla. *Au fur et à mesure qu'il parle.*] **6.** (tal como) tel que [Conforme le dije. *Tel que je lui ai dit.*] ‖ **~ a** (adecuadamente) selon; conformément à.

conformidad [komformiðað] *s.f.* 1. (semejanza, concordancia) conformité.
conformable [komformáβle] *adj.* conformable.
confortar [komfortár] *v.tr.* réconforter, conforter.
confundir [komfundír] *v.tr.* 1. confondre. 2. (mezclar) mêler. 3. mélanger [Confundir dos nombres. *Mélanger deux noms*]. || **confundirse** *v.pr.* 4. (equivocarse) se tromper. 5. *fig.* (respecto a alguien) se méprendre.
confusión [komfusjón] *s.f.* confusion.
confuso, -sa [komfúso] *adj.* 1. confus, -se. 2. *fig.* (vago) flou, -ue [Explicaciones confusas. *Des explications floues*]. 3. *fig.* (oscuro) trouble, fumeux, -euse [Un asunto confuso. *Une affaire trouble*].
congelación [konxelaθjón] *s.f.* congélation.
congelador [konxelaðór] *s.m.* congélateur, freezer.
congelar [konxelár] *v.tr.* 1. congeler. 2. (alimentos) surgeler. 3. (haceirse hielo) glacer. 4. *fig.* geler. 5. (un crédito) geler. || **congelarse** *v.pr.* 6. se congeler.
congeniar [konxenjár] *v.intr.* sympathiser, s'entendre bien.
congénito, -ta [konxénito] *adj.* congénital, -le.
congestión [konxestjón] *s.f.* congestion.
congoja [konɡóxa] *s.f.* angoisse.
congregación [konɡreɣaθjón] *s.f.* congrégation.
congregar [konɡreɣár] *v.tr.* 1. réunir. || **congregarse** *v.pr.* 2. s'assembler.
congreso [konɡréso] *s.m.* 1. congrès, assemblée *f.* 2. (de un partido político) assises *f.pl.*
cónico, -ca [kóniko] *adj.* conique.
conjetura [konxetúra] *s.f.* conjecture.
conjugar [konxuɣár] *v.tr.* 1. (aunar) conjuguer, joindre. 2. (verbos) conjuguer.
conjunción [konxunθjón] *s.f.* 1. conjonction. *Ling.* conjonction.
conjunto [konxúnto] *s.m.* 1. ensemble. 2. (combinación) assortiment. || **en ~** dans l'ensemble.
conjurar [konxurár] *v.tr.* 1. (un mal, un daño, un espíritu) conjurer, chasser. 2. (invocar) invoquer. || *v.intr.* 3. conspirer, comploter. || **conjurarse** *v.pr. e intr.* 4. se conjurer.
conmemoración [kommemoraθjón] *s.f.* 1. commémoration. 2. commémoraison.
conmigo [kommiɣo] *pron. pers.* 1. avec moi. 2. (hacia mí) à mon égard.
conmoción [kommoθjón] *s.f.* 1. commotion, choc *m.*, émoi *m.* 2. (de los sentidos, de la mente bouleversement *m.*
conmover [kommoβér] *v.tr.* 1. (emocionar) émouvoir, toucher. 2. (enternecer) apitoyer, attendrir. || **conmoverse** *v.pr.* 3. (emocionarse) s'émouvoir. 4. (apiadarse) s'apitoyer sur.
conmutar [kommutár] *v.tr.* commuter.
cono [kóno] *s.m.* cône.
conocedor, -ra [konoðeðór] *adj.* y *s.m. y f.* connaisseur, -euse; expert, -te.
conocer [konoθér] *v.tr.* connaître.
conocido, -da [konoθiðo] *adj.* 1. connu, -ue. || *s.m. y f.* 2. (persona que se conoce) connaissance *f.*
conocimiento [konoθimjénto] *s.m.* connaissance *f.*
conquista [konkísta] *s.f.* conquête.
conquistar [konkistár] *v.tr.* 1. conquérir. 2. (cortejar) faire la cour. 3. (la victoria, un premio, un campeonato) remporter.
consagrar [konsaɣrár] *v.tr.* 1. consacrer. 2. (a un rey, a un emperador) sacrer.

CONSCIENTE - CONSONANTE

consciente [konsjénte] *adj.* conscient, -e.

consecuencia [konsekwénθja] *s. f.* 1. conséquence. 2. (deducción) déduction. ‖ **a ~ de** par suite de.

consecutivo, -va [konsekutíβo] *adj.* consécutif, -ive.

conseguir [konseɣír] *v. tr.* 1. obtenir, avoir [Ha conseguido nueve puntos. *Il a obtenu neuf points*]. (procurar a alguien) procurer [Le ha conseguido una casa en el centro. *Il lui a procuré une maison dans le centre*]. 3. (un objetivo) atteindre. 4. parvenir [Conseguir la perfección. *Parvenir à la perfection*]. 5. +infinitivo) parvenir à, réussir à, arriver, venir à bout de (con esfuerzo) [He conseguido localizarlo. *Je suis arrivé à le joindre*]. ‖ **hacer** (llevar a buen término) réussir.

consejo [konséxo] *s. m.* conseil.

consenso [konsénso] *s. m.* consensus.

consentimiento [konsentimjénto] *s. m.* consentement.

consentir [konsentír] *v. tr. e intr.* 1. consentir, permettre, tolérer. 2. (dar su aprobación) acquiescer. 3. (mimar, malcriar) gâter. ‖ *v. intr.* 4. consentir [Consentir en ello. *Y consentir*].

conserva [konsérβa] *s. f.* conserve.

conserje [konsérxe] *s. m. y f.* concierge.

conservación [konserβaθjón] *s. f.* conservation.

conservador, -ra [konserβaðór] *adj. y s. m. y f.* 1. conservateur, -trice. 2. (moderado) modéré, -ée.

conservar [konserβár] *v. tr.* 1. (en buen estado) conserver. 2. (un secreto, un recuerdo) garder. 3. (mantener) maintenir. 4. (tener todavía) tenir [Sus cabellos conservan la forma. *Ses cheveux tiennent la forme*]. 5. (cuidar) entretenir [Conservar la belleza por medio de cuidados. *Entretenir sa beauté par des soins*]. ‖ **conservarse** *v. pr.* 6. se conserver. 7. (perdurar) durer.

conservatorio [konserβatórjo] *s. m.* conservatoire.

considerable [konsiðeráβle] *adj.* 1. considérable. 2. *fig.* (cantidad) important, -e, large.

consideración [konsiðeraθjón] *s. f.* considération.

considerar [konsiðerár] *v. tr.* 1. (estimar) considérer, estimer. 2. tenir [Se considera cierto ese hecho. *On tient ce fait pour certain*]. 3. *fig.* (contemplar, ver) regarder, envisager. 4. (tomar en consideración) considérer, envisager.

consigna [konsíɣna] *s. f.* (de equipajes) consigne. ‖ **dejar en ~** consigner.

consignar [konsiɣnár] *v. tr.* consigner.

consigo [konsíɣo] *pron. pers.* 1. (uno mismo) avec soi. 2. (él) avec lui. 3. (ella) avec elle.

consistencia [konsisténθja] *s. f.* consistance. ‖ **dar ~** (a una historia, a un personaje) étoffer. ‖ **tomar ~** prendre corps.

consistente [konsisténte] *adj.* 1. consistant, -e. 2. (una historia, un personaje) étoffé, -ée. 3. (firme) ferme.

consistir [konsistír] *v. intr.* consister.

consola [konsóla] *s. f.* console.

consolar [konsolár] *v. tr.* 1. consoler. ‖ **consolarse** *v. pr.* se consoler.

consolidar [konsoliðár] *v. tr.* 1. consolider. 2. (afianzar) affermir.

consomé [konsomé] *s. m.* consommé.

consonante [konsonánte] *adj.* 1. consonant, -e. ‖ *s. f.* 2. consonne.

CONSPIRACIÓN - CONTAMINAR 102

conspiración [konspiraθjón] *s. f.* **1.** conspiration. **2.** complot *m.*

conspirar [konspirár] *v. intr.* conspirer; comploter; se conjurer.

constancia [konstánθja] *s. f.* constance.

constante [konstánte] *adj.* **1.** constant, -te. **2.** (perseverante) constant, -te.

constar [konstár] *v. intr.* être certain [Me consta que está molesto. *Je suis certain qu'il est gêné.*] ‖ ~ **de** (contener) comprendre. | (estar compuesto por) être composé. **hacer** ~ constater.

constelación [konstelaθjón] *s. f.* constellation.

constipado, da [konstipáðo] *adj.* enrhumé, ée.

constiparse [konstipárse] *v. pr.* s'enrhumer.

constitución [konstituθjón] *s. f.* **1.** constitution. **2.** (física) complexion. **3.** (ley) constitution.

constituir [konstituír] *v. tr.* **1.** constituer. ‖ **constituirse** *v. pr.* **2.** se constituer.

constreñir [konstreɲír] *v. tr.* contraindre; forcer.

construcción [konstrukθjón] *s. f.* **1.** construction. **2.** (industria, sector) bâtiment *m.*

construir [konstruír] *v. tr.* construire.

consuelo [konswélo] *s. m.* **1.** consolation *f.;* réconfort. **2.** (alivio) soulagement.

cónsul [kónsul] *s. m.* consul.

consulado [konsuláðo] *s. m.* consulat.

consulta [konsúlta] *s. f.* **1.** consultation. **2.** (gabinete de médico) cabinet *m.*

consultar [konsultár] *v. tr. e intr.* consulter.

consumado, -da [konsumáðo] *adj.* **1.** (experimentado) parfait, -te; accompli, -ie; achevé, -ée. **2.** (realizado) accompli, -ie [Un hecho consumado. *Un fait accompli.*]

consumar [konsumár] *v. tr.* **1.** (un matrimonio, un crimen) consommer. **2.** (un trabajo, una tarea) achever; accomplir.

consumición [konsumiθjón] *s. f.* consommation.

consumidor, -ra [konsumiðór] *s. m. y f.* consommateur, -trice.

consumir [konsumír] *v. tr.* **1.** (agotar, destruir, quemar) consumer. **2.** (alimentos, productos) consommer. **3.** *fig.* (la enfermedad, la pena) miner; épuiser. **4.** absorber. **5.** (una pasión, una enfermedad) consumer; ronger; dévorer. ‖ **consumirse** *v. pr.* **6.** se consumer.

consumo [konsúmo] *s. m.* consommation *f.*

contabilidad [kontaβiliðáð] *s. f.* comptabilité.

contable [kontáβle] *adj.* **1.** comptable. ‖ *s. m. y f.* **2.** (tenedor de libros) comptable.

contacto [kontákto] *s. m.* **1.** contact. **2.** (relación) rapport. ‖ **contactos** *s. m. pl.* **3.** attaches *f.* [Tener contactos en un círculo. *Avoir des attaches dans un milieu.*] ‖ **ponerse en** ~ **con** contacter; communiquer.

contado, -da [kontáðo] *adj.* **1.** (una cantidad) compté, -ée. **2.** (un cuento, una historia) raconté, -ée. ‖ **al** ~ au comptant.

contador [kontaðór] *s. m.* compteur.

contagiar [kontaxjár] *v. tr.* contaminer; infecter.

contagio [kontáxjo] *s. m.* contagion *f.;* infection *f.*

contagioso, -sa [kontaxjóso] *adj.* contagieux, -euse.

contaminación [kontaminaθjón] *s. f.* contamination; pollution.

contaminar [kontaminár] *v. tr.* contaminer; polluer.

CONTAR - CONTRADICTORIO

contar [kontár] *v. tr.* **1.** (números, objetos) compter; dénombrer. **2.** (una historia, un cuento, un chiste) raconter. ‖ *v. intr.* **3.** compter [Contar con. *Compter sur.*] ‖ **~ con** (esperar) s'attendre à.

contemplar [kontemplár] *v. tr.* **1.** contempler. **2.** (considerar) considérer; envisager.

contemporáneo, -a [kontemporáneo] *adj. y s. m. y f.* contemporain, -ne.

contenedor [konteneðór] *s. m.* (caja de mercancías) container.

contener [kontenér] *v. tr.* **1.** contenir [Cette bouteille contient de l'eau. *Esta botella contiene agua.*] **2.** (tener capacidad para) tenir. **3.** (constar) comprendre. **4.** *fig.* (poseer) contenir; renfermer [Este lugar contiene muchos secretos. *Ce lieu renferme beaucoup de secrets.*] **5.** (sujetar) retenir. **6.** *fig.* (reprimir) retenir; refouler. ‖ **contenerse** *v. pr.* **7.** se contenir; se retenir.

contenido, -da [konteníðo] *adj. y s. m.* contenu, -ue.

contentar [kontentár] *v. intr.* **1.** contenter; satisfaire. ‖ **contentarse** *v. pr.* **2.** se contenter; se satisfaire.

contento, -ta [konténto] *adj.* **1.** content, -te. **2.** (satisfecho) satisfait, -te. ‖ *s. m.* **3.** contentement; satisfaction *f.*

contestación [kontestaθjón] *s. f.* **1.** réponse. **2.** (discusión) contestation.

contestar [kontestár] *v. tr.* **1.** répondre. **2.** (entrar en polémica) contester.

contexto [kontésto] *s. m.* contexte.

contigo [kontíγo] *pron. pers.* **1.** avec toi. **2.** (hacia ti) à ton égard.

contiguo, -gua [kontíγwo] *adj.* contiguu, -uë.

continencia [kontinénθja] *s. f.* continence.

continente [kontinénte] *s. m.* **1.** (de la Tierra) continent. **2.** (recipiente) contenant.

contingencia [kontinxénθja] *s. f.* contingence.

continuación [kontinwaθjón] *s. f.* **1.** continuation. **2.** (lo que sigue) suite. **3.** (reanudación) reprise. ‖ **a ~** ensuite. ‖ (enumeración) ensuite.

continuar [kontinuár] *v. tr.* **1.** (una actividad) continuer; poursuivre. ‖ *v. intr.* **2.** continuer [Continuar estudiando. *Continuer à étudier.*] **3.** (avanzar) continuer. ‖ **continuará 4.** à suivre.

continuo, -nua [kontínwo] *adj.* **1.** (sin divisiones) continu, -ue [Un movimiento continuo. *Un mouvement continu.*] **2.** (reiterado, continuado) continuel, -elle [Idas y venidas continuas. *Allées et venues continuelles.*] **3.** (constante, diligente) assidu, -ue [Trabajo continuo, presencia continua. *Travail assidu, présence assidue.*]

contorno [kontórno] *s. m.* **1.** (perfil) contour. **2.** (vuelta) tour. ‖ **contornos** *s. m.* **3.** (territorios o parajes circundantes) alentours; environs.

contra [kóntra] *prep.* **1.** (oposición física) contre. ‖ **en ~** à l'encontre. **en ~ de** à l'encontre de; au détriment de (en perjuicio de); contre. **los pros y los contras** le pour et le contre.

contrabajo [kontraβáχo] *s. m., Mús.* **1.** (instrumento) contrebasse *f.* ‖ *s. m. y f.* **2.** (músico) contrebassiste.

contrabandista [kontraβandísta] *adj. y s. m. y f.* contrebandier, -ière.

contrabando [kontraβándo] *s. m.* contrebande *f.*

contracción [kontrakθjón] *s. f.* **1.** contraction. **2.** (de volumen) retrait *m.*

contradecir [kontraðeθír] *v. tr.* contredire.

contradictorio, -ria [kontraðiktórjo] *adj.* contradictoire.

CONTRAER - CONVENIENCIA

contraer [kontraér] *v. tr.* **1.** (músculos) contracter, resserrer. **2.** *fig.* (lazos amistosos) nouer. **3.** (una enfermedad) contracter.
contraerte [kontraérte] *s. m.* **1.** (del zapato) quartier. **2.** *Arq.* contrefort. **3.** *Geogr.* (de una cordillera) contrefort.
contrahecho, -cha [kontraétʃo] *adj.* contrefait, -te.
contraindicación [kontraindikaθjón] *s. f.* contre-indication.
contraluz, a [kontraluθ] *loc. adv.* (ver, fotografiar) à contre-jour.
contrapartida [kontrapartíða] *s. f.* (compensación) contre-partie.
contrapeso [kontrapéso] *s. m.* (peso) contrepoids.
contraponer [kontraponér] *v. tr.* opposer, comparer.
contrariar [kontrarjár] *v. tr.* **1.** contrarier. **2.** (ir, estar en contra de) heurter *fig.* **3.** (disgustar) déobliger. **4.** (contradecir) contredire.
contrariedad [kontrarjeðáð] *s. f.* contrariété.
contrario, -ria [kontrárjo] *adj.* **1.** (opuesto) contraire, opposé, -ée. **2.** adverse *Suerte contraria. Sort contraire.* || *s. m. y f.* **3.** (adversario) adversaire. || *s. m.* **4.** contraire *Es todo lo contrario. C'est tout le contraire.* **5.** (inverso) inverse *Ha hecho usted lo contrario. Vous avez fait l'inverse.* || **al ~** au contraire, || **de ~** à l'inverse de, || **de lo ~** autrement, sinon, || **por el ~** par contre.
contrarrestar [kontrařestár] *v. tr.* **1.** contrecarrer. **2.** résister [Contrarrestar el cansancio. *Résister la fatigue*].
contraseña [kontraséɲa] *s. f.* mot de passe.
contrastar [kontrastár] *v. tr.* **1.** contraster. **2.** (resaltar) ressortir.
contraste [kontráste] *s. m.* contraste.

contrata [kontráta] *s. f.* **1.** (entre una empresa y el Estado) contrat *m.* (pour faire des travaux, construire ou offrir un service). **2.** (ajuste) embauche *f.*
contratar [kontratár] *v. tr.* **1.** (firmar un contrato) contracter. **2.** (un empleado) engager, employer, recruter. **3.** (obreros) embaucher.
contratiempo [kontratjémpo] *s. m.* contretemps.
contrato [kontráto] *s. m.* contrat.
contravenir [kontraβenír] *v. intr. Der.* contrevenir.
contribución [kontriβuθjón] *s. f.* **1.** (aportación) contribution; apport *m.* [Contribución a la ciencia. *Apport à la science*]. **2.** (impuestos) contribution, impôt *m.*
contribuir [kontriβuír] *v. tr.* **1.** (ayudar) contribuer, aider. **2.** (pagar) contribuer.
contrincante [kontrinkánte] *s. m. y f.* concurrent, -te.
control [kontról] *s. m.* **1.** contrôle. **2.** (inspección) inspection *f.* **3.** (en radio y televisión) régie *f.*
controlar [kontrolár] *v. tr.* contrôler.
controversia [kontroβérsja] *s. f.* controverse; polémique; débat *m.*
contusión [kontusjón] *s. f.* contusion.
convalecencia [kombaleθénθja] *s. f.* convalescence.
convalecer [kombaleθér] *v. intr.* **1.** être en convalescence. **2.** (recuperarse) se remettre.
convencer [kombenθér] *v. tr.* **1.** (con pruebas) convaincre. **2.** (con argumentos afectivos) persuader. || **convencerse** *v. pr.* **3.** se convaincre.
convención [kombenθjón] *s. f.* convention.
conveniencia [kombenjénθja] *s. f.* convenance.

104

conveniente [kombenjénte] *adj.* convenable. ‖ **ser ~** convenir.

convenio [kombénjo] *s. m.* 1. convention [Convenio colectivo entre los trabajadores y la patronal. *Convention collective entre les salariés et le patronal.*]. 2.convention *f.* (tratado internacional) [Convenio internacional. *Convention internationale.*] 3. accord [Convenio comercial. *Accord commercial.*] 4. *Der.* (acuerdo entre particulares o colectividades) arrangement.

convenir [kombenír] *v. intr.* 1. (ponerse de acuerdo) convenir [Convenir en hacer algo, en el precio. *Convenir de faire quelque chose, du prix.*]. 2. (beneficiar) convenir [Esa decisión me conviene. *Cette décision me convient.*]. ‖ *v. imper.* 3. convenir, importer [Conviene no llegar tarde. *Il convient de ne pas arriver en retard.*]

convento [kombénto] *s. m.* couvent.

converger [komberxér] *v. intr.* converger.

conversación [kombersaθjón] *s. f.* 1. conversation 2. (encuentro) entretien *m.*

conversar [kombersár] *v. intr.* 1. (hablar) converser, parler [Conversaban a menudo. *Ils conversaient souvent.*] 2. (hablar del entretener) s'entretenir.

convertir [kombertír] *v. tr.* 1. (cambiar) changer. 2. **convertirse** *v. pr.* 3. (transformarse) devenir. 4. se convertir.

convexo, -xa [kombékso] *adj.* convexe.

convicción [kombikθjón] *s. f.* conviction.

convidar [kombidár] *v. tr.* convier, inviter.

convivencia [kombiβénθja] *s. f.* coexistence.

convivir [kombiβír] *v. intr.* coexister.

convocar [kombokár] *v. tr.* convoquer.

convocatoria [kombokatórja] *s. f.* 1. convocation. 2. (de un examen) session.

convoy [komboj] *s. m.* 1. convoi 2. (tren del metro) rame *f.*; convoi.

CONVENIENTE - CORAZÓN 105

convulsión [kombulsjón] *s. f.* 1. convulsion. 2. *fig.* (social) trouble *m.*

conyugal [konjuɣál] *adj.* conjugal, -e.

cónyuge [kónjuxe] *s. m. y f.* conjoint, -e.

coño [kópo] *s. m.*, *vulg.* 1. con; châtte *vulg.* ‖ **¡ ~ !** *interj.*, *vulg.* 2. (sorpresa, disgusto) merde; putain!

cooperación [kooperaθjón] *s. f.* coopération.

cooperar [kooperár] *v. intr.* coopérer.

cooperativa [kooperatíβa] *s. f.* coopérative.

coordinar [koordinár] *v. tr.* coordonner.

copa [kópa] *s. f.* 1. (para beber) verre à pied; coupe. 2. *fig.* verre *m.*; pot *m.* [Tomar una copa. *Boire un verre.*] 3. (premio) coupe. 4. (árbol) haut *m.*

copia [kópja] *s. f.* 1. (reproducción) copie; reproduction. 2. (duplicado) double *m.* 3. (ejemplar) exemplaire *m.*

copiar [kopjár] *v. tr.* copier.

copioso, -sa [kopjóso] *adj.* copieux, -euse.

copista [kopísta] *s. m.* copiste.

copla [kópla] *s. f.* 1. (tipo de estrofa) couplet *m.* 2. copla (chanson populaire espagnole). ‖ **coplas** *s. f. pl.* 3. (versos) coplas (vers). 4. (poema) coplas (poème).

copo [kópo] *s. m.* (de nieve) flocon.

coquetear [koketeár] *v. tr.* 1. flirter 2. (haciendo un guiño) faire de l'œil.

coqueto, -ta [kokéto] *adj.* 1. coquet, -ette. ‖ **coqueta** *s. f.* 2. (tocador) table de toilette; coiffeuse (de mujer)

coraje [koráxe] *s. m.* 1. (valor) courage. 2. (cólera) irritation *f.*, colère *f.*

coral [korál] *s. m. Zool.* corail.

coraza [koráθa] *s. f.* 1. cuirasse. 2. (de un barco o vehículo) blindage *m.*

corazón [koraθón] *s. m.* 1. cœur *m.* ‖ **corazones** *s. m. pl.* 2. (palo de la baraja) cœur *sing.* [As de corazones. *As de cœur.*]

CORAZONADA - CORRESPONDIENTE

corazonada [koraθonáða] *s.f.* (presentimiento) pressentiment *m.*

corbata [korβáta] *s.f.* cravate.

corchete [kortʃéte] *s.m.* 1. (costura) agrafe. 2. (signo tipográfico) crochet. 3. (enganche de la ropa) crochet.

corcho [kórtʃo] *s.m.* 1. (tapón) liège. 2. bouchon.

cordel [korðél] *s.m.* 1. (cuerda) corde *f.* 2. (cuerda delgada) cordeau. 3. (cordón) ficelle *f.* 4. (con anzuelos) cordée *f.*

cordero, -ra [korðéro] *s.m. y f.* 1. (joven) agneau, -elle. 2. (oveja, carnero) mouton.

cordial [korðjál] *adj.* cordial, -le.

cordillera [korðiʎéra] *s.f.* cordillère.

cordón [korðón] *s.m.* 1. cordon. 2. (de los zapatos) lacet.

cordura [korðúra] *s.f.* sagesse; cervelle.

coreografía [koreoɣrafía] *s.f.* chorégraphie.

cornada [kornáða] *s.f.* coup de corne.

cornamenta [kornaménta] *s.f.* (ciervo) bois *m.*; ramure.

corneta [kornéta] *s.f. Mús.* 1. (instrumento) cornet *m.* 2. (militar) clairon || *s.m.* 3. (soldado) clairon.

cornisa [kornísa] *s.f.* corniche.

coro [kóro] *s.m.* chœur.

corona [koróna] *s.f.* couronne.

coronar [koronár] *v.tr.* couronner.

coronel, -la [koronél] *s.m. y f. Mil.* colonel, -elle.

coronilla [koroníʎa] *s.f.* sommet *m.* de la tête. || **estar hasta la ~** en avoir par-dessus la tête.

corporación [korporaθjón] *s.f.* corporation.

corporal [korporál] *adj.* corporel, -elle.

corpóreo, -a [korpóreo] *adj.* corporel, -elle.

corpulencia [korpulénθja] *s.f.* corpulence.

corpulento, -ta [korpulénto] *adj.* corpulent, -te.

corral [korrál] *s.m.* 1. (para aves) basse-cour *f.* 2. (patio) cour *f.*

correa [korréa] *s.f.* 1. (para atar o sujetar) courroie. 2. (tira de cuero) lanière. 3. (de un reloj) bracelet *m.* 4. *Mec.* courroie.

corrección [korrekθjón] *s.f.* 1. correction. 2. (mesura, modales) tenue.

correcto, -ta [korrékto] *adj.* 1. correct, -te. 2. (educado) poli, -ie. 3. (decente) décent, -te.

corredor, -ra [korreðór] *s.m. y f.* 1. coureur, -euse. || *s.m.* 2. (pasillo) corridor; couloir.

corregir [korrexír] *v.tr.* 1. corriger; rectifier. 2. (enderezar a una persona) redresser. || **corregirse** *v.pr.* 3. se corriger.

correo [korréo] *s.m.* 1. (mensajero) courrier. 2. (servicio postal) poste *f.* 3. (correspondencia) courrier; correspondance *f.* || **~ electrónico** courrier électronique. **echar al ~** poster. **oficina de correos** bureau de poste.

correr [korrér] *v.intr.* 1. courir. 2. faire [Corre a 200 km por hora. Il fait les 200 km à l'heure.] 3. (un río) couler. 4. (las cortinas) tirer. 5. (cerrar) fermer [Correr el cerrojo. Fermer au verrou.] || **a todo ~** à fond de train. || **el riesgo de** risquer de. **~ prisa** être urgent; presser.

correspondencia [korrespondénθja] *s.f.* correspondance.

corresponder [korrespondér] *v.intr.* 1. (equivaler) correspondre. 2. (un beneficio) revenir. 3. (concernir) appartenir; regarder. 4. *fig.* répondre.

correspondiente [korrespondjénte] *adj.* correspondant, -te.

corresponsal [korresponsál] *s. m. y f.* (periodista) correspondant, -e.

corrida [korríða] *s. f.* Taur. course.

corriente [korrjénte] *adj.* 1. courant, -e. *Agua corriente. Eau courante*; 2. commun, -e. 3. ordinaire. ‖ *s. f.* 4. courant *m*; cours *m*. ‖ **al ~** au courant.

corrillo [korríʎo] *s. m.* cercle (petit groupe formé spontanément).

corro [kórro] *s. m.* cercle; rond. *Ponerse un corro. Se disposer en rond.*

corroborar [korroβorár] *v. tr.* corroborer; confirmer.

corroer [korroér] *v. tr.* ronger.

corromper [korrompér] *v. tr.* corrompre.

corrosión [korrosjón] *s. f.* corrosion.

corrosivo, -va [korrosíβo] *adj. y s. m.* corrosif, -ive.

corrupción [korrupθjón] *s. f.* corruption.

corruptor, -ra [korruptór] *adj. y s. m. y f.* corrupteur, -trice.

cortado, -da [kortáðo] *adj.* 1. (un camino) barré, -ée. 2. *fig.* (estilo) saccadé, -ée. 3. (la leche) tourné, -ée. 4. *fig.* (tímido) timide.

cortante [kortánte] *adj.* tranchant -e.

cortaplumas [kortaplúmas] *s. m. inv.* canif.

cortar [kortár] *v. tr.* 1. (con instrumento afilado) couper; trancher. 2. (el paso, el camino) barrer. 3. *fig.* (acabar con, romper) rompre; briser. 4. (agrietar la piel) gercer. 5. (madera) débiter. 6. (el césped) tondre. 7. (el pelo) couper. 8. (árboles) abattre. 9. (las cartas de la baraja) couper. ‖ *v. intr.* 10. couper. ‖ **cortarse** *v. pr.* 11. se couper. 12. (la leche) tourner. 13. *fig.* se troubler.

corte [kórte] *s. m.* 1. (acción de cortar) coupure *f*. 2. (de pelo) coupe *f*. 3. (herida) entaille. 4. (de corriente eléctrica) panne *f*. ‖ *s. f.* 5. cour.

cortejar [korrteχár] *v. tr.* faire la cour, courtiser.

cortejo [korteχo] *s. m.* 1. (séquito) cortège; suite *f*. 2. (fúnebre) convoi. 3. (acción de cortejar) cour *f*.

cortés [kortés] *adj.* (educado) poli, -ie.

cortesano, -na [kortesáno] *adj.* 1. courtois, -se. ‖ *s. m. y f.* 2. courtisan, -ne (homme ou femme de cour).

cortesía [kortesía] *s. f.* politesse.

corteza [korté θa] *s. f.* 1. (del pan, etc.) croûte. 2. (de árbol) écorce.

cortijo [kortíxo] *s. m.* (finca andaluza) métairie *f*; (casa) ferme *f*.

cortina [kortína] *s. f.* rideau *m*.

corto, -ta [kórto] *adj.* 1. court, -e. 2. (de altura) bas, -asse. 3. *fig.* (poco inteligente) borné, -ée. 4. ‖ **ade ~** court.

corzo [kórβo] *s. m.* Zool. chevreuil.

cosa [kósa] *s. f.* 1. (objeto) chose; machin *m*. 2. (asunto) truc *m*. 3. (cuestión) question, affaire. ‖ **cosas** *s. f. pl.* 4. (efectos personales) affaires. 5. (barruntos) affaires.

coscorrón [koskorrón] *s. m.* coup (donné sur la tête).

cosecha [koséʧa] *s. f.* 1. récolte. 2. (de cereales) moisson.

cosechar [koseʧár] *v. tr.* 1. récolter, moissonner. 2. *fig.* (por un esfuerzo) récolter.

coser [kosér] *v. tr.* 1. coudre. 2. (hacer pespunte) piquer. ‖ **~ a máquina** piquer.

cosmético, -ca [kosmétiko] *adj.* 1. cosmétique. ‖ *s. m.* 2. cosmétique. ‖ **cosmética** *s. f.* 3. cosmétologie *f.* cosmétologie.

cosmopolita [kosmopolíta] *adj. y s. m. y f.* cosmopolite.

cosmos [kósmos] *s. m.* cosmos.

cosquillas [koskíʎas] *s. f. pl.* chatouilles [Hacer cosquillas. *Faire des chatouilles*]. ‖ **hacer ~** chatouiller.

cosquilleo [koskiλéo] *s. m.* chatouillement, chatouille.

costa [késta] *s. f.* frais *m.* A mi costa, A mes frais. ‖ **a ~ de** aux dépens de.

Costa [késta] *s. f.* côte [Costa Azul, Côte d'Azur].

costado [kostáðo] *s. m.* côté.

costar [kostár] *v. intr.* 1. coûter. 2. (en total) revenir. ‖ *v. tr.* 3. coûter. ‖ **~ trabajo** avoir du mal à.

costarricense [kostařiθénse] *adj.* 1. costaricain, -ne. ‖ *s. m. y f.* 2. Costaricain.

coste [kóste] *s. m.* 1. coût. ‖ **costes** *s. m. pl.* frais. 2. **a precio de ~** à prix de revient.

costear [kosteár] *v. tr.* 1. payer, couvrir les frais. ‖ **costearse** *v. pr.* 2. se payer. ‖ **~ cubrir los gastos** couvrir les frais.

costilla [kostíλa] *s. f.* 1. *Anat.* (humana) côte. 2. (de animal) côtelette.

costoso, -sa [kostóso] *adj.* 1. coûteux, -euse. 2. *fig.* difficile.

costra [késtra] *s. f.* croûte.

costumbre [kostúmbre] *s. f.* 1. (hábito) coutume; habitude. 2. (práctica, uso) usage *m.*; pratique. ‖ **costumbres** *s. f. pl.* 3. mœurs.

costura [kostúra] *s. f.* 1. couture. 2. (con la máquina, pespunte) piqûre.

cota [kóta] *s. f.* cote.

cotejar [koteχár] *v. tr.* confronter.

cotidiano, -na [kotiðjáno] *adj.* quotidien, -enne.

cotilla [kotíλa] *s. m. y f.* 1. (chismoso) cancanier, -ière. ‖ *s. f.* 2. commère.

cotilleo [kotiλéo] *s. m.* bavardage; racontar; potin; commérage.

cotización [kotiβaθjón] *s. f.* 1. cotisation. 2. (en Bolsa) cours *m.* 3. (cuota) cotisation, cote.

cotizar [kotiβár] *v. tr.* 1. (en Bolsa) coter. ‖ *v. intr.* 2. cotiser.

coto [kóto] *s. m.* 1. (terreno acotado) terrain clos. 2. (vedado) réserve *f.* ‖ **~ de caza** chasse gardée [Coto de caza, *Chasse gardée*].

cotorra [kotóřa] *s. f.* 1. (ave) perruche. 2. *fig. y fam.* (que habla mucho) pie. 3. (charlatán) moulin à paroles.

coyuntura [koʝuntúra] *s. f. fig.* conjoncture.

cráneo [kráneo] *s. m.* *Anat.* crâne.

cráter [kráter] *s. m.* cratère.

creación [kreaθjón] *s. f.* création.

creador, -ra [kreaðór] *adj. y s. m. y f.* créateur, -trice.

crear [kreár] *v. tr.* créer.

crecer [kreθér] *v. intr.* 1. croître, augmenter. 2. (un ser vivo) grandir. 3. (plantas) pousser. 4. (un río) monter. 5. (alargarse) pousser, allonger.

crecida [kreθíða] *s. f.* (río) crue.

creciente [kreθjénte] *adj.* croissant, -e. ‖ **cuarto ~** premier quartier.

crecimiento [kreθimjénto] *s. m.* (de un ser vivo) croissance *f.*

credencial [kreðenθjál] *adj.* 1. de créance. ‖ **credenciales** *s. f. pl.* 2. lettres de créance.

crédito [kréðito] *s. m.* 1. (confianza, fe) crédit. 2. crédit [Tarjeta de crédito, *Carte de crédit*]. 3. *hipoteca, obligación* (créance) *f.* ‖ **~ hipotecario** crédit foncier.

creencia [kreénθja] *s. f.* croyance.

creer [kreér] *v. tr. e intr.* 1. croire. ‖ *v. tr.* 2. (pensar) croire, penser [No creo que sea tarde, *Il ne crois pas que ce soit tard*]. ‖ **creerse** *v. pr.* 3. *fig. y fam.* (mentiras) avaler. ‖ **si lo creo a lo entender**

crema [kréma] *s. f.* 1. (cara, manos, etc.) crème. 2. (zapatos) cirage *m.*

cremallera [kremaʎéra] *s. f.* fermeture éclair.

crepitar [krepitár] *v. tr.* **1.** (el fuego) crépiter. **2.** craqueter [la sal crepitaba en el fuego. Le sel craquetait dans le feu.]

crepúsculo [krepúskulo] *s. m.* crépuscule.

cresta [krésta] *s. f.* **1.** (animales) crête. **2.** (plumas) huppe. **3.** (montaña) ola, cresta.

creyente [kreʝénte] *adj. y s. m. y f.* croyant, -e. || **no ~** incroyant, -e.

cría [kría] *s. f.* **1.** (de animales) élevage *m.* **2.** (cachorro) petit *m.;* nourrisson *m.* || **crías** *s. f. pl.* **3.** (aves) couvée *sing.*

criadero [kriaðéro] *s. m.* **1.** (de animales) élevage *m.* (de ostras) parc.

criado, -da [kriáðo] *s. m. y f.* **1.** domestique. || *s. m.* valet. || **criada** *s. f.* **3.** (asistenta) bonne, femme de ménage.

crianza [krjánθa] *s. f.* **1.** (de animales) élevage *m.* **2.** (lactancia) allaitement *m.*

criar [kriár] *v. tr.* **1.** (amamantar) nourrir, allaiter. **2.** (educar a los hijos) élever. **3.** (alimentar animales) nourrir. **4.** (animales) élever. **5.** (plantas) pousser.

criatura [kriatúra] *s. f.* **1.** créature. **2.** (bebé) nourrisson *m.*

criba [krίβa] *s. f.* crible.

crimen [krímen] *s. m.* crime.

criminal [kriminál] *adj. y s. m. y f.* criminel, -elle.

crin [krín] *s. f.* crin *m.* || **crines** *s. f. pl.* **2.** crinière *sing.*

crio, -a [krío] *s. m. y f.* **1.** *fam.* (bebé) bébé *m.;* gosse *m.* **2.** (chaval) gosse *m.* **3.** moutard *fam.*

criollo, -lla [krióʎo] *adj. y s. m. y f.* créole.

crisis [krísis] *s. f.* crise.

crispar [krispár] *v. tr.* crisper. || **~ los nervios** taper sur les nerfs.

cristal [kristál] *s. m.* **1.** (mineral cristalino) cristal. **2.** (de una ventana) vitre *f.* **3.** (vaso en una ventana) carreau. **4.** (de gafas, de ventana) verre. **5.** (espejo, vitrina, escaparate, puerta, armario) glace.

cristalino, -na [kristalíno] *adj.* **1.** cristallin, -ne. || *s. m.* **2.** *Anat.* cristallin.

cristalizar [kristaliθár] *v. tr.* **1.** cristalliser. || **cristalizarse** *v. pr.* **2.** cristalliser.

cristiandad [kristjandáð] *s. f.* chrétienté.

cristianismo [kristjanísmo] *s. m.* christianisme.

cristiano, -na [kristjáno] *adj. y s. m. y f.* chrétien, -enne.

criterio [kritérjo] *s. m.* critère.

crítica [krítika] *s. f.* critique.

criticar [kritikár] *v. tr.* critiquer.

crítico, -ca [krítiko] *adj. y s. m. y f.* critique.

cromo [krómo] *s. m.* **1.** image. **2.** chrome.

cromosoma [kromosóma] *s. m.* chromosome.

crónica [krónika] *s. f.* chronique.

crónico, -ca [króniko] *adj.* chronique.

cronista [kronísta] *s. m. y f.* chroniqueur, -euse. • "Chroniqueur" también es f.

cronología [kronoloxía] *s. f.* chronologie.

cronómetro [kronómetro] *s. m.* chronomètre.

croqueta [krokéta] *s. f. Gastr.* croquette.

croquis [krókis] *s. m.* **1.** croquis; ébauche *f.*

cruce [krúθe] *s. m.* **1.** (de calles o caminos) carrefour. **2.** (de vías) traversée *f.* **3.** (cruzamiento) croisement.

crucero [kruθéro] *s. m.* croisière *f.*

crucificar [kruθifikár] *v. tr.* crucifier.

crucifijo [kruθifíxo] *s. m.* crucifix.

crucigrama [kruθiγráma] *s. m.* mots croisés.

crueza [kruéθa] *s. f.* **1.** crudité. **2.** *fig.* (del tiempo) rigueur; dureté.

crudo, -da [krúðo] *adj.* cru, -ue.

CRUEL - CUALQUIER

cruel [kruel] *adj.* cruel, -elle.
crueldad [krueldáð] *s.f.* cruauté.
crujido [kruxíðo] *s. m.* 1. craquement. 2. (de las articulaciones) claquement.
crujiente [kruxjénte] *adj.* croquant, -te.
crujir [kruxír] *v. intr.* 1. craquer. 2. (un alimento) croquer. 3. (al ser masticado) croustiller.
cruz [kruθ] *s.f.* croix.
cruzado, -da [kruθáðo] *adj.* 1. croisé, -ée. 2. barré, -ée. ‖ **cheque ~** chèque barré.
cruzamiento [kruθamjénto] *s. m.* croisement.
cruzar [kruθár] *v. tr.* 1. (las piernas) croiser. 2. (atravesar) traverser. ‖ (un cheque) barrer. 4. (cortar) croiser. ‖ **cruzarse** *v. pr.* 5. se croiser.
cuaderno [kwaðérno] *s. m.* cahier.
cuadra [kwáðra] *s.f.* 1. (caballeriza) écurie. 2. (establo) étable *m.* 3. *Amér.* (manzana de casas) pâté de maisons, îlot *m.*
cuadrado, -da [kwaðráðo] *adj.* 1. carré, -ée. ‖ *s. m.* 2. carré. ‖ **metro ~** mètre carré.
cuadrante [kwaðránte] *s. m.* 1. quadrant. 2. *Naút.* quart.
cuadrar [kwaðrár] *v. intr.* 1. cadrer ‖ **cuadrarse** *v. pr.* 2. (un soldado) se mettre au garde-à-vous.
cuadrícula [kwaðríkula] *s.f.* quadrillage *m.*
cuadrilátero, -ra [kwaðrilátero] *adj. y s. m.* quadrilatère.
cuadrilla [kwaðríʎa] *s.f.* 1. (de amigos) bande. 2. (de obreros) équipe. 3. *Taur.* cuadrilla.
cuadro [kwáðro] *s. m.* 1. (motivo de una tela) carreau. 2. (de un pintor) tableau. 3. (administrativo) cadre. 4. (de flores) parterre. 5. *fig.* (presentación o vista general) tableau.
cuádruple [kwáðruple] *adj.* quadruple.

cual [kwal] *pron. rel.* (art.+cual) lequel *m.*, laquel *f.*; lesquels *m. pl.*, lesquelles *f. pl.* ‖ **el ~** duquel (de laquelle), à qui. **del ~** duquel (de laquelle), desquels, desquelles); dont [El hombre del cual te hablé. L'homme dont duquel je t'ai parlé.] **lo ~** ce que; ce qui (después de preposición) quoi [Después de lo cual, sin lo cual. Après quoi, sans quoi] **por lo ~** c'est pourquoi.
cuál [kwal] *pron. int.* 1. quel (quelle, quels, quelles) [¿Cuál es tu mejor amigo? Quel est le meilleur de tes amis?] 2. lequel (laquelle, lesquels, lesquelles) [De estos libros, ¿cuál quieres? Parmi ces livres, lequel veux-tu?] 3. qui (sólo personas) [Aquí están los candidatos, pero ¿a cuál elegiremos? Voilà les candidats, mais qui élira-t-on?] ‖ **de cual de la- quelle de, lesquels de, lesquelles de** [¿Cuál de ellas vais a coger? Laquelle allez-vous prendre?]
cualidad [kwaliðáð] *s.f.* 1. qualité. 2. (propia) propriété.
cualquier [kwalkjér] *adj. indef.* 1. (todo) n'importe quel, -elle; tout, -te [Cualquier decisión será buena. N'importe quelle décision sera bonne.] 2. quelconque [Tomaré cualquier bebida. Je prendrai une boisson quelconque.]

CUALQUIERA - CUARTO

cualquiera, cualesquiera [kwalkjéra] *pron. indef.* **1.** (personas) n'importe qui; n'importe lequel; *on.* **2.** (cosas) n'importe lequel, quiconque [(Una) cualquiera de ustedes]. **3.** (con numerales) L'une quelconque [Dame uno cualquiera. Donne-moi un quelconque]. **4.** (radie) quiconque [Es lo mejor que cualquiera. Il est mieux que quiconque]. || *adj indef.* **5.** quelconque [Un hombre cualquiera. Un homme quelconque, des personnes quelconques]. || **cualquier cosa** ~ **que** n'importe quoi. ~ **que venga será bienvenido.** Quiconque viendra sera le bienvenu. **de cualquier forma** (sin importar cómo) n'importe comment, (en cualquier caso) de toute façon. **en cualquier lugar** ou n'importe où. **en cualquier momento** n'importe quand. • "Cualquiera" devient "cualquier" devant un *s. m.* ou *f. sing.* Le pluriel de "cualquiera" est "cualesquiera". E pluriel de "quelconque" es "quelconques": Deux quelconques de ses amis. Dos amigos cualesquiera.

cuando [kwándo] *conj.* **1.** quand, lorsque. **2.** (oposición) alors que [Él me dijo que me pagaría, cuando en realidad no tenía intención de hacerlo. Il m'a dit qu'il me paierait, alors qu'il n'avait pas la moindre intention de le faire]. || **es** ~ ... c'est ... que [Fue entonces cuando gritó. C'est alors qu'il a crié].

cuándo [kwándo] *adv. inf.* **1.** quand [¿Cuándo acabarás? Quand finira-t-il?] || *adv. excl.* **2.** quand [¡Cuándo aprenderá! Quand va-t-il apprendre!].

cuanto, -ta [kwánto] *pron. rel.* tout ce qui (sujeto); tout ce que (complemento) [Come me cuanto quieras. Mange tout ce que tu veux]. || ~ **antes** le plus tôt possible; dès que possible, au plus tôt. ~ **más** ... **más** plus ... plus [Cuanto más pienso en ello, más me gusta. Plus j'y pense, plus ça me plaît]. ~ **menos** ... **más** ... moins ... plus. ~ **dés** que. **en** ~ **a** quant à, en ce qui concerne; pour ce qui est de.

unos cuantos [Unos cuantos libros. Quelques libros]. || quelques-uns, -unes [Tengo unas cuantas, *j'en ai quelques-unes*].

cuánto, -ta [kwánto] *adj. inf.* **1.** combien de [¿Cuántos kilos quiere? Combien de kilos voulez-vous?] || *adj. excl.* **2.** combien de [¡Cuántas tonterías! Que de bêtises!] || *pron.* **3.** combien [¿Cuánto cuesta? Combien ça coûte?] || *adv. inf.* **4.** combien [¿Cuánto durará? Combien ça durera?] || *adv. excl.* **5.** comme [¡Cuánto ha crecido! Comme qu'il a grandi!] **6.** qu'est-ce que *fam.* [¡Cuánto come! Qu'est-ce qu'il mange!]

cuarenta [kwarénta] *adj. y pron.* **1.** quarante. || *s. m.* **2.** quarante.

cuarentena [kwarenténa] *s.f.* quarantaine.

cuartear [kwarteár] *v. tr.* **1.** dépecer. || **cuartearse** *v. pr.* **2.** se fendre, se lézarder.

cuartel [kwartél] *s. m.* **1.** *Mil.* quartier. **2.** (de tropas) caserne *f.* || ~ **de la guardia civil** gendarmerie *f.*

cuartilla [kwartíλa] *s.f.* feuillet *m.*

cuarto, -ta [kwárto] *adj. y pron.* **1.** (ordinal) quatrième [Enrique IV (cuarto). Henri IV (quatre)]. || *adj. num.* **2.** (fracción) quatrième. || *s. m.* **3.** (cuarta parte) quart. **4.** (habitación de la casa) chambre, pièce. **5.** (de la luna) quartier croissant. **6.** *fam.* (dinero) sou. || ~ **de aseo** cabinet de toilette. ~ **de baño** salle de bain. ~ **de estar** salle de séjour.

CUARZO - CUESTA

cuarzo [kwárβo] *s. m.* quartz.

cuatro [kwátro] *adj. y pron.* **1.** quatre. || *s. m.* **2.** quatre.

cuatrocientos, -tas [kwatroθjéntos] *adj. y pron.* (también *s. m. inv.*) quatre cents. • Sólo las centenas simples utilizan "cents": *quatre cents*, *quatre cent vingt*.

cuba [kúβa] *s. f.* cuve; tonneau *m.*

cubalibre [kuβalíβre] *s. m.* rhum-coca.

cubano, -na [kuβáno] *adj.* **1.** cubain, -ne. || *s. m. y f.* **2.** Cubain, -ne.

cubertería [kuβertería] *s. f.* couverts *m. pl.*

cúbico, -ca [kúβiko] *adj.* **1.** cubique. **2.** cube [Metro cúbico. *Mètre cube*].

cubierta [kuβjérta] *s. f.* **1.** couverture (de un libro) couverture. **3.** (revestimiento) revêtement. **4.** (de una rueda) pneu *m.*; bandage *m.* **5.** *Náut.* pont *m.*

cubierto, -ta [kuβjérto] *adj.* **1.** couvert, -te. || *s. m.* **2.** (para comer) couvert.

cubo [kúβo] *s. m.* **1.** seau. **2.** *Mat.* cube. || **~ de la basura** poubelle *f.*

cubrir [kuβrír] *v. tr.* **1.** (abrigar) couvrir. **2.** (las necesidades, una vacante) pourvoir. **3.** (llenar) couvrir. **4.** (un intervalo) couvrir. **5.** (gastos) couvrir. **6.** (recubrir) recouvrir. || **cubrirse** *v. pr.* **1.** se couvrir.

cucaracha [kukarátʃa] *s. f.* cafard *m.*

cuchara [kutʃára] *s. f.* cuillère [Cuchara de sopa, de café. *Cuillère à soupe, à café*].

cucharada [kutʃaráða] *s. f.* cuillerée.

cucharilla [kutʃaríʎa] *s. f.* petite cuillère, cuillère.

cucharón [kutʃarón] *s. m.* **1.** (de cocina) cuillère à pot. **2.** (para servir) louche *f.*

cuchichear [kutʃitʃeár] *v. tr. e intr.* chuchoter; souffler.

cuchilla [kutʃíʎa] *s. f.* lame. || **~ de afeitar** rasoir *m.*; lame de rasoir.

cuchillo [kutʃíʎo] *s. m.* couteau.

cuclillas, en [kuklíʎas] *loc. adv.* accroupi, -ie.

cuco, -ca [kúko] *adj.* **1.** *fam.* joli, -ie; mignon, -onne. **2.** *fig.* malin, -igne. || *s. m.* **3.** *Zool.* coucou.

cucurucho [kukurútʃo] *s. m.* (de papel o helado) cornet; cône.

cuello [kwéʎo] *s. m.* **1.** *Anat.* cou. **2.** (de botella) cou. **3.** *Geogr.* (entre montañas o de un río) goulot. **4.** (de prenda) col.

cuenca [kwéŋka] *s. f.* **1.** *Anat.* (del ojo) orbite. **2.** (de un río, hullera) bassin *m.*

cuenco [kwéŋko] *s. m.* bol.

cuenta [kwéŋta] *s. f.* **1.** (cálculo) calcul *m.* **2.** (en un restaurante) addition. **3.** (de hotel) note; facture. **4.** (bancaria) compte *m.* **5.** *Econ.* (estado de cuentas) mémoire *m.* **6.** (de collar, del rosario) grain *m.* || **~ a** ~ **de** à valoir sur. **abonar en ~** créditer. **corriente** compte courant. **darse ~** se rendre compte; s'apercevoir. **tener en ~** tenir compte.

cuentagotas [kwentaɣótas] *s. m. inv.* compte-gouttes.

cuento [kwénto] *s. m.* **1.** conte; histoire *f.* **2.** (mentira) plaisanterie *f.* || **~ chino** histoire à dormir debout.

cuerda [kwérða] *s. f.* **1.** (fina) ficelle. || **~ de saltar** (comba) corde. **~ das vocales** cordes vocales. **dar ~** remonter.

cuerdo, -da [kwérðo] *adj.* **1.** raisonnable. **2.** (con sentido común) prudent, -te; sage. || *s. m. y f.* **3.** sage.

cuerno [kwérno] *s. m.* **1.** corne *f.* **2.** (de caza) cor. **3.** *Mús.* (trompa) cornet. || **cuernos** *s. m. pl.* **4.** bois *inv.*

cuero [kwéro] *s. m.* cuir.

cuerpo [kwérpo] *s. m.* corps.

cuesta [kwésta] *s. f.* côte; pente; montée.

cuestión [kwestjón] *s. f.* question, affaire. ‖ **poner en ~** mettre en doute.

cuestionario [kwestjonárjo] *s. m.* questionnaire.

cueva [kwéβa] *s. f.* (gruta) grotte, caverne.

cuidado, -da [kwiðáðo] *adj.* 1. soigné, -ée. 2. (minucioso) minutieux -euse. ‖ *s. m. pl.* **~** *s. m. pl.* (a un enfermo) soins. ‖ **bien ~** bien tenu. **tener ~ con** (prestar atención) prendre garde à.

cuidadoso, -sa [kwiðaðóso] *adj.* 1. soigneux, -euse. 2. (atento) soucieux, -euse.

cuidar [kwiðár] *v. tr.* 1. (a un enfermo, los modales) soigner. 2. (conservar) entretenir. [*Cuidar un jardín. Entretenir un jardin.*] 3. (la casa) tenir. 4. ménager [*Cuidaba sus palabras. Elle ménageait ses mots.*] 5. (niños) garder. ‖ *v. intr.* 6. (tener cuidado de) prender soin de *Cuidar de su salud. Prendre soin de sa santé.* 7. (de noche) veiller. ‖ **cuidarse** *v. pr.* 8. (de aspecto) se soigner. (de salud) se soigner bien.

culata [kuláta] *s. f.* 1. *Mec.* culasse. 2. (arma) crosse.

culebra [kuléβra] *s. f., Zool.* couleuvre.

culo [kúlo] *s. m.* cul.

culpa [kúlpa] *s. f.* faute [*No es culpa mía. Ce n'est pas de ma faute.*] ‖ **echar la ~ a** (a alguien) rejeter la faute sur. [ce algo] **tener la ~** être de sa faute.

culpable [kulpáβle] *adj. y s. m. y f.* coupable.

culpar [kulpár] *v. tr.* 1. (de un de río) inculper. 2. (reprochar) reprocher, rendre responsable de.

cultivar [kultiβár] *v. tr.* cultiver.

cultivo [kultíβo] *s. m.* culture *f.*

cultura [kultúra] *s. f.* culture.

culturismo [kulturísmo] *s. m.* culturisme.

cumbre [kúmbre] *s. f.* 1. sommet cime. 2. *fig.* faîte *m.* [*Estar en la cumbre. Être sur le faîte.*] 3. *fig.* (apogeo) apogée *m.*

cumpleaños [kumpleáŋos] *s. m.* anniversaire.

cumplido, -da [kumplíðo] *adj.* 1. (perfecto, consumado) accompli, -ie [*Un cumplido caballero. Un cavalier accompli.*] 2. (realizado) accompli, -ie [*Una profecía cumplida. Une prophétie accomplie.*] 3. passé, -ée; révolu, -ue [*Tiene veinte años cumplidos. Il a vingt ans passés.*] ‖ *s. m.* 4. (halago) compliment.

cumplimentar [kumplimentár] *v. tr.* (un formulario) remplir.

cumplimiento [kumplimjénto] *s. m.* 1. (ejecución de una orden) accomplissement, exécution *f.* 2. (de la ley) observation *f.*

cumplir [kumplír] *v. tr.* 1. (una promesa, el deber, la ley) accomplir. 2. (su palabra, promesa) tenir. 3. (el deber) remplir. 4. (una orden) exécuter. 5. (un deseo) combler. ‖ *v. intr.* 6. (con su obligación, deber) s'acquitter. 7. (ocurrir lo predicho) avoir lieu, arriver. ‖ **cumplirse** *v. pr.*

cuna [kúna] *s. f.* 1. berceau *m.* 2. *fig.* berceau *m.* [*La cuna de la civilización. Le berceau de la civilisation.*]

cundir [kundír] *v. intr.* 1. (extenderse, difundirse) se répandre, se propager. 2. (resultar abundante) fournir. 3. (el trabajo) progresser, avancer.

cuneta [kunéta] *s. f.* fossé *m.*

cuña [kuɲa] *s. f.* 1. (para sostener y calzar) cale. 2. (para un mueble) taquet *m.*
cuñado, -da [kuɲaðo] *s.* 1. beau-frère. || **cuñada** *s. f.* belle-sœur.
cuota [kwota] *s. f.* 1. (parte proporcional) quote-part. 2. (de impuestos) cotisation. [Pagar su cuota. *Payer sa cotisation.*]
cupo [kupo] *s. m.* (cuota) quote-part.
cupón [kupon] *s. m.* 1. coupon [Cupón mensual del abono de transporte. *Coupon mensuel d'une carte orange.*] 2. (de lotería) billet. 3. ticket [Cupón de racionamiento. *Ticket de rationnement.*]
cúpula [kupula] *s. f.* coupole.
cura¹ [kura] *s. m.* (del) prêtre; curé.
cura² [kura] *s. f.* 1. cure. 2. (apósito) pansement. *m.* 3. *Med.* soin *f.*
curandero, -ra [kurandero] *s. m. y f.* guérisseur, -euse.
curar [kurar] *v. intr.* 1. *Med.* guérir. || *v. tr.* 2. soigner; panser. || **curarse** *v. pr.* 3. guérir.
curiosear [kurjosear] *v. intr.* mettre son nez partout, fouiner, fureter.
curiosidad [kurjosiðað] *s. f.* 1. curiosité. 2. (indiscreción) indiscretion.
curioso, -sa [kurjoso] *adj.* 1. curieux, -euse. 2. (raro) bizarre. || *s. m. y f.* 3. curieux, -euse. *f.* badaud, -de.
curro [kuro] *s. m. fam.* boulot.
cursar [kursar] *v. tr.* 1. (una carrera) faire des études. 2. (un cursillo) suivre un cours. 3. (un documento) donner suite.
cursi [kursi] *adj.* 1. (objetos) de mauvais goût. || *adj. y s. m. y f.* 2. (personas) guindé, -ée; poseur, -euse. 3. (niña) pimbêche.
cursillo [kursiʎo] *s. m.* stage.

curso [kurso] *s. m.* 1. (de un río) cours. 2. (cursillo) stage. 3. (grupo de alumnos) année *f.* 4. (año escolar) année scolaire. 5. (de los acontecimientos) cours. 6. (desarrollo) marche *f.* || **~ académico** année scolaire. **dar ~** donner suite. **en ~** courant.
cursor [kursor] *s. m. inform.* curseur.
curtido, -da [kurtiðo] *adj.* 1. (cuero) tanné, -ée. 2. (bronceado) tanné, -ée. 3. *fig.* experimenté, -ée; chevronné, -ée [Carpintero curtido. *Menuisier expérimenté.*] 4. *fig.* rompu, -ue [Curtido en los negocios. *Rompu aux affaires.*] || *s. m.* 5. cuir [Industria de curtidos. *Industrie des cuirs.*]
curtidor, -ra [kurtiðor] *s. m. y f.* tanneur, -euse.
curtir [kurtir] *v. tr.* 1. (cuero) tanner. 2. (la piel) hâler. 3. *fig.* (hacer resistente) endurcir. || **curtirse** *v. pr.* 4. s'endurcir.
curva [kurβa] *s. f.* 1. (línea) courbe. 2. (carretera o río) détour *m.* 3. virage *m.* [Una curva muy cerrada. *Un virage à la corde.*]
curvilíneo, -a [kurβilineo] *adj.* curviligne.
curvo, -va [kurβo] *adj.* courbe.
cúspide [kuspiðe] *s. f.* 1. sommet *m.*; cime. 2. *fig.* faîte *m.*; comble *m.* [La cúspide del éxito. *Le faîte du succès.*]
custodia [kustoðja] *s. f.* garde; surveillance.
custodiar [kustoðjar] *v. tr.* garder; surveiller.
cutis [kutis] *s. m.* peau *f.* (du visage)
cuyo, -ya [kuʝo] *adj. rel.* 1. (posesivo) dont le (dont la, dont les) [Un lugar cuyo nombre no recuerdo. *Un lieu dont je ne me rappelle le nom.*] 2. duquel (de laquelle, desquels, desquelles); de qui (sélo personas) [Los amigos con cuya ayuda preparó la fiesta. *Les amis avec l'aide desquels/de qui il a préparé cette fête.*] || **en ~ caso** auquel cas.

D

d [dé] *s.f* 4ª d m.

dado [dáðo] *s. m.* (juego) dé.

dado, -da [dáðo] *adj.* **1.** donné, -ée. **2.** (inclinado a) enclin, -ne. **3.** étant donné [Dada su preocupación. Étant donné son inquiétude]. ‖ ~ **que** étant donné que; vu que; compte tenu de. **ser** ~ **a** avoir un penchant pour.

dador, -ra [daðór] *adj. y s. m. y f.* donneur, -euse.

dálmata [dálmata] *adj. y s. m. y f.* (raza de perro) dalmatien, -enne.

daltonismo [daltonísmo] *s. m.* daltonisme.

dama [dáma] *s. f.* dame. ‖ ~ **de compañía** suivante.

danza [dánθa] *s. f.* danse.

danzar [danθár] *v. tr. e intr.* danser.

dañar [daɲár] *v. tr.* **1.** (perjudicar) nuire à. **2.** (la vista) abîmer. **3.** (estropear) echar a perder, causar daños endommager.

daño [dáɲo] *s. m.* **1.** (sufrido por alguien) dommage. **2.** (dolor) mal [Su actitud le hizo daño. Cela lui a fait du mal.] **3.** (perjuicio causado) tort, préjudice. **4.** dégât [Daños materiales. Dégâts matériels.] ‖ **daños y perjuicios** dommage et intérêts. **hacer** ~ (doler, hacer sufrir) faire mal. *fig.* blesser. **hacerse** ~ se faire mal.

dar [dár] *v. tr.* **1.** donner. **2.** passer [Dame la sal. *Passe-moi le sel.*] **3.** (facilitar, procurar) fournir. **4.** (entregar) remettre [Le dio el documento. *Il t'a remis le document.*] **5.** (conceder, otorgar) accorder. **6.** (las horas) sonner. **7.** (un golpe a alguien) porter; allonger fam. **8.** (golpes) taper. **9.** (gritos, insultos) pousser. **10.** (valor, importancia, sentido) attacher. **11.** (la palabra) engager. **12.** (interés, frutos) porter; rapporter. **13.** (buena o mala suerte) porter. **14.** (ganas) prendre. **15.** (hacer sentir) prendre [Me dio fiebre, les dio pánico. *La fièvre m'a pris, la panique les a pris.*] ‖ *v. intr.* **16.** ouvrir, s'ouvrir. *La puerta da a la calle. La porte ouvre sur la rue.* **17.** (golpear) frapper. **18.** (encontrar) trouver; tomber. ‖ **darse** *v. pr.* **19.** se heurter; se cogner. **20.** (al juego, a la bebida) se livrer; mettre au monde. ~ **de comer** donner à manger. ~ **igual** être égal [Me da igual. *Ça m'est égal.*] **darse a conocer** se faire connaître; se lancer. **darse prisa** se dépêcher. **darse un golpe** se cogner; se heurter. **dárselas de** prendre pour. **ir a** ~ déboucher; aboutir. **¿qué más da?** qu'importe? à quoi bon?

dardo [dárðo] *s. m.* dard.

datar [datár] *v. tr. e intr.* dater.

dátil [dátil] *s. m.* datte *f.*

dato [dáto] *s. m.* **1.** donnée *f.* **2.** (información) renseignement.

de [dé] *prep.* **1.** (procedencia) de; d' (delante de vocal o "h" muda) [Vengo de mi casa, de aquí, je viens de chez moi, d'ici]. **2.** (posesión) à [Este gorro no es de Pierre. *Ce chapeau n'est pas à Pierre.*] *Es de los hijos de María. Les enfants de Marie.* **4.** (materia) en [Un brazalete de oro. *Un bracelet en or*]. **5.** (ingredientes) à; au; aux [Un pastel de chocolate. *Un gâteau au chocolat.*] **6.** (función) à [Máquina de escribir. *Machine à écrire.*] **7.** (funcionamiento) à [Barco de vapor. *Bateau à vapeur.*] **8.** (característica de un objeto o lugar) à [Coche de alquiler, habitación de dos camas. *Voiture à louer, chambre à deux lits.*] **9.** (utilidad general) à [Papel de cartas. *Papier à lettres.*] **10.** (lugar para

DEBAJO - DECIDIDO

asir) par *Coger de la mano. Prendre par la main*). **11.** (como, en tanto que) comme *De postre. Comme dessert*). **12.** (situación, manera, modo) en *De viaje. En voyage*]. **13.** característica de una persona) à *El hombre del traje gris. L'homme au costume gris*]. **14.** (postura) à *De rodillas. À genoux*]. **15.** (precio) de; à *Un collar de tres mil francos. Un collier de/à trois mille francs*]. **16.** (proporciones) sur *Dos de cada diez. Deux sur dix*]. **17.** (causa) par, de *Estaba temblando de miedo. Il tremblait de peur*]. **18.** (+infinitivo) à *Dar de comer. Donner à manger*]. **19.** (+pron. pers.) d'entre *Algunos de vosotros. Quelques-uns d'entre vous*]. **20.** (+adj.) à *Fácil de hacer. Facile à faire*]. ‖ **~ en** de ... en ... *De las tres a las cuatro. De tres en tres. De trois en trois*] / de ... à *De las tres a las quatre heures*].

debajo [deβáxo] *adv.* **1.** dessous *Las llaves están debajo (bajo la bufanda). Les clés sont dessous (sous l'écharpe)*]. **2.** au-dessous *Está justo debajo de la ventana. Il est juste au-dessous (de la fenêtre)*]. ‖ **~ de** sous; au-dessous de la mesa. *Au-dessous de/ Sous la table*]. *fig.* (por el otro lado) en dessous de *La signature est en dessous de la photo*]. **por ~** par-dessous *Pasar por debajo. Passer par-dessous*]. (en la cara inferior) en dessous. **por ~ de** au-dessous de.

debate [deβáte] *s. m.* débat.
debatir [deβatír] *v. tr.* débattre.
debe [déβe] *s. m.* (de una cuenta) débit.
deber¹ [deβér] *s. m.* **1.** devoir. ‖ **deberes** *s. m. pl.* **2.** (tarea) devoirs.
deber² [deβér] *v. tr.* **1.** (tener una obligación) devoir, être obligé de. **2.** (tener una deuda) devoir. ‖ **deberse** *v. pr.* **3.** être dû, tenir. ‖ **~ de** devoir.
debido, -da [deβíðo] *adj.* **1.** dû (due, f.). **2.** (conveniente) juste; convenable. ‖ **como es ~** comme il faut. **~ a** à cause de.
débil [déβil] *adj.* faible.
debilidad [deβiliðáð] *s. f.* **1.** faiblesse. **2.** (moral) lâcheté. **3.** (punto flaco) faible *m.* **4.** (pecadillo) péché mignon. ‖ **tener ~ por** avoir un faible pour.
debilitar [deβilitár] *v. tr.* **1.** affaiblir, débiliter. ‖ **debilitarse** *v. pr.* **2.** s'affaiblir. **3.** (una persona) s'affaiblir, faiblir, dépérir.
debut [deβút] *s. m.* (de un actor) débuts *pl.*
década [dékaða] *s. f.* décennie.
decadencia [dekaðénθja] *s. f.* **1.** décadence. **2.** (declive) déclin *m.* **3.** (moral) déchéance.
decaer [dekaér] *v. intr.* **1.** venir à menos, déchoir. **2.** (declinar) tomber, décliner. **3.** (la salud) s'affaiblir, baisser. **4.** (un negocio, una civilización) dépérir.
decaído, -da [dekaíðo] *adj.* (desanimado) abattu, -ue; découragé, -ée.
decano, -na [dekáno] *s. m. y f.* doyen, -enne.
decapitar [dekapitár] *v. tr.* décapiter.
decena [deθéna] *s. f.* dizaine.
decencia [deθénθja] *s. f.* **1.** décence; honnêteté. **2.** (conveniencia) bienséance.
decenio [deθénjo] *s. m.* décennie *f.*
decente [deθénte] *adj.* décent, -e.
decepción [deθepθjón] *s. f.* déception; désillusion.
decepcionar [deθepθjonár] *v. tr.* **1.** (desilusionar) décevoir. **2.** (contrariar) désappointer.
decidido, -da [deθiðíðo] *adj.* **1.** (por decisión) décidé, -ée. **2.** (concluido, conveni-

DECIDIR - DEFINIR

decidir [deθiðír] *v. tr.* **1.** décider. **2.** (de forma categórica) trancher. || *v. intr.* **3.** résoudre. || [Él decidió. Il y a résolu.] || **decidirse** *v. pr.* **4.** se décider, résoudre à.

decimal [deθimál] *adj.* **1.** décimal, -le. || *s. m.* **2.** décimale *f.*

décimo, -ma [déθimo] *adj. y pron.* **1.** (ordinal) dixième *f.* **2.** (fraccionario) dixième.

decir [deθír] *v. tr.* **1.** dire. **2.** (referir las palabras de otro) rapporter. **3.** (asegurar) tenir. || *v. impers.* **4.** dire [Se diría que es oro. On dirait de l'or.] || ¡**digas! ¡mire!** **5.** (√) *idiomatique* || ~ **es** ~ c'est-à-dire [¿entiende? allô! (√)

decisión [deθisjón] *s. f.* décision.

decisivo, -va [deθisíβo] *adj.* **1.** décisif, -ive. **2.** (concluyente) probant, -e.

declaración [deklaraθjón] *s. f.* **1.** (discurso) déclaration *f.* **2.** *Der.* déposition; dé propos *m. pl.* || ~ **de la renta** déclaration d'impôts.

declarar [deklarár] *v. tr. e intr.* **1.** déclarer. **2.** *Der.* déposer, témoigner. || **declararse** *v. pr.* **3.** se déclarer. **4.** plaider [Declararse culpable. Plaider coupable.] || ~ **como testigo** témoigner.

declinación [deklinaθjón] *s. f.*, *Ling.* déclinaison; flexion.

declinar [deklinár] *v. tr.* **1.** *Ling.* décliner. **2.** (rechazar) décliner.

declive [dekliβe] *s. m.*; pente *f.*; descente *f.*

decoración [dekoraθjón] *s. f.* décoration.

decorar [dekorár] *v. tr.* décolorer

decorar [dekorár] *v. tr.* décorer.

decoro [dekóro] *s. m.* bienséance *f.*

decoroso, -sa [dekoróso] *adj.* séant, -e.

decrecer [dekreθér] *v. intr.* décroître.

decretar [dekretár] *v. tr.* décréter.

decreto [dekréto] *s. m.* **1.** décret. **2.** (orden, bando) arrêté.

dedal [deðál] *s. m.* dé à coudre.

dedicar [deðikár] *v. tr.* **1.** (para o por quien se escribe un libro) dédier. **2.** (con una firma) dédicacer. **3.** (esfuerzo, dinero) vouer. **4.** (la vida) dévouer. **5.** (a un dios) vouer. || **dedicarse** *v. pr.* **6.** (entregarse) se vouer; se consacrer.

dedicatoria [deðikatórja] *s. f.* dédicace.

dedo [déðo] *s. m.* **1.** (de la mano) doigt. **2.** (del pie) orteil.

deducción [deðukθjón] *s. f.* **1.** (lógica) déduction. **2.** (retención fiscal) déduction; prélèvement *m.* **3.** (reducción en los impuestos) abattement *m.* **4.** (descuento) décompte *m.*

deducir [deðuθír] *v. tr.* **1.** déduire. **2.** (descontar) déduire; décompter; prélever los impuestos. || **deducirse** *v. pr.* **3.** (resultar) résulter; ressortir.

defectivo, -va [defektíβo] *adj.* défectif, -ive.

defecto [defékto] *s. m.* **1.** (imperfección) défaut; faute *f.* **2.** *fig.* vice.

defectuoso, -sa [defektuóso] *adj.* **1.** défectueux, -euse. **2.** (con una tara) raté, -ée.

defender [defendér] *v. tr.* **1.** défendre. || *Der.* plaider. || **defenderse** *v. pr.* **3.** se défendre. **4.** (luchando) se débattre.

defensa [defénsa] *s. f.* **1.** défense. **2.** *Der.* plaidoirie; plaidoyer *m.*

defensor, -ra [defensór] *s. m. y f.* défenseur.

deficiencia [defiθjénθja] *s. f.* déficience; défaut *m.*

deficiente [defiθjénte] *adj.* déficient, -e.

déficit [défiθit] *s. m.* déficit.

definición [definiθjón] *s. f.* définition.

definir [definír] *v. tr.* **1.** définir. **2.** (fijar) déterminer.

DEFINITIVO - DELEGAR

definitivo, -va [definitiβo] *adj.* definitivo, -ive.

deformar [deformaɾ] *v. tr.* **1.** déformer. **2.** (la verdad) contourner. **3.** camuflar. || **deformarse** *v. pr.* **4.** (unos zapatos) s'avachir.

deforme [deforme] *adj.* difforme.

deformidad [deformiðað] *s.f.* difformité.

defraudar [defrawðaɾ] *v. tr.* **1.** (cometer fraude) frauder. **2.** (decepcionar) décevoir. **3.** (traicionar) trahir.

defunción [defunθjon] *s.f.* décès *m.*

degeneración [dexeneraθjon] *s.f.* dégénération.

degenerar [dexeneraɾ] *v. intr.* dégénérer.

degradar [deɣɾaðaɾ] *v. tr.* **1.** rétrograder. **2.** (a un trabajador) déqualifier. **3.** *fig.* avilir. || **degradarse** *v. pr.* **4.** s'avilir.

degustar [deɣustaɾ] *v. tr.* déguster.

dehesa [deesa] *s.f.* pâturage *m.*

deidad [dejðað] *s.f.* divinité; déité.

dejadez [dexaðeθ] *s.f.* **1.** (desinterés, apatía) nonchalance; indolence. **2.** (negligencia) négligence; abandon *m.*

dejar [dexaɾ] *v. tr.* **1.** laisser. *Dejar tranquilo. Laisser tranquille.* **2.** (abandonar) abandonner. **3.** (un lugar, una familia) quitter. **4.** (llevar a alguien a algún sitio) déposer; amener. *Dejar a mi madre en la estación. Déposer ma mère à la gare.* **5.** (descargar) déposer. *Dejar las maletas en el suelo. Déposer les bagages.* **6.** (rechazar) se détourner de; laisser tomber. *Dejar su trabajo y sus amigos. Se détourner de son travail et de ses amis.* **7.** (un amante, un novio) lâcher. **8.** *fig.* (perder) laisser. *Dejar su vida, dejar la piel. Y laisser la vie, la peau.* **9.** (prestar) prêter. || **dejarse** *v. pr.* **10.** se laisser. *Dejarse guiar. Se laisser guider.* **11.** se laisser. *[El vino se deja beber.* Le vin *se laisse boire.]* **12.** (descuidarse) se négliger. || **~ de** (parar) cesser de. *[Ha dejado de llover. Il a cessé de pleuvoir.]*

del [del] *contracc. prep. y art. det.* (de+el) du. *[El agua del pozo. L'eau du puits.]* || **~ que** *dont*; duquel (*de laquelle*, desquels, desquelles) *[El hombre del que te hablé. L'homme duquel dont je t'ai parlé]*

delantal [delantal] *s. m.* tablier.

delante [delante] *adv.* **1.** devant. *Van delante. Ils marchent devant.* **2.** (en cabeza) en tête. **3.** (en la parte de delante) à l'avant. *[Están sentados delante. Ils sont assis à l'avant.]* **4.** (parte delantera) devant. *[Las ruedas de delante. Les roues de devant.]* || **~ de** (en frente de) devant; face à. || **por ~** (por delante de) devant. **hacia ~** (en avant, plus loin) **por ~ de-vant**; par-devant. *[La falda cierra por delante. La jupe se ferme par-devant.] [Tiene mucho tiempo por delante. Il a du temps devant lui.]*

delantera [delantera] *s.f.* **1.** (parte delantera o anterior) avant *m.* **2.** avance *[Tomar la delantera a alguien. Prendre de l'avance sur quelqu'un.]* **3.** *fig.* devant *m.* [llevar la delantera. Prendre les devants].

delantero, -ra [delantero] *adj.* **1.** qui va devant. **2.** avant *tnv.* [Los asientos delanteros. Les places avant.] || *s. m.* **3.** Dep. (jugador) avant. **4.** (parte de delante) devant.

delatar [delataɾ] *v. tr.* dénoncer.

delegación [deleɣaθjon] *s.f.* **1.** délégation. **2.** (agencia) office.

delegado, -da [deleɣaðo] *adj. y s. m. y f.* délégué, -ée.

delegar [deleɣaɾ] *v. tr.* déléguer; commissionner.

deletrear [deletreár] v. tr. épeler.

delfín [delfín] s. m. 1. Zool. dauphin. 2. (príncipe heredero en la Francia monárquica) dauphin.

delgadez [delɣaðéθ] s. f. 1. (de una persona) maigreur, minceur. 2. (de una cosa) finesse.

delgado, -da [delɣáðo] adj. maigre, mince.

deliberar [deliβerár] v. intr. délibérer.

delicadeza [delikaðéθa] s. f. 1. délicatesse. 2. (finura) finesse. || **delicadezas** s. f. pl. 3. petits soins.

delicado, -da [delikáðo] adj. 1. délicat, -e. 2. (sensible) douillet, -ette. 3. fig. (un asunto) brûlant, -e.

delicia [deliθja] s. f. délice m; plaisir m.

delicioso, -sa [deliθjóso] adj. délicieux, -euse.

delimitar [delimitár] v. tr. délimiter.

delincuente [delinkwénte] adj. y s. m. y f. délinquant, -e.

delineante [delineánte] s. m. y f. dessinateur industriel.

delirar [delirár] v. intr. délirer, rêver.

delirio [delírjo] s. m. délire.

delito [delíto] s. m. 1. délit. 2. crime.

delta [délta] s. m. delta.

demanda [demánda] s. f. demande.

demandar [demandár] v. tr. 1. demander. 2. Der. poursuivre.

demás [demás] adj. indef. 1. autre [Los demás niños. Les autres enfants.] || pron. indef. 2. autre [Tengo lo demás. J'en ai l'autre.] || **los ~** (el prójimo) autrui. • Siempre es necesario un artículo delante de "autre".

demasiado, -da [demasjáðo] adj. indef. 1. trop de [He acumulado demasiados libros. J'ai cumulé trop de livres.] || pron. indef. 2. trop [Tengo demasiados. J'en ai trop.] || adv. 3. trop [He bebido demasiado. J'ai trop bu.]

demencia [deménθja] s. f. démence.

demente [deménte] adj. y s. m. y f. 1. dément, -e. 2. (loco) aliéné, -ée.

democracia [demokráθja] s. f. démocratie.

demoler [demolér] v. tr. démolir, détruire.

demonio [demónjo] s. m. démon, diable.

demora [demóra] s. f. 1. (retraso) retard m; delai m. 2. (al teléfono) attente.

demorar [demorár] v. tr. retarder.

demostrar [demostrár] v. tr. 1. (probar) démontrer, prouver. 2. (razonar) justifier [Demostrar con argumentos, con pruebas. Justifier par des arguments, par des preuves.] 3. (mostrar) montrer. 4. (dar muestras de) témoigner [Ha demostrado su gran amistad. Il a témoigné d'une grande amitié.]

demostrativo, -va [demostratíβo] adj. y s. m. Ling. démonstratif, -ive.

denegar [deneɣár] v. tr. (no conceder, no dar) refuser.

denigrar [deniɣrár] v. tr. dénigrer.

denominación [denominaθjón] s. f. dénomination, nom. m. || **~ de origen** appellation d'origine.

denominar [denominár] v. tr. dénommer, nommer.

denotar [denotár] v. tr. 1. dénoter. 2. (indicar) signifier, indiquer.

densidad [densiðáð] s. f. densité.

denso, -sa [dénso] adj. dense.

dentado, -da [dentáðo] adj. 1. denté, -ée. 2. Bot. dentelé, -ée.

dentadura [dentaðúra] s. f. dentition. || **~ postiza** dentier m.

dentera [dentéra] s. f. agacement m. || **dar ~** agacer les dents, irriter.

dentífrico, -ca [dentífriko] adj. y s. m. dentifrice.

dentista [dentísta] *s. m.* dentiste.

dentro [déntro] *adv.* dedans, à l'intérieur. ‖ **ahí ~ la-dedans. ~ de** dans, à l'intérieur de. dans (Dentro de tres meses. *Dans trois mois*). **por ~** à l'intérieur. ‖ *fig.* au dedans [No tiene nada por dentro. *Il n'a rien au dedans*].

denuncia [denúnθja] *s. f.* dénonciation.

denunciar [denunθjár] *v. tr.* 1. dénoncer, accuser. 2. (poner una denuncia) porter plainte.

deparar [deparár] *v. tr.* 1. (proporcionar) procurer. 2. (conceder) accorder. 3. (reservar, esperar) réserver.

departamento [departaménto] *s. m.* 1. (administrativo, universitario) département. 2. (tren) compartiment. 3. (en una tienda) rayon. 4. (en una empresa) département, service. • En Francia, el "département" corresponde a una provincia administrativa.

dependencia [dependénθja] *s. f.* dépendance.

depender [dependér] *v. intr.* 1. dépendre. 2. (exclusivamente) tenir [Eso solo depende de mí. *Il ne tient qu'à moi*]. ‖ **depende ça dépend.

dependiente [dependjénte] *adj.* dépendant, -e.

dependiente, -ta [dependjénte] *s. m. y f.* employé, -ée; vendeur, -euse.

depilar [depilár] *v. tr.* 1. épiler. ‖ **depilarse** *v. pr.* 2. s'épiler.

deportar [deportár] *v. tr.* déporter.

deporte [depórte] *s. m.* sport.

deportista [deportísta] *s. m. y f.* sportif, -ive.

deportivo, -va [deportíβo] *adj.* 1. sportif, -ive. 2. (de sport) sport.

deposición [deposiθjón] *s. f.* 1. déposition. 2. (evacuación del vientre) selle.

depositar [depositár] *v. tr.* 1. déposer. 2. (almacenar por un tiempo) entreposer.

depósito [depósito] *s. m.* 1. (de dinero) dépôt. 2. (de agua, de gasolina) réservoir. ‖ **~ de cadáveres** morgue *f.*

depravación [depraβaθjón] *s. f.* dépravation, corruption.

depreciación [depreθjaθjón] *s. f.* dépréciation.

depreciar [depreθjár] *v. tr.* déprécier.

depredador, -ra [depreðaðór] *adj. y s. m. y f.* déprédateur, -trice.

depresión [depresjón] *s. f.* dépression.

deprimir [deprimír] *v. tr.* 1. déprimer. ‖ **deprimirse** *v. pr.* 2. déprimer; être déprimé; avoir le cafard.

deprisa [deprísa] *adv.* vite; rapidement.

depuración [depuraθjón] *s. f.* épuration.

depurar [depurár] *v. tr.* épurer, dépurer.

derecha [derétʃa] *s. f.* droite. ‖ **a la ~** à droite.

derecho, -cha [derétʃo] *adj.* 1. (recto) droit, -e (Una línea recta. *Une ligne droite*). 2. droit, -te (La mano derecha. *La main droite*). ‖ *s. m.* 3. (leyes) droit. ‖ *adv.* 4. droit [Aller droit. *Ir derecho*]. ‖ **del ~** à l'endroit [Poner el calcetín del derecho. *Mettre la chaussette à l'endroit*]. ‖ **poner ~** dresser.

derivado, -da [deriβáðo] *adj.* dérivé, -ée.

derivar [deriβár] *v. tr.* 1. *Ling.* dériver. 2. *v. intr.* 2. dériver.

derramar [deramár] *v. tr.* 1. (un líquido) répandre. 2. (un vaso) renverser. 3. (de un lugar a otro) déverser. 4. (lágrimas, sangre) verser; faire couler. ‖ **derramarse** *v. pr.* 5. se répandre. 6. (en vaso) se renverser. 7. (en grandes cantidades) se déverser.

derrame [deráme] *s. m.* hemorragia.*

derrapar [deRapár] *v. intr.* déraper.

derretir [deRetír] *v. tr.* **1.** fondre. ‖ **derretirse** *v. pr.* **2.** (fundirse) fondre. **3.** (un metal) couler.

derribar [deRiβár] *v. tr.* **1.** (hacer caer, tirar) abattre, renverser. **2.** (demoler) abattre, démolir.

derrocador, -ra [deRokaðór] *s. m. y f.* **1.** gaspilleur, -euse. **2.** dépensier, -ière.

derrochar [deRotʃár] *v. tr.* gaspiller; dilapider.

derroche [deRótʃe] *s. m.* **1.** gaspillage. **2.** *fig.* (profusión) profusion *f.*

derrota [deRóta] *s. f.* **1.** défaite. **2.** (fracaso) échec *m.* **3.** *Mil.* (completa) débâcle.

derrotar [deRotár] *v. tr.* battre, vaincre.

derruir [deRwír] *v. tr.* démolir, détruire.

derrumbar [deRumbár] *v. tr.* **1.** abattre; effondrer. ‖ **derrumbarse** *v. pr.* **2.** s'écrouler, s'effondrer.

desabotonar [desaβotonár] *v. tr.* déboutonner.

desabrochar [desaβrotʃár] *v. tr.* **1.** (desabotonar) déboutonner. **2.** (cinturón) dégrafer. **3.** (falda, vestido) dégrafer.

desacato [desakáto] *s. m.* désobéissance *f.*

desaconsejar [desakonsexár] *v. tr.* déconseiller.

desacorde [desakórðe] *adj.* discordant, -e.

desacreditar [desakreðitár] *v. tr.* discréditer.

desactivar [desaktiβár] *v. tr.* (explosivos) désamorcer.

desacuerdo [desakwérðo] *s. m.* désaccord.

desafiar [desafiár] *v. tr.* défier; braver.

desafinar [desafinár] *v. tr.* *Mús.* **1.** désaccorder. ‖ *v. intr.* **2.** (cantando) chanter faux. **3.** (un instrumento) jouer faux.

desafío [desafío] *s. m.* défi.

desafortunado, -da [desafortunáðo] *adj.* malheureux, -euse.

desagradable [desaɣraðáβle] *adj.* **1.** désagréable, déplaisant, -e. **2.** (enojoso) fâcheux, -euse.

desagradar [desaɣraðár] *v. intr.* déplaire; désagrémenter, déplaisir.

desagradecido, -da [desaɣraðeθíðo] *adj.* ingrat, -e.

desagrado [desaɣráðo] *s. m.* mécontentement; désagrément, déplaisir.

desagüe [desáɣwe] *s. m.* **1.** (de un líquido) écoulement. **2.** (de un río, de un depósito) écoulement. **3.** (drenaje) drainage. ‖ **tubo de ~** drain.

desahogado, -da [desaoɣáðo] *adj.* (con dinero) aisé, -ée.

desahogar [desaoɣár] *v. tr.* **1.** (ira, nerviosísimo) soulager; alléger; déverser. **2.** (la pena, el dolor) épancher. ‖ **desahogarse** *v. pr.* **3.** *fig.* s'épancher.

desahogo [desáɣwo] *s. m.* aisance *f.* ‖ **Vivir con desahogo** Vivre dans l'aisance.

desahuciar [desawθjár] *v. tr.* **1.** (a un inquilino) expulser. **2.** *Med.* condamner.

desahucio [desáwθjo] *s. m.* expulsion *f.*

desajustar [desaxustár] *v. tr.* désajuster; dérégler.

desalentar [desalentár] *v. tr.* **1.** *fig.* (desanimar) décourager, abattre. ‖ **desalentarse** *v. pr.* **2.** se décourager.

desaliento [desaljénto] *s. m.* découragement; abattement.

desalmado, -da [desalmáðo] *adj.* scélérat, -e; méchant, -e.

desalojar [desaloxár] *v. tr.* **1.** (expulsar) déloger. **2.** (un lugar) évacuer.

desamparado, -da [desampaɾáðo] *adj.* abandonné, -ée.

desamparar [desamparár] *v. tr.* désemparer, abandonner; délaisser.

desangrar [desaŋgrˈar] *v. tr.* saigner.

desanimar [desanimˈar] *v. tr.* 1. décourager, abattre. 3. (canarse) se lasser. ‖ **desanimarse** *v. pr.* 1. découragerse. 3. (canarse) se lasser.

desánimo [desˈanimo] *s. m.* découragement.

desaparecer [desaparecˈer] *v. intr.* 1. disparaître. 2. *fig.* (evaporarse) s'évaporer.

desaparición [desaparicjˈon] *s. f.* disparition.

desapercibido, -da [desapercibˈiðo] *adj.* (inadvertido) inaperçu, -ue.

desaprobar [desaprobˈar] *v. tr.* 1. (censurar) désapprouver, blâmer. 2. désavouer.

desaprovechar [desaproβetʃˈar] *v. tr.* ne pas profiter.

desarmar [desarmˈar] *v. tr.* 1. désarmer. 2. (desmontar) démonter.

desarme [desˈarme] *s. m.* désarmement.

desarraigar [desarajɣˈar] *v. tr.* déraciner.

desarrollar [desaroʎˈar] *v. tr.* développer. ‖ **desarrollarse** *v. pr.* 1. (progresar) se développer, croître. 3. (tener lugar) se dérouler.

desarrollo [desarˈoʎo] *s. m.* 1. développement. 2. (evolución) déroulement. 3. (crecimiento) croissance. 4. (auge) essor.

desastre [desˈastre] *s. m.* 1. désastre. 2. *fig.* propre à rien, nullité *f.*

desastroso, -sa [desastrˈoso] *adj.* désastreux, -euse.

desatar [desatˈar] *v. tr.* 1. (un nudo, una cuerda, una cinta) détacher, défaire, dénouer. 2. (los cordones) délacer. 3. *fig.* (desencadenar) déchaîner. ‖ **desatarse** *v. pr.* 4. se détacher.

desatascar [desataskˈar] *v. tr.* 1. (sacar del lodo) désembourber. 2. (una cañería) déboucher, dégorger.

desatender [desatendˈer] *v. tr.* négliger.

desatento, -ta [desatˈento] *adj.* 1. (descortés) impoli, -ie. 2. (distraído) distrait, -te; inattentif, -ive; absent, -te.

desatornillar [desatorniʎˈar] *v. tr.* dévisser.

desatrancar [desatraŋkˈar] *v. tr.* 1. (una puerta) ôter la barre. 2. (un conducto) déboucher.

desayunar [desajunˈar] *v. tr. e intr.* prendre son petit déjeuner.

desayuno [desajˈuno] *s. m.* petit déjeuner, petit-déjeuner.

desbandada [desβandˈaða] *s. f.* 1. débandade. 2. (del ejército) débâcle, déroute.

desbarajuste [desβaraxˈuste] *s. m.* 1. désordre. 2. *fam.* pagaille *f.*

desbaratar [desβaratˈar] *v. tr.* 1. (desmontar) démantibuler. 2. (trastornar) bouleverser.

desbocado, -da [desβokˈaðo] *adj.* (caballo, corredor) emballé, -ée; emporté, -ée. ‖ **desbocarse** *v. pr.* s'emballer.

desbordar [desβorðˈar] *v. intr.* 1. déborder. ‖ **desbordarse** *v. pr.* 2. déborder.

desbocado, -da [desβokaˈðo] *adj.* insensé, -ée; absurde.

descafeinado, -da [deskafejnˈaðo] *adj.* décaféiné, -ée.

descalabrar [deskalaβrˈar] *v. tr.* 1. blesser à la tête. ‖ **descalabrarse** *v. pr.* 2. se casser la tête.

descalabro [deskalˈaβro] *s. m.* échec.

descalificar [deskalifikˈar] *v. tr.* disqualifier.

descalzar [deskalθˈar] *v. tr.* 1. (quitar el calzado) déchausser. ‖ **descalzarse** *v. pr.* 2. se déchausser.

descambiar [deskambjˈar] *v. tr.* annuler un échange.

descaminado, -da [deskaminˈaðo] *adj.* 1. (perdido) égaré, -ée. 2. *fig.* (moral-

DESCANSAR - DESCONOCIDO

descansar [deskansár] *v. intr.* **1.** se reposer, se relâcher; se détendre; se délasser. **2.** (apoyarse) porter, s'appuyer | *v. tr.* **3.** *fig.* (apoyarse) porter, s'appuyer | *v. tr.* **4.** (apoyar para descansar) reposer.

descanso [deskánso] *s. m.* **1.** repos. **2.** *Dep.* (pausa) pause *f.*, halte *f.* **3.** (asueto) relâche *f.*; congé *f.*: *Día de descanso* jour de relâche. **4.** *fig.* (tregua) trêve *f.*; répit.

descapotable [deskapotáβle] *adj. y s. m.* décapotable.

descarado, -da [deskaráðo] *adj. y s. m. y f.* **1.** effronté, -ée; culotté, -ée; sans-gêne. || *adj.* **2.** éhonté, -ée: *Mentiras descaradas* Des mensonges éhontés.

descarga [deskárɣa] *s. f.* **1.** décharge; feu *m.* **2.** (eléctrica) décharge *f.* || ~ **de fusilería** fusillade.

descargar [deskarɣár] *v. tr.* **1.** décharger, déposer. **2.** *Inform.* télécharger.

descargo [deskárɣo] *s. m.* **1.** *fig.* (alivio) déchargement. **2.** *Econ.* décharge *f.*

descaro [deskáro] *s. m.* effronterie *f.*; insolence *f.*; culot *fam.*

descarriarse [deskařjárse] *v. pr.* **1.** (perderse) s'égarer, se perdre. **2.** *fig.* (moralmente) se fourvoyer, s'égarer, se perdre.

descarrilar [deskařilár] *v. intr.* dérailler.

descendencia [desθendénθja] *s. f.* descendance, lignée.

descender [desθendér] *v. tr. e intr.* **1.** (bajar) descendre. **2.** (disminuir) descendre; baisser, diminuer.

descendiente [desθendjénte] *s. m. y f.* descendant, -e.

descenso [desθénso] *s. m.* **1.** (disminución) descente *f.*; baisse *f.* (Un descenso de la temperatura. *Une baisse de tempé-*

ratura.) **2.** (ligero de la temperatura) adoucissement. **3.** (de altura) abaissement. **4.** *fig.* baisse *f.*

descifrar [desθifrár] *v. tr.* déchiffrer, décoder.

descolgar [deskolɣár] *v. tr.* **1.** décrocher, dépendre. **2.** (el teléfono) décrocher.

descolorido, -da [deskoloríðo] *adj.* **1.** (sin color) décoloré, -ée. **2.** (pálido) pâle, blême; passé, -ée.

descompensar [deskompensár] *v. tr.* déséquilibrer.

descomponer [deskomponér] *v. tr.* **1.** (desordenar) déranger. **2.** (en partes) décomposer. **3.** (un mecanismo) détraquer. **4.** (pudrir) corrompre. **5.** *fig.* (la expresión) décomposer. **6.** (el vientre) déranger.

descomposición [deskomposiθjón] *s. f.* **1.** décomposition. **2.** (intestinal) diarrhée.

descompuesto, -ta [deskompwésto] *adj.* **1.** (podrido) décomposé, -ée; corrompu, -ue; putréfié, -ée. **2.** (desmontado) détraqué, -ée. **3.** (alterado) décomposé, -ée; défait, -e. **4.** (con diarrea) détraqué, -ée.

descomunal [deskomunál] *adj.* énorme, démesuré, -ée.

desconcertar [deskonθertár] *v. tr.* **1.** (confundir) déconcerter. **2.** (perturbar) troubler, confondre.

desconcierto [deskonθjérto] *s. m.* confusion *f.*

desconectar [deskonektár] *v. tr.* (aparato eléctrico, electricidad) débrancher.

desconfiado, -da [deskonfjáðo] *adj. y s. m. y f.* méfiant, -te.

desconfiar [deskonfjár] *v. intr.* se méfier.

desconocer [deskonoθér] *v. tr.* méconnaître, ignorer.

desconocido, -da [deskonoθíðo] *adj. y s. m. y f.* inconnu, -ue.

mente descarriado) fourvoyé, -ée. || **ir ~** *fig.* se fourvoyer, faire fausse route.

desconocimiento [deskonoθimjénto] *s. m.* 1. ignorance *f*. 2. conocimiento pobre o incorrecto méconnaissance *f*.

descontar [deskontár] *v. tr.* 1. déduire, décompter. 2. (hacer un descuento) rabattre. 3. *Econ.* escompter.

descontento, -ta [deskonténto] *adj.* 1. mécontent, -te; insatisfait, -te. ‖ ~ *s. m.* (disgusto) mécontentement, -te. 3. (desagrado) déplaisir.

descontrol [deskontról] *s. m.* manque de contrôle; pagaille *fam.*

desconvocar [deskombokár] *v. tr.* (cita, reunión, acto) annuler.

descorchar [deskortʃár] *v. tr.* déboucher.

descorrer [deskorér] *v. tr.* tirer, ouvrir.

descortés [deskortés] *adj.* 1. impoli, -ie. 2. (grosero) grossier, -ière.

descortesía [deskortesía] *s. f.* 1. impolitesse. 2. grossièreté.

descoser [deskosér] *v. tr.* 1. découdre. ‖ **descoserse** *v. pr.* 1. (reventar) craquer.

descosido, -da [deskosíðo] *adj.* décousu, -ue.

descoyuntar [deskoʝuntár] *v. tr.* disloquer.

descrédito [deskréðito] *s. m.* discrédit.

describir [deskriβír] *v. tr.* décrire.

descripción [deskripθjón] *s. f.* description.

descuartizar [deskwartiθár] *v. tr.* dépecer.

descubierto, -ta [deskuβjérto] *adj.* 1. découvert, -te. ‖ ~ *s. m.* 1. *Econ.* découvert.

descubridor, -ra [deskuβriðór] *s. m. y f.* découvreur, -euse.

descubrimiento [deskuβrimjénto] *s. m.* 1. découverte *f.* 2. (hallazgo) trouvaille *f.*

descubrir [deskuβrír] *v. tr.* 1. découvrir. 2. (revelar, dejar ver) déceler, dévoiler. 3. (detectar) dépister [Descubrir una enfermedad. *Dépister une maladie*]. 4. (encontrar) trouver [Descubrir un re-

medio. *Trouver un remède*]. 5. (localizar) repérer.

descuento [deskwénto] *s. m.* 1. déduction *f.* 2. (en los precios) remise *f*; rabais *m. y f.* 1. (dejado) négligé, -ée. 2. (fitivo lo) insouciant, -te. ‖ *adj.* 3. (desatendido) négligé, -ée.

descuidar [deskwiðár] *v. tr.* 1. négliger. 2. (abandonar) abandonner. ‖ **descuidarse** *v. pr.* 3. (distraerse) se distraire, avoir un moment d'inattention. 4. (en el atuendo) se négliger.

descuido [deskwíðo] *s. m.* 1. (distracción) distraction *f*; inattention *f*. 2. (negligencia) négligence *f.* 3. (en el vestir) négligé *m. y f.* 1. por ~ par mégarde.

desde [désðe] *prep.* 1. (a partir de) depuis [Depuis juin, depuis 1945. *Desde junio, desde 1945*]. 2. dès [Desde las tres, desde Carlomagno. *Dès trois heures, dès Charlemagne*]. 3. (lugar) de; depuis [Lo veo desde aquí. *Je le vois d'ici depuis ici*]. 4. (procedencia) de [Desde Barcelona. *De Barcelone*]. ‖ **~ ahora** désormais; dès à présent; dès maintenant. **¿~ cuándo?** depuis quand? **~ entonces** depuis lors; depuis. **~ hace** depuis (cela fait). **~ hace mucho tiempo** depuis longtemps. **~ hacía** depuis (cela faisait). **~ que** depuis que.

desdén [desðén] *s. m.* dédain, mépris.

desdeñar [desðeɲár] *v. tr.* dédaigner, mépriser.

desdicha [desðítʃa] *s. f.* malheur.

desdichado, -da [desðitʃáðo] *adj.* malheureux, -euse.

desdoblar [desðoβlár] *v. tr.* 1. déplier [Desdoblar la carta. *Déplier la lettre*]. 2. (separar en dos) dédoubler.

DESEAR - DESENTRAÑAR

desear [deseár] *v. tr.* **1.** désirer; souhaiter. **2.** (ansiar) envier. **3.** (antojar) plaire.

desecar [desekár] *v. tr.* **1.** (un terreno) dessécher, assécher. **2.** (vaciar de agua) assécher.

desechable [desetʃáβle] *adj.* **1.** jetable. **2.** (envases) non consigné, -ée.

desechar [desetʃár] *v. tr.* **1.** (rechazar) rejeter. **2.** *fig.* (descartar) écarter.

desecho [desétʃo] *s. m.* **1.** déchet; résidu. **2.** *fig.* rebut, laissé-pour-compte.

desembalar [desembalár] *v. tr.* déballer.

desembarazado, -da [desembaraθáðo] *adj.* débarrassé, -ée; dégagé, -ée.

desembarazar [desembaraθár] *v. tr.* **1.** débarrasser. || **desembarazarse** *v. pr.* **2.** se débarrasser.

desembarcadero [desembarkaðéro] *s. m.* débarcadère.

desembarcar [desembarkár] *v. tr. e intr.* débarquer.

desembocadura [desembokaðúra] *s. f.* **1.** (de un río) embouchure. **2.** (de una calle) débouché *m.*; issue.

desembocar [desembokár] *v. intr.* **1.** (río) déboucher, se jeter. **2.** *fig.* aboutir.

desembolsar [desembolsár] *v. tr.* débourser; verser.

desembolso [desembólso] *s. m.* déboursement; versement.

desempeñar [desempeɲár] *v. tr.* **1.** (un objeto empeñado) dégager. **2.** (su deber, su función) remplir. **3.** (su palabra) désengager. || **~ un papel** jouer un rôle.

desempolvar [desempolβár] *v. tr.* **1.** épousseter. **2.** *fig.* dépoussiérer.

desencadenar [desenkaðenár] *v. tr.* déchaîner, déclencher.

desencajar [desenkaxár] *v. tr.* **1.** déboîter, disloquer. **2.** *Mec.* décoincer.

desencanto [desenkánto] *s. m.* **1.** désenchantement. **2.** (decepción) déception *f.*

desenchufar [desentʃufár] *v. tr.* débrancher.

desenfado [desemfáðo] *s. m.* **1.** (facilidad) aisance *f.* **2.** (despreocupación) insouciance *f.*

desenfrenado, -da [desemfrenáðo] *adj.* débridé, -ée.

desenfreno [desemfréno] *s. m.* **1.** (de las pasiones) déchaînement. **2.** (libertinaje) débauche; libertinage.

desenfundar [desemfundár] *v. tr.* **1.** (quitar la funda) enlever la housse. **2.** (sacar de la funda) dégainer, tirer du fourreau.

desenganchar [desengantʃár] *v. tr.* **1.** décrocher. **2.** (un vagón) débrancher. **3.** (soltar) détacher.

desengañar [desengaɲár] *v. tr.* **1.** détromper, désabuser. **2.** (decepcionar) désappointer. **3.** (desilusionar) désenchanter.

desengaño [desengáɲo] *s. m.* **1.** désillusion *f.* **2.** (vuelta a la realidad) réveil.

desengrasar [desengrasár] *v. tr.* dégraisser (limpiar).

desenlace [desenláθe] *s. m.* dénouement.

desenmarañar [desemmaraɲár] *v. tr.* démêler.

desenmascarar [desemmaskarár] *v. tr.* démasquer.

desenredar [desenreðár] *v. tr.* **1.** démêler, débrouiller. **2.** *fig.* désentortiller.

desenrollar [desenroʎár] *v. tr.* dérouler.

desenroscar [desenroskár] *v. tr.* dévisser. || **desenroscarse** [desenroskárse] *v. pr.* se désintéresser.

desenterrar [desenterrár] *v. tr.* déterrer.

desentonar [desentonár] *v. intr.* **1.** détonner. **2.** (voz) chanter faux.

desentrañar [desentraɲár] *v. tr.* éclaircir.

desenvoltura [desembol̂tura] *s. f.* desinvoltura; aisance.

desenvolver [desembol̂βér] *v. tr.* 1. défaire. || **desenvolverse** *v. pr.* 2. se débrouiller.

desenvuelto, -ta [desembwél̂to] *adj.* désinvolte.

deseo [deséo] *s. m.* 1. désir. 2. souhait; vœu |Pedir un deseo. *Faire un vœux*.

deseoso, -sa [deséoso] *adj.* désireux, -euse.

desequilibrar [desekiliβrár] *v. tr.* déséquilibrer.

desertar [desertár] *v. intr.* déserter.

desértico, -ca [desértiko] *adj.* désertique.

desertor, -ra [desertór] *s. m. y f.* déserteur *m.*

desesperación [desesperaθjón] *s. f.* désespoir *m.*

desesperanzar [desesperanθár] *v. tr.* 1. désespérer; ôter tout espoir. || **desesperanzarse** *v. pr.* 2. se désespérer.

desesperar [desesperár] *v. tr. e intr.* 1. désespérer. || *v. tr.* 2. exaspérer. || **desesperarse** *v. pr.* 3. se désespérer; s'exaspérer.

desfachatez [desfatʃatéθ] *s. f.* familier; culot *m.*; insolence.

desfalcar [desfal̂kár] *v. tr.* détourner.

desfalco [desfal̂ko] *s. m.* détournement.

desfallecer [desfaʎeθér] *v. intr.* défaillir.

desfase [desfáse] *s. m.* 1. (temporal) décalage, écart. 2. (falta de sintonía) désaccord.

desfavorable [desfaβoráβle] *adj.* défavorable.

desfigurar [desfiɣurár] *v. tr.* 1. défigurer. 2. *fig.* (la voz) déguiser.

desfiladero [desfiláðero] *s. m.* défilé.

desfilar [desfilár] *v. intr.* défiler.

desfile [desfíle] *s. m.* 1. (militar, de modelos) défilé. 2. (circo) parade *f.*

desfogar [desfoɣár] *v. tr.* 1. (alivian) donner libre cours à. || **desfogarse** *v. pr.* 2. (una pasión) donner libre cours à. 3. (desquitarse) se soulager; se défouler.

desgajar [desɣaxár] *v. tr.* 1. (arrancar) arracher. 2. *fig.* (desmembrar) disloquer.

desgana [desɣána] *s. f.* 1. dégoût *m.* 2. (falta de apetito) inappétence. || **con ~** à contrecœur.

desgarrar [desɣarár] *v. tr.* 1. (papel, tela) déchirer, mettre en pièces. 2. (el cuerpo, la carne) arracher. 3. *fig.* (el corazón) déchirer. || **desgarrarse** *v. pr.* 4. (un músculo, un tendón) se claquer.

desgastar [desɣastár] *v. tr.* 1. (la ropa, un objeto) user. || **desgastarse** *v. pr.* 2. s'user. || **que no se desgasta** inusable.

desgaste [desɣáste] *s. m.* 1. usure *f.* 2. *fig.* (debilitamiento) affaiblissement.

desgracia [desɣráθja] *s. f.* malheur.

deshabitado, -da [desaβitáðo] *adj.* inhabité, -ée.

deshacer [desaθér] *v. tr.* 1. défaire. 2. (disolver) dissoudre; faire fondre. 3. (pulverizar) effriter |Deshacer una galleta. *Effriter un gâteau.* | 4. (un nudo) défaire. 5. *fig.* (un entuerto) redresser. 6. (destruir) détruire. || **deshacerse** *v. pr.* 7. se défaire. 8. *fig.* fondre |Deshacerse en lágrimas. *Fondre en larmes.*| 9. (desembarazarse de) se débarrasser; se défaire.

desharrapado, -da [desaraðo] *adj. y s. m. y f.* 1. déguenillé, -ée. || *s. m. y f.* 2. va-nu-pieds.

deshelar [deselár] *v. tr.* 1. (una cañería) dégeler. 2. (la nevera, el parabrisas) dégivrer. || **~ ehf** 3. fondre.

desheredar [desereðár] *v. tr.* déshériter.

deshidratar [desiðratár] *v. tr.* déshydrater.

deshielo [desjélo] *s. m.* 1. dégel; fonte *f.*; débâcle (brusco). 2. (un congelador, un parabrisas) dégivrage.

deshinchar [desinʧar] *v. tr.* **1.** (algo hinchado) dégonfler. **2.** (algo inflado) désenfler. **‖ desincharse** *v. pr.* **3.** se dégonfler. **4.** (un balón) désenfler.

deshojar [desoxar] *v. tr.* effeuiller.

deshonesto, -ta [desonésto] *adj.* **1.** malhonnête. **2.** (cosas) malséant, -e.

deshonor [desonór] *s. m.* **1.** déshonneur. **2.** (afrenta) affront.

deshonra [desónrra] *s. f.* déshonneur *m.*, honte *f.*; (vergüenza) **2.** (afrenta) affront.

deshonrar [desonrrár] *v. tr.* déshonorer.

desidia [desíδja] *s. f.* **1.** négligence. **2.** (dejadez) nonchalance. **3.** (pereza) mollesse.

desierto, -ta [desjérto] *adj.* **1.** désert, -te ‖ *s. m.* **2.** désert.

designar [desiɣnár] *v. tr.* **1.** (para un cargo) désigner; nommer. **2.** (señalar) indiquer.

desigual [desiɣwál] *adj.* **1.** inégal, -le **2.** (variable) changeant, -e. **3.** (terreno) accidenté, -ée. **4.** (estilo) accidenté -ée.

desigualdad [desiɣwaldáδ] *s. f.* **1.** inégalité. **2.** (disparidad) disparité.

desilusión [desilusjón] *s. f.* désillusion.

desilusionar [desilusjonár] *v. tr.* **1.** désillusionner. **2.** (decepcionar) décevoir.

desinflar [desinflár] *v. tr.* dégonfler.

desinfectar [desinfektár] *v. tr.* désinfecter.

desintegrar [desinteɣrár] *v. tr.* désintégrer.

desinterés [desinterés] *s. m.* désintéressement.

desistir [desistír] *v. intr.* **1.** reculer, abandonner. **2.** (renunciar) renoncer.

desleal [desleál] *adj.* déloyal, -le.

deslealtad [deslealtáδ] *s. f.* déloyauté.

desligar [desliɣár] *v. tr.* délier, défaire. **‖ desligarse** *v. pr.* **1.** délier, dénouer. **2.** (de una obligación) délier.

desliz [desliθ] *s. m.* (error) faux pas.

deslizar [desliθár] *v. tr.* **1.** glisser. **2.** *fig.* couler [Deslizar la mano dentro de su bolsillo. Couler la main dans sa poche.] **‖ deslizarse** *v. pr.* **3.** (suavemente) glisser; ramper (reptar).

deslucir [deslußír] *v. tr.* **1.** (estropear) gâcher. **2.** (afear) déparer, défraîchir. **3.** *fig.* (desacreditar) discréditer.

deslumbrar [deslumbrár] *v. tr.* éblouir.

desmantelar [desmantelár] *v. tr.* démanteler.

desmarcarse [desmarkárse] *v. pr.* se démarquer.

desmayar [desmaʝár] *v. tr.* **1.** défaillir. **2.** (desanimarse) se décourager. **‖ desmayarse** *v. pr.* **3.** tomber en pâmoison; s'évanouir.

desmayo [desmáʝo] *s. m.* évanouissement. **2.** (agotamiento) défaillance *f.*

desmedido, -da [desmeδíδo] *adj.* démesuré, -ée.

desmejorar [desmexorár] *v. tr.* **1.** (salud) détériorer. **2.** (la vista) abîmer. **‖ desmejorarse** *v. pr.* **3.** (salud) baisser; s'affaiblir. **4.** (una situación) détériorer, se dégrader.

desmemoriado, -da [desmemorjáδo] *adj.* oublieux, -euse.

desmentir [desmentír] *v. tr.* e *intr.* démentir.

desmenuzar [desmenuθár] *v. tr.* **1.** (pan, rocas, tiempo) émietter. **2.** (papel, carne, tela) déchiqueter.

desmesurado, -da [desmesuráδo] *adj.* démesuré, -ée.

desmontar [desmontár] *v. tr.* **1.** (deshacer) démonter. **2.** (las armas) désarmer. **3.** plier [Desmontar una tienda. Plier une tente.] **‖** *v. intr.* **4.** (de un caballo) mettre pied à terre.

desmoralizar [desmoralißár] *v. tr.* **‖ desmoralizarse** *v. pr.* se démoraliser.

DESMORONAR - DESPEDIR

desmoronar [desmoronár] *v. tr.* 1. abatre. || **desmoronarse** *v. pr.* s'écrouler.

desnatar [desnatár] *v. tr.* écrémer.

desnivel [desniβél] *s. m.* dénivellement.

desnudar [desnuðár] *v. tr.* 1. déshabiller, dévêtir. 2. (despojar) dénuder. || **desnudarse** *v. pr.* 3. se déshabiller.

desnudez [desnuðéθ] *s. f.* nudité.

desnudo, -da [desnúðo] *adj.* nu, -ue.

desnutrición [desnutriʃjón] *s. f.* malnutrition, sous-nutrition, sous-alimentation.

desobedecer [desoβeðeθér] *v. tr.* désobéir à.

desobediente [desoβeðjénte] *adj.* 1. désobéissant, -e. 2. (niño travieso) polisson, -onne.

desocupado, -da [desokupáðo] *adj.* 1. (sin trabajo) désœuvré, -ée; oisif, -ive; inoccupé, -ée. 2. (un piso, un asiento) libre, inoccupé, -ée.

desocupar [desokupár] *v. tr.* 1. (desalojar) évacuer. || **desocuparse** *v. pr.* se libérer.

desodorante [desoðoránte] *adj. y s. m.* déodorisant, -e.

desoír [desoír] *v. tr.* 1. (no escuchar) ne pas écouter; ne pas tenir compte. 2. (desobedecer) désobéir à.

desolación [desolaʃjón] *s. f.* désolation.

desorbitado, -da [desorβitáðo] *adj.* 1. (desmesurado) exorbitant, -te; démesuré, -ée. 2. (ojos) écarquillé, -ée.

desorden [desórðen] *s. m.* 1. désordre. 2. *fig.* (trastorno, vuelco) bouleverse-ment. 3. (en el organismo) dérangement.

desordenar [desorðenár] *v. tr.* 1. mettre en désordre, déranger. 2. *fig.* (trastornar) bouleverser.

desorganizar [desorγaniθár] *v. tr.* 1. désorganiser. 2. (desordenar) bousculer.

despabilar [despaβilár] *v. tr.* 1. (despertar) éveiller. || *intr.* 2. (darse prisa) se dépêcher. 3. (aligerarse el cuerpo) se dégourdir, se dérouiller. 4. (despertarse) s'éveiller. || **despabilarse** *v. pr.* 5. (volverse desenvuelto) se dégourdir (devenir débrouillard). 6. (despertarse) s'éveiller. 7. (darse prisa) se dépêcher.

despachar [despatʃár] *v. tr.* 1. (a alguien) expédier, congédier. 2. (enviar) expédier. 3. (vender) débiter.

despacho [despátʃo] *s. m.* 1. (oficina) bureau. 2. (estudio) étude. 3. (venta) débit.

despacio [despáθjo] *adv.* doucement.

despampanante [despampanánte] *adj.* sensationnel, -elle; extraordinaire.

desparejo, -da [desparéxo] *adj.* dépareillé, -ée; déassorti, -e.

desparpajo [desparpáxo] *s. m.* *fam.* désinvolture *f.*

desparramar [desparramár] *v. tr.* 1. éparpiller. 2. (derramar) répandre.

despecho [despétʃo] *s. m.* dépit.

despectivo, -va [despektíβo] *adj.* 1. méprisant, -e. 2. *Ling.* (peyorativo) péjoratif, -ive.

despedazar [despeðaθár] *v. tr.* 1. dépecer. 2. (desmenuzar) déchiqueter.

despedida [despeðíða] *s. f.* adieux *m. pl.*

despedir [despeðír] *v. tr.* 1. (luz, chispas, brillo) jeter, lancer. 2. (olor) dégager. 3. (del trabajo) renvoyer, congédier. 4. (un empleado, un obrero) licencier. 5. (echar de un lugar) reconduire. 6. (acompañar) raccompagner. || **despedir-se** *v. pr.* 7. (decir adiós) faire ses adieux, prendre congé.

128

DESPEGAR - DESPRENDER

despegar [despeɣár] *v. tr.* **1.** (un avión) décoller. (algo pegado) décoller. **3.** *fig.* détacher. ‖ **despegarse** *v. pr.* **4.** se détacher; se dégager.

despegado, -da [despeɣáðo] *adj.* **1.** éveillé. -ée. **2.** (el cielo, el paso) dégagé. -ée.

despejar [despexár] *v. tr.* **1.** (el cielo) éclaircir. **2.** (el camino, el paso) débarrasser, dégager. **3.** (un mal olor) chasser. ‖ **despejarse** *v. pr.* **4.** (el cielo) s'éclaircir; se dégager.

despellejar [despeʎexár] *v. tr.* écorcher; dépouiller.

despenalizar [despenaliθár] *v. tr.* dépénaliser.

despensa [despénsa] *s. f.* **1.** (armario) garde-manger *m*; placard à provisions. **2.** (reserva de alimentos) provisions *pl.*

despeñar [despeɲár] *v. tr.* **1.** précipiter. ‖ **despeñarse** *v. pr.* **2.** se j'er; se précipiter.

desperdiciar [desperðiθjár] *v. tr.* **1.** (derrochar) gaspiller. **2.** *fig.* gâcher.

desperdicio [desperðiθjo] *s. m.* **1.** (derroche) gaspillage. **2.** (desecho) déchet.

desperdigar [desperðiɣár] *v. tr.* disperser. ‖ **desperdigarse** *pr.* s'étirer, se dégourdir.

desperfecto [desperfékto] *s. m.* dégât.

despertador [despertaðór] *s. m.* réveil; réveille-matin *inv.*

despertar¹ [despertár] *v. tr.* **1.** réveiller. ‖ **despertarse** *v. pr.* **2.** se réveiller.

despertar² [despertár] *s. m.* **1.** éveil. **2.** (momento de despertarse) réveil.

despiadado, -da [despjaðáðo] *adj.* impitoyable.

despido [despíðo] *s. m.* **1.** (de un trabajo) congé, renvoi. **2.** (tropas) licenciement.

despierto, -ta [despjérto] *adj.* **1.** éveillé. -ée. **2.** *fig.* vif, -ive; alerte; éveillé.

despilfarrar [despilfařár] *v. tr.* gaspiller.

despilfarro [despilfářo] *s. m.* gaspillage.

despistar [despistár] *v. tr.* **1.** (escapar) dépister. **2.** (orientar mal) mettre sur une fausse piste. **3.** (confundir) égarer. **4.** (engañar) donner le change [Para despistar empezó a pasear. *Pour donner le change, il a commencé à se promener.*] ‖ **despiste** [despíste] *v. pr.* (despido, olvido) distracción *f*; étourderie *f*; oubli. **2.** (desorientación) désorientation *f*.

desplazamiento [desplaθamjénto] *s. m.* déplacement.

desplazar [desplaθár] *v. tr.* **1.** déplacer. **2.** (separar, apartar) décaler. ‖ **desplazarse** *v. pr.* **3.** se déplacer.

desplegar [despleɣár] *v. tr.* **1.** (desdoblar) déplier. **2.** (mercancías) étaler. **3.** (extender) déployer.

desplomarse [desplomárse] *v. pr.* **1.** (caer) s'abattre. **2.** (derrumbarse) s'écrouler, s'effondrer.

despoblar [despoβlár] *v. tr.* dépeupler.

despojar [despoxár] *v. tr.* **1.** (arrebatar) dépouiller. **2.** (privar) dénuer.

despojos [despóxos] *s. m. y f.* dépôts *m*.

despótico, -ca [despótiko] *adj.* despotique.

desportillar [desportiʎár] *v. tr.* **1.** râler, aboyer. **2.** (hablar mal de) déblatérer.

despreciable [despreθjáβle] *adj.* **1.** (detestable) méprisable; vilain, sale. **2.** (insignifiante) négligeable.

despreciar [despreθjár] *v. tr.* mépriser; dédaigner.

desprecio [despréθjo] *s. m.* mépris; dédain.

desprender [desprendér] *v. tr.* **1.** (despegar) détacher, séparer. **2.** (olor) dégager.

DESPREOCUPADO - DESTROZAR

despreocuparse [despreokupárse] *v. pr.* **1.** (no preocuparse más) ne plus faire attention. **2.** (descuidar) négliger.

despreocupado, -da [despreokupáðo] *adj.* **1.** insouciant, -e. ‖ *adj. y s. m. y f.* **2.** sans-souci.

desprestigiar [desprestixjár] *v. tr.* **1.** discréditer. ‖ **desprestigiarse** *v. pr.* **2.** perdre son prestige.

desprevenido, -da [despreβeníðo] *adj.* au dépourvu. ‖ **coger ~ prendre au dépourvu.

desproporción [desproporθjón] *s. f.* disproportion.

desprovisto, -ta [desproβísto] *adj.* dépourvu, -ue; dénué, -ée.

después [despwés] *adv.* **1.** après. **2.** (enseguida) puis. **3.** (más tarde) plus tard. **4.** (más allá) puis. ‖ *adj.* **5.** d'après, suivant, -e. [El día después. *Le jour d'après.*] ‖ **de ~** après [Después de las 3. *Après 3 heures.*] ‖ (detrás de) derrière. ‖ **~ de que** après que.

despuntar [despuntár] *v. intr.* **1.** (destacarse) se distinguer. **2.** (apuntar) pointer. [El día despunta. *Le jour pointe.*]

desquiciar [deskiθjár] *v. tr.* **1.** (una puerta) dégonder. **2.** (sacar de quicio a alguien) mettre hors de soi [Desquiciada. *La mettre bors d'elle.*] **3.** (desequilibrar) déséquilibrer.

desquite [deskíte] *s. m.* revanche *f.*

destacar [destakár] *v. tr.* **1.** (marcar) destiner. **2.** *fig.* (resaltar) faire ressortir. ‖ *v. intr.* **3.** se distinguer. ‖ **destacarse** *v. pr.* **4.** (resaltar) se détacher. **5.** (con nitidez) se dessiner.

destapar [destapár] *v. tr.* **1.** découvrir. **2.** (destaponar) déboucher.

destello [destéʎo] *s. m.* **1.** (luz tenue) scintillement, lueur *f.;* éclat. **2.** (resplandor) éclat. **3.** *fig.* étincelle *f.*

destemplado, -da [destempláðo] *adj.* fiévreux, -euse (légèrement).

destemplarse [destemplárse] *v. pr.* (de risa) se tordre, rire aux éclats, se marrer.

desterrar [desterár] *v. tr.* exiler, bannir.

destierro [destjéro] *s. m.* exil, déportation *f.*

destilación [destilaθjón] *s. f.* distillation *f.*

destilar [destilár] *v. tr.* **1.** distiller. **2.** (filtrar) filtrer.

destilería [destileríá] *s. f.* distillerie.

destinar [destinár] *v. tr.* **1.** destiner. **2.** (a un funcionario o militar) envoyer, affecter. **3.** (provisionalmente) détacher. **4.** (dedicar) esfuerzos vouer.

destinatario, -ria [destinatárjo] *s. m. y f.* destinataire.

destino [destíno] *s. m.* **1.** destin, destinée *f.;* sort. **2.** (de un viaje o destino) destination *f.* **3.** (uso, función) destination *f.* **4.** (objetivo) fin *f.* **5.** (puesto, cargo) affectation *f.* ‖ **con ~ a** à destination de.

destitución [destituθjón] *s. f.* destitution.

destituir [destitwír] *v. tr.* destituer.

destornillador [destorniʎaðór] *s. m.* tournevis.

destreza [destréθa] *s. f.* adresse, habileté.

destripar [destripár] *v. tr.* **1.** (quitar las tripas) étriper. **2.** (rajar el vientre) éventrer.

destronar [destronár] *v. tr.* détrôner.

destrozar [destroθár] *v. tr.* **1.** (desgarrar, hacer añicos) mettre en pièces, déchirer. **2.** (asolar) ravager; anéantir. **3.** *fig.* (estropear) massacrer. **4.** *fig.* (dejar exhausto) briser.

130

destrozo [destróθo] *s. m.* 1. (por accidente, mal uso) dégât. 2. (estragos) ravage. 3. *fig.* (mala ejecución) massacre f.

destrucción [destrukθjón] *s. f.* destruction, dévastation.

destructor, -ra [destruktór] *adj. y s. m. y f.* destructeur, -trice.

destruir [destruír] *v. tr.* 1. détruire. 2. (demoler) démolir. 3. *fig.* (a alguien) écraser, moler.

desunión [desunjón] *s. f.* désunion.

desunir [desunír] *v. tr.* désunir, diviser.

desuso [desúso] *s. m.* désuétude f.

desvalido, -da [desβalíðo] *adj.* 1. déshérité, -ée. 2. (desamparado) abandonné, -ée.

desvalijar [desβalixár] *v. tr.* dévaliser.

desvalorizar [desβaloriθár] *v. tr.* dévaloriser, déprécier.

desván [desβán] *s. m.* mansarde f.; grenier.

desvanecer [desβaneθér] *v. tr.* 1. dissiper. ‖ **desvanecerse** *v. pr.* 2. (desmayarse) s'évanouir. 3. (desaparecer) s'évanouir.

desvanecimiento [desβaneθimjénto] *s. m.* évanouissement.

desvariar [desβarjár] *v. tr.* 1. (delirar) délirer. 2. (divagar) divaguer, déraciner.

desvelar [desβelár] *v. tr.* 1. (impedir dormir) empêcher de dormir. 2. *fig.* (un secreto) dévoiler. ‖ **desvelarse** *v. pr.* 3. (espabilarse) s'éveiller, se réveiller.

desvelo [desβélo] *s. m.* 1. (insomnio) insomnie f. 2. (preocupación) souci. 3. (dedicación) dévouement ‖ **desvelos** *s. m. pl.* 4. veilles f. pl.

desventaja [desβentáxa] *s. f.* inconvénient *m.*; désavantage *m.*

desventura [desβentúra] *s. f.* malheur *m.*

desventurado, -da [desβenturáðo] *adj. y s. m. y f.* malheureux, -euse.

desvergonzado, -da [desβerɣonθáðo] *adj. y s. m. y f.* 1. (sinvergüenza) dévergondé, -ée. 2. (descarado) effronté, -ée.

desvergüenza [desβerɣwénθa] *s. f.* effronterie; insolence.

desvestir [desβestír] *v. tr.* 1. déshabiller. ‖ **desvestirse** *v. pr.* 2. se déshabiller.

desviación [desβjaθjón] *s. f.* 1. déviation. 2. (distancia de separación) écart *m.*

desviar [desβjár] *v. tr.* 1. dévier. 2. (de su rumbo) détourner, dérouter. 3. (separar, alejar) écarter. ‖ **desviarse** *v. pr.* 4. se détourner. 5. (girar) tourner. 6. (alejarse) s'écarter.

desvío [desβío] *s. m.* 1. déviation f. 2. (de fondos) détournement.

desvirtuar [desβirtuár] *v. tr.* fausser.

desvivirse [desβiβírse] *v. pr.* 1. (anhelar) désirer vivement. 2. (por alguien) être fou de. 3. (volcarse) se dépenser; se consacrer.

detallar [detaʎár] *v. tr.* détailler.

detalle [detáʎe] *s. m.* 1. détail. 2. (de una cuenta bancaria) décompte. 3. *fig.* gentillesse f. ‖ **al ~** au détail.

detallista [detaʎísta] *adj.* (cuidadoso) soigneux, -euse; attentif, -ive.

detectar [detektár] *v. tr.* 1. détecter. 2. (una enfermedad) dépister.

detective [detektíβe] *s. m.* détective.

detención [detenθjón] *s. f.* 1. (parada) arrêt *m.* 2. (de un criminal) arrestation.

detener [detenér] *v. tr.* 1. (arrestar) arrêter. 2. (parar) arrêter. 3. (sujetar) retenir. ‖ **detenerse** *v. pr.* 4. arrêter.

detenido, -da [deteníðo] *adj. y s. m. y f.* (arrestado) detenu, -ue; arrêté, -ée.

detergente [deterxénte] *s. m.* détergent.

deteriorar [deterjorár] *v. tr.* 1. détériorer. 2. (la vista) abîmer. 3. *fig.* (una situación,

DETERMINACIÓN - DIANA

una relación, deteriorer. **4.** *fig.* (la reputación) endommager. ‖ **deteriorarse** *v. pr.* **5.** se détériorer.

determinación [determinaθjón] *s. f.* détermination, décision.

determinante [determinánte] *adj.* **1.** déterminant, -e. ‖ *s. m.* **2.** *Ling.* déterminant.

determinar [determinár] *v. tr.* **1.** (definir) déterminer, définir. **2.** (decidir) décider.

detestar [detestár] *v. tr.* **1.** (no poder soportar) détester; avoir horreur *Detesto los aviones, j'ai horreur des avions.* **2.** (odiar) haïr, détester.

detonación [detonaθjón] *s. f.* détonation, explosion.

detonar [detonár] *v. tr.* détoner.

detrás [detrás] *adv.* derrière *Los nuevos libros están detrás, les nouveaux livres sont derrière.* ‖ **~ de** (al lado de) derrière *Detrás de la puerta, Derrière la porte.* | (la espalda de) en arrière de *Detrás de sus camaradas, En arrière de ses camarades.* | (siguiendo a) après, derrière *Corría detrás de él, Il courrait après lui.* | derrière *Entrar detrás de él, Entrer derrière lui.* ‖ **~ de** (una mujer, un sospechoso) courir, poursuivre *por ~ de* par derrière. | *fig.* (retrasado) en arrière de *Por detrás de su tiempo, En arrière de son temps.* • En español peninsular, "atrás" implique mouvement réel ou figuré et "detrás" localisation statique, mais pas en Amérique latine.

deuda [déwða] *s. f.* dette.

devaluación [debalwaθjón] *s. f.* dévaluation, dépréciation, dévalorisation.

devaluar [debaluár] *v. tr.* dévaluer.

devastación [debastaθjón] *s. f.* dévastation. **2.** (destrozos) ravage *m.*

devastar [debastár] *v. tr.* **1.** dévaster. **2.** (destrozar, asolar) ravager.

devoción [deboθjón] *s. f.* **1.** religiosa) dévotion. **2.** (dedicación) dévouement *m.*

devolución [deboluθjón] *s. f.* **1.** renvoi *m.* **2.** *Econ.* rendu *m.* [No se admiten devoluciones. *On n'accepte pas les rendus*].

devolver [deβolβér] *v. tr.* **1.** rendre *Devolver un libro. Rendre un livre.* **2.** (reenviar) renvoyer *Devolver una carta. Renvoyer une lettre.* **3.** *fig.* (traer de nuevo) ramener, rapporter.

devorar [deβorár] *v. tr.* **1.** dévorer. **2.** *fig.* (una sensación, una pasión) consumer.

devoto, -ta [deβóto] *adj. y s. m. y f.* dévot, -e.

día [día] *s. m.* **1.** jour. **2.** journée *f.* [Todo el día. *Toute la journée.*] ‖ **al ~ siguiente** le lendemain [Al día siguiente se marchó rápido. *Le lendemain, il est parti vite.*]; **buenos días** bonjour (en francés esta fórmula se puede usar a lo largo de todo el día); **ser de ~** faire jour [Ya es de día. *Il fait jour!*].

diabetes [djaβétes] *s. f.* diabète *m.*

diablo [djáβlo] *s. m.* diable, démon.

diadema [djaðéma] *s. f.* diadème *m.*

diáfano, -na [djáfano] *adj.* diaphane.

diagnosticar [djaɣnostikár] *v. tr.* diagnostiquer.

diagnóstico, -ca [djaɣnóstiko] *s. m.* diagnostic. ‖ **~ precoz** dépistage.

diagonal [djaɣonál] *adj. y s. f.* diagonal, -e.

diagrama [djaɣráma] *s. m.* diagramme.

dialecto [djalékto] *s. m.* dialecte; parler.

dialogar [djaloɣár] *v. intr.* dialoguer.

diálogo [djáloɣo] *s. m.* dialogue.

diamante [djamánte] *s. m.* diamant.

diámetro [djámetro] *s. m.* diamètre.

diana [djána] *s. f.* **Mil.** diane [Tocar diana. *Sonner la diane.*] **2.** (blanco de tiro) mouche [Hacer diana. *Faire mouche.*]

diapositiva [djapositiβa] *s.f.* diapositive.

diario, -ria [djarjo] *adj.* 1. journalier, -ière. 2. quotidien, -enne. || *s. m.* 3. (periódico) journal, quotidien. 4. (íntimo, pe"sonal) journal.

diarrea [djarea] *s.f.* diarrhée.

dibujante [diβuxánte] *s. m. y f.* dessina-teur, -trice.

dibujar [diβuxár] *v. tr.* dessiner.

dibujo [diβuxo] *s. m.* dessin.

diccionario [dikθjonárjo] *s. m.* dictionnaire.

dicha [dit∫a] *s.f.* bonheur *m.*

dicho, -cha [dit∫o] *adj.* 1. dit, -e. 2. ledit (ladite, *f*) Dicha carta llegó tarde. Ladite lettre est arrivée en retard. || *s. m.* 3. (refrán) dicton. 4. (frase) pensée *f.*; mot.

diciembre [diθjémbre] *s. m.* décembre. [El uno o el dos de diciembre. Le premier ou le deux décembre.]

dichoso, -sa [dit∫oso] *adj.* heureux, -euse.

dictado, -da [diktaðo] *adj.* 1. dicté, -ée. || *s. m.* 2. dictée *f.*

dictador, -ra [diktaðór] *s. m. y f.* dicta-teur, -trice.

dictadura [diktaðúra] *s.f.* dictature.

dictamen [diktámen] *s. m.* avis.

dictar [diktár] *v. tr.* 1. dicter. 2. (una or-den) imposer.

didáctico, -ca [diðáktiko] *adj.* 1. d'dacti-que. || *s. m. y f.* 2. didacticien, -enne.

dieciocho [djeθjót∫o] *adj. y pron.* 1. dix-huit. || *s. m.* 2. dix-huit.

diecinueve [djeθinwéβe] *adj. y pron.* 1. dix-neuf. || *s. m.* 2. dix-neuf.

dieciséis [djeθiséjs] *adj. y pron.* 1. seize. || *s. m.* 2. seize.

diecisiete [djeθisjéte] *adj. y pron.* 1. dix-sept. || *s. m.* 2. dix-sept.

diente [djénte] *s. m.* 1. dent *f.* 2. (de ajo) gousse *f.* 3. (de una rueda) denture *f.*

diestro, -tra [djéstro] *adj.* 1. adroit, -te, habile. || *s. m.* 2. torero. || **diestra** *s.f.* 3. droite, main droite.

dieta [djéta] *s.f.* diète; régime *m.*

diez [djéθ] *adj. y pron.* 1. dix. || *s. m.* 2. dix.

difamación [difamaθjón] *s.f.* diffamation.

difamar [difamár] *v. tr.* diffamer.

diferencia [diferéθja] *s.f.* 1. différence. 2. (variación, desvío) écart *m.*

diferenciar [diferenθjár] *v. tr.* différen-cier.

diferente [diferénte] *adj.* différent, -te.

diferido, -da [diferíðo] *adj.* différé, -ée.

diferir [diferír] *v. tr.* 1. (aplazar) différer, ajourner; remettre; renvoyer, retarder. 2. (variar) varier.

difícil [difíθil] *adj.* difficile.

dificultad [difikultáð] *s.f.* 1. difficulté. 2. (problema) ennui, embarras.

dificultar [difikultár] *v. tr.* rendre difficile.

difundir [difundír] *v. tr.* 1. répandre; di-vulguer. 2. (una emisión) diffuser.

difunto, -ta [difúnto] *adj. y s. m. y f.* 1. défunt, -te; mort, -te [Su difunta ma-dre. Sa défunte mère.] || *adj.* 2. feu, -ue [El difunto señor Blázquez. Feu Mon-sieur Blázquez.]

difuso, -sa [difúso] *adj.* diffus, -se.

digerir [dixerír] *v. tr.* digérer.

digestión [dixestjón] *s.f.* digestion.

digestivo, -va [dixestíβo] *adj. y s. m.* di-gestif, -ive.

digital [dixitál] *adj.* 1. (dactilar) digital, -le. 2. (código) digital, -le *angl.*

dígito [díxito] *s. m.* 1. chiffre *f.* 2. *Inform.* digit.

dignidad [diɣniðáð] *s.f.* dignité.

digno, -na [díɣno] *adj.* digne.

digresión [diɣresjón] *s.f.* digression.

dilación [dilaθjón] *s.f.* **1.** (retraso) retard *m.* **2.** (demora) délai *m.*
dilapidar [dilapiðár] *v.tr.* dilapider.
dilatación [dilataθjón] *s.f.* dilatation.
dilatar [dilatár] *v.tr.* **1.** (los cuerpos) dilater. **2.** *fig.* (retrasar) différer.
dilema [diléma] *s.m.* dilemme.
diligencia [dilixénθja] *s.f.* **1.** (celo) diligence. **2.** (gestión) démarche.
diligente [dilixénte] *adj.* diligent, -e.
diluir [diluír] *v.tr.* **1.** (una solución química) diluer. **2.** (disolver) délayer.
diluvio [dilúβjo] *s.m.* déluge.
dimanar [dimanár] *v.intr.* **1.** (el agua) couler. **2.** *fig.* émaner, provenir.
dimensión [dimensjón] *s.f.* **1.** dimension. **2.** (magnitud) grandeur. **3.** (medida) mesure. **4.** (tamaño) taille.
diminutivo [diminutíβo] *s.m.* **1.** (del nombre de pila) diminutif. **2.** *Ling.* diminutif.
diminuto, -ta [diminúto] *adj.* minuscule.
dimisión [dimisjón] *s.f.* démission.
dimitir [dimitír] *v.intr.* démissionner.
dinámico, -ca [dinámiko] *adj.* **1.** dynamique. **2.** *fig.* dynamique.
dinámica [dinámika] *s.f.* **2.** dynamique.
dinamita [dinamíta] *s.f.* dynamite.
dinar [dinár] *s.m.* (moneda) dinar.
dinastía [dinastía] *s.f.* dynastie.
dinero [dinéro] *s.m.* argent *f.* ‖ **dar el ~** justo faire l'appoint.
dinosaurio [dinosáwrjo] *s.m.* dinosaure.
dioptría [djoptría] *s.f.* dioptrie.
dios [djós] *s.m.* **1.** dieu. ‖ **diosa** *s.f.* ‖ **Dios** *n.p.m.* **2.** Dieu. **3.** déesse. ‖ **¡Dios mío!** *¡*por Dios! (sorpresa) mon Dieu! ¡(ruego) je vous en prie, mon Dieu!
diploma [diplóma] *s.m.* diplôme, titre.
diplomacia [diplomáθja] *s.f.* diplomatie.
diplomático, -ca [diplomátiko] *adj.* **1.** diplomatique. ‖ *s.m.* y *f.* **2.** *fam.* diplomate.
diptongo [diptóŋgo] *s.m. Ling.* diphtongue *f.*
diputado, -da [diputáðo] *s.m.* député *m.*
dique [díke] *s.m.* **1.** (muro) digue *f.* **2.** (para construir navíos) dock. **3.** jetée *f.* (malecón) brise-lames (escollera).
dirección [direkθjón] *s.f.* **1.** (acción de dirigir) direction. **2.** (puesto de director) direction. **3.** (en cartas) adresse. **4.** (camino, trayecto) direction, route. **5.** (sentido del movimiento) sens *m.* ‖ **Dirección única**. **Sens unique!** ‖ **~ escénica** mise en scène. ‖ **en ~ a** en direction de.
directo, -ta [dirékto] *adj.* direct, -e.
director, -ra [direktór] *adj.* **1.** directeur, -trice. ‖ *s.m.* y *f.* **2.** directeur, -trice.
dirigible [diríxíβle] *adj.* y *s.m.* dirigeable.
dirigir [dirixír] *v.tr.* **1.** (llevar) diriger, mener. **2.** (ir a la cabeza) conduire, commander. **3.** (administrar) administrer, gérer, tenir. **4.** (la vista, la palabra) adresser. **5.** (los ojos, la cabeza) tourner. **6.** (un paquete) adresser. ‖ **dirigirse** *v.pr.* **7.** (aller) se rendre. **8.** (a alguien) s'adresser.
discapacitado, -da [diskapaθitáðo] *adj.* y *s.m.* y *f.* handicapé, -ée; infirme.
disciplina [disθiplína] *s.f.* discipline.
discípulo, -la [disθípulo] *s.m.* y *f.* disciple.
disco [dísko] *s.m.* **1.** disque. **2.** (semáforo) feu. ‖ **~ compacto** disque compact, cd. **~ duro** disque dur. **~ rojo** feu rouge. **~ verde** feu vert.
discografía [diskoɣrafía] *s.f.* discographie.
disconformidad [diskonformiðáð] *s.f.* (discrepancia) désaccord *m.* divergence.
discontinuo, -nua [diskontínwo] *adj.* discontinuo, -ue.
discordia [diskórðja] *s.f.* **1.** (desacuerdo) discorde, désaccord *m.* **2.** (cizaña) zizanie; discorde.

DISCOTECA - DISPARATADO

discoteca [diskoteka] *s. f.* discothèque, boîte (de nuit).

discreción [diskreθjon] *s. f.* **1.** (reserva) discrétion; réserve. **2.** (moderación, mesura) retenue; pudeur.

discrepar [diskrepar] *v. intr.* **1.** (dos personas) diverger; être en désaccord. **2.** (diferir) être différent.

discreto, -ta [diskreto] *adj.* discret, -ète.

discriminar [diskriminar] *v. tr.* discriminer.

disculpa [diskulpa] *s. f.* excuse.

disculpar [diskulpar] *v. tr.* **1.** disculper. **2.** excuser [Disculpa. *Excuse-moi*]. ‖ **disculparse** *v. pr.* **3.** s'excuser.

discurrir [diskurrir] *v. intr.* **1.** penser. **2.** (el tiempo, un río) couler. ‖ *v. tr.* **3.** inventer.

discurso [diskurso] *s. m.* discours.

discusión [diskusjon] *s. f.* discussion.

discutir [diskutir] *v. tr.* **1.** discuter. **2.** (debatir) débattre. **3.** (poner en cuestión) contester.

disecar [disekar] *v. tr.* **1.** (diseccionar) disséquer. **2.** (taxidermia) empailler.

diseccionar [diseksjonar] *v. tr.* disséquer.

diseminar [diseminar] *v. tr.* disséminer.

diseñar [disepar] *v. tr.* **1.** dessiner. **2.** *fig.* esquisser.

diseño [diseno] *s. m.* dessin.

disertación [disertaθjon] *s. f.* dissertation.

disfraz [disfraθ] *s. m.* déguisement.

disfrazar [disfraθar] *v. tr.* **1.** déguiser. **2.** *fig.* (camuflar) travestir; masquer; camoufler. ‖ **disfrazarse** *v. pr.* **3.** se déguiser.

disfrutar [disfrutar] *v. tr.* **1.** (gozar) jouir. **2.** (poder beneficiarse) profiter [Disfrutar de un privilegio. *Profiter d'un privilège*]. **3.** (poseer algo bueno) posséder.

disfrute [disfrute] *s. m.* **1.** jouissance *f.* **2.** (posesión de algo bueno) possession *f.*

disgustar [disyustar] *v. tr.* **1.** (desagradar) déplaire. **2.** (contrariar) contrarier.

disgusto [disyusto] *s. m.* **1.** (contrariedad) contrariété *f.*; ennui. **2.** (descontento) mécontentement. **3.** (desagrado) désagrément. ‖ **a ~ mal à l'aise.** ‖ (en contra de su voluntad) à contrecœur.

disimular [disimular] *v. tr.* **1.** (ocultar) cacher; voiler. **2.** (camuflar) camoufler. ‖ *v. tr. e intr.* **3.** (fingir) dissimuler.

disimulo [disimulo] *s. m.* dissimulation.

dispar [dispar] *v. tr.* dissiper.

dislocación [disloka(:)on] *s. f.* dislocation.

dislocar [dislokar] *v. tr.* **1.** disloquer. ‖ **dislocarse** *v. pr.* **2.** se disloquer.

disminución [disminu(:)on] *s. f.* **1.** diminution. **2.** (intensidad, fuerza, valores) abaissement *m.* **3.** (reducción, debilitamiento amoindrissement *m.*

disminuir [disminwir] *v. tr.* **1.** diminuer. **2.** (empequeñecer) s'amoindrir [Su sensibilidad ha disminuido. *Sa sensibilité s'est amoindrie*]. **3.** (velocidad) ralentir. **4.** (reducir) réduire. ‖ *v. intr.* **5.** décroître.

disolución [disoluθjon] *s. f.* **1.** dissolution. **2.** (química) solution.

disolver [disol'er] *v. tr.* **1.** (diluir) dissoudre; délayer. **2.** (una solución química) dissoudre. **3.** *fig.* (un grupo) disperser. ‖ **disolverse** *v. pr.* **1.** fondre.

disparador *s. m.* **1.** (gatillo) détente *f.* **2.** (resorte) déclic.

disparar [disparar] *v. tr.* **1.** (un arma) tirer un coup de feu. **2.** (una flecha) décocher. ‖ **dispararse** *v. pr.* **3.** (un arma) se décharger. **4.** *fig.* (precipitarse) se précipiter.

disparatado, -da [disparataðo] *adj.* (absurdo) absurde; insensé, -ée.

DISPARATE - DIVERTIDO

disparate [disparáte] *s. m.* bêtise *f.* coup.

disparo [dispáro] *s. m.* coup de feu.

dispensa [dispénsa] *s. f.* dispense.

dispensar [dispensár] *v. tr.* **1.** (excusar) dispenser; excuser. **2.** (dar) dispenser.

dispensario [dispensárjo] *s. m.* dispensaire.

dispersar [dispersár] *v. tr.* disperser.

disponer [disponér] *v. tr.* **1.** disposer; ordonner; arranger. **2.** (organizar) agencer. **3.** (preparar) ménager. (la mesa) mettre. || **disponerse** *v. pr.* **5.** se disposer. **6.** s'apprêter [Disponerse a partir: S'apprêter à partir].

disponible [disponíble] *adj.* disponible.

disposición [disposiθjón] *s. f.* **1.** disposition. **2.** (de una casa) aménagement *m.* **3.** (organización) agencement *m.* **4.** (en una superficie) étalement *m.*

dispositivo [dispositíβo] *s. m.* dispositif.

dispuesto, -ta [dispwésto] *adj.* prêt, -te.

disputa [dispúta] *s. f.* **1.** dispute. **2.** (riña) querelle.

disputar [disputár] *v. tr.* e *intr.* **1.** disputer. || **disputarse** *v. pr.* **2.** se disputer.

disquete [diskéte] *s. m.* disquette *f.*

distancia [distánθja] *s. f.* **1.** distance. **2.** (de separación) écart *m.* **3.** *fig.* (perspectiva) recul *m.*

distante [distánte] *adj.* distant, -e.

distender [distendér] *v. tr.* **1.** (dar de sí) distendre. **2.** (relajar) détendre. || **distenderse** *v. pr.* **3.** (relajarse) se détendre. **4.** (darse de sí un músculo) se claquer.

distinción [distinθjón] *s. f.* distinction.

distinguido, -da [distingído] *adj.* distingué, -ée.

distinguir [distingír] *v. tr.* **1.** (diferenciar) distinguer; différencier. **2.** (discernir) discerner. || **distinguirse** *v. pr.* **3.** se distinguer. **4.** (llamar la atención) paraître.

distintivo, -va [distintíβo] *adj.* **1.** distinctif, -ive. || *s. m.* **2.** signe distinctif. **3.** (marca) marque *f.*

distinto, -ta [distínto] *adj.* **1.** différent, -e. **2.** distinct, -te.

distorsión [distorsjón] *s. f.* distorsion.

distracción [distrakθjón] *s. f.* **1.** distraction. **2.** (descuido) inattention.

distraer [distraér] *v. tr.* **1.** distraire. **2.** (divertir) divertir. || **distraerse** *v. pr.* **3.** se distraire. **4.** entretenerse se détendre.

distraído, -da [distraíðo] *adj.* distrayant, -e. **2.** (ausente) distrait, -te; absent, -te.

distribución [distriβuθjón] *s. f.* distribution.

distribuir [distriβuír] *v. tr.* **1.** distribuer. **2.** (repartir) répartir.

distrito [distríto] *s. m.* district; arrondissement. || **~ universitario** *m.* académie *f.*

disuadir [diswaðír] *v. tr.* **1.** dissuader. **2.** (desanimar) décourager.

disyuntiva [disʝuntíβa] *s. f.* alternative.

diurno, -na [djúrno] *adj.* diurne.

divagar [diβaɣár] *v. tr.* divaguer.

diván [diβán] *s. m.* divan.

divergir [diβerxír] *v. intr.* diverger.

diversidad [diβersiðáð] *s. f.* diversité.

diversión [diβersjón] *s. f.* **1.** divertissement *m.*; distraction. **2.** (entretenimiento, juego) amusement *m.* **3.** plaisir *m.* [Por diversión. Pour le plaisir, par plaisir].

diverso, -sa [diβérso] *adj.* **1.** (diferente) divers, -se; différent, -te. **2.** (variado) varié. -ée [Detalles diversos. Détails variés].

divertido, -da [diβertíðo] *adj.* amusant, -te; drôle; marrant, -te *fam.*

DIVERTIR - DOMESTICAR

divertir [dibertír] *v. tr.* **1.** amuser, divertir. ‖ **divertirse** *v. pr.* **2.** s'amuser, se distraire.

dividir [dibidír] *v. tr.* **1.** diviser. **2.** *fig.* (repartir) partager. **3.** (separar) séparer. **4.** *fig.* (romper la unidad) fissurer. ‖ **dividirse** *v. pr.* **5.** (clasificarse) se répartir, se partager.

divinidad [dibinidáð] *s.f.* divinité.

divino, -na [dibíno] *adj.* divin, -ne.

divisa [dibísa] *s.f.* **1.** (lema) devise. **2.** *Econ.* (moneda) devise.

divisar [dibisár] *v. tr.* apercevoir.

división [dibisjón] *s.f.* **1.** *Mat.* division. **2.** (reparto) partage *m.* **3.** (en trozos) morcellement *m.*

divisorio, -ria [dibisórjo] *adj.* diviseur, -euse.

divo, -va [díβo] *s. m. y f.* **1.** (cantante de ópera) chanteur, -euse. **2.** (figura principal) vedette *f.* ‖ **diva** *s.f.* **3.** (de la ópera) diva.

divorciar [diβorθjár] *v. tr.* **1.** séparer. ‖ **divorciarse** *v. pr.* **2.** divorcer, se séparer.

divorcio [diβórθjo] *s. m.* divorce.

divulgar [diβulɣár] *v. tr.* **1.** (difundir) divulguer. **2.** (descubrir, dar a conocer) dévoiler.

DNI [deneí] *sigla* *Documento. • Documento Nacional de Identidad.

do [dó] *s. m. Mús.* do.

dobladillo [doβlaðíʎo] *s. m.* ourlet.

doblaje [doβláxe] *s. m. Cinem.* doublage.

doblar [doβlár] *v. tr.* **1.** plier; courber. **2.** (torcer) tordre. **3.** (flexionar) fléchir. **4.** tornar [Doblar la esquina. *Tourner le coin.*]. **5.** (duplicar) dupliquer; doubler.

doble [dóβle] *adj.* **1.** double. ‖ *s. m.* **2.** double. **3.** (réplica) pareil. ‖ **el ~** deux fois plus.

doblegar [doβleɣár] *v. tr.* **1.** plier. **2.** *fig.* assouplir. ‖ **doblegarse** *v. pr.* **3.** se plier.

doce [dóθe] *adj. y pron.* **1.** douze. ‖ *s. m.* **2.** douze. ‖ **las ~** (del mediodía) midi *m.* | (de la noche) minuit *m.*

docena [doθéna] *s.f.* douzaine.

docente [doθénte] *adj.* enseignant, -te.

dócil [dóθil] *adj.* **1.** (animales) docile; doux, -ouce. **2.** (sumiso) obéissant, -te.

docilidad [doθiliðáð] *s.f.* docilité.

doctor, -ra [doktór] *s. m. y f.* **1.** (titulado) docteur *m.* **2.** (médico) docteur *m.* • El fem. "doctoresse" es anticuado.

doctorado [doktoráðo] *s. m.* doctorat.

doctrina [doktrína] *s.f.* doctrine.

documental [dokumentál] *adj. y s. m.* documentaire.

documentar [dokumentár] *v. tr.* **1.** documenter. ‖ **documentarse** *v. pr.* **2.** se documenter, se renseigner.

documento [dokuménto] *s. m.* **1.** document. **2.** (identificativo) pièce *f.* ‖ **~ nacional de identidad** *Piece d'identité.* carte d'identité.

dogma [dóɣma] *s. m.* dogme.

dólar [dólar] *s. m.* dollar.

dolencia [dolénθja] *s.f.* malaise *m.*

doler [dolér] *v. intr.* avoir mal à [Me duele la espalda. *J'ai mal au dos.*].

dolor [dolór] *s. m.* **1.** douleur *f.* **2.** mal [Tener dolor de cabeza. *Avoir mal à la tête.*]. **3.** rage *f.* [Dolor de muelas. *Rage de dents.*].

dolorido, -da [dolorído] *adj.* endolori, -ie; douloureux.

doloroso, -sa [doloróso] *adj.* douloureux, -euse.

domar [domár] *v. tr.* **1.** (amaestrar) dompter; dresser. **2.** (controlar) maîtriser.

domesticar [domestikár] *v. tr.* apprivoiser; domestiquer.

doméstico, -ca [doméstiko] *adj.* **1.** ménager, -ère [Aparatos domésticos. *Appareils ménagers.*] **2.** domestique (sólo en algunas expresiones). [Economía doméstica, tareas domésticas. *Économie domestique, travaux domestiques.*]

domiciliación [domiθiljaθjón] *s. f.* prélèvement *m.* (para pagar a un organismo).

domicilio [domiθíljo] *s. m.* **1.** domicile. **2.** (vivienda) demeure *f.* ‖ ~ **social** siège social ‖ **tener el ~ social** siéger.

dominación [dominaθjón] *s. f.* domination.

dominar [dominár] *v. tr.* **1.** dominer. **2.** (controlar, someter) maîtriser, contrôler. **3.** (reprimir) dompter, mater. **4.** (reinar, imperar) régner. **5.** (desde lo alto) surplomber. **6.** *fig.* (conocer a fondo) maîtriser. ‖ **dominarse** *v. pr.* se dominer.

domingo [domíŋgo] *s. m.* dimanche [El domingo, los domingos, el domingo 13 de junio. *Dimanche, le dimanche, le dimanche 13 juin*.]

dominicano, -na [dominikáno] *adj.* **1.** dominicain, -e. ‖ *s. m. y f.* **2.** Dominicain, -ne.

dominio [domínjo] *s. m.* **1.** (propiedad) domaine. **2.** (poder) pouvoir. **3.** domination *f.* [Bajo el dominio de. *Sous la domination de.*] **4.** (control) maîtrise *f.*

dominó [dominó] *s. m.* (juego) domino.

don¹ [dón] *s. m.* **1.** (natural) don. **2.** (regalo) présent, cadeau. **3.** (de un mecenas o señor) don.

don² [dón] *s. m.* **1.** monsieur [Don Luis Alvarez. *Monsieur (Luis) Álvarez.*] **2.** (noble español) don [Don Quijote. *Don Quichotte.*] • Le féminin de "don" est "doña".

donación [donaθjón] *s. f.* **1.** don *m.* **2.** *Der.* donation.

donante [donánte] *adj. y s. m. y f.* **1.** donneur, -euse. **2.** (de dinero) donateur, -trice.

donar [donár] *v. tr.* donner.

donativo [donatíβo] *s. m.* don.

doncella [donθéλa] *s. f.* **1.** (sirvienta, criada) femme de chambre. **2.** (dama de compañía) suivante.

donde [dónde] *adv. rel.* où [Están donde quieren. *Ils se trouvent là où ils veulent se trouver.*] ‖ **de ~** d'où. ‖ **en ~** ou [En donde he quedado. *Où j'aurai rendez-vous.*] ‖ **es ... c'est ... que** [Es allí donde encontró a su antiguo profesor. *C'est là qu'il a rencontré son ancien professeur.*]

dónde [dónde] *adv. int.* **1.** où [¿Dónde estás? *Où es-tu?*] **2.** (adónde) où [¿Dónde vas? *Où vas-tu?*]

doña [dóɲa] *s. f.* **1.** madame [Doña Luisa Álvarez. *Madame (Luisa) Álvarez.*] **2.** (de las nobles españolas) dona (o doña) [Doña Inés. *Doña Inês.*] • Le masculin de "doña" est "don".

dopaje [dopáxe] *s. m.* dopage.

dorado, -da [doráðo] *adj.* doré, -ée.

dorada [doráða] *s. f.* (besugo) daurade.

dorar [dorár] *v. tr.* **1.** dorer. **2.** (en la sartén) faire rissoler. ‖ **dorarse** *v. pr.* **3.** (en la sartén) rissoler.

dormir [dormír] *v. intr.* **1.** dormir, faire dodo (lenguaje infantil). ‖ *v. tr.* **2.** endormir.

dormitar [dormitár] *v. intr.* sommeiller.

dormitorio [dormitórjo] *s. m.* **1.** (alcoba) chambre à coucher. **2.** (común) dortoir.

dorso [dórso] *s. m.* **1.** (espalda, lomo) dos. **2.** (de la mano) dessus, revers. **3.** (de una hoja) revers, verso, dos.

dos [dós] *adj. y pron.* **1.** deux. ‖ *s. m.* **2.** deux. ‖ **los ~** (ambos) tous les deux.

doscientos, -tas [dosθjéntos] *adj. y pron.* (también *s. m. inv.*) deux cents. • **Sólo las**

DOSIFICAR - DURAR

dosificar [dosifikar] *v. tr.* doser.

dosis [dosis] *s. f.* dose.

dotación [dotaθjon] *s. f.* dotation.

dotar [dotar] *v. tr.* **1.** (a una mujer, a una institución) doter. **2.** (proporcionar, dar) garnir. **3.** (equipar) équiper. **4.** (de cualidades) douer.

dote [dote] *s. f.* **1.** dot. || **dotes** *s. f. pl.* aptitudes.

dragón [draɣon] *s. m.* dragon.

drama [drama] *s. m.* drame.

dramaturgo, -ga [dramaturɣo] *s. m. y f.* dramaturge.

drástico, -ca [drastiko] *adj.* **1.** draconien, -enne. **2.** (remedio) drastique.

droga [droɣa] *s. f.* drogue.

drogadicto, -ta [droɣaðikto] *s. m. y f.* (toxicómano) toxicomane.

drogar [droɣar] *v. tr.* **1.** droguer. || **drogarse** *v. pr.* se droguer.

drogodependiente [droɣoðepenðjente] *s. m. y f.* toxicomane.

droguería [droɣeria] *s. f.* droguerie.

dromedario [dromeðarjo] *s. m.* *Zool.* dromadaire.

dualidad [dwaliðað] *s. f.* dualité.

ducha [duʧa] *s. f.* douche [*Darse/Tomar una ducha. Prendre une douche.*]

duchar [duʧar] *v. tr.* **1.** doucher. || **ducharse** *v. pr.* **2.** prendre une douche.

dúctil [duktil] *adj.* ductile.

duda [duða] *s. f.* doute. || **poner en ~** cuestionar) mettre en doute. | (discutir) contester. **sin ~** (probablemente) sans doute.

dudar [duðar] *v. intr.* **1.** douter. **2.** (vacilar) hésiter. **3.** (poner en duda) mettre en doute; suspecter. || *v. tr.* **4.** douter.

dudoso, -sa [duðoso] *adj.* **1.** (vacilante) douteux; hésitant, -te. **2.** (indeciso) indécis, -se. **3.** (incierto) incertain, -ne.

duelo [dwelo] *s. m.* **1.** deuil [*Estar de duelo. Être en deuil.*] **2.** (combate de dos personas) duel.

duende [dwende] *s. m.* lutin.

dueño, -ña [dweɲo] *s. m. y f.* **1.** (amo) maître, -esse; propriétaire; patron, -onne. **2.** maître, -tresse [*Dueño de sí. Maître de soi.*] || **ser ~ de** posséder.

dulce [dulθe] *adj.* **1.** (suave) doux, -ouce. **2.** (con azúcar) sucré, -ée. || *s. m.* **3.** sucrerie *f.*; gâteau. || **dulces** *s. m. pl.* **4.** sucreries *f. pl.* **5.** (confites) confiseries *f.* **6.** (golosinas) douceurs *f.* *Sing.*

dulcificar [dulθifikar] *v. tr.* *fig.* (suavizar) adoucir; dulcifier.

dulzura [dulθura] *s. f.* douceur.

duna [duna] *s. f.* dune.

dúo [duo] *s. m.* *Mús.* duo.

duodécimo, -ma [dwoðeθimo] *adj. y pron.* douzième.

dúplex [dupleks] *s. m.* (piso) duplex.

duplicado, -da [duplikaðo] *s. m.* **1.** (copia) double. **2.** *Der.* duplicata *inv.* || *adj.* **3.** double, -ée. **4.** bis [*Vivo en el 3 duplicado. J'habite au numéro 3 bis.*]

duplicar [duplikar] *v. tr.* **1.** (multiplicar por dos) doubler. **2.** (hacer un duplicado) dupliquer; reproduire. || **duplicarse** *v. pr.* **3.** doubler.

duración [duraθjon] *s. f.* **1.** durée. **2.** (extensión) longueur; étendue.

durante [durante] *prep.* **1.** pendant [*Durante ese viaje. Pendant ce voyage.*] **2.** dans; lors de [*Durante la noche del lunes. Dans la nuit du lundi, lors du spectacle.*]

durar [durar] *v. intr.* durer; continuer.

dureza [durēθa] *s. f.* **1.** dureté. **2.** *Méd.* (en la piel) durillon *m.*

duro, -ra [dúro] *adj.* **1.** (sólido) dur, -e. **2.** (fuerte, resistente) fort, -te; solide. **3.** (ingrato, difícil) rébarbatif, -ive; rude. **4.** (voz, tono) cassant, -e. **5.** (moneda de 5 pesetas) douro (pièce de monnaie espagnole dont la valeur est de 5 pesetas). **6.** *fig.* (dinero) sou [Sin un duro. *Sans le sou*]. **7.** *adv.* (con esfuerzo) dur. **8.** (duramente) fortement; durement [Trabajar duro. *Travailler durement*].

E

e¹ [é] *s. f.* e *m.*

e² [é] *conj.* et. •Forme de la conjonction "y" devant un mot qui commence par "e" ou "he".

ebanista [eβanísta] *s. m. y f.* ébéniste.

ébano [éβano] *s. m.* ébène *f.*

ebrio, -bria [éβrjo] *adj.* ivre.

ebullición [eβuʎiθjón] *s. f.* **1.** ébullition. **2.** (burbujeo) bouillonnement *m.*

echar [etʃár] *v. tr.* **1.** (arrojar) jeter; lancer. **2.** (despedir, hacer marchar) chasser; mettre dehors. **3.** (a un empleado) congédier; renvoyer. **4.** (verter) verser. **5.** *Gastr.* (un ingrediente) mettre. **6.** (al correo) mettre. **7.** (expulsar, eliminar) expulser. **8.** (dientes) percer. **9.** (dientes, pelo) pousser [Está echando pelo. *Ses cheveux poussent.*] **10.** *Bot.* (hojas, raíces) pousser. **11.** (tumbar) coucher. **12.** (un puente, una pasarela) jeter. ‖ **echarse** *v. pr.* **13.** (arrojarse) se jeter. **14.** (saltar) sauter. **15.** (tumbarse) se coucher. **16.** se mettre; éclater [Echarse a llorar. *Se mettre à pleurer.*] ‖ **~ a volar** s'envoler. **~ hacia atrás** renverser. **~ una mano** donner un coup de main. **echarse a perder** (una mercancía) s'abîmer. | (el tiempo, las personas) se gâter.

eclesiástico, -ca [eklesjástiko] *adj. y s. m.* ecclésiastique.

eclipse [eklípse] *s. m.* éclipse *f.*

eco [éko] *s. m.* écho; résonance *f.*

ecología [ekoloxía] *s. f.* écologie.

ecologismo [ekoloxísmo] *s. m.* écologisme.

ecologista [ekoloxísta] *s. m. y f.* écologiste.

economato [ekonomáto] *s. m.* économat.

economía [ekonomía] *s. f.* économie.

económico, -ca [ekonómiko] *adj.* économique.

economizar [ekonomiθár] *v. tr.* économiser; épargner; faire des économies.

ecosistema [ekosistéma] *s. m.* écosystème.

ecuador [ekwaðór] *s. m., Geogr.* équateur.

ecuatoriano, -na [ekwatorjáno] *adj.* **1.** équatorien, -enne. ‖ *s. m. y f.* **2.** Équatorien, -enne.

ecuestre [ekwéstre] *adj.* équestre.

edad [eðáð] *s. f.* **1.** (época) âge *m.*; époque. **2.** (años) âge *m.* [¿Qué edad tiene? *Quel âge avez-vous?*] ‖ **de mayor ~** plus âgé, -ée. **Edad Media** Moyen Âge.

edición [eðiθjón] *s. f.* **1.** édition. **2.** (publicación) publication.

edicto [eðíkto] *s. m.* édit.

edificar [eðifikár] *v. tr.* **1.** bâtir; construire. **2.** *fig.* édifier.

edificio [eðifíθjo] *s. m.* **1.** édifice. **2.** (inmueble) bâtiment; immeuble.

editar [eðitár] *v. tr.* éditer.

editor, -ra [eðitór] *s. m. y f.* éditeur, -trice.

editorial [eðitorjál] *adj. m. y f.* **1.** éditorial, -le. ‖ *s. f.* **2.** maison d'édition. ‖ *s. m.* **3.** éditorial.

edredón [eðreðón] *s. m.* **1.** édredon. **2.** (nórdico) couette *f.*; duvet (de plumas). •El edredón nórdico sustituye gralm. a la sábana superior y las mantas.

educación [eðukaθjón] *s. f.* éducation. ‖ **buena ~** politesse.

educado, -da [eðukáðo] *adj.* **1.** (criado) élevé, -ée. **2.** (formado) éduqué, -ée. **3.** (cortés) poli, -ée; bien élevé, -ée.

educar [eðukár] *v. tr.* **1.** (criar) élever. **2.** (en la escuela) éduquer. **3.** *fig.* (formar) façonner.

educativo, -va [eðukatíβo] *adj.* éducatif, -ive.

edulcorante [eðulkoránte] *adj. y s. m.* édulcorant, -te.

EFECTIVO - ELEGANCIA

efectivo, -va [efektíβo] *adj.* **1.** effectif, -ive. ‖ *s. m.* **2.** effectif, personnel. ‖ **en ~ en espèces.**

efecto [efékto] *s. m.* effet. ‖ **efectos especiales** truquage.

efectuar [efektuár] *v. tr.* effectuer, opérer. **2.** *se efectuarse v. pr.* se dérouler.

efervescencia [eferβesθénθja] *s. f.* **1.** effervescence. **2.** *fig.* (agitación) bouillonnement *m.*

efervescente [eferβesθénte] *adj.* effervescent, -te.

eficacia [efikáθja] *s. f.* efficacité.

eficaz [efikáθ] *adj.* efficace.

eficiente [efiθjénte] *adj.* efficient, -te.

efímero, -ra [efímero] *adj.* éphémère.

efusivo, -va [efusíβo] *adj.* expansif, -ive.

egoísmo [eɣoísmo] *s. m.* égoïsme.

egoísta [eɣoísta] *adj. y s. m. y f.* égoïste.

eje [éxe] *s. m.* **1.** axe. **2.** (de rueda) essieu. **3.** (de un crimen) consommation.

ejecución [exekuθjón] *s. f.* **1.** (realización) exécution. **2.** (condena) exécution.

ejecutar [exekutár] *v. tr.* **1.** exécuter, réaliser. **2.** *Mús.* (una pieza) jouer. **3.** (un acto) consommer. **4.** (ajusticiar) exécuter.

ejecutivo, -va [exekutíβo] *adj. y s. m. y f.* **1.** (poder) exécutif, -ive. ‖ *s. m. y f.* **2.** (en una empresa) cadre.

ejemplar [exemplár] *adj.* **1.** exemplaire. ‖ *s. m.* **2.** exemplaire. **3.** (espécimen) spécimen.

ejemplo [exémplo] *s. m.* exemple.

ejercer [exerθér] *v. tr.* **1.** exercer. **2.** (una actividad) remplir.

ejercicio [exerθíθjo] *s. m.* **1.** exercice. **2.** (tarea del colegio) devoir. **3.** (en un doble folio) copie *f.*

ejercitar [exerθitár] *v. tr.* **1.** (entrenar) exercer, entraîner. ‖ **ejercitarse** *v. pr.* **2.** s'exercer, s'entraîner.

ejército [exérθito] *s. m.* armée *f.*

el [el] *art. det. sing.* **1.** le, l' (delante de vocal o "h" muda) [El avión, el hombre, el libro. L'avion, l'homme, le livre.] ‖ *pron.* **2.** (+que/de) celui [+que que venga. Celui qui viendra.]

él [él] *pron. pers.* 3ª *sing. m.* **1.** (sujeto) il [Él canta mañana. Il chante demain.] **2.** lui [Yo vengo mañana, él hoy. Je viens demain, lui aujourd'hui.] ‖ **a ~** (a ella, a ellos, a ellas) y (Volvemos a ella cada verano. Nous y retournons tous les étés.] **de ~** (de ella, de ellos, de ellas) [De él se han encontrado algunas piezas (del tesoro). On en a trouvé quelques pièces (du trésor).] **en ~** (en ella, en ellos, en ellas) y [En él se la siguiente frase. On y lit la phrase suivante.]

elaborar [elaβorár] *v. tr.* élaborer.

elástico, -ca [elástiko] *adj.* élastique.

elección [elekθjón] *s. f.* **1.** élection [Elecciones generales. Élections législatives.] **2.** (decisión) choix *m.*

elector, -ra [elektór] *s. m. y f.* électeur, -trice.

electoral [elektorál] *adj.* électoral, -le.

electricidad [elektriθiðáð] *s. f.* électricité.

eléctrico, -ca [eléktriko] *adj.* électrique.

electrocutar [elektrokutár] *v. tr.* électrocuter.

electrodoméstico [elektroðoméstiko] *adj. m.* **1.** électroménager, -ère. ‖ *s. m.* **2.** appareil électroménager sing. **electrodomésticos** *s. m. pl.* **3.** électroménager sing.

electrónico, -ca [elektróniko] *adj.* **1.** électronique. ‖ **electrónica** *s. f.* **2.** électronique.

elefante, -ta [elefánte] *s. m. y f. Zool.* éléphant, -te.

elegancia [eleɣánθja] *s. f.* **1.** élégance. **2.** (distinción) chic *m.*

142

ELEGANTE - EMBEBER

elegante [eleɣánte] *adj.* élégant, -te; distingué, -ée; chic.

elegir [eleχír] *v. tr.* **1.** (escoger) choisir. **2.** élire [Elegir por votación. *Élire aux voix.*]

elemental [elementál] *adj.* élémentaire.

elemento [eleménto] *s. m.* **1.** élément. **2.** *fam.* individu.

elevación [eleβaθjón] *s. f.* élévation.

elevado, -da [eleβáðo] *adj. f.* **1.** élevé, -ée. **2.** *fig.* (sublime) grand; sublime.

elevar [eleβár] *v. tr.* **1.** élever. **2.** (erigir) ériger. **3.** (la moral) remonter. **4.** (hacer escuchar) élever [Elevar una voz crítica. *Élever une voix critique.*] ‖ **elevarse** *v. pr.* **5.** (un avión, un pájaro) s'élever. **6.** (tener una altura de) monter. **7.** *fig.* (una suma) s'élever.

eliminar [eliminár] *v. tr.* éliminer.

eliminatoria [eliminatórja] *s. f.* éliminatoire.

elipse [elípse] *s. f.* ellipse.

élite o elite [élite] *s. f.* élite. ‖ **de ~** d'élite.

elixir [elíksír] *s. m.* élixir.

ella [éʎa] *pron. pers. 3ª sing. f.* elle.

ello [éʎo] *pron. pers. 3ª sing. n.* cela. ‖ **de ~** en [No sé nada de ello. *Je n'en sais rien.*]

ellos [éʎos] *pron. pers. 3ª pl. m.* **1.** (sujeto) ils. **2.** (enfático) eux. ‖ **ellas** *pron. pers. 3ª pl. f.* **3.** (sujeto, enfático, atributo y después de preposición) elles.

elocuencia [elokwénθja] *s. f.* éloquence.

elocuente [elokwénte] *adj.* éloquent, -te.

elogiar [eloχjár] *v. tr.* **1.** (alabar) louer. **2.** *fig.* (aplaudir) applaudir.

elogio [elóχjo] *s. m.* éloge; louange *f.;* compliment.

eludir [eluðír] *v. tr.* éluder.

emancipar [emanθipár] *v. tr.* émanciper. ‖ **emanciparse** *v. pr.* **2.** s'émanciper.

embadurnar [embaðurnár] *v. tr.* **1.** (untar) enduire. **2.** (manchar) barbouiller.

embajada [embaχáða] *s. f.* ambassade.

embajador, -ra [embaχaðór] *s. m. y f.* ambassadeur, -trice.

embalar [embalár] *v. tr.* **1.** (grandes paquetes) emballer. **2.** (envasar un producto) conditionner. ‖ **embalarse** *v. pr.* **3.** (acelerar) s'emballer.

embalsamar [embalsamár] *v. tr.* embaumer.

embalse [embálse] *s. m.* **1.** (reserva de agua) réservoir d'eau. **2.** (presa) barrage.

embarazada [embaraθáða] *adj. f.* enceinte. ‖ **quedarse ~** tomber enceinte.

embarazo [embaráθo] *s. m.* grossesse *f.*

embarazoso, -sa [embaraθóso] *adj.* **1.** embarrassant, -te. **2.** (voluminoso) encombrant, -te.

embarcación [embarkaθjón] *s. f.* embarcation.

embarcadero [embarkaðéro] *s. m.* embarcadère.

embarcar [embarkár] *v. tr.* **1.** embarquer; s'embarquer. ‖ **embarcarse** *v. pr.* **2.** s'embarquer.

embarco [embárko] *s. m.* embarquement.

embargar [embarɣár] *v. tr.* **1.** *Der.* (incautar) saisir; séquestrer. **2.** *fig.* (apoderarse de) saisir; s'emparer.

embargo [embárɣo] *s. m.* saisie *f.;* séquestre. ‖ **sin ~** cependant.

embarque [embárke] *s. m.* embarquement. ‖ **tarjeta de ~** carte d'embarquement.

embarullar [embaruʎár] *v. tr.* **1.** embrouiller. ‖ **embarullarse** *v. pr.* **2.** s'embrouiller.

embaucar [embawkár] *v. tr.* (convencer con engaño) leurrer; tromper; duper.

embeber [embeβér] *v. tr.* **1.** (absorber) absorber. **2.** (empapar) imbiber; tremper.

embelesar [embelesár] v. tr. (encantar) ravir, charmer.

embellecer [embeðeθér] v. tr. embellir.

embestida [embestíða] s. f. charge.

embestir [embestír] v. tr. 1. (atacar) assaillir, attaquer. 2. (cargar contra) charger.

emblema [embléma] s. m. f. emblème.

embolsar [embolsár] v. tr. empocher.

emborrachar [emborrat∫ár] v. tr. soûler.

emborronar [emboronár] v. tr. (pintarrajear) griffonner, barbouiller.

emboscada [emboskáða] s. f. embuscade, guet-apens m. (para robar o matar).

embotellamiento [emboteʎamjénto] s. m. embouteillage.

embotellar [emboteʎár] v. tr. embouteiller.

embrague [embráɣe] s. m. embrayage.

embravecerse [embraβeθérse] v. pr. 1. (personas) s'irriter. 2. (el mar) se déchaîner, être démontée.

embriagado, -da [embrjaɣáðo] adj. 1. (borracho) ivre. 2. fig. enivré, -ée.

embriagar [embrjaɣár] v. tr. fig. enivrer.

embriaguez [embrjaɣéθ] s. f. 1. ivresse. enivrement m. 2. fig. (éxtasis) ivresse. ∥ **ligera ~** griserie.

embrión [embrjón] s. m. embryon.

embrollar [embroʎár] v. tr. 1. (desordenar) embrouiller, brouiller. 2. (enmarañar) embrouiller, emmêler. ∥ **embrollarse** v. pr. 3. (las ideas) se brouiller; s'embrouiller.

embrollo [embróʎo] s. m. 1. (de hilos) embrouillement. 2. (confusión) confusión f. 3. (lío) imbroglio.

embrutecer [embruteθér] v. tr. 1. (entorpecer las facultades) abrutir, abêtir. ∥ **embrutecerse** v. pr. 2. s'abrutir.

embudo [embúðo] s. m. entonnoir.

embuste [embúste] s. m. 1. (mentira) mensonge. 2. (engaño) tromperie.

embustero, -ra [embustéro] adj. y s. m. y f. menteur, -euse.

embutido [embutíðo] s. m. charcuterie f. (saucisson, boudin). ∥ **tienda de embutidos** charcuterie.

emergencia [emerxénθja] s. f. 1. (aparición) émergence. 2. (urgencia) urgence.

emerger [emerxér] v. intr. 1. émerger. 2. (salir) sortir.

emigración [emiɣraθjón] s. f. émigration.

emigrante [emiɣránte] adj. y s. m. y f. émigrant, -e.

emigrar [emiɣrár] v. intr. émigrer.

eminencia [eminénθja] s. f. éminence.

eminentísimo, -ria [eminentísimo] adj. y s. m. y f. éminentissime m.

emisario [emisárjo] s. m. émissaire m.

emisora [emisóra] s. f. poste émetteur; émetteur m.

emitir [emitír] v. tr. émettre.

emoción [emoθjón] s. f. émotion.

emocionar [emoθjonár] v. tr. 1. émouvoir. ∥ **emocionarse** v. pr. 2. s'émouvoir.

emotivo, -va [emotíβo] adj. émotif, -ive.

empacho [empát∫o] s. m. embarras gastrique; indigestión f. ∥ **coger un ~** avoir une indigestion.

empadronar [empaðronár] v. tr. (registrar en el padrón) recenser.

empalagoso, -sa [empalaɣóso] adj. 1. écœurant, -te (un aliment trop sucré). 2. fig. (desagradable) ennuyeux, -euse.

empalizada [empaliθáða] s. f. 1. palissade. 2. (cercado de estacas) palis m.

empalmar [empalmár] v. tr. 1. (cables, vías, ferrocarril) embrancher, raccorder, joindre. 2. (con otro tema) brancher.

empanada [empanáða] s. f. 1. pâté pâté en croûte. 2. (redonda de carne, pescado

o dulce) tourte. **3.** (pequeña) friand *m*. **4.** (lío) confusion, trouble *m*.

empanadilla [empanaðiʎa] *s.f.* (de carne, atún) friand *m*. **2.** (dulce) chausson.

empanar [empanar] *v. tr.* paner.

empañar [empaɲar] *v. tr.* **1.** embuer. **2.** *fig.* ternir.

empapar [empapar] *v. tr.* **1.** (mojar) tremper. **2.** (de algo) imbiber [Empapar la esponja de agua. Imbiber l'éponge d'eau]. **3.** (calar) mouiller. ‖ **empaparse** *v. pr.* **4.** se mouiller. *fig.* se pénétrer.

empapelar [empapelar] *v. tr.* **1.** envelopper. **2.** (la pared) tapisser.

empaquetar [empaketar] *v. tr.* empaqueter, paqueter.

emparedado [emparedaðo] *s. m.* sandwich (de pain de mie).

emparejar [emparexar] *v. tr.* **1.** (formar pares o parejas) accoupler. **2.** (casar, armonizar) assortir.

empastar [empastar] *v. tr.* **1.** *Med.* (un diente o una muela) plomber. **2.** *Impr.* (encuadernar) cartonner.

empaste [empaste] *s. m. Med.* (dientes) plombage.

emparar [emparar] *v. tr.* **1.** (igualar) el partido) égaliser. **2.** (acabar en empate) faire match nul.

empate [empate] *s. m.* **1.** (en la primera vuelta de las elecciones) ballottage. **2.** *Dep.* match nul. **3.** (opiniones) partage. ‖ **~ a dos** deux partout.

empecinado, -da [empeθinaðo] *adj.* **1.** endurci, -ie. **2.** (obstinado) acharné, -ée.

empedrado, -da [empeðraðo] *adj.* **1.** pavé, -ée. **2.** *s. m.* **2.** pavage, pavé.

empedrar [empeðrar] *v. tr.* (un camino) paver (avec des cailloux ou des pierres).

empeine [empeine] *s. m.* **1.** (del pie) coude-pied. **2.** (del zapato) empeigne *f*.

empeñar [empeɲar] *v. tr.* **1.** engager. ‖ **empeñarse** *v. pr.* **2.** (endeudarse) s'endetter. **3.** (obstinarse) s'obstiner.

empeño [empeɲo] *s. m.* **1.** (de objetos) engagement. **2.** (esfuerzo personal) effort. **3.** (obstinación) acharnement.

empeorar [empeorar] *v. tr.* **1.** aggraver. ‖ *v. intr.* **2.** (salud) empirer, se détériorer. **3.** (un enfermo) aller très mal.

empequeñecer [empekeɲeθer] *v. tr.* **1.** (reducir de tamaño) rapetisser. ‖ *v. intr.* **2.** (disminuir) diminuer. **3.** (reducir) s'amoindrir.

emperador [emperaðor] *s. m.* empereur.

emperatriz [emperatriθ] *s.f.* impératrice.

empezar [empeθar] *v. tr.* **1.** commencer. **2.** (una conversación, una negociación) engager, entamer. **3.** (a comer, a gastar) entamer.

empinado, -da [empinaðo] *adj.* **1.** (levantado) dressé, -ée. **2.** (en pendiente) en pente.

empinar [empinar] *v. tr.* lever.

emplasto [emplasto] *s. m.* emplâtre.

empleado, -da [empleaðo] *adj.* **1.** (usado) usité, -ée; employé, -ée. ‖ *s. m. y f.* **2.** employé, -ée. **3.** (dependiente) commis, *m.*

emplear [emplear] *v. tr.* employer.

empleo [empleo] *s. m.* **1.** (uso) emploi, usage. **2.** (trabajo) emploi.

empobrecer [empoβreθer] *v. tr.* appauvrir.

empollar [empoʎar] *v. tr.* **1.** (las aves) couver. **2.** *fig.* (estudiar mucho) bûcher.

empollón, -llona [empoʎon] *s. m. y f.* (un alumno) bûcheur, -euse.

empolvar [empolβar] *v. tr.* **1.** poudrer. ‖ **empolvarse** *v. pr.* **2.** se poudrer.

EMPOTRAR - ENAJENAR

empotrar [empɔtʁe] *v. tr.* (en la pared) encastrer [Un armario empotrado. *Une armoire encastrée*].

emprendedor, -ra [empʁɑ̃dədœʁ] *adj.* entreprenant, -te.

emprender [empʁɑ̃dʁe] *v. tr.* **1.** (un negocio, un viaje, un trabajo) entreprendre. **2.** (una tarea) attaquer [Emprender la tarea. *Attaquer la tâche*].

empresa [empʁesa] *s. f.* entreprise.

empresario, -ria [empʁesaʁjo] *s. m. y f.* **1.** entrepreneur, -euse [Grandes y pequeños empresarios. *Grands et petits entrepreneurs*]. **2.** (el que emplea a alguien) employeur, -euse. **3.** (de espectáculos, de encuentros deportivos) manager *m*; impresario *m*. **4.** (patrón) patron, -onne.

empujar [empuxaʁ] *v. tr.* **1.** pousser. **2.** (a alguien) pousser; bousculer. **3.** *fig.* (impulsar; llevar) emporter. **4.** (incitar) pousser, provoquer.

empuje [empuxe] *s. m.* **1.** (impulso) poussée *f.* **2.** *fig.* énergie *f.*

empujón [empuxon] *s. m.* **1.** poussée *f.* **2.** (golpe a una persona) bourrade *f.* **3.** (de la gente) bousculade *f.*

empuñar [empuɲaʁ] *v. tr.* **1.** (un arma) empoigner. **2.** (asir) saisir.

emular [emulaʁ] *v. tr.* imiter; rivaliser.

en *prep.* **1.** (localización) [Está en el instituto. *Il est au lycée*]. **2.** (dentro de) dans [Está en la cocina. *Il est dans la cuisine*]. **3.** (en un lugar encerrado) dans [En la calle. *Dans la rue*]. **4.** (encima de) sur [En la mesa, en el camino, en la playa. *Sur la table, sur le chemin, sur la plage*]. **5.** (sobre una superficie) sur [Lo leí en el periódico, en un papel, en una lista. *Je l'ai lu sur le journal, sur un papier, sur une liste*]. **6.** (ciudades) à [Estoy en Sevilla. *Je suis à Séville*]. **7.** (regiones y departamentos franceses pl. y m. sing.) dans [Viven en Ardenas. *Ils habitent dans les Ardennes*]. **8.** (países) au (m. sing.); aux (pl.); en (m. sing. que empiece por vocal o 'h, muda o país f.) [He estado en España, Líbano y Estados Unidos. *J'ai été en Espagne, au Liban et aux États Unis*]. **9.** (en el país de) chez [En Inglaterra. *Chez les Anglais*]. **10.** (en el establecimiento de) chez [En la peluquería. *Chez le coiffeur*]. **11.** (en una empresa) chez [Trabaja en Fagor. *Il travaille chez Fagor*]. **12.** (emisora, cadena, medio de comunicación) sur [Hay una película en Arte. *Il y a un film sur Arte*]. **13.** (época, siglo, mes) à [En aquella época, en el siglo XIX, en el mes de marzo. *À l'époque, au XIXème siècle, au mois de mars*]. **14.** (meses y años) en [En junio, en 1578. *En juin, en 1578*]. **15.** (estaciones) à [En primavera, en verano, en otoño, en invierno. *Au printemps, en été, en automne, en hiver*]. **16.** (duración) en [Lo hizo en tres días. *Il l'a fait en trois jours*]. **17.** (expresiones temporales) de [En mi vida, en nuestros tiempos, en mis tiempos. *De ma vie, de nos jours, de mon temps*]. **18.** (modo) dans [En estilo barroco. *Dans un style baroque*]. **19.** à [En voz alta. *À voix haute*]. **20.** (estado) en [En guerra. *En guerre*]. **21.** (vestido) en [En camisa. *En chemise*]. **22.** (transporte) à (pie), bicyclette, cheval); en (avión, bus, voiture, train); par (le train). ‖ **~ que** [El día en que naciste. *Le jour où tu es né*].

enajenación [enaxenaθjon] *s. f.* aliénation.

enajenar [enaxenaʁ] *v. tr.* **1.** (alienar) aliéner. **2.** *fig.* rendre fou.

ENAMORADO - ENCARNIZARSE

enamorado, -da [enamoráðo] *adj.*
1. amoureux, -euse. **2.** (apasionado, entusiasta) passionné, -ée.

enamorar [enamorár] *v. tr.* **1.** rendre
amoureux. ‖ **enamorarse** *v. pr.* **2.** tomber amoureux; s'éprendre.

enano, -na [enáno] *adj. y s. m. y f.* nain,
-ne.

enardecer [enarðeθér] *v. tr.* échauffer.

encabezamiento [enkaβeθamjénto] *s. m.*
(en una carta) en-tête.

encabezar [enkaβeθár] *v. tr.* **1.** (estar a la
cabeza de) être à la tête de. **2.** (un texto)
commencer.

encabritarse [enkaβritárse] *v. pr.* se cabrer. ‖ **hacer ~** cabrer.

encadenar [enkaðenár] *v. tr.* enchaîner.

encajar [enkaxár] *v. tr.* **1.** (una pieza en
otra) emboîter; encastrer. **2.** (un hueso
desencajado) remettre. **3.** (golpes) encaisser. ‖ *v. intr.* **4.** s'emboîter. **5.** (tener
sitio) rentrer [La pieza no encaja. *La pièce
ne rentre pas.*] **6.** joindre [La puerta no
encaja. *La porte ne joint pas.*]

encaje [enkáxe] *s. m.* dentelle *f.*

encajonar [enkaxonár] *v. tr.* coincer.

encalar [enkalár] *v. tr.* badigeonner.

encallar [enkaʎár] *v. tr.* **1.** échouer; ensabler. ‖ *v. intr.* **2.** s'ensabler.

encaminar [enkaminár] *v. tr.* **1.** acheminer. ‖ **encaminarse** *v. pr.* **2.** se diriger.

encantado, -da [enkantáðo] *adj.* **1.** enchanté, -ée; ensorcelé, -ée. **2.** *fig. y fam.*
ravi, -ie. **3.** hanté, -ée [Una casa encantada. *Une maison hantée.*]

encantador, -ra [enkantaðór] *adj.* charmant, -te.

encantar [enkantár] *v. tr.* **1.** (hacer un
sortilegio) enchanter. **2.** (gustar mucho)
adorer [Me encanta la música. *J'adore la*

musique.] **3.** (cautivar, entusiasmar) ravir. **4.** (deleitar) enchanter.

encanto [enkánto] *s. m.* **1.** charme [Romper el encanto. *Rompre le charme.*]
2. (sortilegio) enchantement. **3.** *fig.*
amour [Un encanto de niño. *Un amour
d'enfant.*] ‖ **encantos** *s. m. pl.* **4.** (de la
mujer, de una cosa) charmes; appas.

encañonar [enkaɲonár] *v. tr.* pointer.

encapotarse [enkapotárse] *v. pr.* (el cielo) se couvrir.

encapricharse [enkapritʃárse] *v. pr.*
1. (con algo) s'entêter. **2.** (de alguien)
s'amouracher.

encaramar [enkaramár] *v. tr.* **1.** jucher;
hisser. ‖ **encaramarse** *v. pr.* **2.** (a una
rama) se jucher. **3.** *fig.* (subirse) grimper.

encarcelar [enkarθelár] *v. tr.* emprisonner; mettre prison.

encarecer [enkareθér] *v. tr.* **1.** renchérir;
élever. ‖ *v. intr.* **2.** renchérir. ‖ **encarecerse** *v. pr.* **3.** renchérir.

encargado, -da [enkaryáðo] *s. m. y f.*
1. (responsable) responsable. **2.** (capataz)
contremaître. **3.** (subalterno) préposé, -ée;
commis *m.* ‖ *adj. y s. m. y f.* **4.** chargé, -ée.

encargar [enkaryár] *v. tr.* **1.** (hacer un pedido) commander. **2.** (encomendar) charger. ‖ **encargarse** *v. pr.* **3.** se charger.

encargo [enkáryo] *s. m.* **1.** (recado) commission *f.* **2.** *Econ.* (pedido) commande *f.*

encariñarse [enkariɲárse] *v. pr.* s'attacher.

encarnado, -da [enkarnáðo] *adj.* **1.** (materializado) incarné, -ée. **2.** (rojo) rouge.
3. (bermejo) vermeil, -eille.

encarnar [enkarnár] *v. tr.* **1.** incarner.
‖ **encarnarse** *v. pr.* **3.** s'incarner.

encarnizado, -da [enkarniθáðo] *adj.*
acharné, -ée.

encarnizarse [enkarniθárse] *v. pr.* s'acharner.

encasillar [eŋkasiʎár] *v. tr.* **1.** (a una persona) classer. **|| encasillarse** *v. pr.* **2.** se limiter; se borner.

encauzar [eŋkawθár] *v. tr.* **1.** (conducir) diriger; acheminer; canaliser. **2.** (poner en el buen camino) mettre sur la voie.

encendedor [enθendeðór] *s. m.* briquet.

encender [enθendér] *v. tr.* **1.** allumer. **|| encenderse** *v. pr.* **2.** prendre.

encendido, -da [enθendíðo] *adj.* **1.** allumé, -ée. **2.** (incandescente) rouge vif. **|| ~** *s. m.* **3.** allumage.

encerado, -da [enθeráðo] *adj.* **1.** ciré, -ée. **|| ~** *s. m.* **2.** (del parquet) cirage. **3.** (en una clase) tableau; tableau noir.

encerrar [enθerrár] *v. tr.* **1.** enfermer. **2.** (contener) renfermer; contenir. **3.** *fig.* (comprender) impliquer; renfermer. **4.** (con cerrojo) verrouiller. **|| encerrarse** *v. pr.* **5.** s'enfermer; se renfermer. **6.** (retirarse, abstraerse) se cloîtrer.

encerrona [enθerróna] *s. f.* **1.** (trampa) piège; guet-apens; filet. **2.** (examen a puerta cerrada) examen à huis clos.

encharcar [entʃarkár] *v. tr.* **1.** inonder. **|| encharcarse** *v. pr.* **2.** être inondé.

enchufar [entʃufár] *v. tr.* **1.** brancher; connecter. **2.** (dos tubos) raccorder; accoupler. **3.** *fig. y fam.* (recomendar) pistonner.

enchufe [entʃúfe] *s. m.* **1.** prise *f.*; prise de courant. **2.** *fam.* **~** piston, avoir du piston.

encía [enθía] *s. f.* gencive.

enciclopedia [enθiklopeðja] *s. f.* **1.** encyclopédie. **2.** *fig.* (persona) encyclopédie vivante.

encierro [enθjérro] *s. m.* réclusion *f.*

encima [enθíma] *adv.* **1.** (en o sobre la cara superior) dessus [lo ha puesto encima (del libro). Il t'a mis dessus (sur le livre)]. **2.** (más arriba, por encima, en la parte superior) au-dessus [los dormitorios están encima (de esta habitación). Les chambres sont au-dessus de cette salle]. **3.** (además) en plus; de plus; en outre. [Pagó cuatro mil euros y encima la comisión. Il a payé quatre mille euros et en plus les intérêts]. **4.** **~** sur [No llevo dinero encima. Je n'ai pas d'argent sur moi]. **|| ~ ahí** là-dessus. **~ de** (sobre una superficie) sur [Está encima de la mesa. Sur la table]. **|** (por encima de) au-dessus de [Colgué el cuadro encima de la chimenea. J'ai accroché le tableau au-dessus de la cheminée] **por ~** par-dessus [Salió por encima. Il a sauté par-dessus]. **|** *fig.* (superficialmente) superficiellement [Lo leyó por encima. Il l'a lu superficiellement]. **|** *fig.* par-delà. **de ~** (sin contacto) au-dessus de. **Por ~ de** (sin contacto) au-dessus de. | por delà [Por encima de los 50 años. Au-delà des 50 ans]. | *fig.* par delà [Por encima del bien y del mal. Par-delà le bien et le mal].

encina [enθína] *s. f.* **1.** Bot. (árbol) chêne vert; yeuse. **2.** (madera) chêne *m.*

encinta [enθínta] *adj. f.* enceinte.

enclenque [eŋkléŋke] *adj.* chétif, -ive.

encoger [eŋkoxér] *v. tr.* **1.** (estrechar) rétrécir. **2.** *fig.* (el corazón) resserrer. **|| encogerse** *v. pr.* **3.** *intr.* rétrécir. **|** *v. pr.* **4.** (estrecharse) se rétrécir. **5.** *fig.* (el corazón) se serrer. **6.** (acurrucarse) se recroqueviller; se ramasser. **|| encogerse de hombros** hausser les épaules.

encolerizar [eŋkoleriθár] *v. tr.* mettre en colère; irriter.

encontrar [eŋkontrár] *v. tr.* **1.** (hallar) trouver. **2.** rencontrer [Encontrar problemas, un amigo en la calle. *Rencontrer des problèmes, un ami dans la rue*]. **3.** (descu-

ENCORVADO - ENFILAR

encorvado, -da [eŋkorβaðo] *adj* courbé, -ée; voûté, -ée.
encorvar [eŋkorβar] *v. tr.* **1.** (curvar) courber. **2.** (la espalda) voûter. || **encorvarse** *v. pr.* **3.** se voûter.
encrespar [eŋkrespar] *v. tr.* **1.** crêper. **2.** (erizar) hérisser. || **encresparse** *v. pr.* **3.** se crêper. **4.** (el mar, el pelo) s'agiter.
encrucijada [eŋkruθixaða] *s. f.* (cruce) carrefour *m.*
encuadernación [eŋkwaðernaθjon] *s. f.* **1.** reliure, brochure. **2.** (tapas) couverture. || ~ **en pasta** cartonnage *m.* ~ **en piel** reliure en cuir. ~ **en rústica** reliure brochée. ~ **en tela** entoilage *m.*
encuadernar [eŋkwaðernar] *v. tr.* relier, brocher. || ~ **en cartón** cartonner ~ **en rústica** brocher.
encuadrar [eŋkwaðrar] *v. tr.* **1.** encadrer. **2.** fot. cadrer.
encubrir [eŋkuβrir] *v. tr.* **1.** (disimular) cacher. **2.** (a un criminal) receler, déborder.
encuentro [eŋkwentro] *s. m.* **1.** rencontre *f.* **2.** *Dep.* match. || **al** ~ au-devant.
encuesta [eŋkwesta] *s. f.* enquête.
endeble [endeβle] *adj.* **1.** (enclenque) chétif, -ive; douillet, -ette. **2.** (débil) faible.
endemoniado, -da [endemonjaðo] *adj.* **1.** (poseído) possédé, -ée. **2.** (diabólico) diabolique. **3.** (desagradable) satané, -ée. **4.** (frenético) endiablé, -ée.
enderezar [endereθar] *v. tr.* redresser. || **enderezarse** [endereθarse] *v. pr.* s'enderezar.

endibia [endiβja] *s. f. Bot.* endive.
endulzar [endulθar] *v. tr.* **1.** (azucarar) sucrer. **2.** (algo amargo ó ácido) adoucir.
endurecer [endureθer] *v. tr.* **1.** durcir. **2.** (las manos) racornir. || **endurecerse** *v. pr.* **3.** se scléroser.
enemigo, -ga [enemiyo] *adj.* y *s. m.* y *f.* ennemi, -ie.
enemistad [enemistað] *s. f.* inimitié.
enemistar [enemistar] *v. tr.* **1.** brouiller. || **enemistarse** *v. pr.* **2.** se brouiller.
energético, -ca [enerxetiko] *adj.* énergétique.
energía [enerxja] *s. f.* énergie.
enérgico, -ca [enerxiko] *adj.* **1.** énergique. **2.** (firme) ferme.
enero [enero] *s. m.* janvier [El uno o el dos de enero. *Le premier ou le deux janvier*].
enfadar [enfaðar] *v. tr.* (enojar) fâcher. || **enfadarse** *v. pr.* **2.** se fâcher.
enfado [enfaðo] *s. m.* **1.** (disgusto) mécontentement, irritation. **2.** (desavenencia) fâcherie *f.*; brouille *f.*
enfásis [enfasis] *s. m.* emphase *f.*
enfático, -ca [enfatiko] *adj.* emphatique.
enfermar [enfermar] *v. intr.* tomber malade.
enfermedad [enfermeðað] *s. f.* maladie.
enfermería [enfermerja] *s. f.* infirmerie.
enfermero, -ra [enfermero] *s. m.* y *f.* infirmier, -ière.
enfermizo, -za [enfermiθo] *adj.* maladif, -ive.
enfermo, -ma [enfermo] *adj.* y *s. m.* y *f.* malade. || **poner~** tomber malade.
enfervorizar [enferβoriθar] *v. tr.* **1.** enflammer, galvaniser. || **enfervorizarse** *v. pr.* **2.** s'enflammer.
enfilar [enfilar] *v. tr.* **1.** (ensartar) enfiler. **2.** (hilvanar) surfiler.

ENFOCAR - ENJUGAR

enfocar [enfokár] *v. tr.* 1. (una imagen) mettre au point. 2. (dirigir el objetivo) viser. ‖ ~ **de** (proyectar luz) allumer [Enfocar con una linterna. *Allumer avec la lampe de poche*] 4. (un problema) envisager.

enfoque [enfóke] *s. m.* 1. (de una imagen) mise au point. 2. (de un problema) approche *f.*; optique *f.*; perspective *f.*

enfrentar [enfrentár] *v. tr.* 1. mettre face à face. ‖ **enfrentarse** *v. pr.* 2. s'affronter. 3. (dos jugadores, dos equipos) s'opposer. 3. (dos jugadores, dos equipos) rencontrer. 4. *fig.* avoir affaire à.

enfrente [enfrénte] *adv.* 1. en face [El edificio se encontraba enfrente. *Le bâtiment se trouve en face*]. 2. (delante de) devant. ‖ ~ **de** (lugar delante de) en face de. *fig.* (frente a) vis-à-vis de; face à.

enfriamiento [enfrjamjénto] *s. m.* 1. refroidissement. 2. *Med.* refroidissement.

enfriar [enfrjár] *v. tr.* 1. refroidir. 2. *fig.* attiédir. ‖ **enfriarse** *v. pr.* 3. prendre froid.

enfundar [enfundár] *v. tr.* 1. (una prenda) mettre dans une housse. 2. (poner una funda) engainer. 3. (pistola) rengainer.

enfurecer [enfureθér] *v. tr.* 1. mettre en colère; rendre furieux; irriter. ‖ **enfurecerse** *v. pr.* 2. devenir furieux.

enganchar [engantʃár] *v. tr.* 1. (sujetar con un gancho) accrocher. 2. (animales) atteler. 3. (agarrar) raccrocher. 4. *fig.* (interesar) accrocher. ‖ **engancharse** *v. pr.* 5. s'accrocher.

engañar [engaɲár] *v. tr.* 1. tromper; duper; leurrer (embaucar). 2. (a una ingenuo) abuser. 3. (al marido, a la mujer) tromper. 4. (timar) rouler. 5. (a base de astucias) ruser. ‖ **engañarse** *v. pr.* 6. s'abuser, se méprendre.

engaño [engáɲo] *s. m.* tromperie *f.*

engañoso, -sa [engaɲóso] *adj. y s. m. y f.* (mentiroso) trompeur, -euse; menteur, -euse.

engarzar [engarθár] *v. tr.* 1. (piedras preciosas) enchâsser. 2. (cuentas en un collar) enfiler.

engastar [engastár] *v. tr.* (piedras preciosas) enchâsser; sertir; monter, sertir.

engatusar [engatusár] *v. tr.* 1. (con promesas) appâter. 2. (enredar) entortiller, cajoler. 3. (halagar) amadouer.

engendrar [enxendrár] *v. tr.* 1. engendrer. 2. (causar) engendrer.

engendro [enxéndro] *s. m.*, *fig. y fam.* avorton.

englobar [englobár] *v. tr.* englober.

engordar [engordár] *v. tr.* 1. grossir. 2. (animales) engraisser. 3. (aves de corral) gaver; empâter. ‖ *v. intr.* 4. grossir.

engorro [engóro] *s. m.*, *fam.* 1. embarras, ennui. 2. (problema) difficulté *f.*

engranaje [engranáxe] *s. m.* 1. (mecanismo) engrenage. 2. *fig.* rouages *pl.*

engrandecer [engrandeθér] *v. tr.*, *fig.* (elevar, hacer importante) grandir.

engrasar [engrasár] *v. tr.* graisser.

engrudo [engrúðo] *s. m.* colle de pâte.

engullir [engujír] *v. tr.* engloutir, avaler.

enhebrar [eneβrár] *v. tr.* enfiler, passer.

enhorabuena [enoraβwéna] *s. f.* 1. félicitation, compliments *m. pl.* ‖ **¡ ~ !** *interj.* 2. mes compliments!, félicitations! ‖ **dar la ~** féliciter.

enigma [eníɣma] *s. m.* énigme *f.*

enjabonar [enxaβonár] *v. tr.* savonner.

enjambre [enxámbre] *s. m.* essaim.

enjaular [enxawlár] *v. tr.* mettre en cage.

enjuagar [enxwaɣár] *v. tr.* 1. rincer. ‖ **enjuagarse** *v. pr.* 2. se rincer.

enjuague [enxwáɣe] *s. m.* rinçage.

enjugar [enxuɣár] *v. tr.* essuyer.

enjuiciar [enχujθjár] *v. tr.* **1.** mettre en accusation; juger. **2.** *fig.* juger.

enlace [enláθe] *s. m.* **1.** relation *f.*; lien. **2.** (unión) liaison *f.*

enlatar [enlatár] *v. tr.* (conservas) mettre en conserve; emboîter.

enlazar [enlaθár] *v. tr.* **1.** (atar, anudar) lier; attacher; nouer. **2.** (entrelazar) entrelacer. **3.** (empalmar) raccorder; embrancher; joindre [Enlazar dos vías férreas. *Raccorder deux voies ferrées.*] **4.** *fig.* (relacionar) unir; rattacher; relier. **5.** (encadenar) enchaîner [Enlazar ideas. *Enchaîner des idées.*]

enloquecer [enlokeθér] *v. tr.* **1.** affoler; rendre fou. || *v. intr.* **2.** s'affoler.

enmarañar [emmarañár] *v. tr.* emmêler; embrouiller; mêler.

enmascarar [emmaskarár] *v. tr.* **1.** (el rostro) masquer. **2.** *fig.* (encubrir, disfrazar) masquer; camoufler.

enmendar [emmendár] *v. tr.* **1.** corriger. **2.** (un daño) réparer. **3.** (un texto, una opinión) amender.

enmienda [emmjénda] *s. f.* **1.** correction. **2.** (en textos oficiales) amendement *m.*

enmohecer [emmoeθér] *v. tr. e intr.* **1.** (la materia orgánica) moisir. **2.** (el metal) rouiller. || **enmohecerse** *v. pr.* **3.** moisir.

enmudecer [emmuðeθér] *v. tr.* **1.** (hacer callar) faire taire. || *v. intr.* **2.** devenir muet. **3.** *fig.* (callarse) se taire.

ennegrecer [enneɣreθér] *v. tr.* noircir.

enojar [enoχár] *v. tr.* **1.** (irritar) irriter. **2.** (enfadar) fâcher. **3.** (molestar) ennuyer.

enojo [enóχo] *s. m.* **1.** (ira) colère. **2.** (enfado) fâcherie *f.*

enorgullecer [enorɣuʎeθér] *v. tr.* **1.** enorgueillir. || **enorgullecerse** *v. pr.* **2.** s'enorgueillir.

enorme [enórme] *adj.* énorme.

enormidad [enormiðáð] *s. f.* énormité.

enraizar [enřajθár] *v. intr.* enraciner.

enrarecer [enřareθér] *v. tr.* **1.** raréfier. || **enrarecerse** *v. pr.* **2.** (escasear) devenir rare. **3.** (el aire) se raréfier.

enredadera [enřeðaðéra] *s. f.* liseron *m.*

enredar [enřeðár] *v. tr.* **1.** emmêler; embrouiller. **2.** *fig.* entortiller. **3.** (meter en un enredo) embrouiller; emmêler. **4.** (engatusar, convencer) entortiller. || **enredarse** *v. pr.* **5.** (las piernas) s'empêtrer. **6.** *fig.* (mezclarse) s'emmêler.

enredo [enřéðo] *s. m.* **1.** (de hilos, ramas) entortillement. **2.** *fig.* (confusión) confusion *f.* **3.** (de una novela) intrigue *f.*

enrejado [enřeχáðo] *s. m.* **1.** grillage. **2.** (de una ventana) treillis. **3.** (de metal) treillage. **4.** (de ventilación) caillebotis.

enrejar [enřeχár] *v. tr.* **1.** (poner una reja o verja) grillager. **2.** (poner rejas) griller.

enrevesado, -da [enřeßesáðo] *adj.* embrouillé, -ée.

enriquecer [enřikeθér] *v. tr.* **1.** enrichir. || **enriquecerse** *v. pr.* **2.** s'enrichir.

enrojecer [enřoχeθér] *v. tr.* **1.** rougir. || *v. intr.* **2.** *fig.* (sonrojarse) rougir.

enrolarse [enřolárse] *v. pr.* s'enrôler.

enrollar [enřoʎár] *v. tr.* **1.** enrouler. **2.** (un papel, una tela) rouler.

enroscar [enřoskár] *v. tr.* **1.** enrouler. **2.** (una tuerca, una tapa) visser. || **enroscarse** *v. pr.* **3.** s'enrouler. **4.** (sobre sí mismo) se vriller.

ensaimada [ensajmáða] *s. f., Gastr.* ensaimada (gâteau typique de Majorque en forme de spirale).

ensalada [ensaláða] *s. f.* salade.

ensaladilla [ensalaðíʎa] *s. f.* salade; macédoine. || ~ **rusa** salade russe.

ensalzar [ensalθár] *v. tr.* **1.** vanter, louer. **2.** (exaltar, subrayar) faire valoir.

ensamblar [ensambláɾ] *v. tr.* **1.** assembler. **2.** (dos extremos) aboutter.

ensanchar [ensantʃár] *v. tr.* **1.** (hacer más ancho) élargir. **2.** (una superficie, una ciudad) élargissement. **3.** (conducto, orificio) évaser. || **ensancharse** *v. pr.* **1.** s'épanouir. **2.** (una carretera) élargissement. **2.** (de una ciudad) agrandissement.

ensangrentar [ensaŋgɾentáɾ] *v. tr.* ensanglanter.

ensartar [ensartáɾ] *v. tr.* **1.** (cuentas) enfiler. **2.** (en brocheta) embrocher.

ensayar [ensaʝáɾ] *v. tr.* **1.** essayer (probar). || *v. intr.* **2.** (una actuación) répéter.

ensayo [ensáʝo] *s. m.* **1.** essai. **2.** (para una actuación) répétition *f.* **3.** (examen escrito, composición) épreuve *f.* **4.** (literario) essai.

enseguida [enseɣíða] *adv.* tout de suite.

ensenada [ensenáða] *s. f.* anse, crique.

enseñanza [enseɲánθa] *s. f.* **1.** enseignement *m.* **2.** (formación) instruction.

enseñar [enseɲáɾ] *v. tr.* **1.** apprendre [le enseñó a utilizarlo. *Il lui a appris à s'en servir.*] **2.** (dar clases) enseigner. **3.** (mostrar) montrer.

enseres [enséɾes] *s. m. pl.* effets.

ensillar [ensiʎáɾ] *v. tr.* seller.

ensimismarse [ensimismáɾse] *v. pr.* **1.** (abstraerse) s'abstraire. **2.** (encerrarse) se renfermer (en soi-même).

ensordecer [ensorðeθéɾ] *v. tr.* **1.** assourdir. || *v. intr.* **2.** devenir sourd. || **ensordecerse** *v. pr.* **3.** devenir sourd.

ensuciar [ensuθjáɾ] *v. tr.* **1.** salir. **2.** (de barro) souiller. || *fig.* souiller.

ensueño [enswéɲo] *s. m.* **1.** rêve, rêverie *f.* **2.** (ilusión) songe, songerie *f.*

---

entablar [entabláɾ] *v. tr.* **1.** (comenzar) entamer, engager. **2.** (batalla) livrer. || **~ amistad** se lier d'amitié.

entablillar [entaβliʎáɾ] *v. tr.* éclisser.

entalar¹ [entaláɾ] *v. tr.* **1.** (en madera, bronce) ciseler. **2.** (esculpir) sculpter.

entalar² [entaláɾ] *v. tr.* (prendas) pincer.

entender [entendéɾ] *v. tr.* **1.** (comprender) comprendre. **2.** (captar) saisir. **3.** (interpretar) entendre [¿Qué entiendes por eso? *Qu'est-ce que tu entends par là?*] || *v. intr.* **4.** s'y entendre. **5.** (llegar a un acuerdo) s'entendre. || **~ de** s'y connaître en, s'y entendre. **6.** se comprendre.

entendido, -da [entendíðo] *adj.* **1.** (comprendido) compris, -se. **2.** (oído) entendu [Entendido. Te esperaré. *Entendu. Je t'attendrai.*] **3.** (instruido) calé, -ée [Entendido en los negocios. *Café en affaires.*] || *s. m. y f.* **4.** connaisseur, -euse, bon, -onne. || **ser ~ en** s'y connaître.

entendimiento [entendimjénto] *s. m.* **1.** (inteligencia) entendement. **2.** (armonía entre dos personas) entente *f.*

enterar [enteráɾ] *v. tr.* **1.** informer. || **enterarse** *v. pr.* **2.** (informarse) s'informer, se renseigner. **3.** (saber) apprendre. **4.** (conseguir comprender) comprendre.

entereza [enteréθa] *s. f.* **1.** intégrité. **2.** *fig.* fermeté.

enternecer [enterneθéɾ] *v. tr.* attendrir. || **enternecerse** *v. pr.* **2.** s'attendrir.

entero, -ra [entéɾo] *adj.* entier, -ière.

enterramiento [enteramjénto] *s. m.* enterrement.

enterrar [enteráɾ] *v. tr.* **1.** (una persona) enterrer, ensevelir. **2.** (una cosa) enterrer, enfouir.

entidad [entiðáð] *s. f.* entité.

ENTIERRO - ENTRETENER

entierro [eṇtjéřo] *s. m.* enterrement.

entonación [eṇtonaθjón] *s. f.* intonation.

entonar [eṇtonár] *v. tr.* **1.** *Mús.* entonner; chanter juste. **2.** (los músculos) tonifier. ‖ *v. intr.* **3.** (graduar colores) entonner. ‖ **entonarse** *v. pr.* **4.** (recuperar las fuerzas) se remonter. **5.** (con un poco de alcohol) s'enivrer.

entonces [eṇtónθes] *adv.* alors. ‖ **hasta ~** jusque-là.

entornar [eṇtornár] *v. tr.* fermer à moitié. ‖ **~ la ventana** pousser la fenêtre.

entorno [eṇtórno] *s. m.* **1.** (ambiente) milieu. **2.** (de una persona) entourage. **3.** (medio ambiente) environnement; milieu. **4.** *Inform.* environnement.

entorpecer [eṇtorpeθér] *v. tr.* **1.** (los músculos) appesantir. **2.** (dificultar) alourdir. **3.** (el movimiento) embarrasser; gêner.

entrada [eṇtráða] *s. f.* **1.** entrée; vestibule *m.* **2.** hall *m.* **3.** (acceso) accès *m.* **4.** (localidad para espectáculo) place. **5.** (para un espectáculo) billet *m.;* billet d'entrée. ‖ **con entradas** (la frente) aux tempes dégarnies. **~ libre** entrée libre.

entraña [eṇtrápa] *s. f.* **1.** *Anat.* viscère. ‖ **entrañas** *s. f. pl.* **2.** entrailles.

entrañable [eṇtrapáβle] *adj.* intime; cher, -ère.

entrañar [eṇtrapár] *v. tr.* **1.** (implicar) entraîner. **2.** (contener) renfermer.

entrar [eṇtrár] *v. tr.* **1.** entrer; rentrer. **2.** (encajar) rentrer. **3.** (dinero) rentrer.

entre [éṇtre] *prep.* **1.** (dos cosas o personas) entre [Entre tú y yo. *Entre toi et moi.*] **2.** (varios) parmi. **3.** (en el país de, en tiempos de) chez [Entre los griegos. *Chez les Grecs.*] **4.** (cooperación) à [Lo construyeron entre tres. *Ils l'ont construit à trois.*] ‖ **~ ... y** (extremos) entre ... et [Entre las dos y las tres de la tarde. *Entre deux heures et trois heures de l'après-midi.*] | (estado intermedio) mi- ... mi- [Entre hombre y caballo. *Mi-homme, mi-cheval.*] | (suma) en comptant [Entre tu familia y la mía somos veinte. *En comptant ta famille et la mienne, nous sommes vingt.*]

entreabrir [eṇtreaβrír] *v. tr.* entrouvrir.

entreacto [eṇtreákto] *s. m.* entracte.

entrecejo [eṇtreθéχo] *s. m.* entre-sourcils; espace entre les sourcils.

entredicho [eṇtreðitʃo] *s. m.* interdit [Poner en entredicho. *Jeter l'interdit sur quelqu'un.*]

entrega [eṇtréɣa] *s. f.* **1.** remise. **2.** (reparto de mercancía) livraison. **3.** (de dinero) versement *m.* **4.** (fascículo) livraison.

entregar [eṇtreɣár] *v. tr.* **1.** (dar) remettre; rendre. **2.** (repartir mercancía) livrer. **3.** (repartir, expedir) délivrer. ‖ **entregarse** *v. pr.* **5.** s'adonner; se livrer.

entrelazar [eṇtrelaθár] *v. tr.* entrelacer.

entremés [eṇtremés] *s. m.* hors-d'œuvre.

entremeter [eṇtremetér] *v. tr.* mêler.

entremezclar [eṇtremeθklár] *v. tr.* **1.** (en el discurso) entremêler. **2.** mélanger (hilos, colores). **3.** (confundir) mêler.

entrenador, -ra [eṇtrenaðór] *s. m. y f.* entraîneur, -euse.

entrenamiento [eṇtrenamjéṇto] *s. m.* entraînement.

entrenar [eṇtrenár] *v. intr.* **1.** *Dep.* entraîner. ‖ **entrenarse** *v. pr.* **2.** s'entraîner.

entresacar [eṇtresakár] *v. tr.* **1.** (sacar, elegir) trier. **2.** (el cabello) éclaircir.

entresuelo [eṇtreswélo] *s. m.* entresol.

entretanto [eṇtretáṇto] *adv.* en attendant; entre-temps.

entretener [eṇtretenér] *v. tr.* **1.** (divertir) distraire; amuser. **2.** (ocupar) occuper.

ENTRETENIMIENTO - EPÍSTOLA

|| **entretenerse** *v. pr.* **3.** s'amuser. **4.** (retrasarse) s'attarder.

entretenimiento [entrenamjénto] *s. m.* **1.** amusement *m.;* passe-temps *m. inv.* **2.** (ocupación) occupation *f.*

entretiempo [entretjémpo] *s. m.* demisaison *f.* || **de ~** de demi-saison.

entrevista [entreβísta] *s. f.* **1.** entretien *m.;* entrevue *f.* **3.** (del periodista) interview *f.*

entrevistar [entreβistáɾ] *v. tr.* **1.** interviewer. || **entrevistarse** *v. pr.* **2.** (tener una entrevista) avoir une entrevue. **3.** encontrarse con) rencontrer.

entristecer [entɾisteθéɾ] *v. tr.* **1.** attrister, abattre; affliger. **2.** *fig.* assombrir.

entrometerse [entrometéɾse] *v. pr.* se mêler; s'entremettre.

entumecerse [entumeθéɾse] *v. pr.* s'engourdir.

enturbiar [entuɾβjáɾ] *v. tr.* **1.** troubler; brouiller. || **enturbiarse** *v. pr.* **2.** se troubler.

entusiasmar [entusjasmáɾ] *v. tr.* enthousiasmer.

entusiasmo [entusjásmo] *s. m.* enthousiasme; passion *f.*

entusiasta [entusjásta] *adj.* y *s. m.* y *f.* enthousiaste, fervent, -e.

enumeración [enumeraθjón] *s. f.* **1.** énumération. **2.** (relación, lista) liste; détail; inventaire *m.;* relevé.

enumerar [enumeɾáɾ] *v. tr.* **1.** énumérer. **2.** (contar) dénombrer.

enunciar [enunθjáɾ] *v. tr.* énoncer.

envainar [embajnáɾ] *v. tr.* engainer.

envasar [embasáɾ] *v. tr.* **1.** (un producto para su venta) conditionner. **2.** (embalar) emballer. **3.** (en un tarro) mettre dans un récipient.

envase [embáse] *s. m.* **1.** (caja) boîte *f.* **2.** (de un líquido) récipient; emballage.

envejecer [embeχeθéɾ] *v. tr.* vieillir.

envenenar [embenenáɾ] *v. tr.* empoisonner; intoxiquer.

envés [embés] *s. m.* **1.** (de una hoja de papel) verso. **2.** *Bot.* envers.

enviado, -da [embjáðo] *adj.* y *s. m.* y *f.* envoyé, -ée; délégué, -ée.

enviar [embjáɾ] *v. tr.* **1.** envoyer. **2.** (dirigir) adresser; envoyer. **3.** (un paquete, una carta) expédier. **4.** (un pedido) livrer.

enviciar [embiθjáɾ] *v. tr.* **1.** (viciar) vicier. || **enviciarse** *v. pr.* **2.** se vicier.

envidia [embíðja] *s. f.* envie; jalousie. || **dar ~** rendre jaloux ~ être jaloux.

envidiar [embiðjáɾ] *v. tr.* envier; jalouser.

envidioso, -sa [embiðjóso] *adj.* y *s. m.* y *f.* envieux, -euse; jaloux, -ouse (celoso).

envilecer [embileθéɾ] *v. tr.* **1.** (degradar) avilir. **2.** (deshonrar) déshonorer.

envío [embío] *s. m.* **1.** (lo enviado) envoi. **3.** (acción de remitir) remise *f.* **3.** (acción de enviar) expédition *f.;* envoi.

enviudar [embjuðáɾ] *v. intr.* devenir veuf.

envoltorio [emboltóɾjo] *s. m.* (envoltura) emballage.

envoltura [emboltúɾa] *s. f.* **1.** enveloppe *f.* **2.** (de un paquete) emballage *m.*

envolver [embolβéɾ] *v. tr.* **1.** (un regalo) envelopper. **2.** (recubrir) enrober. || **envolverse** *v. pr.* s'envelopper.

enzarzar [enθaɾθáɾ] *v. tr.* **1.** (en un asunto) embrouiller. **2.** (enemistar) brouiller. || **enzarzarse** *v. pr.* **3.** (reñir) se brouiller.

épico, -ca [épiko] *adj.* épique.

epidemia [epiðémja] *s. f.* épidémie.

epílogo [epíloγo] *s. m.* épilogue.

episodio [episóðjo] *s. m.* épisode.

epístola [epístola] *s. f.* épître.

ÉPOCA - ESCABECHE

época [époka] *s. f.* **1.** époque. **2.** (era) ère. **3.** (tiempo) temps *m.* **4.** (temporada) saison. || **en otra** ~ dans le temps.

epopeya [epopéʲa] *s. f.* épopée.

equidad [ekiðáð] *s. f.* équité.

equilibrar [ekiliβrár] *v. tr.* équilibrer.

equilibrio [ekiliβrjo] *s. m.* **1.** équilibre. **2.** *fig.* (de poder, económico) balance *f.*

equilibrista [ekiliβrísta] *s. m. y f.* équilibriste.

equinoccio [ekinóθjo] *s. m.* équinoxe.

equipaje [ekipáχe] *s. m.* bagages.

equipar [ekipár] *v. tr.* **1.** équiper. **2.** (un barco) armer. || **equiparse** *v. pr.* **3.** se munir.

equiparar [ekiparár] *v. tr.* rapprocher; comparer; mettre en parallèle.

equipo [ekípo] *s. m.* **1.** (de jugadores) équipe *f.* **2.** (equipamiento) équipement *m.*

equitación [ekitaθjon] *s. f.* équitation.

equitativo, -va [ekitatíβo] *adj.* **1.** équitable. **2.** juste.

equivalencia [ekiβaléŋθja] *s. f.* équivalence.

equivalente [ekiβalénte] *adj. y s. m.* équivalent, -te.

equivaler [ekiβalér] *v. intr.* **1.** (ser equivalente a) équivaloir. **2.** (ser igual que) être égal à.

equivocación [ekiβokaθjon] *s. f.* **1.** méprise; erreur. **2.** (malentendido) malentendu *m.*

equivocar [ekiβokár] *v. tr.* **1.** tromper; confondre. || **equivocarse** *v. pr.* **2.** (confundirse) se tromper. **3.** (engañarse) s'abuser. **4.** (tomar una cosa o una persona por otra) se méprendre. **5.** (no tener razón) faire fausse route.

equívoco, -ca [ekíβoko] *adj.* **1.** équivoque. || *s. m.* **2.** équivoque *f.;* malentendu.

era [éra] *s. f.* ère.

eremita [eremíta] *s. m.* ermite.

erguir [eryír] *v. tr.* **1.** (levantar) lever. **2.** (poner derecho, erguido) dresser; redresser. || **erguirse** *v. pr.* **3.** se dresser.

erigir [eriχír] *v. tr.* ériger.

erizado, -da [eriθáðo] *adj.* hérissé, -ée.

erizar [eriθár] *v. tr.* **1.** hérisser. || **erizarse** *v. pr.* **2.** (ponerse de punta) s'hérisser.

erizo [eríθo] *s. m., Zool.* **1.** hérisson. **2.** (puerco espín) porc-épic. **3.** (de mar) oursin.

ermita [ermíta] *s. f.* ermitage *m.*

ermitaño, -ña [ermitáɲo] *s. m. y f.* ermite *m.*

erosión [erosjón] *s. f.* érosion.

erótico, -ca [erótiko] *adj.* érotique.

errante [erãnte] *adj.* errant, -te; vagabond, -de.

errar [erãr] *v. intr.* **1.** errer. **2.** (por las calles) flâner. **3.** (vagabundear) vagabonder. **4.** (equivocarse) se tromper. || *v. tr.* **5.** manquer [Errar el tiro. *Manquer le tir.*]

errata [erãta] *s. f.* **1.** (error tipográfico) coquille; faute (typographique). **2.** (corrección de un error) erratum *m.* || **fe de erratas** errata *m. inv.*

erróneo, -a [erõneo] *adj.* erroné, -ée.

error [erõr] *s. m.* erreur *f.*

eructar [eruktár] *v. intr.* éructer.

erudición [eruðiθjón] *s. f.* érudition.

erudito, -ta [eruðíto] *adj. y s. m. y f.* érudit, -te.

erupción [erupθjón] *s. f.* **1.** éruption. **2.** *Med.* (brote, salida) poussée; pousse.

esa [ésa] *adj. y pron. f.* *ese, adj. y pron.

esbelto, -ta [esβélto] *adj.* svelte; élancé, -ée.

esbozar [esβoθár] *v. tr.* esquisser.

escabeche [eskaβétʃe] *s. m., Gastr.* marinade *f.*

ESCABROSO - ESCASEZ

escabroso, -sa [eskaβrόso] *adj.* **1.** (abrupto) accidenté, -ée. **2.** *fig.* scabreux, -euse.

escabullirse [eskaβuλírse] *v. pr.* **1.** (colarse, deslizarse) glisser, se couler. **2.** (escapar) échapper.

escafandra [eskafándra] *s.f.* scaphandre *m.*

escala [eskála] *s.f.* **1.** (en un viaje) escale. **2.** (escalera, gradación) échelle. **3.** *Mús.* (gama) gamme.

escalador, -ra [eskalaδόr] *s. m. y f.* alpinista; grimpeur, -euse; ascensionniste.

escalar [eskalár] *v. tr.* **1.** (una montaña, una pared) escalader. **2.** (una montaña) grimper. **3.** *fig.* (subir con esfuerzo) gravir.

escalera [eskaléra] *s.f.* **1.** escalier *m.* **2.** de madera o cuerda) échelle. **| ~ de caracol** escalier à vis.

escalerilla [eskaleríλa] *s.f.* **1.** petit escalier. **2.** (avión) passerelle.

escalfar [eskalfár] *v. tr.* pocher.

escalinata [eskalináta] *s.f.* perron *m.*

escalofrío [eskalofrío] *s. m.* frisson.

escalón [eskalón] *s. m.* marche *f.*; degré. **|| escalonar** [eskalonár] *v. tr.* **1.** échelonner. **2.** (hacer en varias etapas) étaler. **3.** (en distintos niveles) étager.

escalope [eskalόpe] *s. m.* escalope *f.*

escama [eskáma] *s.f.* écaille.

escamotear [eskamoteár] *v. tr.* escamoter.

escampar [eskampár] *v. intr.* cesser de pleuvoir.

escanciar [eskanθiár] *v. tr.* verser à boire.

escandalizar [eskandaliθár] *v. tr.* scandaliser.

escándalo [eskándalo] *s. m.* **1.** scandale; pétard *fam.* (noticia bomba). **2.** *fig.* (tumulto) vacarme.

escaño [eskáɲo] *s. m.* siège.

escapada [eskapáδa] *s.f.* **1.** fuite. **2.** (temporal) fugue. **3.** (de un ciclista) échappée.

escapar [eskapár] *v. intr.* **1.** échapper. **2.** (huir) fuir. **|| escaparse** *v. pr.* **3.** s'échapper; se sauver. **4.** (evadirse) s'enfuir. **5.** (un gas) s'échapper. **|| ~ de la ocasión** rater.

escaparate [eskaparáte] *s. m.* **1.** (de una tienda) vitrine *f.* (Ver escaparates. *Faire les vitrines].* (presentación de mercancías) étalage *m.*

escapatoria [eskapatόria] *s.f.* **1.** (escapada) (salida) issue. **2.** Mec. échappement.

escape [eskápe] *s. m.* **1.** (de gas) fuite *f.*

escarabajo [eskaraβáxo] *s. m.* scarabée.

escaramuza [eskaramúθa] *s.f.* (combate) accrochage *m.*

escarbar [eskarβár] *v. tr.* **1.** (con las patas o las manos) gratter. **2.** (con el hocico) fouiller. **3.** (los dientes, los oídos) curer.

escarcha [eskárʧa] *s.f.* **1.** (del rocío) gelée blanche. **2.** (capa de hielo) givre *m.*

escarlata [eskarláta] *adj. y s.* écarlate *f.*

escarlatina [eskarlatína] *s.f.* scarlatine.

escarmentar [eskarmentár] *v. tr.* **1.** donner une leçon à. **|| v. intr. 2.** apprendre à ses expensas.

escarmiento [eskarmiénto] *s. m.* punition *f.*; leçon *f.*; exemple.

escarnecer [eskarneθér] *v. tr.* bafouer, railler.

escarnio [eskárnio] *s. m.* **1.** (burla) moquerie *f.*; raillerie *f.* **2.** (ultraje) outrage.

escarola [eskaróla] *s.f.* *Bot.* escarole.

escarpado, -da [eskarpáδo] *adj.* escarpé, -ée; abrupt, -te.

escarpia [eskárpia] *s.f.* piton *m.*

escasear [eskaseár] *v. intr.* être peu abondant.

escasez [eskaséθ] *s.f.* **1.** (carencia) manque *m.* **2.** (necesidad) pénurie.

escaso, -sa [eskáso] *adj.* **1.** peu abondant, -e. **2.** (dinero) maigre; mince. **3.** (raro) rare (Una especie escasa. *Une espèce rare*). **4.** (reducido) faible (Recursos escasos. *Des faibles ressources*). || **~ de** à court de.

escatimar [eskatimár] *v. tr.* lésiner; épargner.

escayola [eskajóla] *s. f.* **1.** (en medicina) plâtre *m.* Albatri, plâtre *m.*

escena [eséna] *s. f.* scène. || **~ peligrosa** *Cinem.* cascade. **poner en ~** monter.

escenario [esenárjo] *s. m.* **1.** scène. **2.** (plató) plateau. **3.** *fig.* cadre.

escenografía [esθenoγrafía] *s. f.* mise en scène.

escéptico, -ca [esθéptiko] *adj. y s. f.* sceptique.

esclarecer [esklareθér] *v. tr.* éclairer.

esclavitud [esklaβitúð] *s. f.* esclavage *m.*

esclavizar [esklaβiθár] *v. tr.* réduire en esclavage; asservir; soumettre.

esclavo, -va [eskláβo] *adj. y s. m. y f.* esclave.

esclusa [esklúsa] *s. f.* écluse.

escoba [eskóβa] *s. f.* balai *m.*

escobilla [eskoβíʎa] *s. f.* **1.** (escobita) balayette. **2.** (cepillo) brosse.

escocer [eskoθér] *v. intr.* **1.** (quemazón) brûler; cuire. **2.** (picor) piquer. || **escocerse** *v. pr.* **3.** (la piel) s'enflammer.

escocés, -cesa [eskoθés] *adj. y s. m. y f.* **1.** écossais, -se. || *s. m. y f.* **2.** Écossais, -se.

escoger [eskoxér] *v. tr.* choisir.

escogido, -da [eskoxíðo] *adj.* **1.** choisi, -ie. **2.** (selecto) d'élite.

escolar [eskolár] *adj.* scolaire.

escollo [eskóʎo] *s. m.* écueil.

escolta [eskólta] *s. f.* escorte.

escoltar [eskoltár] *v. tr.* escorter.

escombro [eskómbro] *s. m.* **1.** débris. **2.** *pl.* décombres.

esconder [eskondér] *v. tr.* **1.** (poner en un escondite) cacher. **2.** (ocultar) occulter; voiler. **3.** *fig.* (enterrar) enfouir. **4.** *fig.* (guardar en su interior) enfermer. **5.** (la mirada) dérober. || **esconderse** *v. pr.* **6.** se nicher.

escondite [eskondíte] *s. m.* **1.** cachette *f.* **2.** (juego) cache-cache *inv.*

escondrijo [eskondríxo] *s. m.* cachette *f.*

escopeta [eskopéta] *s. f.* fusil de chasse.

escoplo [eskóplo] *s. m.* bédane *f.*; ciseau.

escoria [eskórja] *s. f.* **1.** (de metal) scorie. **2.** *fig.* déchet *m.*; racaille.

Escorpio [eskórpjo] *n. p.* Scorpion.

escorpión [eskorpjón] *s. m.* *Zool.* **1.** (insecto) scorpion. **2.** (pez) scorpène.

escotado, -da [eskotáðo] *adj.* échancré, -ée (por el pecho); décolleté, -ée (por la espalda).

escote [eskóte] *s. m.* **1.** échancrure *f.* (por el cuello). **2.** décolleté (por la espalda).

escotilla [eskotíʎa] *s. f. Naut.* écoutille.

escozor [eskoθór] *s. m.* **1.** (quemazón) cuisson *f.* **2.** (picor; comezón) démangeaison *f.* **3.** *fig.* (de celos) pincement *m.*

escribir [eskriβír] *v. tr.* **1.** écrire (¿Cómo se escribe? *Comment ça s'écrit*). || **escribirse** *v. pr.* **2.** correspondre. || **~ a máquina** taper.

escrito, -ta [eskríto] *adj. y s. m.* écrit, -e.

escritor, -ra [eskritór] *s. m. y f.* écrivain *m.*; auteur *m.*

escritorio [eskritórjo] *s. m.* **1.** (mesa) bureau. **2.** (armario de papeles) secrétaire.

escritura [eskritúra] *s. f.* **1.** écriture. **2.** (documento) acte.

escrúpulo [eskrupolo] *s. m.* scrupule. || **escrupuloso, -sa** [eskrupuloso] *adj.* scrupuleux, -euse.

escrutar [eskrutaŕ] *v. tr.* scruter.

escrutinio [eskrutinjo] *s. m.* scrutin.

escuadra [eskwaðra] *s. f.* **1.** équerre. **2.** *Mil.* escouade. **3.** (aérea) escadre. **4.** (grupo, partida) escouade.

escuadrilla [eskwaðriʎa] *s. f.* escadrille.

escuadrón [eskwaðron] *s. m.* escadron.

escucha [eskutʃa] *s. f.* écoute.

escuchar [eskutʃaŕ] *v. tr.* **1.** écouter. **2.** (oír) entendre.

escudo [eskuðo] *s. m.* (arma) bouclier. || **~ de armas** armoiries *f. pl.*

escudriñar [eskuðriɲaŕ] *v. tr.* scruter; fouiller du regard.

escuela [eskwela] *s. f.* **1.** (colegio) école. **2.** (superior) école [Escuela de medicina, École de médecine.] **3.** (de artes) académie [Escuela de pintura, de arquitectura, Académie de peinture, d'architecture.] || **~ de párvulos** école maternelle, maternelle.

escueto, -ta [eskweto] *adj.* concis, -se.

esculpir [eskulpiŕ] *v. tr.* sculpter.

escultor, -ra [eskultoŕ] *s. m. y f.* sculpteur.

escultura [eskultura] *s. f.* sculpture.

escupir [eskupiŕ] *v. tr. e intr.* cracher.

escupitajo [eskupitaxo] *s. m.* crachat.

escurreplatos [eskurreplatos] *s. m. inv.* égouttoir.

escurridizo, -za [eskurriðiθo] *adj.* **1.** (resbaladizo) glissant, -e. **2.** *fig.* (huidizo) fuyant, -e.

escurrir [eskurriŕ] *v. tr.* **1.** égoutter [Escurrir los platos, Égoutter la vaisselle.] **2.** essorer [Escurrir la ropa, Essorer le linge.] || **escurrirse** *v. pr.* **3.** (resbalar) glisser.

esdrújulo, -la [esðruxulo] *adj. y s. m. y f.* proparoxyton *m.*

ese[1] [ese] *s. f.* (zigzag) lacet *m.*

ese[2] [ese] *adj. dem. m. sing.* **1.** ce, cet; ... -là [la forma "cet" se usa delante de vocal o "h" muda). || **esa** *adj. dem. f. sing.* **2.** cette; ... -là. || **esos** *adj. dem. m. pl.* **3.** ces; ces-... -là. || **esas** *adj. dem. f. pl.* **4.** ces; ces-... -là.

ese o ése [ese] *pron. dem. m. sing.* **1.** celui-là. || **esa** *pron. dem. f. sing.* **2.** celle-là. || **eso** *pron. dem. n.* **3.** cela; ça *fam.* **4.** (a menudo con el verbo "être") ce; c' (delante de vocal); ç' (delante de a) [Eso es muy bueno, *C'est très bon.*] || **esos** *pron. dem. m. pl.* **5.** celles-là. || **esas** *pron. dem. f. pl.* **6.** ceux-là. || **eso es** voilà.

● Les pronoms démonstratifs peuvent s'écrire avec accent: ése, ésa, ésos, ésas.

esencia [esenθja] *s. f.* **1.** (naturaleza) essence. **2.** (aroma de plantas) essence. **3.** (perfume) parfum *m.*

esencial [esenθjal] *adj.* essentiel, -elle.

esfera [esfera] *s. f.* sphère.

esférico, -ca [esferiko] *adj.* sphérique.

esfinge [esfinxe] *s. f.* sphynxe *m.*

esforzarse [esforθarse] *v. pr.* s'efforcer.

esfuerzo [esfwerθo] *s. m.* **1.** effort. **2.** mal [Le costó mucho esfuerzo decirlo, *Il a eu du mal à le dire.*]

esfumar [esfumaŕ] *v. tr.* **1.** estomper. || **esfumarse** *v. pr.* **2.** se volatiliser.

esgrima [esɣrima] *s. f.* escrime.

esgrimir [esɣrimiŕ] *v. tr.* brandir.

esguince [esɣinθe] *s. m. Med.* entorse *f.*; foulure *f.*

eslabón [eslaβon] *s. m.* **1.** (de una cadena) chaînon, anneau, maillon; maille *f.* [El eslabón perdido, *Le chaînon manquant.*] **2.** (relación) anneau.

eslogan [esloɣan] *s. m.* slogan.

esmaltar [esmaltaŕ] *v. tr.* émailler.

ESMALTE - ESPERAR

esmalte [esmalte] *s. m.* émail. || ~ **para uñas** vernis à ongles.

esmerado, -da [esmeraðo] *adj.* soigné, -ée; soigneux, -euse.

esmeralda [esmeralða] *s. f.* émeraude. || *adj. inv.* émeraude.

esmerarse [esmerarse] *v. pr.* s'appliquer, mettre du soin; soigner.

esmero [esmero] *s. m.* soin; attention *f*.

esmoquin o smoking [esmõkin] *s. m. smoking.* •Pl. esmóquines.

eso [eso] *pron. dem. n.* °ese o ése.

esófago [esofaγo] *s. m. Anat.* œsophage.

espabilar [espaβilar] *v. tr.* 1. (despertar) éveiller. || *v. intr.* 2. (darse prisa) se dépêcher. || **espabilarse** *v. pr.* 3. (despertarse) s'éveiller. 4. (darse prisa) se dépêcher.

espacial [espaθjal] *adj.* spatial, -e.

espaciar [espaθjar] *v. tr.* 1. espacer. 2. (escalonar en el tiempo) échelonner.

espacio [espaθjo] *s. m.* 1. espace. 2. (intervalo) intervalle. 3. (sitio) place *f*.

espacioso, -sa [espaθjoso] *adj.* spacieux, -euse.

espada [espaða] *s. f.* épée.

espadachín [espaðaʧin] *s. m.* fine lame; hablé escrimeur.

espagueti [espaγeti] *s. m.* spaguetti.

espalda [espalda] *s. f.* dos *m.* || **a espaldas de** à l'insu de; par derrière. **de espaldas** à la renverse.

espantajo [espantaχo] *s. m.* 1. épouvantail. 2. (feo) épouvantail.

espantapájaros [espantapaχaros] *s. m. inv.* épouvantail.

espantar [espantar] *v. tr.* effrayer, épouvanter.

espantoso, -sa [espantoso] *adj.* effrayant, -te; affreux, -euse; horrible.

espanol, -la [espaɲol] *s. y m. y f.* 1. espagnol, -le. || *s. y m. y f.* 2. Espagnol, -le.

esparadrapo [esparaðrapo] *s. m.* sparadrap.

esparcir [esparθir] *v. tr.* 1. (derramar) répandre. 2. (desparramar) éparpiller. 3. (sembrar) parsemer.

espárrago [esparraγo] *s. m.* asperge *f*.

esparto [esparto] *s. m. y f. Bot.* sparte.

espasmo [espasmo] *s. m.* spasme.

espátula [espatula] *s. f.* spatule.

especia [espeθja] *s. f.* épice.

especial [espeθjal] *adj.* spécial, -le.

especialidad [espeθjaliðað] *s. f.* spécialité.

especialista [espeθjalista] *adj. y s. m. y f.* spécialiste.

especializar [espeθjaliθar] *v. tr.* spécialiser.

especie [espeθje] *s. f.* espèce.

específicar [espeθifikar] *v. tr.* spécifier.

específico, -ca [espeθifiko] *adj. y s. m.* spécifique.

espectáculo [espektakulo] *s. m.* spectacle.

espectador, -ra [espektaðor] *s. m. y f.* spectateur, -trice.

espectro [espektro] *s. m.* spectre.

especular [espekular] *v. tr. e intr.* spéculer.

espejismo [espexismo] *s. m.* mirage.

espejo [espeχo] *s. m.* miroir (objeto); glace *f.* (superficie) [Mirarse en el espejo. *Se regarder dans la glace.*]

espeleología [espeleoloxia] *s. f.* spéléologie.

espeluznante [espeluθnante] *adj.* effrayant, -te.

espera [espera] *s. f.* 1. attente. 2. *Econ.* (tardanza) délai *m.* || **en ~ de que** en attendant que.

esperanza [esperanθa] *s. f.* 1. espérance. 2. (respecto de un evento) espoir *m*.

esperar [esperar] *v. tr.* 1. (desear) espérer. 3. (a alguien) attendre. 3. (imaginar-

ESPERMA - ESQUÍ
160

se) s'attendre à. || *v. intr.* **4.** attendre; patienter. || **esperarse** *v. pr.* **5.** (imaginarse) s'attendre à.

esperma [espérma] *s. m.* sperme.

espermatozoide [espermatoθójðe] *s. m.* spermatozoïde.

espesar [espesár] *v. tr.* **1.** (una salsa) épaissir; lier. || *v. intr.* **2.** épaissir. **3.** (una salsa) prendre. || **espesarse** *v. pr.* **4.** (la vegetación, un líquido) s'épaissir. **5.** (el chocolate, una salsa) épaissir.

espeso, -sa [espéso] *adj.* **1.** épais, -aisse; dense; touffu, -ue. **2.** (la hierba) dru, -ue.

espesor [espesór] *s. m.* épaisseur *f.*

espesura *s. f.* **1.** (espesor) épaisseur. **2.** (maleza) fourré *m.*

espía [espía] *s. m. y f.* espion, -onne.

espiar [espiár] *v. tr.* **1.** (observar) épier; espionner. **2.** *fig.* (estar atento) épier. **3.** (seguir) filer.

espiga [espíɣa] *s. f.* **1.** *Bot.* épi *m.* **2.** (tela) chevron *m.*

espina [espína] *s. f.* **1.** (pincho) piquant *m.* **2.** (de planta) épine. **3.** (del pescado) arête. **4.** (dorsal) échine.

espinaca [espináka] *s. f.* épinard *m.*

espinazo [espináθo] *s. m.* échine *f.*

espinilla [espiníʎa] *s. f.* **1.** *Anat.* tibia. **2.** (en la piel) bouton *m.*

espino [espíno] *s. m.* **1.** *Bot.* aubépine *f.* **2.** ronce *f.* || **espinos** *s. m. pl.* **3.** broussailles *f.*

espinoso, -sa [espinóso] *adj.* épineux, -euse.

espionaje [espjonáχe] *s. m.* **1.** espionnage. **2.** (del soplón) mouchardage *fam.*

espiral [espirál] *adj.* **1.** spiral, -le. **2.** en spiral. || *s. f.* **3.** spiral *m.*

espirar [espirár] *v. tr.* expirer; exhaler.

espíritu [espíritu] *s. m.* esprit.

espiritual [espiritwál] *adj.* spirituel, -elle.

espléndido, -da [espléndiðo] *adj.* splendide; magnifique.

esplendor [esplendór] *s. m.* splendeur *f.*

espliego [espljéɣo] *s. m., Bot.* lavande *f.*

espolear [espoleár] *v. tr.* **1.** éperonner; talonner. **2.** *fig.* stimuler; exciter.

espolvorear [espolβoreár] *v. tr.* saupoudrer.

esponja [espónχa] *s. f.* éponge.

esponjar [esponχár] *v. tr.* rendre spongieux.

esponjoso, -sa [esponχóso] *adj.* spongieux, -euse.

espontáneo, -a [espontáneo] *adj.* spontané, -ée.

esporádico, -ca [esporáðiko] *adj.* sporadique.

esposar [esposár] *v. tr.* passer les menottes.

esposas [espósas] *s. f. pl.* menottes.

esposo, -sa [espóso] *s. m. y f.* **1.** époux, -ouse. || *s. m.* **2.** mari. || **esposa** *s. f.* **3.** femme.

esprint [esprín] *s. m.* sprint.

espuela [espwéla] *s. f.* **1.** (del jinete) éperon *m.* **2.** *fig.* (estímulo) aiguillon *m.*

espuma [espúma] *s. f.* écume; mousse.

espumadera [espumaðéra] *s. f.* écumoire.

espumoso, -sa [espumóso] *adj.* **1.** (sustancia, olas) écumant, -te. **2.** (vino, jabón) mousseux, -euse. || *s. m.* **3.** (vinos) mousseux.

esqueje [eskéχe] *s. m.* bouture *f.*

esquela [eskéla] *s. f.* faire-part *m.*

esqueleto [eskeléto] *s. m.* squelette.

esquema [eskéma] *s. m.* schéma.

esquemático, -ca [eskemátiko] *adj.* schématique.

esquí [eskí] *s. m.* ski.

esquiar [eskiár] *v. intr.* skier.

esquina [eskína] *s. f.* 1. coin *m.* 2. (de un libro) corne.

esquivar [eskiβár] *v. tr.* esquiver; se dérober.

esta [ésta] *adj. y pron. f.* *este, adj. y pron.

estabilidad [estaβiliðáð] *s. f.* stabilité.

estabilizar [estaβiliθár] *v. tr.* stabiliser.

estable [estáβle] *adj.* stable.

establecer [estaβleθér] *v. tr.* 1. établir. 2. (un plan, un proyecto) arrêter; établir. 3. (llevar a la práctica) mettre en œuvre. ‖ **establecerse** *v. pr.* s'établir.

establecimiento [estaβleθimjénto] *s. m.* 1. établissement. 2. (instalación) mise en place.

establo [estáβlo] *s. m.* étable *f.*

estaca [estáka] *s. f.* 1. pieu *m.*; pal *m.* 2. (pequeña) piquet *m.*

estación [estaθjón] *s. f.* 1. saison *f.* 2. (de ferrocarril, de autobuses) gare. 3. (de metro) station. 4. (meteorológica, de veraneo) station. ‖ ~ **de autobuses** gare routière. ‖ ~ **de servicio** station-service.

estacionamiento [estaθjonamjénto] *s. m.* stationnement.

estacionar [estaθjonár] *v. tr.* 1. garer. 2. *v. intr.* stationner.

estadio [estáðjo] *s. m.* stade.

estadista [estaðísta] *s. m.* homme d'état.

estadística [estaðístika] *s. f.* statistique.

estado [estáðo] *s. m.* 1. (situación) état. 2. (nación) état.

estadounidense [estaðowniðénse] *adj.* 1. américain, -ne. ‖ *s. m. y f.* 2. Américain, -ne.

estafa [estáfa] *s. f.* escroquerie; piperie.

estafador, -ra [estafaðór] *s. m. y f.* 1. escroc. 2. (tramposo) filou.

estafar [estafár] *v. tr.* escroquer.

estafeta [estaféta] *s. f.* estafette (correo); bureau de poste (oficina de correos). ‖ ~ **de correos** bureau de poste.

estalagmita [estalaɣmíta] *s. f.* stalagmite.

estallar [estaʎár] *v. tr.* éclater.

estallido [estaʎíðo] *s. m.* 1. éclatement. 2. (explosión) explosion *f.* 3. (de risa, de ira) éclat.

estambre [estámbre] *s. m. Bot.* étamine *f.*

estampa [estámpa] *s. f.* 1. (grabado) gravure. 2. image *f.* 3. (gran calidad artística) estampe.

estampado, -da [estampáðo] *adj.* 1. *impr.* (en relieve) estampé, -ée. 2. (con color) imprimé, -ée.

estampar [estampár] *v. tr.* 1. (con relieve) estamper. 2. (en papel o tela) imprimer.

estampido [estampíðo] *s. m.* 1. (explosión) détonation *f.* 2. (de un trueno) éclat.

estancamiento [estaŋkamjénto] *s. m.* (de agua, moral) stagnation *f.*

estancar [estaŋkár] *v. tr.* 1. (embalsar el agua) retenir. ‖ **estancarse** *v. pr.* 2. (un líquido) stagner. 3. (pudrirse el agua) croupir. 4. *fig.* (una negociación) piétiner. 5. (una institución) se scléroser.

estancia [estánθja] *s. f.* séjour *m.*

estanco, -ca [estáŋko] *s. m.* 1. étanche. ‖ *s. m.* 2. bureau de tabac. tabac.

estándar [estándar] *s. m.* standard.

estanque [estáŋke] *s. m.* étang; bassin.

estantería [estantería] *s. f.* étagère *f.*; rayon.

estaño [estáɲo] *s. m.* étain.

estar [estár] *v. cop.* 1. (está cansado) *Il est fatigué.* ‖ *v. intr.* 2. (encontrarse) être; se trouver (Su pueblo está en Andalucía.) *Son village est en Andalousie.* ‖ *v. aux.* 3. être en train de (Está cantando.) *Il est en train de chanter.* ‖ **está**

bien! (consentimiento) soit. ~ **a** (fecha) être [Estamos a 4 de julio. Nous sommes le 4 juillet] | ~ **mejor** ~ aller mieux. ~ **para** ~ **por** (quedar, faltar) être sur le point de. ~ **Cata es a fuera**] **no** ~ ne pas être là [Él no está. Il n'est pas là] **ya está** ça y es. **¡ya está!** ça suffit; c'en est assez; assez! • On utilise "estar" pour localiser dans l'espace (mais pas dans le temps) et avec un nombre d'adjectifs qui indiquent en général des caractéristiques temporaires des entités.

estatal [estatál] *adj.* étatique.

estático, -ca [estátiko] *adj.* statique.

estatua [estátwa] *s.f.* statue.

estatura [estatúra] *s.f.* taille; stature.

estatuto [estatúto] *s.m.* statut.

este[1] [éste] *s.m.* (punto cardinal) est [A l'est].

este[2] [éste] *adj. dem. m. sing.* 1. ce; cet; ce ... -ci; cet ... -ci (la forma "cet" se usa delante de vocal o "h" muda). || **esta** *adj. dem. f. sing.* cette; cette ... -ci. || **estos** *adj. dem. m. pl.* 3. ces; ces ... -ci. || **estas** *adj. dem. f. pl.* 4. ces; ces ... -ci.

este o éste [éste] *pron. dem. m. sing.* 1. celui-ci [Este me gusta. Celui-là me plaît]. || **esta** *pron. dem. f. sing.* 2. celle-ci. || **esto** *pron. dem. n.* 3. ceci; cela; ça. || **estos** *pron. dem. m. pl.* 4. ceux-ci. || **estas** *pron. dem. f. pl.* 5. celles-ci. • Les pronoms demonstratifs peuvent s'écrire avec accent : *éste, ésta, éstos, éstas.*

estela[1] [estéla] *s.f.* 1. (en el agua) sillage *m.* 2. (de un cometa) traînée. 3. sillage *m.*; trace.

estepa [estépa] *s.f.* steppe; grande plaine.

estera [estéra] *s.f.* 1. natte. 2. (felpudo) paillasson *m.*

estercolar [esterkolár] *v. tr.* engraisser.

estercolero [esterkoléro] *s.m.* fumier.

estéreo [estéreo] *adj.* 1. stéréo; stéréophonique. || *s.m.* 2. (receptor) stéréo. 3. (emisión) stéréo. ~ **ca** (campo, ideas) inféconde, -de

estéril [estéril] *adj.* 1. stérile. 2. (campo, ideas) inféconde, -de.

esterilidad [esteriliðáð] *s.f.* stérilité.

esterilizar [esteriliθár] *v. tr.* stériliser.

estético, -ca [estétiko] *adj.* esthétique.

estetoscopio [estetoskópjo] *s.m.* stéthoscope.

estiércol [esjérkol] *s.m.* fumier; engrais.

estigma [estíɣma] *s.m.* stigmate.

estilo [estílo] *s.m.* style.

estilográfica [estiloɣráfika] *s.f.* stylographe *m.*; stylo *m.*

estima [estíma] *s.f.* estime.

estimación [estimaθjón] *s.f.* (tasación) évaluation; estimation; appréciation.

estimar [estimár] *v. tr.* estimer.

estimulante [estimulánte] *adj. y s. m.* stimulant, -te.

estimular [estimulár] *v. tr.* 1. stimuler. 2. (animar) encourager.

estímulo [estímulo] *s.m.* 1. (incitación) stimulation *f.* 2. (ánimo) encouragement.

estío [estío] *s.m.* été.

estipulación [estipulaθjón] *s.f.* stipulation.

estipular [estipulár] *v. tr.* stipuler.

estirar [estirár] *v. tr.* 1. étirer; allonger; étendre. 2. (tensar) tendre. || **estirarse** *v. pr.* 3. s'étirer.

estirón [estirón] *s.m.* 1. poussée *f.* 2. (tirón) tiraillement.

estirpe [estírpe] *s.f.* souche; lignée.

estival [estiβál] *adj.* estival, -le, d'été.

esto [ésto] *pron. dem. n.* "este o éste.

estocada [estokáða] *s.f.* estocade.

estofado, -da [estofãðo] *adj. Gastr.* 1. à l'étuvée; à l'étouffée [Carne estofada. *Viande à l'étouffée*]. || *s. m.* 2. étuvée *f.*
estofar [estofár] *v. tr. Gastr.* étuver.
estoico, -ca [estójko] *adj.* 1. (filósofo) stoïcien, -enne. 2. (relativo al estoicismo) stoïque.
estómago [estómaγo] *s. m.* estomac.
estorbar [estorβár] *v. tr.* 1. gêner, embarrasser, incommoder; (el paso) encombrer. 2. (obstáculo) entraver; obstacler.
estorbo [estórβo] *s. m.* 1. gêne; embarras. 2. (obstáculo) entrave; obstacle.
estornudar [estornuðár] *v. intr.* éternuer.
estornudo [estornúðo] *s. m.* éternuement.
estrado [estráðo] *s. m.* estrade *f.* 2. (podio) podium.
estrafalario, -ria [estrafalárjo] *adj. y s. m. y f.* extravagant, -e.
estrago [estráγo] *s. m.* ravage; dégât.
estrangulación [estranggulaθjón] *s. f.* étranglement *m.*; strangulation.
estrangular [estranggulár] *v. tr.* étrangler.
estratagema [estrataxéma] *s. f.* stratagème *m.*
estrategia [estratéxja] *s. f.* stratégie.
estrato [estráto] *s. m.* strat.; couche *f.*
estrechar [estretʃár] *v. tr.* 1. (una prenda) rétrécir. 2. (apretar) étreindre. 3. (las manos) serrer. 4. (apretar o rodear) estrecha- mente) enserrer; étreindre [La estrechaba entre sus brazos. *Il l'enserrait dans ses bras*]. 5. (lazos de amistad) resserrer.
estrechez [estretʃéθ] *s. f.* étroitesse.
estrecho, -cha [estrétʃo] *adj.* 1. étroit, -e. 2. (un paso) serré, -ée; resserré, -ée. 3. (una prenda) juste. || *s. m.* 4. *Geogr.* détroit.
estrella [estréʎa] *s. f.* étoile.
estrellar [estreʎár] *v. tr.* 1. (romper) bri- ser. || **estrellarse** *v. pr.* 2. s'écraser.

---

estremecer [estremeθér] *v. tr.* 1. (sacu- dir) ébranler. 2. (hacer temblar) faire tressaillir; faire frémir. || **estremecerse** *v. pr.* 3. (de alegría, miedo) tressaillir; fré- mir; frissonner.
estrenar [estrenár] *v. tr.* 1. (alguna pren- da u objeto) étrenner. 2. (una obra) faire une première. || **estrenarse** *v. pr.* 3. débuter.
estreno [estréno] *s. m. Teatr.* première *f.*
estreñimiento [estreɲimjénto] *s. m. Med.* constipation *f.*
estrépito [estrépito] *s. m.* (ruido de choque o ruptura) fracas; vacarme; grondement.
estrepitoso, -sa [estrepitóso] *adj.* 1. (rui- doso) bruyant, -e; assourdissant, -e. 2. (estallido) retentissant; éclatant, -e.
estrés [estrés] *s. m.* stress.
estría [estría] *s. f.* strie; cannelure.
estribillo [estriβíʎo] *s. m.* refrain.
estribo [estríβo] *s. m.* étrier.
estribor [estriβór] *s. m. Náut.* tribord.
estricto, -ta [estríkto] *adj.* strict, -e.
estridente [estriðénte] *adj.* strident, -e.
estrofa [estrófa] *s. f.* strophe.
estropajo [estropáxo] *s. m.* 1. grattoir. 2. (esponja) éponge *f.* à récurer.
estropeado, -da [estropeáðo] *adj.* 1. (de- teriorado) gâté, -ée [La carne se ha estro- peado. *La viande est gâtée*]. 2. fichu, -ue [Fum; fouta, -ue; fam. [La máquina está estropeada. *La machine est fichue*].
estropear [estropeár] *v. tr.* 1. (poner en mal estado) abîmer; gâter. 2. (no hacer bien) manquer [Estropear el trabajo, el pastel. *Manquer le travail, le gâteau*]. 3. (deteriorar) détériorer. 4. (un mecanis- mo o su funcionamiento) détraquer; dé- régler. 5. (la mercancía transportada) avarier; endommager; abîmer. 6. (la oca-

ESTRUCTURA - EVOLUCIÓN

estructura [estruktúra] *s.f.* structure.

estruendo [estruéndo] *s.m.* fracas.

estrujar [estruxár] *v.tr.* serrer.

estuche [estúʧe] *s.m.* 1. étui. 2. (funda) pochette *f.* 3. (de médico) trousse *f.* 4. (de escolar) plumier, trousse *f.*

estudiante [estuðjánte] *s.m. y f.* étudiant, -te.

estudiar [estuðjár] *v.tr.* 1. étudier. 2. (una carrera) faire des études.

estudio [estúðjo] *s.m.* 1. étude *f.* 2. (memoria, informe) mémoire. 3. (apartamento) studio. 4. (taller) atelier. ‖ **estudios** *s.m.pl.* 1. (carrera) études *f.*

estudioso, -sa [estuðjóso] *adj.* studieux, -euse.

estufa [estúfa] *s.f.* 1. poêle. 2. *fig.* étuve.

estupefacto, -ta [estupefákto] *adj.* 1. (desconcertado) stupéfait, -te; pantois *m.* *fam.* 2. (afelado) ahuri, -ie. ‖ **dejar ~ estupendo, -da** [estupéndo] *adj.* 1. excellent, -e; épatant, -e. 2. chouette *fam.* 3. du tonnerre *fam.* (Una chica estupenda. *Une fille du tonnerre.*)

estupidez [estupiðéθ] *s.f.* stupidité.

estúpido, -da [estúpiðo] *adj. y s. m. y f.* 1. stupide; bête; idiot, -te. 2. (insulto) abruti, -ie; cruche.

estupor [estupór] *s.m.* stupeur *f.*

etapa [etápa] *s.f.* étape.

etcétera [etθétera] *pron.* et cætera.

eternidad [eterniðáð] *s.f.* éternité.

eterno, -na [etérno] *adj.* éternel, -elle.

ético, -ca [étiko] *adj.* éthique.

etiqueta [etikéta] *s.f.* 1. étiquette. 2. (traje) tenue de soirée. 3. (de una prenda) griffe.

etnia [étnja] *s.f.* ethnie.

eucalipto [ewkalípto] *s.m.* *Bot.* (árbol) eucalyptus.

eucaristía [ewkaristía] *s.f.* *Rel.* eucharistie.

euforia [ewfórja] *s.f.* euphorie.

euro [éwro] *s.m.* (moneda) euro.

eurodiputado, -da [ewroðiputáðo] *s.m. y f.* eurodéputé.

europeo, -a [ewropéo] *adj.* 1. européen, -enne. ‖ *s.m. y f.* 2. Européen, -enne.

eutanasia [ewtanásja] *s.f.* euthanasie.

evacuación [eβakwaθjón] *s.f.* évacuation.

evacuar [eβakwár] *v.tr.* évacuer.

evadir [eβaðír] *v.tr.* 1. (el peligro) fuir. ‖ **evadirse** *v.pr.* 2. s'évader.

evaluación [eβalwaθjón] *s.f.* évaluation.

evaluar [eβalwár] *v.tr.* évaluer.

evangélico, -ca [eβanxéliko] *adj. y s.m. y f.* évangélique.

evangelio [eβanxéljo] *s.m.* évangile.

evangelista [eβanxelísta] *adj. y s.m.* *Rel.* 1. (del Evangelio) évangéliste. ‖ *s. m. y f.* *Rel.* 2. (del evangelismo) évangéliste.

evaporación [eβaporaθjón] *s.f.* évaporation.

evaporar [eβaporár] *v.tr.* 1. évaporer. ‖ **evaporarse** *v.pr.* 2. s'évaporer.

evasión [eβasjón] *s.f.* évasion, fuite.

evasiva [eβasíβa] *s.f.* faux-fuyant *m.*

evasivo, -va [eβasíβo] *adj.* évasif, -ive.

eventual [eβentwál] *adj.* éventuel, -elle.

evidencia [eβiðénθja] *s.f.* évidence.

evidente [eβiðénte] *adj.* 1. (claro) évident, -te; clair, -e. 2. (manifiesto) manifeste. ‖ **ser ~** aller de soi.

evitar [eβitár] *v.tr.* 1. éviter. 2. (rehuir) huir, esquiver. 3. (contenerse) s'empêcher. 4. (privarse de) s'interdire.

evocar [eβokár] *v.tr.* évoquer.

evolución [eβoluθjón] *s.f.* évolution.

---

sión) gâcher (l'ocasion). ‖ **estropearse** *v.pr.* 7. se gâter, s'abîmer.

EVOLUCIONAR - EXCURSIÓN

evolucionar [eβoluθjonár] *v. intr.* évoluer.

exactitud [eksaktitúð] *s. f.* **1.** (veracidad) exactitude. **2.** (corrección, conveniencia) justesse. **3.** (precisión) précision.

exacto, -ta [eksákto] *adj.* exact, -te juste.

exageración [eksaχeraθjón] *s. f.* exagération.

exagerado, -da [eksaχeráðo] *adj.* exagéré, -ée.

exagerar [eksaχerár] *v. tr.* exagérer.

exaltación [eksaltaθjón] *s. m.* exaltation.

exaltado, -da [eksaltáðo] *adj.* exalté, -ée.

exaltar [eksaltár] *v. tr.* exalter.

examen [eksámen] *s. m.* **1.** examen. **2.** (prueba de evaluación) épreuve *f.* **3.** (de revisión) révision *f.*

examinar [eksaminár] *v. tr.* **1.** (estudiar) examiner. **2.** (hacer un examen) examiner; faire passer un examen. **3.** (comprobar) vérifier; contrôler. **4.** (tomar en consideración una posibilidad) envisager. ‖ **examinarse** *v. pr.* **5.** passer un examen.

exasperar [eksasperár] *v. tr.* **1.** exaspérer; énerver. ‖ **exasperarse** *v. pr.* **2.** s'exaspérer.

excavación [eskaβaθjón] *s. f.* excavation; fouille.

excavadora [eskaβaðóra] *s. f.* pelle mécanique; excavateur *m.*; pelleteuse

excavar [eskaβár] *v. tr.* creuser; fouiller.

excedente [esθeðénte] *adj.* **1.** excédant, -te. ‖ *s. m.* **2.** excédent; surplus.

exceder [esθeðér] *v. tr.* **1.** excéder. **2.** (rebasar, superar) dépasser; surpasser. ‖ **excederse** *v. tr.* **3.** (propasarse) dépasser les bornes; excéder les limites. **4.** (abusar) outrepasser [Excederse en sus funciones. *Outrepasser ses pouvoirs.*]

excelencia [esθeléнθja] *s. f.* excellence.

excelente [esθelénte] *adj.* **1.** excellent, -te. **2.** (excepcional) remarquable.

excelso, -sa [esθélso] *adj.* éminent, -te; élevé, -ée.

excéntrico, -ca [esθéntriko] *adj.* excentrique.

excepción [esθepθjón] *s. f.* exception. ‖ **a ~ de** sauf; à l'exception de.

excepcional [esθepθjonál] *adj.* exceptionnel, -elle; unique.

excepto [esθépto] *adv.* excepté; sauf; à part. ‖ **~ que** sauf que; si ce n'est que.

exceptuar [esθeptuár] *v. tr.* faire exception; excepter.

excesivo, -va [esθesíβo] *adj.* **1.** excessif, -ive. **2.** (trabajo, peso) lourd, -de.

exceso [esθéso] *s. m.* **1.** excès. **2.** (excedente) excédent; surplus. ‖ **en ~** trop.

excitación [esθitaθjón] *s. f.* excitation.

excitante [esθitánte] *adj. y s. m.* excitant, -te.

excitar [esθitár] *v. tr.* **1.** exciter. **2.** (provocar) piquer. **3.** (sexualmente) provoquer; allumer. ‖ **excitarse** *v. pr.* **4.** s'exciter. **5.** (acalorarse) s'échauffer.

exclamación [esklamaθjón] *s. f.* **1.** exclamation. **2.** cri *m.* [Exclamación de alegría. *Cri de joie.*]

exclamar [esklamár] *v. tr.* s'écrier.

excluir [eskluír] *v. tr.* **1.** exclure. **2.** (mantener alejado, suprimir) bannir.

exclusión [esklusjón] *s. f.* exclusion.

exclusiva [esklusíβa] *s. f.* exclusivité.

exclusivo, -va [esklusíβo] *adj.* exclusif, -ive.

excomulgar [eskomulγár] *v. tr., Rel.* excommunier.

excremento [eskreménto] *s. m.* excrément.

excursión [eskursjón] *s. f.* excursion.

excusa [ekskusa] *s. f.* excuse.
excusar [ekskusar] *v. tr.* 1. excuser. || **excusarse** *v. pr.* 2. s'excuser.
exención [eksenθjón] *s. f.* exemption.
exento, -ta [eksénto] *adj.* 1. (dispensado) exempt, -e. 2. (liberado) quitte [Exento d'une dette, d'une promesse]. 3. (desprovisto) exempt, -te [Exento de faltas. Exempt de fautes]. || **~ de impuestos** (un producto) libre d'impôts. (zona, puerto, tienda, ciudad) franc, franc, -che.
exequias [eksékjas] *s. f. pl.* obsèques.
exhalación [eksalaθjón] *s. f.* 1. exhalation. 2. (emanación) exhalaison. 3. *fig.* éclair *m.* [Pasar como una exhalación. Passer comme un éclair].
exhalar [eksalár] *v. tr.* (desprender) exhaler, dégager.
exhaustivo, -va [ekswstíβo] *adj.* exhaustif, -ve.
exhausto, -ta [ekswsto] *adj.* (agotado) épuisé, -ée. || **dejar ~** épuiser.
exhibir [eksiβír] *v. tr.* exhiber.
exhortar [eksortár] *v. tr.* exhorter.
exigencia [eksixénθja] *s. f.* exigence.
exigente [eksixénte] *adj.* exigeant, -te.
exigir [eksixír] *v. tr.* 1. exiger. 2. (requerir) demander, réclamer.
exiliado, -da [eksiljáðo] *adj. y s. m. y f.* exilé, -ée.
exiliar [eksiljár] *v. tr.* exiler, bannir.
eximir [eksimír] *v. tr.* exempter.
existencia [eksisténθja] *s. f.* 1. existence. || **existencias** *s. f. pl.* 2. stock *m. sing.*
existir [eksistír] *v. tr.* exister.
éxito [éksito] *s. m.* 1. succès [El éxito de un libro. Le succès d'un livre]. 2. (buen resultado) réussite *f.* || **ser un ~** réussir. **tener ~** réussir.

éxodo [éksoðo] *s. m.* exode.
exorbitante [eksorβitánte] *adj.* exorbitant, -te.
exótico, -ca [eksótiko] *adj.* exotique.
expansión [espansjón] *s. f.* 1. expansion. 2. *fig.* (plenitud, amplitud) épanouissement *m.* 3. (económica) développement *m.* 4. (esparcimiento) épanchement *m.*
expectación [espektaθjón] *s. f.* attente.
expectativa [espektatíβa] *s. f.* attente.
expediente [espeðjénte] *s. m.* dossier.
expedir [espeðír] *v. tr.* 1. (despachar) expédier. 2. (un título) délivrer.
expensas [espénsas] *s. f. pl.* frais.
experiencia [esperjénθja] *s. f.* 1. expérience. 2. (vivencia) vécu *m.* 3. (práctica) pratique.
experimentado, -da [esperimentáðo] *adj.* 1. expérimenté, -ée. 2. (curtido) chevronné, -ée.
experimentar [esperimentár] *v. tr.* 1. (hacer experimentos) expérimenter; essayer. 2. (sentir, notar) éprouver, ressentir.
experimento [esperiménto] *s. m.* expérience *f.*; (scientifique) épreuve *f.*
experto, -ta [espérto] *adj.* expert, -te.
expiar [espiár] *v. tr.* expier; purger.
expirar [espirár] *v. intr.* expirer.
explanada [esplanáða] *s. f.* 1. esplanade. 2. terre-plein *m.*
explicación [esplikaθjón] *s. f.* explication.
explicar [esplikár] *v. tr.* expliquer.
explicativo, -va [esplikatíβo] *adj.* explicatif, -ive.
explícito, -ta [esplíθito] *adj.* explicite.
exploración [esploraθjón] *s. f.* 1. exploration. 2. (recorrido) balayage *m.*
explorador, -ra [esploraðór] *s. m. y f.* 1. explorateur, -trice. 2. (boy scout) scout.

EXPLORAR - EXTRA

explorar [esplorár] *v. tr.* (un terreno, una región, un mercado) explorer; sonder; prospecter.

explosión [esplosjón] *s. f.* explosion.

explosivo, -va [esplosíβo] *adj. y s. m.* explosif, -ive.

explotar [esplotár] *v. tr.* **1.** exploiter. ‖ *v. intr.* **2.** exploser.

exponer [esponér] *v. tr.* **1.** (presentar) exposer; présenter. **2.** (mercancías, productos) étaler. **3.** (arriesgar) aventurer.

exportación [esportaθjón] *s. f.* exportation.

exportar [esportár] *v. tr.* exporter.

exposición [esposiθjón] *s. f.* exposition.

exprés [esprés] *adj.* (tren, café) express.

expresar [espresár] *v. tr.* **1.** exprimer. **2.** (formular) énoncer. ‖ **expresarse** *v. pr.* **3.** s'exprimer.

expresión [espresjón] *s. f.* expression.

expresivo, -va [espresíβo] *adj.* **1.** expressif, -ive. **2.** (una persona) démonstratif, -ive.

expreso, -sa [espréso] *adj.* **1.** exprès, -esse [Por orden expresa. *Sur ordre exprès.*] ‖ *adj. y s. m.* **2.** express, -esse [Tren expreso. *Train express.*]

exprimir [esprimír] *v. tr.* **1.** (una fruta) presser; pressurer. **2.** *fig.* exprimer

expropiar [espropjár] *v. tr.* exproprier.

expuesto, -ta [espwésto] *adj.* exposé, -ée.

expulsar [espulsár] *v. tr.* **1.** (despedir del trabajo, de un colegio) chasser. **2.** (enemigos, un ejército, inmigrantes) refouler. **3.** *Med.* (eliminar, evacuar) expulser.

expulsión [espulsjón] *s. f.* expulsion.

exquisito, -ta [eskisíto] *adj.* exquis, -se.

éxtasis [éstasis] *s. m.* extase *f.*

extender [estendér] *v. tr.* **1.** étendre; étirer; allonger [Extender los brazos. *Éten-*

dre les bras.] **2.** (ampliar) étendre. **3.** (desplegar, desdoblar) déplier. **4.** *Econ.* libeller; tirer (librar) [Extender un cheque de mil euros. *Libeller un chèque de mille euros.*] **5.** (una capa de) étaler. ‖ **extenderse** *v. pr.* **6.** s'étendre. **7.** (propagarse) se répandre; se propager.

extensión [estensjón] *s. f.* **1.** extension [Movimiento de extensión. *Mouvement d'extension.*] **2.** (superficie) étendue. **3.** (duración) longueur.

extenso, -sa [esténso] *adj.* **1.** étendu, -ue. **2.** (vasto) vaste; ample.

extenuado, -da [estenuáðo] *adj.* exténué, -ée.

extenuar [estenuár] *v. tr.* exténuer; épuiser.

exterior [esterjór] *adj.* **1.** extérieur, -re. ‖ *s. m.* **2.** dehors; extérieur. **3.** (apariencias) extérieur. ‖ **Asuntos Exteriores** Affaires étrangers. **parte ~** dehors *m.*

exteriorizar [esterjoriθár] *v. tr.* extérioriser.

exterminar [esterminár] *v. tr.* **1.** exterminer. **2.** (una raza, un pueblo) anéantir.

exterminio [estermínjo] *s. m.* extermination *f.*

externo, -na [estérno] *adj. y s. m. y f.* terne; extérieur, -re.

extinguir [estiŋgír] *v. tr.* (fuego) éteindre; étouffer.

extintor [estintór] *s. m.* extincteur. ‖ **~ de incendios** extincteur d'incendie.

extirpar [estirpár] *v. tr.* extirper.

extra [éstra] *s. m. y f.* **1.** *Cinem.* figurant, -te. ‖ *s. m.* **2.** (un ingreso aparte del salario) à-côté. ‖ *s. f.* **3.** double paie. ‖ *adj.* **4.** (a veces inv.) (extraordinario) supplémentaire [Las horas extra(s). *Les heures supplémentaires.*] ‖ **extras** *s. m. pl.*

EXTRACCIÓN - EXUBERANTE

extracción [estrakθjón] *s.f.* extracción.

extracto [estrákto] *s.m.* extrait.

extraer [estraér] *v.tr.* extraire.

extranjero, -ra [estranxéro] *adj. y s.m. y f.* **1.** étranger, -ère. || *s.m.* **2.** étranger. || **en el ~** à l'étranger.

extrañar [estrapár] *v.tr.* **1.** étonner. **2.** *Amér.* (echar de menos) regretter. || **extrañarse** *v.pr.* **3.** s'étonner.

extrañeza [estrapéθa] *s.f.* étonnement *m.*

extraño, -ña [estráno] *adj. y s.m. y f.* **1.** étranger, -ère. || *adj.* **2.** (raro) bizarre. **3.** (peculiar, curioso) curieux, -euse. **4.** (escaso) étrange; rare; drôle.

extraordinario, -ria [estraorðinárjo] *adj.* **1.** extraordinaire. **2.** (horas) supplémentaire.

extraterrestre [estratertéstre] *adj. y s.m. y f.* extraterrestre.

extravagante [estraβayánte] *adj. y s.m. y f.* extravagant, -e; excentrique.

extraviarse [estraβjárse] *v.pr.* **1.** (perderse) s'égarer; se perdre. **2.** (perder) perdre; égarer. [Se me han extraviado las gafas, j'ai perdu mes lunettes]. **3.** (la mirada) se perdre; s'égarer.

extremar [estremár] *v.tr.* pousser à l'extrême.

extremidad [estremiðáð] *s.f.* **1.** extrémité. || **extremidades** *s.f.pl.* **2.** (miembros) extrémités.

extremo, -ma [estrémo] *adj.* **1.** extrême; éloigné, -ée. **2.** (sumo) dernier, -ière [En grado extremo, *Au dernier degré*]. || *s.m.* **3.** extrême. **4.** (punta, borde) extrémité *f.*; pointe *f.*; bout. || **en ~** extrêmement.

exuberancia [eksuβeránθja] *s.f.* exubérance.

exuberante [eksuβeránte] *adj.* exubérant, -e.

168

F

f [éfe] *s.f.* f m.

fa [fá] *s.m. Mús.* fa.

fabada [faβáða] *s.f. Gastr.* (plat typique asturien aux haricots blancs) fabada.

fábrica [fáβrika] *s.f.* **1.** (lugar) usine. **2.** fábrique Précio de fábrica. *Prix de fabrique.* **3.** (manufactura) manufacture.

fabricación [faβrikaθjón] *s.f.* fabrication.

fabricar [faβrikár] *v. tr.* **1.** fabriquer. **2.** (manufacturar) manufacturer.

fábula [fáβula] *s.f.* fable; conte m.

fabuloso, -sa [faβulóso] *adj.* fabuleux, -euse.

facción [fakθjón] *s.f.* **1.** (partido) faction; parti m. ‖ **facciones** *s.f. pl.* **2.** (de la cara) traits m.

faceta [faθéta] *s.f.* facette; aspect m.

facha [fátʃa] *s.f.* **1.** *fam.* (aspecto) allure. ‖ *adj. y s. m. y f.* **2.** (fascista) facho.

fachada [fatʃáða] *s.f.* façade.

facial [faθjál] *adj.* facial, -le.

fácil [fáθil] *adj.* **1.** facile; sir ple. **2.** evidente, -te [No es fácil. *Ce n'est pas évident.*]

facilidad [faθiliðáð] *s.f.* **1.** facilité. **2.** (soltura) aisance.

facilitar [faθilitár] *v. tr.* **1.** faciliter. **2.** (proporcionar) faciliter, procurer, fournir.

factible [faktíβle] *adj.* faisable.

factor [faktór] *s.m.* facteur.

factoría [faktoría] *s.f.* **1.** (fábrica) usine. **2.** (en el extranjero) comptoir m.

factura [faktúra] *s.f.* **1.** facture; note. **2.** bordereau m. *Factura de compra. Bordereau d'achat.*

facturación [fakturaθjón] *s.f.* (del equipaje) enregistrement m.

facturar [fakturár] *v. tr.* **1.** (emitir una factura) facturer. **2.** (el equipaje) enregistrer.

facultad [fakultáð] *s.f.* faculté.

facultar [fakultár] *v. tr.* (a una persona) habiliter.

facultativo, -va [fakultatíβo] *adj.* facultatif, -ive.

faena [faéna] *s.f.* **1.** (trabajo) travail m; occupation, besogne. **2.** (jugarreta) mauvais tour. ‖ **hacer una ~** (jugar una mala pasada) jouer un mauvais tour.

faja [fáxa] *s.f.* **1.** (de terreno) bande. **2.** de femme) gaine.

fajo [fáxo] *s.m.* (de papeles) liasse f.

falda [fálda] *s.f.* **1.** jupe. **2.** flanc m. (ladera); versant m. (vertiente). **3.** (de una res) flanchet m. ‖ **~ corta** jupette.

faldón [faldón] *s.m.* **1.** (de una chaqueta o camisa) pan. **2.** basque f. *Los faldones de un frac. Les basques d'un habit.*

falla¹ [fáʎa] *s.f.* faille.

falla² [fáʎa] *s.f.* **1.** mannequin brûlé pendant les fêtes valenciennes des "Fallas"; falla, ninot. ‖ **fallas** *s.f. pl.* **2.** (fête valencienne) fallas.

fallar [faʎár] *v. intr.* **1.** (equivocarse) échouer, manquer, rater. **2.** (un mecanismo) manquer, rater. **3.** (ceder, caer) faillir, céder. **4.** (las piernas) faiblir. **5.** (un golpe, un tiro) manquer. ‖ *v. tr.* **6.** (sentencia) juger.

fallecer [faʎeθér] *v. intr.* décéder; mourir.

fallecimiento [faʎeθimjénto] *s.m.* décès; mort *f.*

fallo [fáʎo] *s.m.* **1.** (de un sistema o mecanismo) faille *f.* **2.** erreur *f.* **3.** *Mec.* (un motor) raté. **4.** (insuficiencia) manque [Fallo de memoria. *Manque de mémoire.*] **5.** *Der.* (sentencia del tribunal) arrêt.

falsear [falseár] *v. tr.* **1.** fausser. **2.** (deformar) contrefaire, dénaturer.

falsedad [falseðáð] *s.f.* fausseté; hypocrisie.

FALSIFICACIÓN - FARMACIA

falsificación [falsifikaθjón] *s.f.* **1.** falsification. **2.** (de monedas) altération. **3.** (imitación) contrefaçon; truquage *m.*

falsificar [falsifikár] *v.tr.* **1.** falsifier. **2.** (la aleación de las monedas) altérer. **3.** (hacer una imitación) contrefaire. **4.** (una obra de arte) truquer.

falso, -sa [fálso] *adj.* faux, fausse.

falta [fálta] *s.f.* **1.** (carencia) manque *m.* **2.** (ausencia) absence. **3.** (defecto) faute; défaut *m.* **4.** (error) faute [Falta de ortografía. *Faute d'orthographe*]. **|| por ~ de** faute de; manque de.

faltar [faltár] *v.intr.* **1.** (no haber) manquer [El pan faltaba. *Le pain manquait*]. **2.** (haber desaparecido) manquer [Faltan varias joyas. *Il manque plusieurs bijoux*]. **3.** (estar ausente) manquer; être absent. **4.** (no asistir) manquer [Este alumno falta a menudo. *Cet élève manque souvent*]. **5.** fallir [Me faltan aún tres billetes. *Il me faut encore trois billets*]. **6.** manquer [Faltar al respeto a alguien. *Manquer de respect à quelqu'un*]. **7.** rester [Aún faltan tres días. *Il reste encore trois jours*]. **|| ~ a** trahir [Faltar a su promesa. *Trahir sa promesse*]. **~ poco para** faillir [Faltó poco para que se cayera. *Il a failli tomber*].

fallo, -lla [fáljo] *adj.* dépourvu, -ue. **|| ~ de** à court de.

fama [fáma] *s.f.* renommée; réputation.

familia [família] *s.f.* famille.

familiar [familjár] *adj.* **1.** (de la familia) familial, -e. **2.** (conocido) familier, -ière.

familiaridad [familjariðáð] *s.f.* **1.** familiarité. **2.** (confianza excesiva) privauté.

famoso, -sa [fámoso] *adj.* **1.** (conocido) fameux, -euse. **2.** (de buena fama) célèbre; renommé, -ée; réputé, -ée.

fan [fán] *s.m. y f.* (aficionado) fan; supporter.

fanático, -ca [fanátiko] *adj. y s. m. y f.* **1.** fanatique. **|| 2.** *fig.* passionné, -ée [Es un fanático del rock. *Il est passionné de rock*].

fanatismo [fanatísmo] *s.m. y f.* fanatisme.

fandango [fandáŋgo] *s.m.* **1.** (musique et danse du sud et de l'est de l'Espagne) fandango. **2.** (jaleo) vacarme. **3.** *fig.* (embrollo) micmac.

fanfarrón, -rrona [fanfarrón] *adj. y s.m. y f.* fanfaron, -onne.

fanfarronada [fanfarronáða] *s.f.* bravade; fanfaronnade.

fanfarronear [fanfarroneár] *v.intr.* fanfaronner; crâner.

fango [fáŋgo] *s.m.* **1.** bourbe *f.*; vase *f.* **2.** *fig.* boue *f.*

fantasear [fantaseár] *v.intr.* rêvasser.

fantasía [fantasía] *s.f.* **1.** (imaginación) imagination; fantaisie. **2.** (ilusión) rêverie.

fantasioso, -sa [fantasjóso] *adj.* **1.** fantaisiste; rêveur, -euse; romanesque. **2.** (fatuo) présomptueux, -euse.

fantasma [fantásma] *s.m.* fantôme.

fantástico, -ca [fantástiko] *adj.* fantastique.

faquir o fakir [fakír] *s.m.* fakir.

fardar [fardár] *v.intr. fam.* **1.** (alardear) poser. **2.** (presumir de algo) se vanter; faire étalage de. **3.** faire bien [Unas botas que fardan. *Des bottes qui font bien*].

fardo [fárðo] *s.m.* ballot, fardeau.

farfullar [farfuʎár] *v.tr.* bafouiller.

faringe [farínxe] *s.f. Anat.* pharynx *m.*

faringitis [farinxítis] *s.f. Med.* pharyngite.

farmacéutico, -ca [farmaθéwtiko] *adj.* pharmaceutique. **|| ~** *s. m. y f.* **2.** pharmacien, -enne.

farmacia [farmáθja] *s.f.* pharmacie.

170

FARO - FELIGRÉS

faro [fáro] *s. m.* **1.** (de la costa) phare. **2.** (de coche) lanterne *f.*

farol [faról] *s. m.* **1.** lanterne *f.* **2.** (en el póker) bluff. **3.** *fig.* (engaño) bluff.

farola [faróla] *s. f.* reverbère *m.*

farolear [faroleár] *v. intr. fam.* bluffer.

farolillo [farolíλo] *s. m.* **1.** lanterne *f.* **2.** (de papel) lanterne vénitienne

farsa [fársa] *s. f.* farce; arlequinade.

farsante [farsánte] *s. m. y f.* comédien, -enne.

fascículo [fasθíkulo] *s. m.* fascicule.

fascinación [fasθinaθjón] *s. f.* fascination; charme *m.*

fascinante [fasθinánte] *adj.* fascinant, -te.

fascinar [fasθinár] *v. tr.* fasciner.

fase [fáse] *s. f.* **1.** phase. **2.** (período) période. **3.** (estadio) stade *m.*

fastidiar [fastidjár] *v. tr.* **1.** (hastiar, hartar) dégoûter. **2.** (molestar, dar la lata) ennuyer; gêner; déranger; fatiguer.

fastidioso, -sa [fastidjóso] *adj.* **1.** fastidieux, -euse. **2.** (enojoso, molesto) fâcheux, -euse; embêtant, -te *fam.*

fastuoso, -sa [fastuóso] *adj.* fastueux, -euse; splendide.

fatal [fatál] *adj.* fatal, -le.

fatalidad [fataliðáð] *s. f.* fatalité.

fatiga [fatíγa] *s. f.* fatigue.

fatigar [fatiγár] *v. tr.* fatiguer.

fauna [fáwna] *s. f.* faune.

favor [faβór] *s. m.* **1.** service [Le hizo un favor. *Il lui a rendu un service.*] **2.** (ruego) plaisir [Hágame el favor de. *Faites-moi le plaisir de.*] **3.** (protección) faveur *f.* ‖ **a ~ de** (a cuenta de) | à l'actif de [Un saldo de 1.000 euros a su favor. *Un solde de 1.000 euros à votre actif.*] | à l'ordre de [Rellenar un cheque a favor del Sr. Dupont. *Libeller un chèque à l'ordre de M.* Dupont.] **en ~ de** (en beneficio de) en faveur de; au bénéfice de. | (votación, decisión, opinión, juicio) en faveur de. **por ~** s'il te plaît (tú); s'il vous plaît (usted). | (ruego, súplica) je vous en prie.

favorable [faβoráβle] *adj.* favorable.

favorecer [faβoreθér] *v. tr.* **1.** favoriser. **2.** (ser útil) servir [El azar me favoreció. *Le hasard m'a servi.*] **3.** (agraciar) avantager.

favorito, -ta [faβoríto] *adj.* **1.** favori, -ie. ‖ *s. m. y f.* **2.** (debilidad) péché mignon.

fax [fáks] *s. m.* fax.

faz [fáθ] *s. f.* face.

fe [fé] *s. f.* **1.** foi. **2.** (confianza) confiance. ‖ **dar ~ de** (dar testimonio de) rendre témoignage de. | (muestra de) témoigner.

fealdad [fealdáð] *s. f.* laideur.

febrero [feβréro] *s. m.* février [El uno o el dos de febrero. *Le premier ou le deux février.*]

febril [feβríl] *adj.* **1.** fiévreux, -euse. **2.** *fig.* fébrile [Actividad febril. *Activité fébrile.*]

fecha [fétʃa] *s. f.* date.

fechar [fetʃár] *v. tr.* dater.

fecundar [fekundár] *v. tr.* féconder.

fecundo, -da [fekúndo] *adj.* fécond, -de.

federación [feðeraθjón] *s. f.* fédération.

federal [feðerál] *adj. y s. m.* fédéral, -le.

felicidad [feliθiðáð] *s. f.* **1.** bonheur *m.* ‖ **felicidades** *fórm.* **2.** félicitations.

felicitación [feliθitaθjón] *s. f.* **1.** félicitation; compliment *m.* **2.** vœux *m.* [Carta de felicitación. *Carte de vœux.*]

felicitar [feliθitár] *v. tr.* **1.** féliciter. **2.** souhaiter [Felicitar el año. *Souhaiter une bonne année.*] ‖ **felicitarse** *v. pr.* **3.** (alegrarse) se réjouir. **4.** (estar satisfecho de sí mismo) se flatter.

feligrés, -gresa [feliγrés] *s. m. y f.* paroissien, -enne.

FELINO - FICTICIO

felino, -na [felíno] *adj.* félin, -ne.

feliz [felíθ] *adj.* **1.** heureux, -euse [Somos felices juntos. *Nous sommes heureux ensemble.*] **2.** (que da felicidad) joyeux, -euse [Feliz noticia. *Joyeuse nouvelle.*] **3.** (felicitaciones) bon, -onne; joyeux, -euse [Feliz año. *Bonne année.*]

felpa [félpa] *s. f.* peluche.

felpudo [felpúðo] *s. m.* paillasson.

femenino, -na [femeníno] *adj. y s. f.* féminin, -ne.

fenomenal [fenomenál] *adj.* phénoménal, -le.

fenómeno [fenómeno] *s. m.* phénomène.

feo, -a [féo] *adj.* laid, -de.

féretro [féretro] *s. m.* cercueil; bière *f.*

feria [férja] *s. f.* **1.** foire. **2.** fête foraine.

fermentar [fermentár] *v. tr.* **1.** faire fermenter. **2.** (el vino) faire cuver. ‖ *v. intr.* **3.** fermenter. **4.** (el vino) cuver.

fermento [fermento] *s. m.* ferment.

feroz [feróθ] *adj.* féroce; sauvage.

férreo, -a [férreo] *adj.* ferré, -ée. ‖ **vía férrea** voie ferrée.

ferretería [ferretería] *s. f.* quincaillerie.

ferrocarril [ferrokaríl] *s. m.* chemin de fer. ‖ **Red Nacional de los Ferrocarriles Españoles** (RENFE) Réseau national des chemins de fer espagnols (equivalente a la S.N.C.F. francesa).

ferry [féri] *s. m.* ferry-boat; car-ferry.

fértil [fértil] *adj.* **1.** fertile; fécond, -de. **2.** plantureux, -euse [Región fértil. *Région plantureuse.*]

fertilidad [fertiliðáð] *s. f.* fertilité.

fertilización [fertiliθaθjón] *s. f.* fertilisation.

fertilizante [fertiliθánte] *adj.* **1.** fertilisant, -te. ‖ *s. m.* **2.** engrais.

fertilizar [fertiliθár] *v. tr.* fertiliser.

fervor [ferβór] *s. m.* ferveur *f.*

fervoroso, -sa [ferβoróso] *adj.* fervent, -te.

festejar [festeχár] *v. tr.* fêter.

festejo [festéχo] *s. m.* **1.** festoiement. ‖ **festejos** *s. m. pl.* **2.** réjouissances *f.*

festín [festín] *s. m.* festin.

festival [festiβál] *s. m.* festival.

festividad [festiβiðáð] *s. f.* fête; festivité.

festivo, -va [festíβo] *adj.* **1.** férié, -ée [Día festivo. *Jour férié.*] **2.** de fête [Traje festivo. *Costume de fête.*] **3.** *fig.* (alegre, jocoso) joyeux, -euse.

fetiche [fetítʃe] *s. m.* fétiche.

fétido, -da [fétiðo] *adj.* fétide.

feto [féto] *s. m.* fœtus.

feudal [fewðál] *adj.* féodal, -le.

fiador, -ra [fjaðór] *adj. y s. m. y f.* **1.** garant, -te. ‖ *s. m. y f.* **2.** répondant, -te. **3.** (financiero) accréditeur *m.* ‖ **salir ~** cautionner.

fiambre [fjámbre] *s. m.* **1.** (embutido) charcuterie *f.* **2.** (carne fría) viande froide. **3.** *fig. y fam.* (muerto) macchabée *fam.*

fiambrera [fjambréra] *s. f.* gamelle.

fianza [fjánθa] *s. f.* caution; garantie.

fiar [fiár] *v. tr.* **1.** cautionner. **2.** (vender a crédito) vendre à crédit. ‖ **fiarse** *v. pr.* **3.** (confiar) se fier; avoir confiance. **4.** faire confiance [No me fío de él. *Je ne lui fais pas confiance.*]

fibra [fíβra] *s. f.* fibre.

ficción [fikθjón] *s. f.* fiction.

ficha [fítʃa] *s. f.* **1.** (de juego) fiche; jeton *m.* **2.** (de control) marron *m.*

fichaje [fitʃáχe] *s. m.*, Dep. inscription *f.*

fichar [fitʃár] *v. tr.* **1.** (apuntar en una ficha) mettre sur fiche; ficher. **2.** (a un jugador) engager. **3.** (en el trabajo) pointer.

fichero [fitʃéro] *s. m.* fichier.

ficticio, -cia [fiktíθjo] *adj.* fictif, -ive.

fidelidad [fiðeliðáð] *s.f.* fidélité; loyauté. **2.** *fig. y fam.* échalas, perche *f.* **3.** *fídeos m. pl.* vermicelle *m.;* **estar como un ~**, vermicelle *sing.*

fiebre [fjéβre] *s.f.* fièvre; température. || **subir la ~**, avoir un accès de fièvre. être maigre comme un clou.

fiel¹ [fjél] *adj.* (balanza) fléau, aiguille *f.*

fiel² [fjél] *adj.* **1.** (leal, constante) fidèle. **2.** (exacto) juste || *s. m. y f.* **3.** (leal, creyente) fidèle.

fieltro [fjéltro] *s. m.* feutre.

fiera [fjéra] *s.f.* **1.** fauve *f.*; *fig.* brute.

fiero, -ra [fjéro] *adj.* **1.** (bruto) cruel, -elle; rude. **2.** (animales) sauvage; féroce.

fiesta [fjésta] *s.f.* **1.** (festividad) fête; festivité. **2.** (celebración) fête. **3.** (festejo) festoiement *m.* **4.** *pl.* (festejos) réjouissances. || **día de ~** jour férié.

figura [fiɣúra] *s.f.* forme; figure.

figurar [fiɣurár] *v. tr.* **1.** figurer. || **figurarse** *v. pr.* **2.** se figurer; s'imaginer.

figurín [fiɣurín] *s. m.* dessin de mode; figurine *f.*

fijar [fixár] *v. tr.* **1.** (sujetar) fixer. **2.** (con cuerdas) lacer, lier. **3.** (carteles) afficher. **4.** *fig.* (enraizar, consolidar) ancrer. **5.** (establecer) établir, fixer. **6.** (tarea, misión, cita) assigner. **7.** (un acuerdo) arrêter, (una fecha) marquer. **9.** da atención fixer. **10.** se fixer. **11.** *fig.* (observar) remarquer; observer.

fijo, -ja [fíxo] *adj.* **1.** (fijado, sujeto) fixe. **2.** (seguro) certain, -ne. **3.** (concreto) précis, -se.

fila [fíla] *s.f.* **1.** (personas o cosas detrás de otras) file. **2.** (personas o cosas unas al lado de otras) hilera *f.* (chilera) rang *m.*; rangée (alineación). **4.** (de butacas) rang *m.* || **poner en ~** ranger; aligner.

---

filamento *s. m.* filament.

filatelia [filatélja] *s.f.* philatélie.

filatélico [filatéliko] *s. m., Gastr.* **1.** filet. **2.** (de vaca) steak. || **~ de ternera** escalope *f.*

filial [filjál] *adj.* **1.** filial, -le. || *s.f.* **2.** filiale.

filmar [filmár] *v. tr.* **1.** filmer. **2.** *Cinem.* (rodar) tourner un film.

filme o film [fílme] *s. m.* film.

filmoteca [filmotéka] *s.f.* cinémathèque.

filo [fílo] *s. m.* fil; tranchant.

filología [filoloxjá] *s.f.* philologie.

filón [filón] *s. m.* filon, veine *f.* (vena).

filosofía [filosofía] *s.f.* philosophie.

filósofo, -fa [filósofo] *adj. y s. m. y f.* philosophe.

filtrar [filtrár] *v. tr.* **1.** filtrer. || **~se** *v. pr.* **2.** (una persona, una idea) s'infiltrer. **3.** (un líquido, luz, sonidos) filtrer.

filtro [fíltro] *s. m.* filtre.

fin [fín] *s. m.* **1.** fin *f.* **2.** (objetivo, destino) fin *f.*; but. **3.** (clausura) clôture *f.* [El fin del debate. La clôture du débat.]. **4.** (conclusión) aboutissement *m.* || **a ~ de** en vue de; afin de; pour. **a ~ de que** a ~ que, afin que. **al ~** enfin. **con el ~ de que** dans le but de. **de que** afin que ~ en ~** (en resumen) bref. **poner ~** mettre ~**. por ~** enfin, finalement.

final [finál] *adj.* **-le.** || *s. m.* **2.** (fin) fin *f.* **3.** (extremo) bout *m.* [Al final del año. Au bout de l'année.] || *s.f.* **4.** *Dep.* finale. || **a finales de** à la fin de [A finales del siglo IV. À la fin du IVème siècle.] **~ al final del pasillo. Au bout du couloir.**

finalidad [finaliðáð] *s.f.* **1.** but *m.* **2.** (finalidad) sofía finalité.

finalista [finalísta] *adj. y s. m. y f.* finaliste.

finalizar [finaliθár] *v. tr.* **1.** (acabar, concluir) finir finalizar los trabajos. Finir les

FINALMENTE - FLEXO

finalmente [finalménte] *adv.* enfin. *Terminer la guerre*. **2.** (cesar) terminer *Finalizar la guerra*.

financiero, -ra [finanθjéro] *adj.* y *s. m.* y *f.* financier, -ière. **2.** **mundo ~** finance *f.*

finanzas [finánθas] *s. f. pl.* finance *sing.*

finca [fíŋka] *s. f.* **1.** (edificio) immeuble *m.*; propriété. **2.** (propiedad rural) métairie; ferme.

fineza [fineθa] *s. f.* finesse; délicatesse.

fingir [fiŋxír] *v. tr.* **1.** Feindre; simuler. **2.** (hacer como si) faire semblant de. *Il fait re mine de fingé que es feliz. Il fait semblant d'être heureux.* || **~ ser** faire semblant d'être.

fino, -na [fíno] *adj.* **1.** fin, -ne. **2.** (delgado) mince. **3.** (ligero) léger, -ère. **4.** *fig.* (educado) poli, -ie.

finura [finúra] *s. f.* finesse.

firma [fírma] *s. f.* **1.** signature. **2.** *Econ.* firme; raison sociale. **3.** *Der.* seing. || **~ en blanco** *Der.* blanc-seing *m.*

firmamento [firmaménto] *s. m.* firmament.

firmar [firmár] *v. tr.* signer.

firme [fírme] *adj.* **1.** ferme. || *adv.* **2.** fermement. || *s. m.* **3.** macadam; asphalte. || **¡firmes!** *interj.* **4.** garde-à-vous.

firmeza [firméθa] *s. f.* fermeté.

fiscal [fiskál] *adj.* **1.** fiscal, -le. || *s. m.* **2.** procureur.

fisco [físko] *s. m.* fisc.

fisgar [fisɣár] *v. tr.* espionner; guetter.

fisgón, -gona [fisɣón] *adj.* y *s. m.* y *f.* fouinard, -de.

fisgonear [fisɣoneár] *v. tr. intr.* fouiner.

físico, -ca [físiko] *adj.* **1.** physique. || *s. m.* y *f.* **2.** physicien, -enne. || *s. m.* **3.** (fisonomía) physique. || *s. f.* **4.** physique.

fisonomía (fisonomia) [fisonomía] *s. f.* **1.** physionomie. **2.** (el físico) physique *m.*

fisura [fisúra] *s. f.* fissure.

flácido, -da o fláccido, -da [fláθiðo] *adj.* mou, -olle; mollasse.

flaco, -ca [fláko] *adj.* **1.** maigre. **2.** (escaso) faible. || **punto ~** faible; faiblesse *f.*

flamante [flamánte] *adj. fig.* flamboyant, -te.

flamear [flameár] *v. intr.* **1.** (flambear) flamber. **2.** (ondear) ondoyer.

flamenco, -ca [flaméŋko] *adj.* **1.** flamenco, -ca. **2.** (de Flandes) flamand, -de. **3.** (que habla flamenco) flamingant, -te. || *s. m.* **4.** (música y danza españolas) flamenco. **5.** (lengua) flamand. **6.** *Zool.* (ave) flamant.

flan [flán] *s. m.* flan; crème renversée.

flanco [fláŋko] *s. m.* flanc.

flaquear [flakeár] *v. intr.* **1.** faiblir. **2.** (temblar) vaciller.

flaqueza [flakéθa] *s. f.* **1.** (delgadez) maigreur. **2.** *fig.* (debilidad) faiblesse.

flas o flash [flás] *s. m.* flash; éclair.

flauta [fláwta] *s. f. Mús.* flûte.

flecha [flétʃa] *s. f.* flèche.

flechazo [fletʃáθo] *s. m.* coup de foudre.

fleco [fléko] *s. m.* frange *f.*

flema [fléma] *s. f.* flegme.

flequillo [flekíʎo] *s. m.* (de pelo) frange *f.*

fletar [fletár] *v. tr.* **Naút. 1.** fréter. **2.** (alquilar un barco) affréter.

flete [fléte] *s. m.* fret.

flexible [fleksíβle] *adj.* **1.** flexible. **2.** (que se puede doblar o plegar) pliant, -e. **3.** *fig.* (carácter) souple. **4.** (miembros, movimientos) souple. || **hacer ~** assouplir.

flexión [fleksjón] *s. f.* flexion.

flexo [flékso] *s. m.* **1.** (sin pie) lampe d'architecte. **2.** (con pie) lampe de bureau.

174

flirtear [flirteár] *v. intr.* flirter.

flojear [floxeár] *v. intr.* faiblir; fléchir.

flojo, -ja [flóxo] *adj.* **1.** (lazo) lâche. **2.** (fofo) mou, -olle. **3.** (débil) faible.

flor [flór] *s. f.* fleur.

flora [flóra] *s. f.* flore.

florecer [floreθér] *v. intr.* fleurir.

florecimiento [floreθimjénto] *s. m.* essor.

florero [floréro] *s. m.* vase.

floricultor, -ra [florikuḷtór] *s. m. y f.* fleuriste.

florido, -da [floríðo] *adj.* fleuri, -ie.

florista [florísta] *s. m. y f.* fleuriste.

floritura [floritúra] *s. f.* fioriture.

flota [flóta] *s. f.* flotte.

flotación [flotaθjón] *s. f.* flottemen: m.

flotador [flotaðór] *s. m.* **1.** (para un bañista) bouée *f.* **2.** (para embarcaciones, para redes) flotteur. **3.** (boya) bouée *f.*

flotar [flotár] *v. intr.* flotter.

fluctuación [fluktwaθjón] *s. f.* **1.** fluctuation. **2.** (vacilación) flottement *m.*

fluctuar [fluktuár] *v. intr.* **1.** fluctuer. **2.** *fig.* hésiter.

fluidez [flwiðéθ] *s. f.* fluidité.

fluido, -da [fluíðo] *adj. y s. m.* fluide.

fluir [fluír] *v. intr.* couler; s'écouler

flujo [flúxo] *s. m.* flux.

flúor [flúor] *s. m.* fluor.

fluorescente [flworesθénte] *adj.* fluorescent, -te.

fluvial [fluβjál] *adj.* fluvial, -ale.

foca [fóka] *s. f., Zool.* phoque m.

foco [fóko] *s. m.* **1.** *fig.* centre foyer. **2.** *Mat.* foyer. **3.** *Med.* (origen) siège.

fofo, -fa [fófo] *adj.* flasque; mou, -olle.

fogata [foɣáta] *s. f.* flambée; feu m.

fogón [foɣón] *s. m.* **1.** (cocina) fourneau. **2.** (hogar) foyer.

fogonazo [foɣonáθo] *s. m.* **1.** éclair; flash. **2.** *Fot.* flash.

fogoso, -sa [foɣóso] *adj.* **1.** fougueux, -euse. **2.** (impetuoso) pétulant, -te.

foie-gras [foaɣrás] *s. m.* **1.** (paté de cerdo) pâté (de foie). **2.** (paté de pato) foiegras. ●La palabra francesa "foie-gras" se refiere normalmente en español al "pâté" (de pato) y la palabra francesa "pâté" se refiere al español "foie-gras" (de menor calidad).

folclore [folklóre] *s. m.* folklore.

folio [fóljo] *s. m.* **1.** (de un libro) feuillet. **2.** (de un registro) folio. **3.** (hoja) feuille.

follaje [foʎáxe] *s. m.* feuillage.

folleto [foʎéto] *s. m.* **1.** (díptico, tríptico) dépliant. **2.** (cuadernillo) brochure *f.* **3.** (octavilla) tract.

follón [foʎón] *s. m.* **1.** (lío) salade *f.;* pagaille *f.;* micmac. **2.** (alboroto) remue-ménage. ‖ **armar ~** *fam.* mettre la pagaille.

fomentar [fomentár] *v. tr.* fomenter.

fomento [foménto] *s. m.* **1.** (apoyo) encouragement. **2.** (promoción) promotion *f.*

fonda [fónda] *s. f.* (para alojarse y comer) pension.

fondear [fondeár] *v. tr.* **1.** sonder. ‖ *v. intr.* **2.** mouiller.

fondo [fóndo] *s. m.* **1.** fond. ‖ **fondos** *s. m. pl.* **2.** fonds. ‖ **bajos fondos** *fig.* bas-fonds. **cheque sin fondos** chèque sans provision. **~ de operaciones** fonds de roulement.

fontanería [fontanería] *s. f.* plomberie.

fontanero, -ra [fontanéro] *s. m. y f.* plombier *m.*

forajido, -da [foraxíðo] *s. m. y f.* hors-la-loi *inv.*

forastero, -ra [forastéro] *adj. y s. m. y f.* étranger, -ère.

FORCEJEAR - FOTOSÍNTESIS

forcejear [forθeχeár] *v. intr.* **1.** se battre; se démener. **2.** (defenderse) résister.

forense [forénse] *s. m. y f.* médecin légiste.

forestal [forestál] *adj.* forestier, -ière.

forjar [forχár] *v. tr.* **1.** forger. ‖ **forjarse** *v. pr.* **2.** *fig.* se forger.

forma [fórma] *s. f.* **1.** forme. **2.** (modo de actuar, proceder) manière; façon [Se vista y habla de una forma rara. *Il s'habille et il parle d'une façon bizarre.*] **3.** (medio) moyen *m.* [Lo obtuvo de esa forma. *Il l'a obtenu par ces moyens.*] ‖ **de ~ que** (para que) de sorte que; de façon à ce que. ‖ (de tal modo que) de manière que. **de todas formas** de toute façon; de toutes manières. **tomar ~** prendre forme.

formación [formaθjón] *s. f.* formation.

formal [formál] *adj.* **1.** formel, -elle. **2.** (serio) sérieux, -euse.

formalidad [formaliðáð] *s. f.* **1.** (trámite) formalité. **2.** (seriedad) sérieux *m.*

formalizar [formaliθár] *v. tr.* **1.** (acabar) achever. **2.** (una teoría) formaliser. **3.** (un dossier) légaliser.

formar [formár] *v. tr.* **1.** former. **2.** (constituir) constituer. **3.** *fig.* (moldear, educar) pétrir; façonner. **4.** (ejercitar, instruir) instruire. ‖ **~ parte de** faire partie de.

formatear [formateár] *v. tr.* formater.

formidable [formiðáβle] *adj.* formidable.

fórmula [fórmula] *s. f.* **1.** formule. **2.** (receta) recette. ‖ **~ de cortesía** formule de politesse. **~ de tratamiento** formule de politesse. **~ uno** formule 1.

formular [formulár] *v. tr.* formuler.

formulario [formulárjo] *s. m.* formulaire.

fornido, -da [forníðo] *adj.* **1.** robuste. **2.** (forzudo) costaud, -de *fam.*

forofo, -fa [forófo] *adj. y s. m. y f.* supporter; fan.

forraje [fořáχe] *s. m.* fourrage.

forrar [fořár] *v. tr.* **1.** (poner un forro) doubler. **2.** (con piel) fourrer. **3.** (un libro) couvrir.

forro [fóřo] *s. m.* **1.** (de una prenda) doublure *f.* **2.** (de un libro) couverture *f.* ‖ **~ de piel** fourrure *f.*

fortalecer [fortaleθér] *v. tr.* **1.** (robustecer) fortifier. **2.** *fig.* raffermir.

fortaleza [fortaléθa] *s. f.* **1.** force. **2.** (vigor) vigueur. **3.** (de carácter) fermeté. **4.** *Mil.* forteresse.

fortificación [fortifikaθjón] *s. f.* fortification.

fortificar [fortifikár] *v. tr.* fortifier.

fortuito, -ta [fortuíto] *adj.* (casual) fortuit, -te; accidentel, -elle.

fortuna [fortúna] *s. f.* fortune.

forzar [forθár] *v. tr.* **1.** (una puerta) forcer. **2.** (una llave, una cerradura, un mecanismo) fausser. **3.** (obligar) forcer.

forzoso, -sa [forθóso] *adj.* forcé, -ée; obligatoire.

forzudo, -da [forθúðo] *adj. y s. m. y f.* costaud, -de.

fosa [fósa] *s. f.* fosse.

fosforescente [fosforesθénte] *adj.* phosphorescent, -te.

fósforo [fósforo] *s. m.* **1.** phosphore. **2.** (cerilla) allumette *f.*

fósil [fósil] *adj. y s. m.* fossile.

foso [fóso] *s. m.* **1.** (zanja) fosse *f.* **2.** (de un castillo) fossé *m.* **3.** (de un garaje) fosse *f.*

fotocopia [fotokópja] *s. f.* photocopie.

fotocopiadora [fotokopjaðóra] *adj.* photocopieuse; machine à photocopier.

fotografía [fotoɣrafía] *s. f.* photographie.

fotografiar [fotoɣrafiár] *v. tr.* photographier.

fotosíntesis [fotosíntesis] *s. f.* photosynthèse.

frac [frák] *s. m.* habit.

fracasar [frakasár] *v. tr.* **1.** échouer; rater; manquer. **2.** (no lograr) ne pas réussir. ‖ **hacer ~** faire capoter.

fracaso [frakáso] *s. m.* échec.

fracción [frakθjón] *s. f.* **1.** fraction. **2.** *Mat.* fraction. ●En francés para los números fraccionales se usan los numerales con el sufijo "-ième" salvo en: medio, tercio, cuarto. *demi, tiers, quart* .

fraccionar [frakθjonár] *v. tr.* fractionner.

fractura [fraktúra] *s. f.* fracture.

fracturar [frakturár] *v. tr.* **1.** fracturer. **2.** (romper) casser. **3.** *fig.* (provocar una división) fissurer.

fragancia [frayánθja] *s. f.* parfum *m.;* odeur agréable.

fragata [frayáta] *s. f., Naút.* frégate.

frágil [fráχil] *adj.* fragile.

fragmento [fragménto] *s. m.* fragment.

fraguar [fraywár] *v. tr.* **1.** forger. ‖ *v. intr.* **2.** (el cemento) prendre. ‖ **fraguarse** *v. pr.* **3.** (un camino) se frayer.

fraile [frájle] *s. m.* moine; religieux.

frambuesa [frambwésa] *s. f.* framboise.

francés, -cesa [franθés] *adj. y s m.* **1.** français, -se. ‖ *s. m. y f.* **2.** Français, -se.

franco, -ca[1] [fráŋko] *adj.* **1.** (sincero) franc, -che; ouvert, -te. **2.** *Econ.* (sin gastos) franco.

franco, -ca[2] [fráŋko] *adj.* **1.** franc, -que. ‖ *s. m. y f.* **2.** (pueblo germánico) Franc, -que. ‖ *s. m.* **3.** (moneda) franc; balle *f. fam.* [Franco francés, franco suizo. *Franc français, franc suisse.*]

francófono, -na [fraŋkófono] *adj.* **1.** francophone. ‖ *s. m. y f.* **2.** Francophone.

franela [franéla] *s. f.* flanelle.

franqueo [fraŋkéo] *s. m.* affranchissement.

franqueza [fraŋkéθa] *s. f.* franchise.

franquicia [fraŋkíθja] *s. f.* franchise.

frasco [frásko] *s. m.* flacon.

frase [fráse] *s. f.* **1.** phrase. **2.** (dicho, sentencia) mot *m.*

fraternal [fraternál] *adj.* fraternel, -elle.

fraternidad [fraterniðáð] *s. f.* fraternité.

fraude [fráwðe] *s. m.* fraude *f.*

fraudulento, -ta [frawðulénto] *adj.* frauduleux, -euse.

fray [fráj] *s. m.* frère [Fray Juan. *Frère Jean.*]

frecuencia [frekwénθja] *s. f.* fréquence. ‖ **con ~** fréquemment.

frecuentar [frekwentár] *v. tr.* fréquenter.

frecuente [frekwénte] *adj.* fréquent, -te.

fregadero [freyaðéro] *s. m.* évier.

fregar [freyár] *v. tr.* **1.** (los platos) laver. **2.** (frotar) frotter; récurer (las cacerolas). ‖ **~ los cacharros** faire la vaisselle.

fregona [freyóna] *s. f.* **1.** (para fregar) serpillière (balai-serpillière). **2.** (en un restaurante) laveur de vaisselle; plongeur, -euse.

freír [freír] *v. tr.* **1.** faire frire; frire. ‖ **freírse** *v. pr.* **2.** se frire.

frenar [frenár] *v. tr.* freiner.

frenesí [frenesí] *s. m.* frénésie *f.*

frenético, -ca [frenétiko] *adj.* frénétique.

freno [fréno] *s. m.* frein.

frente [frénte] *s. f.* **1.** *Anat.* front *m.* ‖ *s. m.* **2.** *Mil.* front. **3.** *Meteor.* front. ‖ **~ a** en face de; (de cara a) face à; devant (delante de) *fig.;* en regard de [Está satisfecho frente a lo que ha visto. *Il est satisfait en regard de ce qu'il a vu.*] **~ a ~** (uno frente a otro, cara a cara) tête-à-tête; en vis-à-vis. **hacer ~** tenir tête.

fresa [frésa] *s. f., Bot.* **1.** (fruta) fraise. **2.** (planta) fraisier *m.*

fresco, -ca [frésko] *adj.* **1.** frais, -aîche. **2.** *fam.* (tela) léger, -ère. **3.** (caradura) dévergondé, -ée; culotté, -ée. ‖ *s. m.*

fruta [fruta] *s.f.* fruit *m.* (des fruits). **frutero, -ra** [frutero] *s. m. y f.* (vendedor) fruitier, -ière. **fruto** [fruto] *s. m.* fruit. **fucsia** [fuksja] *adj. y s. m.* (color) fuchsia. **fuego** [fweɣo] *s. m.* 1. feu. 2. (incendio) feu. 3. (de la chimenea) feu. 4. (tiro, balazo) feu, tir. ‖ **fuegos artificiales** feux d'artifice. **fuelle** [fweʎe] *s. m.* soufflet. **fuente** [fwente] *s. f.* 1. (manantial) source. 2. (de vajilla) plat *m.* 3. (construcción) fontaine. **fuera** [fwera] *adv.* 1. dehors, au dehors. ‖ ~ ! *interj.* (abajo) à bas! ‖ **de** ~ **de** dehors. **desde** ~ **du** dehors. **estar** ~ **de** **sí** être hors de soi. ~ **de** hors de (Fuera de la ciudad, Hors de la ville.) ‖ hors (Fuera de la ley, hors de serie, fuera de juego. Hors la loi, hors série, hors jeu.) ‖ ~ **de aquí** hors d'ici. **hacia** ~ (por la parte de afuera) en dehors. **parte de** ~ dehors (la parte de fuera de la casa. Le dehors de la maison.) **por** ~ en dehors (la cabeza no debe asomar por fuera. La tête ne doit pas se pencher en dehors.) ‖ *fig.* a. **En général, "fuera" indique un mouvement et "fuera" localisation. En Amérique, on utilise fréquemment "afuera" pour les deux fonctions. **fuero** [fwero] *s. m.* 1. *coutume f.* 2. (jurisdicción) *For* (Fuero eclesiástico. For ecclésiastique.) ‖ ~ **interno** for intérieur. **fuerte** [fwerte] *adj.* 1. fort, -e. 2. (corpulento) corpulent, -te; gros, -osse. 3. (sólido, robusto) solide. 4. (consistente) corsé, -ée (Salsa fuerte, comida fuerte. Sauce corsée, repas corsé.) 5. *fig.* (violento) violent, -te (Un golpe fuerte, una fuerte pasión. Un coup violent, une passion violente.) ‖ *adv.* 6. fort, fortement.

FRESCURA - FUERTE

4. *Pint.* (mural) fresque *f.* ‖ *s. m. y f.* 5. (caradura) dévergondé, -ée.
frescura [freskura] *s. f.* 1. fraîcheur. 2. *fam.* (caradura) toupet *m.*; culot *m.*
fresno [fresno] *s. m. Bot.* frêne.
frialdad [frjaldað] *s. f.* froideur.
fricción [frikθjon] *s. f.* friction.
friccionar [frikθjonar] *v. tr.* frictionner; frotter.
friega [frjeɣa] *s. f.* friction.
frigorífico, -ca [friɣorifiko] *adj. y s. m.* 1. frigorifique. ‖ *s. m.* 2. frigidaire, réfrigérateur.
frío, -a [frio] *adj.* 1. froid, -de. ‖ *s. m.* 2. froid. ‖ **hacer** ~ faire froid (Hace frío. Il fait froid.)
friolero, -ra [frjolero] *adj. y s. m.* frileux, -euse.
frito, -ta [frito] *adj.* frit, -te.
frivolidad [friβoliðað] *s. f.* frivolité.
frívolo, -la [friβolo] *adj.* frivole; futile.
frondoso, -sa [frondoso] *adj.* 1. touffu, -ue. 2. (un árbol) feuillu, -ue.
frontal [frontal] *adj. y s. m.* frontal, -le.
frontera [frontera] *s. f.* frontière; limite.
fronterizo, -za [fronteriθo] *adj.* frontalier, -ière.
frontón [fronton] *s. m.* fronton.
frotar [frotar] *v. tr.* 1. (friccionar) frotter, frictionner. 2. (restregar) récurer; bien nettoyer.
fructífero, -ra [fruktifero] *adj.* fructifère.
fructuoso, -sa [fruktwoso] *adj.* fructueux, -euse.
frugal [fruɣal] *adj.* 1. frugal, -le. 2. (sobrio, moderado) sobre.
fruncir [frunθir] *v. tr.* froncer. ‖ ~ **el ceño** froncer les sourcils.
frustrar [frustrar] *v. tr.* 1. (decepcionar) frustrer. 2. (hacer fracasar) déjouer. ‖ **frustrarse** *v. pr.* 3. échouer.

fuerza [fwerθa] *s.f.* force. ‖ **a ~ de** à force de. ‖ **a la ~ de force, con ~** fort.

fuga [fuγa] *s.f.* 1. (huida) fuite. 2. (temporal) fugue. 3. *Mús.* fugue.

fugacidad [fuγaθiðað] *s.f.* fugacité.

fugarse [fuγarse] *v.pr.* s'enfuir.

fugaz [fuγaθ] *adj.* 1. fugace. 2. filant, -te. ‖ **estrella ~** étoile filante.

fugitivo, -va [fuxitiβo] *adj.* y *s.m.* y *f.* fugitif, -ive.

fulano, -na [fulano] *s.m.* y *f.* 1. *fam.* un tel (une telle); machin, -ne. 2. *fam.* (tío) poule; gnie. **fulana** *s.f.* 3. *fam.* (prostituta)

fular [fular] *s.m.* foulard.

fulgor [fulγor] *s.m.* éclat, lueur *f.*

fulgurante [fulγurante] *adj.* fulgurant, -te.

fulminante [fulminante] *adj.* 1. (de rayo) foudroyant, -te. 2. *fig.* fulminant, -e.

fulminar [fulminar] *v.tr.* 1. foudroyer. 2. *fig.* fulminer.

fumador, -ra [fumaðor] *adj.* y *s.m.* y *f.* fumeur, -euse. ‖ **no fumadores** non fumeurs.

fumar [fumar] *v.tr.* e *intr.* 1. fumer. ‖ **fumarse** *v.pr.* 2. sécher Fumarse las clases. *Sécher les cours.* ‖ **fumarse la clase** faire l'école buissonnière.

función [funθjon] *s.f.* 1. fonction. 2. (cometido, papel) rôle. 3. *Teatr.* représentation. ‖ **en funciones** en fonctions ~ **de tarde** matinée. ~ **vespertina** matinée-

funcional [funθjonal] *adj.* fonctionnel, -elle.

funcionamiento [funθjonamjento] *s.m.* 1. fonctionnement. 2. (desarrollo) marcha *f.* ‖ **poner en ~** mettre en route (activar) déclencher.

funcionar [funθjonar] *v.intr.* fonctionner, marcher, aller (la máquina funciona. *La machine marche).* ‖ **hacer ~** (acciοnar, activar) faire jouer.

funcionario, -ria [funθjonarjo] *s.m.* y *f.* fonctionnaire.

funda [funda] *s.f.* 1. (para muebles, ropa) housse. 2. (de almohada) taie. 3. (de plástico) pochette (La funda de un disco. *La pochette d'un disque).* 4. (estuche) étui *m.* 5. (con la forma del objeto) gaine.

fundación [fundaθjon] *s.f.* fondation.

fundador, -ra [fundaðor] *adj.* y *s.m.* y *f.* fondateur, -trice.

fundamental [fundamental] *adj.* 1. fondamental, -le. 2. capital, -le; essentiel, -elle. 3. (innato, natural) foncier, -ière.

fundamentar [fundamentar] *v.tr.* 1. (sentar las bases o cimientos) jeter les fondements. 2. *fig.* fonder. 3. (razonar) raisonner.

fundamento [fundamento] *s.m.* fondement.

fundar [fundar] *v.tr.* 1. fonder. ‖ **fundarse** *v.pr.* 2. s'appuyer.

fundición [fundiθjon] *s.f.* fonte.

fundir [fundir] *v.tr.* 1. fondre. ‖ **fundirse** *v.pr.* 2. (derretirse) fondre. 3. (una bombilla) être grillé; griller.

fúnebre [funeβre] *adj.* funèbre.

funeral [funeral] *s.m.* 1. funérailles *f.pl.* ‖ **funerales** *s.m.pl.* 2. obsèques *f.pl.*

funeraria [funerarja] *s.f.* pompes funèbres.

funesto, -ta [funesto] *adj.* funeste.

funicular [funikular] *adj.* y *m.* funiculaire.

furgón [furγon] *s.m.* fourgon.

furgoneta [furγoneta] *s.f.* fourgonnette.

furia [furja] *s.f.* 1. (ardor, ímpetu) fougue; furie. 2. (cólera) fureur.

furibundo, -da [furibúndo] *adj.* furibond, -de.
furioso, -sa [furjóso] *adj.* furieux, -euse.
furor [furór] *s. m.* fureur *f.*
furtivo, -va [furtíβo] *adj.* furtif, -ive (*Mirada, amor furtivo, Regard, amour furtif*) || **cazador ~** braconnier, -ière.
fusible [fusíβle] *adj. y s. m.* fusible.
fusil [fusíl] *s. m.* fusil.
fusilar [fusilár] *v. tr.* fusiller.
fusilamiento [fusilamjénto] *s. m.* exécution *f.*, fusillade *f.*
fusión [fusjón] *s. f.* **1.** (nieve, hielo) fonte.

fusionar [fusjonár] *v. intr.* fusionner.
fusta [fústa] *s. f.* **1.** (látigo) cravache. **2.** (vara) tige, rameau *m.*
fuste [fúste] *s. m.* **1.** *Arq.* (de columna) tige *f.* **2.** *Bot.* (tallo) tige.
fustigar [fustiɣár] *v. tr.* fouetter.
fútbol [fútβol] *s. m. Dep.* football.
futbolín [futβolín] *s. m.* (juego) baby-foot, football de table.
futbolista [futβolísta] *s. m. y f.* joueur de football, footballeur, -euse.
futuro, -ra [futúro] *s. m.* **1.** futur, avenir. **2.** *fig.* (el mañana) lendemain. **3.** *Ling.* futur. || *adj.* **4.** futur, -re.

G

g [ge] *s. f.* g.

gabardina [gaβarðina] *s. f.* gabardine.

gabinete [gaβinete] *s. m.* 1. (de ministros) cabinet. 2. (de una señora) boudoir.

gacela [gaθela] *s. f. Zool.* gazelle.

gaceta [gaθeta] *s. f.* (periódico) gazette.

gafas [gafas] *s. f.* lunette.

gafe [gafe] *s. m. y f.* porte-malheur *m. inv.*

gajo [gaxo] *s. m.* (de naranja) quartier.

galla [gaʎa] *s. f. Mús.* cornemuse.

gala [gala] *s. f.* 1. (espectáculo) gala. 2. (traje) habit de fête. 3. parade (Uniforme de gala. *Tenue de parade*). 4. élégance.

galán [galan] *s. m.* 1. (enamorado) chevalier servant. 2. (guapo) bel homme.

galante [galante] *adj.* galant, -e.

galantear [galantear] *v. tr.* courtiser.

galantería [galantería] *s. f.* galanterie.

galápago [galapaɣo] *s. m.* 1. *Zool.* tortue d'eau douce. 2. *fig.* (astuto) malin, -gne.

galardón [galarðon] *s. m.* prix.

galardonar [galarðonar] *v. tr.* 1. décerner un prix. 2. (recompensar) récompenser.

galaxia [galaksja] *s. f.* galaxie.

galería [galeria] *s. f.* galerie.

galés, -lesa [gales] *adj.* 1. gallois -se. || *s. m. y f.* 2. Gallois, -se.

galgo [galɣo] *s. m.* lévrier.

gallego, -ga [gaʎeɣo] *adj. y s. m. 1.* galicien, -enne. || *s. m. y f.* 2. Galicien, -enne.

galleta [gaʎeta] *s. f.* 1. biscuit *m.* 2. pasta) gâteau sec; biscuit sec. 3. (de mantequilla) petit-beurre *m.*

gallina [gaʎina] *s. f.* poule.

gallinero [gaʎinero] *s. m.* poulailler.

gallo [gaʎo] *s. m.* coq.

galón [galon] *s. m.* galon.

galopar [galopar] *v. intr.* galoper.

galope [galope] *s. m.* galop.

galvanizar [galβaniθar] *v. tr.* 1. galvaniser. 2. (con zinc) zinguer.

gama [gama] *s. f.* gamme.

gamba [gamba] *s. f. Zool.* crevette.

gamberro [gamberro] *adj. y s. m. y f.* 1. dévoyé, -ée. || *s. m.* 2. voyou.

gamo [gamo] *s. m. Zool.* daim.

gamuza [gamuθa] *s. f. Zool.* 1. isard *m.* 2. (rebeco) chamois *m.* (des Pyrénées).

gana [gana] *s. f.* 1. envie. || **ganas** *s. f. pl.* 2. apetito; hambre) appétit *m. sing.* 3. (gana) envie *sing.*

ganadería [ganaðeria] *s. f.* élevage *m.*

ganadero, -ra [ganaðero] *s. m. y f.* éleveur, -euse.

ganado [ganaðo] *s. m.* bétail.

ganador, -ra [ganaðor] *adj. y s. m. y f.* gagnant.

ganancia [ganan̄θja] *s. f.* 1. gain *m.* || **ganancias** *s. f. pl.* 2. bénéfice *m. sing.*; profit *m. sing.* 3. (por un trabajo) revenu *m. sing.*

ganar [ganar] *v. tr.* 1. gagner (Un premio, la lotería, gagner. *Ha ganado varios amigos para una causa. Il a rallié plusieurs amis autour d'une cause*). 4. (adelantar) gagner (Ganar terreno. *Gagner du terrain*). || *intr.* 5. gagner. 6. (vencer) l'emporter. || **ganarse** *v. pr.* 7. gagner (Ganarse la vida, el pan. *Gagner sa vie, son pain*). 8. (merecer) gagner; mériter. 9. s'attirer (Ganarse su desprecio. *S'attirer leur mépris*).

ganchillo [gantʃiʎo] *s. m.* crochet.

gancho [gantʃo] *s. m.* 1. (para colgar o enganchar) crochet. 2. *fig.* (persona) rabatteur. 3. (atractivo) chien.

gandul, -la [gandul] *adj. y s. m. y f.* fainéant, -te; feignant, -te *fam.*

GANGA - GÉMINIS

ganga [gánga] *s.f. fam.* aubaine; occasion.

ganglio [gánglio] *s.m. Anat.* ganglion.

gangoso, -sa [gangóso] *adj.* nasillard, -de.

ganso, -sa [gánso] *s.* jars; oie *f.*

gánster [gánster] *s.m.* gangster.

ganzúa [gan̄zúa] *s.f.* crochet *m.*

garabatear [garabateár] *v.tr. e intr.* griffonner, gribouiller.

garabato [garabáto] *s.m.* griffonnage *m.*

garaje [garáxe] *s.m.* garage.

garantía [garan̄tía] *s.f.* garantie.

garantizar [garan̄tiθár] *v.tr.* **1.** garantir. **2.** (hacer cumplir, funcionar) assurer. **3.** (ser fiador, avalar) cautionner.

garbanzo [garbán̄θo] *s.m.* pois chiche.

garbo [gárbo] *s.m.* **1.** (prestancia) prestance *f.*; allure *f.* **2.** (gracia) grâce *f.*

gardenia [gardénia] *s.f. Bot.* gardénia *m.*

garfio [gárfio] *s.m.* crochet *m.*

garganta [gargán̄ta] *s.f. Anat.* gorge *f.*

gargantilla [gargan̄tiʎa] *s.f.* (serré au cou, sans pendentif) collier *m.*; chaîne *f.*

gárgara [gárγara] *s.f.* gargarisme *m.*

garita [garíta] *s.f.* guérite.

garra [gára] *s.f.* **1.** (de animal, pájaros, reptiles) griffe; ongle *m.* **2.** (de ave rapaz) serre.

garrafa [gařáfa] *s.f.* carafe.

garrafal [gařafál] *adj.* monumental, -le.

garrapata [gařapáta] *s.f. Zool.* tique.

garrotazo [gařotáθo] *s.m.* coup de bâton.

garza [gárθa] *s.f. Zool.* héron *m.*

gas [gás] *s.m.* gaz. || ~ **con** ~ (bebidas) pétillant, -te; gazeux, -euse.

gasa [gása] *s.f.* **1.** (tejido) gaze. **2.** (apósito) pansement *m.*

gaseosa [gaseósa] *s.f.* (bebida) limonade.

gaseoso, -sa [gaseóso] *adj.* gazeux, -euse.

gas-oil [gasóíl] *s.m.* gas-oil.

gasóleo [gasóleo] *s.m.* gas-oil.

gasolina [gasolína] *s.f.* essence.

gasolinera [gasolinéra] *s.f.* poste d'essence; station d'essence.

gastado, -da [gastáðo] *adj.* usé, -ée.

gastar [gastár] *v.tr.* **1.** dépenser. **2.** (consumir) consommer, user. **3.** (electricidad, calefacción, madera, carbón) brûler. **4.** (una prenda, unos zapatos) user.

gasto [gásto] *s.m.* **1.** dépense *f.* || **gastos** *s.m.pl.* **2.** (costes) frais.

gastronomía [gastronomía] *s.f.* gastronomie.

gastrónomo, -ma [gastrónomo] *s.m. y f.* **1.** gastronome *m.* **2.** (amante de la buena cocina) gourmet *m.*

gatas, a [gátas] *loc.adv. fam.* à quatre pattes.

gatillo [gatíʎo] *s.m.* détente *f.*; gâchette *f.*

gato [gáto] *s.m. y f.* **1.** chat, -atte. || *s.m.* **2.** *Mec.* cric.

gavilán [gabilán] *s.m.* **1.** *Zool.* (ave) épervier. **2.** *Bot.* fleur du chardon.

gavilla [gabíʎa] *s.f.* gerbe; botte.

gaviota [gabióta] *s.f. Zool.* (ave) mouette.

gay [géi] *s.m.* gay.

gazapo [gaθápo] *s.m.* **1.** (cría de conejo) lapereau. **2.** *Impr.* coquille *f.*

gazpacho [gaθpátʃo] *s.m.* (soupe froide à base de tomates typique de l'Andalousie) gaspacho.

gel [xél] *s.m.* gel.

gelatina [xelatína] *s.f.* **1.** (postre) gélatine. **2.** (de la carne) gelée.

gema [xéma] *s.f.* gemme.

gemelo, -la [xemélo] *adj. y s.m. y f.* **1.** (mellizo) jumeau, -elle. || *s.m.* **2.** (de la camisa) bouton de manchettes. || **gemelos** *s.m.pl.* jumelles *f.pl.*

gemido [xemíðo] *s.m.* gémissement.

Géminis [xéminis] *n.p.* Gémeaux.

gemir [xemir] *v. intr.* gémir; se plaindre.
gen o gene [xen] *s. m.* gène.
genealogía [xenealoxía] *s. f.* généalogie.
generación [xeneraθjón] *s. f.* génération.
generador, -ra [xeneraðór] *adj.* **1.** générateur, -trice. || *s. m.* **2.** générateur.
general [xenerál] *adj.* **1.** général, -e. || *s. m.* **Mil.** général. || ~ **en general** = en général.
generalizar [xeneraliθár] *v. tr.* **1.** généraliser. || **generalizarse** *v. pr.* **2.** se généraliser.
generar [xenerár] *v. tr.* engendrer, créer.
género [xénero] *s. m.* genre.
generosidad [xenerosiðáð] *s. f.* **1.** générosité. **2.** (de alma) magnanimité.
generoso, -sa [xeneróso] *adj.* généreux, -euse.
genético, -ca [xenétiko] *adj.* **1.** génétique. || **genética** *s. f.* **2.** génétique.
genial [xenjál] *adj.* génial, -e.
genio [xénjo] *s. m.* génie.
genital [xenitál] *adj.* génital, -e.
gente [xénte] *s. f.* **1.** gens *amb. pl.* **2.** monde *m.* Toda la gente, Tout le monde.
gentileza [xentileθa] *s. f.* gentillesse.
gentilicio [xentiliθjo] *adj.* **1.** (de un linaje) de famille. **2.** *Ling.* nom des habitants d'une nation. || *s. m.* **3.** *Ling.* nom des habitants d'une nation.
gentío [xentío] *s. m.* foule *f.*; monde.
genuino, -na [xenwino] *adj.* authentique.
geografía [xeovrafía] *s. f.* géographie.
geología [xeoloxía] *s. f.* géologie.
geometría [xeometría] *s. f.* géométrie.
geométrico, -ca [xeométriko] *adj.* géométrique.
geranio [xeránjo] *s. m. Bot.* géranium.
gerencia [xerénθja] *s. f.* gérance.
gerente [xerénte] *s. m.* gérant.
germano, -na [xermáno] *adj.* **1.** germain, -e. || *s. m. y f.* **2.** Germain, -ne.
germen [xémen] *s. m.* germe.
germinar [xerminár] *v. intr.* germer.
gerundio [xerúndjo] *s. m. Ling.* gérondif; participe présent.
gestación [xestaθjón] *s. f.* gestation.
gestar [xestár] *v. tr.* concevoir.
gesticular [xestikulár] *v. intr.* **1.** (hacer ademanes) gesticuler. **2.** (hacer muecas) grimacer.
gestión [xestjón] *s. f.* **1.** (acción de gestionar) gestion. **2.** (diligencia) démarche.
gestionar [xestjonár] *v. tr. e intr.* **1.** (tramitar) faire des démarches. **2.** (tratar, discutir) traiter; négocier.
gesto [xésto] *s. m.* **1.** (mueca) grimace *f.* **2.** (ademán) geste. || **hacer gestos** grimacer.
gestoría [xestoría] *s. f.* agence.
giba [xiβa] *s. f.* bosse.
gigante, -ta [xiɣánte] *s. m. y f.* **1.** géant, -e. || *adj. inv.* **2.** géant, -e.
gigantesco, -ca [xiɣantésko] *adj.* gigantesque.
gilipollas [xiliρóλas] *s. m. y f. fam.* (insulte) con, -onne; crétin, -ne; imbécile.
gimnasia [ximnásja] *s. f.* gymnastique.
gimnasio [ximnásjo] *s. m.* gymnase.
gimnasta [ximnásta] *s. m. y f.* gymnaste.
gimotear [ximoteár] *v. intr.* geindre.
gincana [ʃiŋkána] *s. f.* gymkhana *m.*
ginebra [xinéβra] *s. f.* gin *m.* **2.** (nombre *m.* de persona) Geneviève.
ginecólogo, -ga [xinekóloyo] *s. m. y f.* gynécologue.
gira [xira] *s. f.* (artística) tournée.
girar [xirár] *v. tr.* **1.** tourner. **2.** (una suma de dinero) virer. || *v. intr.* **3.** (dar vueltas) tourner.
girasol [xirasól] *s. m. Bot.* tournesol.
giratorio, -ria [xiratórjo] *adj.* **1.** (que da vueltas) pivotant, -e. **2.** (que gira) tournant, -e.

giro [xíro] *s. m.* **1.** tour. **2.** (de los acontecimientos) tournure *f.*; tournant. **3.** (suma de dinero) mandat. **4.** *Ling.* tournure *f.* || ~ **postal** virement postal; mandat-poste.

gitano, -na [xitáno] *adj. y s. m. y f.* **1.** gitan, -ne. **2.** (de Bohemia, errante) bohémien, -enne; tzigane.

glacial [glaθjál] *adj. Geogr.* glacial, -e.

glaciar [glaθjár] *s. m.* **1.** glacier. || *adj.* **2.** glaciaire.

glándula [glándula] *s. f.* glande.

glicerina [gliθerína] *s. f.* glycérine.

global [globál] *adj.* global, -e.

globo [glóβo] *s. m.* **1.** (esfera) globe. **2.** (juguete) ballon (montgolfière).

glóbulo [glóβulo] *s. m.* globule.

gloria [glórja] *s. f.* gloire.

gloriarse [glorjárse] *v. pr.* se glorifier.

glorieta [glorjéta] *s. f.* rond-point *m.*

glorificar [glorifikár] *v. tr.* **1.** glorifier. **2.** (exaltar) exalter.

glorioso, -sa [glorjóso] *adj.* glorieux, -euse.

glosa [glósa] *s. f.* **1.** glose. **2.** *fig.* note.

glosar [glosár] *v. tr.* gloser.

glosario [glosárjo] *s. m. Ling.* glossaire.

glotón, -tona [glotón] *adj. y s. m. y f.* glouton, -onne; goulu, -ue.

glúteo [glúteo] *s. m.* fessier.

gnomo [nómo] *s. m.* (duende) gnome.

gobernador, -ra [goβernaðór] *s. m. y f.* gouverneur *m.* || ~ **civil** préfet.

gobernante [goβernánte] *adj. y s. m.* gouvernant, -e.

gobernar [goβernár] *v. tr. e intr.* **1.** gouverner. **2.** (dirigir) diriger.

gobierno [goβjérno] *s. m.* gouvernement. || ~ **civil** préfecture *f.*

goce [góθe] *s. m.* **1.** jouissance *f.* (placer) plaisir.

gofre [gófre] *s. m.* gaufre *f.*

gol [gól] *s. m.* but.

golf [gólf] *s. m. Dep.* golf.

golfo [gólfo] *s. m. Geogr.* golfe.

golfo, -fa [gólfo] *s. m. y f. fam.* (gamberro) voyou *m.*; canaille *f.*

golondrina [golondrína] *s. f. Zool.* hirondelle.

golosina [golosína] *s. f.* friandise.

goloso, -sa [golóso] *adj. y s. m. y f.* (persona) gourmand, -e.

golpe [gólpe] *s. m.* **1.** coup. **2.** (encontronazo) heurt. **3.** *fig.* (salida graciosa) trait d'esprit. **4.** *fig.* (desgracia) choc. ~ **de** ~ (de pronto) tout à coup. ~ **de vista** coup d'œil.

golpear [golpeár] *v. e intr.* **1.** (pegar) frapper; cogner *fam.* **2.** (dar golpes) donner des coups; taper. **3.** (percutir) percuter; battre.

golpetear [golpeteár] *v. tr.* **1.** (dar golpecitos) tapoter. **2.** (rítmicamente) tambouriner.

goma [góma] *s. f.* **1.** gomme. **2.** (pegamento) colle. **3.** (caucho) caoutchouc *m.* **4.** (elástica) élastique *m.*

gomina [gomína] *s. f.* gomina.

góndola [góndola] *s. f.* gondole.

gong [góŋ] *s. m.* gong.

gordo, -da [górðo] *adj.* **1.** (una cosa, una persona) gros, -osse. || *s. m. y f.* **2.** gras, -asse. || *s. m.* **3.** (de la lotería) gros lot.

gorgoteo [gorγotéo] *s. m.* gargouillement.

gorila [goríla] *s. m. Zool.* gorille.

gorra [góřa] *s. f.* casquette. || **de** ~ gratis.

gorrino, -na [goříno] *s. m. y f.* cochon, -onne.

gorrión [gořjón] *s. m. Zool.* moineau.

gorro [góřo] *s. m.* bonnet.

gorrón, -rrona [goróŋ] *s. m. y f.* pique-assiette *inv.*; parasite *m.*

gota [góta] *s. f.* goutte.

gotear [goteár] *v. intr.* **1.** (caer gota a gota) tomber goutte à goutte; dégoutter. **2.** (caer gota a gota o un chorrillo) dégoutiner. **3.** (el agua de lluvia) couler. **4.** (un tejado) goutter. || *v. impers.* **5.** (llover) pleuviner.

gotera [gotéra] *s. f.* fuite d'eau.

gótico, -ca [gótiko] *adj. y s.* gothique.

gozar [goθár] *v. intr.* **1.** (disfrutar) jouir. **2.** (de un beneficio o privilegio) bénéficier, profiter.

gozne [góθne] *s. m.* gond.

gozoso, -sa [goθóso] *adj.* joyeux, -euse.

grabación [graβaθjóŋ] *s. f.* **1.** (de sonido, de imagen) enregistrement *m.* **2.** (toma de sonido) prise de son.

grabado, -da [graβáðo] *p. p. y adj.* **1.** gravé, -ée. || *s. m.* **2.** (lámina) gravure *f.*

grabador, -ra [graβaðór] *adj.* **1.** d'enregistrement. || *s. m.* **2.** (artista) graveur. || ~ **de CD** graveur de CD.

grabadora [graβaðóra] *s. f.* magnétophone *m.* || ~ **de CD** graveur de CD.

grabar [graβár] *v. tr.* **1.** (arte) graver. **2.** (en banda magnética) enregistrer. **3.** *fig.* (marcar) marquer.

gracia [gráθja] *s. f.* **1.** gracé. **2.** (cosa graciosa) drôlerie; bon mot. || **¡gracias!** *form.* **4.** merci! *pl.* **3.** merci. || **dar las gracias** remercier. **gracias a** grâce à. **¡muchas gracias!** merci beaucoup!; merci bien!

grácil [gráθil] *adj.* gracile.

gracioso, -sa [graθjóso] *adj.* **1.** (divertido) drôle; comique; marrant, -e *fam.* || *s. m. y f.* **2.** (que gasta bromas pesadas) mauvais plaisant.

grada [gráða] *s. f.* **1.** (escalón) degré *m.*; marche. **2.** (de un anfiteatro) gradin *m.*

gradación [graðaθjóŋ] *s. f.* gradation.

grado [gráðo] *s. m.* **1.** (de temperatura, del alcohol) degré. **3.** (de un ángulo) grade. **4.** *fig.* (en una jerarquía) grade.

graduación [graðwaθjóŋ] *s. f.* **1.** graduation. **2.** (del alcohol) degré *m.*

gradual [graðwál] *adj.* graduel, -elle.

graduar [graðwár] *v. tr.* **1.** (un instrumento de medida) graduer; étalonner. **2.** (escalonar) graduer; échelonner. **3.** (el alcohol, el licor) titrer. **4.** (dar un título universitario) conférer un grade. **5.** *Mil.* (recibir un título) être reçu. **6.** elever au grade de. || **graduarse** *v. pr.*

grafía [grafía] *s. f.* graphie.

gráfico, -ca [gráfiko] *adj. y s. m.* graphique.

grafito [grafíto] *s. m.* graphite.

gragea [graxéa] *s. f.* dragée.

gramática [gramátika] *s. f.* grammaire.

gramatical [gramatikál] *adj.* grammatical, -e.

gramo [grámo] *s. m.* gramme.

gran [graŋ] *adj.* grande.

granada [granáða] *s. f.* **1.** *Bot.* grenade. **2.** *Mil.* grenade.

granate [granáte] *adj. y s. m.* grenat.

grande [gránde] *adj.* grand, -de (Una gran casa y grandes terrazas. *Une grande maison et de grandes terrasses.*) • "Grande" devient "gran" devant un *s. m.* o *f. sing.*: *una gran casa, un gran coche.*

grandeza [grandéθa] *s. f.* grandeur.

grandioso, -sa [grandjóso] *adj.* grandiose.

granel, a [granél] *loc. adv.* **1.** en vrac. **2.** *fig.* (en abundancia) à foison.

granero [granéro] *s. m.* grange *f.*; grenier.

granito [graníto] *s. m.* granit.

granizada [graniθaða] *s. f.* grêle; chute de grêle.
granizado [graniθaðo] *s. m.* granité.
granizar [graniθar] *v. impers.* **1.** (caer granizo) grêler || *v. intr.* **2.** (tirar o caer como el granizo) grêler. || *v. tr.* **3.** (hacer una bebida granizada) frapper.
granizo [graniθo] *s. m.* grêle.
granja [granxa] *s. f.* ferme métairie.
granjero, -ra [granxéro] *s. m. y f.* fermier, -ière.
grano [grano] *s. m.* **1.** grain. **2.** *Med.* bouton. **3.** *Bot.* grain. || **ir al** ~ *fam.* aller au fait.
granuja [granuxa] *s. m. y f. fam.* (gamberro) garnement *m.* **2.** *fig.* (pilluelo, pícaro) garnement *m.* **3.** (golfo, canalla) vaurien, -enne. || *adj.* **4.** (astuto) roué, -ée.
grapa [grapa] *s. f.* (para papel) agrafe.
grapadora [grapaðora] *s. f.* agrafeuse.
grapar [grapar] *v. tr.* agrafer.
grasa [grasa] *s. f.* graisse.
grasiento, -ta [grasjénto] *adj.* **1.** (lleno de grasa) graisseux, -euse. **2.** (con grasa) gras, -asse.
graso [graso] *adj.* gras, -asse.
gratificación [gratifikaθjón] *s. f.* gratification.
gratificar [gratifikár] *v. tr.* gratifier.
gratinar [gratinár] *v. tr.* gratiner.
gratis [grátis] *adv.* gratis.
gratitud [gratituð] *s. f.* **1.** gratitude. **2.** reconnaissance.
grato, -ta [grato] *adj.* agréable.
gratuito, -ta [gratuíto] *adj.* gratuit, -e.
grava [graβa] *s. f.* gravier *m.*
gravamen [graβámen] *s. m.* charge *f.*
gravar [graβár] *v. tr. Econ.* grever.
grave [graβe] *adj.* grave.
gravedad [graβeðáð] *s. f.* gravité.
gravitar [graβitár] *v. tr.* graviter.

gravoso, -sa [graβoso] *adj.* lourd, -de.
graznido [graθniðo] *s. m.* croassement.
greca [grɛka] *s. f.* grecque.
greñio [grɛnjo] *s. m.* corps de métier, corporation *f.*
greña [grɛna] *s. f.* tif *m.*
gresca [grɛska] *s. f.* **1.** (ruido) vacarme *m.* **2.** (riña) querelle; bagarre [Andar a la gresca. *Chercher querelle la bagarre*.]
griego, -ga [grjéyo] *adj.* **1.** grec, -cque. || *s. m. y f.* **2.** Grec, -cque.
grieta [grjéta] *s. f.* **1.** crevasse; fissure. **2.** (en una pared) lézarde.
grifo [grifo] *s. m.* robinet.
grill [gril] *s. m.* **1.** (parrilla) gril. **2.** (restaurante) grill.
grillo [griʎo] *s. m. Zool.* grillon.
grima [grima] *s. f.* déplaisir *m.;* horreur.
gringo, -ga [griŋgo] *adj. y s. m. y f.* **1.** *fam.* (extranjero) étranger, -ère. **2.** *Amer.* (estadounidense) Américain du nord.
gripe [gripe] *s. f. Med.* grippe.
gris [gris] *adj. y s. m.* (color) gris, -se.
grisáceo, -a [grisáθeo] *adj.* grisâtre.
gritar [gritár] *v. tr. e intr.* **1.** crier. **2.** (lanzar un grito) pousser un cri.
grito [grito] *s. m.* cri.
grogui [gróyi] *adj.* groggy.
grosella [groséʎa] *s. f.* (negra) cassis *m.*
grosería [groseria] *s. f.* grossièreté.
grosero, -ra [grosero] *adj.* grossier, -ière.
grosor [grosór] *s. m.* grosseur *f.*
grotesco, -ca [grotesko] *adj. y s. m. y f.* grotesque.
grúa [grua] *s. f.* grue.
grueso, -sa [grwéso] *adj.* gros, -osse.
grulla [gruʎa] *s. f. Zool.* (ave) grue.
grumete [grumete] *s. m. Naút.* mousse.
grumo [grumo] *s. m.* grumeau.
gruñido [gruɲiðo] *s. m.* grognement.

GRUÑIR - GUISADO

gruñir [gruɲir] *v. intr.* 1. grogner. 2. (el perro) gronder.

grupo [grupo] *s. m.* groupe.

gruta [gruta] *s. f.* grotte, caverne.

guantada [gwantaða] *s. f.* *fam.* claque.

guante [gwante] *s. m.* gant.

guantera [gwantera] *s. f.* boîte à gants.

guapo, -pa [gwapo] *adj.* *fam.* beau, -elle

guarda [gwarða] *s. m.* *y f.* 1. garde. 2. (de un edificio, lugar o animal) gardien, -enne. 3. (vigilante) surveillant, -e. || ~ **forestal** garde forestier.

guardabarros [gwarðaβaros] *s. m.* *inv.* garde-boue, pare-boue.

guardacostas [gwarðakostas] *s. m.* *inv.* *Náut.* garde-côte.

guardaespaldas [gwarðaespaldas] *s. m.* *inv.* garde du corps, gorille *fam.*

guardameta [gwarðameta] *s. m.* *y f.* *Dep.* gardien de but, goal.

guardar [gwarðar] *v. tr.* 1. ranger [Guardar en el cajón. *Ranger dans le tiroir*]. 2. garder [Guardar un secreto. *Garder un secret*].

guardarropa [gwarðaropa] *s. m.* 1. (conjunto de ropas de una persona) garde-robe *f.* 2. (de un establecimiento público) vestiaire. 3. (pequeña habitación) penderie *f.* || *s. m. y f.* 4. *Teatr.* (persona) costumier, -ière.

guardería [gwarðeria] *s. f.* garderie. || ~ **infantil** crèche.

guardia [gwarðja] *s. f.* 1. (vigilancia) garde; surveillance. 2. (conjunto de soldados) garde. || *s. m. y f.* 3. agent de police. || ~ **civil** gendarme; gendarmerie [La guardia civil. *La gendarmerie*].

guardián, -diana [gwarðjan] *adj. y s. m. y f.* gardien, -enne.

guarecerse [gwareθerse] *v. pr.* se réfugier.

guarida [gwariða] *s. f.* tanière.

guarnición [gwarniθjon] *s. f.* 1. (de un vestido) garniture. 2. *Mil.* garnison. 3. (guardia) garde. 4. *Gastr.* garniture.

guarrada [gwaraða] *s. f.* cochonnerie.

guarro, -rra [gwaro] *s. m. y f.* cochon, -onne.

guasa [gwasa] *s. f.* rigolade.

guasón, -sona [gwason] *adj.* goguenard, -de; taquin, -ne.

guatemalteco, -ca [gwatemalteko] *adj.* 1. guatémaltèque. || *s. m. y f.* 2. Guatémaltèque.

guay [gwaj] *adj.* *fam.* super; sympa.

gubernamental [guβernamental] *adj. y s. pl.* gouvernemental, -le.

guerra [gera] *s. f.* guerre.

guerrero, -ra [gerero] *adj. y s. m. y f.* guerrier, -ière.

guerrilla [geriʎa] *s. f.* guérilla.

guerrillero, -ra [geriʎero] *adj. y s. m. y f.* partisan, -ne.

guía [gia] *s. m. y f.* 1. (persona) guide (cicérone). || *s. f.* 2. *fig.* (libro) guide *m.* (livre). 3. telefónica (guide).

guiar [gjar] *v. tr.* guider.

guijarro [gixaro] *s. m.* 1. (piedra) caillou. 2. canto rodado, galet.

guillotina [giʎotina] *s. f.* guillotine.

guinda [ginda] *s. f.* guigne.

guindilla [gindiʎa] *s. f.* piment rouge.

guiñar [giɲar] *v. tr.* e *intr.* (el ojo) cligner.

guiñol [giɲol] *s. m.* guignol.

guión [gjon] *s. m.* 1. *Cinem.* scénario. 2. *Ling.* trait; trait d'union (en una palabra compuesta); tiret (antes de un discurso). || ~ **cinematográfico** scénario.

guionista [gjonista] *s. m. y f.* scénariste.

guirnalda [girnalda] *s. f.* guirlande.

guisado [gisaðo] *s. m.* ragoût.

GUISANTE - GUTURAL

guisante [gisánte] *s. m.* **1.** *Bot.* (planta) pois. **2.** (legumbre) petit pois.
guisar [gisár] *v. tr.* **1.** cuisiner. ‖ *v. intr.* **2.** faire la cuisine.
guiso [gíso] *s. m.* ragoût; mets.
guitarra [gitárra] *s. f. Mús.* guitare.
gula [gúla] *s. f.* gourmandise.
gusanillo [gusaníĺo] *s. m.* **1.** petit ver. **2.** *fig.* (curiosidad, afición) virus.
gusano [gusáno] *s. m. Zool.* ver.
gustar [gustár] *v. tr.* **1.** (probar) goûter. ‖ *v. intr.* **2.** aimer; plaire ‖ *j'aime mieux* les frites. *Me gustan más las patatas fritas.* ‖ **gustarse** *v. pr.* se plaire.
gustillo [gustíĺo] *s. m.* arrière-goût.
gusto [gústo] *s. m.* **1.** (cómodo) à l'aise; bien. **buen ~** bon goût; chic. **con mucho ~** volontiers. **estar a ~** être à l'aise; se plaire. **tengo el ~ a** j'ai le plaisir de.
gustoso, -sa [gustóso] *adj.* **1.** (sabroso) savoureux, -euse. ‖ *adv.* **2.** (con mucho gusto) volontiers.
gutural [guturál] *adj. y s. f.* guttural, -le.

H

h [átʃe] *s. f.* h *m.*

haba [áβa] *s. f., Bot.* fève.

haber¹ [aβér] *s. m.* **1.** *Econ.* avoir. **2.** (crédito) crédit.

haber² [aβér] *v. tr.* **1.** y avoir [Hay treinta. *Il y en a trente.*] ‖ *v. aux.* **2.** avoir [He comido. *J'ai mangé.*] **3.** (con verbos de movimiento y con todos los pronominales) être [Me he caído. *Je suis tombé.*] ‖ **había** *v. impers.* (imperfecto) **4.** il y avait [Había varios problemas. *Il y avait plusieurs problèmes.*] ‖ **~ que** falloir [Hay que irse enseguida. *Il faut partir tout de suite.*] ‖ **hay** (presente) il y a. **no hay de qué** de rien. **que hay que** à [El género que hay que vender. *Les marchandises à vendre.*]

habichuela [aβitʃwéla] *s. f.* **1.** (judía) haricot *m.* **2.** (verde) flageolet *m.*

hábil [áβil] *adj.* **1.** (mañoso) habile; adroit, -te. **2.** (astuto) fin, -ne; rusé, -ée.

habilidad [aβiliðáð] *s. f.* **1.** habileté; adresse. **2.** (pericia) maîtrise.

habilidoso, -sa [aβiliðóso] *adj.* adroit, -te; habile.

habitable [aβitáβle] *adj.* habitable.

habitación [aβitaθjón] *s. f.* pièce; chambre (dormitorio).

habitante [aβitánte] *s. m. y f.* **1.** habitant, -te. **2.** (de la ciudad) citadin, -ne.

habitar [aβitár] *v. tr. e intr.* habiter.

hábitat [áβitat] *s. m.* habitat.

hábito [áβito] *s. m.* **1.** (costumbre) habitude *f.*; coutume *f.* **2.** (de religioso) habit; robe *f.* ‖ **hábitos** *s. m. pl.* **3.** (tradiciones, usos) mœurs *f.*

habitual [aβitwál] *adj.* habituel, -elle.

habituar [aβitwár] *v. tr.* **1.** habituer. ‖ **habituarse** *v. pr.* **2.** s'habituer.

habla [áβla] *s. f.* **1.** (capacidad de hablar) parole. **2.** (lenguaje utilizado) parler *m.*; langue [El habla popular. *Le parler populaire.*] **3.** (regional y popular) patois *m.* ‖ **de ~ francesa** francophone.

hablador, -ra [aβlaðór] *adj. y s. m. y f.* bavard, -e.

hablar [aβlár] *v. intr.* **1.** parler. **2.** (una lengua) parler [Hablo chino. *Je parle le chinois.*] **3.** (conversar) converser; causer.

hacendoso, -sa [aθendóso] *adj.* laborieux, -euse.

hacer [aθér] *v. tr.* **1.** faire. **2.** (+infinitivo) faire [Lo hizo reparar. *Il l'a fait reparer.*] **3.** (un examen, una oposición) passer. **4.** (provocar un cambio) rendre [Hacer feliz. *Rendre heureux.*] ‖ *v. impers.* **5.** faire [Hace poco. *Ça fait peu de temps.*] ‖ **hacerse** *v. pr.* **6.** se faire. **7.** (convertirse en) devenir; se rendre. **8.** (simular) jouer; se rendre. ‖ **hace** il y a. **hace mucho tiempo** il y a longtemps. **hace un momento** tout à l'heure. **hacía** fai-sait ‖ cela faisait.

hacha [átʃa] *s. f.* **1.** hache. **2.** *fig.* as *m.*

hachís [χatʃís] *s. m.* haschich.

hacia [áθja] *prep.* **1.** (dirección) vers. **2.** (+adv. de lugar) en [Hacia atrás, hacia delante, hacia abajo. *En arrière, en avant, en bas.*] **3.** *fig.* (para con) envers. **4.** (alrededor de) vers.

hacienda [aθjénda] *s. f.* **1.** domaine *m.*; propriété rurale; héritage *m.* ‖ **Hacienda** *s. f.* **2.** Finances *pl.* ‖ **Ministerio de Hacienda** ministère des Finances.

hada [áða] *s. f.* fée.

halagar [alaɣár] *v. tr.* (adular) flatter.

halago [aláɣo] *s. m.* **1.** (adulación) flatterie *f.* **2.** (elogio) compliment.

halcón [alkón] *s. m., Zool.* faucon.

hálito [álito] *s. m.* haleine *f.*; souffle *m.*

hall [xól] *s. m.* **1.** (de edificio público) hall. **2.** (en un piso o casa) entrée *f.*; vestibule.

hallar [aǰár] *v. tr.* **1.** trouver. ‖ **hallarse** *v. pr.* **2.** se trouver. **3.** (estar, situarse) être.

hallazgo [aǰáθγo] *s. m.* trouvaille *f.*; découverte *f.* (descubrimiento).

halo [álo] *s. m.* (de un astro) auréole *f.*

halterofilia [alteroflxja] *s. f.* haltérophilie *f.*

hamaca [amáka] *s. f.* **1.** (suspendida) hamac *m.* **2.** (tumbona) chaise longue.

hambre [ámbre] *s. f.* **1.** faim (Tengo hambre, *J'ai faim*.) **2.** (hambruna) famine.

hambriento, -ta [ambɾjénto] *adj. y s. m. y f.* affamé, -ée.

hamburguesa [ambuɾγésa] *s. f.* hamburger *m.*; steak haché.

hámster [xánster] *s. m. Zool.* hamster.

hangar [aŋgáɾ] *s. m.* hangar.

haragá**n, -na** [aɾaγán] *adj. y s. m. y f.* fainéant, -te.

harapiento, -ta [aɾapjénto] *adj.* déguenillé, -ée.

harapo [aɾápo] *s. m.* haillon, guenille *f.*

harina [aɾína] *s. f.* farine.

hartar [artár] *v. tr.* **1.** rassasier. **2.** *fig.* (cansar) assommer; souler. ‖ **hartarse** *v. pr.* **3.** *fig.* (impacientarse) en avoir assez. **4.** (cebarse) se gaver.

harto, -ta [árto] *adj.* **1.** (ahíto) rassasié, -ée; repu, -ue. **2.** (aqoblado, aquedado) soûl, -le; assommé, -ée. **3.** (aburrido) las, -asse (Harto de esperar, *Las d'attendre*.) **4.** *fig.* (cansado) fatigué, -ée. ‖ **estar ~ en avoir marre; en avoir assez; être excédé.**

hasta [ásta] *prep.* **1.** jusque. **2.** (meses, años) jusqu'en (Hasta marzo, *jusqu'en mars*; *jusqu en 1999*.) **3.** (un lugar) jusqu'à (Faltan 30 km hasta Burdeos, *Il reste 30 km jusqu'à Bordeaux*.) **4.** (un tope) jusqu'à (Con el agua hasta las rodillas, *L'eau jusqu'aux genoux*.) **5.** (no antes de) pas avant (No vendrá hasta el jueves, *Il n'arrivera pas avant jeudi*.) ‖ *adv.* **6.** même (Hasta yo podría hacerlo, *Même moi, je pourrais le faire*.) **7.** (e incluso) voire (Aceptan cheques, y hasta tarjetas, *Ils acceptent des chèques, voire des cartes*.) ‖ **¿ ~ dónde?** jusqu'où ~ **mañana** à demain. **¡ ~ pronto!** à bientôt! ~ **que** jusqu'à ce que (+subjuntivo); en attendant que (+subjuntivo).

hastiar [astjáɾ] *v. tr.* **1.** dégoûter; écoeurer. **2.** (saturar) ennuyer; soûler.

hastío [astío] *s. m.* **1.** (aburrimiento) ennui. **2.** (asco) dégoût.

hatajo [atáxo] *s. m.* **1.** (rebaño pequeño) petit troupeau. **2.** *desp.* (banda) tas; bande (Hatajo de cobardes! *Tas de lâches!* *m.*

haya [ája] *s. f. Bot.* hêtre *m.*

haz [áθ] *s. m.* faisceau.

hazaña [aθáɲa] *s. f.* **1.** exploit *m.*; prouesse. **2.** *Dep. fig.* (resultado excepcional) performance.

hazmerreír [aθmereíɾ] *s. m.* risée *f.* (Ser el hazmerreír del público, *Être un objet de risée pour le public*.)

hebilla [eβíʎa] *s. f.* boucle.

hebra [éβɾa] *s. f.* **1.** (de hilo) brin *m.* **2.** (de verduras) fil *m.*

hebreo, -a [eβɾéo] *adj.* **1.** hébreu *m.*; hébraïque. ‖ *s. m. y f.* **3.** Hébreu *m.* • En femenino se utiliza en francés: "israélite" o "juive".

hechicero, -ra [etʃiθéɾo] *s. m. y f. adj.* **1.** (brujo) sorcier, -ière. **2.** *adj. y s. m. y f. fig.* envoûtant, -te; enchanteur, -teresse.

hechizar [etʃiθáɾ] *v. tr.* **1.** ensorceler. **2.** *fig.* envoûter; charmer; enchanter.

HECHIZO - HÉROE

hechizo [etʃiθo] *s. m.* **1.** (sortilegio, encanto) sortilège; charme; ensorcellement. **2.** (maleficio) maléfice.

hecho, -cha [etʃo] *adj.* **1.** fait, -e. ‖ **2.** fait: **carne poco hecha** viande saignante. ‖ (vuelta y vuelta) viande bleu. **de ~ de fait. tortilla poco hecha** omelette baveuse.

hechura [etʃura] *s. f.* façon; forme.

hectárea [ektarea] *s. f.* hectare *m.*

hectogramo [ektoɣramo] *s. m.* hectogramme.

hectolitro [ektolitro] *s. m.* hectolitre.

hectómetro [ektometro] *s. m.* hectomètre.

hedondo, -da [eðõndo] *adj.* puant, -e; fétide.

hedor [eðor] *s. m.* puanteur *f.*; fétidité *f.*

hegemonía [exemonia] *s. f.* hégémonie.

helada [elaða] *s. f.* **1.** (fenómeno meteorológico) gelée (Una helada nocturna. *Une gelée nocturne*). **2.** (hielo formado) gel *m.* (La helada ha estallado las tuberías. *Le gel a fait éclater les tuyaux*).

helado, -da [elaðo] *adj.* **1.** glacé, -ée. ‖ *s. m.* **2.** glacé *f.*

helar [elar] *v. tr.* **1.** geler; glacer. **2.** (una bebida) frapper. **3.** *fig.* (pasmar, paralizar) geler. ‖ **helarse** *v. pr.* **4.** se glacer.

helecho [eletʃo] *s. m. Bot.* fougère *f.*

hélice [eliθe] *s. f.* hélice.

helicóptero [elikoptero] *s. m.* hélicoptère.

helipuerto [elipwerto] *s. m.* héliport.

hematoma [ematoma] *s. m.* hématome.

hembra [embra] *s. f.* femelle.

hemeroteca [emeroteka] *s. f.* périodiques *m. pl.*

hemiciclo [emiθiklo] *s. m.* **1.** hémicycle. **2.** (parlamento) hémicycle.

hemisferio [emisferjo] *s. m.* hémisphère.

hemorragia [emoraxja] *s. f. Med.* hémorragie; saignement *m.*

hendidura [endiðura] *s. f.* **1.** (en la tierra) fente; crevasse. **2.** (pequeña, en la corteza) gerçure. **3.** (raja) rainure.

heno [eno] *s. m.* foin.

hepágono [epaɣono] *s. m.* heptagone.

herbívoro, -ra [erβiβoro] *adj. y s. m. y f.* herbivore.

herbolario [erβolarjo] *s. m.* herboristerie *f.*

heredar [ereðar] *v. tr. e intr.* hériter.

heredero, -ra [ereðero] *s. m. y f.* héritier, -ière.

hereje [erexe] *s. m. y f.* hérétique.

herejía [erexia] *s. f.* hérésie.

herencia [erenθja] *s. f.* **1.** héritage; succession. **2.** *Biol.* hérédité.

herida [erða] *s. f.* **1.** blessure. **2.** (abierta) llaga; plaie. **3.** *fig.* (golpe) coup *m.*

herido, -da [eriðo] *adj. y s. m. y f.* **1.** blessé, -ée. ‖ *adj.* **2.** atteint, -e.

herir [erir] *v. tr.* **1.** blesser. **2.** (alcanzar) atteindre. **3.** *fig.* (afectar, lastimar) choquer; frapper. **4.** (ofender) frapper.

hermanastro, tra [ermanastro] *s. m.* **1.** demi-frère. ‖ **hermanastra** *s. f.* **2.** demi-sœur.

hermano, -na [ermano] *s. m.* **1.** frère. **2.** (monje) frère. ‖ **hermana** *s. f.* **3.** sœur. **4.** *Rel.* (monja) sœur; religieuse.

hermético, -ca [ermetiko] *adj.* hermétique.

hermoso, -sa [ermoso] *adj.* beau, belle; bel *m.* ● Se usa "bel" delante de sustantivo masculino que empiece por vocal o "h" muda: *bel enfant, beau garçon*. En los demás casos se usa "beau".

hermosura [ermosura] *s. f.* beauté.

hernia [ernja] *s. f. Med.* hernie.

héroe [eroe] *s. m.* héros.

heroico, -ca [erójko] *adj.* heroíque.

heroína [eroína] *s.f.* héroïne.

heroísmo [eroísmo] *s.m.* héroïsme.

herradura [erradúra] *s.f.* fer à cheval.

herramienta [errámjénta] *s.f.* outil *m.*

herrero [erréro] *s.m.* forgeron.

hervidero [erβiðéro] *s.m.* fourmilière *f.*

hervir [erβír] *v. tr.* 1. faire bouillir. || *v. intr.* 2. (bullir) bouillir.

heterogéneo, -a [eteroxéneo] *adj.* hétérogène.

hexágono [eksáγono] *s.m.* hexagone.

hiato [iáto] *s.m.* hiatus.

hibernación [iβernaθjón] *s.f.* hibernation.

hibernar [iβernár] *v. intr.* hiberner.

híbrido, -da [íβriðo] *adj.* y *s.m.* hybride.

hidratar [iðratár] *v. tr.* hydrater.

hidráulico, -ca [iðráwliko] *adj.* 1. hydraulique. || **hidráulica** *s.f.* 2. (ciencia) hydraulique.

hidroavión [iðroaβjón] *s.m.* hydravion.

hidrógeno [iðróxeno] *s.m.* hydrogène.

hiedra [jéðra] *s.f.*, *Bot.* lierre *m.*

hiel [jél] *s.f.* (bilis) fiel.

hielo [jélo] *s.m.* 1. glace. 2. (en el suelo, en la carretera) verglas.

hiena [jéna] *s.f.* 1. hyène. 2. *fig.* hyène.

hierba [jérβa] *s.f.* 1. herbe. 2. (césped) gazon *m.* 3. (de un prado) verdure. 4. (marihuana) marihuana, herbe.

hierbabuena [jerβaβwéna] *s.f.* menthe.

hierro [jérro] *s.m.* 1. fer. || **hierros** *s.m. pl.* 2. (cadenas) fers.

hígado [íγaðo] *s.m.* foie.

higiene [ixjéne] *s.f.* 1. hygiène. 2. (limpieza) ~ **íntima** toilette intime.

higiénico, -ca [ixjéniko] *adj.* hygiénique. || **papel** ~ papier de toilette; papier hygiénique.

higo [íγo] *s.m., Bot.* figue *f.*

higuera [iγéra] *s.f., Bot.* figuier *m.*

hijastro, -tra [ixástro] *s.m.* 1. beau-fils. || **hijastra** *s.f.* 2. belle-fille.

hijo, -ja [íxo] *s.m.* y *f.* 1. enfant *¿Cuántos hijos tienes? Combien d'enfants as-tu?* 2. *s.m.* 3. (junior) junior; fils. 4. bonhomme. || **hija** *s.f.* 5. fille. || **hija mayor** fille aînée. || **hija política** bru; belle-fille. || ~ **político** gendre; beau-fils. || **mayor** aîné, -ée. || **pequeño** cadet, -ette.

hilera [iléra] *s.f.* 1. rangée; rang *m.*; file. 2. (de personas) haie.

hilo [ílo] *s.m.* 1. fil. 2. *fig.* (de luz, de agua) filet. || **hilos** *s.m. pl.* 3. *fig.* ficelles *f.* Manejar los hilos. *Tirer les ficelles.* || **musical** musique d'ambiance.

himno [ímno] *s.m.* hymne. ● En algunos usos *m.* "hymne" *f.*

hincapié, hacer [iŋkapjé] *loc.* (recalcar) souligner; mettre l'accent.

hincar [iŋkár] *v. tr.* 1. (en el suelo) fixer. 2. (clavar) enfoncer.

hincha [ínʧa] *s.m.*, *fam.* (aficionado) supporter.

hinchado, -da [inʧáðo] *adj.* 1. (de aire) gonflé, -ée. 2. (la piel) boursouflé, -ée.

hinchar [inʧár] *v. tr.* 1. gonfler; enfler. 2. (la piel) boursoufler. 3. (el vientre) ballonner. 4. (causar hinchazón) bouffir. || **hincharse** *v. pr.* 5. se gonfler. 6. (enmimecerse) se boursoufler, s'enfler. 7. (el cuerpo, la cara) bouffir; se bouffir; s'engourdir. 8. (de comer) se bourrer.

hinchazón [inʧaθón] *s.f.* (inflamación) enflure, boursouflure, gonflement *m.*

hinojo [inóxo] *s.m., Bot.* fenouil.

hipermercado [ipermerkáðo] *s.m.* hypermarché; grande surface.

hípica [ípika] *s. f.* **1.** hípica *f.* **2.** (carreras de caballos) turf *m.*
hípico, -ca [ípiko] *adj.* híppique.
hipnotizar [ipnotiθár] *v. tr.* hypnotiser.
hipo [ípo] *s. m.* hoquet *m.* [Tener hipo *Avoir le hoquet*].
hipocondríaco, -ca [ipokondríako] *adj. y s. m. y f. Med.* hypocondriaque.
hipocresía [ipokresía] *s. f.* hypocrisie.
hipócrita [ipókrita] *adj. y s. m. y f.* **1.** hypocrite. **2.** (farsante) comédien, -enne.
hipódromo [ipóðromo] *s. m.* hippodrome.
hipopótamo [ipopótamo] *s. m. Zool.* hippopotame.
hipoteca [ipotéka] *s. f.* hypothèque.
hipotecar [ipotekár] *v. tr.* hypothécuer.
hipotenusa [ipotenúsa] *s. f. Mat.* hypoténuse.
hipótesis [ipótesis] *s. f.* hypothèse.
hippy o hippie [xípi] *adj. y s. m. y f. angl.* hippy. ● *Pl.* hippies.
hispánico, -ca [ispániko] *adj.* hispanique.
hispano, -na [ispáno] *adj.* **1.** espagnol, -le. || *s. m. y f.* **2.** Espagnol, -le.
hispanoamericano, -na [ispanoameríkano] *adj.* **1.** hispano-américain, -ne. || *s. m. y f.* **2.** hispano-américain, -ne.
hispanohablante [ispanoaβlánte] *adj.* **1.** hispanophone. || *s. m. y f.* **2.** Hispanophone.
histérico, -ca [istériko] *adj. y s. m. y f.* hystérique.
histerismo [isterísmo] *s. m.* hystérie *f.*
historia [istórja] *s. f.* histoire.
historiador, -ra [istorjaðór] *s. m. y f.* historien, -enne.
histórico, -ca [istóriko] *adj.* historicue.
historieta [istorjéta] *s. f.* **1.** (cuento) historieta. **2.** (cómic) bande dessinée; B.D.
hito [íto] *s. m.* **1.** borne *f.* **2.** *fig.* jalon

hobby [xóβi] *s. m.* (anglicismo) hobby. ● *Pl.* hobbies o hobbys.
hocico [oθíko] *s. m.* **1.** museau. **2.** (morro) mufle.
hockey [xókei] *s. m. Dep.* hockey.
hogar [oɣár] *s. m.* **1.** (fogón) foyer. **2.** (chimenea) âtre. **3.** (afectivo) foyer.
hogaza [oɣáθa] *s. f.* **1.** miche **2.** (pan redondo) tourte.
hoguera [oɣéra] *s. f.* **1.** (fuego) feu *m.* **2.** (troncos encendidos) bûcher *m.* **3.** (suplicio) bûcher *m.* **4.** *fig.* (ascuas) brasier *m.*
hoja [óxa] *s. f.* **1.** (de papel, de árbol) feuille. **2.** (folio) feuillet *m.* **3.** (página de un libro) page. **4.** (de un arma) lame. **5.** (de la ventana) battant *m.*
hojalata [oxaláta] *s. f.* fer-blanc *m.*
hojaldre [oxáldre] *s. m.* (masa, pastel) pâte feuilletée.
hojarasca [oxaráska] *s. f.* **1.** fanes *pl.;* feuilles mortes. **2.** (ramas y hojas inútiles) feuillage *m.*
hojear [oxeár] *v. tr.* feuilleter.
¡hola! [óla] *interj.* salut *fam.;* bonjour.
holgado, -da [olɣáðo] *adj.* large.
holgazán, -na [olɣaθán] *adj. y s. m. y f.* paresseux, -euse; fainéant, -te.
holgura [olɣúra] *s. f.* **1.** (espacio libre) largeur. **2.** *Mec.* (entre dos piezas) jeu *m.* **3.** aisance [Vivir con holgura *Vivre dans l'aisance*].
hombre [ómbre] *s. m.* **1.** homme. || ~ **!** *interj.* **2.** ¡tiens! ¡Hombre, qué sorpresa! *Tiens, quelle surprise!* **3.** mon vieux! [No te preocupes, hombre *Ne t'en fais pas, mon vieux*]. **4.** (atenuante) bon [¡Hombre, no es para tanto! *Bon, ce n'est pas si grave que ça!*] || **pobre ~** bonhomme.
hombrera [ombréra] *s. f.* épaulette.

HOMBRO - HORQUILLA

hombro [ombro] *s. m.* épaule *f.*
homenaje [omenaxe] *s. m.* hommage *m.*
homicida [omiθiða] *adj. y s. m. y f.* homicide; meurtrier, -ière.
homicidio [omiθiðjo] *s. m.* homicide; meurtre.
homogéneo, -a [omoxéneo] *adj.* homogène.
homosexual [omoseksβal] *adj. y s. m. y f.* gay, homosexuel, -elle.
hondonada [ondonaða] *s. f.* 1. (hoyo del terreno) creux, 2. (depresión) cuvette.
hondureño, -ña [ondureɲo] *adj.* 1. hondureño, -eñe *s. m. y f.* 2. Hondurien, -enne.
honesto, -ta [onésto] *adj.* honnête.
honestidad [onestiðað] *s. f.* honnêteté
hongo [oŋɡo] *s. m.* 1. *Bot.* champignon. 2. (sombrero) melon. 3. (enfermedad) champignon.
honor [onór] *s. m.* 1. honneur. || **honores** *s. m. pl.* 2. honneurs. || **en ~ a** en faisant honneur à. **en ~ de** en l'honneur de. **hacer ~ a** honorer.
honorable [onoráβle] *adj.* honorable.
honra [ónra] *s. f.* 1. honneur *m.* || **honras** *s. f. pl.* (fúnebres) 2. honneurs funèbres.
honradez [onraðéθ] *s. f.* honnêteté
honrado, -da [onráðo] *adj.* honnête
honrar [onrár] *v. tr.* 1. honorer. 2. (respetar) respecter.
hora [óra] *s. f.* 1. heure. ¿Qué hora es? *Quelle heure est-il?* 2. (momento) temps *m.* Es hora de irse. *Il est temps de partir!* || **a la ~ de** au moment de. **horas extraordinarias** heures supplémentaires. **horas punta** heures d'affluence. **media ~** demi-heure. **poner en ~** reglar. **ser ~ de** être temps de. • **En fran-**

ces para indicar las horas siempre se utiliza la palabra "heures": Son las cuatro en punto. *Il est quatre heures*; Son las cuatro menos cuarto. *Il est quatre heures moins le quart*; Il est quatre heures et demie. *Il est quatre heures y media.*
horadar [oraðár] *v. tr.* percer, trouer.
horario, -ria [orárjo] *adj.* horaire. *Los husos horarios. Les fuseaux horaires.* || **diferencia horaria** décalage horaire.
horca [órka] *s. f.* 1. (herramienta) fourche. 2. (soga) Condenar a alguien a la horca. *Condamner quelqu'un à la corde.*
horchata [ortʃata] *s. f.* orgeat *m.* (boisson típique valencienne).
horizontal [oriθontál] *adj. y s. f.* horizontal, -le.
horizonte [oriθónte] *s. m.* horizon.
hormiga [ormíɣa] *s. f. Zool.* fourmi.
hormigón [ormiɣón] *s. m.* béton. || **~ armado** ciment armé.
hormiguear [ormiɣeár] *v. intr.* 1. fourmiller. 2. *fig.* (hervir) grouiller.
hormigueo [ormiɣéo] *s. m.* fourmillement, grouillement.
hormiguero [ormiɣéro] *s. m.* fourmilière *f.*
hormona [ormóna] *s. f.* hormone.
hornillo [orniʎo] *s. m.* 1. (fogón) fourneau. 2. (cocina) cuisinière *f.* 3. (de gas, eléctrico) réchaud.
horno [órno] *s. m.* 1. four. 2. *fig.* (lugar muy caluroso) fournaise *f.* 3. (grande) fourneau [Alto horno. *Haut fourneau.*]
horóscopo [oróskopo] *s. m.* horoscope.
horquilla [orkíʎa] *s. f.* 1. (forma de horca) fourche. 2. (del pelo) épingle à cheveux. 3. (pasador) barrette.

hórreo [óreo] s. m. grenier; grange f. • Maison typique des Asturies et de la Galice.

horrible [όrβle] adj. horrible; affreux, -euse.

horror [όrόr] s. m. horreur f.

horrorizar [οrοriθár] v. tr. 1. horrifier. 2. (espantar, aterrar) épouvanter; faire horreur. || **horrorizarse** v. pr. 3. (espantarse) s'effrayer.

horroroso, -sa [οrορόso] adj. affreux, -euse; horrible; effrayant, -te.

hortaliza [ortalíθa] s. f. 1. (que se come) légume m. 2. (planta) plante po. agère. || **hortalizas** s. f. pl. 3. vert m. sing.

hortelano, -na [ortelano] adj. 1. potager, -ère. ‖ s. m. 2. jardinier, -ière; maraîcher, -ère.

hortera [ortéra] adj. ringard, -de; plouc, de mauvais goût.

horticultura [ortikultúra] s. f. jardinage m.

hospedaje [ospeδáxe] s. m. 1. (que se ofrece) hébergement. 2. (donde uno se hospeda) logement.

hospedar [ospeδár] v. tr. 1. (alojar) loger. 2. (albergar, cobijar) héberger. ‖ **hospedarse** v. pr. 3. descendre; loger.

hospedería [ospeδería] s. f. hôtellerie.

hospital [ospitál] s. m. hôpital.

hospitalario, -ria [ospitalárjo] adj. hospitalier, -ière.

hospitalidad [ospitaliδáδ] s. f. hospitalité.

hostal [ostál] s. m. petit hôtel.

hostelería [ostelería] s. f. 1. (sector) hôtellerie. 2. (ensemble d'hôtels) hôtellerie.

hostelero, -ra [osteléro] s. m. y f. hôtelier, -ière.

hostia [όsja] s. f. 1. Rel. hostie; pain à chanter. ‖ **¡hostias!** interj. vulg. 2. (sorpresa, enfado) putain!

hostigar [ostiɣár] v. tr. 1. fustiger. 2. fig. harceler; poursuivre.

hostil [ostíl] adj. hostile.

hostilidad [ostiliδáδ] s. f. hostilité.

hotel [otél] s. m. hôtel.

hoy [oj] adv. aujourd'hui.

hoyo [ójo] s. m. 1. (agujero) trou. 2. (fosa) fosse f.

hucha [útʃa] s. f. tirelire.

hueco, -ca [wéko] adj. 1. creux, -euse, -se. 2. (cabeza, corazón) vide. 3. fig. (vano) vide; creux, -euse [palabras huecas. Des mots vides]. ‖ s. m. 4. creux. 5. (cavidad) vide. 6. Arq. (abertura) ouverture f. 7. (vano) jour. 8. (para hacer una puerta o ventana) baie f.; embrasure f.

huelga [wélɣa] s. f. grève.

huella [wéʎa] s. f. 1. (de un dedo, de una pisada) empreinte. 2. (rastro) trace. ‖ ~ **dactilar** empreinte digitale.

huérfano, -na [wérfano] adj. y s. m. y f. orphelin, -ne.

huerta [wérta] s. f. 1. (hortalizas) jardin potager. 2. (de frutales) jardin fruitier. ‖ ~ **de** ~ **maraîcher** -ère.

huerto [wérto] s. m. 1. (de hortalizas) jardin potager. 2. (frutal) jardin fruitier.

hueso [wéso] s. m. 1. Anat. os. 2. (fruta) noyau.

huésped, -da [wéspeδ] s. m. y f. 1. hôte, -esse. 2. (de una pensión) pensionnaire. ‖ **casa de huéspedes** chambre d'hôte; pension de famille.

hueva [wéβa] s. f. œuf m. (de poisson).

huevo [wéβo] s. m. œuf. ‖ ~ **pasado por agua** Gastr. œuf à la coque. **huevos revueltos** Gastr. œufs brouillés.

huida [wíδa] s. f. fuite.

huir [wír] v. intr. 1. fuir; s'enfuir; s'évader. 2. (evitar) fuir.

HUMANIDAD - HUSO

humanidad [umaniðað] *s.f.* humanité.

humanitario, -ria [umanitáɾjo] *adj.* humanitaire.

humano, -na [umáno] *adj. y s. m.* humain, -ne.

humareda [maɾéða] *s.f.* fumée (grande).

humear [uméaɾ] *v. intr.* fumer.

humedad [umeðáð] *s.f.* humidité.

humedecer [umeðeθéɾ] *v. tr.* **1.** humidifier, humecter. || **humedecerse** *v. pr.* **2.** s'humecter.

húmedo, -da [úmeðo] *adj.* **1.** humide. **2.** (de sudor) moite.

humildad [umildáð] *s.f.* humilité.

humilde [umílde] *adj.* humble.

humillación [umiʎaθjón] *s.f.* humiliation.

humillar [umiʎáɾ] *v. tr.* **1.** (a una persona) humilier. **2.** abaisser.

humo [úmo] *s. m.* fumée *f*. || **echar ~ humo**, fumer.

humor [umóɾ] *s. m.* **1.** (carácter) humeur *f*. [Buen humor, mal humor. Bonne humeur, mauvaise humeur.] **2.** *fig.* gracia, humorismo) humour; esprit [Tener humor, sentido del humor. Avoir de l'esprit, le sens de l'humour.] **3.** *Med.* humeur *f*.

humorista [umoɾísta] *adj. y s. m. y f.* humoriste.

hundir [undíɾ] *v. tr.* **1.** (introducir, clavar) enfoncer. **2.** (en un líquido) plonger. **3.** (un barco) couler. **4.** *fig.* (en una situación, en un estado) plonger, enfoncer. || **hundirse** *v. pr.* **5.** clavarse s'enfoncer. **6.** (física o psicológicamente) s'écrouler, s'effondrer. **7.** (el suelo, el techo) s'affaisser. **8.** *Náut.* (un barco) sombrer, couler. **9.** *fig.* (arruinarse) sauter.

huracán [uɾakán] *s. m.* ouragan.

huraño, -ña [uɾáɲo] *adj.* sauvage insociable, farouche (arisco).

hurgar [uɾɣáɾ] *v. tr.* **1.** fouiller. **2.** *fig.* remuer; tisonner.

hurón [uɾón] *s. m.* *Zool.* furet.

hurtar [uɾtáɾ] *v. tr.* **1.** dérober; voler. **2.** (pequeños objetos) chaparder *fam.*; raboter.

husmear [usmeáɾ] *v. tr. e intr.* flairer.

huso [úso] *s. m.* (de hilar) fuseau. || **~ horario** fuseau horaire.

I

i [i] *s.f.* i.

ibero-americano, -na [iβeroamerikáno] *adj.* **1.** íbero-américain, -e. || *s. m. y f.* **2.** Ibéro-américain, -e.

iceberg [iθeβér] *s. m.* iceberg.

icono [ikóno] *s. m.* **1.** Rel. icône. **2.** *Inform.* icône.

ida [íða] *s.f.* aller *m.* Un billete de ida, Un aller simple. || **billete de ~ y vuelta** *loc. adv.* billet d'aller et retour; **~ y vuelta** aller et retour; **idas y venidas** allées et venues.

idea [iðéa] *s.f.* idée.

ideal [iðeál] *adj. y s. m.* idéal, -e.

idealista [iðealísta] *adj. y s. m. y f.* idéaliste.

idealizar [iðealiθár] *v. tr.* idéaliser.

idear [iðeár] *v. tr.* **1.** imaginer. **2.** (concebir) inventer. **3.** (planear) projeter.

ídem [íðen] *pron. y adv.* idem.

idéntico, -ca [iðéntiko] *adj.* identique.

identidad [iðentiðáð] *s.f.* identité.

identificar [iðentifikár] *v. tr.* identifier.

ideología [iðeoloxía] *s.f.* idéologie.

idioma [iðjóma] *s. m.* langue *f.*

idiota [iðjóta] *adj. y s. m. y f.* **1.** idiot, -e. **2.** (insulto) stupide; con.

idiotez [iðjoteθ] *s.f.* **1.** idiotie. (fa ta de inteligencia) imbécillité; stupidité.

idólatra [iðólatra] *adj. y s. m. y f.* idolâtre.

idolatría [iðolatría] *s.f.* idolâtrie.

ídolo [íðolo] *s. m.* idole *f.*

idóneo, -a [iðóneo] *adj.* adéquat, -e.

iglesia [iɣlésja] *s.f.* église.

iglú [iɣlú] *s. m.* igloo.

ignominia [iɣnomínja] *s.f.* ignominie.

ignorancia [iɣnoránθja] *s.f.* **1.** ignorance. **2.** (tontería) bêtise.

ignorante [iɣnoránte] *adj.* **1.** ignorant, -e, analphabète. || *s. m. y f.* **2.** âne *m.*

ignorar [iɣnorár] *v. tr.* **1.** (no conocer, no saber) ignorer, méconnaître. **2.** (un consejo) négliger. **3.** ignorer ses amis.

igual [iɣwál] *adj.* **-le. 1.** égal, -le. **2.** (semejante) équivalente pareil, -eille (Dos sillas iguales, Deux chaises pareilles) || *s. m. y f.* **3.** (persona igual a otra) égal, -le Encontrar su igual. || **~ de ... que** aussi, que ~ como ma clase) pareil, -le (la misma clase) pareil, -elle [No es uno de nuestros iguales. Il n'est pas un de nos pareils]. || *adv.* **5.** pareil [Da igual. C'est pareil]. || **~ de ... que** aussi ... que ~ **que** comme.

igualar [iɣwalár] *v. tr.* **1.** (hacer igual) égaler, égaliser. **2.** (el terreno) égaliser, aplanir. || *v. e. intr.* **3.** Dep. égaliser. || **igualarse** *v. pr.* **4.** (ser iguales) être égal.

igualdad [iɣwaldáð] *s.f.* **1.** égalité. **2.** (uniformidad) uniformité.

ikurriña [ikurríŋa] *s.f.* ikurrina (drapeau du País basque).

ilegal [ileɣál] *adj.* illégal, -le.

ilegible [ilexíβle] *adj.* illisible.

ilegítimo, -ma [ilexítimo] *adj.* illégitime.

ileso, -sa [iléso] *adj.* sauf, -auve.

ilícito, -ta [iliθíto] *adj.* illicite.

ilimitado, -da [ilimitáðo] *adj.* illimité, -ée; infini, -ie.

ilógico, -ca [ilóxiko] *adj.* illogique.

iluminación [iluminaθjón] *s.f.* **1.** illumination. **2.** (distribución del alumbrado) éclairage *m.*

iluminar [iluminár] *v. tr.* **1.** (el sol) illuminer. **2.** éclairer (Iluminar una sala. Éclairer une salle). **3.** *fig.* illuminer. || **iluminarse** *v. pr.* s'illuminer.

ilusión [ilusjón] *s.f.* **1.** (engañosa) illusion; mirage *m.* **2.** (ensueño) rêverie. **3.** plaisir *m.* [¡Qué ilusión! Quel plaisir] || **hacerse ilusiones** se faire des illusions.

ILUSIONAR - IMPETUOSO

ilusionar [ilusjonár] *v. tr.* **1.** (crear ilusiones) illusionner. **2.** (alegrar) remplir de joie. || **ilusionarse** *v. pr.* **3.** (engañarse) s'illusionner, se leurrer. **4.** (alegrarse) se remplir de joie.
ilusionista [ilusjonísta] *s. m. y f.* illusionniste.
iluso, -sa [ilúso] *adj. y s. m. y f.* rêveur, -euse.
ilusorio, -ria [ilusórjo] *adj.* illusoire.
ilustración [ilustraθjón] *s. f.* illustration.
ilustrar [ilustrár] *v. tr.* illustrer.
ilustre [ilústre] *adj.* illustre.
imagen [imáxen] *s. f.* **1.** image. **2.** (estatua) statue. **3.** *fig.* (reflejo) reflet *m.* **4.** (personal) look *m.*
imaginación [imaxinaθjón] *s. f.* imagination, fantaisie.
imaginar [imaxinár] *v. tr.* **1.** imaginer. || **imaginarse** *v. pr.* **2.** (soñar) rêver. **3.** (sospechar) se douter.
imaginario, -ria [imaxinárjo] *adj. y s. m.* imaginaire.
imaginativo, -va [imaxinatíβo] *adj.* imaginatif, -ive.
imán [imán] *s. m.* aimant.
imbécil [imbéθil] *adj. y s. m. y f.* imbécile.
imitación [imitaθjón] *s. f.* **1.** imitation. **2.** (copia) copie. || **de ~** imitation (Un sofá de piel de imitación. *Un canapé imitation*). - **fraudulenta** contrefaçon.
imitar [imitár] *v. tr.* **1.** (copiar) imiter, copier. **2.** (plagiar el estilo) pasticher, plagier. **3.** (con burlas) mimer, singer. **4.** (asemejar) jouer [Esta tela imita la seda. *Cette étoffe joue la soie*].
impaciencia [impaθjénθja] *s. f.* impatience.
impaciente [impaθjénte] *adj.* impatient, -e.
impacto [impákto] *s. m.* impact.
impar [impár] *adj.* (número) impair, -e.
imparcial [imparθjál] *adj.* impartial, -e.
impasible [impasíβle] *adj.* impassible.
impávido, -da [impáβiðo] *adj.* impavide.
impecable [impekáβle] *adj.* impeccable.
impedimento [impeðiménto] *s. m.* empêchement.
impedir [impeðír] *v. tr.* empêcher.
impenetrable [impenetráβle] *adj.* impénétrable.
impepinable [impepináβle] *adj. fam.* sûr, -e.
imperar [imperár] *v. tr.* régner.
imperativo, -va [imperatíβo] *adj.* **1.** impératif, -ive. || *s. m.* **2.** *Ling.* impératif.
imperceptible [imperθeptíβle] *adj.* imperceptible.
imperdible [imperðíβle] *s. m.* **1.** épingle de sûreté, épingle à nourrice. **2.** (alfiler, broche) broche *f.*
imperecedero, -ra [impereθeðéro] *adj.* impérissable.
imperfección [imperfekθjón] *s. f.* imperfection, défaut *m.*
imperfecto, -ta [imperfékto] *adj.* **1.** imparfait, -e. || *s. m.* **2.** *Ling.* (pretérito) imparfait.
imperio [impérjo] *s. m.* empire.
impermeable [impermeáβle] *adj.* **1.** imperméable. **2.** *fig.* étanche. || *s. m.* **3.** imperméable.
impersonal [impersonál] *adj.* impersonnel, -elle.
impertinencia [impertinénθja] *s. f.* impertinence.
imperturbable [imperturβáβle] *adj.* imperturbable.
ímpetu [ímpetu] *s. m.* élan, impétuosité *f.*
impetuoso, -sa [impetwóso] *adj.* impétueux, -euse.

IMPÍO - IMPUESTO

impío, -a [impío] *adj. y s. m. y f.* impie.
implacable [implakáβle] *adj.* implacable.
implantar [implantár] *v. tr.* **1.** implanter. ‖ **implantarse** *v. pr.* **2.** s'implanter.
implicar [implikár] *v. tr.* impliquer.
implícito, -ta [implíθito] *adj.* implicite.
implorar [implorár] *v. tr.* implorer.
imponente [imponénte] *adj.* **1.** imposant, -te. **2.** *fam.* (sensacional) sensationnel, -elle.
imponer [imponér] *v. tr.* **1.** imposer. ‖ **imponerse** *v. pr.* **2.** s'imposer.
impopular [impopulár] *adj.* impopulaire.
importación [importaθjón] *s. f.* importation.
importancia [importánθja] *s. f.* importance. ‖ **darse ~** se donner de grands airs. **tener ~** importer.
importante [importánte] *adj.* important, -te.
importar [importár] *v. tr.* **1.** importer. ‖ *v. intr.* **2.** (tener importancia) importer [Esas pequeñas cosas importan. *Ces petites choses importent.*] **3.** faire [No importa. *Cela ne fait rien.*] **4.** (interesar) intéresser [No me importa. *Cela ne m'intéresse pas.*]
importe [impórte] *s. m.* montant.
imposible [imposíβle] *adj. y s. m.* impossible.
imposición [imposiθjón] *s. f.* imposition.
impostor, -ra [impostór] *s. m. y f.* imposteur *m.*
impostura [impostúra] *s. f.* imposture.
impotencia [impoténθja] *s. f.* **1.** impuissance. **2.** *Med.* impuissance; stérilité.
impracticable [impraktikáβle] *adj.* impraticable.
impreciso, -sa [impreθíso] *adj.* imprécis, -se.
impregnar [impregnár] *v. tr.* imprégner.
imprenta [imprénta] *s. f.* imprimerie.

imprescindible [impresθindíβle] *adj.* indispensable.
impresión [impresjón] *s. f.* **1.** (grabación) impression. **2.** (huella) empreinte. **3.** (en papel) tirage *m.* **4.** *fig.* impression [Tener la impresión de que. *Avoir l'impression que.*] **5.** (primera) aperçu *m.*
impresionante [impresjonánte] *adj.* **1.** impressionnant, -te. **2.** (sobrecogedor) saisissant, -te.
impresionar [impresjonár] *v. tr.* **1.** impressionner. **2.** (causar una fuerte impresión) frapper. **3.** (conmocionar) saisir; toucher. **4.** (intimidar) intimider.
impreso, -sa [impréso] *adj.* **1.** imprimé, -ée. ‖ *s. m.* **2.** imprimé.
impresora [impresóra] *s. f.* imprimante.
imprevisto, -ta [impreβísto] *adj. y s. m.* **1.** inattendu, -ue [Lo imprevisto. *L'inattendu.*] **2.** imprévu, -ue [Un imprevisto. *Un imprévu.*]
imprimir [imprimír] *v. tr.* **1.** imprimer. **2.** (una huella) empreindre. **3.** (en imprenta o por impresora) tirer.
improbable [improβáβle] *adj.* improbable.
improductivo, -va [improðuktíβo] *adj.* improductif, -ive.
impropio, -pia [imprópjo] *adj.* impropre.
improvisación [improβisaθjón] *s. f.* **1.** improvisation. **2.** (artística) impromptu *m.*
improvisar [improβisár] *v. tr.* improviser.
improviso, de [improβíso] *loc. adv.* **1.** (improvisadamente) à l'improviste. **2.** (desprevenido) au dépourvu.
imprudencia [impruðénθja] *s. f.* imprudence.
imprudente [impruðénte] *adj. y s. m. y f.* imprudent, -te.
impuesto, -ta [impwésto] *adj.* **1.** imposé, -ée. ‖ *s. m.* **2.** impôt; contribution *f.* **3.** (ta-

impugnar [impuɣnar] *v. tr.* **1.** (refutar) attaquer. **2.** (un jurado, una decisión con inclusivo todas taxes comprises (TTC). **~ sobre la renta** impôt sur le revenu. **IVA incluido** toutes taxes comprises (TTC).

impulsar [impulsar] *v. tr.* **1.** (empujar) pousser. **2.** (lanzar) lancer.

impulsivo, -va [impulsiβo] *adj. y s. m. y f.* **1.** impulsif, -ive. **2.** emporté, -ée.

impulso [impulso] *s. m.* **1.** (fuerza de empuje) impulsion *f.*; poussée *f.* **2.** (arremetida) élan. || **Tomar impulso**: *Prendre son élan.* || **dar nuevo ~** relancer.

impunidad [impuniðað] *s. f.* impunité.

impureza [impureθa] *s. f.* impureté.

impuro, -ra [impuro] *adj.* impur, -e.

imputar [imputar] *v. tr.* imputer, attribuer.

inaceptable [inaθeptaβle] *adj.* inacceptable

inaccesible [inakθesiβle] *adj.* inaccessible

inacabable [inakaβaβle] *adj.* interminable

inactividad [inaktiβiðað] *s. f.* inactivité.

inactivo, -va [inaktiβo] *adj.* inactif, -ive.

inadaptación [inaðaptaθjon] *s. f.* inadaptation.

inadecuado, -da [inaðekwaðo] *adj.* inadéquat.

inagotable [inaɣotaβle] *adj.* **1.** (interminable) inépuisable. **2.** (una fuente, la conversación) intarissable. **3.** (incansable) infatigable.

inaguantable [inaɣwantaβle] *adj.* insupportable

inalámbrico, -ca [inalambriko] *adj.* sans fil.

inalterable [inalteraβle] *adj.* inaltérable.

inanimado, -da [inanimaðo] *adj.* inanimé, -ée.

inaudito, -ta [inawðito] *adj.* inouï, -ïe.

inauguración [inawɣuraθjon] *s. f.* **1.** inauguration. **2.** (de una exposición de pintura) vernissage *m.*

inaugurar [inawɣurar] *v. tr.* inaugurer.

incalculable [inkalkulaβle] *adj.* incalculable.

incandescente [inkandesθente] *adj.* incandescent, -te.

incansable [inkansaβle] *adj.* infatigable.

incapacidad [inkapaθiðað] *s. f.* incapacité.

incapaz [inkapaθ] *adj. y s. m. y f.* incapable.

incauto, -ta [inkawto] *adj.* **1.** imprudent, -e. **2.** *fig.* (ingenuo) naïf, -ïve.

incendiar [inθendjar] *v. tr.* **1.** incendier. || **incendiarse** *v. pr.* **2.** prendre feu; brûler.

incendio [inθendjo] *s. m.* incendie, feu.

incentivo [inθentiβo] *s. m.* **1.** (estímulo) aiguillon. **2.** (atractivo) attrait, appât.

incertidumbre [inθertiðumbre] *s. f.* incertitude.

incesto [inθesto] *s. m.* inceste.

incidencia [inθiðenθja] *s. f.* incidence.

incidente [inθiðente] *s. m.* incident.

incienso [inθjenso] *s. m.* encens.

incierto, -ta [inθjerto] *adj.* **1.** (que no se conoce) incertain, -ne. **2.** (dudoso) douteux, -euse. **3.** (falso) pas vrai, -ie.

incinerar [inθinerar] *v. tr.* incinérer.

incisivo, -va [inθisiβo] *adj.* **1.** incisif, -ive. || *s. m.* **2.** (diente) incisive *f.*

incitación [inθitaθjon] *s. f.* incitation.

incitar [inθitar] *v. tr.* (empujar) inciter; pousser.

inclinación [inklinaθjon] *s. f.* **1.** (pendiente) inclinaison. **2.** (de la cabeza, del cuerpo) inclination. **3.** (propensión) penchant *m.*; tendance, inclination.

inclinado, -da [inklinaðo] *adj.* **1.** incliné, -ée. **2.** (propenso) enclin, -ne.

INCLINAR - INCORDIAR

inclinar [iŋklinár] *v. tr.* **1.** incliner: pencher. **2.** (torcer) coucher [Inclinar la letra. *Coucher l'écriture.*] **3.** *fig.* (la caⱵeza) courber. ǁ **inclinarse** *v. pr.* **4.** s'incliner. **5.** (una persona) se pencher.

incluir [iŋkluír] *v. tr.* **1.** inclure. **2.** (comprender) comprendre. **3.** (insertar) insérer.

inclusive [iŋklusíβe] *adv.* inclus.

incluso [iŋklúso] *prep. y adv.* **1.** même. **2.** (inclusive) y compris. **3.** voire [El lugar es tranquilo e incluso agradable. *L'endroit est calme, voire agréable.*]

incógnito, -ta [iŋkógnito] *adj.* inconnu, -ue. ǁ **de ~** incognito.

incoherente [iŋkoerénte] *adj.* incohérent, -te.

incoloro, -ra [iŋkolóro] *adj.* incolore.

incombustible [iŋkombustíβle] *adj.* **1.** incombustible; non combustible. **2.** *fig.* indestructible.

incomodar [iŋkomoðár] *v. tr.* **1.** (estorbar) incommoder; gêner. **2.** (enfadar) ennuyer. ǁ **incomodarse** *v. pr.* **3.** se fâcher.

incomodidad [iŋkomoðiðáð] *s. f.* incommodité; gêne.

incómodo, -da [iŋkómoðo] *adj.* **1.** incommode. **2.** inconfortable.

incomparable [iŋkomparáβle] *adj.* incomparable.

incompatibilidad [iŋkompatiβiliðáð] *s. f.* incompatibilité.

incompatible [iŋkompatíβle] *adj.* incompatible.

incompetente [iŋkompeténte] *adj.* incompétent, -te.

incompleto, -ta [iŋkompléto] *adj.* **1.** incomplet, -ète. **2.** (inacabado) inachevé, -ée.

incomprendido, -da [iŋkompreⱵcíðo] *adj. y s. m. y f.* incompris, -se.

incomprensible [iŋkomprensíβle] *adj.* incompréhensible.

incomunicar [iŋkomunikár] *v. tr.* **1.** (aislar) isoler. **2.** (a un prisionero) mettre au secret. ǁ **incomunicarse** *v. pr.* **3.** s'isoler.

inconcebible [iŋkonθeβíβle] *adj.* inconcevable.

incondicional [iŋkondiθjonál] *adj. y s. m. y f.* inconditionnel, -elle.

inconfundible [iŋkomfundíβle] *adj.* caractéristique; particulier, -ière.

inconsciencia [iŋkonsθjénθja] *s. f.* inconscience.

inconsciente [iŋkonsθjénte] *adj. y s. m. y f.* inconscient, -te.

inconsecuente [iŋkonsekwénte] *adj. y s. m. y f.* inconséquent, -te.

inconsistente [iŋkonsisténte] *adj.* inconsistant, -te.

inconstancia [iŋkonstánθja] *s. f.* **1.** instabilité. **2.** (de los sentimientos) inconstance.

inconstante [iŋkonstánte] *adj. y s. m. y f.* changeant, -te.

incontable [iŋkontáβle] *adj.* **1.** (difícil de contar) innombrable. **2.** (muy numeroso) innombrable; incalculable. **3.** *Ling.* (sustantivos) non comptable.

incontenible [iŋkonteníβle] *adj.* irrépressible; indompté, -ée.

incontestable [iŋkontestáβle] *adj.* incontestable.

inconveniencia [iŋkombenjénθja] *s. f.* inconvenance.

inconveniente [iŋkombenjénte] *adj.* **1.** (maleducado) inconvenant, -te; malséant, -te. ǁ *s. m.* **2.** inconvénient. **3.** (molestia) incommodité *f.*

incordiar [iŋkorðjár] *v. tr. e intr.* **1.** (molestar) ennuyer; importuner. **2.** (a alguien) taquiner; embêter *fam.*

incorporar [inkorpoɾáɾ] *v. tr.* **1.** incorporer. **2.** (integrar, ligar) rattacher [incorporar una provincia. *Rattacher une province*]. ‖ **incorporarse** *v. pr.* **3.** (unirse) s'incorporer. **4.** (levantarse) se redresser.

incorrección [inkoʀekθjón] *s. f.* incorrection, impolitesse.

incorrecto, -ta [inkoʀékto] *adj.* incorrect, -e.

incorregible [inkoʀeɣíβle] *adj.* incorrigible.

incrédulo, -la [inkɾéðulo] *s. m. y f.* incrédule.

increíble [inkɾeíβle] *adj.* incroyable.

incremento [inkɾeménto] *s. m.* augmentation *f.*; accroissement.

incrustar [inkɾustáɾ] *v. tr.* incruster.

incubación [inkuβaθjón] *s. f.* incubation, (de huevos) couvaison.

incubadora [inkuβaðóɾa] *s. f.* couveuse.

incubar [inkuβáɾ] *v. intr.* **1.** (huevos, una enfermedad, una idea) couver. **2.** (huevos natural o artificialmente) incuber.

inculcar [inkulkáɾ] *v. tr.* inculquer.

inculpar [inkulpáɾ] *v. tr.* inculper.

inculto, -ta [inkúlto] *adj.* y *s. m. y f.* **1.** inculte. **2.** (terreno, suelo) inculte.

incumbir [inkumbíɾ] *v. intr.* incomber.

incumplir [inkumpíɾ] *v. tr.* **1.** (promesa) ne pas accomplir; manquer. **2.** (regla, ley) ne pas respecter; manquer.

incurable [inkuɾáβle] *adj.* y *s. m. y f.* incurable, inguérissable.

incursión [inkuɾsjón] *s. f.* incursion.

indagar [indaɣáɾ] *v. tr.* enquêter sur.

indecencia [indeθénθja] *s. f.* indécence.

indecente [indeθénte] *adj.* indécent, -e.

indecisión [indeθisjón] *s. f.* **1.** hésitation, indécision. **2.** balancement *m.*

indeciso, -sa [indeθíso] *adj.* **1.** indécis, -se. **2.** (vacilante) hésitant, -e.

indefenso, -sa [indefénso] *adv.* sans défense.

indefinido, -da [indefiníðo] *adj.* **1.** indéfini, -ie. ‖ *s. m.* **2.** *Ling.* indéfini.

indemnización [indemniθaθjón] *s. f.* **1.** (acción) indemnisation. **2.** (económica) indemnité; dédommagement *m.*

indemnizar [indemniθáɾ] *v. tr.* **1.** indemniser; dédommager. **2.** resarcir; compensar, desinteresar.

independencia [independénθja] *s. f.* indépendance.

independiente [independjénte] *adj.* y *s. m. y f.* indépendant, -e.

independizar [independiθáɾ] *v. tr.* **1.** rendre indépendant. **2.** émanciper. ‖ **independizarse** *v. pr.* **3.** devenir indépendant. **4.** émanciper.

indescriptible [indeskɾiptíβle] *adj.* indescriptible.

indeseable [indeseáβle] *adj.* y *s. m. y f.* indésirable.

indestructible [indestruktíβle] *adj.* indestructible.

indeterminado, -da [indeterminádo] *adj.* indéterminé, -ée.

indicación [indikaθjón] *s. f.* indication.

indicador, -ra [indikaðóɾ] *adj.* **1.** indicateur, -trice. ‖ *s. m.* **2.** (señal) indicateur. **3.** (luminoso) voyant.

indicar [indikáɾ] *v. tr.* **1.** (mostrar) indiquer; montrer. **2.** (mencionar) signaler.

indicativo, -va [indikatíβo] *adj.* **1.** indicatif, -ive. ‖ *s. m.* **2.** *Ling.* indicatif.

índice [índiθe] *s. m.* **1.** (indicio) indice; signe. **2.** (de un libro) table des matières. **3.** (dedo) index. ‖ **~ alfabético** index.

indicio [indíθjo] *s. m.* **1.** (señal) indice; signe; marque. **2.** (huella) trace *f.*

indiferencia [indiferénθja] *s. f.* **1.** indifférence. **2.** (despreocupación) insouciance.
indiferente [indiferénte] *adj. y s. m. y f.* **1.** indifférent, -te. **2.** insouciant, -te.
indígena [indíxena] *adj. y s. m. y f.* indigène.
indigencia [indixénθja] *s. f.* indigence, dénuement *m.* (miseria).
indigente [indixénte] *adj. y s. m. y f.* indigent, -te, nécessiteux, -euse.
indigestión [indixestjón] *s. f.* indigestion.
indigesto, -ta [indixésto] *adj.* indigeste.
indignación [indiγnaθjón] *s. f.* indignation.
indignar [indiγnár] *v. tr.* **1.** indigner; soulever, révolter. || *v. tnr.* **2.** faire bondir.
indigno, -na [indíγno] *adj.* indigne.
indio, -dia [índjo] *adj. y s.* hindou, -oue. || *s. m. y f.* **2.** Hindou, -oue.
indirecto, -ta [indirékto] *adj.* **1.** indirect, -te. **2.** (camino, medio) détourné, -ée.
indiscreción [indiskreθjón] *s. f.* indiscrétion.
indiscreto, -ta [indiskréto] *adj. y s. m. y f.* indiscret, -ète.
indiscutible [indiskutíβle] *adj.* **1.** indiscutable. **2.** (irrebatible) incontestable.
indispensable [indispensáβle] *adj.* indispensable.
indisposición [indisposiθjón] *s. f.* **1.** (enfado) indisposition, brouille. **2.** (ralentar) malaise *m.*
individual [indiβiðwál] *adj.* individuel, -elle.
individuo, -ua [indiβíðwo] *s. m.* individu.
índole [índole] *s. f.* (naturaleza) nature.
indolencia [indolénθja] *s. f.* indolence.
indolente [indolénte] *adj.* indolent, -te.
indomable [indomáβle] *adj.* indomptable.
indómito, -ta [indómito] *adj.* indompté, -ée.

203

inducción [induxθjón] *s. f.* induction.
inducido, -da [induθíðo] *adj. y s. m.* induit, -te.
inducir [induθír] *v. tr.* **1.** induire. **2.** (incitar) pousser, amener.
indudable [induðáβle] *adj.* indubitable.
indulgencia [indulxénθja] *s. f.* indulgence.
indultar [indultár] *v. tr.* gracier.
indulto [indúlto] *s. m.* grâce *f.*
indumentaria [indumentárja] *s. f.* **1.** habillement *m.* **2.** (la moda, el vestido) costume *m.* **3.** (adornos, complementos) tenue.
industria [indústrja] *s. f.* industrie.
industrial [industrjál] *adj. y s. m.* industriel, -elle.
industrializar [industrjaliθár] *v. tr.* industrialiser.
inédito, -ta [inéðito] *adj.* **1.** non publié, -ée; inédit, -te. || *s. m.* **2.** inédit.
ineficaz [inefikáθ] *adj.* inefficace.
ineludible [ineluðíβle] *adj.* inévitable; inéluctable.
inepto, -ta [inépto] *adj.* inepte; incapable.
inercia [inérθja] *s. f.* inertie.
inerte [inérte] *adj.* inerte.
inesperado, -da [inesperáðo] *adj.* inattendu, -ue; imprévu, -ue; inespéré, -ée.
inestabilidad [inestaβiliðáð] *s. f.* instabilité.
inestable [inestáβle] *adj.* instable.
inestimable [inestimáβle] *adj.* inestimable.
inevitable [ineβitáβle] *adj.* inévitable; inéluctable.
inexactitud [ineksaktitúð] *s. f.* inexactitude.
inexacto, -ta [ineksákto] *adj.* inexact, -te.
inexistente [ineksisténte] *adj.* inexistant, -te.

inexperto, -ta [inespérto] *adj.* inexperimenté, -ée.
inexplicable [inesplikáble] *adj.* inexplicable.
infalible [infalíble] *adj.* infaillible.
infame [infáme] *adj. y s. m. y f.* infâme, ignoble, vilain, -ne.
infamia [infámja] *s. f.* infamie.
infancia [infánθja] *s. f.* enfance.
infante, -ta [infánte] *s. m. y f.* 1. (título) infant, -e. ‖ *s. m.* 2. (niño) enfant.
infantería [infantería] *s. f.* infanterie.
infantil [infantíl] *adj.* 1. (de los niños) infantile. 2. (pueril) enfantin, -ne. 3. *Dep.* (alevín, de 13 a 15 años) minime.
infarto [infárto] *s. m. Med.* infarctus, engorgement (infarto de miocardio. *Infarctus du myocarde).*
infatigable [infatiγáble] *adj.* infatigable.
infección [infekθjón] *s. f.* infection.
infeccioso, -sa [infekθjóso] *adj.* infectieux, -euse.
infectar [infektár] *v. tr.* infecter.
infeliz [infelíθ] *adj. y s. m. y f.* 1. malheureux, -euse; infortuné, -ée. ‖ *s. m. y f.* 2. pauvre type; pauvre femme *f.*
inferior [inferjór] *adj.* 1. inférieur, -re. 2. (talla, cantidad) au-dessous *(una talla inferior. Une taille au-dessous).* ‖ *s. m. y f.* 3. inférieur; subordonné, -ée. ‖ **parte ~** (parte más baja) bas *m.*
inferioridad [inferjoriðáð] *s. f.* infériorité.
inferir [inferír] *v. tr.* inférer, déduire.
infernal [infernál] *adj.* infernal, -le.
infestar [infestár] *v. tr.* (infectar) infecter; (invadir) infester.
infidelidad [infiðeliðáð] *s. f.* 1. infidélité. 2. adultère *m.*
infiel [infjél] *adj. y s. m. y f.* infidèle.
infierno [infjérno] *s. m.* enfer.

infiltrar [infiltrár] *v. tr.* 1. faire infiltrer. ‖ **infiltrarse** *v. pr.* 2. infiltrer; s'infiltrer.
infimo, -ma [ínfimo] *adj.* infime.
infinidad [infiniðáð] *s. f.* 1. infinité. 2. *fig.* foule.
infinitivo [infinitíβo] *s. m. Ling.* infinitif.
infinito, -ta [infiníto] *adj.* 1. infini, -ie. ‖ *s. m.* 2. infini *(El infinito. L'infini).*
inflamable [inflamáble] *adj.* inflammable.
inflamación [inflamaθjón] *s. f.* 1. inflammation. 2. (hinchazón) enflure.
inflamar [inflamár] *v. tr.* 1. enflammer. 2. *fig.* exciter.
inflar [inflár] *v. tr.* 1. enfler; gonfler. 2. (un presupuesto, una factura) majorer. ‖ **inflarse** *v. pr.* 3. s'enfler. 4. *fig.* (de orgullo) s'enorgueillir. 5. (a comer) se goinfrer.
inflexible [infleksíble] *adj.* 1. inflexible. 2. *fig.* (rígido, duro) raide.
infligir [infliγír] *v. tr.* infliger.
influencia [influwénθja] *s. f.* influence.
influir [influír] *v. intr.* influencer; avoir une influence.
influjo [influxo] *s. m.* influence *f.* (de la marea) flux; flot. 3. (nervioso) influx.
información [informaθjón] *s. f.* 1. information. 2. (dato, orientación) renseignement *m.*
informador, -ra [informaðór] *adj. y s. m. y f.* informateur, -trice.
informal [informál] *adj.* 1. (poco serio) peu sérieux, -euse. 2. (impuntual) qui manque de ponctualité. 3. *Ling.* (registro de lengua) familier.
informar [informár] *v. tr.* 1. informer. 2. (orientar, dar datos) renseigner. 3. (hacer saber) faire savoir. ‖ *v. intr.* 4. (dar noticia o noticias) rapporter. 5. (dar parte) référer. ‖ **informarse** *v. pr.* 6. se renseigner.

informática [iŋformátika] *s. f.* informatique.

informativo, -va [iŋformaʧβo] *adj.* 1. d'information (Una carta informativa). *Une lettre d'information*) || *s. m.* 2. journal télévisé, nouvelles *f. pl.* (bulletin d'information).

informe [iŋforme] *adj.* 1. informe. || *s. m.* 2. (estudio) dossier; 3. (para dar a conocer) renseignement (Informe confidencial. *Renseignement confidentiel.*) (memoria, estudio) mémoire. || **informes** *s. m. pl.* 5. (referencias) références *f.*

infortunio [iŋfortúnjo] *s. m.* 1. infortune *f.*, malheur; 2. (revés) revers.

infracción [iŋfrakθjón] *s. f.* infraction.

infringir [iŋfriŋxír] *v. tr.* enfreindre.

infructuoso, -sa [iŋfruktuóso] *adj.* infructueux, -euse.

infundado, -da [iŋfundáðo] *adj.* irraisonné, -ée; sans fondement.

infundir [iŋfundír] *v. tr.* inspirer, communiquer: **~ respeto** en imposer.

infusión [iŋfusjón] *s. f.* infusion, tisane.

ingeniar [iŋxenjár] *v. tr.* 1. (concebir) inventer, imaginer. || **ingeniárselas** *v. pr.* 2. s'ingénier.

ingeniería [iŋxenjería] *s. f.* 1. (estudios) génie *m.* (Ingeniería agrícola. *Génie rural.*) 2. (aplicación científica) ingénierie.

ingeniero, -ra [iŋxenjéro] *s. m. y f.* ingénieur *m.*

ingenio [iŋxénjo] *s. m.* 1. génie. 2. (agudeza) esprit; 3. (habilidad) adresse *f.*

ingenioso, -sa [iŋxenjóso] *adj.* 1. ingénieux, -euse. 2. (hábil) habile 3. divertido) spirituel, -elle.

ingenuidad [iŋxenwiðáð] *s. f.* naïveté *f.*, candeur, ingénuité.

ingenuo, -nua [iŋxénwo] *adj. y s. m. y f.* ingénu, -ue; naïf, -ïve.

ingerir [iŋxerír] *v. tr.* ingérer.

ingle [íŋgle] *s. f. Anat.* aine.

inglés, -glesa [iŋglés] *adj. y s. m.* 1. anglais, -se. || *s. m. y f.* 2. Anglais, -se.

ingratitud [iŋgratitúð] *s. f.* ingratitude.

ingrato, -ta [iŋgráto] *adj. y s. m. y f.* ingrat, -e.

ingrediente [iŋgreðjénte] *s. m.* ingrédient.

ingresar [iŋgresár] *v. intr.* 1. (en una academia, hospital) entrer; être admis. || *v. tr.* 2. (en el banco) verser, déposer.

ingreso [iŋgréso] *s. m.* 1. (en escuela, hospital) entrée *f.*; admission *f.* 2. (recaudación) encaissement; rentrée *f.* 3. (en una cuenta) versement, dépôt. || **ingresos** *s. m. pl.* 4. *Econ.* recette *f.*; sing.

inhábil [ináβil] *adj. Der.* inhabile.

inhalar [inalár] *v. tr.* inhaler.

inhumano, -na [inumáno] *adj.* inhumain, -ne.

inicial [iniθjál] *adj.* 1. initial, -le. 2. (original, -elle. || *s. f.* 3. initiale.

iniciar [iniθjár] *v. tr.* 1. (instruir) initier. 2. (comenzar) entamer.

iniciativa [iniθjaʧβa] *s. f.* initiative.

inicio [iníθjo] *s. m.* 1. début, commencement. 2. (forma de empezar) amorce *f.*

inicuo, -cua [iníkwo] *adj.* inique.

iniquidad [inikiðáð] *s. f.* iniquité.

injerto [inxérto] *s. m.* greffe *f.*

injuria [inxúrja] *s. f.* injure, outrage *m.*

injuriar [inxurjár] *v. tr.* injurier.

injusticia [inxustíθja] *s. f.* injustice.

injusto, -ta [inxústo] *adj. y s. m. y f.* injuste.

inmaduro, -ra [inmaðúro] *adj.* 1. immature. 2. (inexperto) inexpérimenté, -ée.

inmediaciones [immedjasjónes] *s.f. pl.* 1. (contornos, alrededores) abords *m.* 2. (cercanías) approches, environs *m.*

inmediato, -ta [immedjáto] *adj.* immédiat, -e.

inmenso, -sa [imménso] *adj.* immense.

inmersión [immersjón] *s.f.* 1. immersion. 2. (zambullida, buceo) plongée.

inmerso, -sa [immérso] *adj.* immergé, -ée.

inmigración [immigrasjón] *s.f.* immigration.

inmigrante [immigránte] *adj. y s. m. y f.* immigrant, -e.

inmoral [immorál] *adj.* immoral, -e.

inmortal [immortál] *adj. y s. m. y f.* immortel, -elle.

inmortalidad [immortalidáð] *s.f.* immortalité.

inmortalizar [immortalisár] *v. tr.* immortaliser.

inmóvil [immóβil] *adj.* immobile.

inmueble [immwéβle] 1. *adj.* immeuble. || 2. *s. m.* immeuble, bâtiment.

inmundicia [immundísja] *s.f.* immondice.

inmundo, -da [immúndo] *adj.* immonde.

inmutable [immutáβle] *adj.* immuable.

innato, -ta [innáto] *adj.* inné, -ée.

innecesario, -ria [innesesárjo] *adj.* pas nécessaire.

innegable [innegáβle] *adj.* indéniable.

innovación [innoβasjón] *s.f.* innovation.

innovar [innoβár] *v. tr.* e *intr.* innover.

innumerable [innumeráβle] *adj.* innombrable.

inocencia [inoθénθja] *s.f.* innocence.

inocentada [inoθentáða] *s.f.* poisson d'avril. ● Les plaisanteries traditionnelles du 1er avril ont lieu dans le monde hispanophone le 28 décembre.

inocente [inoθénte] *adj. y s. m. y f.* 1. innocent, -te. 2. (ingenuo, sencillo) simple. 3. (engañado) dupe. ● **los Santos Inocentes** les Saints Innocents. ● Las inocentadas ("poisson d'avril") propias del día de los Santos Inocentes (28 de diciembre) en Francia son el 1 de abril.

inodoro, -ra [inoðóro] *adj.* 1. inodore. || *s. m.* cuvette *f.* (taza del wáter).

inofensivo, -va [inofensíβo] *adj.* inoffensif, -ive.

inolvidable [inolβiðáβle] *adj.* inoubliable.

inoportuno, -na [inoportúno] *adj.* inopportun, -ne.

inorgánico, -ca [inorɣániko] *adj.* inorganique.

inoxidable [inoksiðáβle] *adj.* inoxydable.

inquietar [inkjetár] *v. tr.* 1. inquiéter. 2. (preocupar) tracasser. || *v. pr.* 3. s'inquiéter.

inquieto, -ta [inkjéto] *adj.* 1. (preocupado) inquiet, -ète; soucieux, -euse. 2. (agitado) agité, -ée.

inquietud [inkjetúð] *s.f.* inquiétude.

inquilino, -na [inkilíno] *s. m. y f.* (de una casa) locataire.

insaciable [insasjáβle] *adj.* insatiable.

inscribir [inskriβír] *v. tr.* 1. inscrire. 2. (en un registro) enregistrer. || *v. pr.* 3. s'inscrire.

inscripción [inskripθjón] *s.f.* inscription.

insecticida [insektiθíða] *adj. y s. m.* insecticide.

insecto [insékto] *s. m.* insecte.

inseguridad [inseɣuriðáð] *s.f.* insécurité.

inseguro, -ra [inseɣúro] *adj.* 1. (indeciso) incertain, -ne. 2. (vacilante) chancelant, -te [Un paso inseguro. *Un pas chancelant*].

insensato, -ta [insensáto] *adj.* insensé, -ée.

insensible *adj* insensible.
inseparable [inseparaβle] *adj* inséparable.
insertar [insertar] *v. tr.* 1. insérer; introduire. ‖ **insertarse** *v. pr.* 2. s'insérer.
inservible [inserβiβle] *adj* inutilisable.
insignia [insiγnja] *s. f.* 1. (signo, emblema) insigne *m.* 2. (estandarte) enseigne.
insignificante [insiγnifikante] *adj* 1. insignifiant, -e. 2. (pequeño) petit, -e.
insinuar [insinwar] *v. tr.* 1. insinuer. 2. (sugerir) suggérer.
insípido, -da [insipiðo] *adj* insipide.
insistencia [insistenθja] *s. f.* insistance.
insistente [insistente] *adj* insistant, -e.
insistir [insistir] *v. intr.* 1. insister. 2. (extenderse) s'appesantir sur.
insolación [insolaθjon] *s. f.* insolation; coup de soleil.
insolencia [insolenθja] *s. f.* insolence.
insolente [insolente] *adj y s. m. y f.* insolent, -e; impertinent, -e.
insólito, -ta [insolito] *adj* insolite.
insoluble [insoluβle] *adj* insoluble.
insolvente [insolβente] *adj* insolvable.
insomnio [insomnjo] *s. m.* insomnie *f.*
insoportable [insoportaβle] *adj* 1. insupportable. 2. (para vivir o convivir) invivable *fam.*
inspección [inspekθjon] *s. f.* inspection. 2. (control) contrôle *m.*
inspeccionar [inspekθjonar] *v. tr.* 1. inspecter. 2. (controlar) contrôler.
inspector, -ra [inspektor] *adj y s. m. y f.* inspecteur, -trice.
inspiración [inspiraθjon] *s. f.* 1. inspiration. 2. (divina) souffle *m.*
inspirar [inspirar] *v. tr.* 1. (dar inspiración) inspirer. 2. (sentimientos e ideas) inspirer, suggérer. ‖ *v. tr. e intr.* 3. (aire) inspirer. ‖ **inspirarse en** s'inspirer de.

instalación [instalaθjon] *s. f.* 1. acción de instalarse) installation. 2. (de equipamiento) aménagements *m.* 3. (acción de colocar) pose [instalación de un cerrojo: installation d'une serrure].
instalar [instalar] *v. tr.* 1. installer. 2. (establecer) établir. 3. (un sistema eléctrico, luminoso, etc) poser. ‖ **instalarse** *v. pr.* 4. s'installer. 5. (establecerse) s'établir. 6. (mudarse) emménager.
instancia [instanθja] *s. f.* 1. instance. 2. (solicitud) demande. ‖ **en última ~** en dernier recours.
instantáneo, -a [instantaneo] *adj y s. m.* instantané, -ée.
instante [instante] *s. m.* instant, moment. ‖ **al ~** à l'instant.
instar [instar] *v. tr.* 1. insister (pour). 2. (pedir con insistencia) prier avec instance.
instaurar [instawrar] *v. tr.* instaurer.
instigar [instiγar] *v. tr.* inciter.
instintivo, -va [instintiβo] *adj* instinctif, -ive.
instinto [instinto] *s. m.* instinct.
institución [instituθjon] *s. f.* institution.
instituir [instituir] *v. tr.* instituer; établir.
instituto [instituto] *s. m.* 1. institut. 2. (de enseñanza secundaria) lycée.
institutriz [institutriθ] *s. f.* 1. institutrice (préceptrice). 2. (aya) gouvernante.
instrucción [instrukθjon] *s. f.* 1. instruction. 2. *Der.* instrucción. ‖ **dirigir la ~ de un sumario** instruire un procès. ‖ **instrucciones de uso** mode d'emploi (modo de empleo); notice d'utilisation (papel).
instructor, -ra [instruktor] *adj y s. m. y f.* 1. instructeur, -trice. ‖ *s. m. y f.* 2. (monitor) moniteur, -trice.
instruido, -da [instruiðo] *adj* 1. instruit, -e. 2. (culto) cultivé, -ée.

instruir [insruir] *v. tr.* **1.** instruire. ‖ **instruirse** *v. pr.* s'instruire.

instrumento [insrumento] *s. m.* **1.** instrument. **2.** (herramienta) outil.

insuficiencia [insufiθjenθja] *s. f.* insuffisance.

insuficiente [insufiθjente] *adj.* insuffisant, -e.

insular [insular] *adj. y s. m. y f.* insulaire.

insultar [insultar] *v. tr. e intr.* **1.** insulter. **2.** (proferir numerosos insultos) injurier.

insulto [insulto] *s. m.* insulte.

insumiso, -sa [insumiso] *adj. y s. m. y f.* insoumis, -se.

insuperable [insuperaβle] *adj.* insurmontable.

intachable [intatʃaβle] *adj.* irréprochable.

intacto, -ta [intakto] *adj.* intact, -e.

integración [inteɣraθjon] *s. f.* **1.** (de un individuo en un grupo) intégration, assimilation. **2.** (incorporación) incorporation. **3.** (de un territorio) rattachement *m.*

integral [inteɣral] *adj.* **1.** integral. ‖ *s. f.* *Mat.* **2.** intégrale.

integrar [inteɣrar] *v. tr.* **1.** (incorporar) intégrer. **2.** (componer) composer. ‖ **integrarse** *v. pr.* **3.** (una persona) s'intégrer.

integridad [inteɣriðað] *s. f.* **1.** intégrité. **2.** (carácter de entero) intégralité.

íntegro, -gra [inteɣro] *adj.* **1.** (honesto) íntegre. **2.** (entero) intégral, -le, -le. **3.** (de una tierra, de un capital) profit. ‖ **tener ~ en ello y** tenir **tipo de ~** taux d'intérêt.

intelecto [intelekto] *s. m. → intelectual*. ‖ **intelectual** [intelektwal] *adj. y s. m. y f.* intellectuel, -elle.

inteligencia [intelixenθja] *s. f.* intelligence.

inteligente [intelixente] *adj.* **1.** intelligent, -e. **2.** (racional) pensant, -e.

intemperie [intemperje] *s. f.* intempérie. ‖ **a la ~** à la belle étoile, en plein air.

intempestivo, -va [intempestiβo] *adj.* intempestif, -ive.

intención [intenθjon] *s. f.* **1.** intention, dessein *m.* **2.** (propósito) propos *m.* **3.** (oculta) arrière-pensée *m.* **intenciones** *s. f. pl.* **4.** (miras) visées *sing.* ‖ **con la ~ de** dans l'intention de. ‖ **con la ~ de que** afin que. ‖ **mala ~** méchanceté, segunda ~ arrière-pensée.

intencionado, -da [intenθjonaðo] *adj.* intentionné, -ée.

intensidad [intensiðað] *s. f.* intensité.

intensificar [intensifikar] *v. tr.* **1.** intensifier. **2.** (reforzar) renforcer.

intenso, -sa [intenso] *adj.* **1.** intense. **2.** (un dolor) vif, -ive.

intentar [intentar] *v. tr.* **1.** tenter [Intentar un movimiento. *Tenter un mouvement*]. **2.** (+ infinitivo) essayer (de); chercher (à); viser (à); tenter (de).

intento [intento] *s. m.* tentative *f.*; essai. ‖ **al primer ~** du premier coup.

interactivo, -va [interaktiβo] *adj.* interactif, -ive.

intercalar [interkalar] *v. tr.* intercaler.

intercambio [interkambjo] *s. m.* échange.

intercambiar [interkambjar] *v. tr.* échanger.

interceder [interθeðer] *v. intr.* intercéder; plaider.

interceptar [interθeptar] *v. tr.* intercepter.

interés [interes] *s. m.* **1.** intérêt. **2.** *Econ.* intérêt [Tipo de interés. *Taux d'intérêt*]. **3.** (de una tierra, de un capital) profit. ‖ **tener ~ en ello y** tenir **tipo de ~** taux d'intérêt.

interesado, -da [interesaðo] *adj.* **1.** (con curiosidad) intéressé, -ée. **2.** (movido por el interés) intéressé, -ée.

interesante [interesante] *adj.* intéressant, -e.

interesar [interesar] *v. tr. e intr.* intéresser. ‖ **interesarse por** s'intéresser à.

interfaz [interfaθ] *s. f. Inform.* interface.

INSTRUIR - INTERFAZ 208

INTERFERENCIA - INTRANQUILIDAD

interferencia [iṇterferénθja] *s. f.* interférence.

interfono [iṇterfóno] *s. m.* interphone.

interino, -na [iṇteríno] *adj. y s. m. y f.* intérimaire.

interior [iṇterjór] *adj.* **1.** intérieur, -re. ‖ *s. m.* **2.** intérieur. **3.** (parte de dentro) dedans [El interior de una casa. *Le dedans d'une maison.*] **4.** (tierra adentro) arrière-pays [El interior. *L'arrière-pays.*] ‖ **en el ~** (dentro) dedans. | *fig.* au dedans.

interjección [iṇterχekθjón] *s. f., Ling.* interjection.

interlocutor, -ra [iṇterlokutór] *s. m. y f.* interlocuteur, -trice.

intermediario, -ria [iṇtermeðjárjo] *s. m. y f.* intermédiaire.

intermedio, dia [iṇtermédjo] *adj.* **1.** intermédiaire. ‖ *s. m.* **2.** intermède; pause *f.*

interminable [iṇtermináβle] *adj.* interminable.

intermitente [iṇtermiténte] *adj.* **1.** intermittent, -te. ‖ *adj. y s. m.* **2.** (del vehículo) clignotant, -te.

internacional [iṇternaθjonál] *adj. m. y f.* international, -le.

internado, -da [iṇternáðo] *adj y s. m. y f.* **1.** interné, -ée. ‖ *s. m.* **2.** internat.

internar [iṇternár] *v. tr.* **1.** interner. ‖ **internarse** *v. pr.* **2.** pénétrer; s'enfoncer.

internauta [iṇternawta] *s. m. y f., Inform.* internaute.

interno, -na [iṇtérno] *adj.* **1.** interne. **2.** intérieur, -re [Fuero interno. *For intérieur.*] ‖ *s. m. y f.* **3.** pensionnaire; interne.

interponer [iṇterponér] *v. tr.* interposer.

interpretación [iṇterpretaθjón] *s. f.* interprétation.

interpretar [iṇterpretár] *v. tr.* interpréter.

intérprete [iṇtérprete] *s. m.* interprète.

interrogación [iṇteɼoɣaθjón] *s. f.* interrogation.

interrogante [iṇteɼoɣánte] *adj.* **1.** interrogateur, -trice. ‖ *s. amb.* **2.** question *f.*

interrogar [iṇteɼoɣár] *v. tr.* interroger.

interrogativo, -va [iṇteɼoɣatíβo] *adj.* interrogatif, -ve.

interrumpir [iṇteɼumpír] *v. tr.* **1.** interrompre; cesser. **2.** (a alguien que habla) couper la parole.

interrupción [iṇteɼupθjón] *s. f.* interruption; arrêt *m.* ‖ **sin ~** de suite; sans cesse.

interruptor, -ra [iṇteɼuptór] *adj. y s. m.* interrupteur, -trice.

intersección [iṇtersekθjón] *s. f.* intersection.

interurbano, -na [iṇterurβáno] *adj.* interurbain, -ne.

intervalo [iṇterβálo] *s. m.* intervalle.

intervención [iṇterβenθjón] *s. f.* **1.** intervention. **2.** (interventor) contrôle *m.*

intervenir [iṇterβenír] *v. intr.* **1.** intervenir. **2.** (el interventor) contrôler. **3.** *fig.* (ser un factor) jouer. **4.** (mediar) s'entremettre.

intestino, -na [iṇtestíno] *adj. y s. m., Anat.* intestin, -ne.

intimar [iṇtimár] *v. intr.* nouer une amitié; se lier; se lier d'amitié.

intimidad [iṇtimiðáð] *s. f.* **1.** intimité. **2.** (vida privada) privé *m.*

intimidar [iṇtimiðár] *v. tr.* intimider.

íntimo, -ma [íṇtimo] *adj.* **1.** intime. **2.** (privado) privé, -ée. ‖ *s. m. y f.* **3.** intime.

intolerable [iṇtoleráβle] *adj.* intolérable.

intolerancia [iṇtoleránθja] *s. f.* intolérance.

intolerante [iṇtoleránte] *adj. y s. m. y f.* intolérant, -te.

intoxicar [iṇtoksikár] *v. tr.* intoxiquer.

intranquilidad [iṇtraŋkiliðáð] *s. f.* inquiétude.

intransigente [intransixénte] *adj* intransigeant, -e.

intransitivo, -va [intransitiβo] *adj* Ling intransitif, -ve.

intrépido, -da [intrépiδo] *adj* intrépide.

intriga [intríγa] *s.f.* **1.** (de una novela) intrigue, trame. **2.** (maquinación) intrigue, machination, complot *m*. ‖ **intrigas** *s.f. pl.* **3.** menées, agissements *m*.

intrigar [intriγár] *v. tr.* **1.** (causar intriga) intriguer [Sus palabras le intrigaban. Ses mots l'intriguaient]. ‖ *v. intr.* **2.** (hacer intrigas) intriguer.

intrínseco, -ca [intrínseko] *adj* intrinsèque.

introducción [introδukθjón] *s.f.* introduction.

introducir [introδuθír] *v. tr.* **1.** introduire. ‖ **introducirse** *v. pr.* s'introduire.

introvertido, -da [introβertíδo] *adj* introverti, -e.

intruso, -sa [intrúso] *adj y s. m. y f.* intrus, -se.

intuición [intwiθjón] *s.f.* intuition.

intuir [intuír] *v. tr.* **1.** (tener una intuición) avoir l'intuition. **2.** (barruntar) deviner, pressentir.

intuitivo, -va [intwitíβo] *adj* intuitif, -ive.

inundación [inundaθjón] *s.f.* inondation.

inundar [inundár] *v. tr.* **1.** inonder. ‖ **inundarse** *v. pr.* **2.** être inondé, -ée; insolite.

inusitado, -da [inusitáδo] *adj* insolite.

inútil [inútil] *adj* **1.** inutile. ‖ *s. m. y f.* **2.** bon à rien.

inutilidad [inutiliδáδ] *s.f.* inutilité.

inutilizar [inutiliθár] *v. tr.* inutiliser.

invadir [imbaδír] *v. tr.* envahir.

invalidar [imbaliδár] *v. tr.* **1.** invalider. **2.** (anular) annuler.

inválido, -da [imbáliδo] *adj y s. m. y f.* invalide.

invariable [imbarjáβle] *adj* invariable.

invasión [imbasjón] *s.f.* **1.** invasion. **2.** (de un territorio) envahissement *m*.

invencible [imbenθíβle] *adj* **1.** invincible. **2.** (imbatible) imbattable.

invención [imbenθjón] *s.f.* invention.

inventar [imbentár] *v. tr.* inventer.

inventario [imbentárjo] *s. m.* inventaire.

invento [imbénto] *s.m.* invention *f.*

inventor, -ra [imbentór] *s. m. y f.* inventeur, -trice.

invernadero [imbernaδéro] *s. m.* serre *f.* ‖ **efecto ~ de serre.

invernal [imbernál] *adj* hibernal, -le.

invernar [imbernár] *v. intr.* **1.** hiverner. **2.** (hibernar) hiberner.

inverosímil [imberosímil] *adj* invraisemblable.

inversión [imbersjón] *s.f.* **1.** inversion. **2.** (de la situación) renversement *m*. **3.** (financiera) placement *m*; investissement *m*.

inverso, -sa [imbérso] *adj* inverse.

invertebrado, -da [imberteβráδo] *adj y s. m.* invertébré, -ée.

invertir [imbertír] *v. tr.* **1.** inverser. **2.** (el orden) renverser. **3.** (intercambiar) intervertir. **4.** (dinero) investir; placer.

investigación [imbestiγaθjón] *s.f.* **1.** (policial) investigation; enquête. **2.** (científica) recherche.

investigar [imbestiγár] *v. intr.* **1.** (los científicos) faire des recherches. ‖ *v. tr.* **2.** (un crimen) enquêter. **3.** (un fenómeno) rechercher.

investir [imbestír] *v. tr.* investir.

invidente [imbiδénte] *adj y s. m. y f.* **1.** (ciego) non-voyant, -te; aveugle. **2.** (que ve mal) mal-voyant, -e.

invierno [imbjérno] *s. m.* hiver [En invierno, *En hiver*].

invisible [imbisíßle] *adj.* invisible.

invitación [imbitaθjón] *s.f.* invitation.

invitar [imbitár] *v. tr.* inviter.

in vitro [imbítro] *loc. lat.* in vitro.

invocar [imbokár] *v. tr.* invoquer.

involucrar [imbolukrár] *v. tr.* 1. compromettre; engager. ‖ **involucrarse** *v. pr.* 2. s'engager 3. (en un asunto) se mêler.

involuntario, -ria [imboluntárjo] *adj.* involontaire.

inyección [iṇjekθjón] *s.f.* injection; piqûre. ‖ **poner una ~** piquer.

inyectar [iṇjektár] *v. tr.* injecter.

ir [ir] *v. intr.* 1. (a un sitio) aller. 2. (adonde se encuentra otra persona) venir [Iré tarde. *Je viendrai tard.*] 3. (andar, marcher, aller. 4. (circular en coche) rouler. 5. (estado de salud, de humor) aller [¿Qué tal le va? *Ça va?*]. 6. *fam.* (sentar bien o mal) aller [Esto no me va. *Cela no me va très mal.*]. 7. (hacer juego) faire [Estas dos prendas van muy bien juntas. *Ces deux pièces font très bien ensemble*]. 8. (funcionar) marcher [La radio no va. *La radio ne marche pas.*]. ‖ **irse** *v. pr.* 9. (marcharse) s'en aller; partir. ‖ **~ a** (aller [Vamos a escuchar una canción. *Nous allons écouter une chanson.*] **~ a por** aller chercher [Ir a por agua. *Aller chercher de l'eau.*] **~ bien** coller.

ira [íra] *s.f.* colère.

iracundo, -da [irakúndo] *adj.* irascible.

irascible [irasθíßle] *adj.* irascible.

iris [íris] *s. m.* *Anat.* (de los ojos) iris.

irlandés, -desa [irlandés] *adj.* 1. irlandais, -se. ‖ *s. m. y f.* 2. irlandais, -se.

ironía [ironía] *s.f.* ironie.

irónico, -ca [iróniko] *adj.* ironique.

irracional [iraθjonál] *adj.* 1. irrationnel, -elle. 2. (inconsciente) irraisonné, -ée.

irradiar [iraðjár] *v. tr.* rayonner.

irreal [ireál] *adj.* irréel, -elle.

irrealizable [irealiθáßle] *adj.* irréalisable.

irreflexivo, -va [irrefleksíßo] *adj.* irréfléchi, -ie.

irregular [ireγulár] *adj.* irrégulier, -ière.

irregularidad [ireγularidáð] *s.f.* irrégularité.

irremediable [iremeðjáßle] *adj.* irrémédiable.

irresistible [iresistíßle] *adj.* irrésistible.

irresponsable [iresponsáßle] *adj.* irresponsable.

irreverente [ireβerénte] *adj.* irrévérent, -e.

irrisorio, -ria [irisórjo] *adj.* dérisoire.

irritable [irritáßle] *adj.* irritable.

irritación [iritaθjón] *s.f.* (inflamación) irritation. 2. (por ruido o por dentera) agacement *m.* 3. *fig.* (ira) colère (para enfadar).

irritado, -da [iritáðo] *adj.* agacé, -ée. 4. (nerviosísimo) agacement *m.*

irritar [iritár] *v. tr.* 1. irriter. 2. *fig.* (poner nervioso) énerver, agacer, exciter. 3. (los nervios, los dientes) crisper. 4. (los ojos, la piel) irriter. ‖ **irritarse** *v. pr.* 5. s'irriter.

irrumpir [irumpír] *v. intr.* 1. faire irruption, entrer brusquement. 2. (invadir) envahir.

irrupción [irupθjón] *s.f.* irruption.

isla [ísla] *s.f.* île.

islamismo [islamísmo] *s. m.* islamisme.

isleño, -ña [isléɲo] *adj. y s. m. y f.* insulaire.

islote [islóte] *s. m.* îlot.

ismo [ísmo] *s. m.* *Geogr.* isthme.

italiano, -na [italjáno] *adj. y s. m.* 1. italien, -enne. ‖ *s. m. y f.* 2. Italien, -enne.

itinerario [itinerárjo] *s. m.* itinéraire.

IVA [iβa] *sigla* (Impuesto sobre el Valor Añadido) TVA (Taxe sur la Valeur Ajoutée).

izar [iθár] *v. tr.* **1.** hisser. **2.** arborer.

izquierda [iθkjérða] *s. f.* **1.** (mano) main gauche. **2.** (parte, zona) gauche. ‖ **a la ~** à gauche.

izquierdo, -da [iθkjérðo] *adj.* gauche.

J

j [xóta] *s. f.* j *m.*

jabalí [xaβali] *s. m., Zool.* sanglier. • Pl. jabalíes.

jabalina [xaβalina] *s. f., Zool.* 1. (cembra del jabalí) laie. 2. *Dep.* javelot *m.*

jabato [xaβato] *s. m., Zool.* marcassin.

jabón [xaβon] *s. m.*, savon (jabón de afeitar Savon à barbe). || **pastilla de ~** savonnette.

jabonera [xaβonera] *s. f.* savonnière.

jaca [xaka] *s. f.* bidet *m.*

jacinto [xaθinto] *s. m., Bot.* jacinthe *f.*

jaco [xako] *s. m.* (caballo malo) rosse *f*; bidet.

jactancia [xaktánθja] *s. f.* vantardise.

jactancioso, -sa [xaktanθjoso] *adj.* y *s. m.* y *f.* vantard, -de; fanfaron, -onne.

jadeante [xaðeánte] *adj.* haletant, -te; essoufflé.

jadear [xaðear] *v. intr.* 1. haleter. 2. (un morbundo) râler.

jalea [xalea] *s. f.* gelée (jalea real. Gelée royale).

jaleo [xaleo] *s. m.* 1. (ovación) cris *pl.* 2. *fam.* (alboroto, bullicio) chahut tapage; vacarme, boucan. 3. (ruidos molestos) tintamarre.

jamás [xamas] *adv.* jamais (Nunca se quejó. Jamais il ne s'est plaint). || **per siempre ~** à tout jamais.

jamón [xamón] *s. m.* jambon (jamón serrano, jamón (de) York. Jambon cru, jambon cuit).

jaque [xake] *s. m.* (ajedrez) échec (jaque mate. Échec et mat).

jaqueca [xakéka] *s. f.* migraine.

jarabe [xaraβe] *s. m.* 1. (medicina) sirop. 2. (sirope) sirop.

jarana [xarana] *s. f.* 1. (de barro o gres, ánfora) jarre. 2. pot *m.* (Jarra de agua. Pot à eau). 3. (en un restaurante) carafe (Una jarra de agua. Une carafe d'eau).

jarro [xaro] *s. m.* 1. pot. 2. (bebidas) pichet. 3. (de metal) broc.

jarrón [xaron] *s. m.* vase.

jaula [xawla] *s. f.* (animales) cage.

jauría [xawria] *s. f.* meute.

jazmín [xaθmin] *s. m., Bot.* jasmin.

jazz [jas] *s. m.* Mus. jazz.

jefatura [xefatura] *s. f.* préfecture (Jefatura de policía. Préfecture de police).

jefe, -fa [xéfe] *s. m.* y *f.* 1. chef *m.* (Jefe de cocina, jefe de estado. Chef de cuisine, chef d'État). 2. (industria, comercio) patron. -onne. || **~ de cocina** chef. **~ de comedor** maître d'hôtel. • On utilise parfois "jefe" pour les femmes. Le f. "jefa" n'est jamais utilisé dans le langage militaire.

jeque [xéke] *s. m.* cheik.

jerarquía [xerarkia] *s. f.* hiérarchie.

jerga [xérya] *s. f.* 1. (de profesiones y oficios) argot *m.* jargon. 2. (galimatías) charabia *m.* baragouin.

jergón [xeryón] *s. m.* paillasse *f.*

jerigonza [xeriyónθa] *s. f.* 1. (erga) argot *m.* jargon. 2. (galimatías) charabia *m.* baragouin.

jeringa [xerinya] *s. f.* 1. seringue. 2. *fig.* y *fam.* embêtement *m.*; ennui *m.*

jeringuilla [xeringiʎa] *s. f.* seringue.

JEROGLÍFICO - JUDICIAL

jeroglífico, -ca [xeroγlifiko] *adj.* **1.** hiéroglyphique. ‖ *s. m.* **2.** hiéroglyphe. **3.** (juego) rébus.

jersey [xerséi] *s. m.* **1.** (fino) pull-over; pull; tricot (de punto); chandail (grueso); jersey (ajustado). ● *Pl.* jerséis. **2.** maillot (ajustado).

jesuita [xesuíta] *adj. y s. m.* jésuite.

jeta [xéta] *s. f.* **1.** (morro, hocico) museau *m.* **2.** *fam.* (cara) tête, museau *m.* **3.** *fig. y fam.* (caradura) toupet *m.*; culot *m.* [Tener jeta, *Avoir du culot*.] **4.** *fam.* (descarado) effronté, -ée.

jilguero [xilγéro] *s. m., Zool.* chardonneret.

jineta [xinéta] *s. f.* (de tela) morceau d'étoffe.

jinete [xinéte] *s. m.* homme à cheval.

jira [xíra] *s. f.* **1.** (de tela) morceau d'étoffe. **2.** (comida campestre) pique-nique *m.* **3.** (excursión al campo) partie de campagne.

jirafa [xiráfa] *s. f., Zool.* girafe.

jocoso, -sa [xokóso] *adj.* amusant, -te; drôle, plaisant, -te.

joder [xoδér] *v. tr., vulg.* **1.** baiser, foutre. **2.** (molestar) emmerder. **3.** (estropear) foutre en l'air [Lo ha jodido todo, *Il a tout foutu en l'air*]. ‖ *i.* **~ ! ¡tiens!**, *vulg.* **4.** putain!, merde! ‖ **joderse** *v. pr., vulg.* **5.**(una cosa, una idea) être foutu.

jolgorio [xolγórjo] *s. m., fam.* **1.** (fiesta) noce *f.*; fête *f.* **2.** (juerga) rigolade *f.*

jornada [xornáδa] *s. f.* **1.** (de trabajo, de viaje) journée. **2.** (etapa de un trayecto) étape.

jornal [xornál] *s. m.* **1.** journée *f.*; salaire (journalier). ‖ **a ~ a la journée** [Trabajar a jornal, *Travailler à la journée*].

jornalero, -ra [xornaléro] *s. m. y f.* journalier, -ière.

joroba [xoróβa] *s. f.* **1.** (giba) bosse. **2.** *fig. y fam.* (fastidio) embêtement *m.*

jorobado, -da [xoroβáδo] *adj. y s. m. y f.* **1.** bossu, -ue. ‖ *adj.* **2.** *fig. y fam.* (fastidiado) embêté, -ée.

jorobar [xoroβár] *v. tr., fig. y fam.* (molestar) casser les pieds; raser; embêter.

jota [xóta] *s. f.* **1.** (minúscula) iota *m.* **2.** *fig.* rien *m.* **2.** (danza et música populares aragonesas) jota. ‖ **ni ~** *fam.* rien; goutte [No ver ni jota, *N'y voir goutte*].

joven [xóβen] *adj. y s. m. y f.* **1.** jeune. **2.** (adolescente) adolescent, -te. ‖ *s. m.* **3.** jeune homme. ‖ *s. f.* **4.** jeune fille. ‖ **jóvenes** *s. m. pl.* **5.** jeunesse *f.*; sing. jeunes gens [Los jóvenes, *La jeunesse*].

jovial [xoβjál] *adj.* allègre, contento jovial, -le; joyeux, -euse.

joya [xóʝa] *s. f.* **1.** bijou *m.* **2.** *fig.* (de mucho valor y de personas de alto rango) [Las joyas de la corona, *Les joyaux de la couronne*.]

joyero, -ra [xoʝéro] *s. m. y f.* (fabricante, comerciante) bijoutier, -ière; joaillier, -ière.

juanete [xwanéte] *s. m.* oignon.

jubilación [xuβilaθjón] *s. f.* (retiro) retraite [Pensión de jubilación, *Pension de retraite*].

jubilado, -da [xuβiláδo] *adj. y s. m. y f.* **1.** retraité, -ée. ‖ *adj.* **2.** à la retraite. **3.** Mil. en retraite.

jubilar [xuβilár] *v. tr.* **1.** (retirar) mettre à la retraite. **2.** *fam.* (desechar) mettre au rancart. ‖ **jubilarse** *v. pr.* **3.** prendre sa retraite.

jubileo [xuβiléo] *s. m., Rel.* jubilé.

júbilo [xúβilo] *s. m.* (regocijo) joie *f.*

judaísmo [xuδaísmo] *s. m., Rel.* judaïsme.

judía [xuδía] *s. f., Bot.* haricot *m.* [Des haricots verts, *Judías verdes*.]

judicial [xuδiθjál] *adj.* judiciaire.

judío, -a [xuðío] *adj.* **1.** juif, -ive. ‖ *s. m. y f.* **2.** Juif, -ive.

judo o yudo [júðo] *s. m. Dep.* judo.

juego [xwéγo] *s. m.* **1.** (diversión) jeu. **2.** (instrumento para jugar) jeu [lɥeɡo de construcción, *jeu de construction*]. **3.** (conjunto) jeu [lɥeɡo de tazas, *assortiment de tasses*]. **4.** service [lɥeɡo de café, de té, *service à café, à thé*]. **5.** (de joyas, de complementos) parure *f.* ‖ **a ~** assorti, -ie [Una corbata a juego con el traje, *Une cravate assortie au costume*]. **estar en ~** être en cause. **hacer ~** faire [Estas dos prendas hacen juego, *Ces deux pièces font très bien ensemble*]. ‖ **~ de palabras** jeu de mots. **tener ~** (tener holgura) dos piezas) jouer (avoir du jeu).

juerga [xwérγa] *s. f., fam.* **1.** (fiesta) noce; bringue; rigolade; bombe. **2.** (diversión) rigolade. ‖ **estar de ~** faire la fête faire la foire. **irse de ~** aller faire la foire.

juerguista [xwerγísta] *adj.* y *s. m.* y *f.* **1.** (bromista) noceur, -euse. **2.** cabeza loca) tête brûlée; mauvaise tête; noceur, -euse.

jueves [xwéβes] *s. m.* jeudi [El jueves, los jueves, el jueves 13 de junio. *Jeudi, le jeudi, le jeudi 13 juin*.]

juez, -za [xwéθ] *s. m. y f.* **1.** juge ‖ *s. m.* **2.** (autoridad) juge. • Pour se référer au magistrat on peut utiliser au féminin "la jueza" ou "la juez", mais pas pour les autres emplois.

jugada [xuγáða] *s. f.* (juego) coup *m.* [Buena jugada, mala jugada. *Coup heureux, coup manqué*]. ‖ **mala ~** fingarrer-

jugador, -ra [xuγaðór] *adj.* y *s. m.* y *f.* joueur, -euse.

jugar [xuγár] *v. intr.* jouer. ‖ **~ limpio** jouer franc jeu. **~ sucio** ne pas jouer franc jeu.

jugarreta [xuγařéta] *s. f.* mauvais tour, tour de cochon.

juglar, -resa [xuγlár] *s. m. y f.* jongleur, -eresse.

jugo [xúγo] *s. m.* **1.** (carne) jus. **2.** *Amér.* (fruits) jus. **3.** (en los organismos vivos) suc [Jugo pancreático, gástrico. *Suc pancréatique, gastrique*]. **4.** *fig.* (esencia) suc; moelle *f.*

jugoso, -sa [xuγóso] *adj.* **1.** juteux, -euse. **2.** *fig.* substantiel, -elle.

juguete [xuγéte] *s. m.* **1.** jouet. **2.** *fig.* (futilidad) hochet.

juguetear [xuγeteár] *v. intr.* **1.** jouer (jouer peu ou avec peu d'intérêt). **2.** (retozar) folâtrer, s'ébattre; batifoler.

juguetería [xuγetería] *s. f.* magasin de jouets.

juguetón, -tona [xuγetón] *adj.* **1.** joueur, -euse [Niño juguetón. *Enfant joueur*.] **2.** badin, -ine [Carácter juguetón. *Esprit badin*.] **3.** (que le gusta retozar) folâtre.

juicio [xwíθjo] *s. m.* **1.** capacidad para juzgar y discernir) jugement. **2.** (capacidad para comprender) entendement. **3.** (razón, cordura) raison *f.* **4.** (sentido común) bon sens. **5.** (sensatez) sagesse *f.* **6.** (opinión) jugement Juicio de valor. *Jugement de valeur*.] **7.** *Der.* procès.

juicioso, -sa [xwiθjóso] *adj.* (sensato) judicieux, -euse; sensé, -ée; sage.

julio [xúljo] *s. m.* **1.** juillet [El uno o el dos de julio. *Le premier ou le deux juillet*.] **2.** *Fís.* (unidad de trabajo) joule.

jumento, -ta [xuménto] *s. m.* âne, -esse.

• "Jument" en francés significa "yegua".

junco [xúnko] *s. m.* **1.** *Bot.* jonc. **2.** (caña) jonc. **3.** (embarcación china) longue.

jungla [xúŋgla] *s. f.* (tropical) jungle.

junio [xúnjo] *s. m.* juin [El uno o el dos de junio. *Le premier ou le deux juin*].

júnior o junior [júnjor] *adj. y s. m. y f.* **1.** *Dep.* junior. **2.** (hijo que se llama como el padre) junior. ● *Pl.* juniors.

junta [xúnta] *s. f.* **1.** (asamblea) assemblée. **2.** (sesión) reunión. **3.** (consejo) conseil *m.* [junta municipal. *Conseil municipal*]. **4.** (comité) comité *m.* [junta de empresa. *Comité d'entreprise*]. **5.** *bureau m.* [junta de beneficencia. *Bureau de charité*]. **6.** (dans le monde ibérique et latinoaméricain) junte. **7.** *Arq.* joint *m.* **8.** (herméticos) *Tecnol.* joint *m.* [Las juntas entre azulejos. *Les joints du carrelage*].

juntar [xuntár] *v. tr.* **1.** (colocar juntos) joindre. **2.** (poner contiguos) accoler. **3.** (varios elementos o piezas) assembler. **4.** (reunir) rassembler, réunir [Juntar amigos. *Rassembler des amis*]. **5.** (combinar, mezclar) assortir, combiner. **6.** (casar, emparejar) marier, assortir. || **juntarse** *v. pr.* **7.** se joindre.

junto, -ta [xúnto] *adj.* **1.** (unido) joint, -te. **2.** (uno al lado del otro) côte à côte. || **juntos, -tas** *adj.* **3.** ensemble *inv.* [Viajan juntas. *Elles voyagent ensemble*]. || **~ a** près de; à côté de; contre. **~ con** avec.

juntura [xuntúra] *s. f.* joint *m.*, jointure.

jurado, -da [xuráðo] *adj.* **1.** juré, -ée. **2.** asserment. -ée [Traductor jurado. *Traducteur assermenté*]. **3.** juré, -ée [Enemigo jurado. *Ennemi juré*] || *s. m. f.* (tribunal) jury. **5.** (miembro de un tribunal) juré.

juramento [xuraménto] *s. m.* **1.** serment [Prestar juramento. *Prêter serment*]. **2.** (blasfemia) juron.

jurar [xurár] *v. tr.* **1.** jurer, prêter serment. *v. intr.* **2.** (blasfemar) jurer.

jurídico, -ca [xuríðiko] *adj.* juridique.

jurisdicción [xurisðikθjón] *s. f.* juridiction.

justamente [xustaménte] *adv.* **1.** justement, juste [Está justamente al lado. *Ils sont justement à côté*]. **2.** (con justicia) juste [Hablar justamente. *Parler juste*].

justicia [xustíθja] *s. f.* justice.

justificante [xustifikánte] *adj.* **1.** justifiant, -e. || *s. m.* **2.** justificatif, pièce justificative.

justificar [xustifikár] *v. tr.* justifier.

justo, -ta [xústo] *adj.* **1.** juste. **2.** (ropa) étroit, -te; juste. **3.** juste [Los justos. *Les justes*]. || *s. m.* **4.** juste [Lo justo. *Le juste*]. || *adv.* **5.** justement; exactement. **6.** juste [Justo al lado. *Juste à côté*]; juste [Con poca holgura] juste [Ha llegado justo. *Il est arrivé juste*].

juvenil [xuβeníl] *adj.* **1.** (aspecto) juvénile. **2.** (que hace joven) jeune [Un peinado juvenil. *Une coiffure jeune*].

juventud [xuβentúð] *s. f.* **1.** jeunesse. **2.** (los jóvenes) jeunesse.

juzgado, -da [xuɣβáðo] *adj.* **1.** jugé, -ée. || *s. m.* **2.** tribunal.

juzgar [xuɣβár] *v. tr.* juger.

K

k [ka] *s.f.* k *m.*

karaoke [karaoke] *s.m.* karaoké.

karate [karate] *s.m., Dep.* (arte marcial) karaté.

karateca [karateka] *s. m. y f., Dep.* karatéca.

katiuska o katiusca [katjuska] *s.f.* (botte de femme en caoutchouc) botte.

ketchup [kétʃup] *s.m.* ketchup.

kilo o quilo [kílo] *s.m.* (kilogramo) kilo.

kilogramo o quilogramo [kiloγrámo] *s.m.* kilogramme.

kilómetro o quilómetro [kilómetro] *s. m.* kilomètre.

kiosco o quiosco [kjósko] *s.m.* kiosque.

kiwi [kiwi] *s.m.* **1.** *Bot.* (fruta) kiwi. **2.** *Zool.* (ave) kiwi. • Pl. kiwis. En espagnol on peut utiliser aussi "kivi".

koala [koála] *s. m., Zool.* koala.

T

l [ele] *s.f.* l *m*.

la¹ [la] *pron. pers. f.* l.ª l' (delante de vocal o "h" muda) La veo/Je la vois). 2. (usted) vous (la veo a usted). *Je vous vois).*

la² [la] *art. det. f.* l. la; l' (delante de vocal o "h" muda) (La maleta, la actitud. *La valise, l'attitude).* ‖ *pron.* 2. (+que/de) celle (la que me encantase. *Celle que tu m'as montrée).*

la³ [la] *s. m. Mús.* la.

laberinto [laβeɾinto] *s. m.* labyrinthe.

labia [laβja] *s.f.* l. (de un orador) verve. ‖ 2. *fam.* bagou (Tener mucha labia. *Avoir du bagout].*

labio [laβjo] *s. m.* lèvre *f.*

labor [laβoɾ] *s.f.* l. travail *m.* 2. (penosa) labeur *m.* 3. œuvre *f.*; ouvrage *m.* (Labor de costura. *Une œuvre de couture).* 4. *Agr.* labour *m.*; labourage *m.* ‖ **tierra de ~** labours *m.*

laborable [laβoɾaβle] *adj.* (día) ouvrable.

laboral [laβoɾal] *adj.* du travail.

laboratorio [laβoɾatoɾjo] *s. m.* laboratoire.

laborioso, -sa [laβoɾjoso] *adj.* laborieux, -euse.

labrador, -ra [laβɾaðoɾ] *adj. y s. m. y f.* l. (clase social) paysan, -anne. ‖ *s. m. y f.* 2. cultivateur, -trice. 3. (el que ara el campo) laboureur.

labranza [laβɾanθa] *s.f.* l. culture; labourage *m.* 2. labour *m.* (tierra de labor) labours *m.*

labrar [laβɾaɾ] *v. tr.* l. travailler. 2. (madera) façonner; ouvrer. 3. (cultivar, arar) labourer. 4. (piedra) tailler. ‖ **labrarse** *v. pr.* 5. se forger.

labriego, -ga [laβɾjeɣo] *s. m. y f.* laboureur *m.*

laca [laka] *s.f.* l. (de pelo, de uñas) laque. 2. (para muebles u objetos) laque *amb.* ‖ **dar ~** laquer.

lacar [lakaɾ] *v. tr.* l. (con esmalte) vernir (Lacar las uñas. *Vernir les ongles).* 2. (con barniz) vernisser. 3. (dar laca) laquer. ‖ (cabello) raide.

lacón [lakon] *s. m.* jambonneau.

lacónico, -ca [lakoniko] *adj.* laconique; concis, -se.

lacrimógeno, -na [lakɾimoxeno] *adj.* lacrymogène.

lactancia [laktanθja] *s.f.* allaitement *m.*

lactante [laktante] *s. m. y f.* l. nourrisson. ‖ *adj.* 2. (niño) nourri au sein. 3. (madre) qui allaite.

lácteo, -a [lakteo] *adj.* laitier, -ière (Producto lácteo. *Produit laitier].* **Vía láctea** *Astron.* Voie lactée.

ladear [laðeaɾ] *v. tr.* l. pencher; incliner. ‖ **ladearse** *v. pr.* se pencher.

ladera [laðeɾa] *s.f.* versant *m.*; flanc *m.*

lado [laðo] *s. m.* l. (parte lateral) côté. 2. (costado) côté. 3. (cara) pan (El lado de un cubo. *Le pan d'un cube).* 4. (aspecto) côté (Ver el lado bueno. *Voir le bon côté].* ‖ **al ~** à côté. **al ~ de** à côté de. **en otro ~** ailleurs.

ladrar [laðɾaɾ] *v. intr.* aboyer.

ladrido [laðɾiðo] *s. m.* aboiement.

ladrillo [laðɾiʎo] *s. m.* brique *f.*

ladrón, -drona [laðɾon] *adj. y s. m. y f.* l. voleur, -euse. ‖ *s. m. y f.* 2. (desvalijador de viviendas) cambrioleur.

lagartija [laɣaɾtixa] *s.f. Zool.* petit lézard.

lagarto, -ta [laɣaɾto] *s. m. Zool.* l. lézard. ‖ *s. m. y f.* 2. *fam.* (astuto) renard *m.* ‖ **lagarta** *s.f.* 3. *fig.* fine mouche, femme rusée.

lago [laɣo] *s. m.* lac.

lágrima [laɣɾima] *s.f.* l. larme. ‖ **lágrimas** *s.f. pl.* 2. pleurs *m. pl.*

laguna [layúna] *s. f.* lagune.

laico, -ca [lájko] *adj.* laïque.

lama [láma] *s. m.* 1. lama. 2. latte [Un somier a lattes]. *Un sommier à lattes*.

lamentable [lamentáβle] *adj.* 1. lamentable, regrettable. 2. fatal. ‖ *le Un error lamentable. Une erreur fatale*.

lamentar [lamentár] *v. tr.* 1. regretter, être désolé [Lo lamento. *Je suis désolé*]. ‖ **lamentarse** *v. pr.* 2. (sentir) se désoler. 3. (quejarse) se plaindre.

lamento [laménto] *s. m.* 1. (lamentación) lamentation *f.* plainte *f.* (queja), gémissement (quejido).

lamer [lamér] *v. tr.* 1. lécher. ‖ **lamerse** *v. pr.* 2. se lécher.

lametón [lametón] *s. m.* coup de langue.

lámina [lámina] *s. f.* 1. (chapa) plaque; lame. 2. (grabado) planche. 3. (imagen) image.

lámpara [lámpara] *s. f.* 1. lampe. 2. (mancha) tache de aceite. *Tache d'huile*]. ‖ **— de pie** lampadaire *m.*

lamparón [lamparón] *s. m.* 1. grande lampe. 2. (mancha) tache d'huile.

lana [lána] *s. f.* laine [De lana. *En laine*].

lanar [lanár] *adj.* à laine.

lancha [lántʃa] *s. f. Náut.* canot *m.* ‖ **~ motora** *Náut.* vedette.

langosta [langósta] *s. f. Zool.* 1. (saltamontes) sauterelle. 2. (gran saltamontes) criquet *m.* 3. (marisco) langouste.

langostino [langostíno] *s. m. Zool.* grosse crevette.

languidecer [langiðeθér] *v. intr.* languir.

lánguido, -da [láŋgiðo] *adj.* 1. (de amor) langoureux, -euse. 2. (languidesiente) mourant, -te; languissant, -te.

lanza [lánθa] *s. f.* lance.

lanzadera [lanθaðéra] *s. f.* navette.

lanzado, -da [lanθáðo] *adj.* 1. (resuelto, determinado) résolu, -ue. 2. (audaz) hardi, -ie.

lanzamiento [lanθamjénto] *s. m.* 1. lancement; jet. 2. (de cohetes) tir. 3. (de una pelota) tir.

lanzar [lanθár] *v. tr.* 1. (lejos) lancer, envoyer. 2. (hacia alguien) jeter [Lanzar un hueso. *Jeter un os*]. 3. (tender) lancer [Lanzar una pierna. *Lancer une jambe*]. 4. (soltar) lâcher [Lanzar una bomba. *Lâcher une bombe*]. 5. (gritos) pousser; lancer (críticas); jeter (insultos). 6. *fig.* (impulsar) lancer. ‖ **lanzarse** *v. pr.* 7. (abalanzarse) se lancer. 8. (arremeter) s'élancer; foncer. 9. (tirarse) se jeter. 10. (saltar) sauter. ‖ **~ a la fama** lancer.

lapa [lápa] *s. f.* 1. *Zool.* (molusco) patelle; bernicle. 2. *fig.* pot de colle. ‖ **pegarse como una ~** se coller comme une sangsue; être collant.

lapicero [lapiθéro] *s. m.* crayon.

lápida [lápiða] *s. f.* 1. (con una inscripción) plaque. 2. pierre tombale; dalle funéraire.

lápiz [lápiθ] *s. m.* crayon.

lapso [lápso] *s. m.* laps.

lapsus [lápsus] *s. m.* lapsus.

largar [largár] *v. tr.* 1. (soltar) lâcher. 2. *fig. y fam.* (una bofetada) flanquer. 3. *fig. y fam.* (dinero) allonger. 4. *Náut.* déployer; larguer; démarrer. ‖ **largarse** *v. pr.* 5. *fam.* (irse) filer; prendre le large; se tirer.

largo, -ga [lárγo] *adj.* 1. long, -gue. 2. bon, -onne [Dos semanas largas. *Deux bonnes semaines*]. ‖ *s. m.* 3. long [Dos metros de largo. *Deux mètres de long*]. 4. longueur *f.* [Nadar diez largos en la piscina. *Faire dix longueurs à la*

largometraje [laryometraxe] *s. m.* Cinem. long-métrage.

larguero [laryéro] *s. m.* 1. montant. 2. (travesaño) traverse *f.* 3. (de una mesa) rallonge *f.*

larguirucho, -cha [laryirútſo] *adj.* dégingandé, -ée; efflanqué -ée.

larva [lárβa] *s. f.* Zool. larve.

las [las] *art. det. f. pl.* 1. les. || *las maletas. Les valises.* || *pron. pers. f. pl.* 2. les. || *Las veo. Je les vois.* 3. (ustedes) vous. || *Las he visto a ustedes. Celles que je vous ai vues.* 4. (+que/de) celles que he visto. *Celles que j'ai vues.* || **a ~** aux Vamos a las montañas. *On va aux montagnes.* **de ~** des *Ide las montañas. Des montagnes.* **hay ~** il y a en *Las hay que se quejan. Il y a en a qui se plaignen].*

láser [láser] *s. m.*, Tecnol. laser.

lástima [lástima] *s. f.*; pitié; compassion. || **¡qué ~!** quel dommage!; c'est dommage!

lastimar [lastimár] *v. tr.* 1. (hacer daño) blesser. 2. (herir la sensibilidad) choquer. || **lastimarse** *v. prnl.* 3. se faire mal.

lastimoso, -sa [lastimóso] *adj.* 1. (una persona) pitoyable. 2. (desconsolador) navrant, -e. 3. (lamentable, penoso) minable.

lastre [lástre] *s. m.* 1. (peso) poids. 2. *Naút.* lest.

lata [láta] *s. f.* 1. (de conserva) boîte. 2. (de bebida) cannette [Una lata de coca-cola. *Une cannette de coca*]. 3. (hojalata) fer-blanc. || *s. m.* 4. *fig.* (fastidio) casse-pieds *m.*; embêtement *m.* **dar la ~** casser les pieds; embêter.

latente [laténte] *adj.* latent, -e.

lateral [laterál] *adj.* 1. latéral, -le. || *s. m.* 2. (flanco) flanc. 3. (lado) côté.

latido [latíðo] *s. m.* 1. battement (du cœur). 2. coup de fouet.

latigazo [latiγáθo] *s. m.* 1. coup de fouet. 2. (chasquido) claquement (de fouet). 3. (trago) coup. || **dar latigazos** fouetter.

látigo [látiγo] *s. m.* fouet.

latiguillo [latiγíʎo] *s. m.* 1. petit fouet. 2. (estribillo) refrain. 3. (expresión reiterada) tic; saillie *f.*; trait d'esprit, mot d'esprit. 4. (muletilla) tic.

latín [latín] *s. m.* latin. || **saber ~** être malin comme un singe.

latino, -na [latíno] *adj.* 1. (del latín) latin, -ne. 2. (hispanoamericano) latino-américain, -ne.

latir [latír] *v. intr.* 1. (palpitar) palpiter. 2. (el corazón, el pulso) battre.

latitud [latitúð] *s. f.* latitude.

latón [latón] *s. m.* laiton.

latoso, -sa [latóso] *adj.* ennuyeux, -euse; assommant, -e; fâcheux, -euse.

laúd [laúð] *s. m.*, *Mús.* (instrumento) luth.

laurel [lawrél] *s. m.* 1. *Bot.* laurier. 2. *pl.* lauriers. || **dormirse en los laureles** s'endormir sur ses lauriers.

lava [láβa] *s. f.* lave.

lavable [laβáβle] *adj.* lavable.

lavabo [laβáβo] *s. m.* 1. lavabo; lave-mains. 2. (cuarto de aseo) cabinet de toilette.

lavadero [laβaðéro] *s. m.* 1. (público) lavoir. 2. (en una casa) buanderie *f.*

lavadora [laβaðóra] *s. f.* machine à laver.

lavafrutas [laβafrútas] *s. m. inv.* (recipiente) rince-doigts.

lavandería [laβanderia] *s. f.* laverie (automatique).

lavaplatos [laβaplátos] *s. m. inv.* 1. (persona) plongeur, -euse. 2. (lavavajillas) lave-vaisselle.

lavar [laβár] *v. tr.* laver. ‖ **lavarse** *v. pr.* 2. se laver. 3. (asearse) faire sa toilette.

lavativa [laβaβíβa] *s.f. Med.* lavement *m.*

lavavajillas [laβaβaxíλas] *s. m. inv.* lave-vaisselle.

laxante [laksánte] *adj. y s. m.* laxatif, -ive.

lazada [laθáða] *s.f.* nœud *m.*; laçage *m.*

lazarillo [laθaríλo] *s. m.* guide (pour guider les aveugles).

lazo [láθo] *s. m.* 1. nœud. 2. (soga para atrapar) lacet. 3. (trampa para cazar) lacs. 4. *fig.* (vínculo) nœud, lien. 5. (atadura) attache. 6. (trampa) embûche *f.*

le [le] *pron. pers. m. y f.*: 1. (a él o a ella) lui: *dile a ella que no, lo hui al din non*; 2. (a usted) vous [Se lo dije a usted, *Je vous l'ai dit*] ‖ *pron. pers. m.* 3. (a él) le; (delante de vocal o "h" muda) l' [Le vi, *Je l'ai vu*]. 4. (a usted) vous [Le acompaño a usted], *Je vous accompagne*].

leal [leál] *adj.* 1. (fiel) loyal, -le; fidèle. 2. (al régimen, a un amo) fidèle. 3. (franco, directo) franc, -che.

lealtad [lealtáð] *s.f.* 1. loyauté. 2. fidélité. 3. (a un amigo, a un amo) fidélité.

lebrel [leβrél] *s. m.* lévrier.

lección [lekθjón] *s.f.* leçon.

lechazo [let∫áθo] *s. m.* agneau de lait.

leche [lét∫e] *s.f.* lait *m.* ‖ ~ **limpiadora** lait de toilette.

lechera [let∫éra] *s.f.* 1. laitière; pot à lait. 2. (para nata) crémier *m.*

lechería [let∫ería] *s.f.* (mantequería) crémerie.

lechero, -ra [let∫éro] *adj.* 1. laitier, -ière [*Vaca lechera*, *central lechera*. *Vache lai- tière*, *centrale laitière*]. ‖ *adj. y s. m. y f.*
2. crémier, -ière (mantequero).

lecho [lét∫o] *s. m.* lit.

lechón [let∫ón] *s. m.* (cochinillo) cochon de lait.

lechoso, -sa [let∫óso] *adj.* laiteux, -euse.

lechuga [let∫úγa] *s.f.* laitue.

lechuza [let∫úθa] *s.f. Zool.* (rapaz nocturna) chouette.

lectivo, -va [lektíβo] *adj.* 1. scolaire [*Año lectivo*, *Année scolaire*]. 2. de classe [*Día lectivo*, *Jour de classe*].

lector, -ra [lektór] *s. m. y f.* lecteur, -trice. ‖ ~ **de CD** lecteur CD.

lectura [lektúra] *s.f.* lecture.

leer [leér] *v. tr.* lire.

legado [leγáðo] *s. m.* 1. (testamentario) legs. 2. (entre los romanos) légat. 3. *fig.* héritage.

legal [leγál] *adj.* légal, -le.

legalizar [leγaliθár] *v. tr.* légaliser.

legaña [leγáɲa] *s.f.* chassie.

legar [leγár] *v. tr.* léguer; laisser en héritage.

legendario, -ria [lexendárjo] *adj.* légendaire.

legible [lexíβle] *adj.* lisible.

legión [lexjón] *s.f.* légion.

legionario, -ria [lexjonárjo] *adj.* 1. de la legión. ‖ *s. m.* 2. légionnaire.

legislación [lexislaθjón] *s.f.* législation.

legislar [lexislár] *v. intr.* légiférer.

legislatura [lexislatúra] *s.f.* législature.

legitimar [lexitimár] *v. tr.* 1. (hacer legítimo) légitimer. 2. (justificar) justifier.

legítimo [lexítimo] *adj.* légitime.

legua [léγwa] *s.f.* lieue.

legumbre [leγúmbre] *s.f.* légume *m.*

leguminoso, -sa [leγuminóso] *adj. y s.f.* légumineux, -euse.

lejanía [lexanía] *s.f.* 1. (distancia) éloignement *m.* 2. lointain *m.* [En la lejanía. *Dans le lointain*]. ‖ **en la ~** au loin.

lejano, -na [lexáno] *adj.* lointain, -ne; éloigné, -ée.

lejía [lexía] *s.f.* eau de Javel.

lejos [léxos] *adv.* loin. ‖ **a lo ~** au loin. **más ~** au-delà.

lelo, -la [lélo] *adj. y s. m. y f.* sot, -otte.

lema [léma] *s. m.* devise *f.*

lencería [lenθería] *s.f.* lingerie (fine).

lengua [léngwa] *s.f.* 1. *Anat.* langue. 2. (de tierra, de glaciar) langue. 3. (idioma) langue. 4. (lenguaje) langage *m.*

lenguado [lengwáðo] *s. m., Zool.* sole *f.*

lenguaje [lengwáxe] *s. m.* langage.

lengüeta [lengwéta] *s.f.* 1. languette. 2. (de zapato) languette. 3. (de instrumento) languette. 4. (de una carrera) patte.

lengüetazo [lengwetáθo] *s. m.* coup de langue.

lente [lénte] *s. m. y f.* ‖ *s.f.* 1. (lupa) loupe *f.* 2. lentille. ‖ **lentes** *s.f. pl.* 3. (quevedos) lorgnon *m. sing.* 4. (gafas) lunettes, binocle *m. sing.*

lenteja [lentéxa] *s.f.* lentille.

lentejuela [lentexwéla] *s.f.* paillette.

lentilla [lentíλa] *s.f.* lentille. ‖ **lentillas de contacto** verres de contact.

lentitud [lentitúð] *s.f.* 1. lenteur. 2. (desgana) flegme.

lento, -ta [lénto] *adj.* lent, -e. ‖ **a fuego ~** à petit feu.

leña [léɲa] *s.f.* bois *m.* (de chauffage).

leñador, -ra [leɲaðór] *s. m. y f.* bûcheron, -onne.

leño [léɲo] *s. m.* bûche *f.*

Leo [léo] *n.p.* Lion.

león, -ona [león] *s. m. y f., Zool.* lion.

leonera [leonéra] *s.f.* 1. cage aux lions. 2. (lugar desordenado) bazar *m.*; bordel *m.*

leopardo [leopárðo] *s. m., Zool.* léopard.

leotardo o leotardos [leotárðo] *s. m.* collant.

lepra [lépra] *s.f., Med.* lèpre.

leproso, -sa [lepróso] *adj. y s. m. y f.* lépreux, -euse.

lerdo, -da [lérðo] *adj. y s. m. y f.* gauche; maladroit, -te.

les [les] *pron. pers. m. y f. pl.* 1. leur (les dire (a ellos, a ellas), je leur dirai). 2. (a ustedes) vous (Se lo dije a ustedes, je vous l'ai dit). ‖ *pron. pers. m. pl.* 3. les (les veo, je les vois). 4. (a ustedes) vous (les acompaño a ustedes, je vous accompagne).

lesbiana [lesβjána] *s.f.* lesbienne.

lesión [lesjón] *s.f.* 1. lésion. 2. (herida) blessure.

lesionar [lesjonár] *v. tr.* léser; causer une lésion, blesser.

letal [letál] *adj.* létal, -e (o léthal).

letanía [letanía] *s.f.* litanies *pl.*

letargo [letárɣo] *s. m.* 1. *Med.* léthargie *f.* 2. *fig.* (torpeza de movimientos) torpeur *f.*

letra [létra] *s.f.* 1. lettre. 2. (caligrafía) écriture. 3. (de una canción) paroles *pl.* 4. *Econ.* traite; lettre (letra de cambio, lettre de change). ‖ **letras** *s.f. pl.* 5. (nota, carta) mot *m. sing.*

letrado, -da [letráðo] *adj. y s. m. y f.* 1. (persona instruida) lettré, -ée. ‖ *s. m. y f.* 2. avocat, -te; homme de loi.

letrero [letréro] *s. m.* écriteau; enseigne *f.*

letrina o letrinas [letrína] *s.f.* latrines *pl.*

letrista [letrísta] *s. m. y f.* auteur *m.* (des paroles d'une chanson); parolier, -ière.

levadura [leβaðúra] *s.f.* 1. (de cerveza, etc.) levure. 2. (para hacer pan) levain *m.*

levantamiento [leβantamjénto] *s. m.* 1. (acción de levantar o levantarse)

LEVANTAR - LIBRE

levantar [leβantár] *v. tr.* **1.** (elevar) lever, soulèvement. **2.** (edificación) construction, construction

librería [lipreɾía] *s.f.* **1.** (tienda) librairie. **2.** (estantería) bibliothèque.

librero, -ra [lipɾéɾo] *s.m. y f.* libraire.

libreta [lipɾéta] *s.f.* **1.** (dibrito) livret *m.* **2.** (cuaderno) carnet *m.*

libro [líbɾo] *s.m.* **1.** livre. **2.** (ejemplar concreto) bouquin. **3.** (compilación de artículos, poesías, textos) recueil. ‖ **~ de caja** *Econ.* sommier.

licencia [liθénθja] *s.f.* **1.** (libertad de acción) licence. **2.** (acción de dar licencia) permission. **3.** (documento) permis *m.*; licence licencia de caza. *Licence / Permis de chasse.* **4.** (para ausentarse con permiso) congé *m.* ‖ **~ de armas** port d'armes.

licenciado, -da [liθenθjáðo] *adj.* licencié, -ée.

licenciar [liθenθjáɾ] *v. tr.* **1.** (echar) licencier, congédier. **2.** *Mil.* licencier. **3.** (dar título de licenciado) conférer un grade. ‖ **licenciarse** *v. pr.* **4.** (en una especialidad) passer sa licence en.

licenciatura [liθenθjatúɾa] *s.f.* **1.** licence Licenciatura en Ciencias, en Filosofía y Letras, en Derecho. *Licence ès sciences, ès lettres, en droit.* **2.** maîtrise ● La "licence" es un diploma de 2º ciclo que se obtiene después de tres años de estudios universitarios. La "maîtrise" es un diploma de 2º ciclo que se obtiene después de cuatro años de estudios y después de obtener el título de "licence". La "licenciatura" es un diploma de 2ème cycle que l'on obtient après au moins quatre ans d'études.

licencioso, -sa [liθenθjóso] *adj.* licencieux, -euse; dissolu, -ue.

liceo [liθéo] *s.m.* **1.** société littéraire. **2.** (en Francia, instituto de enseñanza secundaria) lycée.

lícito, -ta [líθito] *adj.* licite.

licor [likóɾ] *s.m.* liqueur *f.*

licra o lycra [líkɾa] *s.f.* lycra *m.*

licuar [likwáɾ] *v. tr.* liquéfier.

líder [líðeɾ] *s.m. y f.* **1.** (dirigente de partido) leader, chef, dirigeant, -te. **2.** (cabecilla) meneur, -euse; chef de file. **3.** *Dep.* (a la cabeza) leader, premier, -ière.

liderar [liðeɾáɾ] *v. tr.* mener, être en tête de.

lidiar [liðjáɾ] *v. tr.* **1.** (luchar) combattre (un taureau). ‖ *v. intr.* **2.** *Taur.* combattre. **3.** *fig.* (enfrentarse) avoir affaire à, lutter.

liebre [ljébɾe] *s.f.* *Zool.* lièvre *m.*

lienzo [ljénθo] *s.m.* **1.** tissu. **2.** (cuadro) toile *f.*

liga [líɣa] *s.f.* **1.** (prenda interior femenina) jarretelle. **2.** (confederación, alianza, coalición) ligue. *Liga por los Derechos Humanos. Ligue des Droits de l'Homme.* **4.** (competición) poule. **5.** *Dep.* campeonato championnat *m.* ligue.

ligadura [liɣaðúɾa] *s.f.* **1.** lien *m.*; attache. **2.** *Med.* ligature. ‖ **hacer una ~** (de una arteria) ligaturer.

ligar [liɣáɾ] *v. tr.* **1.** (atar) lier, attacher, lacer. **2.** *Med.* (una arteria) ligaturer. **3.** *fig.* (poner en relación) lier. **4.** (por una promesa) engager. ‖ *v. intr.* **5.** (ligotear con) draguer. ‖ **ligarse** *v. pr.* **6.** (aliarse) s'allier. **7.** (estar unido) s'attacher, se lier.

ligereza [lixeɾéθa] *s.f.* légèreté.

ligero, -ra [lixéɾo] *adj.* léger, -ère.

light [lájt] *adj.* light, allégé, -ée.

ligón, -gona [liɣón] *adj.* **1.** liant, -te; sociable. ‖ *s. m. f.* **1.** *fam.* dragueur.

ligue [liye] s. m. **1.** (acción de ligar) flirt. **2.** (relación amorosa) liaison f.; aventure f. **3.** (novio, amigo íntimo) petit copain m.; petite copine f.

lija [lixa] s. f. papier de verre.

lijar [lixár] v. tr. polir (au papier de verre).

lila [líla] s. f.; Bot. lilas m.

lima [líma] s. f. **1.** Tecnol. lime. **2.** (fruto) lime.

limar [limár] v. tr. **1.** limer. **2.** fig. polir.

limitación [limitaθjón] s. f. **1.** limitation. **2.** (restricción) restriction.

limitar [limitár] v. tr. **1.** limiter. **2.** (circunscribir) borner. || v. intr. **3.** tener frontera con) confiner. || **limitarse** v. pr. **4.** se limiter. **5.** (reducirse) se cantonner.

límite [límite] s. m. **1.** limite f. **2.** limitation f. || **Límite de velocidad**, Limitation de vitesse.

limítrofe [limítrofe] adj. limitrophe.

limón [limón] s. m. (fruta) citron.

limonada [limonáða] s. f. citronnade.

limonero, -ra [limonéro] s. m. citronnier. || s. m. y f. **2.** marchand de citrons.

limosna [limósna] s. f. aumône.

limpiabotas [limpjaβótas] s. m. cireur.

limpiaparabrisas [limpjaparaβrísas] s. m. inv. **1.** (escobillas) essuie-glace. **2.** (chorro de agua) lave-glace.

limpiar [limpjár] v. tr. **1.** nettoyer. **2.** (el polvo) essuyer. **3.** (frotando) récurer. **4.** (verduras, carne para preparar un plato) parer. **5.** (nariz) moucher. **6.** (un pollo) vider. || **limpiarse** v. pr. **7.** (los dientes con un mondadientes) se curer.

limpido, -da [límpiðo] adj. limpide clair, -re.

limpieza [limpjéθa] s. f. **1.** (acción de limpiar) nettoyage m. **2.** (resultado de limpiar) propreté. || **hacer la ~ en seco** nettoyage à sec.

limpio, -pia [límpjo] adj. **1.** propre. **2.** net, -ette.

limusina [limusína] s. f. limousine.

linaje [lináxe] s. m. (estirpe) lignée f.

lince [línθe] s. m.; Zool. lynx.

linchar [lintʃár] v. tr. lyncher.

lindar [lindár] v. intr. être limitrophe.

linde [línde] s. amb. limite f.; borne f.

lindo, -da [líndo] adj. **1.** (bonito) beau, -elle. **2.** (mono, cuco) joli, -ie; mignon, -onne. **3.** (cosas) gentil, -ille.

línea [línea] s. f. **1.** ligne. **2.** (de un escrito) ligne. **3.** (perfil, contorno) profil m. || **líneas** s. f. pl. **4.** mot m. sing. || **en líneas generales** en gros. || **de banda** ligne de touche.

lingote [lingóte] s. m. (barra) lingot.

lingüístico, -ca [lingwístiko] adj. **1.** linguistique. || **lingüística** s. f. **2.** linguistique.

lino [líno] s. m. lin.

linterna [lintérna] s. f. **1.** lampe de poche. **2.** Tecnol. lanterne. **3.** Arq. lanterne.

lío [lío] s. m. **1.** (revoltijo) fouillis. **2.** (rompecabezas) casse-tête. **3.** fig. (confusión) confusion f. **4.** (brete, atolladero) bourbier. **5.** (percance) pépin. **6.** (cuestión complicada) histoire f. **7.** (ligue) liaison f.

lioso, -sa [ljóso] adj. embrouillé, -ée.

liquen [líken] s. m.; Bot. lichen.

liquidación [likiðaθjón] s. f. **1.** liquidation. **2.** (de una cuenta) clôture.

liquidar [likiðár] v. tr. **1.** (conducir, resolver) résoudre. **2.** (una deuda) liquider; régler. **3.** (una cuenta) clore; clôturer. **4.** (vender a saldo) solder.

líquido, -da [líkiðo] adj. y s. m. liquide.

lira [lira] *s. f.* **1.** *Mús.* (instrumento) lyre. **2.** (moneda) lire.

lírico, -ca [líriko] *adj.* **1.** lyrique. ‖ **lírica** *s. f.* lyrique.

lirio [lirjo] *s. m. Bot.* iris.

lisiado, -da [lisjaðo] *adj. y s. m. y f.* **1.** (cojo) éclopé, -ée. **2.** (baldado) infirme.

liso, -sa [liso] *adj.* **1.** (una superficie) lisse, plat, -te. **2.** (color) uni, -ie. **3.** (pulido) poli, -ie. **4.** (un terreno) égal, -le. **5.** *Dep.* plat, -te.

lisonjero, -ra [lisoŋxéro] *adj. y s. m. y f.* flatteur, -euse.

lista [lísta] *s. f.* **1.** (raya, banda de la ropa) rayure. **2.** (relación detallada) liste; detail *m.* **3.** (de asistencia) feuille d'appel. **4.** (de matriculados) bordereau *m.*

listado, -da [listáðo] *adj.* rayé, -ée.

listín [listín] *s. m.;* liste *f.* ‖ **~ telefónico** répertoire téléphonique.

listo, -ta [lísto] *adj.* **1.** (astuto) malin, -igne. **2.** (prudente, hábil) avisé, -ée. **3.** (avispado) vif, -ive. **4.** (inteligente) intelligent, -te.

listón [listón] *s. m.* **1.** baguette *f.* **2.** *Dep.* latte *f.*

litera [litéra] *s. f.* **1.** (en una habitación) lits superposés. **2.** (en tren, barco) couchette. **3.** (camilla, vehículo) litière.

literario, -ria [literárjo] *adj.* littéraire.

literato, -ta [literáto] *adj.* **1.** cultivé, -ée. ‖ **literato** *s. m.* homme de lettres. ‖ **literata** *s. f.* femme de lettres.

literatura [literatúra] *s. f.* littérature.

litigio [litíxjo] *s. m.* **1.** *Der.* litige. **2.** *fig.* (disputa, contienda) contestation *f.*

litoral [litorál] *adj. y s. m.* littoral, -le.

litro [lítro] *s. m.* litre.

liturgia [liturxja] *s. f. Rel.* liturgie.

liviano, -na [liβjáno] *adj.* (ligero) léger, -ère.

lívido, -da [líβiðo] *adj.* livide; pâle.

llaga [ʎáγa] *s. f.* plaie.

llama[1] [ʎáma] *s. f.* flamme.

llama[2] [ʎáma] *s. f. Zool.* lama *m.*

llamada [ʎamáða] *s. f.* **1.** appel *m.* ‖ **~ telefónica** appel téléphonique. **2.** (de animal) cri *m.* **3.** (para hacer volver) rappel *m.* **4.** *Mil.* rappel *m.* **5.** (en un texto) renvoi *m.* ‖ **~ gratuita** numéro vert.

llamador [ʎamaðór] *s. m.* heurtoir.

llamamiento [ʎamamjénto] *s. m.* **1.** appel. **2.** *Mil.* convocation *f.;* appel.

llamar [ʎamár] *v. tr.* **1.** appeler. **2.** (dar un nombre) nommer. **3.** (apodar) surnommer. **4.** (buscar, hacer venir) demander, aller chercher (llamar a un médico. *Demander un médecin).* ‖ *v. intr.* **5.** (a la puerta) frapper (llamar a la puerta. *Frapper à la porte).* **6.** (al timbre) sonner (llaman [a la puerta]. *On sonne).* **7.** (por teléfono) appeler. **8.** (advertir) rappeler (llamar al orden. *Rappeler à l'ordre).* ‖ **llamarse** *v. pr.* **9.** s'appeler. ‖ **~ la atención** frapper, attirer l'attention.

llamativo, -va [ʎamatíβo] *adj.* **1.** (colores) voyant, -te; tapageur, -euse. **2.** (deslumbrante por el lujo o el color) tape-à-l'œil. **3.** (chillón) criard, -de.

llaneza [ʎanéθa] *s. f.* simplicité.

llano, -na [ʎáno] *adj.* **1.** (superficie) plat, -te; plain, -ne (plano). **2.** (terreno) plat, -e. **3.** (plato) plat, -te (Plato llano. *Assiette plate).* **4.** *fig.* (sencillo) simple. **5.** (natural) nature. **6.** (estilo) nu, -ue. ‖ *s. m.* **7.** *Geogr.* (llanura) plaine *f.*

llanta [ʎánta] *s. f.* **1.** (del coche) jante. **2.** (de goma) pneu *m.*

llanto [ʎánto] *s. m.* pleurs *pl.;* larmes *f. pl.*

LLANURA - LLORÓN

llanura [ʎanuɾa] *s.f.* plaine.

llave [ʎaβe] *s.f.* **1.** clef (o clé) [Cerrar con llave. *Fermer à clef.*] **2.** *impr.* (signo) accolade. **3.** *fig.* clef. **4.** (grifo) robinet *m.* ‖ **bajo ~ sous clef. ~ inglesa** clef anglaise. ~ **maestra** passe-partout *m. inv.*

llavero [ʎaβeɾo] *s.m.* porte-clé *inv.*

llegada [ʎeɣaða] *s.f.* arrivée; venue.

llegar [ʎeɣaɾ] *v. intr.* **1.** arriver. **2.** (venir) venir. **3.** (con esfuerzo) atteindre [Llegar a la cima. *Atteindre le sommet.*] **4.** (alcanzar un nivel) monter. **5.** (un camino, una calle) aboutir. **6.** toucher [Llegar a la meta. *Toucher au but.*] **7.** (tener éxito) parvenir. **8.** (una cosa a su destino) parvenir [La carta me ha llegado. *Le lettre m'est parvenue.*] ‖ **~ a** conveniretrise) devenir [Ha llegado a médico. *Il est devenu médecin.*] (terminar) toucher à [Esto llega a su fin. *Cela touche à sa fin.*] **~ a ser** devenir. **~ tarde** arriver en retard.

llenar [ʎenaɾ] *v. tr.* **1.** remplir. **2.** (de obstáculos) encombrer. **3.** *fig.* (las palabras, el aire, el ambiente) emplir. **4.** (el tiempo) occuper. **5.** (un vacío, si encío) combler. **6.** (cubrir) couvrir. **7.** *fig.* (colmar, satisfacer) satisfaire. **8.** (de orgullo) pétrir. **9.** se remplir. ‖ **llenarse** *v. pr.* **9.** se remplir. ‖ **~ el depósito** (del coche) faire le plein.

lleno, -na [ʎeno] *adj.* **1.** plein, -e; rempli, -ie. **2.** (completo) complet, -ète. ‖ **estar ~ *fam.** (saciado) caler.

llevadero [ʎeβaðeɾo] *adj.* supportable.

llevar [ʎeβaɾ] *v. tr.* **1.** (transportar) porter [Llevar un niño y una maleta. *Porter un enfant et une valise.*] **2.** (ir con alguien) emmener [Han llevado al niño al cine. *Ils ont emmené l'enfant au cinéma.*] **3.** (conducir, acompañar) conduire; amener [Le he llevado a la estación. *Je l'ai conduit à la gare.*] **4.** (de vuelta) ramener [Llévame a casa. *Ramène-moi à la maison.*] **5.** (dirigir) mener; diriger. **6.** *fig.* (empujar) entraîner [Dejarse llevar. *Se laisser entraîner.*] **7.** (puesto) porter [Llevar gafas y un sombrero. *Porter des lunettes et un chapeau.*] **8.** (cosas a donde se encuentra una persona) apporter [Llevaré un regalo. *J'apporterai un cadeau.*] **9.** (a otro lugar) emporter [Platos para llevar. *Plats à emporter.*] **10.** *fig.* (impulsar, empujar, conducir) emporter [Su imaginación le empuja. *Son imagination l'emporte.*] **11.** (tiempo) prendre. **12.** *Econ.* (una empresa, un negocio) tenir. ‖ **llevarse** *v. pr.* **13.** emmener [Se ha ido y se ha llevado a su perro. *Il est parti et il a emmené son chien.*] **14.** (cosas) emporter. **15.** (de vuelta) remporter [El camarero se ha declarado los platos sin que los tocáramos. *Le serveur a remporté les plats sans qu'on y ait touché.*] **16.** (un premio) obtenir, remporter. **17.** (estilarse, estar de moda) se porter. ‖ **dejarse ~** se laisser aller. **~ a cabo** (hacer) réaliser. ‖ (terminar) venir à bout de. **~ consigo** (entrañar) entraîner. **~ la contraria** contrariar. **llevarse bien** faire bon ménage; s'entendre.

llorar [ʎoɾaɾ] *v. intr.* **1.** pleurer. **2.** (un recién nacido) vagir.

llorera [ʎoɾeɾa] *s.f.* pleurnichement *m.*; pleurnicherie.

llorica [ʎoɾika] *s.m. y f.* pleurnicheur, -euse.

lloriquear [ʎoɾikeaɾ] *v. intr.* pleurnicher.

lloriqueo [ʎoɾikeo] *s.m.* pleurnichement; pleurnicherie.

lloro [ʎoɾo] *s.m.* pleurs *pl.*; larmes *f. pl.*

llorón, -rona [ʎoɾon] *adj. y s. m. y f.* pleurnicheur, -euse.

llover [λoβer] *v. intr. e impers.* pleuvoir [Llueve: Il pleut].

llovizna [λoβiθna] *s.f.* bruine; crachin *m.*; bruine, pleuviner.

lloviznar [λoβiθnar] *v. intr. e impers.* bruiner, pleuviner.

lluvia [λuβja] *s.f.* pluie.

lluvioso, -sa [λuβjoso] *adj.* pluvieux, -euse.

lo [lo] *pron. pers. n.* 1. (delante de relativo) ce [Lo que es bueno. *Ce qui est bon.*] || *pron. pers. m.* 2. le; l' (delante de vocal o "h" muda) [Lo leo; lo llamo. *Je le lis; je l'appelle.*] 3. (usted) vous [Lo vi a usted ayer. *Je vous ai vu hier.*] || **es ~ que** c'est .... que [¿Es eso lo que quieres? *C'est cela que tu veux?*] || **~ que** (+adv.) combien [Mira lo despacio que anda. *Regarde combien il marche lentement.*] || (+adj.) combien [Vais a ver lo malo que es. *Vous allez voir combien il est méchant.*] **~ que** ce qui (sujeto); ce que (complemento); quoi (con prep.) [Lo que es extraño. *Ce qui est bizarre.*] **todo ~ que** tout ce qui (sujeto); tout ce que (complemento).

loar [loar] *v. tr.* louer.

lobato [loβato] *s.m. Zool.* louveteau.

lobo, -ba [loβo] *s.m.* 1. (mamífero) loup. || **loba** *s.f.* 2. louve.

lóbrego, -ga [loβreɣo] *adj.* ténébreux, -euse.

lóbulo [loβulo] *s.m.* lobe.

local [lokal] *adj. y s.m.* local, -le.

localidad [lokaliðað] *s.f.* 1. (población) localité. 2. (lugar) lieu; endroit *m.* 3. (billete) place. || **venta de localidades** location des places.

localizar [lokaliθar] *v. tr.* 1. (descubrir la localización) localiser; situer. 2. (determinar la localización) localiser; repé-

rer [Localizar un avión por radar. *Localiser un avion par radar.*] 3. (encontrar) trouver.

loción [loθjon] *s.f.* lotion.

loco, -ca [loko] *adj. y s.m. y f.* 1. (enajenado) aliéné, -ée; fou, -olle. || *adj.* 2. fou, -olle; fol *m.* (delante de vocal o de "h" muda) [Un amor loco, un fou rire. *Un fol amour, una risa loca.*] || **estar ~ por** raffoler de. **~ de atar** (o de remate) fou à lier. **~ perdido** fou à lier. **volver ~** rendre fou.

locomoción [lokomoθjon] *s.f.* locomotion.

locomotora [lokomotora] *s.f.* locomotive; locomotrice.

locuaz [lokwaθ] *adj.* loquace.

locución [lokuθjon] *s.f.* 1. (forma de hablar) élocution. 2. *Ling.* (expresión) locution. 3. *Ling.* (acción de hablar) allocution.

locura [lokura] *s.f.* folie.

locutor, -ra [lokutor] *s.m. y f.* 1. présentateur, -trice *angl.* (announceur). 2. (de noticias) speaker, -kerine *angl.*

locutorio [lokutorjo] *s.m.* 1. (telefónico) cabine téléphonique. 2. (sala de recepción) parloir.

lodo [loðo] *s.m.* (barro) boue *f.*

lógico, -ca [loxiko] *adj.* 1. logique. || **lógica** *s.f.* 2. logique.

logotipo [loɣotipo] *s.m.* logotype, logo.

lograr [loɣrar] *v. tr.* 1. (conseguir) arriver, parvenir à [He logrado localizarle. *Je suis arrivé à le joindre.*] 2. (alcanzar) atteindre. 3. (obtener) obtenir, avoir. || **~ hacer** réussir.

loma [loma] *s.f.* 1. coteau *m.*; colline. 2. (aislada) butte.

lombriz [lombriθ] *s.f. Zool.* ver de terre.

lomo *s. m.* **1.** (espina dorsal) échine *f.* **2.** (animales) dos. **3.** (filete de lomo) filet. **lona** [lóna] *s. f., Náut.* toile à voile, toile. **cubierta de ~** bâche.
loncha [lónʧa] *s. f.* tranche.
longaniza [loŋganíθa] *s. f.* **1.** (salchicha) saucisse. **2.** andouille (embutido francés).
longitud [loŋxitúð] *s. f.* **1.** (dimensión) longueur. **2.** long *m.* Dos metros de longitud. *Deux mètres de long.* **3.** *Geogr.* longitude.
longitudinal [loŋxituðinál] *adj.* longitudinal, -e.
lonja [lónxa] *s. f.* **1.** (de carne) tranche. **2.** (mercado) halle.
look [lúk] *s. m.* (imagen) look.
loro [lóro] *s. m., Zool.* perroquet.
los [lós] *art. det. m. pl.* **1.** les (Les moteurs. *Los motores).* || *pron. pers. m. pl.* **2.** les (Los oigo. *Je les entends).* **3.** (ustedes) vous (Los acompaño (a ustedes). *Je vous accompagne).* **4.** (+que/de) ceux (Los que vienen. *Ceux qui vienen).* || **~ de ~ des** (El horario de los niños. *L'horaire des enfants).* **~ hay / ~ hay que se quejan.** *Il y en a qui se plaignent).*
losa [lósa] *s. f.* dalle.
lote [lóte] *s. m.* lot.
lotería [lotería] *s. f.* **1.** loterie. **2.** (loto) loto.
loto[1] [lóto] *s. f.* (lotería) loto.
loto[2] [lóto] *s. m., Bot.* **1.** (nenúfar) lotus. **2.** (hierba) lotier.
loza [lóθa] *s. f.* **1.** faïence, porcelaine. **2.** (vajilla) vaisselle.
lozanía [loθanía] *s. f.* verdeur.
lozano, -na [loθáno] *adj.* frais, -aîche.
lubina [luβína] *s. f., Zool.* (pescado) bar *m.*
lubricante [luβrikánte] *adj. y s. m.* lubrifiant, -e.
lubricar [luβrikár] *v. tr.* lubrifier.
lucha [lúʧa] *s. f.* **1.** lutte, combat *m.*; mêlée. **2.** *fig.* dispute.
luchar [luʧár] *v. intr.* **1.** lutter. **2.** (combatir, atacar) combattre, s'attaquer. **3.** (pelearse) se battre.
lucidez [luθiðéθ] *s. f.* lucidité.
lúcido, -da [lúθiðo] *adj.* lucide.
luciérnaga [luθjérnaɣa] *s. f., Zool.* ver luisant, luciole.
lucio [lúθjo] *s. m., Zool.* brochet.
lucir [luθír] *v. intr.* **1.** briller, luire. || **lucirse** *v. pr.* **1.** (distinguirse) se parer, se distinguer. **3.** *fig.* (tener buen resultado) se tirer avec honneur.
lucrativo, -va [lukratíβo] *adj.* lucratif, -ive.
lucro [lúkro] *s. m.* lucre. || **sin ánimo de ~** à but non lucratif.
lúdico, -ca [lúðiko] *adj.* ludique; du jeu.
luego [lwéɣo] *adv.* **1.** (dentro de un momento) tout de suite; tout à l'heure. **2.** (después) après; ensuite; puis. **3.** (recorrido visual) puis (Hay un parque y luego un edificio. *Il y a un parc et puis luego un bâtiment).* || *conj.* **1.** donc (Pienso luego existo. *Je pense donc je suis).* || **¡hasta ~!** au revoir.
lugar [luɣár] *s. m.* **1.** (sitio, paraje) lieu, endroit. **2.** place *f.* (Cada cosa en su lugar. *Chaque chose à sa place).* **3.** (en una capital, aldea) village. **5.** (casa) rang. **4.** (aldea) village. **5.** (casa) sa) lieux *s. m. pl.* **6.** parages (Por estos lugares. *Dans ces parajes).* || **a cualquier ~** n'importe où (dirección). **dar ~ a** donner lieu à. **en cualquier ~** n'importe où (localisación). **en ~ de** au lieu de. **en primer ~** tout d'abord; primo (en una enumeration). **en segundo ~ deuxièmement.** **~ común** lieu com-

LÚGUBRE - LYCRA

lúgubre [lúγuβre] *adj.* **1.** lugubre. **2.** (correr) avoir lieu; arriver.

mun; cliché. **tener** ~ efectuarse) se dé-

lujo [lúxo] *s. m.* luxe; somptuosité *f.*
lujoso, -sa [luxóso] *adj.* luxueux, -euse.
lujuria [luxúrja] *s. f.* luxure; lascivité *f.*
lumbre [lúmbre] *s. f.* feu *m.*
luminoso, -sa [luminóso] *adj.* lumineux, -euse.
luna [lúna] *s. f.* **1.** (astro) lune. **2.** (de una tienda, de un coche) vitre; glace. ‖ ~ **de miel** lune de miel. **media** ~ emblema del imperio turco croissant *m.*
lunar [lunár] *adj.* **1.** lunaire. ‖ *s. m.* **2.** (de la piel) grain de beauté. **3.** (en una tela) pois [Falda de lunares rojos. Jupe à pois rouges.] ‖ ~ **postizo** mouche *f.*
lunático, -ca [lunátiko] *adj. y s. m. y f.* lunatique.
lunes [lúnes] *s. m.* lundi [El lunes, los lunes, el lunes 13 de junio. Lundi, les lundis, le lundi 13 juin.]
lupa [lúpa] *s. f.* loupe.
lúpulo [lúpulo] *s. m. Bot.* houblon.
lusitano, -na [lusitáno] *adj.* **1.** lusitanien, -ne. ‖ *s. m. y f.* **2.** Lusitanien, -ne.
luso, -sa [lúso] *adj.* **1.** lusitanien, -ne. ‖ *s. m. y f.* **2.** lusitanien, -ne.
lustre [lústre] *s. m.* lustre.
lustro [lústro] *s. m.* lustre.
luterano, -na [luteráno] *adj. y s. m. y f. Rel.* luthérien, -enne.
luto [lúto] *s. m.* deuil.
luxemburgués, -guesa [luksemburyés] *adj.* **1.** luxembourgeois, -se. ‖ *s. m. y f.* **2.** Luxembourgeois, -se.
luz [lúθ] *s. f.* **1.** lumière. **2.** (claridad del día) jour *m.* **3.** (fuente de luz eléctrica) lampe [Apaga la luz. Éteins la lampe] **4.** (vano) percée. ‖ **luces** *s. f. pl.* **5.** (coche) feux *m. pl.* ‖ **corte de** ~ coupure de courant. ‖ **dar a** ~ donner le jour; accoucher. **sacar a la** ~ mettre au jour. **traje de luces** habit de lumière.
lycra o licra [líkra] *s. f.* lycra *m.*

M

m [éme] *s. f. m.f.*

macabro, -bra [makábro] *adj.* macabre.

macaco [makáko] *s. m. Zool.* macaque.

macarra [makára] *adj. fam.* 1. vulgaire. 2. (joven camorrista) loubard *m.* 3. (chulo, proxeneta) maquereau.

macarrón [makařón] *s. m.* 1. macaroni. 2. (pastel) macaron. ‖ **macarrones** *s. m. pl.* 3. macaroni.

macedonia [maθeðónja] *s. f.* (de frutas, de verduras) macédoine.

maceta [maθéta] *s. f.* pot *m.*; pot de fleurs.

machacar [matʃakár] *v. tr.* 1. (a golpes) piler. 2. (con un mortero) pilonner. 3. (triturar) broyer, triturer, concasser. 4. (aplastar) écraser. 5. *fam.* (repetir con insistencia) répéter, rabâcher. 6. *fig.* pilonner.

machacón, -cona [matʃakón] *adj. y s. m. y f.* fâcheux, -euse; raseur, -euse.

machete [matʃéte] *s. m.* machette *f.*

machismo [matʃísmo] *s. m.* machisme.

machista [matʃísta] *adj.* machiste.

macho [mátʃo] *adj.* 1. mâle. 2. *fig.* viril. ‖ *s. m.* 3. mâle.

macizo [maθíθo] *adj. y s.* massif, -ive.

madeja [maðéxa] *s. f.* écheveau *m.*

madera [maðéra] *s. f.* bois *m.*

madero [maðéro] *s. m.* madrier.

madrastra [maðrástra] *s. f.* belle-mère.

madrastra [maðrast(r)eßa] *s. f. Bot.* chèvre-feuille *m.*

madre [máðre] *s. f.* mère. ‖ **día de la ~** fête des mères. ~ **política** belle-mère. **madraza** [maðráθa] *s. f.* maman gâteau.

mature *péj.*

madrina [maðrína] *s. f.* marraine.

madrugada [maðruɣáða] *s. f.* aube.

madrugar [maðruɣár] *v. intr.* se lever de bonne heure.

madrugón, -gona [maðruɣón] *adj.* matinal, -le. ‖ **darse un ~** *fam.* se lever de bonne heure.

madurar [maðurár] *v. tr.* mûrir.

madurez [maðuréθ] *s. f.* maturité.

maduro, -ra [maðúro] *adj.* mûr, -re.

maestra [maéstra] *s. f.* maîtresse; adresse.

maestro, -tra [maéstro] *s. m. y f.* 1. (de escuela) instituteur, -trice; maître, -tresse. 2. (que enseña) maître, -tresse.

mafia [máfja] *s. f.* mafia.

magdalena [maɣðaléna] *s. f.* madeleine.

magia [máxja] *s. f.* magie.

mágico, -ca [máxiko] *adj.* magique.

magisterio [maxistérjo] *s. m.* 1. magistère. 2. (profesión del maestro) profession d'instituteur.

magistrado [maxistráðo] *s. m.* magistrat.

magistral [maxistrál] *adj.* magistral, -le.

magnate [maɣnáte] *s. m.* magnat.

magnetismo [maɣnetísmo] *s. m.* magnétisme.

magnetizar [maɣnetiθár] *v. tr.* magnétiser.

magnetófono [maɣnetófono] *s. m.* magnétophone.

magnífico, -ca [maɣnífiko] *adj.* 1. magnifique. 2. (soberbio) superbe.

magnitud [maɣnitúð] *s. f.* 1. (dimensión) grandeur. 2. *fig.* (importancia) grandeur.

magnolia [maɣnólja] *s. f.* magnolia *m.*

mago, -ga [máɣo] *s. m. y f.* 1. (brujo) magicien, -enne. 2. (ilusionista) prestidigitateur, -trice. ‖ **Rey Mago** roi mage.

magrebí [maɣreβí] *adj.* 1. maghrébin, -ne. ‖ **magrebí** [maɣreβí] *s. m. y f.* 2. Maghrébin, -ne.

magro, -gra [máyro] *adj.* **1.** maigre ∥ *s. m.* maigre.

magullar [mayuʎár] *v. tr.* meurtrir.

mahonesa o mayonesa [maonésa] *s. f.* mayonnaise.

maillot [maʎót] *s. m.* (de darza) maillot.

maíz [maíθ] *s. m. Bot.* maïs.

majadero, -ra [maxaðéro] *adj. y s. m. y f.* (tonto) sot, otte.

majareta [maxaréta] *adj. y s. m. y f.* cinglé, -ée; toqué, -ée; sonné, -ée.

majestad [maxestáð] *s. f.* majesté.

majestuoso, -sa [maxestuóso] *adj.* majestueux, -euse.

majo, -ja [máxo] *adj.* **1.** (elegante) chic, élégant, -te; mignon, -onne. **2.** (simpático) sympathique.

majorette [majorét] *s. f.* majorette.

mal [mal] *s. m.* **1.** mal. **2.** (enfermedad) maladie *f.* ∥ *adj.* **3.** mauvais, -se. ∥ *adv.* **4.** mal. **5.** mauvais Huele mal. Ça sent mauvais. ∥ **de ~ en peor** de mal en pis. **hacer ~ rater. menos ~** heureusement.
● "Malo" devient "mal" devant s. m. sing.

malabarismo [malaβarísmo] *s. m.* jonglerie *f.*; tour d'adresse. ∥ **hacer malabarismos** jongler.

malabarista [malaβarísta] *s. m. y f.* jongleur, -euse.

maldad [maldáð] *s. f.* méchanceté.

maldecir [maldeθír] *v. tr.* **1.** maudire. ∥ *v. intr.* **2.** médire de *Maldecir de alguien. Médire de quelqu'un*.

maldición [maldiθjón] *s. f.* malédiction.

maldito, -ta [maldíto] *adj. y s. m. y f.* **1.** maudit, -te; damné, -ée. ∥ *adj.* **2.** *fam.* sacré, -ée; satané, -ée *¡Maldito niño! Sacré enfant*.

maleable [maleáβle] *adj.* malléable.

malecón [malekón] *s. m.* jetée *f.*

maleducado, -da [maleðukáðo] *adj.* **1.** (sin educación) mal élevé, -ée. **2.** (descortés) impoli, -ie.

maleficio [malefíθjo] *s. m.* maléfice; mauvais sort.

maléfico, -ca [maléfiko] *adj.* **1.** (dañino) malfaisant, -te. **2.** (signo) maléfique.

malestar [malestár] *s. m.* **1.** (indisposición) malaise. **2.** (en la sociedad) malêtre.

maleta [maléta] *s. f.* valise.

maletero, -ra [maletéro] *s. m. y f.* **1.** (en un hotel) portier, -ière. ∥ *s. m.* **2.** (en un coche) coffre à bagages.

maletín [maletín] *s. m.* **1.** (maleta) mallette *f.* **2.** (portafolios) attaché-case; porte-documents *inv.* **3.** (de médico) trousse *f.*

malévolo, -la [maléβolo] *adj.* (malvado) malveillant, -te.

maleza [maléθa] *s. f.* **1.** (zarzas) broussailles *pl.* **2.** (arbustos) fourré *m.*; maquis *m.* **3.** (bajo los árboles) sous-bois *m.*

malgastar [malγastár] *v. tr.* gaspiller.

malhablado, -da [malaβláðo] *adj.* grossier, -ière.

malhechor, -ra [maletʃór] *s. m. y f.* malfaiteur, -trice; brigand *m.*

malhumor [malumór] *s. m.* mauvaise humeur.

malhumorado, -da [malumoráðo] *adj.* de mauvaise humeur.

malicia [malíθja] *s. f.* malice.

malicioso, -sa [maliθjóso] *adj.* **1.** malicieux, -euse. **2.** (astuto) malin, -igne.

maligno, -na [malíγno] *adj.* **1.** malin, -igne. **2.** (malo) méchant, -te. **3.** (maléfico) malfaisant.

malla [máʎa] *s. f.* **1.** (de una red) maille. **2.** (red) filet *m.* ∥ *pl.* **3.** (pan-

MALO - MANDIOCA

malo, -la [malo] *adj* **1.** mauvais, -se ; **2.** (malvado) méchant, -te ; **3.** (desprecia-ble) vilain, -ne ; **4.** (enfermo) malade.

malograr [maloɣrar] *v. tr.* **1.** manquer, perdre. ‖ **malograrse** *v. pr.* **2.** échouer, être perdu.

maloliente [maloljénte] *adj* malodorant, -e.

malpensado, -da [malpensaðo] *adj* qui a l'esprit tourné.

malsano, -na [malsáno] *adj* malsain, -ne ; malfaisant, -e.

malsonante [malsonánte] *adj* malsonnant, -e.

malta [málta] *s. f.* **1.** (cereal) malt *m.* **2.** (cerveza) bière. **3.** *malt m.* (whisky)

maltratar [maltratár] *v. tr.* maltraiter.

malltrecho, -cha [maltrétʃo] *adj* maltraité, -ée.

malva [málβa] *s. f.* **1.** *Bot.* mauve ‖ *s. m.* **2.** (color) mauve. ‖ *adj inv.* **3.** mauve.

malvado, -da [malβáðo] *adj* y *s. m.* y *f.* méchant, -te. (pérfido) scélérat, -te.

malversar [malβersár] *v. tr.* détourner.

mama [máma] *s. f.* **1.** (de los mamíferos) mamelle. **2.** (de las mujeres) n'amelle ; sein *m.* (seno).

mamá [mamá] *s. f.* maman.

mamar [mamár] *v. tr.* **1.** téter. **2.** *fig.* sucer.

mamarracho [mamarrátʃo] *s. m. fam.* fantoche.

mamífero, -ra [mamífero] *adj* y *s. m.* mammifère.

mamón, -mona [mamón] *s. m.* y *f.* **1.** nourrisson. **2.** (insulto) salaud -de ; sa-lopard, -de.

mamotreto [mamotréto] *s. m.* **1.** (libraco) gros bouquin. **2.** *fam.* (objeto, mueble) chose encombrante.

MANDIOCA

mampara [mampára] *s. f.* paravent *m.*

mamporro [mampórro] *s. m. fam.* coup.

mampostería [mamposteria] *s. f.* maçon-nerie.

manutí [manutí] *s. m.* manimouth.

manada [manáða] *s. f.* troupeau *m.*

mánager [mánaxer] *s. m.* manager.

manantial [manantjál] *s. m.* source *f.*

manar [manár] *v. intr.* jaillir.

manazas [manáθas] *s. m.* y *f. inv. fam.* grosses mains, grosses pattes.

mancha [mántʃa] *s. f.* **1.** tache. **2.** *fig.* (ho-nor, reputación) souillure, tache.

manchar [mantʃár] *v. tr.* **1.** (hacer una mancha) tacher. **2.** (ensuciar) salir. **3.** (de barro) souiller. **4.** (de grasa) encrasser. **5.** *fig.* (mancillar) salir, souiller. ‖ **man-charse** *v. pr.* **6.** se tacher, se salir.

mancillar [manθiʎár] *v. tr.* souiller, salir.

manco, -ca [máŋko] *adj* y *s. m.* y *f.* man-chot, -ote.

mandamiento [mandamjénto] *s. m.* commandement.

mandar [mandár] *v. tr.* **1.** (una carta) en-voyer. **2.** (a alguien) envoyer *fam.* [Man-darle a un recado. L'envoyer faire une commission]. **3.** (dar órdenes) ordonner. **4.** (hacer) faire [Lo mandó reparar. Il l'a fait réparer]. **5.** (estar al mando) com-mander.

mandarina [mandarína] *s. f.* mandarine.

mandato [mandáto] *s. m.* **1.** (orden) or-dre, commandement. **2.** *Der.* mandat. **3.** (período de gobierno) mandat.

mandíbula [mandíβula] *s. f.* *Anat.* mâ-choire, mandibule.

mandil [mandíl] *s. m.* tablier.

mandioca [mandjóka] *s. f.* **1.** *Bot.* (plan-ta) manioc *m.* **2.** (fécula) tapioca *m.*

mando (mándo) *s. m.* 1. commandement, autorité 2. *Mec.* commande. || **mandos** *s. m. pl.* 3. (de un avión) gouvernes. || **~ a distancia** télécommande *f.* **mandón, -dona** (mandón) *adj. y s. m. y f.* autoritaire, pète-sec *inv.*

manecilla (manefíja) *s. f.* (del reloj) aiguille.

manejar (manexár) *v. tr.* 1. manier. 2. (manipular) jouer [Manejar bien la espada. Jouer bien avec l'épée]. 3. *fig.* diriger. || **manejarse** *v. pr.* 4. se débrouiller.

manejo (manéxo) *s. m.* 1. (manipulación, uso) maniement. 2. (de un arma o instrumento) jeu. 3. *fig.* (de una situación) conduite. 4. (intriga manœuvre.

manera (manéra) *s. f.* 1. (modo) manière, façon. 2. (medio, procedimiento) moyen *m.* || **maneras** *s. f. pl.* 3. (comportamiento, forma de actuar) manières. 4. (modales) façons. || **de cualquier ~** de toutes façons. || **de ~ que** de sorte que. **de ningu- na ~** pas du tout.

manga (mánga) *s. f.* 1. (de una prenda) manche. 2. (manguera de regar) boyau *m.* 3. (para la ducha, para regar) tuyau *m.* 4. (cazamariposas) filet 5. (filtro de café) chausse, filtre *m.* || **~ de incendio** lance d'incendie.

mangar (mangár) *v. tr.* chiper piquer.

mango (mángo) *s. m.* 1. manche 2. (de un pincel, de un instrumento) hampe.

manguera (mangéra) *s. f.* 1. tuyau *m.* (d'arrosage); lance d'arrosage. 2. (de la ducha) flexible *m.* 3. (de conducción de fluidos) manche *m.* (à air, de pompe).

manguito (mangíto) *s. m.* 1. (prenda) manchon. 2. *Tecnol.* raccord.

maní (maní) *s. m.* *Bot.* 1. (planta) arachide *f.* 2. (fruto) cacahuète *f.*

manía (manía) *s. f.* 1. manie. 2. (idea fija) marotte. || **coger ~ a** prendre en grippe. **tener ~ a** avoir pris en grippe.

maníaco, -ca (maníako) *adj. y s. m. y f.* maniaque.

maniatar (maniatár) *v. tr.* lier les mains.

maniático, -ca (maniátiko) *adj. y s. m. y f.* maniaque.

manicomio (manikómjo) *s. m.* asile d'aliénés.

manicura (manikúra) *s. f.* manucure || **ha- cerse la ~** (uno mismo) se faire les mains. | (por otra persona) se faire faire les ongles.

manifestación (manifestaθjón) *s. f.* manifestation. || **hacer una ~** manifester.

manifestar (manifestár) *v. tr.* 1. manifester. 2. (mostrar) montrer; témoigner. || **manifestarse** *v. pr.* 3. apparaître. 4. *fig.* (surgir) paraître [El cansancio se manifestó más tarde. La fatigue est parue plus tard]. 5. (en una manifestación) manifester.

manifiesto, -ta (manifjésto) *adj.* manifeste.

manilla (manífa) *s. f.* 1. (reloj) aiguille. 2. (palanca) manette. 3. (pomo de puerta) poignée.

manillar (manifár) *s. m.* guidon.

maniobra (manjóβra) *s. f.* 1. manœuvre. 2. (artimaña) agissements *m. pl.*

maniobrar (manjoβrár) *v. intr.* 1. manœuvrer. 2. (con el coche) braquer.

manipular (manipulár) *v. tr.* manipuler.

maniquí (manikí) *s. m.* mannequin

manirroto, -ta (manirróto) *adj. y s. m. y f.* gaspilleur, -euse; panier percé *fam.*

manitas (manítas) *s. m. inv.* bricoleur, -euse. || **ser un ~** avoir des doigts de fée.

manivela (maniβéla) *s. f.* 1. (manubrio) manivelle. 2. (palanca) manette.

manjar [maŋXár] *s. m.* mets; plat délicieux.

mano [máno] *s. f.* 1. main. 2. *fig.* (fuerza) poigne (Una mano de hierro. Une poigne de fer.) 3. (de animal) pied *m.* patte. 4. (de mortero) pilon *m.* 5. (de pintura) couche. 6. (partida de juego) partie. 7. (en una partida) manche. || **de segunda** ~ d'occasion. **echar** ~ **de** recourir à una ~ donner un coup de main. **a** ~ en tête-à-tête. tête-à-tête. **de obra** main d'œuvre. ~ **dura** poigne. **meter** ~ pelotter. **poner manos a la obra** se mettre à l'œuvre. **última** ~ (último toque) finition.

manojo [manóXo] *s. m.* 1. (de hierbas o verduras) botte *f.* 2. (ramo) bouquet. || ~ **de llaves** trousseau.

manopla [manópla] *s. f.* (guante) moufle.

manosear (manoseár) *v. tr.* 1. tripoter. 2. (meter mano) peloter.

manotazo [manotáθo] *s. m.* tape *f.*

mansión [mansjón] *s. f.* manoir *m.*

manso, -sa [mánso] *adj.* 1. (un animal) doux, -ouce. 2. (cosas) calme.

manta [mánta] *s. f.* couverture. **manteár** [mantear] *v. tr.* berner; brimer; faire sauter dans une couverture.

manteca [mantéka] *s. f.* 1. (sebo) graisse. 2. (de cerdo) panne. 3. (de cerdo fundida) saindoux *m.* 4. (mantequilla) beurre *m.* 5. beurre *m.* **Manteca de cacahuete. Beurre de cacahuète.**

mantecada (mantekáða) *s. f.* gâteau au beurre.

mantecado (mantekáðo) *s. m.* 1. glace à la crème. 2. gâteau (au beurre).

mantel [mantél] *s. m.* nappe *f.*

mantelería (mantelería) *s. f.* linge de table.

mantener (manténér) *v. tr.* 1. maintenir. 2. (unas instalaciones) entretenir. 3. (la casa, un estado de cosas) tenir. 4. (alimentar) entretenir; nourrir. 5. (a un amante) entretenir. 6. (una opinión) soutenir. 7. (conservar) garder. || **mantenerse** *v. pr.* 8. (aguantar) queito *m.* fijo) tenir. 9. (seguir en una posición) se tenir.

mantenimiento (mantenimjénto) *s. m.* 1. (conservación) maintien. 2. (cuidados, reparaciones) entretien. 3. (de máquinas) maintenance *f.*

mantequilla (mantekíʎa) *s. f.* beurre *m.* || **pan con** ~ pain beurré; **un poco de** ~ une noix de beurre.

mantilla [mantíʎa] *s. f.* 1. (toquilla) mantille. 2. (de bebé) lange *m.*; maillot *m.*

manto [mánto] *s. m.* 1. (capa) mante *f.* 2. *fig.* voile *f.*; manteau.

mantón [mantón] *s. m.* châle.

manual [manwál] *adj.* 1. manuel, -elle. || *s. m.* 2. (libro) manuel.

manualidades (manwaliðáðes) *s. f. pl.* travail manuel; activités manuelles.

manufactura [manufaktúra] *s. f.* manufacture.

manufacturar [manufakturár] *v. tr.* manufacturer.

manuscrito, -ta (manuskríto) *adj.* 1. écrit à la main. 2. manuscrit, -te. || *s. m.* 2. manuscrit.

manutención (manutenθjón) *s. f.* (de mercancías) manutention.

maña (máɲa) *s. f.* 1. (habilidad) adresse; habileté. 2. (astucia) truc *m.* || **darse** ~ s'ingénier.

manzana [manθána] *s. f.* 1. pomme. 2. (de casas) pâté de maisons; îlot *m.*

mañana (maɲána) *s. f.* 1. matin *m.* 2. matinée (Toda la mañana, durante la mañana.

MANZANILLA - MARCO

Toute la matinée, dans la matinée. ‖ *adv.* **3.** demain. ‖ *m.* **4.** lendemain. ‖ **por la ~** demain matin, **por la ~ mañana.**

manzanilla [manθaníʎa] *s. f.* **1.** *Bot.* camomille. **2.** (vino) manzanilla *amb.*

manzano [manθáno] *s. m. Bot.* pommier.

mañoso, -sa [maɲóso] *adj.* **1.** (habilidoso) adroit, -te; habile. **2.** (astuto) malin, -igne; rusé, -ée.

mapa [mápa] *s. m.* carte *f.*

mapamundi [mapamúndi] *s. m.* mappemonde *f.*

maqueta [makéta] *s. f.* maquette.

maquillaje [makiʎáxe] *s. m.* maquillage.

maquillar [makiʎár] *v. tr.* **1.** maquiller. ‖ **maquillarse** *v. pr.* **2.** se faire une beauté.

máquina [mákina] *s. f.* machine.

maquinar [makinár] *v. tr.* **1.** machiner. **2.** (tramar) manigancer.

maquinaria [makinárja] *s. f.* **1.** machinerie. **2.** mécanique.

maquinilla [makiníʎa] *s. f.* tondeuse. ‖ **~ eléctrica** rasoir électrique.

maquinista [makinísta] *s. m.* **1.** (en el teatro) machiniste. **2.** (del tren) mécanicien, -enne.

mar [már] *s. amb.* mer *f.* ‖ **a mares** à flots. ‖ **en alta ~** en haute mer.

marabunta [maraβúnta] *s. f.* marabunta.

maraca [maráka] *s. f.* **1.** maracas *m. pl.* ‖ **maracas** *s. f. pl.* maracas.

maraña [maráɲa] *s. f.* **1.** (zarzas) buisson *m.*; broussailles *pl.* **2.** *fig.* broussailles *pl.*

maratón [maratón] *s. amb.* marathon *m.*

maravilla [maraβíʎa] *s. f.* merveille.

maravilloso, -sa [maraβiʎóso] *adj.* merveilleux, -euse.

marca [márka] *s. f.* **1.** (señal) marque; repère *m.* **2.** (en la cara, en la piel) trace.

marcar [markár] *v. tr.* **1.** (número de teléfono, código) composer; faire. **2.** (señalar) marquer. **3.** (poner marcas) marquer; repérer. **4.** (casillas con una cruz) cocher. **5.** (imprimir) emprendre. ‖ *v. tr. e intr.* **6.** *Dep.* marquer. ‖ *v. intr.* **7.** marquer.

marcha [mártʃa] *s. f.* **1.** (andar, andares) marche; démarche. **2.** (partida, salida) départ *m.* **3.** *Dep.* marche. **4.** (carrera) course. **5.** train *m.* [Ir a buena marcha. Aller bon train.] **6.** (de un coche) vitesse. ‖ **a toda ~** à toute allure. **~ atrás** marche arrière. **~ lenta** ralenti *m.* ‖ **poner en ~** (iniciar, animar) mettre en train. ‖ (impulsar, lanzar) lancer. ‖ (accionar un mecanismo) déclencher. ‖ **ponerse en ~** (un motor) démarrer. ‖ **marcharse** partir.

marchar [martʃár] *v. intr.* **1.** (avanzar, caminar) marcher. **2.** (irse) partir; s'en aller. **3.** (funcionar) aller. **4.** *fig.* marcher [El asunto marcha bien. *L'affaire marche.*] ‖ **marcharse** *v. pr.* **5.** s'en aller; partir.

marchitar [martʃitár] *v. tr.* **1.** faner; flétrir. **2.** *fig.* passer. ‖ **marchitarse** *v. pr.* **3.** *fig.* passer.

marchito, -ta [martʃíto] *adj.* **1.** (planta) fané, -ée; flétri, -ie; séché, -ée. **2.** (por el tiempo) desséché, -ée; sec, sèche.

marcial [marθjál] *adj.* martial, -le.

marciano, -na [marθjáno] *adj. y s. m. y f.* martien, -enne.

marco [márko] *s. m.* **1.** (de cuadro) cadre. **2.** (de foto, cuadro) passe-partout.

marisco [marísko] *s. m.* coquillage; fruits de mer.

marisma [marísma] *s. f.* marais *m.*

marítimo, -ma [marítimo] *adj.* maritime.

marmita [marmíta] *s. f.* marmite.

mármol [mármol] *s. m.* marbre.

marmota [marmóta] *s. f. Zool.* marmotte.

maroma [maróma] *s. f.* **1.** grosse corde; câble *m.* **2.** *Náut.* cordage *m.*

marranada [maranáða] *s. f. fig.* cochonnerie; saleté *f.* (lagarteria) vacherie; cochonnerie *f.*

marrano, -na [maráno] *s. m. y f.* cochon, -onne.

marrón [marón] *adj.* **1.** brun, -ne. **2.** (castaño) marron *inv.*

marroquí [maróki] *adj.* **1.** marocain, -ne. || *s. m. y f.* **2.** Marocain, -ne.

marrullería [maruʎería] *s. f.* rouerie.

martes [mártes] *s. m.* mardi [El martes, los martes, el martes 13 de junio. *Mardi, le mardi, le mardi 13 juin*].

martillear [martiʎeár] *v. tr.* marteler.

martillo [martíʎo] *s. m.* marteau.

martingala [martiŋgála] *s. f.* **1.** (juego) martingale. **2.** (truco, artificio) truc *m.*

mártir [mártir] *s. m. y f.* martyr, -re.

martirio [martírjo] *s. m.* martyre.

martirizar [martiriθár] *v. tr.* martyriser.

marxismo [marsísmo] *s. m.* marxisme.

marzo [márθo] *s. m.* mars [El uno o el dos de marzo. *Le premier ou le deux mars*.]

mas [mas] *conj. p. us.* (pero) mais.

más [mas] *adv.* **1.** plus. **davantage. 2.** de plus; en plus [Cuatro veces más. *Quatre fois de plus*.] **3.** encore [¿Quiere más? *En voulez-vous encore?*] **4.** (una cantidad superior) au-dessus; en dessus [Cien grados o más, dos tallas más. *Cent degrés et au-dessus, deux tailles au-dessus/ en dessus*.]

mascar [maskár] *v. tr.* **1.** (un perfume) écoeurer; soulever le cœur. **2.** (un barco) donner mal au cœur. || **marearse** *v. pr.* **3.** avoir mal au cœur; avoir le mal de mer.

marca [márka] *s. f.* marée.

marea [maréa] *s. f.* marée.

marejada [maredáða] *s. f.* houle.

mareo [maréo] *s. m.* **1.** (vértigo) étourdissement. **2.** (náuseas) mal au cœur. **3.** (en un barco) mal de mer.

marfil [marfíl] *s. m.* ivoire.

margarina [marɣarína] *s. f.* margarine.

margarita [marɣaríta] *s. f.* marguerite.

margen [márxen] *s. f.* **1.** (del río) rive; marge. || *s. m.* **2.** (de página) marge *f.* **3.** (de tiempo) marge *f.*

marginado, -da [marxináðo] *adj.* marginalisé, -ée; marginal, -le; ségrégué, -ée.

marginar [marxinár] *v. tr.* marginaliser.

mariachi [marjátʃi] *s. m.* mariachi.

marica [maríka] *s. m.* pédale *f.*; pédé.

marido [maríðo] *s. m.* mari; époux.

marihuana [mariwána] *s. f.* marihuana.

marimacho [marimátʃo] *s. m.* femme hommasse; garçon manqué.

marina [marína] *s. f.* marine.

marinero, -ra [marinéro] *adj.* **1.** marin, -ne. || *s. m. y f.* **2.** (de oficio) marin, -ne. **3.** (a las órdenes de los oficiales) matelot. **4.** (barquero) marinier, -ière.

marino, -na [maríno] *adj.* **1.** (del mar) marin. || *s. m.* **2.** marin.

marioneta [marjonéta] *s. f.* marionnette.

mariposa [maripósa] *s. f.* **1.** *Zool.* (insecto) papillon. **2.** (lámpara) veilleuse.

mariquita [marikíta] *s. f.* **1.** *Zool.* (insecto) coccinelle. || *s. m.* **2.** *fam.* pédale *f.*

mariscal [mariskál] *s. m. Mil.* maréchal.

masa [mása] *s. f.* **1.** (volumen) masse. **2.** (de harina y agua) pâte. **3.** (la gente, el pueblo) masse.

masacre [masákre] *s. f.* massacre *m.*

masaje [masáxe] *s. m.* massage *m.*

mascar [maskár] *v. tr. e intr.* **1.** mâcher, mastiquer. **2.** (tabaco) chiquer. **3.** (lentamente y mal) mâchonner.

máscara [máskara] *s. f.* masque *m.*

mascarilla [maskaríʎa] *s. f.* masque *m.*

mascota [maskóta] *s. f.* mascotte.

masculino, -na [maskulíno] *adj. y s. m.* **1.** masculin, -ine. ‖ *adj.* (flores, plantas) mâle. ‖ **del sexo ~** mâle. *La población del sexo masculino* La population mâle.

mascullar [maskuʎár] *v. tr.* marronner.

masía [masía] *s. f.* ferme (en Catalogne).

masilla [masíʎa] *s. f.* mastic *m.*

masonería [masonería] *s. f.* maçonnerie.

masoquismo [masokísmo] *s. m.* masochisme.

máster [máster] *s. m.* master.

masticar [mastikár] *v. tr.* mâcher.

mástil [mástil] *s. m.* **1.** *Náut.* mât. **2.** *Mús.* (de la guitarra) manche.

mastín [mastín] *s. m.* mâtin.

mastodonte [mastoðónte] *s. m.* mastodonte.

masturbarse [masturβárse] *v. pr.* se masturber.

mata [máta] *s. f.* **1.** (de una planta) pied *m.* **2.** (pelo, brinzas, hierbas) touffe.

matadero [mataðéro] *s. m.* abattoir.

matador, -ra [mataðór] *adj. y s. m. y f.* **1.** tueur, -euse. ‖ *s. m.* **2.** *Taur.* matador, torero.

matamoscas [matamóskas] *adj. y s. m.* *inv.* **1.** (papel) papier tue-mouches. ‖ *s. m. inv.* **2.** (paleta) chasse-mouches.

matanza [matánθa] *s. f.* **1.** (masacre) massacre *m.*; tuerie. **2.** (de animales para su consumo) abattage *m.* **3.** (asesinato) meurtre *m.*

matar [matár] *v. tr.* **1.** tuer; descendre (un animal). **2.** (masacrar) massacrer. **3.** (una presa) abattre. **4.** *fig.* tuer; faire mourir.

matasanos [matasános] *s. m. fam.* mauvais médecin.

matasellos [mataséʎos] *s. m.* **1.** (instrumento) oblitérateur. **2.** (timbre) cachet. **3.** (sello, marca) tampon. ‖ **poner el ~** oblitérer.

matasuegras [mataswéɣras] *s. m. inv.* langue de belle-mère.

mate¹ [máte] *adj.* mat, -te. ‖ *s. m.* **2.** (en el ajedrez) mat. ‖ **dar ~** mater.

mate² [máte] *s. m.* (bebida) maté.

matemática [matemátika] *s. f.* mathématique.

matemático, -ca [matemátiko] *adj.* **1.** mathématique. ‖ *s. m. y f.* **2.** mathématicien, -enne.

materia [matérja] *s. f.* **1.** matière. **2.** (tema) sujet *m.*; affaire; thème *m.* **3.** (asignatura, disciplina) matière, nature.

material [materjál] *adj.* **1.** matériel, -elle. ‖ *s. m.* **2.** (para la construcción) matériau. **3.** (equipo) matériel. ‖ **materiales** *s. m. pl.* **4.** matériaux. ‖ **~ escolar** fournitures scolaires.

materialista [materjalísta] *adj.* matérialiste.

maternal [maternál] *adj.* maternel, -elle.

MATERNIDAD - MECANOGRAFÍA

maternidad [materniðáð] *s. f.* **1.** maternité. **2.** (casa de maternidad) maison d'accouchement; maternités *f. pl.*

materno, -na [matérno] *adj.* maternel, -elle.

matinal [matinál] *adj.* matinal, -le.

matiz [matíθ] *s. m.* nuance *f.*

matizar [matiθár] *v. tr.* nuancer.

matón [matón] *s. m., fam.* dur.

matorral [matorrál] *s. m.* **1.** (zarza, arbusto) buisson. **2.** (monte bajo) maquis; garrigue. *f.*

matrícula [matríkula] *s. f.* **1.** (lista de matriculados y acción de matricular) matricule. **2.** (de coche) immatriculation. **3.** (de un alumno) inscription.

matricular [matrikulár] *v. tr.* **1.** (registrar) matriculer. **2.** (un coche) immatriculer. **3.** (en una escuela, en la universidad) inscrire. ‖ **matricularse** *v. pr.* **4.** s'inscrire.

matrimonio [matrimónjo] *s. m.* **1.** mariage. **2.** (pareja) ménage.

matriz [matríθ] *s. f.* **1.** (molde) matrice. **2.** (talón) souche; talon *m.* **3.** *Arat.* (útero) uterus *m.*

matrona [matróna] *s. f.* sage-femme.

maullar [mawʎár] *v. intr.* miauler.

maullido [mawʎíðo] *s. m.* miaulement.

máxima [máksima] *s. f.* maxime.

máximo, -ma [máksimo] *adj.* **1.** plus grand, -de. **2.** maximum, -ma. **3.** (en contexto técnico y administrativo) maximal, -le [La velocidad máxima. *La vitesse maximale.*] ‖ *s. m.* **4.** maximum. **5.** (límite) limite *f.*; plafond. ‖ **como ~** au maximum; tout au plus.

mayo [májo] *s. m.* mai [El uno o el dos de mayo. *Le premier ou le deux mai.*]

mayonesa [majonésa] *s. f.* mayonnaise.

mayor [majór] *adj.* **1.** (más grande) plus grand, -de. **2.** (importante) majeur, -re. **3.** (entrado en años) âgé, -ée. **4.** (hijo o hermano) aîné, -ée. **5.** (crecido) grand, -de. ‖ *s. m.* **6.** (gralm. en pl.) aîné. ‖ **al por ~** en gros. **los mayores** les gens âgés. **~ de edad** majeur, re.

mayordomo [majorðómo] *s. m.* majordome; maître d'hôtel.

mayoría [majoría] *s. f.* (el grupo más numeroso) majorité. ‖ **la ~** (la mayor parte) la plupart. **~ de edad** majorité.

mayúsculo, -la [majúskulo] *adj.* **1.** *fig.* majuscule. ‖ **mayúscula** *adj. y s. f.* **2.** majuscule; capitale.

maza [máθa] *s. f.* **1.** (arma) massue. **2.** (instrumento) masse.

mazapán [maθapán] *s. m.* massepain.

mazmorra [maθmórra] *s. f.* cachot *m.*

mazo [máθo] *s. m.* maillet.

mazorca [maθórka] *s. f.* épi *m.*

me [mé] *pron. pers. 1ª sing.* **1.** (acusativo, dativo y reflexivo) me; m' (delante de vocal o "h" muda) [Me habló. *Il m'a parlé.*] **2.** (detrás del imperativo afirmativo) moi [Decidme. *Dites-moi.*]

mear [meár] *v. intr., fam.* **1.** pisser. ‖ **mearse** *v. pr.* **2.** (hacérselo encima) faire sous lui. **3.** (tener ganas de orinar) avoir envie de pisser.

mecánica [mekánika] *s. f.* mécanique.

mecánico, -ca [mekániko] *adj.* **1.** mécanique. **2.** mécanicien, -enne. ‖ *s. m. y f.* **3.** mécanicien, -enne.

mecanismo [mekanísmo] *s. m.* **1.** mécanique *f.* **2.** *fig.* (engranaje) rouages *pl.*

mecano [mekáno] *s. m.,* (juego) Meccano. ●Marca registrada.

mecanografía [mekanoyrafía] *s. f.* dactylographie.

mecanógrafo, -fa [mekanóyrafo] *s. m. y f.* dactylo.

mecedora [meθeδóra] *s. f.* berceuse.

mecer [meθér] *v. tr.* **1.** bercer. || **mecerse** *v. pr.* se balancer (sur une berceuse).

mecha [métʃa] *s. f.* **1.** mèche.

mechero [metʃéro] *s. m.* briquet.

mechón [metʃón] *s. m.* mèche *f.*

medalla [meδáʎa] *s. f.* médaille.

medallón [meδaʎón] *s. m.* médaillon.

media¹ [méδja] *s. f.* **1.** (nota) moyenne. **2.** (cálculo) moyenne. **3.** (hora) demie. || **a medias** (+adj.) à demi; à moitié. *Il est à demi soûl*. borracho a medias. Le rempli (+verbo) à demi (Ilenarlo) soûl à moitié]. *Il est à demi soûl*, Le rempli à demi].

media² [méδja] *s. f.* **1.** bas *m.* [Medias de seda, *Des bas de soie*]. || **medias** *s. f. pl.* **2.** (panty) collant *m. sing.*

mediación [meδjaθjón] *s. f.* médiation || **por ~ de** par l'intermédiaire de.

mediador, -ra [meδjaδór] *adj. y s. m. y f.* médiateur, -trice.

mediano, -na [meδjáno] *adj.* **1.** (regular) moyen, -enne. **2.** (mediocre) médiocre.

medianoche [meδjanótʃe] *s. f.* **1.** minuit *m.* **2.** *Gastr.* petit pain, petit sandwich.

mediante [meδjánte] *prep.* **1.** (al precio de, a condición de) moyennant. **2.** (gracias a) grâce à.

mediar [meδjár] *v. intr.* **1.** (pasar tiempo) passer, s'écouler. **2.** (entre dos personas) intervenir, s'entremettre. **3.** (en favor de) intercéder (auprès de).

medicación [meδikaθjón] *s. f.* médication.

medicamento [meδikaménto] *s. m.* **1.** médicament. **2.** (remedio) remède.

medicina [meδiθína] *s. f.* **1.** (ciencia) médecine. **2.** (medicamento) médicament *m.*

medicinal [meδiθinál] *adj.* médicinal, -le.

médico, -ca [méδiko] *adj.* **1.** médical, -le || *s. m. y f.* **2.** médecin, docteur.

medida [meδíδa] *s. f.* **1.** (dimensión) mesure. **2.** (número de zapato, cuello) pointure. **3.** *fig.* (mesura) mesure. || **medidas** *s. f. pl.* **4.** dispositions [Tomar medidas para. *Prendre des dispositions pour*]. || **a la ~** sur mesure. **a ~ que** au fur et à mesure que. **en la ~ en que** dans la mesure où.

medieval [meδjeβál] *adj.* médiéval, -le.

medio, -dia [méδjo] *adj.* **1.** (mitad de) demi, -ie. **2.** (cercano al promedio) moyen, -enne [De estatura media. *De taille moyenne*]. **3.** (parte central) milieu, moyenne *f.* **4.** *fig.* (procedimiento) moyen *m.* **5.** (forma) manière *f.*; façon *f.* **6.** *fig.* (vía) voie *f.* **7.** (entorno) milieu. **8.** (ambiente) environnement. **9.** (medio litro de cerveza) demi. || *adv.* **10.** (+adj.) mi-; à moitié [Medio borracho. *Mi-soûl/À demi soûl/À moitié soûl*]. || **medios** *s. m. pl.* **11.** (círculos, ambiente) milieux. **12.** (fortuna) moyens. **13.** (posibilidades) moyens [No tiene medios de hacerlo. *Il n'a pas de moyens de le faire*]. || **a ~** (+infinitivo) pas tout à fait; à moitié [A medio terminar. *Pas tout à fait fini*]. **de ~ a ~** au milieu de. **~ ... ~** (+adj.) mi- ... mi- [Medio español, medio francés. *Mi-espagnol, mi-français*]. **~ ambiente** environnement. **por ~ de** au moyen de; (gracias a) grâce à.

medioambiental [meδjoambjentál] *adj.* environnemental, -le.

mediocre [meδjókre] *adj.* **1.** médiocre. **2.** (regular) moyen, -enne [Un ejercicio mediocre. *Un exercice moyen*].

mediodía [meδjoδía] *s. m.* midi.

medir [meðír] *v. tr.* **1.** mesurer. **2.** (sopesar, pensar) peser. **3.** *fig.* ménager [Medir las fuerzas, *Ménager ses forces*]. **4.** *fig.* (mirar de arriba abajo) toiser. ‖ **medirse** *v. pr.* **5.** se mesurer.

meditar [meðitár] *v. tr. e intr.* **1.** (animales) méditer.

medrar [meðrár] *v. intr.* **1.** (animales) grandir. **2.** crecer o prosperar la fortuna: croître; prospérer. **3.** (hacer fortuna, llegar a ser alguien) faire fortune; parvenir.

médula [méðula] *s. f.* moelle.

medusa [meðúsa] *s. f. Zool.* méduse.

megafonía [meɣafonía] *s. f.* mégaphonie.

megáfono [meɣáfono] *s. m.* mégaphone.

mejicano, -na [mexikáno] *adj. y s. m. y f.* mexicano.

mejilla [mexíʎa] *s. f.* joue.

mejillón [mexiʎón] *s. m. Zool.* moule *f.*

mejor [mexór] *adj.* **1.** meilleur, -re. ‖ *adv.* **2.** mieux. **3.** (tanto mejor) tant mieux. ‖ *s. m. y f.* **4.** meilleur, -re. ‖ *s. m.* **5.** mieux [Lo mejor que pueda. *Le mieux qu'il pourra*]. **6.** meilleur [Lo mejor de una vida, de uno mismo. *Le meilleur d'une vie, de soi-même*]. ‖ **a lo ~** peut-être. ‖ **cada vez ~** de mieux en mieux.

mejora [mexóra] *s. f.* **1.** amélioration. **2.** (del carácter, del comportamiento) bonification.

mejorar [mexorár] *v. tr.* **1.** (hacer mejor) améliorer. **2.** (sentar bien) faire du bien a. **3.** (el salario) augmenter. **4.** (una cifra, el nivel de vida) relever. **5.** *Agr.* (el terreno, el vino) bonifier. ‖ *v. intr.* **6.** (a, de salud) aller mieux. **7.** (la salud) se améliorer. **8.** (tierra, vino) s'abonnir; se bonifier. ‖ **mejorarse** *v. pr.* **9.** s'améliorer.

mejoría [mexoría] *s. f.* **1.** (mejora) mejoración. **2.** (salud) mieux *m.* [Hay mejoría. *Il y a du mieux*].

melancolía [melaŋkolía] *s. f.* mélancolie.

melancólico, -ca [melaŋkóliko] *adj.* mélancolique.

melena [meléna] *s. f.* **1.** (de pelo) chevelure. **2.** (del león) crinière.

melindroso, -sa [melindróso] *adj. y s. m. y f.* minaudier, -ière.

mella [méʎa] *s. f.* **1.** (de un plato) ébréchure. **2.** (de la piedra, del mármol, de un mueble) écornure. **3.** (en una hoja de sierra, de cuchillo) brèche.

mellizo, -za [meʎíθo] *adj. y s. m. y f.* jumeau, -elle.

melocotón [melokotón] *s. m.* pêche *f.*

melodía [melodía] *s. f.* mélodie.

melodioso, -sa [melodjóso] *adj.* mélodieux, -euse.

melodrama [melodráma] *s. m.* mélodrame.

melón [melón] *s. m.* melon.

meloso, -sa [melóso] *adj.* mielleux, -euse; doucereux, -euse.

membrana [membrána] *s. f.* membrane.

membrete [membréte] *s. m.* en-tête.

membrillo [membríʎo] *s. m. Bot.* (fruto) coing. ‖ **dulce de ~** pâte de coing.

memo, -ma [mémo] *adj. y s. m. y f.* **1.** niais, -se. ‖ *s. m. y f.* **2.** andouille *f.*

memorable [memoráβle] *adj.* mémorable.

memoria [memórja] *s. f.* **1.** (informe) mémoire *m.*; rapport *m.* **2.** (capacidad mental) mémoire. **3.** (el recuerdo de algo o alguien) mémoire; souvenir *m.* ‖ **de ~** par cœur.

menaje [menáxe] *s. m.* ménage.

mención [menθjón] *s. f.* mention.

mencionar [menθjonár] *v. tr.* **1.** mentionner; citer. **2.** (recordar) évoquer. **3.** (indicar) signaler.

mendicante [mendikánte] *adj.* mendiant, -te.

MENDIGAR - MENUDO

mendigar [mendiɣar] *v. tr.* mendier.
mendigo, -ga [mendiɣo] *s. m. y f.*
1. mendiant, -te. 2. (vagabundo) clochard, -de. 3. (pordiosero) gueux, -euse.
4. (pobre) pauvre.
mendrugo [mendɾuɣo] *s. m.* croûton.
menear [meneár] *v. tr.* 1. (la cabeza) hocher. 2. (zarandear) secouer. ‖ **menear se** *v. pr.* 3. remuer.
menestra [menéstɾa] *s. f.*, *Gastr.* 1. (plato con carne y salsa) ragoût *m.* 2. (guarnición) jardinière. 3. (verduras o frutas) macédoine.
mengano, -na [mengáno] *s. m. y f.* un tel *m.*; une telle *f.*
mengua [méŋgwa] *s. f.* 1. (disminución de tamaño) décroissance. 2. (disminución) diminution. 3. *fig.* (descrédito) discrédit *m.*; honte.
menguante [meŋgwánte] *adj.* décroissant, -te. ‖ **cuarto ~** dernier quartier.
menguar [meŋgwár] *v. intr.* (cantidad) diminuer, décroître.
menhir [menír] *s. m.* menhir.
menisco [meníško] *s. m.*, *Anat.* ménisque.
menor [menór] *adj.* 1. (más pequeño) plus petit, -te. 2. (mínimo) moindre. 3. (cadete) [la hija mejor. *La fille cadette.*] 4. (de poca importancia) mineur, -re. ‖ *s. m. y f.* 5. mineur, -re. ‖ **al por ~** au détail. ‖ **hermano ~** cadet, -ette. **~ de edad** mineur, -re. **vender al por ~** détailler.
menos [ménos] *adv.* 1. moins. 2. (una cantidad inferior) au-dessous (Cien grados o menos, dos tallas menos. *Cent degrés et au-dessous, deux tailles au-dessous.*). ‖ *prep.* 3. (excepto) sauf; à l'excepton de; exception faite de. ‖ **a ~ que** à moins que; à moins de. **al ~** au moins; du moins. **cada vez ~** de moins en moins. **echar de ~** regretter; manquer [Te echo de menos. *Tu me manques/je le regrette.*] ... **de lo que menos** ... ne.
menospreciar [menospɾeθjár] *v. tr.* 1. (infravalorar) mésestimer. 2. (despreciar) mépriser; dédaigner.
menosprecio [menospɾéθjo] *s. m.* mépris.
mensaje [mensáxe] *s. m.* message.
mensajero, -ra [mensaxéɾo] *adj.* 1. messager, -ère. ‖ *s. m. y f.* 2. messager, -ère.
menstruación [menstɾwaθjón] *s. f.* (período) règles *pl.*; menstruation [Tener la menstruación. *Avoir ses règles.*]
mensual [menswál] *adj.* mensuel, -elle.
mensualidad [menswaliðáð] *s. f.* (salario mensual) mensualité; mois *m.*
menta [ménta] *s. f.*, *Bot.* menthe.
mental [mentál] *adj.* mental, -e.
mentalidad [mentaliðáð] *s. f.* mentalité.
mentar [mentár] *v. tr.* mentionner; citer.
mente [ménte] *s. f.* esprit *m.*
mentecato, -ta [mentekáto] *adj. y s. m. y f.* (tonto) sot, -otte.
mentir [mentír] *v. intr.* mentir.
mentira [mentíɾa] *s. f.* mensonge *m.*
mentiroso, -sa [mentiɾóso] *adj. y s. m. y f.* menteur, -euse.
mentolado, -da [mentoláðo] *adj.* mentholé, -ée; à la menthe.
mentón [mentón] *s. m.* menton.
menú [menú] *s. m.* menu.
menudencia [menuðénθja] *s. f.* 1. (cosa pequeña) petitesse. 2. (cosa insignificante) bagatelle.
menudo, -da [menúðo] *adj.* 1. (pequeño) petit, -te. 2. (fino, delgado) menu, -ue. 3. ¡qué!, ¡elle!, ¡il! -ie [Menudos precios. *Quels prix!*] ‖ **menudos** *s. m. pl.* 4. (de reses) abats. ‖ **a ~** souvent. **la gente menuda** le petit monde.

meñique [meɲíke] *s. m.* petit doigt.

meollo [meóʎo] *s. m.* mœlle.

meón, -ona [meón] *adj., fam.* **1.** pisseur, -euse. **2.** mioche; môme; gamin, -ne.

mercader [merkaðér] *s. m.* marchand.

mercadillo [merkaðíʎo] *s. m.* marché.

mercado [merkáðo] *s. m.* marché.

mercancía [merkaɲθía] *s. f.* **1.** (no alimentaria) marchandise. **2.** (producto) produit *m.* **3.** *fig. y fam.* (que puede ser ilícita) camelote *fam.*

mercante [merkánte] *adj. y s. m. y f.* marchand, -de.

mercantil [merkaɲtíl] *adj.* mercantile.

mercería [merθería] *s. f.* mercerie.

mercurio [merkúrjo] *s. m.* mercure.

merecer [mereθér] *v. tr. e intr.* **1.** mériter. **2.** (ser digno de) être digne de. **3.** (hacer méritos) gagner [Tienes que merecerlo. *Tu dois le gagner.*] ‖ **~ la pena** valoir la peine; être la peine.

merecido, -da [mereθíðo] *adj.* mérité, -ée. ‖ **dar su ~** régler son compte.

merendar [merendár] *v. intr.* goûter.

merendero [merendéro] *s. m.* **1.** (con lugar para bailar) guinguette *f.* **2.** (quiosco de bebidas) buvette *f.*

merendola [merendóla] *s. f., fam.* **1.** (merienda) goûter *m.* **2.** pique-nique *m.*

merengue [meréŋge] *s. m.* meringue *f.*

meridiano, -na [meriðjáno] *adj.* méridien, -enne.

meridional [meriðjonál] *adj.* **1.** méridional, -le. ‖ *s. m. y f.* **2.** Méridional, -le.

merienda [merjénda] *s. f.* goûter *m.*

mérito [mérito] *s. m.* **1.** mérite. **2.** (valía) valeur *f.*

merluza [merlúθa] *s. f., Zool.* colin *m.*

mermar [mermár] *v. tr.* **1.** réduire. **2.** (el capital, tiempo, posesiones) amoindrir.

3. (reputación) entamer. ‖ *v. intr.* **4.** (cantidad) diminuer; se réduire; décroître.

mermelada [mermeláða] *s. f.* **1.** (con trozos de frutas) confiture. **2.** (compota líquida) marmelade.

mero, -ra [méro] *adj.* simple.

mero [méro] *s. m., Zool.* (pescado) mérou.

merodear [meroðeár] *v. intr.* **1.** (para robar) marauder. **2.** (rondar) rôder.

mes [més] *s. m.* mois.

mesa [mésa] *s. f.* **1.** table. **2.** (escritorio) bureau *m.*

meseta [meséta] *s. f., Geogr.* plateau *m.*

mesilla [mesíʎa] *s. f.* (baja) table basse. ‖ **~ de noche** table de nuit.

mesón [mesón] *s. m.* auberge *f.*

mesonero, -ra [mesonéro] *s. m. y f.* aubergiste.

mestizo, -za [mestíθo] *adj. y s. m. y f.* métis, -isse.

mesura [mesúra] *s. f.* mesure.

meta [méta] *s. f.* **1.** (objetivo) but *m.* **2.** *Dep.* but *m.*

metabolismo [metaβolísmo] *s. m.* métabolisme.

metáfora [metáfora] *s. f.* métaphore.

metal [metál] *s. m.* métal.

metálico, -ca [metáliko] *adj.* métallique. ‖ **en ~** en espèces.

metalurgia [metalúrxja] *s. f.* métallurgie.

metamorfosis [metamorfósis] *s. f.* métamorphose.

meteorito [meteoríto] *s. m.* météorite *f.;* météore.

meteoro [meteóro] *s. m.* météore.

meteorología [meteoroloxía] *s. f.* météorologie.

metepatas [metepátas] *s. m. y f. inv.* gaffeur, -euse; maladroit, -te.

METER - MICROSCOPIO 244

meter [metér] *v. tr.* **1.** (introducir) mettre. **2.** *fig.* (introducir, implicar) faire entrer. **3.** (invertir dinero) mettre; engager. **4.** (causar) faire [Meter ruido, meter miedo. *Faire du bruit, faire peur.*] **5.** *fam.* flanquer [Meter una torta. *Flanquer une gifle.*] **6.** (marchas) passer [Meter la segunda. *Passer en seconde (vitesse).*] ‖ **meterse** *v. pr.* **7.** se mettre. **8.** (entrar, empezar) entrer [Meterse en negociaciones. *Entrer en négotiation.*] **9.** *fig.* (en una situación) plonger [Plonger dans une aventure. *Meterse en una aventura.*] **10.** *fig. fam.* (implicarse) se mêler. **11.** (incordiar) taquiner. **12.** (hacerse) devenir [Meterse a médico. *Devenir médecin.*] ‖ **~ en la cabeza** mettre dans la tête; faire entrer dans la tête. **~ la nariz** fourrer son nez. **~ la pata** faire une gaffe; mettre les pieds dans le plat; gaffer. **~ prisa** presser.

meticuloso, -sa [metikulóso] *adj.* méticuleux, -euse.

metódico, -ca [metóðiko] *adj.* méthodique.

método [métoðo] *s. m.* méthode *f.*

metomentodo [metomentóðo] *s. m. y f.,* *fam.* fureteur, -euse; fouinard, -de.

metralla [metráʎa] *s. f.* mitraille.

metralleta [metraʎéta] *s. f.* mitraillette.

metro [métro] *s. m.* **1.** (medida) mètre. **2.** (metropolitano) métro. ‖ **~ cuadrado** mètre carré. **~ cúbico** mètre cube.

metrobús [metroβús] *s. m.* carnet (de dix billets pour le métro et le bus).

mexicano, -na o mejicano, -na [meχikáno] *adj.* **1.** mexicain, -ne. ‖ *s. m. y f.* **2.** Mexicain, -ne.

mezcla [méθkla] *s. f.* **1.** mélange *m.* **2.** (de materiales audiovisuales) mixage *m.*

mezclar [meθklár] *v. tr.* **1.** (revolver) mélanger [Ha mezclado todos los papeles. *Il a mélangé tous les papiers.*] **2.** (sustancias, colores) mêler. **3.** (enredar, confundir) mêler. **4.** (el vino) couper. ‖ **mezclarse** *v. pr.* **5.** (revolverse) se mélanger. **6.** *fig.* (implicarse, enredarse) se mêler.

mezquindad [meθkiṇdáð] *s. f.* mesquinerie.

mezquino, -na [meθkíno] *adj.* **1.** mesquin, -ne. **2.** (insignificante) piètre.

mezquita [meθkíta] *s. f.* mosquée.

mi¹ [mí] *s. m.,* *Mús.* mi.

mi² [mí] *adj. pos. 1ª sing.* **1.** *m. y f.* mon [Mi cajón, mi autoridad. *Mon tiroir, mon autorité.*] **2.** ma *f.* [Mi taza. *Ma tasse.*] ‖ **mis** *adj. pos. 1ª sing. pl.* **3.** mes [Mes amis et mes amies. *Mis amigos y mis amigas.*] ●"Mon" se usa delante de s. m. sing. y de s. f. sing. que empiece por vocal o "h" muda.

mí [mí] *pron. pers. 1ª sing.* moi.

michelín [mitʃelín] *s. m.* bourrelet.

mico [míko] *s. m.* **1.** singe (à longue queue); sagouin. **2.** *fam.* (hombre pequeño) petit bonhomme. **3.** (mico) petit jeunot.

microbio [mikróβjo] *s. m.* microbe.

microfilme o microfilm [mikrofilme] *s. m.* microfilm.

micrófono [mikrófono] *s. m.* microphone; micro.

microondas [mikroóṇdas] *s. m. inv.* (horno) micro-ondes.

microorganismo [mikroorγanísmo] *s. m.* micro-organisme.

microscópico, -ca [mikroskópiko] *adj.* microscopique.

microscopio [mikroskópjo] *s. m.* microscope.

miedo [mjéðo] *s. m.* **1.** peur *f.*; crainte *f.* (temor). **2.** (pánico) trac *fam.* || **meter ~** faire peur. **película de ~** film d'horreur. **por ~ a** de peur de. **tener ~** avoir peur. (tener) craindre.

miedoso, -sa [mjeðóso] *adj. y s. m. y f.* peureux, -euse.

miel [mjél] *s. f.* miel *m.*

miembro [mjémbro] *s. m.* **1.** *Anat.* membre. **2.** (grupo) membre.

mientras [mjéntras] *adv.* **1.** entre-temps; en attendant. || *conj.* **2.** pendant que [Mientras venía pensaba en ello. *Pendant que je venais j'y pensais*]. **3.** tant que [Trabajará mientras viva. *Il travaille ra tant qu'il vivra*]. || **~ que** tandis que. **~ tanto** pendant ce temps; entre-temps; en attendant.

miércoles [mjérkoles] *s. m.* mercredi [El miércoles, los miércoles, el miércoles 13 de junio. *Mercredi, les mercredi, le mercredi 13 juin.*]

mierda [mjérða] *s. f.* **1.** *col.* merde. || **~ !** *interj.* **2.** merde!; putain!

miga [míɣa] *s. f.* **1.** mie. **2.** (migaja) miette.

migaja [miɣáxa] *s. f.* miette.

migración [miɣraθjón] *s. f.* migration.

mil [míl] *adj. y pron.* **1.** (gralm. en fechas) mil. *Mil trescientos. Mil trois cents.* **2.** (números y porcentajes) mille. || *s. m.* **3.** mil; mille. || **miles** *s. m. pl.* **4.** milliers.

milagro [miláɣro] *s. m.* miracle.

milagroso, -sa [milaɣróso] *adj.* miraculeux, -euse.

milenario, -ria [milenárjo] *adj. y s. m.* millénaire.

milenio [milénjo] *s. m.* millénaire (período de mille ans).

milésimo, -ma [milésimo] *adj. y pron.* **1.** millième. || **milésima** *s. f.* **2.** millième *m.*

mili [míli] *s. f.; fam.* service militaire; régiment *m.* [Hacer la mili. *Faire son service militaire.*]

milhojas [milóxas] *s. m. inv.* **1.** (pastel) mille-feuille. **2.** *Bot.* mille-feuille *f.*

milicia [milíθja] *s. f.* milice.

miligramo [milíɣramo] *s. m.* milligramme.

mililitro [mililítro] *s. m.* millilitre.

milímetro [milímetro] *s. m.* millimètre.

militante [militánte] *s. m. y f.* militant, -te.

militar¹ [militár] *adj. y s. m. y f.* militaire.

militar² [militár] *v. intr.* militer.

milla [míʎa] *s. f.* mille.

millar [miʎár] *s. m.* **1.** (mil) mille. **2.** (mil o alrededor de mil) millier.

millardo [miʎárðo] *s. m.* milliard. • En espagnol, on utilise généralement "mil millones".

millón [miʎón] *s. m.* million.

millonario, -ria [miʎonárjo] *adj. y s. m. y f.* millionnaire.

millonésimo, -ma [miʎonésimo] *adj. y s. m. y f.* **1.** (ordinal) millionième. || *adj. y s. f.* **2.** (fracción) millionième.

milrayas [milráʝas] *s. m. inv.* mille-raies.

mimar [mimár] *v. tr.* **1.** (dar mimos) cajoler; câliner. **2.** (malcriar) gâter.

mimbre [mímbre] *s. amb.* **1.** osier *m.* **2.** baguette d'osier.

mimbrera [mimbréra] *s. f. Bot.* **1.** (arbusto) osier *m.* **2.** (campo de mimbreras) oseraie.

mimetismo [mimetísmo] *s. m.* mimétisme.

mímica [mímika] *s. f.* mimique.

mimo [mímo] *s. m.* **1.** (actor, espectáculo) mime. **2.** (caricia, cariño) cajolerie *f.* **3.** (con los niños) gâterie *f.*

mimoso, -sa [mimóso] *adj.* (que hace mimos) câlin, -ne; caressant, -te.

mina [mina] *s. f.* mine.

minar [minár] *v. tr.* 1. (poner minas) miner. 2. (erosionar, socavar) miner. 3. *fig.* (las fuerzas, la fe) ébranler, ronger Minar la salud. Ébranler la santé.

mineral [minerál] *adj.* 1. minéral, -le. || *s. m.* 2. minerai.

minería [minería] *s. f.* 1. (industria minera) industrie minière. 2. (trabajo en la mina) travail des mines. 3. (mineros) mineurs *m. pl.* (main-d'œuvre minière).

minero, -ra [minéro] *adj.* 1. minier, -ière. || *s. m.* 2. mineur.

miniatura [minjatúra] *adj. y s. f.* miniature.

minifalda [minifálda] *s. f.* mini-jupe; jupette.

mínimo, -ma [mínimo] *adj.* 1. (poco importante, escaso) minime [Es un presupuesto mínimo *C'est un budget minime*.] 2. minimum [Edad mínima *Âge minimum*.] 3. (en matemáticas o meteorología) minimal, -le [Temperaturas mínimas *Températures minimales*.] || *s. m.* 4. minimum || **al ~** au minimum [Reducir al mínimo *au minimum*.] **como ~** au minimum.

minino, -na [miníno] *s. m. y f. fam.* minet, -ette.

ministerio [ministérjo] *s. m.* ministère.

ministro, -tra [minístro] *s. m. y f.* ministre *m.*

minoría [minoría] *s. f.* 1. (grupo minoritario) minorité. 2. (de edad) minorité.

minucioso, -sa [minuθjóso] *adj.* minutieux, -euse.

minúsculo, -la [minúskulo] *adj.* 1. minuscule. || **minúscula** *s. f.* 2. minuscule.

minusválido, -da [minusβáliðo] *adj. y s. m. y f.* handicapé, -ée.

minutero [minutéro] *s. m.* grande aiguille.

minuto [minúto] *s. m.* minute *f.*

mío, -a [mío] *pron. pos.* 1ª sing. 1. mien, -enne [Ése es el mío. *Celui-là est le mien.*] 2. à moi [Lo mío. *Ce qui est à moi.*] || **míos, -as** *pron. pos.* 1ª *pl.* 3. miens, -ennes [Voici les miennes. *Aquí están las mías.*]

miope [mjópe] *adj. y s. m. y f.* myope.

miopía [mjopía] *s. f.* myopie.

mira [míra] *s. f.* 1. mire; visée [Ángulo de mira. *Angle de mire.*] 2. (de escopeta) viseur *m.* 3. (torre) beffroi *m.* 4. *fig.* (intención) intention. || **miras** *s. f. pl.* 5. visées || **con miras a** en vue de; **punto de ~** (de un fusil) guidon. *fig.* point de mire.

mirada [miráða] *s. f.* regard *m.* || **echar una ~** jeter un coup d'œil. **poner la ~ en** viser.

mirado, -da [miráðo] *adj.* 1. regardé, -ée. || *adj.* 2. (circunspecto) circonspect, -te; prudent, -te; réfléchi, -ie. 3. (correcto) respectueux, -euse; correct, -te. 4. (minucioso) soigneux, -euse; minutieux, -euse.

mirador [miraðór] *s. m.* 1. mirador. 2. (belvedere) belvédère.

miramiento [miramjénto] *s. m.* 1. (prudencia, reserva) ménagement. || **miramientos** *s. m. pl.* 2. (atención, delicadeza) ménagements. || **sin ningún ~** sans ménagements.

mirar [mirár] *v. tr. e intr.* 1. regarder. || *v. tr.* 2. (ver con atención) voir Mirar el correo, una lista. *Voir le courrier, une liste.* || *v. intr.* 3. (dar a) donner [La casita mira al río. *La maisonnette donne sur la rivière.*] || **mirarse** *v. pr.* 4. se regarder. || **por ~** veiller sur.

mirilla [miríʎa] *s. f.* (pequeño orificio en la puerta, en la pared) judas *m.*

MIRLO - MODERADOR

2. (agujero de una puerta) œilleton *m.*
3. (de un arma u objetivo) œilletor *m.*

mirlo [mírlo] *s. m., Zool.* merle.

mirón, -rona [mirón] *s. m. y f.* badaud, -de; curieux, -euse.

misa [mísa] *s. f.* messe.

miserable [miseráβle] *adj. y s. m. y f.*
1. misérable. **2.** (insignificante) misérable; triste. **3.** (mezquino) mesquin, -ne. **4.** (malintencionado) crasseux, -euse.

miseria [misérja] *s. f.* **1.** misère. **2.** (indigencia) indigence; dénuement *m.* **3.** (adversidad) détresse.

misericordia [miserikórðja] *s. f.* miséricorde.

mísero, -ra [mísero] *adj.* **1.** (tacaño) avare.
2. (insignificante) misérable. **3.** (abyecto) misérable. **4.** (penoso) misérable.

misil [misíl] *s. m.* missile.

misión [misjón] *s. f.* mission.

misionero [misjonéro] *adj. y s. m. y f.* missionnaire *m.*

mismo, -ma [mísmo] *adj.* **1.** même [Vimos la misma película. *Nous avons vu le même film.*] **2.** (enfático) même [Yo mismo, conmigo mismo. *Moi-même, avec moi-même.*] **3.** (propio) propre [Sus mismas palabras. *Ses propres mots.*]
∥ **ahora ~** à l'instant. **lo ~** la même chose. | pareil [Da lo mismo. *C'est pareil.*] **lo ~ que** aussi bien que; de même que. **por sí ~** de soi-même.

miss [mís] *s. f.* miss.

míster [míster] *s. m.* mister.

misterio [mistérjo] *s. m.* mystère.

misterioso, -sa [misterjóso] *adj.* mystérieux, -euse.

místico [místiko] *adj. y s. m. y f.* **1.** mystique. ∥ **mística** *s. f.* **2.** mystique.

mitad [mitáð] *s. f.* **1.** (media parte) moitié.
2. (punto medio) milieu *m.* ∥ **~ ... ~** (+sustantivo) mi- ... mi- [Mitad hombre, mitad caballo. *Mi-homme, mi-cheval.*]

mitigar [mitiɣár] *v. tr.* **1.** mitiger. **2.** calmer.

mitin [mítin] *s. m.* **1.** réunion *f.* **2.** (reunión política) assemblée *f.*

mito [míto] *s. m.* mythe.

mitología [mitoloɣía] *s. f.* mythologie.

mixto, -ta [míksto] *adj.* mixte.

mobiliario, -ria [moβiljárjo] *adj.* **1.** mobilier, -ière. ∥ *s. m.* **2.** mobilier; ameublement.

moca [móka] *s. f.* moka.

mocasín [mokasín] *s. m.* mocassin.

mochila [motʃíla] *s. f.* sac à dos.

mochuelo [motʃwélo] *s. m., Zool.* hibou.

moco [móko] *s. m.* **1.** morve *f.* **2.** *Med.* (mucosidad) mucosité *f.*; mucus. ∥ **limpiar los mocos** moucher.

mocoso, -sa [mokóso] *adj.* **1.** morveux, -euse. ∥ *s. m. y f.* **2.** (niño, chaval) gamin, -ne; morveux, -euse. **3.** (niñato) blanc-bec *m.*

moda [móða] *s. f.* mode. ∥ **de ~** à la mode.

modales [moðáles] *s. m. pl.* (maneras) manières *f.*; façons *f.*; formes *f.*

modelar [moðelár] *v. tr.* modeler.

modelo [moðélo] *s. m. y f.* **1.** (de desfile) mannequin. **2.** (para artistas) modèle.
∥ *s. m.* **3.** modèle. ∥ *adj.* **4.** modèle.
5. (estándar) standard.

moderación [moðeraθjón] *s. f.* **1.** modération. **2.** mesure; retenue.

moderado, -da [moðeráðo] *adj. y s. m. y f.*
1. modéré, -ée. *adj.* **2.** (mesurado) mesuré, -ée.

moderador, -ra [moðeraðór] *adj. y s. m. y f.* modérateur, -trice.

moderar [moðeɾáɾ] *v. tr.* **1.** modérer. **2.** (templar) tempérer. **3.** (el ritmo, la velocidad) ralentir.

modernizar [moðeɾniθáɾ] *v. tr.* moderniser.

moderno, -na [moðéɾno] *adj.* moderne.

modestia [moðéstja] *s. f.* modestie.

modesto, -ta [moðésto] *adj.* modeste.

módico, -ca [móðiko] *adj.* modique.

modificación [moðifikaθjón] *s. f.* modification.

modificar [moðifikáɾ] *v. tr.* **1.** (modificar) modifier. **2.** (alterar, deteriorar) altérer. ‖ **modificarse** *v. pr.* **3.** s'altérer.

modismo [moðísmo] *s. m.* idiotisme.

modisto [moðísto] *s. m.* **1.** (creador de modas) couturier. **2.** (que dirige una casa de modas) couturière. **3.** (costurera) couturière.

modo [móðo] *s. m.* **1.** façon *f.*; manière *f.* **2.** (medio, procedimiento) moyen. **3.** Ling. mode. ‖ **de cualquier ~ que ~ de esta ~ de la sorte. ~ de que** de manière que. **de ningún ~** absolument pas, point du tout. **de otro ~** en quelque sorte, autrement.

modorra [moðóra] *s. f.* **1.** (sueño pesado) sommeil pesant. **2.** (sopor) assoupissement *m.*

modular¹ [moðuláɾ] *v. tr. e intr.* **1.** (adaptar) moduler. **2.** (sonidos) moduler.

modular² [moduláɾ] *adj.* modulaire.

módulo [móðulo] *s. m.* module.

mofa [mófa] *s. f.* **1.** raillerie; moquerie. **2.** (colectiva) risée.

mofeta [moféta] *s. f.* Zool. mouffette.

moflete [mofléte] *s. m. fam.* grosse joue.

mogollón [moɣoʎón] *s. m. fam.* **1.** (masa, gentío) foule *f.* **2.** (lío) pagaille *f.* ‖ *adv. fam.* **3.** beaucoup [le gusta mogollón. Ce/la lui plaît beaucoup.] ‖ **un ~ de** plein de.

---

mohín [moín] *s. m.* grimace *f.*; moue *f.*

moho [móo] *s. m.* moisissure *f.*

mojar [moxáɾ] *v. tr.* **1.** (empapar de agua) mouiller; tremper. **2.** (humedecer) humecter. **3.** (en la salsa) tremper.

mojigato, -ta. [moxiɣáto] *adj. y s. m. y f.* **1.** hypocrite. **2.** (falso beato) bigot, -te.

mojón [moxón] *s. m.* borne *f.*

molar¹ [moláɾ] *adj.* molaire.

molar² [moláɾ] *v. intr. fam.* brancher.

molde [mólde] *s. m.* **1.** moule. **2.** *fig.* (modelo) modèle. ‖ **sacar un ~ prendre un** moulage.

moldear [moldeáɾ] *v. tr.* mouler.

moldura [moldúɾa] *s. f.* moulure.

mole [móle] *s. f.* (masa) masse.

molécula [molékula] *s. f.* molécule.

moler [moléɾ] *v. tr.* **1.** moudre. **2.** (triturar) broyer, concasser, triturer. **3.** *fam.* (agotar, cansar) éreinter. ‖ **~ a palos** rouer de coups, bourrer de coups, assommer.

molestar [molestáɾ] *v. tr.* **1.** (fastidiar, dar la lata) gêner, déranger, ennuyer [Él me molesta. *Il m'ennuie*]. **2.** (irritar, contrariar) agacer. ‖ (estorbar) encombrer, embarrasser. ‖ (ofender) piquer. ‖ **molestarse** *v. pr.* **5.** (enfadarse) se fâcher. **6.** (tomarse la molestia) se déranger; se gêner.

molestia [moléstja] *s. f.* **1.** (fastidio) ennui *m.*; embêtement *m. fam.* **2.** (trastorno, preocupación) dérangement. **3.** (inconveniente, incomodidad) incommodité. **4.** *fig.* (carga, lastre) charge. **5.** (malestar físico, dificultad) gêne. ‖ **molestias** *s. f. pl.* **6.** (de salud) troubles légers. ‖ **ser una ~** être ennuyeux; gêner [Si no es una molestia. *Si cela ne vous gêne pas*]. **tomarse la ~** (esforzarse) se donner de la peine. ‖ (por amabilidad) se déranger; se gêner.

MOLESTO - MONÓTONO

molesto, -ta [molésto] *adj.* **1.** (fastidioso, desagradable) fâcheux, -euse; gênant, -te; désagréable. **2.** (irritante) agaçant, -te. **3.** (pesado, latoso) ennuyeux, -euse; assommant, -te. **4.** (obstáculo) encombrant, -te. **5.** (incómodo) incommode. **6.** (enfadado, incomodado) embêté, -ée; gêné, -ée.

molinero, -ra [molinéro] *s. m. y f.* meunier, -ière.

molinillo [moliníʎo] *s. m.* **1.** (electrodoméstico) moulin. **2.** (juguete) moulinet.

molino [molíno] *s. m.* moulin.

mollera [moʎéra] *s. f., fig.* (seso) cervelle.

molusco [molúsko] *s. m., Zool.* mollusque.

momentáneo, -a [momentáneo] *adj.* momentané, -ée.

momento [moménto] *s. m.* moment. ‖ **en el ~ en que** au moment où; quand. **en ese ~** alors.

momia [mómja] *s. f.* momie.

mona [móna] *s. f.* **1.** (hembra del mono) guenon. **2.** *fam.* (borrachera) cuite. ‖ **dormir la ~** cuver son vin.

monada [monáða] *s. f.* (objeto bonito) jolie chose. ‖ **ser una ~** *fam.* être mignon; être joli.

monaguillo [monaɣíʎo] *s. m.* enfant de chœur.

monarca [monárka] *s. m.* monarque.

monarquía [monarkía] *s. f.* monarchie.

monasterio [monastérjo] *s. m.* monastère.

monda [mónda] *s. f.* **1.** (al pelar la verdura y las hortalizas) épluchure. **2.** (de algunas frutas) peau. **3.** (de la naranja, de la patata) pelure. ‖ **es la ~** (es el colmo) c'est le comble. | (es de risa) c'est tordant.

mondadientes [mondaðjéntes] *s. m.* (palillo) cure-dents.

mondar [mondár] *v. tr.* **1.** (dejar limpio) nettoyer. **2.** (árboles) tailler. **3.** (frutos) éplucher. **4.** (frutas y verduras) peler. ‖ **mondarse** *v. pr.* **5.** *fam.* (de risa) se tordre; rire aux éclats.

moneda [monéða] *s. f.* **1.** monnaie. **2.** (pieza) pièce de monnaie; pièce.

monedero [moneðéro] *s. m.* porte-monnaie *inv.*

monería [monería] *s. f.* **1.** (de mono) singerie. **2.** (objeto bonito) jolie chose. **3.** (zalamería) flatterie.

mongólico, -ca [moŋɡóliko] *adj.* **1.** (de los mongoles) mongolique. **2.** (de Mongolia) mongol, -le. ‖ *adj. y s. m. y f.* **3.** (con mongolismo) mongolien, -enne.

monigote [moniɣóte] *s. m.* **1.** (muñeco ridículo) polichinelle. **2.** (dibujo de niño) bonhomme. **3.** *fam.* (persona sin voluntad) pantin.

monitor, -ra [monitór] *s. m. y f.* **1.** (en campamento o colonias) moniteur, -trice. **2.** (entrenador) moniteur, -trice [Monitor de esquí. *Moniteur de ski.*]

monja [móŋxa] *s. f.* religieuse; sœur.

monje [móŋxe] *s. m.* moine.

mono, -na [móno] *adj.* **1.** *fam.* joli, -ie; mignon, -onne. ‖ *s. m. y f.* **2.** *Zool.* singe. ‖ *s. m.* **3.** (traje de faena) bleu.

monólogo [monóloɣo] *s. m.* monologue.

monopatín [monopatín] *s. m.* skate-board *angl.*; planche à roulettes.

monopolio [monopóljo] *s. m.* monopole.

monopolizar [monopoliθár] *v. tr.* monopoliser.

monosílabo, -ba [monosílaβo] *adj. y s. m. y f.* monosyllabe *m.*

monotonía [monotonía] *s. f.* monotonie.

monótono, -na [monótono] *adj.* monotone.

monstruo [mõnstwo] *s. m.* monstre.

monstruoso, -sa [monstrwoso] *adj.* monstrueux, -euse.

montacargas [montakárɣas] *s. m.* (ascensor) monte-charge.

montador, -ra [montaðór] *s. m. y f.* **1.** (obrero, técnico) monteur, -euse. **2.** *Cine* monteur, -euse.

montaje [montáxe] *s. m.* **1.** *Mec* montage. **2.** *Cinem. y Teatr* (realización) mise en scène. **3.** *Cinem* (material de la película) montage. **4.** (organización) mise sur pied. **5.** (invención) complot, invention.

montante [montánte] *s. m.* montant.

montaña [montáɲa] *s. f.* montagne.

montañero, -ra [montaɲéro] *adj.* **1.** (de la montaña) montagnard, -de. || *adj. y s. m. y f.* **2.** alpiniste; grimpeur, -euse.

montañismo [montaɲísmo] *s. m.* alpinisme; escalade *f*.

montañoso, -sa [montaɲóso] *adj.* montagneux, -euse.

montar [montár] *v. intr.* **1.** monter. || **montarse** *v. pr.* chevaucher, empiéter.

monte [mónte] *s. m.* **1.** mont. **2.** (montaña) montagne. || **~ bajo** taillis; **~ de piedad** mont-de-piété.

montículo [montíkulo] *s. m.* monticule.

montón [montón] *s. m.* **1.** monceau; tas; amas; masse *f*. **2.** (mucho) tas || **Un montón de años.** Des tas d'années.

montura [montúra] *s. f.* **1.** (animal que se monta) monture. **2.** (arneses) harnais *m.* **3.** (engaste) monture.

monumental [monumentál] *adj.* monumental, -le.

monumento [monuménto] *s. m.* monument.

moño [móɲo] *s. m.* chignon.

moquero [mokéro] *s. m. fam.* mouchoir.

moqueta [mokéta] *s. f.* moquette.

mora [móra] *s. f. Bot* mûre.

morada [moráða] *s. f.* **1.** (casa) maison; demeure. **2.** (temporal) séjour *m.*

morado, -da [moráðo] *adj.* violet, -ette.

moral [morál] *adj.* **1.** moral, -le. || *s. m.* **2.** *Bot* mûrier. || *s. f.* **3.** (reglas, costumbres) morale. **4.** (moralidad) moralité. **5.** (ánimo) moral *m.*

moraleja [moraléxa] *s. f.* morale.

moralidad [moraliðáð] *s. f.* moralité.

moralina [moralína] *s. f. fam.* morale; prêchi-prêcha *m.*

morar [morár] *v. intr.* habiter, demeurer.

morboso, -sa [morβóso] *adj.* **1.** *Med* (relativo a la enfermedad) maladif, -ive. **2.** (atractivo malsano) morbide.

morcilla [morθíʎa] *s. f.* boudin *m.*

mordaz [morðáθ] *adj.* **1.** mordant, -te. **2.** *fig.* (duro) acerbe; piquant, -te. **3.** (punzante) cuisant, -te.

mordaza [morðáθa] *s. f.* bâillon *m.*

mordedura [morðeðúra] *s. f.* morsure.

morder [morðér] *v. tr.* **1.** mordre. **2.** (una serpiente) piquer. || *v. intr.* **3.** mordre. **4.** (el anzuelo) mordre.

mordisco [morðísko] *s. m.* morsure *f.*

mordisquear [morðiskeár] *v. tr.* (morder) mordiller.

moreno, -na [moréno] *adj.* **1.** (pelo, ojos) brun, -ne. **2.** (broncedo) bronzé, -ée. **3.** (curtido) tanné, -ée. **4.** (azúcar) brun, -ne. || **ponerse ~** (la piel) brunir; bronzer.

morfema [morféma] *s. m. Ling.* morphème.

morfología [morfoloxía] *s. f.* morphologie.

moribundo, -da [moriβúndo] *adj. y s. m. y f.* morbond, -de; mourant, -te.

MORIR - MOTO

morir [morír] *v. intr.* **1.** mourir. ‖ **morirse** *v. pr.* **2.** mourir. **3.** *fig.* crever [Morirse de hambre, de aburrimiento, de calor. *Crever de faim, d'ennui, de chaleur.*]

moro, -ra [móro] *adj.* **1.** maure. **2.** (arte) mauresque. ‖ *s. m. y f.* **3.** Maure.

moroso, -sa [moróso] *adj.* retardataire.

morral [morál] *s. m.* gibecière.

morriña [moríɲa] *s. f., fam.* (nostalgia) mal du pays.

morro [móro] *s. m.* **1.** (de animal) mufle. **2.** *fam.* (caradura) culot. ‖ **morros** *s. m. pl.* **3.** *Gastr.* museau *sing.* [Morros de cerdo, de ternera. *Museau de porc, de veau.*] ‖ **estar de morros** faire la lippe; bouder. **poner morros** faire la lippe; faire la moue.

morsa [mórsa] *s. f., Zool.* morse *m.*

morse [mórse] *s. m.* morse.

mortadela [mortaðéla] *s. f.* mortadelle.

mortaja [mortáxa] *s. f.* **1.** linceul *m.;* suaire *m.* **2.** *Tecnol.* mortaise.

mortal [mortál] *adj. y s. m. y f.* **1.** mortel, -elle. ‖ *adj.* **2.** meurtrier, -ière [Golpe mortal, arma mortal. *Coup meurtrier, arme mortrière.*]

mortalidad [mortaliðáð] *s. f.* mortalité.

mortandad [mortandáð] *s. f.* mortalité.

mortero [mortéro] *s. m.* **1.** (almirez) mortier. **2.** (argamasa) mortier.

mortífero, -ra [mortífero] *adj.* **1.** (que mata) meurtrier, -ière [Golpe mortífero, arma mortífera. *Coup meurtrier, arme meurtrière.*] **2.** (que causa la muerte) mortifère [Veneno mortífero, virus mortífero. *Venin mortifère, virus mortifère.*]

mortificar [mortifikár] *v. tr.* mortifier.

mortuorio, -ria [mortwórjo] *adj.* mortuaire.

mosaico [mosájko] *s. m.* mosaïque *f.*

mosca [móska] *s. f.* mouche.

moscardón [moskarðón] *s. m.* **1.** mouche bleue; mouche de la viande. **2.** *fig.* raseur, -euse; casse-pieds *inv.*

moscatel [moskatél] *adj. y s. m.* muscat, -te [Uva moscatel. *Raisin muscat.*]

moscón [moskón] *s. m.* **1.** (moscardón) mouche bleue. **2.** (pesado) casse-pieds.

mosquear [moskeár] *v. tr.* **1.** (enfadar) piquer. **2.** (hacer sospechar) mettre la puce à l'oreille. ‖ **mosquearse** *v. pr.* **3.** *fig.* se piquer. **4.** (sospechar) avoir la puce à l'oreille.

mosquetero [mosketéro] *s. m.* mousquetaire.

mosquitero [moskitéro] *s. m.* moustiquaire.

mosquito [moskíto] *s. m.* moustique.

mostaza [mostáθa] *s. f.* moutarde.

mosto [mósto] *s. m.* moût.

mostrador, -ra [mostraðór] *s. m.* comptoir.

mostrar [mostrár] *v. tr.* **1.** montrer. ‖ **mostrarse** *v. pr.* **2.** se montrer. **3.** paraître.

mota [móta] *s. f.* **1.** (montículo) monticule *m.* **2.** (partícula) particule. **3.** (manchita) tache (petite).

mote [móte] *s. m.* sobriquet; surnom.

motel [motél] *s. m.* motel.

motín [motín] *s. m.* **1.** (de tropas) mutinerie *f.* **2.** (popular) émeute *f.*

motivar [motiβár] *v. tr.* **1.** (causar) donner lieu à; motiver. **2.** (dar una motivación) motiver. **3.** (explicar los motivos) justifier.

motivo [motíβo] *s. m.* **1.** (dibujo) motif. **2.** (razón) motif; cause *f.;* raison *f.* [El motivo de su tristeza. *La raison de sa tristesse.*] ‖ **con ~ de** à l'occasion de. **dar ~ a** donner prise à; prêter à.

moto [móto] *s. f.* moto.

MOTOCICLETA - MUERTO

motocicleta [motoθikléta] s.f. moto.
motocross [motokrós] s.m. motocross.
motor, -ra [motór] adj. 1. moteur, -trice. ‖ s.m. 2. moteur. • Il existe aussi la forme du féminin "motriz".
motorista [motorísta] s.m. y f. motocycliste.
mousse [mús] s.f. mousse.
movedizo, -za [moβeðíθo] adj. mouvant, -te. [Arenas movedizas. Sables mouvants].
mover [moβér] v. tr. 1. bouger [Mover la cabeza. Bouger la tête]. 2. (dar movimiento) mouvoir [Mover la cabeza. Bouger la tête]. 3. (cambiar de posición) remuer; ébranler. 4. fig. (impulsar) pousser. 5. (la curiosidad) piquer. 6. (pieza en el ajedrez) jouer. ‖ **moverse** v. pr. 7. bouger. 8. (agitarse) remuer; s'agiter. 9. (desplazarse) marcher.
movible [moβíβle] adj. mobile.
móvil [móβil] adj. y s.m. mobile.
movilizar [moβiliθár] v. tr. mobiliser.
movimiento [moβimjénto] s.m. 1. mouvement. 2. (de los astros) marche f. 3. (entre dos piezas unidas) jeu. ‖ (jugada) **dar ~ coup**. ‖ **poner en ~** actionner.
mozambiqueño, -ña [moθambikéɲo] adj. 1. mozambicain, -ne. ‖ s.m. y f. 2. Mozambicain, -ne.
mozo, -za [móθo] s.m. 1. (muchacho) gars. 2. (joven) jeune homme. 3. (de equipajes) porteur. ‖ **moza** s.f. 4. (muchacha) fille; jeune fille.
muchacho, -cha [mutʃátʃo] s.m. y f. 1. enfant. ‖ s.m. 2. (niño) petit garçon. 3. (joven, chico) jeune homme; garçon. ‖ **muchacha** s.f. 4. (niña) petite fille. 5. (joven, chica) jeune fille; fille. 6. (sirvienta) bonne.
muchedumbre [mutʃeðúmbre] s.f. foule.
mucho, -cha [mútʃo] adj. indef. 1. beaucoup de. ‖ pron. indef. 2. [No he visto muchas. Je n'en ai pas beaucoup vu]. ‖ adv. 3. beaucoup. 4. très [Hace mucho calor. Il fait très chaud]. ‖ **muchos, -chas** adj. indef. pl. 5. maints, -tes; beaucoup de. ‖ **muchos, -chas** pron. indef. 6. en ... beaucoup. ‖ **~ más** beaucoup plus. ‖ **ni ~ menos** loin de là. ‖ **no ~** pas beaucoup. ‖ (no demasiado) **pas trop**. ‖ **por ~ que** avoir beau [No conseguirá nada por mucho que insista. Il a beau insister, il n'arrivera rien].
mucosidad [mukosiðáð] s.f. mucosité.
muda [múða] s.f. 1. linge de rechange. 2. (de los animales, de la voz) mue.
mudanza [muðánθa] s.f. 1. cambio de residencia) déménagement m. 2. (instalación en una casa) emménagement m. ‖ **hacer ~** déménager.
mudar [muðár] v. tr. 1. (cambiar de lugar) déplacer. 2. (la voz) muer. ‖ **mudarse** v. pr. 3. (de ropa) se changer. 4. (de domicilio) déménager.
mudo, -da [múðo] adj. y s.m. y f. muet, -ette.
mueble [mwéβle] s.m. meuble.
mueca [mwéka] s.f. grimace; moue.
muela [mwéla] s.f. 1. (piedra) meule. 2. (diente) molaire. ‖ **~ del juicio** dent de sagesse.
muelle [mwéʎe] s.m. 1. (de un andén, de un puerto) quai. 2. (malecón) jetée f. 3. Mec. (resorte) ressort. 4. (espiral) boudin, ressort à boudin; spiral f.
muérdago [mwérðaɣo] s.m. Bot. gui.
muerte [mwérte] s.f. mort.
muerto, -ta [mwérto] adj. y s.m. y f. 1. mort, -te. ‖ adj. 2. fig. (exhausto) cre-

MUESCA - MURMULLO

muestra [mwéstra] *s. f.* 1. (de mercancía) échantillon *m.* 2. (para un análisis) prélèvement *m.* 3. (exhibición) montre. 4. *fig.* (indicio) signe *f.* 5. (expresión) témoignage *m.* ∥ **dar muestras de** faire preuve de, **feria de muestras** foire-exposition.

muestrario [mwestrárjo] *s. m.* 1. (muestras) échantillonnage. 2. (expuesto) étalage.

mugido [muxíðo] *s. m.* mugissement; meuglement.

mugir [muxír] *v. intr.* mugir; beugler.

mugre [múyre] *s. f.* crasse; saleté.

mugriento, -ta [muyrjénto] *adj.* crasseux, -euse.

mujer [muxér] *s. f.* 1. femme. 2. (esposa) femme; épouse.

mula [múla] *s. f.* mule.

mulato, -ta [muláto] *adj. y s. m. y f.* mulâtre, -tresse.

muleta [muléta] *s. f.* 1. béquille. 2. *Taur.* muleta.

muletilla [muletíʎa] *s. f.* 1. *Taur.* muleta. 2. *fig.* refrain *m.* rengaine. 3. (palabra inútil) cheville; formule de remplissage.

mullido, -da [muʎíðo] *adj.* 1. (blando) moelleux, -euse. 2. (blando y cómodo) douillet, -ette.

mulo [múlo] *s. m.* mulet.

multa [múlta] *s. f.* amende; contravention. ∥ **Poner una multa.** *Dresser une contravention.*

multar [multár] *v. tr.* condamner à une amende.

multicolor [multikolór] *adj.* multicolore.

multicopista [multikopísta] *s. f.* machine à polycopier.

multiforme [multifórme] *adj.* multiforme.

multimillonario [multimiʎonárjo] *adj. y s. m. y f.* milliardaire.

multinacional [multinaθjonál] *adj.* multinational, -le.

múltiple [múltiple] *adj.* multiple.

multiplicación [multiplikaθjón] *s. f.* multiplication.

multiplicar [multiplikár] *v. tr.* 1. multiplier. ∥ **multiplicarse** *v. pr.* 2. se multiplier.

múltiplo [múltiplo] *s. m.* *Mat.* multiple.

multitud [multitúð] *s. f.* multitude.

mundano, -na [mundáno] *adj. y s. m. y f.* mondain, -ne.

mundial [mundjál] *adj.* mondial, -le.

mundo [múndo] *s. m.* monde.

munición [muniθjón] *s. f.* munition.

municipal [muniθipál] *adj.* 1. (administrativo) municipal, -le. 2. (en Francia, relativo al municipio) communal, -le.

municipio [muniθípjo] *s. m.* 1. (término municipal) municipalité *f.* 2. (conjunto de vecinos) communauté *f.*

muñeca [muɲéka] *s. f.* 1. *Anat.* poignet *m.* 2. (muñeco) poupée.

muñeco [muɲéko] *s. m.* poupée *f.*

muñequera [muɲekéra] *s. f.* (protección) poignet de force.

muñón [muɲón] *s. m.* moignon.

mural [murál] *adj.* 1. mural, -le. ∥ *s. m.* 2. (fresco) fresque *f.*

muralla [muráʎa] *s. f.* 1. muraille. ∥ **murallas** *s. f. pl.* 2. remparts *m.*

murciélago [murθjélaɣo] *s. m.* *Zool.* chauve-souris *f.*

murmullo [murmúʎo] *s. m.* 1. murmure. 2. (zumbido) bourdonnement.

vé, -ée [Muerto de cansancio, mueto de hambre. *Crevé de fatigue, crevé de faim.*]

muesca [mwéska] *s. f.* 1. *Tecnol.* (donde se encaja una pieza) mortaise; encoche. 2. (incisión) entaille. 3. (de una llave, de un mecanismo) cran *m.*

MURMURACIÓN - MUY

murmuración [murmuraθjón] *s. f.* médisance.

murmurar [murmurár] *v. tr. e intr.* **1.** murmurer; susurrer. **2.** (musitar) marmotter. **3.** (criticar) médire de. **4.** (el arroyo, los pájaros) gazouiller.

muro [múro] *s. m.* mur.

musa [músa] *s. f.* muse.

musaraña [musaráɲa] *s. f.* musette.

muscular [muskulár] *adj.* musculaire.

músculo [múskulo] *s. m. Anat.* muscle.

musculoso, -sa [muskulóso] *adj.* (fuerte) musclé, -ée; musculeux, -euse.

muselina [muselína] *s. f.* mousseline.

museo [muséo] *s. m.* **1.** musée. **2.** (de Historia Natural) muséum.

musgo [músyo] *s. m. Bot.* mousse *f.*

música [músika] *s. f.* musique.

musical [musikál] *adj.* musical, -le.

músico, -ca [músiko] *adj. y s. m. y f.* musicien, -enne.

musitar [musitár] *v. tr. e intr.* marmotter, susurrer.

muslo [múslo] *s. m. Anat.* cuisse *f.*

mustio, -tia [mústjo] *adj.* **1.** (triste, sombrío) triste; morne. **2.** (una flor) fané, -ée.

musulmán, -mana [musulmán] *adj. y s. m. y f.* musulman, -ne.

mutante [mutánte] *adj.* mutant, -e.

mutilación [mutilaθjón] *s. f.* mutilation.

mutilar [mutilár] *v. tr.* **1.** mutiler. **2.** (amputar) amputer. **3.** *fig.* tronquer, truncar.

mutismo [mutísmo] *s. m.* mutisme.

mutuo, -tua [mútuwo] *adj.* **1.** mutuel, -elle. **2.** (recíproco) réciproque. ‖ **mutua** *s. f.* **3.** (mutualidad) mutuelle [Mutua de seguros. *Mutuelle d'assurances*].

muy [mwi] *adv.* très.

254

N

n [ene] s.f n m.

nabo [naβo] s. m. *Bot.* navet.

nacar [nakar] s. m. nacre f.

nacer [naθer] v. intr. **1.** naître. **2.** (las plantas) pousser. **3.** (pelo, dientes) pousser [le ha nacido pelo. *Ses cheveux ont poussé*]. **4.** (un río) prendre source. **5.** (el día) se lever. **6.** *fig.* venir au monde. *Ateugle-né.*

nacido, -da [naθiðo] adj. né, -ée. || **recién ~** nouveau-né, -ée.

nacimiento [naθimjento] s. m. **1.** naissance f. **2.** (adorno de Navidad) crèche f. || **de ~** -ée [Ciego de nacimiento.

nación [naθjon] s.f. nation.

nacional [naθjonal] adj. national, -e.

nacionalidad [naθjonaliðað] s.f. nationalité.

nacionalismo [naθjonalismo] s. m. nationalisme.

nacionalista [naθjonalista] adj. y s. m. y f. nationaliste.

nacionalizar [naθjonaliθar] v. tr. (estatalizar) nationaliser, étatiser.

nada [naða] s.f. **1.** néant m. [La nada es asustadiza. *Le néant fait peur*]. || *pron. indef.* **2.** rien [No ha añadido nada. *Il n'a rien ajouté*]. || *adv.* (enfático) **3.** (en absoluto) pas du tout, point du tout [No es nada agradable. *Ce n'est pas agréable du tout*]. || **¡de eso ~!** pas question! **de ~** de rien. **~ de** point de; pas du tout [No tiene nada de entusiasmo. *Elle n'a pas d'en-thou-siasme*]. | (+adj.) **rien de** [Eso no tiene nada de bueno. *Cela n'a rien de bon*] | pas question de [¡Nada de quejas! *Pas question de se plaindre!*] **~ de ~** rien du tout. **~** (+infinitivo) à peine [Nada más salir. *À peine sorti*] **~ más que** rien más que cela. **pues ~** *fam.* [Pues nada, vámonos. *Bon ben, partons*].

nadador, -ra [naðaðor] adj. y s. m. y f. nageur, -euse.

nadar [naðar] v. intr. nager [Nadar a braza. *Nager la brasse*].

nadie [naðje] *pron. indef.* **1.** personne [No hay nadie. *Il n'y a personne*]. || s. m. **2.** *fig.* rien (persona insignificante) [No ser nadie. *N'être rien*]. || **un don ~** un rien du tout.

nado [naðo] s. m. nage f. || **a ~** à la nage

naftalina [naftalina] s.f. naphtaline [Bolas de naftalina. *Boules de naphtaline*].

naipe [najpe] s. m. carte f. (à jouer).

nailon o nylon [najlon] s. m. nylon.

nalga [nalɣa] s.f. **1.** fesse. || **nalgas** s.f.pl. **2.** fesses; séant m. sing.

nana [nana] s.f. berceuse.

napia o napias [napja] s.f. *fam.* pif m; blair m; truffe.

napolitana [napolitana] s.f. pain au chocolat.

naranja [naraŋxa] s.f. **1.** orange. || *adj.* **2.** orange *inv.*

naranjada [naraŋxaða] s.f. orangeade.

naranjo [naraŋxo] s. m. *Bot.* oranger.

narciso [narθiso] s. m. *Bot.* narcisse.

narcótico, -ca [narkotiko] adj. y s. m. *Med.* narcotique.

narcotráfico [narkotrafiko] s. m. trafic des stupéfiants; trafic de drogue.

nardo [narðo] s. m. *Bot.* nard.

nariz [nariθ] s.f. **1.** (humana) nez m. **2.** (orificio nasal) narine. || **estar hasta las narices** en avoir marre; en avoir ras-le-bol.

narración [naraθjon] s.f. (relato) narration, récit m.

narrador, -ra [naraðor] *s. m. y f.* 1. (de cuentos) narrateur, -trice. 2. (en un relato) narrateur, -trice.

narrar [narár] *v. tr.* raconter.

narrativa [naratíβa] *s. f.* littérature narrative.

nasal [nasál] *adj.* nasal, -e.

nata [náta] *s. f.* crème.

natación [nataθjón] *s. f.* Dep. natation.

natal [natál] *adj.* natal, -e.

natalidad [nataliðáð] *s. f.* natalité.

natillas [natíʎas] *s. f. pl.* crème renversée.

nativo, -va [natíβo] *adj. y s. m. y f.* 1. natif, -ive. ‖ *adj.* 2. d'origine [Nativo de Grecia, nativo griego. D'origine grecque].

natural [naturál] *adj.* 1. naturel, -elle. 2. originaire [Natural de Toledo. Originaire de Tolède]. ‖ *adv.* 3. (por supuesto) naturellement. ‖ **al ~ nature** [Fresas al natural. Fraises nature]. **tamaño ~** grandeur nature.

naturaleza [naturaléθa] *s. f.* nature.

naturalidad [naturaliðáð] *s. f.* (lenguaje, gestos) naturel *m.*; simplicité [Actuar con naturalidad. Se comporter avec naturel].

naturalizar [naturaliθár] *v. tr.* naturaliser.

naufragar [nawfraɣár] *v. intr.* 1. faire naufrage. 2. (un barco entero) périr. 3. *fig.* (un negocio) échouer.

naufragio [nawfráxjo] *s. m.* naufrage.

náusea [náwsea] *s. f.* 1. nausée. ‖ **náuseas** *s. f. pl.* 2. nausées; haut-le-cœur *m. sing.*; soulèvement de cœur.

nauseabundo, -da [nawseaβúndo] *adj.* nauséabond, -e.

náutico, -ca [náwtiko] *adj.* 1. nautique [Carta náutica. Carte marine]. 2. marin, -ne. ‖ **náutica** *s. f.* 1. nautique.

navaja [naβáxa] *s. f.* 1. canif *m.*; couteau suisse. 2. (de bolsillo) couteau de poche. ‖ **~ de afeitar** rasoir *m.* (du barbier).

navajero [naβaxéro] *s. m.* (qui porte un couteau) malfaiteur, filou, brigand.

naval [naβál] *adj.* naval, -e.

nave [náβe] *s. f.* 1. vaisseau *m.* 2. Arq. (de iglesia) nef. 3. (industrial) hangar *m.* ‖ **~ espacial** vaisseau spatial, astronef *m.*

navegable [naβeɣáβle] *adj.* navigable.

navegación [naβeɣaθjón] *s. f.* navigation.

navegante [naβeɣánte] *s. m. y f.* navigateur, -trice.

navegar [naβeɣár] *v. intr.* naviguer, voguer.

Navidad [naβiðáð] *s. f.* 1. (natividad) Nativité. 2. (Navidades) Noël *m.* [En Navidad. À Noël].

navideño, -ña [naβiðéɲo] *adj.* de Noël.

navío [naβío] *s. m.* navire.

neblina [neβlína] *s. f.* brouillard *m.*; brume (bruma).

necedad [neθeðáð] *s. f.* sottise; bêtise; ineptie.

necesario, -ria [neθesárjo] *adj.* nécessaire.

neceser [neθesér] *s. m.* (de aseo, de costura) nécessaire; trousse *f.*

necesidad [neθesiðáð] *s. f.* 1. (carácter de lo necesario) nécessité. 2. (natural, de dinero) besoin *m.* ‖ **necesidades** *s. f. pl.* 3. besoins *m.* [Hacer sus necesidades. Faire ses besoins]. ‖ **en caso de ~** au besoin.

necesitado, -da [neθesitáðo] *adj. y s. m. y f.* nécessiteux, -euse; pauvre. ‖ **~ de** à court de.

necesitar [neθesitár] *v. intr.* 1. (sentir la necesidad o la falta) avoir besoin de [Necesito descanso. J'ai besoin de repos]. 2. (ser necesario) falloir [Necesito ayuda. Il me faut de l'aide]. 3. (requerir, exigir) nécessiter [El banco necesita una garantía. La banque nécessite une garantie].

necio, -cia [néθjo] *adj. y s. m. y f.* sot, -otte, inepte.

néctar [nektár] *s. m.* nectar.

nectarina [nektarína] *s. f.* nectarine.

nefasto, -ta [nefásto] *adj.* néfaste, fatal, -e.

negación [neɣaθjón] *s. f.* 1. négation. 2. (rechazo) refus *m.*

negado, -da [neɣáðo] *adj.* (desastroso) nullité *f.*; nul, -ulle.

negar [neɣár] *v. tr.* 1. (desmentir) démentir. 2. nier. 3. (denegar) désavouer, dénier. 4. (no dar, no conceder) refuser. || **negarse a** refuser de.

negativa [neɣatíβa] *s. f.* 1. (repulsa) refus *m.* 2. (negación) négation.

negativo, -va [neɣatíβo] *adj.* 1. négatif, -ive. || *s. m.* 2. Fot. négatif; cliché.

negligencia [neɣliχénθja] *s. f.* 1. négligence. 2. (distracción) distraction. 3. (abandono, descuido) abandon *m.*

negligente [neɣliχénte] *adj. y s. m. y f.* négligent, -e.

negociar [neɣoθjár] *v. tr. e intr.* 1. négocier. 2. *Econ.* (hacer negocios) faire du commerce.

negocio [neɣóθjo] *s. m.* 1. affaire *f.* 2. fonds de commerce (Traspasar un negocio. *Céder un fonds de commerce.*) || **hacer negocios** faire du commerce || **negocios** *s. m. pl.* 3. (business) affaires *f.*; **hombre de negocios** homme d'affaires.

negrita [neɣríta] *s. f.*, *impr.* caractère gras.

negro, -gra [néɣro] *adj.* 1. noir, -re. 2. (moreno del sol) brun, -ne. || *s. m. y f.* 3. (persona de raza negra) noir, -re; nègre, -égresse *péj.* || *s. m.* 4. (color) noir. 5. (oscuridad) noirceur *f.*; noir. 6. *fig. y fam.* (persona explotada profesionalmente) nègre. || **estar ~** *fig. y fam.* être furieux.

negruzco, -ca [neɣrúθko] *adj.* noirâtre.

nene, -na [néne] *s. m. y f.* 1. bébé *m.*; poupon *m.* 2. mon petit.

nervio [nérβjo] *s. m.* 1. *Med.* nerf. 2. (de la carne) tirant. || **ataque de nervios** crise de nerfs; **poner los nervios de punta** taper sur les nerfs.

nerviosismo [nerβjosísmo] *s. m.* nervosité *f.*

nervioso, -sa [nerβjóso] *adj.* 1. nerveux, -euse. 2. (irritado) énervé, -ée. || **poner ~** énerver.

neto, -ta [néto] *adj.* net, -ette. || **en ~** (en limpio) net (Quedan en neto 40 kilos. *Il reste net 40 kilos.*)

neumático, -ca [newmátiko] *adj.* 1. pneumatique. || *s. m.* 2. *Med.* pneu.

neumonía [newmonía] *s. f.* *Med.* pneumonie.

neutral [newtrál] *adj.* neutre (une nation).

neutralizar [newtraliθár] *v. tr.* neutraliser.

neutro, -tra [néwtro] *adj.* 1. (color) neutre. || *s. m.* 2. *Ling.* neutre.

nevada [neβáða] *s. f.* chute de neige.

nevado, -da [neβáðo] *adj.* 1. cubierto de nieve) enneigé, -ée; couvert de neige. 2. (tomado de nieve) neigeux, -euse.

nevar [neβár] *v. intr. e impers.* neiger (Nieva. *Il neige.*)

nevera [neβéra] *s. f.* 1. réfrigérateur *m.*; frigidaire *m.*; frigo *m.*, *fam.* 2. (portátil) glacière *f.*, *fig.* glacière.

ni [ni] *conj.* ni (Ni Ana ni Mónica debían venir. *Ni Anne ni Monique ne devaient venir.*) || **~ uno** pas un (Ni una vez. *Pas une fois.*)

nicaragüense [nikaraɣwénse] *adj.* 1. nicaraguayen, -enne. || *s. m. y f.* 2. Nicaraguayen, -enne.

nicho [nítʃo] *s. m.* niche *f.*

nicotina [nikotina] *s. f.* nicotine.

nidada [niðaða] *s. f.* couvée; nichée.

nido [niðo] *s. m.* nid.

niebla [njeβla] *s. f.* brouillard *m.*

nieto [njeto] *s. m.* 1. petit-fils. || **nieta** *s. f.* 2. petite-fille. || **nietos** *s. m. pl.* 3. (nieto y nieta) petits-enfants.

nieve [njeβe] *s. f.* neige.

ningún, -guna [ningun] *adj. indef.* aucun, -ne; pas du tout *fam.* [No tengo ningún medio. Je n'ai aucun moyen/Je n'ai pas de moyen du tout.] • **Ninguno** devient "ningún" devant *s. m. sing.*

ninguno, -na [ninguno] *pron. indef.* aucun, -ne [No venderemos ninguna. Nous n'en vendrons aucune.]

ninot [ninot] *s. m.* (mannequin brûlé aux fêtes valenciennes des "fallas") ninot; falla *f.*

niña [nina] *s. f.* (de los ojos) prunelle; pupille.

niñato, -ta [ninato] *s. m. y f.* (mocoso) blanc-bec *m.*

niñera [ninera] *s. f.* bonne d'enfant, nurse.

niñería [ninerja] *s. f.* enfantillage *m.*; momerie.

niñez [nineθ] *s. f.* enfance.

niño, -ña [nino] *s. m. y f.* 1. enfant. || *s. m.* 2. petit garçon, garçon. || **niña** *s. f.* 3. petite fille, fille. || ~ **de pecho** nourrisson.

niqui [niki] *s. m.* tee-shirt.

nitidez [nitiðeθ] *s. f.* netteté

nítido, -da [nitiðo] *adj.* net, -ette.

nitrógeno [nitroxeno] *s. m.* azote.

nivel [niβel] *s. m.* niveau. || **paso a ~** passage à niveau.

nivelar [niβelar] *v. tr.* 1. (el terreno) égaliser; aplanir, déblayer. 2. (aterrazar) terrasser. 3. (compensar un desequilibrio) corriger.

no [no] *adv.* 1. (negación absoluta) non [¿No quieres? – No. Tu n'en veux pas? – Non.] 2. (negación de verbo) ne... pas [No vino. Il n'est pas venu.] 3. (en algunos giros) ne; n' (delante de vocal o "h" muda) [Eso no quita que... Ça n'empêche que...] 4. *fam.* pas [No sé. Je sais pas.] 5. (enfático) point; ne... point [No quiere hablar. Il ne veut point parler.] 6. (confirmación negativa) si [No está usted contento, ¿no? Vous n'êtes pas content, si?] 7. (oposición o contraste) non pas [No bien, sino genial. Non pas bien, mais génial.] || **a ~ ser que** à moins que... ~ ... **más** ne ... plus [No bebió más. Il n'a plus bu.] ~... **más que** ne ... que [No he leído más que cuatro hojas. Je n'ai lu que quatre feuilles.] ~ **porque** non que [No porque no pueda sino porque no quiere. Non qu'il ne puisse pas, mais il ne veut pas.] ~ **sea que** à moins que • La phrase négative en français se fait avec "ne ... pas" colocado delante y detrás del verbo simple o de la primera parte del verbo compuesto.

noble [noβle] *adj. s. m. y f.* noble

nobleza [noβleθa] *s. f.* noblesse.

noche [notʃe] *s. f.* 1. nuit. 2. (primera hora de la noche) soir *m.* 3. (velada) soirée. || **buenas noches** bonsoir. | (al acostarse) bonne nuit. **hasta la ~** à ce soir. **mañana por la ~** demain soir. **por la ~** la nuit. **ser de ~** faire nuit [Era de noche. Il faisait nuit.]

Nochebuena [notʃeβwena] *s. f.* veille de Noël. || **cena de ~** réveillon *m.*

Nochevieja [notʃeβjexa] *s. f.* veille du Nouvel An, nuit de la Saint-Sylvestre. || **cena de ~** réveillon *m.*

noción [noθjon] *s. f.* notion.

NOCIVO - NOTICIA

nocivo, -va [noθíβo] *adj.* **1.** nocif, -ive. **2.** (perjudicial) nuisible; préjudiciable.

noctámbulo, -la [noktámbulo] *adj. y s. m. y f.* noctambule.

nocturno, -na [noktúrno] *adj.* **1.** nocturne. **2.** (durante la noche) de nuit [Vuelo nocturno, servicio nocturno. *Vol de nuit, service de nuit.*] ‖ *s. m.* **3.** Mús. nocturne.

nodriza [noðríθa] *s. f.* nourrice.

nogal [noɣál] *s. m., Bot.* noyer.

nómada [nómaða] *adj. y s. m. y f.* nomade.

nombrado, -da [nombráðo] *adj.* **1.** (designado, elegido) nommé, -ée. **2.** (famoso) fameux, -euse.

nombramiento [nombramjénto] *s. m.* nomination *f.*

nombrar [nombrár] *v. tr.* nommer.

nombre [nómbre] *s. m.* **1.** nom. **2.** (de pila) prénom. **3.** Ling. nom. ‖ **en ~ de** au nom de. **~ de pila** prénom.

nómina [nómina] *s. f.* (ficha de paga) fiche de paie; bulletin de salaire.

nominal [nominál] *adj.* nominal, -le.

nominativo, -va [nominatíβo] *adj. y s. m.* nominatif, -ive.

non [nón] *adj. y s. m., Mat.* (número) impair, -re [Jugar a pares o nones. *Jouer à pair ou impair.*]

nordeste [norðéste] *s. m.* nord-est.

nórdico, -ca [nórðiko] *adj. y s. m. y f.* **1.** (del norte de Europa) nordique. **2.** (del hemisferio norte) boréal, -le.

noria [nórja] *s. f.* **1.** (de agua) noria **2.** (en una feria) grande roue.

norma [nórma] *s. f.* **1.** norme; règle. **2.** (principio) principe *m.*

normal [normál] *adj.* normal, -le.

normativo, -va [normatíβo] *adj.* **1.** normatif, -ive. ‖ **normativa** *s. f.* **2.** réglementation; règlement *m.*; norme.

noroeste [noroéste] *s. m.* nord-ouest.

norte [nórte] *s. m.* nord [Al norte. *Au nord.*]

norteamericano, -na [norteamerikáno] *adj.* **1.** nord-américain, -ne; américain, -ne. ‖ *s. m. y f.* **2.** Nord-américain, -ne; Américain, -ne.

nos [nós] *pron. pers. 1ª p.* nous.

nosotros, -tras [nosótros] *pron. pers. 1ª pl.* **1.** nous. **2.** on (sujeto, en la lengua oral) [No tenemos de qué preocuparnos. *On n'a pas à s'inquiéter.*]

nostalgia [nostálxja] *s. f.* **1.** nostalgie. **2.** (del país natal) mal du pays.

nota [nóta] *s. f.* **1.** (observación escrita) note; annotation. **2.** (apunte) note. **3.** (observación) remarque. **4.** (dirigida a alguien) mot *m.* [Le voy a dejar una nota. *Je vais lui laisser un mot.*] **5.** (calificación cifrada) note. **6.** (en espagnol: aprobado, bien, notable o sobresaliente) mention (en francés: mention passable, assez bien, bien, très bien). **7.** (de pedido, de entrega) bon *m.* **8.** Mús. note. ‖ **dar la ~** se faire remarquer.

notable [notáβle] *adj.* **1.** (admirable, extraordinario) remarquable. **2.** (destacado) marquant, -te. **3.** (relevante) notable. ‖ *s. m.* **4.** (mention de 7-8 sur 10) assez bien (note de 12-14 sobre 20).

notar [notár] *v. tr.* **1.** (darse cuenta) remarquer; observer; noter. **2.** trouver [Le noto cansado. *Je le trouve fatigué.*] **3.** (sentir) sentir. ‖ **notarse** *v. pr.* **4.** (ser visible) se voir. ‖ **hacer ~** signaler; relever.

notario, -ria [notárjo] *s. m. y f.* notaire.

noticia [notíθja] *s. f.* **1.** nouvelle. **2.** (confidencial) tuyau. **3.** (parte) dépêche. ‖ **noticias** *s. m. pl.* **4.** (de la televisión o de la radio) journal *m. sing.*

NOTICIARIO - NUBLARSE

noticiario [notiθjárjo] *s. m.* **1.** (de la radio) bulletin d'informations; infos *f. pl.* **2.** (en el cine, en la televisión) actualités *f. pl.*

notificación [notifikaθjón] *s. f.* **1.** notification. **2.** *Der.* signification.

notificar [notifikár] *v. tr.* **1.** (informar) notifier; informer. **2.** *Der.* signifier; intimer.

notorio, -ria [notórjo] *adj.* notoire; connu, -ue.

novatada [noβatáða] *s. f.* **1.** (en los cuarteles y universidades) brimade. **2.** (en los colegios y universidades) bizutage *m.* ‖ **hacer novatadas** brimer.

novato, -ta [noβáto] *adj. y s. m. y f.* novice.

novecientos, -tas [noβeθjéntos] *adj. y pron.* (también s. m. inv.) neuf cents. • Sólo las centenas simples utilizan "cents": neuf cents; neuf cent vingt.

novedad [noβeðáð] *s. f.* **1.** nouveauté. **2.** (originalidad) originalité. **3.** (innovación) innovation. ‖ **sin ~** rien de nouveau.

novedoso, -sa [noβeðóso] *adj.* **1.** (reciente) nouveau, -elle; neuf, -euve. **2.** (original) extraordinaire; original, -le. **3.** (publicado) inédit, -te.

novel [noβél] *adj.* débutant, -te; nouveau, -elle; novice.

novela [noβéla] *s. f.* **1.** roman *m.* **2.** *fig.* (ficción) fiction. ‖ **~ corta** nouvelle.

novelesco, -ca [noβelésko] *adj.* **1.** (de la novela) romanesque. **2.** (fantasioso) romanesque; rêveur, -euse.

novelista [noβelísta] *s. m. y f.* romancier, -ière.

noveno, -na [noβéno] *adj. y pron.* **1.** (ordinal) neuvième. ‖ *adj. y s. m.* **2.** (fraccionario) neuvième.

noventa [noβénta] *adj. y pron.* **1.** quatre-vingt-dix. ‖ *s. m.* **2.** quatre-vingt-dix [Noventa y tres. *Quatre-vingt-treize.*]

noviazgo [noβjáθɣo] *s. m.* fiançailles *f. pl.* (période).

novicio, -cia [noβíθjo] *adj. y s. m. y f.* **1.** *Rel.* novice. **2.** (principiante, novato) débutant, -te.

noviembre [noβjémbre] *s. m.* novembre [El uno o el dos de noviembre. *Le premier ou le deux novembre.*]

novillada [noβiʎáða] *s. f.* **1.** *Taur.* (corrida con novillos) course de jeunes taureaux. **2.** (rebaño de novillos) troupeau de jeunes taureaux.

novillero, -ra [noβiʎéro] *s. m.* **1.** torero (qui affronte des vaches). **2.** (cuidador de novillos) gardien, -enne (de jeunes taureaux); bouvier, -ière. **3.** (que falta a la escuela) qui fait l'école buissonnière.

novillo [noβíʎo] *s. m.* jeune taureau; taurillon. ‖ **hacer novillos** faire l'école buissonnière; sécher le cours.

novio, -via [nóβjo] *s. m. y f.* **1.** (prometido) fiancé, -ée. **2.** (en la boda) jeune marié, -ée. **3.** (ligue) copain, -pine. ‖ *s. m.* **4.** (amigo íntimo, ligue) petit copain; ami. ‖ **novia** *s. f.* **5.** (amiga íntima, ligue) petite copine; amie. ‖ **traje de novia** robe de mariée. **viaje de novios** voyage de noces.

nubarrón [nuβaͬón] *s. m.* **1.** gros nuage; nuée *f.* **2.** *fig.* nuage.

nube [núβe] *s. f.* **1.** nuage *m.* **2.** (de polvo, humo) nuage *m.* **3.** *fig.* nuée.

nublado, -da [nuβláðo] *adj.* nuageux, -euse; gris, -se.

nublarse [nuβlárse] *v. pr.* **1.** (oscurecerse por las nubles) s'assombrir; se couvrir. **2.** (la vista) se brouiller.

nuboso, -sa [nuβóso] *adj.* nuageux, -euse.

nuca [núka] *s.f.* Anat. nuque.

nuclear [nukleár] *adj.* nucléaire.

núcleo [núkleo] *s.m.* noyau.

nudillo [nuðíʎo] *s.m.* 1. (de la mano) 2. (puntos de tricoter) maille *f*.

nudismo [nuðísmo] *s.m.* nudisme.

nudo [núðo] *s.m.* nœud.

nudoso, -sa [nuðóso] *adj.* noueux, -euse.

nuera [nwéra] *s.f.* bru; belle-fille.

nuestro, -tra [nwéstro] *adj. pos.* 1ª *pl.* 1. notre [Nuestra casa. *Notre maison*]. || *pron. pos.* 1ª *pl.* 2. nôtre [Ahí está la nuestra. *Voici la nôtre*]; à nous [Lo nuestro. *Ce qui est à nous*]. || **nuestros, -tras** *adj. pos.* 1ª *pl.* 4. nos [Nuestras maletas. *Nos valises*]. || **nuestros, -tras** *pron. pos.* 1ª *pl.* 5. nôtres [Son los nuestros. *Las nuestras. Ce sont les nôtres*]. 6. à nous [Los nuestros. *Ceux qui sont à nous*].

nueve [nwéβe] *adj. y pron.* 1. neuf. || *s.m.* 2. neuf.

nuevo [nwéβo] *adj.* 1. (poco o nada usado) neuf, -euve. 2. (novedoso) nouveau, -elle; nouvel. 3. (reciente, recién llegado) jeune. 4. (sin experiencia) nouveau. || **de ~** à nouveau; de nouveau. **de-jar como ~** remettre à neuf. • Se usa "nuevo" en lugar de "nouveau" delante de *s.m. sing.* que empiece por vocal o "h" muda.

nuez [nwéθ] *s.f.* noix.

nulidad [nuliðáð] *s.f.* nullité.

nulo, -la [núlo] *adj.* nul, -ulle.

numeración [numeraθjón] *s.f.* numération.

numerador [numeraðór] *s.m.* numérateur.

numeral [numerál] *adj.* numéral, -le.

numerar [numerár] *v.tr.* numéroter.

numérico, -ca [numériko] *adj.* numérique.

número [número] *s.m.* 1. numéro [Número de teléfono. *Numéro de téléphone*]. 2. (cantidad) nombre; chiffre. 3. (de una revista) numéro. 4. (de zapato) pointure *f*.

numeroso, -sa [numeróso] *adj.* nombreux, -euse.

nunca [núŋka] *adv.* jamais.

nupcial [nupθjál] *adj.* nuptial, -le.

nupcias [núpθjas] *s.f. pl.* noces.

nutria [nútrja] *s.f.* Zool. loutre.

nutrición [nutriθjón] *s.f.* nutrition.

nutrido, -da [nutríðo] *adj.* 1. nourri, -ie. 2. (grupo) dense.

nutrir [nutrír] *v.tr.* 1. (alimentar) nourrir. 2. *fig.* (el espíritu) nourrir. || **nutrirse** *v.pr.* 3. se nourrir.

nutritivo, -va [nutritíβo] *adj.* nourrissant, -te; nutritif, -ive.

Ñ

ñ [eɲe] *s.f.* ñ *n.m.* • Le son de cette lettre est celui de "gn" en français.

ñame [ɲame] *s. m. Bot.* (planta) igname *f.*

ñandú [ɲandu] *s. m. Zool.* (ave) nandou. • pl. ñandúes.

ñoñería [ɲoɲeria] *s.f.* niaiserie.

ñoño, -ña [ɲoɲo] *adj. y s. m. y f.* **1.** *fam.* (persona) niais, -se; sot, -otte. **2.** (cosa) fade [Es una película ñoña. *C'est un film fade*]. **3.** (delicado) douillet, -ette.

ñu [ɲu] *s. m. Zool.* (antílope) gnou.

O

o [ó] *s. f.* o *m.*

o u ó [ó] *conj.* ou. •Lorsque l'on écrit "o" entre deux chiffres, il faut mettre un accent: 4 ou 5 jours. *4 ó 5 días.*

oasis [oásis] *s. m.* oasis *f.*

obedecer [oβeðeθér] *v. tr.* **1.** obéir à. || *v. intr.* **2.** (deberse) tenir.

obediencia [oβeðjénθja] *s. f.* **1.** obéissance. **2.** (de un niño) sagesse.

obediente [oβeðjénte] *adj.* **1.** obéissant, -te; sage (niños). **2.** (dócil) soumis, -se.

obesidad [oβesiðáð] *s. f.* obésité.

obeso, -sa [oβéso] *adj. y s. m. y f.* obèse.

obispo [oβíspo] *s. m.* évêque.

objeción [obxeθjón] *s. f.* objection.

objetar [obxetár] *v. tr.* objecter.

objetivo, -va [obxetíβo] *adj. y s. m.* objectif, -ive.

objeto [obxéto] *s. m.* objet. || **con el ~ de que** de manière à ce que; afin que. **con ~ de** dans le but de; de manière à; afin de. **ser ~ de** faire l'objet de.

objetor [obxetór] *s. m.* objecteur.

obligación [oβliɣaθjón] *s. f.* **1.** (deber) obligation; devoir *m.* **2.** (compromiso) engagement *m.*

obligar [oβliɣár] *v. tr.* **1.** obliger. **2.** (coartar) contraindre. || **obligarse** *v. pr.* **3.** s'obliger.

obligatorio, -ria [oβliɣatórjo] *adj.* obligatoire.

obra [óβra] *s. f.* **1.** ouvrage *m.* [Una obra de orfebrería. *Un ouvrage d'orfèvrerie.*] **2.** œuvre; ouvrage *m.* [Una obra de Cervantes. *Une œuvre de Cervantes.*] **3.** *Albañ.* chantier *m.* || **obras** *s. f. pl.* **4.** (en la calle, en una vía) travaux *m. pl.*

|| **~ de arte** œuvre d'art. **~ de teatro** pièce. **~ maestra** chef-d'œuvre *m.* **Obras Públicas** Travaux publics.

obrar [oβrár] *v. tr.* **1.** bâtir. **2.** (operar) opérer [Obrar milagros. *Opérer des miracles.*] || *v. intr.* **3.** (actuar) agir [Obra con calma. *Il y va doucement.*]

obrero, -ra [oβréro] *adj. y s. m. y f.* **1.** ouvrier, -ière. || **obrera** *s. f.* **2.** (abeja) ouvrière.

obsceno, -na [obsθéno] *adj.* obscène.

obsequiar [obsekjár] *v. tr.* faire cadeau de; offrir.

obsequio [obsékjo] *s. m.* cadeau.

observación [obserβaθjón] *s. f.* **1.** observation. **2.** (crítica, reflexión) remarque; observation.

observador, -ra [obserβaðór] *adj. y s. m. y f.* observateur, -trice.

observar [obserβár] *v. tr.* **1.** (mirar) observer. **2.** (notar) remarquer; noter. || **observarse** *v. pr.* **3.** (controlarse) se surveiller.

observatorio [obserβatórjo] *s. m.* observatoire.

obsesión [obsesjón] *s. f.* **1.** obsession. **2.** (idea fija) hantise.

obstaculizar [obstakuliθár] *v. tr.* **1.** (ser un obstáculo) gêner; embarrasser; entraver. **2.** *fig.* (poner un obstáculo) faire obstacle à; mettre obstacle à.

obstáculo [obstákulo] *s. m.* obstacle. || **poner obstáculos** entraver; mettre obstacle à.

obstinación [obstinaθjón] *s. f.* **1.** obstination. **2.** (ahínco) acharnement *m.*

obstinado, -da [obstináðo] *adj.* obstiné, -ée.

obstinarse [obstinárse] *v. pr.* s'obstiner.

obstrucción [obstrukθjón] *s. f.* obstruction.

obstruir [obstruír] *v. tr.* **1.** obstruer. **2.** (dificultar el paso) encombrer. **3.** (atascar) boucher.

OBTENCIÓN - OFENSIVO

obtención [obtenθjón] *s. f.* obtention.

obtener [obtenér] *v. tr.* **1.** obtenir. **2.** (conseguir tener) avoir. **3.** (extraer) retirer. **4.** (un triunfo, un premio) remporter.

obvio, -via [obβjo] *adj. fig.* évident, -te.

oca [óka] *s. f.* oie.

ocasión [okasjón] *s. f.* occasion.

ocasional [okasjonál] *adj.* occasionnel, -elle.

ocasionar [okasjonár] *v. tr.* **1.** occasionner. **2.** (causar) causer. **3.** (conllevar) amener, entraîner.

ocaso [okáso] *s. m.* coucher.

occidental [okθiðentál] *adj.* **1.** occidental, -le. || *s. m. y f.* **2.** Occidental, -le.

occidente [okθiðénte] *s. m.* **1.** occident. **2.** (poniente) couchant.

océano [oθéano] *s. m.* océan.

ochenta [otʃénta] *adj. y pron.* **1.** quatre-vingts. || *s. m.* **2.** quatre-vingts. • En los compuestos se utiliza "quatre-vingt": quatre-vingt-deux.

ocho [ótʃo] *adj. y pron.* **1.** huit. || *s. m.* **2.** huit.

ochocientos, -tas [otʃoθjéntos] *adj. y pron.* (también *s. m. inv.*) huit cents. • Sólo las centenas simples utilizan "cents": huit cents, huit cent trois.

ocio [óθjo] *s. m.* **1.** (actividades) loisirs *pl.* **2.** loisir.

ociosidad [oθjosiðáð] *s. f.* oisiveté.

ocioso, -sa [oθjóso] *adj. y s. m. y f.* **1.** oisif, -ive. **2.** (descuidado) désœuvré, -ée.

ocre [ókre] *adj. y s. m.* ocre.

octavilla [oktaβíʎa] *s. f.* tract *m.*

octavo, -va [oktáβo] *adj. y pron.* **1.** (ordinal) huitième. || *adj. y s. m.* **2.** (fracción) huitième.

octubre [oktúβre] *s. m.* octobre [El uno o el dos de octubre. *Le premier ou le deux octobre.*]

ocular [okulár] *adj. y s. m.* oculaire.

oculista [okulísta] *s. m. y f.* oculiste; ophtalmologue.

ocultar [okultár] *v. tr.* **1.** cacher. **2.** *fig.* (en su interior) cacher, enfermer, receler. **3.** (mantener en secreto) celer. **4.** (cubrir) couvrir. **5.** *fig.* (poner una máscara, un velo) voiler, masquer. **6.** (una estrella) occulter.

oculto, -ta [okúlto] *adj.* **1.** (secreto) occulte. **2.** (escondido) caché, -ée.

ocupación [okupaθjón] *s. f.* **1.** occupation. **2.** (quehacer) affaire.

ocupado, -da [okupáðo] *adj.* occupé, -ée.

ocupar [okupár] *v. tr.* **1.** occuper. **2.** (espacio, una posición) tenir. || *v. intr.* **3.** (sitio) prendre de la place. || **ocuparse 4.** s'occuper de.

ocurrencia [okurrénθja] *s. f.* **1.** circunstancia circonstance. **2.** (idea) idée. **3.** *fig.* (graciosa) mot d'esprit, saillie, boutade. **4.** (oportuna) à-propos *m.*

ocurrir [okurrír] *v. intr. e impers.* arriver.

odiar [oðjár] *v. tr.* haïr, détester.

odio [óðjo] *s. m.* haine *f.*

odioso, -sa [oðjóso] *adj.* **1.** odieux, -euse. **2.** (detestable) haïssable.

odontólogo, -ga [oðontóloγo] *s. m. y f.* dentiste.

oeste [oéste] *s. m.* ouest [Al oeste. *À l'ouest.*] || **película del ~** western *m.*

ofender [ofendér] *v. tr.* **1.** offenser. **2.** (herir) blesser. **3.** *fig.* (la vista, el oído) choquer. || **ofenderse** *v. pr.* **4.** s'offenser.

ofensa [ofénsa] *s. f.* offense.

ofensivo, -va [ofensíβo] *adj.* **1.** offense o ofensivo *adj.* **1.** (palabras o acciones) offensant, -te. **2.** (que ataca o

ma ofensiva. *Une arme offensive.*

ofensiva s.f. 3. ofensive.

oferta s.f. offre.

oficial [ofiθjal] *adj.* **1.** oficial, -elle. | s. m. **2.** (administrativa) bureau m. **2.** (agencia) office. || ~ **central** (sede) siège m. || ~ **de correos** bureau de poste. || ~ **de turismo** syndicat d'initiative.

oficio [ofiθjo] s. m. **1.** métier. **2.** *Rel.* office.

ofrecer [ofreθer] *v. tr.* offrir.

ofrecimiento [ofreθimjento] s. m. offre f.

ofrenda [ofrenda] s.f. (a Dios) offrande f.

oftalmólogo, -ga [oftalmoloyo] s. m. y f. ophtalmologue; oculiste.

ogro, ogresa [oyro] s. m. y f. ogre, -esse.

oídas, de [oiðas] *loc. adv.* par oui-dire.

oído [oiðo] s. m. **1.** *Anat.* oreille f. ouïe. **2.** (sentido) ouïe.

oir [oir] *v. tr.* **1.** entendre. || *v. intr.* **2.** entendre. || **¡oiga!** *interj.* allô!

ojal [oxal] s. m. boutonnière f.

¡ojalá! [oxala] *interj.* **1.** (eso espero) je l'espère. **2.** (si Dios quiere) plaise à Dieu!

ojeada [oxeaða] s.f. coup d'œil. || **echar una** ~ jeter un coup d'œil.

ojear [oxear] *v. tr.* regarder.

ojera [oxera] s.f. **1.** (bajo los ojos) cerne m. **2.** (bolsas) poche, valise.

ojo [oxo] s. m. *Anat.* œil. **1.** (de un puente) arche. **2.** (de la cerradura) trou. || **4.** (de la aguja) chas. || **ojos** s. m. pl. **5.** yeux. || **a** ~ (de buen cubero) à l'œil, au jugé. || **ante los ojos** sous les yeux. || **¡mucho ~!** attention!

ola [ola] s.f. **1.** (del mar) vague. **2.** *fig.* (oleada) vague d'ola de calor. *Vague de chaleur.* **3.** (aumento rápido) poussée

---

OFERTA - ONCEAVO

[Una ola de fanatismo. *Une poussée de fanatisme.*] || **olas** s.f. pl. **4.** (del mar) flots m.

oleada [oleaða] s.f. **1.** (de agua) flot m. **2.** *fig.* vague [Oleada de calor. *Vague de chaleur.*] **3.** (multitud) nuée, flot m.

oleaje [oleaxe] s. m. houle f. (marejada).

óleo [oleo] s. m. huile f.

oler [oler] *v. tr. e intr.* sentir. **2.** (perros) flair. || **tener** ~ avoir du flair.

olfato [olfato] s. m. **1.** (sentido) odorat.

olfatear [olfatear] *v. tr.* flairer.

olimpiada [olimpjaða] s.f. olympiade. || **olímpico, -ca** [olimpiko] *adj.* olympique. || **juegos olímpicos** jeux olympiques.

obsequiar [oβsekjar] *v. tr.* **1.** *fam.* (husmear) renifler. **2.** *fam.* (oler) flairer; humer.

oliva [oliβa] s.f. olive.

olivar [oliβar] s. m. oliveraie f.

olivo [oliβo] s. m. *Bot.* olivier.

olla [oλa] s.f. marmite. || ~ **a presión** cocotte-minute.

olmo [olmo] s. m. *Bot.* orme.

olor [olor] s. m. odeur f.; senteur f.; || **mal** ~ relent.

oloroso, -sa [oloroso] *adj.* parfumé, -ée.

olvidar [olβiðar] *v. tr.* **1.** oublier. **2.** laisser [Olvidar las llaves en casa. *Laisser ses clés à la maison.*] || **olvidarse** *v. pr.* **3.** oublier [Eso no se olvida fácilmente. *Cela ne s'oublie pas facilement.*] **4.** s'oublier [Oublier ses clés] **5.** (de hacer algo) se négliger de; oublier.

olvido [olβiðo] s. m. oubli.

ombligo [omβliyo] s. m. *Anat.* nombril.

omisión [omisjon] s.f. omission.

omitir (omitir) *v. tr.* omettre.

once [onθe] *adj. y pron.* **1.** onze. | s. m. **2.** onze.

onceavo, -va [onθeaβo] *adj. y pron.* onzième. (fraccionario) onzième.

onda s.f. **1.** vague. **2.** plíegue *m.* ride. **3.** (de radio) onde [Orda larga, onda corta. *Grandes ondes, petites ondes*].

ondear [ondeár] v. intr. **1.** ondoyer. **2.** (el pelo, la ropa) flotter.

ondulación [ondulaθjón] s.f. **1.** ondulation. **2.** (del terreno) repli *m.*

ondulado, -da [onduláðo] adj. **1.** ondé, -ée. **2.** (sinuoso) ondulé, -ée.

ondular [ondulár] v. tr. e intr. onduler.

onomástica [onomástika] s.f. (día del santo) jour de la fête.

opaco, -ca [opáko] adj. opaque.

opción [opθjón] s.f. **1.** option. **2.** (libertad de elección) choix *m.*

ópera [ópera] s.f. opéra *m.*

operación [operaθjón] s.f. opération.

operador, -ra [operaðór] s.m. y f. opérateur, -trice.

operar [operár] v. tr. opérer.

operario, -ria [operárjo] s.m. y f. ouvrier, -ière.

opinar [opinár] v. tr. penser. ¿Qué opinas de elloʔ *Qu'est-ce que tu en pensesʔ*

opinión [opinjón] s.f. opinion [Dar su opinión. *Donner son opinion*]. **2.** avis *m.* || **en mi ~** à mon avis.

oponente [oponénte] adj. y s.m. y f. **1.** opposant, -te; adversaire. **2.** (competidor, rival) concurrent, -te.

oponer [oponér] v. tr. opposer.

oportunidad [oportuniðáð] s.f. **1.** occasion, moment *m.* **2.** (carácter de oportuno) opportunité. **3.** (suerte) coup de chance.

oportuno, -na [oportúno] adj. opportun, -ne. || **ser poco ~** être mal venu.

oposición [oposiθjón] s.f. **1.** opposition. **2.** (exemen) concours *m.* **3.** (exemen para ser titular) agrégation.

opositor, -ra [opositór] s.m. y f. **1.** adversaire, opposant, -te. **2.** (rival en una oposición o concurso) concurrent, -te.

opresión [opresjón] s.f. oppression.

opresor, -ra [opresór] adj. y s.m. y f. oppresseur *m.*

oprimir [oprimír] v. tr. **1.** (botón) presser. **2.** (la respiración) oppresser. **3.** (la ropa) serrer. **4.** fig. (afligir) étreindre. **5.** (por una emoción fuerte) serrer. **6.** (esclavizar, someter) opprimer, persécuter.

optativo, -va [optatíβo] adj. optionnel, -elle; facultatif, -ive.

óptica [óptika] s.f. **1.** (ciencia) optique. **2.** (especialidad) opticien, -enne *m.* y f.

óptico, -ca [óptiko] adj. **1.** optique. || s.m. y f. (especialista) opticien, -enne.

optimismo [optimísmo] s.m. optimisme.

optimista [optimísta] adj. y s.m. y f. optimiste.

óptimo, -ma [óptimo] adj. **1.** excellent, -te; optimal, -le. || adj. y s.m. **2.** optimum.

opuesto, -ta [opwésto] adj. **1.** opposé, -ée. **2.** (contrario) contraire.

oración [oraθjón] s.f. **1.** Ling. phrase. **2.** (rezo) prière.

orador, -ra [oraðór] s.m. y f. orateur.

oral [orál] adj. y s.m. oral, -le; verbal, -le.

orangután [orangután] s.m. orang-outan.

orar [orár] v. intr. prier.

oratoria [oratórja] s.f. éloquence.

órbita [órβita] s.f. orbite.

orca [órka] s.f. Zool. orque; épaulard *m.*

ordenar [orðenár] v.f. **1.** colocación) ranger. **2.** encadenamiento) suite *f.* [Sus palabras no tienen orden. *Ses paroles sont sans suite*]. **3.** *Arq.* ordre.

ordenar [orðenár] v.f. **1.** (poner papeles en orden) *Mettre des papiers en ordre*. **2.** *Der.* (de un juez) mandat *m.* **3.** (pedido) commande. **4.** (decreto)

ordenación [orðenaθjón] *s. f.* **1.** clasificación classement *m.*; ordre *m.* **2.** (disposición ordonnance **3.** *Rel.* (de un sacerdote) ordination.

ordenado, -da [orðenáðo] *adj.* rangé, -ée.

ordenador [orðenaðór] *s. m.* ordinateur.

ordenar [orðenár] *v. tr.* **1.** (pedir) ordonner, commander. **2.** (poner en orden) ranger. **3.** (arreglar) ordonner; arranger. **4.** (reglamentar) régler. **5.** (disponer, organizar) agencer.

ordeñar [orðeɲár] *v. tr.* traire.

ordinal [orðinál] *adj. Ling.* ordinal, -le.

ordinario, -ria [orðinárjo] *adj.* ordinaire.

orégano [oréɣano] *s. m. Bot.* origan.

oreja [oréxa] *s. f. Anat.* oreille (órgano).

orfanato [orfanáto] *s. m.* orphelinat.

orfebre [orféβre] *s. m.* orfèvre.

orfebrería [orfeβrería] *s. f.* orfèvrerie.

organillo [orɣaníʎo] *s. m.* orgue de Barbarie.

organismo [orɣanísmo] *s. m.* organisme.

organización [orɣaniθaθjón] *s. f.* **1.** organisation. **2.** (del territorio) aménagement *m.*

organizar [orɣaniθár] *v. tr.* **1.** organiser. **2.** agencer (Organizar las escenas de una obra de teatro. *Agencer les scènes d'une pièce*). || **organizarse** *v. pr.* s'organiser.

órgano [órɣano] *s. m.* **1.** organe (Donación de órganos. *Don d'organes*). **2.** *Mús.* orgue.

orgía [orxía] *s. f.* orgie.

orgullo [orɣúʎo] *s. m.* **1.** orgueil. **2.** (satisfacción) fierté **3.** (altanería) hauteur *f.*

orgulloso, -sa [orɣulóso] *adj. y s. m. y f.* **1.** orgueilleux, -euse. **2.** (satisfecho) fier, -ière.

orientación [orjentaθjón] *s. f.* orientation.

oriental [orjentál] *adj.* **1.** oriental, -le || *s. m. y f.* **2.** Oriental, -le.

orientar [orjentár] *v. tr.* **1.** orienter. || **orientarse** *v. pr.* **2.** s'orienter. **3.** (saber dónde se está, entender) se retrouver.

oriente [orjénte] *s. m.* orient (Oriente Medio. *Le Moyen-Orient*).

orificio [orifíθjo] *s. m.* **1.** orifice. **2.** (agujero) trou. || **~ nasal** narine *f.*

origen [oríxen] *s. m.* **1.** origine. **2.** (cuna) berceau. **3.** (raíz, fuente) racine *f.*; source *f.* **4.** (de una palabra) souche *f.* || **dar ~** faire naître. **tener su ~ en** remonter

original [orixinál] *adj.* **1.** (novedoso) original, -le. **2.** (primitivo, primero) originel, -elle (El pecado original. *Le péché originel*). || *s. m.* **3.** (obra) original.

originario, -ria [orixinárjo] *adj.* originaire.

orilla [oríʎa] *s. f.* **1.** (borde) bord *m.* **2.** (de un río) rive; berge; marge **3.** (de la acera) accotement *m.* **4.** (de un lago, de un río) rivage *m.*

orina [orína] *s. f.* urine.

orinal [orinál] *s. m.* pot. **2.** (para enfermos) urinal.

orinar [orinár] *v. tr.* **1.** uriner. || **orinarse** *v. pr.* **2.** (hacérselo encima) faire sous lui. **3.** (tener ganas de hacer pis) avoir envie de pisser.

oro [óro] *s. m.* or (De oro. *En or*).

orquesta [orkésta] *s. f. Mús.* orchestre *m.*

orquídea [orkíðea] *s. f. Bot.* orchidée.

ortiga [ortíɣa] *s. f. Bot.* ortie.

ortodoxo, -xa [ortoðókso] *adj. y s. m. y f.* orthodoxe.

ORTOGRAFÍA - OZONO

ortografía [ortografa] *s. f., Ling* orthographe.
ortopédico, -ca [oropéðiko] *adj.* **1.** orthopédique. || *s. m. y f.* **2.** (médico) orthopédiste.
oruga [orúγa] *s. f., Zool.* chenille.
orujo [orúxo] *s. m.* marc.
orzuelo [orθwélo] *s. m., Med.* orgelet.
os [os] *pron. pers. 2ª pl.* vous. [Os lo doy. Je vous le donne].
osadía [osaðía] *s. f.* **1.** hardiesse. **2.** (impertinencia) audace.
osado, -da [osáðo] *adj.* (valeroso) hardi, -ie; osé, -ée.
osar [osár] *v. intr.* oser.
oscilación [osθilaθjón] *s. f.* oscillation.
oscilar [osθilár] *v. intr.* osciller.
oscurecer [oskureθér] *v. tr.* **1.** (ciel) assombrir. **2.** (eclipsar) effacer. **3.** (un color) foncer. **4.** *fig.* obscurcir || **oscurecerse** *v. pr.* s'obscurcir.
oscuridad [oskuriðáð] *s. f.* obscurité.
oscuro, -ra [oskúro] *adj.* **1.** obscur, -re. **2.** (sombrío) sombre. **3.** (en la oscuridad) noir, -re. **4.** (color) foncé, -ée. **5.** (sospechoso) louche.
osezno [oséθno] *s. m., Zool.* ourson.
oso, -sa [óso] *s. m. y f., Zool.* ours, -se.
ostentación [ostentaθjón] *s. f.* **1.** (lujo) ostentation. **2.** (alarde) étalage *m.* Faire étalage de: *Hacer ostentación de*].
ostra [óstra] *s. f., Zool.* huître.
otoñal [otoɲál] *adj.* automnal, -le.
otoño [otóɲo] *s. m.* automne [En otoño. *En automne*].
otorgar [otorɣár] *v. tr.* **1.** octroyer. **2.** accorder [Otorgar un plazo, una beca, la autorización, un premio. *Accorder un délai, une bourse, l'autorisation, un prix*]. **3.** (un premio) décerner.
otro, -tra [ótro] *adj. indef.* **1.** autre. **2.** encore [Coja otro pastel. *Prenez encore un gâteau*]. || *pron. indef.* **3.** autre [¿En voudrais un autre. *Quisiera otro*.] || *interj.* **4.** (en las actuaciones) bis. || **¡hasta la otra!** **otra vez** encore, encore une fois; de nouveau.
ovación [oβaθjón] *s. f.* ovation.
ovalado, -da [oβaláðo] *adj.* ovale.
óvalo [óβalo] *s. m.* ovale.
ovario [oβárjo] *s. m.* ovaire.
oveja [oβéxa] *s. f.* brebis *m.*
ovillo [oβíʎo] *s. m.* pelote *f.*
ovino, -na [oβíno] *adj.* ovin, -ne.
ovni [óβni] *s. m.* ovni.
óvulo [óβulo] *s. m.* ovule.
oxidar [oksiðár] *v. tr.* rouiller.
óxido [óksiðo] *s. m.* oxyde.
oxigenar [oksixenár] *v. tr.* oxygéner.
oxígeno [oksíxeno] *s. m.* oxygène.
oyente [oʝénte] *s. m. y f.* auditeur, -trice.
ozono [oθóno] *s. m.* ozone.

P

p [pe] *s. f.* p *m.*

pabellón [paβeλón] *s. m.* pavillon

pacer [paθér] *v. tr. e intr.* paître, pâturer.

pachanguero, -ra [patʃaŋɣéro] *adj.* (enfermo) faible paraque.

pachorra [patʃóra] *s. f. fam.* flegme. *fam.* de baslringue.

pachucho, -cha [patʃútʃo] *adj. fam.* (enfermo) faible paraque.

paciencia [paθjénθja] *s. f.* patience.

paciente [paθjénte] *adj.* **1.** patient, -te. || *s. m. y f.* **2.** (enfermo) patient, -te.

pacificar [paθifikár] *v. tr.* pacifier.

pacífico, -ca [paθífiko] *adj.* pacifique.

pacifismo [paθifísmo] *s. m.* pacifisme.

pacotilla [pakotíʎa] *s. f.* pacotille.

pactar [paktár] *v. intr.* **1.** faire un pacte, signer un pacte. || *v. tr.* **2.** concerter; convenir.

pacto [pákto] *s. m.* pacte.

padecer [paðeθér] *v. tr.* **1.** souffrir. **2.** (una enfermedad) avoir, être atteint de.

padrastro [paðrástro] *s. m.* **1.** beau-père. **2.** (malvado) parâtre.

padrazo [paðráθo] *s. m.* papa gâteau.

padre [páðre] *s. m.* **1.** père. || **padres** *s. m. pl.* **2.** (padre y madre) parents.

padrenuestro [paðrenwéstro] *s. m. Rel.* pater.

padrino [paðríno] *s. m.* **1.** parrain. **2.** *fig.* protecteur.

padrón [paðrón] *s. m.* recensement.

paella [paéʎa] *s. f. Gastr.* paella.

paellera [paeʎéra] *s. f.* poêle à paella.

paga [páɣa] *s. f.* **1.** (sueldo) paie; salaire *m.* **2.** (del militar) solde. || ~ **extraordinaria** double paie.

pagador, -ra [paɣaðór] *adj. y s. m. y f.* payeur, -euse.

pagano, -na [paɣáno] *adj. y s. m. y f.* païen, -enne.

pagar [paɣár] *v. tr.* **1.** payer. **2.** (algo que se debe) s'acquitter, satisfaire, acquitter. **3.** (el salario) appointer. **4.** (abonar) régler, payer [Pagar en la caja. *Régler à la caisse.*] || ~ **con la misma moneda** rendre la pareille. || **pasar a** ~ (por caja) passer à la caisse.

pagaré [paɣaré] *s. m.* billet à ordre.

página [páxina] *s. f.* page.

pago [páɣo] *s. m.* **1.** paiement. **2.** (de una compra, de una deuda) règlement. **3.** (en una cuenta) versement. **4.** *fig.* (recompensa) récompense *f.* || **de** ~ payant, -te. ~ **por adelantado** prélèvement.

país [país] *s. m.* pays.

paisaje [paisáxe] *s. m.* paysage.

paisano, -na [paisáno] *s. m. y f.* **1.** (del mismo país) compatriote. **2.** (de la misma región) pays, -se. || **de** ~ en civil.

paja [páxa] *s. f.* **1.** paille. **2.** (para beber) paille. || *adj. inv.* **3.** paille [Paratas paja. *Pantalones paja.*] || **echar pajas** (juego) tirer à la courte paille. || **Pommes paille** patatas paja.

pajar [paxár] *s. m.* pailler, grenier (à foin).

pájara [páxara] *s. f.* **1.** (mujer astuta) fine mouche. **2.** (en deportes) collapsus *m.*

pajarita [paxaríta] *s. f.* (de papel) cocotte. || **corbata de** ~ nœud papillon.

pájaro, -ra [páxaro] *s. m.* oiseau.

paje [páxe] *s. m.* page.

pajizo, -za [paxíθo] *adj.* jaune paille.

pala [pála] *s. f.* **1.** (herramienta) pelle. **2.** (de pelota vasca) pale.

palabra [paláβra] *s. f.* **1.** (acción de hablar) parole [Dirigir la palabra. *Adresser la parole.*] **2.** *mot m.* [No decir ni una palabra. *Ne pas dire un mot.*] **3.** *Ling.* (vocablo, término) mot *m.* **4.** (discurso) parole [Palabras sensatas. *Des paroles sensées.*] || **bajo** ~ sur parole. ~ **breve** || **mante-**

ner su ~ tenir sa parole. ¡ni una ~! pas un mot. ~ **de honor** parole d'honneur.

palabrería [palaβrería] *s.f.* baratin *m.*

palabrota [palaβróta] *s.f.* gros mot.

palacio [paláθjo] *s.m.* palais.

palada [paláða] *s.f.* pelletée.

paladar [palaðár] *s.m. Anat.* palais.

paladear [palaðeár] *v.tr.* savourer.

palanca [palánka] *s.f.* **1.** (barra) levier *m.* **2.** (manivela) manette. **3.** *fig.* (enchufe) piston *m.* **4.** (del freno) poignée || ~ **de cambios** levier de vitesse.

palangana [palangána] *s.f.* cuvette.

palco [pálko] *s.m.* **1.** tribune *f.* **2.** *Teatr.* loge *f.*

palera [paléra] *s.f.* **1.** (de albañil) truelle. **3.** (de pintor) palette. **4.** (de cocina) pelle. **5.** *Dep.* (para algunos deportes) palette.

paletilla [paletíʎa] *s.f.* épaule.

paleto, -ta [paléto] *adj.* rustre, paysan, -ne. || *s.m. y f.* **2.** croquant, -te, pedzouille.

palidecer [paliðeθér] *v.intr.* **1.** pâlir, blémir. **2.** *fig.* (quitarse el brillo) se décolorer.

palidez [paliðéθ] *s.f.* pâleur *f.*

pálido, -da [páliðo] *adj.* **1.** pâle. **2.** (descolorido) blême. **3.** (la luz) blafard, -de.

palillero [paliʎéro] *s.m.* porte-cure-dent *m.*

palillo [palíʎo] *s.m.* **1.** (de dientes) cure-dents. **2.** (chino) baguette *f.* **3.** *Mús.* (de tambor) baguette *f.*

palitroque [palitróke] *s.m.* **1.** *fam.* bâton, bout de bois. **2.** *Taur.* banderille *f.*

paliza [palíθa] *s.f.* **1.** rossée; volée. **2.** *fig.* (derrota) rincée.

palma [pálma] *s.f.* **1.** (de la mano) paume. **2.** *Bot.* (hoja) palme. **3.** (árbol) palmier. || **palmas** *s.f.* **4.** applaudissements *m.*

palmada [palmáða] *s.f.* **1.** claque, tape. **2.** (aplauso) claquement *m.* || **dar una ~** donner une tape, taper.

palmar [palmár] *v.intr. fam.* **1.** (en el juego) perdre. **2.** (morir) casser sa pipe. || **palmarla** *v.pr.* **3.** *fig. y fam.* casser sa pipe.

palmado, -da [palmeáðo] *adj.* **1.** *Bot.* (hojas) palmé, -ée. **2.** *Zool.* palmé, -ée.

palmear [palmeár] *v.tr.* **1.** donner une claque; donner une tape. || *v.intr.* **2.** battre des mains; applaudir.

palmera [palméra] *s.f. Bot.* **1.** (árbol) palmier. **2.** (hoja) palme. **3.** (dátilera) dattier *m.*

palmo [pálmo] *s.m.* empan.

palo [pálo] *s.m.* **1.** (de madera) bâton. **2.** (trozo de madera) bout de bois. **3.** (de las caras) couleur *f.* **4.** (mástil) mât. **5.** (mango) manche.

paloma [palóma] *s.f.* **1.** pigeon *m.* **2.** (de la paz) colombe.

palomar [palomár] *s.m.* pigeonnier.

palomita [palomíta] *s.f.* **1.** (licor) anisette à l'eau. || **palomitas** *s.f.pl.* maïs grillé; pop-corn *m.* sing.

palote [palóte] *s.m.* bâton.

palpar [palpár] *v.tr.* **1.** palper. || *v.intr.* **2.** tâter. **3.** (buscar a tientas) tâtonner.

palpitación [palpitaθjón] *s.f.* **1.** palpitation. **2.** (del corazón) battement *m.*

palpitar [palpitár] *v.intr.* **1.** palpiter. **2.** (latir) battre.

paludismo [paluðísmo] *s.m. Med.* paludisme; malaria *f.*

palurdo, -da [palúrðo] *adj. y s.m. y f.* rustre; croquant, -te; balourd, -de.

pamela [paméla] *s.f.* capeline.

pampa [pámpa] *s.f.* pampa.

pamplina [pamplína] *s.f.* vétille.

pan [pan] *s. m.* 1. pain. 2. (hogaza) miche *f.* ‖ ~ **de molde** pain de mie. ~ **tostado** (tostadas) pain grillé. ~ **integral** pain complet.

pana [pána] *s. f.* 1. velours côtelé. 2. (de pelo largo) panne.

panadería [panaðería] *s. f.* boulangerie ‖ **ir a la panadería.** *Aller chez le boulanger.*

panadero, -ra [panaðéro] *s. m. y f.* boulanger, -ère.

panal [panál] *s. m.* rayon, gaufre *f.*

panameño, -ña [panaméɲo] *adj.* 1. panaméen, -enne. ‖ *s. m. y f.* 2. Panaméen, -enne.

pancarta [paŋkárta] *s. f.* pancarte.

pancho, -cha [pántʃo] *adj. fam.* calme, cool.

panda[1] [pánda] *s. m. Zool.* panda.

panda[2] [pánda] *s. f.* (pandilla) bande.

pandereta [panderéta] *s. f.* tambourin *m.*

pandilla [pandíʎa] *s. f.* 1. bande. 2. *fig.* (equipo) équipe.

panecillo [paneθíʎo] *s. m.* petit pain.

panel [panél] *s. m.* panneau.

panfleto [paɱfléto] *s. m.* pamphlet.

pánico [pániko] *s. m.* panique *f.*

panorama [panoráma] *s. m.* panorama.

pantalla [pantáʎa] *s. f.* 1. (de lámpara) abat-jour *m.* 2. (cine o TV) écran *m.* 3. *fig.* (protección, escudo) paravent *m.*

pantalón o pantalones [pantalón] *s. m.* pantalon. ‖ ~ **corto o cortos** *s. f. pl.* bermuda (de deporte) short.

pantano [pantáno] *s. m.* 1. (ciénaga) marais. 2. (presa, embalse) barrage.

pantanoso, -sa [pantanóso] *adj.* marécageux, -euse.

panteón [panteón] *s. m.* 1. panthéon. 2. (familiar) caveau.

pantera [pantéra] *s. f. Zool.* panthère.

pantorrilla [pantoríʎa] *s. f.* mollet *m.*

panty [pánti] *s. m.* collant. • Pl. pantys.

panza [pánθa] *s. f.* panse, ventre *m.*

panzada [panθáða] *s. f.* (de comer) ventrée ‖ **darse una** ~ (trabajando) *Se flanquer une ventrée.* *Travailler comme une bête.*

pañal [paɲál] *s. m.* lange; couche *f.*

paño [páɲo] *s. m.* 1. drap. 2. (tela, tejido) étoffe *f.* 3. (trapo de cocina) torchon. 4. *Med.* serviette essuie-mains.

pañudo, -da [paɲúðo] *adj.* ventru, -ue.

pañuelo [paɲwélo] *s. m.* 1. (moquero) mouchoir. 2. (fular) foulard.

papá[1] [papá] *s. m.* 1. *fig.* pape. ‖ **Papa** *n. p. m.* 2. pape.

papa[2] [papá] *s. f.* pomme de terre.

papá [papá] *s. m. fam.* papa.

papada [papáða] *s. f.* double menton.

papagayo [papaɣáʝo] *s. m.* perroquet.

paparazzi [paparátsi] *s. m. pl.* paparazzi.

papel [papél] *s. m.* 1. papier. 2. (función, cometido) rôle. 3. *Teatr.* rôle.

papelera [papeléra] *s. f.* 1. (fábrica) papeterie. 2. (cesto de papeles) corbeille.

papelería [papelería] *s. f.* papeterie.

papeleta [papeléta] *s. f.* 1. (rifa) billet *m.* ‖ **Papeleta de rifa.** *Billet de tombola.* 2. (de voto) bulletin *m.* 3. (ficha) fiche. 4. (de empeño) reconnaissance.

paperas [papéras] *s. f. pl. Med.* oreillons *m.*

papilla [papíʎa] *s. f.* bouillie.

papiro [papíro] *s. m.* papyrus.

paquete [pakéte] *s. m.* 1. paquet. 2. (para enviar) colis.

par [pár] *adj.* 1. pair, -re. ‖ *s. m.* 2. paire *f.* ‖ **a la** ~ (igualados) au pair. **a la** ~ **que** tout en. **abierto de** ~ **en** ~ grand ouvert. **sin** ~ sans pareil, -eille; hors pair. ~ **un** ~ **de** deux ‖ **Un par de libros.** *Deux livres.*

PARA - PARAPSICOLOGÍA

para [para] *prep.* **1.** (destinatario) pour; à qui, à quoi? *Il a apporté un colis pour toi.* **2.** (en una carta) pour; à l'attention de. **3.** (destino) vers; à. *Vamos para el norte. Nous allons vers le nord.* **4.** (plazo) pour. *Lle rendez-vous est pour jeudi. La cita es para el jueves.* **5.** (duración en perspectiva) pour. *Tenemos para cuatro días. On en a pour quatre jours.* **6.** (utilidad) pour. *Una cuchara para la sopa. Une cuillère pour la soupe.* **7.** (función) à. *Papel para cartas. Papier à lettres.* **8.** (finalidad) pour; afin de; en vue de. *Se lo dije para no preocuparle. Je lui ai dit pour ne pas l'inquiéter.* **9.** (opinión) pour. *Para mí. Pour moi.* **10.** (comparación o contraposición) pour *No es mucho para lo que se merece. Ce n'est pas beaucoup pour ce qu'il mérite.* **11.** **que** (con un efecto) à. *Útil para Pierre, perjudicial para la salud. Utile à Pierre, nuisible à la santé.* **12.** (complemento de adj. o v.) pour. *Es apto para el trabajo. Il est apte pour le travail.* ‖ **que** pour que; afin que. **~ qué** (causa, razón) pourquoi. ‖ (utilidad, finalidad) à quoi. **¿~ qué?** (es inútil) à quoi bon?

parábola [paraβola] *s.f.* parabole.

parabólica [paraβolika] *s.f.* (antena) parabolique.

parabrisas [paraβrisas] *s.m. inv.* pare-brise.

paracaídas [parakaiðas] *s.m. inv.* parachute.

paracaidismo [parakaiðismo] *s.m. Dep.* parachutisme.

parachoques [paratʃokes] *s.m. inv.* (de coche) pare-chocs.

parada [paraða] *s.f.* **1.** arrêt *m.* **2.** (pausa, cese) pause. **3.** (alto) halte. **4.** arrêt *m.* [La parada del autobús. *L'arrêt du bus*]. **5.** (de taxis) station. **6.** (para caballos, reemplazos) relais *m.* **7.** *Mus.* (desfile) parade. **8.** *Dep.* (fútbol) arrêt *m.* ‖ **tener ~** en desservir.

paradero [paraðero] *s.m.* **1.** (donde está alguien) localisation *f.* **2.** (donde ha ido alguien) destination *f.*

parado, -da [paraðo] *adj.* **1.** (sin moverse) arrêté, -ée. **2.** (empleado, obrero) au chômage. ‖ *s. m. y f.* **3.** chômeur, -euse.

parador [paraðor] *s.m.* parador; auberge. • *Le "parador" est géré par les services du tourisme national.*

paraguas [paraɣwas] *s.m. inv.* parapluie.

paraguayo, -ya [paraɣwaʝo] *adj.* paraguayen, -enne. ‖ *s. m. y f.* **2.** Paraguayen, -enne.

paragüero [paraɣwero] *s.m.* (utensilio) porte-parapluies *inv.*

paraíso [paraiso] *s.m.* paradis.

paraje [paraxe] *s.m.* (paisaje) site; endroit.

paralelo, -la [paralelo] *adj.* parallèle.

parálisis [paralisis] *s.f.* paralysie.

paralítico, -a [paralitiko] *adj. y s. m. y f.* paralytique.

paralizar [paraliθar] *v. tr.* paralyser.

páramo [paramo] *s.m.* **1.** étendue désertique. **2.** *fig.* endroit glacial.

paranormal [paranormal] *adj.* paranormal, -le.

paraolimpíada [paraolimpiaða] *s.f.* paralympiade.

parapente [parapente] *s.m. Dep.* parapente.

parapeto [parapeto] *s.m.* **1.** (de protección) parapet. **2.** (cerca) enceinte *f.* **3.** (puente, terraza) garde-corps.

parapsicología [parapsikoloxia] *s.f.* parapsychologie.

PARAR - PÁRPADO

parar [parár] *v. tr.* **1.** arrêter. **2.** (suspender, interrumpir) suspendre. **3.** (una máquina, un coche) stopper. **4.** (a alguien que pasa o que se va) raccrocher. **5.** (un golpe) parer. **6.** *Dep.* (el balón) bloquer. ‖ *v. intr.* **7.** arrêter; s'arrêter. **8.** (de) cesser [Parar de llover. *Cesser de pleuvoir.*] ‖ **pararse** *v. pr.* **9.** s'arrêter. **10.** (una máquina, un coche) stopper. ‖ **ir a ~** aboutir; déboucher. | (entre las manos de) tomber entre les mains de. **sin ~** d'affilée.

pararrayos [pararáʝos] *s. m. inv.* paratonnerre.

parásito, -ta [parásito] *adj. y s. m.* parasite.

parasol [parasól] *s. m.* parasol.

parcela [parθéla] *s. f.* parcelle.

parche [pártʃe] *s. m.* **1.** (remiendo) pièce *f.* **2.** (para neumático) rustine *f.*

parchís [partʃís] *s. m.* petits chevaux.

parcial [parθjál] *adj.* **1.** (fragmentario) partiel, -elle. **2.** (injusto) partial, -le.

parco, -ca [párko] *adj.* sobre.

pardo, -da [párðo] *adj.* brun, -ne.

pardusco, -ca [parðúsko] *adj.* brunâtre.

parecer[1] [pareθér] *s. m.* avis; opinion *f.*

parecer[2] [pareθér] *v. intr.* **1.** sembler. **2.** (dar la impresión, aparentar) paraître. **3.** avoir l'air de (Parece cansado. *Il a l'air fatigué/ d'être fatigué.*) **4.** (ser semejante) ressembler. **5.** (opinar, juzgar) trouver; penser [Me parece interesante. *Je trouve intéressant.*] **6.** bien (Si le parece podemos irnos. *Si vous voulez bien, nous pouvons partir.*] ‖ *v. impers.* **7.** paraître; sembler [Parece que está tranquilo. *Il paraît qu'il est tranquille.*] ‖ **parecerse** *v. pr.* **8.** (ser semejante) se ressembler. **9.** ressembler à; rappeler (recordar a) [Se parece a tu padre. *Il me rappelle ton père.*] ‖ **al ~** apparemment.

parecido, -da [pareθíðo] *adj.* **1.** semblable; pareil, -eille. ‖ *s. m.* **2.** ressemblance *f.*

pared [paréð] *s. f.* **1.** (de una habitación) mur *m.* **2.** (de un objeto, de una cueva, de un organo o célula) paroi *f.*

pareja [paréχa] *s. f.* **1.** (dos) paire *f.* **2.** (enamorados) couple *m.* **3.** (sentimental, de baile, de juego) partenaire *m. et f.* **4.** (de baile) cavalier *m.*

parentela [parentéla] *s. f.* parente.

parentesco [parentésko] *s. m.* parenté *f.*

paréntesis [paréntesis] *s. m.* parenthèse *f.*

parida [paríða] *s. f., fam.* connerie *f.*

paridad [pariðáð] *s. f.* parité *f.*

pariente, -ta [parjénte] *s. m. y f.* **1.** parent, -te. ‖ **parientes** *s. m. pl.* **2.** proches.

paripé [paripé] *s. m., fam.* (disimulo, engaño) tromperie *f.* ‖ **hacer el ~** jouer la comédie; bluffer.

parir [parír] *v. tr. e intr.* **1.** (animales) mettre bas. **2.** (mujeres) accoucher.

parking [párkin] *s. m.* parking; parc de stationnement.

parlamentar [parlamentár] *v. intr.* parlementer.

parlamentario, -ria [parlamentárjo] *adj. y s. m. y f.* parlementaire.

parlamento [parlaménto] *s. m.* parlement.

parlanchín, -china [parlantʃín] *adj. y s. m. y f., fam.* bavard, -de.

parlotear [parloteár] *v. intr.* papoter.

paro [páro] *s. m.* **1.** (desempleo) chômage. **2.** (acción de detener) arrêt. ‖ **en ~** au chômage. **~ encubierto** sous-emploi.

parodia [paróðja] *s. f.* parodie.

parodiar [paroðjár] *v. tr.* parodier.

parpadear [parpaðeár] *v. intr.* **1.** cligner. **2.** (a causa de un deslumbramiento) papilloter. **3.** clignoter.

párpado [párpaðo] *s. m., Anat.* paupière *f.*

parque [parke] s. m. parc. **parque o parquet** [parke] s. m. parquet.
parra [pára] s. f. treille.
párrafo [páráfo] s. m. paragraphe.
párrida [paríða] adj. y s. f. parricide.
parrilla [pariʎa] s. f. 1. gril m. 2. (de horarios) grille. || **carne a la ~** grillade.
parrillada [pariʎáða] s. f. grillade.
párroco [páŕoko] s. m. curé.
parroquia [paŕokja] s. f. paroisse.
parroquiano, -na [paŕokjáno] adj. y s. m. y f. paroissien, -enne.
parte [párte] s. f. 1. (trozo, segmento) partie. 2. (lo que toca en un reparto) part. 3. Mat. (fracción) fraction. 4. (ole) lot m. 5. Econ. (en una empresa) participation. 6. Teatr. (papel) rôle. || s. m. 7. (informe) rapport. 8. (telegrama) dépêche f. 9. (meteorológico, de guerra, médico) bulletin. 10. (comunicado) communiqué. 11. (de matrimonio) faire-part. || **partes** s. f. pl. 12. parties génitales. || **a ninguna ~** nulle part. || **a otra ~** ailleurs. || **dar ~** faire part. || **de ~ de** de la part de. || **en alguna ~** quelque part. || **en cualquier otra ~** par tout ailleurs. || **en ninguna ~** nulle part. || **en otra ~** ailleurs. || **en todas partes** partout. || **la mayor ~** la plupart. || **por ninguna ~** nulle part. || **por otra ~** d'autre part. || **por todas partes** partout. || **del resto**...
partición [partiθjón] s. f. partage m.
participación [partiθipaθjón] s. f. participation.
participante [partiθipánte] adj. y s. m. y f. participant, -te.
participar [partiθipár] v. tr. 1. faire part. || v. intr. 2. participer. communiquer. || v. tr. 3. (compartir) partager. Participar de la misma alegría. Partager la même joie.
participativo, -va [partiθipaβío] adj. actif, -ive, dynamique.
participio [partiθípjo] s. m. participe.
partícula [partikula] s. f. particule.
particular [partikulár] adj. 1. (propio) particulier, -ière. 2. (privado) privé, -ée. || **en ~** en particulier.
particularidad [partikulariðáð] s. f. particularité.
particularmente [partikularménte] adv. en particulier, spécialement.
partida [partíða] s. f. 1. (salida) départ m. 2. (cuadrilla, banda) bande. 3. (trabajadores) partie. 4. (tropa de soldados) parti m. 5. (juego) manche. 6. (competición) match m. 7. (de nacimiento, de matrimonio, de defunción) acte m.
partidario, -ria [partiðárjo] adj. y s. m. y f. 1. partisan, -ne. || s. m. y f. 2. (adepto, seguidor) adhérent, -te. 3. (amigo, aliado) ami, -ie. 4. (forofo, hincha) supporter.
partido, -da [partiðo] s. m. 1. (político) parti. 2. parti [Tomar partido por, sacar partido de. Prendre parti pour, tirer parti de.] 3. (juego) match.
partir [partír] v. tr. 1. (en dos) diviser. 2. (cortar) couper. 3. (leña) fendre. 4. (romper) casser. || v. intr. 5. (irse, marcharse) partir. || **partirse** v. pr. 6. se casser. 7. (rajarse) se fendre. || **a ~ de** à partir de. || **~ de ahora desormais**.
parto [párto] s. m. 1. accouchement. 2. (de un animal) mise bas.
párvulo, -la [párbulo] adj. y s. m. y f. 1. petit, -ite. || s. m. 2. (en la escuela) petit.
pasa [pása] s. f. raisin sec.
pasable [pasáβle] adj. passable.

pasacalle [pasakáʎe] *s. m.* (danse d'origine italienne et espagnole) passacaille *f.*

pasada [pasáða] *s. f.* 1. (de las aves de paso) passage *m.* 2. passage *m.* ‖ De pasada. Au passage. ‖ mala ~ mauvais tour.

pasadizo [pasaðíθo] *s. m.* 1. passage. 2. ruelle *f.* (entre calles). 3. (pasillo) corridor, couloir.

pasado, -da [pasáðo] *adj.* 1. passé, -ée. 2. (anticuado) vieilli, -ie. 3. (último) dernier, -ière [El martes pasado. Mardi dernier]. ‖ *s. m.* 4. passé. 5. Ling. (pretérito) passé. ‖ ~ **de moda** démodé, -ée. ‖ ~ **mañana** après-demain.

pasador [pasaðór] *s. m.* 1. (colador) passoire *f.*; tamis. 2. (de ventana) espagnolette *f.* 3. (pestillo) verrou, targette *f.* 4. (horquilla) barrette *f.*

pasaje [pasáxe] *s. m.* passage.

pasajero, -ra [pasaxéɾo] *adj. y s. m. y f.* passager, -ère.

pasamontañas [pasamontáɲas] *s. m. inv.* passe-montagne.

pasaporte [pasapóɾte] *s. m.* passeport [Es presse-purée].

pasapurés [pasapuɾés] *s. m. inv.* (utensilio) presse-purée.

pasar [pasáɾ] *v. tr.* 1. (atravesar) traverser, franchir, passer. 2. *fig.* (de un tema a otro) sauter. 3. (sobrepasar) passer. 4. (adelantar) dépasser. 5. (un mensaje) transmettre. 6. (distribuir) faire passer. 7. (las hojas de un libro) tourner. 8. (permanecer) passer, demeurer. ‖ *v. intr.* 9. *fig. y fam.* ¿Qué es pasa? Qu'est-ce qu'il a? 10. *fig. y fam.* Se ficher; se foutre. 11. (transcurrir) couler; s'écouler, passer. 12. (el tiempo) courir. ‖ *v. intr. e imp ers.* 13. (suceder) arriver; se passer. 14. *v. pr.* (ir) passer [Voy a pasarme por tu casa. Je vais passer chez toi]. 15. (unirse) passer a la oposición. Passer dans l'opposition. 16. *fam.* oublier [Se me pasó. Je l'ai oublié.] ‖ ~ **lista** faire l'appel. ‖ ~ **por alto** pasar sur. ‖ ~ **sin** se passer de. ‖ **pasarlo bomba** *fam.* s'amuser comme un fou. **pasarse de listo** faire le malin.

pasarela [pasaɾéla] *s. f.* passerelle.

pasatiempo [pasatjémpo] *s. m.* (entretenimiento) passe-temps *inv.*

Pascua [páskwa] *s. f.* 1. pâque. ‖ *n. p. f.* 2. Pâques *m.* ‖ **Pascuas** *s. f. pl.* 3. (Navidad) Noël *m. sing.* [Felices Pascuas. Joyeux Noël].

pase [páse] *s. m.* 1. permis. 2. *Dep.* passe *f.* 3. *Taur.* passe *f.* ‖ **laissez-passer** *inv.*

pasear [paseáɾ] *v. tr.* 1. promener. ‖ *pasearse* *v. pr.* 2. se promener; se balader.

paseo [paséo] *s. m.* 1. promenade *f.*; balade *f.* 2. (avenida con árboles) cours. 3. (galería cubierta) promenoir. ‖ **dar un ~** faire un tour, faire une promenade.

pasillo [pasíʎo] *s. m.* couloir.

pasión [pasjón] *s. f.* passion.

pasivo, -va [pasíβo] *adj.* passif, -ive.

pasmado, -da [pasmáðo] *adj.* 1. hébété, -ée. 2. (de frío, miedo) transi, -ie.

pasmar [pasmáɾ] *v. tr.* 1. ébahir; épater. 2. *fig.* geler. ‖ **pasmarse** *v. pr.* 3. s'ébahir, s'épater. 4. (de frío) geler.

pasmo [pásmo] *s. m.* 1. (enfriamiento) refroidissement. 2. (asombro) étonnement.

pasmoso, -sa [pasmóso] *adj.* étonnante, -te; saisissant, -te; ahurissant, -te.

paso [páso] *s. m.* 1. Dar dos pasos. **Faire dos pas**. 2. (marcha) allure *f.* 3. (de un animal, de un coche, de un asunto) train. 4. (en un bosque) percée *f.* 5.

pasodoble [pasoðóβle] *s. m.* (danse espagnole) paso doble.

pasota [pasóta] *adj. y s. m. y f. fam.* je-m'en-foutiste; k-m'en-fichiste.

pasta [pásta] *s. f.* **1.** (masa) pâte. **2.** *fam.* (dinero) fric *m.*; galette. ‖ **pastas** *s. f. pl.* **3.** petits fours; ‖ **~ de dientes** dentifrice *m.*

pastar [pastár] *v. tr. e intr.* paître; pâturer.

soltar la ~ *fig. y fam.* les lâcher.

pastel [pastél] *s. m.* **1.** (con crema o bizcocho, salado o dulce) gâteau. **2.** (redondo de carne, de pescado o dulce) tourte *f.* **3.** (pastelito dulce) pâtisserie *f.* [Toma un pastel. *Prend une pâtisserie*]. **4.** (pasta de carne o pescado) pâté. **5.** *Pint.* pastel.

pastelería [pasteleɾía] *s. f.* (lugar y fabricación) pâtisserie.

pastilla [pastíʎa] *s. f.* **1.** (redonda) pastille. **2.** (tableta) tablette. **3.** *Tecnol.* pastille.

pasto [pásto] *s. m.* **1.** (dehesa) pâturage; pacage; pâture *f.* **2.** (acción de pastar) pâture *f.*

pastor, -ra [pastóɾ] *s. m. y f.* **1.** berger, -ère. **2.** *Rel.* (protestante) pasteur.

pastoso, -sa [pastóso] *adj.* **1.** pâteux, -euse. **2.** empâté, -ée.

pata [páta] *s. f.* **1.** (de animal) patte. **2.** (de mueble) pied *m.* ‖ **a cuatro patas** à quatre pattes. **a la ~ coja** à cloche-pied. **meter la ~** (gafe) gaffer; **meter una de ~** gaffe; **meter la ~** *s. f.* bévue. **patas arriba** sens dessus dessous.

patada [patáða] *s. f.* coup de pied.

patalear [pataleáɾ] *v. intr.* **1.** (golpear el suelo con el pie) trépigner. **2.** (agitar las piernas un bebé) gigoter.

pataleta [pataléta] *s. f.* **1.** crise. **2.** accès *m.* (de colère). ‖ **dar una ~** piquer une crise.

patata [patáta] *s. f.* pomme de terre. ‖ **~ frita** frite.

paté [paté] *s. m.* **1.** (de palo) pâté. **2.** (de cerdo) foie-gras.

patear [pateáɾ] *v. tr. 1. fam.* (dar patadas) donner des coups de pied. **2.** (pisotear) piétiner. **3.** (despreciar) mépriser. **4.** (ir y venir) piétiner. ‖ *v. intr.* **5.** *fam.* (por alegría o impaciencia) trépigner.

patente [paténte] *adj.* **1.** évident, -e. ‖ *s. f.* **2.** patente. **3.** (de un invento) brevet *m.*

paternal [patɾernál] *adj.* paternel, -elle.

paterno, -na [patéɾno] *adj.* paternel, -elle.

patético, -ca [patétiko] *adj.* pathétique.

patíbulo [patíβulo] *s. m.* échafaud.

patilla [patíʎa] *s. f.* **1.** (en la sien) patte (de lapin). **2.** (gatillo) gâchette. **3.** (de gafa) branche.

patín [patín] *s. m.* patin.

patinar [patináɾ] *v. intr.* **1.** (con patines) patiner. **2.** (coches) déraper. **3.** (resbalar) glisser.

patinazo [patináθo] *s. m.* **1.** patinage. **2.** (coche) dérapage.

patio [pátjo] *s. m.* cour *f.*

patizambo [patiθámbo] *adj. y s. m.* cagneux, -euse.

pato [páto] *s. m.* canard.

patoso, -sa [patóso] *adj.* maladroit, -te.

patraña [patɾáɲa] *s. f.* bateau *m.*

patria [pátɾja] *s. f.* patrie.

patrimonio [patɾimónjo] *s. m.* patrimoine.

PATRIOTA - PEDO

patriota [paɾjóta] *adj. y s. m. y f.* patriote.

patriotismo [paɾjotísmo] *s. m.* patriotisme.

patrocinar [paɾoθináɾ] *v. tr.* 1. (apoyar) patronner. 2. (proteger) protéger.

patrón, -trona [paɾón] *s. m. y f.* 1. (propietario) patron, -onne. 2. (dueño) maître. 3. (empresario) patron, -onne. 4. (santo) patron, -onne. ‖ 5. *(modelo)* patron; modèle. 6. étalon Patrón oro. *Étalon-or*.

patronato [paɾonáto] *s. m.* 1. conjunto de patronos patronal. 2. (protección) patronage. 3. (asociación centro) association *f.*

patrono, -na [paɾóno] *s. m. y f.* 1. patron, -onne. employeur, -euse. 2. (santo protector) patron, -onne.

patrulla [paɾúʎa] *s. f.* patrouille.

patrullar [paɾuʎáɾ] *v. intr.* patrouiller.

paulatino, -na [pawlatíno] *adj.* progressif, -ive; graduel, -elle.

pausa [páwsa] *s. f.* pause.

pauta [páwta] *s. f.* 1. (regla) règle. 2. *Mús.* partie. 2. (guía, modelo) ligne, modèle *m.*

pava [páβa] *s. f.* (hembra del pavo) dinde.

pavimento [paβiménto] *s. m.* 1. revêtiment de la calzada) revêtement. 2. (con adoquines) pavé. 3. (con losas) dallage.

pavo [páβo] *s. m.* 1. (macho) dindon. 2. (carne) dinde *f.*

pavonear [paβoneáɾ] *v. intr.* 1. poser. ‖ **pavonearse** *v. pr.* 2. (ser pretencioso) se pavaner; se donner de grands airs.

pavor [paβóɾ] *s. m.* terreur *f.*

payaso, -sa [pajáso] *s. m. y f.* 1. (de circo) clown *m.* 2. *fig.* pitre *m.*

paz [páθ] *s. f.* 1. paix. 2. (calma) calme *m.* ‖ **dejar en ~** ficher la paix. **estar en ~** (con alguien) être quitte (envers qqn). **hacer las paces** faire la paix.

peaje [peáxe] *s. m.* péage.

peatón, -ona [peatón] *s. m.* piéton.

peatonal [peatonál] *adj.* piéton, -onne.

peca [péka] *s. f.* tache de rousseur.

pecado [pekáðo] *s. m.* péché.

pecador, -ra [pekaðóɾ] *adj. y s. m. y f.* pécheur, -eresse.

pecar [pekáɾ] *v. intr.* pécher.

pecera [peθéɾa] *s. f.* 1. (acuario) aquarium *m.* 2. (redonda) bocal *m.*

pecho [pétʃo] *s. m.* 1. *Anat.* poitrine *f.* 2. (seno) sein. 3. *fig.* (corazón) cœur. ‖ **dar el ~** donner le sein.

pechuga [petʃúɣa] *s. f.* blanc *m.* Pechuga de pollo. *Blanc de poulet.*

peculiar [pekuljáɾ] *adj.* 1. caractéristique. 2. propre [Tiene un estilo peculiar. *Il a un style propre*]. ‖ 3. particulier [Lo peculiar. *Le particulier*.]

pedagogía [peðaɣoxía] *s. f.* pédagogie.

pedal [peðál] *s. m.* pédale *f.*

pedante [peðánte] *adj.* -e.

pedazo [peðáθo] *s. m.* 1. (trozo) morceau. 2. (de tamaño mediano) bout. 3. (de un objeto roto) débris. 4. (descascarillado) éclat.

pedernal [peðeɾnál] *s. m.* 1. (sílex) silex. 2. (del mechero) pierre à feu.

pedestal [peðestál] *s. m.* piédestal.

pediatría [peðjatɾía] *s. f.* pédiatrie.

pedido [peðíðo] *s. m.* commande *f.*

pedir [peðíɾ] *v. tr.* 1. (solicitar) solliciter. 3. (encargar, hacer un encargo) commander. 4. (en el restaurante) commander. 5. (en préstamo) emprunter. 6. (apelar) appeler Pedir ayuda. *Appeler à son aide.* 7. (rogar) prier.

pedo [péðo] *s. m.* 1. (ventosidad) pet. 2. *fam.* (explosión) éclat, explosion *f.*

peinar [peinár] *v. tr.* **1.** (con el peine) peigner. **2.** (hacer un peinado) coiffer. ‖ **peinarse** *v. pr.* **3.** se coiffer.

peine [péine] *s. m.* peigne.

peineta [peinéta] *s. f.* grand peigne.

peladilla [peladíʎa] *s. f.* (fruto seco recubierto de azúcar) dragée.

pelado, -da [peláðo] *adj.* **1.** (sin piel) pelé, -ée. **2.** (despejado) desnudo, nu, -ue; pelé, -ée. **3.** (verduras y frutas) épluché, -ée. **4.** (afeitado) rasé, -ée. **5.** (sin vegetación) tondu, -ue; ras, -se; découvert, -te. **6.** *fig.* (sin dinero) fauché, -ée; sans le sou. **7.** *fig.* (estilo) nu, -ue; dépouillé, -ée.

pelaje [peláxe] *s. m.* pelage; robe *f.*

pelambrera [pelambréra] *s. f.* **1.** *desp.* tignasse; tifs *m. pl.* **2.** *fam.* (melena abundante) toison *m.*

pelar [pelár] *v. tr.* **1.** (cortar el pelo) couper. **2.** (quitar la piel) peler. **3.** (frutas, verduras) éplucher. **4.** (quitar las mondas) peler.

peldaño [peldáɲo] *s. m.* **1.** marche *f.*; degré. **2.** (en una escala) échelon.

pelea [peléa] *s. f.* **1.** (combate) combat *m.*; lutte; mêlée. **2.** (disputa) bagarre.

pelear [peleár] *v. intr.* **1.** combattre, lutter. ‖ **pelearse** *v. pr.* **2.** *fam.* se battre; se bagarrer *fam.* **3.** se disputer Pelearse por una presa. *Se disputer une proie.*

pelé [pelé] *s. m.* mannequin; pantin.

peletería [peletería] *s. f.* pelleterie.

pelícano [pelíkano] *s. m. Zool.* pelican.

película [pelíkula] *s. f.* **1.** *Fot.* pellicule. **2.** film *m.*

peligrar [peliɣrár] *v. intr.* être en danger.

peligro [pelíɣro] *s. m.* danger. ‖ **correr el ~ de** risquer de. **correr ~** être en danger. **estar en ~** être en danger.

PEDRADA · PELIGRO

pedrada [peðráða] *s. f.* coup de pierre.

pedregoso, -sa [peðreɣóso] *adj.* **1.** (un terreno) rocailleux, -euse; pierreux, -euse. **2.** (un camino) caillouteux, -euse.

pedrería [peðrería] *s. f.* pierreries *pl.*

pedrisco [peðrísko] *s. m.* grêle *f.*

pedrusco [peðrúsko] *s. m.* grosse pierre.

pega [péɣa] *s. f.* (dificultad) anicroche.

pegadizo, -za [peɣaðíθo] *adj.* (fácil de recordar) contagieux, -euse.

pegajoso, -sa [peɣaxóso] *adj.* **1.** collant, -te. **2.** (viscoso) gluant, -te. **3.** (pringoso) poisseux, -euse. **4.** *fig. y fam.* (meloso) mielleux, -euse. **5.** (pesado) collant, -te.

pegamento [peɣaménto] *s. m.* colle *f.*

pegar [peɣár] *v. tr.* **1.** (con pegamento) coller; fixer. **2.** (carteles o anuncios) afficher. **3.** (gritos) pousser. **4.** (golpear) battre; frapper. **5.** (con la mano) taper. ‖ *v. intr.* **6.** taper [El sol pega fuerte. *Le soleil tape dur*]. **7.** *fig.* (conjuntar) coller; aller [Este vestido no te pega. *Cette robe ne te va pas*]. ‖ **pegarse** *v. pr.* **8.** (pelear) se battre. **9.** (adherir) adhérer. **10.** (quedarse pegado) attacher. **11.** (a la cacerola) prendre. ‖ **pegársela** *v. pr.* **12.** posséder.

pegatina [peɣatína] *s. f.* autocollant *m.*

pegote [peɣóte] *s. m.* **1.** (sustancia o alimento pegajoso) emplâtre; cataplasme; pâtée *f.* **2.** (cosa pesada) por de colle. **3.** (cosa fea) horreur *f.* **4.** (mentira, farol) bluff; tromperie *f.* ‖ **tirarse el ~** jouer la comédie; bluffer.

peinado, -da [peináðo] *adj.* **1.** (con el peine) peigné, -ée. **2.** (con un peinado) coiffé, -ée. ‖ *s. f.* **3.** coiffure *f.*

peligroso, -sa [peliyróso] *adj.* dangereux, -euse.

pelirrojo, -ja [peliřóxo] *adj.* y *s.* m. y f. roux, -ousse.

pellejo [peλéxo] *s. m.* 1. (de un animal) peau / 2. *fig.* peau f.

pelliza [peλíθa] *s. f.* pelisse.

pellizcar [peλiθkár] *v. tr.* pincer.

pellizco [peλíθko] *s. m.* 1. pincement. 2. (marca en la piel) pinçon. 3. (pizca) pincée.

pelma [pélma] *adj.* 1. casse-pieds. || *s. m.* y f. 2. casse-pieds.

pelmazo, -za [pelmáθo] *adj. fam.* 1. (pesado) casse-pieds; fâcheux, -euse. || *s. m.* y f. 2. *fam.* casse-pieds *m. inv.*; emmerdeur, -euse.

pelo [pélo] *s. m.* 1. (filamento o vello) poil. 2. (cabello) cheveu. 3. (melena) cheveux *pl.* 4. (pelaje) pelage; robe f. (del caballo). || **por los pelos** de justesse. tondu, -ue. 2. (calvo) chauve.

pelón, -lona [pelón] *adj.* 1. (afeitado)

pelota [pelóta] *s. f.* 1. (de cuerda o hilos enrollados) pelote. 2. (bola) balle. 3. *fam.* (balón) ballon *m.* (Pelota de fútbol. Ballon de football). || **estar en pelotas** être à poil. **hacer la ~** passer la pommade.

pelotera [pelotéra] *s. f. fam.* dispute.

pelotón [pelotón] *s. m.* peloton.

peluca [pelúka] *s. f.* perruque.

peluche [pelúʧe] *s. m.* 1. (tejido) peluche f. 2. (muñeco) poupée en peluche.

peludo, -da [pelúðo] *adj.* poilu, -ue.

peluquería [pelukería] *s. f.* salon de coiffure. || **ir a la ~** aller chez le coiffeur.

peluquero, -ra [pelukéro] *s. m.* y f. coiffeur, -euse.

pelvis [pélβis] *s. f.* (Anat.) bassin *m.*

pelota — voir **pelotas**.

pena [péna] *s. f.* 1. peine; chagrin *m.* 2. (castigo) peine. 3. (esfuerzo) mal *m.* (Lo dijo con mucha pena. Il a eu du mal à le dire). 4. (añoranza) regret *m.* || **¡qué ~!** quel dommage!; c'est dommage!

penacho [penáʧo] *s. m.* panache.

penal [penál] *adj.* 1. pénal, -e. || *s. m.* 2. pénitencier, prison f.

penalidad [penaliðáð] *s. f.* 1. (dificultad) peine, souffrance. 2. (Dep.) pénalisation, pénalité.

penalti [penálti] *s. m.* (Dep.) penalty.

pender [pendér] *v. intr.* 1. pendre. 2. (depender exclusivamente) dépendre. || **~ de un hilo** ne tenir qu'à un cheveu.

pendiente [pendjénte] *adj.* 1. (colgante) pendant, -e; pendu, -e. 2. *Der.* (sin resolver) pendant, -e. 3. *Econ.* en attente (Hay pedidos pendientes. Il y a des commandes en attente). 4. (en suspenso) en suspens. || *s. f.* 5. (cuesta) pente; côte. 6. (declive) descente. || *s. m.* 7. boucle d'oreille; pendant d'oreille.

pendón [pendón] *s. m.* 1. (insignia) bannière f. 2. (mujer de mala vida) grue f.

péndulo [péndulo] *s. m.* 1. pendule f. 2. (de un reloj de péndulo) balancier.

pene [péne] *s. m.* *Anat.* pénis.

penetrante [penetránte] *adj.* 1. pénétrant, -e. 2. (frío) saisissant, -e; piquant, -e. 3. *fig.* (sonido) perçant, -e; mordant, -e.

penetrar [penetrár] *v. tr.* 1. pénétrer. 2. *fig.* (ahondar, descubrir) percer, pénétrer. || *v. intr.* 3. (adentrarse, introducirse) pénétrer, s'enfoncer. 4. (el agua) s'infiltrer.

penicilina [peniθilína] *s. f.* pénicilline.

PENÍNSULA - PERCHA

península [península] *s.f.* peninsular.

penique [penike] *s. m.* penny.

penitencia [peniténθja] *s.f.* penitence.

penoso, -sa [penóso] *adj.* 1. (laborioso) pénible; minable. 2. (pesado) pesant, -te; rude. 3. (que disgusta) navrant, -te.

pensador [pensaðór] *s. m. y f.* penseur, -euse.

pensamiento [pensamjénto] *s. m.* pensée *f*.

pensar [pensár] *v. tr.* 1. penser. 2. (opinar) penser [¿Qué piensas de ello? *Qu'est-ce que tu en penses?*] || *v. intr.* 3. (razonar) penser. 4. penser [Pienso en sus palabras. *Je pense à ses paroles*]. 5. (reflexionar) réfléchir.

pensativo, -va [pensatíβo] *adj.* 1. (meditativo) pensif, -ive. 2. (preocupado) songeur, -euse.

pensión [pensjón] *s.f.* 1. (dinero) pension. 2. (de jubilación) retraite. 3. (fonda) pension. 4. pension [Media pensión. *Demi-pension*]. Pensión completa. *Pension complète*]. ∎ **medio ~** demi-pensionnaire.

pensionado [pensjonáðo] *s. m.* pension *f*.

pensionista [pensjonísta] *s. m. y f.* pensionnaire.

pentágono, -na [pentáγono] *s. m.* pentagone.

pentagrama [pentaγráma] *s. m.* Mús. portée *f*.

Pentecostés [pentekostés] *n. p.* Pentecôte *f*.

penúltimo, -ma [penúltimo] *adj. y s. m. y f.* avant-dernier, -ière; pénultième.

penumbra [penúmbra] *s.f.* pénombre.

penuria [penúrja] *s.f.* pénurie.

peña [péɲa] *s.f.* 1. rocher *m*; roche; roc *m.* 2. (club de amigos) cercle *m*.

peñasco [peɲásko] *s. m.* rocher; roche *f*.

peón [peón] *s. m.* 1. (obrero) manœuvre. 2. (del campo) ouvrier agricole. 3. (ajedrez) pion. || **~ caminero** cantonnier. **~ de albañil** aide-maçon.

peonza [peónθa] *s.f.* toupie.

peor [peór] *adj.* 1. (comparativo) pire [Es peor el remedio que la enfermedad. *Le remède est pire que le mal*]. 2. moins bien [Esta película es peor. *Ce film est moins bien*]. 3. plus mauvais, -se [Este tejido es plus mauvais]. 4. (superlativo) pire [Las peores pasiones. *Les pires passions*] || *adv.* 5. pis [Es peor que leo. *Il est pis que laid*] || *s. m.* 6. pire.

pepino [pepíno] *s. m.* concombre.

pepita [pepíta] *s.f.* 1. (de fruto) pépin *m.* 2. (de oro) pépite.

pequeñez [pekeɲéθ] *s.f.* 1. petitesse. 2. (juventud) jeune âge. 3. (cosa insignificante) bagatelle; rien *m*; vétille.

pequeño, -ña [pekéɲo] *s. m. y f.* 1. petit, -te. || *adj.* 2. petit, -te. 3. (de poca edad) jeune [Niño pequeño. *Perro pequeño*].

pequinés, -nesa [pekinés] *adj.* 1. (de Pekín) pékinois, -se. 2. (perro) pékinois, -se. || *s. m. y f.* 3. Pékinois, -se.

pera [péra] *s.f.* poire.

peral [perál] *s. m. Bot.* poirier.

percance [perkánθe] *s. m.* 1. contratiempo) contretemps. 2. (complicación) pépin.

percatarse [perkatárse] *v. pr.* s'apercevoir.

percebe [perθéβe] *s. m.* 1. *Zool.* crustacéo. 2. *fig.* (tonto) pouce-pied *inv.* moule *f*.

percepción [perθepθjón] *s.f.* perception.

percha [pértʃa] *s.f.* 1. (para la ropa) cintre *m.* 2. (perchero) portemanteau *m*.

perchero [pertʃéro] *s. m.* portemanteau.

percibir [perθiβír] *v. tr.* **1.** (sensaciones) percevoir. **2.** (impuestos, tributos) percevoir. **3.** (dinero) toucher.

percusión [perkusjón] *s. f.* percussion.

perder [perðér] *v. tr.* **1.** (extraviar) perdre; égarer; louper *fam.* **2.** (una ocasión) manquer. **3.** (perder) égarer le train. **4.** *fig.* (dañar) laisser [Perder la vida. Y laisser la vie.] *v. intr.* **5.** perdre. || **echar a ~** (estropear) abîmer; perdre [He perdido las gafas. J'ai égaré mes lunettes.] *fig.* (dañar) endommager. (dejar escapar, desperdiciar) manquer.‖ **la cabeza** s'affoler. || **perderse** *v. pr.* **6.** (extraviarse) s'égarer.

perdición [perðiθjón] *s. f.* **1.** (ruina) perte [Es nuestra perdición. C'est notre perte.] **2.** (ruina moral o material) abîme *m.* (abismo) [Aller hacia la perdición. Aller vers l'abîme.] **3.** *Rel.* (eterna) perdition.

pérdida [pérðiða] *s. f.* **1.** (privación, extravío) perte. **2.** (de un líquido) coulage *m.* **3.** (progresiva) déperdition [Pérdida de calor, de gas. Déperdition de chaleur, de gaz.] || **pérdidas y ganancias** *Econ.* profits et pertes.

perdido, -da [perðíðo] *adj.* **1.** (extraviado, desorientado) perdu, -ue. **2.** *fig.* (arruinado) fichu, -ue. **3.** completamente (borracho perdido. *Il est complètement soûl*].

perdigón [perðiɣón] *s. m.* plomb.

perdiz [perðíθ] *s. f.* perdrix.

perdón [perðón] *s. m.* **1.** pardon. **2.** (indulto) grâce *f.* || *form.* **2.** pardon. **Excusez-moi.** **3.** (un error, un capricho) passer.

perdonar [perðonár] *v. tr.* **1.** pardonner. **2.** (dispensar) excuser; dispenser [Perdóneme. *Excusez-moi*].

perdurar [perðurár] *v. intr.* **1.** (durar mucho tiempo) durer longtemps. **2.** (mantenerse) durer. **3.** (subsistir) subsister.

perecer [pereθér] *v. intr.* périr.

peregrinación [pereɣrinaθjón] *s. f.* **1.** pèlerinage *m.* **2.** *fig.* (viaje largo o frecuente) peregrinación.

peregrinar [pereɣrinár] *v. intr.* **1.** aller en pèlerinage. **2.** *fig.* visitar distintos lugares) voyager.

peregrino, -na [pereɣríno] *s. m. y f.* **1.** pèlerin, -ne. || *adj.* **2.** *fig.* étrange; bizarre [Ideas peregrinas. *Des idées bizarres*]. || **halcón peregrino**. *Faucon pèlerin*].

perejil [perexíl] *s. m.* *Bot.* persil.

perenne [perénne] *adj.* **1.** permanent, -te; éternel, -elle. **2.** (plantas) pérennant, -te.

perentorio, -ria [perentórjo] *adj.* péremptoire.

pereza [peréθa] *s. f.* paresse.

perezoso, -sa [pereθóso] *adj. y s. m. y f.* paresseux.

perfección [perfekθjón] *s. f.* perfection.

perfeccionamiento [perfekθjonamjénto] *s. m.* perfectionnement.

perfeccionar [perfekθjonár] *v. tr.* **1.** perfectionner. **2.** (completar una obra, un trabajo) parfaire.

perfecto, -ta [perfékto] *adj.* **1.** parfait, -e. **2.** (consumado) accompli, -ie.

perfil [perfíl] *s. m.* **1.** profil. **2.** (silueta, contorno) silhouette *f.*; contour. **3.** *fig.* (psicológico) profil. **4.** (descripción) retrato portrait.

perfilar [perfilár] *v. tr.* **1.** profiler. **2.** (trazar un contorno) cerner. || *v. intr.* **3.** profiler. || **perfilarse** *v. pr.* se profiler.

perforar [perforár] *v. tr.* **1.** (hacer perforaciones) perforer, percer. **2.** (un pozo, un túnel) forer. **3.** (agujerear) poinçonner.

perfumar [perfumár] *v. tr.* parfumer. || *v. tr. e intr.* **2.** (de olor suave) embaumer. || **perfumarse** *v. pr.* **3.** se parfumer.

perfume [perfúme] *s. m.* parfum.

perfumería [perfumería] *s. f.* parfumerie.

pergamino [pergamíno] *s. m.* parchemin.

pericia [pericia] *s. f.* habileté, adresse.

periferia [periferia] *s. f.* **1.** périphérie. **2.** (extrarradio) banlieue.

perilla [perília] *s. f.* barbiche, bouc *m.*

perímetro [perímetro] *s. m.* périmètre.

periódico, -ca [perjóðiko] *adj.* **1.** périodique. || *s. m.* **2.** journal. **3.** (diario) quotidien. **4.** (hoja) feuille *f.* || **publicación periódica** périodique *m.*

periodista [perjoðísta] *s. m.* journaliste.

período o períodico [períoðo] *s. m.* **1.** période *f.* **2.** (mujeres) règles *f. pl.* [Tener el período. *Avoir ses règles.*]

peripecia [peripéθja] *s. f.* péripétie.

peripuesto, -ta [peripwésto] *adj. fam.* **1.** compuesto, élégant: pomponné, -ée; pimpant, -e. **2.** (de punta en blanco) tiré à quatre épingles.

periquete [perikéte] *s. m. fam.* instant. || **en un ~** en un clin d'œil.

periquito [perikíto] *s. m. Zool.* perruche *f.*

perito, -ta [períto] *s. m.* expert, -e. || **~ informe del ~** expertise *f.*

perjudicar [perxuðikár] *v. tr.* **1.** (dañar) nuire à. **2.** (causar daños, pérdidas) endommager. **3.** (intereses, derechos) léser, faire du tort.

perjuicio [perxwíθjo] *s. m.* **1.** préjudice. **2.** (daño moral) tort. **3.** (causado a alguien) dommage. **4.** désavantage [Revertir en perjuicio de. *Tourner au désavantage del.*] **5.** (resultado pernicioso) méfait [Los perjuicios del alcoholismo. *Les méfaits de l'alcoolisme.*] || **en ~ de** au détriment de, au préjudice de.

perjurar [perxurár] *v. intr.* **1.** (jurar en falso) parjurer. **2.** (con insistencia) jurer. || **perjurarse** *v. pr.* **3.** (con insistencia) jurer trop.

perjuro, -ra [perxúro] *adj. y s. m. y s. f.* parjure.

perla [péřla] *s. f.* perle.

permanecer [permaneθér] *v. intr.* **1.** (continuar, mantenerse) rester, demeurer. **2.** (residir, alojarse) séjourner.

permanente [permanénte] *adj.* **1.** permanent, -e. || *s. f.* **2.** permanente.

permiso [permíso] *s. m.* **1.** (escrito) permission *f.*, autorisation *f.*; permis. **2.** (pase) laissez-passer *inv.* **3.** (aprobación) accord, approbation *f.*; consentement. **4.** (de trabajo) congé. **5.** permis, licence [Permiso de estancia, de pesca. *Permis de résidence, de pêche*]. **6.** (del soldado) permission *f.* [De permiso. *En permission*].

permitir [permitír] *v. tr.* **1.** permettre. || **permitirse** *v. pr.* **2.** se permettre.

pernicioso, -sa [perniθjóso] *adj.* pernicieux, -euse.

pernil [perníl] *s. m.* **1.** (de animal) hanche *f.* (cadera); cuisse *f.* (muslo). **2.** (de cerdo) jambon.

pernoctar [pernoktár] *v. intr.* passer la nuit.

pero [péro] *conj.* mais. || **¡ ~ bueno!** (indignación) non mais! | (resignación) mais enfin!

perpendicular [perpendikulár] *adj. y s. f.* perpendiculaire.

perpetrar [perpetrár] *v. tr.* perpétrer.

PERPETUAR - PESAR

perpetuar [perpetuár] *v. tr.* **1.** perpétuer. || **perpetuarse** *v. pr.* **2.** se perpétuer.

perpetuo, -tua [perpétwo] *adj.* perpétuel, -elle.

perplejidad [perpleçiðáð] *s. f.* perplexité.

perplejo, -ja [perpléço] *adj.* perplexe.

perra [péřa] *s. f.* *perro.

perrera [peřéra] *s. f.* fourrière.

perro, -rra [péřo] *s. m. y f.* **1.** chien, -enne. || **perra** *s. f.* **2.** (moneda) sou *m.*

persecución [persekuθjón] *s. f.* **1.** persécution [Manía de persecución. *Manie de persécution.*] **2.** (acoso) poursuite.

perseguir [perseɣír] *v. tr.* **1.** (un objetivo) poursuivre [Persiguen una coche. *Ils poursuivent une voiture.*] **2.** *fig.* rechercher; poursuivre [Perseguir la gloria. *Rechercher la gloire.*] **3.** (oprimir, martirizar) persécuter. **4.** (acosar) persécuter. **5.** (buscar insistentemente) pourchasser. **6.** (a una mujer) poursuivre; courir.

perseverancia [perseβeránθja] *s. f.* persévérance.

perseverar [perseβerár] *v. intr.* **1.** (en el bien) persévérer. **2.** (continuar) persévérer; persister.

persiana [persjána] *s. f.* **1.** (que se enrolla) volet roulant. **2.** (estor) store *m.* **3.** (contraventana con celosía) persienne.

persistencia [persisténθja] *s. f.* **1.** persistance. **2.** (obstinación) obstination.

persistir [persistír] *v. intr.* persister.

persona [persóna] *s. f.* personne.

personaje [personáçe] *s. m.* personnage.

personal [personál] *adj.* **1.** personnel, -elle. || *s. m.* **2.** personnel; effectif.

personalidad [personaliðáð] *s. f.* personnalité.

personificar [personifikár] *v. tr.* **1.** personnifier. **2.** (encarnar) incarner.

perspectiva [perspektíβa] *s. f.* **1.** perspective. **2.** (óptica) optique. **3.** *fig.* perspective; point de vue. **4.** *fig.* (temporal) recul *m.*

perspicacia [perspikáθja] *s. f.* perspicacité.

perspicaz [perspikáθ] *adj.* perspicace.

persuadir [perswaðír] *v. tr.* persuader.

pertenecer [perteneθér] *v. intr.* appartenir; être [El libro le pertenece. *Le livre lui appartient / Le livre est à lui.*]

pértiga [pértiɣa] *s. f.* **1.** (medida agraria) perche. **2.** *Dep.* perche.

pertinente [pertinénte] *adj.* pertinent, -te.

perturbación [perturβaθjón] *s. f.* **1.** perturbation. **2.** (social) trouble *m.*

perturbar [perturβár] *v. tr.* **1.** perturber. **2.** (el orden) troubler. **3.** (trastornar) déconcerter; déranger.

peruano, -na [perwáno] *adj.* **1.** péruvien, -enne. || *s. m. y f.* **2.** Péruvien, -enne.

perverso, -sa [perβérso] *adj. y s. m. y f.* pervers, -se.

pervertir [perβertír] *v. tr.* **1.** pervertir. **2.** *fig.* (alterar) dénaturer [Pervertir un texto. *Dénaturer un texte.*]

pesa [pésa] *s. f.* poids *m.* (pour peser).

pesadez [pesaðéθ] *s. f.* **1.** lourdeur. **2.** (de movimientos) lenteur. || **~ de estómago** lourdeur d'estomac.

pesadilla [pesaðíʎa] *s. f.* **1.** cauchemar *m.* **2.** *fig.* bête noire.

pesado, -da [pesáðo] *adj.* **1.** lourd, -de. **2.** (fastidioso) ennuyeux, -euse; assommant, -te; fâcheux, -euse. **3.** (persona molesta) rasoir *m. pop.* || **hacer ~** alourdir.

pesadumbre [pesaðúmbre] *s. f.* lourdeur.

pésame [pésame] *s. m.* condoléances *f. pl.*

pesar [pesár] *s. m.* **1.** chagrin; peine *f.* **2.** (arrepentimiento) regret. || *v. tr.* **3.** pe-

PESCA - PICAR 284

ser. ‖ *v. intr.* **4.** peser. ‖ **a ~ de** malgré; en dépit de. **a ~ de que** bien que; malgré que.

pesca [péska] *s. f.* pêche.

pescadería [peskaðería] *s. f.* poissonnerie.

pescadero, -ra [peskaðéro] *s. m. y f.* poissonier, -ière.

pescadilla [peskaðíʎa] *s. f.* merlan *m.*

pescado [peskáðo] *s. m.* poisson.

pescador, -ra [peskaðór] *adj. y s. m. y f.* pêcheur, -euse.

pescar [peskár] *v. tr.* **1.** (peces) pêcher. **2.** (atrapar, sorprender) attraper; prendre. **3.** *fig.* (una enfermedad) attraper.

pescuezo [peskwéθo] *s. m.* cou.

peseta [peséta] *s. f.* peseta.

pesimismo [pesimísmo] *s. m.* pessimisme.

pesimista [pesimísta] *adj. y s. m. y f.* pessimiste.

pésimo, -ma [pésimo] *adj.* désastreux, -euse.

peso [péso] *s. m.* **1.** poids. **2.** (moneda) peso. ‖ **al ~** au poids.

pesquisa [peskísa] *s. f.* **1.** recherche; enquête. **2.** (registro domiciliario) perquisition.

pestaña [pestáɲa] *s. f.* cil *m.*

pestañear [pestaɲeár] *v. intr.* ciller.

peste [péste] *s. f.* **1.** peste. **2.** *fam.* (fetidez) puanteur. **3.** *fig.* (calamidad) fléau *m.*; plaie.

pestillo [pestíʎo] *s. m.* **1.** targette *f.*; verrou. **2.** (picaporte) loquet.

petaca [petáka] *s. f.* **1.** (tabaquera) blague. **2.** (pitillera) porte-cigares *m. inv.*

pétalo [pétalo] *s. m. Bot.* pétale.

petardo [petárðo] *s. m.* pétard.

petición [petiθjón] *s. f.* **1.** demande. **2.** (administrativa) pétition; requête.

peto [péto] *s. m.* bavette *f.*

petrificar [petrifikár] *v. tr.* pétrifier.

petróleo [petróleo] *s. m.* pétrole.

petrolero, -ra [petroléro] *adj. y s. m.* pétrolier, -ière.

petulante [petulánte] *adj. y s. m. y f.* fier, -ière; arrogant, -te.

pez [péθ] *s. m.* **1.** poisson. ‖ *s. f.* **2.** poix.

pezón [peθón] *s. m.* mamelon.

pezuña [peθúɲa] *s. f.* sabot *m.*

piadoso, -sa [pjaðóso] *adj.* pieux, -euse.

piano [pjáno] *s. m.* piano.

piar [pjár] *v. tr.* **1.** (polluelos) piailler. **2.** (aves, polluelos) pépier.

piara [pjára] *s. f.* troupeau de porcs.

picado, -da [pikáðo] *adj.* **1.** (frutas, bebidas) piqué, -ée. **2.** (por un insecto o serpiente) piqué, -ée. **3.** (un diente) gâté, -ée. **4.** haché, -ée [Carne picada. *Viande hâchée.*]

picador [pikaðór] *s. m.* **1.** *Taur.* picador. **2.** (minero) mineur. ‖ **picadora** *s. f.* **3.** hache-viande *m. inv.*

picadura [pikaðúra] *s. f.* **1.** (aguja, insecto, espina, serpiente) piqûre. **2.** (insecto, serpiente) morsure. **3.** (en la fruta) tache.

picante [pikánte] *adj.* **1.** (salsa) piquant, -te. **2.** (con especias) épicé, -ée. **3.** *fig.* piquant, -te. **4.** (una historia, un chiste) salé, -ée.

picaporte [pikapórte] *s. m.* poignée *f.*

picar [pikár] *v. tr.* **1.** (hacer una picadura) piquer. **2.** (serpientes) mordre. **3.** (las aves) becqueter. **4.** (el anzuelo) mordre. **5.** (un billete) poinçonner. **6.** (un billete en una máquina) oblitérer. **7.** (la carne) hacher. **8.** *fig.* (la curiosidad) piquer. **9.** (irritar) piquer [Eso le ha picado. *Cela l'a piqué.*] **10.** (al caballo) talonner; éperonner. **11.** (al toro) piquer. **12.** (comer)

285 **PICARDÍA - PILOTAR**

grignoter. ‖ *v. intr.* **13.** (escocer) piquer.
14. (producir picores) démanger. **15.** (el
frío, la lana, el humo) piquer. **16.** *fig.*
(irritar) picoter. ‖ **picarse** *v. pr.* **17.** (el
vino, la madera) se piquer. **18.** (la ropa)
se miter. **19.** *fig.* (irritarse) se vexer.

picardía [pikarðía] *s. f.* (artería) ruse

picardías [pikarðías] *s. m. inv.* nuisette *f.;*
baby doll *angl.*

pícaro, -ra [píkaro] *adj. y s. m. y f.*
1. vaurien, -enne; fripon, -onne. **2.** (tra-
vieso, bromista) espiègle. ‖ *s. m. y f.*
3. (revoltoso) garnement *m.*

picatoste [pikatóste] *s. m.* croûton.

pichón, -chona [pitʃón] *s. m., Zool.*
1. (cría de paloma) pigeonneau. **2.** pi-
geon [Tiro al pichón. *Tir au pigeon.*] ‖ *s.*
m. y f. **3.** *afect.* poulet *m.*

picnic [píknik] *s. m.* pique-nique.

pico [píko] *s. m.* **1.** (de las aves) bec.
2. (punta) pointe *f.* **3.** (de un mueble)
angle. **4.** (de una montaña) pic. **5.** (he-
rramienta) pic; pioche *f.* ‖ **y ~** (cantidad)
et quelques. (hora) passées.

picor [pikór] *s. m.* **1.** (escozor) déman-
geaison *f.* **2.** (pinchazo) picotement.

picota [pikóta] *s. f.* (suplicio) pilori *m.*

picotazo [pikotáθo] *s. m.* coup de bec.

picotear [pikoteár] *v. tr.* **1.** picoter. **2.** (co-
ger con el pico) becqueter. **3.** (coger de
aquí y de allá) picorer. **4.** (dar picotazos
repetidamente) picoter. **5.** *fam.* (comer
un poco) grignoter.

pictórico, -ca [piktóriko] *adj.* pictural,
-le.

pie [pjé] *s. m.* **1.** pied. **2.** (pata) patte *f.*
3. (de un mueble) pied. **4.** bas [A pie de
página. *En bas de page.*] **5.** (de una mon-
taña) pied. **6.** (de una foto o dibujo) lé-
gende *f.* **7.** (medida) pied. ‖ **de ~** debout.

en ~ debout. **poner de ~** relever. **po-
nerse de ~** se lever.

piedad [pjeðáð] *s. f.* **1.** (compasión) pitié.
2. *Rel.* piété.

piedra [pjéðra] *s. f.* **1.** pierre. **2.** (guijarro)
caillou *m.* ‖ **~ pómez** pierre ponce. **pie-
dras preciosas** pierreries.

piel [pjél] *s. f.* **1.** peau. **2.** fourrure [Abrigo
de piel. *Manteau de fourrure.*] **3.** (cuero)
cuir *m.* **4.** (de una fruta) peau; pelure
(de la uva). ‖ **pieles** *s. f. pl.* **5.** fourrure
sing.

pienso [pjénso] *s. m.* aliment pour ani-
maux.

pierna [pjérna] *s. f.* **1.** (hombre) jambe.
2. (muslo) cuisse. **3.** (animal) patte.
4. (de cordero) gigot *m.*

pieza [pjéθa] *s. f.* pièce.

pigmento [piɣménto] *s. m.* pigment.

pijada [pixáða] *s. f.* **1.** (cursilada) chichi *m.*
2. (detalle sin importancia) petit détail;
bêtise.

pijama [pixáma] *s. m.* pyjama.

pijo, -ja [píxo] *adj. y s. m. y f.* **1.** (joven
burgués) B.C.B.G. (abrev. de "bon chic
bon genre"). **2.** (cursi) minet, -ette; sno-
binard, -de; snob.

pila [píla] *s. f.* **1.** (batería) pile. **2.** (fregade-
ro) évier *m.* **3.** (de fuente) vasque; bassin
m. **4.** *fig.* (montón) pile; tas *m.*

pilar [pilár] *s. m.* pilier.

píldora [píldora] *s. f.* pilule.

pilila [pilíla] *s. f., fam.* zizi *m.;* quéquette.

pillar [piʎár] *v. tr.* **1.** piller. **2.** *fam.* (atra-
par, sorprender) attraper.

pillo, -lla [píʎo] *adj. y s. m. y f.* **1.** fripon,
-onne; coquin, -ne. **2.** (astuto) rusé, -ée.

pilón [pilón] *s. m.* **1.** (de una fuente) bas-
sin; coupe *f.* **2.** (bebedero) auge *f.*

pilotar [pilotár] *v. tr.* piloter.

PILOTO - PIS

piloto [pilóto] *s. m.* **1.** pilote. **2.** (faro) feu.
‖ ~ **de caza** chasseur.

pimentón [pimentón] *s. m.* piment rouge.
‖ ~ **dulce** paprika. ~ **picante** piment
rouge.

pimienta [pimjénta] *s. f.* poivre *m.*

pimiento [pimjénto] *s. m., Bot.* **1.** (planta) piment. **2.** (fruto redondo, rojo o verde) poivron. **3.** (fruto sobre todo amarillo) piment.

pinar [pinár] *s. m.* pinède *f.*; bois de pins.

pincel [piɳθél] *s. m.* pinceau.

pincelada [piɳθeláða] *s. f.* **1.** coup de
pinceau. **2.** (toque, trazo) touche *f.*

pinchadiscos [pintʃaðískos] *s. m. y f.
inv.* disc-jockey.

pinchar [pintʃár] *v. tr.* **1.** (dar un pinchazo) piquer. **2.** *fig.* (provocar) aiguillonner. **3.** (hacer rabiar) taquiner. ‖ *v. intr.*
4. (un neumático) crever. ‖ **pincharse**
v. pr. **5.** (con algo puntiagudo) se piquer.
6. (un neumático) crever.

pinchazo [pintʃáθo] *s. m.* **1.** piqûre *f.*; injection *f.* **2.** (neumático) crevaison *f.*

pincho [pintʃo] *s. m.* **1.** (púa) pointe *f.*
2. (de una planta o animal) piquant.
3. *Gastr.* brochette *f.* ·

ping-pong [pimpón] *s. m., Dep.* ping-pong.

pingüino [piŋɡwíno] *s. m., Zool.* pingouin.

pino [píno] *s. m.* **1.** pin. **2.** (madera) sapin.

pinta [pínta] *s. f.* **1.** (manchita) tache;
point *m.* **2.** (medida) pinte. **3.** *fig.* (aspecto) allure.

pintada [pintáða] *s. f.* graffiti *m. pl.*

pintado, -da [pintáðo] *adj.* **1.** peint, -te.
2. (maquillado) fardé, -ée; maquillé, -ée.

pintalabios [pintaláβjos] *s. m. inv.* rouge
à lèvres.

pintar [pintár] *v. tr.* **1.** peindre. **2.** (dibujar) dessiner. **3.** *fig. y fam.* (tener algún
papel) jouer un rôle. ‖ **pintarse** *v. pr.*
4. (maquillarse) se farder.

pintarrajear [pintaraҳeár] *v. tr., fam.*
barbouiller; gribouiller.

pintaúñas [pintaúɲas] *s. m. inv.* vernis à
ongles; rouge à ongles.

pintor, -ra [pintór] *s. m. y f.* peintre.

pintoresco, -ca [pintorésko] *adj.* **1.** pittoresque. ‖ *s. m.* **2.** pittoresque.

pintura [pintúra] *s. f.* peinture.

pinza [pínθa] *s. f.* pince.

piña [píɲa] *s. f.* **1.** ananas *m.* [Zumo de piña. *Jus d'ananas.*] **2.** (del pino) pomme
de pin.

piñón [piɲón] *s. m.* **1.** *Bot.* pignon.
2. *Mec.* pignon.

pío, -a [pío] *adj.* pieux, -euse.

piojo [pjóҳo] *s. m., Zool.* pou.

pionero, -ra [pjonéro] *s. m. y f.* pionnier,
-ière.

pipa [pípa] *s. f.* **1.** (de fumar) pipe. **2.** *Bot.*
(pepita) pépin *m.* **3.** (de girasol) graine.

pipí [pipí] *s. m., fam.* pipi.

pique [píke] *s. m.* (discusión) brouille *f.*
‖ **a ~** à pic. **echar a ~** couler. **irse a ~**
sombrer.

piragua [pjráɣwa] *s. f.* pirogue.

pirámide [pirámiðe] *s. f.* pyramide.

pirarse [pirárse] *v. pr., fam.* se tirer.

pirata [piráta] *s. m.* pirate; corsaire.

piratería [piratería] *s. f.* piraterie.

piropo [pirópo] *s. m., fam.* compliment.

pirueta [pirwéta] *s. f.* pirouette.

piruleta [piruléta] *s. f.* sucette.

pirulí [pirulí] *s. m.* sucre d'orge.

pis [pís] *s. m.* pipi. ‖ **hacer ~** pisser. **hacerse ~** (tener ganas) avoir envie de pisser.
‖ (encima) faire sous lui.

pisada [pisáða] *s. f.* pas *m.*; trace.

pisapapeles [pisapapéles] *s. m. inv.* presse-papiers.

pisar [pisár] *v. tr.* **1.** (un pie) marcher sur. **2.** (aplastar con el pie) écraser. **3.** (pisotear) piétiner. **4.** (un pedal) appuyer [Pisar el pedal. *Appuyer sur la pédale.*] ‖ **~ los talones** talonner.

piscifactoría [pisθifaktoría] *s. f.* établissement piscicole.

piscina [pisθína] *s. f.* piscine.

Piscis [pisθis] *n. p.* Poissons *pl.*

piscolabis [piskoláβis] *s. m.* (aperitivo) casse-croûtes.

piso [píso] *s. m.* **1.** (de un edificio) étage. **2.** (suelo de la planta de un edificio) plancher. **3.** (firme) sol. **4.** (apartamento) appartement.

pisotear [pisoteár] *v. tr.* **1.** (pisar) piétiner; fouler aux pieds. **2.** *fig.* piétiner.

pisotón [pisotón] *s. m.* piétinement. ‖ **dar un ~ a** marcher sur le pied de.

pista [písta] *s. f.* **1.** (huella, indicio) piste. **2.** (de carreras, de despegue) piste; voie.

pistacho [pistátʃo] *s. m.* pistache *f.*

pistola [pistóla] *s. f.* pistolet *m.*

pistolera [pistoléra] *s. f.* étui à pistolet.

pistón [pistón] *s. m.* **1.** piston. **2.** (de arma de fuego) capsule *f.* **3.** *Mús.* clef.

pitar [pitár] *v. intr.* **1.** siffler. **2.** (un coche) klaxonner. ‖ *v. tr.* **3.** siffler. ‖ **salir pitando** filer.

pitido [pitíðo] *s. m.* **1.** sifflement. **2.** (con un silbato) coup de sifflet.

pitillera [pitiʎéra] *s. f.* porte-cigarettes *m. inv.*

pitillo [pitíʎo] *s. m.* cigarette *f.*

pito [píto] *s. m.* **1.** (silbato) sifflet. **2.** *fam.* (cigarrillo) cigarette *f.* **3.** *fig. y fam.* (pene) zizi. ‖ **importar un ~** s'en ficher.

pitón [pitón] *s. m.* **1.** (del botijo o jarrón) bec. **2.** (del toro, ciervo) corne *f.*

pitorrearse [pitoř̃eárse] *v. pr., fam.* (burlarse) se moquer; se payer la tête de.

pizarra [piθář̃a] *s. f.* **1.** (piedra y tablilla para escribir) ardoise. **2.** (encerado) tableau *m.*

pizca [píθka] *s. f.* **1.** *fam.* (pedacito) petit morceau; brin *m.* **2.** (gota) goutte. **3.** pincée; pointe.

pizza [pítsa] *s. f.* pizza.

pizzería [pitséría] *s. f.* pizzeria.

placa [pláka] *s. f.* plaque.

placer [plaθér] *s. m.* **1.** plaisir. **2.** agrément [Viaje de placer. *Voyage d'agrément.*]

plácido, -da [pláθiðo] *adj.* placide.

plaga [pláɣa] *s. f.* plaie; fléau *m.*

plagiar [plaχiár] *v. tr.* plagier.

plan [plán] *s. m.* **1.** plan. **2.** (programa, intención) projet. **3.** (de una obra, de un discurso) canevas.

plana [plána] *s. f.* page. ‖ **en primera ~** à la une.

plancha [plántʃa] *s. f.* **1.** (placa de metal) plaque; lame. **2.** *Impr.* planche. **3.** (de planchar) fer à repasser. **4.** *fig. y fam.* (metedura la pata, chasco) gaffe.

planchar [plantʃár] *v. tr.* repasser.

planear [planeár] *v. tr.* **1.** (de una obra) faire le plan. **2.** (planificar) planifier. **3.** (hacer un proyecto) projeter; envisager. ‖ *v. intr.* **4.** (aviones) planer.

planeta [planéta] *s. m.* planète *f.*

planetario, -ria [planetárjo] *adj.* **1.** planétaire. ‖ *s. m.* **2.** planétarium.

planicie [planíθje] *s. f.* plaine.

planificación [planifikaθjón] *s. f.* planification.

plano, -na [pláno] *adj.* **1.** plat, -te. **2.** (terreno) égal, -le. ‖ *s. m.* **3.** plan.

PLANTA - PLIEGUE 288

planta [plánta] *s. f.* **1.** (vegetal) plante. **2.** (de un edificio) étage *m.* ‖ ~ **baja** (de un edificio) rez-de-chaussée.

plantación [plantaθjón] *s. f.* plantation.

plantar [plantár] *v. tr.* **1.** planter. **2.** *fig.* (abandonar) laisser tomber. **3.** *fam.* (dar un plantón).

plantear [planteár] *v. tr.* **1.** (una pregunta) poser. **2.** (planificar) projeter.

plantel [plantél] *s. m.* **1.** (criadero de plantas para transplantar) plant. **2.** *fig.* (cantera) pépinière [Un plantel de escritores. *Une pépinière d'écrivains.*]

plantilla [plantíʎa] *s. f.* **1.** (de zapato) semelle. **2.** (de empresa) personnel *m.*

plantío [plantío] *s. m.* plant.

plasmar [plasmár] *v. tr.* **1.** (representar) peindre. **2.** (dar forma, modelar) façonner; modeler. **3.** (materializar) matérialiser; concrétiser. **4.** (en palabras) formuler. ‖ **plasmarse** *v. pr.* **5.** (materializarse) se matérialiser; prendre forme.

plasta [plásta] *s. f.* **1.** (cosa informe) pâte; mortier *m.* **2.** *fig. y fam.* (policía) flicaille; poulaille. ‖ *s. m. y f.* **3.** *fig. y fam.* (pelma) emmerdeur, -euse; casse-pieds *inv.*

plástico, -ca [plástiko] *adj. y s. m.* **1.** plastique. ‖ **plástica** *s. f.* **2.** plastique.

plastilina [plastilína] *s. f.* pâte à modeler.

plata [pláta] *s. f.* **1.** argent. **2.** (objetos de plata) argenterie. **3.** *Amér.* (dinero) argent *m.*

plataforma [platafórma] *s. f.* plate-forme.

plátano [plátano] *s. m., Bot.* **1.** (árbol) bananier. **2.** (fruto) banane *f.*

platea [platéa] *s. f., Teatr.* orchestre *m.*

platear [plateár] *v. tr.* argenter.

platero [platéro] *s. m.* orfèvre *f.*

plática [plátika] *s. f.* (religiosa) causerie.

platicar [platikár] *v. tr., Amér.* causer.

platillo [platíʎo] *s. m.* **1.** (para una taza) soucoupe *f.* **2.** (de balanza) plateau.

platino [platíno] *s. m.* platine.

plato [pláto] *s. m.* **1.** (para comer) assiette *f.* **2.** (fuente) plat. **3.** (comida) mets; plat. ‖ **lavar los platos** faire la vaisselle. ~ **hondo** assiette creuse. ~ **llano** assiette plate.

plató [plató] *s. m.* (de cine o TV) plateau.

playa [plája] *s. f.* plage.

play-back o play back [pléjβak] *s. m.* play-back.

playera [plajéra] *s. f.* **1.** (blusón) chemise. **2.** *Amér.* (niqui, camiseta) tee-shirt. ‖ **playeras** *s. f. pl.* **3.** (sandalias de playa) sandales de plage. **4.** (zapatillas de deporte) chaussures de sport.

plaza [pláθa] *s. f.* **1.** place. **2.** (circular) rond-point *m.* **3.** (con jardín central) square. **4.** (mercado, lonja) marché *m.;* halle *m.* ‖ ~ **de toros** arènes *f. pl.*

plazo [pláθo] *s. m.* **1.** délai. **2.** (período) terme [A corto plazo. *À court terme.*] ‖ **a plazos** à crédit.

plazoleta [plaθoléta] *s. f.* **1.** petite place. **2.** (rotonda) rond-point *m.;* square (con jardín central).

plegar [pleɣár] *v. tr.* **1.** (curvar) plier; courber. **2.** (una tela) plisser. **3.** (varias veces) rabattre.

plegaria [pleɣária] *s. f.* prière.

pleito [pléjto] *s. m., Der.* (proceso) procès.

plenitud [plenitúð] *s. f.* **1.** plénitude. **2.** *fig.* (personal) épanouissement *m.*

pleno, -na [pléno] *adj.* plein, -ne.

pliego [pljéɣo] *s. m.* **1.** (documento) pli. **2.** (hoja de papel) feuille de papier. **3.** (folio doble) copie *f.*

pliegue [pljéɣe] *s. m.* **1.** (doblez) pli. **2.** pliure *f.* [Pliegue del brazo, del dobla-

plisar [plisár] v. tr. plisser.
5. (repliegue) repli. || **hacer pliegues** plisser.
plomada [plomáða] s. f. fil à plomb.
plomo [plómo] s. m. plomb.
pluma [plúma] s. f. **1.** (para escribir) plume. || ~ **estilográfica** stylo m.
plumaje [plumáxe] s. m. plumage.
plumero [pluméro] s. m. **1.** (para limpiar) plumeau. **2.** (estuche de pluma) plumier.
plumilla [plumíʎa] s. f. **1.** plume (de dessinateur). **2.** (dibujo a plumilla) dessin à la plume, à l'estylográfica) plume.
plumón [plumón] s. m. duvet.
plural [plurál] adj. y s. m. pluriel, -elle.
pluriempleo [pluriempléo] s. m. exploits multiples, cumul d'emplois.
plusmarca [plusmárka] s. f. record m.
población [poβlaθjón] s. f. **1.** (ciudad) ville. **2.** (aglomeración) agglomération. **3.** (localidad) localité. **4.** (conjunto de habitantes) population, peuplement m. **5.** (acción de poblar) peuplement m.
poblado, -da [poβláðo] adj. **1.** (de gente o animales) peuplé, -ée. **2.** (de cosas) garni, -ie. **3.** (barba) fourni, -ie. || *s. m.* **4.** (de chabolas) bidonville. **5.** (aldea) hameau.
poblar [poβlár] v. tr. **1.** (de gente o animales) peupler. **2.** (de árboles) boiser. **3.** (de pelo) garnir.
pobre [póβre] adj. **1.** pauvre (Pobre hombre. *Pauvre homme*). **2.** (escaso) mince, maigre (Un esfuerzo pobre. *Un mince effort*). || **muy mediocre** piètre. || *s. m. y f.* **4.** pauvre.
pobreza [poβréθa] s. f. **1.** pauvreté. **2.** (necesidad) manque m., besoin m.

poción [poθjón] s. f. potion, filtre m.
poco, -ca [póko] adj. indef. **1.** peu de (Poco queso. *Peu de fromage*). || adj. **2.** (escaso) rare. || adv. **3.** peu (Habla poco. *Il parle peu*). **4.** (bebida) goutte f. **5.** (comida) pointe f. || pron. indef. **6.** peu (Ha visto muy pocas películas. *Il en a vu très peu (de films)*). || **desde hace ~** depuis peu. **pocas veces** rarement. **a ~** petit à petit. || (paulatinamente) au fur et à mesure. **por ~** faillir (+infinitivo) (Por poco me ahogo. *J'ai failli me noyer*).
poda [póða] s. f. taille, ébranchage m.
podadera [poðaðéra] s. f. serpe.
podar [poðár] v. tr. **1.** (los frutales, las viñas, los setos) tailler, élaguer. **2.** (quitar ramas) ébrancher.
poder¹ [poðér] v. tr. pouvoir.
poder² [poðér] s. m. **1.** (facultad, posibilidad) pouvoir. **2.** (autoridad) pouvoir. **3.** *Der.* (escrito) mandat, procuration f.
poderío [poðerío] s. m. puissance f.
poderoso, -sa [poðeróso] adj. puissant, -te.
podio [póðjo] s. m. podium.
podrido, -da [poðríðo] adj. pourri, -ie.
poema [poéma] s. m. poème.
poesía [poesía] s. f. poésie.
poeta [poéta] adj. y s. m. y f. poète.
poético, -ca [poétiko] adj. poétique.
poetisa [poetísa] s. f. femme poète.

polar [polár] *adj.* polaire.
polca [pólka] *s.f.* poulka.
polémica [polémika] *s.f.* polémique.
polémico, -ca [polémiko] *adj.* polémique.
polen [pólen] *s.m.* pollen.
poleo [péleo] *s.m. Bot.* pouliot.
policía [poliθía] *s.f.* **1.** police. || *s. m. y f.*
2. agent de police. **3.** (del cuerpo de policías) policier; || ~ **de tráfico** (agente)
agent de la circulation; (la policía en carretera) police de la route.
policíaco, -ca [poliθíako] *adj.* policier, -ière.
polideportivo [poliðepoɾtíβo] *s.m.* salle omnisports.
poliedro [poljéðɾo] *s.m.* polyèdre.
polifacético, -ca [polifaθétiko] *adj.*
1. (de varias caras) à facettes. **2.** (multiusos) polyvalent, -te. **3.** (creación, pensamiento) éclectique. **4.** (que realiza diversas actividades) touche-à-tout *inv.*
polifonía [polifonía] *s.f.* polyphonie.
poligamia [poliɣámja] *s.f.* polygamie.
polígono [políɣono] *s.m.* polygone.
polilla [políʎa] *s.f.* mite.
poliomielitis [poljomjelítis] *s.f. Med.* poliomyélite.
polisemia [polisémja] *s.f.* polysémie.
política [polítika] *s.f.* politique.
político, -ca [polítiko] *adj. y s. m.* **1.** politique. || *adj.* **2.** par alliance [Pariente político, -enne; homme politique].
3. políticien, -enne; homme politique.
póliza [póliθa] *s.f.* **1.** police. **2.** (sello de pago de impuestos) vignette.
polizón [poliθón] *s.m.* passager clandestin.
pollo [póʎo] *s.m.* **1.** (animal o su carne) poulet. **2.** (cría de ave o de pollo) poussin. **3.** (cría de pájaro) petit.
polluelo [poʎwélo] *s.m.* poussin.

polo [pólo] *s.m.* pôle.
polución [poluθjón] *s.f.* pollution, contamination.
polvareda [polβaɾéða] *s.f.* **1.** nuage *m.* (de poussière). **2.** *fig.* (escándalo) bruit *m.*, scandale *m.*
polvo [pólβo] *s.m.* **1.** (de tierra) poussière *f.*
2. (sustancia pulverizada) poudre *f.*
3. *vulg.* baise *f.* || **polvos** *s.m. pl.* **4.** (cosméticos, medicinales) poudre *f. sing.*
|| **hecho ~** fichu, -ue. (agotado) crevé, -ée; épuisé, -ée. || **quitar el ~** dépoussiérer.
pólvora [pólβoɾa] *s.f.* poudre.
polvoriento, -ta [polβoɾjénto] *adj.* poussiéreux, -euse.
polvorín [polβoɾín] *s.m.* poudrière *f.*
polvorón [polβoɾón] *s.m.* polvoron (sorte de sablé).
pomada [pomáða] *s.f.* pommade.
pomelo [pomélo] *s.m.* pamplemousse.
pomo [pómo] *s.m.* poignée *f.*; bouton.
pompa [pómpa] *s.f.* **1.** (burbuja) bulle.
2. (acompañamiento lujoso) pompe. || **pompis** [pómpis] *s.m.; cul:* fesses *f. pl.*
pompón [pompón] *s.m.* pompon.
pómulo [pómulo] *s.m. Anat.* pommette *f.*
ponche [pónʧe] *s.m.* punch.
poncho [pónʧo] *s.m.* (vêtement) poncho.
ponderar [ponderár] *v. tr.* **1.** (estudiar, evaluar) peser. **2.** (equilibrar) pondérer.
3. (ensalzar) faire valoir. **4.** (exagerar) renchérir.
poner [ponér] *v. tr.* **1.** (colocar, situar) mettre; placer. **2.** (colocar en su sitio) ranger. **3.** (dejar) poser [Poner en la mesa, *Poser sur la table*]. **4.** (instalar, preparar) mettre. **5.** jeter [Poner en un apuro, *Jeter dans l'embarras*]. **6.** (una película) passer [Ponen tu película favorita, *Ils passent ton film préféré*]. **7.** (huevos)

poni o póney [poní] s. m. poney.
poniente [ponjénte] s. m. 1. couchant. || *adj.* 2. couchant, -e.
pontífice [pontífiθe] s. m. pontife.
pop [pop] *adj.* y s. m.; Mús. pop. **popa** [pópa] s. f.; Náut. poupe. || **viento en ~** vent arrière.
populacho [populátʃo] s. m. bas peuple.
popular [populár] *adj.* populaire.
popularidad [populariðáð] s. f. popularité; célébrité.
popularizar [populariθár] v. tr. populariser.
popurrí [popurrí] s. m. pot-pourri.
por [por] *prep.* 1. (agente, autor) par [Fue visto por un vecino. *Il a été vu par un voisin.*] 2. (razón) pour [Lo hicimos por él. *Nous l'avons fait pour lui.*] 3. (causa de; por miedo. *Par crainte / De crainte*] 4. (causa negativa) à cause de; crainte] 4. (causa negativa) à cause de. 5. (medio de transporte) par [Viajar por tierra. *Voyager par terre*] 6. (medio de transmisión) à [Lo oí por la radio, la televisión. *Je l'ai entendu à la radio, à la télévision*] 7. (lugar) [Le tomaron por otra persona. *Ils l'ont pris pour quelqu'un d'autre*] 8. à [200 km por hora. *200 km à l'heure*] 9. (que queda) à [Está por ha-

cer. *C'est encore à faire*] 10. (a cambio de) contre. 11. (a través de) par. 12. (movimiento o dispersión por un espacio) par, dans [Esos carteles pueden leerse por las calles. *On peut lire ces affiches par les rues*] || **dos ~ tres** deux fois trois. ~ **que** (+adj./adv.) pour ... que: si ... que [Por listo que sea. *Si malin qu'il soit*]. ~ **eso** c'est pourquoi. ~ **más que** (Por más que insista no conseguirá nada. *Il a beau insister il n'arrangera rien*]. ~ **muy ... que** tout ... que. ~ **qué** pourquoi.
porcelana [porθelána] s. f. porcelaine.
porcentaje [porθentáxe] s. m. 1. pourcentage. 2. (tasa) taux.
porche [pórtʃe] s. m. porche.
porcino, -na [porθíno] *adj.* porcin, -ne.
porción [porθjón] s. f. 1. (en un reparto) part. 2. (fragmento) portion.
pordiosero, -ra [porðjoséro] *adj.* y s. m. y f. mendiant, -e; gueux, -euse.
pormenor [pormenór] s. m. 1. (detalle) detail. 2. (cuestión secundaria) à-côté.
pornografía [pornoɣrafía] s. f. pornographie.
poro [póro] s. m. pore.
porque [pórke] *conj.* parce que.
porqué [porké] s. m. pourquoi, motif.
porquería [porkería] s. f. 1. *fam.* saleté, cochonnerie. 2. *fig.* y *fam.* croûte [Su libro es una porquería. *Son livre est une croûte*].
porra [pórra] s. f. 1. (maza) massue. 2. (de policía) matraque. 3. (de guardia de tráfico) bâton blanc.
porrazo [porráθo] s. m. coup.
porro [pórro] s. m. *fam.* cigarro de marihuana; joint.
porrón [porrón] s. m. cruche *f.* (à long bec pour boire).

portaaviones [portaaβjones] *s. m. inv.,* Mil. porte-avions.

portada [portaða] *s. f.* 1. (de una revista) couverture. 2. (pórtico) portail *m.*

portador, -ra [portaðor] *adj. y s. m. y f.* porteur, -euse.

portaequipajes [portaekipaxes] *s. m. inv.* porte-bagages, galerie *f.*

portafolio [portafoljo] *s. m.* 1. carpeta chemise *f.* 2. (maletín) attaché-case.

portal [portal] *s. m.* 1. (de un edificio) vestíbulo (à l'entrée d'un immeuble). 2. (belén, nacimiento) crèche *f.*

portamonedas [portamoneðas] *s. m. inv.* porte-monnaie.

portarretrato [portaretrato] *s. m.* porte-photo.

portarse [portarse] *v. pr.* se conduire; se comporter.

portátil [portatil] *adj.* 1. portatif, -ive. *s. m.* 2. (aparato transportable) portable.

portavoz [portaβoθ] *s. m.* porte-parole *inv;* representante, -te.

portazo [portaθo] *s. m.* claquement (de porte). || **dar un ~ en las narices** fermer la porte au nez.

porte [porte] *s. m.* 1. (transporte) port; transport. 2. (compostura) maintien; allure *f.*

portento [portento] *s. m.* prodige.

portería [porteria] *s. f.* 1. (de conserje) loge. 2. (en una comunidad religiosa) portería. 3. *Dep.* but *m.*

portero, -ra [portero] *s. m. y f.* 1. (de un edificio) gardien d'immeuble. 2. (conserje) concierge. 3. (que vigila una puerta) portier, -ière. 4. *Dep.* (de fútbol) gardien de but, goal *m;* portier, -ière.

pórtico [portiko] *s. m.* 1. (galería con columnas a la entrada de un templo o de una casa) portique. 2. (fachada) portail.

portugués, -guesa [portuɣes] *adj. y s. m. y f.* 1. portugais, -se. *s. m.* 2. Portugais, -se.

porvenir [porβenir] *s. m.* avenir; futur.

posada [posaða] *s. f.* auberge.

posadero, -ra [posaðero] *s. m.* 1. (de hotel u hostal) hôtelier, -ière. 2. (de albergue o posada) aubergiste. 3. (de casa de huéspedes) patron, -onne.

posar [posar] *v. tr.* 1. (dejar apoyado) poser. || **posarse** *v. pr.* 2. se poser.

posavasos [posaβasos] *s. m. inv.* dessous de verre.

poseer [poseer] *v. tr.* posséder; avoir.

posesión [posesjon] *s. f.* 1. possession. 2. *Amér.* propriété.

posesivo, -va [posesiβo] *adj.* 1. possessif, -ive. *s. m.* 2. *Ling.* possessif.

posibilidad [posiβiliðað] *s. f.* 1. possibilité. 2. (oportunidad) chance. || **posibilidades** *s. f. pl.* 3. chances. 4. (recursos) moyens.

posible [posiβle] *adj.* possible. || **hacer ~** rendre possible. **hacer todo lo ~** faire de son mieux. **lo mejor ~** au mieux. **todo lo ~** autant que possible.

posición [posiθjon] *s. f.* 1. (postura corporal) position; posture; attitude. 2. (de pie) station. 3. (en una situación) posture. 4. (social) situation.

positivo, -va [positiβo] *adj. y s. m.* positif, -ive.

poso [poso] *s. m.* 1. (del vino o líquidos) lie *f.* 2. (del café) marc. 3. (sedimento) depósito. || **formar ~** (un líquido) déposer.

posponer [posponer] *v. tr.* 1. (una reunión) renvoyer. 2. (una fecha) reporter. 3. *Ling.* (una palabra) postposer.

postal [postál] *adj.* **1.** postal, -e. ‖ *s. f.* **2.** carte postale.

poste [póste] *s. m.* poste [Poste indicador, poste de teléfonos: *Poste indicateur, poste du téléphone*].

póster [póster] *s. m.* affiche f.

postergar [posteryár] *v. tr.* **1.** (retrasar) ajourner. **2.** (dejar atrás) laisser en arrière. **3.** (descuidar) mettre à l'écart. **4.** (dejar de lado) laisser de côté.

posterior [posterjór] *adj.* postérieur, -e. ‖ *parte ~* derrière *m*.

postigo [postíyo] *s. m.* **1.** volet. **2.** (puerta falsa) porte (dérobée).

postizo, -za [postíθo] *adj.* **1.** postiche. **2.** faux, -ausse.

postre [póstre] *s. m.* dessert.

postura [postúra] *s. f.* **1.** (corporal) posture; attitude. **2.** (pose) pose. **3.** (punto de vista, opinión) position.

potable [potáβle] *adj.* potable; buvable. ‖ *no ~* imbuvable.

potaje [potáxe] *s. m.*, *Gastr.* plat de légumes; mets.

pote [póte] *s. m.* **1.** (tarro de barro) pot. **2.** (en fer, à trois pieds et trois anses) marmite f.

potencia [poténθja] *s. f.* puissance

potencial [potenθjál] *adj. y s. m* potentiel, -elle.

potenciar [potenθjár] *v. tr.* **1.** (impulsar) encourager; donner un nouvel essor. **2.** (reforzar) renforcer. **3.** (posibilitar) permettre; rendre possible.

potente [poténte] *adj.* puissant, -e.

potingue [potíŋge] *s. m.*, *fam.* **1.** medicina) médicament. **2.** (brebaje) bieuvrage. **3.** (producto cosmético) cosmétique.

potro [pótro] *s. m.* **1.** poulain. **2.** *Dep.* cheval d'arçons.

poyo [pójo] *s. m.* banc de pierre.

poza [póθa] *s. f.* (charca) mare.

pozo [póθo] *s. m.* puits.

práctica [práktika] *s. f.* **1.** pratique [En la práctica, en práctica: *Dans la pratique = en pratique*]. **2.** (experiencia) expérience. **3.** (costumbre) pratique. ‖ **prácticas** *s. f. pl.* **4.** (en una empresa) stage *m*. sing. ‖ *de prácticas* stagiaire. *poner en ~* (aplicar) mettre en œuvre.

practicante [praktikánte] *s. m. y f.* (auxiliar) aide-infirmier.

practicar [praktikár] *v. tr.* **1.** pratiquer. **2.** (una profesión) exercer. **3.** (una religión) pratiquer. **4.** (una abertura) pratiquer. ‖ **practicarse** *v. pr.* **5.** se pratiquer.

práctico, -ca [práktiko] *adj.* pratique.

pradera [praðéra] *s. f.* prairie f; pré *m*.

prado [práðo] *s. m.* pré; prairie f.

precario, -ria [prekárjo] *adj.* précaire.

precaución [prekawθjón] *s. f.* précaution. ‖ *por ~* par précaution.

precaver [prekaβér] *v. tr.* (poner en guardia contra) prémunir.

precedente [preθeðénte] *s. m.* **1.** précédent [Sin precedente: *Sans précédent*]. **2.** *adj.* précédent, -te; antérieur, -eure.

preceder [preθeðér] *v. tr.* précéder.

precepto [preθépto] *s. m.* précepte.

preceptor, -ra [preθeptór] *s. m. y f.* précepteur, -trice.

precintar [preθintár] *v. tr.* **1.** sceller [Precintar un local: *Sceller un local*]. **2.** (bolsas con precinto de plomo) plomber.

precio [préθjo] *s. m.* **1.** prix. **2.** *fig.* (coste, esfuerzo) coût [El precio del triunfo. *Le coût du succès.*]

PRECIOSO - PREMATURO

precioso, -sa [preθjóso] *adj.* **1.** (de gran valor o precio) précieux, -euse. **2.** (hermoso) beau, -elle. **3.** (coqueto) joli, -ie; mignon, -onne. **4.** (una mujer) ravissant, -te.

precipicio [preθipíθjo] *s. m.* **1.** précipice. **2.** (abismo, sima) abîme; gouffre.

precipitación [preθipitaθjón] *s. f.* précipitation.

precipitar [preθipitár] *v. tr.* **1.** précipiter. ‖ *v. intr.* **2.** (una sustancia) précipiter. ‖ **precipitarse** *v. pr.* **3.** se précipiter.

precisar [preθisár] *v. tr.* **1.** (aclarar) préciser. **2.** (indicar) indiquer. **3.** (requerir) nécessiter. ‖ *v. intr.* **4.** (necesitar) falloir [Preciso de ayuda. *Il me faut de l'aide.*]

precisión [preθisjón] *s. f.* (de medidas y cálculos) exactitude.

preciso, -sa [preθíso] *adj.* **1.** précis, -se [Un momento preciso. *Un moment précis.*] **2.** (necesario) nécessaire. **3.** (exacto) exact, -te. **4.** (claro) distinct, -te; net, -ette. **5.** (profundo, detallado) poussé, -ée [Un trabajo preciso. *Un travail poussé.*]

precoz [prekóθ] *adj.* **1.** (prematuro) précoce. **2.** (prodigio) précoce.

predecesor, -ra [preðeθesór] *s. m. y f.* prédécesseur *m.*; devancier, -ière.

predecir [preðeθír] *v. tr.* **1.** prédire. **2.** (pronosticar) annoncer.

predestinar [preðestinár] *v. tr.* prédestiner.

predicado [preðikáðo] *s. m.. Líng.* prédicat.

predicar [preðikár] *v. tr.* **1.** prêcher. **2.** (el evangelio, la buena nueva) annoncer.

predilección [preðilekθjón] *s. f.* prédilection.

predisponer [preðisponér] *v. tr.* prédisposer.

predominar [preðominár] *v. tr. e intr.* **1.** prédominer. **2.** (prevalecer) prévaloir.

predominio [preðomínjo] *s. m.* prédominance *f.*

preescolar [preeskolár] *adj.* **1.** de l'école maternelle; préscolaire. ‖ *s. m.* **2.** maternelle *f.* (école); jardin d'enfants.

prefabricado, -da [prefaβrikáðo] *adj.* préfabriqué, -ée.

prefacio [prefáθjo] *s. m.* préface *f.*

prefecto [prefékto] *s. m.* (en Francia, gobernador civil) préfet.

preferencia [preferénθja] *s. f.* préférence.

preferir [preferír] *v. tr.* préférer; aimer mieux.

prefijo [prefíχo] *s. m.* préfixe.

pregón [preɣón] *s. m.* **1.** annonce *f.* (du crieur public). **2.** (de vendedor) cri.

pregonar [preɣonár] *v. tr.* **1.** (el pregonero) crier; annoncer (le crieur public). **2.** (los vendedores) crier. **3.** *fig.* (desvelar) claironner.

pregunta [preɣúnta] *s. f.* question. ‖ **hacer una ~** poser une question.

preguntar [preɣuntár] *v. tr.* **1.** demander. **2.** (interrogar, hacer preguntas) questionner; interroger. ‖ **preguntarse** *v. pr.* **3.** se demander.

prehistoria [prejstórja] *s. f.* préhistoire.

prejuicio [preχwíθjo] *s. m.* **1.** préjugé. **2.** (idea preconcebida) parti pris.

prejuzgar [preχuθɣár] *v. tr.* préjuger.

prelado [preláðo] *s. m.* **1.** prélat. **2.** (de un convento) supérieur.

preliminar [preliminár] *adj.* **1.** préliminaire; préalable. ‖ **preliminares** *s. m. pl.* **2.** préliminaires.

preludio [prelúðjo] *s. m.* prélude.

prematuro, -ra [prematúro] *adj.* **1.** prématuré, -ée. **2.** (precipitado) hâtif, -ive.

PREMEDITAR - PRESERVAR

premeditar [premeðitár] *v. tr.* couver.

premiar [premjár] *v. tr.* **1.** (conceder un premio) décerner un prix. **2.** (recompensar) récompenser.

premio [prémjo] *s. m.* **1.** prix. **2.** récompense *f.*; prix. ‖ **~ gordo** gros lot.

premura [premúra] *s. f.* **1.** (apremio) urgence. **2.** (insistencia) instances *p*.

prenda [prénda] *s. f.* **1.** (de vestir) vêtement *m.*; habit *m.* **2.** *fig. y fam.* (una persona) perle. **3.** (garantía) gage *m* ‖ **~ interior** sous-vêtement *m.*

prendarse [prendárse] *v. pr.* s'éprendre.

prender [prendér] *v. tr.* **1.** (con la mano) saisir. **2.** (sujetar, colgar) fixer. **3.** (arrestar) arrêter; prendre; appréhender. **4.** (fuego) mettre. ‖ **prenderse fuego** (fuego) prendre feu.

prensa [prénsa] *s. f.* **1.** (máquina para imprimir) presse. **2.** (publicaciones periódicas) presse. **3.** (de frutas, granos) pressoir *m.* ‖ **en ~** sous presse.

prensar [prensár] *v. tr.* **1.** (con una prensa) presser. **2.** (la uva) pressurer. **3.** (aplastar) fouler.

preñada [preñáða] *adj. f.* pleine; enceinte.

preocupación [preokupaθjón] *s. f.* souci *m.*

preocupado, -da [preokupáðo] *adj.* inquiet, -ète.

preocupar [preokupár] *v. tr.* **1.** préoccuper. **2.** (producir inquietud) inquiéter; tracasser. ‖ **preocuparse** *v. pr.* **3.** (ocuparse de, interesarse por) se préoccuper; se soucier. **4.** (angustiarse) s'inquiéter; se faire des soucis; se faire de la bile; s'en faire *fam.*

preparación [preparaθjón] *s. f.* préparation.

preparado, -da [preparáðo] *adj.* prêt, -te.

preparar [preparár] *v. tr.* **1.** préparer; apprêter. **2.** (tramar) monter; tramer. **3.** (la carne) habiller. **4.** ménager. ‖ **prepararse** *v. pr.* **5.** se disposer.

preparativos [preparatíβos] *s. m. pl.* préparatifs.

preposición [preposiθjón] *s. f.*, *Ling.* préposition.

presa [présa] *s. f.* **1.** (pantano) barrage *m.* **2.** (animal) prise; proie.

presagiar [presaχjár] *v. tr.* présager.

presagio [presáχjo] *s. m.* présage; augure.

prescindir [presθindír] *v. intr.* **1.** (pasar sin) se passer de. **2.** (no tener en cuenta) faire abstraction.

prescribir [preskriβír] *v. tr.* prescrire.

presencia [preséṇθja] *s. f.* présence.

presenciar [preseṇθjár] *v. tr.* **1.** assister. **2.** (ser testigo de) être témoin de.

presentación [presentaθjón] *s. f.* présentation.

presentador, -ra [presentaðór] *s. m. y f.* présentateur, -trice.

presentar [presentár] *v. tr.* **1.** présenter. **2.** (plantear) poser [Presentar un problema. *Poser un problème.*] **3.** (enseñar) montrer; produire (un documento de identidad). **4.** (mostrar, dejar ver) faire apparaître. ‖ **presentarse** *v. pr.* **5.** passer [Presentarse a una oposición. *Passer un concours*.] **6.** (una situación) s'annoncer.

presente [presénte] *adj. y s. m.* présent, -te.

presentimiento [presentimjénto] *s. m.* pressentiment; intuition *f.*

presentir [presentír] *v. tr.* **1.** pressentir. **2.** (sospechar) se douter. **3.** (sentir en el ambiente) flairer *fig.*

preservar [preserβár] *v. tr.* **1.** préserver. **2.** (proteger) garantir. **3.** (salvar) sauver.

PRESERVATIVO - PRIMA

preservativo [preserβatíβo] *s. m.* préservatif; condom.

presidencia [presiðéŋθja] *s. f.* présidence.

presidente, -ta [presiðénte] *s. m. y f.* président, -te.

presidiario, -ria [presiðjárjo] *s. m. y f.* **1.** bagnard, -de. **2.** (en país anglosajón) convict.

presidio [presíðjo] *s. m.* pénitencier; bagne.

presidir [presiðír] *v. tr.* présider.

presilla [presíλa] *s. f.* **1.** (lengüeta de cierre) patte. **2.** (de un pantalón) passant *m.* **3.** (de un cinturón o de una correa) passant *m.*

presión [presjón] *s. f.* pression.

presionar [presjonár] *v. tr.* **1.** (hacer presión) faire pression. **2.** (apretar) appuyer; presser [Presione el botón. *Appuyez sur la touche./ Presser la touche.*] **3.** *fig.* faire pression.

preso, -sa [préso] *adj. y s. m. y f.* prisonnier, -ière; détenu, -ue.

prestación [prestaθjón] *s. f.* **1.** prestation. **2.** (subsidio) allocation.

prestamista [prestamísta] *s. m. y f.* prêteur, -euse.

préstamo [préstamo] *s. m.* **1.** (que se hace) prêt. **2.** (que se pide) emprunt.

prestar [prestár] *v. tr.* prêter.

prestidigitador [prestiðiχitaðór] *s. m.* prestidigitateur, -trice.

prestigio [prestíχjo] *s. m.* prestige.

presumido, -da [presumíðo] *adj. y s. m. y f.* **1.** (coqueto) poseur, -euse; coquet, -ette. **2.** (presuntuoso) prétentieux, -euse; présomptueux, -euse.

presumir [presumír] *v. tr.* **1.** (conjeturar) présumer. ‖ *v. intr.* **2.** (alardear de) vanter; présumer. **3.** (pavonearse) se donner de grands airs.

presunción [presuŋθjón] *s. f.* présomption.

presunto, -ta [presúnto] *adj.* **1.** (supuesto) présumé, -ée. **2.** (impostor) prétendu, -ue.

presuntuoso, -sa [presuntuóso] *adj. y s. m. y f.* **1.** présomptueux, -euse. **2.** (pretencioso) prétentieux, -euse.

presupuesto, -ta [presupwésto] *adj. y s. m.* **1.** présupposé, -ée. ‖ *s. m.* **2.** (gasto público) budget. **3.** (relación de gastos) devis.

pretencioso, -sa [preteŋθjóso] *adj. y s. m. y f.* prétentieux, -euse.

pretender [pretendér] *v. tr.* **1.** (querer) prétendre. **2.** (intentar) chercher; viser.

pretendiente, -ta [preteŋdjénte] *adj. y s. m. y f.* **1.** (que pretende la mano) prétendant, -te. **2.** (enamorado de una mujer) soupirant *m.*

pretensión [pretensjón] *s. f.* prétention.

pretérito, -ta [pretérito] *adj.* **1.** passé, -ée. ‖ *s. m.* **2.** passé.

pretexto [pretéksto] *s. m.* prétexte.

prevalecer [preβaleθér] *v. intr.* prévaloir.

prevenir [preβenír] *v. tr.* **1.** (tomar precauciones) prévenir. **2.** (preparar con antelación) préparer [Préparer l'avenir. *Prevenir el futuro.*] **3.** (poner en guardia) prémunir. ‖ **prevenirse** *v. pr.* **4.** parer.

prever [preβér] *v. tr.* prévoir.

previo, -via [préβjo] *adj.* préliminaire; préalable.

previsión [preβisjón] *s. f.* **1.** prévision. **2.** (estimación) estimation. ‖ **contra toda ~** contre toute attente.

previsor, -ra [preβisór] *adj.* prévoyant, -te.

previsto, -ta [preβísto] *adj.* prévu, -ue.

prima [príma] *s. f.* **1.** (póliza de seguro) prime. **2.** (gratificación, comisión) prime.

PRIMARIO - PROA

primario, -ria [primárjo] *adj.* **1.** (primero) primaire. ‖ **primaria** *s. f.* **2.** primaire *m.;* enseignement primaire.

primavera [primaβéra] *s. f.* printemps *m.* [En primavera. *Au printemps.*]

primer, -ra [primér] *adj.* premier, -ière.

primero, -ra [priméro] *adj. y pron.* **1.** premier, -ière [Capítulo primero. *Chapitre premier.*] ‖ *s. m. y f.* **2.** premier, -ière. ‖ *adv.* **3.** d'abord; tout d'abord. **4.** (antes, más bien) plutôt. **5.** (en una enumeración) premièrement. ‖ **primera** *s. f.* **6.** (clase) première. ‖ **de primera** extra. •●L'adjectif "primero" devient "primer" devant n. m. sing.

primicia [primíθja] *s. f.* **1.** primeur *m.* ‖ **primicias** *s. f. pl.* **2.** (primeros frutos o primeros animales nacidos) prémices.

primitivo, -va [primitíβo] *adj. y s. m. y f.* **1.** primitif, -ive. **2.** (salvaje) sauvage.

primo, -ma [prímo] *adj.* **1.** premier, -ière [Materia prima. *Matière première.*] ‖ *s. m. y f.* **2.** cousin, -ne.

primogénito, -ta [primoχénito] *adj.* **1.** aîné, -ée. ‖ *s. m. y f.* **2.** aîné, -ée.

primor [primór] *s. m.* **1.** (finura, cuidado) délicatesse *f.* **2.** (obra maestra) merveille *f.;* chef-d'œuvre.

primordial [primorðjál] *adj.* primordial, -le.

princesa [prinθésa] *s. f.* princesse *f.*

principado [prinθipáðo] *s. m.* principauté *f.*

principal [prinθipál] *adj.* principal, -le.

príncipe [prínθipe] *s. m.* prince.

principiante [prinθipjánte] *adj. y s. m. y f.* débutant, -te.

principio [prinθípjo] *s. m.* **1.** commencement; début. **2.** principe [Principio fundamental. *Principe fondamental.*] ‖ **al ~** à l'origine. **en ~** normalement.

pringar [priŋgár] *v. tr.* **1.** (untar con grasa) graisser. **2.** (manchar de grasa) tacher de graisse. **3.** (manchar) tacher. **4.** (pan en la salsa) saucer. **5.** (en un asunto) faire tremper; impliquer. ‖ *v. intr.* **6.** (de grasa) salir. **7.** *fam.* (trabajar) trimer; bosser. ‖ **pringarse** *v. pr.* **8.** (mancharse) se tacher. **9.** *fig. y fam.* (en un asunto) tremper. ‖ **pringarla** *fam.* (meter la pata) être fichu. | (elegir mal) jouer la mauvaise carte; prendre un mauvais parti.

pringue [prínge] *s. amb.* **1.** (grasa, unto) graisse *f.* **2.** (mugre) saleté *f.*

prioridad [prjoriðáð] *s. f.* priorité.

prisa [prísa] *s. f.* **1.** empressement *m.* **2.** (precipitación) hâte. ‖ **darse ~** se dépêcher. **tener ~** être pressé.

prisión [prisjón] *s. f.* **1.** prison. **2.** *fig.* geôle.

prisionero, -ra [prisjonéro] *adj. y s. m. y f.* prisonnier, -ière.

prisma [prísma] *s. m.* **1.** prisme. **2.** *fig.* perspective *f.;* optique *f.;* point de vue.

prismáticos [prismátikos] *s. m. pl.* jumelles *f.*

privado, -da [priβáðo] *adj.* **1.** privé, -ée. **2.** (particular) particulier, -ière. **3.** (falto) dépourvu, -ue [Privado de recursos. *Dépourvu de ressources.*]

privar [priβár] *v. tr.* **1.** priver. **2.** (despojar) démunir. ‖ *v. intr.* **3.** (tener éxito) être à la mode. ‖ **privarse de** se démunir. (abstenerse de) se priver.

privilegio [priβiléχjo] *s. m.* privilège.

pro [pró] *s. amb.* **1.** pour [Los pros y los contras. *Le pour et le contre.*] ‖ *prep.* **2.** en faveur de; pro. ‖ **de ~** de bien; honnête [Hombre de pro. *Homme de bien. /Honnête homme.*] **en ~ de** en faveur de; au profit de; pro.

proa [próa] *s. f.* proue.

PROBABILIDAD - PROFUNDIZAR

probabilidad [proβaβiliðáð] *s. f.* probabilité.

probable [proβáβle] *adj.* probable.

probador [proβaðór] *s. m.* (en una tienda) cabine d'essayage.

probar [proβár] *v. tr.* **1.** (demostrar con pruebas) prouver; démontrer. **2.** (por primera vez) essayer. **3.** (degustar) goûter. **4.** (poner a prueba) éprouver. **5.** (una nueva vía o experiencia) faire l'expérience de.

probeta [proβéta] *s. f.* éprouvette.

problema [proβléma] *s. m.* **1.** problème. **2.** (cuestión) question *f.* **3.** (dificultad, preocupación) ennui. || **problemas** *s. m. pl.* **4.** (personales) tracas.

procedencia [proθeðénθja] *s. f.* **1.** provenance. **2.** (origen) origine.

proceder [proθeðér] *v. intr.* **1.** provenir; procéder. **2.** (convenir) convenir. **3.** (actuar) procéder; opérer. **4.** *Der.* (ser pertinente) être pertinent. || *s. m.* **5.** procédé.

procedimiento [proθeðimjénto] *s. m.* **1.** procédé. **2.** *Der.* procédure *f.* **3.** (práctica, costumbre) pratique *f.*

procesar [proθesár] *v. tr.* poursuivre.

procesión [proθesjón] *s. f.* procession.

proceso [proθéso] *s. m.* **1.** (desarrollo, evolución) processus. **2.** *Tecnol.* procédure *f.* **3.** (judicial) procès; cause *f.;* litige. **4.** (instrucción) procédure.

proclamar [proklamár] *v. tr.* proclamer.

procrear [prokreár] *v. tr.* procréer.

procurador [prokuraðór] *s. m.* procureur. || **~ judicial** avoué.

procurar [prokurár] *v. tr.* **1.** (intentar) tâcher de. **2.** (proporcionar) procurer. || **~ que** veiller à ce que.

prodigar [proðiyár] *v. tr.* prodiguer.

prodigio [proðíχjo] *s. m.* prodige.

prodigioso, -sa [proðiχjóso] *adj.* prodigieux, -euse.

pródigo, -ga [próðiyo] *adj. y s. m. y f.* prodigue.

producción [produkθjón] *s. f.* production.

producir [produθír] *v. tr.* **1.** produire. **2.** (emitir) émettre. **3.** (operar) opérer [Eso ha producido una división. *Cela a opéré une division.*] **4.** (causar) entraîner. **5.** (beneficios) rapporter. || **producirse** *v. pr.* **6.** se produire.

producto [produkto] *s. m.* produit.

productor, -ra [produktór] *adj. y s. m. y f.* producteur, -trice.

proeza [proéθa] *s. f.* prouesse; exploit *m.*

profanar [profanár] *v. tr.* profaner.

profano, -na [profáno] *adj. y s. m. y f.* profane.

profecía [profeθía] *s. f.* prophétie.

proferir [proferír] *v. tr.* **1.** (pronunciar) proférer. **2.** (lanzar) jeter.

profesar [profesár] *v. tr.* **1.** (un sentimiento, una creencia) professer. **2.** (un sentimiento) vouer.

profesión [profesjón] *s. f.* profession; métier *m.* (oficio, carrera).

profesional [profesjonál] *adj. y s. m. y f.* professionnel, -elle.

profesor [profesór] *s. m. y f.* **1.** professeur. **2.** enseignant, -te.

profeta, -fetisa [proféta] *s. m. y f.* prophète, -phétesse.

profetizar [profetiθár] *v. tr.* prophétiser; prédire.

prófugo, -ga [prófuyo] *adj. y s. m. y f.* **1.** fugitif, -ive. || *s. m. y f.* **2.** insoumis, -se.

profundidad [profuŋdiðáð] *s. f.* profondeur.

profundizar [profuŋdiθár] *v. tr. e intr.* approfondir; creuser.

profundo, -da [profúndo] *adj.* profond, -de.

profusión [profusjón] *s. f.* **1.** profusion. **2.** abondance. || **con ~** à foison.

programa [proɣráma] *s. m.* **1.** programme. **2.** *Inform.* (software) logiciel.

programar [proɣramár] *v. tr.* programmer.

progresar [proɣresár] *v. intr.* **1.** progresser; faire des progrès. **2.** avancer.

progresista [proɣresísta] *adj. y s. m. y f.* progressiste.

progresivo, -va [proɣresíβo] *adj.* progressif, -ive.

progreso [proɣréso] *s. m.* **1.** progrès. **2.** (adelanto) avancement; avance *f.* **3.** (auge) essor.

prohibición [projiβiθjón] *s. f.* **1.** interdiction. **2.** (legal) prohibition. **3.** défense [Prohibición de aparcar. *Défense de se garer.*]

prohibido, -da [projíβiðo] *adj.* défendu, -ue; interdit, -te. || **~ fumar** défense de fumer; interdiction de fumer.

prohibir [projiβír] *v. tr.* **1.** interdire. **2.** (legalmente) défendre. **3.** *Der.* prohiber.

prójimo [próχimo] *s. m.* prochain. || **el ~** autrui.

prole [próle] *s. f.* progéniture.

proletario, -ria [proletárjo] *adj. y s. m. y f.* prolétaire.

prólogo [próloɣo] *s. m.* prologue.

prolongar [proloŋgár] *v. tr.* prolonger.

promedio [proméðjo] *s. m.* moyenne *f.*

promesa [promésa] *s. f.* **1.** promesse. **2.** *fig.* (persona) espoir *m.*

prometer [prometér] *v. tr.* **1.** promettre. **2.** (garantizar) assurer.

prometido, -da [prometíðo] *s. m. y f.* fiancé, -ée.

promoción [promoθjón] *s. f.* promotion.

promocionar [promoθjonár] *v. tr.* promouvoir.

promover [promoβér] *v. tr.* **1.** promouvoir. **2.** favoriser.

promulgar [promulɣár] *v. tr.* promulguer.

pronombre [pronómbre] *s. m.* pronom.

pronosticar [pronostikár] *v. tr.* pronostiquer.

pronóstico [pronóstiko] *s. m.* pronostic.

prontitud [prontitúð] *s. f.* empressement *m.*

pronto, -ta [prónto] *adv.* **1.** (en un plazo breve) vite. **2.** (en breve) bientôt. **3.** (antes de lo esperado) tôt. **4.** (temprano) tôt; de bonne heure. || *adj.* **5.** prompt, -te. || *s. m.* **6.** mouvement d'humeur. || **de ~** soudain; tout à coup; tout d'un coup.

pronunciación [pronuŋθjaθjón] *s. f.* **1.** prononciation. **2.** (articulación de palabras) articulation.

pronunciar [pronuŋθjár] *v. tr.* **1.** prononcer. || **pronunciarse** *v. pr.* **2.** (expresar la opinión) se prononcer.

propaganda [propaɣánda] *s. f.* **1.** propagande. **2.** (publicidad) publicité. **3.** (reclamo publicitario) réclame.

propagar [propaɣár] *v. tr.* **1.** propager. **2.** *fig.* (una noticia, ideas) répandre. || **propagarse** *v. pr.* **3.** se propager.

propensión [propensjón] *s. f.* **1.** inclination; penchant *m.* **2.** prédisposition.

propenso, -sa [propénso] *adj.* enclin, -ne; porté, -ée. || **ser ~ a** être porté à.

propicio, -cia [propíθjo] *adj.* **1.** propice; bon, -onne. **2.** (un candidato) adéquat, -te.

propiedad [propjeðáð] *s. f.* **1.** (posesión) propriété [La propiedad privada. *La propriété privée.*]. **2.** (virtud, facultad) faculté; propriété; vertu. **3.** (tierra) domaine *m.* **4.** (explotación) propriété.

PROPIETARIO - PROVERBIO

propietario, -ria [propjetárjo] *adj. y s. m. y f.* propriétaire.

propina [propína] *s. f.* pourboire *m.*

propio, -pia [própjo] *adj.* propre. ‖ **~ de** propre à [Esto es propio de mi padre. *C'est propre à mon père.*]

proponer [proponér] *v. tr.* proposer.

proporción [proporθjón] *s. f.* **1.** proportion. **2.** (escala, envergadura) taille.

proporcionar [proporθjonár] *v. tr.* **1.** (hacer proporcional) proportionner. **2.** (proveer) fournir; pourvoir.

proposición [proposiθjón] *s. f.* **1.** proposition. **2.** (ofrecimiento) offre.

propósito [propósito] *s. m.* **1.** (intención) intention *f.* **2.** (propósito) dessein. **3.** (objeto) propos. ‖ **a ~** exprès; à dessein. | (por cierto) à propos; en fait. **a ~ de** à propos de. **con el ~** dans le but de; en vue de. **con el ~ de que** afin que.

propuesta [propwésta] *s. f.* proposition.

propulsar [propulsár] *v. tr.* propulser.

prórroga [próroɣa] *s. f.* **1.** prorogation. **2.** *Der.* sursis *m.* ‖ **dar una ~** proroger.

prorrogar [proroɣár] *v. tr.* proroger.

prorrumpir [proɾumpír] *v. intr.* **1.** jaillir. **2.** *fig.* éclater [Prorrumpir en risas, en llantos. *Éclater de rire, en sanglots.*]

prosa [prósa] *s. f.* prose.

proscribir [proskriβír] *v. tr.* **1.** proscrire. **2.** *fig.* interdire.

proseguir [proseɣír] *v. tr.* **1.** (continuar) poursuivre; continuer. **2.** (reanudar) reprendre.

prospecto [prospékto] *s. m.* **1.** (publicidad) prospectus. **2.** (folleto desplegable) dépliant.

prosperar [prosperár] *v. tr.* **1.** prospérer. **2.** (salir bien) marcher. **3.** (crecer en abundancia) prospérer.

prosperidad [prosperiðáð] *s. f.* prospérité.

próspero, -ra [próspero] *adj.* **1.** prospère. **2.** (floreciente) florissant, -te.

prostitución [prostituθjón] *s. f.* prostitution.

prostituto, -ta [prostitúto] *s. m. y f.* **1.** prostitué, -ée. ‖ **prostituta** *s. f.* **2.** putain.

protagonista [protaɣonísta] *s. m. y f.* protagoniste.

protección [protekθjón] *s. f.* **1.** protection. **2.** *fig.* (amparo) abri *m.;* refuge *m.*

protector, -ra [protektór] *adj. y s. m. y f.* protecteur, -trice.

proteger [protexér] *v. tr.* **1.** protéger. ‖ **protegerse** *v. pr.* **2.** se protéger.

proteína [proteína] *s. f.* protéine.

prótesis [prótesis] *s. f., Med.* prothèse.

protesta [protésta] *s. f.* protestation.

protestante [protestánte] *adj. y s. m. y f., Rel.* protestant, -te.

protestar [protestár] *v. intr.* **1.** protester. **2.** (por algo) crier; clamer. **3.** (reclamar) réclamer. **4.** (refunfuñar) rouspéter.

protocolo [protokólo] *s. m.* protocole.

prototipo [prototípo] *s. m.* prototype.

protuberancia [protuβeránθja] *s. f.* saillie.

provecho [proβétʃo] *s. m.* **1.** profit. **2.** (beneficio, ventaja) avantage. ‖ **¡buen ~ !** bon appétit! **en ~ de** à l'avantage de; au profit de. **sacar ~** tirer profit; profiter.

proveedor, -ra [proβeeðór] *s. m. y f.* fournisseur, -euse.

proveer [proβeér] *v. tr.* **1.** (proporcionar) pourvoir. **2.** (abastecer, suministrar) munir; fournir; approvisionner. ‖ **proveerse** *v. pr.* **3.** (equiparse) se munir.

provenir [proβenír] *v. intr.* **1.** provenir. **2.** (un olor, un gas, la luz) émaner. **3.** (originarse) dériver.

proverbio [proβérβjo] *s. m.* proverbe.

PROVIDENCIA - PUERCO

providencia [proβiðénθja] *s. f.* providence.

provincia [proβínθja] *s. f.* **1.** province. **2.** (administrativa) département *m.*

provisión [proβisjón] *s. f.* **1.** (de alimentos) provision; approvisionnement *m.* **2.** (existencias) stock *m.* ‖ **provisiones** *s. f. pl.* **3.** (de alimentos) denrées vivres *m.* **4.** (almacenadas) provisions.

provisional [proβisjonál] *adj.* **1.** (temporal) provisoire. **2.** provisionnel, -elle [Libertad provisional. *Liberté provisionnelle.*]

provocador, -ra [proβokaðór] *adj. y s. m. y f.* provocateur, -trice.

provocar [proβokár] *v. tr.* **1.** (causar) provoquer. **2.** (desencadenar) soulever; faire naître. **3.** (desafiar) provoquer; braver. **4.** (picar) piquer. **5.** (pasiones) provoquer; exciter.

provocativo, -va [proβokatíβo] *adj.* provocant, -te.

proximidad [proksimiðáð] *s. f.* **1.** voisinage *m.* **2.** (en el tiempo o en el espacio) approche [La proximidad de la muerte. *Les approches de la mort.*] ‖ **proximidades** *s. f. pl.* **3.** voisinage *m. sing.*

próximo, -ma [próksimo] *adj.* **1.** (en el espacio) proche. **2.** (en el tiempo) proche. **3.** (siguiente) prochain, -ne [El viernes próximo. *Vendredi prochain.*]

proyectar [projektár] *v. tr.* projeter.

proyectil [projektíl] *s. m.* projectile.

proyecto [projékto] *s. m.* projet.

proyector [projektór] *s. m.* projecteur.

prudencia [pruðénθja] *s. f.* **1.** prudence. **2.** (moderación) mesure. **3.** (cautela) précaution. **4.** (sensatez) sagesse.

prudente [pruðénte] *adj.* **1.** prudent, -te. **2.** (sensato) sage.

prueba [prwéβa] *s. f.* **1.** preuve. **2.** (test) test *m.* **3.** (examen) épreuve. **4.** (ensayo,

intento) essai *m.* **5.** (testimonio) témoignage *m.*; preuve. **6.** *Der.* pièce probante. ‖ **a toda** ~ à toute épreuve. **periodo de** ~ (en un trabajo) stage. **poner a** ~ mettre à l'épreuve.

psicología [sikoloχía] *s. f.* psychologie.

psiquiatra [sikjátra] *s. m. y f.* psychiatre.

psiquiatría [sikjatría] *s. f.* psychiatrie.

púa [púa] *s. f.* **1.** pointe. **2.** (de un peine) dent.

pubertad [puβertáð] *s. f.* puberté.

pubis [púβis] *s. m., Anat.* pubis.

publicación [puβlikaθjón] *s. f.* **1.** (obra publicada) publication. **2.** (de un libro) parution.

publicar [puβlikár] *v. tr.* **1.** publier. **2.** (poner a la venta) faire paraître. **3.** (divulgar) mettre au jour. ‖ **publicarse** *v. pr.* **4.** paraître.

publicidad [puβliθiðáð] *s. f.* **1.** publicité; pub. **2.** (reclamo publicitario) réclame.

publicitario, -ria [puβliθitárjo] *adj.* publicitaire.

público, -ca [púβliko] *adj.* **1.** public, -ique. **2.** *s. m.* public.

puchero [putʃéro] *s. m.* **1.** marmite *f.* (à une seule anse) **2.** *Gastr.* pot-au-feu *inv.* ‖ **hacer pucheros** faire la lippe.

pudor [puðór] *s. m.* pudeur *f.*

pudrir o podrir [puðrír] *v. tr.* **1.** pourrir. ‖ **pudrirse** *v. pr.* **2.** se pourrir.

pueblo [pwéβlo] *s. m.* **1.** (gente) peuple. **2.** (población) village.

puente [pwénte] *s. m.* **1.** pont. **2.** (prótesis dental) bridge. ‖ ~ **colgante** pont suspendu. ~ **levadizo** (en un castillo) pont-levis.

puerco, -ca [pwérko] *adj.* **1.** sale. ‖ *s. m.* **2.** cochon, -onne; porc. ‖ **puerca** *s. f.* **3.** truie.

PUERIL - PUNTO

pueril [pweríl] *adj.* puéril, -le.

puerro [pwéřo] *s. m., Bot.* poireau.

puerta [pwérta] *s. f.* **1.** porte. **2.** (del coche) portière. ‖ **a ~ cerrada** à huis clos.

puerto [pwérto] *s. m.* port.

puertorriqueño, -ña [pwertořikéɲo] *adj.* **1.** portoricain, -ne. ‖ *s. m. y f.* **2.** Portoricain, -ne.

pues [pwés] *conj.* **1.** (ya que) puisque. **2.** (porque) car. **3.** (cambio de turno de palabra o de discurso) donc; alors; ben *fam.* [Pues,... ¿de qué podemos hablar? *Ben,... de quoi peut-on parler?*] **4.** (entonces) alors.

puesta [pwésta] *s. f.* **1.** (acción de poner) mise. **2.** (astros) coucher *m.* **3.** (de las aves) ponte. ‖ **~ a punto** mise au point. **~ al día** mise à jour.

puesto, -ta [pwésto] *adj.* **1.** mis, -se [Mis à jour. *Puesto al día.*] **2.** (dejado) posé, -ée [Puesto sobre la mesa. *Posé sur la table.*] **3.** (bien vestido) bien habillé, -ée. ‖ *s. m.* **4.** (del mercado) étal; petite boutique. **5.** *Mil.* poste. **6.** (empleo) poste. **7.** place [En tu puesto yo no lo haría. *À ta place, je ne le ferai pas.*] **8.** (en una lista o competición) rang. ‖ **llevar ~** porter. **~ que** puisque; étant donné que.

pujanza [puxánθa] *s. f.* force; vigueur.

pujar [puxár] *v. intr.* surenchérir.

pulcro, -ra [púlkro] *adj.* propre.

pulga [púlɣa] *s. f., Zool.* puce.

pulgada [pulɣáða] *s. f.* (medida) pouce.

pulgar [pulɣár] *s. m.* pouce (doigt).

pulgón [pulɣón] *s. m., Zool.* puceron.

pulido, -da [pulíðo] *adj.* **1.** poli, -ie. **2.** (maneras) raffiné, -ée.

pulir [pulír] *v. tr.* polir.

pulmón [pulmón] *s. m.* poumon.

pulmonía [pulmonía] *s. f.* pneumonie.

pulpa [púlpa] *s. f.* pulpe.

púlpito [púlpito] *s. m.* chaire *f.* (d'église).

pulpo [púlpo] *s. m., Zool.* **1.** poulpe. **2.** (pulpo común de gran tamaño) pieuvre *f.*

pulsar [pulsár] *v. tr.* **1.** jouer [Pulsar las cuerdas. *Jouer les cordes.*] **2.** (un botón) presser; appuyer.

pulsera [pulséra] *s. f.* bracelet *m.*

pulso [púlso] *s. m.* **1.** *Anat.* pouls. **2.** *fig.* (prudencia) prudence *f.* ‖ **a ~** à la force du poignet.

pulverizar [pulβeriθár] *v. tr.* **1.** pulvériser. **2.** (deshacer) effriter.

puma [púma] *s. m., Zool.* puma.

punta [púnta] *s. f.* **1.** pointe. **2.** (extremo) bout *m.* **3.** (esquina) corne. ‖ **nervios de ~** nerfs en pelote. **ponerse de ~** s'hérisser. **sacar ~** (a un lápiz) tailler.

puntada [puntáða] *s. f.* point *m.*

puntal [puntál] *s. m.* étai; chandelier.

puntapié [puntapjé] *s. m.* coup de pied.

puntear [punteár] *v. tr.* **1.** (hacer un punto o puntos) pointer. **2.** *Mús.* (cuerdas) pincer. **3.** (una nota) pointer.

puntería [puntería] *s. f.* **1.** (en el tiro) tir *m.* **2.** (habilidad) adresse.

puntiagudo, -da [puntjaɣúðo] *adj.* pointu, -ue; aigu, -uë.

puntilla [puntíʎa] *s. f.* **1.** dentelle fine (encaje). **2.** *fig.* (remate) coup de grâce.

punto [púnto] *s. m.* **1.** point. **2.** (en un tejido de lana) maille *f.* **3.** (costura) point. **4.** (en un telegrama) stop. **5.** *Dep.* (canasta en baloncesto) panier. ‖ **desde el ~ de vista** du point de vue. **en ~** pile. **en su ~** à point. **estar a ~ de** être sur le point de. | (casi) faillir; manquer [Estuve a punto de ahogarme. *J'ai failli me noyer.*] **hacer ~** tricoter. **hasta el ~ que** à tel point que.

PUNTUACIÓN - PUZLE

puntuación [puṇtwaθjón] *s. f.* **1.** ponctuation. **2.** (nota, calificación) qualification.

puntual [puṇtwál] *adj.* ponctuel, -elle.

puntualidad [puṇtwaliðáð] *s. f.* ponctualité.

puntualizar [puṇtwaliθár] *v. tr.* préciser.

puntuar [puṇtuár] *v. tr.* **1.** (poner signos de puntuación) ponctuer. **2.** (llenar de puntos) ponctuer. ‖ *v. intr.* **3.** (ganar puntos) marquer des points.

punzada [puṇθáða] *s. f.* **1.** piqûre **2.** *fig.* (dolor agudo) élancement *m.* **3.** (en el costado) point de côté.

puñado [puɲáðo] *s. m.* poignée *f.*

puñal [puɲál] *s. m.* poignard.

punzante [puṇθánte] *adj.* **1.** (que pincha) piquant, -te. **2.** *fig.* (hiriente) cuisant, -te. **3.** (dolor, emoción) poignant, -te.

punzar [puṇθár] *v. tr.* **1.** piquer. **2.** *fig.* (el dolor) lanciner.

puñetazo [puɲetáθo] *s. m.* coup de poing.

puño [púɲo] *s. m.* **1.** (mano cerrada) poing. **2.** (fuerza de los puños) poigne *f.* **3.** (empuñadura de un arma) poignée *f.* **4.** poignet; manchette *f.* [Puño de camisa. *Manchette de chemise.*]

punzón [puṇθón] *s. m.* poinçon.

pupa [púpa] *s. f.* **1.** (en los labios) bouton *m.* (de fièvre). **2.** (postilla) croûte. **3.** (daño) bobo [Hacer pupa. *Faire bobo.*]

pupila [pupíla] *s. f.* pupille; prunelle.

pupitre [pupítre] *s. m.* pupitre.

puré [puré] *s. m.* purée *f.* ‖ **~ de patatas** purée *f.*

pureza [puréθa] *s. f.* pureté.

purga [púrγa] *s. f.* **1.** purge. **2.** *fig.* (purificación) purgation.

purgante [purγánte] *s. m.* purge *f.*; purgatif.

purgar [purγár] *v. tr.* purger.

purgatorio [purγatórjo] *s. m.* purgatoire.

purificación [purifikaθjón] *s. f.* purification.

purificar [purifikár] *v. tr.* purifier.

puro, -ra [púro] *adj.* **1.** pur, -re. ‖ *s. m.* **2.** cigare.

púrpura [púrpura] *adj.* **1.** pourpre. ‖ *s. m.* **2.** (color) pourpre.

pus [pús] *s. m.*, *Med.* pus.

putear [puteár] *v. tr.*, *vulg.* faire chier.

puto, -ta [púto] *s. m. y f.* **1.** prostitué, -ée. ‖ **puta** *s. f.* **2.** putain; grue.

putrefacción [putrefakθjón] *s. f.* putréfaction.

puzle [púθle] *s. m.* (juego) puzzle.

Q

q [ku] s.f. q q.m.

que [ke] *pron. rel.* 1. (sujeto) qui [El hombre que habla. L'homme qui parle]. 2. (complemento) que; qu' [El niño que llevas. L'enfant que tu portes]. 3. (+prep.) (cosas) quoi [C'est quelque chose à quoi je pense tous les jours. Es algo en lo que pienso todos los días]. 4. (valor temporal o espacial) où [El día que le vi. Le jour où je l'ai vu]. 5. à [Tengo cosas que hacer. J'ai des choses à faire]. ‖ *conj.* 6. que; qu' [Quiero que vengas. Je veux que vinieses]. ‖ **al ~** à [a que, a los que a las que auquel, à laquelle, auxquels, auxquelles]. **el ~** (quien) qui; (el cual) lequel [aquelle, lesquels, lesquelles]. **en el ~** (en que) où [las casas en las que yo entraba. Les maisons où j'entrais]. **es ... el ~** c'est ... que.

qué [ke] *adj. int.* 1. quel; -le [¿Qué pastel quieres? Quel gâteau veux-tu?] ‖ *adj. excl.* 2. quel; -le [¡Qué coche! Quelle voiture!] ‖ *pron. int.* 3. que; qu'est-ce que [¿Qué quieres? Que veux-tu? Qu'est-ce que tu quieres?] 4. quoi [¿Qué ha dicho? Il a dit quoi?] 5. à [No tener qué comer, qué decir. N'avoir rien à manger, à dire]. ‖ *adv.* 6. combien [¡Qué lento es! Combien il est lent!] 7. (+adj.) combien [Vas a ver qué malo es. Vous allez voir combien il est méchant]. ‖ **¡ ~ !** *interj.* 8. quoi!

quebradizo, -za [kebɾaðiθo] *adj.* 1. cassant, -e; fragile. 2. (frágil, delicado) frêle.

quebrado, -da [kebɾaðo] *adj.* 1. (roto) cassé, -ée. 2. (terreno) accidenté, -ée. 3. *Mat.* fractionnaire.

quebrantar [kebɾantaɾ] *v. tr.* 1. casser. 2. (la salud) affaiblir. 3. (el ayuno) rompre. 4. *fig.* (ley) violer.

quebrar [kebɾaɾ] *v. tr.* 1. casser, briser. ‖ *v. intr.* 2. *Econ.* faire faillite.

quechua [ketʃwa] *adj.* y *s. m.* quichua, quechua.

quedar [keðaɾ] *v. intr.* 1. (permanecer) rester, demeurer. 2. (sobrar) rester. 3. (estar) se trouver, être [Eso queda muy lejos. Cela se trouve très loin]. 4. (acordar) décider [Hemos quedado en aumentar los salarios. Nous avons décidé d'augmenter les salaires]. 5. (resultar) paraître, devenir [El día quedó corto. Le jour est devenu court]. 6. (tener cita, estar citado) avoir rendez-vous [He quedado a las ocho. J'ai rendez-vous à huit heures]. 7. (coger cita) prendre rendezvous. 8. (dar cita) donner rendez-vous. ‖ **quedarse** *v. pr.* 9. (seguir estando) rester [Quedarse en casa. Rester à la maison]. 10. (permanecer) demeurer [Quedarse largo rato en la mesa. Demeurer longtemps à table]. 11. realizar una estancia) séjourner. 12. (resultar) devenir [Se quedó ciego. Il est devenu aveugle].

quehacer [keaθeɾ] *s. m.* 1. (trabajo) travail. 2. (ocupación) affaire. ‖ **quehaceres de la casa** *s. f. pl.* ménage *sing.*

queja [kexa] *s. f.* plainte.

quejarse [kexáɾse] *v. pr.* 1. (protestar) se plaindre. 2. (gemir, lamentarse) gémir.

quejica [kexika] *adj.* y *s. m.* y *f. fam.* geignard, -de; râleur, -euse.

quejido [kexiðo] *s. m.* gémissement.

quemadura [kemaðuɾa] *s. f.* brûlure.

quemar [kemaɾ] *v. tr.* *Agr.* (por calor o frío) brûler. *fam.* 1. (ligeramente) roussir [Quemar la ropa planchando. Roussir le linge en repassant]. 3. (en la

QUERELLA - QUITAR

cacerola). cramer *fam.* ‖ **quemarse** *v. pr.* **4.** brûler. **5.** (ligeramente) cramer.

querella [keréla] *s. f.* **1.** (disputa) querelle, bagarre; rixe. **2.** *Der.* plainte.

querer [keré] *s. m.* amour; affection *f.*

querer [keré] *v. tr.* **1.** (desear tener) vouloir [Quiero a mi papá *Je veux mon papá*]. **2.** (amar) aimer [Te quiero *Je t'aime*].

querido, -da [keríðo] *adj.* **1.** cher, -ère. **2.** (amado) aimé, -ée. ‖ *s. m.* **3.** amant. ‖ **querida** *s. f.* **4.** maîtresse, amant.

quesito [kesíto] *s. m.* portion de fromage.

queso [késo] *s. m.* fromage.

quicio [kíθjo] *s. m.* (marco) jambage. **2.** (gozne) gond. ‖ **sacar de ~** *fig.* (a alguien) mettre hors de ses gonds, faire sortir de ses gonds.

quiebra [kjéβra] *s. f.* *Econ.* faillite.

quien [kjén] *pron. rel.* **1.** (sujeto) qui [Hay quien dice *Il y en a qui disent*]. **2.** (complemento) que [Los niños a quienes ves, *Les enfants que tu vois*]. **3.** (con prep.) lequel (laquelle, lesquels, lesquelles) **4.** qui [Quien más puede, *Qui peut plus*]; **5.** à qui, auquel, de ~ dont; duquel. **es ...** c'est ... qui [Soy yo quien ha cantado, *C'est moi qui ai chanté*]. • **Pl.** quienes. ‖ *pron. int.* **1.** qui [¿Quién llama? *Qui sonne?*] ‖ *pron. excl.* **2.** qui [¡A ~ qui! *quiénes.*

quienquiera [kjenkjéra] *pron. indet.* quiconque. [Se lo daré a quienquiera que lo desee, *Je lui donnerai à quiconque le voudra*]. • **Pl.** quienesquiera.

quieto, -ta [kjéto] *adj.* **1.** (tranquilo) tranquille. **2.** (inmóvil) immobile.

quilate [kiláte] *s. m.* carat.

quilla [kíʎa] *s. f.* *Náut.* (de barco) quille.

química, -ca [kímika] *adj. m. y f.* **1.** chimique. ‖ *s. m. y f.* **2.** chimiste.

quimono [kimóno] *s. m.* kimono.

quince [kínθe] *adj. y pron.* **1.** quinze. ‖ *s. m.* **2.** quinze.

quinceañero, -ra [kinθeaɲéro] *adj. y s. m. y f.* adolescent, -te; teenager *angl.*

quincena [kinθéna] *s. f.* quinzaine.

quiniela [kinjéla] *s. f.* **1.** (fútbol) pari mutuel. **2.** (típica) tiercé *m.*

quinientos, -tas [kinjéntos] *adj. y pron.* (también *s. m. inv.*) cinq cents. • Sólo las centenas simples utilizan "cents": cinq cents, cinq cent vingt.

quinta [kínta] *s. f.* **1.** villa. **2.** *Mús.* quinte. **3.** *Mil.* (reclutamiento) conscription.

quinto, -ta [kínto] *adj. y pron.* **1.** (ordinal) cinquième. ‖ *adj. y s. m. y f.* **2.** (fraccionario) cinquième.

quiosco [kjósko] *s. m.* kiosque.

quirófano [kiRófano] *s. m.* salle d'opération.

quirúrgico, -ca [kiRúrxiko] *adj.* chirurgical, -le.

quisquilla [kiskíʎa] *s. f.* *Zool.* (camarón) crevette grise.

quisquilloso, -sa [kiskiʎóso] *adj.* pointilleux, -euse.

quiste [kíste] *s. m.* *Med.* kyste.

quitaesmalte [kitaesmálte] *s. m.* dissolvant.

quitamanchas [kitamánʧas] *adj. y s. m. inv.* détachant.

quitanieves [kitanjéβes] *s. m. inv.* (máquina) chasse-neige.

quitar [kitár] *v. tr.* **1.** enlever, ôter. **2.** (de en medio, de encima) débarrasser. **3.** (La mesa) desservir, débarrasser. **4.** (arrebatar) arracher, ravir. **5.** (un diente) arracher. ‖ **quitarse** *v. pr.* **6.** (una prenda)

quitar enlever, ôter. ‖ ~ **la mesa** ôter le couvert. **quitarse la ropa** se déshabiller.
quitasol [kitasól] *s. m.* parasol.
quite [kíte] *s. m.* **1.** (estorbo) obstacle. **2.** (esgrima) parade *f.* **3.** *Taur.* quite.

quivi [kíβi] *s. m. Bot.* kiwi. • En espagnol, on utilise "kiwi" ou "kivi".
quizá [kiθá] *adv. dud.* peut-être [Quizá llueva. *Peut-être pleuvra-t-il.*]
quizás [kiθás] *adv. dud.* *quizá.

R

r [ére] *s. f.* r *m.*

rábano [rábano] *s. m.* radis.

rabia [rráβja] *f.* **1.** rage. **2.** *Med.* rage. ‖ **dar ~** (una cosa) enrager.

rabiar [rraβjár] *v. intr.* **1.** *fig.* avoir la rage. **2.** (padecer la rabia) enrager; rager. ‖ **hacer ~** taquiner.

rabieta [rraβjéta] *s. f.* colère; rogne (de niño).

rabioso, -sa [rraβjóso] *adj.* enragé, -ée.

rabo [rráβo] *s. m.* queue *f.*

rácano, -na [rrákano] *adj., fam.* radin, -ne; rat; avare; pingre.

racha [rrátʃa] *s. f.* **1.** (de viento) rafale. **2.** (de suerte) période de chance.

racial [rraθjál] *adj.* racial, -le.

racimo [rraθimo] *s. m.* **1.** (de uvas) grappe *f.* **2.** (de plátanos, de dátiles) régime.

raciocinio [rraθjoθínjo] *s. m.* raisonnement.

ración [rraθjón] *s. f.* **1.** ration. **2.** portion.

racional [rraθjonál] *adj.* **1.** rationnel, -elle. **2.** (dotado de razón); pensant, -te.

racionar [rraθjonár] *v. tr.* rationner; mettre à la ration.

racismo [rraθísmo] *s. m.* racisme.

racista [rraθísta] *adj. y s. m. y f.* raciste.

radar [rraðár] *s. m.* radar.

radiactividad [rraðjaktiβiðáð] *s. f.* radioactivité.

radiactivo, -va [rraðjaktíβo] *adj.* radioactif, -ive.

radiador [rraðjaðór] *s. m.* radiateur.

radiante [rraðjánte] *adj.* **1.** (con forma de estrella) rayonnant, -te. **2.** (brillante, luminoso) rayonnant, -te; radieux, -euse. **3.** (que irradia) radiant, -te. **4.** *fig.* rayonnant, -te; radieux, -euse.

radiar [rraðjár] *v. tr.* **1.** (emitir por la radio) radiodiffuser; retransmettre. ‖ *v. tr. e intr.* **2.** (emitir o mandar radiaciones) irradier.

radical [rraðikál] *adj. y s. m.* radical, -le.

radicar [rraðikár] *v. intr.* **1.** (en un lugar) résider. **2.** (situarse, encontrarse) se trouver. **3.** (un dolor) siéger. **4.** *fig.* (deberse) être dû. **5.** (consistir) résider. ‖ **radicarse** *v. pr.* **6.** s'établir.

radio [rráðjo] *s. m.* **1.** (de circunferencia) rayon. **2.** *Anat.* radius. **3.** radium. **4.** (radiofonía) radio. **5.** (radiografía) radio. ‖ *s. f.* **6.** (radio) poste *m.;* radio.

radioaficionado, -da [rraðjoafiθjonáðo] *s. m. y f.* radioamateur; cibiste *angl.*

radiocasete [rraðjokasét] *s. m.* radiocassette *f.*

radiografía [rraðjoɣrafía] *s. f.* radiographie.

radioyente [rraðjojénte] *s. m. y f.* auditeur, -trice.

raer [rraér] *v. tr.* **1.** (frotar o roer) racler. **2.** (la ropa) râper.

ráfaga [rráfaɣa] *s. f.* rafale.

raído, -da [rraíðo] *adj.* râpé, -ée; élimé, -ée; usé, -ée.

raíl o rail [rraíl] *s. m.* rail.

raíz [rraíθ] *s. f.* racine.

raja [rráxa] *s. f.* **1.** (de carne, embutido, pescado, fruta) tranche. **2.** (en la piel, en una superficie) fente; crevasse; gerçure. **3.** (en la porcelana) fêlure. **4.** (del vestido) fente.

rajar [rraxár] *v. tr.* **1.** (la madera) fendre. **2.** (fisurar un hueso) fêler. **3.** (cortar en rajas) couper en tranches. ‖ **rajarse** *v. pr.* **4.** (resquebrajarse) se fendre.

rallador [rraʎaðór] *s. m.* râpe *f.*

rallar [rraʎár] *v. tr.* râper.

rally [rráli] *s. m., Dep.* rallye.

rama [rráma] *s. f.* **1.** branche. **2.** rameau *m.*

ramaje [rramáxe] *s. m.* branchage; ramure *f.*

RAMAL - RATERO

308

ramal [r̄amál] *s. m.* **1.** (ferrocarril) embranchement; assemblage. **2.** (canalización secundaria) branchement. **3.** (en una mina o montaña) rameau.

rambla [r̄ámbla] *s. f.* **1.** ravin *m.* **2.** (avenida) promenade.

ramera [r̄améra] *s. f.* prostituée; grue.

ramillete [r̄amiλéte] *s. m.* bouquet.

ramo [r̄ámo] *s. m.* **1.** (de flores) bouquet. **2.** (grande) gerbe *f.* **3.** *fig.* (sector) branche *f.*

rampa [r̄ámpa] *s. f.* rampe.

rana [r̄ána] *s. f., Zool.* grenouille.

rancho [r̄ánt∫o] *s. m.* **1.** (comida de cuartel) soupe *f.* **2.** (del soldado, del campista) gamelle *f.* **3.** (comida de mala calidad) tambouille *f.* **4.** (americano) ranch.

rancio, -cia [r̄ánθjo] *adj.* **1.** rance. *fig.* (antiguo) ancien, -enne. ‖ **ponerse ~** rancir.

rango [r̄áŋgo] *s. m.* rang.

ranura [r̄anúra] *s. f.* **1.** (en la madera) rainure. **2.** (de cabina de teléfonos, de máquina tragaperras) fente. **3.** (de la pieza de un engranaje) coulisse.

rap [r̄áp] *s. m., Mús.* rap.

rapar [r̄apár] *v. tr.* raser; tondre [Rapar la cabeza. *Raser la tête.*]

rapaz [r̄apáθ] *adj. y s. m.* (ave) rapace.

rapaz, -za [r̄apáθ] *s. m. y f.* gamin, -ne.

rape¹ [r̄ápe] *s. m.* rasage. ‖ **al ~** ras.

rape² [r̄ápe] *s. m., Zool.* baudroie *f.*

rapidez [r̄apiðéθ] *s. f.* **1.** (velocidad, vivacidad) rapidité; vivacité. **2.** (prontitud) vitesse. ‖ **con ~** vite.

rápido, -da [r̄ápiðo] *adj. y s. m.* rapide.

rapiña [r̄apíɲa] *s. f.* rapine; pillage *m.*

raposo [r̄apóso] *s. m.* (zorro) renard.

raptar [r̄aptár] *v. tr.* enlever.

rapto [r̄ápto] *s. m.* rapt; enlèvement *m.*

raptor, -ra [r̄aptór] *adj. y s. m. y f.* ravisseur, -euse.

raqueta [r̄akéta] *s. f.* raquette.

raquítico, -ca [r̄akítiko] *adj. y s. m. y f.* **1.** rachitique. **2.** (una cantidad) faible.

rareza [r̄aréθa] *s. f.* **1.** (cosa inhabitual, escasa) rareté. **2.** (cosa extraña) bizarrerie.

raro, -ra [r̄áro] *adj.* **1.** (extraño) bizarre; drôle; étrange. **2.** (escaso) rare.

ras [r̄ás] *s. m.* ras. ‖ **a ~ de** au ras de; à ras de.

rascacielos [r̄askaθjélos] *s. m. inv.* (edificio) gratte-ciel. *inv.*

rascar [r̄askár] *v. tr.* **1.** gratter. **2.** *fam.* (un instrumento) racler.

rasgar [r̄asɣár] *v. tr.* déchirer.

rasgo [r̄ásɣo] *s. m.* **1.** (característica) trait. **2.** *fig.* (matiz) nuance *f.*

rasgón [r̄asɣón] *s. m.* déchirure *f.*

rasguño [r̄asɣúɲo] *s. m.* égratignure *f.*

raso, -sa [r̄áso] *adj.* **1.** ras, -se. **2.** (el cielo) découvert, -te. ‖ *s. m.* **3.** (tela) satin. ‖ **al ~** (al aire libre) à la belle étoile.

raspa [r̄áspa] *s. f.* arête.

raspador [r̄aspaðór] *s. m.* **1.** (para borrar) grattoir. **2.** (para el parquet) racloir.

raspar [r̄aspár] *v. tr.* **1.** (una capa superficial) gratter. **2.** (frotar, arañar) racler.

rastrear [r̄astreár] *v. tr.* suivre la piste.

rastreo [r̄astréo] *s. m.* (exploración) recherche de traces; exploration *f.*

rastrillo [r̄astríʎo] *s. m.* **1.** (instrumento) râteau. **2.** (para cáñamo y lino) peigne.

rastro [r̄ástro] *s. m.* **1.** *Agr.* râteau. **2.** (huellas, indicios) trace. **3.** (estela) sillon. **4.** (de la caza) voie *f.* **5.** (mercadillo) marché aux puces.

rastrojo [r̄astróχo] *s. m.* chaume.

rata [r̄áta] *s. f., Zool.* rat *m.*

ratero, -ra [r̄atéro] *s. m. y f.* **1.** (ladrón) voleur, -euse; filou, -oute. **2.** (carterista) pickpocket; voleur à la tire (con tirón).

RATIFICAR - REBAJAR

ratificar [r̄atifikár] *v. tr.* ratifier.

rato [r̄áto] *s. m.* moment.

ratón [r̄atón] *s. m.* souris *f.*

ratona [r̄atóna] *s. f.* souris (femelle).

ratonera [r̄atonéra] *s. f.* **1.** souricière. **2.** (trampa) piège à rats; ratière.

raudal [r̄awðál] *s. m.* flot.

raya [r̄ája] *s. f.* **1.** (marca) raie. **2.** (motivo de una tela) rayure. **3.** (al planchar el pantalón) pli *m.*

rayar [r̄ajár] *v. tr.* **1.** (tachar) rayer. **2.** (hacer tachones) raturer. **3.** (hacer líneas rectas en el papel) régler. **4.** friser [Raya la cuarentena. *Il frise la quarantaine.*] **5.** (un mueble, una superficie) rayer. ‖ *v. intr.* **6.** confiner; être limitrophe [Esta casa raya con la mía. *Cette maison confine à la mienne/ est limitrophe de la mienne.*] **7.** *fig.* (rozar) friser [Raya en la locura. *Cela frise la folie.*] **8.** (el día, el alba) poindre.

rayo [r̄ájo] *s. m.* **1.** (de luz) rayon. **2.** (ráfaga) jet. **3.** foudre *f.* [Cayó un rayo. *La foudre est tombée.*] ‖ **rayos X** rayons X.

raza [r̄áθa] *s. f.* race. ‖ **de ~** (un animal) racé, -ée.

razón [r̄aθón] *s. f.* raison. ‖ **no tener ~** avoir tort. **por esa ~** c'est pourquoi. **~ social** firme. **sin ~** à tort.

razonable [r̄aθonáβle] *adj.* **1.** raisonnable. **2.** (cantidad) correct; honnête.

razonamiento [r̄aθonamjénto] *s. m.* **1.** raisonnement. **2.** (lógica) logique *f.*

razonar [r̄aθonár] *v. intr.* **1.** raisonner. ‖ *v. tr.* **2.** raisonner.

re [r̄é] *s. m.*, *Mús.* ré.

reacción [r̄eakθjón] *s. f.* réaction.

reaccionar [r̄eakθjonár] *v. intr.* réagir.

reacio, -cia [r̄eáθjo] *adj.* **1.** rétif, -ive. **2.** (reticente) réticent, -te.

reactor [r̄eaktór] *s. m.* **1.** (nuclear) réacteur. **2.** (avión) avion à réaction; jet.

real [r̄eál] *adj.* **1.** (de la realidad) réel, -elle. **2.** (de la realeza) royal, -le.

realce [r̄eálθe] *s. m.* relief.

realidad [r̄ealiðáð] *s. f.* réalité.

realismo [r̄ealísmo] *s. m.* **1.** réalisme. **2.** (monarquismo) royalisme.

realista [r̄ealísta] *adj. y s. m. y f.* réaliste.

realizador, -ra [r̄realiθaðór] *adj.* **1.** réalisateur. ‖ *s. m. y f.* **2.** *Cinem.* réalisateur, -trice; metteur en scène. **3.** (televisión) réalisateur, -trice. **4.** (radio) metteur en ondes.

realizar [r̄ealiθár] *v. tr.* **1.** (un plan u objetivo) réaliser. **2.** (efectuar) effectuer; opérer. **3.** (llevar a cabo) accomplir.

realzar [r̄ealθár] *v. tr.* **1.** rehausser [Realzar su belleza. *Rehausser sa beauté.*] **2.** (destacar) relever; donner du relief. **3.** (el plano de un edificio) surhausser.

reanimar [r̄eanimár] *v. tr.* ranimer.

reanudar [r̄eanuðár] *v. tr.* **1.** (una conversación, una relación) renouer. **2.** (reemprender) reprendre. ‖ **reanudarse** *v. pr.* **3.** reprendre.

reaparecer [r̄eapareθér] *v. intr.* **1.** réapparaître. **2.** (volver a presentarse) reparaître. **3.** (una enfermedad) récidiver.

reavivar [r̄eaβiβár] *v. tr.* raviver.

rebaja [r̄eβáxa] *s. f.* **1.** (del precio) rabais *m.*; remise; réduction. **2.** (del valor, de una cualidad) diminution. ‖ **rebajas** *s. f. pl.* **3.** soldes *m.*

rebajar [r̄eβaxár] *v. tr.* **1.** (bajar) baisser; réduire. **2.** (hacer una rebaja de) rabattre; faire un rabais de. **3.** (un producto) mettre en rabais. **4.** *fig.* (disminuir el nivel) rabaisser [Rebajar las exigencias. *Rabaisser les exigences.*]

REBANADA - RECEPTOR

rebanada [r̄eβanáða] *s. f.* tranche. ‖ ~ **de pan** (untada) tartine.

rebañar [r̄eβañár] *v. tr.* **1.** gratter les fonds; manger les restes. **2.** saucer [Rebañar con pan. *Saucer son pain.*]

rebaño [r̄eβáño] *s. m.* troupeau.

rebasar [r̄eβasár] *v. tr.* **1.** (sobrepasar) dépasser; surpasser. **2.** (a un coche) dépasser; doubler.

rebatir [r̄eβatír] *v. tr.* réfuter; repousser.

rebeco [r̄eβéko] *s. m., Zool.* chamois.

rebelarse [r̄eβelárse] *v. pr.* se rebeller.

rebelde [r̄eβélde] *adj. y s. m. y f.* rebelle.

rebelión [r̄eβeljón] *s. f.* rébellion.

reblandecer [r̄eβlandeθér] *v. tr.* ramollir.

rebobinar [r̄eβoβinár] *v. tr.* rembobiner.

reborde [r̄eβórðe] *s. m.* (saliente) rebord.

rebosar [r̄eβosár] *v. intr.* déborder.

rebotar [r̄eβotár] *v. intr.* rebondir.

rebote [r̄eβóte] *s. m.* **1.** rebond; rebondissement. **2.** (balas o piedras) ricochet.

rebozar [r̄eβoθár] *v. tr.* enrober (avec de l'œuf et de la farine).

rebuscado, -da [r̄eβuskáðo] *adj.* recherché, -ée.

rebuscar [r̄eβuskár] *v. tr.* rechercher.

rebuznar [r̄eβuθnár] *v. intr.* braire.

rebuzno [r̄eβúθno] *s. m.* braiment.

recadero, -ra [r̄ekaðéro] *s. m. y f.* coursier, -ière; garçon de courses.

recado [r̄ekáðo] *s. m.* **1.** commission *f.* **2.** (al teléfono) message.

recaer [r̄ekaér] *v. intr.* **1.** retomber. **2.** tocar en suerte) échoir [El premio recayó en él. *Le prix lui échut.*]. **3.** (la culpa) rejaillir; retomber. **4.** (un enfermo) rechuter.

recaída [r̄ekaíða] *s. f.* rechute; récidive.

recalcar [r̄ekalkár] *v. tr.* appuyer; souligner.

recalentar [r̄ekalentár] *v. tr.* **1.** réchauffer. **2.** (calentar en exceso) surchauffer.

recambio [r̄ekámbjo] *s. m.* **1.** rechange. **2.** (pieza) pièce de rechange.

recapacitar [r̄ekapaθitár] *v. tr. e intr.* réfléchir sur.

recapitular [r̄ekapitulár] *v. tr.* récapituler.

recargar [r̄ekaryár] *v. tr.* **1.** (volver a cargar) recharger. **2.** (sobrecargar) surcharger. **3.** (los impuestos, una tarea, un texto) alourdir. **4.** *fig.* (con cosas inútiles) encombrer. **5.** (una factura, un precio) majorer.

recargo [r̄ekáryo] *s. m.* **1.** (de impuestos) surcharge *f.* **2.** (en el precio) majoration *f.* **3.** (sobretasa) surtaxe *f.*

recaudación [r̄ekawðaθjón] *s. f.* **1.** (de deudas) recouvrement *m.* **2.** (de impuestos) perception; levée. **3.** (en un teatro) recette.

recaudador, -ra [r̄ekawðaðór] *s. m. y f.* **1.** (de impuestos) percepteur, -trice. **2.** (en un banco) garçon de recettes. **3.** (de contribuciones) receveur, -euse.

recaudar [r̄ekawðár] *v. tr.* **1.** (fondos) recueillir. **2.** (impuestos) percevoir. **3.** (una deuda, impuestos) recouvrer.

recelar [r̄eθelár] *v. tr.* **1.** (sospechar) soupçonner. **2.** (temer) craindre. **3.** (desconfiar) se méfier.

recelo [r̄eθélo] *s. m.* **1.** (desconfianza) méfiance *f.* **2.** (suspicacia) soupçon. **3.** (miedo, aprensión) appréhension *f.*; crainte.

receloso, -sa [r̄eθelóso] *adj.* **1.** (suspicaz) méfiant, -te; soupçonneux, -euse. **2.** (aprensivo) craintif, -ive.

recepción [r̄eθepθjón] *s. f.* réception.

recepcionista [r̄eθepθjonísta] *s. m. y f.* **1.** réceptionniste. ‖ *s. f.* **2.** hôtesse d'accueil.

receptor, -ra [r̄eθeptór] *adj.* **1.** récepteur, -trice. ‖ *s. m. y f.* **2.** *Med.* (de órganos, de

RECETA - RECOGER

sangre) receveur *m.* ‖ *s. m.* **3.** (de radio) récepteur.

receta [r̄eθéta] *s. f.* **1.** (de cocina) recette. **2.** *fig.* (fórmula) recette. **3.** (del médico) ordonnance.

recetar [r̄eθetár] *v. tr., Med.* ordonner.

rechazar [r̄etʃaθár] *v. tr.* **1.** (una tentación, un ataque) repousser. **2.** (rehusar) refuser; rejeter.

rechazo [r̄etʃáθo] *s. m., fig.* refus; rejet.

rechinar [r̄etʃinár] *v. intr.* **1.** (los dientes) grincer. **2.** (una bisagra) grincer; crier. **3.** (la espada) crisser.

rechistar [r̄etʃistár] *v. intr.* répliquer; avoir à dire; trouver à redire; souffler. ‖ **sin ~** sans répliquer; sans mot dire.

rechoncho, -cha [r̄etʃóntʃo] *adj.* **1.** (gordito) replet, -ète; rebondi, -ie. **2.** *fam.* (retaco) trapu, -ue.

rechupete, de [r̄etʃupéte] *loc., fam.* délicieux, -euse.

recibí [r̄eθiβí] *s. m., Econ.* pour acquit.

recibidor [r̄eθiβiðór] *s. m.* (d'un appartement ou d'une maison) vestibule; entrée *f.*

recibimiento [r̄eθiβimjénto] *s. m.* **1.** réception *f.* **2.** (acogida) accueil.

recibir [r̄eθiβír] *v. tr.* **1.** recevoir. **2.** (una visita) recevoir. **3.** (dar la acogida) accueillir. ‖ *v. intr.* **4.** (visitas) recevoir. ‖ **calurosamente** faire fête à.

recibo [r̄eθíβo] *s. m.* **1.** (recepción) réception *f.* **2.** (resguardo) récépissé. **3.** (carta de pago, recibí) reçu; quittance *f.;* acquit.

reciclar [r̄eθiklár] *v. tr.* recycler.

recién [r̄eθjén] *adv.* (+adj.) **1.** récemment; fraîchement [Recién pintada. *Récemment peinte.*] **2.** nouveau, -elle [Los recién llegados. *Les nouveaux arrivés.*] **3** jeune [Recién casados. *Jeunes mariés.*]

reciente [r̄eθjénte] *adj.* récent, -te.

recinto [r̄eθínto] *s. m.* **1.** enceinte *f.* **2.** (vallado) enclos.

recio, -cia [r̄éθjo] *adj.* **1.** (firme, vigoroso) robuste. **2.** (lluvia) dru, -ue.

recipiente [r̄eθipjénte] *s. m.* récipient.

recíproco, -ca [r̄eθíproko] *adj.* réciproque.

recital [r̄eθitál] *s. m.* récital.

recitar [r̄eθitár] *v. tr.* réciter; déclamer.

reclamación [r̄eklamaθjón] *s. f.* **1.** réclamation. **2.** *Der.* (petición) pétition *f.*

reclamar [r̄eklamár] *v. tr.* réclamer.

reclamo [r̄eklámo] *s. m.* **1.** (pájaro adiestrado) appeau; moquette *f.* **2.** (instrumento o señal) réclame. **3.** (publicitario) réclame *f.*

reclinar [r̄eklinár] *v. tr.* incliner. ‖ **reclinarse** *v. pr.* s'appuyer.

recluir [r̄ekluír] *v. tr.* reclure.

reclusión [r̄eklusjón] *s. f.* réclusion.

recluso, -sa [r̄eklúso] *s. m. y f.* reclus, -se.

recluta [r̄eklúta] *s. m., Mil.* recrue.

reclutar [r̄eklutár] *v. tr., Mil.* recruter.

recobrar [r̄ekoβrár] *v. tr.* **1.** (la salud, el dinero, la estima de alguien) recouvrer. **2.** (el aliento, el conocimiento, la vida) reprendre. **3.** (recuperar) récupérer. **4.** (volver a ganar) regagner. **5.** (un estado anterior) ressaisir. ‖ **recobrarse** *v. pr.* **6.** (volver en sí) revenir à soi.

recochineo [r̄ekotʃinéo] *s. m.* moquerie *f.;* raillerie *f.*

recodo [r̄ekóðo] *s. m.* **1.** (del río) coude. **2.** (del camino) détour. **3.** (de la carretera) tournant.

recogedor [r̄ekoχeðór] *s. m.* pelle *f.* (à ordures)

recoger [r̄ekoχér] *v. tr.* **1.** (reunir, juntar) ramasser. **2.** (acoger en casa) recueillir. **3.** (en coche) prendre; aller chercher; passer prendre [El taxi ha recogido

RECOGIMIENTO - RECTO

a un cliente. *Le taxi a pris un client.*]
4. (volver a por alguien) reprendre.
5. (el correo) lever. **6.** *fig.* recueillir; récolter. **7.** (levantar la falda) retrousser; trousser.

recogimiento [r̄ekoxjimjénto] *s. m.*
1. (interior) recueillement. **2.** (retiro de la vida mundana) retraite *f.*

recolección [r̄ekolekθjón] *s. f.* **1.** (cosecha) récolte. **2.** (de bayas) cueillette. **3.** (de información) collecte.

recolectar [r̄ekolektár] *v. tr.* **1.** (cosechar) récolter. **2.** (frutos) recueillir.

recomendación [r̄ekomendaθjón] *s. f.* recommandation.

recomendar [r̄ekomendár] *v. tr.* recommander.

recompensa [r̄ekompénsa] *s. f.* récompense.

recompensar [r̄ekompensár] *v. tr.* récompenser.

recomponer [r̄ekomponér] *v. tr.* recomposer.

reconciliar [r̄ekonθiljár] *v. tr.* **1.** réconcilier; raccommoder. || **reconciliarse** *v. pr.* **2.** se raccommoder.

recóndito, -ta [r̄ekóndito] *adj.* secret, -ète.

reconfortar [r̄ekomfortár] *v. tr.* réconforter.

reconocer [r̄ekonoθér] *v. tr.* **1.** (identificar) reconnaître. **2.** *Med.* examiner. || **reconocerse** *v. pr.* **3.** se reconnaître.

reconocimiento [r̄ekonoθimjénto] *s. m.* reconnaissance *f.* || **~ médico** examen médical.

reconquista [r̄ekoŋkísta] *s. f.* reconquête.

reconquistar [r̄ekoŋkistár] *v. tr.* reconquérir.

reconstruir [r̄ekonstruír] *v. tr.* reconstruire.

recopilación [r̄ekopilaθjón] *s. f.* recueil *m.*; compilation.

recopilar [r̄ekopilár] *v. tr.* compiler.

récord [r̄ékor] *s. m.* record.

recordar [r̄ekorðár] *v. tr.* **1.** (algo a alguien) rappeler. **2.** (evocar) sentir. **3.** (acordarse) se souvenir; se rappeler; retenir. **4.** (ser parecido) ressembler.

recordatorio [r̄ekorðatórjo] *s. m.* **1.** (medio para no olvidar) pense-bête. **2.** souvenir. **3.** (advertencia) rappel. **4.** (escarmiento) leçon *f.*

recorrer [r̄ekor̄ér] *v. tr.* parcourir.

recorrido [r̄ekor̄íðo] *s. m.* **1.** parcours. **2.** (en taxi) course *f.* **3.** (de un astro) route *f.* **4.** (exploración general) balayage. || **líneas de largo ~** grandes lignes.

recortable [r̄ekortáβle] *s. m.* découpage.

recortado, -da [r̄ekortáðo] *adj.* **1.** découpé, -ée. **2.** *Bot.* (hojas) découpé, -ée.

recortar [r̄ekortár] *v. tr.* **1.** (con tijeras) découper. **2.** (los bordes) rogner. **3.** *fig.* (reducir) réduire.

recorte [r̄ekórte] *s. m.* **1.** (acción) découpage. **2.** (lo recortado) découpure *f.*

recrear [r̄ekreár] *v. tr.* **1.** récréer. || **recrearse** *v. pr.* **2.** se distraire.

recreativo, -va [r̄ekreatíβo] *adj.* récréatif, -ive.

recreo [r̄ekréo] *s. m.* récréation *f.* || **de ~** de plaisance.

recriminar [r̄ekriminár] *v. tr.* récriminer.

rectángulo [r̄ektángulo] *s. m.* rectangle.

rectificar [r̄ektifikár] *v. tr.* rectifier.

rectitud [r̄ektitúð] *s. f.* rectitude.

recto, -ta [r̄ékto] *adj.* **1.** droit, -te. **2.** (íntegro) intègre. || *s. m.* **3.** *Anat.* rectum. **4.** (de una hoja) recto. || *adv.* **5.** (todo derecho) tout droit.

RECUADRO - REFINADO

recuadro [r̃ekwáðro] *s. m.* cadre.

recuento [r̃ekwénto] *s. m.* **1.** vérification *f.* (d'un compte). **2.** (de votos) décompte. ‖ **hacer el ~** (de votos) dépouiller.

recuerdo [r̃ekwérðo] *s. m.* **1.** souvenir. ‖ **recuerdos** *s. m. pl.* **2.** (saludos) salutations *f. sing.* ‖ **recuerdos a** mes amitiés à.

recuperación [r̃ekuperaθjón] *s. f.* **1.** cupération. **2.** (de la salud) recouvrement *m.* **3.** (de la cuenta corriente) redressement *m.* **4.** (del poder) reprise.

recuperar [r̃ekuperár] *v. tr.* **1.** (algo perdido) récupérer. **2.** (la salud, la vista) recouvrer. **3.** (el aliento, el conocimiento, la vida) reprendre. **4.** (la confianza, el cariño) regagner. **5.** (a un alumno) repêcher. ‖ **recuperarse** *v. pr.* **6.** (de una enfermedad) se remettre; se relever. **7.** *fig.* (reanudarse) reprendre. **8.** (la moral, las fuerzas) se remonter.

recurrir [r̃ekuřír] *v. intr.* **1.** *Der.* recourir; faire appel. **2.** (tener como recurso) recourir; avoir recours à.

recurso [r̃ekúrso] *s. m.* **1.** (medio, material) ressource *f.* **2.** (medio) moyen. **3.** (acción de recurrir) recours.

red [r̃éð] *s. f.* **1.** (malla) filet *m.* **2.** (de caza) panneau *m.* **3.** (de comunicaciones) réseau *m.* **4.** *Inform.* internet *m.*; web *m.*; réseau *m.*

redacción [r̃eðakθjón] *s. f.* rédaction.

redactar [r̃eðaktár] *v. tr.* rédiger.

redactor, -ra [r̃eðaktór] *s. m. y f.* rédacteur, -trice.

redada [r̃eðáða] *s. f.*, *fig.* raffle.

redención [r̃eðenθjón] *s. f.* rédemption; rachat *m.*

redentor, -ra [r̃eðentór] *adj. y s. m. y f.* rédempteur, -trice.

redicho, -cha [r̃eðítʃo] *s. m.* **1.** poseur, -euse; prétentieux, -euse. ‖ **redicha** *s. f.* **2.** pimbêche (femme chichiteuse).

redil [r̃eðíl] *s. m.* bercail.

redimir [r̃eðimír] *v. tr.* racheter.

redoblar [r̃eðoβlár] *v. tr.* **1.** redoubler. ‖ *v. intr.* **2.** (el tambor) battre.

redoble [r̃eðóβle] *s. m.* **1.** redoublement. **2.** (de tambor) roulement.

redondear [r̃eðondeár] *v. tr.* arrondir.

redondel [r̃eðondél] *s. m.* (círculo) rond.

redondo, -da [r̃eðóndo] *adj.* **1.** rond, -de. ‖ *s. m.*, *Gastr.* **2.** (cubierto de pasta) pâté. **3.** (parte inferior del solomillo) bavette *f.*

reducción [r̃eðukθjón] *s. f.* **1.** réduction. **2.** (del precio) réduction; abattement *m.*

reducir [r̃eðuθír] *v. tr.* réduire.

reelegir [r̃eeleχír] *v. tr.* (nombrar) réélire.

reembolsar [r̃eembolsár] *v. tr.* rembourser.

reembolso [r̃eembólso] *s. m.* remboursement.

reemplazar [r̃eemplaθár] *v. tr.* **1.** (en un trabajo, una tarea) remplacer; relever; relayer. **2.** (cambiar) remplacer, changer. **3.** (ponerse en el lugar de algo o de alguien) suppléer.

referencia [r̃eferénθja] *s. f.* référence.

referéndum [r̃eferéndun] *s. m.* référendum.

referente [referénte] *adj. y s. m.* référent, -te. ‖ **en lo ~ a** en ce qui concerne; pour ce qui est de. **~ a** relatif à; concernant.

referir [r̃eferír] *v. tr.* **1.** rapporter. ‖ **referirse** *v. pr.* **2.** (aludir) faire allusion. **3.** (remitirse) se rapporter; se reporter.

refilón, de [r̃efilón] *loc. adv.* (de pasada) en passant.

refinado, -da [r̃efináðo] *adj.* **1.** raffiné, -ée. ‖ *s. m.* **2.** raffinage.

REFINAR - REGATA

refinar [r̄efinár] *v. tr.* **1.** *Tecnol.* (un producto, azúcar, papel) raffiner. **2.** (metales) affiner. **3.** (el gusto) affiner. **4.** (las formas) polir.

refinería [r̄efinería] *s. f.* raffinerie.

reflector, -ra [r̄eflektór] *adj.* **1.** réfléchissant, -te. ‖ *adj. y s. m.* **2.** réflecteur, -trice.

reflejar [r̄efleχár] *v. tr.* réfléchir; refléter; renvoyer.

reflejo, -ja [r̄efléχo] *adj. y s. m.* **1.** réflexe [Movimiento reflejo. *Mouvement réflexe.*] ‖ *s. m.* **2.** reflet. **3.** *fig.* (imagen) reflet.

reflexión [r̄efleksjón] *s. f.* réflexion.

reflexionar [r̄efleksjonár] *v. intr.* **1.** réfléchir. **2.** (meditar) méditer.

reflexivo, -va [r̄efléksiβo] *adj.* **1.** (reflectante) réfléchissant, -te. **2.** (reflexionado o que reflexiona) réfléchi, -ie. **3.** (hacia uno mismo) réflexif, -ive. **4.** *Ling.* réfléchi, -ie.

reflujo [r̄eflúχo] *s. m.* reflux.

reforestar [r̄eforestár] *v. tr.* repeupler.

reforma [r̄efórma] *s. f.* **1.** réforme. **2.** (de un piso) remise à neuf.

reformar [r̄eformár] *v. tr.* **1.** réformer. **2.** (transformar) transformer. **3.** (el comportamiento) corriger. **4.** (una casa) remettre à neuf.

reformatorio [r̄eformatórjo] *s. m.* maison de correction.

reforzar [r̄eforθár] *v. tr.* renforcer.

refrán [r̄efrán] *s. m.* **1.** (proverbio) proverbe. **2.** (dicho) dicton.

refrescar [r̄efreskár] *v. tr.* **1.** rafraîchir. **2.** *fig.* (los recuerdos) raviver. **3.** (la memoria) rafraîchir. ‖ *v. intr.* **4.** (el tiempo) se rafraîchir. ‖ *v. impers.* **5.** fraîchir [Comienza a refrescar. *Il commence à fraîchir.*]

refresco [r̄efrésko] *s. m.* **1.** (bebida) rafraîchissement. **2.** (refuerzos) renfort.

refriega [r̄efrjéɣa] *s. f.* **1.** rencontre. **2.** (pelea) mêlée.

refrigeración [r̄efriχeraθjón] *s. f.* **1.** (mantenimiento en frío) réfrigération. **2.** (enfriamiento) refroidissement *m.*

refrigerador, -ra [r̄efriχeraðór] *adj. y s. m.* réfrigérateur, -trice.

refrigerar [r̄efriχerár] *v. tr.* réfrigérer.

refrigerio [r̄efriχérjo] *s. m.* **1.** (bebidas frías) rafraîchissement. **2.** (aperitivo) collation *f.*; casse-croûte.

refuerzo [r̄efwérθo] *s. m.* renfort.

refugiado, -da [r̄efuχjáðo] *adj. y s. m. y f.* réfugié, -ée.

refugiar [r̄efuχjár] *v. tr.* **1.** réfugier. ‖ **refugiarse** *v. pr.* **2.** se réfugier.

refugio [r̄efúχjo] *s. m.* **1.** refuge. **2.** (lugar donde cobijarse) abri.

refunfuñar [r̄efumfuɲár] *v. intr.* **1.** grogner; grommeler. **2.** (protestar, renegar) rouspéter; maugréer.

refutar [r̄efutár] *v. tr.* réfuter.

regadera [r̄eɣaðéra] *s. f.* arrosoir *m.*

regalar [r̄eɣalár] *v. tr.* offrir; faire cadeau de.

regaliz [r̄eɣaliθ] *s. m.* **1.** réglisse *f.* **2.** (palo) bâton de réglisse. **3.** (bebida) jus de réglisse.

regalo [r̄eɣálo] *s. m.* cadeau; présent.

regañadientes, a [r̄eɣaɲaðjéntes] *loc. adv.* à contrecœur; en rechignant.

regañar [r̄eɣaɲár] *v. tr.* **1.** gronder. ‖ *v. intr.* **2.** (reñir, enfadarse) se fâcher. **3.** (tratar mal) rabrouer.

regañina [r̄eɣaɲína] *s. f.* réprimande.

regar [r̄eɣár] *v. tr.* **1.** arroser. **2.** (por aspersión) asperger.

regata [r̄eɣáta] *s. f.* régate.

REGATE - REJUVENECER

regate [r̄eɣáte] *s. m., Dep.* **1.** (con el cuerpo) feinte *f.* **2.** (con el balón) dribble; dribbling.

regatear [r̄eɣateár] *v. tr. e intr.* **1.** (dinero) marchander. ‖ *v. intr.* **2.** *Dep.* dribbler.

regazo [r̄eɣáθo] *s. m.* giron.

regencia [r̄exénθja] *s. f.* régence.

regenerar [r̄exenerár] *v. tr.* régénérer.

regente [r̄exénte] *adj. y s. m. y f.* régent, -te.

régimen [r̄éximen] *s. m.* régime.

regimiento [r̄eximjénto] *s. m.* régiment.

región [r̄exjón] *s. f.* région.

regional [r̄exjonál] *adj.* régional, -le.

regir [r̄exír] *v. tr.* **1.** régir. **2.** *ling.* régir. ‖ *v. intr.* **3.** être en vigueur.

registrar [r̄existrár] *v. tr.* **1.** (a alguien o un lugar) fouiller. **2.** (inspeccionar) contrôler. **3.** (inscribir) inscrire. **4.** (anotar en un registro) enregistrer. **5.** (una patente) déposer. ‖ **~ a fondo** passer au peigne fin.

registro [r̄exístro] *s. m.* **1.** (transcripción) enregistrement. **2.** (libro) registre. **3.** (de un lugar o a alguien) fouille *f.* **4.** (inspección) contrôle; inspection *f.* **5.** (por orden judicial) perquisition *f.* **6.** *Inform.* (grabación) enregistrement. **7.** (almacenamiento de datos) registre.

regla [r̄éɣla] *s. f.* **1.** règle. **2.** (norma) règle. **3.** (varilla o instrumento medidor) jauge. **4.** (menstruación) règles *pl.* Tener la regla. *Avoir ses règles.]*

reglamento [r̄eɣlaménto] *s. m.* **1.** règlement. **2.** *Mil.* (ordenanza) ordonnance *f.*

regocijo [r̄eɣoθíxo] *s. m.* joie; allégresse.

regresar [r̄eɣresár] *v. intr.* revenir; rentrer; retourner.

regreso [r̄eɣréso] *s. m.* **1.** retour. **2.** (a casa, al colegio) rentrée *f.*

reguero [r̄eɣéro] *s. m.* **1.** (canal) rigole *f.* **2.** (de sangre, de pólvora) traînée *f.*

regular[1] [r̄eɣulár] *adj.* **1.** (que sigue las reglas o es proporcionado) régulier, -ière. **2.** *fam.* comme ci, comme ça [¿Cómo estás? –Regular. *Comment vas-tu? –Comme ci, comme ça.*] **3.** (mediocre) passable. ‖ *adv.* **4.** moyennement.

regular[2] [r̄eɣulár] *v. tr.* **1.** (imponer disciplina y orden) régler. **2.** (los precios) contrôler. **3.** (poner en regla, hacer regular) régulariser.

rehabilitar [r̄eaβilitár] *v. tr.* réhabiliter.

rehacer [r̄eaθér] *v. tr.* refaire.

rehén [r̄eén] *s. m.* otage [Toma de rehenes. *Prise d'otages.*]

rehuir [r̄euír] *v. tr.* **1.** (evitar) fuir. **2.** (a alguien) éviter.

rehusar [r̄eusár] *v. tr.* refuser.

reimprimir [r̄eimprimír] *v. tr.* réimprimer.

reina [r̄éjna] *s. f.* reine.

reinado [r̄ejnáðo] *s. m.* règne.

reinar [r̄ejnár] *v. intr.* régner.

reincidir [r̄ejnθiðír] *v. intr.* récidiver.

reino [r̄éjno] *s. m.* **1.** (de un rey, de Dios) royaume. **2.** (de la naturaleza) règne.

reintegrar [r̄ejnteɣrár] *v. tr.* **1.** (volver a formar parte) réintégrer. **2.** (dinero) rembourser.

reír [r̄eír] *v. intr.* **1.** rire. ‖ **reírse** *v. pr.* **2.** rire.

reiterar [r̄ejterár] *v. tr.* réitérer.

reivindicar [r̄ejβindikár] *v. tr.* revendiquer.

reja [r̄éxa] *s. f.* **1.** (de una ventana) grillage *m.*; grille. **2.** (enrejado) treillage *m.* **3.** (barrotes) barreau *m.*

rejilla [r̄exíʎa] *s. f.* **1.** (de ventana) grillage *m.* **2.** (de horno, de alcantarilla) grille. **3.** (de ventilación) caillebotis *m.*

rejuvenecer [r̄exuβeneθér] *v. tr. e intr.* rajeunir.

RELACIÓN - REMARCAR

relación [r̄elaθjón] *s. f.* **1.** relation; rapport *m.* **2.** (conexión) liaison. **3.** (amorosa) liaison. **4.** (lista detallada) relevé *m.* [Relación de gastos. *Relevé de dépenses.*] ‖ **con ~ a** par rapport à; vis-à-vis de. **en ~ con** en rapport avec. **ponerse en ~ con** contacter. **tener ~ con** avoir trait à.

relacionar [r̄elaθjonár] *v. tr.* **1.** rattacher; relier; unir. **2.** (en relación de dependencia) rapporter; attacher. **3.** (poner en relación) mettre en rapport. ‖ **relacionarse** *v. pr.* **4.** se rattacher. ‖ **relacionarse con** fréquenter.

relajar [r̄elaxár] *v. tr.* **1.** (distender) détendre. **2.** (un músculo) décontracter. **3.** (la disciplina) relâcher. ‖ **relajarse** *v. pr.* **4.** se relaxer. **5.** se détendre; se délasser. **6.** *fig.* (la disciplina) se relâcher.

relamer [r̄elamér] *v. tr.* **1.** pourlécher. ‖ **relamerse** *v. pr.* **2.** se pourlécher.

relámpago [r̄elámpaɣo] *s. m.* éclair.

relampaguear [r̄elampaɣeár] *v. intr.* **1.** faire des éclairs. **2.** *fig.* étinceler.

relatar [r̄elatár] *v. tr.* **1.** (contar) raconter. **2.** (referir) rapporter.

relativo, -va [r̄elatíβo] *adj.* relatif, -ive. ‖ **en lo ~ a** relativement à; au sujet de.

relato [r̄eláto] *s. m.* **1.** récit; narration *f.* **2.** (novela corta) nouvelle *f.*

relax [r̄eláks] *s. m.* relax.

releer [r̄eleér] *v. tr.* relire.

relevante [r̄eleβánte] *adj.* remarquable.

relevar [r̄eleβár] *v. tr.* **1.** (tomar el relevo) relayer; prendre la relève. **2.** (reemplazar) remplacer; relever. **3.** (de una obligación) relever. ‖ **relevarse** *v. pr.* **4.** (turnarse) se relayer.

relevo [r̄eléβo] *s. m.* **1.** *Mil.* relève *f.* **2.** *Dep.* relais. **3.** (rotación de puestos) roulement. ‖ **tomar el ~** prendre le relais.

relicario [r̄elikárjo] *s. m.* reliquaire.

relieve [r̄eljéβe] *s. m.* relief. ‖ **alto ~** (arte) haut-relief. **bajo ~** (arte) bas-relief. **poner de ~** mettre en valeur; faire valoir.

religión [r̄elixjón] *s. f.* religion.

religioso, -sa [r̄elixjóso] *adj.* religieux, -euse.

relinchar [r̄elintʃár] *v. intr.* hennir.

relincho [r̄elíntʃo] *s. m.* hennissement.

reliquia [r̄elíkja] *s. f.* relique.

rellano [r̄eʎáno] *s. m.* palier.

rellenar [r̄eʎenár] *v. tr.* **1.** remplir. **2.** (un asiento) bourrer. **3.** (culinaria) farcir; fourrer (pastel). **4.** (un formulario) remplir.

relleno [r̄eʎéno] *s. m.* **1.** (acción de llenar) remplissage. **2.** (pastel, etc.) farce *f.* **3.** (de un asiento) rembourrage. **4.** (en un texto) remplissage.

reloj [r̄elóx] *s. m.* **1.** (de pulsera o de bolsillo) montre *f.* **2.** (grande, en lugar público, que da las campanadas) horloge *f.* **3.** (de pequeño tamaño, con péndulo, que da las horas) pendule *f.*

relojería [r̄eloxería] *s. f.* horlogerie.

relojero, -ra [r̄eloxéro] *adj. y s. m. y f.* horloger, -ère.

relucir [r̄eluθír] *v. intr.* **1.** (lucir el sol) briller; luire. **2.** (brillar) reluire. **3.** (el agua) miroiter.

relumbrar [r̄elumbrár] *v. intr.* briller.

remachar [r̄ematʃár] *v. tr.* river; riveter.

remanente [r̄emanénte] *adj. y s. m.* remanent, -te.

remangar [r̄emaŋgár] *v. tr.* relever; retrousser.

remanso [r̄emánso] *s. m.* nappe d'eau dormante.

remar [r̄emár] *v. intr.* ramer.

remarcar [r̄emarkár] *v. tr.* souligner; signaler.

REMATAR - RENDICIÓN

rematar [r̄ematár] *v. tr.* **1.** (matar) achever. **2.** *fig.* (acabar) parachever. **3.** (culminar) couronner. **4.** (coronar) couronner.

remate [r̄emáte] *s. m.* **1.** (término) fin *f.* **2.** (de una obra, de una vida, de una carrera) couronnement. **3.** (de un edificio) couronnement; sommet. **4.** *fig.* (puntilla) coup de grâce.

remediar [r̄emeðjár] *v. tr.* remédier à.

remedio [r̄emeðjo] *s. m.* remède.

rememorar [r̄ememorár] *v. tr.* remémorer.

remendar [r̄emendár] *v. tr.* **1.** (algo roto) raccommoder; rafistoler. **2.** (con parches) rapiécer. **3.** (una red) remailler.

remero, -ra [r̄eméro] *s. m. y f.* rameur, -euse.

remesa [r̄emésa] *s. f.* remise; envoi *m.*

remiendo [r̄emjéndo] *s. m.* **1.** (acción de remendar) raccommodage; rapiéçage. **2.** (parche) pièce *f.* **3.** (zurcido) reprise *f.*

reminiscencia [r̄eminisθénθja] *s. f.* réminiscence.

remisión [r̄emisjón] *s. f.* **1.** (entrega) remise. **2.** (de los pecados) rémission. **3.** (en un texto o diccionario) renvoi *m.*

remite [r̄emíte] *s. m.* expéditeur, -trice (nom et adresse).

remitente [r̄emiténte] *s. m.* expéditeur, -trice.

remitir [r̄emitír] *v. tr.* **1.** (enviar) remettre; envoyer; adresser. **2.** (en un texto o diccionario) renvoyer. **3.** (hacer referencia) référer. || *v. intr.* **4.** (el dolor, la tormenta) s'apaiser; faiblir. || **remitirse** *v. pr.* **5.** se reporter.

remo [r̄émo] *s. m.* **1.** rame *f.* **2.** *Dep.* canotage.

remodelar [r̄emoðelár] *v. tr.* remodeler.

remojar [r̄emoχár] *v. tr.* tremper.

remojo [r̄emóχo] *s. m.* **1.** trempage. **2.** (de telas) remouillage. || **estar en ~** tremper. **poner en ~** faire tremper.

remolacha [r̄emolátʃa] *s. f.* betterave.

remolcador, -ra [r̄emolkaðór] *adj. y s. m.* remorqueur, -euse.

remolcar [r̄emolkár] *v. tr.* remorquer.

remolino [r̄emolíno] *s. m.* **1.** (en el agua) remous. **2.** (de agua, de aire) tourbillon. **3.** (movimiento) tournoiement. **4.** (del pelo) épi.

remolón, -lona [r̄emolón] *adj., fam.* lambin, -ne; mollasson, -onne; traînard, -de.

remolque [r̄emólke] *s. m.* **1.** (acción de remolcar) remorque *f.* **2.** (vehículo) remorque. **3.** (caravana) roulotte *f.*

remontar [r̄emontár] *v. intr.* **1.** (en el aire) s'élever; remonter. || **remontarse** *v. pr.* **2.** *fig.* remonter.

remordimiento [r̄emorðimjénto] *s. m.* remords.

remoto, -ta [r̄emóto] *adj.* **1.** (lugar) lointain, -ne; éloigné, -ée; reculé, -ée. **2.** (época) reculé, -ée. **3.** *fig.* improbable.

remover [r̄emoβér] *v. tr.* remuer. || **removerse** *v. pr.* **2.** remuer; s'agiter.

remozar [r̄emoθár] *v. tr.* rajeunir.

remuneración [r̄emuneraθjón] *s. f.* rémunération.

remunerar [r̄emunerár] *v. tr.* rémunérer.

renacer [r̄enaθér] *v. intr.* **1.** (renacer) renaître. **2.** (rejuvenecer) rajeunir.

renacuajo [r̄enakwáχo] *s. m.* **1.** *Zool.* têtard. **2.** *fig. y fam.* avorton.

rencor [r̄eŋkór] *s. m.* **1.** rancune *f.* **2.** (amargura) rancœur *f.*

rencoroso, -sa [r̄eŋkoróso] *adj. y s. m. y f.* rancunier, -ière.

rendición [r̄endiθjón] *s. f.* reddition.

RENDIDO - REPETICIÓN

rendido, -da [r̃eṇðíðo] *adj.* **1.** rendu, -ue. **2.** (exhausto) épuisé, -ée.

rendija [r̃eṇðíxa] *s. f.* fente; entrebâillement *m*.

rendimiento [r̃eṇdimjéṇto] *s. m.* **1.** rendement; produit. **2.** (de una tierra) rapport.

rendir [r̃eṇdír] *v. tr.* **1.** (rentar) rendre. ‖ **rendirse** *v. pr.* **2.** (claudicar) se rendre.

renegar [r̃eneɣár] *v. intr.* **1.** (negar con insistencia) nier. **2.** (no reconocer como propio) renier. **3.** (de Dios) renier. **4.** (protestar) maugréer.

Renfe [r̃émfe] *sigla* (Red Nacional de los Ferrocarriles Españoles) S.N.C.F.

renglón [r̃eŋglón] *s. m.* ligne *f*.

reno [r̃éno] *s. m., Zool.* renne.

renombre [r̃enómbre] *s. m.* renom.

renovar [r̃enoβár] *v. tr.* **1.** (cambiar) renouveler [Renovar el pasaporte, un voto. *Renouveler le passeport, un vœux.*] **2.** (la decoración) rénover; remettre à neuf. **3.** (reanudar) renouer. ‖ **renovarse** *v. pr.* **4.** se renouveler.

renta [r̃éṇta] *s. f.* **1.** rente. **2.** (anual) revenu *m*. **3.** (de un arrendatario) fermage *m*. **4.** (de una tierra) rapport *m*.

rentable [r̃eṇtáβle] *adj.* rentable.

rentar [r̃eṇtár] *v. tr.* rapporter; produire.

renuncia [r̃enúṇθja] *s. f.* **1.** renoncement *m*. **2.** *Der.* renonciation. **3.** (política) abdication; abandon *m*.

renunciar [r̃enuṇθjár] *v. intr.* **1.** renoncer. **2.** (abandonar) abandonner.

reñir [r̃eɲír] *v. intr.* **1.** (discutir) se disputer; se quereller. **2.** (enfadarse) se brouiller. ‖ *v. tr.* **3.** (regañar) gronder.

reo, -a [r̃éo] *adj. y s. m. y f.* accusé, -ée; prévenu, -ue (d'un correccional).

reojo, de [r̃eóxo] *loc. adv.* (con disimulo) à la dérobée; du coin de l'oeil.

reorganizar [r̃eorɣaniθár] *v. tr.* réorganiser.

reparar [r̃eparár] *v. tr.* **1.** réparer. **2.** (una avería) dépanner. ‖ *v. intr.* **3.** (observar) remarquer. ‖ **no ~ en gastos** ne rien épargner

reparo [r̃epáro] *s. m.* **1.** (objeción) objection *f*.; reproche. **2.** (reservas) réticence *f*.

repartir [r̃epartír] *v. tr.* **1.** (entre varios) partager; répartir. **2.** (distribuir) distribuer. **3.** (mercancías) livrer; délivrer.

reparto [r̃epárto] *s. m.* **1.** (entre varias personas) répartition *f*.; partage. **2.** (de premios) distribution *f*. **3.** (de mercancías) livraison *f*. **4.** *Cinem. y Teatr.* (artistas en una obra o película) distribution *f*.

repasar [r̃epasár] *v. tr.* revoir; repasser.

repaso [r̃epáso] *s. m.* révision *f*.

repatear [r̃epateár] *v. intr.* **1.** (desagradar) dégoûter. **2.** (fastidiar) emmerder; embêter.

repecho [r̃epétʃo] *s. m.* côte *f*.; pente *f*.

repelente [r̃epeléṇte] *adj.* **1.** (desagradable) rebutant, -te; rébarbatif, -ive. **2.** (feísimo) hideux, -euse.

repeler [r̃epelér] *v. tr.* **1.** repousser. **2.** (al enemigo) chasser. **3.** (inspirar antipatía) rebuter.

repelús [r̃epelús] *s. m.* **1.** (miedo) frisson. **2.** (asco) dégoût.

repente, de [r̃epéṇte] *loc. adv.* tout à coup; soudain.

repercutir [r̃eperkutír] *v. intr.* **1.** se répercuter. **2.** *fig.* avoir sa répercussion. ‖ *v. tr.* **3.** répercuter.

repertorio [r̃epertórjo] *s. m.* répertoire.

repesca [r̃epéska] *s. f.* repêchage *m*.

repetición [r̃epetiθjón] *s. f.* **1.** répétition. **2.** (de un curso escolar) redoublement *m*. **3.** *Mús.* reprise.

REPETIR - REPULSIVO

repetir [r̄epetír] *v. tr.* **1.** répéter. **2.** (volver a decir) redire. **3.** (un curso escolar) redoubler. ‖ **repetirse** *v. pr.* **4.** revenir. **5.** (en los contenidos o las palabras) radoter.

repicar [r̄epikár] *v. tr.* **1.** (las campanas) sonner. ‖ *v. intr.* **2.** carillonner.

repipi [r̄epípi] *adj.* **1.** bêcheur, -euse. **2.** (niño) frimeur, -euse.

repisa [r̄epísa] *s. f.* **1.** (estante) étagère. **2.** (de la chimenea, del cuarto de baño) tablette.

replegar [r̄epleyár] *v. tr.* **1.** replier ‖ **plegarse** *v. pr.* **2.** se replier.

repleto, -ta [r̄epléto] *adj.* plein, -ne.

replicar [r̄eplikár] *v. tr.* répliquer; repartir.

repliegue [r̄eplJéγe] *s. m.* **1.** repli. **2.** (de las tropas) repli; repliement.

repoblar [r̄epoβlár] *v. tr.* repeupler.

repollo [r̄epóλo] *s. m.* chou pommé.

reponer [r̄eponér] *v. tr.* **1.** remettre. **2.** (responder) répondre. ‖ **reponerse** *v. pr.* **3.** se remettre.

reportaje [r̄eportáχe] *s. m.* reportage.

reportero, -ra [r̄eportéro] *s. m. y f.* reporter *m.*

reposar [r̄eposár] *v. intr.* **1.** reposer. **2.** (descansar) se reposer.

reposición [r̄eposiθjón] *s. f.* **1.** (colocación) reposition; remise en place. **2.** (reestreno) reprise.

reposo [r̄epóso] *s. m.* repos.

repostar [r̄epostár] *v. tr.* (combustible) se ravitailler.

repostería [r̄epostería] *s. f.* pâtisserie.

reprender [r̄eprenðér] *v. tr.* réprimander.

represalia [r̄epresália] *s. f.* représaille.

representación [r̄epresentaθjón] *s. f.* **1.** représentation; image. **2.** (funcion teatral) représentation. **3.** (actuación) eu *m.*

representante [r̄epresentánte] *adj. y s. m. y f.* représentant, -te.

representar [r̄epresentár] *v. tr.* **1.** représenter. **2.** (aparentar) paraître. **3.** *Teatr.* (una obra) jouer. ‖ **representarse** *v. pr.* **4.** passer.

representativo, -va [r̄epresentatíβo] *adj.* représentatif, -ive.

represión [r̄epresjón] *s. f.* répression.

reprimenda [r̄epriménda] *s. f.* **1.** (regañina) réprimande; gronderie. **2.** (sermón) morale.

reprimir [r̄eprimír] *v. tr.* **1.** (impedir) réprimer. **2.** (la risa, el llanto, la ira) refouler; retenir. **3.** (controlar) maîtriser.

reprobación [r̄eproβaθjón] *s. f.* réprobation.

reprobar [r̄eproβár] *v. tr.* réprouver.

reprochar [r̄eprotʃár] *v. tr.* **1.** reprocher. ‖ **reprocharse** *v. pr.* **2.** s'en vouloir de.

reproche [r̄eprótʃe] *s. m.* reproche.

reproducir [r̄eproðuθír] *v. tr.* reproduire.

reptar [r̄eptár] *v. intr.* ramper.

reptil [r̄eptíl] *adj. y s. m.* reptile.

república [r̄epúβlika] *s. f.* république.

repudiar [r̄epuðjár] *v. tr.* répudier.

repuesto, -ta [r̄epwésto] *adj.* **1.** (salud, empleo) rétabli, -ie. ‖ *s. m.* **2.** (reserva) provision *f.* **3.** (pieza de recambio) rechange. ‖ **rueda de ~** roue de secours.

repugnancia [r̄epuγnánθja] *s. f.* répugnance.

repugnante [r̄epuγnánte] *adj.* répugnant, -te.

repugnar [r̄epuγnár] *v. intr.* répugner.

repulsa [r̄epúlsa] *s. f.* refus *m.*

repulsión [r̄epulsjón] *s. f.* **1.** répulsion; répugnance. **2.** (repulsa) rejet *m.*; refus *m.*

repulsivo, -va [r̄epulsíβo] *adj.* répulsif, -ive; répugnant, -te; repoussant, -te.

REPUTACIÓN - RESISTENTE 320

reputación [r̄eputaθjón] *s. f.* **1.** (opinión) réputation; renommée. **2.** (celebridad) renom *m.*

requemar [r̄ekemár] *v. tr.* **1.** (un alimento) cramer *fam.* **2.** (la piel) brûler. **3.** (las plantas) griller. ‖ **requemarse** *v. pr.* **4.** (un alimento cocinado) brûler.

requerimiento [r̄ekerimjénto] *s. m.* **1.** *Der.* assignation; sommation *f.* **2.** (demanda) requête *f.*

requerir [r̄ekerír] *v. tr.* requérir.

requesón [r̄ekesón] *s. m.* caillé.

requisar [r̄ekisár] *v. tr.* réquisitionner.

requisito [r̄ekisíto] *s. m.* **1.** (condición, exigencia) condition *f.*; requisit *f.* **2.** (formalidad) formalité *f.*

res [r̄és] *s. f.* **1.** bête; tête de bétail. ‖ **reses** *s. f. pl.* **2.** (ganado) bestiaux *m. pl.*

resaca [r̄esáka] *s. f.* **1.** *Naút.* ressac *m.* **2.** (de borrachera) gueule de bois.

resaltar [r̄esaltár] *v. intr.* **1.** ressortir; se détacher. ‖ *v. tr.* **2.** faire ressortir.

resarcir [r̄esarθír] *v. tr.* dédommager.

resbaladizo, -za [r̄esβalaðíθo] *adj.* glissant, -te.

resbalar [r̄esβalár] *v. intr.* **1.** glisser. ‖ **resbalarse** *v. pr.* **2.** glisser.

resbalón [r̄esβalón] *s. m.* glissade *f.*

rescatar [r̄eskatár] *v. tr.* **1.** (libertar) délivrer. **2.** (salvar) sauver. **3.** (recuperar) repêcher.

rescate [r̄eskáte] *s. m.* **1.** (mediante pago) délivrance *f.*; rachat *m.* **2.** (dinero) rançon *f.* **3.** rescousse *f.* [Al rescate de. *À la rescousse de.*]

rescindir [r̄esθindír] *v. tr.* résilier; annuler.

resecar [r̄esekár] *v. tr.* dessécher.

reseco, -ca [r̄eséko] *adj.* **1.** (desecado, resecado) desséché, -ée. **2.** (seco) sec, -èche.

resentimiento [r̄esentimjénto] *s. m.* ressentiment; rancune *f.*

reseña [r̄eséɲa] *s. f.* **1.** (bibliográfica) notice. **2.** (de una obra literaria) compte rendu.

reseñar [r̄eseɲár] *v. tr.* **1.** rédiger le signalement de. **2.** faire le compte rendu de.

reserva [r̄eserβa] *s. f.* **1.** (cosa reservada) réserve. **2.** (de un billete o plaza) réservation. **3.** (de pesca, de caza) réserve. ‖ *s. m. y f.* **4.** *Dep.* remplaçant, -te.

reservado, -da [r̄eserβáðo] *adj.* **1.** réservé, -ée. ‖ *s. m.* **2.** réserve *f.*

reservar [r̄eserβár] *v. tr.* réserver.

resfriado, -da [r̄esfrjáðo] *adj.* **1.** enrhumé, -ée. ‖ *s. m.* **2.** *Med.* rhume.

resfriar [r̄esfrjár] *v. tr.* **1.** enrhumer; refroidir. ‖ **resfriarse** *v. pr.* **2.** s'enrhumer; se refroidir.

resguardar [r̄esɣwarðár] *v. tr.* protéger.

resguardo [r̄esɣwárðo] *s. m.* **1.** (recibo) reçu; récépissé. **2.** (bancario) garantie *f.* **3.** (vale) reconnaissance *f.*

residencia [r̄esiðénθja] *s. f.* **1.** résidence. **2.** (sede oficial) siège *m.* **3.** (domicilio) demeure. ‖ **tarjeta de ~** carte de séjour.

residente [r̄esiðénte] *adj. y s. m. y f.* résidant, -te.

residir [r̄esiðír] *v. intr.* **1.** résider; demeurer. **2.** (oficialmente) siéger. **3.** (temporalmente) séjourner. **4.** *fig.* (encontrarse) se trouver.

residuo [r̄esíðwo] *s. m.* **1.** résidu. **2.** (resto) reste. ‖ **residuos** *s. m. pl.* **3.** (basuras) déchets.

resignarse [r̄esignárse] *v. pr.* se résigner.

resina [r̄esína] *s. f.* résine.

resistencia [r̄esisténθja] *s. f.* **1.** résistance. **2.** (física) endurance.

resistente [r̄esisténte] *adj.* **1.** résistant, -te. **2.** (una persona, un coche) endurant, -te.

RESISTIR - RESUCITAR

3. (sólido) solide; fort, -te. **4.** (que no se desgasta fácilmente) inusable.

resistir [r̄esistír] *v. tr.* **1.** résister; supporter. **2.** (aguantar) tenir [Resistir el alcohol. *Tenir l'alcool.*] **3.** (hacer frente) tenir tête. ‖ *v. intr.* **4.** résister; tenir. ‖ **resistirse** *v. pr.* **5.** (forcejear) se débattre; résister. **6.** (rebelarse) se rebeller.

resolución [r̄esoluθjón] *s.f.* **1.** (solución) résolution. **2.** (decisión) décision. **3.** (de un tribunal) arrêté *m.* **4.** (de una imagen) résolution.

resolver [r̄esolβér] *v. tr.* **1.** (solucionar) résoudre. **2.** (zanjar, un asunto, una cuestión) régler. **3.** (decidir) décider. **4.** (reglamentar) statuer.

resonancia [r̄esonánθja] *s.f.* **1.** résonance. **2.** *fig.* retentissement *m.*

resonar [r̄esonár] *v. intr.* **1.** résonner. **2.** *fig.* retentir.

resoplar [r̄esoplár] *v. tr.* renifler.

resorte [r̄esórte] *s. m.* ressort.

respaldar [r̄espaldár] *v. tr.* **1.** garantir. **2.** *fig.* appuyer.

respaldo [r̄espáldo] *s. m.* **1.** (de una silla) dossier. **2.** (de un escrito) dos.

respectivo, -va [r̄espektíβo] *adj.* respectif, -ive.

respecto [r̄espékto] *s. m.* rapport ‖ **a ese ~** à ce sujet; à cet égard. **con ~ a** par rapport à; en ce qui concerne; quant à. **~ a** par rapport à; au regard de; à propos de. **~ de** à l'égard de; au sujet de; vis-à-vis de

respetable [r̄espetáβle] *adj.* respectable.

respetar [r̄espetár] *v. tr.* respecter.

respeto [r̄espéto] *s. m.* respect.

respetuoso, -sa [r̄espetuóso] *adj.* respectueux, -euse.

respiración [r̄espiraθjón] *s.f.* **1.** respiration. **2.** (resuello) haleine; souffle *m.*

respirar [r̄espirár] *v. intr.* **1.** respirer. **2.** (descansar) souffler.

respiro [r̄espíro] *s. m., fig.* (tregua, descanso) pause *f.*

resplandecer [r̄esplandeθér] *v. intr.* resplendir; rayonner; briller; luire.

resplandor [r̄esplandór] *s. m.* **1.** (destello) éclat; étincellement. **2.** (luz tenue) lueur *f.* **3.** (brillo) rayonnement.

responder [r̄espondér] *v. intr.* répondre.

responsabilidad [r̄esponsaβiliðáð] *s. f.* responsabilité.

responsable [r̄esponsáβle] *adj.* responsable.

respuesta [r̄espwésta] *s.f.* réponse.

resquicio [r̄eskíθjo] *s. m.* **1.** fente *f.* **2.** *fig.* (momento libre) occasion *f.*

resta [r̄ésta] *s. f., Mat.* soustraction.

restablecer [r̄estaβleθér] *v. tr.* **1.** rétablir. **2.** (la salud) remettre. ‖ **restablecerse** *v. pr.* **3.** se rétablir. **4.** (un enfermo) s'améliorer.

restar [r̄estár] *v. tr., Mat.* soustraire; ôter.

restaurante [r̄estawránte] *s. m.* **1.** restaurant. **2.** (pequeño) bistrot.

restaurar [r̄estawrár] *v. tr.* restaurer.

restitución [r̄estituθjón] *s. f.* restitution.

restituir [r̄estituír] *v. tr.* **1.** restituer. **2.** (devolver) rendre [Restituirle su carta. *Lui rendre sa lettre.*]

resto [r̄ésto] *s. m.* **1.** reste. ‖ **restos** *s. m. pl.* **2.** restes. **3.** *fig.* (migajas) miettes *f.* **3.** *fig.* débris; épaves *f.* ‖ **restos mortales** dépouille mortelle.

restregar [r̄estreɣár] *v. tr.* frotter.

restricción [r̄estrikθjón] *s. f.* restriction.

restringir [r̄estriɲxír] *v. tr.* **1.** restreindre. ‖ **restringirse** *v. pr.* **2.** se restreindre.

resucitar [r̄esuθitár] *v. tr. e intr.* ressusciter.

RESUELTO - RETRATAR

resuelto, -ta [r̃eswélto] *adj.* **1.** résolu, -ue. **2.** (maneras) délibéré, -ée.

resultado [r̃esul̞táðo] *s. m.* résultat.

resultar [r̃esul̞tár] *v. intr.* **1.** résulter. **2.** (ser) être [Resulta fácil. *C'est facile.*] **3.** (costar) revenir. **4.** (funcionar) aller [Eso no resulta. *Ça ne va pas.*] **5.** (deducirse) découler; s'ensuivre; ressortir. ‖ *v. impers.* **6.** apparaître; se trouver [Resulta que no es cierto. *Il apparaît que cela n'est pas vrai.*]

resumen [r̃esúmen] *s. m.* résumé ‖ en ~ (en conclusión) en fin | (en una palabra) bref.

resumir [r̃esumír] *v. tr.* résumer.

resurrección [r̃esur̃ekθjón] *s. f.* résurrection.

retablo [r̃etáβlo] *s. m.* retable.

retaco [r̃etáko] *s. m., desp.* pot à tabac; nain.

retaguardia [r̃etaɣwárðja] *s. f.* arrière-garde.

retal [r̃etál] *s. m.* retaille.

retar [r̃etár] *v. tr.* défier; braver.

retardar [r̃etarðár] *v. tr.* retarder.

retazo [r̃etáθo] *s. m.* **1.** (retal de tela) morceau; retaille *f.* **2.** *fig.* fragment.

retención [r̃etenθjón] *s. f.* **1.** détention; rétention. **2.** (de mercancías en el salario) retenue. **3.** (atasco) bouchon *m.*

retener [r̃etenér] *v. tr.* retenir.

retina [r̃etína] *s. f., Anat.* rétine.

retirada [r̃etiráða] *s. f.* retraite.

retirado, -da [r̃etiráðo] *adj. y s. m. y f.* retraité, -ée.

retirar [r̃etirár] *v. tr.* **1.** (apartar) retirer. **2.** (echar hacia atrás) reculer. **3.** (jubilar) mettre à la retraite. ‖ **retirarse** *v. pr.* **4.** (marcharse) quitter. **5.** (apartarse) se retirer. **6.** (jubilarse) se retirer; prendre sa retraite.

retiro [r̃etíro] *s. m.* **1.** (jubilación) retraite *f.* **2.** (aislamiento) éloignement.

reto [r̃éto] *s. m.* **1.** (desafío) défi. **2.** (lo que se puede ganar o perder) enjeu. **3.** (amenaza, provocación) menace *f.*

retocar [r̃etokár] *v. tr.* **1.** retoucher. **2.** (cambiar) remanier.

retoño [r̃etóɲo] *s. m.* rejeton.

retoque [r̃etóke] *s. m.* retouche *f.*

retorcer [r̃etorθér] *v. tr.* **1.** retordre; tordre. **2.** (torcer mucho) tortiller. ‖ **retorcerse** *v. pr.* **3.** se tordre.

retornable [r̃etornáβle] *adj.* réutilisable.

retornar [r̃etornár] *v. tr.* **1.** (devolver) retourner; renvoyer. ‖ *v. intr.* **2.** rentrer; revenir; retourner.

retorno [r̃etórno] *s. m.* retour.

retortijón [r̃etortiχón] *s. m.* retordement.

retozar [r̃etoθár] *v. intr.* folâtrer.

retractar [r̃etraktár] *v. tr.* **1.** rétracter. ‖ **retractarse** *v. pr.* **2.** se rétracter; se dédire.

retraer [r̃etraér] *v. tr.* **1.** *Der.* retraire. ‖ **retraerse** *v. pr.* **2.** (abstenerse) s'abstenir. **3.** (el mar) se retirer.

retraído, -da [r̃etraíðo] *adj.* renfermé, -ée.

retransmitir [r̃etransmitír] *v. tr.* retransmettre.

retrasado, -da [r̃etrasáðo] *adj.* **1.** (que lleva retraso) en retard; retardataire. **2.** (arcaico, retrógrado) retardataire.

retrasar [r̃etrasár] *v. tr.* **1.** (hacer durar más) retarder. **2.** (ralentizar) ralentir. **3.** (entretener) attarder. **4.** (hacer llegar tarde) retarder. **5.** (aplazar, posponer) retarder. ‖ **retrasarse** *v. pr.* **6.** (llegar tarde) se retarder; arriver en retard.

retraso [r̃etráso] *s. m.* retard.

retratar [r̃etratár] *v. tr.* faire le portrait de.

RETRATO - REVOLVER

retrato [r̄etráto] *s. m.* **1.** portrait. **2.** fotografía) photographie *f.*

retrete [r̄etréte] *s. m.* toilettes *f. pl.;* cabinet d'aisances.

retroceder [r̄etroθeðér] *v. intr.* **1.** reculer. **2.** (el mar) refluer. ‖ **hacer ~** repousser.

retroceso [r̄etroθéso] *s. m.* **1.** recul. **2.** (marcha atrás) marche arrière.

retrovisor [r̄etroβisór] *s. m.* rétroviseur.

retumbar [r̄etumbár] *v. intr.* retentir.

reuma o reúma [r̄éuma] *s. m.* rhumatisme.

reunión [r̄ewnjón] *s. f.* réunion.

reunir [r̄ewnír] *v. tr.* **1.** réunir. **2.** (agrupar personas) rassembler; assembler. **3.** (poner juntos) rassembler. **4.** (recabar, recoger) recueillir; ramasser. ‖ **reunirse** *v. pr.* **5.** (con alguien) rejoindre; joindre. **6.** (dos personas) se retrouver. **7.** (hacer una reunión) se réunir.

revancha [r̄eβánt∫a] *s. f.* revanche.

revelación [r̄eβelaθjón] *s. f.* révélation.

revelar [r̄eβelár] *v. tr.* **1.** (decir) révéler. **2.** *fig.* (denotar) annoncer; trahir (traicionar). **3.** (desvelar) dévoiler. **4.** *Fot* développer.

reventa [r̄eβénta] *s. f.* revente.

reventar [r̄eβentár] *v. intr.* **1.** (burbujas, bolsa, globo) crever. **2.** craquer; exploser [La casa está a reventar. *La maison est pleine à craquer.*] **3.** (un zapato, un vestido) craquer. ‖ *v. tr.* **4.** (de cansancio) surmener; éreinter *fam.* ‖ **reventarse** *v. pr.* **5.** éclater; exploser.

reventón [r̄eβentón] *s. m.* **1.** (estallido) éclatement. **2.** (de neumático) crevaison *f.*

reverencia [r̄eβerénθja] *s. f.* révérence.

reversible [r̄eβersíβle] *adj.* réversible.

reverso [r̄eβérso] *s. m.* **1.** (vuelta) envers. **2.** (de una hoja o moneda) revers

revés [r̄eβés] *s. m.* **1.** revers; envers. **2.** (bofetada) revers. **3.** *Dep.* revers. **4.** *fig.* (de la fortuna) revers. ‖ **al ~** (del otro lado) à l'envers. ‖ (la parte de atrás delante) devant derrière. ‖ (boca abajo) sens dessus dessous. **al ~ de** (al contrario) à l'inverse de.

revestimiento [r̄eβestimjénto] *s. m.* **1.** revêtement. **2.** (de una pared) lambris.

revestir [r̄eβestír] *v. tr.* **1.** revêtir. **2.** (las paredes) lambrisser. **3.** (recubrir) recouvrir. **4.** (alfombrar) tapisser.

revisar [r̄eβisár] *v. tr.* **1.** (examinar) réviser. **2.** (volver a ver) revoir. **3.** (billetes) contrôler. **4.** (actualizar) mettre à jour.

revisión [r̄eβisjón] *s. f.* **1.** révision. **2.** (arreglo) remise en état. **3.** (de billetes) contrôle. **4.** (puesta al día) mise à jour.

revisor, -ra [r̄eβisór] *s. m. y f.* **1.** (medios de transporte) contrôleur, -euse. **2.** (de traducción, de pruebas) réviseur *m.*

revista [r̄eβísta] *s. f.* **1.** revue. **2.** (ilustrada) magazine *m.* **3.** (en una biblioteca) périodique *m.* **4.** (inspección) inspection. ‖ **pasar ~** passer en revue.

revistero [r̄eβistéro] *s. m.* porte-revues *inv.*

revivir [r̄eβiβír] *v. intr.* revivre.

revocar [r̄eβokár] *v. tr.* **1.** révoquer. **2.** (encalar) badigeonner; enduire; plâtrer.

revolcar [r̄eβolkár] *v. tr.* **1.** renverser. ‖ **revolcarse** *v. pr.* **2.** se rouler.

revolotear [r̄eβoloteár] *v. tr.* voltiger.

revoltijo [r̄eβoltíχo] *s. m.* fouillis.

revoltoso, -sa [r̄eβoltóso] *adj. y s. m. y f.* turbulent, -te; méchant, -te.

revolución [r̄eβoluθjón] *s. f.* révolution.

revolucionar [r̄eβoluθjonár] *v. tr.* révolutionner.

revolver [r̄eβolβér] *v. tr.* **1.** (remover) remuer. **2.** (dar vueltas) retourner. **3.** (re-

REVÓLVER - ROBAR

buscar) fouiller. **4.** mélanger; mêler. ‖ **revolverse** *v. pr.* **5.** se retourner.

revólver [r̃eβólβer] *s. m.* révolver.

revuelo [r̃eβwélo] *s. m.*, *fig.* confusion *f.*

revuelta [r̃eβwélta] *s. f.* révolte.

revuelto, -ta [r̃eβwélto] *adj.* brouillé, -ée.

rey [r̃éj] *s. m.* roi.

rezagarse [r̃eθaɣárse] *v. pr.* rester en arrière.

rezar [r̃eθár] *v. tr.* **1.** prier. ‖ *v. intr.* **2.** dire sa prière.

rezo [r̃éθo] *s. m.* (oración) prière *f.*

rezumar [r̃eθumár] *v. tr.* **1.** (dejar pasar un líquido por los poros) laisser passer. **2.** *fig.* dégager.

ría [r̃ía] *s. f.* ria; estuaire *m.*

riachuelo [r̃jatʃwélo] *s. m.* ruisseau (petite rivière); ruisselet.

riada [r̃jáða] *s. f.* **1.** (crecida) crue. **2.** *fig.* (avalancha) flot *m.* **3.** (de gente) ruée; flot *m.*

ribera [r̃iβéra] *s. f.* **1.** rive; bord *m.*; berge. **2.** (de un lago) rivage *m.*

ribete [r̃iβéte] *s. m.* **1.** (orla) liséré. **2.** (refuerzo) bordure *f.*

ribetear [r̃iβeteár] *v. tr.* border; ourler.

rico, -ca [r̃íko] *adj. y s. m. y f.* **1.** riche. ‖ *adj.* **2.** (de sabor) délicieux, -euse. **3.** *fam.* (bonito) mignon, -onne.

ridiculizar [r̃iðikuliθár] *v. tr.* ridiculiser.

ridículo, -la [r̃iðíkulo] *adj. y s. m. y f.* **1.** ridicule. ‖ *s. m.* **2.** (ridiculez) ridicule.

riego [r̃jéɣo] *s. m.* **1.** arrosage. **2.** (para la agricultura) irrigation *f.*

riel [r̃jél] *s. m.* rail.

rienda [r̃jénda] *s. f.* **1.** rêne. ‖ **riendas** *s. f. pl.* **2.** guides.

riesgo [r̃jésɣo] *s. m.* **1.** risque. **2.** (peligro) danger. ‖ **a ~ de** au risque de. **aun a ~ de** quitte à.

rifa [r̃ífa] *s. f.* tombola; loterie.

rifar [r̃ifár] *v. tr.* **1.** (lotería) procéder au tirage. **2.** (sorteo) tirer au sort.

rifle [r̃ífle] *s. m.* rifle.

rigidez [r̃iχiðéθ] *s. f.* rigidité; raideur.

rígido, -da [r̃íχiðo] *adj.* rigide; raide.

rigor [r̃iɣór] *s. m.* rigueur.

riguroso, -sa [r̃iɣuróso] *adj.* rigoureux, -euse.

rima [r̃íma] *s. f.* rime.

rimar [r̃imár] *v. tr.* rimer.

rincón [r̃iŋkón] *s. m.* coin; angle.

ring [r̃iŋ] *s. m.*, *Dep.* ring.

rinoceronte [r̃inoθerónte] *s. m.* rhinocéros.

riña [r̃íɲa] *s. f.* **1.** rixe; querelle; bagarre. **2.** (agarrada) accrochage *m.*

riñón [r̃iɲón] *s. m.* **1.** rein. **2.** *Gastr.* (gralm. en pl. 'riñones') rognon.

riñonera [r̃iɲonéra] *s. f.* sac-banane *m.*

río [r̃ío] *s. m.* **1.** fleuve. **2.** (gran afluente) rivière *f.*

riqueza [r̃ikéθa] *s. f.* richesse.

risa [r̃ísa] *s. f.* **1.** rire *m.* **2.** (risotada) risée. ‖ **~ forzada** rire jaune. **~ loca** fou rire.

risco [r̃ísko] *s. m.* rocher escarpé.

risible [r̃isíβle] *adj.* (irrisorio) risible.

risueño, -ña [r̃iswéɲo] *adj.* **1.** riant, -te. **2.** (sonriente) souriant, -te.

ritmo [r̃ítmo] *s. m.* rythme.

rito [r̃íto] *s. m.* rite.

rival [r̃iβál] *adj. y s. m. y f.* rival, -le.

rivalidad [r̃iβaliðáð] *s. f.* rivalité.

rivalizar [r̃iβaliθár] *v. intr.* rivaliser.

rizado, -da [r̃iθáðo] *adj.* **1.** (rizo grande) bouclé, -ée. **2.** (rizo fino) frisé, -ée.

rizar [r̃iθár] *v. tr.* **1.** boucler. **2.** (con rizo fino) friser. ‖ **rizarse** *v. pr.* **3.** (con rizo fino) créper.

rizo [r̃íθo] *s. m.* boucle *f.*

robar [r̃oβár] *v. tr.* voler.

roble [r̄óβle] *s. m.* **1.** *Bot.* chêne; chêne rouvre. **2.** (madera) chêne.

robo [r̄óβo] *s. m.* **1.** vol. **2.** (desvalijamiento) cambriolage.

robot [r̄oβót] *s. m.* robot.

robustecer [r̄oβusteθér] *v. tr.* fortifier.

robusto, -ta [r̄oβústo] *adj.* robuste.

roca [r̄óka] *s. f.* **1.** roc. **2.** (peña, peñón) rocher *m.*; roche; roc *m.*

roce [r̄óθe] *s. m.* **1.** frôlement. **2.** (rozamiento) frottement. **3.** *fig.* (contacto) contact. **4.** *fig.* (enfrentamiento) friction *f.*

rociar [r̄oθiár] *v. tr.* arroser.

rocío [r̄oθío] *s. m.* **1.** rosée *f.* **2.** (llovizna) bruine *f.*

rock and roll [r̄okanr̄ól] *s. m.* rock and roll.

rodaja [r̄oðáχa] *s. f.* rondelle; tranche.

rodaje [r̄oðáχe] *s. m.* **1.** (motor) rodage. **2.** (conjunto de ruedas de una máquina) rouage. **3.** *Cinem.* tournage.

rodapié [r̄oðapjé] *s. m.* **1.** (mueble) garniture *f.* **2.** (pared) frise *f.* **3.** (cama) soubassement.

rodar [r̄oðár] *v. tr.* **1.** rouler. **2.** (caerse, bajar rodando) dégringoler. **3.** *Cinem.* filmer; tourner un film; tourner. || *v. intr.* **4.** (un coche, un motor) rouler. **5.** *fig.* (vagar) traîner. || **hacer ~** rouler.

rodear [r̄oðeár] *v. tr.* **1.** (bordear) entourer. **2.** (dar la vuelta alrededor de) contourner; tourner. **3.** (abarcar) cerner. **4.** (asediar) assiéger. || **~ con el brazo** enlacer.

rodeo [r̄oðéo] *s. m.* détour.

rodilla [r̄oðíʎa] *s. f.*, *Anat.* genou *m.* || **de rodillas** à genoux.

rodillera [r̄oðiʎéra] *s. f.* genouillère.

rodillo [r̄oðíʎo] *s. m.* rouleau.

roedor, -ra [r̄oeðór] *adj. y s. m.* rongeur, -euse.

roer [r̄oér] *v. tr.* **1.** ronger. **2.** (los insectos la madera) piquer.

rogar [r̄oɣár] *v. tr.* **1.** prier. **2.** (pedir) demander. || **se ruega** prière de.

rojizo, -za [r̄oχíθo] *adj.* **1.** rougeâtre. **2.** (pelo) roux, -ousse.

rojo, -ja [r̄óχo] *adj.* **1.** rouge. || *s. m.* **2.** (color) rouge. || **ponerse ~** (ruborizarse) rougir. **volverse ~** rougir.

rollizo, -za [r̄oʎíθo] *adj.* potelé, -ée.

rollo [r̄óʎo] *s. m.* **1.** rouleau. **2.** *fig. y fam.* (cosa aburrida) casse-pieds. || **¡qué ~ !** quelle barbe! **ser un ~** *fig.* être barbant.

romance [r̄ománθe] *s. m.* (lengua) roman.

románico, -ca [r̄omániko] *adj.* **1.** roman, -ne. || *s. m.* **2.** art roman.

romántico, -ca [r̄omántiko] *adj. y s. m. y f.* romantique.

rombo [r̄ómbo] *s. m.* losange.

romería [r̄omería] *s. f.* **1.** (peregrinación) pèlerinage *m.* **2.** (fiesta) fête patronale.

romero, -ra [r̄oméro] *s. m. y f.* **1.** pèlerin, -ne. || *s. m.* **2.** *Bot.* romarin.

romo, -ma [r̄ómo] *adj.* émoussé, -ée.

rompecabezas [r̄ompekaβéθas] *s. m. inv.* **1.** puzzle. **2.** *fig.* casse-tête.

rompeolas [r̄ompeólas] *s. m. inv.* **1.** brise-lames. **2.** (rompiente) brisant.

romper [r̄ompér] *v. tr.* **1.** rompre. **2.** (en pedazos por un golpe) casser. **3.** (estropear) abîmer. **4.** (desgarrar ropa, papel) déchirer. **5.** *fig.* (el corazón) briser. || *v. intr.* **6.** (las olas) briser. || **romperse** *v. pr.* **7.** se casser. **8.** *fig.* se briser.

ron [r̄ón] *s. m.* rhum.

roncar [r̄oŋkár] *v. intr.* **1.** (una persona) ronfler. **2.** (el viento) mugir.

ronco, -ca [r̄óŋko] *adj.* **1.** (voz) rauque. **2.** (con ronquera) enroué, -ée. || **quedarse ~** s'enrouer.

RONDA - RUGIR

ronda [řónda] *s. f.* **1.** ronde. **2.** (paseo regular) tournée. **3.** (consumiciones) tournée.

rondalla [řondáʎa] *s. f.* **1.** (de instrumentos de cuerda) petite société philharmonique. **2.** (tuna, estudiantina) troupe de musiciens; orchestre d'étudiants.

rondar [řondár] *v. intr.* **1.** (hacer una ronda) faire une ronde. **2.** (merodear) rôder. **3.** (aproximarse) avoisiner.

ronquera [řoŋkéra] *s. f.* enrouement *m.*

ronquido [řoŋkíðo] *s. m.* ronflement *m.*

ronronear [řonřoneár] *v. intr.* ronronner.

roña [řóŋa] *s. f.* (mugre) crasse.

roñica [řoŋíka] *adj. inv., fam.* radin, -ne.

ropa [řópa] *s. f.* **1.** (prenda) vêtement *m.* **2.** (prendas) habits *m. pl.*; vêtements *m. pl.* **3.** (que se lleva puesta) habillement *m.* **4.** (colada) linge *m.* ‖ **~ blanca** linge *m.* **~ interior** linge de corps. (lencería) lingerie.

ropero [řopéro] *s. m.* **1.** (armario) armoire à linge. **2.** (habitación) penderie.

rosa [řósa] *s. f.* **1.** *Bot.* (flor) rose. ‖ *adj. y s. m.* **2.** rose.

rosal [řosál] *s. m., Bot.* rosier.

rosario [řosárjo] *s. m.* chapelet.

rosca [řóska] *s. f.* **1.** (de tornillo) filet. **2.** (de pan) couronne de pain.

rosco [řósko] *s. m.* **1.** (de pan) couronne de pain. **2.** (dulce) gimblette *f.*

roscón [řoskón] *s. m.* couronne de pain. ‖ **~ de Reyes** *Gastr.* galette des Rois.

rosetón [řosetón] *s. m.* rose *f.*

rosquilla [řoskíʎa] *s. f.* gimblette (petit gâteau sec en forme d'anneau).

rostro [řóstro] *s. m.* visage; figure *f.*

rotación [řotaθjón] *s. f.* rotation; tour *m.*

roto, -ta [řóto] *adj.* cassé, -ée; brisé, -ée.

rotonda [řotónda] *s. f.* rond-point *m.*

rotulador [řotulaðór] *s. m.* feutre; marqueur.

rótulo [řótulo] *s. m.* **1.** (pancarta, cartel) enseigne *f.* **2.** (letrero) écriteau.

rotundo, -da [řotúndo] *adj.* **1.** (impactante) retentissant, -te [Éxito rotundo. *Succès retentissant.*] **2.** (una respuesta) carré, -ée. **3.** (fuerte, enfático) sonore.

rotura [řotúra] *s. f.* **1.** rupture. **2.** *Med.* fracture. **3.** (tela o papel) déchirure.

roturar [řoturár] *v. tr., Agr.* défricher.

roulotte [řulót] *s. f.* caravane; roulotte.

rozadura [řoθaðúra] *s. f.* éraflure.

rozamiento [řoθamjénto] *s. m.* frôlement *m.*

rozar [řoθár] *v. tr.* **1.** (acariciar) frôler; effleurer. **2.** (pasar al ras) raser. **3.** (arañar) érafler; rayer. **4.** *fig.* (rayar) friser.

rubí [řuβí] *s. m.* rubis. •Pl. rubíes.

rubio, -bia [řúβjo] *adj.* blond, -de.

rubor [řuβór] *s. m.* rougeur.

ruborizar [řuβoriθár] *v. tr.* **1.** faire rougir. ‖ **ruborizarse** *v. pr.* **2.** rougir.

rudeza [řuðéθa] *s. f.* rudesse.

rudimento [řuðiménto] *s. m.* rudiment.

rudo, -da [řúðo] *adj.* **1.** (fuerte) rude. **2.** (grosero) rustre; grossier, -ière. **3.** *fig.* (estilo) abrupt, -te.

rueda [řwéða] *s. f.* roue. ‖ **~ de prensa** conférence de presse.

ruedo [řwéðo] *s. m.* arènes *f. pl.*

ruego [řwéɣo] *s. m.* **1.** (oración, súplica) prière *f.* **2.** (petición) demande *f.*

rufián [řufján] *s. m.* **1.** (poco escrupuloso) rufian. **2.** (chulo) souteneur; maquereau.

rugby [řúɣβi] *s. m., Dep.* rugby.

rugido [řuxíðo] *s. m.* **1.** rugissement *m.* **2.** (sonido amenazador) grondement.

rugir [řuxír] *v. intr.* **1.** (felinos) rugir. **2.** (el viento) hurler. **3.** *fig.* (regañar) gronder.

4. (las tripas) grouiller. **5.** (la gente, los insectos) grouiller.

rugoso, -sa [ruɣóso] *adj.* rugueux, -euse.

ruido [rwiðo] *s. m.* bruit.

ruidoso, -sa [rwiðóso] *adj.* bruyant, -te.

ruin [rwín] *adj.* **1.** (vil) bas, -asse. **2.** (despreciable) vilain; sale.

ruina [rwína] *s. f.* **1.** ruine. **2.** (de un edificio) délabrement *m.* **3.** (de un imperio) effondrement *m.* **4.** (bancarrota) faillite. **5.** (perdición) perte. || **ruinas** *s. f. pl.* **6.** (de una construcción) débris *f.;* restes *m.;* vestiges *m.*

ruiseñor [rwiseɲór] *s. m., Zool.* rossignol.

ruleta [ruléta] *s. f.* (juego) roulette.

rulo [rúlo] *s. m.* rouleau.

rumba [rúmba] *s. f., Mús.* (musique et danse andalouse) rumba.

rumbo [rúmbo] *s. m.* route *f.*

rumiante [rumjánte] *adj. y s. m. y f.* ruminant, -te.

rumiar [rumjár] *v. tr.* ruminer.

rumor [rumór] *s. m.* rumeur *f.;* bruit.

rumorearse [rumoreárse] *v. pr.* courir le bruit.

rupestre [rupéstre] *adj.* rupestre.

ruptura [ruptúra] *s. f.* rupture.

rural [rurál] *adj.* rural, -le.

rústico, -ca [rústiko] *adj.* **1.** rustique. **2.** (tosco) gros, -osse. **3.** (libro, encuadernación) broché, -ée.

ruta [rúta] *s. f.* **1.** route; itinéraire *m.* **2.** (recorrido) parcours *m.*

rutina [rutína] *s. f.* **1.** routine. **2.** (experiencia rutinaria) pratique. **3.** (vieja costumbre) ornière.

S

s [ése] *s. f.* s *m.*

sábado [sáβaðo] *s. m.* samedi [El sábado, los sábados, el sábado 13 de junio. *Samedi, le samedi, le samedi 13 juin.*]

sabana [saβána] *s. f.* savane; brousse.

sábana [sáβana] *s. f.* (de cama) drap *m.*

sabañón [saβaɲón] *s. m.* engelure *f.*

saber¹ [saβér] *s. m.* savoir.

saber² [saβér] *v. tr.* **1.** savoir [Lo sé de memoria. *Je le sais par coeur.*] **2.** (conocer) connaître [No sabe mi nombre. *Il ne connaît pas mon nom.*] ‖ *v. intr.* **3.** avoir bon goût [La salsa sabe bien. *La sauce a bon goût.*]

sabiduría [saβiðuría] *s. f.* **1.** (conocimiento verdadero) sagesse. **2.** (saber, erudición) savoir *m.*; érudition.

sabio, -bia [sáβjo] *adj.* **1.** savant, -te. ‖ *s. m.* **2.** sage. **3.** (erudito) érudit, -te.

sabiondo, -da [saβjóndo] *adj. y s. m. y f.* **1.** (pedante) pédant, -te. **2.** (intelectual pretencioso) grosse tête.

sable [sáβle] *s. m.* sabre.

sabor [saβór] *s. m.* **1.** goût [El sabor de la carne. *Le goût de la viande.*] **2.** saveur *f.* [Percibir un sabor. *Percevoir une saveur.*] **3.** (de un producto aromatizado) parfum; arôme [Sabor a vainilla. *Parfum de vanille.*]

saborear [saβoreár] *v. tr.* savourer.

sabotaje [saβotáxe] *s. m.* sabotage.

sabroso, -sa [saβróso] *adj.* **1.** savoureux, -euse. **2.** (exquisito) exquis, -se.

sabueso [saβwéso] *s. m.* limier.

saca [sáka] *s. f.* sac postal.

sacacorchos [sakakórtʃos] *s. m. inv.* tire-bouchon.

sacamuelas [sakamwélas] *s. m. y f. inv.* **1.** (dentista) arracheur de dents. **2.** *fig.* (charlatán) moulin à paroles.

sacar [sakár] *v. tr.* **1.** (extraer) tirer [Sacar el pañuelo del bolsillo. *Tirer le mouchoir de sa poche.*] **2.** (de un lugar) sortir. **3.** (hacer salir) faire sortir. **4.** (de una masa líquida, de un conjunto) puiser. **5.** (dinero) retirer. **6.** (obtener, extraer) retirer [Sacar aceite de las aceitunas. *Retirer de l'huile des olives.*] **7.** (sangre, muestra) prélever. **8.** (un diente, los ojos) arracher. **9.** (la lengua) tirer. **10.** (billetes, entradas, fotos) prendre. **11.** (una foto) tirer. **12.** (moda) lancer. **13.** *fig.* (una conclusión) dégager. **14.** avoir [Sacar una buena nota. *Avoir une bonne note.*]

sacarina [sakarína] *s. f.* saccharine.

sacerdote [saθerðóte] *s. m.* prêtre; curé.

saciar [saθjár] *v. tr.* **1.** (hartar) rassasier. **2.** *fig.* (colmar) assouvir. ‖ **saciarse** *v. pr.* **3.** s'assouvir.

saco [sáko] *s. m.* sac.

sacramento [sakraménto] *s. m.* sacrement.

sacrificar [sakrifikár] *v. tr.* **1.** sacrifier. **2.** (animales) abattre. ‖ **sacrificarse** *v. pr.* **3.** se sacrifier.

sacrificio [sakrifíθjo] *s. m.* **1.** sacrifice. **2.** (abnegación) dévouement. **3.** (de un animal para el consumo) abattage.

sacrilegio [sakriléxjo] *s. m.* sacrilège.

sacristán [sakristán] *s. m.* sacristain.

sacudida [sakuðíða] *s. f.* **1.** (acción de sacudir) secouement. **2.** (tumbo, tirón) à-coup *m.*; saccade. **3.** (empujón, parón) secousse; ébranlement *m.*

sacudir [sakuðír] *v. tr.* **1.** (agitar) secouer. **2.** (estremecer) ébranler. **3.** (deshacerse) secouer [Sacudir el polvo. *Secouer la poussière.*] **4.** (pegar) battre. **5.** (una bofetada) flanquer. **6.** (la cabeza) hocher.

SAETA - SALTAMONTES

saeta [saéta] *s. f.* **1.** (flecha) flèche. **2** saeta (chant populaire de la Semaine Sainte en Andalousie).

safari [safári] *s. m.* (cacería) safari.

sagacidad [saɣaθiðáð] *s. f.* sagacité.

sagaz [saɣáθ] *adj.* sagace.

Sagitario [saxitárjo] *n. p.* Sagittaire.

sagrado, -da [saɣráðo] *adj.* **1.** sacré, -ée. **2.** (santo) saint, -te.

sal [sál] *s. f.* sel *m.*

sala [sála] *s. f.* **1.** salle. **2.** (salón) salon. **3.** (cuarto de estar) salle de séjour. **4.** (club nocturno) boîte.

salado, -da [saláðo] *adj.* **1.** (con sal) salé, -ée. **2.** *fig.* gracieux, -euse.

salamandra [salamándra] *s. f., Zool.* salamandre.

salar [salár] *v. tr.* saler.

salario [salárjo] *s. m.* salaire.

salazón [salaθón] *s. f.* salaison.

salchicha [saltʃitʃa] *s. f.* saucisse.

salchichón [saltʃitʃón] *s. m.* saucisson.

saldar [saldár] *v. tr.* **1.** (una cuenta, una deuda) solder; liquider; régler. **2.** (mercancías) solder. **3.** (resolver) résoudre.

saldo [sáldo] *s. m.* solde.

salero [saléro] *s. m.* **1.** (para sal) salière *f.* **2.** *fam.* (gracia) charme; chien. **3.** *fig.* (lo picante) piquant.

saleroso, -sa [saleróso] *adj., fam.* gracieux, -euse.

salida [salíða] *s. f.* **1.** sortie [A la salida. À la sortie.] **2.** (de un vuelo, de un tren) départ *m.* **3.** (de un astro) lever *m.* **4.** (escape) issue [Calle sin salida. Rue sans issue.] **5.** (mercado para un producto) débouché *m.;* marché *m.* **6.** *fig.* (profesional) débouché *m.* **7.** *Teatr.* (en escena) entrée [La entrada del actor. La sortie du comédien.] **8.** (dientes) pousse.

9. (erupción) éruption. **10.** (ocurrencia) saillie. **11.** (gracia, broma) bon mot.

saliente [saljénte] *adj.* **1.** saillant, -te. ‖ *s. m.* **2.** saillant. **3.** (voladizo) saillie *f.* ‖ *adj. y s. m. y f.* **4.** sortant, -te.

salina [salína] *s. f.* saline; marais salant.

salir [salír] *v. intr.* **1.** (ir afuera) sortir. **2.** (partir) partir [El tren salió. Le train est parti.] **3.** (abandonar un lugar) quitter. **4.** (astros) se lever. **5.** (a la luz) paraître [Salir en los periódicos. Paraître dans les journaux.] **6.** *Teatr.* entrer [Salir a escena. Entrer en scène.] **7.** (resurgir) rejaillir. **8.** (brotar) jaillir. **9.** (dientes, pelo) pousser. **10.** (flores) éclore. **11.** (costar, resultar) revenir. ‖ **salirse** *v. pr.* **12.** fuir [El agua se sale del depósito. L'eau fuit du réservoir.] **13.** (rebosar) regorger; déborder. **14.** (de la carretera) quitter. ‖ ~ **a la luz** saillir. ~ **adelante** se tirer d'affaire. ~ **bien** (arreglarse una situación) bien se passer; s'arranger; bien tourner; s'en tirer. | (conseguir hacer) arriver [Le ha salido bien. Il y est arrivé.] | (un problema, un ejercicio) réussir. ~ **de un apuro** se tirer d'affaire. ~ **del paso** s'en tirer. ~ **mal** réussir mal; manquer.

saliva [salíβa] *s. f.* salive.

salmo [sálmo] *s. m., Rel.* psaume.

salmón [salmón] *s. m., Zool.* saumon.

salmuera [salmwéra] *s. f.* saumure.

salobre [salóβre] *adj.* saumâtre.

salón [salón] *s. m.* **1.** salon. **2.** (sala) salle *f.*

salpicar [salpikár] *v. tr.* **1.** (lanzar barro o algún líquido) éclabousser. **2.** (mojar) asperger. **3.** *fig.* (la reputación) éclabousser. **4.** *fig.* (llenar) parsemer.

salsa [sálsa] *s. f.* sauce.

saltamontes [saltamóntes] *s. m.* **1.** (verde) sauterelle *f.* **2.** (gris o marrón) criquet.

SALTAR - SANGUINARIO

saltar [saltar] *v. intr.* **1.** sauter. **2.** (brincar) sauter, bondir. **3.** (chispas) jaillir. **4.** *fig.* (de alegría, de miedo, de ira) sauter, bondir. **5.** *fig.* (de un tema a otro) sauter. || *v. tr.* **6.** (pasar por encima de) sauter. **7.** (salvar, franquear) franchir. **8.** (omitir) sauter. || **saltarse** *v. pr.* **8.** (omitir) sauter. || **saltarse un semáforo** brûler un feu rouge.

saltarín, -rina [saltarin] *adj.* dansant, -te; sautillant, -te.

salteador [salteaðor] *s. m.* bandit, brigand, malandrin.

saltear [saltear] *v. tr.* sauter.

salto [salto] *s. m.* **1.** (brinco) saut [Dar un salto. *Faire un bond*]. **2.** (bote, brinco) bond. **3.** (caída) chute *f.* **4.** (omisión, laguna) omission *f.*

salubre [saluβre] *adj.* salubre.

salud [saluð] *s. f.* santé.

saludable [saluðaβle] *adj.* salutaire.

saludar [saluðar] *v. tr.* saluer.

saludo [saluðo] *s. m.* **1.** salut [Dar un saludo a alguien. *Rendre un salut à quelqu'un*]. **2.** salutation *f.* [Saludos cordiales de. *Sinceres salutations de*]. || **saludos a** mes amities à, le bonjour à.

salvación [salβaθjon] *s. f.* **1.** (del alma) salut *m.* **2.** (liberación) délivrance.

salvado, -da [salβaðo] *adj.* **1.** sauf, -ve. || *s. m.* **2.** son.

salvador, -ra [salβaðor] *adj. y s. m. y f.* **1.** sauveteur *m.* **2.** *Rel.* sauveur.

salvadoreño, -ña [salβaðoreɲo] *adj. y s. m. y f.* Salvadoricaine, -enne. || *s. m. y f.* **2.** Salvadorien, -enne.

salvajada [salβaxaða] *s. f.* **1.** acte de sauvagerie. **2.** atrocité, barbarie.

salvaje [salβaxe] *adj. y s. m. y f.* sauvage.

salvamanteles [salβamanteles] *s. m. inv.* **1.** (para ollas, platos) support. **2.** (para

[column break]

platos) dessous-de-plat *inv.* **3.** (para botellas) dessous-de-bouteille *inv.*

salvamento [salβamento] *s. m.* sauvetage.

salvar [salβar] *v. tr.* **1.** (de un peligro) sauver. **2.** (salvaguardar) préserver. **3.** (un obstáculo) franchir. **4.** (una dificultad) contourner. || **salvarse** *v. pr.* **5.** se sauver.

salvavidas [salβaβiðas] *s. m. inv.* bouée de sauvetage.

salvo [salβo] *adv.* sauf, excepté. || **~ que** à moins que. **~ si** à moins que.

salvo, -va [salβo] *adj.* sauf, -ve. || **a ~ en** sûreté; sauf, -ve.

salvoconducto [salβokondukto] *s. m.* sauf-conduit.

samba [samba] *s. f. Mús.* (música y baile brasileños) samba.

san [san] *adj.* °santo.

sanar [sanar] *v. tr. e intr.* guérir.

sanatorio [sanatorjo] *s. m.* **1.** (de tuberculosos) sanatorium. **2.** *Clínica* clinique *f.*

sanción [sanθjon] *s. f.* sanction.

sancionar [sanθjonar] *v. tr.* sanctionner.

sandalia [sandalja] *s. f.* sandale.

sandez [sandeθ] *s. f.* niaiserie, sottise.

sandía [sandia] *s. f.* pastèque, melon d'eau.

sándwich [sanγwitʃ] *s. m.* sandwich. • *Pl.* sándwiches.

saneamiento [saneamjento] *s. m.* assainissement.

sanear [sanear] *v. tr.* assainir.

sangrar [saŋgrar] *v. tr.* saigner.

sangre [saŋgre] *s. f.* sang *m.*

sangría [saŋgria] *s. f.* **1.** *Med.* saignée. **2.** (bebida) sangria (boisson).

sangriento, -ta [saŋgrjento] *adj.* sanglant, -e.

sanguinario, -ria [saŋginarjo] *adj. y s. m. y f.* sanguinaire.

330

sanguíneo, -a [sangíneo] *adj.* sanguin, -ne.

sanidad [sanidað] *s.f.* 1. hygiène. 2. santé ∥ la Sanidad Pública, la Santé publique. 3. (seguridad social) service sanitaire.

sanitario, -ria [sanitarjo] *adj.* sanitaire.

sano, -na [sano] *adj.* sain, -ne.

santidad [santiðað] *s.f.* sainteté.

santificar [santifikar] *v. tr.* sanctifier.

santiguarse [santiγwárse] *v. pr.* se signer.

santo, -ta [sánto] *adj.* y *s.* m. y *f.* 1. saint, -te. ∥ *s. m.* 2. fête *s.f.*; jour de la fête. Felicitar a alguien por su santo. Souhaiter à quelqu'un sa fête. ● On utilise "Santo" au lieu de "San" devant quelques noms propres m. sing. qui commencent par Do-, To- ou Do-: *Santo Domingo, Santo Tomás*.

santuario [santwárjo] *s. m.* sanctuaire.

saña [sána] *s.f.* rage.

sapo [sápo] *s. m. Zool.* crapaud.

saque [sáke] *s. m.* 1. *fam.* (glotonería) appétit. 2. *Dep.* coup d'envoi. 3. (tenis) service. ∥ ~ **de banda** *Dep.* touche *f*.

saquear [sakeár] *v. tr.* 1. piller. 2. (devastar) saccager; mettre à sac. 3. (rozar todo) rafler *fam*.

saqueo [sakéo] *s. m.* 1. (acción) pillage. 2. (devastación) sac.

sarampión [sarampjón] *s. m. Med.* rougeole *f*.

sarcasmo [sarkásmo] *s. m.* sarcasme.

sarcástico, -ca [sarkástiko] *adj.* sarcastique; ironique.

sarcófago [sarkófaγo] *s. m.* sarcophage.

sardana [sarðána] *s.f.* (danza catalana) sardane.

sardina [sarðína] *s.f. Zool.* sardine.

sargento [sarxénto] *s. m. Mil.* sergent.

sarna [sárna] *s.f. Med.* gale; psora.

sarta [sárta] *s.f.* ribambelle; enfilade.

sartén [sartén] *s.f.* poêle.

sastre [sástre] *s. m.* tailleur.

sastrería [sastrería] *s.f.* (taller) boutique de tailleur *lit* à la sastrería. *Aller chez le tailleur*. ∥ **en la ~** chez le tailleur.

satélite [satélite] *s. m.* satellite.

satén [satén] *s. m.* satin.

sátira [sátira] *s.f.* satire.

satírico [satíriko] *s. m.* satyre.

satisfacción [satisfakθjón] *s.f.* satisfaction.

satisfacer [satisfaθér] *v. tr. e intr.* satisfaire.

satisfecho, -cha [satisféʧo] *adj.* satisfait, -te.

saturar [saturár] *v. tr.* 1. saturer. 2. *fig.* (cansar, hartar) rassasier.

sauce [sáwθe] *s. m. Bot.* saule.

sauna [sáwna] *s.f.* sauna *m*.

savia [sáβja] *s.f.* sève.

saxofón [saksofón] *s. m. Mús.* saxophone.

sazón [saθón] *s.f.* (aderezo) assaisonnement *m*.

sazonar [saθonár] *v. tr.* (aderezar) assaisonner. ∥ ~ **con especias** épicer.

se [sé] *pron. pers. 3ª pers.* 1. *se* s' (delante de vocal o "h." muda) (Arrepentirse, sentarse, se repentir, s'asseoir). 2. (usted) vous [Usted se sienta/ ustedes se sientan. *Vous vous asseyez*.] ∥ *pron. pers. 3ª pers.* 3. lui [Se lo dije (a él, a ella). *Je le lui ai dit*.]. 4. leur [Se lo dije (a ellos, a ellas). *Je le leur ai dit*.]. 5. (indefinido) on [Se dice que. *On dit que*.]

sebo [séβo] *s. m.* 1. suif. 2. (manteca) graisse. 3. *Anat.* sébum.

secador [sekaðór] *s. m.* 1. sèche-cheveux *inv*. 2. (fijo) séchoir: casque.

secano [sekáno] *s. m.* 1. culture sèche. ∥ *adj.* 2. non irrigué, -ée.

secar [sekár] *v. tr.* 1. sécher. 2. (desecar) dessécher. 3. (una fuente, un pozo)

SECCIÓN - SEGÚN

zo) tarir. **4.** tarir. **5.** (lágrimas, platos) essuyer. sécher. **6.** (un pozo) tarir. || **secarse** *v. pr.*

sección [sekθjón] *s. f.* **1.** (corte) section. **2.** (de un dibujo) coupe. **3.** (departamento) division. **4.** (en una tienda) rayon *m*. **5.** (periódico) rubrique.

seccionar [sekθjonár] *v. tr.* sectionner.

seco, -ca [séko] *adj.* **1.** sec, sèche. **2.** (no jugoso) sans jus. || **en ~ net** [Pararse en seco]. S'arrêter net).

secretaría [sekretaría] *s. f.* secrétariat *m*.

secretario, -ria [sekretárjo] *s. m. y f.* secrétaire.

secreto, -ta [sekréto] *adj.* **1.** secret, -ète. || *s. m.* **2.** secret.

secta [sékta] *s. f.* secte.

sector [sektór] *s. m.* secteur.

secuela [sekwéla] *s. f.* **1.** (enfermedad) séquelle. **2.** (consecuencia) suite.

secuencia [sekwénθja] *s. f.* séquence.

secuestrar [sekwestrár] *v. tr.* **1.** séquestrer. **2.** (un periódico) saisir. **3.** (un avión) détourner.

secuestro [sekwéstro] *s. m.* **1.** (rapto) enlèvement, rapt. **2.** *Der.* séquestration *f*. **3.** (embargo) saisie *f*. **4.** (de un avión) détournement.

secular [sekulár] *adj.* séculaire.

secundar [sekundár] *v. tr.* seconder.

secundario, -ria [sekundárjo] *adj.* **1.** secondaire. || *s. f.* **2.** (ciclo de enseñanza) secondaire *m*.

sed [séð] *s. f.* soif.

seda [séða] *s. f.* soie.

sedal [seðál] *s. m.* ligne *f*. (pêche).

sedante [seðánte] *adj. y s. m.* sédatif, -ive.

sede [séðe] *s. f.* siège.

sedentario, -ria [seðentárjo] *adj.* sédentaire.

sedición [seðiθjón] *s. f.* sédition.

sediento, -ta [seðjénto] *adj.* **1.** assoiffé, -ée. **2.** *fig.* affamé, -ée; avide.

sedimento [seðiménto] *s. m.* **1.** sédiment. **2.** (de un líquido) dépôt.

seducción [seðukθjón] *s. f.* séduction.

seducir [seðuθír] *v. tr.* séduire.

seductor, -ra [seðuktór] *adj.* **1.** (tentador) séduisant, -te. || *s. m. y f.* **2.** séducteur, -trice.

segador, -ra [seɣaðór] *s. m. y f.* faucheur, -euse; moissonneur, -euse.

segadora [seɣaðóra] *s. f.* moissonneuse.

segar [seɣár] *v. tr.* **1.** (con guadaña) faucher. **2.** (cosechar cereales) moissonner. **3.** *fig.* (cortar) couper, faucher.

seglar [seɣlár] *adj. y s. m. y f.* séculier, -ière.

segmento [seɣménto] *s. m.* segment.

segregar [seɣreɣár] *v. tr.* **1.** (separar) séparer. **2.** (una secreción) sécréter.

seguido, -da [seɣíðo] *adj.* **1.** suivi, -ie [Seguido por un coche. *Suivi par une voiture*]. **2.** (sin interrupción) de suite [Varios días seguidos. *Plusieurs jours de suite*].

seguidor [seɣiðór] *s. m. y f.* **1.** (adepto) adepte. **2.** *Dep.* (fan) supporter. **3.** *fig.* (imitador) suiveur.

seguir [seɣír] *v. tr.* **1.** (una tarea, un camino) suivre; poursuivre; continuer. **2.** (a alguien para vigilarle) suivre. **3.** (comprender) suivre [No te sigo. *Je ne te suis pas*]. || *v. intr.* **4.** (todavía) être toujours [Sigue siendo fumador. *Être toujours fumeur*]. **5.** (ir) aller [Seguir todo derecho. *Aller tout droit*]. **6.** (proseguir) continuer [Seguir haciendo algo. *Continuer à faire quelque chose*]. || **~ siendo** rester [Sigue siendo muy popular. *Cela reste très populaire*].

según [seɣún] *prep.* **1.** (de acuerdo con) selon, suivant. **2.** (opinión) d'après [Se-

SEGUNDO - SEMEJANTE

segundo, -da [seɣundo] *adj. y pron.* 1. deuxième, -e *ǁ s. m.* 2. (tiempo) seconde *f.* 3. (de bachillerato) seconde *f. ǁ* **de segunda mano** d'occasion. • Sólo "deuxième" se usa en los números compuestos (vingt-deuxième) y refiriéndose a siglos, barrios.

seguridad [seɣuriðað] *s. f.* 1. (ausencia de peligro) sécurité 2. (confianza, certeza) assurance 3. (garantía, eficacia) sûreté 4. (garantía) garantie 5. (aplomo) aplomb *ǁ* **con toda ~** (con certeza) avec certitude; (seguramente) à coup sûr; (sin riesgos) en toute sécurité. **Seguridad Social** Sécurité sociale.

seguro, -ra [seɣuro] *adj.* 1. (convencido) certain, -e. 2. (tranquilo) assuré, -e; tranquille. 3. (un hecho) certain, -e. 4. (fiable, garantizado) sûr, -e. 5. (firme) sûr, -e *ǁ* **¡Paso seguro!** Pas sûr! 6. (a salvo) en sûreté *ǁ s. m.* 7. assurance *f.*

seis [seis] *adj. y pron.* 1. six. *ǁ s. m.* 2. six.

seiscientos, -tas [seisθjentos] *adj. y pron.* (también *s. m. inv.*) six cents. • Sólo lo las centenas simples utilizan "cents": six cents, six cent vingt.

seísmo [seismo] *s. m.* séisme; tremblement de terre.

selección [selekθjon] *s. f.* 1. sélection. 2. (acción, resultado de escoger) choix *m.*

seleccionar [selekθjonar] *v. tr.* 1. sélectionner. 2. (elegir, escoger) choisir.

selecto, -ta [selekto] *adj.* select, -e.

sellar [seʎar] *v. tr.* 1. (con lacre) sceller. 2. (con un sello de caucho) mettre un ca-chet sur; mettre un tampon sur; tamponner. 3. (cerrar) cacheter. 4. (poner sellos o timbre) timbrer. 5. (poner matasellos) estampiller.

sello [seʎo] *s. m.* 1. cachet; tampon. 2. (anillo con sello) chevalière *f.* 3. (timbre, franqueo) timbre. 4. (de cera o tinta) sceau. 5. (monedas, joyas) contrôle. 6. (monedas y medallas) coin. 7. *fig.* (marca) marque *f. ǁ* **poner un ~** (timbrar, franquear) timbrer. **~ de correos** timbre-poste.

selva [selβa] *s. f.* 1. (jungla) jungle. 2. (bosque) forêt. *Le libre de la selva, la ley de la selva. Le livre de la jungle, la loi de la jungle.*

semáforo [semaforo] *s. m.* 1. (para automóviles) feu de signalisation, feu. 2. (para trenes o barcos) sémaphore. *ǁ* **en rojo** feu rouge. **~ en ámbar** feu jaune; feu orange. **~ en verde** feu vert.

semana [semana] *s. f.* semaine. *ǁ* **fin de ~** week-end. **Semana Santa** Pâques.

semanal [semanal] *adj. m. y f.* hebdomadaire.

semanario [semanarjo] *s. m.* hebdomadaire.

semántica [semantika] *s. f.* sémantique.

semblante [semblante] *s. m.* 1. visage *f.* 2. (aspecto) mine *f.*

sembrar [sembrar] *v. tr.* 1. *Agr.* (echar semillas) ensemencer. 2. (plantar) semer. 3. *fig.* semer *ǁ Sembrar el pánico. Semer la panique.* 4. (esparcir, extender) parsemer.

semejante [semexánte] *adj.* 1. similar, parecido) semblable. 2. (igual) comparable. 3. (tal) semblable; tel, -elle; pareil, -eille *ǁ Semejantes palabras. De semblables mots. ǁ s. m. y f.* 4. semblable.

semejanza [semexánθa] *s.f.* **1.** (parecido) ressemblance. **2.** (similitud) similitude.

semen [sémen] *s.m.* sperme.

semental [sementál] *s.m.* étalon.

semestre [seméstre] *s.m.* semestre.

semicírculo [semiθírkulo] *s.m.* demi-cercle.

semifinal [semifinál] *s.f.* demi-finale.

semilla [semíʎa] *s.f.* semence.

seminario [semináɾjo] *s.m.* séminaire.

semirrecta [semirékta] *s.f.* demi-droite.

senado [senádo] *s.m.* sénat.

sencillez [senθíʎeθ] *s.f.* simplicité.

sencillo, -lla [senθíʎo] *adj.* **1.** (fácil) simple; facile; bon. -onne (*Un hombre sencillo, Un bon homme*). **3.** *fig.* (inocente) naïf, -ïve.

senda [sénda] *s.f.* sentier *m.*; chemin *m.*

sendero [sendéɾo] *s.m.* sentier; chemin.

sendos, -das [séndos] *adj.* un chacun.

senil [seníl] *adj.* sénile.

seno [séno] *s.m.* **1.** (pecho) sein. **2.** (nasal) sinus *intr.* ‖ **llevar en su ~** porter **~ de la Iglesia** bercail.

sensación [sensaθjón] *s.f.* **1.** sensation. **2.** (impresión, conciencia) sentiment *m.*

sensacional [sensaθjonál] *adj.* sensationnel, -elle.

sensato, -ta [sensáto] *adj.* sensé, -ée. **2.** (buen juicio) bon sens.

sensatez [sensatéθ] *s.f.* **1.** sagesse.

sensibilidad [sensiβiliðáð] *s.f.* sensibilité.

sensible [sensíβle] *adj.* sensible.

sensitivo, -va [sensitíβo] *adj.* sensitif, -ive.

sensual [senswál] *adj.* sensuel, -elle.

sentado, -da [sentáðo] *adj.* assis, -se.

sentar [sentár] *v. tr.* **1.** asseoir. ‖ *intr.* **2.** (ropa) habiller, aller [Le sienta bien el traje, *Le costume lui va bien*]. ‖ **sentarse** *v. pr.* **3.** s'asseoir.

sentencia [senténθja] *s.f.* **1.** sentence. **2.** (dicho) mot *m.*

sentenciar [senten̟θjár] *v. tr.* juger.

sentido [sentíðo] *s.m.* **1.** sens. **2.** (cordura, razón) raison. ‖ **en ~ contrario a contresens. en ~ propio** au propre. **faltar de ~** non-sens *m.* **perder el ~** perdre connaissance. **~ propio** sens propre. **recobrar el ~** reprendre connaissance.

sentido, -da [sentíðo] *adj.* **1.** (un sentimiento) sincère. **2.** *fig.* susceptible.

sentimental [sentimentál] *adj.* sentimental, -le.

sentimiento [sentimjénto] *s.m.* sentiment.

sentir [sentír] *v. tr.* **1.** sentir. **2.** (notar) sentir, ressentir. **3.** (experimentar, sufrir) ressentir. **4.** (lamentar) être désolé, regretter [Lo siento, *Je suis désolé*]. ‖ **se** *v. pr.* **5.** se sentir.

sentir² [sentír] *s.m.* sentiment.

seña [séɲa] *s.f.* **1.** signe *m.* **2.** *Mil.* (santo y seña) contre-mot *m.* ‖ **señas** *s.f. pl.* **3.** (dirección) adresse *sing.*

señal [seɲál] *s.f.* **1.** Señal de tráfico, *Signal de route*. **2.** (marca) marque; repère [Dejar una marca, *Laisser un repère*]. **3.** (indicio, signo) signe *m.* [Buena o mala señal, *Bon ou mauvais signe*]. **4.** (huella, traza) empreinte. **5.** (del teléfono) tonalité.

señalar [seɲalár] *v. tr.* **1.** (poner una marca) marquer. **2.** (grabar) repérer; marquer. **3.** (mostrar) signaler [Señalar con un gesto, *Signaler d'un geste*]. **4.** (fijar la hora, la fecha) marquer. **5.** (para recordar) noter [Señalar los párrafos interesantes, *Noter les paragraphes les plus intéressantes*]. **6.** (ser una prueba de) montrer, indiquer. **7.** (hacer una observación) signalar. **8.** (advertir) signaler; remarquer.

SEÑALIZAR - SERIEDAD

relever. **9.** (designar) désigner. **10.** (con el dedo) pointer. ‖ **señalarse** *v. pr.* **11.** se signaler.

señalizar [señaliθár] *v. tr.* **1.** signaliser. **2.** (con balizas) baliser.

señor, -ra [señór] *s. m. y f.* **1.** (dueño, amo) maître, -esse. ‖ *s. m.* **2.** (caballero) monsieur. ‖ **señora** *s. f.* **3.** dame [Vi a una señora. *J'ai vu une dame.*] **4.** (tratamiento) madame [La señora presidenta. *Madame la présidente.*] ‖ **señores** *s. m. pl.* **5.** messieurs. ‖ **señoras** *s. f. pl.* **6.** mesdames. ‖ **muy ~ mío** (en una carta) monsieur.

señorial *adj.* seigneurial, -e.

señorito [señoríto] *s. m.* **1.** (hijo de rico) fils de famille. **2.** (hablando entre criados) patron. **3.** (usado por los criados) monsieur. ‖ **señorita** *s. f.* **4.** (de familia rica) demoiselle; jeune fille. **5.** (tratamiento) mademoiselle.

separación [separaθjón] *s. f.* **1.** séparation. **2.** (distancia) écart *m.* **3.** *Der.* (divorcio) séparation.

separar [separár] *v. tr.* **1.** séparer. **2.** (distanciar, apartar) écarter. **3.** (apartar una cosa) mettre à part. **4.** (alejar) éloigner. **5.** (quitar) détacher [Separar las hojas del cuaderno. *Détacher les feuilles du cahier.*] ‖ **separarse** *v. pr.* **6.** (dos personas) se quitter. **7.** (apartarse, distanciarse) s'éloigner. **8.** (divorciarse) se séparer.

sepia [sépja] *s. f.* **1.** (líquido colorante) sépia. **2.** *Zool.* seiche; sèche.

septentrional [septentrjonál] *adj.* septentrional, -le.

septiembre o setiembre [septjémbre] *s. m.* septembre [El uno o el dos de septiembre. *Le premier ou le deux septembre.*]

séptimo, -ma o sétimo, -ma [séptimo] *adj. y pron.* **1.** (ordinal) septième. ‖ *adj. y s. m.* **2.** (fraccionario) septième.

sepulcro [sepúlkro] *s. m.* **1.** sépulcre. **2.** (tumba) tombeau; tombe *f.*

sepultar [sepultár] *v. tr.* ensevelir.

sepultura [sepultúra] *s. f.* sépulture.

sepulturero, -ra [sepulturéro] *s. m. y f.* fossoyeur, -euse.

sequedad [sekeðáð] *s. f.* sécheresse.

sequía [sekía] *s. f.* sécheresse.

séquito [sékito] *s. m.* cortège; suite *f.*

ser¹ [sér] *s. m.* être. ‖ **los seres vivos** les êtres vivants.

ser² [sér] *v. intr.* **1.** être [Es un niño alto. *C'est un enfant grand*]. **2.** (tener lugar) avoir lieu [El concierto es a las seis. *Le concert aura lieu à six heures.*] **3.** (ocurrir) arriver. ‖ **sea** *fórm.* **4.** (de acuerdo) soit. ‖ **a no ~ que** à moins que. **lo que sea** n'importe quoi. **o sea** autrement dit; c'est-à-dire. **sea ... sea** soit ... soit. **sea lo que sea** quoi qu'il en soit. **sea quien sea** qui que ce soit. **~ de** devenir [¿Qué es de ella? *Qu'est-ce qu'elle devient*]. **~ para** être à [Es para volverse loco. *C'est à en devenir fou.*] **volver a ~** redevenir. **ya sea ... ya sea** soit ... soit.

serenar [serenár] *v. tr.* **1.** calmer; rasséréner. ‖ **serenarse** *v. pr.* **2.** se ressaisir; se calmer.

serenata [serenáta] *s. f.* sérénade.

serenidad [sereniðáð] *s. f.* **1.** sérénité; calme *m.* **2.** sang-froid *m. inv.*

sereno, -na [seréno] *adj.* **1.** serein, -ne. **2.** (apacible) paisible.

serie [sérje] *s. f.* **1.** série. **2.** suite; succession. ‖ **fuera de ~** hors série. **~ de cifras** tranche.

seriedad [serjeðáð] *s. f.* sérieux *m.*

serio, -ria [sérjo] *adj.* **1.** sérieux, -euse. **2.** grave. ‖ ~ **pour de bon** | sérieusement vraiment. **tomar en** ~ prendre au sérieux.
sermón [sermón] *s. m.* sermon.
serpentear [serpenteár] *v. tr.* serpenter.
serpentina [serpentína] *s. f.* serpentin *m.*
serpiente [serpjénte] *s. f.* *Zool.* serpent *m.*
serrano, -na [erráno] *adj.* y *s. m.* y *f.* **1.** montagnard, -de. ‖ *adj.* **2.** de montagne.
serrar [erár] *v. tr.* scier.
serrín [errín] *s. m.* sciure *f.*
serrucho [errútʃo] *s. m.* scie à main.
servicial [serβiθjál] *adj.* obligeant, -te.
servicio [serβíθjo] *s. m.* **1.** (actividad, sector) service. **2.** (empleados) service; domesticas. **3.** service [Oficial de servicio. *Officier de service.*] **4.** (baño) toilettes *f. pl.* ‖ **de** ~ **de service.** ~ **militar** régiment; service militaire.
servidor [serβiðór] *s. m.* *Inform.* serveur.
servidumbre [serβiðúmbre] *s. f.* servitude.
servil [serβíl] *adj.* **1.** servile. **2.** (humillante) asservissant, -te.
servilleta [serβiʎéta] *s. f.* serviette.
servir [serβír] *v. tr.* **1.** (platos, comida) servir. **2.** (atender a alguien) servir. ‖ *v. intr.* **3.** (ser siervo) servir. **4.** (tener utilidad) servir. **5.** (ser útil) rendre service. **6.** (ser utilizado) servir. *Servir de modèle, de leçon.* ‖ **servirse** *v. pr.* **7.** (de comer o de beber) se servir. **8.** (utilizar) se servir. ‖ **sírvase** *form.* veuillez.
sesenta [sesénta] *adj.* y *pron.* **1.** soixante. ‖ *s. m. inv.* **2.** soixante.
sesgar [sesɣár] *v. tr.* couper en biais.
sesgo [sésɣo] *s. m.* **1.** biais. **2.** travers.
sesión [sesjón] *s. f.* séance.
seso [séso] *s. m.* **1.** cervelle. ‖ **sesos** *s. m. pl.* **2.** *Gastr.* cervelle *f.* *sing.*

---

seta [séta] *s. f.* champignon *m.*
setecientos, -tas [seteθjéntos] *adj.* y *pron.* (también *s. m. inv.*) sept cents. • *Sólo las centenas simples utilizan "cents".* sept cents; sept cent vingt.
setenta [seténta] *adj.* y *pron.* **1.** soixante-dix. ‖ *s. m.* **2.** soixante-dix.
seto [séto] *s. m.* haie *f.*
seudónimo, -ma [sewðónimo] *adj.* y *s. m.* pseudonyme.
severo, -ra [seβéro] *adj.* sévère.
severidad [seβeriðáð] *s. f.* sévérité.
sevillanas [seβiʎánas] *s. f. pl.* *Mús.* sevillanas (danse andalouse).
sexismo [seksísmo] *s. m.* sexisme.
sexista [seksísta] *adj.* y *s. m.* y *f.* sexiste.
sexo [sékso] *s. m.* sexe.
sexto, -ta [sésto] *adj.* y *pron.* **1.** (ordinal) sixième. ‖ *adj.* y *s. m.* **2.** (fraccionario) sixième.
sexual [sekswál] *adj.* sexuel, -elle.
sexualidad [sekswaliðáð] *s. f.* sexualité.
sexy [séksi] *adj.* sexy.
show [sóu] *s. m.* show; spectacle.
si [si] *s. m.* *Mús.* si.
si[2] [si] *conj.* **1.** si. *s'* (delante de vocal o "h"). **2.** [Me pregunto si vendrá, je me demande s'il viendra.] ‖ **por** ~ **au cas où.** ~ **bien** bien que. ~ **no** sinon, autrement.
sí[1] [si] *pron. pers.* 3ª *pers.* **1.** (reflexivo) lui *m. sing.*; elle *f. sing.*; eux *m. pl.*; elles *f. pl.* **2.** (uno mismo) soi. ‖ **dar de** ~ (una tela) allonger, prêter. **darse de** ~ (una te-la) prêter. **de por** ~ en soi.
sí[2] [si] *adv.* **1.** oui. **2.** si [¿No lees? –Sí que leo. *Tu ne lis pas? –Si, je lis.*]
sida [síða] *s. m.* *Med.* sida.
siderurgia [siðerúrxja] *s. f.* sidérurgie.
sidra [síðra] *s. f.* cidre *m.*
siega [sjéɣa] *s. f.* moisson.

SIEMBRA - SIMULTÁNEO

siembra [sjémbra] *s. f.* (acción) semis *m.*; semailles *pl.* (temporada).

siempre [sjémpre] *adv.* **1.** toujours [Te querré siempre. *Je t'aimarai toujours*]. **2.** (reiteradamente) tout le temps [Siempre quiere hablar conmigo. *Il veut tout le temps parler avec moi.*] ∥ **~ que** (cada vez que) toutes les fois que. (sólo si) à condition que; seulement si.

sien [sjén] *s. f.* tempe.

sierra [sjéra] *s. f.* **1.** (herramienta) scie. **2.** montagne. **3.** *Geogr.* chaîne de montagnes; chaînon *m.* ∥ **pez ~** scie *f.*

siervo, -va [sjérβo] *adj. y s. m. y f.* serf, -ve.

siesta [sjésta] *s. f.* sieste.

siete [sjéte] *adj. y pron.* **1.** sept. ∥ *s. m.* **2.** sept.

sigilo [sixílo] *s. m. fig.* secret; discrétion *f.*

sigla [síγla] *s. f.* sigle *m.*

siglo [síγlo] *s. m.* (centuria) siècle.

signatura [signatúra] *s. f.* cote.

significación [signifikaθjón] *s. f.* **1.** signification. **2.** (sentido) sens *m.*

significado [signifikáðo] *s. m.* **1.** sens; signification *f.* **2.** *Ling.* signifié.

significar [signifikár] *v. tr.* **1.** signifier. **2.** (querer decir) vouloir dire. ∥ **significarse** *v. pr.* **3.** se distinguer.

signo [sígno] *s. m.* **1.** (de un código) signe. **2.** (señal) signal. **3.** *fig.* (muestra, prueba) témoignage. **4.** signe; marque *f.*

siguiente [siγjénte] *adj.* **1.** (a continuación) suivant, -te. **2.** (posterior) postérieur, -re.

sílaba [sílaβa] *s. f.* syllabe.

silbar [silβár] *v. tr. e intr.* siffler.

silbato [silβáto] *s. m.* sifflet.

silbido [silβíðo] *s. m.* **1.** (con la boca) sifflement. **2.** (con un silbato) coup de sifflet.

silencio [silénθjo] *s. m.* **1.** silence. ∥ **¡ ~ !** *interj.* **2.** chut!

silencioso, -sa [silenθjóso] *adj.* silencieux, -euse.

silla [síʎa] *s. f.* chaise. ∥ **~ con brazos** fauteuil *m.* **~ de montar** selle. **~ de niño** poussette.

sillín [siʎín] *s. m.* (moto, bicicleta) selle *f.*

sillón [siʎón] *s. m.* **1.** fauteuil. **2.** (butaca grande) bergère *f.*

silueta [silwéta] *s. f.* silhouette.

silvestre [silβéstre] *adj.* **1.** sylvestre. **2.** (salvaje) sauvage.

sima [síma] *s. f.* gouffre *m.*; abîme *m.*

simbólico, -ca [simbóliko] *adj.* symbolique.

simbolizar [simboliθár] *v. tr.* symboliser.

símbolo [símbolo] *s. m.* symbole.

simetría [simetría] *s. f.* symétrie.

similar [similár] *adj.* similaire; semblable.

simio, -mia [símjo] *adj.* **1.** simien, -enne. ∥ *s. m.* **2.** (mono) singe.

simpatía [simpatía] *s. f.* sympathie.

simpático, -ca [simpátiko] *adj.* **1.** sympathique; agréable. **2.** (amable) gentil, -ille.

simpatizar [simpatiθár] *v. intr.* sympathiser.

simple [símple] *adj. y s. m. y f.* **1.** (ingenuo) simple; naïf, -ïve. ∥ *adj.* **2.** (no compuesto) simple. **3.** (mero, solo) simple. **4.** (sencillo) facile.

simplicidad [simpliθiðáð] *s. f.* simplicité.

simplificar [simplifikár] *v. tr.* simplifier.

simulacro [simulákro] *s. m.* simulacre.

simular [simulár] *v. tr.* **1.** simuler; feindre (fingir). **2.** (hacer como si) faire semblant de; faire mine de. **3.** (imitar) imiter.

simultáneo, -a [simultáneo] *adj.* simultané, -ée.

sin [sin] *prep.* sans; || **no ~ que** sans que; **embargo** cependant, pourtant, toutefois; néanmoins. || **~ que** sans que.

sinagoga [sinaɣoɣa] *s.f.* synagogue.

sinceridad [sinθeriðað] *s.f.* sincérité.

sincero, -ra [sinθero] *adj.* sincère.

síncope [sinkope] *s.m. Med.* syncope *f.*

sincronía [sinkronia] *s.f.* synchronie.

sincronizar [sinkroniθar] *v. tr.* synchroniser.

sindicato [sindikato] *s.m.* syndicat.

síndrome [sindrome] *s.m.* syndrome.

sinfín [sinfin] *s.m.* infinité *f.*

sinfonía [sinfonia] *s.f.* symphonie.

singular [singular] *adj.* **1.** singulier, -ière *ll.* **2.** singulier. *s.m.*

siniestro, -tra [sinjestro] *adj.* sinistre.

siniestro [sinjestro] *s.m.* sort, destinée *f.*; destin.

sino² [sino] *conj.* mais [No está bien, sino genial. Il n'est pas bien, mais superbe.] || **~ que** mais.

sinónimo, -ma [sinonimo] *adj. y s.m.* *Ling.* synonyme.

sintagma [sintaɣma] *s.m.* *Ling.* syntagme.

sintaxis [sintaksis] *s.f.* *Ling.* syntaxe.

síntesis [sintesis] *s.f.* synthèse.

sintético, -ca [sintetiko] *adj.* synthétique

sintonizar [sintoniθar] *v. tr.* **1.** (la frecuencia) syntoniser. **2.** *fig.* harmoniser.

sinvergüenza [simberɣwenθa] *adj. y s.* **1.** (pillo, granuja) petit voyou, friponne, -onne *col.*; éhonté, -ée (descarado). **2.** (canalla) canaille *f.*

siquiera [sikjera] *adv.* au moins. || **ni ~** même pas.

sirena [sirena] *s.f.* sirène.

sirviente, -ta [sirβjente] *s.m. y f.* **1.** domestique. || **sirvienta** *s.f.* **2.** servante.

SIN - SOBRA

338

sisar [sisar] *v. tr.* chapardes; raboter.

sistema [sistema] *s.m.* système.

sistemático, -ca [sistematiko] *adj. y s.f.* systématique.

sitiar [sitjar] *v. tr.* assiéger.

sitio [sitjo] *s.m.* **1.** (espacio) place *f.* [No hay sitio. Il n'y a pas de place.] **2.** *fig.* place *f.* [Su sitio. Sa place.] **3.** (ubicación) emplacement. **4.** (lugar) endroit; lieu [Es un sitio precioso. C'est un endroit très beau.] || **a cualquier ~** n'importe où. **coger ~** (para sentarse) prendre une place. **en algún ~** quelque part. **ocupar ~** (ocupar espacio) prendre de la place.

situación [sitwaθjon] *s.f.* **1.** situation *f.* **2.** état *m.* **3.** (ubicación) emplacement *m.*

situar [sitwar] *v. tr.* **1.** situer [Situar la historia. Situer l'histoire.] **2.** (poner) mettre. **3.** ubicar de forma permanente; placer; localiser; établir (construir).

slip [eslip] *s.m.* slip.

slogan [eslyyan] *s.m.* slogan.

sobaco [soβako] *s.m. fam.* aisselle *f.*

sobar [soβar] *v. tr.* **1.** (palpar) amasar con las manos; pétrir. **2.** *fam.* (toquetear) pelotear; tripoter.

soberanía [soβerania] *s.f.* souveraineté.

soberano, -na [soβerano] *adj. y s.m. y f.* souverain, -ne.

soberbio, -bia [soβerβjo] *adj. y s.m. y f.* **1.** orgueilleux, -euse. || *adj.* **2.** (impresionante) superbe. || **soberbia** *s.f.* **3.** superbe.

sobornar [soβornar] *v. tr.* suborner.

soborno [soβorno] *s.m.* **1.** pot-de-vin; arrosage. **2.** *Der.* subornation *f.*

sobra [soβra] *s.f.* **1.** reste *m.*; surplus *m.* || **sobras** *s.f. pl.* **2.** (de la comida) reliefs *m.*; restes *m.* || **de ~** en trop.

sobrar [sobráɾ] *v. intr.* **1.** (quedar) rester. **2.** (estar de más) être de trop.

sobrasada [sobɾasáða] *s.f.* saucisson majorquin (au piment).

sobre¹ [sóβɾe] *prep.* **1.** (encima de) sur. **2.** (aproximadamente) vers. **3.** (acerca de) sur. ‖ ~ **todo** surtout, notamment.

sobre² [sóβɾe] *s. m.* **1.** (para carta) enveloppe *f.* **2.** (bolsita) pochette *f.* **3.** (de medicina, de sopa) sachet.

sobrecarga [soβɾekárɣa] *s.f.* surcharge.
sobrecargar [soβɾekarɣáɾ] *v. tr.* surcharger.
sobrecoger [soβɾekoxéɾ] *v. tr.* saisir.
sobredosis [soβɾeðósis] *s.f.* overdose.
sobrehumano, -na [soβɾewmáno] *adj.* surhumain, -e.
sobrellevar [soβɾeʎeβáɾ] *v. tr.* supporter.
sobremesa [soβɾemésa] *s.f.* fin du repas, début d'après-midi. ‖ **en la ~ después le repas, en début d'après-midi.
sobrenatural [soβɾenatuɾál] *adj.* surnaturel, -elle.
sobrepasar [soβɾepasáɾ] *v. tr.* **1.** (rebasar) dépasser. **2.** (exceder) surpasser, être au-delà de; déborder. **3.** *fig.* excéder, passer. ‖ **sobrepasarse 5.** excéder les limites.

sobresaliente [soβɾesaljénte] *s. m.* **1.** (en español, mención de 9-10 sur 10) très bien (en francés, mención de 16-20 sobre 20). ‖ *adj.* **2.** remarquable; excepcionnel, -elle.

sobresalir [soβɾesalíɾ] *v. intr.* **1.** dépasser [su pañuelo sobresale de su bolsillo. Le mouchoir dépasse de sa poche]. **2.** *Arq.* saillir. **3.** *fig.* se détacher, ressortir.

sobresaltar [soβɾesaltáɾ] *v. tr.* **1.** effrayer. **2.** (atormentar) assaillir. ‖ **sobresaltarse** *v. pr.* **3.** sursauter, tressauter.

sobresalto [soβɾesálto] *s. m.* **1.** sursaut. **2.** (conmoción) émoi *litt.*
sobrevivir [soβɾeβiβíɾ] *v. intr.* survivre.
sobriedad [soβɾjeðáð] *s.f.* sobriété.
sobrino, -na [soβɾíno] *s. m.* **1.** neveu. ‖ **sobrina** *s.f.* **2.** nièce.
sobrio, -bria [sóβɾjo] *adj.* sobre.
socarrón, -rrona [sokaróŋ] *adj.* narquois, -e.
socavar [sokaβáɾ] *v. tr.* **1.** (un túnel) creuser. **2.** *fig.* (atacar) miner, saper.
socavón [sokaβóŋ] *s. m.* **1.** (galería excavada) creux, trou. **2.** (por hundimiento del terreno) enfoncement, excavation *f.*; affaissement. **3.** (por una explosión) entonnoir.
sociable [soθjáβle] *adj.* sociable.
social [soθjál] *adj.* social, -e.
socialista [soθjalísta] *adj. y s. m. y f.* socialiste.
sociedad [soθjeðáð] *s.f.* **1.** société. **2.** (afable) liant, -e.
socio, -cia [sóθjo] *s. m. y f.* **1.** partenaire. **2.** (de una asociación) membre. **3.** (de una sociedad) sociétaire. **4.** *Econ.* asociado, -a.
socorrer [sokoréɾ] *v. tr.* secourir, aider.
socorro [sokóro] *s. m.* **1.** secours; aide *f.* **2.** assistance *f.* ‖ **¡~!** *interj.* **3.** à l'aide!
soez [soéθ] *adj.* grossier, -ière.
sofá [sofá] *s. m.* canapé, sofa.
sofá-cama [sofá káma] *s. m.* canapé-lit.
sofisticado, -da [sofistikáðo] *adj.* **1.** sofisticado, -ée; recherché, -ée. **2.** (de tecnología avanzada) sophistiqué, -ée; de technique de pointe.
sofocante [sofokánte] *adj.* **1.** (calor, clima) étouffant, -e. **2.** (humo, gas) suffocant, -e.

SOFOCAR - SOLVENTAR

sofocar [sofokár] *v. tr.* **1.** (ahogar) suffoquer. **2.** (dejar sin aliento) essouffler.

sofocarse *v. pr.* **3.** (de calor) étouffer. **4.** (avergonzarse) rougir.

sofocón [sofokón] *s. m.* **1.** (calor sofocante) étouffement. **2.** (disgusto) chagrin.

sofrito, -ta [sofríto] *adj.* **1.** *Gastr.* sauté. -**e** || *s. m.* **2.** sauté d'oignons et d'ail.

software [sófywar] *s. m. Inform.* software, logiciel.

soga [sóγa] *s. f.* corde.

soja [sóχa] *s. f. Bot.* soja *m.*

sol [sól] *s. m.* **1.** soleil. **2.** (moneda) sol. **3.** *Mús.* sol. || **tomar el ~** prendre un bain de soleil.

solamente [solaménte] *adv.* seulement.

solapa [solápa] *s. f.* **1.** revers *m.* **2.** (de un libro, de un sobre) rabat *m.*

solapado, -da [solapáðo] *adj.* sournois, -se; dissimulé, -ée.

solar [solár] *s. m.* **1.** (de una obra) terrain à bâtir. **2.** (descampado) terrain vague. || *adj.* **3.** solaire.

soldada [soldáða] *s. f.* **1.** (del mercenario) solde. **2.** (paga) salaire *m.*

soldado [soldáðo] *s. m.* soldat.

soldadura [soldaðúra] *s. f.* soudure.

soldar [soldár] *v. tr.* souder.

soledad [soleðáð] *s. f.* solitude.

solemne [solémne] *adj.* solennel, -elle.

solemnidad [solemniðáð] *s. f.* solennité.

solemnizar [solemniθár] *v. tr.* solenniser.

soler [solér] *v. intr.* (tener la costumbre de) avoir l'habitude de.

solera [soléra] *s. f.* (antigüedad) ancienneté.

solicitar [soliθitár] *v. tr.* solliciter, demander.

solícito [solíθito] *adj.* (dedicación) mander.

solicitud [soliθitúð] *s. f.* **1.** sollicitude, empressement. **2.** (petición, instancia) demande.

solidaridad [soliðariðáð] *s. f.* solidarité.

solidario, -ria [soliðárjo] *adj.* solidaire.

solidez [soliðéθ] *adj. y s. m.* **1.** solidité. || *adj.* **2.** dur, -re; ferme.

solista [solísta] *adj. y s. m. y f.* soliste.

solitario, -ria [solitárjo] *adj. y s. m. y f.* **1.** solitaire. || *adj.* (lugar) solitaire, désert, -te. || *s.* **3.** (juego de cartas) patience *f.*

sollozar [soλoθár] *v. tr.* sangloter.

sollozo [soλóθo] *s. m.* sanglot.

solo, -la [sólo] *adj.* **1.** (en soledad) seul, -le. **2.** tout seul [Hablar sola. Parler toute seule.] **3.** (mero) simple [Solo es un ejercicio. C'est un simple exercice.] **4.** (al natural) nature [Fresas solas. Des fraises nature.] **5.** noir, -re [Café solo. Café noir.] || **a solas** tête-à-tête.

sólo [sólo] *adv.* seulement. || **no ... sino también** non seulement ... mais aussi.

solomillo [solomíλo] *s. m.* aloyau. **2.** (entrecot) entrecôte. || **~ bajo** faux filet.

soltar [soltár] *v. tr.* **1.** (dejar libre) lâcher. **2.** (un preso) relâcher, faire sortir. **3.** (aflojar) desserrer. **4.** (un nudo) défaire, détacher. **5.** (las cadenas) dégager. **6.** *fam.* (proferir palabras, insultos) lancer, jeter, cracher. || **soltarse** *v. pr.* **7.** se détacher.

soltero, -ra [soltéro] *adj. y s. m. y f.* célibataire.

soltura [soltúra] *s. f.* **1.** (facilidad) aisance, facilité. **2.** (de movimientos) agilité; souplesse. *fig.* (ligereza) légèreté.

con ~ (hablar) couramment.

soluble [solúβle] *adj.* soluble.

solución [soluθjón] *s. f.* solution.

solucionar [soluθjonár] *v. tr.* résoudre.

solventar [solβentár] *v. tr.* **1.** (una deuda) acquitter. **2.** (un asunto) régler.

SOLVENTE - SORBO

solvente [solβénte] *adj.* solvable.

sombra [sómbra] *s. f.* **1.** ombre. **2.** *fig.* (apariencia) ombre. ‖ **a la ~** ombragé, -ée. **mala ~** (mala suerte) guigne. **~ de ojos** fard; ombre à paupière.

sombrear [sombreár] *v. tr.* **1.** (dar sombra) faire de l'ombre. **2.** (los árboles o las hojas) ombrager. **3.** (dibujo) ombrer.

sombrero [sombréro] *s. m.* chapeau.

sombrilla [sombríʎa] *s. f.* parasol *m.*

sombrío, -a [sombrío] *adj.* **1.** (en sombra) sombre. **2.** (carácter) ombragé, -ée. **3.** (humor) morne; morose; sombre.

somero, -ra [soméro] *adj.* sommaire.

someter [sometér] *v. tr.* **1.** soumettre. **2.** (doblegar) plier. **3.** (dominar) assujettir. **4.** (a un tribunal) saisir. ‖ **someterse** *v. pr.* **5.** se soumettre. **6.** (rendirse) se rendre. ‖ **~ a un test** tester.

somier [somjér] *s. m.* sommier.

somnífero, -ra [sonnífero] *adj. y s. m.* somnifère.

son [són] *s. m.* **1.** son. **2.** *fig.* (noticia) bruit. ‖ **sin ton ni ~** sans rime ni raison.

sonajero [sonaxéro] *s. m.* hochet.

sonámbulo, -la [sonámbulo] *adj. y s. f.* somnambule.

sonar [sonár] *v. intr.* **1.** sonner. **2.** (campanas) tinter. **3.** *fig.* (de oídas) dire. ‖ **sonarse** *v. pr.* **4.** (la nariz) se moucher.

sondear [sondeár] *v. tr.* **1.** sonder. **2.** *fig.* (tantear) tâter.

sondeo [sondéo] *s. m.* **1.** sondage. **2.** (perforación) forage.

soneto [sonéto] *s. m.* sonnet.

sonido [soníðo] *s. m.* son.

sonoro, -ra [sonóro] *adj.* **1.** sonore. **2.** (ruidoso) ronflant, -te. **3.** *Cinem.* parlant, -te.

sonreír [sonřeír] *v. intr.* sourire.

sonrisa [sonřísa] *s. f.* sourire *m.*

sonrojar [sonřoxár] *v. tr.* **1.** faire rougir. ‖ **sonrojarse** *v. pr.* **2.** rougir.

sonrosado, -da [sonřosáðo] *adj.* **1.** (color de la cara o de la piel) rosé, -ée. **2.** (que se ha vuelto rosa) rosi, -ie.

soñador, -ra [soɲaðór] *adj. y s. m. y f.* **1.** rêveur, -euse. ‖ *s. m. y f.* **2.** songeur, -euse.

soñar [soɲár] *v. tr. e intr.* **1.** rêver. **2.** (despierto) songer. **3.** *fig.* (imaginar) rêver.

soñoliento, -ta [soɲoljénto] *adj.* somnolent, -te.

sopa [sópa] *s. f.* soupe; potage *m.*

sopapo [sopápo] *s. m.* gifle *f.;* claque *f.*

sopera [sopéra] *s. f.* soupière.

sopetón [sopetón] *s. m., fam.* (golpe) taloche *f.* ‖ **de ~** sans crier gare.

soplador, -ra [soplaðór] *s. m. y f., Tecnol.* souffleur, -euse.

soplar [soplár] *v. intr.* **1.** (el viento) souffler. **2.** *fig.* souffler. **3.** *fig. y fam.* (birlar) piquer; souffler; chiper. **4.** (la lección) souffler. **5.** *fam.* (chivarse) moucharder.

soplete [sopléte] *s. m.* chalumeau.

soplo [sóplo] *s. m.* souffle.

soplón, -na [soplón] *adj. y s. m. y f.* **1.** (chivato) rapporteur, -euse. ‖ *s. m. y f.* **2.** (de la policía) mouchard, -de.

sopor [sopór] *s. m.* assoupissement.

soportable [soportáβle] *adj.* supportable.

soportal [soportál] *s. m.* **1.** (porche) porche. **2.** (galería) arcades *f. pl.*

soportar [soportár] *v. tr.* supporter.

soporte [sopórte] *s. m.* support.

soprano [sопráno] *s. f., Mús.* soprano.

sor [sór] *s. f., Rel.* sœur.

sorber [sorβér] *v. tr.* **1.** (absorber) absorber. **2.** (tragar sin masticar) gober. **3.** (inspirar ruidosamente) renifler.

sorbo [sórβo] *s. m.* (trago) gorgée *f.;* coup.

sordera [sordéra] *s.f.* surdité.

sordo, -da [sórðo] *adj. y s. m. y f.* sourd, -de.

sordomudo, -da [sorðomúðo] *adj. y s. m. y f.* sourd-muet, -ette.

sorprender [sorprendér] *v. tr.* 1. surprendre. 2. (llamar la atención) frapper, étonner. ♦ *pr.* 4. s'étonner.

sorprendido, -da [sorprendíðo] *adj.* surpris, -se; étonné, -ée.

sorpresa [sorprésa] *s.f.* 1. (inesperada) surprise. 2. (extrañeza) étonnement *m.*

sortear [sorteár] *v. tr.* 1. tirer au sort. 2. *fig.* éviter.

sorteo [sortéo] *s. m.* tirage au sort, tirage.

sortija [sortíxa] *s.f.* bague, anneau *m.*

sosegado, -da [soseyáðo] *adj.* tranquille.

sosegar [soseyár] *v. tr.* 1. (serenar) calmer, rasséréner. 2. (apaciguar) apaiser.

soseria [soseria] *s.f.* fadaise; platitude.

sosiego [sosjéyo] *s. m.* quiétude *f.*

soso, -sa [sóso] *adj.* 1. fade; ennuyeux, -euse. 2. (sin sal) insipide.

sospecha [sospétʃa] *s.f.* 1. soupçon *m.* 2. (conjetura) supposition.

sospechar [sospetʃár] *v. tr. e intr.* 1. (desconfiar) soupçonner. 2. (presentir) se ~ de suspecter.

sospechoso, -sa [sospetʃóso] *adj. y s. m. y f.* 1. suspect, -te. || *adj.* 2. (dudoso) douteux, -euse. 3. (turbio) louche.

sostén [sostén] *s. m.* 1. soutien; appui. 2. (sujetador de mujer) soutien-gorge.

sostener [sostenér] *v. tr.* 1. (mantener) soutenir, maintenir. 2. (soportar) supporter. 3. *fig.* (una opinión) appuyer. 4. (una conversación) tenir.

sota [sóta] *s.f.* (cartas) valet *m.*

sotana [sotána] *s.f.* soutane.

sótano [sótano] *s. m.* 1. cave *f.* 2. sous-sol.

souvenir [suβenír] *s. m.* souvenir.

sport [espór] *s. m.* sport. || **de** ~ sport.

spray [espráj] *s. m.* spray.

squash [eskwás] *s. m. Dep.* squash.

stop [estóp] *s. m.* stop.

su, sus [su] *adj. pos. 3ª sing. m. y f.* 1. son [Su cajón, su autoridad (de él, de ella). Son tiroir, son autorité (à lui, à elle).] || *adj. pos. 3ª sing. f.* 2. sa [Su maleta (de él, de ella). Sa valise (à lui, à elle).] || *adj. pos. 3ª pl.* 3. leur [Su maleta (de ellos, de ellas). Leur valise (à eux, à elles).] || *adj. pos. 2ª pers.* 4. votre [Su maleta (de usted, ustedes). Votre valise (à vous).] || **sus** *adj. pos. 3ª sing.* 5. ses [Sus casas (de él, de ella). Ses maisons (à lui, à elle).] || **sus** *adj. pos. 3ª pl.* 6. leurs [Sus casas (de ellos, ellas). Leurs maisons (à eux, à elles).] || **sus** *adj. pos. 2ª pers.* 7. vos [Vos valises (de usted, de ustedes).] • *Sus maletas (à vous).] • También se usa "son" delante de sustantivo m. sing. y cuando el f. sing. empieza por vocal o "h" muda.

suave [swáβe] *adj.* 1. (dulce, delicado) suave. 2. (al gusto) moelleux, -euse. 3. (delicado) doux, -ouce. 4. (tejido) mou, -olle. 5. (formas) moelleux, -euse.

suavidad [swaβiðáð] *s.f.* 1. douceur. 2. (soltura de movimientos) souplesse. 3. (delicadeza, dulzura) suavité. 4. (formas) mollesse.

suavizante [swaβiθánte] *adj.* 1. (para el pelo) après-shampooing, démêlant [Crema suavizante. Crème après-shampooing.] || *s. m.* 2. (para la ropa) assouplissant.

suavizar [swaβiθár] *v. tr.* adoucir.

SUBALTERNO - SUCESOR

subalterno, -na [suβal̯térno] *adj. y s. m. y f.* subalterne.

subasta [suβásta] *s. f.* vente aux enchères.

subastar [suβastár] *v. tr.* vendre aux enchères.

subcampeón, -ona [suβkampeón] *s. m. y f., Dep.* second, -de.

subdesarrollado, -da [suβðesaroláðo] *adj.* sous-développé, -ée.

súbdito, -ta [súβðito] *adj. y s. m. y f.* **1.** (de un monarca) sujet, -ette. ‖ *s. m. y f.* **2.** (ciudadano de un país) ressortissant, -te.

subida [suβíða] *s. f.* **1.** (acción de subir) montée. **2.** (ascenso) ascension. **3.** (del nivel) remontée. **4.** (de los precios) hausse; augmentation (del salario). **5.** (pendiente) côte.

subir [suβír] *v. tr.* **1.** monter. **2.** (elevar) élever. **3.** (trepar) grimper. **4.** (el tono, la voz) hausser; monter. **5.** (aumentar) monter; augmenter. ‖ *v. intr.* **6.** (en el aire) monter; s'élever. **7.** (montar) monter [Subir en el autobús. *Monter dans le bus.*] **8.** (ir arriba) monter. **9.** (volver arriba) remonter. ‖ **subirse** *v. pr.* **10.** monter [Subirse al autobús. *Monter dans le bus.*] **11.** (trepar, encaramarse) grimper.

súbito, -ta [súβito] *adj.* subit, -te.

subjetivo, -va [suβχetíβo] *adj.* subjectif, -ive.

subjuntivo, -va [suβχuntíβo] *adj. y s. m., Ling.* subjonctif, -ive.

sublevación [suβleβaθjón] *s. f.* soulèvement *m.*

sublevar [suβleβár] *v. tr.* **1.** (alzar) soulever. **2.** (indignar) révolter. ‖ **sublevarse** *v. pr.* **3.** se soulever; se rebeller.

sublime [suβlíme] *adj.* sublime.

submarinismo [submarinísmo] *s. m.* plongée sous-marine.

submarino, -na [submaríno] *adj. y s. m.* sous-marin, -ne.

subnormal [subnormál] *adj. y s. m. y f., Med.* anormal, -le.

subordinado, -da [suβorðináðo] *adj. y s. m. y f.* subordonné, -ée.

subordinar [suβorðinár] *v. tr.* subordonner.

subrayar [subraʝár] *v. tr.* souligner.

subsidio [subsíðjo] *s. m.* **1.** subside. **2.** (prestación social) allocation *f.* **3.** (indemnización) indemnité *f.*

subsistencia [subsisténθja] *s. f.* subsistance.

subsistir [subsistír] *v. intr.* subsister.

substancia [substánθja] *s. f.* substance.

subsuelo [subswélo] *s. m.* sous-sol.

subterfugio [subterfúχjo] *s. m.* **1.** subterfuge. **2.** (pretexto) échappatoire *f.*

subterráneo, -a [subteráneo] *adj. y s. m.* souterrain, -ne.

subtítulo [subtítulo] *s. m.* sous-titre.

suburbio [suβúrβjo] *s. m.* **1.** (arrabal) faubourg. **2.** (barrio periférico) banlieue *f.*

subvencionar [subβenθjonár] *v. tr.* subventionner.

subyugar [subʝuɣár] *v. tr.* subjuguer.

sucedáneo, -a [suθeðáneo] *adj. y s. m.* succédané, -ée; substitut *m.*

suceder [suθeðér] *v. intr.* **1.** (ser posterior) succéder. ‖ *v. intr. e impers.* **2.** (ocurrir) arriver; se passer. ‖ *v. impers.* **3.** se trouver [Sucede que. *Il se trouve que.*]

sucesión [suθesjón] *s. f.* succession.

sucesivo, -va [suθesíβo] *adj.* successif, -ive. ‖ **en lo ~** désormais; dorénavant.

suceso [suθéso] *s. m.* **1.** événement. **2.** (hecho) fait. **3.** (incidente) fait divers.

sucesor, -ra [suθesór] *s. m. y f.* successeur *m.*

SUCIEDAD - SUJETO

suciedad [suθjeðáð] *s. f.* 1. saleté. 2. (mugre) crasse.

sucinto, -ta [suθínto] *adj.* succinct, -te.

sucio, -cia [súθjo] *adj.* 1. sale. 2. (que ensucia) salissant, -te.

suculento, -ta [sukulénto] *adj.* succulent, -te.

sucumbir [sukumbír] *v. intr.* succomber.

sucursal [sukursál] *s. f.* agence.

sudadera [suðaðéra] *s. f.* pull *m*.

sudamericano, -na [suðamerikáno] *adj.* 1. sud-américain, -e. || *s. m. y f.* 2. Sud-américain, -ne.

sudar [suðár] *v. intr.* transpirer, suer.

sudeste [suðéste] *adj. y s.* sud-est.

sudor [suðór] *s. m.* 1. sueur *f.* 2. (transpiración) transpiration *f.*

suegro, -gra [sweɣro] *s. m.* 1. beau-père. || *s. f.* 2. belle-mère. || *s. m. pl.* 3. beaux-parents.

suela [swéla] *s. f.* semelle.

sueldo [swéldo] *s. m.* 1. salaire. 2. (de los funcionarios) traitement. 3. (de un criado) gages *pl.* 4. (de un militar) solde *f.*

suelo [swélo] *s. m.* 1. sol. 2. (de una casa) plancher.

suelto, -ta [swélto] *adj.* 1. libre. 2. *fig.* souple [Movimientos sueltos. Mouvements flexibles]. 3. (ropas) dégagé, -ée. 4. (flojo) lâche. 5. (forma de hablar) débrouillé, -ée. 6. (estilo) délié, -ée. || *s. m.* 7. (dinero) monnaie *f.*; appoint [No tengo suelto. Je n'ai pas de monnaie].

sueño [swéɲo] *s. m.* 1. sommeil [Tengo sueño. J'ai sommeil]. 2. rêve [Anoche tuve un sueño. Cette nuit j'ai fait un rêve].

suero [swéro] *s. m.* sérum.

suerte [swérte] *s. f.* 1. (destino) sort *m.*; destin *m.*, destinée. 2. (azar) fortune, hasard *m.* 3. (buena fortuna) chance. || **¡buena ~!** bon courage! **echar a suertes** tirer au sort. **mala ~** malchance. **¡mala ~!** manque de pot.

suficiente [sufiθjénte] *adj.* 1. suffisant, -te. 2. (nota escolar entre 5 y 6) passable (note entre 5 et 10). || *adv.* 3. suffisamment, assez.

sufijo [sufíxo] *s. m. Ling.* suffixe.

sufragar [sufraɣár] *v. tr.* supporter.

sufragio [sufráxjo] *s. m.* suffrage.

sufrido, -da [sufríðo] *adj.* 1. (paciente) patient, -te. 2. (complaciente) complaisant, -te. 3. (una prenda, un color) non salissant, -te.

sufrir [sufrír] *v. tr.* 1. souffrir. 2. (soportar) supporter. 3. (experimentar) éprouver, subir. || **hacer ~** peiner.

sugerir [suxerír] *v. tr.* suggérer.

suicida [swiθíða] *s. m. y f.* 1. suicidaire. || *adj.* 2. suicide.

suicidarse [swiθiðárse] *v. pr.* se suicider.

suicidio [swiθíðjo] *s. m.* suicide.

suite [swit] *s. f.* suite.

suizo, -za [swíθo] *adj.* 1. suisse. || *s. m. y f.* 2. Suisse.

sujeción [suxeθjón] *s. f.* 1. (condicionamiento) assujettissement *m.* 3. (fijación) fixation.

sujetador [suxetaðór] *s. m.* soutien-gorge.

sujetar [suxetár] *v. tr.* 1. (fijar) fixer. 2. (con cuerdas o pinzas) attacher. 3. (contener) retenir. 4. (inmovilizar) assujettir. || **sujetarse** *v. pr.* 5. (agarrarse) s'accrocher, se tenir. 6. (estar sujeto) tenir.

sujeto [suxéto] *adj.* 1. (sometido, expuesto) sujet, -ette. || *s. m.* 2. (por una cuerda, una atadura) attache, -ée. 3. *Ling.* sujet. 4. (persona) sujet. || **estar ~** tenir. **tener ~** tenir.

SULTÁN - SUPONER

sultán, -tana [sultán] *s. m. y f.* sultan, -ne.

suma [súma] *s. f.* **1.** (adición) somme; addition. **2.** (cantidad) somme.

sumar [sumár] *v. tr.* **1.** additionner. **2.** (añadir) ajouter; joindre.

sumario, -ria [sumárjo] *adj.* **1.** sommaire. ‖ *s. m.* **2.** sommaire. **3.** *Der.* enquête *f.*

sumergir [sumerχír] *v. tr.* **1.** submerger. **2.** (en agua) plonger. **3.** *fig.* (sumir) plonger. ‖ **sumergirse** *v. pr.* **4.** plonger.

sumidero [sumiðéro] *s. m.* **1.** (pila) évier. **2.** (alcantarilla) bouche d'égout.

suministrar [suministrár] *v. tr.* **1.** fournir. **2.** (agua, electricidad) débiter.

suministro [sumínistro] *s. m.* **1.** (mercancía entregada) fourniture *f.* **2.** (de agua, de electricidad) distribution *f.* **3.** (acción de suministrar) livraison *f.* **4.** (abastecimiento) approvisionnement.

sumir [sumír] *v. tr.* **1.** enfoncer; submerger. ‖ **sumirse** *v. pr.* **2.** s'enfoncer.

sumisión [sumisjón] *s. f.* soumission.

sumiso, -sa [sumíso] *adj.* soumis, -se.

sumo, -ma [súmo] *adj.* **1.** (supremo) suprême. **2.** (extremo) extrême; dernier, -ière. ‖ **a lo ~** tout au plus.

suntuoso, -sa [suntuóso] *adj.* somptueux, -euse.

superar [superár] *v. tr.* **1.** (exceder en tamaño, cantidad, longitud) dépasser. **2.** (un obstáculo, una prueba, un límite) franchir. **3.** (hacer mejor) surpasser. **4.** (vencer) surmonter. ‖ **superarse** *v. pr.* **5.** se surpasser.

superficial [superfiθjál] *adj.* superficiel, -elle.

superficie [superfíθje] *s. f.* **1.** surface. **2.** (de un terreno, de la Tierra) superficie. **3.** (extensión) étendue.

superfluo, -flua [supérflwo] *adj.* superflu, -ue.

superior [superjór] *adj.* **1.** supérieur, -re. **2.** (talla, cantidad) au-dessus. ‖ **parte ~** dessus *m.*

superior, -ra [superjór] *s. m. y f.* (de un convento) supérieur, -re.

superlativo, -va [superlatíβo] *adj. y s. m.* superlatif, -ive.

supermercado [supermerkáðo] *s. m.* supermarché.

superstición [superstiθjón] *s. f.* superstition.

supersticioso, -sa [superstiθjóso] *adj. y s. m. y f.* superstitieux, -euse.

supervivencia [superβiβénθja] *s. f.* **1.** (mantenerse vivo) survie. **2.** (régimen, sistema) survie; survivance; maintien *m.* **3.** (de pueblos, costumbres) survivance. **4.** (resistencia) survivance.

superviviente [superβiβjénte] *adj. y s. m. y f.* **1.** survivant, -te. **2.** (de un accidente) rescapé, -ée.

suplantar [suplantár] *v. tr.* supplanter.

suplementario, -ria [suplementárjo] *adj.* supplémentaire.

suplemento [supleménto] *s. m.* **1.** supplément. **2.** (del periódico) supplément.

suplente [suplénte] *adj. y s. m. y f.* **1.** suppléant, -te. **2.** (en el trabajo, en el deporte) remplaçant, -te.

súplica [súplika] *s. f.* **1.** (ruego) prière. **2.** *Der.* supplique.

suplicar [suplikár] *v. tr.* **1.** supplier. **2.** (rogar) prier.

suplicio [suplíθjo] *s. m.* supplice.

suplir [suplír] *v. tr.* **1.** suppléer. **2.** (algo que falta) remplacer. **3.** (compensar) remédier à.

suponer [suponér] *v. tr.* supposer.

supositorio [supositórjo] *s. m., Med.* suppositoire.

supremacía [supremaθía] *s.f.* suprématie.

supremo, -ma [suprémo] *adj.* suprême.

supresión [supresjón] *s.f.* 1. suppression. 2. (de una lista) radiation.

suprimir [suprimír] *v. tr.* 1. supprimer. 2. (pretendido, -ue. *§ s. m.* 3. hypothèse *f.* || **por ~** bien entendu, naturellement; bien sûr.

supurar [supurár] *v. tr.* suppurer.

sur [sur] *s. m.* sud [A] sur. *Au sud*].

surcar [surkár] *v. tr.* 1. (hacer surcos) tracer des sillons. 2. *fig.* sillonner.

surco [súrko] *s. m.* 1. (hecho con el arado) sillon. 2. (zanja) rigole *f.* 3. (de ruedas) ornière *f.* || **hacer surcos** sillonner, tracer des sillons.

surf [súrf] *s. m., Dep.* surf.

surgir [surxír] *v. tr.* 1. (aparecer) surgir. 2. (brotar agua) jaillir. 3. (bruscamente) apparaître, jaillir. 4. (del agua) émerger. 5. *fig.* jaillir.

surtido, -da [surtíðo] *adj.* 1. bien provisto) assorti, -ie; approvisionné, -ée. 2. (variado) assorti, -ie. *§ s. m.* 3. (comida, dulces) assortiment.

surtidor [surtiðór] *s. m.* 1. (de gasolina) pompe à essence. 2. (de agua) jet d'eau. || **~ de gasolina** poste d'essence.

surtir [surtír] *v. tr.* 1. (proveer) fournir. || **surtirse** *v. pr.* 2. se fournir.

susceptible [susθeptíβle] *adj.* susceptible.

suscitar [susθitár] *v. tr.* susciter.

suscribir [suskriβír] *v. tr.* 1. (hacer una suscripción) abonner. 2. (firmar) souscrire; signer. || **suscribirse** *v. pr.* 4. souscrire. 5. (a una revista) s'abonner.

susodicho, -cha [susoðítʃo] *adj.* susdit, -ite.

suspender [suspenðér] *v. tr.* 1. (colgar) suspendre; pendre. 2. (cesar) cesser, interrompre. 3. (una asignatura) recaler. 4. (a un candidato) refuser.

suspense [suspénse] *s. m.* suspense.

suspensión [suspensjón] *s.f.* 1. suspension. 2. (paro, cese) arrêt *m.*

suspenso, -sa [suspénso] *adj.* 1. suspendu, -ue. 2. (en un examen) recalé, -ée. || **en ~** en suspens.

suspicaz [suspikáθ] *adj.* 1. soupçonneux, -euse. 2. (desconfiado) méfiant, -e.

suspirar [suspirár] *v. intr.* soupirer.

suspiro [suspíro] *s. m.* soupir.

sustancia [sustánθja] *s.f.* substance.

sustantivo, -va [sustantíβo] *adj. y s. m.* 1. substantif, -ive. *s. m.* 2. (nombre) nom.

sustentar [sustentár] *v. tr.* 1. (sostener) soutenir. 2. (mantener, alimentar) entretenir. || **sustentarse** *v. pr.* 3. se nourrir.

sustento [susténto] *s. m.* 1. (alimentos) nourriture *f.* 2. (de la familia) soutien.

sustitución [sustituθjón] *s.f.* substitution.

sustituir [sustituír] *v. tr.* substituer.

sustituto, -ta [sustitúto] *s. m. y f.* 1. (persona) remplaçant, -e. 2. (objeto) substitut *m.*

susto [sústo] *s. m.* peur *f.* 2. (alarma) alarme *f.* 3. (sobresalto) sursaut.

sustraer [sustraér] *v. tr.* 1. (restar, quitar) soustraire; ôter. || **sustraerse** *v. pr.* 2. (librarse) se soustraire.

susurrar [susurár] *v. intr.* 1. murmurer, susurrer. 2. *fig.* gazouiller.

susurro [susúro] *s. m.* 1. murmure. 2. (zumbido, ruido) bruissement.

sutil [sutíl] *adj.* 1. subtil, -ile. 2. (perspicaz) délié, -ée.

SUTILEZA - SUYO

sutileza [sutiléѳa] *s.f.* subtilité.

sutura [sutúra] *s.f.* suture.

suyo, -ya [sújo] *pron. pos. 3ª pers.* **1.** sien, -enne [Ése es el suyo (de él, de ella). *Voilà le sien (à lui, à elle).*] **2.** à elle; à lui [Es suyo (de él, ella). *C'est à elle, à lui*]. **3.** leur [Éste es el suyo (de ellos, de ellas). *Voilà le leur (à eux, à elles).*] **4.** à elles; à eux [Esto es suyo (de ellos, ellas). *C'est à eux, à elles.*] ‖ *pron. pos. 2ª pers.* **5.** (pour le vouvoiement sing. ou pl.) vôtre [Ustedes quieren el suyo. *Vous voulez le vôtre*], à vous [Esto es suyo (de usted, ustedes). *C'est à vous.*] ‖ **suyos, -yas** *pron. pos. 3ª pers. m. y f. pl.* **7.** (de él, de ella) siens, -ennes. [Esos son los suyos (de él, de ella). *Voilà les siens*]. **8.** (de él, de ella) à lui; à elle. **9.** (de ellos, de ellas) leurs. **10.** (de ellos, de ellas) à eux; à elles. ‖ **suyos, -yas** *pron. pos. 2ª pers.* **11.** (pour le vouvoiement sing. ou pl.) vôtres (de ustedes). [Ustedes quieren los suyos. *Vous voulez les vôtres*] **12.** à vous [Son suyos (de ustedes). *C'est à vous.*]

T

t [te] *s. f.* t m.

tabaco [taβáko] *s. m.* **1.** tabac. **2.** (cigarrillos) cigarettes *s. pl.*

tabarra [taβárra] *s. f.* ennui m.

taberna [taβérna] *s. f.* **1.** (mesón) taverne m. **2.** (bar) bistrot m.; café m.

tabernero, -ra [taβernéro] *s. m. y f.* **1.** (propietario de una cafetería) patron d'un café mesonero) tavernier, -ière m.

tabique [taβíke] *s. m.* cloison f.

tabla [táβla] *s. f.* **1.** (de madera) planche f. **2.** (que sirve de soporte o para pintar) panneau m. **3.** table, tableau m.; grille f. **Teatr.** tablas *s. m. pl.* (suelo de tablas) plancher f.; (estrado) scène f.; plateau m.

tablao [taβláo] *s. m.* tablao (de flamenco).

tablero [taβléro] *s. m.* **1.** (plancha) planche f. **2.** (panel) panneau m. **3.** (de ajedrez) échiquier. **4.** (de damas) damier.

tableta [taβléta] *s. f.* tablette.

tablilla [taβlíʎa] *s. f.* planchette

tablón [taβlón] *s. m.* **1.** planche f. **2.** (panel) tableau, panneau.

taburete [taβuréte] *s. m.* tabouret.

tacaño, -ña [takáɲo] *adj. y s. m. y f.* avare; radin.

tacatá [takatá] *s. m.* chariot d'enfant.

tacha [tátʃa] *s. f.* **1.** tache. **2.** *fig.* défaut m.

tachar [tatʃár] *v. tr.* **1.** rayer, barrer. **2.** (hacer tachones) raturer. **3.** (calificar) taxer.

tachuela [tatʃwéla] *s. f.* broquette.

tácito, -ta [tátʃito] *adj.* **1.** tacite. **2.** (sobrentendido) sous-entendu.

taciturno, -na [taθitúrno] *adj.* taciturne.

taco [táko] *s. m.* **1.** (cuña, calzo) taquet. **2.** (pedacito) carré; morceau; cheville f. **3.** (de billar) queue f. **4.** *fam.* (insulto, palabrota) gros mot; grossièreté f. **5.** (año) berge f. **6.** (fajo) liasse f. **7.** *Gastr.* galette de maïs.

tacón [takón] *s. m.* (del zapato) talon.

taconear [takoneár] *v. intr.* faire claquer ses talons, faire sonner ses talons.

táctica [táktika] *s. f.* tactique.

táctil [táktil] *adj.* tactile.

tacto [tákto] *s. m.* tact.

tahona [taóna] *s. f.* boulangerie.

tahúr [taúr] *s. m.* **1.** (a las cartas) joueur invétéré. **2.** (fullero) tricheur, -euse.

taimado, -da [taimáðo] *adj. y s. m. y f.* rusé, -ée; sournois, -se.

tajada [taxáða] *s. f.* tranche. || **sacar ~** faire son beurre.

tajante [taxánte] *adj.* tranchant, -e.

tajar [taxár] *v. tr.* trancher.

tal [tal] *adj.* **1.** tel. **Vivo en tal calle.** *J'habite dans telle rue.* **2.** (semejante) pareil, -eille; tel, -elle; semblable. || *pron.* **3.** tel, -elle. *Tales fueron sus palabras. Tels furent ses derniers mots.* || **con ~ que** pourvu que; à condition que. **¿qué ~? ¿** ça va ? || **como tal** que.

tala [tála] *s. f.* **1.** (corta) coupe. **2.** (derribo) abattage m.

taladrar [talaðrár] *v. tr.* **1.** (agujerear) percer, trouer. **2.** (un billete) poinçonner. **3.** (con un berbiquí o punta) tarauder. **4.** *fig.* (los oídos) percer.

taladro [taláðro] *s. m.* **1.** (acción o resultado de taladrar) perçage. **2.** (para hacer agujeros) perçoir, perce f. **3.** (barrena) villa f. **4.** (agujero) trou percé.

talante [talánte] *s. m.* humeur f.

talar [talár] *v. tr.* **1.** (un árbol) couper, abattre. **2.** (un bosque) déboiser.

talco [tálko] *s. m.* talc.

talento [talénto] *s. m.* talent.

talismán s. m. talisman.

talla [tála] s. f. **1.** stature. **2.** taille f. (copa); pointure (zapatos, cuellos, sombreros, guantes). ¿Qué talla usa? *Quelle taille faites-vous?/ Quelle est votre taille].*

tallar [tafár] v. tr. **1.** tailler. **2.** (medir) la taille toiser.

talle [táfe] s. m. **1.** taille; ceinture f. **2.** (medida de la cintura) tour de taille.

taller [tafér] s. m. **1.** atelier. **2.** (tienda) boutique f. **3.** (de reparación de vehículos) garage.

tallo [táfo] s. m. **1.** tige f. **2.** (nuevo) rejeton.

talón [talón] s. m. **1.** (del pie, del calcetín, de un zapato) talon. **2.** (cheque) chèque.

talonario, -ria [talonárjo] s. m. registre à souche. ‖ ~ **de cheques** chéquier, carnet de chèques.

talud [talú] s. m. talus.

tamaño [tamáno] s. m. **1.** taille f., grandeur f. **2.** (volumen) volume, grosseur f. **3.** (de un libro) format.

tambalear [tambaleár] v. tr. bousculer. ‖ **tambalearse** v. pr. **1.** (vacilar) chanceler, vaciller. **3.** (bamboolearse) chavirer.

tambaleo [tambaléo] s. m. **1.** (sacudida) ébranlement, **2.** (indecisión) chancellement, titubement.

también [tambjén] adv. aussi.

tambor [tambór] s. m. *Mús.* tambour.

tamiz [tamíθ] s. m. tamis.

tamizar [tamiθár] v. tr. tamiser, sasser (con un cedazo).

tampoco [tampóko] adv. non plus.

tampón [tampón] s. m. tampon.

tan [tán] adv. (+adj/adv) si; aussi; tellement. ‖ **no ... pas tellement. ‖ **como ...** (Comparación) aussi ... que; (en frases interrogativas) si ... que [¿Ha sido alguien tan amable como él? *Y a-t-il eu quelqu'un de si aimable que lui.*] ‖ ~ **que** (+adj/adv) (consecuencia) si... que. ‖ ~ **pronto sitôt. ‖ ~ pronto ... como** tantôt ... tantôt. ● **Tanto** delante adj. y adv. deviene que; aussitôt que.

tanatorio [tanatórjo] s. m. funérarium.

tanda [tánda] s. f. **1.** (turno) tour m. **2.** (conjunto) série; ensemble m. **3.** (de personas) partie; équipe.

tango [táŋgo] s. m. *Mús.* (danse et musique argentines) tango.

tanque [táŋke] s. m. **1.** (depósito) réservoir. **2.** (cisterna de agua) citerne f. **3.** (móvil) tank. **4.** *Mil.* char.

tantear [tanteár] v. tr. **1.** mesurer. **2.** (por primera vez) essayer; tâter; faire l'expérience de. **3.** (explorar) sonder. **4.** *fig.* (palpar) tâter.

tanto, -ta [tánto] *adj.* (+s.) **1.** (tal cantidad) tant de; tellement de *fam.* **2.** (comparación) autant de. ‖ *adv.* (+verbo) **3.** tant; tellement. // (enfático) autant [No hables tanto. *Ne parle pas autant*]. **5.** *Dep.* (fútbol) but. **6.** (punto en un juego) point. ‖ **por lo** ~ par conséquent, en consequence. ‖ ~ **como** ... aussi bien ... que; autant ... que. *Aussi bien les bleus comme los rojos. J'ai acheté autant de stylos rojos* ~ ... **que** (la misma cantidad) que [He comprado tantos bolígrafos azules como rojos. *J'ai acheté autant de stylos bleus que de rouges.*] ‖ (todo cuanto) autant de ... que [Coge tanta agua como quieras. *Prends autant d'eau que tu voudras*.] ‖ ~ **que** (+s.) que [Tiene tantos juguetes que ya no los usa. *Il a tant de jouets qu'il ne les utilise plus.*] ‖ (+verbo) tant ... que [Tanto va el cántaro a la fuente que al final se rompe. *Tant*

tañer [tañér] *v. intr.* jouer. ‖ *v. intr.* **2.** Las campanas) sonner, tinter.

tapa [tápa] *s. f.* **1.** couvercle *m.* **2.** (de libro) couverture. **3.** (de pupitre) abattant *m.* **4.** (aperitivo) tapa; amuse-gueule *m.*

tapadera [tapaδéra] *s. f.* couvercle *m.*

tapar [tapár] *v. tr.* **1.** (cerrar) fermer. **2.** (con un tapón) boucher. **3.** (abrigar, arropar) couvrir. **4.** (ocultar) cacher. ‖ **taparse** *v. pr.* **5.** se couvrir. **6.** (los oídos) se boucher.

taparrabo [tapařáβo] *s. m.* pagne.

tapete [tapéte] *s. m.* dessus-de-table.

tapia [tápja] *s. f.* mur *m.*

tapicería [tapiθería] *s. f.* tapisserie.

tapiz [tapíθ] *s. m.* **1.** tapisserie *f.* **2.** tapis.

tapizar [tapiθár] *v. tr.* tapisser (con tela); couvrir.

tapón [tapón] *s. m.* **1.** (de corcho) bouchon. **2.** *Med.* (de papel o tela) tampon.

taponar [taponár] *v. tr.* **1.** (cerrar) boucher. **2.** (una brecha) colmater. **3.** *Med.* tamponner.

taquigrafía [takiɣrafía] *s. f.* sténographie.

taquilla [takíʎa] *s. f.* **1.** (casillero) casier *m.* **2.** (ventanilla de venta o atención) guichet *m.* **3.** (recaudación) recette.

taquillero, -ra [takiʎéro] *adj. y s. m. y f.* **1.** guichetier, -ière (empleado d'un guichet). ‖ *adj.* **2.** (espectáculo, película con éxito) qui fait recette; à succès.

tara [tára] *s. f.* tare.

tarántula [tarántula] *s. f. Zool.* tarantule.

tararear [tararéár] *v. tr. e intr.* chantonner.

tardanza [tarδánθa] *s. f.* **1.** (retraso) retard *m.* **2.** (lentitud) lenteur.

tardar [tarδár] *v. intr.* **1.** tarder; mettre longtemps. **2.** en avoir pour [No tardaré mucho. *Je n'ai pas pour longtemps.*]

tarde [tárδe] *s. f.* **1.** (entre el mediodía y las 5 ó 6) après-midi *amb.* **2.** (desde el atardecer hasta la noche) soir *m.* **3.** (velada) soirée. ‖ *adv.* **4.** tard. **5.** en retard [Llega tarde. *Il est en retard.*] ‖ **buenas tardes** bonjour, bonsoir [al caer la tarde]. ‖ **por la ~** (del mediodía a las 5 ó 6) l'après-midi; (a partir de las 5 ó 6) le soir. ‖ **~ o temprano** tôt ou tard.

tardío, -a [tarδío] *adj.* tardif, -ive.

tarea [taréa] *s. f.* **1.** tâche; devoir *m.* **2.** (trabajo) besogne; occupation; travail *m.* **3.** (del colegio) devoirs *m. pl.*

tarifa [tarífa] *s. f.* tarif *m.* ‖ **media ~** demi-tarif *m.*

tarima [taríma] *s. f.* estrade.

tarjeta [tarxéta] *s. f.* **1.** (documento) carte [Tarjeta de residencia. *Carte de séjour.*] ‖ **~ de crédito** carte de crédit.

tarrina [taříña] *s. f.* terrine.

tarro [táro] *s. m.* **1.** (bote) pot. **2.** (de cuello ancho) bocal.

tarta [tárta] *s. f.* **1.** (de cumpleaños, de frutas) gâteau *m.* **2.** (redonda de frutas, de crema) tarte.

tartamudear [tartamuδeár] *v. tr. e intr.* bégayer.

tartamudo, -da [tartamúδo] *adj. y s. m. y f.* bègue.

tartera [tartéra] *s. f.* (fiambrera) gamelle.

tarugo [taríɣo] *s. m. fig. y fam.* (tonto) bûche *f.*

tarumba [tarúmba] *adj. fam.* fou, -olle.

tasa [tása] *s. f.* taxe.

tasador, -ra [tasaδór] *adj. y s. m. y f.* **1.** taxateur, -trice. ‖ *s. m. y f.* **2.** priseur *m.*; commissaire *m.*

tasar [tasár] *v. tr.* **1.** (fijar el precio) taxer. **2.** (valorar) évaluer.

tata [táta] *s. f.* **1.** (niñera) nounou. **2** (hermana) sœurette.

tatami [tatámi] *s. m.*, *Dep.* tatami.

tatarabuelo, -la [tataraβwélo] *s. m. y f.* **1.** trisaïeul, -le. ‖ *s. m.* **2.** arrière-arrière-grand-père. ‖ **tatarabuela** *s. f.* **3.** arrière-arrière-grand-mère.

tataranieto, -ta [tataranjéto] *s. m. y f.* **1.** arrière-arrière-petit-enfant. ‖ *s. m.* **2.** arrière-arrière-petit-fils. ‖ **tataranieta** *s. f.* **3.** arrière-arrière-petit-fille.

tatuaje [tatwáχe] *s. m.* tatouage.

tatuar [tatuár] *v. tr.* tatouer.

taurino, -na [tawríno] *adj.* taurin, -ne.

Tauro [táuro] *n. p.* Taureau.

tauromaquia [tauromákja] *s. f.* tauromachie.

taxi [táksi] *s. m.* taxi.

taxímetro [taksímetro] *s. m.* taximètre.

taxista [taksísta] *s. m. y f.* chauffeur *m* de taxi.

taza [táθa] *s. f.* **1.** tasse [*Una taza de té.* *Une tasse de thé.*] **2.** (del WC) cuvette. **3.** (pilón) bassin *m.*; vasque *m.*

tazón [taθón] *s. m.* bol.

te [té] *pron. pers.* *2ª sing.* **1.** (acusativo, dativo y reflexivo) te; t' (delante de vocal o "h" muda) [*Te hablé.* *Je t'ai parlé.*] **2.** (detrás del imperativo afirmativo) toi [*Cállate. Tais-toi.*] • Atención al orden de pronombres con los infinitivos y gerundios en francés: Decirte. *Te dire.*

té [té] *s. m.* thé.

teatral [teatrál] *adj.* théâtral, -le.

teatro [teátro] *s. m.* théâtre.

tebeo [teβéo] *s. m.* illustré (pour enfants); comic book *angl.*; bande dessinée.

techo [tétʃo] *s. m.* **1.** plafond. **2.** (tejado) toit. **3.** *fig.* (hogar) foyer. ‖ **sin ~** sans domicile fixe; S.D.F.

techumbre [tetʃúmbre] *s. f.* toiture.

tecla [tékla] *s. f.* touche.

teclado [tekláðo] *s. m.* clavier.

teclear [tekleár] *v. intr.* **1.** (las teclas del piano) frapper. **2.** (en una máquina de escribir) taper (à la machine).

técnico, -ca [tékniko] *adj.* **1.** technique. ‖ *s. m. y f.* **2.** technicien, -enne. ‖ **técnica** *s. f.* **3.** technique.

tecnología [teknoloχía] *s. f.* technologie.

tedio [téðjo] *s. m.* ennui.

teja [téχa] *s. f.* tuile.

tejado [teχáðo] *s. m.* toit.

tejar [teχár] *s. m.* tuilerie *f.*

tejemaneje [teχemanéχe] *s. m.*, *fam.* manigance *f.*; micmac; intrigue *f.*; manège *f.*

tejer [teχér] *v. tr.* **1.** tisser. **2.** *fig.* ourdir.

tejido [teχíðo] *s. m.* **1.** (acción de tejer) tissage. **2.** (materia textil) textile. **3.** (tela o paño) tissu; étoffe *f.*; drap. **4.** *Anat.* tissu.

tejón [teχón] *s. m.*, *Zool.* blaireau.

tela [téla] *s. f.* **1.** (tejido, paño) tissu *m.*; étoffe; drap *m.* **2.** (de entramado simple) toile. **3.** (de araña) toile.

telar [telár] *s. m.* **1.** (máquina) métier à tisser. **2.** *Teatr.* (palcos más elevados) cintre.

telaraña [telaráɲa] *s. f.* toile d'araignée.

tele [téle] *s. f.* télé.

telecomunicación [telekomunikaθjón] *s. f.* télécommunication.

telediario [teleðjárjo] *s. m.* journal télévisé; nouvelles *f. pl.*

telefax [telefáks] *s. m.* télécopie *f.*; fax.

teleférico [telefériko] *adj. y s. m.* téléphérique.

telefonazo [telefonáθo] *s. m.* coup de fil. ‖ **dar un ~** passer un coup de fil.

telefonear [telefoneár] *v. tr. e intr.* téléphoner.

telefonillo [telefoníʎo] *s. m.* interphone.

TELEFONISTA - TEMPLO

telefonista [telefonísta] *s. m. y f.* standardiste (de la centralita).

teléfono [teléfono] *s. m.* **1.** téléphone [Teléfono móvil, inalámbrico. *Téléphone portable, sans fil.*] **2.** appareil [Al teléfono. *À l'appareil.*] ‖ **llamada de ~** coup de téléphone. **llamar por ~** télé-phoner.

telegrafía [teleɣrafía] *s. f.* télégraphie.

telegrafiar [teleɣrafjár] *v. tr. e intr.* télé-graphier.

telegráfico, -ca [teleɣráfiko] *adj.* télé-graphique.

telégrafo [teléɣrafo] *s. m.* télégraphe.

telegrama [teleɣráma] *s. m.* télégramme.

telenovela [telenoβéla] *s. f.* feuilleton télévisé.

telepatía [telepatía] *s. f.* télépathie.

telescopio [teleskópjo] *s. m.* télescope.

telesilla [telesíʎa] *s. f.* télésiège *m.*

telespectador, -ra [telespektaðór] *s. m. y f.* téléspectateur, -trice.

teletexto [teletésto] *s. m.* télétexte.

teletipo [teletípo] *s. m.* télétype.

televidente [teleβiðénte] *s. m. y f.* télé-spectateur, -trice.

televisar [teleβisár] *v. tr.* téléviser.

televisión [teleβisjón] *s. f.* **1.** télévision. **2.** (aparato) poste de télévision; téléviseur *m.*

televisor [teleβisór] *s. m.* poste de télévision; poste; téléviseur.

telón [telón] *s. m., Teatr.* rideau.

tema [téma] *s. m.* **1.** thème. **2.** (de una obra) sujet. **3.** (cuestión) affaire *f.*

temblar [temblár] *v. intr.* **1.** trembler. **2.** (tener estremecimientos, escalofríos) frissonner; tressaillir; trembler.

temblor [temblór] *s. m.* **1.** (del cuerpo, de la luz, de la tierra) tremblement. **2.** (estremecimiento) frisson.

tembloroso, -sa [temblorόso] *adj.* **1.** tremblant, -te. **2.** (voz o canto) chevrotant, -te.

temer [temér] *v. tr. e intr.* **1.** avoir peur; craindre; redouter. **2.** *fig.* craindre [Me temo que no vendrá. *Je crains qu'il ne vienne pas.*]

temeridad [temeriðáð] *s. f.* témérité.

temeroso, -sa [temerόso] *adj.* **1.** peureux, -euse; craintif, -ive. **2.** craignant, -te [Temeroso de su padre. *Craignant son père.*]

temible [temíβle] *adj.* redoutable.

temor [temór] *s. m.* crainte *f.;* peur *f.*

témpera [témpera] *s. f.* (pintura) détrempe; peinture à la tempera.

temperamento [temperaménto] *s. m.* tempérament; caractère.

temperatura [temperatúra] *s. f.* température.

tempestad [tempestáð] *s. f.* **1.** (en el mar) tempête. **2.** (en tierra) orage *m.* **3.** *fig.* (avalancha) bourrasque; déluge *m.* **4.** (política o social) tourmente.

tempestuoso, -sa [tempestuόso] *adj.* **1.** orageux, -euse. **2.** *fig.* tempétueux, -euse.

templado, -da [templáðo] *adj.* **1.** (moderado) tempérant, -te. **2.** (tibio) tiède. **3.** (temperatura) doux, -ouce.

templanza [templánθa] *s. f.* tempérance.

templar [templár] *v. tr.* **1.** (un metal) tremper. **2.** (moderar) tempérer. **3.** (la temperatura) attiédir. **4.** (temperatura, color, luz) adoucir. **5.** (la ira) calmer. **6.** (el carácter) adoucir. ‖ **templarse** *v. pr.* **7.** (suavizarse) s'adoucir.

temple [témple] *s. m.* **1.** (pintura) détrempe *f.* **2.** (del acero) trempe *f.*

templo [témplo] *s. m.* temple.

temporada [temporða] *s. f.* 1. saison. 2. (tiempo de estancia) séjour *m.* ‖ ~ **baja** morte-saison.

temporal [temporál] *adj.* 1. temporel, -elle [Poder temporal. Pouvoir temporel]. 2. (transitorio) temporaire. ‖ *s. m.* 3. tempête *f.* ‖ *adj. y s. m.* 4. *Anat.* temporal, -le.

temprano, -na [empráno] *adj.* 1. (precoz) précoce. 2. (frutas, verduras recientes) nouveau, -elle. ‖ *adv.* 3. tôt, de bonne heure. ‖ **más ~ que** plus tôt. ‖ **muy ~** très bonne heure.

tenacidad [tenaθiðáð] *s. f.* ténacité.

tenacillas [tenaθíʎas] *s. f. pl.* pinces.

tenaz [tenáθ] *adj.* 1. tenace. 2. (la voluntad) ferme. 3. (infatigable) achamé, -ée.

tenaza [tenáθa] *s. f.* 1. tenaille. ‖ **tenazas** *s. f. pl.* 2. (herramienta) tenailles. 3. (de los crustáceos, del herrero) pince *sing.*

tendedero [tendeðéro] *s. m.* séchoir

tendencia [tendénθja] *s. f.* tendance

tender [tendér] *v. tr.* 1. tendre, étandre [Tender la ropa. Étendre le linge]. 2. (echar, tumbar) coucher. 3. (una parte del cuerpo) tendre. 4. (querer) lancer; jeter. 5. *fig.* tendre [Tender a la perfección. Tendre à la perfection].

tendero, -ra [tendéro] *s. m. y f.* (de un comercio) commerçant, -e.

tendido, -da [tendiðo] *adj.* 1. tendu, -ue. 2. (extendido) étendu, -ue. 3. (tumbado) allongé, -ée. ‖ *s. m.* 4. (instalación de cables) pose *f.* ‖ 5. *Taur.* gradins.

tendón [tendón] *s. m. Anat.* tendon.

tenebroso, -sa [teneβróso] *adj.* ténébreux, -euse.

tenedor [teneðór] *s. m.* fourchette *f.*

tener [tenér] *v. tr.* 1. avoir. 2. (poseer) posséder. 3. (llevar puesto) por*ter* [El hombre que tiene gafas. L'homme qui porte des lunettes]. 4. (tener cogido) tenir. 5. (guardar, disponer de) détenir [Tener un secreto, el poder. Détenir un secret, le pouvoir]. ‖ **cogido ~** faire attention. ‖ **que ~ cuidado** avoir à. | (necesidad, obligación) devoir. | (necesidad) falloir. | (tener la obligación) être obligé de.

tenia [ténja] *s. f. Zool.* ténia *m.*

teniente [tenjénte] *s. m. y f. Mil.* lieutenant *m.* ‖ **~ de alcalde** adjoint au maitre.

tenis [ténis] *s. m. Dep.* tennis.

tenor [tenór] *s. m. Mús.* ténor.

tenso, -sa [ténso] *adj.* tendu, -ue; raide.

tensión [tensjón] *s. f.* tension.

tentáculo [tentákulo] *s. m.* tentacule.

tentación [tentaθjón] *s. f.* tentation.

tentar [tentár] *v. tr.* 1. (palpar) tâter. 2. (buscar a tientas) tâtonner. 3. (seducir) séduire.

tentativa [tentatíβa] *s. f.* tentative, essai *m.*

tentempié [tentempjé] *s. m.* (refrigerio) collation *f.;* en-cas *inv.*

tenue [tenwe] *adj.* 1. (fino) ténu, -ue. 2. (luz) faible.

teñir [teɲír] *v. tr.* 1. teindre. 2. (uniformemente o ligeramente) teinter. ‖ **teñirse** *v. pr.* 3. se teindre.

teología [teoloxía] *s. f.* théologie.

teoría [teoría] *s. f.* théorie.

terapia [terápja] *s. f.* thérapie.

tercer, -ra [terθér] *adj.* 1. troisième. 2. tiers. [Tercer mundo. tercer estado. Tiers monde, tiers état.

tercero, -ra [terθéro] *adj. y pron.* troisième. ‖ *sing. me.* "Tercero" devient "tercer" devant *m. sing.*

terciar [terθjár] *v. intr.* 1. intervenir. ‖ **terciarse** *v. pr.* 2. se présenter une occasion.

tercio, -cia [térθjo] *s. m.* tiers.

terciopelo [terθjopélo] *s. m.* **1.** velours. **2.** (de pelo corto) velvet.

terco, -ca [térko] *adj.* têtu, -ue; entêté, -ée.

tergal [teryál] *s. m.* tergal.

tergiversar [terχiβersár] *v. tr.* fausser.

termas [térmas] *s. f. pl.* thermes *m.*

terminación [terminaθjón] *s. f.* **1.** (extremidad final) terminaison. **2.** (conclusión) achèvement *m.* **3.** Ling. terminaison.

terminal [terminál] *adj.* **1.** terminal, -le. ‖ *s. f.* **2.** (del aeropuerto) aérogare *f.*

terminante [terminánte] *adj.* **1.** catégorique. **2.** (perentorio) formel, -elle.

terminar [terminár] *v. tr.* **1.** (cesar) terminer. **2.** (un trabajo, una obra de arte) achever; finir. **3.** (ultimar) conclure. **4.** (ir a parar) aboutir; déboucher. ‖ **terminarse** *v. pr.* **5.** se terminer. ‖ **~ de una vez** en finir.

término [término] *s. m.* **1.** terme; fin *f.* **2.** (conclusión) aboutissement. **3.** (plano) plan. **4.** (palabra) mot. ‖ **en último ~** (por último) finalement. | (como último recurso) à la limite. **por ~ medio** en moyenne. **~ medio** milieu. **~ municipal** municipalité *f.*; commune *f.*

termo [térmo] *s. m.* thermos *m. ou f.*

termómetro [termómetro] *s. m.* thermomètre.

termostato [termostáto] *s. m.* thermostat.

ternera [ternéra] *s. f.* **1.** (carne) veau *m.* **2.** Zool. (becerra) génisse.

ternero [ternéro] *s. m.* veau.

ternura [ternúra] *s. f.* tendresse.

terquedad [terkeðáð] *s. f.* entêtement *m.*

terraplén [terraplén] *s. m.* **1.** terre-plein. **2.** (tierras acumuladas) remblai.

terráqueo, -a [terrákeo] *adj.* terrestre.

terrateniente [terratenjénte] *s. m. y f.* propriétaire terrien.

terraza [terráθa] *s. f.* terrasse.

terremoto [terremóto] *s. m.* tremblement de terre; séisme.

terrenal [terrenál] *adj.* terrestre.

terreno, -na [terréno] *adj.* **1.** (de este mundo) terrestre [Intereses terrenos. *Des intérêts terrestres*]. ‖ *s. m.* **2.** terrain. **3.** *fig.* (campo, ciencia) domaine. **4.** (plano, aspecto) plan [En el terreno económico. *Sur le plan économique*]. ‖ **sobre el ~** sur place.

terrestre [terréstre] *adj.* terrestre.

terrible [terríβle] *adj.* terrible.

terrícola [terríkola] *s. m. y f.* terrien, -enne.

territorio [territórjo] *s. m.* territoire.

terrón [terrón] *s. m.* (de azúcar) morceau.

terror [terrór] *s. m.* terreur *f.*

terrorífico, -ca [terrorífiko] *adj.* terrible; terrifiant, -te.

terrorismo [terrorísmo] *s. m.* terrorisme.

terrorista [terrorísta] *adj. y s. m. y f.* terroriste.

terruño [terrúɲo] *s. m.* **1.** (región natal) pays natal. **2.** (comarca) cru [Vinos del terruño. *Vins du cru*].

terso, -sa [térso] *adj.* (liso) lisse.

tertulia [tertúlja] *s. f.* **1.** (reunión amistosa) réunion d'amis. **2.** (velada) soirée.

tesis [tésis] *s. f. inv.* thèse.

tesón [tesón] *s. m.* ténacité *f.*

tesorería [tesorería] *s. f.* trésorerie.

tesorero, -ra [tesoréro] *s. m. y f.* trésorier, -ière.

tesoro [tesóro] *s. m.* trésor. ‖ **Tesoro Público** Finances *f. pl.*

test [tést] *s. m.* test.

testamento [testaménto] *s. m.* testament.

testar [testár] *v. intr.* tester; faire son testament.

testarudo, -da [testarúðo] *adj. y s.* têtu, -ue; obstiné, -ée; buté, -ée.
testículo [testíkulo] *s. m. Anat.* testicule.
testificar [testifikár] *v. tr.* 1. attester. || *tr. intr.* 2. témoigner.
testigo [testíɣo] *s. m. y f.* témoin *m.*
estimonio [testimónjo] *s. m.* témoignage. ◆ **ser ~ de** témoigner.
testimoniar [testimonjár] *v. tr. e intr.* témoigner.
eta [téta] *s. f.* 1. (de mujer) sein *m.*; mamelle. 2. (de animal) mamelle.
tetera [tetéra] *s. f.* théière.
tetilla [tetíʎa] *s. f.* mamelle.
tetina [tetína] *s. f.* (del biberón) tétine.
tétrico, -ca [tétriko] *adj.* lugubre.
textil [testíl] *adj. y s. m.* textile.
texto [tésto] *s. m.* texte.
textura [testúra] *s. f.* texture.
tez [téθ] *s. f.* (color de la piel) teint *m.*
ti [tí] *pron. pers.* 2ª *sing.* toi. **|| para ti**, en cuanto a ti. **A ti**, pour toi, quant à toi.
tibia [tíβja] *s. f. Anat.* tibia *m.*
tibio, -bia [tíβjo] *adj.* 1. tiède. 2. *fig.* froid, -de.
tiburón [tiβurón] *s. m. Zool.* requin.
tic [tík] *s. m.* tic.
tiempo [tjémpo] *s. m.* 1. temps. 2. época, (período) époque *f.* 3. (margen, plazo) marge *f.* **|| a ~ à temps. al mismo ~** en même temps. **mal ~** intempéries *f. pl.* **mucho ~** longtemps. **libre** loisir *m.* 2. (comercio) commerce *m.* **|| ~ de campaña** tente.
tienda [tjénda] *s. f.* 1. boutique; magasin *m.* 2. (comercio) commerce *m.* **|| ~ de campaña** tente.
tiento [tjénto] *s. m.* 1. (habilidad manual) adresse *f.* 2. *fig.* (cuidado) tact.
tierno, -na [tjérno] *adj.* tendre.
tierra [tjéra] *s. f.* terre.
tieso, -sa [tjéso] *adj.* 1. raide; rigide. 2. *fig.* (estirado) guindé, -ée.
tiesto [tjésto] *s. m.* pot, pot de fleurs.
tigre [tíɣre] *s. m. Zool.* tigre.
tigresa [tiɣrésa] *s. f. Zool.* tigresse.
tijera [tixéra] *s. f.* 1. ciseau *m.* **|| tijeras** *s. f. pl.* ciseaux *m. pl.*
tila [tíla] *s. f.* tilleul *m.* (fleur et tisane).
tildar [tildár] *v. tr.* *fig.* (a alguien) taxer.
tilde [tílde] *s. f.* mettre le tilde.
tilo [tílo] *s. m. Bot.* tilleul (arbre).
timador, -ra [timaðór] *s. m. y f.* escroc *m.*
timar [timár] *v. tr.* 1. rouler. 2. (estafar) escroquer.
timbal [timbál] *s. m. Mús.* timbale *f.*
timbrar [timbrár] *v. tr.* timbrer; mettre un timbre.
timbrazo [timbráθo] *s. m.* coup de sonnette.
timbre [tímbre] *s. m.* 1. (campanilla) timbre. 2. (de la puerta) sonnette *f.* 3. (del despertador, del teléfono) sonnerie *f.* 4. (de la voz, de un instrumento) timbre. 5. (estampilla de pago) vignette *f.*
timidez [timiðéθ] *f.* timidité.
tímido, -da [tímiðo] *adj. y s. m. y f.* 1. timide. 2. (vergonzoso) craintif, -ive.
timo [tímo] *s. m.* 1. (estafa) escroquerie *f.* 2. (compra mala) camelote *f.*
timón [timón] *s. m.* 1. (del barco) gouvernail. 2. *fig.* (dirección) timon.
timonel [timonél] *s. m. Náut.* timonier.
timpano [timpáno] *s. m. Anat.* tympan.
tinaja [tináxa] *s. f.* (vasija) jarre. 2. (tina) tine.
tinglado [tiŋɡláðo] *s. m.* 1. (cobertizo) hangar. 2. *fig.* (ardid) stratagème. 3. *fam.* (situación) histoire *f.* 4. *fig.* y *fam.* (asunto) ficelles *f. pl.*
tiniebla [tinjéβla] *s. f.* 1. obscurité. **|| tinieblas** *s. f. pl.* ténèbres.

tino (tino) *s. m.* **1.** (destreza) adresse *f.*; habileté *f.* **2.** (tiento) tact, savoir-faire *inv.* **3.** *fig.* (buen juicio) raison *f.*; bon sens.

tinta (tinta) *s. f.* encre.

tinte (tinte) *s. m.* **1.** (acción de tintar) teinture *f.* (sustancia para teñir) teinture *f.* **3.** (tintorería) teinturerie *f.* **4.** (tono) teint. **5.** *fig.* (matiz) teinte *f.*

tintero (tintéro) *s. m.* encrier.

tinto, -ta (tinto) *adj.* **1.** (teñido) teint, -e. **2.** (rojo oscuro) rouge [Vino tinto. Du vin rouge]. || *s. m.* **3.** (vino) rouge.

tintorería (tintorería) *s. f.* pressing *m.* (Lavado en seco); teinturerie (donde se tiñe la ropa).

tiña (tiña) *s. f.* *Zool.* (insecto) teigne.

tío (tío) *s. m.* **1.** oncle. **2.** *fam.* (tipo, fulano) type. || **tía** *s. f.* **3.** tante.

tiovivo (tiobíbo) *s. m.* manège.

típico, -ca (típico) *adj.* typique.

tipo (tipo) *s. m.* **1.** type. **2.** type, genre (clase). **3.** *fam.* (pobre hombre) bonhomme. **4.** *fam.* (individuo) type; mec. || **5.** modelo, maneras standard.

tique o tícket (tíke) *s. m.* ticket.

tiquismiquis (tikismíkis) *s. m. inv. fam.* **1.** scrupules *pl.* (ridículos). **2.** (remilgos) chichi, manières *pl.* || **ser** ~ avoir des scrupules; faire la petite bouche.

tira (tíra) *s. f.* **1.** bande. **2.** (de cuero) lanière.

trabuzón (trabuzón) *s. m.* (del cabello) tire-bouchon.

tirachinas (tirachinas) *s. m. inv.* lance-pierres; fronde *f.*

tirada (tiráda) *s. f.* **1.** *impr.* tirage *m.* **2.** *Teatr.* tirade. **3.** (trecho) traite; trotte *m. fam.* || ~ **aparte** *impr.* tirage à part.

tirado, -da (tiráðo) *adj.* **1.** (por el suelo) par terre. **2.** *fam.* facile. **3.** *fam.* (corriente) corriente, -te. **4.** (de precio) bon marché.

tirador, -ra (tiraðór) *s. m. y f.* **1.** tireur, -euse. || *s. m.* **2.** (de un cajón) poignée *f.*; bouton (redondo).

tiranía (tiranía) *s. f.* tyrannie.

tiranizar (tiraniθár) *v. tr.* tyranniser.

tirano, -na (tiráno) *adj. y f.* tyran *m.*

tirante (tiránte) *adj.* **1.** tendu, -ue; raide [Cuerda tirante. *Corde raide*]. || *s. m.* **2.** (del pantalón, de un vestido) bretelle *f.*

tirantez (tirantéθ) *s. f.* tension *f.*; raideur *f.*

tirar (tirár) *v. tr.* **1.** (hacer caer) jeter. **2.** (volcar) renverser. **3.** (arrojar) lancer; envoyer. **4.** jeter [Tirar a la basura. *Jeter à la poubelle*]. **5.** *Dep.* (pelota) tirer; shooter. **7.** *Tecnol.* (cable, puente) lancer. || *v. intr.* **7.** (atraer, arrastrar) tirer; traîner. || **tirarse** *v. pr.* **8.** (lanzarse) se jeter.

tirita (tiríta) *s. f.* pansement *m.*; adhésif *m.*

tiritar (tiritár) *v. intr.* grelotter; frissonner.

tiritona (tiritóna) *s. f.* tremblement *m.*

tiro (tíro) *s. m.* **1.** (disparo) coup. **2.** (de porte) tir. **3.** (dirección del proyectil) tir. **4.** (lanzamiento) jet; lancement. **5.** trait [Animales de tiro. *Bêtes de trait*]. || **de tiros largos** tiré à quatre épingles. || **a tiros** par à-coups. **dar tiros** tirer. || **estar a un ~ de piedra** être à un jet de pierre.

tirón (tirón) *s. m.* **1.** (sacudida) secousse *f.*; saccade *f.* **2.** (en los músculos) crampe *f.* **3.** (espasmo) tiraillement. **4.** (robo) tire.

tirotear (tirotéár) *v. tr.* tirailler sur. || *v. intr.* **2.** tirailler.

tirria (tírja) *s. f. fam.* antipathie.

títere (títere) *s. m.* **1.** marionnette *f.* **2.** *fig.* pantin, polichinelle *f.*

titilar (titilár) *v. intr.* scintiller [las estrellas] scintiller.

titiritero, -ra (titirítéro) *s. m. y f.* montreur de marionnettes.

titubear [titußeár] v. intr. 1. (tambalearse, oscilar) tituber. 2. fig. hésiter.
titubeo [titußéo] s. m. hésitation f.
titular¹ [titulár] adj. y s. m. y f. 1. titulaire; en titre. ǁ ~ s. m. 2. gros titre.
titular² [titulár] v. tr. 1. intituler. ǁ **titularse** v. pr. 2. (obtener el título de) obtenir un diplôme. 3. (tener por título) intituler.
título [título] s. m. titre.
tiza [tíθa] s. f. craie.
tizón [tiθón] s. m. tison.
toalla [toáʎa] s. f. 1. serviette. 2. (para las manos) essuie-mains m. inv.
toallero [toaʎéro] s. m. chevillière f.
tobillo [toßíʎo] s. m. Anat. cheville f.
tobogán [toßoɣán] s. m. toboggan.
tocadiscos [tokaðískos] s. m. inv. tourne-disque.
tocador, -ra [tokaðór] adj. y s. m. y f. 1. (de un instrumento) joueur, -euse. ǁ ~ s. m. 2. (mueble) table de toilette; coiffeuse f. (de mujer). 3. (cuarto de aseo) cabinet de toilette.
tocante a [tokánte] loc. 1. (relativo a) concernant. 2. (en cuanto a) quant à.
tocar [tokár] v. tr. 1. (palpar) toucher. 2. Mús. jouer. 3. (una pieza musical) jouer. 4. (el tambor) battre. 5. (trompeta, corneta) sonner. 6. (campanas) sonner; tinter. 7. (a la puerta) sonner. 8. (un tema) aborder. 9. (ganar) gagner. 10. fig. (con)toucher. 11. (a la puerta) frapper. 12. (ser el turno de) être à [Me toca cocinar. *C'est à moi de cuisiner.*]
ǁ ~ **el claxon** klaxonner.
tocayo, -ya [tokáʝo] s. m. y f. homonyme (personnes ayant le même prénom).
tocino [toθíno] s. m. lard.
todavía [toðaßía] adv. toujours; encore. ǁ ~ **no** pas encore.

todo, -da [tóðo] adj. indef. 1. tout, -te. ǁ pron. indef. 2. tout, -te [Todas están cansadas. *Toutes sont fatiguées.*] 3. tout [Todo llega. *Tout arrive.*] ǁ adj. 4. (el verdadero) tout, -te; véritable [Esa es toda la cuestión. *Voilà toute la question.*] 5. tout, -te [A toda velocidad. *À toute vitesse.*] 6. maître, -tresse [Todo un hombre, toda una mujer. *Un maître homme, une maîtresse femme.*] 7. vrai, -ie; accompli, -ie [Es todo un maestro del pincel. *Il est un vrai maître du pinceau.*] 8. entier, -ière [Toda la ciudad. *La ville entière.*] 9. (completamente) tout, -e. 10. **todos, -das** pron. indef. (cada uno) chacun, -e. 14. (todo el mundo) tout à fait. ǁ **del ~ tout** à fait. ǁ **después de ~** après tout. ǁ **eso es ~** c'est tout. ǁ pl. [tóðo] pron. (conjunto) tout. ǁ pl. de "tout" como sustantivo es "touts".
todoterreno [toðotereno] adj. inv. tous terrains.
toga [tóɣa] s. f. (de magistrado) robe.
toldo [tóldo] s. m. 1. (en un patio, en la calle) vélum. 2. (ventanas) store. 3. (camiones) bâche f. 4. (playa) parasol. 5. (tienda) banne. 6. (de tienda de campaña) auvent.
tolerancia [toleránθja] s. f. tolérance.
tolerar [tolerár] v. tr. tolérer.
toma [tóma] s. f. 1. prise. 2. (de sangre) prélèvement.
tomar [tomár] v. tr. 1. (beber, comer) prendre [Tomar una bebida. *Prendre une boisson.*] 3. (una muestra, sangre) prélever. 4. (extraer, sacar) puiser. 5. fig. (coger prestado) emprunter. 6. fig. (apoderarse) prendre. 7. fig. prendre [Tomar forma, tomar conciencia. *Prendre forme, prendre conscience.*]

tomate [tomáte] *s. m.* tomate (fruit). ‖ **ponerse como un ~ / estar hecho un ~** relever la fabre prendre au moi. ~ **noix** relever. **tómbola** [tómbola] *s. f.* tombola. **tonel** [tonél] *s. m.* tonneau. **tonelada** [tonelấda] *s. f.* tonne. **tonelero** [toneléro] *s. m.* tonnelier. **tónico, -ca** [tóniko] *adj. y s. m.* tonique. **tono** [tóno] *s. m.* 1. ton. 2. *Med.* tonus. ‖ **de buen ~** bien porté. **fuera de ~** mal porté. **tontear** [tonteár] *v. intr.* 1. (decir tonterías) dire des bêtises. 2. (hacer tonterías) faire des bêtises. 3. *fam.* (ligar) draguer, faire la cour. **tontería** [tontería] *s. f.* 1. sottise. 2. bêtise. **tonto, -ta** [tónto] *adj. y s. m. y f.* 1. (sin inteligencia) sot, -otte; inepte. 2. (pánfilo) niais, -se. 3. (insultos) imbécile, bête. **topar** [topár] *v. tr. e intr.* se heurter. **tope** [tópe] *s. m.* 1. *Mec.* (de un mecanismo) arrêt. 2. (al final de una línea férrea) heurtoir, butoir. 3. (de una puerta) butoir. 4. (freno) frein. 5. (máximo) plafond, limite *f.* **Fecha tope.** *Date limite.* **tópico, -ca** [tópiko] *adj.* 1. *Med.* topique. ‖ *s. m.* 2. lieu commun, cliché. **topo** [tópo] *s. m.* *Zool.* taupe *f.* **toque** [tóke] *s. m.* 1. (acción de tocar) attouchement. 2. (pincelada) touche *f.* 3. (campanas) sonnerie *f.* ‖ **dar el último ~** donner le coup de pouce. **dar un ~** *fig.* badigeonner. **~ de alarma** toc- sin. **último ~** mise au point. **toquilla** [tokíʎa] *s. f.* mantille; pointe. **tórax** [tóraks] *s. f.* *Anat.* thorax; poitrine *f.* **torbellino** [torbeʎíno] *s. m.* tourbillon. **torcer** [torθér] *v. tr.* 1. (un tobillo, un objeto) tordre. 2. (doblar, curvar) gondoler. 3. (desviar) dévier. 4. (un coche, la calle) tourner; virer. 5. *fig.* (falsear) fausser. ‖ **torcerse** *v. pr.* 6. (un tobillo, un objeto) se tordre. 7. (un tobillo) se fouler. 8. curvarse; se gondoler. **torcido, -da** [torθíðo] *adj.* 1. (un tobillo, el cuerpo) tordu, -ue. 2. (curvo) tors, -se ; (mal colocado) de travers. **torear** [toreár] *v. tr. e intr.* toréer. **toreo** [toréo] *s. m.* tauromachie *f.* **torero, -ra** [toréro] *s. m. y f.* 1. (que torea) torero. 2. (que mata al toro) torero; matador. ‖ **torera** *s. f.* 3. boléro *m.* **tormenta** [torménta] *s. f.* 1. (mar) tempête. 2. (tierra) orage *m.* **tormento** [torménto] *s. m.* tourment. **torneo** [tornéo] *s. m.* tournoi. **tornillo** [torníʎo] *s. m.* vis *f.* **torno** [tórno] *s. m.* 1. (de alfarero) tour. 2. (de mano) treuil. ‖ **en ~ a** autour de. **toro** [tóro] *s. m.* taureau. **torpe** [tórpe] *adj. y s. m. y f.* 1. (poco hábil) maladroit, -e. 2. (insulto) paquet *m.* *fam.* ‖ *adj.* 3. (patoso) gauche. **torpedear** [torpeðeár] *v. tr.* torpiller. **torpedo** [torpéðo] *s. m.* 1. torpille *f.* 2. (vehículo) torpedo. **torpeza** [torpéθa] *s. f.* 1. (falta de habilidad) maladresse; gaucherie. 2. (de los gestos, del movimiento) lourdeur. **torre** [tóre] *s. f.* 1. tour. 2. donjon *m.* 3. (con reloj) beffroi *m.* (en el Norte de Francia y Bélgica).

torrencial [torenθjál] *adj* torrentiel, -elle.

torrente [torénte] *s. m.* torrent.

torreón [toreón] *s. m.* donjon.

tórrido, -da [toriðo] *adj* torride.

torrija [torixa] *s. f. Gastr* (spec alité de Pâques) pain perdu, pain doré.

torta [torta] *s. f.* 1. galette. 2. *fam.* (bofetón) claque, gifle, tarte. ‖ **darse un ~** se casser la figure.

tortazo [tortáθo] *s. m.* (bofetón) gifle *f.*

tortícolis [tortíkolis] *s. f. Med* torticolis *m.*

tortilla [tortíʎa] *s. f.* omelette.

tórtola [tórtola] *s. f. Zool* tourterelle.

tortuga [tortúɣa] *s. f. Zool* tortue.

tortura [tortúra] *s. f.* torture.

torturar [torturár] *v. tr.* torturer.

tos [tos] *s. f.* toux. ‖ **~ ferina** coqueluche.

tosco, -ca [tósko] *adj* grossier, -ière.

toser [tosér] *v. intr.* tousser.

tosquedad [toskeðáð] *s. f.* grossièreté.

tostada [tostáða] *s. f.* 1. tranche de pain grillé. 2. (de pan de molde) toast *m.* ‖ **tostadas** *s. f. pl.* 3. pain grillé [Tomé tostadas. J'ai pris du pain grillé].

tostado, -da [tostáðo] *adj* 1. (la piel) hâlé, -ée; brun, -ne (moreno); tanné, -ée (curtido). 2. grillé, -ée (Pan tostado. Du pain grillé). 3. (el café) torréfié, -ée.

tostar [tostár] *v. tr.* 1. (la carne, el pan) griller. 2. (asar) rôtir. 3. (el café) torréfier. 4. (la piel) hâler, bronzer. ‖ **tostarse** *v. pr.* 5. griller.

tostón [tostón] *s. m.* 1. (garbanzo) ostado) pois chiche grillé. 2. *fam.* (persona o cosa latosa) casse-pieds. 3. *fam.* (película) histoire *f* navet.

total [total] *adj* 1. total, -le. ‖ *s. m.* 2. montant, total. ‖ *adv.* 3. bref, enfin. ‖ **en ~** en tout.

totalidad [totaliðáð] *s. f.* totalité. ‖ **en su ~** dans son intégralité | entièrement.

tour [túr] *s. m.* tour. • *Pl.* tours.

tóxico, -ca [tóksiko] *adj* 1. toxique; vénéneux, -euse. ‖ *s. m.* 2. toxique.

tozudo, -da [toθúðo] *adj* y *s. m.* y *f.* têtu, -ue; opiniâtre.

traba [tráβa] *s. f. fig.* (obstáculo) entrave. ‖ **poner trabas** entraver, limiter.

trabajador, -ra [traβaxaðór] *adj* y *s. m.* y *f.* 1. travailleur, -euse. 2. (obrero) ouvrier, -ière. ‖ *s. m.* y *f.* 3. ouvrier, -ière.

trabajar [traβaxár] *v. intr.* travailler.

trabajo [traβáxo] *s. m.* travail.

trabalenguas [traβaléŋgwas] *s. m. inv.* phrase piège.

trabar [traβár] *v. tr.* 1. lier. 2. (encajar) joindre, assembler. 3. (conversación, batalla) engager. 4. (los pies) empêtrer. 5. *fig.* (relaciones) nouer.

tractor [traktór] *s. m.* tracteur.

tradición [traðiθjón] *s. f.* tradition.

tradicional [traðiθjonál] *adj* traditionnel, -elle.

traducción [traðukθjón] *s. f.* traduction. ‖ **~ directa** (a la lengua materna) version. ‖ **~ inversa** (a una lengua que no es la propia) thème *m.*

traducir [traðuθír] *v. tr.* traduire.

traductor, -ra [traðuktór] *adj* y *s. m.* y *f.* traducteur, -trice.

traer [traér] *v. tr.* 1. (personas) amener. 2. (cosas) apporter. 3. (llevar, transportar) porter. 4. (adonde uno se encuentra) ramener [Ha traído un amigo y unos regalos. Il a ramené un ami et des cadeaux]. 5. (noticias, mensajes, información) rapporter. 6. (devolver) rapporter. ‖ **~ consigo** (implicar) comporter. ‖ **volver a ~** (a una persona) ramener (à nouveau). | (cosas) rapporter (à nouveau).

traficar [trafikár] *v. tr.* trafiquer.

tráfico [tráfiko] *s. m.* trafic.

tragaluz [tRayalúθ] *s. m.* 1. lucarne *f*; mansarde *f*; œil-de-bœuf *m*. 2. respiradero de un sótano soupirail.

tragaperras [tRayapéRas] *adj. inv.* 1. à sous. ‖ *s. f.* 2. machine à sous.

tragar [tRayár] *v. tr.* 1. (engullir) avaler; engloutir. 2. *fig.* (aguantar) digérer. 3. (hacer desaparecer) engouffrer. ‖ **tragarse** *v. pr.* 1. *fig.* (creer una mentira) avaler. ‖ **~ agua** (nadando) boire la tasse.

tragedia [tRaxéðja] *s. f.* tragédie.

trágico, -ca [tráxiko] *adj.* tragique.

trago [tRáyo] *s. m.* 1. (de bebida) gorgée *f*; coup *f*. (una vez) trait (De un (solo) trago, D'un seul trait.] ‖ **echar un ~** boire un coup. **mal ~** coup dur.

tragón, -gona [tRayón] *adj. y s. m. y f.* glouton, -onne, goulu, -ue.

traición [trajθjón] *s. f.* trahison. 2. (perfidia) traîtrise.

traicionar [trajθjonár] *v. tr.* trahir.

traidor, -ra [trajðór] *adj. y s. m. y f.* traître, -esse.

traje [tráxe] *s. m.* 1. vêtement. 2. (de chaqueta y pantalón) costume; complet. 3. (de hombre) habit. 4. robe *f*. [Traje de niño, Robe de bébé.] 5. (atuendo complemento) toilette *f*. 6. (para un acto o actividad) habit [Traje de gala, traje de payaso, Habit de gala, habit de clown.] 7. (propio de una actividad o profesión) tenue *f*. [Traje de tarde, traje militar, Tenue de soirée, tenue militaire.] 8. combinaison *f*. [Traje de buceo, de esquí, *Combinaison de plongée, de ski.*] ‖ **~ de baño** maillot de bain. **~ de chaqueta** tailleur.

trajín [traxín] *s. m.* 1. (circulación) trafic. 2. *fam.* (ajetreo) remue-ménage.

trama [tráma] *s. f.* trame.

tramar [tramár] *v. tr.* 1. (hacer una trama de hilos) tramer. 2. (urdir una intriga) tramer; nouer; ourdir. 3. *fig.* (maquinar) manigancer, machiner, couver.

trámite [trámite] *s. m.* 1. démarche. 2. (formalizar) formalité.

tramo [trámo] *s. m.* 1. (de terreno) lot. 2. (de escalera) étage. 3. (de carretera) tronçon. 4. (de carretera, ferrocarril) voie *f*.

trampa [trámpa] *s. f.* 1. (de caza) trappe; piège *f*. 2. (lazo) lacs *m*. 3. (en el juego) tricherie. 4. (celada) traquenard *m*; embûche. ‖ **hacer trampas** tricher.

trampolín [trampolín] *s. m.* 1. tremplin. 2. *fig.* templin. ‖ **salto de ~** plongeon.

tramposo, -sa [trampóso] *adj.* 1. tricheur, -euse. ‖ *s. m. y f.* 2. tricheur, -euse.

trance [tránθe] *s. m.* 1. (circunstancia) moment. 2. (mal trago) mauvais pas. 3. (de un medium) transe *f*.

tranquilidad [traŋkiliðáð] *s. f.* 1. tranquillité *f*. calme. 2. (descanso) répit *m*. 3. (confianza, seguridad) tranquillité.

tranquilizante [traŋkiliθánte] *adj. y s. m.* tranquillisant, -e.

tranquilizar [traŋkiliθár] *v. tr.* 1. (calmar, sosegar) tranquilliser, apaiser. 2. (dar confianza) rassurer.

tranquilo, -la [traŋkílo] *adj.* 1. tranquille. 2. (pacífico, apacible) paisible [Un hombre tranquilo, un río tranquilo. *Un homme paisible, un fleuve paisible.*] 3. (en calma) calme. ‖ **¡ ~ ! ¡ tranqui !** du calme!

transacción [transakθjón] *s. f.* 1. transaction. 2. (trato) marché *m*.

transatlántico, -ca [transatlántiko] *adj. y s. m.* transatlantique.

TRANSBORDADOR - TRASLADAR

transbordador [transβoɾðaðóɾ] *s. m.*
1. transbordeur. **2.** ferry-boat. **3.** (en un
río o lago) bac.
transbordar [transβoɾðáɾ] *v. tr.* **1.** trans-
border. ‖ *v. intr.* **2.** (de tren) changer.
transbordo [transβóɾðo] *s. m.* **1.** (de tren)
changement. **2.** (de metro) correspon-
dance. ‖ **hacer ~** changer; prendre la
correspondance.
transcribir [transkɾiβíɾ] *v. tr.* transcrire.
transcurrir [transkuříɾ] *v. intr.* s'écouler.
transcurso [transkúɾso] *s. m.* cours; pé-
riode *f.*
transeúnte [transeúnte] *s. m. y f.* **1.** pas-
sant, -te. **2.** (peatón) piéton, -onne.
transferencia [transfeɾénθja] *s. f.* **1.** (de
poderes, de bienes, de cosas) transfert
m. **2.** *Econ.* (de dinero) virement *m.* **3.** (de
fondos, de una propiedad) transfert *m.*
‖ **hacer una ~** virer.
transferir [transfeɾíɾ] *v. tr.* transférer.
transformar [transfoɾmáɾ] *v. tr.* transformer.
transfusión [transfusjón] *s. f.* transfusion.
transición [transiθjón] *s. f.* transition.
transistor [transistóɾ] *s. m.* transistor.
transitable [transitáβle] *adj.* praticable.
transitar [transitáɾ] *v. tr.* passer.
transitivo, -va [transitíβo] *adj., Ling.*
transitif, -ive.
tránsito [tránsito] *s. m.* **1.** (paso) passage.
2. (de mercancías, de pasajeros) transit.
3. (circulación, tráfico) circulation *f.*
transitorio, -ria [transitóɾjo] *adj.* **1.** tran-
sitoire. **2.** (provisional) provisoire.
transmisor [transmisóɾ] *s. m.* transmetteur.
transmitir [transmitíɾ] *v. tr.* **1.** transmet-
tre. **2.** *fig.* (vehicular) véhiculer.
transparencia [transpaɾénθja] *s. f.*
1. transparence. **2.** (para presentación de
trabajos) transparent *m.*

transparente [transpaɾénte] *adj.* transpa-
-te.
transpirar [transpiɾáɾ] *v. intr.* transpirer.
transportar [transpoɾtáɾ] *v. tr.* transporter.
transporte [transpóɾte] *s. m.* transport.
transversal [transβeɾsál] *adj.* transversal,
-le.
tranvía [trambía] *s. m.* tramway.
trapecio [trapéθjo] *s. m.* trapèze.
trapecista [trapeθísta] *s. m. y f.* trapéziste.
trapero, -ra [trapéɾo] *s. m. y f.* **1.** chiffon-
nier, -ière. **2.** (ropavejero) fripier, -ière.
trapo [trápo] *s. m.* **1.** (trozo de tela) chif-
fon. **2.** (de cocina) torchon. **3.** (bayeta)
frottoir.
tras [trás] *prep.* **1.** derrière [Tras la puerta.
Derrière la porte.] **2.** (siguiendo a) après;
derrière [Correr tras él. *Courir après lui.*]
3. (temporal) après [Tras varios días.
Après quelques jours.] **4.** (más allá de,
por el otro lado de) de l'autre côté de;
derrière; au-delà de. **5.** (después) der-
rière; après. ‖ *interj.* **6.** après [¡Tras él!
Après lui!] ‖ **~ de** derrière.
trascendencia [trasθendénθja] *s. f.*
1. transcendance. **2.** (alcance) importan-
ce; portée.
trascendental [trasθendentál] *adj.* **1.** im-
portant, -te. **2.** (sublime) transcendant,
-te. **3.** (transcendente) transcendant, -te.
trasegar [traseɣáɾ] *v. tr.* **1.** (trastornar,
molestar) déranger. **2.** (cambiar de reci-
piente) transvaser.
trasero, -ra [traséɾo] *adj.* **1.** postérieur,
-re. **2.** arrière [Luz trasera. *Feu arrière.*]
‖ *s. m.* **3.** derrière; fesses *f. pl.*
trasladar [traslaðáɾ] *v. tr.* **1.** (mover de si-
tio) déplacer. **2.** (dejar en otro sitio) por-
ter [Trasladar al enfermo a la cama. *Por-
ter le malade sur le lit.*] **3.** (muebles)

traslado [traslaðo] *s. m.* 1. (de un funcionario) mutation *f.* 2. (de restos mortales) translation *f.*; transfert *m.* 3. (de residencia, de trabajo) changement *m.*

trasluz, al [traslúθ] *loc. adv.* en transparence. || **mirar al ~** mirer.

trasnochar [trasnotʃár] *v. intr.* 1. (acostarse tarde) se coucher tard. 2. velar toda la noche veiller, passer la nuit blanche.

traspapelar [traspapelár] *v. tr.* égarer (un papier).

traspasar [traspasár] *v. tr.* 1. (atravesar) traverser [Prohibido traspasar. *Défense de traverser*]. 2. hacer un agujero percer. 3. *fig.* (el dolor) transpercer. 4. (un comercio) céder. 5. *Der.* (por orden oficial) transférer.

traspaso [traspáso] *s. m.* 1. (de un local) cession *f.*; d'un fonds de commerce). 2. (de un jugador) transfert.

traspié o traspiés [traspjé] *s. m.* faux pas.

trasplantar [trasplantár] *v. tr.* transplanter.

trastada [trastáða] *s. f.*, *fam.* 1. (jugarreta) mauvais coup. 2. (travesura) espièglerie.

traste [tráste] *s. m.* (de la guitarra) touche *f.* || **dar al ~ con** faire capoter.

trastero [trastéro] *s. m.* débarras, fourretout.

trastienda [trastjénda] *s. f.* arrière-boutique.

trasto [trásto] *s. m.* 1. (chisme) machin. 2. (mueble) vieux meuble. || **trastos** *s. m. pl.* 3. *fam.* (chismes, cosas) affaires *f. pl.* 4. cosas en desorden) bazar *sing.* || **trastos viejos** vieilleries *f. sing.*

trastornar [trastornár] *v. tr.* 1. (revolver, desordenar) déranger, bousculer. 2. (la salud) déranger. 3. (la razón) troubler. 4. (sentimientos) bouleverser *fam.*

trastorno [trastórno] *s. m.* 1. (desarreglo) dérangement. 2. *fam.* (conmoción) bouleversement. 3. (profundo cambio) renversement. || **trastornos** *s. m. pl.* 4. troubles.

trata [trála] *s. f.* traite; vente.

tratable [tratáβle] *adj.* 1. traitable. 2. (de trato agradable) agréable.

tratado [tratáðo] *s. m.* traité.

tratamiento [tratamjénto] *s. m.* 1. traitement. 2. (nombre para dirigirse a alguien) titre *m.* || **~ de texto** traitement de texte.

tratante [tratánte] *s. m. y f.* marchand, -de.

tratar [tratár] *v. tr.* 1. traiter. 2. (curar) soigner. 3. (frecuentar) fréquenter. || *v. intr.* 4. (intentar) essayer, chercher. 5. (sobre un tema) porter. || **tratarse** *v. pr.* 6. s'agir de. *Il s'agit de*]. 7. verse con frecuencia) se fréquenter.

trato [tráto] *s. m.* 1. (forma de comportarse) comportement. 2. (de personas) fréquentation *f.* 3. (acuerdo) marché. || **tratos** *s. m. pl.* 4. (negociaciones) pourparlers. 5. (ocultos) tractations *f.* || **tener ~** fréquenter.

trauma [tráwma] *s. m.*, *Med.* 1. lesión o emoción que causa daño) trauma. 2. (consecuencia de una lesión) traumatisme.

través [traβés] *s. m.* travers [De través. *Au travers*]. || **a ~ de** à travers. (por mediación de) moyennant, par l'intermédiaire de.

travesaño [traβesáɲo] *s. m.* traverse *f.*

travesía [traβesía] *s.f.* **1.** traversée. **2.** (callejuela) passage *m.* **3.** (tramo de carretera que pasa por una ciudad) tronçon *m.*

travestido, -da [traβestiðo] *adj.* **1.** travesti, -ie. || ~ *s. m. y f.* **2.** (que hace travestismo) travelo *m. fam.*

travesura [traβesúra] *s.f.* espièglerie, diablerie.

travieso, -sa [traβjéso] *adj.* **1.** (que hace travesuras) tracasseur, -euse; espiègle; malicieux, -euse; polisson, -onne. **2.** (revoltoso) méchant, -te; turbulent, -te. **3.** (infantil) garnin, mutin, -ne. || ~ **niño** ~ polisson, -onne.

trayecto [trajékto] *s. m.* **1.** trajet. **2.** (recorrido) parcours.

trayectoria [trajektórja] *s.f.* trajectoire.

traza [tráθa] *s.f.* **1.** (diseño, plano) plan *m.* de trazar; tracement; tracage.

trazado [traθáðo] *s. m.* **1.** tracé. **2.** (acción de trazar) tracement; tracage.

trazar [traθár] *v. tr.* **1.** tracer. **2.** (líneas) tirer. **3.** (un círculo) décrire. **4.** (un plan, un proyecto) échafauder. **5.** *fig.* (un camino) frayer.

trazo [tráθo] *s. m.* **1.** (raya) trait. **2.** (línea) ligne *f.* **3.** (de la escritura) jambage.

trébol [tréβol] *s. m. Bot.* trèfle.

trece [tréθe] *adj. y pron.* **1.** treize. || *s. m.* **2.** treize.

trecho [tréʧo] *s. m.* **1.** (intervalo) moment; intervalle. **2.** (caminata, distancia) traite *f.*; route *f. fam.*

tregua [tréɣwa] *s.f.* trêve. || **sin ~** sans cesse.

treinta [tréjnta] *adj. y pron.* **1.** trente. || *s. m.* **2.** trente.

tremendo, -da [treméndo] *adj.* **1.** terrible. **2.** (impactante) effroyable. **3.** (muy grande o intenso) énorme.

trémulo, -la [trémulo] *adj.* tremblant, -te.

tren [trén] *s. m.* **1.** train. **2.** (del metro) convoi; rame *f.* (unidad). || ~ **de alta velocidad** train à grande vitesse; T.G.V.

trenca [tréŋka] *s.f.* duffle-coat *m.*

trenza [trénθa] *s.f.* **1.** tresse. **2.** (de pelo) natte.

trenzar [trenθár] *v. tr.* (el pelo) tresser.

trepador, -ra [trepaðór] *adj.* **1.** grimpeur, -euse. **2.** (planta) grimpant, -te.

trepar [trepár] *v. intr.* **1.** grimper. **2.** (las plantas) ramper.

trepidar [trepiðár] *v. intr.* **1.** (sufrir sacudidas) trépider. **2.** (de miedo) trembler; frissonner.

tres [trés] *adj. y pron.* **1.** trois. || *s. m.* **2.** trois.

trescientos, -tas [tresθjéntos] *adj. y pron.* (también *s. m. inv.*) trois cents. • Sólo las centenas simples utilizan "cents"; trois cents, trois cent vingt.

treta [tréta] *s.f.* artifice *m.*

triangular [triaŋgulár] *adj.* triangulaire.

triángulo [triáŋgulo] *s. m.* triangle.

tribu [tríβu] *s.f.* tribu.

tribulación [triβulaθjón] *s.f.* tribulation.

tribuna [triβúna] *s.f.* tribune.

tribunal [triβunál] *s. m.* **1.** (juicio moral o divino) tribunal. **2.** (en un examen) jury. **3.** *Der.* (juzgado) tribunal. **4.** (de orden superior) cour *f.* || **Tribunal Supremo** Cour de cassation.

tributar [triβutár] *v. tr.* payer des impôts.

tributo [triβúto] *s. m.* **1.** tribut. **2.** (impuesto) impôt.

triciclo [triθíklo] *s. m.* tricycle.

tricornio [trikórnjo] *adj. y s. m.* tricorne.

trienio [trjénjo] *s. m.* triennat.

trigo [tríɣo] *s. m.* blé.

trilla [tríλa] *s. f.* **1.** (trillo) herse à blé. **2.** (acción y época de trillar) battage *m.*
trilladora [triλaðóra] *s. f.* Agr. batteuse.
trillar [triλár] *v. tr.* Agr. battre.
trillo [tríλo] *s. m.* herse à blé.
trimestre [trimèstre] *s. m.* trimestre.
trinar [trinár] *v. intr.* faire des roulades.
trincar [triŋkár] *v. tr.*, *fam.* **1.** (coger) attraper. **2.** (hurtar) chiper. **3.** (comer, beber de un trago) siffler.
trinchar [trintʃár] *v. tr.* trancher.
trinchera [trintʃéra] *s. f.* **1.** Mil. tranchée. **2.** (impermeable) trench-coat.
trineo [trinéo] *s. m.* traîneau.
trino [tríno] *s. m.* trille, roulade *f.*
trío [trío] *s. m.* **1.** (tres personas) trio. **2.** Mús. (terceto) trio. **3.** (póker, dados) brelan.
tripa [trípa] *s. f.* **1.** tripe; boyau *m.* ǁ **tripas** *s. f. pl.* **2.** (del hombre) boyaux *m.*
triple [tríple] *adj.* y *s. m.* triple.
triplicar [triplikár] *v. tr.* **1.** tripler. **2.** (repetir) faire trois fois. ǁ **triplicarse** *v. pr.* **3.** tripler; être multiplié par trois.
trípode [trípoðe] *s. m.* (de cámara) trépied.
triptongo [triptóŋgo] *s. m.* triphtongue *f.*
tripulación [tripulaθjón] *s. f.* (de un barco o avión) équipage.
tripulante [tripulánte] *s. m.* y *f.* membre de l'équipage.
tripular [tripulár] *v. tr.* (pilotar) piloter.
tris [tris] *s. m.* bruit léger; ǁ **un ~** *fig.* y *fam.* un rien.
trisílabo, -ba [trisílaβo] *adj.* trisyllabe; trisyllabique.
triste [tríste] *adj.* **1.** triste. **2.** (pensamientos, estado de humor) sombre; morne. **3.** *fig.* (mísero) pauvre.
tristeza [tristéθa] *s. f.* tristesse
triturar [triturár] *v. tr.* triturer; broyer.
trivial [triβjál] *adj.* banal, -e.
triunfar [trjuɱfár] *v. intr.* **1.** triompher; vaincre. **2.** *fig.* (en la vida, en un proyecto) réussir; arriver.
triunfo [trjuɱfo] *s. m.* **1.** triomphe. **2.** (éxito) réussite *f.* **3.** (victoria) victoire *f.*
trocar [trokár] *v. tr.* décevoir.
trofeo [troféo] *s. m.* trophée.
trola [tróla] *s. f.* mensonge *m.*
tromba [trómba] *s. f.* (lluvia) trombe.
trombón [trombón] *s. m.*, Mús. **1.** (instrumento) trombone. **2.** (músico) tromboniste. ǁ **~ de llaves** llaves trombone à pistones. ǁ **~ de varas** trombone à coulisse.
trompa [trómpa] *s. f.* **1.** (de elefante) trompe. **2.** Mús. (instrumento) trompe. **3.** (de caza, de llaves) cor *m.* **4.** (cometa) cometa **5.** *fam.* (borrachera) cuite.
trompazo [trompáθo] *s. m.* **1.** (choque) heurt; coup. **2.** (caída) chute *f.* ǁ **darse un ~** *fam.* se cogner; (con el coche) rentrer dans; (caerse) se casser la figure.
trompeta [trompéta] *s. f.* Mús. trompette.
trompicón [trompikón] *s. m.* **1.** (tropiezo) faux pas. **2.** (sacudida) à-coup; sacade *f.*; cahot (del coche). ǁ **a trompicones** par saccades; par à-coups.
trompo [trómpo] *s. m.* (peonza) toupie *f.*
tronar [tronár] *v. impers.* **1.** (estallar u oírse el trueno) tonner. ǁ *v. intr.* **2.** (un cañón) tonner. **3.** *fig.* retentir.
tronchar [trontʃár] *v. tr.* **1.** (le tronc, les branches) briser; casser. ǁ **troncharse** *v. pr.* **2.** être plié; se tordre.
tronco [tróŋko] *s. m.* **1.** (de un árbol) tronc. **2.** (leñoso de una planta) tige *f.*; **3.** (para quemar) bûche *f.* **4.** *fig.* (estirpe) souche *f.*
trono [tróno] *s. m.* trône.

TROPA - TUNANTE

tropa [trópa] *s.f.* 1. troupe; bande. 2. (armada) bande; armée (éjercito).

tropel [trópel] *s. m.* 1. (muchedumbre) cohue *f.*; foule *f.* 2. (manifestación pública desordenada) attroupement.

tropezar [tropeθár] *v. intr.* 1. (con el pie) trébucher, buter. 2. *fig.* (topar se) heurter; se trouver nez à nez. ‖ **tropezar- se** *v. pr.* 3. (chocar) se heurter. 4. (encontrarse con alguien) se trouver nez à nez avec.

tropezón [tropeθón] *s. m.* 1. faux pas. 2. *fig.* faux pas. ‖ **tropezones** *s. m. pl.* 3. *Gastr.* (acompañamiento del gazpacho) morceaux (garniture du gazpacho).

tropical [tropikál] *adj.* tropical, -le.

trópico [trópiko] *s. m.* tropique.

tropiezo [tropjéθo] *s. m.* 1. (tropezón) faux pas. 2. (con lo que se tropieza) obstacle.

troquel [trokél] *s. m.* coin.

trotamundos [rotamúndos] *s. m. y f. inv.* globe-trotter.

trotar [trotár] *v. intr.* trotter. ‖ **~ corto** trottiner.

trote [tróte] *s. m.* trot. ‖ **ir al ~** trotter.

trovador [troβaðór] *s. m.* 1. (del sur de Francia) troubadour. 2. (del norte de Francia) trouvère.

trozo [tróθo] *s. m.* 1. (pedazo) morceau. 2. (de forma irregular) bout. 3. (parte) partie *f.* 4. (de un texto) passage. 5. (cortado o roto) tronçon. 6. (resto de algo roto) débris.

trucha [trútʃa] *s.f.* truite.

truco [trúko] *s. m.* truc; astuce *f.*

trueno [trwéno] *s. m.* tonnerre *f.*

trueque [trwéke] *s. m.* troc.

tu [tu] *adj. pos. 2ª sing.* 1. ton [Tu cajón, tu autoridad. *Ton tiroir, ton autorité*]. ‖ *adj. pos. 2ª sing. f.* 2. ta [Ta valise. *Tu maleta*]. ‖ **tus** *adj. pos. 2ª sing. pl.* 3. tes [Tus maletas, tus viajes. *Tes valises, tes voyages*].

• Se usa "ton" delante de s. m. sing. y cuando un s. f. sing. empieza por vocal o "h" muda.

tú [tu] *pron. pers. 2ª sing.* 1. (sujeto) tu. 2. toi [Tu padre y tú. *Ton père et toi*].

tuba [túβa] *s.f.* *Mús.* (instrumento) tuba *m.*

tubérculo [tuβérkulo] *s. m.* tubercule.

tubería [tuβería] *s.f.* 1. (de agua) conduite; tuyau. ‖ **tuberías** *s.f. pl.* 2. (conjunto de tuberías) tuyauterie *sing.*

tubo [túβo] *s. m.* 1. tube. 2. (de canalización) tuyau. ‖ **~ de escape** tuyau d'échappement.

tuerca [twérka] *s.f.* écrou *m.*

tuerto, -ta [twérto] *adj. y s. m. y f.* borgne.

tufo [túfo] *s. m.* 1. (mal olor) relent. 2. (bocanada) bouffée *f.*

tulipán [tulipán] *s. m. Bot.* (flor) tulipe *f.*

tumba [túmba] *s.f.* 1. tombe; tombeau *m.* 2. fosse.

tumbar [tumbár] *v. tr.* 1. (acostar) étendre; coucher. 2. (volcar) renverser; coucher. 3. (de un golpe fuerte) assommer. ‖ **tumbarse** *v. pr.* 4. (echarse) se coucher; s'étendre, s'allonger. 5. (con precipitación) se jeter.

tumbo [túmbo] *s. m.* cahot (del coche). ‖ **dar tumbos** cahoter.

tumbona [tumbóna] *s.f.* chaise longue.

tumor [tumór] *s. m.* tumeur *f.*

tumulto [tumúlto] *s. m.* tumulte.

tumultuoso, -sa [tumultwóso] *adj.* 1. tumultueux, -euse. 2. (aguas) bouillonnant, -e.

tuna [túna] *s.f.* orchestre d'étudiants.

tunante, -ta [tunánte] *adj. y s. m. y f.* fripon, -onne.

tunda [túnda] *s. f. fam.* rossée; volée.
túnel [túnel] *s. m.* tunnel.
túnica [túnika] *s. f.* tunique.
tuno, -na [túno] *adj. y s. m. y f.* **1.** (tunante) fripon, -onne. ‖ *s. m.* **2.** (miembro de una tuna) étudiant membre d'une tuna.
tupé [tupé] *s. m.* toupet.
tupido, -da [tupído] *adj.* **1.** (espeso) épais, -aisse; dense. **2.** (tejido) serré, -ée. **3.** (trigo) dru, -ue. **4.** (pelo) touffu, -ue.
turba¹ [túrβa] *s. f.* tourbe.
turba² [túrβa] *s. f.* (carbón) tourbe.
turbación [turβaθjón] *s. f.* trouble *m.*
turbante [turβánte] *s. m.* turban.
turbar [turβár] *v. tr.* **1.** (perturbar, alterar) agiter. **2.** (aturdir) troubler.
turbina [turβína] *s. f. Mec.* turbine.
turbio, -bia [túrβjo] *adj.* **1.** (un líquido) trouble; boueux, -euse. **2.** *fig.* (un asunto) confus, -use; louche. **3.** (oscuro, amenazador) trouble.
turbulento, -ta [turβulénto] *adj.* turbulent, -te.
turismo [turísmo] *s. m.* tourisme.

turista [turísta] *s. m. y f.* touriste.
turnar [turnár] *v. intr.* **1.** faire à tour de rôle. ‖ **turnarse** *v. pr.* **2.** (alternarse) alterner. **3.** (relevarse) se relayer. ‖ **de ~** de service. **por ~** à la ronde [Beber por turno. *Boire à la ronde*] **à tour de rôle** [chacun son tour [*Presentación por turnos. Présentation à tour de rôle*].
turno [túrno] *s. m.* **1.** (vez) tour [Es mi turno. *C'est mon tour*] **3.** (rotación de puesto) roulement [Por turno. *Par roulement*]. ‖ **de ~** de service. **por ~** à la ronde ‖ **por turnos** à tour de rôle; chacun son tour [Presentación por turnos. *Présentation à tour de rôle*].
turquesa [turkésa] *s. f.* turquoise. ‖ *adj. inv.* **2.** turquoise.
turrón [turrón] *s. m.* **1.** touron (typique espagnol). **2.** (típico francés) nougat.
tutear [tuteár] *v. tr.* tutoyer.
tutela [tutéla] *s. f.* tutelle; protection.
tutor, -ra [tutór] *s. m. y f.* tuteur, -trice.
tuti-frutti [tutifrúti] *s. m. inv.* tutti frutti.
tutú [tutú] *s. m.* (falda de ballet) tutu.
tuyo, -ya [tú(j)o] *pron. pos. m. y f.* **1.** tien, -enne [Es la tuya. *C'est la tienne*]. **2.** à toi [Es tuyo. *C'est à toi*]. ‖ **tuyos, -yas** *pron. pos. 2ª sing.* **3.** tiens, -ennes.

U

u [ü] s.f. u núm. • "O" devient "u" devant un mot commençant par "o" ou "ho-": *seis o siete, siete u ocho*.

u² [ü] *conj.* ou.

ubicación [ubikaθjón] *s.f.* position; situation; emplacement *m.*

ubicar [ubikár] *v. tr.* **1.** (colocar, situar) placer. **2.** localiser *Ubicar la nueva fábrica. Localiser la nouvelle usine.* ‖ **ubicarse** *v. pr.* **3.** se trouver, être.

ubre [úβre] *s.f.* **1.** (de vacas) pis *m.* **2.** (hembras) mamelle.

ujier [uxjér] *s.m.* huissier.

úlcera [úlθera] *s.f. Med.* ulcère.

ulterior [ulterjór] *adj.* ultérieur, -re.

ultimar [ultimár] *v. tr.* conclure.

ultimátum [ultimátum] *s.m.* ultimatum.

último, -ma [último] *adj.* y *s.* m. y f. **1.** dernier, -ière. **2.** (final) ultime *[La recompensa última. La récompense ultime].* ‖ **por ~** (enumeración) enfin, finalement.

ultrajar [ultraxár] *v. tr.* outrager.

ultraje [ultráxe] *s.m.* outrage.

ultraligero, -ra [ultraliχéro] *adj.* ultraléger, -ère. ‖ *s. m.* **3.** *Aeron.* ultra léger motorisé, U.L.M.

ultramar [ultramár] *s. m.* **1.** outre-mer. **2.** (país) pays d'outre-mer. ‖ **a ~** outre-mer *[Viajar a ultramar. Voyager outre-mer].* ‖ **en ~** outre-mer *[Eso se encuentra en ultramar. Cela se trouve outre-mer].*

ultramarino, -na [ultramarino] *adj.* **1.** d'outre-mer. ‖ **ultramarinos** *s. m. pl.* **2.** produits d'outre-mer. ‖ **tienda de ultramarinos** épicerie.

ultravioleta [ultraβjoléta] *adj.* Fís. ultraviolet, -ette. ‖ *s.f.* **rayos ~** Fís. ultravioletes.

ulular [ululár] *v. intr.* ululer.

umbilical [umbilikál] *adj. Anat.* ombilical, -le.

umbral [umbrál] *s. m.* **1.** seuil; pas; entrée *f.* **2.** *fig.* seuil.

umbrío, -a [umbrío] *adj.* **1.** (en sombra) ombragé, -ée; sombre. ‖ *s.f.* **2.** ubac *m.*

un, una [un] *art. indef.* **1.** un, -ne *[Un cuaderno, una puerta. Un cahier, une porte].* ‖ *adj. num.* **2.** un, -ne. ‖ **unos, -nas** *art. indef. pl.* **3.** des *[Quiero unos libros. Je veux des livres].* • "Uno" devient "un" devant s. *m. sing.* Lorsqu'un s. f. commence par "a" tonique, on le fait précéder de l'article masculin. Une arme. *Un arma.*

unánime [unánime] *adj.* unanime.

unanimidad [unanimiðáð] *s.f.* unanimité. ‖ **por ~** à l'unanimité.

unción [unθjón] *s.f. Rel.* onction.

undécimo, -ma [undéθimo] *adj. y pron.* (ordinal) onzième.

ungir [unxír] *v. tr. Rel.* oindre.

ungüento [ungwénto] *s. m.* onguent.

único, -ca [úniko] *adj.* **1.** unique. **2.** seul, -le *[La única razón. La seule raison].* ‖ *s. m.* y *f.* **3.** seul, -le. ‖ **lo ~** la seule chose.

unicornio, -nia [unikórnjo] *adj.* **1.** unicorne. ‖ *s. m.* **2.** licorne *f.*

unidad [uniðáð] *s.f.* **1.** unité. **2.** (de transporte) rame *[Una unidad de tren. Une rame de chemin de fer].*

unido, -da [uniðo] *adj.* **1.** uni, -ie. **2.** (juntos, pegado) joint, -te *[Con las manos unidas. Les mains jointes].* **3.** (relacionado) relié, -ée. **4.** (a alguien) attaché, -ée; lié. ‖ **estar ~ a alguien o a algo** (emocionalmente) s'attacher.

unifamiliar [unifamiljár] *adj.* unifamilial, -le.

unificar [unifikár] *v. tr.* **1.** unifier. **2.** (normalizar) standardiser.

uniformar [uniformar] v. tr. 1. (dar un uniforme) donner un uniforme. 2. (uniformizar) rendre uniforme.

uniforme [uniforme] *adj.* 1. uniforme. 2. (color, aspecto) uni, -ie. ‖ *s. m.* 3. uniforme. 4. (para una actividad o empleo) tenue *f.* ‖ **de ~ en** tenue.

unilateral [unilateral] *adj.* unilatéral, -e.

unión [unjon] *s. f.* 1. union. 2. alliance. 3. (punto de encuentro) jonction. 4. *Tecnol.* (junta) joint *m.* 5. (enlace) liaison. 6. *Med.* réunion. ‖ **la Unión Europea** l'Union Européenne.

unir [unir] *v. tr.* 1. unir. 2. (varias cosas) joindre. 3. (de dos en dos) accoupler. 4. (varios lugares o puntos) relier; joindre (la carretera une estos dos pueblos. La route relie ces deux villages). 5. (atar, sujetar) attacher, lacer, *fig.* *fig.* (crear un lazo) rattacher. 7. (poner en relación) relier. 8. joindre, marier (casar) (Unir en matrimonio, por la amistad. Joindre par le mariage, par l'amitié). ‖ **unirse** *v. pr.* 9. s'unir, se joindre. 10. (juntarse, mezclarse) se mêler (Sonidos que se unen a los cánticos. Des sons qui se mêlent à des chants). 11. (a un grupo) s'attacher. 12. (sentirse unido a alguien) adhérer.

unísono, -na [unisono] *adj.* 1. (voz) à l'unisson. ‖ *s. m.* 2. unisson.

unitario, -ria [unitarjo] *adj.* unitaire.

universal [uniβersal] *adj.* 1. universel, -elle. 2. (mundial) mondial, -e.

universidad [uniβersiðað] *s. f.* université. ‖ **~ laboral** [uniβersiðað laβoral] école d'enseignement technique.

universitario, -ria [uniβersitarjo] *adj.* universitaire.

universo [uniβerso] *s. m.* univers.

---

uno, -na [uno] *adj. num.* 1. (sólo detrás de s.) un, -e [Capítulo uno. *Chapitre un*]. ‖ *pron. num.* 2. un, -e [Le dio una. *Il lui en a donné une*]. ‖ *pron. indef.* 3. un, -e [Quiero uno. *J'en veux un*]. 4. l'un, -e [Uno de los días más felices de mi vida. *L'un des jours les plus heureux de ma vie*]. 5. (sujeto impersonal) on [Uno no sabe qué decir. *On ne sait pas quoi dire*]. 6. (complemento impersonal) vous [A uno le cansa el ruido. *Le bruit finit par vous lasser*]. ‖ *s. m.* 7. (cifra) un. 8. (primer día de cada mes) premier [El uno de mayo. *Le premier mai*]. ‖ **unos, -nas** *pron. indef. pl.* 9. en [¿Tienes unos (guantes)? *Tu en as (des gants)?*] 10. quelques-uns, -unes (de+adj.) [He leído unos muy buenos. *J'en ai lu quelques-uns de très bons*]. 11. (aproximadamente) à peu près, quelque; dans les [Cuesta unos mil francos. *Cela coûte dans les mille francs*]. ‖ **~ ... otro ...** l'autre [Uno hablaba, el otro callaba. *L'un parlait, l'autre se taisait*]. **~ a otro** l'un l'autre. **tras otro** l'un après l'autre. **unos a otros** les uns à tour de rôle. ● "Uno" devient "un" devant les autres. *s. m. sing.*

untar [untar] *v. tr.* 1. (con aceite o grasa) graisser. 2. (una rebanada de pan) tartiner. 3. (extender) étaler. ‖ **~ con mantequilla** beurrer.

unto [unto] *s. m.* 1. (grasa) graisse *f.* 2. (ungüento) onguent.

uña [uɲa] *s. f.* 1. ongle *m.* 2. (de las garras) griffe.

urbanidad [urβaniðað] *s. f.* urbanité.

urbanismo [urβanismo] *s. m.* urbanisme.

urbanización [urβaniθaθjon] *s. f.* (de una zona) aménagement *m.*

urbano, -na [urβáno] *adj.* urbain, -ne; citadin, -ne.

urbe [úrβe] *s.f.* cité; ville importante.

urdir [urðír] *v. tr.* **1.** (tejer) ourdir. **2.** (una intriga) nouer; ourdir tramer.

urgencia [urxénθja] *s.f.* urgence [Servicio de Urgencias, *Service des Urgences*].

urgente [urxénte] *adj.* **1.** urgent, -te. **2.** (apremiante) pressant, -te. **3.** (correo) exprès, -presse.

urgir [urxír] *v. tr. intr.* **1.** être urgent, presser. *v. tr.* **2.** presser [L'urgité para que tome una decisión, *Le presser pour qu'il prenne une décision*].

urinario [urinárjo] *s. m.* urinoir.

urna [úrna] *s.f.* urne.

urogallo [uroγáʎo] *s. m., Zool.* coq de Bruyère.

urraca [uráka] *s.f., Zool.* pie.

usado, -da [usáðo] *adj.* **1.** (deteriorado) usé, -ée. **2.** (sin deteriro) usagé, -ée. **3.** (utilizado) employé, -ée. *Una palabra poco usada, Un mot peut employé*.

usar [usár] *v. tr.* **1.** utiliser. **2.** (ropa) porter [Usa corbata, *Il porte des cravates*].

uso [úso] *s. m.* **1.** (costumbre) usage; coutume *f.*; pratique *f.* **2.** (utilización) utilisation *f.* [Informaciones de uso, *Notice d'utilisation*]. **3.** (al que se destina algo) affectation *f.*; emploi *m.* ∥ **fuera de ~** hors d'usage.

usted [usté] *pron. pers. 2ᵃ sing.* **1.** vous (vouvoiement au singulier). ∥ **ustedes** *pron. pers. 2ᵃ pl.* **2.** vous (vouvoiement au pluriel). ∥ **hablar de ~** vouvoyer. **tratar de ~** vouvoyer. ● "Usted" correspond à la 3ème pers. sing. et "ustedes" à la 3ème pers. pl. ● "Vous", se conjuga siempre en 2ᵃ pers. pl.

usual [uswál] *adj.* **1.** usuel, -elle. **2.** (habitual) courant, -te; habituel, -elle. **3.** (de uso común) d'usage [Formulas usuales, *Formules d'usage*].

usuario, -ria [uswárjo] *s. m. y f.* usager, -ère.

usura [usúra] *s.f.* usure.

usurero, -ra [usuréro] *adj. y s. m. y f.* usurier, -ère.

usurpar [usurpár] *v. tr.* **1.** (un título) usurper. **2.** *fig.* (derechos) empiéter.

utensilio [utensíljo] *s. m.* ustensile.

útero [útero] *s. m., Anat.* uterus.

útil [útil] *adj.* **1.** utile. **2.** (provechoso) profitable. ∥ *s. m.* **3.** (herramienta) outil. ∥ **ser ~** (servir) servir; rendre service [Le ha sido útil, *Cela lui a rendu service*].

utilidad [utiliðáð] *s.f.* utilité.

utilitario, -ria [utilitárjo] *adj. y s. m.* utilitaire.

utilización [utiliθaθjón] *s.f.* utilisation.

utilizar [utiliθár] *v. tr.* utiliser; se servir.

utopía [utopía] *s.f.* utopie.

uva [úβa] *s.f.* raisin *m.* ∥ **pasa** raisin sec.

V

v [úβe] *s. f.* v *m.*

vaca [báka] *s. f.* **1.** (animal) vache. **2.** (carne) bœuf *m.*

vacaciones [bakaθjónes] *s. f. pl.* **1.** (periodo) vacances [Estar, irse de vacaciones. *Être, partir en vacances.*] **2.** (laborales) congé *m. sing.* [Vacaciones retribuidas. *Congés payés.*] || **~ de verano** grandes vacances.

vacante [bakánte] *adj.* **1.** vacant, -te; libre. **2.** (vacío) vide. || *s. f.* **3.** vacance.

vaciar [baθiár] *v. tr.* **1.** vider. **2.** (practicar un hueco) évider. **3.** (una fosa séptica, un depósito, un recipiente) vidanger. || **vaciarse** *v. pr.* **4.** se vider.

vacilación [baθilaθjón] *s. f.* **1.** (balanceo) vacillation. **2.** *fig.* (indecisión) hésitation.

vacilante [baθilánte] *adj.* **1.** vacillant, -te. **2.** (indeciso) hésitant, -te.

vacilar [baθilár] *v. intr.* **1.** (tambalearse) vaciller; chanceler. **2.** (una luz) vaciller. **3.** *fig.* (titubear) hésiter.

vacío, -a [baθío] *adj.* **1.** vide. **2.** (vacante) vacant, -te; vide [Un apartamento vacío. *Un appartement vacant.*] **3.** *fig.* (vano) creux, -se; vide [Palabras vacías. *Des mots creux.*] || *s. m.* **4.** (la nada, el espacio) vide. **5.** (hueco) creux.

vacuna [bakúna] *s. f., Med.* vaccin *m.*

vacunación [bakunaθjón] *s. f.* vaccination.

vacunar [bakunár] *v. tr., Med.* vacciner.

vacuno, -na [bakúno] *adj.* bovin, -ne.

vado [báðo] *s. m.* **1.** (de un río) gué *m.* **2.** (salida de garaje) bateau *m.*

vagabundo, -da [baɣaβúndo] *adj.* **1.** vagabond, -de. || *s. m. y f.* **2.** (merodeador) rôdeur, -euse. **3.** (mendigo) vagabond, -de; clochard, -de; S.D.F. (Sans Domicile Fixe).

vagancia [baɣánθja] *s. f.* **1.** (pereza) paresse. **2.** *Der.* (delito) vagabondage *m.*

vagar [baɣár] *v. intr.* **1.** (errar) errer. **2.** (por las calles) flâner; courir les rues. **3.** (vagabundear) vagabonder. **4.** (tristemente) rôder. **5.** *fig.* (el pensamiento, la imaginación) vaguer.

vagina [baxína] *s. f., Anat.* vagin *m.*

vago, -ga [báɣo] *adj. y s. m. y f.* **1.** (holgazán) fainéant, -te. **2.** *Der.* vagabond, -de. || *adj.* **3.** vague; flou, -ou; indéfini, -ie.

vagón [baɣón] *s. m.* wagon *m.*

vaguear [baɣeár] *v. intr.* **1.** (no hacer nada) fainéanter; flemmarder. **2.** (perder el tiempo) musarder; traîner; flâner.

vaguedad [baɣeðáð] *s. f.* vague *m.*

vaho [báo] *s. m.* **1.** (de los cuerpos) fumée *f.* **2.** (en los cristales) buée *f.*

vaina [bájna] *s. f.* **1.** (de espada) fourreau *m.* **2.** *Bot.* (de guisantes) gousse. **3.** *Anat.* gaine.

vainilla [bajníʎa] *s. f.* vanille.

vaivén [bajβén] *s. m.* **1.** va-et-vient *inv.* **2.** (traqueteo) cahot. **3.** (fluctuación) fluctuation *f.*

vajilla [baxíʎa] *s. f.* **1.** vaisselle. **2.** service *m.* [Vajilla de loza. *Service de faïence.*]

vale [bále] *s. m.* **1.** bon. **2.** (recibo) reçu.

valedero, -ra [baleðéro] *adj.* valable.

valenciano, -na [balenθjáno] *adj.* **1.** valencien, -enne. || *s. m. y f.* **2.** Valencien, -enne.

valentía [balentía] *s. f.* courage *m.*

valer[1] [balér] *v. tr.* **1.** (costar) valoir; coûter [¿Cuánto vale? *Ça coûte combien?*] **2.** (tener importancia) compter; importer. **3.** (ser útil, servir) servir. || *v. impers.* **4.** valoir [Más vale. *Il vaut mieux.*] || **vale** *interj.* **5.** (de acuerdo) O.K.; d'accord.

VALEROSO - VARILLA

|| **¡vale ya!** assez! **~ la pena** valoir la peine; être la peine.

valeroso, -sa [baleróso] *adj.* vaillant, -te; courageux, -euse.

valía [balía] *s. f.* valeur.

validez [baliðéθ] *s. f.* validité.

válido, -da [báliðo] *adj.* **1.** (persona) valide. **2.** (documento) valable; bon, -onne.

valiente [baljénte] *adj.* **1.** courageux, -euse. **2.** (arrojado) brave. || *s. m. y f.* **3.** brave.

valija [balíxa] *s. f.* valise. [Valija diplomática. *Valise diplomatique.*]

valioso, -sa [baljóso] *adj.* **1.** (caro) précieux, -euse. **2.** (objetos de valor) de valeur [Un cuadro valioso. *Un tableau de valeur.*] **3.** *fig.* (estimable, de valor) précieux, -euse. **4.** (abundante) riche [Un tesoro valioso. *Un trésor riche.*] **5.** *fig.* (provechoso) riche.

valla [báʎa] *s. f.* **1.** (cercado) clôture. **2.** (empalizada) palissade. **3.** (seto) haie. **4.** *Dep.* haie.

vallado [baʎáðo] *s. m.* palissade *f.*

vallar [baʎár] *v. tr.* palissader.

valle [báʎe] *s. f.* **1.** vallée *f.* **2.** (topónimo) val [El valle del Loira. *Le val de Loire.*]

valor [balór] *s. m.* **1.** valeur *f.* **2.** (ánimo) courage. **3.** (arrojo) bravoure *f.;* vaillance *f.* || **dar ~** (alentar) encourager.

valoración [baloraθjón] *s. f.* **1.** (evaluación) évaluation. **2.** (estimación) estimation.

valorar [balorár] *v. tr.* **1.** évaluer. **2.** (hacer una apreciación) estimer. **3.** (poner una calificación) coter.

vals [báls] *s. m.* (música y danza) valse *f.*

valva [bálβa] *s. f.* valve.

válvula [bálβula] *s. f.* **1.** *Anat.* valvule. **2.** *Tecnol.* (de radio) lampe. **3.** (del mo-

tor) soupape. **4.** valve [Válvula electrónica, de gas. *Valve électronique, à gaz.*]

vampiro [bampíro] *s. m.* vampire.

vanagloriarse [banaɣlorjárse] *v. pr.* **1.** se glorifier. **2.** (alardear de) se vanter.

vandalismo [bandalísmo] *s. m.* vandalisme.

vanguardia [baŋgwárðja] *s. f.* avant-garde.

vanidad [baniðáð] *s. f.* vanité.

vanidoso, -sa [baniðóso] *adj. y s. m. y f.* vaniteux, -euse.

vano, -na [báno] *adj.* **1.** vain, -ne. **2.** *fig.* (hueco, vacío) vide [Palabras vanas. *Des mots vides.*] || *s. m.* **3.** (hueco) baie *f.;* embrasure *f.*

vapor [bapór] *s. m.* vapeur *f.*

vaporizador [baporiθaðór] *s. m.* vaporisateur.

vaporizar [baporiθár] *v. tr.* vaporiser.

vaporoso, -sa [baporóso] *adj.* vaporeux, -euse.

vaquero, -ra [bakéro] *s. m. y f.* vacher, -ère. || **pantalón ~** blue-jean.

vara [bára] *s. f.* **1.** (larga para el ganado) perche. **2.** (de madera) baguette. **3.** (de metal) verge.

varar [barár] *v. tr. e intr.* échouer.

variable [barjáβle] *adj.* variable.

variación [barjaθjón] *s. f.* **1.** variation. **2.** (desvío) écart *m.*

variado, -da [barjáðo] *adj.* varié, -ée.

variante [barjánte] *s. f.* variante.

variar [bariár] *v. tr.* **1.** varier. || *v. intr.* **2.** varier; changer.

varicela [bariθéla] *s. f., Med.* varicelle.

variedad [barjeðáð] *s. f.* **1.** variété. || **variedades** *s. f. pl.* **2.** (música) variétés.

varilla [baríʎa] *s. f.* **1.** (madera) baguette. **2.** (del paraguas, del abanico) branche. **3.** (del paraguas) baleine. **4.** (de una jau-

VARIO - VEINTIÚN

vario, -ria [bájo] *adj.* **1.** (se usa más en plural) différent, -e. ‖ **varios, -rias** *adj. indef. pl.* **2.** maints, -tes, plusieurs [varias veces. *Maintes fois*]. ‖ *pron. indef.* **3.** plusieurs; quelques-uns, -nes.

varón [báron] *s. m.* **1.** (macho) mâle. **2.** (niño de sexo masculino) garçon [enfant mâle [Es un varón. *C'est un garçon*]. **3.** (individuo del sexo masculino) homme.

varonil [barońíl] *adj.* **1.** viril, -e. **2.** mâle [Voz varonil. *Voix mâle*].

vasco, -ca [básko] *adj.* y *s. m.* **1.** basque. ‖ *s. y f.* **2.** Basque.

vasija [basíxa] *s. f.* **1.** pot. **2.** vase *m*. ‖ ~ **de barro** poterie.

vaso [báso] *s. m.* **1.** verre. **2.** (cilíndrico de papel o plástico) gobelet. **3.** (para flores o bebidas, pieza de arte) vase. **4.** *Anat.* vaisseau. **5.** *Bot.* vaisseau.

vástago [bástaγo] *s. m.* **1.** *Bot.* (retoño, brote) rejeton, rejet. *Mec.* tige *f.*

vasto, -ta [básto] *adj.* vaste.

váter o wáter [báter] *s. m.* W.C. ‖ *pl.*, **váters** *pl.*; cabinet d'aisances, toilettes *f. pl.*

vaticinar [batiθinár] *v. tr.* prédire.

vatio [bátjo] *s. m.* watt.

vecindad [beθindáð] *s. f.* **1.** (vecindario, población) population. **2.** (cercanías) voisinage *m.*

vecindario [beθindárjo] *s. m.* **1.** voisinage. **2.** (población de una ciudad o población *f.*

vecino, -na [beθíno] *adj.* y *s. m. y f.* voisin, -ne.

veda [béða] *s. f.* **1.** (caza, pesca) fermeture. **2.** (prohibición) défense; interdiction.

‖ **levantamiento de la ~** ouverture de la chasse.

vedar [beðár] *v. tr.* (el paso, la caza) défendre, interdire.

vega [béγa] *s. f.* vallée fertile.

vegetación [beχetaθjón] *s. f.* végétation.

vegetal [beχetál] *adj.* y *s. m.* végétal, -le.

vegetar [beχetár] *v. intr.* végéter.

vegetariano, -na [beχetarjáno] *adj.* y *s. m. y f.* végétarien, -enne [Restaurante vegetariano. *Restaurant végétarien*].

vehemencia [veeménθja] *s. f.* véhémence.

vehemente [beeménte] *adj.* véhément, -e.

vehículo [beíkulo] *s. m.* véhicule. ‖ ~ **espacial** engin spatial.

veinte [béjnte] *adj.* y *pron.* **1.** vingt. ‖ *s. m.* **2.** vingt.

veintiañero, -ra [bejntjańéro] *s. m.* **1.** jeune homme. ‖ **veintiañera** *s. f.* **2.** jeune femme. ‖ **veintiañeros** *s. m. pl.* **3.** jeunes gens; jeunesse *f. sing.*

veintena [bejnténa] *s. f.* vingtaine.

veinticinco [bejntiθínko] *adj.* y *pron.* **1.** vingt-cinq. ‖ *s. m.* **2.** vingt-cinq.

veinticuatro [bejntikwátro] *adj.* y *pron.* **1.** vingt-quatre. ‖ *s. m.* **2.** vingt-quatre.

veintidós [bejntiðós] *adj.* y *pron.* **1.** vingt-deux. ‖ *s. m.* **2.** vingt-deux.

veintinueve [bejntinwéβe] *adj.* y *pron.* **1.** vingt-neuf. ‖ *s. m.* **2.** vingt-neuf.

veintiocho [bejntjótʃo] *adj.* y *pron.* **1.** vingt-huit. ‖ *s. m.* **2.** vingt-huit.

veintiséis [bejntiséjs] *adj.* y *pron.* **1.** vingt-six. ‖ *s. m.* **2.** vingt-six.

veintisiete [bejntisjéte] *adj.* y *pron.* **1.** vingt-sept. ‖ *s. m.* **2.** vingt-sept.

veintitrés [bejntitrés] *adj.* y *pron.* **1.** vingt-trois. ‖ *s. m.* **2.** vingt-trois.

veintiún, una [bejntjún] *adj.* veintiuno.

veintiuno, -na [bejntiúno] *adj. y pron.* **1.** vingt et un, -ne. ‖ *s. m.* **2.** vingt et un.
• "Veintiuno" devient "veintiún" devant s. m. sing.

vejar [beχár] *v. tr.* vexer.

vejez [beχéθ] *s. f.* vieillesse.

vejiga [beχíγa] *s. f.* vessie.

vela¹ [béla] *s. f.* **1.** (tiempo en que no se duerme) veille. **2.** (de una tarta) bougie. ‖ **noche en ~** nuit blanche. **pasar la noche en ~** (no dormir) passer une nuit blanche. | (velar) veiller.

vela² [béla] *s. f., Naút.* (de barco) voile.

velada [beláða] *s. f.* soirée; veillée.

velar [belár] *v. tr.* **1.** (a un difunto) veiller. **2.** (cuidar de noche) veiller. **3.** *Fot.* voiler. ‖ *v. intr.* **4.** (pasar la noche despierto) veiller. **5.** (por alguien) veiller sur.

velatorio [belatórjo] *s. m.* veillée *f.*

velero, -ra [beléro] *adj.* **1.** (de vela) à voiles. ‖ *s. m.* **2.** (barco de vela) voilier.

veleta [beléta] *s. f.* girouette.

vello [béλo] *s. m.* **1.** (vellosidad) pilosité *f.* **2.** (bozo, pelusilla) duvet.

velludo, -da [beλúðo] *adj.* **1.** (velloso) velu, -ue. **2.** (peludo) poilu, -ue.

velo [bélo] *s. m.* voile.

velocidad [beloθiðáð] *s. f.* vitesse. ‖ **ir a toda ~** gazer. **~ máxima** plafond *m.*

velódromo [belóðromo] *s. m.* vélodrome.

veloz [belóθ] *adj.* rapide; prompt, -te.

vena [béna] *s. f.* veine. ‖ *fig.* verve.

venado [benáðo] *s. m.* **1.** (ciervo) cerf. **2.** gibier (gros).

vencedor, -ra [benθeðór] *adj.* victorieux, -euse; triomphant, -te; vainqueur *m.* ‖ *s. m. y f.* **2.** vainqueur *m.*

vencer [benθér] *v. tr.* **1.** vaincre; battre. **2.** (obstáculo, pasión) surmonter. ‖ *v. intr.* **3.** (una deuda, un contrato) expirer. **4.** (plazo) échoir. **5.** l'emporter [Te vence en agilidad. *Il l'emporte sur toi en agilité.*] ‖ **que vence** (pagadero) échéant, -te.

venda [bénda] *s. f.* **1.** bande. **2.** (vendaje) bandage *m.* **3.** (para la cabeza, los ojos) bandeau *m.*

vendaje [bendáχe] *s. m.* bandage.

vendar [bendár] *v. tr.* bander; panser.

vendaval [bendaβál] *s. m.* vent de tempête.

vendedor, -ra [bendeðór] *s. m. y f.* **1.** vendeur, -euse. **2.** (con un establecimiento) marchand, -de.

vender [bendér] *v. tr.* **1.** vendre. **2.** (dar salida, despachar) écouler. ‖ **venderse** *v. pr.* **3.** se vendre.

vendimia [bendímja] *s. f.* vendange.

vendimiar [bendimjár] *v. tr.* vendanger.

veneno [benéno] *s. m.* **1.** poison. **2.** (en animal...) ...in.

venen... -sa [benenóso] *adj.* **1.** (una sust...cia, una seta) vénéneux, -euse. **2.** (una serpiente) venimeux, -euse.

veneración [beneraθjón] *s. f.* vénération.

venezolano, -na [beneθoláno] *adj.* **1.** vénézuélien, -enne. ‖ *s. m. y f.* **2.** Vénézuélien, -enne.

vengador, -ra [bengaðór] *adj. y s. m. y f.* vengeur, -geresse.

venganza [bengánθa] *s. f.* **1.** vengeance. **2.** (represalias) représailles *pl.*

vengar [bengár] *v. tr.* **1.** venger. ‖ **vengarse** *v. pr.* **2.** se venger.

vengativo, -va [bengatíβo] *adj.* vindicatif, -ive.

venida [beníða] *s. f.* venue; arrivée.

venir [benír] *v. intr.* **1.** venir. **2.** (llegar) arriver; venir. **3.** (proceder, provenir) provenir. **4.** (en una publicación) se trouver [Su foto viene en primera página. *Sa photo se trouve à la une.*] ‖ **¡venga!**

interj. **5.** allez-y! ‖ **que viene** prochain, -ne [El viernes que viene. *Vendredi prochain.*]

venta [bénta] *s. f.* **1.** vente [Estar en venta. *Être en vente.*] **2.** (mesón) auberge.

ventaja [bentáxa] *s. f.* **1.** avantage *m.* [Las ventajas y los inconvenientes. *Les avantages et les inconvénients.*] **2.** (económica o material) gain *m.* **3.** (victoria) dessus *m.* [Tener, sacar ventaja. *Avoir, prendre le dessus.*] **4.** avance [Llevo tres horas de ventaja sobre los demás. *J'ai trois heures d'avance sur les autres.*]

ventajoso, -sa [bentaxóso] *adj.* avantageux, -euse.

ventana [bentána] *s. f.* fenêtre.

ventanal [bentanál] *s. m.* baie vitrée; grande fenêtre.

ventanilla [bentaníʎa] *s. f.* **1.** (tren) fenêtre. **2.** (avión) hublot *m.* **3.** (coche) glace. **4.** (de información y atención al público) guichet *m.*

ventilación [bentilaθjón] *s. f.* **1.** ventilation; aération *f.* **2.** aérage *m.* [Circuito de ventilación. *Circuit d'aérage.*]

ventilador [bentiladór] *s. m.* ventilateur.

ventilar [bentilár] *v. tr.* ventiler; aérer.

ventisca [bentíska] *s. f.* bourrasque.

ventolera [bentoléra] *s. f.* **1.** (viento) coup de vent. **2.** *fig. y fam.* (capricho) coup de tête; caprice *m.*; folie.

ventosa [bentósa] *s. f.* ventouse.

ventosear [bentoseár] *v. intr.* lâcher des vents; faire des pets; péter *fam.*

ventosidad [bentosiðáð] *s. f.* vent *m.*

ventoso, -sa [bentóso] *adj.* venteux, -euse.

ventrículo [bentríkulo] *s. m.* ventricule.

ver [bér] *v. tr.* **1.** voir. **2.** (divisar) apercevoir. ‖ **verse** *v. pr.* **3.** se voir. ‖ **¡a ~ !** voyons! **¡a ~ si ...!** espérons que ...! **dejar ~** faire apparaître. **hacer ~** montrer. **tener que ~** (tener responsabilidades) y être pour. | (tener relación con) avoir à voir. **~ la luz** venir au monde. **~ mundo** voir du pays. **~ venir** s'attendre à.

vera [béra] *s. f.* **1.** bord *m.* [La vera del río. *Le bord de la rivière.*] **2.** côté *m.* [A mi vera. *À côté de moi.*]

veracidad [beraθiðáð] *s. f.* véracité.

veranear [beraneár] *v. intr.* passer ses vacances d'été.

veraneo [beranéo] *s. m.* grandes vacances. ‖ **ir de ~** passer ses vacances d'été.

veraniego, -ga [beranjéɣo] *adj.* d'été; estival, -le.

verano [beráno] *s. m.* été [En verano. *En été.*] ‖ **de ~** d'été.

veras, de [béras] *loc. adv.* vraiment; pour de bon.

veraz [beráθ] *adj.* véridique.

verbal [berβál] *adj.* verbal, -le.

verbena [berβéna] *s. f.* (fiesta) fête.

verbo [bérβo] *s. m., Ling.* verbe.

verdad [berðáð] *s. f.* **1.** vérité. **2.** vrai *m.* [No es verdad. *Ce n'est pas vrai.*] ‖ **¿ ~ ?** *interj.* **3.** n'est-ce pas? ‖ **¿de ~ ?** c'est vrai? **¿no es ~ ?** n'est-ce pas?

verdadero, -ra [berðaðéro] *adj.* **1.** vrai, -ie [Una historia verdadera. *Une histoire vraie.*] **2.** véritable [Su nombre verdadero. *Son véritable nom.*] **3.** (enfático) véritable; tout [Ésa es la verdadera cuestión. *Voilà toute la question. / la véritable question.*]

verde [bérðe] *adj.* **1.** vert, -te. **2.** *fig. y fam.* (licencioso) grivois, -se. ‖ *s. m.* **3.** (color) vert. **4.** (verdor de la vegetación) verdure *f.*

verdoso, -sa [berðóso] *adj.* verdâtre.

verdugo [berðúɣo] *s. m.* bourreau.

verdulero, -ra [berðuléro] *s. m. y f.* vendeur de legumes; marchand de légumes.
verdura [berðúra] *s. f.* **1.** (vegetación) vert *m.*; verdure. **2.** (hortaliza) légume *m.*
vereda [beréða] *s. f.* sentier *m.*; chemin *m.*
veredicto [bereðíkto] *s. m.* verdict.
vergel [berχél] *s. m.* verger; jardin fruitier.
vergonzoso, -sa [berγoɳθóso] *adj.* honteux, -euse.
vergüenza [berγwénθa] *s. f.* **1.** honte. **2.** (incomodidad) embarras *m.* ‖ **dar ~** faire honte. **tener ~ de** avoir honte.
verídico, -ca [beríðiko] *adj.* **1.** véridique. **2.** (verdadero) vrai, -ie.
verificar [berifikár] *v. tr.* vérifier.
verja [bérχa] *s. f.* grille.
verosímil [berosímil] *adj.* vraisemblable.
verruga [beřúγa] *s. f., Med.* verrue.
versificar [bersifikár] *v. tr. e intr.* versifier; rimer.
versión [bersjón] *s. f.* version. ‖ **~ original** version originale.
verso [bérso] *s. m.* vers.
vértebra [bérteβra] *s. f., Anat.* vertèbre.
vertebrado, -da [berteβráðo] *adj. y s. m., Zool.* vertébré, -ée.
vertedero [berteðéro] *s. m.* **1.** déversoir. **2.** (público) décharge *f.*
verter [bertér] *v. tr.* **1.** verser. **2.** (transvasar) déverser. **3.** (derramar) répandre. ‖ **verterse** *v. pr.* **4.** (derramarse) couler. **5.** (en otro lugar) se déverser.
vertical [bertikál] *adj.* **1.** vertical, -le. ‖ *s. f.* **2.** verticale.
vértice [bértiθe] *s. m.* sommet.
vertido [bertíðo] *s. m.* déversement; rejet.
vertiginoso, -sa [bertiχinóso] *adj.* vertigineux, -euse.
vértigo [bértiγo] *s. m.* vertige [Tener vértigo. *Avoir le vertige.*]

vesícula [besíkula] *s. f., Anat.* vésicule.
vestíbulo [bestíβulo] *s. m.* **1.** vestibule; entrée *f.* **2.** (en un edificio público) hall [Vestíbulo de la estación. *Le hall de la gare.*]
vestido, -da [bestíðo] *adj.* **1.** habillé, -ée. ‖ *s. m.* **2.** (industria) vêtement. **3.** (de una época) habit. **4.** (de mujer) robe *f.* **5.** (atuendo completo de mujer) toilette *f.*
vestigio [bestíχjo] *s. m.* vestige; trace *f.*
vestir [bestír] *v. tr.* **1.** habiller. **2.** (sentar, adaptarse) habiller. **3.** (llevar puesto) porter [Viste chaqueta azul y pantalones. *Il porte une veste bleue et des pantalons.*] ‖ *v. intr.* **4.** s'habiller. ‖ **vestirse** *v. pr.* **5.** s'habiller. ‖ **manera de ~** tenue.
vestuario [bestwárjo] *s. m.* **1.** (lugar para dejar los abrigos) vestiaire. **2.** (de un gimnasio) vestiaire. **3.** (ropa) garde-robe.
veta [béta] *s. f.* (filón) veine.
veterano, -na [beteráno] *adj.* **1.** vieux, -eille. ‖ *s. m. y f.* **2.** vétéran *m.*
veterinario, -ria [beterinárjo] *adj. y s. m. y f.* **1.** vétérinaire. ‖ **veterinaria** *s. f.* **2.** (ciencia) médecine vétérinaire.
veto [béto] *s. m.* veto.
vez [béθ] *s. f.* **1.** fois. **2.** coup *m.* [De una vez. *D'un coup.*] **3.** (turno) tour *m.* ‖ **a la ~** à la fois. ‖ (al mismo tiempo) en même temps. **a veces** parfois. ‖ (algunas veces) quelquefois. **alguna ~** jamais [¿Has venido alguna vez? *Es-tu jamais venu?*] **algunas veces** quelquefois. **de ~ en cuando** de temps en temps; de temps à autre. **había una ~** il était une fois. **hacer las veces de** faire office de. **muchas veces** souvent. **rara ~** rarement. **tal ~** peut-être. **una ~ más** encore une fois; à nouveau.
vía [bía] *s. f.* voie.
viable [bjáβle] *adj.* viable.
viaducto [bjaðúkto] *s. m.* viaduc.

viajante [bjaxánte] *adj. y s. m. y f.* voyageur, -euse.

viajar [bjaxár] *v. intr.* **1.** voyager. **2.** (hacer un viaje, un trayecto) se déplacer.

viaje [bjáxe] *s. m.* voyage [Estar de viaje. *Être en voyage.*] ∥ **irse de ~** partir en voyage.

viajero, -ra [bjaxéro] *adj. y s. m. y f.* voyageur, -euse.

vial [bjál] *adj.* de la voie publique. ∥ **seguridad ~** sécurité routière.

víbora [bíβora] *s. f., Zool.* vipère.

vibración [biβraθjón] *s. f.* vibration.

vibrar [biβrár] *v. tr. e intr.* vibrer.

vicepresidente, -ta [biθepresiðénte] *s. m. y f.* vice-président, -te.

viceversa [biθeβérsa] *adv.* vice versa.

viciar [biθjár] *v. tr.* **1.** (dañar) vicier. **2.** *fig.* (echar a perder) gâter [El asunto se vició. *L'affaire s'est gâtée.*] **3.** (pervertir a alguien) corrompre.

vicio [bíθjo] *s. m.* **1.** vice. **2.** (mala costumbre) mauvaise habitude.

vicioso, -sa [biθjóso] *adj. y s. m. y f.* vicieux, -euse.

vicisitud [biθisitúð] *s. f.* vicissitude.

víctima [bíktima] *s. f.* victime. ∥ **ser ~ de** être dupe de.

victoria [biktórja] *s. f.* victoire.

victorioso, -sa [biktorjóso] *adj.* victorieux, -euse.

vid [bíð] *s. f.* vigne.

vida [bíða] *s. f.* vie.

vidente [biðénte] *s. m. y f.* voyant, -te.

vídeo [bíðeo] *s. m.* **1.** (técnica) vidéo *f.* **2.** (aparato) magnétoscope. ∥ **cinta de ~** bande vidéo; vidéo. **película de ~** film vidéo.

videoclip [biðeoklíp] *s. m.* vidéo-clip; clip vidéo.

videoclub [biðeoklúb] *s. m.* vidéoclub; club vidéo.

videoconsola [biðeokonsóla] *s. f.* vidéoconsole.

videojuego [biðeoxwéγo] *s. m.* jeu vidéo.

vidriera [biðrjéra] *s. f.* **1.** (puerta o ventana) vitrage *m.* **2.** (cristalera) verrière. **3.** *Arte* (de las catedrales) vitrail *m.*

vidrio [bíðrjo] *s. m.* verre.

viejo, -ja [bjéxo] *adj.* **1.** (no nuevo) vieux, -eille; vieil *m.* **2.** (de mucha edad) vieux, -eille. **3.** (antiguo, pasado de moda) ancien, -enne. ∥ *s. m. y f.* **4.** vieillard; vieux, -eille.
• Se usa "vieil" en vez de "vieux" delante de un sustantivo masculino que empiece por vocal o "h" muda: *Vieil homme*.

viento [bjénto] *s. m.* **1.** vent. **2.** (aire) air.

vientre [bjéntre] *s. m.* ventre.

viernes [bjérnes] *s. m.* vendredi [El viernes, los viernes, el viernes 13 de junio. *Vendredi, le vendredi, le vendredi 13 juin.*]

viga [bíγa] *s. f.* **1.** poutre. ∥ **vigas** *s. f. pl.* **2.** (armazón) poutrage *m. sing.*

vigente [bixénte] *adj.* en vigueur; existant, -te. ∥ **estar ~** être en vigueur.

vigésimo, -ma [bixésimo] *adj. y pron.* (ordinal) vingtième.

vigía [bixía] *s. m.* **1.** (en la costa o en un barco) vigie *f.* **2.** sentinelle; guetteur.

vigilancia [bixilánθja] *s. f.* **1.** surveillance. **2.** (custodia) garde. **3.** (atención) vigilance.

vigilante [bixilánte] *s. m. y f.* **1.** surveille. **2.** (que vigila con cuidado) vigilant, -te. ∥ *s. m. y f.* **3.** surveillant, -te.

vigilar [bixilár] *v. tr. e intr.* **1.** surveiller; veiller. **2.** (custodiar) garder. **3.** (estar de guardia) veiller.

vigilia [bixílja] *s. f.* **1.** (tiempo en que no se duerme) veille. **2.** *Rel.* (abstinencia de carne) repas maigre.

vigor [biɣór] *s. m.* vigueur *f.*
vigorizar [biɣoriθár] *v. tr.* fortifier; donner de la vigueur.
vigoroso, -sa [biɣoróso] *adj.* vigoureux, -euse.
vil [bíl] *adj.* vil, -le; bas, -asse.
villa [bíʎa] *s. f.* **1.** (ciudad) ville [La villa de Madrid. *La ville de Madrid.*] **2.** (pueblo grande) bourg *m.* **3.** (en Italia) villa.
villancico [biʎanθiko] *s. m.* chant de Noël.
villanía [biʎanía] *s. f.* bassesse; lâcheté.
villano, -na [biʎáno] *adj. y s. m. y f.* **1.** (paisano) vilain, -ne. **2.** (vil) vilain, -ne.
vinagre [bináɣre] *s. m.* vinaigre.
vinagrera [binaɣréra] *s. f.* (pour l'huile et le vinaigre) **1.** vinagrier (para vinagre) **2.** huilier (para aceite). ●On peut utiliser aussile le pl. "vinagreras".
vinagreta [binaɣréta] *s. f.* vinaigrette.
vinajera [binaɣera] *s. f.*, *Rel.* burette.
vincular [biŋkulár] *v. tr.* **1.** (unir, ligar, relacionar) lier. **2.** (crear un lazo) attacher. || **vincularse** *v. pr.* **3.** s'attacher.
vínculo [bíŋkulo] *s. m.* lien.
vinícola [biníkola] *adj.* vinicole.
vino [bíno] *s. m.* **1.** vin [Vino tinto, rosado, blanco. *Vin rouge, rosé, blanc.*] **2.** (aperitivo, reunión) pot. || ~ **de la tierra** vin du cru. ~ **de solera** vin vieux.
viña [bíɲa] *s. f.* vigne.
viñedo [biɲéðo] *s. m.* vignoble.
viñeta [biɲéta] *s. f.* vignette.
violación [bjolaθjón] *s. f.* **1.** (de la ley) violation; viol *m.* **2.** (de una mujer) viol *m.*
violencia [bjoléṇθja] *s. f.* violence.
violentar [bjoleṇtár] *v. tr.* **1.** (obligar) violenter. **2.** (forzar una casa) violer.
violento, -ta [bjoléṇto] *adj.* **1.** (rudo) violent, -te; âpre; rude. **2.** (incómodo) gêné, -ée; mal à l'aise.

violeta [bjoléta] *adj. inv.* **1.** violet, -ette. || *s. f.* **2.** *Bot.* violette. || *s. m.* **3.** violet.
violín [bjolín] *s. m.*, *Mús.* violon.
violonchelo o violoncelo [bjolontʃélo] *s. m.*, *Mús.* violoncelle.
virar [birár] *v. tr. e intr.* virer.
virgen [bírχen] *adj. y s. f.* **1.** vierge. || **Virgen** *n. p. f.* **2.** *Rel.* Vierge.
Virgo [bírɣo] *n. p.* Vierge *f.*
viril [biríl] *adj.* **1.** viril, -le. **2.** (varonil, masculino) mâle.
virtual [birtwál] *adj.* virtuel, -elle.
virtud [birtúð] *s. f.* **1.** vertu. **2.** (propiedad, facultad) vertu; propriété; faculté. || **en ~ de** en raison de.
virtuoso, -sa [birtuóso] *adj. y s. m. y f.* **1.** (artista) virtuose. || *adj.* **2.** (que tiene virtud o virtudes) vertueux, -euse.
viruela o viruelas [birwéla] *s. f.*, *Med.* variole; petite vérole.
virus [bírus] *s. m.* virus.
viruta [birúta] *s. f.* copeau *m.*
visado [bisáðo] *s. m.* visa.
víscera [bísθera] *s. f.*, *Anat.* viscère. ●Gralm. au pl.
viscosidad [biskosiðáð] *s. f.* viscosité.
viscoso, -sa [biskóso] *adj.* **1.** visqueux, -euse. **2.** (pegajoso) gluant, -te.
visera [biséra] *s. f.* visière.
visibilidad [bisiβiliðáð] *s. f.* visibilité.
visible [bisíβle] *adj.* **1.** visible. **2.** (perceptible) perceptible.
visillo [bisíʎo] *s. m.* rideau (étoffe fine et transparente pour la fenêtre).
visión [bisjón] *s. f.* vision.
visir [bisír] *s. m.* vizir.
visita [bisíta] *s. f.* **1.** visite. **2.** (profesional) tournée. **3.** (invitado) visiteur, -euse.
visitante [bisitáṇte] *adj. y s. m. y f.* (turista) visiteur, -euse.

visitar [bisitár] *v. tr.* **1.** (un lugar) visiter. **2.** (inspeccionar) visiter. **3.** (a una persona) aller voir; rendre visite.

vislumbrar [bislumbrár] *v. tr.* entrevoir.

visón [bisón] *s. m., Zool.* vison.

víspera [bíspera] *s. f.* veille.

vista [bísta] *s. f.* **1.** vue. **2.** (vano, agujero) jour *m*. **3.** (paraje hermoso) site *m*. **4.** (panorama) vue. ‖ **a primera ~** au premier abord. **en ~ de** vu [En vista de las circunstancias. *Vu les circonstances.*] **en ~ de que** vu que. **¡hasta la ~!** au revoir! **punto de ~** point de vue.

vistazo [bistáθo] *s. m.* coup d'oeil. ‖ **echar un ~** jeter un coup d'oeil.

visto, -ta [bísto] *adj.* vu, -ue. ‖ **bien ~** bien vu, -ue. **poner el ~ bueno** approuver. | (en un visado) viser. **por lo ~** apparement. **~ bueno** lu et approuvé. | (en el visado) visa.

vistoso, -sa [bistóso] *adj.* voyant, -sa.

visual [biswál] *adj.* visuel, -elle.

vital [bitál] *adj.* vital, -le.

vitalidad [bitaliðáð] *s. f.* vitalité.

vitamina [bitamína] *s. f.* vitamine.

vitorear [bitoreár] *v. tr.* (aclamar) acclamer; applaudir.

vitrina [bitrína] *s. f.* vitrine (armoire vitrée).

viudedad [bjuðeðáð] *s. f.* veuvage *m*.

viudo, -da [bjúðo] *adj. y s. m. y f.* veuf, -euve.

vivacidad [biβaθiðáð] *s. f.* **1.** vivacité. **2.** (entusiasmo) entrain *m*.

vivaracho, -cha [biβarátʃo] *adj.* **1.** (vivo) vif, -ive. **2.** (avispado) éveillé, -ée. **3.** (alegre, de buen humor) fringant, -te.

vivaz [biβáθ] *adj.* vivace; vif, -ive.

vivencia [biβénθja] *s. f.* expérience (vécue); vécu *m*.

víveres [bíβeres] *s. m. pl.* vivres.

vivero [biβéro] *s. m.* **1.** (de plantas) pépinière *f*. **2.** (de ostras) parc. **3.** (de peces) vivier.

vivienda [biβjénda] *s. f.* **1.** (alojamiento) logement *m*. [La política de la vivienda. *La politique du logement.*] **2.** habitation [Vivienda de renta limitada. *Habitation à loyer modéré,* H.L.M.]

vivir [biβír] *v. intr.* **1.** vivre. **2.** (residir) habiter; loger; résider.

vivo, -va [bíβo] *adj.* **1.** (con vida) vivant, -te. **2.** (color) vif, -ive; voyant, -te. **3.** (activo, ágil) alerte. **4.** (vivaracho) éveillé, -ée; vif, -ive. **5.** (rápido) allègre [Con paso vivo. *D'un pas allègre.*] **6.** (dolor) aigu, -ue; cuisant, -te. **7.** (fuego) ardent, -te.

vocablo [bokáβlo] *s. m.* mot.

vocabulario [bokaβulárjo] *s. m.* vocabulaire.

vocación [bokaθjón] *s. f.* vocation.

vocal [bokál] *adj.* **1.** (de las cuerdas vocales) vocal. ‖ *s. f.* **2.** *Ling.* voyelle. ‖ *s. m. y f.* **3.** membre *m.* (qui a une voix dans une assemblée).

vocalista [bokalísta] *s. m. y f.* chanteur, -euse (d'un groupe ou orchestre).

vocalizar [bokaliθár] *v. intr.* vocaliser.

vocear [boθeár] *v. intr.* crier.

vociferar [boθiferár] *v. tr. e intr.* (gritar colérico) vociférer; gueuler *fam.*

volante [bolánte] *s. m.* **1.** (de vehículo) volant. **2.** (adorno) volant. ‖ *adj.* **3.** volant, -te.

volar [bolár] *v. intr.* **1.** voler. ‖ **volarse** *v. pr.* **2.** s'envoler. ‖ **echar a ~** *fig.* prendre son essor.

volátil [bolátil] *adj.* volatil, -le.

volcán [bolkán] *s. m.* volcan.

volcánico, -ca [bolkániko] *adj.* volcanique.

volcar [bolkár] *v. tr.* **1.** (tirar) renverser. **2.** (hacer bascular) basculer [Volcar la carreta. *Basculer le tombereau.*] || *v. intr.* **3.** (darse la vuelta un coche, un barco) capoter. || **volcarse** *v. pr.* **4.** (una barca, un coche) se renverser.

voleibol [bolejβól] *s. m., Dep.* volley-ball.

voltaje [boltáχe] *s. m.* voltage.

voltereta [bolteréta] *s. f.* **1.** cabriole. **2.** (haciendo rodar la espalda) galipette. **3.** (salto) saut *m.* **4.** (volatín, salto) culbute. || **dar volteretas** culbuter.

voltio [bóltjo] *s. m.* volt.

voluble [bolúβle] *adj.* changeant, -te.

volumen [bolúmen] *s. m.* **1.** (capacidad) volume. **2.** (de sonido) volume. **3.** (libro) volume.

voluminoso, -sa [boluminóso] *adj.* volumineux, -euse.

voluntad [boluntáð] *s. f.* volonté.

voluntariado [boluntarjáðo] *s. m.* **1.** *Mil.* volontariat. **2.** (social) bénévolat.

voluntario, -ria [boluntárjo] *adj. y s. m. y f.* (para hacer algo) volontaire.

voluntarioso, -sa [boluntarjóso] *adj.* **1.** (con buena voluntad) plein de bonne volonté. **2.** (con fuerza de voluntad) tenace.

voluptuosidad [boluptwosiðáð] *s. f.* voluptée.

voluptuoso, -sa [boluptuóso] *adj. y s. m. y f.* voluptueux, -euse.

volver [bolβér] *v. tr.* **1.** (dar la vuelta) retourner; renverser [Volver la hoja, volver un vaso. *Retourner la feuille, renverser un verre.*] **2.** (girar completamente) tourner [Volver la espalda. *Tourner le dos.*] **3.** (dirigir, orientar) tourner [Volver la cabeza. *Tourner la tête.*] **4.** (transformar) rendre [Aquello les volvía locos. *Cela les rendait fous.*] || *v. intr.* **5.** retourner (regresar); revenir (volver a venir); rentrer (a casa, al país natal). **6.** (seguir, reanudarse, continuar) reprendre [Su dolor volvía. *Sa douleur reprenait.*] || **volverse** *v. pr.* **7.** (girarse) se retourner. **8.** (convertirse en) devenir. **9.** tourner [El tiempo se volvía frío. *Le temps tournait au froid.*] || **~ a la memoria** revenir.

vomitar [bomitár] *v. tr.* vomir; rendre.

vómito [bómito] *s. m.* vomissement.

voracidad [boraθiðáð] *s. f.* voracité.

voraz [boráθ] *adj.* vorace.

vos [bós] *pron. pers., Amér.* vous. •Ce pronom s'utilise en Amérique à la place du pronom personnel "tú". En Espagne son usage est archaïque ou littéraire.

vosotros, -tras [bosótros] *pron. pers. 2ª pl.* vous.

votación [botaθjón] *s. f.* **1.** vote. **2.** (escrutinio) scrutin *m.*

votante [botánte] *s. m. y f.* votant, -te.

votar [botár] *v. tr. e intr.* voter.

voto [bóto] *s. m.* **1.** (deseo, felicitación) vœu; souhait. **2.** (votación) suffrage; vote. **3.** (expresión de la opinión) voix *f.*

voz [bóθ] *s. f.* **1.** voix [En voz baja. *À voix basse.*] **2.** (grito) cri *m.* [Dar voces. *Pousser des cris.*] **3.** *Ling.* (vocablo, término) mot *m.* **4.** voix [Voz pasiva. *Voix passive.*]

vuelco [bwélko] *s. m.* **1.** (caída con vuelta) culbute *f.* **2.** (de un coche) capotage. **3.** (de una embarcación) retournement; chavirement. **4.** *fig.* (trastorno) renversement. **5.** (conmoción) bouleversement.

vuelo [bwélo] *s. m.* **1.** (acción de volar) vol. **2.** (del vestido o falda) ampleur *f.*; tour. **3.** (acción de echar a volar) envol.

vuelta [bwélta] *s. f.* **1.** (regreso) retour *m.* **2.** (de vacaciones, comienzo de curso)

rentrée [Hasta la vuelta. *À la rentrée.*] **3.** (paseo) tour *m.*; balade *fam.*; randonnée; longue promenade. **4.** (giro) tour *m.* **5.** coin *m.* [A la vuelta de la esquina. *Au coin de la rue.*] **6.** (recodo, curva) tournant *m.* **7.** (devolución) renvoi *m.* **8.** (al pagar) monnaie [Me ha dado la vuelta. *Il m'a rendu la monnaie.*] **9.** (de una hoja de papel) verso *m.*; dos *m.*; revers *m.* **10.** (parte posterior, cara oculta) envers *m.* [Dar la vuelta. *Mettre à l'envers.*] **11.** (revés de una prenda) revers *m.* **12.** (collar) rang *m.* ‖ **dar la ~** (al pagar) rendre la monnaie. | (cambiar de cara) retourner [Dar la vuelta al disco. *Retourner le disque.*] | (rodear un obstáculo) contourner. **dar media ~** (volver sobre sus pasos, dar marcha atrás) rebrousser chemin; faire demi-tour. **dar una ~** faire un tour; faire une promenade. **dar vueltas** (revolcarse) rouler. | (la cabeza) chavirer. | (girar) tourner [El disco da vueltas. *Le disque tourne.*] | (hacer círculos, arremolinarse) tournoyer; tourbillonner. | (hacer girar) tourner [Dar vueltas a la pelota. *Tourner la balle.*] **media ~** demi-tour *m.*

vuestro, -tra [bwéstro] *adj. pos. 2ª pl.* **1.** votre [Vuestra confianza. *Votre confiance.*] ‖ *pron. pos. 2ª pl.* **2.** vôtre [Aquí está el vuestro. *Voici le vôtre.*] **3.** à vous [Lo vuestro. *Ce qui est à vous.*] ‖ **vuestros, -tras** *adj. pos. 2ª pl.* **4.** vos [Vuestros caminos. *Vos chemins.*] ‖ **vuestros, -tras** *pron. pos. 2ª pl.* **5.** vôtres [Son los vuestros. *Ce sont les vôtres.*] **6.** à vous [Son vuestros. *C'est à vous.*]

vulgar [bulɣár] *adj.* **1.** (común) ordinaire; banal, -le; populaire. **2.** vulgaire [Términos vulgares y científicos. *Termes vulgaires et scientifiques.*] **3.** (grosero) vulgaire.

vulgaridad [bulɣariðáð] *s. f.* vulgarité; banalité; trivialité.

vulgo [búlɣo] *s. m.* peuple; bas peuple.

vulnerable [bulneráβle] *adj.* vulnérable.

vulnerar [bulnerár] *v. tr.* (la ley) violer.

vulva [búlβa] *s. f., Anat.* vulve.

w [úβeδόβle] *s. f.* w *m.*
walkie-talkie [gwalkitálki] *s. m.* talkie-walkie; walkie-talkie. •Pl. walkie-talkies.
walkman [gwálman] *s. m.* baladeur; walkman. Marca registrada. •Pl. walkmans.
wáter [báter] *s. m.* *váter.
waterpolo [gwaterpólo] *s. m., Dep.* water-polo.
weekend [gwikén] *s. m.* week-end [Irse de fin de semana. *Partir en week-end.*] •Pl. weekends.
western [gwéster] *s. m., Cinem.* (película del oeste) western. ‖ **spaghetti ~** *Cinem.* spaghetti-western; western-spaghetti. •Pl. westerns.
whisky [gwíski] *s. m.* whisky. •Pl. whiskies.
windsurf [gwínsurf] *s. f., Dep.* planche à voile; windsurf (anglicisme).

x [ékis] *s. f.* x *m.* ‖ **el señor X** monsieur X.
xenofobia [senofóβja] *s. f.* xénophobie.
xenófobo, -ba [senófoβo] *adj. y s. m. y f.* xénophobe.
xilófono o xilofón [silófono] *s. m., Mús.* (instrumento) xylophone.
xilografía [siloɣrafia] *s. f.* xylographie.

y¹ [íɣrjéɣa] *s. f.* (i griega) y *m.*

y² *conj.* et. • "Y" devient "e" devant un mot qui commence par "i-" ou "hi-".

ya [já] *adv.* **1.** déjà [Ya lo conozco. *Je le connais déjà.*] **2.** (enseguida) tout de suite [Ya vuelvo. *Je reviens tout de suite.*] **3.** (ahora mismo) maintenant [El nombramiento es efectivo desde ya. *La nomination prend effet dès maintenant.*] **4.** (afirmación) bien [Ya lo vi. *Je l'ai bien vu.*] **5.** d'accord [¡Ya! no te enfades. *D'accord!, ne te fâches pas.*] || *interj.* **6.** voilà [Ah, ya, ahora lo entiendo. *Ah, voilà, je comprends maintenant.*] **7.** (incredulidad) tu parles! || **no ... ~** ne ... plus. | **~ ... ~** (o bien ... o bien) soit ... soit. | (a veces ... otras veces) tantôt ... tantôt. **~ llega** voici [Ya llegan Pedro y María. *Voici Pierre et Marie.*] **no ...** ne ... plus [Ya no lo quiere. *Il ne le veut plus.*] **~ que** puisque; étant donné que. | (en exclamaciones) puisque [¡Ya que te lo digo yo! *Puisque je te le dis!* • L'adverbe "ya" n'a pas toujours d'équivalent en français: Ya nos veremos. Ya voy. *On se reverra. J'arrive.*

yacer [jaθér] *v. intr.* **1.** (estar tumbado, sin movimiento) être couché. **2.** (los muertos) gésir [Aquí yace. *Ci-gît.*]

yacimiento [jaθimjénto] *s. m.* (geológico) gisement.

yarda [járða] *s. f.* (medida inglesa) yard *m.*

yate [játe] *s. m., Naút.* yacht (navire de plaisance).

yedra [jéðra] *s. f., Bot.* lierre *m.*

yegua [jéɣwa] *s. f.* **1.** jument. **2.** (joven) pouliche.

yelmo [jélmo] *s. m.* heaume.

yema [jéma] *s. f.* **1.** *Bot.* (de las plantas) bourgeon *m.*; bouton *m.* **2.** (de los dedos) bout *m.* **3.** jaune *m.* [La yema de huevo. *Le jaune d'œuf.*]

yerba o hierba [jérβa] *s. f.* **1.** herbe. **2.** (marihuana) herbe; marihuana. || **~ mate** maté *m.*

yermo, -ma [jérmo] *adj.* **1.** désert, -te. **2.** (lugar inculto) sauvage.

yerno [jérno] *s. m.* gendre; beau-fils.

yerro [jéro] *s. m.* (error) faute *f.*

yesca [jéska] *s. f.* **1.** amadou *m.* **2.** *fig.* (de una pasión) aiguillon *m.* **3.** *fig.* (incentivo) stimulant *m.*

yeso [jéso] *s. m.* **1.** (mineral) gypse. **2.** (polvo, pasta) plâtre. || **capa de ~** lambris *m.*

yo [jó] *pron. pers. 1ª sing.* **1.** (sujeto) je; j' (delante de vocal o "h" muda). **2.** (enfático, atributo o sujeto coordinado) moi [Aquí estamos mi padre y yo. *Voilà mon père et moi.*]

yodo o iodo [jóðo] *s. m.* iode.

yoga [jóɣa] *s. m.* yoga.

yogur o yogurt [joɣúr] *s. m.* yaourt. • Pl. yogures, yogurts.

yóquey o jockey [jókej] *s. m.* (jinete) jockey.

yoyó [jojó] *s. m.* yo-yo. • Pl. yoyós.

yudo o judo [júðo] *s. m., Dep.* judo.

yudoca [juðóka] *s. m. y f., Dep.* judoka.

yugo [júɣo] *s. m.* joug.

yugular [juɣulár] *adj. y s. f.* jugulaire.

yunque [júŋke] *s. m.* **1.** enclume *f.* **2.** *Anat.* enclume *f.*

yunta [júnta] *s. f.* (de bueyes, mulas) attelage *m.*; paire.

yuppie o yuppy [júpi] *s. m. y f.* yuppie. • Pl. yuppies.

yuxtaponer [justaponér] *v. tr.* juxtaposer.

Z

z [θéθ] *s. f.* z *m.*

zafarrancho [θafaṛántʃo] *s. m.* branle-bas *inv.*

zafarse [θafárse] *v. pr.* **1.** (escaparse) se sauver; s'esquiver. **2.** (liberarse, desembarazarse) se débarrasser; se libérer; se dégager. **3.** (de un deber o compromiso) se dérober. **4.** (salir del paso) se tirer [Zafarse de un asunto espinoso. *Se tirer d'un sujet épineux.*]

zafiro [θafiro] *s. m.* saphir.

zalamería [θalamería] *s. f.* cajolerie; flatterie; câlinerie.

zalamero, -ra [θalaméro] *adj. y s. m. y f.* **1.** (adulador) flatteur, -euse. **2.** (mimoso) cajoleur, -euse.

zambomba [θambómba] *s. f.* **1.** zambomba. ||¡ ~ ! *interj.* **2.** sapristi! •La "zambomba" est un petit tambour espagnol utilisé pour accompagner des chants de Noël.

zambullir [θambuʎír] *v. tr.* **1.** plonger. || **zambullirse** *v. pr.* **2.** plonger.

zampar [θampár] *v. tr.* **1.** (engullir) avaler; bâfrer. **2.** (meter) fourrer.

zanahoria [θanaórja] *s. f.* carotte.

zancada [θaŋkáda] *s. f.* enjambée.

zancadilla [θaŋkadíʎa] *s. f.* croc-en-jambe *m.*

zángano [θáŋgano] *s. m.* **1.** (insecto) faux bourdon. **2.** *fig.* (holgazán) fainéant, -te.

zanja [θáŋxa] *s. f.* **1.** fossé *m.*; tranchée. **2.** (en una carretera, para el agua) rigole.

zanjar [θaŋxár] *v. tr.* **1.** (una dificultad) trancher. **2.** *fig.* (un problema) régler.

zapata [θapáta] *s. f.*, *Mec.* (de un freno) patin *m.*; sabot *m.*

zapatear [θapateár] *v. tr.* **1.** frapper du pied. || *v. intr.* **2.** claquer des pieds.

zapatería [θapatería] *s. f.* **1.** (venta) chausseur *f.*; marchand de souliers [Ir a la zapatería. *Aller chez le marchand de souliers.*] **2.** (arreglos) cordonnerie.

zapatero, -ra [θapatéro] *s. m. y f.* **1.** (vendedor) marchand de souliers; chausseur, -euse. **2.** (remendador) cordonnier, -ière.

zapatilla [θapatíʎa] *s. f.* **1.** (para algunas actividades) chausson *m.* [Zapatillas de baile. *Chaussons de danse.*] **2.** (de casa) pantoufle; chausson *m.* || **zapatillas de deporte** chaussures de sport. tennis *m.*

zapato [θapáto] *s. m.* chaussure *f.*; soulier.

zapping [θápin] *s. m.* zapping.

zarandear [θarandeár] *v. tr.* **1.** (sacudir) secouer; agiter; remuer. **2.** *fig.* (agitar, conmocionar) remuer; agiter.

zarpa [θárpa] *s. f.* griffe.

zarpar [θarpár] *v. intr.*, *Naút.* lever l'ancre.

zarpazo [θarpáθo] *s. m.* coup de griffe.

zarrapastroso, -sa [θaṛapastróso] *adj.* **1.** *fam.* mal ficelé, -ée; négligé, -ée. || *s. m. y f.* **2.** personne négligée.

zarza [θárθa] *s. f.*, *Bot.* (espino) ronce. || **zarzas** *s. f.* broussailles.

zarzuela [θarθwéla] *s. f.* zarzuela.

zigzag [θigθág] *s. m.* zigzag; lacet.

zinc o cinc [θin] *s. m.* zinc.

zócalo [θókalo] *s. m.* soubassement.

zoco, -ca [θóko] *s. m.* souk; marché arabe.

Zodiaco o Zodíaco [θoðjáko] *s. m.* zodiaque. || **signo del ~** signe du zodiaque.

zombi [θómbi] *s. m. y f.* zombie *m.*

zona [θóna] *s. f.* **1.** (área) zone. **2.** (región) région.

zoo [θóo] *s. m.* zoo.

zoología [θooloxía] *s. f.* zoologie.

zoológico, -ca [θoolóxiko] *adj.* **1.** zoologique. || *s. m.* **2.** zoo.

zoom [θún] *s. m., Fot.* zoom.
zopenco, -ca [θopéŋko] *adj. y s. m. y f., fam.* abruti, -ie; cornichon.
zoquete [θokéte] *s. m.* (estúpido) cruche *f.*
zorro, -rra [θōr̄o] *s. m. y f.* **1.** *Zool.* renard, -de. ‖ **zorra** *s. f.* **2.** *fig. y fam.* (prostituta) garce; poule; grue. **3.** *Amér., fig. y fam.* (borrachera) cuite.
zozobrar [θoθoβrár] *v. intr.* **1.** *Naút.* chavirer. **2.** *fig.* sombrer.
zueco [θwéko] *s. m.* sabot.
zumbado, -da [θumbáðo] *adj., fam.* dingue.
zumbar [θumbár] *v. intr.* **1.** (un aparato, insectos, los oídos) bourdonner; tinter. **2.** (los oídos) corner [Le habrán zumbado los oídos. *Les oreilles ont dû vous corner.*] **3.** (motor) ronfler; vrombir. ‖ *v. tr.* **4.** *fam.* (pegar) flanquer.
zumbido [θumbíðo] *s. m.* **1.** (un aparato, insectos, los oídos) bourdonnement. **2.** (insectos, motor) vrombissement. **3.** (motor) ronflement.
zumo [θúmo] *s. m.* jus.
zurcir [θurθír] *v. tr.* repriser.
zurdo, -da [θúrðo] *adj. y s. m. y f.* gaucher, -ère.
zurrar [θur̄ár] *v. tr.* **1.** *fig. y fam.* (dar una paliza) flanquer une raclée; tanner [Le zurró. *Il lui a flanqué une raclée.*] **2.** *fig. y fam.* (azotar) fouetter; battre.
zutano, -na [θutáno] *s. m. y f.* un tel (une telle, f.).

EVEREST VÉRTICE

DICTIONNAIRE
FRANÇAIS-ESPAGNOL

DPAJHLY
WGQXVI
KROCTN

EVEREST
DICCIONARIOS

INTRODUCTION

Le langage est le principal moyen de communication des êtres humains. Pour maîtriser le langage et pour parvenir à exprimer et à comprendre des messages oraux et écrits dans n'importe quelle langue il est nécessaire de connaître le lexique et de l'utiliser correctement. Le nouveau *Dictionnaire Vértice Everest español-francés / français-espagnol* a été conçu pour répondre à ces besoins de façon adéquate permettant une consultation pratique et rapide.

Ses 40 000 termes, soigneusement choisis, sont accompagnés d'une transcription phonétique dans toutes les entrées. Nous y trouverons des explications, ainsi que des matières, des exemples avec traduction, etc. On y trouvera également des annexes de verbes irréguliers, des tableaux de prononciation, des alphabets phonétiques, des tableaux de nombres, etc.

La sélection des termes et des contenus est orientée vers l'usage dans des situations de communication courantes dans le travail ou dans la vie quotidienne. Par ailleurs, elle vise à résoudre les principales difficultés d'apprentissage de la langue espagnole ou française des locuteurs et des étudiants francophones et hispanophones.

Grâce à son format réduit, vous pouvez le porter dans votre sac ou votre valise. C'est un élément indispensable en cas de votre voyage, dans la classe de langue,...

EDITORIAL EVEREST

TRANSCRIPTION PHONÉTIQUE DU FRANÇAIS

Pour la transcription phonétique du français, on a utilisé le système le plus fréquent dans le monde, c'est-à-dire l'Alphabet Phonétique International (API). Il fournit l'information suffisante pour une prononciation correcte des mots dans le registre standard.

L'information sur la prononciation apparaît entre crochets ([...]), juste après l'entrée. Le tableau suivant montre la correspondance de chaque graphie avec les symboles phonétiques utilisés.

SYMBOLE	GRAPHIE	EXEMPLE
Voyelles		
[a]	a, à, â,...	date [dat]
[ɑ]	a, â	âme [ɑm]
[e]	é, er,...	élu [ely]; manger [mɑ̃ʒe]
[ɛ]	e, è, ai, ei,...	mer [mɛʀ]; maire [mɛʀ]; mère [mɛʀ]
[ə]	e	repas [ʀ(ə)pɑ]
[i]	i, y	lire [liʀ]
[o]	o, eau, au,...	rose [ʀoz]; eau [o]
[ɔ]	o	oreille [ɔʀɛj]
[œ]	eu, œ, œu,...	œuf [œf]
[ø]	eu, œ, œu,...	œufs [ø]; heureux [øʀø]
[u]	ou	louer [lue]
[y]	u	union [ynjɔ̃]
[ɑ̃]	an, am, en, em	branche [bʀɑ̃ʃ]; enfin [ɑ̃fɛ̃]
[ɛ̃]	in, im, ain, ein,...	train [tʀɛ̃]; indice [ɛ̃dis]
[ɔ̃]	on, om	long [lɔ̃]
[œ̃]	un, um	un [œ̃]
Semi-voyelles		
[j]	i, ill, y,...	lien [ljɛ̃]
[w]	oi, oy, oua	loi [lwa]
[ɥ]	u	huître [ɥitʀ]

SYMBOLE	GRAPHIE	EXEMPLE
[b]	b, bb	bébé [bebe]; abbé [abe]
[d]	d, dd	doigt [dwa]
[f]	f, ff, ph	fin [fẽ]; photo [fɔto]
[g]	g, gg, gu	gâteau [gɑto]; bague [bag]
[k]	c, qu, k	carré [kaʀe]; quand [kɑ̃]
[l]	l, ll	large [laʀʒ]; ballon [balɔ̃]
[m]	m, mm	main [mẽ]; flamme [flam]
[n]	n, nn	nom [nɔ̃]; tonne [tɔn]
[p]	p, pp	père [pɛʀ]; appel [apɛl]
[ʀ]	r, rr	roi [ʀwa]; barre [baʀ]
[s]	s, ss, c, t	siècle [sjɛkl]; masse [mas]
[t]	t, tt, th	tendre [tɑ̃dʀ]; patte [pat]
[v]	v	vision [vizjɔ̃]
[z]	z, s	zéro [zeʀo]; rose [ʀoz]
[ʃ]	ch	château [ʃato]
[ʒ]	j, g	jour [ʒuʀ]; girafe [ʒiʀaf]
[ɲ]	gn	champagne [ʃɑ̃paɲ]
[ŋ]	ing	jogging [dʒɔgiŋ]
[']		héros ['eʀo]; onze ['ɔ̃z]

La *h* aspiré (qui empêche la liaison et l'elision) est marqué d'un astérisque (*) devant le mot: **héros*.

Il n'y a pas d'accent tonique dans les transcriptions phonétiques puisqu'en français la syllabe tonique est toujours la dernière syllabe du mot.

On trouvera entre parenthèses les phonèmes facultatifs: *repas* [ʀ(ə)pɑ].

ABRÉVIATIONS UTILISÉES EN FRANÇAIS

abrév.	abréviation	*fig.*	figuré
adj.	adjectif, adjective	*Fin.*	Finances
adv.	adverbe, adverbiale	*form.*	formule de politesse
Aéron.	Aéronautique		
Agr.	Agriculture	*Gastr.*	Gastronomie
Amér.	Amérique hispanophone	*Géogr.*	Géographie
		gér.	participe présent
Anat.	Anatomie	*gralm.*	généralement
angl.	anglicisme		
Arch.	Architecture	*impers.*	impersonnel
arg.	argot	*Impr.*	Imprimerie
art.	article	*indéf.*	indéfini
aux.	auxiliaire	*indét.*	indéterminé
		indic.	indicatif
Belg.	Belgique	*Inform.*	Informatique
Bot.	Botanique	*interj.*	interjection
		intr.	intransitif
Ciné.	Cinéma	*inv.*	invariable
Comm.	Commerce		
conj.	conjonction, conjonctive	*Ling.*	Linguistique
		litt.	littéraire
Constr.	Construction	*loc.*	locution
contr.	contraction		
copul.	copulatif	*m.*	masculin
		Mar.	Marine
dém.	démonstratif	*Math.*	Mathématiques
distr.	distributif	*Méc.*	Mécanique
Dr.	Droit	*Méd.*	Médecine
		Météor.	Météorologie
Écon.	Économie	*Mil.*	Militaire
Électr.	Électricité, Électronique	*Minér.*	Minéralogie, Mines
		Mus.	Musique
excl.	exclamatif		
		n.	neutre
f.	féminin	*n. p.*	nom propre
fam.	familier	*num.*	numéral
Ferr.	Ferroviaire		

partit.	partitif	*Rel.*	Religion
Peint.	Peinture		
péj.	péjoratif	*s.*	substantif, substantive
pers.	personne, personnel	*sing.*	singulier
Phot.	Photographie	*subj.*	subjonctif
pl.	pluriel		
poss.	possessif	*Taur.*	Tauromachie
pr.	pronominal	*Techn.*	Technologie, Technique
prép.	préposition, prépositionnelle		
		Théâtr.	Théâtre
pron.	pronom, pronominale	*tr.*	transitif
pron. adv.	pronom adverbial		
		v.	verbe, verbale
qqch	quelque chose	*vocat.*	vocatif
qqun	quelqu'un	*vulg.*	vulgaire
réfl.	réfléchi	*Zool.*	Zoologie
rel.	relatif		

NOMBRES

0	zéro	cero		
1	un	uno	premier, -ière	primer, primero
2	deux	dos	deuxième ; second, -de	segundo
3	trois	tres	troisième	tercer, tercero
4	quatre	cuatro	quatrième	cuarto
5	cinq	cinco	cinquième	quinto
6	six	seis	sixième	sexto
7	sept	siete	septième	séptimo
8	huit	ocho	huitième	octavo
9	neuf	nueve	neuvième	noveno
10	dix	diez	dixième	décimo
11	onze	once	onzième	undécimo
12	douze	doce	douzième	duodécimo
13	treize	trece	treizième	decimotercero
14	quatorze	catorce	quatorzième	decimocuarto
15	quinze	quince	quinzième	decimoquinto
16	seize	dieciséis	seizième	decimosexto
17	dix-sept	diecisiete	dix-septième	decimoséptimo
18	dix-huit	dieciocho	dix-huitième	decimoctavo
19	dix-neuf	diecinueve	dix-neuvième	decimonoveno
20	vingt	veinte	vingtième	vigésimo
21	vingt et un	veintiuno	vingt et unième	vigésimo primero
22	vingt-deux	veintidós	vingt-deuxième	vigésimo segundo
23	vingt-trois	veintitrés	vingt-troisième	vigésimo tercero
24	vingt-quatre	veinticuatro	vingt-quatrième	vigésimo cuarto
25	vingt-cinq	veinticinco	vingt-cinquième	vigésimo quinto
26	vingt-six	veintiséis	vingt-sixième	vigésimo sexto
27	vingt-sept	veintisiete	vingt-septième	vigésimo séptimo
28	vingt-huit	veintiocho	vingt-huitième	vigésimo octavo
29	vingt-neuf	veintinueve	vingt-neuvième	vigésimo noveno
30	trente	treinta	trentième	trigésimo
40	quarante	cuarenta	quarante	cuadragésimo
50	cinquante	cincuenta	cinquante	quincuagésimo
60	soixante	sesenta	soixante	sexagésimo
70	soixante-dix	setenta	soixante-dixième	septuagésimo
80	quatre-vingts	ochenta	quatre-vingtième	octogésimo
90	quatre-vingt-dix	noventa	quatre-vingt-dixième	nonagésimo
100	cent	cien	centième	centésimo
200	deux cents	doscientos	deux centième	ducentésimo
300	trois cents	trescientos	trois centième	tricentésimo
400	quatre cents	cuatrocientos	quatre centième	cuadringentésimo
500	cinq cents	quinientos	cinq centième	quingentésimo
600	six cents	seiscientos	six centième	sexcentésimo
700	sept cents	setecientos	sept centième	septingentésimo
800	huit cents	ochocientos	huit centième	octingentésimo
900	neuf cents	novecientos	neuf centième	noningentésimo
1000	mille	mil	millième	milésimo
10 000	dix mille	diez mil	mille deuxième	diezmilésimo

VERBES FRANÇAIS

1. Présent, 2. Imparfait, 3. Futur, 4. Conditionnel, 5. Passé simple,
6. Passé composé, 7. Participe présent, 8. Impératif, 9. Subjonctif présent.

	1er groupe - aimer	2ème groupe - finir	3ème groupe - écrire
1	j'aime, tu aimes, il aime, nous aimons, vous aimez, ils aiment.	je finis, tu finis, il finit nous finissons, vous finissez, ils finissent.	j'écris, tu écris, il écrit*, nous écrivons, vous écrivez, ils écrivent.
2	j'aimais, tu aimais, il aimait, nous aimions, vous aimiez, ils aimaient.	je finissais, tu finissais il finissait nous finissions, vous finissiez, ils finissaient.	j'écrivais, tu écrivais, il écrivait, nous écrivions, vous écriviez, ils écrivaient.
3	j'aimerai, tu aimeras, il aimera, nous aimerons, vous aimerez, ils aimeront.	je finirai, tu finiras, il finira, nous finirons, vous finirez, ils finiront.	j'écrirai, tu écriras, il écrira, nous écrirons, vous écrirez, ils écriront.
4	j'aimerais, tu aimerais, il aimerait, nous aimerions, vous aimeriez, ils aimeraient.	je finirais, tu finirais, il finirait, nous finirions, vous finiriez, ils finiraient.	j'écrirais, tu écrirais, il écrirait, nous écririons, vous écririez, ils écriraient.
5	j'aimai, tu aimas, il aima, nous aimâmes, vous aimâtes, ils aimèrent.	je finis, tu finis, il finis, nous finîmes, vous finîtes, ils finirent.	j'écrivis**, tu écrivis, il écrivit, nous écrivîmes, vous écrivîtes, ils écrivirent.
6	j'ai aimé.	j'ai fini.	j'ai écrit.
7	aimant.	finissant.	écrivant.
8	aime, aimons, aimez.	finis, finissons, finissez.	écris, écrivons, écrivez.
9	j'aime, tu aimes, il aime, nous aimions, vous aimiez, ils aiment.	je finisse, tu finisses, il finisse, nous finissions, vous finissiez, ils finissent.	j'écrive, tu écrives, il écrive, nous écrivions, vous écriviez, ils écrivent.

* Certains verbes ont d'autres terminaisons au présent de l'indicatif: -x, -x, -t (pouvoir, vouloir, valoir - je peux, je veux, je vaux) -e, -es, -e (ouvrir, offrir, souffrir, couvrir, assaillir, cueillir et leurs dérivés - j'ouvre, je souffre, je couvre,...).

** Certains verbes se conjuguent avec -u- (boire, savoir,... - je bus, je sus,...).

QUELQUES VERBES IRRÉGULIERS FRANÇAIS

1. Présent, 2. Imparfait, 3. Futur, 4. Conditionnel, 5. Passé simple,
6. Passé composé, 7. Participe présent, 8. Impératif, 9. Subjonctif présent.

	Avoir	Être	Aller	Faire
1	j'ai, tu as, il a, nous avons, vous avez, ils ont.	je suis, tu es, il est, nous sommes, vous êtes, ils sont.	je vais, tu vas, il va, nous allons, vous allez, ils vont.	je fais, tu fais, il fait, nous faisons, vous faites, ils font.
2	j'avais,...	j'étais,...	j'allais,...	je faisais,...
3	j'aurai,...	je serai,...	j'irai,...	je ferai,...
4	j'aurais,...	je serais,...	j'irais,...	je ferais,...
5	j'eus,...	je fus,...	j'allai,...	je fis,...
6	j'ai eu.	j'ai été.	je suis allé.	j'ai fait.
7	ayant	étant	allant	faisant
8	aie, ayons, ayez.	sois, soyons, soyez.	va, allons, allez.	fais, faisons, faites.
9	j'aie,...	je sois,...	j'aille,...	je fasse,...

Verbes Irréguliers du premier groupe

Les verbes en	changent	en	devant	Exemples
-cer (placer)	c	ç	-a, -o	nous plaçons, je plaçai
-ger (manger)	g	ge	-a, -o	nous mangeons, je mangeai
-e(...)er (peser)	-e-	è	syllabe muette (ayant un e muet)	je pèse, je pèserai
-é(...)er (régler)	-é-	è	syllabe muette finale (ayant un e muet)	je règle, mais je réglerai
-eter (jeter et ses dérivés)	-et-	ette	syllabe muette (ayant un e muet)	je jette, je jetterai
-eler (appeler et ses dérivés)	-el-	elle	syllabe muette (ayant un e muet)	j'appelle, j'appellerai
-ayer (payer)	y	i / y	syllabe muette (ayant un e muet)	je paie / je paye, je paierai / je payerai
-oyer, -uyer (essuyer)	y	i	syllabe muette (ayant un e muet)	j'essuie, j'essuierai

VERBES IRRÉGULIERS

3è GROUPE: VERBES EN -IR

bouillir: 1. je bous, nous bouillons 2. je bouillais 5. je bouillis 6. j'ai bouilli 7. bouillant 8. bous, bouillons bouillez 9. je bouille.

courir: 1. je cours 3. je courrai 4. je cour-rais 5. je courus 6. j'ai couru 7. courant 8. cours, courons courez 9. je coure.

dormir: 1. je dors, nous dormons 5. je dormis 6. j'ai dormi 7. dormant 8. dors, dormons, dormez, 9. je dorme.

faillir (défectif): 1. je faux, tu faux, il faut, nous faillons 2. je faillais 3. je faudrai 4. je faudrais 5. je faillis 6. j'ai failli 7. fail-lant 8. – 9. je faille.

fuir: 1. je fuis, nous fuyons, ils fuient 2. je fuyais 3. je fuirai 4. je fuirais 5. je fuis 6. j'ai fui 7. fuyant 8. fuis, fuyons, fuyez 9. je fuie, nous fuyons, ils fuient.

mourir: 1. je meurs, nous mourons, ils meurent 2. je mourais 3. je mourrai 4. je mourrais 5. je mourus 6. je suis mort 7. mourant 8. meurs, mourons, mourez 9. je meure, nous mourions, ils meurent.

ouvrir: 1. j'ouvre, tu ouvres, il ouvre 3. j'ouvrirai 4. j'ouvrirais 6. j'ai ouvert 8. ouvre, ouvrons, ouvrez.

sentir: 1. je sens, nous sentons 2. je sen-tais 5. je sentis 6. j'ai senti 7. sentant 8. sens, sentons, sentez 9. je sente.

servir: 1. je sers, nous servons 2. je ser-vais 5. je servis 6. j'ai servi 7. servant 8. sers, servons, servez 9. je serve.

venir: 1. je viens, nous venons, ils vien-nent 2. je venais 3. je viendrai 4. je vien-drais 5. je vins 6. je suis venu 7. venant 8. viens, venons, venez 9. je vienne, nous venions, ils viennent.

3è GROUPE: VERBES EN -OIR

assesoir, s': 1. je m'assieds/assois, il s'as-sied/assoit, nous nous asseyons/assoyons 2. je m'asseyais/assoyais 3. – 4. je m'as-siérais/j'assoirais 5. j'assis 6. je me suis assis 7. s'asseyant/assoyant 8. assieds-toi/assois-toi, asseyons-nous/assoyons-nous, asseyez-vous/assoyez-vous.

devoir: 1. je dois, nous devons, ils doi-vent 2. je devais 3. je devrai 4. je devrais 5. je dus 6. j'ai dû (due, dus) 7. devant 8. dois, devons, devez 9. je doive.

falloir (défectif): 1. il faut 2. il fallait 3. il faudra 4. il faudrait 5. il fallut 6. il a fallu 7. – 8. – 9. il faille.

mouvoir: 1. je meus, nous mouvons, ils meuvent 2. je mouvais 3. je mouvrai 4. je mouvrais 5. je mus 6. j'ai mû 7. mou-vant 8. meus, mouvons, mouvez 9. je meuve, nous mouvions, ils meuvent.

pleuvoir (défectif): 1. il pleut 2. il pleu-vait 3. il pleuvra 5. il pleuvrait 6. il a plu 7. pleuvant 8. – 9. il pleuve.

pouvoir: 1. je peux, tu peux, il peut, nous pouvons, ils peuvent 2. je pouvais 3. je pourrai 4. je pourrais 5. je pus 6. j'ai pu 7. pouvant 8. – 9. je puisse.

recevoir (défectif): 1. je reçois, nous rece-vons, ils reçoivent 2. je recevais 3. je rece-vrai 4. je recevrais 5. je reçus 6. j'ai reçu 7. recevant 8. reçois, recevons, reçoivent.

savoir: 1. je sais, nous savons 2. je savais 3. je saurai 4. je saurais 5. je sus 6. j'ai su 7. sachant 8. sache, sachons, sachez 9. je sache.

valoir: 1. je vaux, tu vaux, il vaut, nous valons 2. je valais 3. je vaudrai 4. je vau-drais 5. je valus 6. j'ai valu 7. valant

8. vaux, valons, valez **9.** je vaille, nous valions, ils vaillent.

voir: 1. je vois, nous voyons, ils voient **2.** je voyais **3.** je verrai **4.** je verrais **5.** je vis **6.** j'ai vu **7.** voyant **8.** vois, voyons, voyez **9.** je voie, nous voyions, ils voient.

vouloir: 1. je veux, nous voulons, ils veulent **2.** je voulais **3.** je voudrai **4.** je voudrais **5.** je voulus **6.** j'ai voulu **7.** voulant **8.** veux (veuille), voulons, voulez (veuil-lez) **9.** veuille, voulions, veuillent.

3è GROUPE: VERBES EN -RE

atteindre: 1. j'atteins, nous atteignons **2.** j'atteignais **5.** j'atteignis **6.** j'ai atteint **7.** atteignant **8.** atteins, atteignons, atteignez **9.** j'atteigne.

boire: 1. je bois, nous buvons, ils boivent **2.** je buvais **5.** je bus **6.** j'ai bu **7.** buvant **8.** bois, buvons, buvez **9.** je boive, nous buvions, ils boivent.

conduire: 1. je conduis, nous conduisons **2.** je conduisais **5.** je conduis **6.** j'ai conduit **7.** conduisant **8.** conduis, conduisons, conduisez **9.** je conduise.

connaître: 1. je connais, il connaît, nous connaissons **2.** je connaissais **3.** je connaîtrai **4.** je connaîtrais **5.** je connus **6.** j'ai connu **7.** connaissant **8.** connais, connaissons, connaissez **9.** je connaisse.

construire: 1. je construis, nous construisons **2.** je construisais **3.** je construirai **4.** je construirais **5.** je construisis **6.** j'ai construit **7.** construisant **8.** construis, construisons, construisez **9.** je construise.

croire: 1. je crois, nous croyons, ils croient **2.** je croyais **5.** je crus **6.** j'ai cru **7.** croyant **8.** crois, croyons, croyez **9.** je croie, nous croyions, ils croient.

dire: 1. je dis, vous dites, ils disent **2.** je disais **3.** je dirai **4.** je dirais **5.** je dis **6.** j'ai dit **7.** disant **8.** dis, disons, dites **9.** je dise.

distraire: 1. je distrais, nous distrayons, ils distraient **2.** je distrayais **5.** -- **6.** j'ai distrait **7.** distrayant **8.** distrais, distrayons, distrayez **9.** je distraie, nous distrayions, ils distraient

écrire: 1. j'écris, nous écrivons **2.** j'écrivais **3.** j'écrirai **4.** j'écrirais **5.** j'écrivis **6.** j'ai écrit **7.** écrivant **8.** écris, écrivons, écrivez **9.** j'écrive.

faire: 1. je fais, vous faites, ils font **2.** je faisais **3.** je ferai **4.** je ferais **5.** je fis **6.** fais, faisons, faites **7.** j'ai fait **8.** faisant **9.** je fasse.

lire: 1. je lis, nous lisons **2.** je lisais **3.** je lirai **4.** je lirais **5.** je lus **6.** j'ai lu **7.** lisant **8.** lis, lisons, lisez **9.** je lise.

mettre: 1. je mets, il met, nous mettons **2.** je mettais **5.** je mis **6.** j'ai mis **7.** mettant **8.** mets, mettons, mettez **9.** je mette.

naître: 1. je nais, il naît, nous naissons **2.** je naissais **5.** je naquis **6.** je suis né **7.** naissant **8.** nais, naissons, naissez **9.** je naisse.

plaire: 1. je plais, il plaît, nous plaisons **2.** je plaisais **5.** je plus **6.** j'ai plu, **7.** plaisant **8.** plais, plaisons, plaisez **9.** je plaise.

prendre: 1. je prends, il prend, nous prenons, ils prennent **2.** je prenais **5.** je pris **6.** j'ai pris **7.** prenant **8.** prends, prenons, prenez **9.** je prenne, nous prenions, ils prennent.

rire: 1. je ris, etc. **2.** je riais **5.** je ris **6.** j'ai ri **7.** riant **8.** ris, rions, riez **9.** je rie, nous riions, ils rient.

suivre: 1. je suis, nous suivons **2.** je suivais **5.** je suivis **6.** j'ai suivi **7.** suivant **8.** suis, suivons, suivez **9.** je suive.

vivre: 1. je vis, nous vivons **2.** je vivais **5.** je vécus **6.** j'ai vécu **7.** vivant **8.** vis, vivons, vivez **9.** je vive.

a [a] *s. m.* a *f.*

à [a] *prép.* **1.** (localisation) en [Il est à la bibliothèque. *Está en la biblioteca.*] **2.** (position) a [À droite, à ma gauche, au fond. *A la derecha, a mi izquierda, al fondo.*] **3.** (direction) a; para; hacia [Le train va au nord. *El tren va para el norte.*] **4.** (villes) en (sin movimiento); a (con movimiento) [Je suis à Rome et après j'irai à Naples. *Estoy en Roma y luego iré a Nápoles.*] **5.** (époque, siècle, mois) en [À l'époque, au XIXe siècle, au mois de mars. *En aquella época, en el siglo XIX, en el mes de marzo.*] **6.** en [Au printemps. *En primavera.*] **7.** (heures) a [À quatre heures. *A las cuatro.*] **8.** (pour prendre congé) hasta [À demain!, à la semaine prochaine! *Hasta mañana, hasta la semana próxima.*] **9.** (possession) de [Ce chapeau n'est pas à Pierre. *Este sombrero no es de Pierre.*] **10.** (complément d'objet indirect) a [J'ai dit cela à Pierre. *Le he dicho eso a Pierre.*] **11.** (destinataire) para [À Monsieur Dubois. *Para el señor Dubois.*] **12.** (fonctionnement) de [Bateau à vapeur. *Barco de vapor.*] **13.** (qui a un effet) para [Utile à Pierre, nuisible à la santé. *Útil para Pierre, perjudicial para la salud.*] **14.** (fonction) de [Machine à écrire. *Máquina de escribir.*] **15.** (manière) a [À pied. *A pie.*] **16.** en [À voix haute. *En voz alta.*] **17.** (position du corps) de [À genoux. *De rodillas.*] **18.** (moyen de transmission) por [Je l'ai entendu à la radio. *Lo oí por la radio.*] **19.** (moyen de transport) en [À cheval, à bicyclette. *En caballo, en bicicleta.*] **20.** (style) a [S'habiller à l'anglaise. *Vestirse a la inglesa.*] **21.** (utilité) para; de [Papier à lettres. *Papel de cartas.*] **22.** (dessin) a [Chemise à carreaux. *Camisa a cuadros.*] **23.** (caractéristique) de [L'homme au costume gris. *El hombre del traje gris.*] **24.** (ingrédient essentiel) de [Un gâteau au chocolat. *Un pastel de chocolate.*] **25.** (collaboration) entre [Ils l'ont construit à deux. *Lo construyeron entre dos.*] **26.** (prix) a; por [200 km à l'heure. *200 km por hora.*] **27.** (+adj.) de [Facile à faire. *Fácil de hacer.*].

• La preposición "à" se contrae delante del artículo m. sing. (à + le = au) y m. pl. (à + les = aux) salvo cuando el sustantivo empiece por vocal o "h" muda: À l'époque. *En la época.*

A B C ou abécé [abese] *s. m.* abecé.

abaissement [abesmã] *s. m.* bajada *f.*

abaisser [abese] *v. tr.* **1.** bajar (más abajo). **2.** (les impôts, les prix) bajar; reducir. **3.** *fig.* (humilier) humillar. **4.** bajar; agachar [Abaisser la tête. *Bajar la cabeza.*]

abandon [abãdɔ̃] *s. m.* **1.** abandono [L'abandon des villes. *El abandono de las ciudades.*] **2.** abandono [Abandon du devoir, de tout espoir. *Abandono del deber, de toda esperanza.*] **3.** (politique) renuncia *f.* **4.** (négligence) negligencia *f.*; dejadez *f.*

abandonné, -ée [abãdɔne] *adj.* **1.** abandonado. -da. **2.** (sans appui) desvalido, -da; desamparado, -da.

abandonner [abãdɔne] *v. tr.* **1.** abandonar. **2.** (laisser) dejar. **3.** (renoncer à) renunciar; desistir. **4.** (cesser) abandonar; cesar. **5.** (négliger) descuidar. || *v. intr.* **6.** (une conviction) abandonar. || **s'abandonner** *v. pr.* **7.** (se laisser aller) abandonarse.

abat-jour [abaʒuʀ] *s. m. inv.* pantalla *f.* (de lámpara).

abats [aba] *s. m. pl. Gastr.* menudos; menudillos.

abattage [abataʒ] *s. m.* **1.** (d'arbres) tala *f.* **2.** (d'un animal pour la boucherie) matanza *f.*; sacrificio. **3.** (démolition) derribo.

abattant [abatɑ̃] *s. m.* tapa *f.* (de pupitre).

abattement [abatmɑ̃] *s. m.* **1.** (du prix) reducción *f.* **2.** (impôts) deducción *f.* **3.** (découragement) abatimiento; desaliento.

abattoir [abatwaʀ] *s. m.* **1.** matadero *s. m.* **2.** *fig.* (massacre) carnicería *f.*

abattre [abatʀ] *v. tr.* **1.** (faire tomber) derribar; abatir. **2.** (démolir) derribar; derrumbar; desmoronar. **3.** (arbres) talar; cortar. **4.** (chasse, boucherie) matar; sacrificar. **5.** (attrister) entristecer; afligir. **6.** (décourager) abatir; desanimar. ‖ **s'abattre** *v. pr.* **7.** (s'écrouler) desplomarse; caerse. **8.** (se précipiter sur) abatirse.

abattu, -ue [abaty] *adj.* abatido, -da.

abbaye [abei] *s. f.* abadía.

abbé [abe] *s. m.* abad.

abbesse [abes] *s. f.* abadesa.

abcès [apsɛ] *s. m.* absceso.

abdication [abdikasjɔ̃] *s. f.* renuncia.

abdiquer [abdike] *v. intr.* abdicar.

abdomen [abdɔmɛn] *s. m., Anat.* abdomen.

abécédaire [abesedɛʀ] *s. m.* (livret) cartilla *f.*; abecé; abecedario.

abeille [abɛj] *s. f.* abeja.

abêti, -ie [abeti] *adj.* atontado, -da.

abêtir [abetiʀ] *v. tr.* **1.** (rendre stupide) volver tonto. **2.** (étourdir) atontar. **3.** (bêtifier) embrutecer.

abîme [abim] *s. m.* **1.** abismo; sima *f.* (gouffre). **2.** (précipice) precipicio. **3.** *fig.* (séparation) abismo.

abîmer [abime] *v. tr.* **1.** (gâter) estropear; echar a perder. **2.** (mettre hors de service) romper [Il a abîmé mon vélo. *Me ha roto la bicicleta.*] **3.** (la vue) dañar; deteriorar; desmejorar. **4.** (les fruits) estropear. **5.** *fam.* (meurtrir par des coups) magullar. ‖ **s'abîmer** *v. pr.* **6.** estropearse.

abjurer [abʒyʀe] *v. tr. et intr.* abjurar.

ablution [ablysjɔ̃] *s. f.* ablución.

abnégation [abnegasjɔ̃] *s. f.* abnegación.

aboiement [abwamɑ̃] *s. m.* ladrido.

abolir [abɔliʀ] *v. tr.* abolir.

abominable [abɔminabl] *adj.* abominable.

abominer [abɔmine] *v. tr.* aborrecer.

abondance [abɔ̃dɑ̃s] *s. f.* abundancia.

abondant, -te [abɔ̃dɑ̃, -ɑ̃t] *adj.* abundante. ‖ **peu ~** escaso, -sa.

abonder [abɔ̃de] *v. intr.* **1.** (être en abondance) abundar. **2.** (eau, source) manar (en abundancia).

abonnement [abɔnmɑ̃] *s. m.* **1.** (spectacles, téléphone) abono. **2.** (journal, revue) suscripción *f.*

abonner [abɔne] *v. tr.* **1.** (spectacles, téléphone) abonar. **2.** (journal, revue) suscribir. ‖ **s'abonner** *v. pr.* **3.** abonarse. **4.** (à une revue) suscribirse.

abords [abɔʀ] *s. m. pl.* inmediaciones *f.*; alrededores. ‖ **au premier ~** a primera vista. **d'~** primero; antes; ante todo. **tout d'~** en primer lugar; primero; ante todo.

abordage [abɔʀdaʒ] *s. m., Mar.* abordaje.

aborder [abɔʀde] *v. tr.* **1.** (attaquer un navire) abordar; asaltar. **2.** (accoster) abordar [Aborder un inconnu dans la rue. *Abordar a un desconocido por la calle.*] **3.** (un sujet) abordar; tocar. ‖ *v. intr.* **4.** (un navire) atracar.

aborigène [abɔʀiʒɛn] *adj. et s. m. et f.* aborigen.

abouter [abute] *v. tr.*, *Techn.* empalmar; ensamblar.

aboutir [abutiʀ] *v. intr.* **1.** llegar; terminar; ir a parar; ir a dar [Cette rue aboutit à une place. *Esta calle va a parar a una plaza.*] **2.** *fig.* desembocar; conducir [Cette attitude n'aboutit à rien de bon. *Esta actitud no desemboca en nada bueno.*] **3.** (réussir) tener resultado. [Ses démarches ont abouti. *Sus gestiones han tenido resultado.*]

aboutissement [abutismã] *s. m.* **1.** (conclusion, terme) término. **2.** (fin) fin. **3.** (résultat) resultado.

aboyer [abwaje] *v. intr.* **1.** ladrar. **2.** (clabauder) despotricar.

abrégé [abreʒe] *s. m.* **1.** (résumé) resumen. **2.** (précis, manuel) compendio.

abrègement [abrɛʒmã] *s. m.* abreviación *f.*

abréger [abreʒe] *v. tr.* **1.** (un mot, une syllabe) abreviar. **2.** (condenser) resumir; condensar. **3.** (ses souffrances, le travail) acortar.

abreuvage [abrœvaʒ] *s. m.* acción de abrevar.

abreuver [abrœve] *v. tr.* abrevar.

abreuvoir [abrœvwaʀ] *s. m.* abrevadero.

abréviation [abrevjasjɔ̃] *s. f.* abreviatura.

abri [abri] *s. m.* **1.** (lieu où l'on est à couvert) abrigo. **2.** (refuge) refugio. **3.** (cabane, auvent) cobertizo. **4.** *fig.* (protection) protección *f.*; amparo. ‖ **à l'~** a cubierto. **à l'~ de** al abrigo de.

abricot [abriko] *s. m.* albaricoque.

abriter [abrite] *v. tr.* **1.** (du froid, du danger) abrigar; resguardar. **2.** (des intempéries) cobijar. **3.** (héberger, loger) albergar. ‖ **s'abriter** *v. pr.* **4.** (des intempéries) guarecerse. **5.** *fig.* (derrière qqun) ampararse.

abrupt, -te [abʀypt] *adj.* abrupto, -ta.

abruti, -ie [abʀyti] *adj.* **1.** (engourdi) embrutecido, -da. **2.** (à cause de la fatigue) atontado, -da. **3.** (à cause du bruit) atontado, -da ‖ *adj.* et *s. m.* et *f.* **4.** *péj.* estúpido, -da zopenco, -ca.

abrutir [abʀytiʀ] *v. tr.* **1.** (engourdir) embrutecer Le travail l'a abruti. *El trabajo le ha embrutecido.*] **2.** (étourdir) atontar. ‖ **s'abrutir** *v. pr.* **3.** embrutecerse.

absence [apsãs] *s. f.* ausencia.

absent, -te [apsã, -ãt] *adj.* **1.** (qui n'est pas là) ausente. **2.** *fig.* (distrait) ausente; distraído, -da; desatento, -ta. ‖ **être ~** (choses) faltar; no haber. (personnes) estar ausente; no estar.

absenter, s' [apsãte] *v. pr.* ausentarse.

absolu, -ue [apsɔly] *adj.* absoluto, -ta.

absolument [apsɔlymã] *adv.* **1.** absolutamente, completamente. **2.** necesariamente. ‖ **~ pas** de ningún modo; en absoluto.

absolution [apsɔlysjɔ̃] *s. f.* **1.** (des péchés) absolución. **2.** *Dr.* (d'un inculpé) absolución.

absorbant, -te [apsɔʀbã, -ãt] *adj.* **1.** absorbente. ‖ *s. m.* **2.** pantalla absorbente.

absorbé, -ée [apsɔʀbe] *adj.* **1.** absorbido, -da. **2.** *fig.* (absent, méditatif) absorto, -ta.

absorber [apsɔʀbe] *v. tr.* **1.** (un liquide) absorber; embeber. **2.** (boire, manger) absorber; sorber. **3.** (de l'air) aspirar. **4.** *fig.* absorber [Absorber l'attention. *Absorber la atención.*] **5.** (captiver) cautivar. ‖ **s'absorber** *v. pr.* **6.** (disparaître) perderse [Sa voix s'absorbe dans le vacarme. *Su voz desaparece en el tumulto.*] **7.** (s'abstraire) enfrascarse; ensimismarse.

absoudre [apsudʀ] *v. tr.* absolver.

abstenir, s' [apst(ə)niʀ] *v. pr.* **1.** abstenerse. **2.** (s'empêcher de dire ou de faire) retraerse.

abstinence [apstinɑ̃s] *s. f.* abstinencia.

abstinent, -te [apstinɑ̃t, -ɑ̃t] *adj. et s. m. et f.* **1.** (plaisir charnel) casto, -ta. **2.** (alcool) abstemio, -mia.

abstraction [apstʀaksjɔ̃] *s. f.* abstracción. ‖ **faire ~** prescindir; hacer caso omiso.

abstraire, s' [apstʀeʀ] *v. pr.* ensimismarse.

abstrait, -te [apstʀɛ, -ɛt] *adj.* abstracto, -ta. ‖ **art ~** arte abstracto.

absurde [apsyʀd] *adj.* **1.** absurdo, -da. **2.** (insensé) descabellado, -da; disparatado; -da.

absurdité [apsyʀdite] *s. f.* **1.** absurdo *m.* [L'absurdité. *Lo absurdo.*] **2.** (bêtise) barbaridad. **3.** cosa absurda [C'est une chose absurde. *Es una cosa absurda.*]

abus [aby] *s. m.* **1.** abuso. **2.** (exagération) exageración *f.*

abuser [abyze] *v. intr.* **1.** abusar [Abuser de son pouvoir. *Abusar de su poder.*] ‖ *v. tr.* **2.** (duper) engañar [Abuser quelqu'un par de fausses promesses. *Engañar a alguien con falsas promesas.*] ‖ **s'abuser** *v. pr.* **3.** equivocarse; engañarse.

abusif, -ive [abyzif, -iv] *adj.* abusivo, -va.

abysse [abis] *s. m.* abismo (submarino).

acabit [akabi] *s. m., fam.* calaña *f.*

acacia [akasja] *s. m., Bot.* acacia *f.*

académie [akademi] *s. f.* **1.** (société de savants, d'artistes) academia. **2.** (école supérieure) escuela (superior). **3.** distrito universitario (en Francia).

acajou [akaʒu] *s. m., Bot.* caoba *f.*

accablant, -te [akablɑ̃, -ɑ̃t] *adj.* **1.** (physiquement) abrumador, -ra. **2.** (psychologiquement) abrumador, -ra.

accablé, -ée [akable] *adj.* **1.** (découragé, abattu) abatido, -da. **2.** (débordé par le travail, les soucis) agobiado, -da. **3.** (épuisé) agotado, -da.

accablement [akabl(ə)mɑ̃] *s. m.* agobio.

accabler [akable] *v. tr.* **1.** (psychologiquement) aniquilar; anonadar. **2.** *fig.* (humilier) humillar. **3.** (physiquement) agobiar; abrumar; agotar.

accaparer [akapaʀe] *v. tr.* (monopoliser) acaparar.

accéder [aksede] *v. intr.* **1.** acceder. **2.** llegar [Accéder au trone. *Llegar al trono.*]

accélérateur, -trice [akseleʀatœʀ, tʀis] *adj. et s. m.* acelerador, -ra.

accélérer [akseleʀe] *v. tr. et intr.* **1.** (moteur) acelerar. ‖ *v. tr.* **2.** acelerar. **3.** activar [Accélérer la circulation. *Activar la circulación.*]

accent [aksɑ̃] *s. m.* acento. ‖ **mettre l'~** hacer hincapié.

accentuer [aksɑ̃tɥe] *v. tr.* **1.** (à l'écrit ou à l'oral) acentuar. **2.** (intensifier) acentuar.

acceptable [akseptabl] *adj.* aceptable.

acceptation [akseptasjɔ̃] *s. f.* aceptación.

accepter [aksepte] *v. tr.* **1.** aceptar. **2.** (admettre) admitir. ‖ *v. intr.* **3.** aceptar [Il accepte de nous accueillir. *Acepta recibirnos.*] **4.** (bien vouloir) tener a bien.

acception [aksepsjɔ̃] *s. f.* acepción.

accès [aksɛ] *s. m.* **1.** (entrée) acceso; entrada *f.* **2.** *Méd.* (de toux) ataque. **3.** (de colère) arrebato. ‖ **avoir un ~ de fièvre** subir la fiebre.

accessible [aksesibl] *adj.* **1.** accesible. **2.** (à la portée) asequible (al alcance).

accessoire [akseswaʀ] *adj.* accesorio, -ria. ‖ *s. m.* **2.** accesorio.

accident [aksidɑ̃] *s. m.* accidente.

accidenté, -ée [aksidɑ̃te] *adj.* **1.** *fam.* (dans un accident) accidentado, -da. **2.** (terrain) accidentado, -da; quebrado,

ACCIDENTEL - ACCOUCHEMENT

-da; desigual; escabroso, -sa. **3.** (style) desigual.

accidentel, -elle [aksidɑ̃tɛl] *adj.* **1.** accidental [Mort accidentelle. *Muerte accidental.*] **2.** (fortuit) fortuito, -ta; casual.

acclamer [aklame] *v. tr.* **1.** aclamar. **2.** (ovationner) vitorear.

acclimater [aklimate] *v. tr.* **1.** aclimatar. **2.** *fig.* (importer une idée, un usage) introducir. ‖ **s'acclimater** *v. pr.* **3.** (s'adapter) aclimatarse. **4.** (s'habituer) ambientarse.

accolade [akɔlad] *s. f.* **1.** (d'amitié) abrazo *m.* **2.** (signe graphique et musical) llave.

accoler [akɔle] *v. tr.* **1.** (mettre côte à côte) juntar. **2.** (par accolades) unir (por llaves).

accommodant, -te [akɔmɔdɑ̃, -ɑ̃t] *adj.* **1.** (traitable, sociable) tratable. **2.** (facile à contenter) fácil de contentar. **3.** (arrangeant) flexible.

accommoder [akɔmɔde] *v. tr.* **1.** adecuar; adaptar. **2.** *Gastr.* (assaisonner) aderezar.

accompagnement [akɔ̃paɲmɑ̃] *s. m.* acompañamiento.

accompagner [akɔ̃paɲe] *v. tr.* acompañar.

accompli, -ie [akɔ̃pli] *adj.* **1.** (terminé) cumplido, -da [Un fait accompli, une prophétie accomplie. *Un hecho consumado, una profecía cumplida.*] **2.** (achevé) consumado, -da; todo, -da; perfecto, -ta [Il est un maître accompli du pinceau. *Es todo un maestro del pincel.*]

accomplir [akɔ̃plir] *v. tr.* **1.** (une promesse, un devoir, la loi) cumplir. **2.** (un projet) realizar [Accomplir un travail. *Realizar un trabajo.*] **3.** (achever) concluir; consumar. ‖ **ne pas ~** incumplir.

accomplissement [akɔ̃plismɑ̃] *s. m.* **1.** (d'un ordre) cumplimiento. **2.** (achèvement) conclusión *f.*; terminación *f.*

accord [akɔr] *s. m.* **1.** (entente) acuerdo. **2.** (pacte) acuerdo; pacto [Ils ont signé, conclu un accord. *Han firmado, concertado un acuerdo.*] **3.** (règlement à l'amiable) arreglo. **4.** *Comm.* convenio; acuerdo [Accord commercial. *Convenio comercial.*] **5.** (consentement) aprobación *f.*; permiso; conformidad *f.*; autorización *f.* **6.** *Mus.* (association de sons) acorde. ‖ *interj.* **7.** de acuerdo; conforme; vale; bien. ‖ **d'~** acorde; de acuerdo. **d'un commun ~** de común acuerdo. **être d'~** estar de acuerdo; convenir. **ne pas être d'~** disentir. **se mettre d'~** ponerse de acuerdo.

accordéon [akɔrdeɔ̃] *s. m., Mus.* acordeón.

accorder [akɔrde] *v. tr.* **1.** conceder; otorgar; dar [Accorder un délai, une bourse, l'autorisation, un prix. *Conceder un plazo, una beca, la autorización, un premio.*] **2.** (le futur, le destin, la chance) deparar *lit.* **3.** armonizar [Accorder ses principes et sa vie. *Armonizar sus principios y su vida.*] **4.** *Comm.* (une somme) asignar. **5.** (adapter) adecuar. **6.** *Mus.* afinar. **7.** *Ling.* concordar. ‖ **s'accorder** *v. pr.* **8.** (se mettre d'accord) ponerse de acuerdo. **9.** concordar [Les deux témoignages s'accordent. *Los dos testimonios concuerdan.*] **10.** *Ling.* concordar.

accoster [akɔste] *v. tr.* **1.** *Mar.* atracar; arribar. **2.** (qqun) abordar; acercarse.

accotement [akɔtmɑ̃] *s. m.* **1.** (du trottoir) orla *f.* **2.** (d'une route) arcén *m.*

accouchement [akuʃmɑ̃] *s. m.* parto. ‖ **maison d'~** maternidad *f.*

accoucher [akuʃe] *v. intr.* (les femmes) dar a luz; parir.
accoucheuse [akuʃøz] *s. f.* matrona.
accoudoir [akudwaʀ] *s. m.* **1.** (de la fenêtre, du balcon) antepecho; baranda *f.* **2.** (du siège) brazo.
accoupler [akuple] *v. tr.* **1.** (joindre par deux) emparejar. **2.** (joindre deux choses) unir. **3.** *Techn.* (assembler) acoplar. **4.** (deux cables) conectar.
accourir [akuʀiʀ] *v. intr.* **1.** darse prisa. **2.** *fig.* (arriver rapidement) acudir; afluir.
accréditer [akʀedite] *v. tr.* **1.** (montrer, démontrer) acreditar. **2.** autorizar [Accréditer un porte-parole. *Autorizar a un portavoz.*] **3.** (un embassadeur, un journaliste) acreditar.
accréditeur [akʀeditœʀ] *s. m., Fin.* fiador, -ra.
accroc [akʀo] *s. m.* desgarrón; siete.
accrochage [akʀɔʃaʒ] *s. m.* **1.** (de véhicules) choque. **2.** *Mil.* escaramuza *f.* **3.** *fam.* (dispute) altercado; riña *f.*
accrocher [akʀɔʃe] *v. tr.* **1.** enganchar. **2.** (pendre) colgar [Accrocher au mur. *Colgar en la pared.*] **3.** (véhicules) chocar [Ce camion va accrocher votre voiture, la portière de votre voiture. *Ese camión va a chocar con su coche, con la puerta de su coche.*] **4.** *fig.* enganchar [Ce film accroche le spectateur. *Esa película engancha al espectador.*] || **s'accrocher** *v. pr.* **5.** engancharse. **6.** (se tenir avec force) agarrarse; aferrarse; sujetarse. **7.** *fig.* aferrarse.
accrocheur, -euse [akʀɔʃœʀ, -øz] *adj.* **1.** (en sports ou en politique) tenaz. **2.** *fam.* (attirant) atractivo, -va.
accroissement [akʀwasmã] *s. m.* **1.** incremento; aumento. **2.** (d'une étendue) ampliación *f.*
accroître [akʀwatʀ] *v. tr.* acrecentar; aumentar.
accroupi, -ie [akʀupi] *adj.* en cuclillas.
accroupir, s' [akʀupiʀ] *v. pr.* ponerse en cuclillas.
accueil [akœj] *s. m.* **1.** acogida *f.*; recibimiento [Un accueil excellent. *Una acogida excelente.*] **2.** recepción *f.* [Adressez-vous à l'accueil. *Diríjase a la recepción.*] || **hôtesse d'~** azafata de congresos.
accueillant, -te [akœjɑ̃, -ɑ̃t] *adj.* acogedor, -ra.
accueillir [akœjiʀ] *v. tr.* **1.** (donner l'hospitalité) acoger [Accueillir un parent chez soi. *Acoger a un pariente en casa.*] **2.** recibir [Il a été très bien accueilli à la gare. *Ha sido muy bien recibido en la estación.*] **3.** *fig.* acoger [Bien accueillir ses idées. *Acoger sus ideas.*]
accumulation [akymylasjɔ̃] *s. f.* acumulación.
accumuler [akymyle] *v. tr.* **1.** acumular. || **s'accumuler** *v. pr.* **2.** acumularse.
accusation [akyzasjɔ̃] *s. f.* acusación || **mettre en ~** enjuiciar.
accusé, -ée [akyze] *s. m. et f.* **1.** *Dr.* (inculpé, prévenu) acusado, -da [Le banc des accusés. *El banquillo de los acusados.*] || *s. m.* **2.** acuse [Accusé de réception. *Acuse de recibo.*]
accuser [akyze] *v. tr.* **1.** *Dr.* (inculper) acusar; inculpar. **2.** (dénoncer) denunciar; acusar. **3.** (les formes) hacer resaltar; acentuar. || **~ réception** acusar recibo.
acerbe [asɛʀb] *adj.* acerbo, -ba.
acétone [asetɔn] *s. f.* acetona.
acharné, -ée [aʃaʀne] *adj.* **1.** (enragé) encarnizado, -da. **2.** (obstiné) empedernido, -da [Un fumeur acharné. *Un fumador empedernido.*] **3.** (tenace) tenaz.

acharnement [aʃarn(ə)mã] *s. m.* **1.** (rage) saña *f.* **2.** (obstination) obstinación *f.* **3.** *fig.* (tenacité) empeño; ahínco.

acharner, s' [aʃarne] *v. pr.* **1.** ensañarse. **2.** (s'obstiner) empeñarse. **3.** (sans désespérer) no cejar en el empeño.

achat [aʃa] *s. m.* compra *f.* ‖ **l'~ et la vente** compraventa.

acheminer [aʃ(ə)mine] *v. tr.* **1.** (qqun) encaminar. **2.** (une affaire, l'eau) encauzar. ‖ **s'acheminer** *v. pr.* **3.** encaminarse.

acheter [aʃ(ə)te] *v. tr.* comprar.

achevé, -ée [aʃ(ə)ve] *adj.* **1.** (terminé) acabado, -da. **2.** *fig.* consumado, -da.

achèvement [aʃɛvmã] *s. m.* terminación *f.*; conclusión *f.*

achever [aʃ(ə)ve] *v. tr.* **1.** (un travail, un objet d'art) acabar; terminar. **2.** (une action, un projet) consumar. **3.** (tuer) rematar. **4.** *fig.* acabar con.

acide [asid] *adj. et s. m.* ácido, -da.

acidité [asidite] *s. f.* acidez.

acier [asje] *s. m.* acero.

acné [akne] *s. f.* acné *m.*

acompte [akɔ̃t] *s. m.* cantidad a cuenta.

à-côté [akote] *s. m.* **1.** (détail) pormenor. **2.** (gain d'appoint) extra.

à-coup [aku] *s. m.* sacudida *f.*; trompicón. ‖ **par à-coups** a trompicones.

acoustique [akustik] *adj.* **1.** acústico, -ca. ‖ *s. f.* **2.** acústica.

acquérir [akerir] *v. tr.* adquirir.

acquiescer [akjese] *v. intr.* **1.** (dire oui) asentir. **2.** (accepter) consentir.

acquis [aki] *s. m.* saber; experiencia *f.*

acquisition [akizisjɔ̃] *s. f.* adquisición.

acquit [aki] *s. m.* (reçu) recibo. ‖ **pour ~** (avec une signature) recibí.

acquittement [akitmã] *s. m., Dr.* (d'un accusé) absolución *f.*

acquitter [akite] *v. tr.* **1.** (un prisonnier) absolver. **2.** (une dette) pagar; solventar. ‖ **s'acquitter** *v. pr.* **3.** (d'une dette) pagar; satisfacer. **4.** (d'un devoir) cumplir.

acre [akr] *s. f.* acre *m.*

âcre [ɑkr] *adj.* acre.

acrobate [akrɔbat] *s. m. et f.* acróbata.

acrobatie [akrɔbasi] *s. f.* acrobacia.

acronyme [akrɔnim] *s. m.* acrónimo.

acte [akt] *s. m.* **1.** acto. **2.** *Dr.* (document officiel) escritura *f.* **3.** (de naissance, de mariage) partida *f.* **4.** acta *f.* [Acte constitutif. *Acta fundacional.*] **5.** *Théâtr.* acto. ‖ **actes** *s. m. pl.* **6.** (d'un congrès) actas *f.* ‖ **dresser un ~** levantar acta.

acteur [aktœr, -tris] *s. m.* actor.

actif, -ive [aktif, -iv] *adj.* **1.** activo, -va. **2.** (entreprenant) participativo, -va. ‖ **à l'~ de** a favor de [Un solde de 100 000 euros à votre actif. *Un saldo de 100 000 euros a su favor.*]

action [aksjɔ̃] *s. f.* acción.

actionnaire [aksjɔnɛr] *s. m. et f., Fin.* accionista.

actionner [aksjɔne] *v. tr.* accionar.

activer [aktive] *v. tr.* **1.** activar. **2.** (un incendie) avivar.

activité [aktivite] *s. f.* actividad. ‖ **en ~** en activo; en ejercicio.

actrice [aktris] *s. f.* actriz.

actualiser [aktyalize] *v. tr.* actualizar.

actualité [aktyalite] *s. f.* **1.** actualidad. ‖ **actualités** *s. f. pl.* **2.** (cinéma ou télévision) noticiario *m. sing.*

actuel, -elle [aktyɛl] *adj.* actual.

actuellement [aktyɛlmã] *adv.* actualmente, hoy por hoy.

acuité [akɥite] *s. f.* agudeza.

acupuncture [akypɔ̃ktyr] *s. f.* acupuntura.

ADAGIO - ADOUCIR

adagio [ada(d)ʒjo] *s. m., Mus.* adagio.
adaptation [adaptasjɔ̃] *s. f.* adaptación.
adapter [adapte] *v. tr.* **1.** adaptar. **2.** (approprier, mettre en accord) adecuar; amoldar. **3.** (ajuster) ajustar. ‖ **s'adapter** *v. pr.* **4.** adaptarse.
addition [adisjɔ̃] *s. f.* **1.** suma; adición. **2.** (à payer) cuenta. **3.** (supplément, ajout) añadidura.
additionner [adisjɔne] *v. tr.* **1.** sumar; adicionar. **2.** (rajouter) añadir.
adepte [adɛpt] *s. m. et f.* adepto, -ta.
adéquat, -te [adekwa, -at] *adj.* adecuado, -da; idóneo, -a.
adhérent, -te [aderɑ̃, -ɑ̃t] *adj.* **1.** adherente. ‖ *s. m. et f.* **2.** (adepte) partidario, -ria; adepto, -ta. **3.** (membre) socio, -cia.
adhérer [adere] *v. intr.* **1.** (choses) adherir; adherirse; pegarse. **2.** (à une opinion) suscribir; sumarse; estar de acuerdo. *Suscribe esas opiniones.*] **3.** *fig.* (à un parti) afiliarse.
adhésif, -ive [adezif, -iv] *adj.* **1.** adhesivo, -va. ‖ *s. m.* **2.** (pansement) tirita *f.*
adhésion [adezjɔ̃] *s. f.* adhesión.
adieu [adjø] *s. m.* **1.** adiós. ‖ **adieu!** *form.* **2.** ¡adiós! (hasta siempre). ‖ **adieux** *s. m. pl.* **3.** despedida *f. sing.;* adiós *sing.* ‖ **faire ses adieux** despedirse.
adjacent, -te [adʒasɑ̃, -ɑ̃t] *adj.* adyacente.
adjectif [adʒɛktif] *s. m., Ling.* adjetivo.
adjoint, -te [adʒwɛ̃, -ɛ̃t] *adj.* **1.** adjunto, -ta. ‖ *adj. et s. m. et f.* **2.** ayudante; auxiliar. **3.** adjunto, -ta [Directeur adjoint. *Director adjunto.*] ‖ **~ au maire** teniente de alcalde.
adjuger [adʒyʒe] *v. tr.* **1.** adjudicar. ‖ **s'adjuger** *v. pr.* **2.** adjudicarse.
admettre [admɛtʀ] *v. tr.* **1.** admitir. **2.** (un candidat) aprobar [Être admis à un examen. *Aprobar un examen.*] **3.** (permettre) tolerar.
administrateur, -trice [administʀatœʀ, -tʀis] *s. m. et f.* administrador, -ra.
administratif, -ive [administʀatif, -iv] *adj.* administrativo, -va.
administration [administʀasjɔ̃] *s. f.* administración.
administrer [administʀe] *v. tr.* administrar.
admirable [admiʀabl] *adj.* admirable.
admiration [admiʀasjɔ̃] *s. f.* admiración.
admirer [admiʀe] *v. tr.* admirar.
admissible [admisibl] *adj.* admisible.
admission [admisjɔ̃] *s. f.* **1.** admisión. **2.** (dans une école, un hôpital) ingreso *m.*
admonester [admɔnɛste] *v. tr.* amonestar.
admonition [admɔnisjɔ̃] *s. f.* amonestación.
adolescence [adɔlesɑ̃s] *s. f.* adolescencia.
adolescent, -te [adɔlesɑ̃, -ɑ̃t] *adj. et s. m. et f.* adolescente.
adonner, s' [adɔne] *v. pr.* **1.** (se consacrer) entregarse; dedicarse. **2.** (au jeu) darse *fam.*
adoptant, -te [adɔptɑ̃, -ɑ̃t] *adj.* adoptivo, -va.
adopter [adɔpte] *v. tr.* adoptar.
adoptif, -ive [adɔptif -iv] *adj.* **1.** adoptivo, -va [Enfant adoptif. *Hijo adoptivo.*] **2.** adoptivo, -va [Parent adoptif. *Padre adoptivo.*]
adoption [adɔpsjɔ̃] *s. f.* adopción.
adorable [adɔʀabl] *adj.* adorable.
adoration [adɔʀasjɔ̃] *s. f.* adoración.
adorer [adɔʀe] *v. tr.* adorar.
adossé, -ée [adose] *adj.* adosado, -da.
adoucir [adusiʀ] *v. tr.* **1.** (le visage, la voix) suavizar; dulcificar. **2.** (un mal, une

adoucissant [adusisɑ̃] *s. m.* suavizante (para la ropa).

adoucissement [adusismɑ̃] *s. m.* **1.** (souffrance, colère) alivio. **2.** (des températures) descenso (ligero de la temperatura).

adresse [adʀɛs] *s. f.* **1.** (domicile) dirección; señas *f. pl.* **2.** (habileté physique) destreza; habilidad. **3.** (ruse) ingenio *m.*; **4.** (artistique, manuelle) maestría; maña; pericia. || **tour d'~** malabarismo.

adresser [adʀese] *v. tr.* **1.** (la parole, le regard, un sourire) dirigir. **2.** (envoyer) enviar; dirigir. || **s'adresser** *v. pr.* **3.** dirigirse.

adroit, -te [adʀwa, -at] *adj.* **1.** diestro, -tra; hábil. **2.** (activités manuelles) habilidoso, -sa; mañoso, -sa. **3.** (rusé) certero, -ra.

adulte [adylt] *s. m. et f.* adulto, -ta.

adultération [adylteʀasjɔ̃] *s. f.* adulteración.

adultère [adylteʀ] *s. m.* adulterio.

adultérer [adylteʀe] *v. tr.* adulterar.

advenir [adv(ə)niʀ] *v. intr.* suceder; ocurrir.

adverbe [adveʀb] *s. m.*, *Ling.* adverbio.

adversaire [adveʀsɛʀ] *s. m. et f.* **1.** adversario, -ria. **2.** (détracteur) oponente.

adverse [adveʀs] *adj.* adverso, -sa.

adversité [adveʀsite] *s. f.* adversidad.

aération [aeʀasjɔ̃] *s. f.* ventilación.

aéré, -ée [aeʀe] *adj.* aireado, -da. || **centre ~** campamento al aire libre.

aérer [aeʀe] *v. tr.* **1.** airear; ventilar. || **s'aérer** *v. pr.* **2.** (prendre l'air) tomar el aire; airearse. **3.** *fig.* (changer d'air) cambiar de aires.

aérien, -enne [aeʀjɛ̃, -ɛn] *adj.* aéreo, -a.

aérobic [aeʀɔbik] *s. f.*, *Sport* aeróbic *m.*

aérodrome [aeʀɔdʀom] *s. m.* aeródromo.

aérodynamique [aeʀɔdinamik] *adj.* **1.** aerodinámico, -ca. || *s. f.* **2.** aerodinámica.

aérogare [aeʀɔgaʀ] *s. f.* terminal.

aérolithe [aeʀɔlit] *s. m.* aerolito; meteorito.

aéronautique [aeʀɔnotik] *s. f.* (science) aeronáutica.

aéronef [aeʀɔnɛf] *s. f.* aeronave *f.*

aéroport [aeʀɔpɔʀ] *s. m.* aeropuerto.

aérosol [aeʀɔsɔl] *s. m.* aerosol.

affabilité [afabilite] *s. f.* afabilidad.

affable [afabl] *adj.* afable.

affaiblir [afeblir] *v. tr.* **1.** debilitar. **2.** (la santé) quebrantar. || **s'affaiblir** *v. pr.* **3.** debilitarse.

affaiblissement [afeblismɑ̃] *s. m.* debilitamiento

affaire [afɛʀ] *s. f.* **1.** (occupation) ocupación; quehacer *m.* **2.** (sujet, question) asunto *m.*; cuestión. **3.** *Comm.* (commerce, transaction) negocio *m.* **4.** *Dr.* caso *m.* [L'affaire Dreyfus. *El caso Dreyfus.*] || **affaires** *s. f. pl.* **5.** (choses) cosas. **6.** (choses encombrantes) cacharros *m.*; trastos *m.* **7.** (personnelles) cosas; efectos personales. **8.** negocios *m.* [Viaje de negocios. *Voyage d'affaires.*] **9.** asuntos *m.* [Ministerio de los Affaires étrangères. *Ministerio de Asuntos Exteriores.*] || **avoir ~ à** enfrentarse. **homme d'~ s** hombre de negocios. **se tirer d'~** salir de un apuro; salir adelante; salir airoso.

affairer, s' [afeʀe] *v. pr.* afanarse.

affaissement [afɛsmɑ̃] *s. m.* **1.** hundimiento. **2.** (de la chaussée) socavón.

affaisser [afese] v. tr. **1.** hundir. ‖ **s'affaisser** v. pr. **2.** hundirse.

affamé, -ée [afame] adj. **1.** hambriento, -ta. **2.** fig. ávido, -da. ‖ s. m. et f. **3.** hambriento, -ta; muerto de hambre.

affectation [afɛktasjɔ̃] s. f. **1.** (à un poste) destino m. **2.** (destination à un usage) utilización; uso m.; aplicación.

affecté, -ée [afɛkte] adj. **1.** (maniéré) afectado, -da. **2.** (à un poste) destinado, -da.

affecter [afɛkte] v. tr. **1.** (feindre) afectar. **2.** (une somme) asignar. **3.** (à un poste) destinar. **4.** fig. (bouleverser) afectar.

affection [afɛksjɔ̃] s. f. **1.** (amour) cariño m.; querer m. **2.** (amitié) afecto m.

affectivité [afɛktivite] s. f. afectividad.

affectueusement [afɛktɥøzmɑ̃] (dans une lettre) un abrazo (en una carta).

affectueux, -euse [afɛktɥø, -øz] adj. (tendre) cariñoso, -sa.

affermage [afɛʀmaʒ] s. m. arrendamiento.

affermir [afɛʀmiʀ] v. tr. **1.** fig. afirmar, consolidar. **2.** (ancrer) asentar; cimentar.

affiche [afiʃ] s. f. **1.** (annonce) cartel m.; anuncio m. póster m. [Une collection d'affiches. Una colección de posters.] ‖ **à l'~** en cartel.

afficher [afiʃe] v. tr. **1.** (des affiches) fijar; pegar [Défense d'afficher. Prohibido fijar carteles.] **2.** fig. hacer alarde de.

affilé, -ée [afile] adj. afilado, -da. ‖ **d'~** sin parar; de un tirón.

affiler [afile] v. tr. afilar.

affilier [afilje] v. tr. **1.** afiliar. ‖ **s'affilier** v. pr. **2.** afiliarse.

affiné, -ée [afine] adj. **1.** Techn. refinado, -da. **2.** fig. refinado, -da.

affiner [afine] v. tr. **1.** Techn. refinar; purificar. **2.** fig. refinar.

affinité [afinite] s. f. afinidad.

affirmation [afiʀmasjɔ̃] s. f. **1.** afirmación. **2.** (assertion) aserción.

affirmer [afiʀme] v. tr. **1.** afirmar. ‖ **s'affirmer** v. pr. **2.** afirmarse. **3.** (se poser) confirmarse.

affleurer [aflœʀe] v. intr. aflorar.

affligé, -ée [afliʒe] adj. afligido, -da; entristecido, -da.

affliger [afliʒe] v. tr. **1.** afligir; entristecer. ‖ **s'affliger** v. pr. **2.** afligirse.

affluence [aflyɑ̃s] s. f. afluencia de público. ‖ **heures d'~** horas punta.

affluent [aflyɑ̃] s. m. (rivière) afluente.

affluer [aflye] v. intr. afluir.

affoler [afɔle] v. tr. **1.** enloquecer. ‖ **s'affoler** v. pr. **2.** enloquecer.

affranchissement [afʀɑ̃ʃismɑ̃] s. m. (lettres) franqueo.

affréter [afʀete] v. tr., Mar. fletar (alquilar un barco).

affreux, -euse [afʀø, -øz] adj. horroroso, -sa; horrible; espantoso, -sa.

affront [afʀɔ̃] s. m. afrenta f.; agravio.

affronter [afʀɔ̃te] v. tr. **1.** afrontar. ‖ **s'affronter** v. pr. **2.** enfrentarse.

affût [afy] s. m. (aguets) acecho. ‖ **être à l'~** estar al acecho.

affûter [afyte] v. tr. afilar.

afin de [afɛ̃d(ə)] loc. prép. a fin de; para. ‖ **afin que** a fin de que; para que.

africain, -ne [afʀikɛ̃, -ɛn] adj. **1.** africano, -na. ‖ **Africain, -ne** s. m. et f. **2.** africano, -na.

agaçant, -te [agasɑ̃, -ɑ̃t] adj. irritante; molesto, -ta.

agacé, -ée [agase] adj. (irrité, énervé) irritado; -da; crispado, -da.

agacement [agasmɑ̃] s. m. **1.** (des dents) dentera f. **2.** (à cause d'un bruit) irrita-

ción. **3.** (énervement) irritación *f.*; impaciencia *f.*

agacer [agase] *v. tr.* **1.** (les nerfs) crispar. **2.** (irriter) irritar; molestar. **3.** (embêter) incordiar. || **~ les dents** dar dentera.

âge [ɑʒ] *s. m.* **1.** (époque) edad *f.* **2.** años *pl.*; edad *f.* [Quel âge avez-vous? ¿*Qué edad tiene usted?/ ¿Cuántos años tiene usted?*]

âgé [ɑʒe] *adj.* mayor; entrado en años [Une personne âgée. *Una persona mayor.*] || **être ~ de ... ans** tener ... años. **les gens âgés** los mayores.

agence [aʒɑ̃s] *s. f.* **1.** agencia [Agence de voyages. *Agencia de viajes.*] **2.** (cabinet d'affaires) gestoría. **3.** (banque) sucursal.

agencement [aʒɑ̃smɑ̃] *s. m.* disposición *f.*; arreglo.

agencer [aʒɑ̃se] *v. tr.* disponer; ordenar.

agenda [aʒɛ̃da] *s. m.* **1.** (de poche) agenda *f.* **2.** (de bureau) dietario.

agenouiller, s' [aʒ(ə)nuje] *v. pr.* arrodillarse.

agent [aʒɑ̃] *s. m.* agente. || **~ de change** agente de bolsa. **~ de la circulation** policía de tráfico. **~ de police** guardia.

agglomération [aglɔmeʀasjɔ̃] *s. f.* **1.** aglomeración. **2.** (localité) población.

agglutinant, -te [aglytinɑ̃, -ɑ̃t] *adj. et s. m.* aglutinante.

agglutiner [aglytine] *v. tr.* **1.** aglutinar. || **s'agglutiner** *v. pr.* **2.** aglutinarse. **3.** *fig.* (personnes) amontonarse.

aggraver [agʀave] *v. tr.* **1.** agravar. **2.** (rendre plus mauvais) empeorar. || **s'aggraver** *v. pr.* **3.** agravarse.

agile [aʒil] *adj.* ágil.

agilité [aʒilite] *s. f.* agilidad; soltura.

agir [aʒiʀ] *v. intr.* **1.** actuar; obrar; comportarse [Tu as mal agi. *Has obrado mal.*] **2.** actuar [Le médicament a agi vite. *La medicina actuó rápido.*] || **s'agir** *v. pr.* **3.** tratarse [De quoi s'agit-il? ¿*De qué se trata?*] || **façon d'~** actuación.

agissements [aʒismɑ̃] *s. m. pl.* maniobra *f. sing.*; artimaña *f. sing.*

agitateur, -trice [aʒitatœʀ, -tʀis] *s. m. et f.* agitador, -ra.

agitation [aʒitasjɔ̃] *s. f.* **1.** agitación. **2.** (affairement) ajetreo *m.*

agité, -ée [aʒite] *adj.* **1.** agitado, -da. **2.** (la mer, un enfant) inquieto, -ta. **3.** (mouvementé) accidentado, -da; agitado, -da.

agiter [aʒite] *v. tr.* **1.** agitar. || **s'agiter** *v. pr.* **2.** (se remuer) moverse. **3.** (la mer, les cheveux) agitarse; encresparse.

agneau, -elle [aɲo, -ɲɛl] *s. m. et f.* cordero, -ra (jusqu'à un an); borrego, -ga (d'un ou deux ans). || **~ de lait** lechazo; lechal.

agonie [agɔni] *s. f.* agonía.

agoniser [agɔnize] *v. intr.* agonizar.

agrafe [agʀaf] *s. f.* **1.** (papiers) grapa. **2.** (vêtements) corchete *m.*

agrafer [agʀafe] *v. tr.* **1.** (vêtements) abrochar (con cierre, imperdible o corchete). **2.** (papier) grapar.

agrafeuse [agʀaføz] *s. f.* (pour papier) grapadora.

agraire [agʀɛʀ] *adj.* agrario, -ria.

agrandir [agʀɑ̃diʀ] *v. tr.* **1.** agrandar. **2.** (rendre plus large) ensanchar. **3.** (une photo) ampliar.

agrandissement [agʀɑ̃dismɑ̃] *s. m.* **1.** ampliación *f.* **2.** (d'une ville) ensanchamiento; ensanche. **3.** (d'une photo) ampliación *f.*

agréable [agʀeabl] *adj.* agradable.

agrégation [agʀegasjɔ̃] *s. f.* oposición (a una cátedra de instituto o universidad en Francia).

agrégé, -ée [agreʒe] *s. m. et f.* catedrático, -ca (de universidad o de instituto). ‖ **professeur ~** catedrático, -ca.

agrément [agremɑ̃] *s. m.* **1.** consentimiento [Donner son agrément. *Dar su consentimiento.*] **2.** (charme) agrado. **3.** placer [Voyage d'agrément. *Viaje de placer.*] ‖ **agréments** *s. m. pl.* **4.** placeres.

agrémenter [agremɑ̃te] *v. tr.* (un vêtement, un lieu) adornar.

agresser [agrese] *v. tr.* agredir; atacar.

agresseur [agresœr] *s. m.* agresor, -ra.

agression [agresjɔ̃] *s. f.* **1.** agresión. **2.** (attaque) ataque *m*. **3.** (pour vol) atraco *m*.

agressivité [agresivite] *s. f.* agresividad.

agricole [agrikɔl] *adj.* agrícola.

agriculteur, -trice [agrikyltœr, -tris] *s. m. et f.* agricultor, -ra.

agriculture [agrikyltyr] *s. f.* agricultura.

agrume [agrym] *s. m., Agr.* cítrico; agrio.

aguets [age] *s. m. pl.* acecho *sing.* ‖ **être aux ~** estar al acecho.

ah! [ɑ] *interj.* ¡ah!

ahuri, -ie [ayri] *adj.* (hébété) estupefacto, -ta; atontado, -da; pasmado, -da.

ahurissant, -te [ayrisɑ̃, -ɑ̃t] *adj., fam.* asombroso, -sa; pasmoso, -sa.

ahurissement [ayrismɑ̃] *s. m.* estupor.

aide¹ [ed] *s. f.* **1.** ayuda. **2.** (secours) auxilio *m.*; socorro *m*. **3.** (soutien, soins) asistencia [Aide à domicile. *Asistencia a domicilio.*] ‖ **à l'~ !** ¡socorro! **à l'~ de** con la ayuda de.

aide² [ed] *s. m. et f.* (assistant) ayudante.

aide-architecte [edarʃitekt] *s. m. et f.* aparejador, -ra.

aide-infirmier [edɛ̃firmje] *s. m. et f.* practicante.

aide-maçon [edmasɔ̃] *s. m.* peón de albañil.

aider [ede] *v. tr.* **1.** ayudar. **2.** (secourir) socorrer; auxiliar. **3.** (avec de l'argent) contribuir.

aïeul, -le, -eux [ajœl, -] *s. m. et f.* antepasado, -da.

aigle [egl] *s. m., Zool.* águila *f*.

aigre [egr] *adj.* **1.** (goût) agrio, -gria; avinagrado, -da. **2.** (voix, ton) áspero, -ra.

aigre-doux, -ouce [egr(ə)du, -dus] *adj.* agridulce.

aigreur [egrœr] *s. f.* acidez. ‖ **aigreurs** *s. f. pl.* **2.** ardores *m*.; acidez *sing.* [Avoir des aigreurs d'estomac. *Tener acidez.*]

aigri, -ie [egri] *adj.* **1.** (lait) agrio, -gria. **2.** (vin) avinagrado, -da. **3.** *fig.* amargado, -da.

aigrir [egrir] *v. tr.* **1.** agriar; avinagrar. ‖ **s'aigrir** *v. pr.* **2.** agriarse; avinagrarse.

aigu, -uë [egy] *adj.* **1.** agudo, -da. **2.** (pointu) puntiagudo, -da. **3.** *fig.* chillón, -llona; penetrante [Voix aiguë. *Voz chillona.*] **4.** (cuisant) vivo, -va.

aiguille [egɥij] *s. f.* **1.** aguja. **2.** (de montre) manecilla; manilla. **3.** (de pin) aguja. **4.** (de la balance) fiel *m*. ‖ **grande ~** (de montre) minutero *m*.

aiguiller [egɥije] *v. tr., fig.* (la vie profesionnelle) orientar.

aiguillon [egɥijɔ̃] *s. m.* aguijón.

aiguillonner [egɥijɔne] *v. tr.* aguijonear.

aiguiser [egize] *v. tr.* **1.** (une lame) afilar. **2.** *fig.* (l'oreille) aguzar.

ail, ails [aj] *s. m.* ajo [Une gousse d'ail. *Un diente de ajo.*]

aile [el] *s. f.* **1.** ala. **2.** (d'une voiture, du nez) aleta. **3.** (d'un moulin) aspa.

aileron [elrɔ̃] *s. m.* alerón.

ailleurs [ajœr] *adv.* **1.** en otro lado; en otra parte [Il se trouve ailleurs. *Él se encuentra en otra parte.*] **2.** a otra parte [Il

part ailleurs. *Se va a otra parte.*] ‖ **d'~** (en plus) además.
aimable [emabl] *adj.* amable.
aimant [emã] *s. m.* imán.
aimé, -ée [eme] *adj.* amado, -da; querido, -da.
aimer [eme] *v. tr.* **1.** (qqun) querer; amar. **2.** (qqch) gustar; agradar. ‖ **s'aimer** *v. pr.* **3.** quererse. ‖ **~ mieux** preferir.
aine [ɛn] *s. f., Anat.* ingle.
aîné, -ée [ene] *adj.* **1.** mayor (le plus âgé); primogénito, -ta (premier-né). ‖ *s. m. et f.* **2.** hijo mayor; primogénito, -ta (premier-né). **3.** *litt.* mayor [Nos aînés. *Nuestros mayores.*] **4.** (ancêtre) antepasado, -da; antecesor, -ra. ‖ **fille aînée** hija mayor. **frère ~** hermano mayor. **soeur aînée** hermana mayor.
ainsi [ɛ̃si] *adv.* así [C'est ainsi. *Es así.*] ‖ **~ donc** ocasso que; así pues. **~ soit-il** así sea; amén. **il en est ~** así es.
air [ɛʀ] *s. m.* **1.** aire; viento (vent). **2.** (aspect) aire; aspecto. **3.** modo; manera *f.* [De quel air l'a-t-il dit? *¿De qué manera lo dijo?*] ‖ **avoir l'~ de** parecer. **en l'~** en vilo. ¡ (peu sérieux) de boquilla. **en plein ~** al aire libre. **se donner de grands airs** darse importancia.
aire [ɛʀ] *s. f.* **1.** *Math.* área. **2.** *Agr.* era.
aisance [ɛzɑ̃s] *s. f.* **1.** facilidad; soltura; libertad. **2.** (désinvolture) desenfado *m.*; desenvoltura. **3.** (financière) comodidad; desahogo *m.*; holgura. ‖ **cabinet d'aisances** retrete; váter.
aise [ɛz] *s. f.* gusto *m.* [À son aise. *A su gusto.*] ‖ **à l'~** a gusto; bien; cómodo, -da. **être à l'~** estar a gusto. **mal à l'~** a disgusto; violento, -ta. **se mettre à l'~** ponerse cómodo.
aisé, -ée [eze] *adj.* acomodado, -da.

aisselle [ɛsɛl] *s. f.* axila; sobaco *m.*, *fam.*
ajour [aʒuʀ] *s. m.* (broderie) calado.
ajournement [aʒuʀn(ə)mɑ̃] *s. m.* aplazamiento.
ajourner [aʒuʀne] *v. tr.* aplazar.
ajouter [aʒute] *v. tr.* añadir; agregar.
ajustage [aʒystaʒ] *s. m., Techn.* ajuste.
ajustement [aʒyst(ə)mɑ̃] *s. m.* ajuste, arreglo.
ajuster [aʒyste] *v. tr.* **1.** ajustar [Ajuster un vêtement. *Ajustar una prenda.*] **2.** (emboîter) encajar; ajustar [Ajuster deux tuyaux. *Encajar dos tubos.*] **3.** (adapter) amoldar. **4.** (une arme) apuntar. **5.** (le tir) afinar ‖ **s'ajuster** *v. pr.* **6.** amoldarse.
alarme [alaʀm] *s. f.* **1.** alarma. **2.** *fam.* inquietud; susto *m.*
alarmer [alaʀme] *v. tr.* **1.** alarmar. ‖ **s'alarmer** *v. pr.* **2.** alarmarse.
albâtre [albɑtʀ] *s. m.* alabastro.
albinos [albinos] *adj. et s. inv.* albino, -na.
album [albɔm] *s. m.* álbum.
alcool [alkɔl] *s. m.* alcohol.
alcoolique [alkɔlik] *adj.* **1.** alcohólico, -ca. ‖ *adj. et s. m. et f.* **2.** alcohólico, -ca.
alcoolisme [alkɔlism] *s. m.* alcoholismo.
alentour [alɑ̃tuʀ] *adv.* **1.** (en entourant) alrededor. ‖ **alentours** *s. m. pl.* **2.** (abords) contornos; alrededores. **3.** (proximité, voisinage) cercanías *f.* **4.** (banlieue) afueras *f.* ‖ **aux alentours de** (aux environs de) en los alrededores de.
alerte [alɛʀt] *adj.* **1.** (malgré l'âge) vivo, -va; activo, -va [Une vieille dame très alerte. *Una anciana muy viva.*] **2.** despierto, -ta [Un esprit alerte. *Una mente despierta.*] ‖ *s. f.* **3.** alerta; alarma. ‖ *interj.* **4.** ¡alerta! ‖ **donner l'~** dar la alarma. **en ~** alerta.
alerter [alɛʀte] *v. tr.* dar la alarma.

ALEVIN - ALLIER

alevin [alvɛ̃] *s. m., Zool.* alevín.
alfa [alfa] *s. m.* esparto.
algide [alʒid] *adj., Méd.* álgido, -da.
algue [alg] *s. f.* alga.
alias [aljas] *adv.* (dit) alias.
alibi [alibi] *s. m.* coartada *f.*
aliénation [aljenasjɔ̃] *s. f.* **1.** alienación. **2.** enajenación.
aliéné, -ée [aljene] *adj.* **1.** alienado, -da. **2.** loco, -ca.
aliéner [aljene] *v. tr.* enajenar.
aligner [aliɲe] *v. tr.* **1.** alinear; poner en fila (ranger). **2.** *fig.* amoldar; ajustar.
aliment [alimɑ̃] *s. m.* **1.** comida *f.*; alimento. **2.** (animaux) pienso.
alimentation [alimɑ̃tasjɔ̃] *s. f.* alimentación.
alimenter [alimɑ̃te] *v. tr.* **1.** (nourrir) alimentar. **2.** (procurer des aliments) abastecer.
alinéa [alinea] *s. m.* **1.** aparte. **2.** párrafo aparte.
aliter [alite] *v. tr.* **1.** obligar a guardar cama. || **s'aliter** *v. pr.* **2.** guardar cama.
allaitement [alɛtmɑ̃] *s. m.* lactancia *f.*
allaiter [alete] *v. tr.* amamantar; criar.
allécher [aleʃe] *v. tr.* **1.** atraer (por los sentidos). **2.** *fig.* seducir; tentar.
allée [ale] *s. f.* **1.** (rue bordée d'arbres) alameda. **2.** (d'un jardin) calle. || **allées et venues** idas y venidas.
allégé, -ée [aleʒe] *adj.* light.
allégement [aleʒmɑ̃] *s. m.* **1.** (d'un poids) aligeramiento. **2.** *fig.* alivio.
alléger [aleʒe] *v. tr.* aligerar; aliviar.
allègre [a(l)lɛgʀ] *adj.* vivo, -va.
allégresse [a(l)legʀɛs] *s. f.* **1.** (expressions de joie) alegría. **2.** (joie) gozo *m.*; regocijo *m.*; alborozo *m.*
alléguer [a(l)lege] *v. tr.* alegar; aducir.

allemand, -de [almɑ̃, -ɑ̃d] *adj. et s. m.* **1.** alemán, -mana. || **Allemand, -de** *s. m. et f.* **2.** alemán, -mana.
aller¹ [ale] *s. m.* ida *f.* [Un aller simple. *Un billete de ida.*] || **~ et retour** ida y vuelta.
aller² [ale] *v. aux.* **1.** ir a [Demain je vais travailler. *Mañana voy a trabajar.*] || *v. intr.* **2.** (marcher) ir; caminar; andar. **3.** (se rendre) ir. **4.** (assister à) asistir. **5.** (fonctionner) funcionar; marchar. **6.** (avoir de bons résultats) resultar [Ça ne va pas. *Eso no resulta.*] **7.** (état de santé ou d'humeur) estar; encontrarse; ir [Ça va? *¿Qué tal te va?*] **8.** *fam.* (plaire) gustar [Ça me va. *Esto me gusta.*] || **allez-y!** *interj.* **9.** ¡vamos!; ¡adelante! || **allons!** *interj.* **10.** (encouragement) ¡anda! || **vas-y!** *interj.* **11.** ¡venga!; ¡adelante! || **~ de soi** ser evidente. **~ mieux** mejorar; estar mejor. **~ vite** correr. **~ voir** visitar. **s'en ~** (partir) irse; marcharse.
allergie [alɛʀʒi] *s. f.* alergia.
alliage [aljaʒ] *s. m.* aleación *f.*
alliance [aljɑ̃s] *s. f.* **1.** (pacte religieux, politique ou militaire) alianza; pacto *m.* **2.** (organisations) alianza [Alliance française. *Alianza francesa.*] **3.** (anneau nuptial) alianza; anillo de boda. **4.** (parenté sans consanguinité) parentesco político. **5.** *fig.* unión. || **la famille par ~** la familia política. **par ~** político, -ca [Un cousin par alliance. *Un primo político.*]
allié, -ée [alje] *adj.* **1.** (ami) aliado, -da. || *s. m. et f.* **2.** aliado. || **Alliés** *n. p. m. pl.* **3.** (fuerzas unidas contra Alemania en las dos guerras mundiales) Aliados.
allier [alje] *v. tr.* **1.** (joindre) aliar. **2.** (par mariage) unir. **3.** (métaux) alear. || **s'allier** *v. pr.* **4.** (se coaliser) aliarse; conjurarse. **5.** (s'unir) ligarse.

ALLITÉRATION - AMARRER

allitération [a(l)literasjɔ̃] *s. f.* aliteración.

allô! [alo] *interj.* ¡diga!; ¡oiga! (al teléfono).

allocation [alɔkasjɔ̃] *s. f.* subsidio *m.*; prestación. ‖ **allocations familiales** subsidio familiar.

allocution [a(l)lɔkysjɔ̃] *s. f.* alocución.

allongé, -ée [alɔ̃ʒe] *adj.* **1.** (long) alargado, -da. **2.** (couché) acostado, -da; tendido, -da.

allonger [alɔ̃ʒe] *v. tr.* **1.** (un pantalon) alargar. **2.** (une rue) prolongar. **3.** (les jambes, les bras) extender; estirar. **4.** *fam.* (un coup) dar; largar. ‖ **s'allonger** *v. pr.* **5.** alargarse. **6.** (se coucher) tumbarse.

allouer [alwe] *v. tr.* (un crédit) asignar; conceder.

allumage [alymaʒ] *s. m.* encendido.

allumé, -ée [alyme] *adj.* **1.** (une rue) alumbrado, -da. **2.** (lumière, feu) encendido, -da.

allumer [alyme] *v. tr.* **1.** encender. **2.** *fig.* excitar.

allumette [alymɛt] *s. f.* cerilla; fósforo *m.*

allure [alyʀ] *s. f.* **1.** (façon de marcher) paso *m.*; andar *m.* **2.** (vitesse) paso *m.*; velocidad. **3.** *fig.* (aspect d'une personne) aspecto *m.*; aire *m.* **4.** (prestance) presencia; porte *m.*; garbo *m.* ‖ **à toute ~** a todo gas; a toda marcha.

allusion [a(l)lyzjɔ̃] *s. f.* alusión. ‖ **faire ~** referirse.

alluvion [alyvjɔ̃] *s. f.* aluvión *m.*

almanach [almana] *s. m.* almanaque.

alors [alɔʀ] *adv.* **1.** (à ce moment-là) entonces. ‖ **alors?** *interj.* **2.** ¿y bien?

alouette [alwɛt] *s. f., Zool.* alondra.

alourdir [aluʀdiʀ] *v. tr.* **1.** hacer pesado; entorpecer. **2.** *fig.* (un texte, les impôts) recargar.

aloyau [alwajo] *s. m.* solomillo.

alpage [alpaʒ] *s. m.* pasto (de la montaña).

alphabet [a.fabɛ] *s. m.* alfabeto; abecedario.

alphabétiser [alfabetize] *v. tr.* alfabetizar.

alpin, -ne [alpɛ̃, -in] *adj.* alpino, -na.

alpinisme [alpinism] *s. m.* alpinismo.

alpiniste [alpinist] *s. m. et f.* alpinista.

alpiste [alpist] *s. m., Bot.* alpiste.

alsacien, -enne [alzasjɛ̃, -ɛn] *adj.* **1.** alsaciano, -na (Je suis). ‖ **Alsacien, -enne** *s. m. et f.* **2.** alsaciano, -na.

altération [alterasjɔ̃] *s. f.* **1.** alteración (degradación). **2.** (pièces de monnaie) falsificación.

altercation [altɛʀkasjɔ̃] *s. f.* altercado *m.*

altérer [altere] *v. tr.* **1.** alterar; modificar. **2.** (un produit) adulterar. **3.** (des pièces de monnaie) falsificar. ‖ **s'altérer** *v. pr.* **4.** alterarse; modificarse.

alternatif, -ive [alternatif, -iv] *adj.* **1.** alternativo, -va. *Électr.* (courant) alterno, -na. ‖ **alternative** *s. f.* **3.** alternativa (Je n'ai pas d'autre alternative. *No tengo otra alternativa.*) **4.** (dilemme) disyuntiva.

alterne [altɛʀn] *adj.* alterno, -na.

alterner [altɛʀne] *v. tr.* **1.** alternar. ‖ *v. intr.* **2.** (faire à tour de rôle) alternarse; turnarse.

altesse [altɛs] *s. f.* alteza.

altitude [altityd] *s. f.* altitud; altura.

altruisme [altʀɥism] *s. m.* altruismo.

aluminium [alyminjɔm] *s. m.* aluminio.

amabilité [amabilite] *s. f.* amabilidad.

amadouer [amadwe] *v. tr.* engatusar.

amande [amɑ̃d] *s. f.* almendra.

amandier [amɑ̃dje] *s. m., Bot.* almendro.

amant [amɑ̃] *s. m.* amante; querido.

amarrer [amaʀe] *v. tr.* amarrar; atracar.

amas [amɑ] *s. m.* montón.

amasser [amase] *v. tr.* **1.** (entasser) amontonar. **2.** (une fortune) atesorar.

amateur [amatœʀ] *adj. et s. m. et f.* amante; aficionado, -da. [Je suis amateur du cinéma. *Soy amante del cine.*]

ambassade [ɑ̃basad] *s. f.* embajada.

ambassadeur, -drice [ɑ̃basadœʀ, -dʀis] *s. m. et f.* embajador, -ra.

ambiance [ɑ̃bjɑ̃s] *s. f.* **1.** ambiente *m.* **2.** (dans une fête) animación [Il y a beaucoup d'ambiance. *Hay mucha animación.*] || **musique d'~** hilo musical.

ambiant, -te [ɑ̃bjɑ̃, -ɑ̃t] *adj.* ambiente.

ambigu, -uë [ɑ̃bigy] *adj.* ambiguo, -gua.

ambiguïté [ɑ̃biguite] *s. f.* ambigüedad.

ambitieux, -euse [ɑ̃bisjø, -øz] *adj. et s. m. et f.* ambicioso, -sa.

ambition [ɑ̃bisjɔ̃] *s. f.* ambición.

ambitionner [ɑ̃bisjɔne] *v. tr.* **1.** (convoiter) ambicionar. **2.** (aspirer à) aspirar a.

ambre [ɑ̃bʀ] *s. m.* ámbar.

ambulance [ɑ̃bylɑ̃s] *s. f.* ambulancia.

ambulancier, -ière [ɑ̃bylɑ̃sje, -jɛʀ] *s. m. et f.* conductor de ambulancia.

ambulant, -te [ɑ̃bylɑ̃, -ɑ̃t] *adj.* ambulante.

âme [ɑm] *s. f.* **1.** alma. **2.** (esprit) ánimo; espíritu *m.*

amélioration [ameljɔʀasjɔ̃] *s. f.* **1.** (des lois, des conditions du travail, d'une situation) mejora. **2.** (du temps, de la santé) mejoría.

améliorer [ameljɔʀe] *v. tr.* **1.** mejorar. || **s'améliorer** *v. pr.* **2.** mejorar.

amen [amɛn] *form., Rel.* amén.

aménagement [amenaʒmɑ̃] *s. m.* **1.** (arrangement) arreglo. **2.** (disposition) disposición *f.* **3.** (équipements) instalación *f.* **4.** (du territoire) organización *f.*

aménager [amenaʒe] *v. tr.* **1.** (une maison, une construction) acondicionar. **2.** (arranger) arreglar; disponer.

amende [amɑ̃d] *s. f.* multa.

amendement [amɑ̃dmɑ̃] *s. m.* enmienda *f.*

amender [amɑ̃de] *v. tr.* enmendar.

amène [amɛn] *adj.* ameno, -na.

amener [am(ə)ne] *v. tr.* **1.** (vers celui qui parle) traer (a una persona) [Amener un enfant. *Traer a un niño.*] **2.** (conduire à un autre endroit) llevar; dejar (déposer) [Tu m'amènes à l'école? *¿Me llevas a la escuela?*] **3.** *fig.* (entraîner) inducir. **4.** (causer) ocasionar; acarrear. **5.** (une mode) introducir.

amer, -ère [amɛʀ] *adj.* amargo, -ga. || **être ~** amargar. **rendre ~** amargar.

américain, -ne [ameʀikɛ̃, -ɛn] *adj.* **1.** americano, -na. **2.** estadounidense; norteamericano, -na. || **Américain, -ne** *s. m. et f.* **3.** americano, -na. **4.** estadounidense; norteamericano, -na.

amertume [amɛʀtym] *s. f., fig.* amargura.

ameublement [amœbl(ə)mɑ̃] *s. m.* mobiliario.

ameuter [amøte] *v. tr.* **1.** (soulever) amotinar. **2.** (les gens) alborotar. || **s'ameuter** *v. pr.* **3.** amotinarse.

ami, -ie [ami] *s. m. et f.* amigo, -ga.

amiable [amjabl] *adj.* **1.** *Dr.* amistoso, -sa. **2.** amigable. || **à l'~** amistoso, -sa.

amical, -le, -aux [amikal, -o] *adj.* amistoso, -sa; amigo, -ga; amigable.

amicalement [amikalmɑ̃] un abrazo (respetuoso) [Amicalement vôtre. *Reciba un abrazo.*]

amidon [amidɔ̃] *s. m.* almidón.

amidonner [amidɔne] *v. tr.* almidonar.

amiral, -le, -aux [amiʀal, -o] *adj. et s. m.* almirante.

amitié [amitje] *s. f.* amistad. || **mes amitiés à** recuerdos a; saludos a.
ammoniaque [amɔnjak] *s. f.* amoníaco *m.*
amnistie [amnisti] *s. f.* amnistía.
amoindrir [amwɛ̃dʀiʀ] *v. tr.* **1.** (diminuer, réduire) aminorar. **2.** (capital, temps, possessions) mermar. || **s'amoindrir** *v. pr.* **3.** empequeñecer. **4.** (rapetisser) disminuir.
amoindrissement [amwɛ̃dʀismɑ̃] *s. m.* disminución *f.*
amonceler [amɔ̃s(ə)le] *v. tr.* **1.** amontonar; apilar. || **s'amonceler** *v. pr.* **2.** amontonarse.
amont, en [ɑ̃mɔ̃] *s. m.* río arriba. || **en ~ de** más arriba de.
amorce [amɔʀs] *s. f.* inicio *m.*
amorcer [amɔʀse] *v. tr.* empezar; entablar.
amorphe [amɔʀf] *adj.* amorfo, -fa.
amortir [amɔʀtiʀ] *v. tr.* **1.** amortiguar. **2.** (un investissement) amortizar. **3.** (un bruit) atenuar.
amortissement [amɔʀtismɑ̃] *s. m.* (d'un investissement) amortización *f.*
amour [amuʀ] *s. m.* amor; cariño; querer. || **faire l'~** hacer el amor.
amouracher, s' [amuʀaʃe] *v. pr.* encapricharse.
amourette [amuʀɛt] *s. f.* amorío *m.*
amoureux, -euse [amuʀø, -øz] *adj.* (épris) enamorado, -da. || **rendre ~** enamorar. **tomber ~** enamorarse.
amphibie [ɑ̃fibi] *adj. et s. m., Zool.* anfibio, -bia.
amphithéâtre [ɑ̃fiteɑtʀ] *s. m.* anfiteatro.
amphitryon, -onne [ɑ̃fitʀijɔ̃, -ɔn] *s. m. et f.* anfitrión, -triona.
amphore [ɑ̃fɔʀ] *s. f.* ánfora.
ample [ɑ̃pl] *adj.* **1.** (large) amplio, -plia. **2.** *fig.* (vaste) extenso, -sa. || **pour de plus amples renseignements** para más información.
ampleur [ɑ̃plœʀ] *s. f.* amplitud.
amplifier [ɑ̃plifje] *v. tr.* **1.** (voix, son) amplificar. **2.** *fig.* (exagérer) exagerar.
amplitude [ɑ̃plityd] *s. f.* amplitud.
ampoule [ɑ̃pul] *s. f.* **1.** (électrique) bombilla. **2.** (sur la peau) ampolla. **3.** (buvable, injectable) ampolla.
ampoulé, -ée [ɑ̃pule] *adj.* ampuloso, -sa.
amputer [ɑ̃pyte] *v. tr.* amputar.
amulette [ɛmylɛt] *s. f.* amuleto *m.*
amusant, -te [amyzɑ̃, -ɑ̃t] *adj.* **1.** divertido, -da. **2.** (comique) gracioso, -sa.
amuse-gueule [amyzgœl] *s. m., fam.* tapa *f.*; aperitivo.
amusement [amyzmɑ̃] *s. m.* entretenimiento; diversión *f.*
amuser [amyze] *v. tr.* **1.** divertir; entretener; distraer. || **s'amuser** *v. pr.* **2.** entretenerse; divertirse. || **s'amuser comme un fou** divertirse de lo lindo; pasarlo bomba.
amygdale [ami(g)dal] *s. f.* amígdala.
an [ɑ̃] *s. m.* año. || **le Nouvel An** Año Nuevo.
anagramme [anagʀam] *s. f.* anagrama *m.*
analogie [analɔʒi] *s. f.* analogía.
analogue [analɔg] *adj.* **1.** análogo, -ga. **2.** afín.
analphabète [analfabɛt] *adj. et s. m. et f.* **1.** analfabeto, -ta. || *adj.* **2.** *péj.* ignorante.
analyse [analiz] *s. f.* análisis *m.*
analyser [analize] *v. tr.* analizar.
ananas [ɛnana(s)] *s. m.* piña *f.*
anarchie [anaʀʃi] *s. f.* anarquía.
anarchiste [anaʀʃist] *adj. et s. m. et f.* anarquista.
anatomie [anatɔmi] *s. f.* anatomía.
anatomique [anatɔmik] *adj.* anatómico, -ca.

ancêtre [ɑ̃sɛtʀ] *s. m. et f.* (aïeul) ancestro; antepasado, -da.

anchois [ɑ̃ʃwa] *s. m.* **1.** (mariné) anchoa *f.* **2.** (frais) boquerón.

ancien, -enne [ɑ̃sjɛ̃, -ɛn] *adj.* **1.** (opposé à nouveau, moderne) antiguo, -gua. **2.** (âgé, démodé) viejo, -ja. ‖ *s. m. et f.* **3.** (le plus âgé) anciano, -na.

ancienneté [ɑ̃sjɛnte] *s. f.* antigüedad.

ancre [ɑ̃kʀ] *s. f.* ancla.

ancrer [ɑ̃kʀe] *v. tr. et intr.* **1.** anclar. **2.** *fig.* fijar; consolidar.

andalou, -ouse [ɑ̃dalu, -uz] *adj.* **1.** andaluz, -za. ‖ **Andalou, -ouse** *s. m. et f.* **2.** andaluz, -za.

andouille [ɑ̃duj] *s. f.* **1.** salchicha; longaniza. **2.** *fam.* memo, -ma; percebe *m.*

âne, ânesse [ɑn, ɑnɛs] *s. m. et f.* **1.** asno, -na; burro, -rra; borrico, -ca. ‖ *s. m.* **2.** *fig.* burro, -rra; ignorante.

anéantir [aneɑ̃tiʀ] *v. tr.* **1.** (une armée) aniquilar. **2.** (une ville, un village) destruir; arrasar; devastar.

anecdote [anɛkdɔt] *s. f.* anécdota.

anémie [anemi] *s. f.* anemia.

anémié, -ée [anemje] *adj.* anémico, -ca; debilitado, -da.

anémique [anemik] *adj. et s. m. et f., Méd.* anémico, -ca.

anesthésie [anɛstezi] *s. f.* anestesia.

ange [ɑ̃ʒ] *s. m.* ángel.

angine [ɑ̃ʒin] *s. f.* angina.

anglais, -se [ɑ̃glɛ, -ɛz] *adj. et s. m.* **1.** inglés, -glesa. ‖ *adj.* **2.** británico, -ca. ‖ **Anglais, -se** *s. m. et f.* **3.** inglés, -glesa. **4.** británico, -ca.

angle [ɑ̃gl] *s. m.* **1.** ángulo. **2.** (d'une rue) esquina *f.* **3.** (d'une pièce) rincón. **4.** (d'une table) pico.

angoisse [ɑ̃gwas] *s. f.* **1.** angustia; congoja. **2.** (accablement) agobio *m.*

angoisser [ɑ̃gwase] *v. tr.* **1.** angustiar; acongojar. **2.** (provoquer du souci) agobiar.

angolais, -se [ɑ̃gɔlɛ, -ɛz] *adj.* **1.** angoleño, -ña. ‖ **Angolais, -se** *s. m. et f.* **2.** angoleño, -ña.

anguille [ɑ̃gij] *s. f.*, *Zool.* anguila.

angulaire [ɑ̃gylɛʀ] *adj.* angular.

anicroche [anikʀɔʃ] *s. f.* obstáculo *m.*; pega *fam.*; problema *m.*

animal, -le, -aux [animal, -o] *adj.* animal.

animal, -aux [animal, -o] *s. m.* animal.

animation [animasjɔ̃] *s. f.* animación.

animé, -ée [anime] *adj.* animado, -da.

animer [anime] *v. tr.* **1.** (le corps, un lieu) animar; dar vida. **2.** (une fête) alegrar. **3.** (un récit, le style) animar. **4.** (un spectacle, une revue) animar. ‖ **s'animer** *v. pr.* **5.** animarse.

anis [ani(s)] *s. m.* anís.

ankylosé, -ée [ɑ̃kiloze] *adj.* anquilosado, -da. ‖ **être ~** anquilosarse.

annales [anal] *s. f. pl.* anales *m.*

anneau [ano] *s. m.* **1.** (petit rond) anillo. **2.** (de rideau, etc.) anilla *f.* **3.** (bague) anillo; sortija *f.* **4.** (chaînon) eslabón. ‖ **anneaux** *s. m. pl.* **5.** *Sport* anillas *f. pl.*

année [ane] *s. f.* **1.** (naturelle) año *m.* **2.** curso *m.* [La quatrième année. *El cuarto curso.*] ‖ **~ scolaire** curso *m.*

annexe [anɛks] *adj.* **1.** anexo, -xa; anejo, -ja [Bureau annexe. *Despacho anexo.*] **2.** (adjoint) adjunto, -ta [Documents annexes. *Documentos adjuntos.*] ‖ *s. f.* **3.** anexo *m.*

annexer [anɛkse] *v. tr.* **1.** (un territoire) anexionar. **2.** (un document) adjuntar.

annihiler [aniile] *v. tr.* aniquilar.

anniversaire [anivɛRsɛR] *adj. et s. m.* **1.** aniversario, -ria. || *s. m.* **2.** (d'une personne) cumpleaños.

annonce [anɔ̃s] *s. f.* anuncio *m.*; aviso *m.*

annoncer [anɔ̃se] *v. tr.* **1.** anunciar. || **s'annoncer** *v. pr.* **2.** (bien ou mal) presentarse.

annotation [anɔtasjɔ̃] *s. f.* **1.** anotación. **2.** (note) nota; apunte *m.*

annoter [anɔte] *v. tr.* **1.** anotar. **2.** (mariner) acotar. **3.** (gloser) glosar.

annuaire [anɥɛR] *s. m.* **1.** anuario. **2.** (du téléphone) guía *f.* (telefónica).

annualité [anɥalite] *s. f.* anualidad.

annuel, -elle [anɥɛl] *adj.* anual.

annuité [anɥite] *s. f.* anualidad (renta).

annulaire [anylɛR] *adj. m.* anular.

annulation [anylasjɔ̃] *s. f.* anulación.

annuler [anyle] *v. tr.* **1.** (anéantir) anular. **2.** (une commande) cancelar; anular. **3.** (un contrat) rescindir. **4.** (rendre invalide un document) invalidar. **5.** (une réunion) desconvocar. || **~ un échange** descambiar.

anoblir [anɔbliR] *v. tr.* ennoblecer (dar un título nobiliario).

anomal, -le, -aux [anɔmal, -o] *adj.* anómalo, -la.

anomalie [anɔmali] *s. f.* anomalía.

anonyme [anɔnim] *adj. et s. m.* anónimo, -ma.

anorak [anɔRak] *s. m.* anorak.

anorexie [anɔRɛksi] *s. f.* anorexia.

anormal, -le, -aux [anɔRmal, -o] *adj. et f.* **1.** anormal. **2.** *Méd.* subnormal.

anse [ɑ̃s] *s. f.* **1.** asa [L'anse du panier. *El asa de la cesta.*] **2.** *Mar.* ensenada; cala.

antagonisme [ɑ̃tagɔnism] *s. m.* antagonismo.

antagoniste [ɑ̃tagɔnist] *adj. et s. m. et f.* antagonista.

antan, d' [dɑ̃tɑ̃] *loc. adj.* de antaño.

antécédent [ɑ̃tesedɑ̃] *s. m.* antecedente.

antenne [ɑ̃tɛn] *s. f.* antena.

antépénultième [ɑ̃tepenyltjɛm] *adj.* antepenúltimo, -ma.

antérieur, -re [ɑ̃teRjœR] *adj. et s. m. et f.* anterior; precedente.

anthologie [ɑ̃tɔlɔʒi] *s. f.* antología.

anthropophage [ɑ̃tRɔpɔfaʒ] *adj. et s. m. et f.* antropófago, -ga.

antibiotique [ɑ̃tibjɔtik] *s. m.* antibiótico.

antichambre [ɑ̃tiʃɑ̃bR] *s. f.* antesala.

anticipation [ɑ̃tisipasjɔ̃] *s. f.* anticipación. || **par ~** de antemano.

anticyclone [ɑ̃tisiklɔn] *s. m.* anticiclón.

antidote [ɑ̃tidɔt] *s. m.* antídoto.

antillais, -se [ɑ̃tijɛ, -ɛz] *adj.* **1.** antillano, -llesa. || **Antillais, -se** *s. m. et f.* **2.** antillano, -llesa.

antipathie [ɑ̃tipati] *s. f.* antipatía.

antipathique [ɑ̃tipatik] *adj.* antipático, -ca.

antipode [ɑ̃tipɔd] *s. m.* antípoda *m. et f.*

antiquaire [ɑ̃tikɛR] *s. m. et f.* anticuario, -ria.

antique [ɑ̃tik] *adj.* **1.** (de l'Antiquité) antiguo, -gua. **2.** (démodé) anticuado, -da. || *s. m.* **3.** antiguo; antigüedades *f. pl.* [L'antique. *Lo antiguo, las antigüedades.*] || *s. m. ou f.* **4.** antigüedad.

antiquité [ɑ̃tikite] *s. f.* **1.** (époque antique) antigüedad. || **antiquités** *s. f. pl.* **2.** antigüedades. || **magasin d'antiquités** tienda de antigüedades; anticuario.

antiseptique [ɑ̃tisɛptik] *adj. et s. m.* antiséptico -ca.

antithèse [ɑ̃titɛz] *s. f.* antítesis.

antivol [ɑ̃tivɔl] *adj.* **1.** contra el robo. || *s. m. inv.* **2.** antirrobo.

antonyme [ɑ̃tɔnim] *s. m.* antónimo.

ANTRE - APPEL

antre [ɑ̃tʀ] s. m. antro.
anus [anys] s. m. ano.
anxiété [ɑ̃ksjete] s. f. ansia; ansiedad.
anxieux, -euse [ɑ̃ksjø, -øz] adj. ansioso, -sa.
août [u(t)] s. m. agosto [Le premier ou le deux août. *El uno o el dos de agosto.*]
apaiser [apeze] v. tr. **1.** (une personne) apaciguar. **2.** (la douleur) calmar; aliviar. **3.** (la colère) aplacar. **4.** (la soif) apagar. ‖ **s'apaiser** v. pr. **5.** (des révoltés) apaciguarse. **6.** (douleur, averse) remitir.
aparté [aparte] adj. et s. m., *Théatr.* aparte.
apathie [apati] s. f. apatía.
apercevoir [apers(ə)vwaʀ] v. tr. **1.** (voir) divisar; ver; avistar. ‖ **s'apercevoir** v. pr. **2.** (se voir) apercibirse. **3.** (se rendre compte) darse cuenta; percatarse.
aperçu [apersy] s. m. **1.** (première estimation) impresión f. **2.** (vue d'ensemble) visión de conjunto. **3.** (résumé) resumen.
apéritif [aperitif] s. m. aperitivo (bebida).
aphone [afon] adj. afónico, -ca.
aphonie [afoni] s. f. afonía.
apiculture [apikyltyʀ] s. f. apicultura.
apitoiement [apitwamɑ̃] s. m. compasión f.
apitoyer [apitwaje] v. tr. dar lástima; conmover; apiadar. ‖ **s'apitoyer** v. pr. compadecerse; compadecer; apiadarse.
aplanir [aplaniʀ] v. tr. allanar; aplanar.
aplati, -ie [aplati] adj. chato, -ta.
aplatir [aplatiʀ] v. tr. **1.** (écraser) aplastar. **2.** (rendre plat) aplanar; allanar.
aplomb [aplɔ̃] s. m. **1.** verticalidad f.; aplomo [Perdre l'aplomb. *Perder el equilibrio.*] **3.** fig. (assurance) aplomo. **d'~** a plomo. **quel ~ !** ¡qué frescura! **se sentir d'~** sentirse bien.

apogée [apɔʒe] s. m., fig. apogeo; auge.
apologie [apɔlɔʒi] s. f. apología.
apoplexie [apopleksi] s. f. apoplejía.
apostrophe [apɔstʀɔf] s. f. apóstrofo m.
apothéose [apɔteoz] s. f. apoteosis.
apôtre [apotʀ] s. m. apóstol.
apparaître [apaʀɛtʀ] v. intr. **1.** aparecer. **2.** (se montrer) manifestarse. **3.** (surgir) surgir. ‖ v. impers. **4.** resultar [Il apparaît que cela n'est pas vrai. *Resulta que no es cierto.*] ‖ **faire ~** (montrer) mostrar.
appareil [apaʀɛj] s. m. **1.** aparato. **2.** (téléphone) teléfono [À l'appareil. *Al teléfono.*] ‖ **~ de photo** cámara de fotos. **~ photographique** cámara fotográfica.
apparemment [apaʀamɑ̃] adv. (sans doute) al parecer; por lo visto.
apparence [apaʀɑ̃s] s. f. apariencia.
apparent, -te [apaʀɑ̃, -ɑ̃t] adj. aparente.
appariteur [apaʀitœʀ] s. m. **1.** (de faculté) bedel, -la. **2.** (de l'administration) ordenanza.
apparition [apaʀisjɔ̃] s. f. aparición.
appartement [apaʀt(ə)mɑ̃] s. m. **1.** (logement) piso; apartamento *Amér.* [Appartement au rez-de-chaussée. *Piso bajo.*] **2.** (un deux-pièces) apartamento.
appartenir [apaʀt(ə)niʀ] v. intr. pertenecer.
appas [apɑ] s. m. pl. *appât.
appât [apɑ] s. m. **1.** cebo. **2.** fig. incentivo. ‖ **appas** s. m. pl. **3.** litt. encantos.
appâter [apɑte] v. tr. **1.** (attirer avec un appât) atraer con cebo. **2.** fig. (séduire) engatusar; seducir; atraer.
appauvrir [apovʀiʀ] v. tr. empobrecer.
appeau [apo] s. m. reclamo (para aves).
appel [apɛl] s. m. **1.** llamamiento. **2.** (de téléphone) llamada f. **3.** *Dr.* apelación f. ‖ **Cour d'~** Audiencia Territorial. **faire**

~ apelar. **faire l'~** pasar lista. **feuille d'~** lista (de inscritos).

appeler [ap(ə)le] *v. tr.* **1.** (interpeller) llamar. **2.** (téléphoner) llamar. || **s'appeler** *v. pr.* **3.** llamarse.

appellation [apelasjɔ̃] *s. f.* denominación. || **~ d'origine** denominación de origen.

appendice [apɛ̃dis] *s. m.* **1.** (livre) apéndice. **2.** *Anat.* apéndice.

appendicite [apɛ̃disit] *s. f., Méd.* apendicitis.

appesantir [ap(ə)zɑ̃tiʀ] *v. tr., fig.* entorpecer. || **s'appesantir** *v. pr.* hacer hincapié.

appétissant, -te [apetisɑ̃, -ɑ̃t] *adj.* **1.** apetitoso, -sa. **2.** *fig.* (attractif) apetecible.

appétit [apeti] *s. m.* **1.** apetito; brisa *f., Amér.* **2.** (faim) ganas *f. pl.* || **bon ~ !** ¡que aproveche!; ¡buen provecho!

applaudir [aplodiʀ] *v. tr.* aplaudir.

applaudissement [aplodismɑ̃] *s. m.* aplauso.

application [aplikasjɔ̃] *s. f.* aplicación.

appliquer [aplike] *v. tr.* **1.** aplicar. || **s'appliquer** *v. pr.* **2.** aplicarse.

appoint [apwɛ̃] *s. m.* (monnaie) suelto. || **faire l'~** tener suelto; dar el dinero justo.

appointer [apwɛte] *v. tr.* (salaire) pagar.

apport [apɔʀ] *s. m.* **1.** (économique) aportación *f.* **2.** *fig.* contribución *f.*

apporter [apɔʀte] *v. tr.* **1.** (à l'endroit où je me trouve) traer [Apporte-moi des photos. *Tráeme las fotos.*] **2.** (à l'endroit où se trouve qqun d'autre) llevar [J'apporterai un cadeau. *Llevaré un regalo.*] **3.** *Comm.* (fournir) aportar. • Normalmente "apporter" se utiliza para cosas o seres inanimados.

appréciable [apʀesjabl] *adj.* apreciable.

appréciation [apʀesjasjɔ̃] *s. f.* (jugement, évaluation) apreciación; estimación.

apprécié, -ée [apʀesje] *p. p. adj.* apreciado, -da.

apprécier [apʀesje] *v. tr.* apreciar.

appréhender [apʀeɑ̃de] *v. tr., Dr.* prender (a alguien).

appréhension [apʀeɑ̃sjɔ̃] *s. f.* aprensión; recelo *m.*

apprenant, -te [apʀ(ə)nɑ̃, -ɑ̃t] *s. m. et f.* **1.** aprendiz, -za. **2.** (élève) alumno, -na.

apprendre [apʀɑ̃dʀ] *v. tr.* **1.** aprender. **2.** (savoir) enterarse [Je l'ai appris à la radio. *Me he enterado por la radio.*] **3.** (enseigner) enseñar. || **~ à ses dépens** escarmentar.

apprenti, -ie [apʀɑ̃ti] *s. m. et f.* aprendiz, -za (oficio).

apprentissage [apʀɑ̃tisaʒ] *s. m.* aprendizaje.

apprêter [apʀete] *v. tr.* **1.** preparar. || **s'apprêter** *v. pr.* **2.** disponerse; prepararse. **3.** (faire sa toilette) arreglarse.

apprivoiser [apʀivwaze] *v. tr.* **1.** (animaux) amansar; domesticar. || **s'apprivoiser** *v. pr.* **2.** domesticarse. **3.** (une personne) hacerse más sociable.

approbation [apʀɔbasjɔ̃] *s. f.* **1.** aprobación. **2.** (acceptation) aceptación. **3.** (autorisation) permiso *m.*; autorización.

approche [apʀɔʃ] *s. f.* **1.** aproximación. **2.** proximidad [L'approche de la nuit. *La proximidad de la noche.*] **3.** (point de vue) enfoque *m.*

approfondir [apʀɔfɔ̃diʀ] *v. tr.* **1.** profundizar; ahondar. **2.** *fig.* examinar algo a fondo.

approprié, -ée [apʀɔpʀije] *adj.* apropiado, -da; adecuado, -da.

APPROPRIER - ARBUSTE

approprier [apʀɔpʀje] *v. tr.* **1.** adecuar. ‖ **s'approprier** *v. pr.* **2.** apropiarse.

approuvé, -ée [apʀuve] *adj.* aprobado, -da. ‖ **lu et ~** visto bueno; leído y conforme.

approuver [apʀuve] *v. tr.* **1.** aprobar. **2.** (autoriser) poner el visto bueno.

approvisionné, -ée [apʀɔvizjɔne] *adj.* surtido, -da.

approvisionnement [apʀɔvizjɔnmɑ̃] *s. m.* **1.** (d'une ville) abastecimiento; suministro. **2.** (stock) provisión *f.*

approvisionner [apʀɔvizjɔne] *v. tr.* **1.** aprovisionar; abastecer; proveer. ‖ **s'approvisionner** *v. pr.* **2.** abastecerse.

approximation [apʀɔksimasjɔ̃] *s. f.* aproximación (cálculo aproximado).

appui [apɥi] *s. m.* apoyo.

appui-livres [apɥilivʀ] *s. m. inv.* atril.

appuyer [apɥije] *v. tr.* **1.** apoyar. **2.** (baser) basar. **3.** *fig.* (soutenir) sostener; respaldar. ‖ *v. intr.* **4.** apoyar. **5.** (accentuer) recalcar. **6.** apretar; pulsar; presionar [Appuyez sur la touche. *Presione el botón.*] **7.** (peser sur) apretar [Appuyer la tête sur l'oreiller. *Apretar la cabeza contra la almohada.*] **8.** (pédale) pisar. ‖ **s'appuyer** *v. pr.* **9.** (reposer sur) descansar; apoyarse. **10.** (se baser) fundarse.

âpre [ɑpʀ] *adj.* **1.** (au goût) áspero, -ra. **2.** (au toucher) áspero, -ra. **3.** (violent) bronco, -ca; violento, -ta. **4.** (avide) ávido, -da.

après [apʀɛ] *prép.* **1.** después de; tras [Après quelques jours. *Después de varios días.*] ‖ *adv.* **2.** (plus tard) después. **3.** (ensvite) a continuación. ‖ *interj.* **4.** (à la poursuite de) tras [Après lui. *¡Tras él!*] ‖ **~ que** después de que. **~ tout** después de todo. **d'~** según [D'après lui, c'est facile. *Según él es fácil.*] ‖ de acuerdo con [D'après le texte de la loi. *De acuerdo con el texto de la ley.*] | después; siguiente [Le jour d'après. *El día siguiente.*]

après-demain [apʀɛd(ə)mɛ̃] *adv.* pasado mañana.

après-midi [apʀɛmidi] *s. m. ou f.* tarde *f.* [Deux heures de l'après-midi. *Las dos de la tarde.*] ‖ **début d'~** sobremesa *f.* **en début d'~** en la sobremesa. **l'~** por la tarde (entre el mediodía y las 5 ó 6).

après-shampoing [apʀɛʃɑ̃pwɛ̃] *adj.* suavizante (para el pelo).

âpreté [ɑpʀ(ə)te] *s. f.* aspereza.

à-propos [apʀɔpo] *s. m.* ocurrencia *f.*

apte [apt] *adj.* apto, -ta; bueno, -na.

aptitude [aptityd] *s. f.* **1.** aptitud. ‖ **aptitudes** *s. f. pl.* **2.** aptitudes; dotes.

aquarelle [akwaʀɛl] *s. f.* acuarela.

aquarium [akwaʀjɔm] *s. m.* **1.** acuario. **2.** (bocal) pecera *f.*

aquatique [akwatik] *adj.* acuático, -ca.

aqueduc [ak(ə)dyk] *s. m.* acueducto.

aquilin, -ne [akilɛ̃, -in] *adj.* aguileño, -ña.

arabe [aʀab] *adj. et s. m.* **1.** árabe. ‖ **Arabe** *s. m. et f.* **2.** árabe.

arachide [aʀaʃid] *s. f.* cacahuete *m.*

araignée [aʀɛɲe] *s. f.*, *Zool.* araña.

arbalète [aʀbalɛt] *s. f.* ballesta.

arbitrage [aʀbitʀaʒ] *s. m.* arbitraje.

arbitraire [aʀbitʀɛʀ] *adj.* **1.** arbitrario, -ria. ‖ *s. m.* **2.** arbitrariedad.

arbitre [aʀbitʀ] *s. m.* **1.** árbitro. **2.** *Sport* árbitro. ‖ **libre ~** libre albedrío.

arbitrer [aʀbitʀe] *v. tr.* arbitrar.

arborer [aʀbɔʀe] *v. tr.* **1.** (drapeau) enarbolar; izar. **2.** *fig. et fam.* ostentar.

arbre [aʀbʀ] *s. m.* árbol.

arbrisseau [aʀbʀiso] *s. m.* arbusto.

arbuste [aʀbyst] *s. m.* arbusto.

arc [aʀk] *s. m.* arco.
arcade [aʀkad] *s. f.*, *Arch.* **1.** (arc) arco *m.* **2.** (suite d'arcs) arcada. ‖ **arcades** *s. f. pl.* **3.** (galerie couverte) soportal *m.*; arcada *sing.*
arc-en-ciel [aʀkɑ̃sjɛl] *s. m.* arco iris.
archaïque [aʀkaik] *adj.* arcaico, -ca.
arche [aʀʃ] *s. f.* **1.** (d'un pont) arco *m.*; ojo *m.* **2.** arca [L'Arche de Noé. El Arca de Noé.]
archéologie [aʀkeɔlɔʒi] *s. f.* arqueología.
archer [aʀʃe] *s. m.* arquero.
archet [aʀʃɛ] *s. m.*, *Mus.* arco.
archevêque [aʀʃ(ə)vɛk] *s. m.* arzobispo.
archipel [aʀʃipɛl] *s. m.* archipiélago.
archiprêtre [aʀʃipʀɛtʀ] *s. m.* arcipreste.
architecte [aʀʃitɛkt] *s. m. et f.* arquitecto.
architecture [aʀʃitɛktyʀ] *s. f.* arquitectura.
archives [aʀʃiv] *s. f. pl.* **1.** (documents classés) archivos *m.*; archivo *m. sing.* **2.** (dépôt) archivo *m. sing.*
arctique [aʀktik] *adj.* **1.** ártico, -ca. ‖ **Arctique** *s. m.* **2.** (Pôle Nord) ártico.
ardent, -te [aʀdɑ̃, -ɑ̃t] *adj.* **1.** ardiente. **2.** (soleil) abrasador, -ra. **3.** *fig.* (vif) vivo, -va. **4.** (enthousiaste) apasionado, -da.
ardeur [aʀdœʀ] *s. f.* **1.** ardor *m.* **2.** (zèle) celo *m.*; afán *m.*; ahínco *m.*
ardoise [aʀdwaz] *s. f.* pizarra.
ardu, -ue [aʀdy] *adj.* arduo, -dua.
are [aʀ] *s. m.* (cent mètres carrés) área *f.*
arène [aʀɛn] *s. f.* **1.** (d'un cirque, d'un amphithéâtre) arena. ‖ **arènes** *s. f. pl.* **2.** *Taur.* plaza de toros; ruedo *m. sing.*
arête [aʀɛt] *s. f.* **1.** (metal) arista. **2.** (d'un poisson) espina.
argent [aʀʒɑ̃] *s. m.* **1.** (metal) plata. **2.** (pour payer) dinero *m.*; plata *f. Amér.*
argenter [aʀʒɑ̃te] *v. tr.* platear.

argenterie [aʀʒɑ̃tʀi] *s. f.* plata (vajilla u objetos de plata).
argentin, -ne [aʀʒɑ̃tɛ̃, -in] *adj.* **1.** argentino, -na. ‖ **Argentin, -ne** *s. m. et f.* **2.** argentino, -na.
argile [aʀʒil] *s. f.* arcilla; barro *m.*
argot [aʀgo] *s. m.* jerga *f.*; argot.
arguer [aʀgɥe] *v. intr.* **1.** argüir. ‖ *v. tr.* **2.** *litt.* (un prétexte) alegar.
argument [aʀgymɑ̃] *s. m.* argumento.
argumenter [aʀgymɑ̃te] *v. intr.* argumentar.
aride [aʀid] *adj.* árido, -da.
aridité [aʀidite] *s. f.* aridez.
aristocratie [aʀistɔkʀasi] *s. f.* aristocracia.
armateur [aʀmatœʀ] *s. m.* armador.
armature [aʀmatyʀ] *s. f.* armazón.
arme [aʀm] *s. f.* arma.
armée [aʀme] *s. f.* **1.** ejército *m.* **2.** (une troupe) tropa. **3.** (de mer) armada.
armement [aʀm(ə)mɑ̃] *s. m.* armamento.
armer [aʀme] *v. tr.* **1.** armar. **2.** *Mar.* (un navire) equipar.
armistice [aʀmistis] *s. m.* armisticio.
armoire [aʀmwaʀ] *s. f.* armario *m.* ‖ ~ **à pharmacie** botiquín *m.* ~ **encastrée** armario empotrado.
armoiries [aʀmwaʀi] *s. f. pl.* escudo de armas.
armure [aʀmyʀ] *s. f.* armadura.
aromate [aʀɔmat] *s. m.* especia *f.*; planta aromática.
arôme [aʀom] *s. m.* **1.** aroma. **2.** (additif) sabor [Arôme vanille. Sabor a vainilla.]
arquer [aʀke] *v. tr.* arquear.
arrachage [aʀaʃaʒ] *s. m.* arranque.
arracher [aʀaʃe] *v. tr.* **1.** arrancar. **2.** (dépouiller) quitar; arrebatar; arrancar. **3.** (une dent, les yeux) sacar; quitar.
arrangé, -ée [aʀɑ̃ʒe] *adj.* **1.** arreglado, -da. **2.** (composé) compuesto, -da.

arrangement [aʀɑ̃ʒmɑ̃] *s. m.* **1.** (agencement) arreglo. **2.** (solution provisoire) apaño. **3.** *Dr.* (accord) acuerdo; convenio.

arranger [aʀɑ̃ʒe] *v. tr.* **1.** (réparer) arreglar. **2.** (disposer) ordenar; disponer. **3.** (toilette, coiffure) arreglar. ‖ **s'arranger** *v. pr.* **4.** arreglarse; salir bien [Tout s'est arrangé. *Todo ha salido bien.*] **5.** (pour faire qqch) reglárselas; componerselas.

arrestation [aʀɛstasjɔ̃] *s. f.* detención.

arrêt [aʀɛ] *s. m.* **1.** parada *f.* [Un arrêt brusque. *Una parada brusca.*] **2.** (action d'arrêter) detención *f.*; paro. **3.** parada *f.* [L'arrêt du bus. *La parada del autobús.*] **4.** *Dr.* (décision d'un jury) fallo; sentencia *f.*; auto. ‖ **~ de travail** baja *f.* (laboral). **sans ~** sin cesar.

arrêté, -ée [aʀete] *adj.* **1.** parado, -da; detenido, -da. **2.** (prisonnier) detenido, -da.

arrêté [aʀete] *s. m.* **1.** (décision) orden *f.*; decreto. **2.** (tribunal) resolución *f.* **3.** bando [Arrêté du maire. *Bando de la alcaldía.*] **4.** (de comptes) saldo.

arrêter [aʀete] *v. tr.* **1.** parar; detener. **2.** (emprisonner) detener; arrestar. **3.** (un bilan, les termes d'un accord) fijar; cerrar. **4.** (plan, projet) ajustar; establecer; determinar. ‖ *v. intr.* **5.** parar. ‖ **s'arrêter** *v. pr.* **6.** pararse; parar.

arriéré, -ée [aʀjere] *adj.* **1.** atrasado, -da. **2.** *fig.* atrasado, -da; retrógrado, -da. ‖ *s. m.* **3.** (d'une dette) atrasos *pl.*

arrière [aʀjɛʀ] *s. m.* **1.** trasera *f.* **2.** *fig.* zaga *f.* ‖ *adj.* **3.** trasero, -ra [Feu arrière. *Luz trasera.*] **4.** atrás [Marche arrière. *Marcha atrás.*] ‖ **arrière!** *interj.* **5.** ¡atrás! ‖ **en ~** atrás [Rester en arrière, un pas en arrière. *Quedarse atrás, un paso atrás.*] | para atrás; hacia atrás [Aller en arrière, coiffé en arrière. *Ir hacia atrás, peinado hacia atrás.*] | *fig.* (en retard) atrás; a la zaga. **en ~ de** (derrière) detrás de. | (en retard sur) por detrás de. **faire marche ~** dar marcha atrás. **vent ~** viento en popa.

arrière-arrière-grand-mère [aʀjɛʀaʀjɛʀɡʀɑ̃mɛʀ] *s. f.* tatarabuela.

arrière-arrière-grand-père [aʀjɛʀaʀjɛʀɡʀɑ̃pɛʀ] *s. m.* tatarabuelo.

arrière-arrière-petit-enfant [aʀjɛʀaʀjɛʀp(ə)titɑ̃fɑ̃] *s. m. et f.* tataranieto, -ta.

arrière-arrière-petite-fille [aʀjɛʀaʀjɛʀp(ə)titfij] *s. f.* tataranieta.

arrière-arrière-petit-fils [aʀjɛʀaʀjɛʀp(ə)titfis] *s. m.* tataranieto.

arrière-boutique [aʀjɛʀbutik] *s. f.* trastienda.

arrière-garde [aʀjɛʀɡaʀd] *s. f., Mil.* retaguardia.

arrière-goût [aʀjɛʀɡu] *s. m.* gustillo.

arrière-grand-mère [aʀjɛʀɡʀɑ̃mɛʀ] *s. f.* bisabuela.

arrière-grand-parents [aʀjɛʀɡʀɑ̃paʀɑ̃] *s. m.* bisabuelos.

arrière-grand-père [aʀjɛʀɡʀɑ̃pɛʀ] *s. m.* bisabuelo.

arrière-pays [aʀjɛʀpei] *s. m.* interior. ‖ **dans l'~** tierra adentro.

arrière-pensée [aʀjɛʀpɑ̃se] *s. f.* intención (oculta); segunda intención. ‖ **sans ~** sin mala intención.

arrière-petite-fille [aʀjɛʀp(ə)titfij] *s. f.* bisnieta.

arrière-petit-fils [aʀjɛʀp(ə)titfis] *s. m.* bisnieto.

arrivage [aʀivaʒ] *s. m.* llegada *f.* (de mercancías).

arrivée [aʀive] *s. f.* llegada; venida (venue).

arriver [aʀive] *v. intr.* **1.** llegar. **2.** (venir) venir. **3.** (parvenir) conseguir; lograr. **4.**

(réussir) salir bien; triunfar [Il y est arrivé. *Le ha salido bien.*] **5.** (atteindre) alcanzar. **6.** (avoir lieu) ocurrir. [Cela est arrivé en 1800. *Eso ocurrió en 1800.*] || *v. impers.* **7.** ocurrir; suceder; pasar. || **~ en retard** llegar tarde; retrasarse. **ne pas y ~** (être débordé) no dar abasto.

arrobas [aʀɔbas] *s. f., Inform.* arroba.
arrogance [aʀɔgɑ̃s] *s. f.* arrogancia.
arrogant, -te [aʀɔgɑ̃, -ɑ̃t] *adj.* arrogante.
arrondir [aʀɔ̃diʀ] *v. tr.* redondear.
arrondissement [aʀɔ̃dismɑ̃] *s. m.* **1.** (circonscription d'un territoire) partido judicial. **2.** (d'une ville) distrito.
arrosage [aʀozaʒ] *s. m.* **1.** riego. **2.** *fig.* (pot-de-vin) soborno.
arroser [aʀoze] *v. tr.* **1.** (les plantes) regar. **2.** (une rivière) bañar [El Manzanares baña Madrid. *Le Manzanares arrose Madrid.*] **3.** (avec un liquide) rociar.
arrosoir [aʀozwaʀ] *s. m.* regadera *f.*
arsenal, -aux [aʀs(ə)nal, -o] *s. m.* arsenal.
art [aʀ] *s. m.* arte. • "Art" es masculino en singular y femenino en plural.
artère [aʀtɛʀ] *s. f., Anat.* arteria.
artichaut [aʀtiʃo] *s. m.* alcachofa *f.*
article [aʀtikl] *s. m.* artículo.
articulation [aʀtikylasjɔ̃] *s. f.* **1.** *Anat.* articulación. **2.** *Ling.* pronunciación.
articuler [aʀtikyle] *v. tr.* **1.** articular. **2.** articular.
artifice [aʀtifis] *s. m.* **1.** artificio. **2.** (ruse) artimaña *f.* || **feux d'~** fuegos artificiales.
artificiel, -elle [aʀtifisjɛl] *adj.* artificial.
artillerie [aʀtijʀi] *s. f.* artillería.
artisan, -ne [aʀtizɑ̃, -an] *s. m. et f.* artesano, -na. || **maître ~** artesano.
artisanat [aʀtizana] *s. m.* artesanía *f.*
artison [aʀtizɔ̃] *s. m.* carcoma *f.* (insecto).
artiste [aʀtist] *s. m. et f.* artista.

artistique [aʀtistik] *adj.* artístico, -ca.
as [as] *s. m.* as.
ascendance [asɑ̃dɑ̃s] *s. f.* ascendencia.
ascendant, -te [asɑ̃dɑ̃, -ɑ̃t] *adj.* **1.** ascendiente. || *s. m.* **2.** ascendiente; influencia *f.*
ascenseur [asɑ̃sœʀ] *s. m.* ascensor.
ascension [asɑ̃sjɔ̃] *s. f.* **1.** ascensión; ascenso *m.*; subida [Ascension en ballon. *Ascenso en globo.*] **2.** (alpinisme) ascenso *m.*
ascensionniste [asɑ̃sjɔnist] *s. m. et f.* escalador, -ra; alpinista; montañero, -ra.
asiatique [azjatik] *adj.* asiático, -ca. || **Asiatique** *s. m. et f.* **2.** asiático, -ca.
asile [azil] *s. m.* asilo. || **~ d'aliénés** manicomio. **~ politique** asilo político.
aspect [aspɛ] *s. m.* aspecto.
asperge [aspɛʀʒ] *s. f.* espárrago *m.*
asperger [aspɛʀʒe] *v. tr.* **1.** regar. **2.** (humecter) rociar. **3.** (mouiller) salpicar.
aspérité [aspeʀite] *s. f.* aspereza.
asphalte [asfalt] *s. m.* asfalto.
asphalter [asfalte] *v. tr.* asfaltar.
asphyxie [asfiksi] *s. f.* asfixia.
asphyxier [asfiksje] *v. tr.* **1.** asfixiar. || **s'asphyxier** *v. pr.* **2.** asfixiarse.
aspirant, -te [aspiʀɑ̃, -ɑ̃t] *s. m. et f.* aspirante; candidato, -ta.
aspirateur, -trice [aspiʀatœʀ, -tʀis] *adj.* **1.** aspirador, -ra. || *s. m.* **2.** aspirador.
aspiration [aspiʀasjɔ̃] *s. f.* aspiración.
aspirer [aspiʀe] *v. tr. et intr.* aspirar.
aspirine [aspiʀin] *s. f.* aspirina.
assaillant, -te [asajɑ̃, -ɑ̃t] *adj. et s. m. et f.* asaltante; agresor, -ra.
assaillir [asajiʀ] *v. tr.* **1.** (attaquer) asaltar; atacar. **2.** (harceler) cosar.
assainir [aseniʀ] *v. tr.* sanear.
assainissement [asenismɑ̃] *s. m.* saneamiento.

assaisonnement [asɛzɔnmɑ̃] *s. m.* aliño.
assaisonner [asɛzɔne] *v. tr.* aliñar.
assassin, -ne [asasɛ̃, -in] *adj. et s. m.* asesino, -na.
assassinat [asasina] *s. m.* asesinato.
assassiner [asasine] *v. tr.* asesinar.
assaut [aso] *s. m.* asalto.
assécher [aseʃe] *v. tr.* desecar.
assemblage [asɑ̃blaʒ] *s. m.* **1.** (réunion) reunión *f.* **2.** (ensemble) conjunto. **3.** *Techn.* (montage) montaje; ensamblaje.
assemblée [asɑ̃ble] *s. f.* **1.** asamblea. **2.** (parlement) congreso *m.*
assembler [asɑ̃ble] *v. tr.* **1.** (menuiserie) ensamblar; juntar; acoplar. **2.** (réunir) reunir. ‖ **s'assembler** *v. pr.* **3.** reunirse.
asséner [asene] *v. tr.* asestar.
assentiment [asɑ̃timɑ̃] *s. m.* asentimiento.
asseoir [aswaʀ] *v. tr.* **1.** sentar. **2.** (fonder) asentar. ‖ **s'asseoir** *v. pr.* **3.** sentarse. **4.** (se consolider) asentarse.
assermenté, -ée [asɛʀmɑ̃te] *adj.* jurado, -da [Traducteur assermenté. *Traductor jurado.*]
assertion [asɛʀsjɔ̃] *s. f.* aserción.
asservir [asɛʀviʀ] *v. tr.* **1.** avasallar. **2.** *fig.* esclavizar.
asservissant, -te [asɛʀvisɑ̃, -ɑ̃t] *adj.* humillante; servil.
assesseur [asesœʀ] *s. m.* asesor, -ra.
assez [ase] *adv.* **1.** bastante; suficiente. ‖ **assez!** *interj.* **2.** ¡ya está bien!; ¡bueno!; ¡vale ya! ‖ **~ de** bastante [Assez de conseils. *Bastantes consejos.*] **~ pour** lo bastante para; bastante como para. **c'en est ~ !** ¡ya está bien!; ¡bueno! **en avoir ~** estar harto; hartarse.
assidu, -ue [asidy] *adj.* **1.** (personnes) asiduo, -dua. **2.** (choses) continuo, -nua.
assiéger [asjeʒe] *v. tr.* sitiar; asediar.

assiette [asjɛt] *s. f.* plato *m.* ‖ **~ creuse** plato hondo. **~ plate** plato llano.
assignation [asiɲasjɔ̃] *s. f., Dr.* citación.
assigner [asiɲe] *v. tr.* **1.** (destiner) asignar. **2.** *fig.* (rendez-vous) dar; fijar. **3.** *Dr.* (devant un juge).
assimilation [asimilasjɔ̃] *s. f.* integración (de una persona).
assimiler [asimile] *v. tr.* **1.** asimilar. **2.** (absorber) asimilar. ‖ **s'assimiler** *v. pr.* **3.** asimilarse.
assis, -se [asi, -iz] *adj.* **1.** sentado, -da. **2.** *fig.* (établi) asentado, -da; estable.
assise [asiz] *s. f.* **1.** *fig.* (d'une idée ou argument) base; fundamento *m.* ‖ **assises** *s. f. pl.* **2.** *Dr.* Sala de lo Penal; Audiencia de lo Criminal. **3.** (d'un parti ou syndicat) congreso *m. sing.* **4.** *fig.* (base) cimientos *m.* ‖ **cour d'assises** *Dr.* Sala de lo Penal; Audiencia de lo Criminal.
assistance [asistɑ̃s] *s. f.* **1.** (secours) asistencia. **2.** (le public) asistencia. **3.** (sociale) asistencia social. ‖ **~ médicale** asistencia médica.
assistant, -te [asistɑ̃, -ɑ̃t] *s. m. et f.* asistente; ayudante. ‖ **assistante sociale** asistente social.
assister [asiste] *v. tr. e intr.* asistir.
association [asɔsjasjɔ̃] *s. f.* asociación.
associé, -ée [asɔsje] *adj.* **1.** asociado, -da. ‖ *s. m. et f.* **2.** (partenaire) socio, -cia.
associer [asɔsje] *v. tr.* **1.** asociar. ‖ **s'associer** *v. pr.* **2.** asociarse.
assoiffé, -ée [aswafe] *adj.* sediento, -ta.
assombrir [asɔ̃bʀiʀ] *v. tr.* **1.** oscurecer. **2.** *fig.* (attrister) entristecer. ‖ **s'assombrir** *v. pr.* **3.** (le ciel) nublarse.
assommant, -te [asɔmɑ̃, -ɑ̃t] *adj., fig. et fam.* pesado, -da; molesto, -ta.

assommé, -ée [asɔme] *adj.* **1.** (battu) molido a palos; golpeado, -da. **2.** (groggy) grogui *fam.* **3.** *fig.* (ennuyé) harto, -ta. **4.** (accablé) aplastado, -da.

assommer [asɔme] *v. tr.* **1.** *fig.* (rouer de coups) moler a palos. **2.** (frapper de manière à étourdir) tumbar. **3.** *fig. et fam.* (ennuyer) hartar.

assorti, -ie [asɔrti] *adj.* **1.** variado, -da; surtido, -da [*Fromages assortis. Quesos variados.*] **2.** a juego; adecuado, -da [*Une cravate assortie au costume. Una corbata a juego con el traje.*] **3.** *Comm.* (approvisionné) surtido, -da.

assortiment [asɔrtimɑ̃] *s. m.* **1.** (arrangement) conjunto [*Un joli assortiment. Un bonito conjunto.*] **2.** (varié) surtido [*Assortiment de bonbons. Surtido de caramelos.*] **3.** (lot) lote.

assortir [asɔrtir] *v. tr.* **1.** (assembler) combinar; juntar. **2.** (harmoniser) casar; juntar; emparejar.

assoupir [asupir] *v. tr.* **1.** adormecer. ∥ **s'assoupir** *v. pr.* **2.** adormilarse; amodorrarse. **3.** (l'esprit, le corps) entumecerse.

assoupissement [asupismɑ̃] *s. m.* amodorramiento; sopor; modorra *f.*

assouplir [asuplir] *v. tr.* **1.** (les mouvements, le corps) aligerar. **2.** (rendre flexible) hacer flexible.

assouplissant [asuplisɑ̃] *s. m.* suavizante (para la ropa).

assourdir [asurdir] *v. tr.* **1.** (rendre sourd) ensordecer. **2.** (amortir, atténuer) amortiguar; atenuar; apagar.

assourdissant, -te [asurdisɑ̃] *adj.* ensordecedor, -ra; estrepitoso, -sa.

assouvir [asuvir] *v. tr.* **1.** saciar (el hambre). ∥ **s'assouvir** *v. pr.* **2.** saciarse.

assujettir [asyʒetir] *v. tr.* **1.** (soumettre) someter. **2.** (immobiliser) inmovilizar; sujetar.

assumer [asyme] *v. tr.* asumir.

assurance [asyrɑ̃s] *s. f.* **1.** (confiance en soi-même, sécurité) seguridad. **2.** (garantie) garantía. **3.** (contrat) seguro *m.* [*Assurance tous risques. Seguro a todo riesgo.*] ∥ **assurances sociales** seguros sociales.

assuré, -ée [asyre] *adj.* **1.** (ferme, stable) asegurado, -da. **2.** (couvert par une assurance) asegurado, -da. **3.** (certain) seguro, -ra. **4.** (air, ton) firme. **5.** (habile, ferme) seguro, -ra. **6.** (rendu certain) asegurado, -da [*Un succès assuré. Un éxito asegurado.*] ∥ *s. m. et f.* **7.** asegurado, -da.

assurer [asyre] *v. tr.* asegurar. ∥ **s'assurer** *v. pr.* **2.** (s'affermir) asegurarse. **3.** (vérifier) cerciorarse.

astérisque [asterisk] *s. m.* asterisco.

asthme [asm] *s. m.* asma.

asticot [astiko] *s. m.* gusano (de la carne).

astigmatisme [astigmatism] *s. m.* astigmatismo.

astiquer [astike] *v. tr.* (polir) sacar brillo.

astre [astr] *s. m.* astro.

astreindre [astrɛ̃dr] *v. tr.* constreñir.

astringent, -te [astrɛ̃ʒɑ̃, -ɑ̃t] *adj. et s. m.* astringente.

astrologie [astrɔlɔʒi] *s. f.* astrología.

astronaute [astronot] *s. m. et f.* astronauta.

astronef [astronef] *s. m.* astronave *f.*

astronomie [astrɔnɔmi] *s. f.* astronomía.

astronomique [astrɔnɔmik] *adj.* astronómico, -ca.

astuce [astys] *s. f.* astucia.

astucieux, -euse [astysjø, -øz] *adj.* astuto, -ta.

ATELIER - ATTENDRE

atelier [at(ə)lje] *s. m.* **1.** (ouvriers) taller. **2.** (artistes) estudio.

athée [ate] *adj. et s. m. et f.* ateo, -a.

athlète [atlɛt] *s. m. et f.* atleta.

athlétisme [atletism] *s. m., Sport* atletismo.

atlas [atlas] *s. m.* atlas.

atmosphère [atmɔsfɛʀ] *s. f.* **1.** atmósfera. **2.** *fig.* ambiente *m.*

atome [atom] *s. m.* átomo.

atomique [atɔmik] *adj.* atómico, -ca.

atone [aton] *adj.* átono, -na.

atours [atuʀ] *s. m. pl.* atuendo (femenino).

atout [atu] *s. m.* triunfo (de la baraja).

âtre [ɑtʀ] *s. m.* hogar (chimenea).

atroce [atʀɔs] *adj.* atroz.

atrocité [atʀɔsite] *s. f.* **1.** atrocidad. **2.** (acte atroce) salvajada.

atrophie [atʀɔfi] *s. f.* atrofia.

attabler, s' [atable] *v. pr.* sentarse a la mesa.

attachant, -te [ataʃɑ̃, -ɑ̃t] *adj.* atractivo, -va.

attache [ataʃ] *s. f.* **1.** (nœud) atadura; lazo *m.*; ligadura. **2.** (trombone) clip *m.* ‖ **attaches** *s. f. pl.* **3.** (rapports) contactos *m.*; relaciones.

attaché [ataʃe] *s. m. et f.* **1.** agregado, -da [Attaché culturel. *Agregado cultural.*] ‖ *adj.* **2.** *fig.* sujeto, -ta. **3.** unido, -da; ligado, -da.

attaché-case [ataʃekɛz] *s. m.* portafolio; maletín.

attachement [ataʃmɑ̃] *s. m.* **1.** (lien psychologique) apego. **2.** (affection) afecto; cariño. **3.** *fig.* (à une idée) adhesión *f.*

attacher [ataʃe] *v. tr.* **1.** atar. **2.** (serrer avec une attache) sujetar; juntar; unir. **3.** (la ceinture de sécurité) abrochar. **4.** *fig.* ligar; unir. **5.** (valeur, importance, sens) atribuir; dar. **6.** (lier) asociar; relacionar; vincular. **7.** (qqun à un poste) destinar; agregar. ‖ **s'attacher** *v. pr.* **8.** (se lier à quelqu'un) unirse; estar unido. **9.** (par le devoir) ligarse; vincularse. **10.** (par l'affection) apegarse; encariñarse.

attaque [atak] *s. f.* **1.** ataque *m.* **2.** (charge) embestida. **3.** (agression) asalto *m.*

attaquer [atake] *v. tr.* **1.** atacar; asaltar. **2.** (agresser) agredir. **3.** (charger) embestir. **4.** *fig.* atacar. **5.** (commencer) comenzar. ‖ **s'attaquer** *v. pr.* **6.** (combattre) combatir; luchar; arremeter.

attarder [ataʀde] *v. tr.* **1.** retrasar. ‖ **s'attarder** *v. pr.* **2.** retrasarse. **3.** entretenerse [S'attarder sur un sujet. *Entretenerse con un tema.*]

atteindre [atɛ̃dʀ] *v. tr.* **1.** (la cible) alcanzar; acertar. **2.** (d'un projectile) herir; alcanzar. **3.** (arriver) llegar. **4.** (réussir) lograr; conseguir; alcanzar. **5.** (une somme) ascender.

atteint, -te [atɛ̃, -ɛ̃t] *adj.* **1.** alcanzado, -da. **2.** (blessé) herido, -da. ‖ **être ~ de** padecer (una enfermedad).

atteinte [atɛ̃t] *s. f.* **1.** (portée) alcance *m.* **2.** *fig.* (attaque) atentado *m.* **3.** (dommage matériel) estrago *m.* ‖ **porter ~** atacar.

attelage [at(ə)laʒ] *s. m.* **1.** (d'un cheval) tiro. **2.** (de bœufs) yunta *f.* **3.** (de wagons) enganche.

atteler [at(ə)le] *v. tr.* enganchar (caballos, vagones).

attendant, en [ɑ̃natɑ̃dɑ̃] *loc. prép.* **1.** (entre-temps) mientras tanto; entretanto; mientras. **2.** (+ que) en espera de que; hasta que.

attendre [atɑ̃dʀ] *v. tr.* **1.** esperar; aguardar. **2.** estar a punto; estar preparado [Le dîner attend. *La cena está preparada.*]

‖ *v. intr.* **3.** esperar; aguardar. ‖ **s'attendre** *v. pr.* **4.** esperarse; contar con; esperar; ver venir [Je ne m'y attendais pas du tout. *No me lo esperaba.*]

attendrir [atɑ̃dʀiʀ] *v. tr.* **1.** (la viande) ablandar. **2.** *fig.* (émouvoir) enternecer; conmover; ablandar. ‖ **s'attendrir** *v. pr.* **3.** enternecerse; ablandarse.

attendu [atɑ̃dy] *prép.* en vista de. ‖ **~ que** en vista de que.

attentat [atɑ̃ta] *s. m.* atentado.

attente [atɑ̃t] *s. f.* **1.** espera. **2.** (espoir) expectación. **3.** (expectative) expectativa. ‖ **contre toute ~** contra toda previsión. **en ~** pendiente.

attentif, -ive [atɑ̃tif, -iv] *adj.* atento, -ta.

attention [atɑ̃sjɔ̃] *s. f.* **1.** (concentration) atención. **2.** (égard) consideración. **3.** (prudence) cuidado *m.* [Attention à la peinture. *Cuidado con la pintura.*] **4.** (soin) esmero *m.* ‖ **attention!** *interj.* **5.** ¡cuidado! ‖ **à l'~ de** a la atención de; para. **faire ~** (faire gaffe) tener cuidado. | (être attentif) prestar atención; atender. **ne plus faire ~** despreocuparse.

atténuer [atenye] *v. tr.* **1.** atenuar. **2.** (la douleur) amortiguar.

atterrir [ateʀiʀ] *v. intr.* aterrizar.

atterrissage [ateʀisaʒ] *s. m.* aterrizaje.

attestation [atɛstasjɔ̃] *s. f.* **1.** (document) certificado *m.* (confirmación oficial) [Une attestation de présence. *Un certificado de asistencia.*] **2.** (action d'attester) atestado *m.*

attiédir [atjediʀ] *v. tr.* **1.** templar. **2.** *fig.* enfriar.

attirail, -ails [atiʀaj] *s. m.* **1.** (équipement) aparejos *pl.* **2.** *fam.* (bazar) trastos *pl.*

attirance [atiʀɑ̃s] *s. f.*, *fig.* atracción.

attirant, -te [atiʀɑ̃, -ɑ̃t] *adj.* **1.** (personne) atractivo, -va. **2.** (choses) atrayente.

attirer [atiʀe] *v. tr.* **1.** atraer. ‖ **s'attirer** *v. pr.* **2.** ganarse [S'attirer leur mépris. *Ganarse su desprecio.*] ‖ **~ l'attention** llamar la atención.

attiser [atize] *v. tr.* **1.** (le feu) atizar. **2.** *fig.* avivar.

attitude [atityd] *s. f.* **1.** (comportement) actitud. **2.** (du corps) posición; postura.

attouchement [atuʃmɑ̃] *s. m.* toque.

attractif, -ive [atʀaktif, -iv] *adj.* atractivo, -va (magnético) [La force attractive de l'aimant. *La fuerza atractiva del imán.*]

attraction [atʀaksjɔ̃] *s. f.* **1.** atracción. ‖ **attractions** *s. m. pl.* **2.** atracciones [Parc d'attractions. *Parque de atracciones.*]

attrait [atʀɛ] *s. m.* **1.** atractivo. **2.** *fig.* aliciente.

attraper [atʀape] *v. tr.* **1.** (prendre) coger; atrapar. **2.** (saisir fortement) agarrar. **3.** *fam.* (surprendre) pillar; pescar; cazar. **4.** (une maladie) pescar; atrapar.

attrayant, -te [atʀɛjɑ̃, -ɑ̃t] *adj.* atrayente [Un projet attrayant. *Un proyecto atrayente.*]

attribuer [atʀibɥe] *v. tr.* **1.** atribuir; otorgar. **2.** (conférer, donner) conferir [Attribuer une dignité, une responsabilité. *Conferir una dignidad, una responsabilidad.*] **3.** (une somme) asignar. **4.** (imputer) achacar; imputar; cargar. ‖ **s'attribuer** *v. pr.* **5.** atribuirse.

attribut [atʀiby] *s. m.* atributo.

attrister [atʀiste] *v. tr.* entristecer.

attroupement [atʀupmɑ̃] *s. m.* tropel.

au [o] *contr. prép. et art. déf.* **1.** al [Aller au village. *Ir al pueblo.*] **2.** en [être au Liban. *Estar en el Líbano.*] **3.** (ingrédient) de [Un gâteau au chocolat. *Un pastel de*

chocolate.] •La contracción no se produce delante de sustantivo que empieza por vocal o "h" muda: À l'aéroport. *Al aeropuerto.*

aubaine [oben] *s. f., fam.* ganga; chollo *m.*

aube [ob] *s. f.* **1.** alba; alborada. **2.** (de très bonne heure) madrugada.

aubépine [obepin] *s. f., Bot.;* espino blanco.

auberge [obeʀʒ] *s. f.* **1.** (d'apparence rustique) posada; mesón *m.;* venta. **2.** (auberge de jeunesse) albergue *m.* [*Auberge de jeunesse. Albergue juvenil.*] **3.** (relais national) parador *m.* •Le "parador" est géré par les services du tourisme national.

aubergine [obeʀʒin] *s. f.* berenjena.

aubergiste [obeʀʒist] *s. m. et f.* mesonero, -ra; posadero, -ra.

aucun, -ne [okœ̃, -yn] *adj. indéf.* **1.** ningún, -guna. || *pron. indéf.* **2.** ninguno, -na. || ~ **de** ninguno de [*Aucune d'entre elles n'est venue. Ninguna de ellas vino.*]

audace [odas] *s. f.* **1.** audacia. **2.** *péj.* (insolence) osadía; atrevimiento *m.*

audacieux, -euse [odasjø, -øz] *adj.* audaz; arrojado, -da.

audience [odjɑ̃s] *s. f.* audiencia.

audiovisuel, -elle [odjovizɥɛl] *adj.* audiovisual.

auditeur, -trice [oditœʀ, -tʀis] *s. m. et f.* **1.** auditor, -ra; oyente. **2.** (de la radio) radioyente; oyente. || ~ **libre** oyente (en la universidad).

auditif, -ive [oditif, -iv] *adj.* auditivo, -va.

audition [odisjɔ̃] *s. f.* audición.

auditoire [oditwaʀ] *s. m.* auditorio (el público).

auditorium [oditɔʀjɔm] *s. m.* auditorio (lugar).

auge [oʒ] *s. f.* (abreuvoir) pilón *m.*

augmentation [ɔgmɑ̃tasjɔ̃] *s. f.* **1.** aumento *m.;* incremento *m.* **2.** (des prix, du salaire) aumento *m.;* subida.

augmenter [ɔgmɑ̃te] *v. tr. et intr.* **1.** aumentar. **2.** ampliar [*Augmenter le nombre d'invités. Ampliar el número de invitados.*] **3.** (salaires) subir; mejorar. || *v. intr.* **4.** aumentar; crecer.

augure [ogyʀ] *s. m.* augurio.

augurer [ogyʀe] *v. tr.* (présager) augurar.

aujourd'hui [oʒuʀdɥi] *adv.* **1.** hoy. **2.** (de nos jours) hoy día.

aumône [omon] *s. f.* limosna.

aumônier [omonje] *s. m.* capellán.

auparavant [opaʀavɑ̃] *adv.* antes [*Deux jours auparavant. Dos días antes.*]

auprès de [opʀɛdə] cerca de; al lado de [*Être auprès de lui. Estar a su lado.*] ante; con [*S'excuser auprès d'elle. Disculparse ante / con ella.*]

auquel, à laquelle, auxquels, auxquelles [okɛl, alakɛl, okɛl] *contr. prép. et pron. rel.* al cual (a la cual, a los cuales, a las cuales); al que (a la que, a los que, a las que); a quien (a quienes). •"Quien, quienes" sont utilisés seulement pour les personnes.

auréole [ɔʀeɔl] *s. f.* **1.** aureola. **2.** (d'un astre) halo *m.*

auriculaire [ɔʀikylɛʀ] *adj.* auricular.

aurifère [ɔʀifɛʀ] *adj.* aurífero, -ra.

aurore [ɔʀɔʀ] *s. f.* aurora.

ausculter [ɔskylte] *v. tr.* auscultar.

aussi [osi] *adv.* **1.** también [*J'ai déjà mangé. Lui aussi. Ya he comido. Él también.*] **2.** (également) además; asimismo. **3.** (+adj./adv.) (à tel point) tan [*Il n'était pas aussi malin. No era tan listo.*] || ~ ... **que** (+adj./adv.) tan ... como; igual de ... que [*Il est aussi grand que les autres. Es tan*

grande como los otros.] **bien ... que** tanto ... como [*Tanto los azules como los rojos. Aussi bien les bleus que les rouges.*] **~ bien que** lo mismo que [*Mes parents, aussi bien que mes amis. Mis padres, lo mismo que mis amigos.*]

aussitôt [osito] *adv.* enseguida; al momento. ‖ **~ dit, ~ fait** dicho y hecho. **~ que** tan pronto como.

austère [ostɛʀ] *adj.* austero, -ra.

austral, -le, -als [ɔstʀal] *adj.* austral.

australien, -enne [ɔstʀaljɛ̃, -ɛn] *adj.* **1.** australiano, -na. ‖ **Australien, -enne** *s. m. et f.* **2.** australiano, -na.

autant [otɑ̃] *adv.* **1.** (+verbe) tanto [*Ne parle pas autant. No hables tanto.*] **2.** (la même chose) lo mismo [*Je ne peux pas en faire autant. No puedo hacer lo mismo.*] ‖ **~ ... que** tanto ... como [*J'ai acheté autant des stylos bleus que des stylos rouges. He comprado tanto bolígrafos azules como rojos.*] **~ de** (comparaison) tanto, -ta [*Je n'ai pas lu autant de livres. Yo no he leído tantos libros.*] **~ de ... que** tanto ... como [*J'ai acheté autant de stylos bleus que de rouges. He comprado tantos bolígrafos azules como rojos.*] | tanto ... como [*Prends autant d'eau que tu voudras. Coge tanta agua como quieras.*] **~ que** (+verbe) tanto como; como [*Il ne mange pas autant que moi. No come (tanto) como yo.*] **~ que possible** todo lo posible.

autel [otɛl] *s. m.* altar.

auteur [otœʀ] *s. m.* **1.** autor, -ra. **2.** (écrivain) escritor, -ra.

authentique [otɑ̃tik] *adj.* auténtico, -ca.

auto [oto] *s. f.* auto m.

auto-adhésif, -ive [otoadezif, -iv] *s. m.* pegatina *f.*; adhesivo.

autobiographie [otobjɔgʀafi] *s. f.* autobiografía.

autobus [otobys] *s. m.* autobús; bus.

autocar [otokaʀ] *s. m.* **1.** autocar; autobús. **2.** (ligne régulière) coche de línea.

autochtone [otokton] *adj. et s. m. et f.* autóctono, -na.

autocollant [otokolɑ̃, -ɑ̃t] *s. m.* pegatina *f.*

auto-école [otoekɔl] *s. f.* autoescuela.

autographe [otogʀaf] *s. m.* autógrafo.

automate [otomat] *s. m.* autómata *m. et f.*

automatique [ɔtomatik] *adj.* automático, -ca.

automnal, -le, -aux [otɔnal, -o] *adj.* otoñal.

automne [otɔn] *s. m.* otoño [*En automne. En otoño.*]

automobile [ɔtomobil] *s. f.* automóvil *m.*

automobilisme [ɔtomobilism] *s. m.* automovilismo.

autonome [otɔnɔm] *adj.* autónomo, -ma.

autonomie [otɔnɔmi] *s. f.* autonomía.

autoportrait [otopoʀtʀɛ] *s. m.* autorretrato.

autopsie [ɔtɔpsi] *s. f.* autopsia.

autorisation [ɔtoʀizasjɔ̃] *s. f.* autorización.

autoriser [otoʀize] *v. tr.* autorizar.

autoritaire [ɔtoʀitɛʀ] *adj.* autoritario, -ria.

autorité [ɔtoʀite] *s. f.* autoridad.

autoroute [otoʀut] *s. f.* **1.** autopista (sans croisements ni passages à niveau). **2.** autovía (voie rapide).

autostop [otostɔp] *s. m.* autostop [*Faire de l'autostop. Hacer autostop.*]

autour² [otuʀ] *adv.* alrededor [*Ils se sont mis (tout) autour. Se pusieron alrededor.*] ‖ **~ de** (en contour) alrededor de; en torno a. | (aux alentours de) alrededor de [*Il rôdait autour de la maison. Merodea-*

ba alrededor de la casa.] | (à peu près) alrededor de [Autour de midi. *Alrededor del mediodía.*] | *fig.* (à propos de) en torno a. **tout ~** alrededor de [Il a regardé tout autour. *Miró alrededor.*] | (partout) por todas partes.

autour[2] [otuʀ] *s. m., Zool.* azor.

autre [otʀ] *adj. indéf.* **1.** otro, -tra [Voici l'autre clé. *Aquí está la otra llave.*] **2.** (le reste de) demás [Les autres enfants. *Los demás niños.*] || *pron. indéf.* **3.** otro, -tra [J'en voudrais un autre. *Quisiera otro.*] **4.** (le reste) demás [J'en ai les autres. *Tengo las demás.*] || **d~ part** por otra parte. **tout ~** otro, -tra [C'est un tout autre style. *Es otro estilo.*]

autrefois [otʀ(ə)fwa] *adv.* **1.** antaño; antiguamente. **2.** allá [Autrefois, dans les années 30. *Allá por los años 30.*]

autrement [otʀ(ə)mã] *adv.* **1.** (d'une autre façon) de otro modo [Il l'a fait autrement. *Lo hizo de otro modo.*] **2.** (sinon) si no; de lo contrario. || **~ dit** dicho de otro modo; o sea; es decir.

autrichien, -enne [otʀiʃjɛ̃, -ɛn] *adj.* **1.** austríaco, -ca. || **Autrichien, -enne** *s. m. et f.* **2.** austríaco, -ca.

autruche [otʀyʃ] *s. f., Zool.* avestruz *m.*

autrui [otʀɥi] *pron. indéf. m. inv.* **1.** el prójimo; los demás. || **d'~** ajeno, -na [Les affaires d'autrui. *Las cosas ajenas.*]

auvent [ovã] *s. m.* **1.** alero. **2.** (banne) toldo (de una tienda).

aux [o] *contr. prép. et art. déf. pl.* **1.** a los; a las [Aller aux funérailles. *Ir a los funerales.*] **2.** a (direction); en (localisation) [Être aux Seychelles, aller aux Seychelles. *Estar en las Seychelles, ir a las Seychelles.*] **3.** (ingrédient de [Gâteau aux amandes. *Pastel de almendras.*]

auxiliaire [ɔksiljɛʀ] *adj. et s. m. et f.* auxiliar.

avachir, s' [avaʃiʀ] *v. pr.* deformarse [Les souliers se sont avachis. *Los zapatos se han deformado.*]

aval [aval] *s. m., Comm.* aval. || **en ~** río abajo.

avalanche [avalɑ̃ʃ] *s. f.* alud *m.*; avalancha.

avaler [avale] *v. tr.* **1.** tragar. **2.** *fig. et fam.* (mensonges) tragarse; creerse.

avaliser [avalize] *v. tr.* avalar.

avance [avɑ̃s] *s. f.* **1.** (marche) avance *m.* **2.** antelación [Une heure d'avance. *Una hora de antelación.*] **3.** adelanto *m.*; ventaja [J'ai trois heures d'avance sur les autres. *Llevo tres horas de adelanto sobre los demás.*] **4.** (progrès) progreso *m.* **5.** (payement anticipé) anticipo *m.*; adelanto *m.* || **à l'~** con antelación [Préparé à l'avance. *Preparado con antelación.*] **d'~** de antemano.

avancé, -ée [avɑ̃se] *adj.* **1.** avanzado, -da. **2.** (élève) aventajado, -da.

avancement [avɑ̃smɑ̃] *s. m.* **1.** adelanto; progreso. **2.** (promotion) ascenso.

avancer [avɑ̃se] *v. tr.* **1.** adelantar [Avancer de deux pas. *Avanzar dos pasos.*] **2.** adelantar; hacer avanzar [Avancer son travail. *Adelantar su trabajo.*] **3.** (approcher) acercar. **4.** (argent) anticipar; adelantar. **5.** (la montre) adelantar. || *v. intr.* **6.** (aller en avant) avanzar. **7.** (progresser) progresar. **8.** (la montre) adelantar. || **avancez!** *interj.* **9.** ¡adelante!

avant[1] [avɑ̃] *prép.* **1.** antes de [Avant midi. *Antes del mediodía.*] **2.** antes de [Avant le restaurant. *Antes del restaurante.*] **3.** ante [Avant tout, avant moi. *Ante todo, anteayer.*] **4.** antes que [Il l'a vu bien avant moi. *Lo vio mucho antes que yo.*] || *adv.*

5. antes [Il est arrivé avant. *Llegó antes.*] ‖ **~ de** (+infinitive) antes de [Avant de se décider. *Antes de decidirse.*] **~ que** antes de que [Avant qu'il ne vienne. *Antes de que venga.*] **~ tout** ante todo. **d'~ antes** [Le jour d'avant. *El día antes.*] **en ~ !** ¡adelante! **en ~** adelante; hacia adelante [Se pencher en avant. *Inclinarse hacia adelante.*] **mettre en ~** avanzar; barajar [Mettre en avant quelques noms. *Barajar algunos nombres.*] ‖ alegar [Mettre en avant ses mérites. *Alegar sus méritos.*] **pas ~** hasta [On ne le reverra pas avant minuit. *No le veremos hasta medianoche.*] • A veces se usa "avant" antes de infinitivo: Antes de comer, antes de cenar. *Avant manger, Avant dîner.*

avant² [avɑ̃] *s. m.* **1.** (partie antérieure) delantera *f.* **2.** *Sport* delantero (jugador). ‖ *adj. inv.* **3.** delantero, -ra [Les places avant d'une voiture. *Los asientos delanteros de un coche.*] ‖ **à l'~** delante [Il s'est assis à l'avant. *Se sentó delante.*]

avantage [avɑ̃taʒ] *s. m.* **1.** ventaja *f.* **2.** provecho [Tirer avantage de. *Sacar provecho de.*] ‖ **à l'~ de** en provecho de.

avantager [avɑ̃taʒe] *v. tr.* favorecer; agraciar.

avantageux, -euse [avɑ̃taʒø, -øz] *adj.* ventajoso, -sa; beneficioso, -sa.

avant-bras [avɑ̃brɑ] *s. m.* antebrazo.

avant-dernier, -ière [avɑ̃dɛrnje, -jɛr] *adj. et s. m. et f.* penúltimo, -ma.

avant-garde [avɑ̃gard] *s. f.* vanguardia.

avant-hier [avɑ̃tjɛr] *adv.* anteayer; antes de ayer. ‖ **~ soir** anteanoche.

avant-toit [avɑ̃twa] *s. m.* alero.

avare [avar] *adj. et s. m. et f.* avaro, -ra.

avarice [avaris] *s. f.* avaricia.

avarier [avarje] *v. tr.* **1.** (un bateau, un avion) averiar. **2.** (les marchandises) estropear; echar a perder; averiar. ‖ **s'avarier** *v. pr.* **3.** averiarse.

avé ou ave [ave] *s. m. inv.*, *Rel.* avemaría.

avec [avɛk] *prép.* **1.** con [Il travaille avec nous. *Trabaja con nosotros.*] **2.** (à côté de) junto con [Il se promenait avec son père. *Paseaba junto con su padre.*] ‖ **~ cela?** ¿algo más? (en una tienda) • En espagnol, la préposition "con" se transforme devant les pronoms personnels "mí", "ti", "sí": *Conmigo, contigo, consigo.*

avenir [av(ə)nir] *s. m.* porvenir; futuro.

avent [avɑ̃] *s. m.*, *Rel.* adviento.

aventure [avɑ̃tyr] *s. f.* **1.** aventura. **2.** (flirt) ligue *m.* ‖ **bonne ~** buenaventura.

aventurer [avɑ̃tyre] *v. tr.* **1.** exponer; arriesgar. **2.** aventurar. ‖ **s'aventurer** *v. pr.* **3.** aventurarse; arriesgarse.

aventureux, -euse [avɑ̃tyrø, -øz] *adj.* aventurero, -ra.

aventurier, -ière [avɑ̃tyrje, -jɛr] *s. m. et f.* aventurero, -ra.

avenue [av(ə)ny] *s. f.* **1.** (voie urbaine) avenida *f.* **2.** (allée) alameda.

averse [avɛrs] *s. f.* chaparrón *m.*; chubasco *m.*; aguacero *m.*

aversion [avɛrsjɔ̃] *s. f.* **1.** (haine) aversión. **2.** (répugnance) repulsión.

avertir [avɛrtir] *v. tr.* avisar; advertir.

avertissement [avɛrtismɑ̃] *s. m.* **1.** aviso. **2.** (mise en garde) advertencia *f.*

avertisseur [avɛrtisœr] *s. m.* bocina *f.*

aveu [avø] *s. m.* confesión *f.*

aveugle [avœgl] *adj. et s. m. et f.* ciego, -ga.

aveuglement [avœgl(ə)mɑ̃] *s. m.* **1.** (cécité) ceguera *f.* **2.** *fig.* obcecación *f.*

aveugler [avœgle] *v. tr.* **1.** cegar. **2.** *fig.* (éblouir) deslumbrar. **3.** *fig.* (la passion) cegar. **4.** (égarer) ofuscar.

aviateur, -trice [avjatœʀ, -tʀis] *s. m. et f.* aviador, -da.
aviation [avjasjɔ̃] *s. f.* aviación.
avide [avid] *adj.* ávido, -da.
avidité [avidite] *s. f.* **1.** avidez. **2.** (désir) ansiedad. **3.** (voracité) voracidad.
avilir [aviliʀ] *v. tr.* **1.** envilecer; degradar. ‖ **s'avilir** *v. pr.* **2.** degradarse.
avion [avjɔ̃] *s. m.* avión. ‖ **~ à réaction** reactor.
avionnette [avjɔnɛt] *s. f.* avioneta.
avis [avi] *s. m.* **1.** parecer; opinión *f.* **2.** (d'un expert) dictamen [Avis favorable. *Dictamen favorable.*] **3.** aviso; advertencia *f.*; recomendación *f.* [Avis au lecteur. *Advertencia al lector.*] **4.** (message) aviso; anuncio. ‖ **à mon ~** en mi opinión.
avisé, -ée [avize] *adj.* listo, -ta.
aviver [avive] *v. tr.* avivar. ‖ **s'aviver** *v. pr.* **2.** avivarse.
avocat, -te [avɔka, -at] *s. m. et f.* abogado, -da; letrado, -da [Avocat défenseur, au criminel. *Abogado defensor, criminalista.*] ‖ **~ consultant** abogado de bufete.
avocat [avɔka] *s. m.* aguacate.
avoine [avwan] *s. f.* avena.
avoir[1] [avwaʀ] *v. tr.* **1.** tener. **2.** (obtenir, atteindre) obtener; conseguir; lograr. **3.** (une maladie, un malheur) padecer. **4.** (arriver) tener; pasar; ocurrir [Qu'est-ce qu'il a? *¿Qué le ocurre?*] **5.** sacar [Avoir une bonne note. *Sacar una buena nota.*] ‖ *v. aux.* **6.** haber [J'ai mangé. *He comido.*] ‖ **~ à** tener que [Avoir à parler. *Tener que hablar.*] ‖ **~ affaire à** habérselas con. **~ beau** por más que; por mucho que. **en ~ pour** tardar. **y ~ haber** [Puede haber treinta. *Il peut y en avoir trente.*]
avoir[2] [avwaʀ] *s. m.* haber.
avoisiner [avwazine] *v. tr.* **1.** *litt.* estar en las proximidades de; lindar. **2.** *fig.* (être proche de) rondar [Son salaire avoisine les vingt mille euros. *Su sueldo ronda los veinte mil euros.*] **3.** acercarse [Son opinion avoisine la mienne. *Su opinión se acerca a la mía.*]
avortement [avɔʀt(ə)mã] *s. m.* aborto (voluntario).
avorter [avɔʀte] *v. intr.* **1.** abortar (voluntariamente). ‖ *v. tr.* **2.** practicar un aborto. ‖ **faire ~** abortar.
avorton [avɔʀtɔ̃] *s. m.* **1.** (mort avant d'être né) feto. **2.** *péj.* engendro.
avoué [avwe] *s. m.* procurador judicial. ‖ **~ d'office** abogado de oficio.
avouer [avwe] *v. tr.* confesar; declarar.
avril [avʀil] *s. m.* abril [Le premier ou le deux avril. *El uno o el dos de abril.*]
axe [aks] *s. m.* eje.
aymara [emaʀa] *adj. et s. m.* **1.** aimara. ‖ **Aymara** *s. m. et f.* **2.** aimara.
azote [azɔt] *s. m.* nitrógeno.
azur [azyʀ] *s. m.*, *litt.* (bleu) azul. ‖ **la Côte d'Azur** la Costa Azul.

B

b [be] *s. m.* b *f.*
babiller [babije] *v. intr.* parlotear.
babines [babin] *s. f. pl.* morros *m.*
babiole [babjɔl] *s. f.*, *fam.* baratija.
bâbord [babɔʀ] *s. m.*, *Mar.* babor.
baby doll [bebidɔl] *s. m. inv.* (nuisette) picardías *m.*
baby-foot [babifut] *s. m.* futbolín.
bac [bak] *s. m.* **1.** (bateau transbordador. **2.** *fam.* (baccalauréat) bachillerato.
baccalauréat [bakalɔʀea] *s. m.* bachillerato. • El "baccalauréat" es un examen francés al término de la enseñanza secundaria.
bâche [baʃ] *s. f.* **1.** (de boutique) toldo *m.* **2.** (d'un véhicule) cubierta de lona.
bachelier, -ière [baʃ(ə)lje, -jɛʀ] *s. m. et f.* bachiller, -ra.
bâcher [baʃe] *v. tr.* cubrir con una lona.
bachot [baʃo] *s. m.* **1.** barquichuela *f.* **2.** *fam.* (baccalauréat) bachillerato.
bacille [basil] *s. m.* bacilo.
bâclage [baklaʒ] *s. m.*, *fam.* chapucería *f.*; chapuza *f.*
bâcle [bakl] *s. f.* barra (de madera).
bâclé, -ée [bakle] *adj.* chapucero, -ra [Un travail bâclé. *Un trabajo chapucero.*]
bâcler [bakle] *v. tr.* hacer una chapuza [Bâcler un travail. *Hacer una chapuza de trabajo.*]
bacon [bekɔn] *s. m.* beicon.
bactérie [bakteʀi] *s. f.* bacteria.
badaud [bado] *s. m.* mirón, -rona; curioso, -sa. • El femenino "badaude" es raro.
badigeonner [badiʒɔne] *v. tr.* **1.** (un mur) encalar; enlucir. **2.** (enduire) dar una capa. **3.** *fig.* (donner un air nouveau) dar un toque; dar una capa.

badin, -ne [badɛ̃, -in] *adj. et s. m. et f.* (qui aime à s'amuser) juguetón, -tona.
badiner [badine] *v. intr.*, *litt.* **1.** bromear; tomarse a broma. **2.** jugar [On ne badine pas avec l'amour. *Con el amor no se juega.*]
badminton [badmintɔn] *s. m.* bádminton.
baffe [baf] *s. f.*, *fam.* galleta (bofetada).
baffle [bafl] *s. m.* bafle.
bafouer [bafwe] *v. tr.* mofarse de.
bafouiller [bafuje] *v. tr. et intr.*, *fam.* farfullar.
bâfrer [bafʀe] *v. tr. et intr.*, *fam.* zampar; tragar.
bagage [bagaʒ] *s. m.* **1.** *fig.* (intellectuel) bagaje; caudal. ‖ **bagages** *s. m. pl.* **2.** (valises, sacs) equipaje *sing.*; bagaje *sing.* ‖ plier ~ recoger los bártulos.
bagarre [bagaʀ] *s. f.* **1.** pelea; riña. **2.** *fam.* gresca; camorra; bronca.
bagarrer [bagaʀe] *v. intr.*, *fam.* **1.** pelear; luchar [Bagarrer pour l'obtenir. *Pelear para obtenerlo.*] ‖ **se ~** *v. pr.*, *fam.* **2.** pelearse.
bagarreur, -euse [bagaʀœʀ, -øz] *s. m. et f.* camorrista.
bagatelle [bagatɛl] *s. f.* (chose futile) bagatela.
bagnard, -de [baɲaʀ, -aʀd] *s. m. et f.* presidiario, -ia.
bagne [baɲ] *s. m.* presidio.
bagnole [baɲɔl] *s. f.*, *fam.* coche *m.*
bagout ou bagou [bagu] *s. m.* labia *f.* [Avoir du bagout. *Tener mucha labia.*]
bague [bag] *s. f.* anillo *m.*; sortija *f.*
baguette [bagɛt] *s. f.* **1.** (petit bâton) varilla; vara. **2.** (chinoise) palillo *m.* **3.** (pain) barra (de pan). **4.** (longue) listón *m.* **5.** *Mus.* (du chef d'orchestre) batuta *f.* **6.** (de tambour) baqueta *f.*; palillo *m.*
bahut [bay] *s. m.* (meuble) bufé.

baie [bɛ] *s. f.* **1.** *Bot.* (fruit) baya. **2.** *Géogr.* (golfe) bahía. **3.** (ouverture) hueco; vano. || **~ vitrée** ventanal *m.*

baignade [bɛɲad] *s. f.* baño *m.* || **~ interdite** prohibido bañarse.

baigner [bɛɲe] *v. tr.* **1.** bañar. **2.** *fig.* (enrober) bañar. || **se ~** *v. pr.* **3.** bañarse.

baigneur, -euse [bɛɲœʀ, -øz] *s. m. et f.* bañista.

baignoire [bɛɲwaʀ] *s. f.* bañera; baño *m.*

bail, baux [baj, bo] *s. m.* contrato de arriendo; arriendo; arrendamiento.

bâillement [bɑjmɑ̃] *s. m.* bostezo.

bâiller [bɑje] *v. intr.* bostezar.

bailleur, bailleresse [bɑjœʀ, bɑjʀɛs] *s. m. et f., Dr.* arrendador, -ra.

bâillon [bɑjɔ̃] *s. m.* mordaza *f.*

bâillonner [bɑjɔne] *v. tr.* amordazar.

bain [bɛ̃] *s. m.* baño [Salle de bains. *Cuarto de baño.*] || **prendre un ~** bañarse (en la bañera). **prendre un ~ de soleil** tomar el sol.

baïonnette [bajɔnɛt] *s. f.* bayoneta.

baise [bɛz] *s. f., vulg.* polvo *m.*

baiser[1] [beze] *v. tr. et intr.* **1.** *fam.* joder; follar. || *v. tr.* **2.** (embrasser) besar [Baiser la main, les pieds, le front. *Besar la mano, los pies, la frente.*] • "Baiser" no significa "besar" más que en algunas expresiones. En su lugar se usa "embrasser".

baiser[2] [beze] *s. m.* beso. || **donner un ~** besar; dar un beso.

baisse [bɛs] *s. f.* **1.** (descente) bajada; descenso *m.* **2.** (du prix de qqch) baja [À la baisse. *A la baja.*] **3.** *fig.* descenso *m.*

baisser [bese] *v. tr.* **1.** bajar [Baisser le store. *Bajar la persiana.*] **2.** (la tête, les yeux) bajar; agachar. **3.** (les prix) rebajar. || *v. intr.* **4.** (descendre) bajar. **5.** (diminuer, se réduire) bajar; descender. || **se ~** *v. pr.* **6.** agacharse. || **~ le prix de** abaratar (un producto).

bal, bals [bal] *s. m.* baile.

balade [balad] *s. f., fam.* paseo *m.*; vuelta.

balader, se [balade] *v. pr., fam.* pasearse.

baladeur [baladœʀ, -øz] *s. m.* walkman.

balafre [balafʀ] *s. f.* cicatriz (en la cara).

balai [balɛ] *s. m.* **1.** escoba *f.* **2.** *Électr.* (dynamo) escobilla *f.*

balance [balɑ̃s] *s. f.* **1.** (pour peser) balanza. **2.** *fig.* (équilibre) equilibrio *m.* **3.** *Comm.* balance *m.* || **Balance** *n. p. f.* **4.** Libra.

balancement [balɑ̃smɑ̃] *s. m.* **1.** balanceo. **2.** *fig.* indecisión *f.*; vacilación *f.*

balancer [balɑ̃se] *v. tr.* **1.** balancear. **2.** (bercer) mecer. **3.** *fam.* (jeter) lanzar. || **se ~** *v. pr.* **4.** balancearse. (sur une balançoire) columpiarse. (sur une berceuse) mecerse.

balancier [balɑ̃sje] *s. m.* (d'une pendule) péndola *f.*; péndulo.

balançoire [balɑ̃swaʀ] *s. f.* columpio *m.*

balayage [balɛjaʒ] *s. m.* **1.** barrido. **2.** *fig.* recorrido; exploración.

balayer [baleje] *v. tr. et intr.* barrer.

balayette [balɛjɛt] *s. f.* escobilla.

balayeur, -euse [balɛjœʀ, -øz] *s. m. et f.* barrendero, -ra.

balbutier [balbysje] *v. tr. et intr.* balbucir.

balcon [balkɔ̃] *s. m.* balcón.

baleine [balɛn] *s. f.* **1.** *Zool.* ballena. **2.** (du parapluie) varilla.

baleineau [balɛno] *s. m., Zool.* ballenato.

baliser [balize] *v. tr.* señalizar; balizar.

balle [bal] *s. f.* **1.** (de tennis) pelota. **2.** (d'arme à feu) bala. **3.** (blessure par balle) balazo *m.* **4.** *fam.* (franc) franco *m.* [Vingt balles. *Veinte francos.*]

ballerine [bal(ə)ʀin] *s. f.* bailarina.

ballet [balɛ] *s. m.* ballet.
ballon [balɔ̃] *s. m.* **1.** (balle) balón; pelota *fam.* **2.** (gonflable, montgolfière) globo.
ballonner [balɔne] *v. tr.* hinchar.
ballot [balo] *s. m.* fardo; bulto.
ballottage [balɔtaʒ] *s. m.* empate (en la primera vuelta de las elecciones).
ballotter [balɔte] *v. intr.* tambalearse.
balnéaire [balneɛʀ] *adj.* balneario, -ria. || **station** ~ (thérapeutique) balneario *m.* (en el mar). (touristique) sitio de playa.
balourd, -de [baluʀ, -uʀd] *adj. et s. m. et f.* palurdo, -da.
balustrade [balystʀad] *s. f.* barandilla.
balustre [balystʀ] *s. m.* balaustre.
bambin, -ne [bɑ̃bɛ̃, -in] *s. m. et f., fam.* chiquillo, -lla.
bambou [bɑ̃bu] *s. m., Bot.* bambú.
ban [bɑ̃] *s. m.* bando. || **bans de mariage** amonestaciones *f. pl.*
banal, -le, -als [banal] *adj.* **1.** *fig.* (commun) común; vulgar. **2.** (rebattu) trivial.
banalité [banalite] *s. f.* **1.** vulgaridad. **2.** (propos banal) trivialidad.
banane [banan] *s. f.* **1.** (fruit) plátano *m.*; banana. **2.** (sac) riñonera.
bananier [bananje] *s. m., Bot.* plátano (árbol).
banc [bɑ̃] *s. m.* banco. || ~ **de sable** banco de arena; escollo. ~ **des accusés** banquillo.
bancal, -le, -als [bɑ̃kal] *adj.* **1.** (meuble) cojo, -ja. **2.** *fig.* (raisonnement) cojo, -ja.
bandage [bɑ̃daʒ] *s. m.* vendaje.
bande [bɑ̃d] *s. f.* **1.** (bandage) venda. **2.** (de papier, cuir) tira. **3.** (audio, vidéo) cinta; casete *m. ou f.* [Bande magnétique. *Cinta magnética.*] **4.** (de terrain) franja. **5.** (autour de la taille) banda; cinturón *m.* **6.** (de gens armés) banda. **7.** (groupe) panda; pandilla; tropa [Bande de jeunes. *Panda de jóvenes.*] **8.** hatajo [Bande de lâches! *¡Hatajo de vagos!*] || ~ **dessinée** cómic *m.* (album) tebeo. ~ **sonore** banda sonora.
bande-annonce [bɑ̃danɔ̃s] *s. f.* avance *m.* (televisivo)
bandeau [bɑ̃do] *s. m.* venda *f.* (para la cabeza, los ojos).
bander [bɑ̃de] *v. tr.* vendar.
banderille [bɑ̃dʀij] *s. f., Taur.* banderilla.
bande-son [bɑ̃dsɔ̃] *s. f.* banda sonora.
bandit [bɑ̃di] *s. m.* bandido, -da.
bandoulière [bɑ̃duljɛʀ] *s. f.* bandolera.
banlieue [bɑ̃ljø] *s. f.* **1.** (la proche banlieue) afueras *pl.*; periferia. **2.** (la grande banlieue) cercanías *f. pl.* **3.** (quartiers difficiles) suburbio *m.*
banne [ban] *s. f.* **1.** (d'une boutique) toldo *m.* **2.** canasta; cesto *m.*
bannière [banjɛʀ] *s. f.* pendón *m.*
bannir [baniʀ] *v. tr.* **1.** (qqun) desterrar; exiliar. **2.** *fig.* (qqch) excluir.
bannissement [banismɑ̃] *s. m.* destierro.
banque [bɑ̃k] *s. f.* **1.** *Comm.* banca. **2.** (établissement) banco *m.* [Aller à la banque. *Ir al banco.*] **3.** (jeux) banca. || ~ **de données** banco de datos.
banqueroute [bɑ̃kʀut] *s. f.* bancarrota.
banquet [bɑ̃kɛ] *s. m.* banquete.
banquette [bɑ̃kɛt] *s. f.* **1.** banca; banqueta [Banquette de piano. *Banqueta de piano.*] **2.** (d'un véhicule) asiento *m.* (de coche).
baptême [batɛm] *s. m.* **1.** (sacrement) bautismo. **2.** (cérémonie) bautizo.
baptiser [batize] *v. tr.* bautizar.
bar[1] [baʀ] *s. m., Zool.* (poisson) lubina *f.*
bar[2] [baʀ] *s. m.* (débit de boissons) bar.
baragouin [baʀagwɛ̃] *s. m., fam.* jerga *f.*

baragouiner [baʁagwine] *v. tr. et intr.* **1.** (une langue étrangère) chapurrear. **2.** *péj.* hablar de manera incomprensible.

baraque [baʁak] *s. f.* **1.** (construction provisoire) barraca. **2.** (grande) barracón *m.* **3.** *fam.* (abri de fortune) chabola. **4.** *péj.* (maison) casucha.

baratin [baʁatɛ̃] *s. m., fam.* **1.** (du vendeur) palabrería. **2.** tomadura de pelo.

baratineur, -euse [baʁatinœʁ, -øz] *s. m. et f.* liante, -ta; charlatán, -tana.

barbant, -te [baʁbɑ̃, -ɑ̃t] *adj., fam.* aburrido, -da. ‖ **être ~** ser un rollo.

barbare [baʁbaʁ] *adj. et s. m. et f.* bárbaro, -ra.

barbarie [baʁbaʁi] *s. f.* barbarie.

barbe [baʁb] *s. f.* barba. ‖ **~ à papa** algodón de azúcar. **quelle ~ !** ¡qué rollo!

barbecue [baʁbək(j)u] *s. m.* barbacoa *f.*

barbiche [baʁbiʃ] *s. f.* perilla.

barboter [baʁbɔte] *v. intr.* chapotear.

barbouiller [baʁbuje] *v. tr.* **1.** (souiller) embadurnar. **2.** (peindre grossièrement) pintarrajear. **3.** (griffonner) emborronar.

baril [baʁil] *s. m.* barril; tonel.

baromètre [baʁɔmɛtʁ] *s. m.* barómetro.

baron, -onne [baʁɔ̃] *s. m. et f.* barón, -ronesa.

baroque [baʁɔk] *adj. et s. m.* barroco, -ca.

barque [baʁk] *s. f.* barca; bote *m.*

barquette [baʁkɛt] *s. f.* cesta (cestita).

barrage [baʁaʒ] *s. m.* **1.** (la construction) presa *f.* **2.** (avec sa retenue d'eau) embalse; pantano. **3.** *fig.* (obstacle) obstáculo.

barre [baʁ] *s. f.* **1.** barra. **2.** *Mar.* timón *m.*

barré, -ée [baʁe] *adj.* **1.** (un chemin) cortado, -da. **2.** (un chèque) cruzado, -da.

barreau [baʁo] *s. m.* barrote; reja *f.*

barrer [baʁe] *v. tr.* **1.** cortar [Barrer le passage, une route. Cortar el paso, una carretera.] **2.** *Comm.* (un chèque) cruzar. **3.** (rayer) tachar. ‖ **se ~** *v. pr., fam.* **4.** (s'en aller) darse el bote; fugarse. ‖ **~ le chemin** atajar.

barrette [baʁɛt] *s. f.* horquilla.

barricade [baʁikad] *s. f.* barricada.

barricader [baʁikade] *v. tr.* **1.** (avec une barre) atrancar [Barricader la porte. *Atrancar la puerta.*] ‖ **se ~** *v. pr.* **2.** parapetarse; atrincherarse.

barrière [baʁjɛʁ] *s. f.* barrera.

barrique [baʁik] *s. f.* barrica; barril *m.*

barrir [baʁiʁ] *v. intr.* barritar; bramar.

barrissement [baʁismɑ̃] *s. m.* bramido.

bas, basse [bɑ, bɑs] *adj.* **1.** bajo, -ja [Plafond bas, table basse. *Techo bajo, mesa baja.*] **2.** (vue) corto, -ta [Vue basse. *Vista corta.*] **3.** *fig.* (méchant) bajo, -ja; vil; ruin. ‖ *s. m.* **4.** pie [En bas de page. *A pie de página.*] **5.** (du pantalon) bajos *pl.* **6.** (partie inférieure) parte inferior.

bas¹ [bɑ] *s. m.* media *f.*

bas² [bɑ] *adv.* **1.** (à voix basse) bajo; en voz baja. **2.** (hauteur, niveau, position) bajo [Voler bas. *Volar bajo.*] ‖ **à ~ !** ¡abajo!; ¡fuera! **d'en ~** de abajo. **de ~ en haut** de abajo arriba. **en ~** abajo. **par en ~** por abajo.

basane [bazan] *s. f.* badana.

bas-côté [bakote] *s. m.* arcén; andén.

bascule [baskyl] *s. f.* báscula.

basculer [baskyle] *v. intr.* **1.** (choses) bascular. **2.** (tomber) caer. ‖ *v. tr.* **3.** (renverser) volcar.

base [baz] *s. f.* **1.** base. ‖ **bases** *s. f. pl.* **2.** *fig.* cimientos *m.* ‖ **a ~ de** a base de [À base de ciment et de pierres. *A base de cemento y piedra.*] **de ~** básico, -ca.

base-ball [bɛzbol] *s. m., Sport* béisbol.

baser [baze] *v. tr.* basar; apoyar.

bas-fonds [bafɔ̃] *s. m. pl.* bajos fondos.
basilique [bazilik] *s. f.* basílica.
basique [bazik] *adj.* básico, -ca (alcalino).
basket-ball [basketbol] *s. m., Sport* baloncesto.
basque [bask] *adj.* **1.** vasco, -ca. ‖ *s. m.* **2.** vasco. ‖ **Basque** *s. m. et f.* **3.** vasco, -ca.
bas-relief [baʀ(ə)ljɛf] *s. m.* bajo relieve.
basse [bas] *s. f., Mus.* bajo *m.*
basse-cour [baskuʀ] *s. f.* **1.** (cour de ferme) corral *m.* **2.** (volailles) aves de corral.
bassesse [bases] *s. f.* villanía; vileza.
bassin [basɛ̃] *s. m.* **1.** (récipient) barreño. **2.** (dans un jardin) estanque. **3.** *Géol.* (d'un fleuve, d'une mine) cuenca *f.* **4.** *Arch.* (d'une fontaine) pilón.
bassine [basin] *s. f.* barreño *m.* (de metal).
bastion [bastjɔ̃] *s. m.* bastión; baluarte.
bastringue [bastʀɛ̃g] *s. m., fam.* pachanga *f.*; charanga *f.* ‖ **de ~** pachanguero, -ra. **musique ~** música pachanguera. **orchestre ~** orquesta pachanguera.
bas-ventre [bavɑ̃tʀ] *s. m.* bajo vientre.
bât [ba] *s. m.* **1.** albarda *f.* **2.** (pour les bêtes de somme) basto.
bataille [batɑj] *s. f.* batalla. ‖ **livrer ~** batallar.
batailler [bataje] *v. intr.* batallar.
bataillon [batajɔ̃] *s. m., Mil.* batallón.
bâtard, -de [bataʀ, -aʀd] *adj. et s. m. et f.* bastardo, -da.
bateau [bato] *s. m.* **1.** barco. **2.** (sortie de garage) vado. **3.** *fig.* (mensonge) bola *f.*; patraña *f.* ‖ **mener en ~** gastar una broma a.
batifoler [batifɔle] *v. intr., fam.* juguetear.
bâtiment [batimɑ̃] *s. m.* **1.** edificio. **2.** (industrie, secteur) construcción *f.*
bâtir [batiʀ] *v. tr.* edificar; construir.
bâtisse [batis] *s. f., fam.* caserón *m.*
bâtisseur, -euse [batisœʀ, -øz] *s. m. et f.* constructor, -ra.
bâton [batɔ̃] *s. m.* **1.** palo. **2.** (canne) bastón. ‖ **~ blanc** porra *f.* **~ de rouge** barra de labios. **coup de ~** garrotazo.
bâtonnet [batɔnɛ] *s. m.* bastoncillo.
battant, -te [batɑ̃, -ɑ̃t] *s. m.* **1.** (d'une porte ou fenêtre) hoja *f.* **2.** (de cloche) badajo.
battement [batmɑ̃] *s. m.* **1.** (coup) golpe. **2.** (du cœur) palpitación *f.*; latido. **~ des mains** aplauso.
batterie [batʀi] *s. f., Mus.* batería.
batteur [batœʀ] *s. m.* **1.** *Mus.* (musicien) batería *m.* **2.** (de cuisine). batidora *f.*
batteuse [batøz] *s. f.* trilladora.
battre [batʀ] *v. tr.* **1.** (donner des coups) pegar. **2.** batir [Battre des œufs *Batir huevos*]. **3.** (un record) batir. **4.** (vaincre) vencer; derrotar. **5.** (de tambour) tocar. ‖ *v. intr.* **6.** (le cœur) palpitar; latir. ‖ **se ~** *v. pr.* **7.** (lutter) luchar; pegarse; pelearse. ‖ **~ à coups de bâton** apalear. **~ des ailes** aletear. **~ des mains** aplaudir. **~ les cartes** barajar.
battu, -ue [baty] *adj.* **1.** batido, -da. **2.** (vaincu) vencido, -da. **3.** (une femme, un enfant) maltratado, -da.
battue [baty] *s. f.* (chasse) batida.
baudroie [bodʀwa] *s. f., Zool.* rape *m.*
baume [bom] *s. m.* bálsamo.
bavard, -de [bavaʀ, -aʀd] *adj. et s. m. et f.* hablador, -ra.
bavardage [bavaʀdaʒ] *s. m.* **1.** charla *f.* **2.** (commérage) chisme; cotilleo.
bavarder [bavaʀde] *v. intr.* **1.** charlar. **2.** (de façon futile) parlotear.
bave [bav] *s. f.* baba.
baver [bave] *v. intr.* babear.
bavette [bavɛt] *s. f.* **1.** (d'enfant) babero *m.* **2.** (d'un tablier, d'un pantalon) peto *m.* **3.** *Gastr.* redondo *m.* (solomillo).

baveux, -euse [bavø, -øz] *adj.* baboso, -sa. || **omelettte baveuse** *Gastr.* tortilla poco hecha.
bavoir [bavwaʀ] *s. m.* babero.
bavure [bavyʀ] *s. f.* 1. *Techn.* arista. 2. *Impr.* mancha. 3. error *m.;* fallo *m.* [Bavure policière. *Error policial.*]
bazar [bazaʀ] *s. m.* 1. (magasin) bazar. 2. *fam.* (mobilier, vêtements désordonnés) trastos *pl.* 3. *fig. et fam.* (chambre désordonnée) leonera *f.*
B.C.B.G. [besebeʒe] *sigle* (bon chic bon genre) pijo.
B.D. [bede] *sigle* (Bande Dessinée) cómic *m.*
béat, -te [bea, -at] *adj. et s. m. et f.,* Rel. beato, -ta.
béatifié, -ée [beatifje] *adj. et s. m. et f.* beato, -ta.
béatifier [beatifje] *v. tr.* beatificar.
béatitude [beatityd] *s. f.* bienaventuranza.
beau, bel, belle [bo, bɛl] *adj.* 1. (personne) guapo, -pa. 2. (de belle prestance) apuesto. 3. (chose, lieu) bonito, -ta; precioso, -sa; hermoso, -sa. 4. (vertueux) noble; bueno, -na. 5. (temps, température) bueno, -na [Faire beau. *Hacer buen tiempo.*] 6. bueno, -na [Une belle quantité. *Una buena cantidad.*] • La forma "bel" se usa para m. sing. delante de vocal o "h" muda. "Belle" es f. sing.
beaucoup [boku] *adv. indéf.* mucho. || **~ de** (sing.) mucho, -cha [Beaucoup d'eau. *Mucha agua.*] | (pl.) muchos, -chas [Beaucoup d'étudiants. *Muchos estudiantes.*]
beau-fils [bofis] *s. m.* 1. (fils du conjoint) hijastro. 2. (gendre) yerno; hijo político. •Pl. beaux-fils.
beau-frère [bofʀɛʀ] *s. m.* cuñado. •Pl. beaux-frères.

beau-père [bopɛʀ] *s. m.* 1. (père du conjoint) suegro. 2. (deuxième mari de la mère) padrastro. •Pl. beaux-pères.
beauté [bote] *s. f.* belleza; hermosura. || **se faire une ~** *fam.* arreglarse; maquillarse.
beaux-arts [bozaʀ] *s. m. pl.* bellas artes.
beaux-enfants [bozɑ̃fɑ̃] *s. m. pl.* hijastros (hijastro e hijastra).
beaux-parents [bopaʀɑ̃] *s. m. pl.* (parents du conjoint) suegros.
bébé [bebe] *s. m.* bebé.
bec [bɛk] *s. m.* 1. (d'un oiseau) pico. 2. (d'un récipient) pitorro. 3. *fam.* (bouche) boca *f.* || **coup de ~** picotazo.
bec-de-cane [bɛkd(ə)kan] *s. m.* picaporte. •Pl. becs-de-cane.
béchamel [beʃamɛl] *s. f.* besamel.
bêcheur, -euse [beʃœʀ, -øz] *s. m. et f.* (un enfant) repipi.
becqueter [bekte] *v. tr.* picotear (un ave).
bédane [bedan] *s. f.,* Techn. escoplo *m.*
beffroi [befʀwa] *s. m.* 1. (tour de guet) atalaya *f.;* torre *f.* 2. (clocher) campanario (en el Norte de Francia y Bélgica).
bégayer [begeje] *v. intr.* tartamudear.
bégonia [begɔnja] *s. m.,* Bot. begonia *f.*
bègue [bɛg] *adj. et s. m. et f.* tartamudo, -da.
beige [bɛʒ] *adj. et s. m.* beige.
beignet [bɛɲe] *s. m.* buñuelo.
bel [bɛl] *adj. et s. m.* *beau. •Se usa "bel" delante de sustantivo masculino que empiece por vocal o "h" muda: bel enfant. En los demás casos se usa "beau".
bêlement [bɛlmɑ̃] *s. m.* balido.
bêler [bele] *v. intr.* balar.
belge [bɛlʒ] *adj.* 1. belga. || **Belge** *s. m. et f.* 2. belga.
bélier [belje] *s. m.* 1. carnero. || **Bélier** *s. m.* 2. Aries.

belle [bɛl] *adj. f.* *beau.
belle-fille [bɛlfij] *s. f.* **1.** (fille du conjoint) hijastra. **2.** (bru) nuera; hija política. •Pl. belles-filles.
belle-mère [bɛlmɛʀ] *s. f.* **1.** (mère du conjoint) suegra; madre política. **2.** (deuxième femme du père) madrastra. •Pl. belles-mères.
belle-sœur [bɛlsœʀ] *s. f.* cuñada. • Pl. belles-sœurs.
belliqueux, -euse [belikø, -øz] *adj.* belicoso, -sa; guerrero, -ra.
belvédère [bɛlvedɛʀ] *s. m., Arch.* belvedere; mirador.
ben [bɛ̃] *adv., fam.* pues ‖ **eh ~** pues bien.
bénédiction [benediksjɔ̃] *s. f.* bendición.
bénéfice [benefis] *s. m.* **1.** (en algunas expresiones) beneficio [Le bénéfice du doute. *El beneficio de la duda.*] **2.** (profit) ganancias *f. pl.* ‖ **au ~ de** en favor de.
bénéficier [benefisje] *v. intr.* **1.** gozar [Bénéficier de circonstances atténuantes. *Gozar de circunstancias atenuantes.*] **2.** beneficiar [Une découverte qui bénéficie à l'humanité. *Un descubrimiento que beneficia a la humanidad.*]
bénévolat [benevɔla] *s. m.* voluntariado.
bénin, -igne [benɛ̃, -iɲ] *adj.* benigno, -na.
bénir [beniʀ] *v. tr.* bendecir.
bénit, -te [beni, -it] *adj.* bendito, -ta [Pain bénit, eau bénite. *Pan bendito, agua bendita.*]
benjamin, -ne [bɛ̃ʒamɛ̃, in] *s. m. et f.* benjamín, -mina.
benne [bɛn] *s. f.* volquete *m.* ‖ **~ à ordures** camión de la basura.
benzine [bɛ̃zin] *s. f.* bencina.
béquille [bekij] *s. f.* **1.** (pour marcher) muleta. **2.** *fig.* apoyo *m.*; sostén *m.*

bercail, -ails [bɛʀkaj] *s. m.* redil.
berceau [bɛʀso] *s. m.* cuna *f.*
bercer [bɛʀse] *v. tr.* mecer; acunar.
berceuse [bɛʀsøz] *s. f.* **1.** (chanson) nana. **2.** (chaise à bascule) mecedora.
béret [beʀɛ] *s. m.* boina *f.*
berge [bɛʀʒ] *s. f.* **1.** (d'un fleuve) orilla; ribera. **2.** *argot* taco *m.* [Il a cinquante berges. *Tiene cincuenta tacos.*]
berger, -ère [bɛʀʒe, -ɛʀ] *s. m. et f.* pastor, -ra. ‖ **~ allemand** pastor alemán.
bergère [bɛʀʒɛʀ] *s. f.* butaca; sillón *m.*
bergerie [bɛʀʒ(ə)ʀi] *s. f.* redil *m.*
bermuda [bɛʀmyda] *s. m.* bermudas *m. ou f. pl.* (ou bermuda); pantalón corto.
berner [bɛʀne] *v. tr.* (tromper) engañar (dejando en ridículo).
bernicle [bɛʀnikl] *s. f., Zool.* lapa.
besace [b(ə)zas] *s. f.* alforjas *pl.*
besogne [b(ə)zɔɲ] *s. f.* (travail, occupation) tarea; trabajo *m.*; faena.
besoin [b(ə)zwɛ̃] *s. m.* **1.** necesidad. **2.** (pauvreté) pobreza *f.* ‖ **besoins** *s. m. pl.* **3.** necesidades *f.* [Faire ses besoins. *Hacer sus menesteres.*] ‖ **avoir ~ de** necesitar [J'ai besoin de repos. *Necesito descanso.*]
bestial, -le, -aux [bɛstjal, -jo] *adj.* bestial.
bestialité [bɛstjalite] *s. f.* bestialidad.
bestiaux [bɛstjo] *s. m. pl.* **1.** (bétail) reses. **2.** (bêtes, animaux) animales.
bestiole [bɛstjɔl] *s. f.* bicho *m.*
bétail [betaj] *s. m.* ganado; ganadería *f.*
bête [bɛt] *adj.* **1.** *fig.* tonto, -ta. ‖ *s. f.* **2.** (petite bête, insecte) bicho *m.*, *fam.* **3.** (animal) bestia; animal *m.* **4.** (tête de bétail) res. ‖ **~ de somme** animal de carga; bestia de carga. **~ nuisible** alimaña.
bêtise [betiz] *s. f.* **1.** tontería. **2.** (erreur) disparate *m.*; desatino *m.* **3.** (folie) bar-

baridad. **4.** (petit détail) bobada; pijada *col.* **5.** (piterie) gansada.

béton [betɔ̃] *s. m.* hormigón; cemento.

bette [bɛt] *s. f.* *blette.

betterave [bɛtrav] *s. f.* remolacha.

beuglement [bøgl(ə)mɑ̃] *s. m.* berrido.

beugler [bøgle] *v. intr.* **1.** (bovidés) mugir. **2.** (taureaux) bramar. **3.** *fam.* gritar. **4.** *fig.* (le vent, une sirène) bramar.

beurre [bœr] *s. m.* **1.** mantequilla *f.;* manteca. **2.** manteca *f.* [Beurre de cacahuète. *Manteca de cacahuete.*] ‖ **faire son ~** sacar tajada.

beurrer [bœre] *v. tr.* untar con mantequilla. ‖ **pain beurré** pan con mantequilla.

bévue [bevy] *s. f.* **1.** equivocación; error *m.* **2.** *fam.* (gaffe) metedura de pata *fam.*

biais [bje] *s. m.* **1.** sesgo. **2.** (étoffe coupée en diagonale) bies. **3.** *fig.* (aspect, côté) sesgo. ‖ **en ~** (vêtements) al bies.

bibelot [biblo] *s. m.* recuerdo; baratija *f.*

biberon [bibrɔ̃] *s. m.* biberón.

Bible [bibl] *s. f.* Biblia.

bibliographie [biblijɔgrafi] *s. f.* bibliografía.

bibliothèque [biblijɔtɛk] *s. f.* **1.** biblioteca. **2.** (meuble) librería; estantería.

bicarbonate [bikarbɔnat] *s. m.* bicarbonato.

bicolore [bikɔlɔr] *adj.* bicolor.

bicyclette [bisiklɛt] *s. f.* bicicleta.

bidet [bide] *s. m.* bidé.

bidon [bidɔ̃] *s. m.* bidón.

bidonville [bidɔ̃vil] *s. m.* chabolas *f. pl.* poblado (de chabolas).

bien[1] [bjɛ̃] *adv.* **1.** bien. **2.** (à l'aise) a gusto; cómodo, -da; bien. **3.** muy [Il est bien grand. *Es muy alto.*] **4.** bien [Il est bien embêté. *Está bien fastidiado.*] **5.** ya [Cela peut bien commencer. *Esto ya puede empezar.*] ‖ *interj.* **6.** ¡bien!; ¡bueno! ‖ **assez ~** (en francés mención de 12-14 sobre 20) bien (en espagnol, mention de 6-7 sur 10). ‖ notable (en espagnol, mention de 7-8 sur 10). ‖ **~ de** mucho, -cha [Bien d'années. *Muchos años.*] **~ que** aunque. **moins ~** peor.

bien[2] [bjɛ̃] *s. m.* **1.** bien. ‖ **biens** *s. m. pl.* **2.** bienes; capital *sing.* ‖ **de ~** de pro. **faire du ~ à** (à qqun) sentar bien. ‖ (à qqch) mejorar; beneficiar.

bien-être [bjɛ̃nɛtr] *s. m. inv.* bienestar.

bienfaisance [bjɛ̃f(ə)zɑ̃s] *s. f.* beneficencia. ‖ **de ~** benéfico, -ca [Fête de bienfaisance. *Fiesta benéfica.*]

bienfaisant, -te [bjɛ̃f(ə)zɑ̃, -ɑ̃t] *adj.* benéfico, -ca.

bienheureux, -euse [bjɛ̃nœrø, -øz] *adj. et s. m. et f.* bienaventurado, -da.

biennal, -le, -aux [bjenal] *adj.* **1.** bienal. ‖ **biennale** *s. f.* **2.** bienal.

bienséance [bjɛ̃seɑ̃s] *s. f.* decoro *m.*

bientôt [bjɛ̃to] *adv.* pronto; en breve. ‖ **à ~ !** ¡hasta pronto!

bienveillance [bjɛ̃vɛjɑ̃s] *s. f.* benevolencia.

bienvenu, -ue [bjɛ̃v(ə)ny] *adj.* bienvenido, -da.

bienvenue [bjɛ̃v(ə)ny] *s. f.* bienvenida.

bière [bjɛr] *s. f.* **1.** cerveza. **2.** (cercueil) ataúd *m.;* féretro *m.*

bifocal, -le, -aux [bifɔkal, -o] *adj.* bifocal.

bifteck [biftɛk] *s. m.* bistec.

bifurquer [bifyrke] *v. intr.* **1.** (la route) bifurcarse. **2.** (une voiture) torcer; girar.

bigot, -te [bigo] *adj. et s. m. et f., péj.* mojigato, -ta; beato, -ta.

bijou [biʒu] *s. m.* joya *f.;* alhaja *f.* ‖ **~ fantaisie** joya de bisutería.

bijouterie [biʒutri] *s. f.* joyería ‖ **de fantaisie** bisutería. ‖ **en faux** bisutería. ‖ **en simili** bisutería.

bijoutier, -ière [biʒutje, -jɛʀ] *adj. et s. m. et f.* joyero, -ra.

bikini [bikini] *s. m.* biquini (ou bikini).

bilan [bilɑ̃] *s. m.* balance. || **~ de santé** chequeo.

bile [bil] *s. f.* bilis. || **se faire de la ~** *fam.* preocuparse; inquietarse.

bilingue [bilɛ̃g] *adj. et s. m. et f.* bilingüe.

billard [bijaʀ] *s. m. Jeux* billar.

bille [bij] *s. f.* **1.** (de billard) bola. **2.** (jeu d'enfant) canica.

billet [bijɛ] *s. m.* **1.** (papier monnaie) billete. **2.** (pour un spectacle) entrada *f.* **3.** (titre de transport) billete; boleto; pasaje. **4.** (pour un tirage au sort) cupón; boleto; papeleta *f.* || **~ d'aller et retour** billete de ida y vuelta.

billion [biljɔ̃] *s. m.* billón.

bimestre [bimɛstʀ] *s. m.* bimestre.

binocle [binɔkl] *s. m., fam.* lentes *f. pl.*

biodégradable [bjodegʀadabl] *adj.* biodegradable.

biographie [bjɔgʀafi] *s. f.* biografía.

biologie [bjɔlɔʒi] *s. f.* biología.

bis [bis] *adv.* **1.** bis; duplicado [J'habite au numéro 30 bis. *Vivo en el 30 duplicado.*] || *interj.* **2.** bis; ¡otra!

bisaïeul [bizajœl] *s. m.* **1.** (arrière-grand-père) bisabuelo. || **bisaïeule** *s. f.* **2.** (arrière-grand-mère) bisabuela.

biscornu, -ue [biskɔʀny] *adj.* **1.** irregular; deforme. **2.** *fig. et fam.* (une idée) extravagante; estrafalario, -ria.

biscotte [biskɔt] *s. f.* pan tostado.

biscuit [biskɥi] *s. m.* **1.** galleta *f.* **2.** (porcelaine) porcelana mate. || **sec** galleta.

bise [biz] *s. f., fam.* (baiser) beso *m.* (en la mejilla). || **faire une ~** *fam.* dar un beso (para saludar).

biseau [bizo] *s. m.* bisel.

biseauter [bizote] *v. tr.* biselar.

bison [bizɔ̃] *s. m., Zool.* bisonte.

bisque [bisk] *s. f., Gastr.* sopa de cangrejos.

bissextile [bisɛkstil] *adj.* bisiesto *m.*

bistouri [bisturi] *s. m.* bisturí.

bistrot ou bistro [bistro] *s. m.* **1.** (bar) taberna *f.*; bar. **2.** restaurante (pequeño).

bitume [bitym] *s. m.* (goudron) asfalto.

bizarre [bizaʀ] *adj.* raro, -ra; extraño, -ña; curioso, -sa.

bizarrerie [bizaʀʀi] *s. f.* rareza.

bizutage [bizytaʒ] *s. m.* novatada *f.*

blafard, -de [blafaʀ, -aʀd] *adj.* macilento, -ta; pálido, -da (luz).

blague [blag] *s. f.* **1.** (histoire drôle) chiste *m.* **2.** (plaisanterie) broma; guasa. **3.** *fam.* (farce, mauvais tour) trola; cuento *m.*; embuste *m.*

blaguer [blage] *v. intr., fam.* bromear.

blagueur, -euse [blagœʀ] *adj. et s. m. et f.* bromista.

blair [blɛʀ] *s. m., argot* (nez) napia *f.*

blaireau [blɛʀo] *s. m.* **1.** *Zool.* tejón. **2.** (à raser) brocha de afeitar.

blâme [blɑm] *s. m.* censura *f.*

blâmer [blɑme] *v. tr.* desaprobar.

blanc, blanche [blɑ̃, blɑ̃ʃ] *adj.* **1.** blanco, -ca. || *s. m.* **2.** (couleur) blanco. **3.** (de volaille) pechuga *f.* **4.** clara *f.* [Blanc d'œuf. *Clara de huevo.*] || **passer une nuit blanche** pasar la noche en vela.

blanc-bec [blɑ̃bɛk] *s. m., fig.* (bec-jaune) niñato, -ta; mocoso, -sa. •Pl. blancs-becs.

blanche [blɑ̃ʃ] *adj. f.* *blanca.

blanchet [blɑ̃ʃɛ] *s. m.* (filtre) manga *f.*

blancheur [blɑ̃ʃœʀ] *s. f.* blancura.

blanchiment [blɑ̃ʃimɑ̃] *s. m.* blanqueo.

blanchir [blɑ̃ʃiʀ] *v. tr.* **1.** blanquear. **2.** (un mur à la chaux) encalar; blanquear. || *v. intr.* **3.** blanquear. **4.** (les cheveux) encanecer. **5.** (vieillir) envejecer.

blanchissement [blɑ̃ʃismɑ̃] *s. m., fig.* blanqueo (de dinero).

blanchisserie [blɑ̃ʃisʀi] *s. f.* lavandería.

blanc-seing [blɑ̃sɛ̃] *s. m., Dr.* firma en blanco.

blason [blazɔ̃] *s. m.* (armoiries) blasón.

blasphème [blasfem] *s. m.* blasfemia *f.*

blasphémer [blasfeme] *v. intr.* blasfemar.

blatte [blat] *s. f.* cucaracha.

blé [ble] *s. m.* trigo.

blême [blem] *adj.* pálido, -da; lívido, -da.

blêmir [blemiʀ] *v. intr.* palidecer.

blessé, -ée [blese] *adj. et s. m. et f.* herido, -da.

blesser [blese] *v. tr.* **1.** herir. **2.** *Méd.* (léser) lesionar. **3.** *fig.* (faire du mal) hacer daño; lastimar. **4.** (offenser) ofender.

blessure [blesyʀ] *s. f.* **1.** herida. **2.** (lésion) lesión.

blet, blette [ble, blɛt] *adj.* pocho, -cha.

blette ou bette [blɛt] *s. f.* acelga.

bleu, -ue [blø] *adj.* **1.** azul. ‖ *s. m.* **2.** (couleur) azul. **3.** (de travail) mono (de faena). **4.** *fam.* (soldat) recluta. **5.** (ecchymose) cardenal. ‖ **~ ciel** azul celeste; celeste. **viande ~** carne poco hecha (vuelta y vuelta).

blindage [blɛ̃daʒ] *s. m.* blindaje.

blindé, -ée [blɛ̃de] *adj.* blindado; acorazado, -da.

blinder [blɛ̃de] *v. tr.* **1.** blindar. **2.** (un bateau) acorazar.

bloc [blɔk] *s. m.* **1.** bloque. **2.** (de papier) bloc; bloque.

blocage [blɔkaʒ] *s. m.* bloqueo.

blocus [blɔkys] *s. m., Mil.* bloqueo. ‖ **faire le ~ de** *Mil.* bloquear.

blond, -de [blɔ̃, -5d] *adj. et s. m. et f.* (cheveux) rubio, -bia. ‖ **bière blonde** cerveza rubia.

bloquer [blɔke] *v. tr., Mil.* bloquear.

blottir, se [blɔtiʀ] *v. pr.* acurrucarse; agazaparse; apelotonarse.

blouse [bluz] *s. f.* **1.** (chemisier) blusa. **2.** (large) blusón *m.* **3.** (de travail) bata. **4.** (d'enfant) babero *m.*

blouson [bluzɔ̃] *s. m.* cazadora *f.*

blue-jean [bludʒin] *s. m.* pantalón vaquero.

bluff [blœf] *s. m.* bluff; farol.

bluffer [blœfe] *v. tr. et intr., fam.* (tromper) engañar; tirarse el pegote.

boa [bɔa] *s. m., Zool.* boa.

bobard [bɔbaʀ] *s. m.* bola *f.*; patraña; trola.

bobine [bɔbin] *s. f.* **1.** (fil) bobina; carrete *m.* **2.** *Phot.* carrete *m.*

bobiner [bɔbine] *v. tr.* (fil) devanar.

bobo [bɔbo] *s. m.* pupa *f.* (daño).

bocal, -aux [bɔkal, -o] *s. m.* **1.** (conserves) tarro (de cuello muy ancho). **2.** (pour les poissons) pecera *f.*

body [bɔdi] *s. m.* (vêtement) body.

bœuf, bœufs [bœf, pl. bø] *s. m.* **1.** (animal) buey. **2.** (viande) vaca *f.*

● **bohémien, -enne** [bɔemjɛ̃, -ɛn] *adj. et s. m. et f.* **1.** (de la Bohême) bohemio, -mia. **2.** (gitan) gitano, -na. **3.** *péj.* (vagabond) bohemio, -mia.

boire [bwaʀ] *v. tr.* **1.** beber. ‖ *v. intr.* **2.** brindar. ‖ **~ à la santé de** (quelqu'un) brindar. ‖ **~ la tasse** tragar agua. **~ un coup** echar un trago. **faire ~ une tasse** hacer una aguadilla.

bois [bwa] *s. m.* **1.** (matière) madera *m.* **2.** (forêt) bosque. **3.** (à brûler) leña *f.* **4.** (du cerf) cuernos *pl.*

boiser [bwaze] *v. tr.* poblar (de árboles).

boisson [bwasɔ̃] *s. f.* bebida.

boîte [bwat] *s. f.* **1.** (récipient) caja. **2.** (de conserve) lata. **3.** (de nuit) sala; club nocturno; discoteca. ‖ **~ aux lettres** bu-

zón *m.* ~ **de secours** botiquín *m.* ~ **de vitesse** caja de cambios. ~ **postale** apartado de correos.

boiter [bwate] *v. intr.* cojear.

boiteux, -euse [bwatø, -øz] *adj. et s. m. et f.* cojo, -ja.

bol [bɔl] *s. m.* **1.** tazón; bol; cuenco. **2.** bolo [Bol alimentaire. *Bolo alimenticio.*]

boléro [bɔleʀo] *s. m.* **1.** (musique et danse populaires espagnoles) bolero. **2.** (gilet court) bolero; torera *f.*

bolide [bɔlid] *s. m., fig.* bólido.

bombardement [bɔ̃baʀd(ə)mɑ̃] *s. m.* bombardeo.

bombarder [bɔ̃baʀde] *v. tr.* bombardear.

bombe [bɔ̃b] *s. f.* **1.** bomba. **2.** *fam.* (noce) juerga.

bomber [bɔ̃be] *v. tr.* **1.** (courber) abombar. ‖ **se** ~ *v. pr.* **2.** abombarse.

bon, bonne [bɔ̃, bɔn] *adj.* **1.** bueno, -na; buen, -na. **2.** (brave) bueno, -na [Un bon homme. *Un buen hombre.*] **3.** (apte à) apto, -ta. **4.** (fort, connaisseur) bueno, -na; entendido, -da. **5.** (félicitations) feliz [Bon anniversaire. *Feliz cumpleaños.*] **6.** (valable) válido, -da; bueno, -na. **7.** (goût) bueno, -na. ‖ *s. m. et f.* **8.** bueno, -na. ‖ *s. m.* **9.** (billet) bono; vale. **10.** (de commande, de livraison) orden *f.*; nota *f.* ‖ *adv.* **11.** bien ‖ *interj.* **12.** ¡bueno!; ¡bien! [Bon, allons-y! *Bueno, vámonos.*] ‖ ~ **à** bueno para. ~ **ben!** *fam.* pues nada. ~ **marché** barato, -ta. **c'est** ~ ! bien. **pour de** ~ de veras.
• L'adjectif "bueno" devient "buen" devant s. m. sing. : Le bon berger. *El buen pastor.*

bonace [bɔnas] *s. f., Mar.* bonanza.

bonbon [bɔ̃bɔ̃] *s. m.* caramelo.

bond [bɔ̃] *s. m.* **1.** (d'une personne ou animal) brinco; salto. **2.** (d'une balle) bote. **3.** (progression) avance.

bondir [bɔ̃diʀ] *v. intr.* **1.** saltar; brincar. **2.** (une balle) botar. **3.** *fig.* (de joie, de surprise) saltar. ‖ **faire** ~ *fig.* indignar.

bonheur [bɔnœʀ] *s. m.* felicidad *f.*

bonhomie [bɔnɔmi] *s. f.* bondad *f.*

bonhomme [bɔnɔm] *s. m.* **1.** (dessin d'enfant) monigote. **2.** (à un adulte) tipo; pobre hombre. **3.** (à un enfant) hijo. ‖ *adj.* **4.** bonachón. ‖ ~ **de neige** muñeco de nieve. **petit** ~ (un enfant) mico.
• Pl. bonshommes.

bonification [bɔnifikasjɔ̃] *s. f.* mejora (de la tierra).

bonifier [bɔnifje] *v. tr.* **1.** (terre) mejorar; bonificar. ‖ **se** ~ *v. pr.* **2.** mejorar.

boniment [bɔnimɑ̃] *s. m., fam.* (baratin) palabrería *f.*

bonite [bɔnit] *s. f., Zool.* (thon) bonito *m.*

bonjour [bɔ̃ʒuʀ] **1.** buenos días (pendant la matinée et l'après midi). **2.** buenas tardes (utilisé l'après-midi jusqu'au soir). **3.** ¡hola! *fam.* ‖ **le** ~ **à** saludos a.

bonne [bɔn] *s. f.* muchacha; criada (servante). ‖ ~ **d'enfant** niñera.

bonnet [bɔnɛ] *s. m.* gorro.

bonsoir [bɔ̃swaʀ] *s. m.* **1.** (après l'après-midi) buenas tardes. **2.** (après le coucher du soleil) buenas noches.

bonté [bɔ̃te] *s. f.* bondad *f.*

bord [bɔʀ] *s. m.* **1.** (contour) borde; orilla *f.* [Le bord de la mer. *La orilla del mar.*] **2.** *Mar.* (d'un bateau) borda *f.* [Jeter quelque chose par-dessus bord. *Tirar algo por la borda.*] **3.** bordo [À bord. *A bordo.*] ‖ **arriver à ras** ~ rebosar. **au** ~ **de** al borde de.

bordel [bɔʀdɛl] *s. m., fam.* leonera *f.* (lugar desordenado).

border [bɔʀde] *v. tr.* **1.** *Mar.* bordear. **2.** (robe) ribetear.

bordereau [bɔʀd(ə)ʀo] *s. m.* **1.** (facture) factura *f.* **2.** (liste, relevé détaillé) relación detallada; lista *f.*

bordure [bɔʀdyʀ] *s.* **1.** (d'un vêtement, d'un chapeau) ribete. **2.** (du trottoir) bordillo.

boréal, -le, -aux [bɔʀeal, -o] *adj.* boreal.

borgne [bɔʀɲ] *adj. et s. m. et f.* tuerto, -ta.

borne [bɔʀn] *s. f.* **1.** (de la route) mojón. **2.** (en pierre) hito *m.* **3.** (frontières) linde *m. ou f.*; límite *m.*

borné, -ée [bɔʀne] *adj.* **1.** limitado, -da. **2.** (bête) corto, -ta; de pocos alcances.

borner [bɔʀne] *v. tr.* **1.** (limiter) limitar. **2.** (mettre des bornes) acotar. **3.** (délimiter) delimitar. ‖ **se ~** *v. pr.* **4.** (dans un rôle) encasillarse. (se limiter) ceñirse.

bosquet [bɔskɛ] *s. m.* **1.** (petit bois) bosquecillo. **2.** (bocage) arboleda.

bosse [bɔs] *s. f.* **1.** (sur le dos) joroba; giba. **2.** (à la tête) chichón *m.*; bulto *m.* **3.** (sur une surface) abolladura.

bosseler [bɔsle] *v. tr.* (déformer) abollar.

bosselure [bɔslyʀ] *s. f.* abolladura.

bosser [bɔse] *v. intr., fam.* currar, pringar.

bossu, -ue [bɔsy] *adj. et s. m. et f.* jorobado, -da.

botanique [bɔtanik] *adj.* botánico, -ca.

botte [bɔt] *s. f.* **1.** (chaussure) bota. **2.** (de légumes) manojo *m.* **3.** (de fleurs) ramo *m.* **4.** (de foin) gavilla; haz *m.*

bottin [bɔtɛ̃] *s. m., fam.* anuario telefónico; guía *f.*

bouc [buk] *s. m.* **1.** (animal) macho cabrío; cabrón *m.* **2.** (barbiche) perilla *f.*

boucan [bukɑ̃] *s. m., fam.* ruido; jaleo.

boucané, -ée [bukane] *adj.* ahumado, -da.

boucaner [bukane] *v. tr.* ahumar (carne).

bouche [buʃ] *s. f.* boca. ‖ **~ bée** boquiabierto, -ta. **~ d'égout** sumidero *m.* **~ de métro** boca de metro. **~ ouverte** boquiabierto, -ta. **faire la fine ~** ser tiquismiquis.

bouché, -ée [buʃe] *adj.* **1.** (un trou, le nez) tapado, -da. **2.** (le passage) cerrado, -da. **3.** *fig. et fam.* (borné) torpe; ciego, -ga.

bouchée [buʃe] *s. f.* (morceau) bocado.

boucher [buʃe] *v. tr.* **1.** (fermer) tapar; cerrar; taponar. **2.** (un tuyau) atascar; obstruir. ‖ **se ~** *v. pr.* **3.** (un conduit) atascarse. (les oreilles) taparse.

boucher, -ère [buʃe, -ɛʀ] *s. m. et f.* carnicero, -ra.

boucherie [buʃʀi] *s. f.* carnicería.

bouchon [buʃɔ̃] *s. m.* **1.** tapón. **2.** (de liège) corcho. **3.** (embouteillage) atasco; retenciones *f. pl.*

boucle [bukl] *s. f.* **1.** hebilla [Boucle de la ceinture. *Hebilla del cinturón.*] **2.** (de cheveux) rizo *m.* ‖ **~ d'oreille** pendiente *m.*

bouclé, -ée [bukle] *adj.* rizado, -da.

boucler [bukle] *v. tr.* **1.** abrochar [Boucler une ceinture. *Abrochar un cinturón.*] ‖ *v. tr. et intr.* **2.** (les cheveux) rizar. ‖ **boucle-la!** *fam.* ¡cállate!

bouclier [buklije] *s. m.* escudo.

bouddhisme [budism] *s. m.* budismo.

bouder [bude] *v. tr.* **1.** mostrar enojo (los niños). ‖ *v. intr.* **2.** estar enfadado; estar de morros *fam.*

bouderie [budʀi] *s. f.* enfado.

boudin [budɛ̃] *s. m.* **1.** morcilla *f.* **2.** (ressort) muelle *m.*

boudoir [budwaʀ] *s. m.* gabinete (de una señora).

boue [bu] *s. f.* barro *m.*; lodo *m.*

bouée [bwe] *s. f.* **1.** (natation) flotador *m.* **2.** *Mar.* (balise) boya. ‖ **~ de sauvetage** (planche de salut) salvavidas *m. inv.*

boueux, -euse [bwø, -øz] *adj.* **1.** (un chemin) cenagoso, -sa. **2.** (un liquide) turbio, -bia; borroso, -sa.

bouffant, -te [bufɑ̃, -ɑ̃t] *adj.* ahuecado, -da; hueco, -ca. ‖ **pantalon ~** bombacho.

bouffée [bufe] *s. f.* **1.** (d'air) bocanada. **2.** (mauvaise odeur) tufo *m.* **3.** (cigarette) calada. **4.** (de colère) bufido *m.*; pataleta.

bouffer [bufe] *v. tr., fam.* comer; jalar.

bouffi, -ie [bufi] *adj.* hinchado, -da.

bouffir [bufiʀ] *v. tr.* **1.** hinchar. ‖ *v. intr.* **2.** hincharse. ‖ **se ~** *v. pr.* **3.** hincharse.

bouffon, -onne [bufɔ̃, -ɔn] *adj. et s. m. et f.* bufón, -fona.

bouger [buʒe] *v. tr.* **1.** mover. ‖ *v. intr.* **2.** moverse.

bougie [buʒi] *s. f.* **1.** (chandelle) vela. **2.** *Méc.* (moteur) bujía.

bouillant, -te [bujɑ̃, -ɑ̃t] *adj.* **1.** hirviendo; hirviente. **2.** *fig.* (passion) ardiente.

bouillie [buji] *s. f.* (d'enfant) papilla.

bouillir [bujiʀ] *v. intr.* **1.** (l'eau) hervir; bullir. **2.** (cuisiner, mijoter) cocer [Faire bouillir à petit feu. *Dejar cociendo a fuego lento.*] **3.** *fig.* (de colère) arder. ‖ **faire ~** hervir; cocer.

bouillon [bujɔ̃] *s. m.* **1.** caldo. **2.** burbuja *f.* ‖ **à gros bouillons** a borbotones.

bouillonnant, -te [bujɔnɑ̃, -ɑ̃t] *adj.* tumultuoso, -sa.

bouillonnement [bujɔnmɑ̃] *s. m.* **1.** ebullición *f.* **2.** *fig.* efervescencia *f.*

bouillonner [bujɔne] *v. intr.* **1.** (liquides) burbujear. **2.** *fig.* hervir; agitarse.

bouillotte [bujɔt] *s. f.* bolsa de agua caliente.

boulanger, -ère [bulɑ̃ʒe, -ɛʀ] *s. m. et f.* panadero, -ra. ‖ **aller chez le ~** ir a la panadería.

boulangerie [bulɑ̃ʒʀi] *s. f.* panadería.

boule [bul] *s. f.* bola.

bouleau [bulo] *s. m., Bot.* abedul.

boulet [bulɛ] *s. m.* bala de cañón.

boulette [bulɛt] *s. f.* **1.** (petite boule) bola. **2.** (de viande) albóndiga.

boulevard [bulvaʀ] *s. m.* bulevar.

bouleversement [bulvɛʀs(ə)mɑ̃] *s. m.* **1.** caos; desorden. **2.** *fig.* (des sens, de l'esprit) trastorno; conmoción *f.*

bouleverser [bulvɛʀse] *v. tr.* **1.** *fig.* trastornar. **2.** (émouvoir) conmocionar; emocionar. **3.** (déranger) desordenar.

boulier [bulje] *s. m.* ábaco.

boulimie [bulimi] *s. f.* bulimia.

boulon [bulɔ̃] *s. m., Techn.* perno.

boulot [bulo] *s. m., fam.* **1.** (travail) trabajo; curro [*Aller au boulot. Ir al trabajo.*] **2.** (tâche) tarea *f.*

boum [bum] *s. f., fam.* guateque *m.* (de jóvenes).

bouquet [bukɛ] *s. m.* **1.** (botte) ramillete; ramo; manojo. **2.** (vin) aroma. **3.** *Zool.* (crevette) camarón.

bouquin [bukɛ̃] *s. m., fam.* libro.

bourbe [buʀb] *s. f.* fango *m.*; cieno *m.*

bourbier [buʀbje] *s. m.* **1.** barrizal; lodazal. **2.** *fig.* atolladero; lío.

bourdon [buʀdɔ̃] *s. m.* **1.** *Zool.* (insecte) abejorro. **2.** (cloche d'église) campana mayor. ‖ **faux ~** zángano.

bourdonnement [buʀdɔnmɑ̃] *s. m.* **1.** (insectes) zumbido. **2.** (personnes) murmullo.

bourdonner [buʀdɔne] *v. intr.* zumbar.

bourg [buʀ] *s. m.* villa *f.*

bourgade [buʀgad] *s. f.* pueblo *m.*

bourgeois, -se [buʀʒwa, -waz] *adj. et s. m. et f.* burgués, -guesa.

bourgeoisie [buʀʒwazi] *s. f.* burguesía.

bourgeon [buʀʒɔ̃] *s. m., Bot.* botón; brote; yema *f.*

bourgeonner [buʀʒɔne] *v. intr.* brotar.

bourrage [buʀaʒ] *s. m.* estopa *f.*

bourrasque [buʀask] *s. f.* **1.** borrasca. **2.** (de vent) ventisca. **3.** *fig.* tempestad.

bourreau [buʀo] *s. m.* verdugo.

bourrelet [buʀlɛ] *s. m.* michelín [Il a des bourrelets. *Tiene michelines.*]

bourrer [buʀe] *v. tr.* **1.** (rembourrer) rellenar. **2.** (une pipe) cargar. **3.** (remplir) atestar. **4.** (gaver) atiborrar. ǁ **se ~** *v. pr.* **5.** (beaucoup manger) atracarse; hincharse. ǁ **~ de coups** moler a palos.

bourru, -ue [buʀy] *adj., fig.* malhumorado, -da; arisco, -ca.

bourse [buʀs] *s. f.* **1.** bolsa; bolso *m.* **2.** (d'études) beca. ǁ **Bourse** *s. f.* **3.** Bolsa.

boursier, -ière [buʀsje, -jɛʀ] *adj.* **1.** (étudiant) becario, -ria. **2.** *Comm.* (de la Bourse) de Bolsa. ǁ *s. m. et f.* **3.** (étudiant) becario, -ria.

boursouflé, -ée [buʀsufle] *adj.* hinchado, -da (la piel).

boursoufler [buʀsufle] *v. tr.* **1.** hinchar. ǁ **se ~** *v. pr.* **2.** hincharse.

boursouflure [buʀsuflyʀ] *s. f.* hinchazón.

bousculade [buskylad] *s. f.* **1.** (choc) atropello *m.*; empujón *m.* **2.** (cohue) bulla; bullicio *m.*

bousculer [buskyle] *v. tr.* **1.** (bouleverser) trastornar; desorganizar; tambalear. **2.** (heurter violamment) atropellar. **3.** (pousser) empujar; achuchar.

bouse [buz] *s. f.* boñiga.

boussole [busɔl] *s. f.* brújula.

bout [bu] *s. m.* **1.** (extremité) extremo; punta *f.* **2.** (morceau) pedazo; trozo. **3.** (fin) final. **4.** (des doigts) yema *f.* ǁ **au ~ de** al cabo de [Au bout de trois jours. *Al cabo de tres días.*] al final de [Au bout du couloir. *Al final del pasillo.*] **~ de bois** palo.

boutade [butad] *s. f.* ocurrencia.

bouteille [butɛj] *s. f.* **1.** botella. **2.** bombona [Bouteille de butane. *Bombona de butano.*]

boutique [butik] *s. f.* **1.** (commercial) tienda. **2.** (atelier) taller *m.* **3.** (de mode) boutique. ǁ **petite ~** puesto *m.*

bouton [butɔ̃] *s. m.* **1.** (vêtement) botón. **2.** *Bot.* (plantes) yema *f.* **3.** (sur la peau) espinilla *f.*; grano. **4.** (de fièvre) pupa *f.*; calentura. **5.** (de la porte) pomo. **6.** (d'un tiroir) tirador. ǁ **~ de manchettes** (chemise) gemelo.

boutonner [butɔne] *v. tr.* abotonar; abrochar.

boutonnière [butɔnjɛʀ] *s. f.* ojal *m.*

bouture [butyʀ] *s. f., Bot.* **1.** (d'arbre) estaca. **2.** (de fleurs) esqueje *m.*

bovin, -ne [bɔvɛ̃, -in] *adj. et s. m.* bovino, -na; vacuno, -na.

boxe [bɔks] *s. f.* boxeo *m.*

boxer [bɔkse] *v. intr.* boxear.

boxeur [bɔksœʀ] *s. m.* boxeador.

boyau [bwajo] *s. m.* **1.** (tripe) tripa. **2.** (d'arrosage) manga *f.*

boycott [bɔjkɔt] *s. m.* boicot.

boycotter [bɔjkɔte] *v. tr.* boicotear.

bracelet [bʀaslɛ] *s. m.* **1.** (bijou) pulsera; brazalete. **2.** (de montre) correa *f.* **3.** (élastique ou en cuir pour le poignet) muñequera *f.* **4.** (pour la cheville) tobillera *f.*

braconnier, -ière [bʀakɔnje, -jɛʀ] *s. m. et f.* (chasseur) cazador furtivo.

braguette [bʀagɛt] *s. f.* bragueta.

braille [bʀaj] *s. m.* braille.

brailler [bʀaje] *v. intr.* **1.** *fam.* chillar. **2.** (chanter mal et fort) berrear.

braiment [bʀɛmɑ̃] *s. m.* rebuzno.
braire [bʀɛʀ] *v. intr.* rebuznar.
braise [bʀɛz] *s. f.* brasa.
bramement [bʀammɑ̃] *s. m.* bramido.
bramer [bʀame] *v. intr.* **1.** bramar. **2.** *fam.* (pleurer) llorar mucho.
brancard [bʀɑ̃kaʀ] *s. m.* **1.** (civière) camilla *f.*; angarillas *f. pl.* **2.** (pour une statue ou un malade) andas *f. pl.*
branchage [bʀɑ̃ʃaʒ] *s. m.* ramaje.
branche [bʀɑ̃ʃ] *s. f.* **1.** (d'arbre) rama. **2.** (d'éventail) varilla. **3.** (de lunettes) patilla. **4.** *fig.* (secteur) ramo *m.*
branchement [bʀɑ̃ʃmɑ̃] *s. m.* **1.** (électrique ou téléphonique) conexión *f.* **2.** (canalisation secondaire) ramal.
brancher [bʀɑ̃ʃe] *v. intr.* **1.** encaramarse (a una rama). ‖ *v. tr.* **2.** (rattacher) conectar [Il est branché sur plusieurs services. *Está conectado a varios servicios.*] **3.** *Électr.* enchufar; conectar. **4.** *fam.* (plaire) molar. **5.** *fig.* (orienter) empalmar; orientar.
branchie [bʀɑ̃ʃi] *s. f.* branquia.
brandir [bʀɑ̃diʀ] *v. tr.* blandir; esgrimir.
branlant, -te [bʀɑ̃lɑ̃, -ɑ̃t] *adj.* cojo, -ja (mueble).
branle-bas [bʀɑ̃lba] *s. m. inv.* zafarrancho.
branler [bʀɑ̃le] *v. intr.* (vibrer) vibrar.
braquer [bʀake] *v. tr.* **1.** (une arme) apuntar. **2.** (la voiture) maniobrar. ‖ *v. intr.* **3.** (véhicules) girar.
bras [bʀa] *s. m.* brazo.
braser [bʀaze] *v. tr., Techn.* soldar.
brasero [bʀazeʀo] *s. m.* brasero.
brasier [bʀazje] *s. m.* brasas *f. pl.*; hoguera *f.*
brasiller [bʀazije] *v. tr.* **1.** asar en las brasas. ‖ *v. intr.* **2.** centellear (el mar).

brassage [bʀɛsaʒ] *s. m.* **1.** (fabrication) fabricación de la cerveza. **2.** (de peuples, de cultures) mezcla *f.*
brasse [bʀas] *s. f.* braza.
brassée [bʀase] *s. f.* brazada.
brasser [bʀase] *v. tr.* **1.** (mélanger) batir. **2.** (de la bière) fabricar cervezas. **3.** (de l'argent) manejar.
brasserie [bʀasʀi] *s. f.* cervecería.
brasure [bʀazyʀ] *s. f., Techn.* soldadura.
bravade [bʀavad] *s. f.* fanfarronada.
brave [bʀav] *adj.* **1.** (courageux) valiente; bravo, -va. **2.** (bon) bueno, -na [Un brave homme, une brave femme. *Un buen hombre, una buena mujer.*] ‖ *s. m.* **3.** valiente.
braver [bʀave] *v. tr.* **1.** (défier) desafiar; provocar; retar. **2.** (affronter) afrontar.
bravo! [bʀavo] *interj.* ¡bravo!
bravoure [bʀavuʀ] *s. f.* valor *m.*; valentía *f.*
brebis [bʀ(ə)bi] *s. f.* oveja.
brèche [bʀɛʃ] *s. f.* **1.** brecha; boquete *m.* **2.** (d'une lame) mella.
bredouiller [bʀ(ə)duje] *v. intr.* farfullar.
bref, brève [bʀɛf, bʀɛv] *adj.* **1.** breve. ‖ *adv.* **2.** en una palabra; en resumen.
brelan [bʀ(ə)lɑ̃] *s. m., Jeux* (poker, dés) trío.
brésilien, -enne [bʀeziljɛ̃, -ɛn] *adj.* **1.** brasileño, -ña. ‖ **Brésilien, -enne** *s. m. et f.* **2.** brasileño, -ña.
bretelle [bʀ(ə)tɛl] *s. f.* **1.** (route) enlace *m.* **2.** tirante *m.* (vêtements, pantalon).
breton, -onne [bʀ(ə)tɔ̃, -ɔn] *adj. et s.* **1.** (de la Bretagne) bretón, -tona. ‖ **Breton, -onne** *s. m. et f.* **2.** bretón, -tona.
breuvage [bʀœvaʒ] *s. m.* brebaje.
brevet [bʀ(ə)vɛ] *s. m.* **1.** (d'études) diploma; título; certificado. **2.** (brevet d'invention) patente *f.*

BRICOLAGE - BROSSER

bricolage [bʀikɔlaʒ] *s. m.* **1.** (activité) bricolaje. **2.** *fig. et fam.* (travail d'amateur) chapuza *f.*

bricole [bʀikɔl] *s. f.* **1.** (bricolage) bricolaje *m.* **2.** *fig. et fam.* chapuza (trabajillo).

bricoler [bʀikɔle] *v. intr.* **1.** hacer bricolaje; hacer chapuzas. ‖ *v. tr.* **2.** (installer) instalar uno mismo. **3.** *péj.* arreglar de cualquier manera; apañar.

bricoleur, -euse [bʀikɔlœʀ, -øz] *s. m. et f.* manitas *inv.*; mañoso, -sa.

bride [bʀid] *s. f.* **1.** brida. **2.** (d'un chapeau) cinta. ‖ **à ~ abattue** a galope tendido.

bridge [bʀidʒ] *s. m.* puente.

brièveté [bʀijevte] *s. f.* brevedad.

brigade [bʀigad] *s. f.* brigada.

brigand [bʀigɑ̃] *s. m.* bandido; bandolero.

brillant, -te [bʀijɑ̃, -ɑ̃t] *adj.* **1.** brillante. ‖ *s. m.* **2.** (éclat) brillo. **3.** (diamant) brillante.

brillantine [bʀijɑ̃tin] *s. f.* brillantina.

briller [bʀije] *v. intr.* **1.** brillar. **2.** (une surface) relucir; relumbrar; resplandecer. **3.** (luire) lucir. ‖ **faire ~** abrillantar.

brimade [bʀimad] *s. f.* novatada.

brimer [bʀime] *v. tr.* hacer novatadas.

brin [bʀɛ̃] *s. m.* **1.** (d'herbe) brizna *f.* **2.** (fil) hebra *f.* **3.** *fig.* pizca *f.*; chispa *f.*

bringue [bʀɛ̃g] *s. f., fam.* juerga.

brioche [bʀijɔʃ] *s. f.* **1.** bollo *m.* (de leche). **2.** (petite) bollito *m.* • Bollo típico francés con forma redonda.

brique [bʀik] *s. f.* **1.** ladrillo *m.* **2.** (récipient) tetrabrik *m.* ‖ **~ crue** adobe *m.*

briquet [bʀike] *s. m.* mechero.

brisant [bʀizɑ̃, -ɑ̃t] *s. m.* rompeolas.

brise [bʀiz] *s. f., fam.* brisa.

brisé, -ée [bʀize] *adj.* roto, -ta.

brise-lames ou brise-lame [bʀizlam] *s. m. inv.* rompeolas; dique; malecón.

brisement [bʀizmɑ̃] *s. m.*

briser [bʀize] *v. tr.* **1.** (broyer) quebrar; hacer añicos; romper. **2.** *fam.* (éreinter) destrozar; agotar. **3.** *fig.* (un élan, le charme) cortar. **4.** *fig.* (le coeur) romper. ‖ *v. intr.* **5.** (les vagues) romper. ‖ **se ~** *v. pr.* **6.** (en morceaux) romperse.

bristol [bʀistɔl] *s. m.* cartulina *f.*

broc [bʀo] *s. m.* jarro.

broche [bʀɔʃ] *s. f.* **1.** (bijou) broche. **2.** (bijou, épingle) imperdible *m.*; alfiler *m.*

broché, -ée [bʀɔʃe] *adj., Impr.* rústico, -ca.

brocher [bʀɔʃe] *v. tr., Impr.* encuadernar; encuadernar en rústica.

brochet [bʀɔʃɛ] *s. m., Zool.* lucio.

brochette [bʀɔʃɛt] *s. f.* pincho *m.*

brochure [bʀɔʃyʀ] *s. f.* **1.** folleto *m.* [Brochure touristique. *Folleto turístico.*] **2.** (reliure) encuadernación.

brodé, -ée [bʀɔde] *adj.* bordado, -da.

broder [bʀɔde] *v. tr.* bordar.

broderie [bʀɔdʀi] *s. f.* bordado *m.* ‖ **~ à jours** calado *m.*

bronche [bʀɔ̃ʃ] *s. f., Anat.* bronquio *m.*

broncher [bʀɔ̃ʃe] *v. intr.* (réagir) moverse (bouger); vacilar (dire, réagir).

bronchite [bʀɔ̃ʃit] *s. f., Méd.* bronquitis.

bronzage [bʀɔ̃zaʒ] *s. m.* bronceado. ‖ **crème de ~** bronceador *m.*

bronze [bʀɔ̃z] *s. m.* bronce.

bronzé, -ée [bʀɔ̃ze] *adj.* moreno, -na.

bronzer [bʀɔ̃ze] *v. tr.* **1.** broncear; tostar. ‖ *v. intr.* **2.** broncearse; ponerse moreno.

broquette [bʀɔkɛt] *s. f.* tachuela.

brosse [bʀɔs] *s. f.* **1.** (à dents, à cheveux) cepillo *m.* **2.** (peintre) brocha. **3.** (du W.C.) escobilla.

brosser [bʀɔse] *v. tr.* **1.** cepillar. **2.** (un dessin) bosquejar; esbozar.

brouette [bʀuɛt] *s. f.* carretilla.
brouhaha [bʀuaa] *s. m.* guirigay; bullicio.
brouillage [bʀujaʒ] *s. m.* interferencia.
brouillard [bʀujaʀ] *s. m.* niebla *f.*
brouille [bʀuj] *s. f., fam.* enfado.
brouiller [bʀuje] *v. tr.* **1.** (un liquide) enturbiar. **2.** *fig.* enemistar; enzarzar. **3.** (rendre confus) embrollar. ‖ **se ~** *v. pr.* **4.** (les idées, les souvenirs) embrollarse. (le ciel) nublarse. (se fâcher) reñir.
brouillon [bʀujɔ̃] *s. m.* borrador; borrón.
broussailles [bʀusaj] *s. f. pl.* **1.** maleza *sing.;* espinos *m. pl.;* zarzas. **2.** *fig.* maraña *sing.*
brousse [bʀus] *s. f.* **1.** (broussailles) maleza. **2.** (africaine) sabana.
brouter [bʀute] *v. tr.* **1.** (l'herbe) pacer. **2.** *Méc.* engranar mal.
broyer [bʀwaje] *v. tr.* triturar; moler.
bru [bʀy] *s. f.* (belle-fille) nuera; hija política.
brugnon [bʀynɔ̃] *s. m., Bot.* nectarina *f.*
bruine [bʀɥin] *s. f.* calabobos *m. inv.;* llovizna; rocío *m.*
bruiner [bʀɥine] *v. impers.* llovizar.
bruissement [bʀɥismɑ̃] *s. m.* ruido; murmullo.
bruit [bʀɥi] *s. m.* **1.** ruido. **2.** *fig.* (rumeur) rumor. **3.** (retentissement) resonancia *f.;* polvareda *f.;* bombo [Ça a fait du bruit. *Eso ha levantado mucha polvareda.*]
brûlage [bʀylaʒ] *s. m.* quema *f.*
brûlant, -te [bʀylɑ̃, -ɑ̃t] *adj.* **1.** (un métal) candente. **2.** (le soleil) abrasador, -ra. **3.** (le temps, l'atmosphère) tórrido, -da. **4.** (qui est chaud) hirviendo [Un thé brûlant. *Un té hirviendo.*] **5.** (passionné, enflammé) ardiente. **6.** *fig.* (affaire) delicado, -da; candente.
brûle-pourpoint, à [abʀylpuʀpwɛ̃] *loc. adv., fig.* a bocajarro.

brûler [bʀyle] *v. tr.* **1.** quemar; abrasar; achicharrar. **2.** (électricité, chauffage, du bois, du charbon) gastar. **3.** (irriter une partie du corps) escocer; requemar. **4.** *fig.* abrasar. ‖ *v. intr.* **5.** arder; quemarse. **6.** (prendre feu) incendiarse. **7.** (la viande) requemarse. ‖ **~ un feu rouge** saltarse un semáforo.
brûlure [bʀylyʀ] *s. f.* **1.** quemadura. ‖ **brûlures** *s. f. pl.* **2.** ardores *m. pl.*
brume [bʀym] *s. f.* bruma; neblina.
brumeux, -euse [bʀymø, -øz] *adj.* brumoso, -sa.
brun, brune [bʀœ̃, bʀyn] *adj.* **1.** (brunjaune ou orangé) marrón. **2.** (cheveux, yeux) moreno, -na; castaño, -ña. **3.** (ours) pardo, -da. **4.** (bière, tabac) negro, -gra. **5.** (sucre) moreno, -na. ‖ *s. m.* **6.** (couleur) moreno, -na.
brunâtre [bʀynɑtʀ] *adj.* pardusco, -ca.
bruni [bʀyni] *s. m.* (partie polie) bruñido.
brunir [bʀyniʀ] *v. tr.* **1.** (métaux) bruñir. ‖ *v. intr.* **2.** ponerse moreno. **3.** (les cheveux) volverse moreno.
brunissage [bʀynisaʒ] *s. m.* bruñido.
brusque [bʀysk] *adj.* brusco, -ca.
brusquer [bʀyske] *v. tr.* **1.** (qqun) tratar sin miramientos. **2.** *fig.* (les événements) precipitar; meter prisa *fam.*
brusquerie [bʀysk(ə)ʀi] *s. f.* brusquedad.
brut, brute [bʀyt] *adj.* **1.** bruto, -ta [Matières brutes. *Materias brutas.*] **2.** en bruto [Or brut. *Oro en bruto.*]
brutal, -le, -aux [bʀytal, -o] *adj.* brutal.
brutaliser [bʀytalize] *v. tr.* maltratar.
brutalité [bʀytalite] *s. f.* brutalidad.
brute [bʀyt] *s. f.* bruto, -ta; bestia *m. et f.*
bruyant, -te [bʀyjɑ̃, -ɑ̃t] *adj.* ruidoso, -sa.
buccal, -le, -aux [bukal, -o] *adj.* bucal.

bûche [byʃ] *s. f.* **1.** leño *m.*; tronco *m.* **2.** *fig. et fam.* (niais) tarugo *m.* || **~ de Noël** *Gastr.* brazo de gitano (propio de las Navidades en Francia).

bûcher[1] [byʃe] *s. m.* hoguera *f.*

bûcher[2] [byʃe] *v. intr., fam.* **1.** (travailler) trabajar como un burro. **2.** (estudiar) empollar.

bûcheron, -onne [byʃʀɔ̃, -ɔn] *s. m. et f.* leñador, -ra.

bûcheur, -euse [byʃœʀ, -øz] *s. m. et f.* **1.** *fam.* trabajador, -ra. **2.** (un élève) empollón, -llona.

budget [bydʒɛ] *s. m.* presupuesto.

buée [bye] *s. f.* (vapeur) vaho *m.*

buffet [byfɛ] *s. m.* **1.** (meuble) aparador, bufé. **2.** (cafétéria de gare) bufé; fonda *f.* (café de la estación). **3.** (repas froid ou chaud) bufé.

buffle [byfl] *s. m., Zool.* búfalo, -la.

buisson [bɥisɔ̃] *s. m.* matorral; zarzal.

bulbe [bylb] *s. m.* bulbo.

bulle [byl] *s. f.* **1.** (d'air) burbuja. **2.** (de savon) pompa. **3.** (du Pape) bula. **4.** (de bande dessinée) bocadillo *m.* (de tebeo).

bulletin [byltɛ̃] *s. m.* **1.** boletín. **2.** (météorologique) parte. **3.** (de vote) papeleta. || **~ d'information** informativo; telediario. **~ de salaire** nómina *f.* **~ de sortie** alta *f.*

bureau [byʀo] *s. m.* **1.** (meuble) escritorio; mesa *f.* **2.** (lieu de travail) despacho; oficina *f.* || **~ de poste** oficina de correos. **~ de tabac** estanco.

bureaucratie [byʀokʀasi] *s. f.* burocracia.

burette [byʀɛt] *s. f. Ecclés.* vinajera. || **burettes** *s. f. pl. Ecclés.* vinajeras.

burin [byʀɛ̃] *s. m.* buril.

burlesque [byʀlɛsk] *adj.* burlesco, -ca.

bus [bys] *s. m., fam.* bus.

buste [byst] *s. m.* busto.

but [byt] *s. m.* **1.** (objectif, cible) objetivo; fin; meta *f.* **2.** (intention, objet) finalidad *f.*; objeto *¿Cuál es el objeto de su visita?* **3.** *Sport* (terme) meta *f.* **4.** (football) portería *f.* **5.** (point au football) gol; tanto. || **dans le ~ de** con el propósito de; con objeto de.

butane [bytan] *s. m.* butano.

buté, -ée [byte] *adj.* testarudo, -da; terco, -ca.

buter [byte] *v. tr.* **1.** *fam.* (tuer) matar. || *v. intr.* **2.** tropezar. || **se ~** *v. pr., fig.* **3.** obstinarse; aferrarse.

butin [bytɛ̃] *s. m.* botín.

butiner [bytine] *v. intr.* libar (las abejas).

butoir [bytwaʀ] *s. m.* tope.

butte [byt] *s. f.* cerro *m.*; colina; loma.

buvable [byvabl] *adj.* bebible.

buvette [byvɛt] *s. f.* **1.** (petit café) cantina. **2.** (comptoir) bar *m.* **3.** (débit de boissons non permanent) quiosco de bebidas. **4.** (dans une station thermale) fuente de aguas termales.

C

c [se] *s. m.* c *f.*

c' [s] *pron. dém. m. sing.* °ce. •Forma del pronombre "ce" delante de vocal.

ç [sesedij] *s. m.* ("c" cédille) ç *f.*

ç' [s] *pron. dém. m. sing.* °ce. •Forma del pronombre "ce" delante de la vocal "a".

ça [sa] *pron. dém., fam.* **1.** (éloigné du locuteur dans le temps et dans l'espace) eso; aquello [Ça m'étonnait. *Eso me extrañaba.*] **2.** esto [Ça me plaît. *Esto me gusta.*] ǁ **~ va?** ¿qué tal? **c'est ~** así es. **~ y est** ya está.

cabane [kaban] *s. f.* cabaña (en bois); choza.

cabaret [kabaʀɛ] *s. m.* cabaret.

cabine [kabin] *s. f.* **1.** (de bain) cabina; caseta. **2.** *Mar.* camarote *m.* ǁ **~ téléphonique** cabina.

cabinet [kabinɛ] *s. m.* **1.** (ministère) gabinete. **2.** (d'avocat) bufete. **3.** (de médecin) consulta *f.* ǁ **cabinets** *s. m. pl.* **4.** (d'aisance) retrete *sing.* ǁ **~ de toilette** cuarto de aseo; lavabo.

câble [kɑbl] *s. m.* cable.

cabochard, -de [kabɔʃaʀ, -aʀd] *adj. et s. m. et f. fam.* testarudo, -da; cabezota.

cabosser [kabɔse] *v. tr.* (bosseler) abollar.

cabrer [kabʀe] *v. tr.* **1.** (cheval) hacer encabritarse. ǁ **se ~** *v. pr.* **2.** (cheval) encabritarse.

cabri [kabʀi] *s. m.* cabrito.

cabriole [kabʀijɔl] *s. f.* **1.** (bonds capricieux) cabriola. **2.** (enfants) voltereta.

cacahouète [kakawɛt] *s. f.* cacahuete *m.*

cacao [kakao] *s. m.* cacao (grano).

cacaoyer [kakaɔje] *s. m., Bot.* cacao (árbol).

cachalot [kaʃalo] *s. m., Zool.* cachalote.

cache [kaʃ] *s. f.* (d'armes) zulo *m.*

caché, -ée [kaʃe] *adj.* escondido, -da.

cache-cache [kaʃkaʃ] *s. m. inv.* escondite.

cache-nez [kaʃne] *s. m.* bufanda *f.*

cacher [kaʃe] *v. tr.* **1.** esconder. **2.** (masquer la vue de) ocultar; tapar. **3.** (dissimuler) ocultar; encubrir.

cachet [kaʃɛ] *s. m.* **1.** (sceau) sello. **2.** (à la poste) matasellos. **3.** (capsule médicamenteuse) cápsula *f.* **4.** *fig.* personalidad *f.* ǁ **mettre un ~ sur** sellar.

cacheter [kaʃte] *v. tr.* **1.** (une enveloppe) cerrar. **2.** (fermer avec un cachet, tamponner) sellar.

cachette [kaʃɛt] *s. f.* escondrijo *m.*; escondite *m.* ǁ **en ~** a escondidas.

cachot [kaʃo] *s. m.* **1.** calabozo; mazmorra *f.* **2.** (prison) cárcel *f.*

cacique [kasik] *s. m.* cacique.

cactus [kaktys] *s. m., Bot.* cactus.

cadastre [kadastʀ] *s. m.* catastro.

cadavérique [kadaveʀik] *adj.* cadavérico, -ca.

cadavre [kadavʀ] *s. m.* cadáver.

cadeau [kado] *s. m.* regalo. ǁ **faire ~ de** regalar.

cadenas [kadna] *s. m.* candado.

cadence [kadɑ̃s] *s. f.* **1.** ritmo *m.*; compás *m.* **2.** *Mus.* cadencia.

cadencé, -ée [kadɑ̃se] *adj.* acompasado, -da.

cadet, -ette [kadɛ, -ɛt] *adj.* **1.** menor [La fille cadette. *La hija mejor.*] ǁ *s. m. et f.* **2.** cadete. **3.** (enfant) hijo pequeño. **4.** (frères et sœurs) hermano menor.

cadrage [kadʀaʒ] *s. m.* (caméra) enfoque.

cadran [kadʀɑ̃] *s. m.* (montre) esfera *f.* ǁ **~ solaire** reloj de sol.

cadre [kadʀ] *s. m.* **1.** (tableau, photo) marco. **2.** (bordure carrée) recuadro. **3.** (bicyclette) cuadro. **4.** (décor) escenario.

5. *fig.* marco. **6.** (administratif) cuadro. **7.** (d'une entreprise) ejecutivo.
cadrer [kɑdʀe] *v. intr.* **1.** (s'accorder) cuadrar. ‖ *v. tr.* **2.** *Phot.* encuadrar.
caduc, -duque [kadyk] *adj.* caduco, -ca.
cafard, -de [kafaʀ, -aʀd] *adj. et s. m. et f.* **1.** *fam.* chivato, -ta. ‖ *s. m.* **2.** (déprime) depresión *f.* **3.** (insecte) cucaracha *f.* ‖ **avoir le ~** deprimirse.
cafarder [kafaʀde] *v. intr., fam.* chivarse.
café [kafe] *s. m.* **1.** café. **2.** (lieu) taberna; cafetería. ‖ **~ au lait** café con leche. **~ filtre** café de máquina. **~ noir** café solo.
caféine [kafein] *s. f.* cafeína.
cafétéria [kafeteʀja] *s. f.* cafetería.
cafetière [kaftjɛʀ] *s. f.* cafetera.
cage [kaʒ] *s. f.* **1.** (à animaux) jaula. **2.** (de l'ascenseur, de l'escalier) caja.
cageot [kaʒo] *s. m.* caja *f.* (para fruta).
cagneux, -euse [kaɲø, -øz] *adj. et s. m. et f.* zambo, -ba; patizambo, -ba.
cahier [kaje] *s. m.* cuaderno; carné.
cahot [kao] *s. m.* **1.** tumbo; trompicón. **2.** (cahotage prolongé) vaivén.
cahoter [kaɔte] *v. tr.* **1.** dar tumbos. ‖ *v. intr.* **2.** traquetear; dar tumbos.
cahute [kayt] *s. f.* choza; cabaña.
caille [kɑj] *s. f., Zool.* codorniz.
caillé, -ée [kɑje] *s. m.* **1.** (yaourt) cuajada *f.* **2.** (fromage frais) requesón.
caillebotis [kɑjbɔti] *s. m.* rejilla *f.*; enrejado (de una salida de ventilación).
cailler [kɑje] *v. tr.* **1.** (lait) cuajar. **2.** (sang) coagular. ‖ *v. intr.* **3.** *fam.* (faire froid) hacer frío [Ça caille. Hace frío.]
caillot [kɑjo] *s. m.* **1.** (dans un liquide) grumo. **2.** (sang) coágulo.
caillou [kɑju] *s. m.* piedra *f.*; guijarro.
caillouteux, -euse [kɑjutø, -øz] *adj.* pedregoso, -sa.

caisse [kɛs] *s. f.* **1.** caja. **2.** (grande) cajón *m.* ‖ **faire la ~** hacer caja. **grosse ~** *Mus.* bombo *m.* **passer à la ~** pasar por caja.
caissier, -ière [kesje, -jɛʀ] *s. m. et f.* cajero, -ra.
cajoler [kaʒɔle] *v. tr.* **1.** (câliner) mimar. **2.** (flatter) engatusar.
cajolerie [kaʒɔlʀi] *s. f.* **1.** (caresse) mimo *m.*; caricia. **2.** (flatterie) zalamería.
cajoleur, -euse [kaʒɔlœʀ, -øz] *adj. et s. m. et f.* zalamero, -ra.
calage [kalaʒ] *s. m.* calado (del motor).
calamité [kalamite] *s. f.* calamidad.
calandre [kalɑ̃dʀ] *s. f.* **1.** *Zool.* (alouette) calandria. **2.** *Méc.* calandria.
calanque [kalɑ̃k] *s. f.* cala (ensenada).
calcaire [kalkɛʀ] *adj.* calcáreo, -a.
calciner [kalsine] *v. tr.* calcinar.
calcium [kalsjɔm] *s. m.* calcio.
calcul [kalkyl] *s. m.* **1.** cálculo. **2.** (opération mathématique) cuenta *f.* **3.** *Méd.* cálculo.
calculatrice [kalkylatʀis] *s. f.* calculadora.
calculer [kalkyle] *v. tr.* calcular.
cale [kal] *s. f.* **1.** (pour stabiliser) calzo *m.*; cuña. **2.** *Mar.* cala; bodega; pozo *m.*
calé, -ée [kale] *adj., fam.* entendido, -da.
caleçon [kalsɔ̃] *s. m.* **1.** (pour hommes) calzoncillos *pl.* **2.** (pour femmes) mallas *f. pl.*
calendrier [kalɑ̃dʀije] *s. m.* calendario.
caler [kale] *v. tr.* **1.** (avec une cale) calzar. ‖ *v. intr.* **2.** *Méc.* (un moteur) calarse.
calibre [kalibʀ] *s. m.* calibre.
calice [kalis] *s. m.* cáliz.
câlin, -ne [kɑlɛ̃, -in] *adj.* mimoso, -sa.
câliner [kɑline] *v. tr.* mimar.
câlinerie [kɑlinʀi] *s. f.* **1.** (caresse) caricia. **2.** (cajolerie) zalamería.
calleux, -euse [kalø, -øz] *adj.* calloso, -sa.
calligraphie [ka(l)ligʀafi] *s. f.* caligrafía.

callosité [kalozite] *s. f.* callo *m.* (dureza).

calmant, -te [kalmɑ̃, -ɑ̃t] *adj. et s. m.* calmante; sedante.

calmar [kalmaʀ] *s. m., Zool.* calamar.

calme [kalm] *adj.* **1.** tranquilo, -la. **2.** (sans agitation) en calma; sosegado, -da. **3.** (paisible) apacible. **4.** (nonchalant) calmoso, -sa. **5.** (un animal) manso, -sa. ‖ *s. m.* **6.** calma *f.* **7.** *fig.* paz *f.;* tranquilidad *f.* ‖ **du ~ !** ¡tranquilo!

calmer [kalme] *v. tr.* **1.** (atténuer) calmar; aliviar. **2.** (les douleurs) mitigar. **3.** (apaiser) apaciguar; aplacar. ‖ **se ~** *v. pr.* **4.** calmarse.

calomnie [kalɔmni] *s. f.* calumnia.

calomnier [kalɔmnje] *v. tr.* calumniar.

calorie [kalɔʀi] *s. f.* caloría.

calotte [kalɔt] *s. f.* casquete *m.* [Calotte polaire. *Casquete polar.*]

calque [kalk] *s. m.* calco.

calquer [kalke] *v. tr.* calcar.

calvaire [kalvɛʀ] *s. m.* **1.** calvario. **2.** (croix de pierre) crucero.

calviniste [kalvinist] *adj. et s. m. et f., Rel.* calvinista.

calvitie [kalvisi] *s. f.* **1.** calvicie. **2.** (surface du cuir chevelu) calva.

camarade [kamaʀad] *s. m. et f.* **1.** camarada. **2.** (de classe) compañero, -ra.

camarde [kamaʀd] *adj. et s. m. et f.* (qui a le nez plat et écrasé) chato, -ta.

cambiste [kɑ̃bist] *s. m., Comm.* cambista.

cambrer [kɑ̃bʀe] *v. tr.* **1.** arquear. ‖ **se ~** *v. pr.* **2.** arquearse; arquear el tronco.

cambriolage [kɑ̃bʀijɔlaʒ] *s. m.* desvalijamiento; robo (en una casa).

cambrioler [kɑ̃bʀijɔle] *v. tr.* desvalijar; robar (en una casa).

cambrioleur, -euse [kɑ̃bʀijɔlœʀ, -øz] *s. m. et f.* desvalijador, -ra; caco; ladrón, -drona (de viviendas).

camée [kame] *s. m.* camafeo.

caméléon [kameleɔ̃] *s. m., Zool.* camaleón.

caméléonisme [kameleɔnism] *s. m.* mimetismo.

camelot [kamlo] *s. m., péj.* vendedor ambulante; charlatán.

camelote [kamlɔt] *s. f.* **1.** (babiole) baratija. **2.** (marchandise de mauvaise qualité) timo *m.* **3.** *fam.* (marchandise) mercancía.

caméra [kameʀa] *s. f., Ciné.* cámara.

camion [kamjɔ̃] *s. m.* camión.

camionnette [kamjɔnɛt] *s. f.* camioneta.

camomille [kamɔmij] *s. f., Bot.* manzanilla.

camouflage [kamuflaʒ] *s. m.* **1.** camuflaje. **2.** (animales) mimetismo.

camoufler [kamufle] *v. tr.* camuflar.

camp [kɑ̃] *s. m.* **1.** (zone réservée) campo [Camp d'aviation. *Campo de aviación.*] **2.** (campement) campamento [Lever le camp. *Levantar el campamento.*]

campagnard, -de [kɑ̃paɲaʀ, -ɲaʀd] *adj. et s. m. et f.* **1.** campesino, -na. **2.** (qui habite un village) aldeano, na.

campagne [kɑ̃paɲ] *s. f.* **1.** campo *m.* [Aller à la campagne. *Ir al campo.*] **2.** (agricole) campiña. **3.** (militaire, politique, publicitaire) campaña.

campanule [kɑ̃panyl] *s. f., Bot.* farolillo *m.*

campement [kɑ̃pmɑ̃] *s. m.* campamento.

camper [kɑ̃pe] *v. intr.* acampar.

camping [kɑ̃piŋ] *s. m.* camping.

camus, -se [kamy, -yz] *adj. et s. m. et f.* chato, -ta

canadien, -enne [kanadjɛ̃, -ɛn] *adj.* **1.** canadiense. ‖ **Canadien, -enne** *s. m. et f.* **2.** canadiense.

canaille [kanɑj] *s. f.* **1.** (voyou) granuja *m. et f.;* canalla *m. et f.;* golfo, -fa; sinver-

güenza. || *adj.* **2.** (manières) chabacano, -na.

canal, -aux [kanal, -o] *s. m.* canal. || **~ d'irrigation** acequia *f.;* canal de riego.

canalisation [kanalizasjɔ̃] *s. f.* **1.** canalización. **2.** (tuyau) cañería.

canaliser [kanalize] *v. tr.* canalizar.

canapé [kanape] *s. m.* **1.** (toast) canapé. **2.** (sofa) sofá; canapé.

canapé-lit [kanapeli] *s. m.* sofá-cama. • Pl. canapés-lits.

canard [kanaʀ] *s. m.,* Zool. pato.

canarien, -enne [kanaʀjɛ̃, -ɛn] *adj.* canario, -ria.

canasta [kanasta] *s. f.* (cartes) canasta.

cancan [kɑ̃kɑ̃] *s. m.* **1.** (danse) cancán. **2.** (bavardage) chisme.

cancanier, -ière [kɑ̃kanje, -jɛʀ] *adj. et s. m. et f.* chismoso, -sa; cotilla.

cancer [kɑ̃sɛʀ] *s. m.* **1.** Méd. cáncer. || **Cancer** *s. m.* **2.** Cáncer.

cancéreux, -euse [kɑ̃seʀø, -øz] *adj. et s. m. et f.* canceroso, -sa.

cancre [kɑ̃kʀ] *s. m., fam.* mal estudiante.

candélabre [kɑ̃delabʀ] *s. m.* candelabro.

candeur [kɑ̃dœʀ] *s. f.* **1.** candor *m.* **2.** candidez; inocencia; ingenuidad.

candidat, -te [kɑ̃dida, at] *s. m. et f.* candidato, -ta.

candide [kɑ̃did] *adj.* cándido, -da.

canevas [kanva] *s. m.* **1.** (d'un ouvrage) plan. **2.** (esquisse) bosquejo.

canif [kanif] *s. m.* navaja *f.*

canin, -ne [kanɛ̃, -in] *adj.* **1.** canino, -na. || **canine** *s. f.* **2.** colmillo *m.*

caniveau [kanivo] *s. m.* **1.** (canal) canalillo. **2.** (d'une rue) arroyo. **3.** (d'une route) cuneta *f.*

canne [kan] *s. f.* **1.** Bot. (plante) caña. **2.** (pour s'aider) bastón *m.*

cannelle [kanɛl] *s. f.* canela.

cannelure [kan(ə)lyʀ] *s. f.* acanaladura.

cannette [kanɛt] *s. f.* **1.** (d'un tonneau) canilla; espita (de tonel). **2.** (boîte métallique) lata [Une cannette de coca. *Una lata de coca-cola.*]

cannibale [kanibal] *adj. et s. m. et f.* caníbal.

canoë [kanɔe] *s. m.* **1.** canoa *f.* **2.** piragua *f.* [Faire du canoë. *Hacer piragua.*]

canon [kanɔ̃] *s. m.* cañón.

canoniser [kanɔnize] *v. tr.* canonizar.

canot [kano] *s. m.* bote; lancha *f.* [Canot de sauvetage. *Bote salvavidas.*]

canotage [kanɔtaʒ] *s. m., Sport* remo.

cantatrice [kɑ̃tatʀis] *s. f.* cantante (de ópera).

cantine [kɑ̃tin] *s. f.* (réfectoire) cantina; comedor *m.* (comunitario).

cantonner, se [kɑ̃tɔne] *v. pr.* (s'isoler) aislarse. *fig.* (se borner) limitarse.

cantonnier [kɑ̃tɔnje] *s. m.* peón caminero.

caoutchouc [kautʃu] *s. m.* **1.** caucho. **2.** goma *f.* [Bottes en caoutchouc. *Botas de goma.*]

cap [kap] *s. m.* cabo.

capable [kapabl] *adj.* capaz.

capacité [kapasite] *s. f.* capacidad.

cape [kap] *s. f.* (vêtement) capa.

capeline [kaplin] *s. f.* pamela.

capillaire [kapilɛʀ] *adj.* capilar.

capitaine [kapitɛn] *s. m., Mil.* capitán.

capital, -le, -aux [kapital, -o] *adj.* **1.** capital. **2.** (lettre) mayúscula. || **pêché ~** pecado capital. **peine capitale** pena de muerte; pena capital.

capital, -aux [kapital, -o] *s. m.* capital.

capitale [kapital] *s. f.* (d'un pays) capital.

capitaliste [kapitalist] *s. m. et f.* capitalista.

capitonner [kapitɔne] *v. tr.* acolchar.

capituler [kapityle] *v. intr.* capitular; claudicar.

caporal, -aux [kapɔʀal, -o] *s. m., Mil.* cabo.

capot [kapo] *s. m.* (de voiture) capó.

capotage [kapɔtaʒ] *s. m.* vuelco.

capote [kapɔt] *s. f.* **1.** capota [La capote d'un véhicule décapotable. *La capota de un vehículo descapotable.*] **2.** (manteau long et ample) capote *m.* ‖ **~ anglaise** *fam.* condón *m.*

capoter [kapɔte] *v. tr.* **1.** cubrir con capota (un coche). ‖ *v. intr.* **2.** (une embarcation, une voiture) volcar. **3.** (culbuter) dar una vuelta de campana. ‖ **faire ~** *fam.* dar al traste con; hacer fracasar.

câpre [kɑpʀ] *s. f.* alcaparra.

caprice [kapʀis] *s. m.* capricho.

capricieux, -euse [kapʀisjø, -øz] *adj. et s. m. et f.* caprichoso, -sa.

Capricorne [kapʀikɔʀn] *s. m.* Capricornio.

capsule [kapsyl] *s. f.* **1.** (médicament) cápsula. **2.** (d'arme de feu) pistón *m.* **3.** (de bouteille) chapa.

capter [kapte] *v. tr.* captar.

captif, -ive [kaptif, -iv] *adj. et s. m. et f.* cautivo, -va.

captiver [kaptive] *v. tr.* cautivar.

captivité [kaptivite] *s. f.* **1.** (d'une personne) cautiverio *m.* **2.** (d'un animal) cautividad.

capture [kaptyʀ] *s. f.* captura.

capturer [kaptyʀe] *v. tr.* capturar; apresar.

capuchon [kapyʃɔ̃] *s. m.* capucha *f.*

caqueter [kakte] *v. intr.* (poule) cacarear.

car[1] [kaʀ] *conj.* pues; porque.

car[2] [kaʀ] *s. m.* autocar; coche de línea.

carabine [kaʀabin] *s. f.* (arme) carabina.

caractère [kaʀaktɛʀ] *s. m.* carácter.

caractériser [kaʀakteʀize] *v. tr.* caracterizar.

caractéristique [kaʀakteʀistik] *adj.* **1.** característico, -ca. ‖ *s. f.* **2.** característica.

carafe [kaʀaf] *s. f.* **1.** garrafa. **2.** jarra [Une carafe d'eau. *Una garrafa de agua.*]

carambolage [kaʀɑ̃bɔlaʒ] *s. m.* **1.** Jeux (billard) carambola *f.* **2.** *fig. et fam.* (voitures) choque múltiple.

caramel [kaʀamɛl] *s. m.* caramelo (azúcar fundido).

carapace [kaʀapas] *s. f.* caparazón *m.*

carat [kaʀa] *s. m.* quilate.

caravane [kaʀavan] *s. f.* caravana.

caravelle [kaʀavɛl] *s. f., Mar.* carabela.

carbone [kaʀbɔn] *s. m.* carbono. ‖ **papier ~** papel carbón.

carboniser [kaʀbɔnize] *v. tr.* carbonizar.

carburateur [kaʀbyʀatœʀ] *s. m.* carburador.

carbure [kaʀbyʀ] *s. m.* carburo.

carcasse [kaʀkas] *s. f., Techn.* armazón *m.*

cardiaque [kaʀdjak] *adj. et s. m. et f.* cardíaco, -ca.

cardinal, -aux [kaʀdinal, -o] *s. m., Rel.* cardenal.

cardinal, -le, -aux [kaʀdinal, -o] *adj.* cardinal [Les points cardinaux. *Los puntos cardinales.*]

cardon [kaʀdɔ̃] *s. m., Bot.* cardo.

carence [kaʀɑ̃s] *s. f.* carencia.

caressant, -te [kaʀesɑ̃, -ɑ̃t] *adj.* **1.** mimoso, -sa. **2.** (tendre) acariciador, -ra.

caresse [kaʀɛs] *s. f.* caricia.

caresser [kaʀese] *v. tr.* acariciar.

car-ferry [kaʀfeʀi] *s. m.* ferry.

cargaison [kaʀgɛzɔ̃] *s. f.* cargamento *m.*

cargo [kaʀgo] *s. m.* buque de carga.

caricature [kaʀikatyʀ] *s. f.* caricatura.

carie [kaʀi] *s. f., Med.* caries.

CARNAGE - CASSE-COU

carnage [kaʀnaʒ] *s. m.* carnicería *f.*; masacre *f.*; matanza *f.*

carnassier, -ière [kaʀnasje, -jɛʀ] *adj. et s. m.* (animal) carnicero, -ra.

carnaval, -als [kaʀnaval] *s. m.* carnaval.

carnet [kaʀnɛ] *s. m.* **1.** (cahier) libreta *f.* **2.** agenda *f.* [Carnet d'adresses. *Libreta de direcciones.*] **3.** (de dix billets pour le bus) bonobús *f.* **4.** metrobús (de dix billets pour le métro et le bus).

carnivore [kaʀnivɔʀ] *adj. et s. m.* carnívoro, -ra.

carotte [kaʀɔt] *s. f.* zanahoria.

caroube [kaʀub] *s. f., Bot.* algarroba.

caroubier [kaʀubje] *s. m., Bot.* algarrobo.

carpe [kaʀp] *s. f.* (poisson) carpa.

carré, -ée [kaʀe] *adj.* **1.** cuadrado, -da. || *s. m.* **2.** cuadrado. || **mètre ~** metro cuadrado.

carreau [kaʀo] *s. m.* **1.** (dallage) baldosa *f.* **2.** (fenêtre) cristal. **3.** (dessin d'un tissu) cuadro. || **~ de faïence** azulejo.

carrefour [kaʀfuʀ] *s. m.* cruce.

carrelage [kaʀlaʒ] *s. m.* **1.** (sol) enlosado. **2.** (mural) azulejos *pl.* (de una pared).

carreler [kaʀle] *v. tr.* **1.** (le sol) embaldosar; enlosar. **2.** (les murs) alicatar.

carrer [kaʀe] *v. tr.* cuadrar.

carrière [kaʀjɛʀ] *s. f.* **1.** (de pierre) cantera. **2.** (professionnelle) carrera. [Faire carrière. *Hacer carrera.*]

carrosse [kaʀɔs] *s. m.* carroza *f.*

carrosserie [kaʀɔsʀi] *s. f.* carrocería.

carrure [kaʀyʀ] *s. f.* anchura de espaldas.

cartable [kaʀtabl] *s. m.* (d'écolier) cartera *f.*

carte [kaʀt] *s. f.* **1.** (pièce d'identité) carné *m.* (ou carnet) [Carte d'étudiant. *Carné de estudiante.*] **2.** (document) tarjeta [Carte de séjour. *Tarjeta de residencia.*] **3.** (à jouer) carta; naipe *m.* **4.** (restaurant) carta. **5.** *Géogr.* mapa; carta. || **~ d'identité** carné de identidad; Documento Nacional de Identidad; DNI **~ de crédit** tarjeta de crédito. **~ postale**. **jeu de cartes** baraja *f.*

carton [kaʀtɔ̃] *s. m.* cartón. || **fin ~** cartulina *f.*

cartonnage [kaʀtɔnaʒ] *s. m.* encuadernación en pasta.

cartonner [kaʀtɔne] *v. tr.* encuadernar en cartón; empastar.

cartouche [kaʀtuʃ] *s. f.* **1.** (d'une arme) cartucho *m.* **2.** (de) cartón *m.* **3.** (d'encre) carga; recambio *m.;* cartucho.

cartouchière [kaʀtuʃjɛʀ] *s. f.* cartuchera.

cas [kɑ] *s. m.* caso. || **au ~ où** en caso de que; en el caso de que. | *fam.* (par précaution) por si acaso. **~ de figure** caso (hipotético). **dans ce ~** en ese caso. **dans le ~ où** en caso de que; en el caso de que. **dans le meilleur des ~** en el mejor de los casos. **en tout ~** en todo caso.

casanier, -ière [kazanje, -jɛʀ] *adj.* casero, -ra.

cascade [kaskad] *s. f.* **1.** cascada. **2.** *Ciné.* escena peligrosa.

case [kɑz] *s. f.* casilla.

caser [kaze] *v. tr., fam.* (placer) colocar.

caserne [kazɛʀn] *s. f.* cuartel *m.*

casier [kazje] *s. m.* **1.** casillero. **2.** (meuble de rangement) taquilla *f.*

casino [kasino] *s. m.* casino.

casque [kask] *s. m.* casco.

casquette [kaskɛt] *s. f.* gorra.

cassant, -te [kasɑ̃, -ɑ̃t] *adj.* **1.** quebradizo, -za; frágil. **2.** *fig.* inflexible; duro, -ra.

cassé, -ée [kase] *adj.* roto, -ta; quebrado, -da.

casse-cou [kasku] *s. m. inv., fam.* (téméraire) atolondrado, -da.

casse-croûte [kɑskʀut] *s. m. inv.* piscolabis; refrigerio.
casse-noix [kɑsnwa] *s. m. inv.* cascanueces.
casse-pieds [kɑspje] *adj. inv.* **1.** (assommant) cargante; pelmazo, -za; pelma. ‖ *s. m. inv.* **2.** (œuvre, spectacle) lata; rollo. **3.** (personne) tostón; pelmazo, -za.
casser [kɑse] *v. tr.* **1.** (en morceaux par un coup) romper. **2.** (en deux morceaux) partir [Casser des noix. *Partir nueces.*] **3.** (fracturer) fracturar. ‖ **se ~** *v. pr.* **4.** romperse. (en deux morceaux) partirse. ‖ **~ les pieds** dar la lata; dar la tabarra. **se ~ la figure** darse un tortazo.
casserole [kɑsʀɔl] *s. f.* **1.** cacerola. **2.** (en terre) cazuela. **3.** (en métal) cazo *m.*
casse-tête [kɑstɛt] *s. m. inv.* **1.** rompecabezas. **2.** *fig.* (travail complexe) lío.
cassette [kɑsɛt] *s. f.* casete m. ou *f.*
cassis [kasis] *s. m.* **1.** *Bot.* (fruit) grosella *f.* (negra). **2.** (liqueur) casis (licor de grosella). **3.** (rigole) zanja *f.* **4.** (sur la route) badén.
cassoulet [kasulɛ] *s. m.* fabada de Toulouse.
cassure [kasyʀ] *s. f.* rotura; quiebra.
castagnette [kastaɲɛt] *s. f.* castañuela.
caste [kast] *s. f.* casta.
castillan, -ne [kastijɑ̃, -an] *adj. et s. m.* **1.** castellano, -na. ‖ **Castillan, -ne** *s. m. et f.* **2.** castellano, -na.
castrer [kastʀe] *v. tr.* castrar; capar.
casuel, -elle [kazɥɛl] *adj.* casual; accidental.
cataclysme [kataklism] *s. m.* cataclismo.
catalan, -ne [katalɑ̃, -an] *adj. et s. m.* **1.** catalán, -lana. ‖ **Catalan, -ne** *s. m. et f.* **2.** catalán, -lana.
catalogue [katalɔg] *s. m.* catálogo.

cataloguer [katalɔge] *v. tr.* catalogar.
cataplasme [kataplasm] *s. m.*, *Méd.* cataplasma *f.*
cataracte [kataʀakt] *s. f.* catarata.
catastrophe [katastʀɔf] *s. f.* catástrofe.
catéchisme [kateʃism] *s. m.* **1.** catequesis *f.* **2.** (livre) catecismo.
catégorie [kategɔʀi] *s. f.* categoría.
catégorique [kategɔʀik] *adj.* categórico; -ca.
cathédrale [katedʀal] *s. f.* catedral.
catholicisme [katɔlisism] *s. m.*, *Rel.* catolicismo.
catholique [katɔlik] *adj. et s. m. et f.* católico, -ca
cauchemar [koʃmaʀ] *s. m.* pesadilla *f.*
cause [koz] *s. f.* **1.** causa. **2.** (motif, raison) motivo *m.*; razón. **3.** *Dr.* (procès) proceso *m.* ‖ **à ~ de** (causa negativa) a causa de; debido a; por. **être en ~** estar en juego.
causer[1] [koze] *v. tr.* **1.** causar. **2.** (occasionner) ocasionar. ‖ **~ une lésion** lesionar.
causer[2] [koze] *v. intr.* **1.** (bavarder) hablar; platicar. **2.** (parler de) conversar.
causerie [kozʀi] *s. f.* **1.** (discours, conférence) charla. **2.** (religieuse) plática.
causette [kozɛt] *s. f.*, *fam.* charla [Faire la causette. *Estar de charla.*]
caution [kosjɔ̃] *s. f.* **1.** fianza. **2.** *fig.* garantía.
cautionner [kosjɔne] *v. tr.* **1.** *Dr.* avalar. **2.** responder; salir fiador [Cautionner quelqu'un. *Responder por alguien.*]
cavalcade [kavalkad] *s. f.* cabalgata.
cavalerie [kavalʀi] *s. f.* caballería.
cavalier, -ière [kavalje, -jɛʀ] *adj.* **1.** caballero, -ra. ‖ *s. m.* **2.** (homme à cheval) jinete. **3.** (de danse) pareja *f.*; acompañante. **4.** *Jeux* (dans le jeu de cartes et

aux échecs) caballo (ajedrez). || **cavalière** s. f. **5.** (amazone) amazona.
cave [kav] adj. **1.** (les joues) hundido, -da. || s. f. **2.** (à vins) bodega; cava. **3.** (d'une maison) sótano m. **4.** Anat. (veine) cava.
caveau [kavo] s. m. **1.** (petite cave à vins) bodega f. **2.** panteón [Caveau de famille. *Panteón familiar.*]
caverne [kavɛʀn] s. f. caverna; cueva.
caviar [kavjaʀ] s. m. caviar.
cavité [kavite] s. f. cavidad.
cd ou cédé [sede] s. m. (disque compact) disco compacto.
cd-rom [sedeʀɔm] s. m., *Inform.* cd-rom.
ce, cet [s(ə)] adj. dém. m. sing. (con las partículas "ci" o "là" pospuestas al nombre se marca la cercanía o lejanía) **1.** (proche) este [Ce livre(-ci). *Este libro.*] **2.** (éloigné) ese; aquel [Ce livre(-là). *Ese / Aquel libro.*] || **~ ... -ci** este; **~ ... -là** ese; aquel. •Se usa "cet" en vez de "ce" cuando el sustantivo empieza por vocal o "h" muda.
ce, c', ç' [s(ə)] pron. dém. n. **1.** eso [C'est très bon. *Eso es muy bueno.*] **2.** (+que/qui) lo; aquello [Ce que tu penses. *Lo que piensas.*] || **c'est-à-dire** es decir; o sea. **ce sont nous, vous...** (presentativo pl.) somos nosotros, sois vosotros... [Ce sont mes parents. *Son mis padres.*] **c'est moi, toi...** (presentativo sing.) soy yo, tú... •Se usa "c'" delante de vocal y "ç'" delante de "a".
ceci [s(ə)si] pron. dém. esto.
cécité [sesite] s. f. ceguera.
céder [sede] v. tr. **1.** ceder. **2.** *Dr.* (un magasin, un bail) traspasar. || v. intr. **3.** ceder.
ceinture [sɛ̃tyʀ] s. f. **1.** (vêtement) cinturón m. **2.** (taille) cintura; talle m. || **attachez vos ceintures** abróchense los cinturones.
ceinturon [sɛ̃tyʀɔ̃] s. m., *Mil.* (para llevar armas) cinto; cinturón.
cela [s(ə)la] pron. dém. n. **1.** eso; aquello [Cela ne pouvait pas marcher. *Aquello no podía salir bien.*] **2.** ello [Il ne s'est pas fâché pour cela. *No se ha enfadado por ello.*] || **~ faisait** hacía. **~ fait** hace.
célèbre [selɛbʀ] adj. (connu) célebre.
célébrer [selebʀe] v. tr. celebrar.
célébrité [selebʀite] s. f. celebridad; popularidad.
celer [sele] v. tr. (quelque chose) ocultar.
céleri [sɛlʀi] s. m. *Bot.* apio.
célérité [seleʀite] s. f. celeridad; velocidad.
céleste [selɛst] adj. celestial; celeste.
célibat [seliba] s. m. celibato.
célibataire [selibatɛʀ] adj. et s. m. et f. soltero, -ra.
celle [sɛl] pron. dém. f. sing. (+que/qui/de) la; aquella [Celle que j'ai lue. *La que / Aquella que leí.*] || **celle-ci** esta [J'ai déjà celle-ci. *Ya tengo esta.*] **celle-là** esa; aquella [J'acheterai celle-là. *Compraré esa.*] •Tous les pronoms démonstratifs peuvent s'écrire avec ou sans accent en espagnol.
celles [sɛl] pron. dém. f. pl. (+que/qui/de) las; aquellas. || **celles-ci** estas. **celles-là** esas; aquellas. •Tous les pronoms démonstratifs peuvent s'écrire avec ou sans accent en espagnol.
cellier [selje] s. m. **1.** (à vin) bodega f. **2.** (à provisions) despensa f.
cellophane [selɔfan] s. f. celofán m.
cellulaire [selylɛʀ] adj. celular.
cellule [selyl] s. f. **1.** (de moine, de prison) celda. **2.** *Biol.* célula.

celui [s(ə)lyi] *pron. dém. m. sing.* (+que/qui/de) el; aquel [Celui de ton père. *El de tu padre.*] ‖ **celui-ci** este. **celui-là** ese; aquel. • Tous les pronoms démonstratifs peuvent s'écrire sans accent en espagnol.

cendre [sɑ̃dR] *s. f.* ceniza.

cendrier [sɑ̃dRije] *s. m.* cenicero.

censeur [sɑ̃sœR] *s. m.* censor.

censure [sɑ̃syR] *s. f.* censura.

censurer [sɑ̃syRe] *v. tr.* censurar.

cent [sɑ̃] *adj. et pron.* **1.** cien; ciento (nombres composés) [Cent chaises, cent trois personnes. *Cien sillas, ciento tres personas.*] ‖ *s. m.* **2.** cien. **3.** (centaine) centenar. ‖ **~ pour ~** cien por cien.

centaine [sɑ̃tɛn] *s. f.* centena; centenar *m.*

centenaire [sɑ̃t(ə)nɛR] *adj. et s. m. et f.* **1.** centenario, -ria. ‖ *s. m.* **2.** centenario.

centième [sɑ̃tjɛm] *adj. et pron.* **1.** (ordinal) centésimo, -ma. ‖ *adj. et s. m.* **2.** (fractionnaire) centésimo, -ma [Le centième. *La centésima.*] **3.** centésima *f.* [Un centième de seconde. *Una centésima de segundo.*]

centigrade [sɑ̃tigRad] *adj. et s. m.* centígrado, -da.

centigramme [sɑ̃tigRam] *s. m.* centigramo.

centilitre [sɑ̃tilitR] *s. m.* centilitro.

centime [sɑ̃tim] *s. m.* céntimo.

centimètre [sɑ̃timɛtR] *s. m.* centímetro.

central, -le, -aux [sɑ̃tRal, -o] *adj.* **1.** central [Chauffage central. *Calefacción central.*] **2.** (du centre-ville) céntrico, -ca. ‖ **centrale** *s. f.* **3.** central.

centraliser [sɑ̃tRalize] *v. tr.* centralizar.

centre [sɑ̃tR] *s. m.* **1.** centro. **2.** (milieu) medio. **3.** *fig.* (cœur, foyer) foco.

centrer [sɑ̃tRe] *v. tr.* **1.** centrar. ‖ **se ~** *v. pr.* **2.** centrarse.

cep [sɛp] *s. m.* (de vigne) cepa *f.*

cependant [s(ə)pɑ̃dɑ̃] *conj.* (néanmoins) sin embargo; no obstante.

céramique [seRamik] *s. f.* cerámica.

cerceau [sɛRso] *s. m.* **1.** (en bois ou en métal) aro. **2.** (du tonneau) cerco.

cercle [sɛRkl] *s. m.* **1.** círculo. **2.** (groupe formé spontanément) corro; corrillo.

cercueil [sɛRkœj] *s. m.* féretro; ataúd.

céréale [seReal] *s. f., Bot.* cereal *m.*

cérémonie [seRemɔni] *s. f.* **1.** ceremonia. **2.** etiqueta [En grande cérémonie. *Con mucha etiqueta.*]

cerf [sɛR] *s. m., Zool.* ciervo; venado.

cerf-volant [sɛRvɔlɑ̃] *s. m.* **1.** (jouet) cometa *f.* **2.** *Zool.* (coléoptère) ciervo volante. • Pl. cerfs-volants.

cerise [s(ə)Riz] *s. f.* **1.** *Bot.* (fruit) cereza. ‖ *adj. inv.* **2.** (couleur) cereza.

cerisier [s(ə)Rizje] *s. m., Bot.* cerezo.

cerne [sɛRn] *s. m.* **1.** (étoffe ou papier) cerco. **2.** (des yeux) ojera *f.*

cerner [sɛRne] *v. tr.* **1.** cercar; rodear. **2.** *fig.* (une question) delimitar.

certain, -ne [sɛRtɛ̃, -ɛn] *adj.* **1.** seguro, -ra; fijo, -ja [Ce n'est pas certain. *No es seguro.*] **2.** seguro, -ra [Je suis certain que. *Estar seguro de que.*] ‖ *adj. indéf. sing.* **3.** (+un/une) (quantité) cierto, -ta [Une certaine distance. *Cierta distancia.*] ‖ **certains, -nes** *adj. indéf. pl.* **4.** ciertos, -tas; algunos, -nas [Dans certains pays. *En ciertos países.*] ‖ **certains, -ne** *pron. indéf. p.* **5.** algunos, -nas; varios, -rias.

certes [sɛRt] *adv.* cierto.

certificat [sɛRtifika] *s. m.* certificado.

certifié, -ée [sɛRtifje] *adj.* **1.** (confirmé) certificado, -da. **2.** (légalisé) compulsado, -da. ‖ **~ conforme** compulsado, -da.

certifier [sɛRtifje] *v. tr.* certificar.

CERTITUDE - CHAMPÊTRE

certitude [sɛʀtityd] *s. f.* certeza; certidumbre. ‖ **avec ~** con certeza.
cerveau [sɛʀvo] *s. m.* cerebro.
cervelle [sɛʀvɛl] *s. f.* **1.** *Anat.* seso *m.* **2.** *fig. et fam.* mollera; seso. **3.** *Gastr.* sesos *m. pl.*
ces [se] *adj. dém. pl.* **1.** (proche) estos, -tas. **2.** (éloigné) esos, -sas; aquellos, -llas. ‖ **~ ... -ci** estos, -tas. **~ ... -là** esos, -sas; aquellos, -llas.
cessation [sesasjɔ̃] *s. f.* cese *m.*
cesse [sɛs] *s. f.* cese. ‖ **sans ~** sin cesar.
cesser [sese] *v. intr.* cesar. **2.** (arrêter) parar; dejar de [Cesser de parler. *Parar de hablar.*] ‖ *v. tr.* **3.** (interrompre) interrumpir; suspender.
cession [sesjɔ̃] *s. f.* cesión. **2.** (d'un fonds de commerce) traspaso *m.*
c'est-à-dire [sɛtadiʀ] *loc. conj.* **1.** (explication) es decir; o sea. **2.** (correction) mejor dicho.
cet [sɛt] *adj. dém. m. sing.* *ce, cet.
cette [sɛt] *adj. dém. f. sing.* (con las partículas "ci" o "là" pospuestas al nombre se marca cercanía o lejanía) **1.** (proche) esta. **2.** (éloigné) esa; aquella. ‖ **~ ... -ci** esta. **~ ... -là** esa; aquella [Cette histoire-là. *Esa historia.*]
ceux [sø] *pron. dém. m. pl.* (+que/qui/de) los; aquellos [Ceux qui peuvent le faire. *Los que pueden hacerlo.*] ‖ **ceux-ci** estos. **ceux-là** esos; aquellos. •Tous les pronoms démonstratifs peuvent s'écrire avec ou sans accent en espagnol.
chacun, -ne [ʃakœ̃, -yn] *pron. indéf.* **1.** cada uno, -na [Chacune de ses amies. *Cada una de sus amigas.*] **2.** todos, -das [Chacun le dit. *Todos lo dicen.*]
chagrin [ʃagʀɛ̃] *s. m.* **1.** pena *f.*; pesar *m.* **2.** (causé par un événement) disgusto.
chagriner [ʃagʀine] *v. tr.* afligir; apenar.
chahut [ʃay] *s. m., fam.* escándalo; alboroto.
chaîne [ʃɛn] *s. f.* **1.** cadena [Chaîne du chien. *Cadena del perro.*] **2.** (télévision) canal *m.* **3.** (collier) cadena; gargantilla (serrée autour du cou). **4.** (de musique) cadena. **5.** (d'un bagnard) cadena perpetua. ‖ **~ de montagnes** cordillera; cadena montañosa (chaînon) sierra.
chaînon [ʃɛnɔ̃] *s. m.* **1.** eslabón [Le chaînon manquant. *El eslabón perdido.*] **2.** (montagnes) sierra *f.*
chair [ʃɛʀ] *s. f.* carne [Avoir la chair de poule. *Tener la carne de gallina.*]
chaire [ʃɛʀ] *s. f.* **1.** (d'un professeur) cátedra. **2.** (d'église) púlpito *m.*
chaise [ʃɛz] *s. f.* silla. ‖ **~ longue** tumbona.
châle [ʃɑl] *s. m.* chal; mantón.
chalet [ʃalɛ] *s. m.* chalé (ou chalet). •En francés, "chalet" es una casa de madera de estilo suizo en la montaña. •En español, "chalé" a le sens courant de "villa", "maison individuelle".
chaleur [ʃalœʀ] *s. f.* **1.** calor *m.* **2.** *fig.* ardor *m.*; vehemencia. **3.** (étouffante) bochorno *m.*; calina. **coup de ~** calentón. **en ~** (en rut) en celo (un animal).
chaleureux, -euse [ʃalœʀø, -øz] *adj.* cálido, -da; caluroso, -sa.
chaloupe [ʃalup] *s. f.* chalupa.
chalumeau [ʃalymo] *s. m.* soplete.
chambre [ʃɑ̃bʀ] *s. f.* **1.** cuarto *m.*; habitación *f.* **2.** (royale) cámara. ‖ **~ à coucher** dormitorio.
chameau [ʃamo] *s. m., Zool.* camello.
chamois [ʃamwa] *s. m., Zool.* gamuza *f.*
champ [ʃɑ̃] *s. m.* campo.
champagne [ʃɑ̃paɲ] *s. m.* champán.
champêtre [ʃɑ̃pɛtʀ] *adj.* campestre.

champignon [ʃɑ̃piɲɔ̃] *s. m.* **1.** (végétal) hongo. **2.** (avec un pied et un chapeau) seta *f.* **3.** (de Paris) champiñón. **4.** (maladie) hongo.

champion, -onne [ʃɑ̃pjɔ̃, -ɔn] *s. m. et f.* campeón, -ona.

championnat [ʃɑ̃pjɔna] *s. m.* **1.** campeonato. **2.** (football) liga *f.*

chance [ʃɑ̃s] *s. f.* **1.** (heureux hasard) suerte [*Avoir de la chance. Tener suerte.*] **2.** (possibilité) posibilidad [*Il a des chances de réussir. Tiene posibilidades de conseguirlo.*] ‖ **coup de ~** oportunidad *f.*

chancelant, -te [ʃɑ̃slɑ̃, -ɑ̃t] *adj.* inseguro, -ra.

chanceler [ʃɑ̃s(ə)le] *v. intr.* vacilar; tambalearse.

chancelier [ʃɑ̃s(ə)lje] *s. m.* **1.** (de l'université) rector (de universidad). **2.** (en Angleterre, en Allemagne) canciller. **3.** (d'un consulat, d'un évêché) canciller.

chancellement [ʃɑ̃sɛlmɑ̃] *s. m.* tambaleo.

chanceux, -euse [ʃɑ̃sø, -øz] *adj.* afortunado, -da.

chandail, -ails [ʃɑ̃daj] *s. m.* jersey.

chandelier [ʃɑ̃d(ə)lje] *s. m.* candelabro.

chandelle [ʃɑ̃dɛl] *s. f.* candela.

change [ʃɑ̃ʒ] *s. m.* cambio. ‖ **donner le ~** *fig.* engañar; despistar.

changeant, -te [ʃɑ̃ʒɑ̃, -ɑ̃t] *adj.* **1.** cambiante; inconstante. **2.** (inégal) desigual.

changement [ʃɑ̃ʒmɑ̃] *s. m.* cambio.

changer [ʃɑ̃ʒe] *v. tr.* **1.** cambiar. **2.** (varier) variar. **3.** (convertir) convertir; transformar. **4.** (remplacer, substituer) reemplazar. **5.** cambiar [*Changer des pesetas en francs. Cambiar pesetas en francos.*] ‖ *v. intr.* **6.** cambiar. ‖ **se ~** *v. pr.* **7.** cambiarse.

chanoine [ʃanwan] *s. m.* canónigo.

chanson [ʃɑ̃sɔ̃] *s. f.* canción.

chant [ʃɑ̃] *s. m.* canto.

chantage [ʃɑ̃taʒ] *s. m.* chantaje.

chanter [ʃɑ̃te] *v. tr. et intr.* cantar. ‖ **~ faux** desafinar **~ juste** entonar. **faire ~** (qqun) hacer chantaje.

chanteur, -euse [ʃɑ̃tœr, -øz] *adj. et s. m. et f.* cantante. ‖ **maître ~** chantajista.

chantier [ʃɑ̃tje] *s. m., Constr.* obra *f.* [*Chef de chantier. Jefe de obra.*] ‖ **~ naval** *Mar.* astillero.

chantonner [ʃɑ̃tɔne] *v. tr. et intr.* canturrear; tararear.

chanvre [ʃɑ̃vr] *s. m., Bot.* cáñamo.

chaos [kao] *s. m.* caos.

chaotique [kaɔtik] *adj.* caótico, -ca.

chaparder [ʃaparde] *v. tr., fam.* sisar.

chapeau [ʃapo] *s. m.* **1.** sombrero. ‖ **chapeau!** *interj.* **2.** ¡bravo!

chapelain [ʃaplɛ̃] *s. m.* capellán.

chapelet [ʃaplɛ] *s. m.* rosario.

chapelle [ʃapɛl] *s. f.* capilla.

chaperon [ʃaprɔ̃] *s. m.* **1.** *vieilli* (capuchon) caperuza. **2.** (du faucon) capirote. **3.** *fig.* (dame de compagnie) carabina *f.*, *fig. et fam.*

chapiteau [ʃapito] *s. m.* **1.** *Arch.* capitel. **2.** (de cirque) carpa *f.*

chapitre [ʃapitr] *s. m.* capítulo.

chaque [ʃak] *adj. distr.* **1.** cada [*Chaque pays. Cada país.*] ‖ *pron. distr.* **2.** cada [*Un de chaque. Uno de cada.*]

char [ʃar] *s. m.* **1.** carro. **2.** (de carnaval) carroza *f.* **3.** *Mil.* carro; tanque [*Char de combat, d'assaut. Carro de combate, de asalto.*] ‖ **~ funèbre** coche fúnebre.

charabia [ʃarabja] *s. m.* (langage incompréhensible) jerga *f.*; algarabía *f.*

charbon [ʃarbɔ̃] *s. m.* carbón. ‖ **être sur des charbons ardents** estar en ascuas.

charbonnier, -ière [ʃaRbɔnje, -jeR] *adj. et s. m. et f.* carbonero, -ra.

charcuterie [ʃaRkytRi] *s. f.* **1.** (magasin) charcutería; tienda de embutidos. **2.** (saucisson, boudin) embutido *m.;* fiambre *m.*

charcutier, -ière [ʃaRkytje, -jeR] *s. m. et f.* carnicero, -ra.

chardon [ʃaRdɔ̃] *s. m., Bot.* cardo. ‖ **fleur du ~** gavilán *m.*

chardonneret [ʃaRdɔnRɛ] *s. m., Zool.* (coiseau) jilguero.

charge [ʃaRʒ] *s. f.* **1.** (poids) carga. **2.** (fonction publique, poste) cargo *m.* **3.** *fig.* cargo; responsabilidad. **4.** *Mil.* (munition) carga. **5.** (assaut) embestida; asalto *m.* **6.** *Dr.* cargo *m.* ‖ **charges** *s. f. pl.* **7.** gastos *m.* (de comunidad).

chargé, -ée [ʃaRʒe] *adj. et s. m. et f.* encargado, -da. ‖ **lettre chargée** carta de valores declarados.

chargement [ʃaRʒ(ə)mɑ̃] *s. m.* **1.** (d'un navire) cargamento. **2.** (action de charger) carga *f.*

charger [ʃaRʒe] *v. tr.* **1.** cargar. **2.** (de faire qqch) encargar; cometer. **3.** (attaquer) cargar; embestir. ‖ **se ~** *v. pr.* **4.** (pour transporter) cargarse. **5.** (prendre la responsabilité) encargarse.

chargeur, -euse [ʃaRʒœR, -øz] *adj. et s. m. et f.* cargador, -ra.

chariot [ʃaRjo] *s. m.* **1.** carro. **2.** (petit) carretilla *f.* ‖ **~ couvert** carromato. **~ d'enfant** tacatá. **~ élévateur** carretilla elevadora.

charisme [kaRism] *s. m.* carisma.

charitable [ʃaRitabl] *adj.* caritativo, -va.

charité [ʃaRite] *s. f.* caridad.

charmant, -te [ʃaRmɑ̃, -ɑ̃t] *adj.* encantador, -ra.

charme [ʃaRm] *s. m.* **1.** encanto [Rompre le charme. *Romper el encanto.*] **2.** (attrait) atractivo. **3.** (grâce) gracia *f.;* salero. **4.** (ensorcellement) hechizo. ‖ **charmes** *s. m. pl.* **5.** encantos.

charmer [ʃaRme] *v. tr.* **1.** (plaire extrêmement) deleitar. **2.** (captiver, fasciner) embelesar; fascinar; hechizar.

charnel, -elle [ʃaRnɛl] *adj.* carnal.

charnière [ʃaRnjɛR] *s. f.* bisagra.

charnu, -ue [ʃaRny] *adj.* carnoso, -sa.

charpente [ʃaRpɑ̃t] *s. f.* armazón.

charpenterie [ʃaRpɑ̃tRi] *s. m., Constr.* carpintería (de obra).

charpentier [ʃaRpɑ̃tje] *s. m.* (travaux de charpente) carpintero (de obra, de armar).

charretier, -ière [ʃaRtje, -jeR] *adj. et s. m. et f.* carretero, -ra.

charrette [ʃaRɛt] *s. f.* carreta; carro *m.*

charrier [ʃaRje] *v. tr.* acarrear; llevar.

charroyer [ʃaRwaje] *v. tr.* acarrear.

charrue [ʃaRy] *s. f.* arado *m.*

chas [ʃɑ] *s. m.* ojo (de una aguja).

chasse [ʃas] *s. f.* **1.** (activité) caza; cacería. **2.** (gibier) caza. ‖ **~ gardée** coto de caza. **ouverture de la ~** levantamiento de la veda. **tirer la ~ d'eau** tirar de la cadena.

chasselas [ʃasla] *s. m. inv., Bot.* uva albilla.

chasse-mouches [ʃasmuʃ] *s. m. inv.* matamoscas.

chasse-neige [ʃasnɛʒ] *s. m. inv.* quitanieves.

chasser [ʃase] *v. tr.* **1.** (un animal) cazar. **2.** (mettre en fuite) ahuyentar. **3.** (mettre dehors) expulsar; echar. **4.** (mauvaise odeur) expulsar.

chasseur, -euse [ʃasœR, -øz] *s. m. et f.* **1.** cazador, -ra. **2.** *Aéron.* caza. **3.** (pilote)

piloto de caza. ‖ *s. m.* **4.** (dans un hôtel ou restaurant) ordenanza; botones.
chassie [ʃasi] *s. f.* legaña.
châssis [ʃasi] *s. m.* **1.** (porte, fenêtre) marco. **2.** (voiture) chasis. **3.** (tableau) bastidor.
chaste [ʃast] *adj.* casto, -ta.
chasteté [ʃast(ə)te] *s. f.* castidad.
chat, chatte [ʃa, ʃat] *s. m. et f.* **1.** *Zool.* gato, -ta. ‖ **chatte** *s. f.* **2.** *vulg.* (sexe féminin) coño.
châtaigne [ʃatɛɲ] *s. f.* (marron) castaña.
châtaignier [ʃatɛɲje] *s. m., Bot.* castaño.
châtain, -ne [ʃatɛ̃, -ɛn] *adj. et s. m.* castaño, -ña.
château [ʃato] *s. m.* castillo.
châtiment [ʃatimɑ̃] *s. m.* castigo.
chatouille [ʃatuj] *s. f.* **1.** (chatouillement) cosquilleo *m.* ‖ **chatouilles** *s. f. pl.* **2.** cosquillas [Faire des chatouilles. *Hacer cosquillas.*]
chatouillement [ʃatujmɑ̃] *s. m.* (picotement, démangeaison) cosquilleo.
chatouiller [ʃatuje] *v. tr.* hacer cosquillas.
châtrer [ʃatre] *v. tr.* castrar; capar.
chaud, chaude [ʃo, ʃod] *adj.* **1.** (un liquide, un objet) caliente. **2.** (climat) caluroso, -sa. **3.** de abrigo [Des vêtements chauds. *Ropa de abrigo.*] ‖ **faire ~** hacer calor [Il fait très chaud. *Hace mucho calor.*]
chaudière [ʃodjɛʀ] *s. f.* caldera.
chaudron [ʃodʀɔ̃] *s. m.* caldero.
chauffage [ʃofaʒ] *s. m.* calefacción *f.* [Chauffage central. *Calefacción central.*]
chauffant, -te [ʃofɑ̃, ɑ̃t] *adj.* calentador, -ra.
chauffe-eau [ʃofo] *s. m. inv.* calentador de agua.
chauffer [ʃofe] *v. tr.* **1.** calentar. **2.** (un lieu) caldear. **3.** *fig.* (animer) animar.

chauffeur [ʃofœʀ] *s. m.* (d'automobile) conductor, chófer. ‖ **~ de taxi** taxista.
chaume [ʃom] *s. m.* **1.** *Bot.* (graminées) caña *f.* **2.** *Agr.* rastrojo.
chaumière [ʃomjɛʀ] *s. f.* choza; cabaña.
chausse [ʃos] *s. f.* **1.** (filtre) manga. ‖ **chausses** *s. f. pl.* **2.** (vêtement) calzones.
chaussé, -ée [ʃose] *adj.* calzado, -da.
chaussée [ʃose] *s. f.* (route) calzada.
chausse-pied [ʃospje] *s. m.* calzador.
chausser [ʃose] *v. tr.* calzar [Chausser du 38. *Calzar un 38 / el número 38.*]
chaussette [ʃosɛt] *s. f.* calcetín *m.*
chausseur, -euse [ʃosœʀ, -øz] *s. m. et f.* **1.** zapatero, -ra. **2.** zapatería *f.* [Aller chez le chausseur. *Ir a la zapatería.*]
chausson [ʃosɔ̃] *s. m.* **1.** (dans certaines activités) zapatilla *f.* [Chausson de danse. *Zapatilla de baile.*] **2.** (pantoufle) zapatilla *f.* **3.** *Gastr.* empanadilla *f.* (dulce).
chaussure [ʃosyʀ] *s. f.* **1.** calzado *m.* [L'industrie du chaussure. *Industria del calzado.*] **2.** (soulier) zapato *m.* ‖ **chaussures de sport** zapatillas de deporte.
chauve [ʃov] *adj.* calvo, -va.
chauve-souris [ʃovsuʀi] *s. f., Zool.* murciélago *m.*
chaux [ʃo] *s. f.* cal.
chavirement [ʃaviʀmɑ̃] *s. m.* zozobra *f.*
chavirer [ʃaviʀe] *v. intr.* **1.** (un navire) zozobrar. **2.** (la tête) dar vueltas. **3.** (les yeux) ponerse en blanco. **4.** *fig.* (trébucher) tambalearse.
check-up [(t)ʃɛkœp] *s. m., Méd.* chequeo.
chef [ʃɛf] *s. m.* jefe, -fa *f.* **2.** (dirigeant) cabeza; líder; caudillo. **3.** (de cuisine) jefe de cocina. ‖ **~ de file** líder.
chef-d'œuvre [ʃɛdœvʀ] *s. m.* obra maestra. •Pl. chefs-d'œuvre.

chef-lieu [ʃɛfljø] *s. m.* **1.** cabeza de distrito; cabeza de partido. **2.** capital *f.* (de provincia). •Pl. chefs-lieux.

cheik ou scheik [ʃɛk] *s. m.* jeque.

chemin [ʃ(ə)mɛ̃] *s. m.* **1.** camino. **2.** (sentier) sendero. **3.** *fig.* (voie) camino. || ~ **de fer** ferrocarril. **Société national des chemins de fer français** (S.N.C.F.) Compañía Nacional de Ferrocarriles Franceses (equivalent à la Renfe espagnole).

cheminée [ʃ(ə)mine] *s. f.* chimenea.

cheminer [ʃ(ə)mine] *v. intr.* **1.** caminar; andar. **2.** *fig.* avanzar; progresar.

chemise [ʃ(ə)miz] *s. f.* **1.** camisa. **2.** (pour des documents) carpeta; portafolio *m.* || ~ **de nuit** camisón *m.*

chemisette [ʃ(ə)mizɛt] *s. f.* camisa (de manga corta).

chemisier [ʃ(ə)mizje] *s. m.* blusa *f.*

chêne [ʃɛn] *s. m.* **1.** *Bot.* (arbre) encina *f.*; roble. **2.** (bois) roble. || ~ **rouvre** roble.

cheneau [ʃano] *s. m.* (toit) canalón.

chêne-liège [ʃɛnljɛʒ] *s. m., Bot.* alcornoque.

chenil [ʃ(ə)nil] *s. m.* perrera *f.*

chenille [ʃ(ə)nij] *s. f.* oruga.

chèque [ʃɛk] *s. m.* cheque; talón. || **carnet de chèques** talonario de cheques. **~ barré** cheque cruzado.

chéquier [ʃekje] *s. m.* talonario de cheques.

cher, chère [ʃɛʀ] *adj.* **1.** (d'un prix élevé) caro, -ra. **2.** (aimé) querido, -da. || *adv.* **3.** caro [Valoir cher. *Valer caro.*]

chercher [ʃɛʀʃe] *v. tr.* **1.** buscar. || *v. intr.* **2.** intentar; tratar (de). || **aller ~** ir a por [Aller chercher de l'eau. *Ir a por agua.*] | llamar [Aller chercher un médecin. *Llamar a un médico.*] | (passer prendre) recoger.

chétif, -ive [ʃetif, -iv] *adj.* enclenque; débil.

cheval, -aux [ʃ(ə)val, -o] *s. m.* **1.** *Zool.* caballo. **2.** *Méc.* caballo. || ~ **d'arçons** *Sport* potro. **chevaux de bois** tiovivo *sing.* **petits chevaux** parchís *sing.*

chevalerie [ʃ(ə)valʀi] *s. f.* caballería.

chevalet [ʃ(ə)valɛ] *s. m.* **1.** (du peintre) caballete. **2.** *Mus.* puente.

chevalier [ʃ(ə)valje] *s. m.* caballero.

chevalière [ʃ(ə)valjɛʀ] *s. f.* sello *m.*; anillo *m.* (con las iniciales o el escudo de armas grabados).

chevalin, -ne [ʃ(ə)valɛ̃, -in] *adj.* caballar.

chevauchée [ʃ(ə)voʃe] *s. f.* cabalgata.

chevaucher [ʃ(ə)voʃe] *v. tr.* **1.** *Techn.* montar. || *v. intr.* **2.** (aller à cheval) cabalgar. **3.** (se recouvrir) montarse.

chevelu, -ue [ʃ(ə)v(ə)ly] *adj.* **1.** cabelludo, -da [Cuir chevelu. *Cuero cabelludo.*] **2.** melenudo, -da [Un jeune chevelu. *Un joven melenudo.*]

chevelure [ʃ(ə)v(ə)lyʀ] *s. f.* cabellera; melena.

chevet [ʃ(ə)vɛ] *s. m.* (du lit) cabecera *f.* || **table de ~** mesilla de noche.

cheveu [ʃ(ə)vø] *s. m.* **1.** pelo (de la cabeza); cabello. || **cheveux** *s. m. pl.* **2.** pelo *sing.*; cabellera *f. sing.*; cabellos. || **aux cheveux blancs** canoso, -sa. **~ blanc** cana *f.*

cheville [ʃ(ə)vij] *s. f.* **1.** (de métal) clavija. **2.** (de bois) taco *m.* **3.** *Anat.* tobillo *m.*

chèvre [ʃɛvʀ] *s. f.* cabra.

chevreau [ʃ(ə)vʀo] *s. m.* cabrito; chivo.

chèvrefeuille [ʃɛvʀ(ə)fœj] *s. m., Bot.* madreselva *f.*

chevreuil [ʃəvʀœj] *s. m.* corzo.

chevron [ʃ(ə)vʀɔ̃] *s. m.* (étoffe) espiga *f.*

chevronné, -ée [ʃ(ə)vʀɔne] *adj.* curtido, -da; veterano, -na; experimentado, -da.

CHEVROTANT - CHORÉGRAPHIE

chevrotant, -te [ʃ(ə)vrɔtɑ̃, -ɑ̃t] *adj.* (voix) trémulo, -la; tembloroso, -sa.

chewing-gum [ʃwingɔm] *s. m.* chicle.

chez [ʃe] *prép.* **1.** en casa de [J'ai été chez Manuel. Estuve en casa de Manuel.] **2.** a casa de [Nous irons chez Pierre. *Iremos a casa de Pierre.*] **3.** en [Chez les Anglais. *En Inglaterra.*] **4.** entre [Chez les Anglais. *Entre los ingleses.*] **5.** en [Il est chez le coiffeur. *Está en la peluquería.*] **6.** a [Je vais chez le coiffeur. *Voy a la peluquería.*] **7.** en [Chez France Télécom. *En France Télécom.*]

chic [ʃik] *adj. inv.* **1.** (élégant) elegante; distinguido, -da. ‖ *s. m.* **2.** *fam.* elegancia *f.;* buen gusto. ‖ **chic!** *interj.* **3.** *fam.* ¡estupendo!

chicaner [ʃikane] *v. tr.* criticar.

chichi [ʃiʃi] *s. m.* pijada *f.* ‖ **qui fait des chichis** melindroso, -sa.

chicorée [ʃikɔre] *s. f.*, *Bot.* achicoria. ‖ **~ frisée** escarola (planta).

chien, chienne [ʃjɛ̃, ʃɛn] *s. m. et f.* **1.** perro, -rra. ‖ *s. m.* **2.** gancho; salero

chier [ʃje] *v. tr. et intr.* cagar. ‖ **faire ~** *vulg.* putear.

chiffon [ʃifɔ̃] *s. m.* trapo.

chiffonner [ʃifɔne] *v. tr.* arrugar; chafar.

chiffonnier, -ière [ʃifɔnje, -jɛr] *s. m. et f.* **1.** trapero, -ra. ‖ *s. m.* **2.** (meuble) costurero.

chiffre [ʃifr] *s. m.* cifra *f.*

chiffrer [ʃifre] *v. tr. et intr.* cifrar.

chignon [ʃiɲɔ̃] *s. m.* (cheveux) moño.

chilien, -enne [ʃiljɛ̃, -ɛn] *adj.* **1.** chileno, -na. ‖ **Chilien, -enne** *s. m. et f.* **2.** chileno, -na.

chimère [ʃimɛr] *s. f.* quimera.

chimérique [ʃimerik] *adj.* quimérico, -ca.

chimique [ʃimik] *adj.* químico, -ca.

chimiste [ʃimist] *s. m. et f.* químico, -ca.

chimpanzé [ʃɛ̃pɑ̃ze] *s. m.*, *Zool.* chimpancé.

chinois, -se [ʃinwa, -az] *adj. et s. m.* **1.** chino, -na. ‖ **Chinois, -se** *s. m. et f.* **2.** chino, -na.

chiot [ʃjo] *s. m.* cachorro.

chiper [ʃipe] *v. tr., fam.* soplar; birlar.

chipie [ʃipi] *s. f.* arpía.

chiquer [ʃike] *v. tr. et intr.* mascar (tabaco).

chirurgical, -le, -aux [ʃiryrʒikal, -o] *adj.* quirúrgico, -ca.

chirurgie [ʃiryrʒi] *s. f.* cirugía.

chirurgien, -enne [ʃiryrʒjɛ̃, -ɛn] *s. m. et f.* cirujano, -na.

chlore [klɔr] *s. m.* cloro.

chlorophylle [klɔrɔfil] *s. f.* clorofila.

choc [ʃɔk] *s. m.* **1.** choque; golpe. **2.** (nerveux) conmoción *f.*

chocolat [ʃɔkɔla] *s. m.* **1.** chocolate. **2.** bombón [Des chocolats. *Bomboner.*]

chœur [kœr] *s. m.* coro.

choisi, -ie [ʃwazi] *adj.* escogido, -da.

choisir [ʃwazir] *v. tr.* escoger; elegir.

choix [ʃwa] *s. m.* **1.** elección *f.* **2.** (alternative) alternativa *f.;* opción *f.* **3.** (assortiment) surtido. **4.** (sélection) selección *f.*

choléra [kɔlera] *s. m.* cólera.

cholestérol [kɔlesterɔl] *s. m.* colesterol.

chômage [ʃomaʒ] *s. m.* paro; desempleo. ‖ **au ~** parado, -da; en paro.

chômeur, -euse [ʃomœr, -øz] *s. m. et f.* parado, -da.

choquant, -te [ʃɔkɑ̃, -ɑ̃t] *adj.* chocante.

choquer [ʃɔke] *v. tr.* **1.** *fig.* (déplaire) chocar. **2.** (la vue, l'oreille) ofender. **3.** (l'amour-propre, la vanité) herir; lastimar.

chorégraphie [kɔreɡrafi] *s. f.* coreografía.

chose [ʃoz] *s. f.* cosa. ‖ **la même ~** lo mismo. **quelque ~** algo.

chou [ʃu] *s. m.* col *f.*; berza *f.* ‖ **mon ~** *fam.* querido mío; amor mío.

chouette [ʃwɛt] *s. f.* **1.** *Zool.* lechuza. ‖ *adj.* **2.** *fam.* estupendo, -da; chachi *fam.*

chou-fleur [ʃuflœʀ] *s. m.* coliflor *f.*

choyer [ʃwaje] *v. tr.* (câliner) mimar.

chrétien, -enne [kʀetjɛ̃, -ɛn] *adj. et s. m. et f.* cristiano, -na.

chrétienté [kʀetjɛ̃te] *s. f.* cristiandad.

christianisme [kʀistjanism] *s. m.* cristianismo.

chrome [kʀom] *s. m.* (métal) cromo.

chromosome [kʀomozom] *s. m.* cromosoma.

chronique [kʀonik] *adj.* **1.** crónico, -ca. ‖ *s. f.* **2.** crónica.

chroniqueur, -euse [kʀonikœʀ, -øz] *s. m. et f.* cronista.

chronologie [kʀonoloʒi] *s. f.* cronología.

chronomètre [kʀonometʀ] *s. m.* cronómetro.

chuchoter [ʃyʃɔte] *v. tr. et intr.* (dire ou parler en confidence) cuchichear.

chut! [ʃyt] *interj.* ¡chitón!; ¡silencio!

chute [ʃyt] *s. f.* **1.** caída. **2.** (d'eau) salto; catarata. **3.** (diminution) bajón. ‖ **~ de grêle** granizada. **~ de neige** nevada.

ci [si] *adv.* (gralm. sólo forma compuestos con adjetivos y lleva guión) aquí [**Ci-**présents. *Aquí presentes.*] **ci-gît** aquí yace. **ci-joint** anexo, -xa; adjunto, -ta. **ci-dessous** (en un escrito) más abajo. **ci-après** a continuación. •"Ci" forma compuestos con los demostrativos, teniendo éstos un valor de proximidad: Este hombre. *Cet homme-ci.*

cibiste [sibist] *s. m. et f.* radioaficionado, -da.

cible [sibl] *s. f.* blanco *m.*

ciboulette [sibulɛt] *s. f.* cebolleta.

cicatrice [sikatʀis] *s. f.* cicatriz.

cicatriser [sikatʀize] *v. tr.* cicatrizar.

cidre [sidʀ] *s. m.* sidra *f.*

ciel, ciels, cieux [sjɛl, pl. sjø] *s. m.* **1.** cielo. ‖ **ciels** *s. m. pl.* **2.** (clima) cielos. ‖ **cieux** *s. m. pl.* **3.** *Rel.* cielos. **4.** (astronomie) cielos.

cierge [sjɛʀʒ] *s. m.* cirio.

cigale [sigal] *s. f., Zool.* (insecte) cigarra.

cigare [sigaʀ] *s. m.* puro; cigarro puro.

cigarette [sigaʀɛt] *s. f.* **1.** cigarrillo *m.*; cigarro *m.*; pitillo *m.*, *fam.* ‖ **cigarettes** *s. f. pl.* **2.** tabaco *m. sing.*

cigogne [sigɔɲ] *s. f., Zool.* cigüeña.

cil [sil] *s. m.* (des yeux) pestaña *f.*

ciller [sije] *v. tr. et intr., litt.* pestañear.

cime [sim] *s. f.* **1.** (d'une montagne) cima. **2.** (d'un arbre) copa. **3.** *fig.* cima.

ciment [simɑ̃] *s. m.* cemento. ‖ **~ armé** cemento armado; hormigón armado.

cimenter [simɑ̃te] *v. tr.* cimentar.

cimetière [simtjɛʀ] *s. m.* cementerio.

cinéma [sinema] *s. m.* cine.

cinémathèque [sinematɛk] *s. f.* filmoteca.

cinématographe [sinematɔgʀaf] *s. m.* cinematógrafo.

cinglé, -ée [sɛ̃gle] *adj. et s. m. et f., fam.* chalado, -da; chiflado, -da.

cinq [sɛ̃k] *adj. et pron.* **1.** cinco. ‖ *s. m.* **2.** cinco. ‖ **~ cents** quinientos, -tas. •Sólo las centenas simples utilizan "cents": cinq cents; cinq cent vingt.

cinquantaine [sɛ̃kɑ̃tɛn] *s. f.* cincuentena. ‖ **la ~** los cincuenta.

cinquante [sɛ̃kɑ̃t] *adj. et pron.* **1.** cincuenta. ‖ *s. m. inv.* **2.** cincuenta.

cinquième [sɛ̃kjem] *adj. et pron.* **1.** (ordinal) quinto, -ta. ‖ *adj. et s. m.* **2.** (fractionnaire) quinto, -ta.

cintre [sɛ̃tR] *s. m.* percha *f.*

cirage [siRaʒ] *s. m.* **1.** (du parquet) encerado. **2.** (chaussures) betún; crema *f.*

circonférence [siRkɔ̃feRɑ̃s] *s. f.* circunferencia.

circonscrire [siRkɔ̃skRiR] *v. tr.* **1.** circunscribir. **2.** *fig.* delimitar.

circonstance [siRkɔ̃stɑ̃s] *s. f.* circunstancia.

circuit [siRkɥi] *s. m.* circuito.

circulaire [siRkyleR] *adj.* **1.** circular. ‖ *s. f.* **2.** (lettre) circular.

circulation [siRkylasjɔ̃] *s. f.* **1.** (du sang) circulación. **2.** (des véhicules) tráfico.

circuler [siRkyle] *v. intr.* circular.

cire [siR] *s. f.* cera. ‖ ~ **à cacheter** lacre *m.*

ciré, -ée [siRe] *adj.* encerado, -da.

cirer [siRe] *v. tr.* **1.** (le parquet) encerar. **2.** (chaussures) sacar brillo; dar cera.

cireur, -euse [siRœR, -øz] *s. m.* (chaussures) limpiabotas.

cirque [siRk] *s. m.* circo.

ciseau [sizo] *s. m.* **1.** tijeras *f. pl.* **2.** (de escultor) cincel. ‖ **ciseaux** *s. m. pl.* **3.** tijeras *f.* ‖ ~ **à bois** escoplo.

ciseler [sizle] *v. tr.* cincelar.

citadin, -ne [sitadɛ̃, -in] *adj.* **1.** urbano, -na. ‖ *s. m. et f.* **2.** habitante; ciudadano, -na.

citation [sitasjɔ̃] *s. f.* **1.** (texte, auteur) cita. **2.** *Dr.* citación.

cité [site] *s. f.* ciudad; urbe. ‖ ~ **universitaire** ciudad universitaria.

citer [site] *v. tr.* citar.

citerne [siteRn] *s. f.* cisterna; tanque *m.*

citoyen, -enne [sitwajɛ̃, -ɛn] *s. m. et f.* ciudadano, -na.

citron [sitRɔ̃] *s. m.* limón.

citronnade [sitRɔnad] *s. f.* limonada.

citronnier [sitRɔnje] *s. m., Bot.* limonero.

citrouille [sitRuj] *s. f., Bot.* calabaza.

civelle [sivɛl] *s. f., Zool.* angula.

civet [sive] *s. m.* encebollado; guisado.

civière [sivjeR] *s. f.* camilla.

civil [sivil] *adj. et s. m. et f.* civil. ‖ **en** ~ de paisano; de civil.

civilisation [sivilizasjɔ̃] *s. f.* civilización.

civiliser [sivilize] *v. tr.* civilizar.

civique [sivik] *adj.* cívico, -ca.

claie [klɛ] *s. f.* cañizo *m.*

clair, claire [kleR] *adj.* **1.** claro, -ra. **2.** (évident) evidente. ‖ ~ **et net** claro. **mettre au** ~ poner en claro; sacar en claro.

clairière [kleRjeR] *s. f.* (bois) claro *m.*

clairon [kleRɔ̃] *s. m.* **1.** *Mus.* clarín. **2.** (dans l'infanterie) corneta *f.* **3.** (soldat) corneta.

claironner [kleRɔne] *v. tr.* pregonar.

clairvoyance [kleRvwajɑ̃s] *s. f.* clarividencia.

clamer [klɑme] *v. tr.* clamar; protestar.

clameur [klɑmœR] *s. f.* clamor *m.*

clan [klɑ̃] *s. m.* clan.

clandestin, -ine [klɑ̃destɛ̃, -in] *adj.* clandestino, -na.

claque [klak] *s. f.* **1.** (coup de la main) cachete *m.* **2.** (claquement des mains) palmada. **3.** (gifle) bofetada; torta.

claquement [klakmɑ̃] *s. m.* **1.** chasquido. **2.** (des articulations) crujido. **3.** (des mains) palmada *f.* **4.** (de fouet) latigazo. **5.** (de porte) portazo.

claquer [klake] *v. intr.* **1.** (faire un bruit sec) hacer un ruido seco. **2.** (le fouet, ses doigts, sa langue) chasquear. **3.** (les dents) castañetear. **4.** (des mains) dar una palmada. ‖ *v. tr.* **5.** (gifler) abofetear. **6.** *fam.* (éreinter) agotar. ‖ **se** ~ *v. pr.* **7.**

(les muscles, les tendons) desgarrarse; distenderse. ‖ **~ des pieds** zapatear. **faire ~ ses talons** taconear (andando).

clarifier [klaʀifje] *v. tr., fig.* aclarar.

clarinette [klaʀinet] *s. f., Mus.* (instrument) clarinete *m.*

clarinettiste [klaʀinetist] *s. m. et f.* (musicien) clarinete *m.*

clarté [klaʀte] *s. f.* claridad.

classe [klɑs] *s. f.* clase. ‖ **de ~** lectivo, -va [Jour de classe. *Día lectivo.*]

classement [klasmɑ̃] *s. m.* clasificación *f.*

classer [klase] *v. tr.* clasificar.

classeur [klasœʀ, -øz] *s. m.* archivador.

classification [klasifikasjɔ̃] *s. f.* clasificación.

classifier [klasifje] *v. tr.* clasificar.

clause [kloz] *s. f.* cláusula.

clavecin [klav(ə)sɛ̃] *s. m., Mus.* clave.

clavicule [klavikyl] *s. f., Anat.* clavícula.

clavier [klavje] *s. m.* teclado.

clé [kle] *s. m.* *clef.

clef ou clé [kle] *s. f.* llave. ‖ **~ à vis** llave de tuerca. **~ anglaise** llave inglesa. **sous ~** bajo llave.

clémence [klemɑ̃s] *s. f.* clemencia.

clerc [klɛʀ] *s. m.* (religieux) clérigo.

clergé [klɛʀʒe] *s. m.* clero.

cliché [kliʃe] *s. m.* **1.** *Phot.* negativo; cliché. **2.** *fig.* lugar común; tópico.

client, -te [klijɑ̃, -ɑ̃t] *s. m. et f.* cliente, -ta.

clientèle [klijɑ̃tɛl] *s. f.* clientela.

cligner [kliɲe] *v. tr. et intr.* **1.** (faire un clin d'œil) guiñar. **2.** (ciller) parpadear.

clignotant, -te [kliɲɔtɑ̃, -ɑ̃t] *adj. et s. m.* intermitente.

clignoter [kliɲɔte] *v. intr.* (la lumière, les étoiles) parpadear.

climat [klima] *s. m.* clima.

climatiser [klimatize] *v. tr.* climatizar.

clin d'œil [klɛ̃dœj] *loc.* guiño. ‖ **en un ~ d'œil** en un abrir y cerrar de ojos.

clinique [klinik] *s. f.* clínica; sanatorio *m.*

clip [klip] *s. m.* **1.** (petit bijou) clip. **2.** (vidéo-clip) videoclip. ‖ **~ vidéo** videoclip.

cliquetis [klikti] *s. m.* ruido; choque (de cosas).

cloaque [klɔak] *s. f.* cloaca; alcantarilla.

clochard, -de [klɔʃaʀ, -aʀd] *s. m. et f.* vagabundo, -da; mendigo, -ga.

cloche [klɔʃ] *s. f.* campana.

cloche-pied, à [aklɔʃpje] *loc. adv.* a la pata coja.

clocher¹ [klɔʃe] *s. m.* campanario.

clocher² [klɔʃe] *v. intr.* cojear.

clochette [klɔʃɛt] *s. f.* **1.** campanilla. **2.** (au cou du bétail) cencerro *m.*

cloison [klwazɔ̃] *s. f.* tabique *m.*

cloître [klwatʀ] *s. m.* claustro.

cloîtrer [klwatʀe] *v. tr.* **1.** enclaustrar. ‖ **se ~** *v. pr.* **2.** encerrarse.

clopin-clopant [klɔpɛ̃klɔpɑ̃] *adv., fam.* (marche irrégulière) cojeando; a tropezones.

cloque [klɔk] *s. f.* (ampoule) ampolla.

clore [klɔʀ] *v. tr.* **1.** (le passage, les yeux) cerrar; tapar. **2.** (un marché, un compte, une négociation) cerrar; liquidar.

clos, -se [klo, kloz] *adj.* **1.** cerrado, -da. ‖ *s. m.* **2.** cercado (terreno cultivado).

clôture [klotyʀ] *s. f.* **1.** cerca; cercado *m.*; valla. **2.** (couvent) clausura. **3.** *fig.* clausura; fin *m.*; cierre *m.* **4.** *Comm.* (compte) liquidación.

clôturer [klotyʀe] *v. tr.* **1.** (un champ) cercar; cerrar. **2.** *fig.* (mettre fin) clausurar; poner fin. **3.** (un compte, une discussion) liquidar; cerrar.

clou [klu] *s. m.* clavo. ‖ **les clous** paso de peatones.

clouer [klue] *v. tr.* clavar.
clouté, passage [klute] paso de peatones.
clovisse [klɔvis] *s. f., Zool.* almeja.
clown [klun] *s. m.* payaso, -sa.
club [klœb] *s. m.* club.
coaguler [kɔagyle] *v. tr.* **1.** (sang) coagular. ‖ **se ~** *v. pr.* **2.** (sang) coagularse. (lait) cuajarse.
coaliser, se [kɔalize] *v. pr.* (s'allier) aliarse.
coalition [kɔalisjɔ̃] *s. f.* coalición.
coasser [kɔase] *v. intr.* croar.
cobra [kɔbra] *s. m., Zool.* cobra *f.*
cocaïne [kɔkain] *s. f.* cocaína.
cocasse [kɔkas] *adj., fam.* chusco, -ca.
coccinelle [kɔksinɛl] *s. f., Zool.* (insecte) mariquita.
cocher [kɔʃe] *v. tr.* marcar (con una cruz).
cochon, -onne [kɔʃɔ̃] *s. m. et f.* **1.** cerdo, -da. ‖ *adj. et s. m. et f.* **2.** *fam.* (sale, grossière) guarro, -rra; cochino, -na. ‖ **~ de lait** lechón.
cochonnerie [kɔʃɔnri] *s. f.* **1.** (saleté) porquería. **2.** (malpropreté) cochinada; marranada; guarrada. **3.** *fig.* (mauvais tour) guarrada.
cocktail, -ails [kɔktɛl] *s. m.* cóctel; combinado.
cocon [kɔkɔ̃] *s. m.* (de ver) capullo.
cocotier [kɔkɔtje] *s. m., Bot.* cocotero.
cocotte [kɔkɔt] *s. f.* (casserole) cazuela. ‖ **~ en papier** pajarita de papel.
cocotte-minute [kɔkɔtminyt] *s. f.* olla a presión.
cocu, -ue [kɔky] *adj. et s. m. et f., fam.* cornudo, -da.
code [kɔd] *s. m.* código.
coefficient [kɔefisjɑ̃] *s. m.* coeficiente.
cœur [kœʀ] *s. m.* **1.** corazón. **2.** *Jeux* (cartes) corazones *pl.* [As de cœur. *As de co-*

razones.] ‖ **par ~** de memoria. **soulever le ~** marear.
coexistence [kɔɛgzistɑ̃s] *s. f.* coexistencia.
coexister [kɔɛgziste] *v. intr.* coexistir.
coffre [kɔfʀ] *s. m.* (coffre-fort) caja fuerte. ‖ **~ à bagages** maletero.
coffre-fort [kɔfʀ(ə)fɔʀ] *s. m.* caja fuerte.
cogner [kɔɲe] *v. tr.* **1.** (heurter) golpear. ‖ *v. intr.* **2.** (à la porte) llamar. ‖ **se ~** *v. pr.* **3.** darse un golpe; darse; darse un trompazo *fam.*
cohabiter [kɔabite] *v. intr.* cohabitar.
cohérence [kɔeʀɑ̃s] *s. f.* coherencia.
cohérent, -te [kɔeʀɑ̃, -ɑ̃t] *adj.* coherente.
cohue [kɔy] *s. f.* **1.** (foule) barullo *m.* **2.** (bousculade) tropel *m.* **3.** (confusion, désordre) alboroto *m.*; confusión.
coiffe [kwaf] *s. f.* (femme) cofia.
coiffé, -ée [kwafe] *adj.* peinado, -da.
coiffer [kwafe] *v. tr.* **1.** (les cheveux) peinar. ‖ **se ~** *v. pr.* **2.** (les cheveux) peinarse. **3.** (d'un chapeau) cubrirse la cabeza con.
coiffeur, -euse [kwafœʀ, -øz] *s. m. et f.* **1.** peluquero, -ra. **2.** (barbier) barbero, -ra. ‖ **aller chez le ~** ir a la peluquería.
coiffeuse [kwaføz] *s. f.* tocador *m.*
coiffure [kwafyʀ] *s. f.* (des cheveux) peinado *m.* ‖ **salon de ~** peluquería *f.*
coin [kwɛ̃] *s. m.* **1.** rincón [Le coin d'une chambre. *El rincón de una habitación.*] **2.** esquina *f.*; ángulo [Le coin de la table, de la rue. *La esquina de la mesa, de la calle.*] **3.** vuelta *f.* [Au coin de la rue. *A la vuelta de la esquina.*] ‖ **du ~ de l'œil** de reojo.
coincer [kwɛ̃se] *v. tr.* **1.** (un engrenage) atrancar. **2.** (serrer, immobiliser) encajonar; arrinconar. **3.** *fig. et fam.* arrinconar

acorralar. || **se ~** *v. pr.* **4.** (se bloquer) atrancarse; atascarse. **5.** (se pincer) cogerse.

coïncidence [kɔēsidɑ̃s] *s. f.* coincidencia.
coïncider [kɔēside] *v. intr.* coincidir.
coing [kwē] *s. m.*, Bot. (fruit) membrillo. || **pâte de** ~ dulce de membrillo.
col [kɔl] *s. m.* **1.** (vêtement, bouteille) cuello. **2.** (entre montagnes) desfiladero.
colère [kɔlɛʀ] *s. f.* cólera; ira. || **mettre en** ~ encolerizar; enfurecer.
coléreux, -euse [kɔleʀø, -øz] *adj.* colérico, -ca.
colérique [kɔleʀik] *adj.* colérico, -ca.
colin [kɔlē] *s. m.*, Zool. merluza *f.*
colique [kɔlik] *s. f.* cólico *m.*
colis [kɔli] *s. m.* paquete (para enviar).
collaborer [kɔ(l)labɔʀe] *v. intr.* colaborar.
collant, -te [kɔlɑ̃, -ɑ̃t] *adj.* **1.** (qui colle) pegajoso, -sa. **2.** (ajusté) ceñido, -da; ajustado, -da. **3.** (pot de colle) pegajoso, -sa. || *s. m.* (ou collants) **4.** medias *f. pl.*; panty (ou pantys).
collapsus [kɔlapsys] *s. m.* colapso.
collation [kɔlasjɔ̃] *s. f.* (repas léger) refrigerio *m.*; tentempié *m.*
colle [kɔl] *s. f.* **1.** pegamento *m.*; cola. **2.** *fig. et fam.* (question difficile dans un examen) pega.
collecte [kɔlɛkt] *s. f.* **1.** (quête) colecta. **2.** (de données) recolección *f.*
collecter [kɔlɛkte] *v. tr.* colectar; hacer una colecta.
collecteur, -trice [kɔlɛktœʀ, -tʀis] *adj. et s. m.* colector, -ra.
collectif, -ive [kɔlɛktif, -iv] *adj.* colectivo, -va.
collection [kɔlɛksjɔ̃] *s. f.* colección.
collectionner [kɔlɛksjɔne] *v. tr.* coleccionar.

collectivité [kɔlɛktivite] *s. f.* colectividad.
collège [kɔlɛʒ] *s. m.* colegio.
collégiale [kɔleʒjal] *s. f.* (église) colegiata.
collégien, -enne [kɔleʒjē, -ɛn] *s. m. et f.* colegial, -la.
collègue [kɔl(l)ɛg] *s. m. et f.* colega.
coller [kɔle] *v. tr. et intr.* **1.** pegar; adherir. || *v. intr.* **2.** *fam.* (un vêtement) ajustarse; pegar; ir bien; ceñirse. || *v. tr.* **3.** (contre une partie du corps) ajustar. **4.** *fam.* dar calabazas; catear [Il a été collé à son examen. *Ha cateado el examen.*]
collier [kɔlje] *s. m.* collar.
colline [kɔlin] *s. f.* colina; loma.
collision [kɔlizjɔ̃] *s. f.* colisión; choque *m.*
colloque [kɔ(l)lɔk] *s. m.* coloquio.
colmater [kɔlmate] *v. tr.* taponar.
colombe [kɔlɔ̃b] *s. f.* paloma (de la paz).
colombien, -enne [kɔlɔ̃bjē, -ɛn] *adj.* **1.** colombiano, -na. || **Colombien, -enne** *s. m. et f.* **2.** colombiano, -na.
colon [kɔlɔ̃] *s. m.* colono.
colonel, -elle [kɔlɔnɛl] *s. m. et f.*, Mil. coronel, -la.
colonie [kɔlɔni] *s. f.* colonia.
coloniser [kɔlɔnize] *v. tr.* colonizar.
colonne [kɔlɔn] *s. f.* columna.
colorant, -te [kɔlɔʀɑ̃, -ɑ̃t] *adj. et s. m.* colorante.
colorer [kɔlɔʀe] *v. tr.* colorear.
colorier [kɔlɔʀje] *v. tr.* colorear.
coloris [kɔlɔʀi] *s. m.* colorido.
colossal, -le, -aux [kɔlɔsal, -o] *adj.* colosal.
colosse [kɔlɔs] *s. m.* coloso.
colporteur [kɔlpɔʀtœʀ] *s. m.* buhonero.
combat [kɔ̃ba] *s. m.* combate; lucha *f.*
combattre [kɔ̃batʀ] *v. tr. et intr.* **1.** combatir; luchar. || *v. intr.* **2.** (se disputer) pelear. **3.** Taur. (un taureau) lidiar.

combien [kɔ̃bjɛ̃] *pron. int.* **1.** cuánto, -ta [Combien ça coûte? ¿Cuánto cuesta? || *adv. excl.* **2.** cuánto; cómo (+verbe) [Vous ne savez pas combien je m'inquiète. *No sabéis cuánto me preocupo.*] **3.** qué (+adv.); lo ... que [Combien il marche lentement. *Qué despacio anda.*] **4.** qué (+adj.); lo ... que [Vous allez voir combien il est méchant. *Vais a ver lo malo que es.*] || **~ de** cuánto, -ta [Combien de kilos voulez-vous? *¿Cuántos kilos quieres?* | cuánto, -ta; qué de [Combien de fleurs! *¡Cuántas/ Qué de flores!*]

combinaison [kɔ̃binɛzɔ̃] *s. f.* combinación.

combiner [kɔ̃bine] *v. tr.* combinar.

comble [kɔ̃bl] *adj.* **1.** lleno, -na. || *s. m.* **2.** colmo. || **c'est le ~** es el colmo.

combler [kɔ̃ble] *v. tr.* **1.** colmar. **2.** (boucher) tapar.

combustible [kɔ̃bystibl] *adj. et s. m.* combustible. || **non ~** incombustible.

combustion [kɔ̃bystjɔ̃] *s. f.* combustión.

comédie [kɔmedi] *s. f.* **1.** comedia. **2.** *fig.* paripé o. *fam.* || **jouer la ~** hacer el paripé; tirarse el pegote.

comédien, -enne [kɔmedjɛ̃, -ɛn] *s. m. et f.* **1.** actor, -triz; artista. || *adj. et s. m. et f.* **2.** comediante, -ta. **3.** (acteur comique) cómico, -ca. **4.** *fig.* hipócrita; farsante.

comestible [kɔmɛstibl] *adj. et s. m.* comestible.

comète [kɔmɛt] *s. f.* (astre) cometa *m.*

comices [kɔmis] *s. m. pl.* comicios.

comique [kɔmik] *adj.* cómico, -ca.

comité [kɔmite] *s. m.* comité; junta *f.*

commandant [kɔmɑ̃dɑ̃, -ɑ̃t] *s. m., Mil.* comandante.

commande [kɔmɑ̃d] *s. f.* **1.** pedido *m.*; encargo *m.*; orden *f.* **2.** *Méc.* mando *m.*

commandement [kɔmɑ̃dmɑ̃] *s. m.* **1.** (autorité) mando; autoridad *f.* **2.** (ordre) mandato. **3.** *Rel.* mandamiento.

commander [kɔmɑ̃de] *v. tr.* **1.** (exiger) mandar; ordenar. **2.** (au restaurant) pedir. **3.** (acheter) pedir; encargar; solicitar. **4.** (diriger) dirigir. **5.** *Méc.* accionar.

commando [kɔmɑ̃do] *s. m., Mil.* comando.

comme [kɔm] *adv.* **1.** como. || *conj.* **2.** (tel que) como; tal como [J'ai fait comme j'ai pu. *Lo hice como pude.*] **3.** (cause) como [Comme il n'a pas appelé, c'est à moi de le faire. *Como no ha llamado tendré que hacerlo yo.*] || *adv. excl.* **4.** qué; cómo [Comme il est méchant! *¡Qué malo es!*] **5.** cuánto [Comme il a grandi! *¡Cuánto ha crecido!*] || *prép.* **6.** de [Comme dessert. *De postre.*] **7.** (en tant que) como [Comme directeur. *Como director.*] || **c'est ~ ça** así es. **~ ça** así; así de **~ cela** así. **~ celle-là** así. **~ celui-ci** así. **~ ci ~ ça** así así; regular.

commémoraison [kɔmemɔrɛzɔ̃] *s. f., Rel.* conmemoración.

commémoration [kɔmemɔrasjɔ̃] *s. f.* conmemoración.

commencement [kɔmɑ̃smɑ̃] *s. m.* comienzo; principio; inicio.

commencer [kɔmɑ̃se] *v. tr.* **1.** empezar. **2.** comenzar. || *v. intr.* **3.** comenzar.

comment [kɔmɑ̃] *adv. int.* **1.** cómo [Comment tu t'appelles? *¿Cómo te llamas?*] || *s. m.* **2.** cómo [Le pourquoi et le comment. *El cómo y el porqué.*] || **comment!** *interj.* **3.** ¡qué!; ¡cómo! || **comment?** *interj.* **4.** ¿cómo? || **~ ça...?** ¿cómo que...? [Comment ça, il n'est pas venu? *¿Cómo que no ha venido?*]

commentaire [kɔmɑ̃tɛr] *s. m.* comentario.

commenter [kɔmɑ̃te] v. tr. comentar.
commérage [kɔmeraʒ] s. m. chisme.
commerçant, -te [kɔmersɑ̃, -ɑ̃t] adj. et s. m. et f. comerciante.
commerce [kɔmers] s. m. **1.** comercio. **2.** (l'achat et la vente) compraventa f. **3.** (magasin) tienda f. ‖ **faire du** ~ hacer negocios.
commercer [kɔmerse] v. intr. comerciar.
commère [kɔmer] s. f. **1.** comadre. **2.** cotilla; charlatana.
commettre [kɔmetr] v. tr. cometer.
commis [kɔmi] s. m. **1.** empleado, -da. **2.** (dans une boutique) dependiente. **3.** (agent, employé) encargado, -da.
commissaire [kɔmiser] s. m. **1.** (de police) comisario. **2.** (priseur) tasador.
commissariat [kɔmisarja] s. m. (de police) comisaría f.
commission [kɔmisjɔ̃] s. f. **1.** comisión. **2.** (message) encargo m.; recado m.
commissionner [kɔmisjɔne] v. tr. encargar; delegar.
commode [kɔmɔd] adj. **1.** cómodo, -da. ‖ s. f. **2.** (meuble) cómoda.
commotion [kɔmosjɔ̃] s. f. conmoción.
commuer [kɔmɥe] v. tr. conmutar.
commun, -ne [kɔmœ̃ -yn] adj. **1.** (de tous) común. **2.** (ordinaire) corriente.
communal, -le, -aux [kɔmynal, -o] adj. municipal.
communauté [kɔmynote] s. f. comunidad. ‖ ~ **autonome** (en Espagne, équivaut plus ou moins à la région administrative) comunidad autónoma.
commune [kɔmyn] s. f. **1.** (ensemble des habitants) municipio m. **2.** (territoire) término municipal.
communication [kɔmynikasjɔ̃] s. f. **1.** comunicación. **2.** (conférence) conferencia.
communier [kɔmynje] v. intr. comulgar.
communion [kɔmynjɔ̃] s. f. comunión.
communiqué [kɔmynike] s. m. (annonce) comunicado; parte.
communiquer [kɔmynike] v. tr. **1.** comunicar. ‖ v. intr. **2.** (être en relation) ponerse en contacto con.
communisme [kɔmynism] s. m. comunismo.
compact, -te [kɔ̃pakt] adj. compacto, -ta.
compagne [kɔ̃paɲ] s. f. compañera.
compagnie [kɔ̃paɲi] s. f. compañía.
compagnon [kɔ̃paɲɔ̃] s. m. **1.** compañero [Compagnon de voyage. Compañero de viaje.] **2.** camarada.
comparaison [kɔ̃parezɔ̃] s. f. comparación.
comparaître [kɔ̃paretr] v. intr. comparecer.
comparer [kɔ̃pare] v. tr. comparar.
compartiment [kɔ̃partimɑ̃] s. m. compartimento.
comparution [kɔ̃parysjɔ̃] s. f. comparecencia.
compas [kɔ̃pɑ] s. m. **1.** (de dessin) compás. **2.** Mar. aguja náutica.
compassion [kɔ̃pasjɔ̃] s. f. compasión; lástima.
compatible [kɔ̃patibl] adj. compatible.
compatir à [kɔ̃patira] v. intr. compadecerse; compadecer.
compatissant, -te [kɔ̃patisɑ̃, -ɑ̃t] adj. compasivo, -va.
compatriote [kɔ̃patrijɔt] s. m. et f. compatriota; paisano, -na.
compénétrer, se [kɔ̃penetre] v. pr. compenetrarse.
compensation [kɔ̃pɑ̃sasjɔ̃] s. f. compensación.
compenser [kɔ̃pɑ̃se] v. tr. compensar.

compère [kɔ̃pɛʀ] *s. m.* cómplice; compinche. || **rusé** ~ *fig.* zorro.
compétence [kɔ̃petɑ̃s] *s. f.* competencia.
compétent, -te [kɔ̃petɑ̃, -ɑ̃t] *adj.* competente.
compilation [kɔ̃pilasjɔ̃] *s. f.* recopilación.
compiler [kɔ̃pile] *v. tr.* recopilar.
complaire [kɔ̃plɛʀ] *v. tr.* **1.** complacer. || **se** ~ *v. pr.* **2.** complacerse.
complément [kɔ̃plemɑ̃] *s. m.* complemento.
complet, -ète [kɔ̃plɛ, -ɛt] *adj.* **1.** completo, -ta. **2.** (plein) lleno, -na. **3.** (entier) entero, -ra. **4.** (aliments) integral. || *s. m.* **5.** (costume) traje.
complètement [kɔ̃plɛtmɑ̃] *adv.* completamente.
compléter [kɔ̃plete] *v. tr.* completar.
complexe [kɔ̃plɛks] *adj. et s. m., fam.* complejo, -ja.
complexé, -ée [kɔ̃plɛkse] *adj. et s. m. et f.* acomplejado, -da.
complexion [kɔ̃plɛksjɔ̃] *s. f.* constitución; complexión.
complice [kɔ̃plis] *adj. et s. m. et f.* cómplice.
compliment [kɔ̃plimɑ̃] *s. m.* **1.** cumplido, -a. **2.** (louange) halago; elogio. **3.** (galanterie) piropo. **4.** (félicitation) felicitación *f.* || **compliments** *s. m. pl.* **5.** enhorabuena *f. sing.*
compliquer [kɔ̃plike] *v. tr.* **1.** complicar. **2.** (rendre difficile) dificultar. || **se** ~ *v. pr.* **3.** complicarse. (maladie) agravarse.
complot [kɔ̃plo] *s. m.* complot.
comploter [kɔ̃plɔte] *v. tr.* **1.** tramar. || *v. intr.* **2.** conspirar.
comportement [kɔ̃pɔʀt(ə)mɑ̃] *s. m.* conducta *f.;* comportamiento.

comporter [kɔ̃pɔʀte] *v. tr.* **1.** implicar; traer consigo. **2.** (être composé de) comprender. || **se** ~ *v. pr.* **3.** comportarse; portarse.
composé, -ée [kɔ̃poze] *adj.* compuesto, -ta. || **être** ~ constar de; consistir.
composer [kɔ̃poze] *v. tr.* **1.** componer. **2.** (au téléphone) marcar.
compositeur, -trice [kɔ̃pozitœʀ, -tʀis] *s. m. et f.* compositor, -ra.
composition [kɔ̃pozisjɔ̃] *s. f.* composición.
compote [kɔ̃pɔt] *s. f.* (de fruits) compota.
comprendre [kɔ̃pʀɑ̃dʀ] *v. tr.* **1.** (une langue, une explication) comprender; entender. **2.** (réussir à saisir) enterarse [Finalement, j'ai compris. Al final me enteré]. **3.** (contenir) comprender; constar de; incluir. || **se** ~ *v. pr.* **4.** comprenderse; entenderse.
compresse [kɔ̃pʀɛs] *s. f.* compresa.
comprimé, -ée [kɔ̃pʀime] *adj. et s. m.* comprimido, -da.
comprimer [kɔ̃pʀime] *v. tr.* **1.** comprimir. **2.** (serrer) apretar.
compris, -se [kɔ̃pʀi, -iz] *adj.* **1.** comprendido, -da. **2.** entendido, -da. || **service** ~ servicio incluido. **tout** ~ todo incluido. **y** ~ incluso.
compromettre [kɔ̃pʀɔmɛtʀ] *v. tr.* **1.** comprometer. || **se** ~ *v. pr.* **2.** comprometerse.
compromis [kɔ̃pʀɔmi] *s. m.* compromiso.
comptabilité [kɔ̃tabilite] *s. f.* contabilidad.
comptable [kɔ̃tabl] *adj.* **1.** contable. || *s. m.* **2.** contable *m. et f.* || **non** ~ incontable.
comptant, -te [kɔ̃tɑ̃, -ɑ̃t] *adj.* constante. || **au** ~ al contado.

compte [kɔ̃t] *s. m.* cuenta *f.* ‖ ~ **rendu** (d'une session) informe; acta *f.* ~ **tenu de** dado que. **ne pas tenir** ~ desoír. **se rendre** ~ darse cuenta. **tenir** ~ atender; tener en cuenta.

compté, -ée [kɔ̃te] *adj.* contado, -da.

compte-gouttes [kɔ̃tgut] *s. m. inv.* cuentagotas.

compter [kɔ̃te] *v. tr.* **1.** (dénombrer) contar. ‖ *v. intr.* **2.** (calculer) contar. **3.** (avoir de l'importance) valer. ‖ ~ **sur** contar con; confiar. **en comptant** entre ... y [En comptant les enfants et les parents ils doivent être une dizaine. *Entre los niños y los padres deben ser unos diez.*]

compteur [kɔ̃tœʀ] *s. m.* contador.

comptoir [kɔ̃twaʀ] *s. m.* **1.** (commerce) mostrador. **2.** (bar, café) barra *f.*

con, conne [kɔ̃, kɔn] *adj.* **1.** *vulg.* gilipollas; idiota. ‖ *s. m.* **2.** *vulg.* coño.

concasser [kɔ̃kase] *v. tr.* triturar; moler.

concave [kɔ̃kav] *adj.* cóncavo, -va.

concéder [kɔ̃sede] *v. tr.* otorgar.

concentrer [kɔ̃sɑ̃tʀe] *v. tr.* **1.** concentrar. ‖ **se** ~ *v. pr.* **2.** concentrarse.

concept [kɔ̃sɛpt] *s. m.* concepto.

conception [kɔ̃sɛpsjɔ̃] *s. f.* concepción.

concernant [kɔ̃sɛʀnɑ̃] *prép.* concerniente a; tocante a; referente a.

concerner [kɔ̃sɛʀne] *v. tr.* concernir; atañer. ‖ **en ce qui concerne** con respecto a; en cuanto a.

concert [kɔ̃sɛʀ] *s. m., Mus.* concierto.

concerter [kɔ̃sɛʀte] *v. tr.* **1.** (organiser) concertar; pactar. ‖ **se** ~ *v. pr.* **2.** (se mettre d'accord) ponerse de acuerdo; concertarse.

concession [kɔ̃sesjɔ̃] *s. f.* concesión.

concevoir [kɔ̃s(ə)vwaʀ] *v. tr.* **1.** (un enfant) concebir; gestar. **2.** (imaginer) imaginar.

concierge [kɔ̃sjɛʀʒ] *s. m. et f.* **1.** (d'un immeuble) portero, -ra. **2.** (d'une administration) conserje.

concile [kɔ̃sil] *s. m.* concilio.

conciliateur, -trice [kɔ̃siljatœʀ, -tʀis] *adj. et s. m. et f.* conciliador, -ra.

concilier [kɔ̃silje] *v. tr.* **1.** conciliar. ‖ **se** ~ *v. pr.* **2.** conciliarse.

concis, -se [kɔ̃si, -iz] *adj.* conciso, -sa.

concluant, -te [kɔ̃klyɑ̃, -ɑ̃t] *adj.* concluyente.

conclure [kɔ̃klyʀ] *v. tr.* **1.** (terminer) concluir; terminar; acabar. **2.** (déduire) deducir. **3.** cerrar [Conclure un marché. *Cerrar un trato.*]

conclusion [kɔ̃klyzjɔ̃] *s. f.* conclusión.

concombre [kɔ̃kɔ̃bʀ] *s. m., Bot.* pepino.

concorde [kɔ̃kɔʀd] *s. f.* concordia.

concorder [kɔ̃kɔʀde] *v. intr.* concordar.

concourir [kɔ̃kuʀiʀ] *v. intr.* **1.** concurrir. **2.** (pour un prix) tomar parte. **3.** (entrer en compétition) competir.

concours [kɔ̃kuʀ] *s. m.* **1.** concurso; certamen. **2.** (examen) oposición *f.*

concret, -ète [kɔ̃kʀɛ, -ɛt] *adj.* concreto, -ta.

concrétiser [kɔ̃kʀetize] *v. tr.* **1.** concretar. **2.** (matérialiser) plasmar. ‖ **se** ~ *v. pr.* **3.** plasmarse.

concurrence [kɔ̃kyʀɑ̃s] *s. f.* (entre entreprises) competencia. ‖ **faire** ~ competir.

concurrencer [kɔ̃kyʀɑ̃se] *v. tr.* competir con; hacer competencia.

concurrent, -te [kɔ̃kyʀɑ̃, -ɑ̃t] *s. m. et f.* **1.** competidor, -ra; contrincante; oponente. **2.** (examen) opositor, -ra.

condamnation [kɔ̃danasjɔ̃] *s. f.* condena.

condamné, -ée [kɔ̃dane] *adj. et s. m. et f.* (par la justice) condenado, -da.

condamner [kɔ̃dane] *v. tr.* condenar.

CONDENSATEUR - CONFORME

condensateur [kɔ̃dɑ̃satœʀ] *s. m.* condensador.
condenser [kɔ̃dɑ̃se] *v. tr.* condensar.
condescendance [kɔ̃desɑ̃dɑ̃s] *s. f.* condescendencia.
condescendre [kɔ̃desɑ̃dʀ] *v. intr.* condescender.
condiment [kɔ̃dimɑ̃] *s. m.* condimento.
condisciple [kɔ̃disipl] *s. m.* condiscípulo.
condition [kɔ̃disjɔ̃] *s. f.* condición. ‖ **à ~ de** a condición de. **à ~ que** (pourvu que) con tal de que; a condición de que. | (seulement si) siempre que. | (en échange de) a cambio de que.
conditionner [kɔ̃disjɔne] *v. tr.* **1.** acondicionar. **2.** (un produit pour la vente) envasar; embalar.
condoléances [kɔ̃dɔleɑ̃s] *s. f. pl.* pésame *m. sing.* [Présenter ses condoléances. *Presentar el pésame.*] ‖ **toutes mes ~** mi más sentido pésame.
conducteur, -trice [kɔ̃dyktœʀ, -tʀis] *adj. et s. m. et f.* conductor, -ra.
conduction [kɔ̃dyksjɔ̃] *s. f.* conducción.
conduire [kɔ̃dɥiʀ] *v. tr.* **1.** (en voiture) conducir. **2.** (mener) guiar. **3.** (accompagner) llevar; acompañar. **4.** (commander) dirigir. ‖ **se ~** *v. pr.* **5.** comportarse; portarse.
conduit [kɔ̃dɥi] *s. m.* conducto; canal.
conduite [kɔ̃dɥit] *s. f.* **1.** (de véhicules) conducción. **2.** (d'une affaire) manejo *m.* **3.** (conduit, canal) conducto *m.;* canal *m.* **4.** (d'eau, de gaz) cañería; tubería. **5.** (comportement) conducta; comportamiento *m.* **6.** (façon d'agir) actuación.
cône [kon] *s. m.* **1.** cono. **2.** (glace) cucurucho.
confection [kɔ̃fεksjɔ̃] *s. f.* confección.
confectionner [kɔ̃fεksjɔne] *v. tr.* confeccionar.
confédération [kɔ̃fedeʀasjɔ̃] *s. f.* confederación.
conférence [kɔ̃feʀɑ̃s] *s. f.* conferencia. ‖ **~ de presse** rueda de prensa.
conférer [kɔ̃feʀe] *v. tr.* (attribuer) conferir.
confesser [kɔ̃fese] *v. tr.* **1.** confesar. ‖ **se ~** *v. pr.* **2.** confesarse.
confessionnal, -aux [kɔ̃fesjɔnal, -o] *s. m.* confesonario.
confetti [kɔ̃feti] *s. m.* confeti.
confiance [kɔ̃fjɑ̃s] *s. f.* confianza; fe. ‖ **avoir ~** confiar; fiarse. **faire ~** fiarse.
confiant, -te [kɔ̃fjɑ̃, -ɑ̃t] *adj.* confiado, -da.
confidence [kɔfidɑ̃s] *s. f.* confidencia.
confident, -te [kɔ̃fidɑ̃, -ɑ̃t] *s. m. et f.* confidente.
confidentiel, -elle [kɔ̃fidɑ̃sjεl] *adj.* confidencial.
confier [kɔ̃fje] *v. tr.* **1.** confiar. ‖ **se ~** *v. pr.* **2.** confiarse.
confiner [kɔ̃fine] *v. tr. et intr.* confinar.
confins [kɔ̃fε̃] *s. m. pl.* confines.
confire [kɔ̃fiʀ] *v. tr.* confitar.
confirmation [kɔ̃fiʀmasjɔ̃] *s. f.* confirmación
confirmer [kɔ̃fiʀme] *v. tr.* confirmar.
confiserie [kɔ̃fizʀi] *s. f.* **1.** confitería. ‖ **confiseries** *s. f. pl.* **2.** (sucrerie) dulces *m.*
confisquer [kɔ̃fiske] *v. tr.* confiscar.
confiture [kɔ̃fityʀ] *s. f.* mermelada.
conflit [kɔ̃fli] *s. m.* conflicto.
confluence [kɔ̃flyɑ̃s] *s. f.* confluencia.
confluer [kɔ̃flye] *v. intr.* confluir.
confondre [kɔ̃fɔ̃dʀ] *v. tr.* confundir.
conforme [kɔ̃fɔʀm] *adj.* conforme; acorde.

conformémentà [kɔ̃fɔʀmemãa] *adv.* conforme a; con arreglo a; de acuerdo con.

conformer [kɔ̃fɔʀme] *v. tr.* **1.** conformar; ajustar. ‖ **se ~** *v. pr.* **2.** conformarse.

conformité [kɔ̃fɔʀmite] *s. f.* conformidad.

confort [kɔ̃fɔʀ] *s. m.* confort; comodidad *f.*

confortable [kɔ̃fɔʀtabl] *adj.* cómodo, -da; confortable.

conforter [kɔ̃fɔʀte] *v. tr.* confortar.

confrérie [kɔ̃fʀeʀi] *s. f.*, Rel. cofradía.

confus, -se [kɔ̃fy, -yz] *adj.* **1.** (peu clair) confuso, -sa. **2.** (l'écriture) borroso, -sa.

confusion [kɔ̃fyzjɔ̃] *s. f.* confusión.

congé [kɔ̃ʒe] *s. m.* **1.** (para ausentarse) permiso; licencia *f.* **2.** (jour de repos) descanso. **3.** (vacances) vacaciones *f. pl.* [Les congés payés; être en congé. *Las vacaciones retribuidas; estar de vacaciones.*] **4.** (renvoi d'un salarié) despido. ‖ **avoir un jour de ~** librar. **~ de maladie** baja por enfermedad. **donner ~** despedir. **prendre ~** despedirse.

congédier [kɔ̃ʒedje] *v. tr.* **1.** (renvoyer) mandar retirarse; despachar. **2.** (mettre à la porte) despedir; echar; licenciar.

congélateur [kɔ̃ʒelatœʀ] *s. m.* congelador.

congélation [kɔ̃ʒelasjɔ̃] *s. f.* congelación.

congeler [kɔ̃ʒ(ə)le] *v. tr.* **1.** congelar. ‖ **se ~** *v. pr.* **2.** congelarse.

congénital, -le, -aux [kɔ̃ʒenital, -o] *adj.* congénito, -ta.

congestion [kɔ̃ʒestjɔ̃] *s. f.* congestión.

congrégation [kɔ̃gʀegasjɔ̃] *s. f.* congregación.

congrès [kɔ̃gʀɛ] *s. m.* congreso.

conique [kɔnik] *adj.* cónico, -ca.

conjecture [kɔ̃ʒɛktyʀ] *s. f.* conjetura.

conjoint, -te [kɔ̃ʒwɛ̃, -ɛ̃t] *s. m.* cónyuge.

conjonction [kɔ̃ʒɔ̃sjɔ̃] *s. f.* conjunción.

conjoncture [kɔ̃ʒɔ̃ktyʀ] *s. f.* coyuntura.

conjugal, -le, -aux [kɔ̃ʒygal, -o] *adj.* conyugal.

conjuguer [kɔ̃ʒyge] *v. tr.* conjugar.

conjurer [kɔ̃ʒyʀe] *v. tr.* **1.** (chasser) conjurar. ‖ **se ~** *v. pr.* **2.** conspirar; conjurarse.

connaissance [kɔnesãs] *s. f.* **1.** conocimiento *m.* **2.** (personne que l'on connaît) conocido, -da.

connaisseur, -euse [kɔnesœʀ, -øz] *adj. et s. m. et f.* conocedor, -ra; entendido, -da.

connaître [kɔnɛtʀ] *v. tr.* **1.** conocer. **2.** saber [Il ne connaît pas mon nom. *No sabe mi nombre.*] **3.** (subir, éprouver) sufrir. ‖ **s'y ~ en** ser entendido en; entender de. **se faire ~** darse a conocer.

connecter [kɔnekte] *v. tr.* **1.** conectar. **2.** (brancher) enchufar. ‖ **se ~** *v. pr.* conectarse.

connerie [kɔnʀi] *s. f.*, *fam.* parida.

connexion [kɔneksjɔ̃] *s. f.* conexión.

connu, -ue [kɔny] *adj.* (célèbre) conocido, -da.

conque [kɔ̃k] *s. f.* caracola.

conquérir [kɔ̃keʀiʀ] *v. tr.* conquistar.

conquête [kɔ̃kɛt] *s. f.* conquista.

consacrer [kɔ̃sakʀe] *v. tr.* **1.** (rendre sacré) consagrar. **2.** (vouer) dedicar; consagrar. ‖ **se ~** *v. pr.* **3.** consagrarse. (se vouer) dedicarse.

conscience [kɔ̃sjãs] *s. f.* conciencia.

conscient, -te [kɔ̃sjã, -ãt] *adj.* consciente.

conscription [kɔ̃skʀipsjɔ̃] *s. f.*, Mil. quinta.

consécutif, -ive [kɔ̃sekytif, -iv] *adj.* consecutivo, -va.

conseil [kɔ̃sɛj] *s. m.* **1.** (recommendation) consejo; recomendación *f.* **2.** (assem-

blée) junta *f.* ‖ **~ municipal** concejo; cabildo.
conseiller [kɔ̃seje] *v. tr.* **1.** aconsejar. **2.** (recommender) recomendar. **3.** (un consultant) asesorar.
conseiller, -ère [kɔ̃seje, -jɛʀ] *s. m. et f.* **1.** (consultant) asesor, -ra. **2.** consejero. ‖ **~ municipal** concejal, -la.
consensus [kɔ̃sɛ̃sys] *s. m.* consenso.
consentement [kɔ̃sɑ̃tmɑ̃] *s. m.* **1.** consentimiento. **2.** (autorisation) permiso; autorización *f.* **3.** (approbation) asentimiento.
consentir [kɔ̃sɑ̃tiʀ] *v. tr. et intr.* **1.** consentir. ‖ *v. intr.* **2.** consentir; acceder.
conséquence [kɔ̃sekɑ̃s] *s. f.* consecuencia. ‖ **en ~** por consiguiente.
conséquent, -te [kɔ̃sekɑ̃, -ɑ̃t] *adj.* consecuente. ‖ **par ~** por consiguiente.
conservateur, -trice [kɔ̃sɛʀvatœʀ, -tʀis] *adj. et s. m. et f.* **1.** conservador, -ra. ‖ *s. m.* **2.** conservante.
conservation [kɔ̃sɛʀvasjɔ̃] *s. f.* conservación.
conservatoire [kɔ̃sɛʀvatwaʀ] *s. m.* conservatorio.
conserve [kɔ̃sɛʀv] *s. f.* conserva [Boîte de conserve. Lata de conserva.] ‖ **mettre en ~** enlatar.
conserver [kɔ̃sɛʀve] *v. tr.* **1.** conservar. ‖ **se ~** *v. pr.* **2.** conservarse.
considérable [kɔ̃sideʀabl] *adj.* considerable.
considération [kɔ̃sideʀasjɔ̃] *s. f.* **1.** consideración. ‖ **considérations** *s. f. pl.* **2.** consideraciones. ‖ **prendre en ~** tomar en consideración.
considérer [kɔ̃sideʀe] *v. tr.* considerar.
consigne [kɔ̃siɲ] *s. f.* **1.** (instruction) consigna. **2.** (bagages) consigna.
consigné, -ée [kɔ̃siɲe] *adj.* consignado, -da. ‖ **non ~** (verre perdu) desechable (envases).
consigner [kɔ̃siɲe] *v. tr.* **1.** consignar. **2.** (mettre en dépôt) dejar en consigna. **3.** *Mil.* arrestar. **4.** (la troupe) acuartelar.
consistance [kɔ̃sistɑ̃s] *s. f.* consistencia.
consistant, -te [kɔ̃sistɑ̃, -ɑ̃t] *adj.* consistente.
consister [kɔ̃siste] *v. intr.* consistir.
consolation [kɔ̃sɔlasjɔ̃] *s. f.* consuelo *m.* ‖ **lot de ~** (loterie) aproximación *f.*
console [kɔ̃sɔl] *s. f.* **1.** repisa. **2.** consola [Console de jeu vidéo. Consola de videojuegos.]
consoler [kɔ̃sɔle] *v. tr.* **1.** consolar. ‖ **se ~** *v. pr.* **2.** consolarse.
consolider [kɔ̃sɔlide] *v. tr.* consolidar.
consommateur, -trice [kɔ̃sɔmatœʀ, -tʀis] *s. m. et f.* consumidor, -ra.
consommation [kɔ̃sɔmasjɔ̃] *s. f.* **1.** (de produits) consumo *m.* **2.** (boisson) consumición. **3.** (du mariage) consumación. **4.** (d'un crime) ejecución.
consommé [kɔ̃sɔme] *s. m.* consomé.
consommer [kɔ̃sɔme] *v. tr.* **1.** (acheter, utiliser) consumir; gastar. **2.** (accomplir) consumar. **3.** (un crime, un acte) ejecutar.
consonant, -te [kɔsɔnɑ̃, -ɑ̃t] *adj.* consonante.
consonne [kɔsɔn] *s. f.* consonante.
consort [kɔ̃sɔʀ] *adj. et s. m.* consorte.
conspiration [kɔ̃spiʀasjɔ̃] *s. f.* conspiración.
conspirer [kɔ̃spiʀe] *v. intr.* conspirar.
constance [kɔ̃stɑ̃s] *s. f.* constancia.
constant, -te [kɔ̃stɑ̃, -ɑ̃t] *adj.* constante.
constat [kɔ̃sta] *s. m.* atestado. ‖ **faire un ~** hacer un atestado.
constater [kɔ̃state] *v. tr.* constatar.

constellation [kɔ̃stelasjɔ̃] *s. f.* constelación.

constipation [kɔ̃stipasjɔ̃] *s. f.* estreñimiento *m.*

constituer [kɔ̃stitɥe] *v. tr.* **1.** constituir. ‖ **se ~** *v. pr.* **2.** constituirse.

constitution [kɔ̃stitysjɔ̃] *s. f.* constitución.

construction [kɔ̃stʀyksjɔ̃] *s. f.* construcción.

construire [kɔ̃stʀɥiʀ] *v. tr.* construir.

consul [kɔ̃syl] *s. m.* cónsul.

consulat [kɔ̃syla] *s. m.* consulado.

consultation [kɔ̃syltasjɔ̃] *s. f.* consulta.

consulter [kɔ̃sylte] *v. tr.* **1.** consultar. ‖ *v. intr.* **2.** (médecin) tener consulta.

consumer [kɔ̃syme] *v. tr.* **1.** consumir. ‖ **se ~** *v. pr.* **2.** consumirse.

contact [kɔ̃takt] *s. m.* **1.** contacto. **2.** (fréquentation) roce. ‖ **verres de ~** lentillas de contacto.

contacter [kɔ̃takte] *v. tr., fam.* ponerse en contacto con; ponerse en relación con.

contagieux, -euse [kɔ̃taʒjø, -øz] *adj.* **1.** contagioso, -sa. **2.** (facile à communiquer) pegadizo, -za.

contagion [kɔ̃taʒjɔ̃] *s. f.* contagio *m.*

container [kɔ̃teneʀ] *s. m.* contenedor.

contamination [kɔ̃taminasjɔ̃] *s. f.* contaminación; polución.

contaminer [kɔ̃tamine] *v. tr.* contaminar.

conte [kɔ̃t] *s. m.* cuento; historia.

contempler [kɔ̃tɑ̃ple] *v. tr.* contemplar.

contemporain, -ne [kɔ̃tɑ̃pɔʀɛ̃, -ɛn] *adj.* contemporáneo, -a.

contenance [kɔ̃t(ə)nɑ̃s] *s. f.* (capacité d'un réservoir) capacidad.

contenant [kɔ̃t(ə)nɑ̃] *s. m.* continente.

contenir [kɔ̃t(ə)niʀ] *v. tr.* **1.** contener. ‖ **se ~** *v. pr.* **2.** contenerse; aguantarse.

content, -te [kɔ̃tɑ̃, -ɑ̃t] *adj.* **1.** contento, -ta. **2.** (satisfait) satisfecho, -cha.

contentement [kɔ̃tɑ̃tmɑ̃] *s. m.* contento.

contenter [kɔ̃tɑ̃te] *v. tr.* **1.** contentar. ‖ **se ~** *v. pr.* **2.** contentarse; conformarse.

contentieux, -euse [kɔ̃tɑ̃sjø, -øz] *adj.* contencioso, -sa.

contention [kɔ̃tɑ̃sjɔ̃] *s. f.* contención.

contenu, -ue [kɔ̃t(ə)ny] *adj. et s. m.* contenido, -da.

contestation [kɔ̃tɛstasjɔ̃] *s. f.* **1.** (controverse) disputa; litigio *m.* **2.** *Dr.* contestación.

contester [kɔ̃tɛste] *v. tr.* **1.** poner en duda; contestar. **2.** *Dr.* estar en litigio.

contexte [kɔ̃tɛkst] *s. m.* contexto.

contigu, -uë [kɔ̃tigy] *adj.* contiguo, -gua.

continence [kɔ̃tinɑ̃s] *s. f.* continencia.

continent [kɔ̃tinɑ̃] *s. m.* continente.

contingence [kɔ̃tɛ̃ʒɑ̃s] *s. f.* contingencia.

contingent [kɔ̃tɛ̃ʒɑ̃] *s. m., Mil.* cupo.

continu, -ue [kɔ̃tiny] *adj.* continuo, -nua.

continuation [kɔ̃tinɥasjɔ̃] *s. f.* continuación.

continuel, -elle [kɔ̃tinɥɛl] *adj.* continuo, -nua.

continuer [kɔ̃tinɥe] *v. tr.* **1.** (poursuivre) continuar; proseguir. ‖ *v. intr.* **2.** seguir; continuar. ‖ **continuez!** *interj.* **3.** ¡adelante!

contour [kɔ̃tuʀ] *s. m.* **1.** contorno. **2.** (profil) perfil.

contourner [kɔ̃tuʀne] *v. tr.* **1.** (faire le tour) rodear; dar la vuelta. **2.** (éviter une difficulté) salvar. **3.** *fig.* (la vérité) deformar.

contraceptif, -ve [kɔ̃tʀaseptif, -iv] *adj. et s. m.* anticonceptivo, -va.

contractant, -te [kɔ̃tʀaktɑ̃, -ɑ̃t] *adj. et s. m. et f.* contrayente.

contracter [kɔ̃tʀakte] *v. tr.* **1.** (attraper) contraer. **2.** (un muscle) contraer. **3.** (souscrire) contratar.

contraction [kɔ̃tʀaksjɔ̃] *s. f.* contracción.

contradictoire [kɔ̃tʀadiktwaʀ] *adj.* contradictorio, -ria.

contraindre [kɔ̃tʀɛ̃dʀ] *v. tr.* obligar; coartar.

contrainte [kɔ̃tʀɛ̃t] *s. f.* **1.** coacción. **2.** (exigence) condición.

contraire [kɔ̃tʀɛʀ] *adj.* **1.** contrario, -ria; opuesto, -ta. **2.** (la chance) adverso, -sa. ‖ *s. m.* **3.** contrario. ‖ **au ~** al contrario.

contrarier [kɔ̃tʀaʀje] *v. tr.* **1.** (irriter) contrariar; enfadar; disgustar. **2.** (s'opposer à) llevar la contraria.

contrariété [kɔ̃tʀaʀjete] *s. f.* contrariedad; disgusto *m*.

contraste [kɔ̃tʀast] *s. m.* contraste.

contraster [kɔ̃tʀaste] *v. intr.* contrastar.

contrat [kɔ̃tʀa] *s. m.* **1.** contrato. **2.** (entre une entreprise et l'État) contrata *f*.

contravention [kɔ̃tʀavɑ̃sjɔ̃] *s. f.* **1.** contravención. **2.** multa [Dresser une contravention. *Poner una multa.*]

contre [kɔ̃tʀ] *prép.* **1.** contra. **2.** *fig.* (à l'encontre de) en contra de; contra. **3.** (contact) contra; junto a. **4.** (en échange) por [Échanger contre. *Cambiar por.*] ‖ **par ~** en cambio; por el contrario.

contrebande [kɔ̃tʀəbɑ̃d] *s. f.* **1.** contrabando *m*. **2.** (marchandise) alijo *m*.

contrebandier, -ière [kɔ̃tʀəbɑ̃dje, -jɛʀ] *adj. et s. m. et f.* contrabandista.

contrebasse [kɔ̃tʀ(ə)bas] *s. f.*, *Mus.* contrabajo *m*. (instrumento).

contrebassiste [kɔ̃tʀ(ə)basist] *s. m. et f.*, *Mus.* contrabajo (músico).

contrecarrer [kɔ̃tʀəkaʀe] *v. tr.* (résister) contrarrestar.

contrecœur, à [akɔ̃tʀ(ə)kœʀ] *loc. adv.* de mala gana; a disgusto.

contredire [kɔ̃tʀ(ə)diʀ] *v. tr.* **1.** contradecir. **2.** (agacer) contrariar.

contrée [kɔ̃tʀe] *s. f.* comarca.

contrefaçon [kɔ̃tʀ(ə)fasɔ̃] *s. f.* imitación fraudulenta; falsificación.

contrefaire [kɔ̃tʀ(ə)fɛʀ] *v. tr.* **1.** (monnaie) falsificar. **2.** (déguiser) falsear.

contrefait, -te [kɔ̃tʀ(ə)fɛ, -ɛt] *adj.* contrahecho, -cha.

contrefort [kɔ̃tʀ(ə)fɔʀ] *s. m.* **1.** *Arch.* contrafuerte. **2.** (des montagnes) estribación *f*.

contre-indication [kɔ̃tʀɛ̃dikasjɔ̃] *s. f.* contraindicación.

contre-jour, à [akɔ̃tʀ(ə)ʒuʀ] *loc. adv.* a contraluz.

contremaître, -esse [kɔ̃tʀ(ə)mɛtʀ, -tʀɛs] *s. m. et f.* **1.** (d'atelier) contramaestre; encargado, -da. **2.** (de chantier) capataz.

contre-mot [kɔ̃tʀmo] *s. m.*, *Mil.* seña *f*.

contrepartie [kɔ̃tʀ(ə)paʀti] *s. f.* contrapartida.

contrepoids [kɔ̃tʀ(ə)pwa] *s. m.* contrapeso.

contresens [kɔ̃tʀ(ə)sɑ̃s] *s. m.* contrasentido. ‖ **à ~** en sentido contrario; al revés.

contretemps [kɔ̃tʀ(ə)tɑ̃] *s. m.* contratiempo; percance.

contrevenir [kɔ̃tʀ(ə)v(ə)niʀ] *v. intr.*, *Dr.* contravenir.

contribuer [kɔ̃tʀibɥe] *v. intr.* contribuir.

contribution [kɔ̃tʀibysjɔ̃] *s. f.* contribución.

contrit, -te [kɔ̃tʀi, -tʀit] *adj.* contrito, -ta.

contrôle [kɔ̃tʀol] *s. m.* **1.** control. **2.** (inspection) inspección *f*.; registro [Contrôle sanitaire. *Inspección sanitaria.*] **3.** (vérifi-

cation) comprobación *f*.; chequeo. **4.** (des billets) revisión *f*.

contrôler [kɔ̃trole] *v. tr.* **1.** (surveiller) controlar. **2.** (examiner) examinar. **3.** (vérifier) comprobar. **4.** (inspecter) inspeccionar; registrar. **5.** (les tickets de transport) revisar. **6.** (avoir sous sa domination) dominar.

contrôleur, -euse [kɔ̃trolœr, -øz] *s. m. et f.* **1.** (aéreo) controlador, -ra. **2.** (des titres de transport) revisor, -ra.

contrordre [kɔ̃trɔrdr] *s. m.* contraorden *f*.

controverse [kɔ̃trɔvɛrs] *s. f.* controversia; polémica.

contusion [kɔ̃tyzjɔ̃] *s. f.* contusión.

contusionner [kɔ̃tyzjɔne] *v. tr.* (meurtrir) contusionar, magullar.

convaincre [kɔ̃vɛ̃kr] *v. tr.* convencer.

convalescence [kɔ̃valesɑ̃s] *s. f.* convalecencia. || **être en ~** convalecer.

convenable [kɔ̃vnabl] *adj.* **1.** (approprié) conveniente. **2.** (décent) decente. **3.** (juste) debido, -da.

convenance [kɔ̃vnɑ̃s] *s. f.* conveniencia.

convenir [kɔ̃vnir] *v. intr.* **1.** (de qqch) convenir; acordar; concertar. **2.** (de faire qqch) convenir. **3.** (être d'accord) estar de acuerdo; convenir. [T'en conviens. *Estoy de acuerdo.*] **4.** (être adéquat) convenir; venir bien *fam.*; adecuarse. || *v. impers.* **5.** ser conveniente; convenir. || **comme convenu** como acordamos. **~ verbalement** apalabrar.

convention [kɔ̃vɑ̃sjɔ̃] *s. f.* **1.** convención; convenio *m*. [Convention de Genève, conventions internationales. *Convención de Ginebra, convenios internacionales.*] **2.** convenio *m*. [Convention collective entre les salariés et le patronat. *Convenio colectivo entre los trabajadores y la patronal.*] **3.** (d'un parti politique) convención. **4.** (règles acceptées, accords tacites) convención.

converger [kɔ̃vɛrʒe] *v. intr.* converger.

conversation [kɔ̃vɛrsasjɔ̃] *s. f.* conversación.

converser [kɔ̃vɛrse] *v. intr.* conversar.

convertir [kɔ̃vɛrtir] *v. tr.* **1.** (argent, mesures) convertir; transformar. **2.** *Rel.* convertir. || **se ~** *v. pr., Rel.* **3.** convertirse.

convexe [kɔ̃vɛks] *adj.* convexo, -xa.

convict [kɔ̃vikt] *s. m.* presidiario.

conviction [kɔ̃viksjɔ̃] *s. f.* convencimiento *m*.; convicción.

convier [kɔ̃vje] *v. tr.* convidar; invitar.

convive [kɔ̃viv] *s. m. et f.* convidado, -da; comensal.

convocation [kɔ̃vɔkasjɔ̃] *s. f.* **1.** (appel) convocatoria. **2.** *Mil.* llamamiento *m*.

convoi [kɔ̃vwa] *s. m.* **1.** (du métropolitain) tren; convoy. **2.** *Mil.* convoy. **3.** *Mar.* convoy. **4.** (funèbre) cortejo; acompañamiento.

convoiter [kɔ̃vwate] *v. tr.* codiciar; ansiar.

convoitise [kɔ̃vwatiz] *s. f.* codicia.

convoquer [kɔ̃vɔke] *v. tr.* convocar.

convulsion [kɔ̃vylsjɔ̃] *s. f.* convulsión.

cool [kul] *adj., fam.* tranquilo.

coopération [kɔ(ɔ)perasjɔ̃] *s. f.* cooperación.

coopérative [kɔ(ɔ)perativ] *s. f.* cooperativa.

coopérer [kɔɔpere] *v. intr.* cooperar; colaborar.

coordonner [kɔɔrdɔne] *v. tr.* coordinar.

copain, -pine [kɔpɛ̃, kɔpin] *s. m. et f.* **1.** compañero, -ra; amigo, -ga. **2.** (petit copain) novio, -via. || **petit ~** novio; ligue. **petite copine** novia; ligue.

copeau [kɔpo] *s. m.* viruta *f*.

copie [kɔpi] s. f. **1.** copia. **2.** (feuille double) pliego m. **3.** (exercice scolaire) ejercicio m. (escolar).

copier [kɔpje] v. tr. copiar.

copieux, -euse [kɔpjø, -øz] adj. copioso, -sa.

copiste [kɔpist] s. m. et f. copista.

coq [kɔk] s. m. gallo. ‖ **~ de Bruyère** Zool. urogallo.

coq-à-l'âne [kɔkalɑn] s. m. inv. despropósito. ‖ **passer du ~** saltar de un tema a otro.

coque [kɔk] s. f. **1.** (d'œuf, de noix) cáscara. **2.** (bateau) casco m. **3.** Zool. berberecho m.

coquelicot [kɔkliko] s. m. amapola f.

coqueluche [kɔklyʃ] s. f., Méd. tos ferina.

coquet, -ette [kɔkɛ, -ɛt] adj. **1.** (poseur) coqueto, -ta; presumido, -da. **2.** (mignon) coqueto, -ta. **3.** (quantité) coqueto, -ta; hermoso, -sa.

coquillage [kɔkijaʒ] s. m. **1.** (fruit de mer) marisco. **2.** (coquille) concha f.

coquille [kɔkij] s. f. **1.** (mollusque) concha. **2.** (œuf, noix, etc) cáscara; cascarón m. **3.** Impr. errata; gazapo m. **4.** fig. cascarón m.

coquin, -ne [kɔkɛ̃, -in] s. m. et f. pillo, -lla; bribón, -bona.

cor [kɔʀ] s. m. **1.** Mus. (instrument, musicien) trompa f. **2.** (corne évidée) cuerno. **3.** (pied) callo.

corail, -aux [kɔʀaj, -o] s. m. coral.

corbeille [kɔʀbɛj] s. f. **1.** (d'osier) cesta; cesto m. **2.** canasta; canasto m. ‖ **~ à papier** papelera.

corbillard [kɔʀbijaʀ] s. m. coche fúnebre.

cordage [kɔʀdaʒ] s. m., Mar. maroma f.

corde [kɔʀd] s. f. **1.** cuerda. **2.** (du pendu) soga. **3.** (pendaison) horca. **4.** (d'une étoffe) trama. **5.** (à sauter) comba; cuerda de saltar. **6.** (cordeau) cordel m. ‖ **cordes vocales** Anat. cuerdas vocales.

cordeau [kɔʀdo] s. m. cordel (delgado).

cordée [kɔʀde] s. f. **1.** (alpinisme) cordada. **2.** (pêche) cordel m. **3.** (de bois) haz de leña.

cordial, -le, -aux [kɔʀdjal, -o] adj. cordial.

cordillère [kɔʀdijeʀ] s. f. cordillera.

cordon [kɔʀdɔ̃] s. m. **1.** cordón. **2.** (insigne) banda f.

cordonnerie [kɔʀdɔnʀi] s. f. zapatería (oficio).

cordonnier, -ière [kɔʀdɔnje, -jɛʀ] s. m. et f. zapatero, -ra.

corne [kɔʀn] s. f. **1.** cuerno m. **2.** (du taureau) asta; pitón m. **3.** (coin d'un objet) punta; esquina. ‖ **coup de ~** (du taureau) cogida f.; cornada f.

cornemuse [kɔʀn(ə)myz] s. f., Mus. gaita (gallega).

corner [kɔʀne] v. intr. (les oreilles) zumbar; pitar.

cornet [kɔʀnɛ] s. m. **1.** Mus. (instrument) cuerno; trompa f. **2.** (instrument) corneta. **3.** (glace) cucurucho.

corniche [kɔʀniʃ] s. f. cornisa.

cornichon [kɔʀniʃɔ̃] s. m. **1.** pepinillo (en vinagre). **2.** fam. (sot) zopenco, -ca.

corporation [kɔʀpɔʀasjɔ̃] s. f. **1.** corporación. **2.** (corps de métier) gremio m.

corporel, -elle [kɔʀpɔʀɛl] adj. **1.** (qui a un corps) corpóreo, -a. **2.** (relatif au corps) corporal.

corps [kɔʀ] s. m. cuerpo. ‖ **~ de métier** gremio.

corpulence [kɔʀpylɑ̃s] s. f. corpulencia.

corpulent, -te [kɔʀpylɑ̃, -ɑ̃t] adj. corpulento, -ta; fuerte.

correct, -te [kɔʀɛkt] adj. correcto, -ta.

correction [kɔʀɛksjɔ̃] s. f. corrección.

correspondance [kɔʀɛspɔ̃dɑ̃s] *s. f.* **1.** (relation) correspondencia. **2.** (lettres reçues) correspondencia; correo *m.* [Par correspondance. *Por correo.*] **3.** (entre deux moyens de transport pareils ou différents) transbordo. ‖ **prendre la ~** hacer transbordo.

correspondant, -te [kɔʀɛspɔ̃dɑ̃, -ɑ̃t] *adj.* **1.** correspondiente. ‖ *s. m. et f.* **2.** (journaliste) corresponsal.

correspondre [kɔʀɛspɔ̃dʀ] *v. intr.* **1.** (équivaloir) corresponder. **2.** (par lettres) escribirse. **3.** (incomber) corresponder.

corridor [kɔʀidɔʀ] *s. m.* pasillo.

corriger [kɔʀiʒe] *v. tr.* **1.** corregir. ‖ **se ~** *v. pr.* **2.** corregirse.

corroborer [kɔʀɔbɔʀe] *v. tr.* corroborar.

corrompre [kɔʀɔ̃pʀ] *v. tr.* **1.** corromper; descomponer; pudrir. **2.** *fig.* (pervertir) pervertir; viciar. ‖ **se ~** *v. pr.* **3.** pudrirse, corromperse.

corrompu, -ue [kɔʀɔ̃py] *adj.* descompuesto, -ta.

corrosif, -ive [kɔʀozif, -iv] *adj. et s. m.* corrosivo, -va.

corrosion [kɔʀozjɔ̃] *s. f.* corrosión.

corrupteur, -trice [kɔʀyptœʀ, -tʀis] *adj. et s. m. et f.* corruptor, -ra.

corruption [kɔʀypsjɔ̃] *s. f.* corrupción.

corsage [kɔʀsaʒ] *s. m.* **1.** blusa *f.* **2.** (d'une robe) cuerpo.

corsaire [kɔʀsɛʀ] *adj. et s. m. et f.* corsario, -ria; pirata.

corse [kɔʀs] *adj.* **1.** (de la Corse) corso, -sa. ‖ **Corse** *s. m. et f.* **2.** corso, -sa.

corsé, -ée [kɔʀse] *adj.* **1.** fuerte; consistente [Sauce corsée, repas corsé. *Salsa fuerte, comida fuerte.*] **2.** (le vin) con cuerpo.

corser, se [kɔʀse] *v. pr.* complicarse [Ça se corse! *¡Esto se complica!*]

corset [kɔʀsɛ] *s. m.* corsé.

cortège [kɔʀtɛʒ] *s. m.* **1.** (d'un souverain) cortejo; séquito. **2.** (suite) comitiva *f.*; acompañamiento.

cosmétique [kɔsmetik] *adj.* **1.** cosmético, -ca. ‖ *s. m.* **2.** cosmético.

cosmétologie [kɔsmetɔlɔʒi] *s. f.* cosmética.

cosmopolite [kɔsmɔpɔlit] *adj. et s. m. et f.* cosmopolita.

cosmos [kɔsmos] *s. m.* cosmos.

costaricain, -ne ou costaricien, -enne [kɔstaʀikɛ̃, -ɛn] *adj.* **1.** costaricense. ‖ **Costaricain, -ne** *s. m. et f.* **2.** costaricense.

costaud, -de [kɔsto, -od] *adj. et s. m. et f. fam.* forzudo, -da; fornido, -da.

costume [kɔstym] *s. m.* **1.** (vêtement) traje. **2.** (histoire) indumentaria *f.*

costumier, -ière [kɔstymje, -jɛʀ] *s. m. et f.* guardarropa.

cote [kɔt] *s. f.* **1.** (chiffre) cota. **2.** *Écon.* (valeurs, monnaies) cotización. **3.** (bibliothèque) signatura. **4.** (d'un devoir) nota. **5.** (du relief) cota; altura. **6.** (des eaux) nivel *m.* ‖ **avoir la ~** gozar de popularidad; estar cotizado.

côte [kot] *s. f.* **1.** *Anat.* costilla. **2.** (côtelette) chuleta. **3.** (montée) cuesta; pendiente; subida; repecho *m.* **4.** *Géogr.* costa [Côte d'Azur. *Costa Azul.*] ‖ **~ à ~** junto.

côté [kote] *s. m.* **1.** (flanc) costado; lado. **2.** (partie latérale) lado; lateral. **3.** (d'une monnaie, d'une brique) canto. **4.** *fig.* lado; cara *f.*; aspecto. ‖ **à ~** al lado. **à ~ de** al lado de; junto a. **de ce ~** allá; allí. **de ~** aparte [Laisser de côté. *Dejar aparte.*] **de l'autre ~ de** tras. **point de ~** punzada *f.*

coteau [kɔto] *s. m.* collado; cerro; loma *f.*

côtelette [kotlɛt] *s. f.* **1.** costilla [Côtelettes d'agneau. *Costillas de cordero.*] **2.** (côtes) chuleta [Côtelettes de porc. *Chuletas de cerdo.*]

coter [kɔte] *v. tr.* **1.** *Comm.* cotizar. **2.** (un devoir) calificar (un trabajo); valorar.

cotisation [kɔtizasjɔ̃] *s. f.* **1.** cotización. **2.** (quote-part) cuota; cotización. **3.** cuota [Payer sa cotisation. *Pagar su cuota.*]

cotiser [kɔtize] *v. intr.* **1.** cotizar. **2.** (payer une cote) pagar la cuota. || **se ~** *v. pr.* **3.** pagar a escote.

coton [kɔtɔ̃] *s. m.* algodón.

cou [ku] *s. m.* cuello.

couchant, -te [kuʃɑ̃, -ɑ̃t] *adj.* **1.** poniente [Soleil couchant. *Sol poniente.*] || *s. m.* **2.** poniente; occidente.

couche [kuʃ] *s. f.* **1.** (peinture) mano *m.* **2.** (de bébé) pañal *m.* **3.** *Géogr.* capa; estrato *m.* **4.** *fig.* (sociale) estrato *m.* || **faire une fausse ~** abortar (de forma natural); sufrir un aborto. **fausse ~** aborto *m.* (involuntario).

couche-culotte [kuʃkylɔt] *s. f.* pañal *m.*

coucher[1] [kuʃe] *v. tr.* **1.** (pour dormir) acostar; tumbar. **2.** (allonger) echar; tender. **3.** *fig.* (mettre par écrit) poner. || **se ~** *v. pr.* **4.** (le soleil) ponerse. **5.** (s'allonger) tumbarse; acostarse; echarse. || **mot à ~ dehors** palabrota *f.* (palabra complicada). **se ~ tard** trasnochar.

coucher[2] [kuʃe] *s. m.* ocaso; puesta *f.* [Le coucher du soleil. *La puesta de sol.*] || **~ du soleil** atardecer.

couchette [kuʃɛt] *s. f.* (tren, barco) litera.

coucou [kuku] *s. m., Zool.* cuco.

coude [kud] *s. m.* **1.** *Anat.* codo. **2.** (rivière) recodo. **3.** (d'un tuyau) codo.

cou-de-pied [kudpje] *s. m.* empeine.

coudière [kudjɛʀ] *s. f.* codera.

coudre [kudʀ] *v. tr.* coser.

coudrier [kudʀije] *s. m., Bot.* avellano.

couette [kwɛt] *s. f.* edredón *m.* (nórdico).

coulage [kulaʒ] *s. m.* **1.** (perte d'un liquide) pérdida *f.* **2.** (lessive) colada *f.*

coulant, -te [kulɑ̃, -ɑ̃t] *adj.* (nœud) corredizo, -za.

couler [kule] *v. tr.* **1.** (un bateau, une affaire) hundir; echar a pique. **2.** (suinter, dégoutter) chorrear. || *v. intr.* **3.** (un fleuve, le temps) correr; fluir; discurrir. **4.** (le temps) transcurrir; pasar. **5.** (s'écouler) verterse. **6.** (jaillir) manar; dimanar. **7.** (un robinet) gotear. **8.** (fondre) derretirse. **9.** (glisser) deslizar. **10.** (un bateau) hundirse. || **se ~** *v. pr.* **11.** (se faufiler, se perdre dans) introducirse; escabullirse. || **faire ~** (verser) derramar.

couleur [kulœʀ] *s. f.* color *m.*

couleuvre [kulœvʀ] *s. f., Zool.* culebra.

coulisse [kulis] *s. f.* **1.** (rainure) ranura. **2.** *Théâtr.* bastidores *m. pl.* || **coulisses** *s. f. pl.* **3.** *Théâtr.* bastidores *m.* || **en ~** *fig.* (caché) entre bastidores.

couloir [kulwaʀ] *s. m.* **1.** pasillo. **2.** (des arènes) callejón. **3.** (d'autobus) carril.

coup [ku] *s. m.* **1.** golpe. **2.** (de feu) disparo; tiro. **3.** *Jeux* jugada *f.*; movimiento [Coup heureux, coup manqué. *Buena jugada, mala jugada.*] **4.** (tentative) intento. **5.** (fois) vez *f.* **6.** (liquide bu d'un seul trait) sorbo; trago; latigazo. || **à coups de** a base de. **~ d'oeil** vistazo; ojeada *f.*; golpe de vista. **~ d'ongle** arañazo. **~ de feu** disparo; balazo. **~ de fil** telefonazo. **~ de filet** redada *f.* **~ de fouet** azote. **~ de pierre** pedrada *f.* **~ de sifflet** silbido; pitido. **~ de soleil** insola-

ción *f*. ~ **de téléphone** telefonazo. ~ **de vent** ráfaga *f*. ~ **dur** *fam*. (difficulté) mal trago. **du premier** ~ al primer intento. **tout à** ~ de repente; de golpe. **tout d'un** ~ de pronto.

coupable [kupabl] *adj. et s. m. et f*. culpable. ‖ **être** ~ **de** tener la culpa de.

coupe [kup] *s. f.* **1.** (à boire) copa. **2.** (bol) cuenco *m*. **3.** (prix) copa. **4.** (fontaine) pilón *m*. **5.** (d'arbres) tala. **6.** (de cheveux) corte *m*.

coupe-papier [kuppapje] *s. m. inv.* abrecartas.

couper [kupe] *v. tr.* **1.** cortar [Couper en rondelles. *Cortar en rodajas.*] **2.** (en morceaux) partir. **3.** (des arbres) talar. **4.** (les cheveux) cortar. **5.** (boisson) mezclar; aguar. **6.** (abréger) abreviar. **7.** (prendre un raccourci) atajar. **8.** *Jeux* (cartes) cortar. ‖ *v. intr.* **9.** cortar [Ce couteau ne coupe plus. *Este cuchillo no corta.*] ‖ **se** ~ *v. pr.* **10.** cortarse. ‖ ~ **la parole** (à qqun) interrumpir. ~ **le chemin** atajar.

couple [kupl] *s. m.* pareja *f*.

coupler [kuple] *v. tr.*, *Méc.* acoplar.

couplet [kuple] *s. m.* (strophe) copla *f*.

coupole [kupɔl] *s. f., Arch.* cúpula.

coupon [kupɔ̃] *s. m.* cupón.

coupure [kupyʀ] *s. f.* corte *m*.; cortadura. ‖ ~ **de courant** corte de luz.

cour [kuʀ] *s. f.* **1.** (d'une maison) patio *m*. **2.** (d'une ferme) corral *m*. **3.** (royale) corte. **4.** *Dr.* tribunal *m*. ‖ **faire la** ~ cortejar; conquistar; tontear *fam*.

courage [kuʀaʒ] *s. m.* valor; valentía *f*. ‖ **bon ~ !** ¡buena suerte!

courageux, -euse [kuʀaʒø, -øz] *adj.* **1.** valiente; animoso, -sa. **2.** (un guerrier) bravo, -va; atrevido, -da.

couramment [kuʀamɑ̃] *adv.* con soltura [Parler une langue couramment. *Hablar una lengua con soltura.*]

courant, -te [kuʀɑ̃, -ɑ̃t] *adj.* **1.** corriente [Eau courante. *Agua corriente.*] **2.** (habituel) común; usual. **3.** *fam.* (facile à trouver) tirado, -da. **4.** (en cours) en curso. ‖ *s. m.* **5.** corriente *f*. ‖ **au** ~ al corriente. **compte** ~ cuenta corriente.

courbatu, -ue [kuʀbaty] *adj.* lleno de agujetas; molido.

courbatures [kuʀbatyʀ] *s. f. pl.* agujetas.

courbe [kuʀb] *adj.* **1.** curvo, -va. ‖ *s. f.* **2.** curva.

courbé, -ée [kuʀbe] *adj.* curvado, -da.

courber [kuʀbe] *v. tr.* **1.** (le dos) encorvar. **2.** (plier) doblar; plegar. **3.** (le front, la tête) inclinar. ‖ *v. intr.* **4.** (ployer, s'affaisser) ceder.

coureur, -euse [kuʀœʀ, -øz] *s. m. et f.* corredor, -ra. ‖ ~ **cycliste** ciclista.

courge [kuʀʒ] *s. f.* calabaza.

courir [kuʀiʀ] *v. intr.* **1.** correr. **2.** (le son) correr; propagarse. **3.** (le temps) pasar. **4.** (une femme) perseguir; ir detrás de. ‖ ~ **le bruit** rumorearse. ~ **les rues** callejear; vagar.

couronne [kuʀɔn] *s. f.* corona.

couronner [kuʀɔne] *v. tr.* **1.** (un roi) coronar. **2.** (un bâtiment, une montagne) rematar. **3.** *fig.* (décerner un prix) premiar; recompensar.

courrier [kuʀje] *s. m.* **1.** (messager) correo. **2.** (lettres) correo. **3.** (lettres reçues) correspondencia *f*. ‖ ~ **électronique** correo electrónico.

courroie [kuʀwa] *s. f.* correa.

cours [kuʀ] *s. m.* **1.** (d'eau) corriente *f*.; curso. **2.** (du temps) transcurso. **3.** (d'un astre, du temps) curso. **4.** (avenue) pa-

course [kuʀs] *s. f.* **1.** (personnes, temps, astres) carrera. **2.** *Taur.* corrida. **3.** (en taxi) recorrido *m.* || **courses** *s. f. pl.* **4.** (achats) compras [Faire des courses. *Hacer compras.*] || **garçon de courses** recadero.

coursier [kuʀsje] *s. m., litt.* corcel.

coursier, -ière [kuʀsje, -jɛʀ] *s. m. et f.* recadero, -ra.

court, -te [kuʀ, kuʀt] *adj.* **1.** corto, -ta. **2.** (bref) breve. || *adv.* **3.** corto. || *s. m.* **4.** (de tennis) campo de tenis. || **à ~** necesitado de; falto de; escaso de, -sa.

courtier, -ière [kuʀtje, -jɛʀ] *s. m. et f., Comm.* corredor, -ra.

courtisan [kuʀtizɑ̃, -an] *s. m.* (de la court) cortesano, -na.

courtiser [kuʀtize] *v. tr.* cortejar.

courtois, -se [kuʀtwa, -az] *adj.* cortesano, -na.

courtoisie [kuʀtwazi] *s. f.* cortesía.

cousin, -ne [kuzɛ̃, -in] *s. m. et f.* primo, -ma.

coussin [kusɛ̃] *s. m.* **1.** cojín. **2.** (pour faire de la gymnastique) colchoneta *f.*

cousu, -ue [kuzy] *adj.* cosido, -da.

coût [ku] *s. m.* **1.** coste. **2.** *fig.* (prix) precio.

couteau [kuto] *s. m.* cuchillo. || **~ de poche** navaja *f.* **~ suisse** navaja *f.*

coûter [kute] *v. tr.* **1.** (effort, peine) costar. || *v. intr.* **2.** costar; valer [Combien ça coûte? *¿Cuánto cuesta?*]

coûteux, -euse [kutø, -øz] *adj.* costoso, -sa.

coutume [kutym] *s. f.* costumbre.

couture [kuyʀ] *s. f.* costura.

couturier [kutyʀje] *s. m.* **1.** (tailleur pour dames) modisto. || **couturière** *s. f.* **2.** (qui dirige une maison de couture) modista. **3.** costurera; modista.

couvaison [kuvɛzɔ̃] *s. f.* incubación.

couvée [kuve] *s. f.* nidada; crías *pl.*

couvent [kuvɑ̃] *s. m.* **1.** convento. **2.** (pensionnat) colegio de monjas.

couver [kuve] *v. tr.* **1.** (des œufs) empollar. **2.** (machiner) premeditar; tramar. **3.** (une maladie) incubar. || *v. intr.* **4.** prepararse en silencio. **5.** estar latente.

couvercle [kuvɛʀkl] *s. m.* tapa *f.*; tapadera *f.*

couvert, -te [kuvɛʀ, -ɛʀt] *adj.* **1.** cubierto, -ta. **2.** (chaudement vêtu) abrigado, -da. || *s. m.* **3.** (pour manger) cubierto. || **couverts** *s. m. pl.* **4.** cubertería *f. sing.* || **à ~** a cubierto. **mettre le ~** poner la mesa. **ôter le ~** quitar la mesa.

couverture [kuvɛʀtyʀ] *s. f.* **1.** (d'un toit) cubierta. **2.** (d'un livre) tapa; cubierta. **3.** (d'un magazine) portada. **4.** (pour protéger un livre) forro *m.* **5.** (de lit) manta. **6.** *fig.* (déguisement) apariencia. **7.** *fig.* tapadera.

couveuse [kuvøz] *s. f.* incubadora.

couvre-lit [kuvʀ(ə)li] *s. m.* colcha *f.*

couvrir [kuvʀiʀ] *v. tr.* **1.** (de vêtements chauds) cubrir; tapar; abrigar. **2.** (avec une couverture) arropar. **3.** cubrir; llenar [Couvrir de fleurs. *Cubrir de / con flores.*] **4.** (un livre) forrar. **5.** (protéger) proteger. **6.** (cacher, dissimuler) ocultar. **7.** (les frais) sufragar. **8.** (une distance, une durée) cubrir; recorrer. || **se ~** *v. pr.* **9.** (le ciel) nublarse; cubrirse; encapotarse. **10.** (avec une couverture) arroparse. **11.** (avec des vêtements) abrigar-

se; taparse. || ~ **les frais** costear; costearse.

crabe [kʀab] *s. m.*, *Zool.* (de mer) cangrejo.

crachat [kʀaʃa] *s. m.* escupitajo.

craché [kʀaʃe] *adj. inv.* pintado, -da; clavado, -da [C'est elle tout craché. *Es pintado a ella.*]

cracher [kʀaʃe] *v. tr.* **1.** escupir. **2.** *fig.* soltar. **3.** (une radio) chisporrotear.

crachin [kʀaʃɛ̃] *s. m.* calabobos; llovizna *f.*

craie [kʀɛ] *s. f.* tiza.

craignos [kʀɛɲos] *adj.* macarra.

craindre [kʀɛ̃dʀ] *v. tr.* **1.** temer; tener miedo; recelar. **2.** *fig.* temer [Je crains qu'il ne vienne pas. *Me temo que no vendrá.*]

crainte [kʀɛ̃t] *s. f.* **1.** temor *m.*; miedo *m.* **2.** (appréhension) aprensión; recelo.

craintif, -ive [kʀɛ̃tif, -iv] *adj.* **1.** temeroso, -sa. **2.** (appréhensif) aprensivo, -va; receloso, -sa. **3.** (timide) tímido, -da.

cramer [kʀame] *v. tr.* **1.** *fam.* quemar; requemar. || *v. intr.* quemarse.

cramoisi, -ie [kʀamwazi] *adj. et s. m.* carmesí.

crampe [kʀɑ̃p] *s. f.* **1.** (muscles) calambre *m.*; tirón *m.* **2.** (d'estomac) dolor *m.* || **avoir une ~** tener un calambre; dar un calambre [Il a eu une crampe. *Le ha dado un calambre.*]

cramponner [kʀɑ̃pɔne] *v. tr.* **1.** *fig.* (attacher) agarrar. || **se ~ 2.** (s'accrocher) agarrarse. | *fig.* aferrarse [Se cramponner à une idée. *Aferrarse a una idea.*] | *fig. et fam.* (à qqun) colgarse.

cran [kʀɑ̃] *s. m.* **1.** (entaille) muesca *f.* **2.** *fam.* arrojo. || **avoir du ~** tener agallas.

crâne [kʀɑn] *s. m.* cráneo.

crâner [kʀɑne] *v. intr.*, *fam.* fanfarronear.

crapaud [kʀapo] *s. m.*, *Zool.* sapo.

craquement [kʀakmɑ̃] *s. m.* crujido; chasquido.

craquer [kʀake] *v. intr.* **1.** (produire un bruit sec) crujir. **2.** (les doigts, le bois) chasquear. **3.** (éclater) estallar. **4.** reventar [La maison est pleine à craquer. *La casa está a reventar.*] **5.** (un vêtement) descoserse (un vêtement); reventar (une chaussure). **6.** (le plafond) resquebrajarse. **7.** *fig.* (s'effondrer) venirse abajo.

craqueter [kʀakte] *v. intr.* **1.** castañetear. **2.** (la cigogne, la grue) chirriar. **3.** (crépiter) crepitar [Le sel craquetait dans le feu. *La sal crepitaba en el fuego.*]

crasse [kʀas] *adj.* **1.** (inexcusable) craso, -sa. || *s. f.* **2.** mugre; roña; suciedad.

crasseux, -euse [kʀasø, -øz] *adj.* **1.** mugriento, -ta. **2.** (pauvre) miserable.

cratère [kʀatɛʀ] *s. m.* cráter.

cravache [kʀavaʃ] *s. f.* fusta.

cravate [kʀavat] *s. f.* corbata.

crayon [kʀɛjɔ̃] *s. m.* lápiz; lapicero.

créance [kʀeɑ̃s] *s. f.*, *Comm.* crédito *m.* || **de ~** credencial [Lettres de créance. *Cartas credenciales.*]

créancier, -ière [kʀeɑ̃sje, -jɛʀ] *s. m. et f.* acreedor, -ra (que debe dinero).

créateur, -trice [kʀeatœʀ, -tʀis] *adj. et s. m. et f.* creador, -ra.

création [kʀeasjɔ̃] *s. f.* creación.

créature [kʀeatyʀ] *s. f.* criatura.

crèche [kʀɛʃ] *s. f.* **1.** (à Noël) belén *m.*; nacimiento *m.*; portal. **2.** (pour les enfants) guardería infantil.

crédit [kʀedi] *s. m.* crédito. || **à ~** a plazos.

créditer [kʀedite] *v. tr.* abonar en cuenta.

créditeur, -trice [kʀeditœʀ] *adj. et s. m. et f.* acreedor, -ra (a quien se debe dinero).

crédule [kʀedyl] *adj.* crédulo, -la.

créer [kʀee] *v. tr.* crear.
crème [kʀɛm] *s. f.* **1.** crema. **2.** (du lait) nata. **3.** (de la bière) espuma. || **~ renversée** flan *m.* natillas *f. pl.*
crémerie [kʀemʀi] *s. f.* lechería.
crémier, -ière [kʀemje, -jɛʀ] *s. m. et f.* **1.** mantequero, -ra; lechero, -ra. || *s. m.* **2.** (récipient) lechera *f.*
créneau [kʀeno] *s. m.* **1.** (meurtrière) aspillera *f.* **2.** (au sommet d'un mur) almena *f.* **3.** aparcamiento (hueco entre dos coches). || **faire un ~** aparcar (entre dos coches).
créole [kʀeɔl] *adj. et s. m. et f.* criollo, -lla.
crêpe [kʀɛp] *s. f.* crepe *m.* || **~ dentelle** barquillo *m.*
crêper [kʀepe] *v. tr.* **1.** (les cheveux, une mèche) cardar. **2.** (friser) encrespar. || *v. intr.* **3.** (friser) rizarse. || **se ~** *v. pr.* **4.** encresparse.
crépiter [kʀepite] *v. intr.* crepitar; chisporrotear.
crépuscule [kʀepyskyl] *s. m.* crepúsculo.
cresson [kʀesɔ̃] *s. m., Bot.* berro.
crête [kʀɛt] *s. f.* cresta.
crétin, -ne [kʀetɛ̃, -in] *s. m. et f.* **1.** cretino, -na. **2.** (con) imbécil; gilipollas.
creuser [kʀøze] *v. tr. et intr.* **1.** (un puits) cavar. **2.** (labourer) abrir [Creuser une tranchée. *Abrir una zanja.*] **3.** (fouiller) excavar. **4.** *fig.* ahondar; profundizar. || **se ~ la tête** romperse la cabeza.
creuset [kʀøzɛ] *s. m.* crisol.
creux, -euse [kʀø, kʀøz] *adj.* **1.** hueco, -ca. **2.** *fig.* (idées, mots) vacío, -a; hueco, -ca. || *s. m.* **3.** (ouverture) hueco. **4.** (vide) vacío. || **devenir ~** ahuecarse.
crevaison [kʀ(ə)vɛzɔ̃] *s. f.* pinchazo *m.*
crevasse [kʀ(ə)vas] *s. f.* grieta; raja.
crevasser [kʀ(ə)vase] *v. tr.* agrietar.
crevé, -ée [kʀ(ə)ve] *adj., fam.* muerto, -ta (de cansancio); hecho polvo.
crever [kʀ(ə)ve] *v. tr. et intr.* **1.** (éclater) reventar. **2.** (un pneu) pinchar. **3.** saltar [Cela crève les yeux. *Salta a la vista.*] || *v. intr.* **4.** *fam.* morirse [Crever de faim, de froid, d'ennui. *Morirse de hambre, de frío, de aburrimiento.*] **5.** (un pneu) pincharse.
crevette [kʀ(ə)vɛt] *s. f., Zool.* (grise) quisquilla *f.* || **~ rose** gamba. **grosse ~** langostino *m.*
cri [kʀi] *s. m.* **1.** grito; exclamación *f.* [Cri de joie. *Grito de alegría.*] **2.** (animaux) voz *f.;* llamada *f.*
criailler [kʀijaje] *v. intr., fam.* berrear.
criard, -de [kʀijaʀ, -aʀd] *adj. et s. m. et f.* **1.** (qui crie) chillón, -llona. || *adj.* **2.** *fig.* (couleur, voix) chillón, -llona; llamativo, -va.
crible [kʀibl] *s. m.* criba *f.;* cedazo.
cribler [kʀible] *v. tr.* **1.** cribar. **2.** *fig.* (percer de trous) acribillar.
cric [kʀik] *s. m., Méc.* gato.
criée [kʀije] *s. f.* venta pública; subasta. || **vente à la ~** venta pública; subasta.
crier [kʀije] *v. tr. et intr.* **1.** gritar; chillar. **2.** *fig.* clamar; protestar. **3.** (grincer) rechinar; chirriar.
crime [kʀim] *s. m.* crimen.
criminel, -elle [kʀiminɛl] *adj. et s. m. et f.* criminal.
crin [kʀɛ̃] *s. m.* crin *f.*
crinière [kʀinjɛʀ] *s. f.* **1.** (cheval) crines *pl.* **2.** (lion) melena.
crique [kʀik] *s. f.* cala; ensenada.
criquet [kʀikɛ] *s. m.* **1.** *Zool.* (petite sauterelle) saltamontes. **2.** (grand) langosta *f.*
crise [kʀiz] *s. f.* **1.** crisis. **2.** (de nerfs, cardiaque) ataque *m.* || **piquer une ~** cogerse un cabreo.

crisper [kʀispe] *v. tr.* crispar.

crisser [kʀise] *v. intr.* rechinar [Il crisse des dents. *Le rechinan los dientes.*]

cristal, -aux [kʀistal, -o] *s. m.* cristal.

cristallin, -ne [kʀistalɛ̃, -in] *adj.* **1.** cristalino, -na. ‖ *s. m.* **2.** *Anat.* cristalino.

cristalliser [kʀistalize] *v. tr. et intr.* **1.** cristalizar. ‖ *v. intr.* **2.** cristalizarse. ‖ **se ~** *v. pr.* **3.** cristalizarse.

critère [kʀitɛʀ] *s. m.* criterio.

critique [kʀitik] *adj. et s. m. et f.* **1.** crítico, -ca. ‖ *s. f.* **2.** crítica.

critiquer [kʀitike] *v. tr.* **1.** criticar. **2.** (censurer, blâmer) censurar.

croassement [kʀɔasmɑ̃] *s. m.* graznido.

croc [kʀo] *s. m.* colmillo.

croc-en-jambe [kʀɔkɑ̃ʒɑ̃b] *s. m.* zancadilla *f.* •Pl. crocs-en-jambe.

crochet [kʀɔʃe] *s. m.* **1.** (pour accrocher) gancho. **2.** (en fer) garfio. **3.** ganchillo [Faire du crochet. *Hacer ganchillo.*] **4.** corchete [L'écrire entre crochets. *Escribirlo entre corchetes.*] **5.** (d'un vêtement) corchete. **6.** (pour les serrures) ganzúa *f.* **7.** (dent) colmillo. **8.** (détour) rodeo.

crocodile [kʀɔkɔdil] *s. m., Zool.* cocodrilo.

croire [kʀwaʀ] *v. tr. et intr.* creer.

croisé, -ée [kʀwaze] *adj.* cruzado, -da.

croisement [kʀwazmɑ̃] *s. m.* cruce; cruzamiento.

croiser [kʀwaze] *v. tr.* **1.** cruzar. ‖ **se ~** *v. pr.* **2.** cruzarse.

croisière [kʀwazjɛʀ] *s. f.* crucero *m.* ‖ **faire une ~** hacer un crucero.

croissance [kʀwasɑ̃s] *s. f.* crecimiento *m.*; desarrollo *m.*

croissant, -te [kʀwasɑ̃, -ɑ̃t] *adj.* **1.** creciente. ‖ *s. m.* **2.** (de lune) media luna. **3.** (pâtisserie) cruasán.

croître [kʀwatʀ] *v. intr.* crecer.

croix [kʀwa] *s. f.* cruz.

croquant, -te [kʀɔkɑ̃, -ɑ̃t] *adj.* **1.** crujiente. ‖ *s. m. et f.* **2.** paleto, -ta; palurdo, -da.

croque-mitaine [kʀɔkmitɛn] *s. m.* (personnage imaginaire) coco.

croquer [kʀɔke] *v. intr.* crujir (al masticar). ‖ *v. tr.* **2.** (broyer sous la dent) cascar.

croquette [kʀɔkɛt] *s. f.* **1.** croqueta. **2.** (au chocolat) chocolatina.

croquis [kʀɔki] *s. m.* bosquejo; croquis.

crosse [kʀɔs] *s. f.* **1.** (bâton) cayado *m.* **2.** (de fusil) culata.

crotte [kʀɔt] *s. f.* **1.** (excrément) cagarruta. **2.** *fig.* (chose sans valeur) porquería.

crottin [kʀɔtɛ̃] *s. m.* **1.** estiércol (de caballo, de oveja). **2.** (fromage) queso de cabra.

crouler [kʀule] *v. intr., litt.* (une construction) hundirse.

croupetons, à [akʀuptɔ̃] *loc. adv.* en cuclillas.

croupier, -ière [kʀupje, jɛʀ] *s. m., Jeux* croupier.

croupir [kʀupiʀ] *v. intr.* estancarse.

croustiller [kʀustije] *v. intr.* crujir.

croûte [kʀut] *s. f.* **1.** (du pain) corteza. **2.** (du fromage) cáscara. **3.** (de sang) costra; postilla; pupa. **4.** *fig. et fam.* (sot) mamarracho, -cha *m. et f.* ‖ **casser la ~** *fam.* tomar un bocado.

croûton [kʀutɔ̃] *s. m.* **1.** (bout de pain) mendrugo. **2.** (frit ou grillé) picatoste.

croyance [kʀwajɑ̃s] *s. f.* creencia.

croyant, -te [kʀwajɑ̃, -ɑ̃t] *adj. et s. m. et f.* creyente.

cru, -ue [kʀy] *adj.* crudo, -da. ‖ **les grands crus** los grandes vinos.

cruauté [kʀyote] *s. f.* crueldad.

cruche [kʀyʃ] *s. f.* **1.** (pot à eau) cántaro *m.* **2.** (pour garder l'eau au frais) botijo

CRUCIFIER - CULTURE

m. **3.** (à long bec pour boire) porrón *m.* **4.** *fig. et fam.* estúpido, -da; zoquete.
crucifier [kʀysifje] *v. tr.* crucificar.
crucifix [kʀysifi] *s. m.* crucifijo.
crudité [kʀydite] *s. f.* **1.** crudeza. ‖ **crudités** *s. f. pl.* **2.** ensalada *sing.* [Un sandwich de jambon crudités. *Un sándwich de jamón con ensalada.*]
crue [kʀy] *s. f.* crecida; riada.
cruel, -elle [kʀyɛl] *adj.* cruel.
cuadrilla [kwadrija] *s. f., Taur.* cuadrilla.
cubain, -ne [kybɛ̃, -ɛn] *adj.* **1.** cubano. ‖ **Cubain, -ne** *s. m. et f.* **2.** cubano, -na.
cube [kyb] *s. m.* **1.** cubo. ‖ *adj.* **2.** cúbico, -ca [Mètre cube. *Metro cúbico.*]
cubique [kybik] *adj.* cúbico, -ca.
cueillette [kœjɛt] *s. f.* recolección.
cueillir [kœjiʀ] *v. tr.* recolectar; coger.
cuillère [kɥijɛʀ] *s. f.* **1.** cuchara. **2.** cucharilla [Cuillère à café. *Cucharilla de café.*] ‖ **petite ~** cucharilla.
cuillerée [kɥij(e)ʀe] *s. f.* cucharada.
cuir [kɥiʀ] *s. m.* **1.** cuero. **2.** (d'animaux) piel *f.* **3.** curtido [Industrie des cuirs. *Industria de curtidos.*] ‖ **~ chevelu** cuero cabelludo.
cuirasse [kɥiʀas] *s. f.* coraza.
cuirassé, -ée [kɥiʀase] *adj.* **1.** acorazado, -da. ‖ *s. m.* **2.** acorazado.
cuirasser [kɥiʀase] *v. tr.* **1.** acorazar. ‖ **se ~** *v. pr.* **2.** curtirse.
cuire [kɥiʀ] *v. tr.* **1.** (à l'eau) cocer. **2.** (au four, au gril) asar. ‖ *v. intr.* **3.** cocer. **4.** (douleur) escocer. ‖ **faire ~** cocer.
cuisant, -te [kɥizɑ̃, -ɑ̃t] *adj.* **1.** de fácil cocción. **2.** *fig.* (douleur) agudo, -da; vivo, -va. **3.** (blessant) punzante; mordaz.
cuisine [kɥizin] *s. f.* **1.** (pièce de la maison) cocina. **2.** (art de cuisiner) cocina; guisos *m. pl.* ‖ **faire la ~** cocinar; guisar.
cuisiner [kɥizine] *v. tr. et intr.* cocinar.

cuisinier, -ière [kɥizinje, -jɛʀ] *s. m. et f.* **1.** cocinero, -ra. ‖ **cuisinière** *s. f.* **2.** cocina (electrodoméstico); hornillo *m.*
cuisse [kɥis] *s. f.* **1.** *Anat.* muslo *m.* **2.** (bœuf, agneau) pierna; pernil *m.* **3.** (grenouille, cheval) anca.
cuisson [kɥisɔ̃] *s. f.* cocción.
cuit, -te [kɥi, kɥit] *adj.* **1.** cocido, -da. **2.** (soûl) pedo *fam.*
cuite [kɥit] *s. f., fam.* borrachera; trompa; mona.
cuivre [kɥivʀ] *s. m.* cobre.
cul [ky] *s. m.* **1.** *fam.* culo; trasero. **2.** (fond) culo; fondo.
culasse [kylas] *s. f.* culata.
culbute [cylbyt] *s. f.* **1.** voltereta. **2.** (chute à la renverse) vuelco *m. fig.* caída.
culbuter [kylbyte] *v. tr.* **1.** tumbar. ‖ *v. intr.* **2.** dar volteretas.
cul-de-sac [kyd(ə)sak] *s. m.* (impasse) callejón sin salida.
culot [kylo] *s. m., fam.* caradura *f.*; jeta *f.*; morro [Quel culot! *¡Qué jeta!*]
culotte [kylɔt] *s. f.* **1.** (sous-vêtement de femme) bragas *pl.* ‖ **culottes** *s. f. pl.* **2.** (de sport) calzón *m. sing.* **3.** (bermuda) pantalón corto. **4.** (cellulite) cartucheras. ‖ **~ de cheval** pantalón de montar.
culotté, -ée [kylote] *adj.* fresco, -ca; descarado, -da; caradura.
culte [kylt] *s. m.* culto.
cultivateur, -trice [kyltivatœʀ, -tʀis] *adj. et s. m. et f.* **1.** (celui qui exploite une terre) cultivador, -ra. **2.** (celui qui laboure un champ) labrador, -ra.
cultivé, -ée [kyltive] *adj.* **1.** (la terre) cultivado. **2.** *fig.* (une personne) culto, -ta.
cultiver [kyltive] *v. tr.* cultivar.
culture [kyltyʀ] *s. f.* **1.** *Agr.* cultivo *m.* **2.** *fig.* (savoir) cultura. ‖ **~ sèche** secano *m.*

culturisme [kyltyʀism] *s. m.* culturismo.
cumul [kymyl] *s. m.* cúmulo.
cupidité [kypidite] *s. f.* codicia.
cure [kyʀ] *s. f.* cura [Faire une cure thermale. *Hacer una cura termal.*]
curé [kyʀe] *s. m.* cura; párroco; sacerdote.
cure-dents ou cure-dent [kyʀdɑ̃] *s. m.* palillo; mondadientes.
curer [kyʀe] *v. tr.* **1.** (racler) escarbar. ‖ **se ~** *v. pr.* (les dents). **2.** limpiarse (con un mondadientes).
curieux, -euse [kyʀjø, -øz] *adj.* **1.** curioso, -sa. **2.** (étrange) extraño, -ña. ‖ *s. m. et f.* **3.** curioso, -sa. **4.** (badaud) mirón, -rona.
curiosité [kyʀjozite] *s. f.* curiosidad.
curseur [kyʀsœʀ] *s. m.* cursor.
curviligne [kyʀviliɲ] *adj.* curvilíneo, -a.
cuve [kyv] *s. f.* cuba.
cuver [kyve] *v. intr.* **1.** fermentar (el vino). ‖ *v. tr.* **2.** *fig.* (la douleur, la colère) enfriar. ‖ **~ son vin** dormirla; dormir la mona. **faire ~** fermentar (el vino).
cuvette [kyvɛt] *s. f.* **1.** (bassine) palangana. **2.** (terrain) hondonada; poza. **3.** (des w.c.) taza; inodoro *m.* **4.** (d'une gouttière) caja colectora. **5.** *Géogr.* depresión.
cycle [sikl] *s. m.* ciclo.
cyclisme [siklism] *s. m.* ciclismo.
cycliste [siklist] *adj. et s. m. et f.* ciclista.
cyclone [siklon] *s. m.* ciclón.
cygne [siɲ] *s. m., Zool* cisne.
cylindre [silɛ̃dʀ] *s. m.* cilindro.
cylindrer [silɛ̃dʀe] *v. tr.* apisonar.
cylindrique [silɛ̃dʀik] *adj.* cilíndrico, -ca.
cynique [sinik] *adj. et s. m. et f.* cínico, -ca.
cynisme [sinism] *s. m.* cinismo.
cyprès [sipʀɛ] *s. m., Bot.* ciprés.

D

d [de] *s. m.* d *f.*
d' [d] *prép.* *de.
dactylo [daktilo] *s. m. et f.* mecanógrafo, -fa.
dactylographie [daktilɔgrafi] *s. f.* mecanografía.
dague [dag] *s. f.* daga.
daim [dɛ̃] *s. m.* **1.** Zool. gamo. **2.** (cuir) ante.
daine [dɛn] *s. f.*, Zool. gama (hembra del gamo).
dais [dɛ] *s. m.* dosel.
dallage [dalaʒ] *s. m.* enlosado.
dalle [dal] *s. f.* losa; baldosa. ‖ **~ funéraire** lápida.
dalmate [dalmat] *adj.* **1.** dálmata (de Dalmacia). ‖ **Dalmate** *s. m. et f.* **2.** dálmata.
dalmatien, -enne [dalmasjɛ̃, -ɛn] *s. m. et f.* dálmata *m.* (raza de perro).
daltonisme [daltɔnism] *s. m.* daltonismo.
dame [dam] *s. f.* **1.** señora (noble) **2.** dama. ‖ **vieille ~** anciana.
damer [dame] *v. tr.* (la terre) apisonar.
damier [damje] *s. m.*, Jeux tablero (de damas); damero.
damné, ée [dane] *adj. et s. m. et f.* **1.** condenado, -da (al infierno). **2.** fig. (condamné à une existence misérable) maldito, -ta.
danger [dɑ̃ʒe] *s. m.* **1.** peligro. **2.** (risque) riesgo. ‖ **être en ~** correr peligro; peligrar.
dangereux, -euse [dɑ̃ʒRø, -øz] *adj.* **1.** peligroso, -sa **2.** (risqué) arriesgado, -da.
dans [dɑ̃] *prép.* **1.** (à l'intérieur de) en; dentro de [Il est dans la maison. *Está dentro de la casa.*] **2.** en [Être dans la rue. *Être en la calle.*] **3.** (vers l'intérieur de) a [Aller dans un restaurant. *Ir a un restaurante.*] **4.** (mouvement dans un espace) por [Ils se promènent dans la rue. *Pasean por la calle.*] **5.** entre [Dans mes mains. *Entre mis manos.*] **6.** (regions et departements) en [Ils habitent dans les Ardennes. *Viven en las Ardenas.*] **7.** (direction) a [Ils partent dans les Ardennes. *Van a las Ardenas.*] **8.** (après) dentro de [Dans trois mois. *Dentro de tres meses.*] **9.** (pendant) durante [Dans la nuit du lundi. *En la noche del lunes.*] **10.** (manière) con; en [Dans un style baroque. *Con estilo barroco.*] ‖ **~ les** unos, -nas [Cela coûte dans les mille francs. *Cuesta unos mil francos.*]
dansant, -te [dɑ̃sɑ̃, -ɑ̃t] *adj.* saltarín, -rina.
danse [dɑ̃s] *s. f.* **1.** baile *m.* **2.** (art) danza.
danser [dɑ̃se] *v. intr.* bailar.
dard [daR] *s. m.* **1.** (arme, jeu) dardo. **2.** (d'insectes) aguijón.
date [dat] *s. f.* fecha.
dater [date] *v. tr.* **1.** fechar; datar. ‖ *v. intr.* **2.** datar.
datte [dat] *s. f.* dátil *m.*
dattier [datje] *s. m.*, Bot. datilera *f.*; palmera.
daube [dob] *s. f.* adobo *m.* ‖ **mettre en ~** adobar.
dauber [dobe] *v. tr.* (endauber) adobar.
dauphin [dofɛ̃] *s. m.* **1.** Zool. delfín. **2.** delfín (príncipe heredero en la Francia monárquica).
daurade [dɔRad] *s. f.*, Zool. dorada.
davantage [davɑ̃taʒ] *adv.* **1.** (plus) más. **2.** (encore) aún más [Il veut davantage d'argent. *Quiere aún más dinero.*]
de [d(ə)] *prép.* **1.** (provenance) de; desde. **2.** desde [Je le vois d'ici. *Lo veo desde aquí.*] **3.** a [Goût de, peur de. *Sabor a, miedo a.*] **4.** con [D'une voix rauque. *Con una voz ronca.*] **5.** en [De nos jours, de mon temps. *En nuestros tiempos, en mis tiempos.*] **6.** (cause) por; de [Il trem-

blait de peur. *Temblaba de miedo.*] **7.** (possession) de [Le chapeau de Pierre. *El gorro de Pierre.*] **8.** (prix) a; de [Une écharpe de trois mille francs. *Una bufanda de tres mil francos.*] ‖ **~ ... en de ... en.** •Delante de vocal o "h" muda se usa "d"

dé [de] *s. m.* dado. ‖ **~ à coudre** dedal.

débâcle [debakle] *s. f.* **1.** (dégel) deshielo *m.* **2.** (débandade) desbandada. **3.** (défaite) derrota.

déballer [debale] *v. tr.* desembalar.

débandade [debɑ̃dad] *s. f.* desbandada.

débarcadère [debaʀkadeʀ] *s. m.* (rivière, mer) desembarcadero.

débardeur [debaʀdœʀ] *s. m.* **1.** descargador. **2.** (T-shirt) camiseta *f.* (sin mangas).

débarquer [debaʀke] *v. intr.* desembarcar; bajar.

débarras [debaʀɑ] *s. m.* **1.** *fam.* alivio; desahogo. **2.** (pièce) trastero.

débarrassé, -ée [debaʀase] *adj.* **1.** desembarazado, -da. **2.** despejado, -da.

débarrasser [debaʀase] *v. tr.* **1.** (enlever) quitar. **2.** (qqun de qqch) desembarazar. **3.** (dégager) despejar. **4.** (la table) quitar. ‖ **se – *v. pr.* 5.** desembarazarse (de alguien); zafarse; deshacerse.

débat [deba] *s. m.* debate.

débattre [debatʀ] *v. tr.* **1.** debatir. **2.** (un prix) discutir. ‖ **se – *v. pr.* 3.** resistirse; defenderse.

débauche [deboʃ] *s. f.* **1.** (excès) exceso *m.* **2.** (de mœurs) relajación. **3.** (libertinage) desenfreno *m.*; libertinaje *m.*

débiliter [debilite] *v. tr.* debilitar.

débit [debi] *s. m.* **1.** despacho; venta *f.* **2.** (eau) caudal. **3.** *Comm.* débito; debe. **4.** palabra *f.* ‖ **~ de tabac** estanco.

débiter [debite] *v. tr.* **1.** (au détail) despachar. **2.** (eau, électricité) suministrar. **3.** (du bois) cortar. **4.** *Comm.* cargar en cuenta; cargar; adeudar. **5.** *fig.* (proférer) decir.

débiteur, -trice [debitœʀ, -tʀis] *adj. et s. m. et f.* deudor, -ra.

déblais [deblɛ] *s. m. pl.* escombros.

débloquer [debloke] *v. tr.* desbloquear.

déboiser [debwaze] *v. tr.* (arbres) talar.

déborder [debɔʀde] *v. tr.* **1.** (dépasser) sobrepasar. ‖ *v. intr.* **2.** (dépasser le bord) desbordar. **3.** (un fleuve) desbordarse. **4.** (un récipient) rebosar; salirse. **5.** *fig.* (de richesse, de santé) rebosar.

débouché [debuʃe] *s. m.* **1.** (rue) desembocadura *f.* **2.** *Comm.* (marché) mercado; salida *f.* **3.** *fig.* (professionnel) salida *f.* ‖ **~ d'une rue** bocacalle *f.*

déboucher [debuʃe] *v. tr.* **1.** (enlever ce qui bouche) destapar. **2.** (enlever le bouchon d'une bouteille) descorchar. **3.** (un tuyau) desatascar; desatrancar. ‖ *v. intr.* **4.** (un fleuve, une rue) desembocar. **5.** (aboutir à) parar; ir a parar; terminar.

déboucler [debukle] *v. tr.* desabrochar.

déboursement [debuʀs(ə)mɑ̃] *s. m.* desembolso.

débourser [debuʀse] *v. tr.* desembolsar.

debout [d(ə)bu] *adv.* de pie; en pie. ‖ **ne pas tenir ~** no sostenerse.

déboutonner [debutɔne] *v. tr.* desabotonar; desabrochar.

débrancher [debʀɑ̃ʃe] *v. tr.* **1.** *Électr.* desenchufar; desconectar. **2.** (wagon) desenganchar.

débridé, -ée [debʀide] *adj.* desenfrenado, -da.

débris [debʀi] *s. m.* **1.** (d'un objet brisé) trozo; pedazo. ‖ *s. m. pl.* **2.** restos. **3.** (ruine, épave) ruinas *f. pl.*

débrouillé, -ée [debʀuje] *adj.* desenvuelto, -ta: suelto, -ta.

débrouiller [debʀuje] *v. tr.* **1.** desenredar; desembrollar. **2.** *fig.* aclarar. ‖ **se ~** *v. pr.* **3.** arreglárselas; desenvolverse; manejarse.

début [deby] *s. m.* **1.** comienzo; principio; inicio. **2.** principio [Un début de pneumonie. *Un principio de neumonía.*] ‖ **débuts** *s. m. pl.* **3.** (d'un acteur) inicios; debut *sing.*

débutant, -te [debytã, -ãt] *adj. et s. m. et f.* principiante.

débuter [debyte] *v. intr.* **1.** comenzar. **2.** (un acteur) debutar. **3.** (dans une carrière ou activité) estrenarse.

décadence [dekadãs] *s. f.* decadencia.

décaféiné, -ée [dekafeine] *adj.* descafeinado, -da.

décalage [dekalaʒ] *s. m.* (temporel) desfase. ‖ **~ horaire** diferencia horaria.

décalcomanie [dekalkɔmani] *s. f.* calcomanía.

décaler [dekale] *v. tr.* **1.** (dans l'espace) desplazar; apartar. **2.** (dans le temps) aplazar (dejar un margen de tiempo).

décalquer [dekalke] *v. tr.* calcar.

décapiter [dekapite] *v. tr.* decapitar.

décapotable [dekapɔtabl] *adj.* **1.** descapotable. ‖ *s. f.* **2.** descapotable *m.*

décéder [desede] *v. intr.* fallecer.

déceler [des(ə)le] *v. tr.* descubrir; revelar.

décembre [desãbʀ] *s. m.* diciembre.

décence [desãs] *s. f.* decencia.

décennie [deseni] *s. f.* década.

décent, -te [desã, -ãt] *adj.* decente.

déception [desɛpsjɔ̃] *s. f.* decepción.

décerner [desɛʀne] *v. tr.* otorgar. ‖ **~ un prix** premiar; galardonar.

décès [desɛ] *s. m.* fallecimiento.

décevoir [des(ə)vwaʀ] *v. tr.* **1.** decepcionar. **2.** (une personne) defraudar.

déchaîné, -ée [deʃene] *adj.* desenfrenado, -da.

déchaînement [deʃɛnmã] *s. m., fig.* (des passions) desenfreno.

déchaîner [deʃene] *v. tr.* **1.** desencadenar. ‖ **se ~** *v. pr.* **2.** (la mer) embravecerse.

décharge [deʃaʀʒ] *s. f.* **1.** (d'une arme) descarga; disparo *m.* **2.** (électrique) descarga. **3.** (publique) vertedero *m.* **4.** *fig.* (soulagement) alivio *m.*

déchargement [deʃaʀʒəmã] *s. m.* descargo.

décharger [deʃaʀʒe] *v. tr.* **1.** (des marchandises) descargar. **2.** *fig.* (soulager) aliviar. ‖ **se ~** *v. pr.* **3.** (une arme) dispararse.

déchausser [deʃose] *v. tr.* **1.** descalzar. ‖ **se ~** *v. pr.* **2.** descalzarse.

déchéance [deʃeãs] *s. f.* decadencia.

déchet [deʃɛ] *s. m.* **1.** desperdicio; desecho. **2.** *fig.* escoria *f.* ‖ **déchets** *s. m. pl.* **3.** residuos; basura *f. sing.*

déchiffrer [deʃifʀe] *v. tr.* descifrar.

déchiqueter [deʃikte] *v. tr.* desmenuzar.

déchirer [deʃiʀe] *v. tr.* **1.** destrozar; hacer añicos; desgarrar. **2.** (un papier) romper; rasgar. **3.** *fig.* (le cœur) desgarrar.

déchirure [deʃiʀyʀ] *s. f.* **1.** (accroc) desgarrón *m.*; rasgón *m.* **2.** (muscles) desgarro *m.* rotura *f.* **3.** *fig.* (déchirement) desgarro *m.*

déchoir [deʃwaʀ] *v. intr.* decaer.

décibel [desibɛl] *s. m.* decibelio.

décidé, -ée [deside] *adj.* decidido, -da.

décider [deside] *v. tr.* **1.** decidir. ‖ **se ~** *v. pr.* **2.** decidirse.

décimal, -le, -aux [desimal, -o] *adj.* decimal.

décimale [desimal] *s. f.* decimal *m.*

décimer [desime] *v. tr.* diezmar.

DÉCISIF - DÉCOUVERTE

décisif, -ive [desizif, -iv] *adj.* decisivo, -va; determinante.

décision [desizjɔ̃] *s. f.* decisión.

déclamer [deklame] *v. tr. et intr.* declamar.

déclaration [deklaʀasjɔ̃] *s. f.* declaración. ‖ ~ **d'impôts** declaración de la renta.

déclarer [deklaʀe] *v. tr.* **1.** declarar. ‖ **se** ~ *v. pr.* **2.** declararse.

déclencher [deklɑ̃ʃe] *v. tr.* **1.** *Méc.* poner en funcionamiento; poner en marcha; activar. **2.** *fig.* desencadenar; desatar.

déclic [deklik] *s. m.* **1.** (d'un mécanisme) disparador. **2.** (bruit) chasquido.

déclin [deklɛ̃] *s. m.* decadencia *f.*; ocaso.

déclinaison [deklinɛzɔ̃] *s. f.* declinación.

décliner [dekline] *v. tr. et intr.* declinar.

décoder [dekɔde] *v. tr.* descodificar.

décoiffer [dekwafe] *v. tr.* despeinar.

décoincer [dekwɛ̃se] *v. tr.* desencajar.

décollage [dekɔlaʒ] *s. m.* despegue.

décoller [dekɔle] *v. tr.* despegar.

décolleté, -ée [dekɔlte] *adj.* **1.** escotado, -da. ‖ *s. m.* **2.** escote.

décoloré, -ée [dekɔlɔʀe] *adj.* descolorido, -da.

décolorer [dekɔlɔʀe] *v. tr.* **1.** decolorar. ‖ **se** ~ *v. pr.* **2.** palidecer.

décombres [dekɔ̃bʀ] *s. m. pl.* escombros.

décommander [dekɔmɑ̃de] *v. tr.* cancelar; anular (un pedido, una reserva).

décomposé, -ée [dekɔ̃poze] *adj.* descompuesto, -ta.

décomposer [dekɔ̃poze] *v. tr.* descomponer.

décomposition [dekɔ̃pozisjɔ̃] *s. f.* descomposición.

décompte [dekɔ̃t] *s. m.* deducción *f.*

déconcerter [dekɔ̃sɛʀte] *v. tr.* **1.** (confondre) desconcertar. **2.** *fig.* (troubler, déranger) perturbar; turbar.

déconseiller [dekɔ̃seje] *v. tr.* desaconsejar.

décontenancer [dekɔ̃t(ə)nɑ̃se] *v. tr.* turbar; desconcertar.

décontracter [dekɔ̃tʀakte] *v. tr.* **1.** (ses muscles) relajar. **2.** (qqun) tranquilizar.

déconvenue [dekɔ̃vny] *s. f.* decepción; desengaño *m.*

décor [dekɔʀ] *s. m.* **1.** (d'une pièce) decoración *f.* **2.** *Ciné. et Théâtr.* decorado.

décoration [dekɔʀasjɔ̃] *s. f.* **1.** decoración. **2.** (insigne) condecoración.

décorer [dekɔʀe] *v. tr.* **1.** decorar. **2.** (conférer une décoration) condecorar.

découdre [dekudʀ] *v. tr.* descoser.

découler [dekule] *v. intr.* **1.** *litt.* (exsuder) destilar. **2.** *fig.* resultar.

découpage [dekupaʒ] *s. m.* **1.** (papier) recorte. **2.** (jeu) recortable.

découpé, -ée [dekupe] *adj.* **1.** recortado, -da. **2.** troceado, -da.

découper [dekupe] *v. tr.* **1.** (papier) recortar. **2.** (la viande) trinchar; trocear.

découpure [dekupyʀ] *s. f.* recorte *m.*

découragé, -ée [dekuʀaʒe] *adj.* abatido, -da; decaído, -da.

découragement [dekuʀaʒmɑ̃] *s. m.* desaliento; desánimo; abatimiento.

décourager [dekuʀaʒe] *v. tr.* **1.** desalentar; desanimar. **2.** (dissuader) disuadir. ‖ **se** ~ *v. pr.* **3.** desanimarse; **4.** desalentarse. (se lasser) desmayar.

décousu, -ue [dekuzy] *adj.* **1.** descosido, -da. **2.** *fig.* (conversation) deslavazado, -da; incoherente.

découvert, -te [dekuvɛʀ, -ɛʀt] *adj. et s. m.* descubierto, -ta.

découverte [dekuvɛʀt] *s. f.* **1.** (action) descubrimiento *m.* **2.** (trouvaille) hallazgo *m.*

découvreur, -euse [dekuvrœr, -øz] *s. m. et f.* descubridor, -ra.
découvrir [dekuvrir] *v. tr.* descubrir.
décrépit, -te [dekrepi, -it] *adj.* decrépito, -ta.
décret [dekre] *s. m.* decreto.
décréter [dekrete] *v. tr.* decretar.
décrire [dekrir] *v. tr.* describir.
décrocher [dekrɔʃe] *v. tr.* **1.** (dépendre) descolgar. **2.** (le téléphone) descolgar. **3.** (deux choses accrochées entre elles) desenganchar.
décroissant, -te [dekrwasɑ̃, -ɑ̃t] *adj.* (la lune) menguante.
décroître [dekrwatr] *v. intr.* decrecer.
dédaigner [dedeɲe] *v. tr.* desdeñar; despreciar.
dédain [dedɛ̃] *s. m.* desdén; desprecio.
dedans[1] [dədɑ̃] *adv.* **1.** dentro; en el interior [Nous sommes dedans. *Estamos dentro*.] **2.** adentro [Allez dedans. *Id adentro*.] ‖ **là-dedans** dentro; ahí dentro.
dedans[2] [dədɑ̃] *s. m.* interior [Le dedans d'une maison. *El interior de una casa*.]
dédicace [dedikas] *s. f.* dedicatoria.
dédicacer [dedikase] *v. tr.* dedicar.
dédier [dedje] *v. tr.* **1.** (une œuvre) dedicar. **2.** (sa vie) consagrar.
dédire, se [dedir] *v. pr.* retractarse; desdecirse.
dédommagement [dedɔmaʒmɑ̃] *s. m.* **1.** indemnización *f.* **2.** compensación *f.*
dédommager [dedɔmaʒe] *v. tr.* **1.** indemnizar; resarcir. **2.** compensar.
dédoubler [deduble] *v. tr.* desdoblar.
déduction [dedyksjɔ̃] *s. f.* deducción.
déduire [dedɥir] *v. tr.* deducir.
déesse [deɛs] *s. f.* diosa.
défaillance [defajɑ̃s] *s. f.* desmayo *m.*

défaillir [defajir] *v. intr.* **1.** desfallecer. **2.** (s'évanouir) desmayar.
défaire [defɛr] *v. tr.* **1.** deshacer. ‖ **se ~** *v. pr.* **2.** deshacerse.
défait, -te [defɛ, -ɛt] *adj.* **1.** deshecho, -cha. **2.** (les lacets) desatado, -da. **3.** (le visage) descompuesto, -ta.
défaite [defɛt] *s. f., Mil.* derrota.
défaut [defo] *s. m.* defecto; imperfección *f.*; falta *f.* ‖ **sans ~** impecable.
défavorable [defavɔrabl] *adj.* desfavorable; adverso, -sa.
défectif, -ive [defɛktif, -iv] *adj.* defectivo, -va.
défectueux, -euse [defɛktɥø, -øz] *adj.* defectuoso, -sa.
défendre [defɑ̃dr] *v. tr.* **1.** defender. **2.** (protéger) proteger. **3.** (interdire) prohibir. **4.** (la chasse, le passage) vedar. ‖ **se ~** *v. pr.* **5.** defenderse.
défendu, -ue [defɑ̃dy] *adj.* prohibido, -da.
défense [defɑ̃s] *s. f.* **1.** defensa. **2.** (interdiction) prohibición. **3.** (echarse) veda. ‖ **~ d'afficher** prohibido fijar carteles. **~ de fumer** prohibido fumar. **sans ~** indefenso, -sa.
défenseur [defɑ̃sœr] *s. m.* defensor, -ra.
déférence [deferɑ̃s] *s. f.* deferencia.
défi [defi] *s. m.* desafío; reto.
défiant, -te [defjɑ̃, -ɑ̃t] *adj.* desconfiado, -da.
déficience [defisjɑ̃s] *s. f.* deficiencia.
déficient, -te [defisjɑ̃, -ɑ̃t] *adj.* deficiente.
déficit [defisit] *s. m.* déficit.
défier [defje] *v. tr.* desafiar; retar.
défigurer [defigyre] *v. tr.* desfigurar.
défilé [defile] *s. m.* **1.** (passage étroit) desfiladero; garganta *f.* **2.** (troupes) desfile. **3.** (des Rois mages) cabalgata *f.*
défiler [defile] *v. tr., Mil.* desfilar.

définir [definiʀ] *v. tr.* definir.
définitif, -ive [definitif, -iv] *adj.* definitivo, -va.
définition [definisjɔ̃] *s. f.* definición.
déflorer [deflɔʀe] *v. tr.* desflorar.
défoncer [defɔ̃se] *v. tr.* echar abajo.
déformer [defɔʀme] *v. tr.* deformar.
défouler [defule] *v. tr.* **1.** (instincts) liberar. ‖ **se ~** *v. pr.* **2.** desfogarse.
défricher [defʀiʃe] *v. tr.*, *Agr.* roturar.
défunt, -te [defœ̃, -œ̃t] *adj. et s. m. et f.* difunto, -ta.
dégagé, -ée [degaʒe] *adj.* despejado, -da.
dégagement [degaʒmɑ̃] *s. m.* **1.** liberación *f.* **2.** (d'un fluide) desprendimiento.
dégager [degaʒe] *v. tr.* **1.** (un chemin) despejar. **2.** (sa main, un blessé) librar; liberar. **3.** (délier) soltar. **4.** (une odeur) desprender; despedir. **5.** *fig.* (conclusion) sacar. ‖ **se ~** *v. pr.* **6.** (une personne) librarse. **7.** (le ciel) despejarse.
dégainer [degene] *v. tr.* desenfundar.
dégarnir [degaʀniʀ] *v. tr.* **1.** dejar vacío. **2.** (une branche) dejar pelado. ‖ **se ~** *v. pr.* **3.** quedarse calvo.
dégât [dega] *s. m.* **1.** daño. **2.** (détérioration) desperfecto. **3.** (ravage) destrozo; estrago.
dégel [deʒɛl] *s. m.* deshielo.
dégeler [deʒ(ə)le] *v. tr.* **1.** deshelar. **2.** (un produit congelé) descongelar. ‖ *v. intr.* **3.** deshelar.
dégénération [deʒeneʀasjɔ̃] *s. f.* degeneración.
dégénérer [deʒeneʀe] *v. intr.* degenerar.
dégingandé, -ée [deʒɛ̃gɑ̃de] *adj.* larguirucho, -cha.
dégivrage [deʒivʀaʒ] *s. m.* **1.** (du pare-brise) deshielo. **2.** (du frigo) descongelación *f.*

dégivrer [deʒivʀe] *v. tr.* **1.** (le pare-brise) deshelar. **2.** (le frigo) descongelar.
dégonfler [degɔ̃fle] *v. tr.* **1.** deshinchar. **2.** desinflar. ‖ **se ~** *v. pr.* **3.** deshincharse.
dégorger [degɔʀʒe] *v. tr.* **1.** desatascar. ‖ *v. intr.* **2.** desaguar.
dégouliner [deguline] *v. intr.* chorrear; gotear.
dégourdir [deguʀdiʀ] *v. tr.* **1.** desentumecer; despabilar. ‖ **se ~** *v. pr.* **2.** desperezarse.
dégoûtant, -te [degutɑ̃, -ɑ̃t] *adj.* asqueroso, -sa; repugnante. ‖ **c'est ~ !** ¡qué asco!
dégoûter [degute] *v. tr.* dar asco; repugnar; asquear [Ça me dégoûte. Me da asco.]
dégoutter [degute] *v. intr.* gotear; chorrear.
dégrader [degʀade] *v. tr.* **1.** deteriorar. ‖ **se ~** *v. pr.* **2.** desmejorarse.
dégrafer [degʀafe] *v. tr.* desabrochar.
dégraisser [degʀese] *v. tr.* desengrasar.
degré [d(ə)gʀe] *s. m.* **1.** (température) grado. **2.** *fig.* (intensité) grado. **3.** (d'alcool) graduación *f.* **4.** (marche) escalón; peldaño. ‖ **degrés** *s. m. pl.* **5.** graderío *sing.*
dégringoler [degʀɛ̃gɔle] *v. intr.*, *fam.* precipitarse; rodar.
déguenillé, -ée [deg(ə)nije] *adj. et s. m. et f.* andrajoso, -sa; desharrapado, -da.
déguisement [degizmɑ̃] *s. m.* disfraz.
déguiser [degize] *v. tr.* disfrazar. ‖ **se ~** *v. pr.* **2.** disfrazarse; caracterizarse.
déguster [degyste] *v. tr.* **1.** (goûter) degustar. **2.** (savourer) saborear.
dehors[1] [d(ə)ɔʀ] *adv.* **1.** fuera; afuera [Il est dehors. Está (a)fuera.] **2.** afuera [Aller dehors. Ir afuera.] ‖ **en ~** hacia fuera; hacia afuera. **en ~ de** *fig.* (outre) aparte de; fuera de. **mettre ~** (chasser) echar.

dehors² [d(ə)ɔʀ] *s. m.* **1.** (partie extérieure) exterior; parte exterior; parte de fuera [Le dehors de la boîte. *La parte de fuera de la caja.*] **2.** (gralm. en pl.) aspecto [Des dehors agréables. *Un aspecto agradable.*] ‖ **de ~** (à l'extérieur) fuera; afuera. ‖ por fuera [L'eau est tombée au dehors. *El agua cayó por fuera.*] (vers l'extérieur) afuera [Aller au dehors. *Ir afuera.*]

déifier [deifje] *v. tr.* deificar.

déité [deite] *s. f.* deidad.

déjà [deʒa] *adv.* ya [C'est déjà l'heure. *Ya es hora.*]

déjeuner¹ [deʒœne] *v. tr. et intr.* (a midi) almorzar; comer.

déjeuner² [deʒœne] *s. m.* (à midi) comida *f.*; almuerzo. ‖ **~ sur l'herbe** comida campestre; jira *f.* **petit ~** desayuno.

déjouer [deʒwe] *v. tr.* frustrar.

delà [d(ə)la] (generalmente va precedido de *au, en, par*) *s. m.* **1.** más allá [L'audelà. *El más allá.*] ‖ **au-delà** *loc. adv.* **2.** (plus loin) más lejos; más adelante; más allá [Au-delà, il n'y a que la forêt. *Más allá, sólo hay bosque.*] **3.** más [Cela peut coûter 10 euros et au-delà. *Puede costar 10 euros o más.*] ‖ **au-delà de** más allá de, tras. ‖ por encima de [Au-delà de 50 ans, c'est dangereux. *Por encima de los 50 años, es peligroso.*] **être au-delà de** sobrepasar. **être par ~** *fig.* estar por encima. **par ~** *fig.* (au-dessus) por encima.

délabrement [delabʀ(ə)mã] *s. m.* ruina *f.*

délabrer, se [delabʀe] *v. pr.* (une maison, la santé) deteriorarse.

délacer [delase] *v. tr.* desatar [Délacer les chaussures. *Desatar los zapatos.*]

délai [dele] *s. m.* **1.** demora *f.*; espera *f.* **2.** plazo [Dans un délai de deux heures. *En un plazo de dos horas.*]

délaissé, -ée [delese] *adj.* dejado, -da; bandonado.

délaisser [delese] *v. tr.* **1.** (une activité) abandonar. **2.** (une personne) desamparar; abandonar.

délassement [delasmã] *s. m.* reposo.

délasser [delase] *v. tr.* **1.** (détendre) descansar. **2.** (distraire) distraer. ‖ **se ~** *v. pr.* **3.** descansar.

délayer [deleje] *v. tr.* diluir; disolver.

délecter [delekte] *v. tr.* delectar.

délégation [delegasjɔ̃] *s. f.* delegación.

délégué, -ée [delege] *adj. et s. m. et f.* delegado, -ca; enviado, -da.

déléguer [delege] *v. tr.* delegar.

délibéré, -ée [delibeʀe] *adj.* deliberado, -da.

délibérer [delibeʀe] *v. intr.* deliberar.

délicat, -te [delika, -at] *adj.* **1.** delicado, -da. **2.** (raffiné) refinado, -da.

délicatesse [delikates] *s. f.* delicadeza.

délice [delis] *s. m.* delicia *f.*; deleite.

délicieux, -euse [delisjø, -øz] *adj.* delicioso, -a.

délié, -ée [delje] *adj., fig.* penetrante; sutil.

délier [delje] *v. tr.* **1.** (dénouer) desatar; desligar. **2.** (défaire un lien, un nœud) desliar. **3.** (d'une obligation) desligar.

délimiter [delimite] *v. tr.* delimitar.

délinquant, -te [delɛ̃kã, -ãt] *adj. et s. m. et f.* delincuente.

délire [deliʀ] *s. m.* **1.** delirio. **2.** (causé par la drogue) alucine.

délirer [deliʀe] *v. intr.* delirar.

délit [deli] *s. m.* delito.

délivrance [delivʀãs] *s. f.* **1.** (libération) liberación *f.* **2.** (affranchissement) salvación. **3.** (rachat de prisonniers) rescate *m.* **4.** (attestations, passeports) expedición *f.* **5.** (marchandises) entrega.

DÉLIVRER - DEMI

délivrer [delivʀe] *v. tr.* **1.** (un esclave) libertar. **2.** (un prisonnier) rescatar. **3.** (débarrasser) librar. **4.** (un paquet) entregar; repartir. **5.** (un certificat) expedir.

déloger [deloʒe] *v. tr.* desalojar.

déloyal, -le, -aux [delwajal, -o] *adj.* desleal.

déloyauté [delwajote] *s. f.* deslealtad.

delta [delta] *s. m.* (d'un fleuve) delta. ‖ **aile ~** ala delta.

déluge [delyʒ] *s. m.* **1.** diluvio. **2.** *fig.* tempestad *f.*

démagogie [demagoʒi] *s. f.* demagogia.

démailler, se [demaje] *v. pr.* (un bas) tener una carrerilla.

demain [d(ə)mɛ̃] *adv.* mañana. ‖ **à ~** hasta mañana.

demande [d(ə)mɑ̃d] *s. f.* **1.** petición. **2.** (formulaire) solicitud. **3.** *Dr.* demanda.

demander [d(ə)mɑ̃de] *v. tr.* **1.** pedir; solicitar. **2.** (poser une question) preguntar. **3.** (réclamer) exigir; reclamar. **4.** (mander, aller chercher) llamar. **5.** (de l'argent pour un travail fait) cobrar. ‖ **se ~** *v. pr.* **6.** preguntarse.

démangeaison [demɑ̃ʒezɔ̃] *s. f.* picor *m.*; escozor *m.*

démanger [demɑ̃ʒe] *v. intr.* picar.

démanteler [demɑ̃t(ə)le] *v. tr.* desmantelar.

démantibuler [demɑ̃tibyle] *v. tr.* (un mécanisme) desbaratar.

démaquiller [demakije] *v. tr.* desmaquillar; quitar el maquillaje.

démarche [demaʀʃ] *s. f.* **1.** (allure) andar *m.*; marcha. **2.** (gestion) trámite *m.*; gestión; paso *m.* ‖ **faire des démarches** gestionar; tramitar.

démarquer, se [demaʀke] *v. pr.* desmarcarse.

démarrage [demaʀaʒ] *s. m.* arranque.

démarrer [demaʀe] *v. tr.* **1.** (moteur) arrancar; ponerse en marcha. ‖ *v. intr.* **2.** (commencer) empezar.

démarreur [demaʀœʀ] *s. m.* arranque.

démasquer [demaske] *v. tr.* desenmascarar.

démêlant, -te [demelɑ̃, -ɑ̃t] *adj.* (après-shampooing) suavizante.

démêlé [demele] *s. m.* altercado.

démêler [demele] *v. tr.* **1.** desenredar. **2.** *fig.* (éclaircir) desenmarañar; aclarar. ‖ **avoir à ~** tener que discutir.

démembrer [demɑ̃bʀe] *v. tr.* desmembrar.

déménagement [demenaʒmɑ̃] *s. m.* (changement de domicile) mudanza *f.*

déménager [demenaʒe] *v. intr.* **1.** (changer de logement) mudarse; cambiarse de domicilio (de casa). **2.** (déplacer des meubles) hacer la mudanza. ‖ *v. tr.* **3.** (meubles) trasladar.

démence [demɑ̃s] *s. f.* demencia; locura.

démener, se [dem(ə)ne] *v. pr.* forcejear.

dément, -te [demɑ̃, -ɑ̃t] *adj. et s. m. et f.* demente.

démentir [demɑ̃tiʀ] *v. tr. et intr.* desmentir.

démériter [demeʀite] *v. intr.* desmerecer.

démesuré, -ée [dem(ə)zyʀe] *adj.* desmedido, -da; desmesurado.

demeure [d(ə)mœʀ] *s. f.* **1.** (maison seigneuriale) mansión. **2.** *litt.* (maison) morada. **3.** (domicile) domicilio *m.*; residencia.

demeurer [d(ə)mœʀe] *v. intr.* **1.** morar; residir. **2.** (rester) permanecer; quedar.

demi, -ie [d(ə)mi] *adj.* **1.** medio, -dia [Une demi-bouteille. *Media botella.*] ‖ *s. m.* **2.** (moitié) medio. **3.** (de bière) caña *f.* ‖ **mie** *s. f.* **4.** (heure) media. ‖ **à ~** (+adj.) a

medias; medio. (+verbe) a medias; a medio (+infinitive)

demi-cercle [d(ə)misɛʀkl] *s. m.* semicírculo.

demi-droite [d(ə)midʀwat] *s. f., Math.* semirrecta.

demi-finale [d(ə)mifinal] *s. f., Sport* semifinal.

demi-frère [d(ə)mifʀɛʀ] *s. m.* hermanastro.

demi-heure [d(ə)mijœʀ] *s. f.* media hora.

demi-pensionnaire [d(ə)mipɑ̃sjɔnɛʀ] *s. m. et f.* medio pensionista.

demi-saison [d(ə)misɛzɔ̃] *s. f.* entretiempo *m.*

demi-sœur [d(ə)misœʀ] *s. f.* hermanastra.

démission [demisjɔ̃] *s. f.* dimisión.

démissionner [demisjɔne] *v. intr.* dimitir.

demi-tarif [d(ə)mitaʀif] *s. m.* media tarifa.

demi-tour [d(ə)mituʀ] *s. m.* media vuelta. ‖ **faire ~** dar media vuelta.

démocratie [demɔkʀasi] *s. f.* democracia.

démodé, -ée [demɔde] *adj.* anticuado, -da; pasado de moda; antiguo, -gua.

demoiselle [d(ə)mwazɛl] *s. f.* señorita.

démolir [demɔliʀ] *v. tr.* **1.** demoler; derribar; derruir. **2.** *fig.* destruir; echar abajo.

démon [demɔ̃] *s. m.* demonio; diablo.

démonstratif, -ive [demɔ̃stʀatif, -iv] *adj. et s. m., Ling.* demostrativo, -va.

démonstration [demɔ̃stʀasjɔ̃] *s. f.* **1.** demostración. **2.** (étalage) alarde *m.*

démontage [demɔ̃taʒ] *s. m.* desarme.

démonter [demɔ̃te] *v. tr.* **1.** desmontar. **2.** (une machine) desarmar.

démontrer [demɔ̃tʀe] *v. tr.* demostrar.

démoraliser [demɔʀalize] *v. tr.* **1.** desmoralizar. ‖ **se ~** *v. pr.* **2.** desmoralizarse.

démunir [demyniʀ] *v. tr.* **1.** privar. ‖ **se ~** *v. pr.* **2.** desprenderse; privarse de.

dénaturer [denatyʀe] *v. tr.* **1.** alterar; pervertir. **2.** (la voix, un fait) falsear.

dénégation [denegasjɔ̃] *s. f.* negativa.

dénicher [denise] *v. tr.* dar; encontrar.

dénier [denje] *v. tr.* denegar; negar.

dénigrer [deniɡʀe] *v. tr.* denigrar.

dénivellement [denivɛlmɑ̃] *s. m.* desnivel.

dénombrer [denɔ̃bʀe] *v. tr.* contar; enumerar.

dénominateur [denɔminatœʀ] *s. m., Math.* denominador.

dénomination [denɔminasjɔ̃] *s. f.* denominación.

dénommer [denɔme] *v. tr.* denominar.

dénoncer [denɔ̃se] *v. tr.* **1.** (un crime) denunciar. **2.** (dévoiler, trahir) delatar. **3.** (un pacte) anular; revocar.

dénonciation [denɔ̃sjasjɔ̃] *s. f.* **1.** denuncia. **2.** (d'un accord, d'un traité) anulación; ruptura.

dénoter [denɔte] *v. tr.* denotar.

dénouement [denumɑ̃] *s. m.* desenlace.

dénouer [denwe] *v. tr.* **1.** desatar; desligar. **2.** *fig.* (mettre fin) poner fin.

denrées [dɑ̃ʀe] *s. f. pl.* **1.** (alimentaires) comestibles *m.* **2.** (provisions) víveres *m.;* provisiones.

dense [dɑ̃s] *adj.* **1.** denso, -sa. **2.** (touffu) espeso; tupido, -da.

densité [dɑ̃site] *s. f.* densidad.

dent [dɑ̃] *s. f.* **1.** diente *m.* **2.** (d'un peigne) púa. ‖ **arracheur de dents** *péj:* sacamuelas. **coup de ~** bocado. **~ de sagesse** muela del juicio.

denté, -ée [dɑ̃te] *adj.* dentado, -da.

dentelé, -ée [dɑ̃tle] *adj.* dentado, -da.

dentelle [dɑ̃tɛl] *s. f.* encaje *m.* ‖ **~ fine** puntilla.

dentier [dɑ̃tje] *s. m.* dentadura postiza.

dentifrice [dɑ̃tifʀis] *adj. et s. m.* dentífrico, -ca; pasta de dientes.

dentiste [dɑ̃tist] *s. m. et f.* dentista.
dentition [dɑ̃tisjɔ̃] *s. f.* dentadura.
denture [dɑ̃tyʀ] *s. f., Méc.* dientes *m. pl.*
dénuder [denyde] *v. tr.* desnudar.
dénué, -ée [denɥe] *adj.* sacar desprovisto, -ta.
dénuement [denymɑ̃] *s. m.* miseria *f.*
dénuer [denɥe] *v. tr.* despojar; privar.
dépanner [depane] *v. tr.* **1.** (voiture) reparar; arreglar. **2.** *fam.* sacar de un apuro.
dépareillé, -ée [depaʀeje] *adj.* desparejado, -da.
déparer [depaʀe] *v. tr.* deslucir.
départ [depaʀ] *s. m.* **1.** (train, avion) salida *f.*; partida *f.* **2.** (personne) marcha *f.*
département [depaʀt(ə)mɑ̃] *s. m.* **1.** departamento; provincia *f.* (administrativa). **2.** (service) departamento.
dépasser [depase] *v. tr.* **1.** (devancer) adelantar; pasar; rebasar [Dépasser une voiture. *Adelantar a un coche.*] **2.** (aller plus loin que) sobrepasar; rebasar. **3.** (sortir) sobresalir. **4.** en quantité, taille, longueur) superar; exceder.
dépaysement [depeizmɑ̃] *s. m.* cambio de aires (de estilo, de ambiente).
dépayser [depeize] *v. tr.* desorientar.
dépecer [dep(ə)se] *v. tr.* **1.** (un animal mort) despedazar; descuartizar. **2.** (la viande cuite) trinchar; trocear; cuartear.
dépêche [depɛʃ] *s. f.* **1.** (lettre) despacho *m.*; parte *m.* **2.** (informations) noticia.
dépêcher, se [depeʃe] *v. pr.* darse prisa; apresurarse; espabilarse.
dépeigner [depeɲe] *v. tr.* despeinar.
dépeindre [depɛ̃dʀ] *v. tr.* describir; pintar.
dépénaliser [depenalize] *v. tr.* despenalizar.
dépendance [depɑ̃dɑ̃s] *s. f.* **1.** dependencia. **2.** (d'une drogue) adicción.

dépendant, -te [depɑ̃dɑ̃, -ɑ̃t] *adj.* dependiente.
dépendre [depɑ̃dʀ] *v. tr.* **1.** (décrocher) descolgar. || *v. intr.* **2.** depender. || **ça dépend** depende; según.
dépens [depɑ̃] *s. m. pl., Dr.* gastos. || **aux ~ de** a costa de.
dépense [depɑ̃s] *s. f.* **1.** gasto *m.* **2.** (gaspillage) despilfarro *m.* || **faire de folles dépenses** despilfarrar
dépenser [depɑ̃se] *v. tr.* **1.** gastar. || **se ~** *v. pr.* **2.** desvivirse.
dépensier, -ière [depɑ̃sje, -jɛʀ] *adj. et s. m. et f.* derrochador, -ra (qui gaspille).
déperdition [depɛʀdisjɔ̃] *s. f.* pérdida.
dépérir [depeʀiʀ] *v. intr.* **1.** (une entreprise, une civilisation) decaer. **2.** (s'affaiblir, se consumer) debilitarse; consumirse.
dépeupler [depœple] *v. tr.* despoblar.
déphasage [defɑzaʒ] *s. m.* **1.** *Électr.* desfase. **2.** *fig.* desfase.
dépistage [depistaʒ] *s. m.* diagnóstico precoz.
dépister [depiste] *v. tr.* **1.** despistar. **2.** *fig.* (découvrir) descubrir; detectar.
dépit [depi] *s. m.* despecho. || **en ~ de** a pesar de.
déplacement [deplasmɑ̃] *s. m.* **1.** desplazamiento. **2.** viaje.
déplacer [deplase] *v. tr.* **1.** (qqch) desplazar. **2.** (un fonctionnaire) trasladar. **3.** (changer de lieu) trasladar. || **se ~** *v. pr.* **4.** desplazarse; viajar.
déplaire [deplɛʀ] *v. tr.* desagradar; disgustar.
déplaisant, -te [deplɛzɑ̃, -ɑ̃t] *adj.* desagradable.
déplaisir [deplɛziʀ] *s. m.* **1.** desagrado; descontento. **2.** (dégoût) grima *f.*

dépliant, -te [deplijɑ̃. -ɑ̃t] *adj.* **1.** desplegable. ‖ *s. m.* **2.** folleto.
déplier [deplije] *v. tr.* desplegar; desdoblar.
déplorer [deplɔʀe] *v. tr.* deplorar.
déployer [deplwaje] *v. tr.* **1.** (les ailes) desplegar. **2.** (larguer les voiles) largar; soltar. **3.** *fig.* (faire étalage de) mostrar.
déporter [depɔʀte] *v. tr.* deportar.
déposer [depoze] *v. tr.* **1.** depositar. **2.** dejar; descargar [Déposer les valises. *Dejar las maletas en el suelo.*] **3.** dejar [Déposer ma mère à la gare. *Dejar a mi madre en la estación.*] **4.** (une marque de fabrique, un brevet) registrar. **5.** (abandonner) deponer [Déposer les armes. *Deponer las armas.*] ‖ *v. intr.* **6.** *Dr.* (déclarer) declarar. **7.** (un liquide) formar poso.
déposition [depozisjɔ̃] *s. f.* **1.** (déclaration) declaración. **2.** (des armes) deposición.
dépôt [depo] *s. m.* **1.** (de marchandises) depósito. **2.** (d'argent) ingreso. **3.** (liquides) poso; sedimento. **4.** (de bus) cochera *f*.
dépotoir [depɔtwaʀ] *s. m.* basurero.
dépouille [depuj] *s. f.* despojo *m*. ‖ **~ mortelle** restos mortales.
dépouiller [depuje] *v. tr.* **1.** despojar. **2.** (examiner) comprobar. **3.** (les bulletins de vote) hacer el recuento.
dépourvu, -ue [depuʀvy] *adj.* desprovisto, -ta; privado, -da; falto, -ta. ‖ **au ~** de improviso.
dépoussiérer [depusjeʀe] *v. tr.* **1.** quitar el polvo. **2.** *fig.* desempolvar.
dépravation [depʀavasjɔ̃] *s. f.* depravación.
dépréciation [depʀesjasjɔ̃] *s. f.* depreciación; devaluación.
déprécier [depʀesje] *v. tr.* depreciar.
déprédateur, -trice [depʀedatœʀ, -tʀis] *adj. et s. m. et f.* depredador, -ra.
dépression [depʀesjɔ̃] *s. f.* depresión.
déprime [depʀim] *s. f., fam.* depresión.
déprimer [depʀime] *v. tr.* **1.** deprimir. ‖ *v. intr.* **2.** deprimirse. ‖ **être déprimé** deprimirse.
depuis [d(ə)pɥi] *prép.* **1.** desde [Depuis juin, depuis 1945. *Desde junio, desde 1945.*] **2.** (cela fait) desde hace. **3.** (cela faisait) desde hacía. **4.** desde [Je le vois d'ici. *Lo veo desde aquí.*] ‖ *adv.* **5.** desde. ‖ **~ lors** desde entonces. ‖ **quand?** ¿desde cuándo? **~ que** desde que.
dépuration [depyʀasjɔ̃] *s. f.* depuración.
député [depyte] *s. m.* diputado, -da.
déqualifier [dekalifje] *v. tr.* degradar.
déraciner [deʀasine] *v. tr.* **1.** arrancar de raíz 2. (...r) desarraigar.
dérailler [deʀaje] *v. intr.* **1.** descarrilar. **2.** *fig. et fam.* (divaguer) desvariar.
dérangement [deʀɑ̃ʒmɑ̃] *s. m.* **1.** (désordre) desorden. **2.** (santé) trastorno. **3.** (gêne) molestia *f*. **4.** (machine) desarreglo. ‖ **en ~** (en panne) averiado, -da.
déranger [deʀɑ̃ʒe] *v. tr.* **1.** (mettre en désodre) desordenar. **2.** (un plan) alterar; perturbar. **3.** (la santé) trastornar. **4.** (le ventre) descomponer. **5.** *fig.* (gêner) molestar; fastidiar. ‖ **se ~** *v. pr.* **6.** molestarse; tomarse la molestia.
dérapage [deʀapaʒ] *s. m.* patinazo.
déraper [deʀape] *v. intr.* derrapar.
dérégler [deʀegle] *v. tr.* **1.** (bouleverser) desordenar; desarreglar. **2.** (le pouls) alterar. **3.** (un mécanisme) estropear. ‖ **se ~** *v. pr.* **4.** desordenarse.
dérision [deʀizjɔ̃] *s. f.* burla.
dérisoire [deʀizwaʀ] *adj.* irrisorio, -ria.

DÉRIVE - DÉSASTREUX

dérive [dɛʀiv] *s. f.* (du bateau) deriva.

dérivé, -ée [dɛʀive] *adj.* derivado, -da.

dériver [dɛʀive] *v. tr.* **1.** (un cours d'eau) desviar. || *v. intr.* **2.** desviarse. **3.** (un bateau) derivar. **4.** *fig.* (provenir) provenir.

dernier, -ière [dɛʀnje, -jɛʀ] *adj. et s. m. et f.* **1.** último, -ma. **2.** pasado, -da [La semaine dernière. *La semana pasada.*]

dérobé, à la [deʀɔbe] *loc. adv.* de reojo.

dérober [deʀɔbe] *v. tr.* **1.** hurtar; robar. **2.** *fig.* (un criminel) encubrir. **3.** (le regard) esconder. || **se ~** *v. pr.* **4.** (échapper) esquivar.

déroger [deʀɔʒe] *v. intr.* derogar.

dérouiller [deʀuje] *v. tr.* **1.** (dégourdir) despabilar. || **se ~** *v. pr.* **2.** despabilar.

déroulement [deʀulmɑ̃] *s. m.* desarrollo; evolución *f.*

dérouler [deʀule] *v. tr.* **1.** desenrollar. || **se ~** *v. pr.* **2.** (avoir lieu) desarrollarse; tener lugar.

déroute [deʀut] *s. f.* (des troupes) desbandada; huida (desordenada).

dérouter [deʀute] *v. tr.* **1.** (un avion, un bateau) desviar. **2.** *fig.* desorientar.

derrière [dɛʀjɛʀ] *prép.* **1.** detrás de; tras [Derrière la porte. *Detrás de la puerta.*] **2.** detrás de; tras [L'un derrière l'autre. *Uno detrás de otro.*] **3.** (de l'autre côté de) tras. || *adv.* **4.** detrás [Los nouveaux livres sont derrière. *Los nuevos libros están detrás.*] **5.** (à une certaine distance) atrás [Rester loin derrière. *Quedarse muy atrás.*] || *s. m.* **6.** (partie postérieure) parte posterior. **7.** (fesses) trasero. || **par ~** por detrás de. | por la espalda [Le poignarder par derrière. *Apuñalarle por la espalda.*] (en cachette) a espaldas de. • En español peninsular, "atrás" implique mouvement réel ou figuré et "detrás" localisation statique, mais pas en Amérique.

des [de] *contr. prép. et art. déf.* (de+les) **1.** de los; de las [Il parle des enfants. *Habla de los niños.*] || *art. indéf. pl.* **2.** unos, -nas [Je veux des livres. *Quiero unos libros.*]

dès [dɛ] *prép.* **1.** desde [Dès trois heures, dès Charlemagne. *Desde las tres, desde Carlomagno.*] **2.** (à partir de) a partir de. || **~ que** en cuanto. **~ que possible** cuanto antes.

désabuser [dezabyze] *v. tr.* desengañar.

désaccord [dezakɔʀ] *s. m.* **1.** desacuerdo. **2.** (discordance) desfase; discordancia *f.*

désaccordé, -ée [dezakɔʀde] *adj., Mus.* destemplado, -da.

désaccorder [dezakɔʀde] *v. tr., Mus.* (instrument) desafinar.

désactiver [desaktive] *v. tr.* desactivar.

désagréable [dezagʀeabl] *adj.* **1.** desagradable. **2.** (agaçant) molesto, -ta.

désagréger [dezagʀeʒe] *v. tr.* **1.** disgregar. || **se ~** *v. pr.* **2.** disgregarse.

désagrément [dezagʀemɑ̃] *s. m.* disgusto; desagrado.

désaltérer [dezalteʀe] *v. tr.* **1.** quitar la sed; apagar la sed. || **se ~** *v. pr.* **2.** beber.

désamorcer [dezamɔʀse] *v. tr.* (une bombe) desactivar.

désappointer [dezapwɛ̃te] *v. tr.* decepcionar; desengañar.

désapprouver [dezapʀuve] *v. tr.* desaprobar.

désarmement [dezaʀm(ə)mɑ̃] *s. m.* desarme.

désarmer [dezaʀme] *v. tr.* **1.** (qqun) desarmar. **2.** *fig.* (adoucir) desmontar.

désastre [dezastʀ] *s. m.* desastre.

désastreux, -euse [dezastʀø, -øz] *adj.* desastroso, -sa.

désavantage [dezavɑ̃taʒ] *s. m.* **1.** desventaja *f.* **2.** (préjudice) perjuicio.

désavouer [dezavwe] *v. tr.* **1.** (condamner) desaprobar; condenar. **2.** rechazar (como propio); no reconocer como suyo. **3.** (ne pas vouloir reconnaître) negar. **4.** (qqun) desautorizar. ‖ **ne pas ~** ser digno de.

descendance [desɑ̃dɑ̃s] *s. f.* descendencia.

descendant, -te [desɑ̃dɑ̃, -ɑ̃t] *s. m. et f.* descendiente.

descendre [desɑ̃dʀ] *v. tr.* **1.** bajar [Descendre les valises. *Bajar las maletas.*] ‖ *v. intr.* **2.** (aller vers le bas) bajar. **3.** bajarse; descender [Descendre du bus. *Bajarse del autobús.*] **4.** (diminuer) descender; bajar. ‖ **en descendant** abajo [En descendant la rue. *Calle abajo.*]

descente [desɑ̃t] *s. f.* **1.** descenso *m.*; bajada. **2.** (tuyau d'écoulement) bajada; canalón *m.* ‖ **~ de lit** alfombra de cama.

description [dɛskʀipsjɔ̃] *s. f.* descripción.

désembourber [dezɑ̃buʀbe] *v. tr.* desatascar.

désemparer [dezɑ̃paʀe] *v. tr.* desamparar.

désenchantement [dezɑ̃ʃɑ̃tmɑ̃] *s. m.* desencanto.

désenchanter [dezɑ̃ʃɑ̃te] *v. tr.* **1.** desencantar. **2.** *fig.* desengañar; desilusionar.

désenfler [dezɑ̃fle] *v. tr.* **1.** deshinchar. ‖ *v. intr.* **2.** deshincharse.

désengager [dezɑ̃gaʒe] *v. tr.* **1.** liberar (de una obligación). **2.** (la parole) desempeñar.

déséquilibrer [dezekilibʀe] *v. tr.* desequilibrar; descompensar.

désert, -te [dezɛʀ, -ɛʀt] *adj.* **1.** desierto, -ta. ‖ *s. m.* **2.** desierto.

déserter [dezɛʀte] *v. tr.* **1.** abandonar. ‖ *v. intr.* **2.** Mil. desertar.

déserteur [dezɛʀtœʀ] *s. m.* desertor, -ra.

désertique [dezɛʀtik] *adj.* desértico, -ca.

désespérer [dezɛspeʀe] *v. tr. et intr.* **1.** desesperar: desesperanzar. ‖ **se ~** *v. pr.* **2.** desesperanzarse; desesperarse.

désespoir [dezɛspwaʀ] *s. m.* desesperación *f.*

déshabiller [dezabije] *v. tr.* **1.** desvestirse; desnudar. ‖ **se ~** *v. pr.* **2.** desnudarse; quitarse la ropa.

déshériter [dezeʀite] *v. tr.* desheredar.

déshonnête [dezɔnɛt] *adj.* deshonesto, -ta.

déshonneur [dezɔnœʀ] *s. m.* **1.** deshonor; deshonra *f.* **2.** (affront) afrenta *f.*

déshonorer [dezɔnɔʀe] *v. tr.* deshonrar.

déshydrater [dezidʀate] *v. tr.* deshidratar.

désigner [deziɲe] *v. tr.* **1.** (nommer à une fonction) designar. **2.** (indiquer) indicar; señalar.

désillusion [dezi(l)lyzjɔ̃] *s. f.* **1.** desilusión. **2.** (réveil) desengaño *m.*

désillusionner [dezi(l)lyzjɔne] *v. tr.* desilusionar.

désinence [dezinɑ̃s] *s. f.* desinencia.

désinfecter [dezɛ̃fɛkte] *v. tr.* desinfectar.

désintégrer [dezɛ̃tegʀe] *v. tr.* desintegrar.

désintéressement [dezɛ̃teʀesmɑ̃] *s. m.* desinterés.

désintéresser [dezɛ̃teʀese] *v. tr.* **1.** reembolsar. ‖ **se ~** *v. pr.* **2.** desinteresarse; desentenderse.

désinvolte [dezɛ̃vɔlt] *adj.* **1.** desenvuelto, -ta. **2.** *péj.* impertinente.

désinvolture [dezɛ̃vɔltyʀ] *s. f.* **1.** desenvoltura. **2.** (familiarité) desparpajo *m.*

[Répondre avec désinvolture. *Responder con desparpajo.*]

désir [dezir] *s. m.* deseo. ‖ **vif ~** anhelo.

désirer [dezire] *v. tr.* **1.** desear. **2.** antojarse. ‖ **~ vivement** ansiar; anhelar.

désireux, -euse [dezirø, -øz] *adj.* **1.** deseoso, -sa. **2.** (anxieux) ansioso, -sa.

désobéir à [dezɔbeira] *v. intr.* **1.** desobedecer. **2.** (faire fi de) desoír.

désobéissance [dezɔbeisɑ̃s] *s. f.* **1.** desobediencia. **2.** (aux ordres) desacato *m.*

désobéissant, -te [dezɔbeisɑ̃, -ɑ̃t] *adj.* desobediente.

désobligeance [dezɔbliʒɑ̃s] *s. f.* descortesía.

désodorisant, -te [dezɔdɔrizɑ̃, -ɑ̃t] *adj. et s. m.* desodorante.

désœuvré, -ée [dezœvre] *adj. et s. m. et f.* desocupado, -da; ocioso, -sa.

désolation [dezɔlasjɔ̃] *s. f.* desolación.

désolé, -ée [dezɔle] *adj.* desolado, -da. ‖ **être ~** sentir; lamentar [Je suis désolé. *Lo siento.*]

désoler [dezɔle] *v. tr.* **1.** desolar. ‖ **se ~** *v. pr.* **2.** lamentarse.

désordonné, -ée [dezɔrdɔne] *adj.* desordenado, -da.

désordre [dezɔrdʀ] *s. m.* desorden. ‖ **mettre en ~** desordenar.

désorganiser [dezɔrganize] *v. tr.* desorganizar.

désorienter [dezɔrjɑ̃te] *v. tr.* desorientar.

désormais [dezɔrmɛ] *adv.* desde ahora.

despote [dɛspɔt] *s. m.* déspota *m. et f.*

despotique [dɛspɔtik] *adj.* despótico, -ca.

dessaisir, se [desezir] *v. pr.* desprenderse; desasirse.

dessaler [desale] *v. tr.* desalar.

desséché, -ée [deseʃe] *adj.* **1.** (sec) reseco, -ca. **2.** (à cause de l'âge ou du temps) marchito, -ta.

dessécher [deseʃe] *v. tr.* **1.** secar. **2.** (la végétation) desecar. **3.** (les lèvres) resecar.

dessein [desɛ̃] *s. m.* **1.** (de dien) designio. **2.** (intention) intención *f.;* propósito. **3.** (tentative) intento. ‖ **à ~** a propósito.

desserrer [desere] *v. tr.* aflojar; soltar.

dessert [desɛʀ] *s. m.* postre.

desservir [desɛʀvir] *v. tr.* **1.** (la table) quitar (la mesa). **2.** (un train) tener parada en.

dessin [desɛ̃] *s. m.* **1.** dibujo. **2.** (conception, design) diseño. ‖ **~ animé** dibujo animado.

dessinateur, -trice [desinatœʀ, -tʀis] *adj. et s. m. et f.* **1.** dibujante. **2.** diseñador, -ra (de modas). ‖ **~ industriel** diseñador, -ra; delineante.

dessiner [desine] *v. tr.* **1.** dibujar; pintar. **2.** (dans la mode, l'industrie) diseñar. **3.** *fig.* destacar; resaltar. **se ~** *v. pr.* **4.** destacarse; perfilarse.

dessous[1] [d(ə)su] *adv.* **1.** (sous qqch, en contact) debajo. **2.** (étage, zone inférieure) abajo. ‖ **ci-dessous** (dans un écrit) más adelante. **en ~** por debajo [Le billet est en dessous (sous le livre). *El billete está por debajo (del libro).*] **en ~ de** bajo de [La signature est en dessous de la photo. *La firma está debajo de la foto.*] **par-dessous** por debajo.

dessous[2] [d(ə)su] *s. m.* **1.** (partie inférieure) parte de abajo; parte inferior. **2.** *fig.* (face cachée des choses) secreto [Les dessous de la politique. *Los secretos de la política.*] ‖ **au-dessous** (étage du dessous, zone plus basse) abajo [Il n'y a personne au-dessous. *No hay nadie abajo.*] | (sous qqch sans contact) debajo [Il est au-dessous (de la fenêtre). *Está debajo*

(de la ventana).] | más abajo [La ville s'étend au-dessous. *La ciudad se extiende más abajo.*] | (moins) menos [Cent degrés et au-dessous, deux tailles au-dessous. *Cien grados o menos, dos tallas menos.*] | (taille, quantité) inférieur [La taille au-dessous. *La talla inferior.*] **au-dessous de** (sous) debajo de; bajo. | bajo [Au-dessous de zéro. *Bajo cero.*] *fig.* por debajo de.

dessous-de-bouteille [d(ə)sud(ə)butɛj] *s. m. inv.* salvamanteles *inv.* (para botellas).

dessous-de-plat [d(ə)sud(ə)pla] *s. m. inv.* salvamanteles *inv.* (para platos).

dessous-de-table [d(ə)sud(ə)tabl] *s. m. inv.* soborno.

dessous-de-verre [d(ə)sud(ə)vɛʀ] *s. m. inv.* posavasos *inv.*

dessus[1] [d(ə)sy] *adv.* encima. ‖ **ci-dessus** (dans un écrit) más arriba; antes indicado, -da. **en ~** (de l'étage du dessus) encima; arriba. | (chiffre, taille) más [Deux tailles en dessus. *Dos tallas más.*] **là-dessus** ahí encima. **par-dessus** por encima.

dessus[2] [d(ə)sy] *s. m.* parte de arriba; parte superior [Le dessus de la table. *La parte de arriba de la mesa.*] ‖ **au-dessus** encima [Les chambres sont au-dessus, (de cette pièce). *Las habitaciones están encima (de esta habitación).*] | (plus) más [Deux tailles au-dessus, cent degrés et au-dessus. *Dos tallas más, cien grados o más.*] | (taille, quantité) superior [La taille au-dessus. *La talla superior.*] **au-dessus de** encima de [J'ai accroché le tableau au-dessus de la cheminée. *Colgué el cuadro encima de la chimenea.*] | por encima de [Au-dessus des arbres. *Por encima de los árboles.*] | más de [Cela coûtera au-dessus de 10 euros. *Costará de 10 euros para arriba.*] **être au-dessus** *fig.* estar por encima.

dessus-de-lit [d(ə)sydli] *s. m. inv.* colcha *f.*

destin [dɛstɛ̃] *s. m.* destino.

destinataire [dɛstinatɛʀ] *s. m. et f.* destinatario, -ria.

destination [dɛstinasjɔ̃] *s. f.* **1.** (finalité, usage) destino *m.* **2.** destino *m.* [Lieu de destination. *Lugar de destino.*] ‖ **à ~ de** con destino a.

destinée [dɛstine] *s. f.* destino *m.;* sino *m.*

destiner [dɛstine] *v. tr.* destinar.

destituer [dɛstitɥe] *v. tr.* destituir.

destitution [dɛstitysjɔ̃] *s. f.* destitución.

destructeur [dɛstʀyktœʀ, -tʀis] *adj. et s. m. et f.* destructor, -ra.

destruction [dɛstʀyksjɔ̃] *s. f.* destrucción.

désunion [dezynjɔ̃] *s. f.* desunión.

désunir [dezyniʀ] *v. tr.* desunir.

détachant, -te [detaʃɑ̃, -ɑ̃t] *adj. et s. m.* quitamanchas *inv.*

détacher [detaʃe] *v. tr.* **1.** (dénouer, délier) desatar; soltar. **2.** (séparer, enlever) separar [Détacher les feuilles. *Separar las hojas.*] **3.** (décoller) despegar; desprender. **4.** (décrocher) desenganchar. **5.** (un fonctionnaire, un militaire) destinar. ‖ **se ~** *v. pr* **6.** (s'éloigner) despegarse; desprenderse. **7.** (se libérer) desatarse; soltarse. **8.** (saillir) destacarse.

détail, -ails [detaj] *s. m.* **1.** detalle. **2.** (relevé) enumeración *f.;* lista. ‖ **au ~** al por menor al detalle.

détaillant, -te [detajɑ̃, -ɑ̃t] *adj. et s. m. et f., Comm.* detallista.

détailler [detaje] *v. tr.* **1.** (vendre au détail) vender al por menor. **2.** *fig.* (raconter en détail) detallar.

détecter [detɛkte] *v. tr.* detectar.
détective [detɛktiv] *s. m.* detective.
déteindre [detɛ̃dʀ] *v. tr.* desteñir.
dételer [det(ə)le] *v. tr.* desenganchar.
détendre [detɑ̃dʀ] *v. tr.* **1.** aflojar; distender. **2.** (les nerfs) calmar; relajar. ‖ **se ~** *v. pr.* **3.** (se relâcher) distenderse; relajarse. **4.** *fig.* distraerse. **5.** (se reposer) descansar.
détenir [det(ə)niʀ] *v. tr.* **1.** (en sa possesion) tener. **2.** (le pouvoir) detentar.
détente [detɑ̃t] *s. f.* **1.** (d'une arme) gatillo *m.*; disparador *m.* **2.** *fig.* alivio *m.*
détention [detɑ̃sjɔ̃] *s. f.* detención.
détenu, -ue [det(ə)ny] *adj. et s. m. et f.* detenido, -da; preso, -sa.
détergent [detɛʀʒɑ̃] *s. m.* detergente.
détérioration [deteʀjɔʀasjɔ̃] *s. f.* **1.** deterioro *m.* **2.** (dégât) desperfecto *m.*
détériorer [deteʀjɔʀe] *v. tr.* **1.** deteriorar. ‖ **se ~** *v. pr.* **2.** (une situation) deteriorarse; empeorar.
déterminant, -te [detɛʀminɑ̃, -ɑ̃t] *adj. et s. m.* determinante.
détermination [detɛʀminasjɔ̃] *s. f.* determinación.
déterminé, -ée [detɛʀmine] *adj.* determinado, -da.
déterminer [detɛʀmine] *v. tr.* determinar.
déterrer [detɛʀe] *v. tr.* desenterrar.
détestable [detɛstabl] *adj.* detestable.
détester [detɛste] *v. tr.* **1.** (haïr) detestar; odiar. **2.** (ne pas supporter, ne pas aimer) aborrecer; detestar.
détonation [detɔnasjɔ̃] *s. f.* detonación.
détoner [detɔne] *v. intr.* detonar.
détonner [detɔne] *v. intr.* **1.** *fig.* (les couleurs) desentonar. **2.** (ne pas être en harmonie) desentonar.

détour [detuʀ] *s. m.* **1.** rodeo. **2.** (d'un courant d'eau) curva *f.*; recodo; revuelta *f.*
détourné, -ée [detuʀne] *adj.* **1.** apartado, -da. **2.** *fig.* indirecto, -ta.
détournement [detuʀnəmɑ̃] *s. m.* **1.** desvío. **2.** (escroquerie) desfalco. **3.** (d'un avion) secuestro.
détourner [detuʀne] *v. tr.* **1.** desviar. **2.** (la vue, l'attention) apartar. **3.** (de son devoir) alejar; apartar. **4.** (des fonds) malversar; desfalcar. **5.** (un avion) secuestrar. ‖ **se ~** *v. pr.* **6.** desviarse. **7.** (la vue, la tête) apartar la vista. **8.** (laisser tomber) abandonar; dejar.
détraqué, -ée [detʀake] *adj.* **1.** descompuesto, -ta. **2.** *fam.* trastornado, -da.
détraquer [detʀake] *v. tr.* descomponer.
détrempe [detʀɑ̃p] *s. f.* **1.** temple *m.* **2.** (peinture à la tempera) témpera.
détresse [detʀɛs] *s. f.* **1.** angustia; desamparo *m.* **2.** (adversité, nécessité) miseria; apuro *m.* **3.** (d'un navire, d'un avion) peligro *m.*
détriment [detʀimɑ̃] *s. m.* detrimento. ‖ **au ~ de** en detrimento de.
détritus [detʀitys] *s. m. pl.* basura *f. sing.*
détroit [detʀwa] *s. m.* estrecho.
détromper [detʀɔ̃pe] *v. tr.* desengañar.
détrôner [detʀone] *v. tr.* destronar.
détruire [detʀɥiʀ] *v. tr.* destruir.
dette [dɛt] *s. f.* deuda.
deuil [dœj] *s. m.* **1.** duelo [Jour de deuil. *Día de duelo.*] **2.** luto [Porter le deuil. *Llevar luto.*]
deux [dø] *adj. et pron.* **1.** dos. ‖ *adj.* **2.** (deux ou trois) un par de [Deux livres. *Un par de libros.*] ‖ *s. m.* **3.** dos. ‖ **~ cents** doscientos, -tas. **les ~** ambos, -bas. **tous les ~** ambos, -bas; los dos (las dos) • Sólo las centenas simples utilizan "cents": deux cents, deux cent trois.

deuxième [døzjɛm] *adj. et pron.* (ordinal) segundo, -da. ‖ **~ au classement** *Sport* subcampeón.

deuxièmement [døzjɛmmɑ̃] *adv.* en segundo lugar.

deux-pièces [døpjɛs] *s. m. inv.* apartamento.

dévaler [devale] *v. tr.* **1.** bajar (rápidamente) [Dévaler la montagne. *Bajar la montaña.*] ‖ *v. intr.* **2.** precipitarse cuesta abajo.

dévaliser [devalize] *v. tr.* desvalijar.

dévaloriser [devalɔrize] *v. tr.* desvalorizar.

dévaluation [devalɥasjɔ̃] *s. f.* devaluación.

devancer [d(ə)vɑ̃se] *v. tr.* **1.** (laisser derrière soi) adelantar. **2.** (prévenir) anticiparse.

devancier, -ière [d(ə)vɑ̃sje, -jɛʀ] *s. m. et f.* antecesor, -ra; predecesor, -ra.

devant[1] [d(ə)vɑ̃] *prép.* **1.** (en face de) delante de; enfrente de; frente a. **2.** (en présence de) ante. **3.** (en avant de) delante de. ‖ *adv.* **4.** delante [Ils marchent devant. *Van delante.*] **5.** (par-devant) por delante [La jupe se ferme devant. *La falda cierra por delante.*] ‖ **~ derrière** al revés [Tu as mis le pull devant derrière. *Te has puesto el jersey al revés.*] **par-devant** por delante.

devant[2] [d(ə)vɑ̃] *s. m.* **1.** delantera *f.* [Le devant de la maison. *La delantera de la casa.*] **2.** (partie antérieure) delante [Les dents de devant. *Los dientes de delante.*] ‖ **au-devant** al encuentro [Je vais au-devant. *Voy al encuentro.*]

devanture [d(ə)vɑ̃tyʀ] *s. f.* escaparate *m.*

dévastation [devastasjɔ̃] *s. f.* devastación; destrucción.

dévaster [devaste] *v. tr.* devastar; asolar.

développement [dev(ə)lɔpmɑ̃] *s. m.* **1.** desarrollo. **2.** (épanouissement) expansión *f.* **3.** (photo) revelado.

développer [dev(ə)lɔpe] *v. tr.* **1.** desarrollar. **2.** (une idée) amplificar. **3.** *Phot.* revelar. ‖ **se ~** *v. pr.* **4.** desarrollarse.

devenir [d(ə)v(ə)niʀ] *v. intr.* **1.** (transformer sa nature) volverse. **2.** (temporairement) ponerse [Il est devenu fou. *Se puso como loco.*] **3.** (métier, profession) llegar a ser; llegar a; convertirse; hacerse; meterse. **4.** ser de [Qu'est-ce qu'elle devient? *¿Qué es de ella?*] **5.** (inattendu) quedarse; quedar [Il est devenu aveugle. *Se quedó ciego.*]

dévergondé, -ée [devɛʀɡɔ̃de] *adj. et s. m. et f.* (effronté) fresco, -ca; desvergonzado, -da.

déversement [devɛʀs(ə)mɑ̃] *s. m.* **1.** (rejet) vertido. **2.** (canal) desagüe.

déverser [devɛʀse] *v. tr.* **1.** verter; derramar. ‖ **se ~** *v. pr.* **2.** (se répandre) verterse; derramarse.

déversoir [devɛʀswaʀ] *s. m.* desaguadero.

dévêtir [devetiʀ] *v. tr.* desvestir; desnudar.

déviation [devjasjɔ̃] *s. f.* **1.** desviación. **2.** (route, chemin) desvío *m.*

dévider [devide] *v. tr.* devanar.

dévier [devje] *v. tr.* desviar; torcer.

devin, -ineresse [d(ə)vɛ̃, -in(ə)ʀɛs] *s. m. et f.* adivino, -na.

deviner [d(ə)vine] *v. tr.* **1.** adivinar. **2.** (pressentir) intuir. **3.** acertar [Deviner le mot, l'énigme. *Acertar la palabra, el acertijo.*]

devineresse [d(ə)vin(ə)ʀɛs] *s. f.* *devin.

devinette [d(ə)vinɛt] *s. f.* adivinanza.

devis [d(ə)vi] *s. m.* presupuesto.

dévisager [devizaʒe] *v. tr.* (fixer) mirar con insistencia.
devise [d(ə)viz] *s. f.* divisa.
dévisser [devise] *v. tr.* **1.** (une vis) desatornillar. **2.** (un couvercle) desenroscar.
dévoiler [devwale] *v. tr.* **1.** (un secret) desvelar. **2.** *fig.* descubrir; revelar.
devoir[1] [d(ə)vwaʀ] *v. tr.* **1.** deber. **2.** (avoir à, falloir) tener que. **3.** (possibilité) deber de. **4.** (avoir à payer) deber; adeudar.
devoir[2] [d(ə)vwaʀ] *s. m.* **1.** deber. **2.** (obligation) obligación *f.* **3.** (exercice) ejercicio. ‖ **devoirs** *s. m. pl.* **4.** (de l'école) tarea *f. sing.;* deberes.
dévorer [devɔʀe] *v. tr.* devorar.
dévot, -te [devo, -ɔt] *adj. et s. m. et f.* devoto, -ta.
dévotion [devosjɔ̃] *s. f.* devoción.
dévouement [devumɑ̃] *s. m.* **1.** (abnégation) abnegación *f.;* sacrificio. **2.** (affection) devoción *f.*
dévouer [devwe] *v. tr.* **1.** dedicar; consagrar. ‖ **se ~** *v. pr.* **2.** sacrificarse.
diabète [djabɛt] *s. m.* diabetes *f.*
diable [djɑbl] *s. m.* diablo; demonio.
diablerie [djablə(ə)ʀi] *s. f.* diablura.
diadème [djadɛm] *s. m.* diadema *f.*
diagnostic [djagnɔstik] *s. m.* diagnóstico.
diagnostiquer [djagnɔstike] *v. tr.* diagnosticar.
diagonal, -le, -aux [djagɔnal] *adj. et s. f.* diagonal. ‖ **lire en ~** leer por encima.
diagramme [djagʀam] *s. m.* diagrama.
dialecte [djalɛkt] *s. m.* dialecto.
dialogue [djalɔg] *s. m.* diálogo.
dialoguer [djalɔge] *v. tr. et intr.* dialogar.
diamant [djamɑ̃] *s. m.* diamante.
diamètre [djamɛtʀ] *s. m.* diámetro.
diane [djan] *s. f., Mil.* diana.

diaphane [djafan] *adj.* diáfano, -na.
diapositive [djapozitiv] *s. f.* diapositiva.
diarrhée [djaʀe] *s. f., Méd.* diarrea.
dictateur, -trice [diktatœʀ, -tʀis] *s. m. et f.* dictador, -ra.
dictature [diktatyʀ] *s. f.* dictadura.
dicté, -ée [dikte] *adj.* **1.** dictado, -da. ‖ **dictée** *s. f.* **2.** dictado *m.*
dicter [dikte] *v. tr.* dictar.
diction [diksjɔ̃] *s. f.* dicción.
dictionnaire [diksjɔnɛʀ] *s. m.* diccionario.
dicton [diktɔ̃] *s. m.* dicho; refrán.
didactique [didaktik] *adj.* **1.** didáctico, -ca. ‖ *s. f.* **2.** didáctica.
diérèse [djeʀɛz] *s. f., Ling.* diéresis *f.*
diète [djɛt] *s. f.* dieta.
dieu [djø] *s. m.* **1.** dios. ‖ **Dieu** *n. p. m.* **2.** Dios. ‖ **mon Dieu!** ¡Dios mío! ¡por Dios!
diffamation [difamasjɔ̃] *s. f.* difamación.
diffamer [difame] *v. tr.* difamar.
différé, -ée [difeʀe] *adj.* diferido, -da.
différence [difeʀɑ̃s] *s. f.* diferencia.
différencier [difeʀɑ̃sje] *v. tr.* diferenciar.
différent, -te [difeʀɑ̃, -ɑ̃t] *adj.* **1.** diferente; distinto, -ta. **2.** (divers) diverso, -sa.
différer [difeʀe] *v. tr.* (reporter) diferir.
difficile [difisil] *adj.* difícil.
difficulté [difikylte] *s. f.* dificultad.
difforme [difɔʀm] *adj.* deforme.
difformité [difɔʀmite] *s. f.* deformidad.
diffus, -se [dify, -yz] *adj.* difuso, -sa.
diffuser [difyze] *v. tr.* difundir.
digérer [diʒeʀe] *v. tr.* **1.** digerir. **2.** *fam.* (un affront, une injure) tragar.
digestif, -ive [diʒɛstif, -iv] *adj. et s. m.* digestivo, -va.
digestion [diʒɛstjɔ̃] *s. f.* digestión.
digit [diʒi] *s. m., Inform.* dígito.

digital, -le, -aux [diʒital. -o] *adj.* **1.** (des doigts) digital; dactilar. **2.** (binaire) digital.

digne [diɲ] *adj.* digno, -na. ‖ **~ de foi** fidedigno, -na. **être ~ de** merecer.

dignité [diɲite] *s. f.* dignidad.

digression [digʀesjɔ̃] *s. f.* digresión.

digue [dig] *s. f.* dique *m.*

dilapider [dilapide] *v. tr.* dilapidar.

dilatation [dilatasjɔ̃] *s. f.* dilatación.

dilater [dilate] *v. tr.* dilatar (aumentar).

dilemme [dilɛm] *s. m.* dilema.

diligence [diliʒɑ̃s] *s. f.* (zèle) diligencia.

diligent, -te [diliʒɑ̃, -ɑ̃t] *adj.* diligente.

diluer [dilɥe] *v. tr.* diluir.

dimanche [dimɑ̃ʃ] *s. m.* domingo [Dimanche, le dimanche, le dimanche 13 juin. El domingo, los domingos, el domingo 13 de junio.]

dîme [dim] *s. f.* diezmo *m.*

dimension [dimɑ̃sjɔ̃] *s. f.* dimensión.

diminuer [diminɥe] *v. tr. et intr.* disminuir.

diminutif [diminytif] *s. m.* diminutivo.

diminution [diminysjɔ̃] *s. f.* disminución.

dinar [dinaʀ] *s. m.* dinar.

dinde [dɛ̃d] *s. f.* **1.** (femelle du dindon) pava. **2.** (viande) pavo *m.* (carne).

dindon [dɛ̃dɔ̃] *s. m.* pavo.

dîner [dine] *v. intr.* **1.** (souper) cenar. ‖ *s. m.* **2.** cena *f.*

dingue [dɛ̃g] *adj.* zumbado, -da.

dinosaure [dinozɔʀ] *s. m.* dinosaurio.

diocèse [djɔsez] *s. m.* diócesis *f.*

dioptrie [djɔptʀi] *s. f.* dioptría.

diphtongue [diftɔ̃g] *s. f.* diptongo *m.*

diplomate [diplɔmat] *adj. et s. m. et f.* diplomático, -ca.

diplomatie [diplɔmasi] *s. f.* diplomacia.

diplôme [diplom] *s. m.* diploma; título.

dire [diʀ] *v. tr.* **1.** decir. ‖ *v. intr.* **2.** (rappeler) sonar [Cela me dit quelque chose. Eso me suena.] **3.** *fam.* (plaire) apetecer [Ça te dit? ¿Te apetece?] ‖ **à vrai ~** a decir verdad. **sans mot ~** sin rechistar.

direct, -te [diʀɛkt] *adj.* directo, -ta.

directeur, -trice [diʀɛktœʀ, -tʀis] *adj. et s. m. et f.* director, -ra.

direction [diʀɛksjɔ̃] *s. f.* dirección. ‖ **en ~ de** en dirección a.

dirigeable [diʀiʒabl] *adj. et s. m.* dirigible.

dirigeant, -te [diʀiʒɑ̃, -ɑ̃t] *adj. et s. m. et f.* **1.** (politique) dirigente; líder. **2.** (d'entreprise) directivo, -va. ‖ *s. m.* **3.** mandatario *Amér.*

diriger [diʀiʒe] *v. tr.* **1.** dirigir. ‖ **se ~** *v. pr.* **2.** dirigirse; encaminarse.

discerner [disɛʀne] *v. tr.* discernir.

disciple [disipl] *s. m. et f.* discípulo, -la.

discipline [disiplin] *s. f.* disciplina.

disc-jockey [diskʒɔke] *s. m. et f.* pinchadiscos *i-v.*

discographie [diskɔgʀafi] *s. f.* discografía.

discontinu, -ue [diskɔ̃tiny] *adj.* discontinuo, -nua.

discordant, -te [diskɔʀdɑ̃, -ɑ̃t] *adj.* desacorde.

discorde [diskɔʀd] *s. f.* discordia.

discothèque [diskɔtɛk] *s. f.* discoteca.

discours [diskuʀ] *s. m.* discurso.

discrédit [diskʀedi] *s. m.* descrédito.

discréditer [diskʀedite] *v. tr.* **1.** (qqch) desacreditar. **2.** (qqun) desprestigiar.

discret, -ète [diskʀɛ, -ɛt] *adj.* discreto, -ta.

discrétion [diskʀesjɔ̃] *s. f.* discreción.

discriminer [diskʀimine] *v. tr.* discriminar.

disculper [diskylpe] *v. tr.* disculpar.
discussion [diskysjɔ̃] *s. f.* discusión.
discuter [diskyte] *v. tr. et intr.* **1.** (converser) charlar. **2.** (contester) discutir.
disette [dizet] *s. f.* carestía; escasez.
disgrâce [disgʀɑs] *s. f.* desgracia.
disgracieux, -euse [disgʀasjø, -øz] *adj.* (sans grâce) falto de gracia.
disjoindre [disʒwɛ̃dʀ] *v. tr.* desunir.
dislocation [dislɔkasjɔ̃] *s. f.* dislocación.
disloquer [dislɔke] *v. tr.* **1.** dislocar. **2.** *Méd.* (un os) dislocar; desencajar. **3.** *fig.* (démembrer) desmembrar; desgajar. ‖ **se ~** *v. pr.* **4.** dislocarse.
disparaître [dispaʀetʀ] *v. intr.* desaparecer.
disparate [dispaʀat] *adj.* dispar.
disparité [dispaʀite] *s. f.* disparidad; desigualdad.
disparition [dispaʀisjɔ̃] *s. f.* desaparición.
dispensaire [dispɑ̃sɛʀ] *s. m.* dispensario.
dispense [dispɑ̃s] *s. f.* dispensa.
dispenser [dispɑ̃se] *v. tr.* dispensar.
disperser [dispɛʀse] *v. tr.* **1.** dispersar; desperdigar. **2.** *fig.* (un groupe) disolver.
disponible [dispɔnibl] *adj.* disponible.
disposé, -ée [dispoze] *adj.* dispuesto, -ta.
disposer [dispoze] *v. tr.* **1.** disponer. **2.** (arranger) colocar; poner. ‖ **se ~** *v. pr.* **3.** prepararse; disponerse [Se disposer à partir. *Disponerse a marchar.*]
dispositif [dispozitif] *s. m.* dispositivo.
disposition [dispozisjɔ̃] *s. f.* **1.** disposición. **2.** (aptitude) aptitud. ‖ **dispositions** *s. f. pl.* **3.** (mesure, précaution) medidas [Prendre ses dispositions pour. *Tomar medidas para.*] **4.** (aptitude) aptitudes [Avoir des dispositions pour. *Tener aptitudes para.*]
disproportion [dispʀɔpɔʀsjɔ̃] *s. f.* desproporción.

dispute [dispyt] *s. f.* disputa.
disputer [dispyte] *v. tr.* **1.** disputar. ‖ **se ~** *v. pr.* **2.** *fam.* reñir. pelearse; disputarse. [Se disputer une proie. *Pelearse por una presa*]
disqualifier [diskalifje] *v. tr.* descalificar.
disque [disk] *s. m.* disco. ‖ **~ compact** disco compacto. **~ dur** disco duro.
disquette [disket] *s. f.* disquete *m.*
disséminer [disemine] *v. tr.* diseminar.
disséquer [diseke] *v. tr.* **1.** disecar; diseccionar. **2.** *fig.* (analyser) diseccionar.
dissertation [disɛʀtasjɔ̃] *s. f.* disertación.
dissimulation [disimylasjɔ̃] *s. f.* **1.** disimulo *m.* **2.** (volontaire) ocultación.
dissimulé, -ée [disimyle] *adj.* **1.** disimulado, -da. **2.** (sournois) solapado, -da.
dissimuler [disimyle] *v. tr.* disimular.
dissipé [disipe] *v. tr.* disipar.
dissolu, -ue [disɔly] *adj.* disoluto, -ta.
dissolution [disɔlysjɔ̃] *s. f.* disolución.
dissolvant [disɔlvɑ̃] *adj.* **1.** disolvente. ‖ *s. m.* **2.** disolvente. **3.** (pour le vernis à ongles) quitaesmalte.
dissoudre [disudʀ] *v. tr.* disolver.
dissuader [disɥade] *v. tr.* disuadir.
dissyllabique [disilabik] *adj.* bisílabo, -ba.
distance [distɑ̃s] *s. f.* distancia.
distant, -te [distɑ̃, -ɑ̃t] *adj.* distante.
distendre [distɑ̃dʀ] *v. tr.* distender.
distillation [distilasjɔ̃] *s. f.* destilación.
distiller [distile] *v. tr. et intr.* destilar.
distillerie [distilʀi] *s. f.* destilería.
distinct, -te [distɛ̃, -ɛ̃kt] *adj.* **1.** distinto, -ta. **2.** *fig.* claro, -ra; preciso, -sa.
distinctif, -ive [distɛ̃ktif, -iv] *adj.* distintivo, -va. ‖ **signe ~** distintivo.
distinction [distɛ̃ksjɔ̃] *s. f.* distinción.
distingué, -ée [distɛ̃ge] *adj.* distinguido, -da.

distinguer [distɛ̃ge] *v. tr.* **1.** (différencier) distinguir. **2.** (apercevoir) advertir. ‖ **se ~** *v. pr.* **3.** distinguirse.

distorsion [distɔʀsjɔ̃] *s. f.* distorsión.

distraction [distʀaksjɔ̃] *s. f.* **1.** (étourderie) descuido *m.*; negligencia; despiste *m.* **2.** (diversion) distracción; diversión.

distraire [distʀɛʀ] *v. tr.* **1.** distraer. **2.** (amuser) entretener. ‖ **se ~** *v. pr.* **3.** divertirse; distraerse. **4.** (se détourner de) descuidarse.

distrait, -te [distʀɛ, -ɛt] *adj.* distraído, -da.

distrayant, -te [distʀɛjɑ̃, -ɑ̃t] *adj.* distraído, -da (que distrae).

distribuer [distʀibɥe] *v. tr.* distribuir.

distribution [distʀibysjɔ̃] *s. f.* **1.** distribución. **2.** (des rôles dans une pièce, un film) reparto *m.* **3.** (de prix) reparto *m.* **4.** (d'eau, d'électricité) suministro *m.*

district [distʀikt] *s. m.* distrito.

dit, -te [di, dit] *adj.* **1.** dicho, -cha. **2.** (alias) alias.

diurne [djyʀn] *adj.* diurno, -na.

diva [diva] *s. f.* (de l'opéra) diva.

divaguer [divage] *v. intr.* (dérailler) desvariar.

divan [divɑ̃] *s. m.* sofá; diván.

divergence [divɛʀʒɑ̃s] *s. f.* divergencia.

diverger [divɛʀʒe] *v. intr.* divergir.

divers, -se [divɛʀ, -ɛʀs] *adj.* diverso, -sa.

diversité [divɛʀsite] *s. f.* diversidad.

divertir [divɛʀtiʀ] *v. tr.* **1.** divertir; distraer. ‖ **se ~** *v. pr.* **2.** divertirse.

divertissant, -te [divɛʀtisɑ̃, -ɑ̃t] *adj.* distraído, -da (que divierte, distrae).

divertissement [divɛʀtismɑ̃] *s. m.* diversión *f.*

dividende [dividɑ̃d] *s. m.*, *Comm.* dividendo.

divin, -ne [divɛ̃, -in] *adj.* **1.** divino, -na. ‖ *s. m.* **2.** divino.

divinité [divinite] *s. f.* divinidad.

diviser [divize] *v. tr.* dividir.

diviseur, -euse [divizœʀ, -øz] *adj.* **1.** divisorio, -ria ‖ *s. m.* **2.** *Math.* divisor.

division [divizjɔ̃] *s. f.* división.

divorce [divɔʀs] *s. m.* divorcio.

divorcer [divɔʀse] *v. intr.* divorciarse.

divulguer [divylge] *v. tr.* divulgar.

dix [dis] *adj. et pron.* **1.** diez. ‖ *s. m.* **2.** diez.

dix-huit [dizɥit] *adj. et pron.* **1.** dieciocho. ‖ *s. m.* **2.** dieciocho.

dixième [dizjɛm] *adj. et pron.* **1.** (ordinal) décimo, -na. ‖ *adj. et s. m.* **2.** (fraccionnaire) décimo, -ma.

dix-neuf [disnœf] *adj. et pron.* **1.** diecinueve. ‖ *s. m.* **2.** diecinueve.

dix-sept [di(s)sɛt] *adj. et pron.* **1.** diecisiete. ‖ *s. m.* **2.** diecisiete.

dizaine [dizɛn] *s. f.* decena.

do [do] *s. m.*, *Mus.* do.

docile [dɔsil] *adj.* dócil.

docilité [dɔsilite] *s. f.* docilidad.

dock [dɔk] *s. m.* **1.** (magasin d'entrepôt) depósito. **2.** (cale pour construire des navires) dique. **3.** (bassin entouré de quais) dársena *f.*; ensenada.

docteur [dɔktœʀ] *s. m.* **1.** doctor, -ra. **2.** (médecin) médico, -ca; doctor, -ra.

doctorat [dɔktɔʀa] *s. m.* doctorado.

doctrine [dɔktʀin] *s. f.* doctrina.

document [dɔkymɑ̃] *s. m.* documento.

documentaire [dɔkymɑ̃tɛʀ] *adj. et s. m.* documental.

documenter [dɔkymɑ̃te] *v. tr.* **1.** documentar. ‖ **se ~** *v. pr.* **2.** documentarse.

dodelinement [dɔdlinmɑ̃] *s. m.* (de la tête) cabezada *f.* (al dormirse).

dodeliner [dɔdline] *v. intr.* (de la tête) cabecear.

dodo, faire [fɛʀdodo] *loc. v.* (dormir) dormir (en el lenguaje infantil).

dogme [dɔgm] *s. m.* dogma.

doigt [dwa] *s. m.* dedo. || **petit ~** meñique.

dollar [dɔlaʀ] *s. m.* dólar.

domaine [dɔmɛn] *s. m.* dominio.

dôme [dom] *s. m.*, *Arch.* cúpula *f.*

domestique [dɔmɛstik] *adj.* **1.** (animal) doméstico, -ca. || *s. m. et f.* **2.** (service) criado, -da; sirviente, -ta. || **domestiques** *s. m. pl.* **3.** servicio *sing.*

domestiquer [dɔmɛstike] *v. tr.* domesticar; amansar.

domicile [dɔmisil] *s. m.* domicilio. || **sans ~ fixe** (S.D.F.) sin techo.

domination [dɔminasjɔ̃] *s. f.* **1.** dominación. **2.** *fig.* (emprise) dominio *m.*

dominer [dɔmine] *v. tr. et intr.* **1.** dominar. || **se ~** *v. pr.* **2.** dominarse.

dominicain, -ne [dɔminikɛ̃, -ɛn] *adj.* **1.** dominicano, -na. || **Dominicain, -ne** *s. m. et f.* **2.** dominicano, -na.

domino [dɔmino] *s. m.* dominó.

dommage [dɔmaʒ] *s. m.* **1.** (préjudice) daño; perjuicio. **2.** (moral) agravio. || **c'est ~ !** ¡qué pena!; ¡qué lástima! **~ et intérêts** daños y perjuicios.

dompter [dɔ̃(p)te] *v. tr.* **1.** (un animal) domar; amaestrar. **2.** *fig.* dominar.

don [dɔ̃] *s. m.* **1.** (avantage naturel) don. **2.** (d'un seigneur ou d'un mécène) don; dádiva *f.* **3.** (donation) donación *f.*; donativo.

don ou dom [dɔ̃] *s. m.* (titre donné aux nobles d'Espagne) don.

dona ou doña [dɔna, dɔnja] *s. f.* (titre des femmes nobles espagnoles) doña.

donateur, -trice [dɔnatœʀ, -tʀis] *s. m. et f.* donante (para costear algo).

donation [dɔnasjɔ̃] *s. f.* donación.

donc [dɔ̃k] *conj.* **1.** pues [Je disais donc... Decía, pues...] **2.** (présupposition) conque; entonces [Donc tu ne veux pas nous parler? Conque ¿no quieres hablarnos?] **3.** (conséquence) luego [Pienso luego existo. *Je pense donc je suis.*] **4.** (par conséquent) así pues; así que.

donjon [dɔ̃ʒɔ̃] *s. m.* torreón; torre *f.*

donné, -ée [dɔne] *adj.* dado, -da. || **étant ~** ante; dado, -da. **étant ~ que** ya que; dado que; puesto que.

donnée [dɔne] *s. f.* dato *m.*

donner [dɔne] *v. tr.* **1.** dar; ofrecer **2.** (causer) causar. **3.** (accorder) conceder. || *v. intr.* **4.** mirar; dar [La maisonnette donne sur la rivière. *La casita mira al río.*] || **se ~** *v. pr.* **5.** dedicarse. || **~ à manger** dar de comer. **~ le jour** dar a luz. **~ un coup de main** echar una mano. **se ~ beaucoup de mal** afanarse. **se ~ de grands airs** presumir. **se ~ de la peine** afanarse.

donneur, -euse [dɔnœʀ, -øz] *adj. et s. m. et f.* **1.** donante [Donneur de sang. *Donante de sangre.*] **2.** *Comm.* dador, -ra.

dont [dɔ̃] *pron. rel.* de que; del cual; del que; de quien (seulement pour les personnes) [L'homme dont je t'ai parlé. *El hombre del que/ de quien te hablé.*] || **ce ~** de lo que [Ce dont on a parlé. *Aquello de lo que hablamos.*] **~ le** (dont la, dont les) cuyo, -ya (cuyos, -yas) [Un lieu dont je ne me rappelle le nom. *Un lugar de cuyo nombre no me acuerdo.*]

dopage [dɔpaʒ] *s. m.* dopaje.

doré, -ée [dɔʀe] *adj.* dorado, -da.

dorénavant [dɔʀenavɑ̃] *adv.* en lo sucesivo; desde ahora; en adelante.

dorer [dɔʀe] *v. tr.* dorar.
dorloter [dɔʀlɔte] *v. tr.* mimar.
dormir [dɔʀmiʀ] *v. intr.* dormir.
dortoir [dɔʀtwaʀ] *s. m.* dormitorio (común).
dorure [dɔʀyʀ] *s. f.* dorado *m.*
dos [do] *s. m.* **1.** *Anat.* espalda *f.* **2.** (livre, animal) lomo. **3.** (feuille) dorso. **4.** (chaise) respaldo. **5.** (papier) reverso; dorso; vuelta *f.* || **sur le ~** (porter) a cuestas. | (être couché) boca arriba.
dose [doz] *s. f.* dosis; toma.
doser [doze] *v. tr.* dosificar.
dossier [dosje] *s. m.* **1.** (siège) respaldo. **2.** (rapport) informe. **3.** (enquête) expediente. **4.** (chemise) carpeta *f.* (que contiene documentos).
dot [dɔt] *s. f.* dote.
dotation [dɔtasjɔ̃] *s. f.* dotación.
doter [dɔte] *v. tr.* dotar.
douane [dwan] *s. f.* aduana. || **droits de ~** aranceles *sing.*
douanier, -ière [dwanje, -jɛʀ] *adj.* **1.** aduanero, -ra. || *s. m.* **2.** aduanero, -ra.
doublage [dublaʒ] *s. m.* (d'un film) doblaje.
double [dubl] *adj.* **1.** doble. || *s. m.* **2.** doble. **3.** (duplicata) copia *f.*; duplicado, -da. || **en ~** por duplicado.
doublé, -ée [duble] *adj.* duplicado, -da.
doubler [duble] *v. tr.* **1.** (multiplier par deux) doblar; duplicar. **2.** (de volume) aumentar. **3.** (un véhicule) adelantar; rebasar. **4.** (vêtements) forrar. **5.** *Ciné. et Théâtr.* (un acteur) substituir. || *v. intr.* **6.** duplicarse.
doublure [dublyʀ] *s. f.* **1.** (vêtement) forro *m.* **2.** *Théâtr.* suplente *m. et f.*
doucement [dusmɑ̃] *adv.* **1.** suavemente; dulcemente. **2.** (lentement) despacio. **3.** (bas) en voz baja; bajo. || **doucement!** *interj.* **4.** ¡despacio!
doucereux, -euse [dus(ə)ʀø, -øz] *adj.* meloso, -sa.
douceur [dusœʀ] *s. f.* **1.** (du sucré) dulzor *m.* **2.** (de ce qui est agréable) dulzura. **3.** (de ce qui est délicat) suavidad [*Douceur de la soie. Suavidad de la seda.*] **4.** (du climat) clemencia. || **douceurs** *s. f. pl.* **5.** (sucreries) dulces *m.*; golosinas. || **en ~** con calma.
douche [duʃ] *s. f.* ducha [*Prendre une douche. Darse una ducha.*] || **prendre une ~** ducharse.
doucher [duʃe] *v. tr.* duchar.
douer [dwe] *v. tr.* dotar.
douille [duj] *s. f.* (d'une lampe) casquillo *m.*
douillet, -ette [dujɛ, -ɛt] *adj.* **1.** (un lit, un oreiller) blando, -da; mullido, -da. **2.** *fig.* (qqun) delicado, -da; sensible.
douleur [dulœʀ] *s. f.* dolor *m.*
douloureux, -euse [duluʀø, -øz] *adj.* **1.** doloroso, -sa. **2.** (endolori) dolorido, -da [*Avoir les pieds douloureux. Tener los pies doloridos.*]
doute [dut] *s. m.* duda *f.* || **mettre en ~** poner en cuestión; dudar; poner en duda. **ne pas faire l'ombre d'un ~** ser impepinable. **sans ~** (probablemente) sin duda.
douter [dute] *v. intr.* **1.** dudar. || **se ~** *v. pr.* **2.** sospechar; presentir; imaginarse.
douteux, -euse [dutø, -øz] *adj.* **1.** dudoso, -sa. **2.** (incertain) incierto, -ta.
doux, douce [du, dus] *adj.* **1.** (sucré) dulce. **2.** (délicat, lisse) suave. **3.** (agréable) grato, -ta; agradable. **4.** (aimable) afable. **5.** (animaux) dócil; manso, -sa. **6.** (climat) templado, -da; bueno, -na.
douzaine [duzɛn] *s. f.* docena.

douze [duz] *adj. et pron.* **1.** doce. ‖ *s. m.* **2.** doce.

douzième [duzjɛm] *adj. et pron.* (ordinal) duodécimo, -ma.

doyen, -enne [dwajɛ̃, -ɛn] *s. m. et f.* decano, -na.

draconien, -enne [dʀakɔnjɛ̃, -ɛn] *adj.* drástico, -ca.

dragée [dʀaʒe] *s. f.* **1.** *Méd.* (pilule) gragea. **2.** (bonbon) peladilla.

dragon [dʀagɔ̃] *s. m.* (monstre) dragón.

draguer [dʀage] *v. tr.* **1.** dragar. **2.** *fam.* ligar; tontear.

dragueur [dʀagœʀ, -øz] *s. m.* ligón.

draille [dʀɑj] *s. f.* cañada.

drain [dʀɛ̃] *s. m.* tubo de desagüe; cañería *f.*

drainage [dʀenaʒ] *s. m.* **1.** desagüe. **2.** *Méd.* drenaje.

dramaturge [dʀamatyʀʒ] *s. m. et f.* dramaturgo, -ga.

drame [dʀam] *s. m.* drama.

drap [dʀa] *s. m.* **1.** paño. **2.** (étoffe) tejido; tela *f.* **3.** (pour le lit) sábana *f.*

drapeau [dʀapo] *s. m.* bandera *f.*

draperie [dʀapʀi] *s. f.* colgadura.

drastique [dʀastik] *adj.* drástico, -ca.

dresser [dʀese] *v. tr.* **1.** enderezar; poner derecho. **2.** (élever, ériger) erigir; levantar. **3.** (un procès verbal, un compte-rendu) redactar. **4.** (animaux) amaestrar; domar; adiestrar. **5.** aguzar [Dresser l'oreille. *Aguzar el oído.*] ‖ **se ~** *v. pr.* **6.** erguirse. **7.** (les poils) erizarse.

dribble [dʀibl] *s. m., Sport* regate.

dribbler [dʀible] *v. tr.* regatear (con el balón).

drogue [dʀɔg] *s. f.* droga.

droguer [dʀɔge] *v. tr.* **1.** drogar. ‖ **se ~** *v. pr.* **2.** drogarse.

droguerie [dʀɔgʀi] *s. f.* droguería.

droit [dʀwa] *s. m.* derecho. ‖ **~ commercial** derecho mercantil.

droit, droite [dʀwa, dʀwat] *adj.* **1.** derecho, -cha [La main droite. *La mano derecha.*] **2.** derecho, -cha [Le corps droit. *El cuerpo derecho.*] **3.** recto, -ta [Une ligne droite. *Una línea recta.*]

droit [dʀwa] *adv.* **1.** directamente [Aller droit au but. *Ir directamente al grano.*] **2.** derecho [Continuer tout droit. *Continuar derecho.*] ‖ **tout ~** recto.

droite [dʀwat] *s. f.* derecha. ‖ **à ~** a la derecha.

drôle [dʀol] *adj.* **1.** (amusant) divertido, -da; gracioso, -sa. **2.** (étrange) raro, -ra; extraño, -ña. ‖ **~ de** bueno, -na [Quelle drôle d'histoire tu me racontes! *¡Buen lío me cuentas!*]

dromadaire [dʀɔmadɛʀ] *s. m., Zool.* dromedario.

dru, drue [dʀy] *adj.* **1.** (l'herbe) espeso, -sa; tupido, -da. **2.** (vigoureux, fort) recio, -cia.

du [dy] *contr. prép. et art. déf.* (de+le) del.
• "Du" funciona también como el artículo partitivo, pudiendo tener las siguientes formas: *du* (m.), *de la* (f.), o *de l'* (delante de vocal o h aspirada): J'ai bu du vin, de l'eau, de la bière. *Bebí vino, agua y cerveza.*

dû, due [dy] *adj.* debido, -da. ‖ **~ à** a causa de; debido a. **être ~** deberse; radicar.

dualisme [dµalism] *s. m.* dualismo.

dualité [dµalite] *s. f.* dualidad.

duc [dyk] *s. m.* **1.** duque. **2.** (hibou) búho.

duchesse [dyʃɛs] *s. f.* duquesa.

ductile [dyktil] *adj.* dúctil.

duel [dµɛl] *s. m.* duelo.

duffle-coat [dœfœlkot] *s. m.* trenca *f.*

dulcifier [dylsifje] *v. tr., fig.* dulcificar.

dune [dyn] *s. f.* duna.
duo [dço] *s. m., Mus.* dúo.
dupe [dyp] *adj. et s. f.* engañado, -da; inocente. || **être ~ de** *fig.* ser víctima de.
duper [dype] *v. tr.* embaucar; engañar.
duplex [dypleks] *s. m.* dúplex.
duplicata [dyplikata] *s. m. inv.* duplicado.
dupliquer [dyplike] *v. tr.* **1.** duplicar. **2.** doblar.
duquel, de laquelle, desquels, desquelles [dykɛl, d(ə)lakɛl, dɛkɛl] *contr. prép. et pron. rel.* del que (de la que, de los que, de las que); del cual (de la cual, de los cuales, de las cuales); de quien (de quienes) [Le livre à propos duquel je t'ai parlé. *El libro del que te he hablado.*]
dur, dure [dyʀ] *adj.* **1.** duro, -ra. **2.** (difficile) difícil. **3.** (sévère) severo, -ra. || *adv.* **4.** duro.

durcir [dyʀsiʀ] *v. tr.* endurecer.
durée [dyʀe] *s. f.* duración.
durement [dyʀmã] *adv.* duro.
durer [dyʀe] *v. intr.* **1.** (se prolonger) durar. **2.** (sembler long) hacerse largo. **3.** (se conserver) perdurar; conservarse.
dureté [dyʀte] *s. f.* **1.** dureza. **2.** *fig.* (rigueur) crudeza.
durillon [dyʀijɔ̃] *s. m.* callosidad *f.;* dureza *f.*
duvet [dyve] *s. m.* **1.** (oiseaux) plumón. **2.** (poil très fin) vello; pelusa *f.* **3.** saco de dormir (de plumón). **4.** edredón (de plumas).
dynamique [dinamik] *adj.* **1.** dinámico, -ca. **2.** *fig.* (actif, entrepreneur) participativo, -va. || *s. f.* **3.** dinámica.
dynamite [dinamit] *s. f.* dinamita.
dynastie [dinasti] *s. f.* dinastía.

E

e [ø] *s. m.* e *f.*
eau [o] *s. f.* agua [Eau plate, gazeuse, minérale, du robinet. *Agua sin gas, con gas mineral, del grifo.*] ‖ **~ de cologne** colonia. **eaux thermales** aguas termales.
eau-de-vie [od(ə)vi] *s. f.* aguardiente *m.*
eau-forte [ofɔʀt] *s. f.* aguafuerte.
ébahi, -ie [ebai] *adj.* boquiabierto, -ta; pasmado, -da.
ébahir [ebaiʀ] *v. tr.* **1.** asombrar; pasmar. ‖ **s'ébahir** *v. pr.* **2.** pasmarse.
ébattre, s' [ebatʀ] *v. pr.* retozar; juguetear.
ébauche [eboʃ] *s. f.* **1.** bosquejo *m.*; esbozo *m.* **2.** (dessin) croquis *m.* **3.** (projet) proyecto *m.*
ébaucher [eboʃe] *v. tr.* bosquejar; esbozar.
ébène [ebɛn] *s. f.* (bois, couleur) ébano *m.*
ébéniste [ebenist] *s. m. et f.* ebanista.
éblouir [ebluiʀ] *v. tr.* **1.** deslumbrar. **2.** *fig.* (aveugler) cegar; ofuscar.
éboueur [ebwœʀ] *s. m.* basurero, -ra.
éboulis [ebuli] *s. m.* escombros *pl.*
ébranchage [ebʀɑ̃ʃaʒ] *s. f.* poda *f.*
ébrancher [ebʀɑ̃ʃe] *v. tr.* podar.
ébranlement [ebʀɑ̃lmɑ̃] *s. m.* **1.** (secousse, tremblement) sacudida *f.*; tambaleo *m.* **2.** *fig.* conmoción *f.*
ébranler [ebʀɑ̃le] *v. tr.* **1.** (faire trembler) estremecer; sacudir. **2.** (faire bouger) mover. **3.** debilitar (Ébranler la santé. *Debilitar la salud.*) **4.** *fig.* agitar; trastornar.
ébréchure [ebʀeʃyʀ] *s. f.* mella.
ébullition [ebylisjɔ̃] *s. f.* ebullición.
écaille [ekaj] *s. f.* escama.
écarlate [ekaʀlat] *adj. et s. f.* escarlata *m.*
écarquillé, -ée [ekaʀkije] *adj.* (yeux) desorbitado, -da.
écarquiller [ekaʀkije] *v. tr.* (les yeux) abrir como platos; tener desorbitados.
écart [ekaʀ] *s. m.* **1.** (distance qui sépare deux choses) separación *f.*; distancia *f.* **2.** (décalage temporel) desfase. **3.** (différence) variación *f.*; diferencia *f.* **4.** (dans une trajectoire) desviación *f.* ‖ **mettre à l'~** aislar.
écarté, -ée [ekaʀte] *adj.* distante.
écarter [ekaʀte] *v. tr.* **1.** (mettre de côté) apartar; separar. **2.** (Écarter les jambes, les rideaux. *Abrir las piernas, las cortinas.*) **3.** (éloigner) alejar. **4.** (dévier, détourner) desviar. **5.** (chasser, rejeter) desechar. ‖ **s'écarter** *v. pr.* **6.** (s'éloigner) apartarse. **7.** (dévier) desviarse.
ecchymose [ekimoz] *s. f.* cardenal *m.*
ecclésiastique [eklezjastik] *adj. et s. m.* **1.** eclesiástico, -ca. ‖ *s. m.* **2.** (membre du clergé) clérigo.
échafaud [eʃafo] *s. m.* cadalso; patíbulo.
échafaudage [eʃafodaʒ] *s. m.* andamiaje (assemblage d'échafauds); andamio.
échafauder [eʃafode] *v. intr.* **1.** *Techn.* levantar un andamio. ‖ *v. tr.* **2.** *fig.* (plan, projet) trazar.
échancré, -ée [eʃɑ̃kʀe] *adj.* escotado, -da.
échancrure [eʃɑ̃kʀyʀ] *s. f.* escote *m.*
échange [eʃɑ̃ʒ] *s. m.* **1.** intercambio. **2.** (troc) cambio. ‖ **en~ a** cambio.
échanger [eʃɑ̃ʒe] *v. tr.* **1.** intercambiar. **2.** (troquer) cambiar. **3.** (prisonniers, objets) canjear.
échantillon [eʃɑ̃tijɔ̃] *s. m.* muestra *f.*
échantillonnage [eʃɑ̃tijɔnaʒ] *s. m.* **1.** (collection d'échantillons) muestrario. **2.** *fig.* colección *f.*
échappatoire [eʃapatwaʀ] *s. f.*, *fig.* evasiva; subterfugio *m.*

ÉCHAPPÉE - ÉCLIPSE

échappée [eʃape] *s. f.* escapada.
échappement [eʃapmã] *s. m.* escape.
échapper [eʃape] *v. intr.* **1.** escapar. **2.** (s'évader) huir. **3.** (éviter) evitar. ‖ **s'échapper** *v. pr.* **4.** escaparse. ‖ **ça m'échappe** no lo puedo recordar. **l'~ belle** escapar por los pelos.
écharpe [eʃaʀp] *s. f.* **1.** (foulard) chal *m.;* echarpe *m.* **2.** (cache-nez) bufanda.
échasse [eʃas] *s. f.* zanco *m.*
échassier [eʃasje] *s. m., Zool.* ave zancuda.
échauffé, -ée [eʃofe] *adj.* exaltado, -da.
échauffer [eʃofe] *v. tr.* **1.** calentar (progresivamente); caldear. **2.** *fig.* acalorar; excitar; enardecer. ‖ **s'échauffer** *v. pr.* **3.** acalorarse; excitarse.
échéance [eʃeãs] *s. f.* **1.** (d'une dette) vencimiento *m.* **2.** (terme) plazo *m.*
échéant, -te [eʃeã, -ãt] *adj.* pagadero, -ra; que vence. ‖ **le cas ~** llegado el caso.
échec [eʃɛk] *s. m.* **1.** (insuccès) fracaso. **2.** (fiasco) chasco. **3.** (défaite) derrota *f.* **4.** jaque [Échec et mat. *Jaque mate.*]
échecs [eʃɛk] *s. m. pl.* ajedrez *sing.* [Jouer aux échecs. *Jugar al ajedrez.*]
échelle [eʃɛl] *s. f.* escala.
échelon [eʃ(ə)lɔ̃] *s. m.* **1.** peldaño; escalón. **2.** *fig.* grado.
échelonner [eʃ(ə)lɔne] *v. tr.* **1.** escalonar; graduar. **2.** *fig.* espaciar.
écheveau [eʃ(ə)vo] *s. m.* madeja *f.*
échine [eʃin] *s. f.* **1.** (épine dorsale) espinazo *m.;* espina. **2.** (animaux) lomo *m.*
échiquier [eʃikje] *s. m.* tablero (de ajedrez).
écho [eko] *s. m.* eco.
échoir [eʃwaʀ] *v. tr.* **1.** tocar; recaer [Le gros lot lui est échu. *Le tocó la lotería.*] **2.** (un délai) vencer.

échouage [eʃwaʒ] *s. m.* (lieu) varadero.
échouer [eʃwe] *v. intr.* **1.** *Mar.* encallar. **2.** (à un examen) ser suspendido. **3.** *fig.* (une affaire) fracasar. **4.** (rater) fallar.
éclabousser [eklabuse] *v. tr.* salpicar.
éclair [eklɛʀ] *s. m.* **1.** relámpago. **2.** (flash) fogonazo; fas. **3.** (scintillement) destello. **4.** *fig.* centella *f.;* exhalación. **5.** (pâtisserie) pepito [Éclair au chocolat. *Pepito de chocolate.*]
éclairage [eklɛʀaʒ] *s. m.* **1.** (distribution de la lumière) iluminación *f.* **2.** (d'une ville) alumbrado.
éclairci, -ie [eklɛʀsi] *adj.* despejado, -da.
éclaircie [eklɛʀsi] *s. f.* claro *m.*
éclaircir [eklɛʀsiʀ] *v. tr.* **1.** aclarar. **2.** (le ciel) despejar. **3.** (une couleur) clarear. **4.** (rafraîchir les cheveux) entresacar. **5.** *fig.* (expliquer) aclarar. ‖ **s'éclaircir** *v. pr.* **6.** aclararse. **7.** (le ciel) despejarse.
éclairé, -ée [eklɛʀe] *adj.* iluminado, -da; alumbrado, -da.
éclairer [eklɛʀe] *v. tr.* **1.** iluminar; alumbrar. **2.** (rendre plus clair) clarear. **3.** *fig.* (instruire) ilustrar. **4.** (expliquer) esclarecer; aclarar.
éclat [ekla] *s. m.* **1.** (morceau brisé) casco; pedazo. **2.** (de bois) astilla *f.* **3.** (de lumière) resplandor; destello. **4.** *fig.* (gloire) gloria; esplendor. **5.** (de colère) estallido. ‖ **~ de rire** carcajada.
éclatant, -te [eklatã, -ãt] *adj.* **1.** brillante. **2.** *fig.* (bruyant) estrepitoso, -sa. **3.** (évident) patente.
éclatement [eklatmã] *s. m.* **1.** estallido. **2.** (d'un pneu) reventón.
éclater [eklate] *v. intr.* estallar.
éclectique [eklektik] *adj. et s. m. et f.* (touche-à-tout) polifacético, -ca.
éclipse [eklips] *s. f.* eclipse *m.*

éclipser [eklipse] *v. tr.* eclipsar.
éclisser [eklise] *v. tr.* entablillar.
éclopé, -ée [eklɔpe] *adj. et s. m. et f.* cojo, -ja; lisiado, -da.
éclore [eklɔʀ] *v. intr.* **1.** (de l'œuf) salir. **2.** (les fleurs) abrirse.
écluse [eklyz] *s. f.* esclusa.
écœurant, -te [ekœʀɑ̃, -ɑ̃t] *adj.* **1.** (dégoûtant) asqueroso, -sa; repugnante. **2.** (un aliment trop sucré) empalagoso, -sa.
écœurer [ekœʀe] *v. tr.* **1.** dar asco; repugnar. **2.** (un parfum) marear.
école [ekɔl] *s. f.* **1.** (collège) escuela; colegio *m.* **2.** (supérieure) escuela. **3.** academia [École de langues, école militaire. *Academia de lenguas, academia militar.*] ‖ **~ d'enseignement technique** universidad laboral. **~ maternelle** escuela de párvulos.
écolier, -ière [ekɔlje, -jɛʀ] *s. m. et f.* alumno, -na.
écologie [ekɔlɔʒi] *s. f.* ecología.
écologisme [ekɔlɔʒism] *s. m.* ecologismo.
écologiste [ekɔlɔʒist] *s. m. et f.* ecologista.
économat [ekɔnɔma] *s. m.* economato.
économe [ekɔnɔm] *s. m. et f.* administrador, -ra.
économie [ekɔnɔmi] *s. f.* **1.** economía. **2.** (épargne) ahorro *m.* ‖ **économies** *s. pl.* **3.** ahorros *m.* ‖ **faire des économies** ahorrar; economizar.
économique [ekɔnɔmik] *adj.* económico, -ca.
économiser [ekɔnɔmize] *v. tr.* ahorrar.
écorce [ekɔʀs] *s. f.* **1.** (d'arbre) corteza. **2.** (d'un fruit) piel; cáscara.
écorcer [ekɔʀse] *v. tr.* (un fruit) pelar.
écorcher [ekɔʀʃe] *v. tr.* **1.** desollar; despellejar. **2.** (égratigner) arañar. ‖ **s'écorcher** *v. pr.* **3.** arañarse.

écorchure [ekɔʀʃyʀ] *s. f.* (éraflure) arañazo *m.;* rozadura.
écornure [ekɔʀnyʀ] *s. f.* mella.
écossais, -se [ekɔsɛ, -ɛz] *adj. et s. m.* **1.** escocés, -cesa. ‖ **Écossais, -se** *s. m. et f.* **2.** escocés, -cesa.
écosystème [ekosistɛm] *s. m.* ecosistema.
écoulement [ekulmɑ̃] *s. m.* **1.** (des marchandises) venta *f.* **2.** (des eaux) desagüe; salida *f.*
écouler [ekule] *v. tr.* **1.** (vendre) vender. ‖ **s'écouler** *v. pr.* **2.** (un liquide) fluir. **3.** (le temps) transcurrir; pasar.
écourter [ekuʀte] *v. tr.* acortar.
écoute [ekut] *s. f.* escucha. ‖ **aux écoutes** a la escucha.
écouter [ekute] *v. tr.* **1.** escuchar. ‖ **s'écouter** *v. pr.* **2.** escucharse.
écouteur [ekutœʀ] *s. m.* auricular.
écoutille [ekutij] *s. f., Mar.* escotilla.
écran [ekʀɑ̃] *s. m.* **1.** (cinéma, ordinateur) pantalla *f.* **2.** *fig.* (barrière) barrera *f.;* cortina *f.*
écrasant, -te [ekʀazɑ̃, -ɑ̃t] *adj.* abrumador, -ra.
écrasé, -ée [ekʀaze] *adj.* (nez) chato, -ta.
écraser [ekʀaze] *v. tr.* **1.** aplastar. **2.** (du pied) pisar. **3.** (ail) machacar. **4.** (avec une voiture) atropellar. ‖ **s'écraser** *v. pr.* **5.** estrellarse.
écrémer [ekʀeme] *v. tr.* desnatar.
écrevisse [ekʀ(ə)vis] *s. f., Zool.* cangrejo *m.* (de río).
écrier, s' [ekʀije] *v. pr.* exclamar.
écrire [ekʀiʀ] *v. tr.* escribir.
écrit, -te [ekʀi, -it] *adj.* **1.** escrito, -ta. ‖ *s. m.* **2.** escrito.
écriteau [ekʀito] *s. m.* letrero; rótulo.
écriture [ekʀityʀ] *s. f.* **1.** escritura. **2.** (caractères tracés par une personne) letra.

écrivain [ekrivɛ̃] *s. m.* escritor, -ra.
écrou [ekru] *s. m.* tuerca *f.*
écrouler, s' [ekrule] *v. pr.* **1.** hundirse; derrumbarse. **2.** *fig.* venirse abajo.
écueil [ekœj] *s. m.* escollo.
écume [ekym] *s. f.* espuma.
écumoire [ekymwar] *s. f.* espumadera.
écureuil [ekyrœj] *s. f.*, Zool. ardilla.
écurie [ekyri] *s. f.* cuadra; caballeriza.
écusson [ekysɔ̃] *s. m.* escudo.
écuyer [ekɥije] *s. m.* (cavalier) jinete.
écuyère [ekɥijɛr] *s. f.* amazona.
édifice [edifis] *s. m.* edificio.
édifier [edifje] *v. tr.* edificar; construir.
édit [edi] *s. m.* edicto.
éditer [edite] *v. tr.* editar.
éditeur, -trice [editœr, -tris] *s. m. et f.* editor, -ra.
édition [edisjɔ̃] *s. f.* edición. || **maison d'~** editorial.
éditorial, -le, -aux [editɔrjal, -o] *adj.* **1.** editorial (aussi *s. f.*). || *s. m.* **2.** editorial (de un periódico).
édredon [edrədɔ̃] *s. m.* edredón.
éducatif, -ive [edykatif, -iv] *adj.* educativo, -va.
éducation [edykasjɔ̃] *s. f.* educación.
édulcorant, -te [edylkɔrɑ̃, -ɑ̃t] *adj. et s. m.* edulcorante.
éduqué, -ée [edyke] *adj.* educado, -da.
éduquer [edyke] *v. tr.* educar.
effacer [efase] *v. tr.* borrar.
effectif, -ive [efektif, -iv] *adj.* **1.** efectivo, -va. || *s. m.* **2.** plantilla *f.;* efectivo; personal.
effectuer [efektɥe] *v. tr.* efectuar; realizar.
efféminé, -ée [efemine] *adj.* afeminado, -da.
effervescence [efɛrvesɑ̃s] *s. f.* **1.** efervescencia. **2.** *fig.* (agitation) ebullición.
effervescent, -te [efɛrvesɑ̃, -ɑ̃t] *adj.* efervescente.

effet [efɛ] *s. m.* efecto. || **effets personnels** efectos personales. **en ~** en efecto.
effeuiller [efœje] *v. tr.* deshojar.
efficace [efikas] *adj.* (actif) eficaz.
efficacité [efikasite] *s. f.* eficacia.
efficient, -te [efisjɑ̃, -ɑ̃t] *adj.* eficiente.
effigie [efiʒi] *s. f.* efigie.
effiler [efile] *v. tr.* deshilachar.
effilocher [efilɔʃe] *v. tr.* **1.** deshilachar. || **s'effilocher** *v. pr.* **2.** deshilacharse.
efflanqué, -ée [eflɑ̃ke] *adj.* larguirucho, -cha.
effleurer [eflœre] *v. tr.* (frôler) rozar.
effondrement [efɔ̃dr(ə)mɑ̃] *s. m.* ruina *f.*
effondrer [efɔ̃dre] *v. tr.* **1.** echar abajo; derrumbar. || **s'effondrer** *v. pr.* **2.** hundirse; desplomarse; derrumbarse; caer.
efforcer, s' [efɔrse] *v. pr.* esforzarse.
effort [efɔr] *s. m.* **1.** esfuerzo. **2.** (persévérance) empeño.
effrayant, -te [efrejɑ̃, -ɑ̃t] *adj.* horroroso, -sa; espantoso, -sa.
effrayé, -ée [efreje] *adj.* asustado, -da.
effrayer [efreje] *v. tr.* **1.** espantar; aterrar. || **s'effrayer** *v. pr.* **2.** asustarse. **3.** (à la vue de qqch) aterrarse; horrorizarse.
effriter [efrite] *v. tr.* pulverizar; deshacer.
effroi [efrwa] *s. m.* espanto; terror.
effronté, -ée [efrɔ̃te] *adj. et s. m. et f.* desvergonzado, -da; descarado, -da.
effronterie [efrɔ̃tri] *s. f.* desvergüenza.
effroyable [efrwajabl] *adj.* espantoso, -sa.
effusion [efyzjɔ̃] *s. f.* efusión.
égal, -le, -aux [egal, -o] *adj.* **1.** igual. **2.** (plat) liso, -sa; plano, -na. || *s. m.* **3.** igual. | **être ~** dar igual [Ça m'est égal. *Me da igual.*] **être ~ à** equivaler.
également [egalmɑ̃] *adv.* igualmente; también.
égaler [egale] *v. tr.* igualar.

égaliser [egalize] *v. tr.* igualar.
égalité [egalite] *s. f.* igualdad. ‖ **être à ~** estar empatados.
égard [egaʀ] *s. m.* **1.** consideración *f.* ‖ **égards** *s. m. pl.* **2.** atenciones *f.;* consideraciones *f.* ‖ **à certains égards** en ciertos aspectos. **à cet ~** a ese respecto. **à l'~ de** con respecto a; en cuanto a. **eu ~ à** en atención a.
égaré, -ée [egaʀe] *adj.* extraviado, -da.
égarer [egaʀe] *v. tr.* **1.** perder; perderse. **2.** (un papier) traspapelar. ‖ **s'égarer** *v. pr.* **3.** perderse.
égayer [egeje] *v. tr.* distraer.
église [egliz] *s. f.* iglesia.
égoïsme [egɔism] *s. m.* egoísmo.
égoïste [egɔist] *adj. et s. m. et f.* egoísta.
égorgement [egɔʀʒəmɑ̃] *s. m.* degüello.
égorger [egɔʀʒe] *v. tr.* degollar.
égout [egu] *s. m.* **1.** alcantarilla *f.;* canal (de desagüe). **2.** (gouttière) canalón. ‖ **égouts** *s. m. pl.* **3.** alcantarillado. *sing.*
égouttement [egutmɑ̃] *s. m.* desagüe.
égoutter [egute] *v. tr.* escurrir.
égouttoir [egutwaʀ] *s. m.* (pour les assiettes) escurreplatos *inv.*
égratigner [egʀatiɲe] *v. tr.* arañar.
égratignure [egʀatiɲyʀ] *s. f.* arañazo *m.*
égrener [egʀ(ə)ne] *v. tr.* desgranar.
éhonté, -ée [eɔ̃te] *adj.* **1.** sinvergüenza. **2.** descarado, -da.
élaboration [elabɔʀasjɔ̃] *s. f.* elaboración; producción.
élaborer [elabɔʀe] *v. tr.* elaborar.
élaguer [elage] *v. tr.* podar (los árboles).
élan [elɑ̃] *s. m.* **1.** impulso [Prendre son élan. *Tomar impulso.*] **2.** (pas redoublé) carrerilla *f.* **3.** *fig.* salto. **4.** (impétuosité) ímpetu; arranque.
élancé, -ée [elɑ̃se] *adj.* esbelto, -ta.

élancement [elɑ̃smɑ̃] *s. m.* punzada *f.*
élancer, s' [elɑ̃se] *v. pr.* **1.** lanzarse; abalanzarse. **2.** (la silhouette) alargarse.
élargir [elaʀʒiʀ] *v. tr.* **1.** ensanchar. **2.** (agrandir) ampliar.
élargissement [elaʀʒismɑ̃] *s. m.* **1.** (d'un tissu, d'une voie) ensanche. **2.** (agrandissement) ampliación *f.*
élastique [elastik] *adj.* **1.** elástico, -ca. ‖ *s. m.* **2.** goma *f.*
électeur, -trice [elɛktœʀ, -tʀis] *s. m. et f.* elector, -ra.
élection [elɛksjɔ̃] *s. f.* elección.
électoral, -le, -aux [elɛktɔʀal, -o] *adj.* electoral.
électricité [elɛktʀisite] *s. f.* electricidad.
électrique [elɛktʀik] *adj.* eléctrico, -ca.
électriser [elɛktʀize] *v. tr.* electrizar.
électrocuter [elɛktʀɔkyte] *v. tr.* electrocutar.
électroménager, -ère [elɛktʀɔmenaʒe] *adj.* **1.** electrodoméstico, -ca. ‖ *s. m.* **2.** electrodomésticos *pl.* ‖ **appareil ~** electrodoméstico.
électronique [elɛktʀɔnik] *adj.* **1.** electrónico, -ca. ‖ *s. f.* **2.** electrónica.
élégance [elegɑ̃s] *s. f.* elegancia.
élégant, -te [elegɑ̃, -ɑ̃t] *adj.* elegante.
élégie [eleʒi] *s. f.* elegía.
élément [elemɑ̃] *s. m.* elemento.
élémentaire [elemɑ̃tɛʀ] *adj.* elemental.
éléphant, -te [elefɑ̃] *s. m. et f., Zool.* elefante, -ta.
élevage [el(ə)vaʒ] *s. m.* **1.** (animaux) cría *f.;* crianza *f.;* ganadería *f.* **2.** (installation où sont élevés les animaux) criadero.
élévation [elevasjɔ̃] *s. f.* **1.** elevación. **2.** (des prix) subida.
élevé, -ée [el(ə)ve] *adj.* **1.** (instruit) educado, -da. **2.** (haut) elevado, -da; alto, -ta.

|| **bien ~** educado, -da. **mal ~** maleducado, -da.
élève [elɛv] *s. m. et f.* alumno, -na.
élever [el(ə)ve] *v. tr.* **1.** elevar; levantar. **2.** (les prix) encarecer. **3.** (faire entendre) alzar; levantar; elevar. **4.** *fig.* (instruire) educar; criar. **5.** (animaux) criar. || **s'élever** *v. pr.* **6.** (se dresser) levantarse. **7.** (un avion, un oiseau) remontar; subir; elevarse. **8.** (une somme) ascender; elevarse. || **~ en grade** ascender.
éleveur, -euse [el(ə)vœʀ, -øz] *s. m. et f.* criador, -ra; ganadero, -ra.
élimé, -ée [elime] *adj.* raído, -da.
éliminatoire [eliminatwaʀ] *s. f.* eliminatoria.
éliminer [elimine] *v. tr.* eliminar.
élire [eliʀ] *v. tr.* elegir.
élite [elit] *s. f.* élite. || **d'~** de élite.
élixir [eliksiʀ] *s. m.* elixir.
elle [el] *pron. pers. 3ème f. sing.* **1.** ella. **2.** sí [Elle ne pense qu'à elle. *No piensa más que en sí misma.*] || **elles** *pron. pers. 3ème pl.* **3.** ellas. **4.** sí [Elles ne pensent qu'à elles. *No piensan más que en sí mismas.*] || **à ~** suyo, -ya [Ce qui est à elle. *Lo suyo (de ella).*] | suyos, -yas [Ce sont à elle. *Son suyos (de ella).*] **avec ~** consigo.
ellipse [elips] *s. f.* elipse.
élocution [elɔkysjɔ̃] *s. f.* locución.
éloge [elɔʒ] *s. m.* elogio; alabanza *f.*
éloigné, -ée [elwaɲe] *adj.* **1.** alejado; distante. **2.** (reculé, révolu) lejano, -na.
éloignement [elwaɲmã] *s. m.* **1.** alejamiento. **2.** (distance) lejanía *f.*
éloigner [elwaɲe] *v. tr.* **1.** alejar; separar. || **s'éloigner** *v. pr.* **2.** apartarse; separarse.
éloquence [elɔkɑ̃s] *s. f.* elocuencia.
éloquent, -te [elɔkɑ̃, -ɑ̃t] *adj.* elocuente.
élucider [elyside] *v. tr.* dilucidar.

émacié, -ée [emasje] *adj.* (trop maigre) chupado, -ca; escuálido, -da.
émail, -als/-aux [emaj, -o] *s. m.* esmalte.
émailler [emaje] *v. tr.* esmaltar.
émanciper [emɑ̃sipe] *v. tr.* **1.** emancipar; independizar. || **s'émanciper** *v. pr.* **2.** emanciparse; independizarse.
émaner [emane] *v. intr.* dimanar.
emballage [ɑ̃balaʒ] *s. m.* **1.** (d'un cadeau) envoltorio; envoltura *f.* **2.** (d'un liquide) envase.
emballé, -ée [ɑ̃bale] *adj.* desbocado, -da.
emballer [ɑ̃bale] *v. tr.* **1.** (des collis, des paquets) embalar. **2.** (un produit) envasar. || **s'emballer** *v. pr.* **3.** (un cheval) desbocarse. **4.** (un moteur) embalarse. **5.** *fig. et fam.* (s'enthousiasmer) entusiasmarse.
embarcadère [ɑ̃baʀkadɛʀ] *s. m.* embarcadero.
embarcation [ɑ̃baʀkasjɔ̃] *s. f.* embarcación.
embarquement [ɑ̃baʀk(ə)mɑ̃] *s. m.* **1.** (de personnes) embarco. **2.** (de marchandises) embarque. || **carte d'~** tarjeta de embarque.
embarquer [ɑ̃baʀke] *v. tr.* **1.** embarcar. || **s'embarquer** *v. pr.* **2.** embarcarse.
embarras [ɑ̃baʀa] *s. m.* **1.** (gêne) obstáculo; dificultad *f.* **2.** (problème) atolladero. **3.** (d'argent) aprieto; apuro. **4.** (honte) vergüenza *f.* || **~ gastrique** empacho.
embarrassant [ɑ̃baʀasɑ̃, -ɑ̃t] *adj.* embarazoso, -sa.
embarrasser [ɑ̃baʀase] *v. tr.* **1.** (gêner le mouvement) estorbar; molestar; entorpecer. **2.** (encombrer) atestar. **3.** (troubler) turbar. **4.** (mettre dans l'embarras) poner en un aprieto.
embauche [ɑ̃boʃ] *s. f.* contrata.

embaucher [ɑ̃boʃe] *v. tr.* contratar.
embaumer [ɑ̃bome] *v. tr.* **1.** embalsamar. || *v. tr.* et *intr.* **2.** (parfumer) perfumar.
embellir [ɑ̃beliʀ] *v. tr.* embellecer.
embêtant, -te [ɑ̃bɛtɑ̃, -ɑ̃t] *adj.* **1.** *fam.* (fâcheux) fastidioso, -sa. **2.** (assommant) pesado, -da.
embêté, -ée [ɑ̃bete] *adj.* molesto, -ta.
embêtement [ɑ̃bɛtmɑ̃] *s. m., fam.* molestia *f.*; fastidio *m.*
embêter [ɑ̃bete] *v. tr., fam.* **1.** dar la lata; incordiar. || **s'embêter** *v. pr.* **2.** aburrirse.
emblée, d' [dɑ̃ble] *loc. adv.* de golpe.
emblème [ɑ̃blɛm] *s. m.* emblema.
emboîter [ɑ̃bwate] *v. tr.* encajar.
embouchure [ɑ̃buʃyʀ] *s. f.* **1.** (rivière) desembocadura. **2.** (cheval) bocado *m.* **3.** *Mus.* boquilla.
embourber [ɑ̃buʀbe] *v. tr.* **1.** enfangar. || **s'embourber** *v. pr.* **2.** encenagarse; abarrancarse. **3.** *fig.* (la voiture) atascarse.
embouteillage [ɑ̃buteja3] *s. m.* (véhicules) embotellamiento; atasco *m.*
embouteiller [ɑ̃buteje] *v. tr.* embotellar.
emboutir [ɑ̃butiʀ] *v. tr., fig.* chocar.
embranchement [ɑ̃bʀɑ̃ʃmɑ̃] *s. m.* **1.** ramificación *f.* **2.** (chemins) encrucijada *f.* **3.** (voie ferrée) ramal.
embrancher [ɑ̃bʀɑ̃ʃe] *v. tr.* empalmar; enlazar.
embraser [ɑ̃bʀaze] *v. tr., fig.* encender.
embrassade [ɑ̃bʀasad] *s. f., fam.* (accolade) abrazo *m.*
embrasser [ɑ̃bʀase] *v. tr.* **1.** (donner un baiser) besar. **2.** abarcar [Qui trop embrasse peu étreint. *Quien mucho abarca poco aprieta*]. || **s'embrasser** *v. pr.* **3.** besarse. || **je t'embrasse** (en las cartas) un abrazo (para ti). **je vous embrasse** (en las cartas) un abrazo (para vosotros).
embrasure [ɑ̃bʀazyʀ] *s. f.* vano *m.*; hueco *m.*
embrayage [ɑ̃bʀeja3] *s. m.* embrague.
embrocher [ɑ̃bʀɔʃe] *v. tr.* ensartar.
embrouillé, -ée [ɑ̃bʀuje] *adj.* **1.** lioso, -sa **2.** (l'écriture) borroso, -sa.
embrouillement [ɑ̃bʀujmɑ̃] *s. m.* embrollo.
embrouiller [ɑ̃bʀuje] *v. tr.* **1.** (mettre en désordre) embrollar; liar. **2.** (emmêler) enredar; enmarañar. **3.** *fig.* enredar; enzarzar. || **s'embrouiller** *v. pr.* **4.** liarse; embrollarse.
embryon [ɑ̃bʀijɔ̃] *s. m.* embrión.
embûche [ɑ̃byʃ] *s. f.* trampa; lazo *m.*
embuer [ɑ̃bɥe] *v. tr.* empañar.
embuscade [ɑ̃byskad] *s. f.* emboscada.
émeraude [em(ə)ʀod] *s. f.* **1.** esmeralda. || *adj. inv.* **2.** esmeralda.
émergence [emɛʀ3ɑ̃s] *s. f.* emergencia.
émerger [emɛʀ3e] *v. intr.* emerger; surgir.
émetteur, -trice [emetœʀ, -tʀis] *adj.* **1.** emisor, -ra. || *s. m.* **2.** emisora *f.*
émettre [emɛtʀ] *v. tr.* emitir; producir.
émeute [emøt] *s. f.* motín *m.*
émietter [emjete] *v. tr.* **1.** desmigajar. **2.** *fig.* desmenuzar.
émigrant, -te [emigʀɑ̃, -ɑ̃t] *adj.* et *s. m.* et *f.* emigrante.
émigration [emigʀasjɔ̃] *s. f.* emigración.
émigrer [emigʀe] *v. intr.* emigrar.
éminence [eminɑ̃s] *s. f.* eminencia.
éminent, -te [eminɑ̃, -ɑ̃t] *adj.* eminente.
émissaire [emisɛʀ] *adj.* et *s. m.* emisario, -ria.
emmagasiner [ɑ̃magazine] *v. tr.* almacenar.
emmêler [ɑ̃mele] *v. tr.* **1.** enredar. || **s'emmêler** *v. pr.* **2.** enredarse.
emménagement [ɑ̃mena3mɑ̃] *s. m.* mudanza *f.* (instalación en una casa).

emménager [ɑ̃menaʒe] *v. intr.* instalarse.
emmener [ɑ̃m(ə)ne] *v. tr.* **1.** llevarse [Il a emmené son chien. *Se ha llevado a su perro.*] **2.** (conduire, accompagner, transporter) llevar.
emmerder [ɑ̃mɛʀde] *v. tr., fam.* **1.** (fâcher) cabrear. **2.** (casser les pieds) joder; repatear.
emmerdeur, -euse [ɑ̃mɛʀdœʀ, -øz] *s. m. et f., fam.* pelmazo, -za; plasta.
emmitoufler [ɑ̃mitufle] *v. tr.* **1.** *fam.* arropar; abrigar. ‖ **s'emmitoufler** *v. pr.* **2.** arrebujarse; abrigarse.
emmuré, -ée [ɑ̃myʀe] *adj.* emparedado, -da.
émoi [emwa] *s. m.* emoción *f.*; conmoción *f.*
émotif, -ive [emotif, -iv] *adj.* emotivo, -va.
émotion [emosjɔ̃] *s. f.* emoción.
émoussé, -ée [emuse] *adj.* romo, -ma.
émouvant, te [emuvɑ̃, -ɑ̃t] *adj.* emocionante; conmovedor, -ra.
émouvoir [emuvwaʀ] *v. tr.* **1.** emocionar; conmover. ‖ **s'émouvoir** *v. pr.* **2.** emocionarse; conmoverse.
empailler [ɑ̃paje] *v. tr.* disecar.
empan [ɑ̃pɑ̃] *s. m.* **1.** palmo. **2.** *fig.* (ampleur) envergadura *f.*
empaqueter [ɑ̃pak(ə)te] *v. tr.* empaquetar.
emparer, s' [ɑ̃paʀe] *v. pr.* **1.** apoderarse; adueñarse; apropiarse. **2.** *fig.* (saisir) embargar.
empâté, -ée [ɑ̃pɑte] *adj.* **1.** (visage, traits) grueso, -sa. **2.** (langue) pastoso, -sa.
empâter [ɑ̃pɑte] *v. tr.* cebar; engordar.
empêchement [ɑ̃pɛʃmɑ̃] *s. m.* impedimento.
empêcher [ɑ̃peʃe] *v. tr.* **1.** (éviter, interdire) impedir. ‖ **s'empêcher** *v. pr.* **2.** evitar. ‖ **ça n'empêche que** eso no quita que.
empeigne [ɑ̃pɛɲ] *s. f.* empeine *m.* (del zapato).
empereur [ɑ̃pʀœʀ] *s. m.* emperador.
empester [ɑ̃pɛste] *v. tr.* apestar; atufar.
empêtrer [ɑ̃petʀe] *v. tr.* **1.** (les pieds) trabar. ‖ **s'empêtrer** *v. pr.* **2.** enredarse; liarse.
emphase [ɑ̃fɑz] *s. f.* énfasis *m.*
emphatique [ɑ̃fatik] *adj.* enfático, -ca.
empierrer [ɑ̃pjeʀe] *v. tr.* empedrar.
empiéter [ɑ̃pjete] *v. intr.* **1.** (chevaucher) montarse. **2.** (terrain) invadir. **3.** *fig.* (usurper les droits) usurpar.
empiffrer, s' [ɑ̃pifʀe] *v. pr.* cebarse.
empiler [ɑ̃pile] *v. tr.* apilar; amontonar.
empire [ɑ̃piʀ] *s. m.* imperio.
empirer [ɑ̃piʀe] *v. intr.* empeorar.
emplacement [ɑ̃plasmɑ̃] *s. m.* situación *f.*; sitio; ubicación *f.*
emplâtre [ɑ̃plɑtʀ] *s. m.* emplasto.
emplir [ɑ̃pliʀ] *v. tr., litt.* llenar.
emploi [ɑ̃plwa] *s. m.* **1.** empleo. **2.** (affectation, destination) uso. ‖ **emplois multiples** pluriempleo *sing.*
employé, -ée [ɑ̃plwaje] *adj.* **1.** empleado, -da; usado, -da. ‖ *s. m. et f.* **2.** empleado, -da. **3.** (de magasin) dependiente. **~ de maison** empleado del hogar.
employer [ɑ̃plwaje] *v. tr.* (utiliser) emplear.
employeur, -euse [ɑ̃plwajœʀ, -øz] *s. m. et f.* **1.** (d'entreprise) empresario, -ria. **2.** (d'usine, d'atelier) patrono, -na.
empocher [ɑ̃pɔʃe] *v. tr.* embolsar.
empoigner [ɑ̃pwaɲe] *v. tr.* empuñar.
empoisonner [ɑ̃pwazɔne] *v. tr.* envenenar.
emporté, -ée [ɑ̃pɔʀte] *adj.* **1.** *fig.* (impétueux) impulsivo, -va. **2.** (coléreux) arrebatado, -da. **3.** (cheval) desbocado, -da.

EMPORTEMENT - EN-CAS

emportement [ɑ̃pɔʀt(ə)mɑ̃] *s. m.* arrebato.

emporter [ɑ̃pɔʀte] *v. tr.* **1.** llevarse [Emporter des livres. *Llevarse unos libros.*] **2.** (entraîner) arrollar. **3.** (transporter, entraîner, pousser) empujar; [Son imagination l'emporte. *Su imaginación le empuja.*] **4.** llevar [Plats à emporter. *Platos para llevar.*] **5.** (conquérir) hacerse. ‖ **s'emporter** *v. pr.* **6.** acalorarse; dar un arrebato. ‖ **l'~** vencer; ganar.

empoté, -ée [ɑ̃pɔte] *s. m. et f., fam.* (maladroit) maleta.

empreindre [ɑ̃pʀɛ̃dʀ] *v. tr.* imprimir; marcar.

empreinte [ɑ̃pʀɛ̃t] *s. f.* **1.** (des doigts, d'un animal) huella; impresión. **2.** (trace) marca; señal. ‖ **~ digitale** huella dactilar.

empressé, -ée [ɑ̃pʀese] *adj.* **1.** (qui se hâte) apresurado, -da. **2.** (diligent) atento, -ta.

empressement [ɑ̃pʀɛsmɑ̃] *s. m.* **1.** (auprès de qqun) diligencia *f.*; prontitud *f.* **2.** (hâte) precipitación *f.*

empresser, s' [ɑ̃pʀese] *v. pr.* **1.** (auprès de qqun) mostrarse solícito. **2.** (se hâter) apresurarse.

emprisonner [ɑ̃pʀizɔne] *v. tr.* encarcelar.

emprunt [ɑ̃pʀœ̃] *s. m.* préstamo.

emprunté, -ée [ɑ̃pʀœ̃te] *adj.* prestado, -da.

emprunter [ɑ̃pʀœ̃te] *v. tr.* **1.** (qqch) tomar prestado; coger prestado; pedir [Emprunter un livre. *Coger prestado un libro.*] **2.** (puiser, tirer de) coger; tomar. **3.** (une route) tomar; coger.

en¹ [ɑ̃] *prép.* **1.** (localisation) en [J'ai été en Espagne et en Iran. *Estuve en España e Irán.*] **2.** (destination) a [Aller en France. *Ir a Francia.*] **3.** (mois et années) en [En juin, en 1998. *En junio, en 1998.*] **4.** (durée) en [Je le ferai en trois jours. *Lo haré en 3 días.*] **5.** (saisons) en [En été, en automne, en hiver. *En verano, en otoño, en invierno.*] **6.** (matière) de [Un bracelet en or. *Un brazalete de oro.*] **7.** (en qualité de) como [Il a parlé en directeur. *Habló como director.*] **8.** (état passager) en [En guerre. *En guerra.*] **9.** (état, manière) de [En voyage. *De viaje.*] **10.** (moyen de transport) en. **11.** (tenue) en [En chemise. *En camisa.*] **12.** hacia [En arrière, en avant, en bas. *Hacia atrás, hacia delante, hacia abajo.*] ‖ **de ... ~ de ... en** [De trois en trois. *De tres en tres.*] **tout ~** mientras. [Tout en parlant, il agitait les mains. *Mientras hablaba agitaba las manos.*] •Se usa la preposición "en" delante de países de género masculino sing. que empiezan por vocal o "h" muda y delante de todos los países de género femenino.

en² [ɑ̃] *pron. adv.* **1.** de él (de ella, de ellos, de ellas). **2.** de ello [Je n'en sais rien. *No sé nada de ello.*] **3.** (provenance) de allí [Il en vient. *Viene de ahí / de allí.*] ‖ *pron. indéf.* **4.** unos, -nas [Tu en as (des gants)? *¿Tienes unos (guantes)?* **5.** alguno, -na [Il t'en reste? *¿Te queda alguno?*

encadrement [ɑ̃kadʀ(ə)mɑ̃] *s. m.* marco.

encadrer [ɑ̃kadʀe] *v. tr.* **1.** encuadrar. **2.** (entourer) bordear.

encager [ɑ̃kaʒe] *v. tr.* enjaular.

encaissement [ɑ̃kɛsmɑ̃] *s. m., Comm.* cobro; ingreso.

encaisser [ɑ̃kese] *v. tr.* **1.** *Comm.* (un chèque) cobrar. **2.** *fam.* (coups) encajar.

encaisseur [ɑ̃kesœʀ] *s. m.* cobrador.

en-cas [ɑ̃ka] *s. m. inv.* tentempié; piscolabis *inv.*

encastrer [ɑ̃kastʀe] *v. tr.* **1.** (emboîter) encajar. **2.** empotrar [Une armoire encastrée. *Un armario empotrado.*]

enceinte [ɑ̃sɛ̃t] *s. f.* **1.** (lieu) recinto. **2.** (rempart) murallas *pl.* || *adj. f.* **3.** embarazada [Tomber enceinte. *Quedarse embarazada.*]

encens [ɑ̃sɑ̃] *s. m.* incienso.

enchaîner [ɑ̃ʃene] *v. tr.* **1.** encadenar. **2.** *fig.* (idées) enlazar.

enchanté, -ée [ɑ̃ʃɑ̃te] *adj.* encantado, -da.

enchantement [ɑ̃ʃɑ̃tmɑ̃] *s. m.* (sortilège) encanto; encantamiento.

enchanter [ɑ̃ʃɑ̃te] *v. tr.* encantar.

enchâsser [ɑ̃ʃase] *v. tr.* (une pierre précieuse) engastar; engarzar.

enchère [ɑ̃ʃɛʀ] *s. f.* puja. || **vente aux enchères** subasta; almoneda.

enchérir [ɑ̃ʃeʀiʀ] *v. tr.* pujar.

enclin, -ne [ɑ̃klɛ̃, -in] *adj.* inclinado, -da; propenso, -sa; dado, -da.

enclos [ɑ̃klo] *s. m.* **1.** cercado. **2.** (enceinte) recinto.

enclume [ɑ̃klym] *s. f.* yunque *m.*

encoche [ɑ̃kɔʃ] *s. f.* muesca.

encoignure [ɑ̃kwaɲyʀ] *s. f.* rincón *m.*

encombrant, -te [ɑ̃kɔ̃bʀɑ̃, -ɑ̃t] *adj.* **1.** embarazoso, -sa; molesto, -ta. **2.** voluminoso, que abulta. || **être trop ~** abultar.

encombrement [ɑ̃kɔ̃bʀ(ə)mɑ̃] *s. m.* **1.** estorbo. **2.** aglomeración *f.*

encombrer [ɑ̃kɔ̃bʀe] *v. tr.* **1.** (entasser) llenar; atestar; abarrotar. **2.** (entraver) estorbar; obstruir.

encontre, à l' [ɑ̃kɔ̃tʀ] *loc. adv.* en contra. || **à l' ~ de** en contra de.

encore [ɑ̃kɔʀ] *adv.* **1.** todavía; aún [Il est encore jeune. *Aún es joven.*] **2.** (de nouveau) otra vez [Il est encore tombé. *Se ha caído otra vez.*]. **3.** (davantage) más [En voulez-vous encore? –Oui, j'en veux encore un. *¿Quiere más? –Sí, quiero uno más.*] **4.** (un autre) otro, -tra [Prenez encore un gâteau. *Coja otro pastel.*] **5.** (aussi) también. || **pas ~** aún no; todavía no.

encouragement [ɑ̃kuʀaʒmɑ̃] *s. m.* **1.** aliento; ánimo; estímulo. **2.** (aide) fomento.

encourager [ɑ̃kuʀaʒe] *v. tr.* **1.** (animer) alentar; animar; dar valor. **2.** (inciter) estimular; incitar; potenciar.

encrasser [ɑ̃kʀase] *v. tr.* **1.** manchar (de grasa). **2.** llenar de mugre. || **s'encrasser** *v. pr.* **3.** mancharse (de grasa). **4.** llenarse de grasa.

encre [ɑ̃kʀ] *s. f.* tinta. || **faire couler beaucoup d' ~** hacer correr ríos de tinta.

encrier [ɑ̃kʀije] *s. m.* tintero.

encyclopédie [ɑ̃siklɔpedi] *s. f.* enciclopedia. || **~ vivante** *fig.* enciclopedia.

endetter [ɑ̃dete] *v. tr.* **1.** endeudar. || **s'endetter** *v. pr.* **2.** endeudarse.

endeuiller [ɑ̃dœje] *v. tr.* enlutar.

endiablé, -ée [ɑ̃djable] *adj.* (fatigant) endemoniado, -da; endiablado, -da.

endive [ɑ̃div] *s. f.* endibia.

endolori, -ie [ɑ̃dɔlɔʀi] *adj.* dolorido, -da.

endommager [ɑ̃dɔmaʒe] *v. tr.* **1.** dañar; perjudicar. **2.** (des fruits) estropear. **3.** *fig.* deteriorar; dañar.

endormir [ɑ̃dɔʀmiʀ] *v. tr.* **1.** dormir. **2.** *fig.* adormecer; aletargar. || **s'endormir** *v. pr.* **3.** dormirse; adormecerse.

endosser [ɑ̃dose] *v. tr.* (un chèque) endosar.

endroit [ɑ̃dʀwa] *s. m.* **1.** (un lieu) sitio; lugar. **2.** (site, paysage) paraje. || **à l' ~ del** derecho [Mettre la chaussette à l'endroit. *Poner el calcetín del derecho.*] **d'un ~ à l'autre** de acá para allá.

ENDUIRE - ENGLOUTIR

enduire [ɑ̃dɥiʀ] *v. tr.* **1.** embadurnar. **2.** (mur) enlucir; revocar.

endurance [ɑ̃dyʀɑ̃s] *s. f.* resistencia; aguante *m*.

endurant, -te [ɑ̃dyʀɑ̃, -ɑ̃t] *adj.* **1.** resistente. **2.** duradero, -ra.

endurci, -ie [ɑ̃dyʀsi] *adj.* empedernido, -da.

endurcir [ɑ̃dyʀsiʀ] *v. tr.* **1.** curtir. || **s'endurcir** *v. pr.* **2.** curtirse. **3.** *fig.* acorazarse.

endurer [ɑ̃dyʀe] *v. tr.* soportar; aguantar.

énergétique [enɛʀʒetik] *adj.* **1.** energético, -ca. || *s. f.* **2.** energética.

énergie [enɛʀʒi] *s. f.* energía.

énergique [enɛʀʒik] *adj.* enérgico, -ca.

énervé, -ée [enɛʀve] *adj.* nervioso, -sa.

énerver [enɛʀve] *v. tr.* **1.** *fig. et fam.* (exaspérer) poner nervioso; irritar; exasperar. **2.** (irriter les nerfs) crispar.

enfance [ɑ̃fɑ̃s] *s. f.* infancia; niñez.

enfant [ɑ̃fɑ̃] *s. m. et f.* **1.** niño, -ña. **2.** (fils, fille) hijo, -ja.

enfantillage [ɑ̃fɑ̃tijaʒ] *s. m.* niñería *f.*

enfantin, -ne [ɑ̃fɑ̃tɛ̃, -in] *adj.* infantil.

enfer [ɑ̃fɛʀ] *s. m.* infierno.

enfermer [ɑ̃fɛʀme] *v. tr.* **1.** encerrar. **2.** (cacher) esconder; ocultar. || **s'enfermer** *v. pr.* **3.** encerrarse.

enfilade [ɑ̃filad] *s. f.* ristra; retahíla; sarta.

enfiler [ɑ̃file] *v. tr.* **1.** (une aiguille) enhebrar. **2.** (perles) ensartar; engarzar. **3.** *fam.* (vêtement) meter.

enfin [ɑ̃fɛ̃] *adv.* **1.** (joyeux) por fin; al fin. **2.** (en résumé) en resumen; en fin; finalmente. **3.** (dans une énumération) por último. || **mais ~ !** ¡pero bueno!

enflammer [ɑ̃flame] *v. tr.* **1.** inflamar. **2.** *fig.* enfervorizar. || **s'enflammer** *v. pr.* **3.** (la peau) escocerse. **4.** enfervorizarse.

enfler [ɑ̃fle] *v. tr.* **1.** inflar; hinchar. || **s'enfler** *v. pr.* **2.** abultarse; hincharse. **3.** (se remplir d'air) inflarse.

enflure [ɑ̃flyʀ] *s. f.* hinchazón; inflamación.

enfoncer [ɑ̃fɔ̃se] *v. tr.* **1.** (un clou) clavar. **2.** (ficher, planter) hundir [Enfoncer un pieu. *Hundir una estaca.*] **3.** (dans l'eau) sumergir; meter. **4.** (une porte) derribar. **5.** *fig.* sumir; hundir. || **s'enfoncer** *v. pr.* **6.** (dans l'eau) hundirse. **7.** (pénétrer) introducirse; internarse. **8.** (approfondir) adentrarse. **9.** *fig.* sumirse; enfrascarse.

enfouir [ɑ̃fwiʀ] *v. tr.* **1.** enterrar (algo). **2.** *fig.* esconder.

enfreindre [ɑ̃fʀɛ̃dʀ] *v. tr.* infringir.

enfuir, s' [ɑ̃fɥiʀ] *v. pr.* huir; escaparse; fugarse.

enfumer [ɑ̃fyme] *v. tr.* **1.** ahumar. || **s'enfumer** *v. pr.* **2.** ahumarse.

engagement [ɑ̃gaʒmɑ̃] *s. m.* **1.** (promesse) compromiso. **2.** (dépôt) empeño (de objetos). **3.** *Jeux* (d'un joueur) fichaje.

engager [ɑ̃gaʒe] *v. tr.* **1.** (mettre en gage) empeñar. **2.** (la parole) dar (su palabra). **3.** (employer) contratar; ajustar. **4.** (conseiller) invitar; aconsejar. **5.** (une clé) meter; introducir. **6.** (la conversation) trabar; entablar; comenzar; empezar. **7.** *Sport* (un joueur) fichar. || **s'engager** *v. pr.* **8.** (promettre) comprometerse; involucrarse. **9.** (pénétrer) introducirse. **10.** *Mil.* (s'enrôler) alistarse; engancharse.

engelure [ɑ̃ʒ(ə)lyʀ] *s. f.* sabañón *m.*

engendrer [ɑ̃ʒɑ̃dʀe] *v. tr.* engendrar.

engin [ɑ̃ʒɛ̃] *s. m.* **1.** (machine) máquina; artefacto. **2.** (véhicule) vehículo.

englober [ɑ̃glɔbe] *v. tr.* englobar.

engloutir [ɑ̃glutiʀ] *v. tr.* engullir; tragar.

engouffrer [ɑ̃gufʀe] *v. tr.* **1.** tragar. **2.** *fig.* (une fortune) sepultar. ‖ **s'engouffrer** *v. pr.* **3.** precipitarse.

engourdir [ɑ̃guʀdiʀ] *v. tr.* **1.** entumecer. **2.** (assoupir) aletargar; adormecer. ‖ **s'engourdir** *v. pr.* **3.** entumecerse; hincharse. **4.** (s'endormir) adormecerse.

engrais [ɑ̃gʀɛ] *s. m.* **1.** *Agr.* abono. **2.** (engraissement) engorde.

engraisser [ɑ̃gʀese] *v. tr.* **1.** (animaux) engordar; cebar. **2.** *Agr.* abonar.

engrenage [ɑ̃gʀ(ə)naʒ] *s. m.* engranaje.

engueuler [ɑ̃gœle] *v. tr.*, *fam.* echar una bronca. ‖ **se faire ~** recibir una bronca.

enhardir [ɑ̃aʀdiʀ] *v. tr.* **1.** envalentonar. ‖ **s'enhardir** *v. pr.* **2.** envalentonarse.

énigme [enigm] *s. f.* enigma *m*.

enivrement [ɑ̃nivʀ(ə)mɑ̃] *s. m.* embriaguez *f.*

enivrer [ɑ̃nivʀe] *v. tr.* **1.** (étourdir, griser) subirse a la cabeza. **2.** *fig.* (exalter) embriagar. ‖ **s'enivrer** *v. pr.* **3.** entonarse.

enjamber [ɑ̃ʒɑ̃be] *v. tr.* saltar; pasar.

enjeu [ɑ̃ʒø] *s. m.* **1.** (ce que l'on mise) apuesta *f.* **2.** (défi) reto.

enjoué, -ée [ɑ̃ʒwe] *adj.* alegre; jovial.

enlacer [ɑ̃lase] *v. tr.* **1.** enlazar. **2.** (serrer dans ses bras) abrazar. **3.** (passer un bras autour de la taille) rodear con el brazo.

enlèvement [ɑ̃lɛvmɑ̃] *s. m.* (de personnes) rapto; secuestro.

enlever [ɑ̃l(ə)ve] *v. tr.* **1.** (ôter) quitar. **2.** quitarse [Enlever sa veste. *Quitarse la chaqueta.*] **3.** (kidnapper) raptar. **4.** (arracher, dépouiller) arrebatar; arrancar.

enneigé, -ée [ɑ̃neʒe] *adj.* nevado, -da.

ennemi, -ie [en(ə)mi] *adj. et s. m. et f.* enemigo, -ga.

ennoblir [ɑ̃nɔbliʀ] *v. tr.* ennoblecer *fig.*

ennui [ɑ̃nɥi] *s. m.* **1.** aburrimiento. **2.** (embêtement) fastidio; molestia *f.* **3.** (contrariété) disgusto. **4.** (gêne) dificultad *f.* **5.** (problème) problema.

ennuyé, -ée [ɑ̃nɥije] *adj.* aburrido, -da (que se aburre).

ennuyer [ɑ̃nɥije] *v. tr.* **1.** (lasser) aburrir; hastiar; cansar. **2.** (embêter) fastidiar; molestar; incomodar. ‖ **s'ennuyer** *v. pr.* **3.** aburrirse; estar aburrido.

ennuyeux, -euse [ɑ̃nɥijø, -øz] *adj.* **1.** (assommant, embêtant) fastidioso, -sa; molesto, -ta; pesado, -da; latoso, -sa; machacón, -cona. **2.** (qqun ou qqch de désagréable) empalagoso, -sa. **3.** (fade) aburrido, -da; soso, -sa. **4.** (fatigant) cansado, -da. ‖ **être ~** ser una molestia.

énoncer [enɔ̃se] *v. tr.* enunciar.

enorgueillir [ɑ̃nɔʀgœjiʀ] *v. tr.* **1.** enorgullecer. ‖ **s'enorgueillir** *v. pr.* **2.** enorgullecerse.

énorme [enɔʀm] *adj.* enorme.

énormité [enɔʀmite] *s. f.* **1.** enormidad. **2.** *fig.* bestialidad. **3.** barbaridad [Dire des énormités. *Decir barbaridades.*]

enquête [ɑ̃kɛt] *s. f.* **1.** (sondage) encuesta. **2.** (policière) investigación; pesquisa.

enquêter [ɑ̃kɛte] *v. intr.* (faire des recherches) investigar. ‖ **~ sur** indagar.

enracinement [ɑ̃ʀasinmɑ̃] *s. m.* arraigo.

enraciner [ɑ̃ʀasine] *v. tr.* **1.** arraigar; enraizar. ‖ **s'enraciner** *v. pr.* **2.** arraigarse.

enragé, -ée [ɑ̃ʀaʒe] *adj.* rabioso, -sa.

enrager [ɑ̃ʀaʒe] *v. intr.* **1.** (rager) rabiar. ‖ *v. tr.* **2.** dar rabia.

enrayer [ɑ̃ʀeje] *v. tr.* **1.** *fig.* (arrêter) atajar. ‖ **s'enrayer** *v. pr.* **2.** (une arme) encasquillarse.

enregistrement [ɑ̃ʀ(ə)ʒistʀ(ə)mɑ̃] *s. m.* **1.** (inscription) registro. **2.** (disque, ban-

de magnétique) grabación f. **3.** *Inform.* registro. **4.** (des bagages) facturación f.

enregistrer [ɑ̃ʀ(ə)ʒistʀe] v. tr. **1.** (consigner par écrit) registrar. **2.** (inscrire sur un registre) inscribir. **3.** (bagages) facturar. **4.** (disques, bande magnétique) grabar.

enrhumé, -ée [ɑ̃ʀyme] adj. resfriado, -da; acatarratado, -da; constipado, -da.

enrhumer [ɑ̃ʀyme] v. tr. **1.** resfriar. ‖ **s'enrhumer** v. pr. **2.** resfriarse.

enrichir [ɑ̃ʀiʃiʀ] v. tr. **1.** enriquecer. ‖ **s'enrichir** v. pr. intr. **2.** enriquecerse.

enrobage [ɑ̃ʀɔbaʒ] s. m. baño (capa).

enrober [ɑ̃ʀɔbe] v. tr. **1.** envolver; recubrir. **2.** (un gâteau) bañar. **3.** (avec de l'œuf et de la farine) rebozar.

enrôlement [ɑ̃ʀolmɑ̃] s. m., Mil. alistamiento.

enrôler [ɑ̃ʀole] v. tr. **1.** (un marin) enrolar. ‖ **s'enrôler** v. pr. **2.** enrolarse.

enroué, -ée [ɑ̃ʀwe] adj. ronco, -ca (con ronquera).

enrouement [ɑ̃ʀumɑ̃] s. m. ronquera f.

enrouer [ɑ̃ʀwe] v. tr. **1.** enronquecer. ‖ **s'enrouer** v. pr. **2.** quedarse ronco.

enrouler [ɑ̃ʀule] v. tr. **1.** (bobiner) enrollar. **2.** (rouler) enroscar. **3.** (envelopper) envolver. ‖ **s'enrouler** v. pr. **4.** enroscarse.

ensabler [ɑ̃sable] v. tr. **1.** (un bateau) encallar. ‖ **s'ensabler** v. pr. **2.** encallar.

ensanglanter [ɑ̃sɑ̃glɑ̃te] v. tr. ensangrentar.

enseignant, -te [ɑ̃sɛɲɑ̃, -ɑ̃t] s. m. et f. **1.** profesor, -ra. ‖ adj. **2.** docente.

enseigne [ɑ̃sɛɲ] s. f. **1.** (écriteau) letrero m.; rótulo m. **2.** (emblème) insignia.

enseignement [ɑ̃sɛɲ(ə)mɑ̃] s. m. enseñanza f. ‖ **~ technique** enseñanza laboral.

enseigner [ɑ̃sɛɲe] v. tr. enseñar.

ensemble [ɑ̃sɑ̃bl] s. m. **1.** conjunto. ‖ adv. **2.** juntos, -tas. ‖ **dans l'~** en conjunto.

ensemencer [ɑ̃s(ə)mɑ̃se] v. tr. sembrar.

ensevelir [ɑ̃s(ə)v(ə)liʀ] v. tr. sepultar.

ensorcelé, -ée [ɑ̃sɔʀs(ə)le] adj. encantado, -da.

ensorceler [ɑ̃sɔʀs(ə)le] v. tr. hechizar.

ensorcellement [ɑ̃sɔʀsɛlmɑ̃] s. m. hechizo.

ensuite [ɑ̃sɥit] adv. después; a continuación.

ensuivre, s' [sɑ̃sɥivʀ] v. pr. seguirse; resultar [Il s'ensuit que. *Resulta que.*]

entaille [ɑ̃taj] s. f. **1.** (encoche) muesca. **2.** (blessure) corte m.

entamer [ɑ̃tame] v. tr. **1.** empezar [Entamer un pain. *Empezar un pan.*] **2.** (un fruit) calar. **3.** (une conversation) empezar; comenzar; entablar; iniciar. **4.** (diminuer) mermar.

entasser [ɑ̃tase] v. tr. **1.** amontonar; apilar. **2.** (personnes) apiñar. ‖ **s'entasser** v. pr. **3.** (choses) agolparse. **4.** (personnes) apiñarse; apretarse; aglomerarse.

entendement [ɑ̃tɑ̃dmɑ̃] s. m. entendimiento; juicio.

entendre [ɑ̃tɑ̃dʀ] v. intr. **1.** oír. ‖ v. tr. **2.** oír. **3.** (écouter) escuchar. **4.** (comprendre) comprender [Je n'entends pas le russe. *No comprendo el ruso.*] **5.** (interpréter) entender [Qu'est-ce que tu entends par là? *¿Qué entiendes por eso?*] ‖ **s'entendre** v. pr. **6.** llevarse bien. **7.** (accorder) llegar a un acuerdo; entenderse. ‖ **à l'~** si se le cree; oyéndole. **s'entendre bien** congeniar. **s'y ~** entender; entender de [Il s'y entend en (en peinture). *Él entiende (de pintura).*]

entendu, -ue [ɑ̃tɑ̃dy] adj. **1.** oído, -da [Je n'ai rien entendu. *No he oído nada.*]

ENTENTE - ENTREBÂILLER

2. (compris) entendido, -da. **3.** (convenu, décidé) decidido, -da. ‖ **entendu!** *interj.* **4.** de acuerdo. ‖ **bien ~** por supuesto; claro está.

entente [ɑ̃tɑ̃t] *s. f.* **1.** entendimiento *m.* [Parvenir à une entente. *Llegar a un entendimiento.*] **2.** acuerdo *m.* [Politique d'entente. *Política de acuerdos.*] **3.** (harmonie) armonía.

enterrement [ɑ̃tɛʀmɑ̃] *s. m.* **1.** entierro. **2.** (action d'enterrer) enterramiento.

enterrer [ɑ̃tɛʀe] *v. tr.* **1.** (une personne) enterrar. **2.** *fig.* enterrar; sepultar.

en-tête [ɑ̃tɛt] *s. m.* **1.** membrete [Papier à en-tête. *Papel con membrete.*] **2.** (partie initiale d'un message) encabezamiento.

entêté, -ée [ɑ̃tete] *adj.* **1.** terco, -ca. ‖ *s. m. et f.* **2.** cabezota.

entêtement [ɑ̃tɛtmɑ̃] *s. m.* terquedad *f.;* cabezonería *f.*

entêter, s' [ɑ̃tete] *v. pr.* obstinarse; empeñarse.

enthousiasme [ɑ̃tuzjasm] *s. m.* entusiamo.

enthousiasmer [ɑ̃tuzjasme] *v. tr.* **1.** entusiasmar. ‖ **s'enthousiasmer** *v. pr.* **2.** entusiasmarse.

enthousiaste [ɑ̃tuzjast] *adj. et s. m. et f.* entusiasta.

entier, -ière [ɑ̃tje, -jɛʀ] *adj.* **1.** entero, -ra. **2.** (intact) intacto, -ta. **3.** todo, -da [La ville entière. *Toda la ciudad.*] ‖ **en ~** entero.

entièrement [ɑ̃tjɛʀmɑ̃] *adv.* **1.** en su totalidad. **2.** totalmente; completamente.

entité [ɑ̃tite] *s. f.* entidad *f.*

entonner [ɑ̃tɔne] *v. tr., Mus.* entonar.

entonnoir [ɑ̃tɔnwaʀ] *s. m.* **1.** embudo. **2.** (affaissement) socavón.

entorse [ɑ̃tɔʀs] *s. f.* esguince *m.*

entortillement [ɑ̃tɔʀtijmɑ̃] *s. m.* enredo.

entortiller [ɑ̃tɔʀtije] *v. tr.* **1.** (envelopper) envolver. **2.** *fig.* (ses phrases, ses idées) enredar. **3.** *fam.* (séduire par des paroles) liar; enredar; engatusar.

entourage [ɑ̃tuʀaʒ] *s. m.* **1.** (milieu) entorno. **2.** *fig.* (parents) familiares *pl.* **3.** (proches) allegados *pl.* **4.** (autour d'un objet) cerco.

entourer [ɑ̃tuʀe] *v. tr.* **1.** rodear; cercar. **2.** (ceindre) ceñir.

entracte [ɑ̃tʀakt] *s. m.* (au théâtre) entreacto.

entrailles [ɑ̃tʀaj] *s. f. pl.* entrañas.

entrain [ɑ̃tʀɛ̃] *s. m.* **1.** (bonne humeur) animación *f.* **2.** (enthousiasme) brío; vivacidad; viveza.

entraînant, -te [ɑ̃tʀɛnɑ̃, -ɑ̃t] *adj.* (musique) animado, -da.

entraînement [ɑ̃tʀɛnmɑ̃] *s. m.* **1.** *Méc.* arrastre. **2.** *Sport* entrenamiento.

entraîner [ɑ̃tʀene] *v. tr.* **1.** (emporter de force) arrastrar. **2.** *fig.* entrañar; ocasionar; llevar consigo; acarrear. **3.** llevar [Se laisser entraîner. *Dejarse llevar.*] **4.** *Sport* entrenar; ejercitar. ‖ **s'entraîner** *v. pr.* **5.** entrenarse; ejercitarse.

entraîneur, -euse [ɑ̃tʀɛnœʀ, -øz] *s. m. et f.* entrenador, -ra.

entrave [ɑ̃tʀav] *s. f.* traba.

entraver [ɑ̃tʀave] *v. tr.* **1.** (animaux) trabar. **2.** (gêner) obstaculizar. **3.** *fig.* (réfréner) poner trabas; poner obstáculos.

entre [ɑ̃tʀ] *prép.* **1.** entre. ‖ **d'~** de [Quelques-uns d'entre vous. *Algunos de vosotros.*] **~ .. et** (extrêmes, limites) entre ... y. **~ nous** entre nosotros. **~ nous soit dit** entre nosotros.

entrebâiller [ɑ̃tʀ(ə)baje] *v. tr.* **1.** (entrouvrir) entreabrir. **2.** (fermer à moitié) entornar.

ENTRECÔTE - ENVIER

entrecôte [ɑ̃tR(ə)kot] *s. f.* solomillo *m.*
entrée [ɑ̃tRe] *s. f.* **1.** (d'une maison) entrada; vestíbulo *m.* **2.** *Mus.* comienzo *m.* **3.** (écoles) ingreso *m.*; alta. **4.** *Théâtr.* (d'un artiste sur scène) salida. ‖ **~ d'une rue** bocacalle. **~ libre** entrada libre.
entrelacer [ɑ̃tR(ə)lase] *v. tr.* **1.** (tisser) entretejer. **2.** (entrecroiser) entrelazar; enlazar.
entremêler [ɑ̃tR(ə)mele] *v. tr.* entremezclar.
entremettre, s' [ɑ̃tR(ə)mɛtR] *v. pr.* **1.** (se mêler) entrometerse. **2.** (intervenir) intervenir; mediar.
entremise de, par l' [paRlɑ̃tR(ə)mizdə] *loc. prép.* por mediación de.
entreposer [ɑ̃tR(ə)poze] *v. tr.* **1.** (marchandises) almacenar. **2.** (laisser pour un certain temps) depositar.
entrepôt [ɑ̃tR(ə)po] *s. m.* almacén; depósito.
entreprenant, -te [ɑ̃tR(ə)pR(ə)nɑ̃, -ɑ̃t] *adj.* emprendedor, -ra.
entreprendre [ɑ̃tR(ə)pRɑ̃dR] *v. tr.* **1.** emprender. **2.** (une tâche) acometer.
entrepreneur, -euse [ɑ̃tR(ə)pR(ə)nœR, -øz] *s. m. et f.* empresario, -ria [Petits entrepreneurs. *Pequeños empresarios.*]
entreprise [ɑ̃tR(ə)pRiz] *s. f.* empresa.
entrer [ɑ̃tRe] *v. intr.* **1.** entrar. **2.** (à l'école, à l'université, à l'hôpital) ingresar. **3.** (volontairement) meterse [Entrer en négotiation. *Meterse en negociaciones.*] **4.** *Théâtr.* (sur la scène) salir. ‖ **entrez!** *interj.* **5.** ¡pase!; ¡adelante! ‖ **~ brusquement** irrumpir. **faire ~** meter. **faire ~ dans la tête** meterse en la cabeza.
entresol [ɑ̃tRəsɔl] *s. m.* entresuelo.
entre-temps [ɑ̃tR(ə)tɑ̃] *adv.* entretanto; mientras tanto; mientras.

entretenir [ɑ̃tR(ə)t(ə)niR] *v. tr.* **1.** (prolonger) mantener [Entretenir l'humidité. *Mantener la humedad.*] **2.** *fig.* (alimenter) alimentar [Entretenir le feu. *Alimentar el fuego.*] **3.** (nourrir) mantener; sustentar. **4.** (prendre soin de) cuidar. **5.** (conserver) conservar. **6.** *fig.* hablar; conversar. **7.** (un amant, une maîtresse) mantener. ‖ **s'entretenir** *v. pr.* **8.** (parler) hablar; conversar.
entretien [ɑ̃tR(ə)tjɛ̃] *s. m.* **1.** (conversation) reunión *f.*; entrevista *f.*; conversación *f.* **2.** (réparations) mantenimiento.
entrevoir [ɑ̃tR(ə)vwaR] *v. tr.* **1.** entrever. **2.** *fig.* vislumbrar.
entrevue [ɑ̃tR(ə)vy] *s. f.* entrevista.
entrouvrir [ɑ̃tRuvRiR] *v. tr.* entreabrir.
énumération [enymeRasjɔ̃] *s. f.* enumeración.
énumérer [enymeRe] *v. tr.* enumerar.
envahir [ɑ̃vaiR] *v. tr.* invadir.
envahissement [ɑ̃vaismɑ̃] *s. m.* invasión *f.*
enveloppe [ɑ̃v(ə)lɔp] *s. f.* **1.** (emballage) envoltura. **2.** (de lettres) sobre *m.*
envelopper [ɑ̃v(ə)lɔpe] *v. tr.* **1.** envolver; cubrir. **2.** (entourer de papier) empapelar. ‖ **s'envelopper** *v. pr.* **3.** envolverse.
envergure [ɑ̃veRgyR] *s. f.* envergadura.
envers[1] [ɑ̃veR] *prép.* **1.** para con; con [Poli envers eux. *Amable (para) con ellos.*] **2.** hacia [Sa gentillesse envers moi. *Su amabilidad hacia mí.*]
envers[2] [ɑ̃veR] *s. m.* **1.** revés; reverso. **2.** *Bot.* (feuilles) envés. ‖ **à l'~** al revés.
envie [ɑ̃vi] *s. f.* **1.** (jalousie) envidia; celos *m. pl.* **2.** (désir) gana; ganas *pl.* **3.** (cutanée) antojo *m.* ‖ **avoir ~** tener ganas. apetecer. **faire ~** apetecer.
envier [ɑ̃vje] *v. tr.* **1.** (jalouser) envidiar. **2.** (désirer) desear.

envieux, -se [ɑ̃vjø, -øz] *adj. et s. m. et f.* envidioso, -sa.

environ [ɑ̃viʀɔ̃] *adv.* unos; como; cerca de [Il y a environ 2 ans/ Il y a 2 ans environ. Hace unos dos años.]

environnement [ɑ̃viʀɔnmɑ̃] *s. m.* **1.** medio ambiente. **2.** *Inform.* entorno.

environnemental, -le, -aux [ɑ̃viʀɔnmɑ̃tal, -o] *adj.* medioambiental.

environner [ɑ̃viʀɔne] *v. tr.* circundar.

environs [ɑ̃viʀɔ̃] *s. m. pl.* **1.** (alentours) alrededores; contornos. **2.** (abords) cercanías *f.*; inmediaciones *f.* ‖ **aux ~ de** (aux alentours de) en los alrededores de. (dates, époques) alrededor de.

envisager [ɑ̃vizaʒe] *v. tr.* **1.** (considérer) considerar; enfocar; examinar. **2.** (tenir compte) considerar; contemplar. **3.** (projeter) planear; proyectar.

envoi [ɑ̃vwa] *s. m.* **1.** (colis) envío. **2.** (action d'expédier) expedición *f.* **3.** (remise) remesa *f.* ‖ **coup d'~** *Sport* saque.

envoler, s' [ɑ̃vɔle] *v. pr.* **1.** (oiseau) echar a volar; alzar el vuelo. **2.** (les feuilles) volarse.

envoûtant, -te [ɑ̃vutɑ̃, -ɑ̃t] *adj.* hechicero, -ra.

envoûter [ɑ̃vute] *v. tr.* (séduire) hechizar; embrujar.

envoyé, -ée [ɑ̃vwaje] *adj. et s. m. et f.* enviado, -da.

envoyer [ɑ̃vwaje] *v. tr.* mandar; enviar.

épais, épaisse [epɛ, epɛs] *adj.* **1.** (touffu) espeso, -sa; tupido, -da. **2.** (un livre, un drap) grueso, -sa. **3.** (brouillard) denso, -sa.

épaisseur [epesœʀ] *s. f.* **1.** (largeur) espesor *m.* **2.** (densité) espesura; densidad.

épaissir [epesiʀ] *v. tr.* **1.** espesar. ‖ *v. intr.* **2.** espesar; espesarse. ‖ **s'épaissir** *v. pr.* **3.** espesarse.

épanchement [epɑ̃ʃmɑ̃] *s. m.* **1.** derramamiento. **2.** *fig.* (abandon) expansión *f.*; desahogo.

épancher [epɑ̃ʃe] *v. tr.* **1.** *fig.* (le cœur) desahogar; abrir. ‖ **s'épancher** *v. pr.* **2.** expansionarse; desahogarse.

épanouir, s' [epanwiʀ] *v. pr.* **1.** (fleurs) abrirse. **2.** *fig.* (le coeur) alegrarse.

épanouissement [epanwismɑ̃] *s. m.* **1.** (d'une fleur) eclosión. **2.** *fig.* expansión *f.*; plenitud (d'une personne).

épargne [epaʀɲ] *s. f.* ahorro *m.* ‖ **caisse d'~** caja de ahorros.

épargner [epaʀɲe] *v. tr.* **1.** (argent) ahorrar; economizar. **2.** (sauver) quedar a salvo. **3.** (un adversaire) tratar con benevolencia.

éparpiller [epaʀpije] *v. tr.* desparramar; esparcir

épatant, -te [epatɑ̃, -ɑ̃t] *adj., fam.* asombroso, -sa.

épater [epate] *v. tr.* **1.** *fig. et fam.* (étonner) pasmar; asombrar. ‖ **s'épater** *v. pr.* **2.** pasmarse.

épaulard [epolaʀ] *s. m., Zool.* orca *f.*

épaule [epol] *s. f.* **1.** (de l'homme) hombro *m.* **2.** (d'animal) codillo *m.*; paletilla.

épaulette [epolɛt] *s. f.* **1.** (militaire) charretera. **2.** (rembourrage) hombrera.

épave [epav] *s. f.* **1.** (d'un naufrage) restos *m. pl.* ‖ **épaves** *s. f. pl.* **2.** restos *m.* **3.** (véhicule) chatarra *sing.*

épée [epe] *s. f.* **1.** espada. **2.** *Taur.* estoque *m.*

épeler [eple] *v. tr.* deletrear.

éperon [ep(ə)ʀɔ̃] *s. m.* espuela *f.*

éperonner [ep(ə)ʀɔne] *v. tr.* espolear.

épervier [epɛʀvje] *s. m., Zool.* gavilán.

éphémère [efemɛʀ] *adj.* efímero, -ra.

éphéméride [efemeʀid] *s. f.* efeméride (ou efemérides en *pl.*).

épi [epi] s. m. 1. (de blé) espiga f. 2. (maïs) mazorca f. 3. (cheveux) remolino.
épice [epis] s. f. especia.
épicé, -ée [epise] adj. picante.
épicer [epise] v. tr. sazonar con especias.
épicerie [episʀi] s. f. tienda de ultramarinos; tienda de comestibles.
épicier, -ière [episje, -jeʀ] s. m. et f. tendero, -ra (de ultramarinos).
épidémie [epidemi] s. f. epidemia.
épier [epje] v. tr. espiar.
épiler [epile] v. tr. 1. depilar. ‖ **s'épiler** v. pr. 2. depilarse.
épilogue [epilɔg] s. m. epílogo.
épinard [epinaʀ] s. m. espinaca f.
épine [epin] s. f. espina.
épineux, -euse [epinø, -øz] adj. espinoso, -sa.
épingle [epɛ̃gl] s. f. 1. alfiler m. 2. (à linge) pinza; alfiler m. (de la ropa). ‖ **~ à cheveux** horquilla. **~ à nourrice** imperdible m. **~ de sûreté** imperdible m.
épique [epik] adj. épico, -ca.
épisode [epizɔd] s. m. episodio.
épître [epitʀ] s. f. epístola.
épluchage [eplyʃaʒ] s. m. (des fruits, des légumes) mondadura f.; monda.
épluché, -ée [eplyʃe] adj. pelado, -da.
éplucher [eplyʃe] v. tr. mondar; pelar.
épluchure [eplyʃyʀ] s. f. monda.
éponge [epɔ̃ʒ] s. f. 1. esponja. 2. (pour faire la vaisselle) estropajo m. ‖ **serviette ~** toalla de felpa.
éponger [epɔ̃ʒe] v. tr. 1. enjugar. 2. limpiar con una esponja. ‖ **s'éponger** v. pr. 3. enjugarse.
épopée [epɔpe] s. f. epopeya.
époque [epɔk] s. f. época. ‖ **à cette époque-là** por entonces.
épouser [epuze] v. tr. casarse.
épousseter [epuste] v. tr. quitar el polvo.
épouvantable [epuvɑ̃tabl] adj. espantoso, -sa.
épouvantail, -ails [epuvɑ̃taj] s. m. 1. espantajo; espantapájaros. 2. (laid) espantajo; adefesio.
épouvante [epuvɑ̃t] s. f. espanto m.
épouvanter [epuvɑ̃te] v. tr. espantar.
époux, épouse [epu, epuz] s. m. et f. 1. esposo, -sa. ‖ s. m. 2. marido. ‖ **épouse** s. f. 3. mujer.
éprendre, s' [epʀɑ̃dʀ] v. pr. prendarse; enamorarse.
épreuve [epʀœv] s. f. prueba. ‖ **à toute ~** a toda prueba. **mettre à l'~** poner a prueba.
éprouver [epʀuve] v. tr. 1. (essayer) probar; comprobar. 2. fig. (subir) sufrir; experimentar. 3. afectar [La maladie l'a éprouvé. *La enfermedad le ha afectado.*]
éprouvette [epʀuvɛt] s. f. probeta.
épuisé, -ée [epɥize] adj. 1. (fatigué) agotado, -da. 2. agotado, -da [Source épuisée. *Fuente agotada.*]
épuisement [epɥizmɑ̃] s. m. agotamiento.
épuiser [epɥize] v. tr. 1. agotar. ‖ **s'épuiser** v. pr. 2. agotarse.
épuration [epyʀasjɔ̃] s. f. depuración.
épurer [epyʀe] v. tr. 1. depurar. 2. fig. purificar.
équateur [ekwatœʀ] s. m. ecuador.
équatorien, -enne [ekwatɔʀjɛ̃, -ɛn] adj. 1. ecuatoriano, -na. ‖ **Équatorien, -enne** s. m. et f. 2. ecuatoriano, -na.
équerre [ekɛʀ] s. f. escuadra (regla).
équestre [ekɛstʀ] adj. ecuestre.
équilibre [ekilibʀ] s. m. equilibrio.
équilibrer [ekilibʀe] v. tr. equilibrar.
équilibriste [ekilibʀist] s. m. et f. equilibrista.

ÉQUINOXE - ESPÈCE

équinoxe [ekinɔks] *s. m.* equinoccio.
équipage [ekipaʒ] *s. m.* tripulación *f.* || **membre de l'~** tripulante.
équipe [ekip] *s. f.* equipo *m.*
équipement [ekipmã] *s. m.* equipo.
équiper [ekipe] *v. tr.* equipar.
équitable [ekitabl] *adj.* equitativo, -va.
équitation [ekitasjɔ̃] *s. f.* equitación.
équité [ekite] *s. f.* equidad; justicia.
équivalence [ekivalɑ̃s] *s. f.* equivalencia.
équivalent, -te [ekivalɑ̃, -ɑ̃t] *adj. et s. m.* equivalente.
équivaloir [ekivalwaʀ] *v. intr.* equivaler.
équivoque [ekivɔk] *adj.* **1.** equívoco, -ca. || *s. f.* **2.** equívoco *m.*
érafler [eʀafle] *v. tr.* **1.** (égratigner) arañar. **2.** (rayer) rozar.
éraflure [eʀaflyʀ] *s. f.* rozadura; arañazo *m.* (égratignure).
ère [ɛʀ] *s. f.* era.
éreinter [eʀɛ̃te] *v. tr.* (de fatigue) agotar; reventar.
ériger [eʀiʒe] *v. tr.* **1.** erigir; levantar. **2.** *fig.* (élever) elevar.
ermitage [ɛʀmitaʒ] *s. m.* ermita *f.*
ermite [ɛʀmit] *s. m.* ermitaño; eremita.
érosion [eʀozjɔ̃] *s. f.* erosión.
érotique [eʀɔtik] *adj.* erótico, -ca.
errant, -te [eʀɑ̃, -ɑ̃t] *adj.* errante.
errata [eʀata] *s. m. inv.* lista de erratas.
erratum [eʀatɔm] *s. m.* errata *f.*
errer [eʀe] *v. intr.* errar; vagar.
erreur [eʀœʀ] *s. f.* **1.** error *m.* **2.** (bévue) equivocación. **3.** (défaut) fallo.
erroné, -ée [eʀɔne] *adj.* erróneo, -a.
éructer [eʀykte] *v. tr.* eructar.
érudit, -te [eʀydi, -it] *adj. et s. m. et f.* erudito, -ta.
érudition [eʀydisjɔ̃] *s. f.* erudición.
éruption [eʀypsjɔ̃] *s. f.* erupción.

escabeau [ɛskabo] *s. m.* banqueta *f.*
escadre [ɛskadʀ] *s. f.* **1.** (flotte) flota; armada. **2.** (aérienne) escuadra.
escadrille [ɛskadʀij] *s. f.* escuadrilla.
escadron [ɛskadʀɔ̃] *s. m.* escuadrón.
escalade [ɛskalad] *s. f.* escalada.
escalader [ɛskalade] *v. tr.* **1.** escalar. **2.** (gravir) trepar.
escalator [ɛskalatɔʀ] *s. m.* escalera mecánica.
escale [ɛskal] *s. f.* (lieu) escala (en un viaje).
escalier [ɛskalje] *s. m.* escalera *f.*
escalope [ɛskalɔp] *s. f.* escalope *m.*
escamoter [ɛskamɔte] *v. tr.* escamotear.
escapade [ɛskapad] *s. f.* escapada; escapatoria.
escargot [ɛskaʀgo] *s. m., Zool.* caracol.
escarole [ɛskaʀɔl] *s. f.* escarola.
escarpé, -ée [ɛskaʀpe] *adj.* escarpado, -da.
esclavage [ɛsklavaʒ] *s. m.* esclavitud *f.*
esclave [ɛsklav] *adj. et s. m. et f.* esclavo, -va.
escompter [ɛskɔ̃te] *v. tr.* descontar.
escorte [ɛskɔʀt] *s. f.* escolta.
escorter [ɛskɔʀte] *v. tr.* escoltar.
escouade [ɛskwad] *s. f.* escuadra.
escrime [ɛskʀim] *s. f.* esgrima.
escroc [ɛskʀo] *s. m.* estafador, -ra; timador, -ra.
escroquer [ɛskʀɔke] *v. tr.* estafar; timar.
escroquerie [ɛskʀɔkʀi] *s. f.* **1.** estafa; timo *m.* **2.** (détournement) desfalco.
espace [ɛspas] *s. m.* espacio.
espacer [ɛspase] *v. tr.* espaciar.
espadrille [ɛspadʀij] *s. f.* alpargata.
espagnol, -le [ɛspaɲɔl] *adj. et s. m.* **1.** español, -la. **2.** hispano, -na. || **Espagnol, -le** *s. an. et f.* **3.** español, -la. **4.** hispano, -na.
espèce [ɛspɛs] *s. f.* especie. || **en espèces** en metálico; en efectivo; con dinero.

espérance [esperɑ̃s] *s. f.* esperanza.
espérer [espere] *v. tr.* **1.** esperar (tener esperanza). **2.** (compter sur) confiar.
espiègle [espjɛgl] *adj. et s. m. et f.* **1.** travieso, -sa. **2.** pícaro, -ra.
espièglerie [espjɛgl(ə)ri] *s. f.* diablura; travesura; trastada.
espion, -onne [espjɔ̃, -ɔn] *s. m. et f.* espía.
espionnage [espjɔnaʒ] *s. m.* espionaje.
espionner [espjɔne] *v. tr.* espiar.
esplanade [esplanad] *s. f.* explanada.
espoir [ɛspwaʀ] *s. m.* esperanza *f.*
esprit [espri] *s. m.* **1.** (âme, caractère) espíritu; alma *f.* **2.** (état mental) mente [Avoir l'esprit clair. *Tener la mente clara.*] **3.** cabeza [Venir à l'esprit. *Venir a la cabeza.*] **4.** (ingéniosité) agudeza *f.*; ingenio. **5.** (humour) humor.
esquille [eskij] *s. f.* astilla.
esquisse [eskis] *s. f.* **1.** (ébauche) bosquejo *m.* **2.** (d'un tableau) boceto *m.*
esquisser [eskise] *v. tr.* esbozar.
esquiver [eskive] *v. tr.* **1.** (éviter) sortear; evitar. **2.** *fig.* (se dérober) esquivar. || **s'esquiver** *v. pr.* **3.** zafarse.
essai [ese] *s. m.* **1.** (test) prueba *f.*; ensayo. **2.** (tentative) tentativa *f.*; intento. **3.** (littéraire) ensayo.
essaim [esɛ̃] *s. m.* enjambre.
essayage [esejaʒ] *s. m.* prueba *f.* || **cabine d'~** probador *m.*
essayer [eseje] *v. tr.* **1.** (tester) probar; ensayar. **2.** (expérimenter) experimentar. **3.** (pour la première fois) tantear. || *v. intr.* **4.** intentar; tratar.
essence [esɑ̃s] *s. f.* **1.** esencia. **2.** (carburant) gasolina.
essentiel, -elle [esɑ̃sjɛl] *adj.* esencial; fundamental.

essieu [esjø] *s. m.* (de roue) eje.
essor [esɔʀ] *s. m. fig.* desarrollo; progreso; florecimiento; auge. || **donner un nouvel ~** potenciar. **prendre son ~** echar a volar. *fig.* cobrar auge.
essorer [esɔʀe] *v. tr.* **1.** (le linge) escurrir. **2.** (à la machine) centrifugar.
essoufflé, -ée [esufle] *adj.* sin aliento.
essoufflement [esufl(ə)mɑ̃] *s. m.* ahogo.
essouffler [esufle] *v. tr.* dejar sin aliento.
essuie-glace [esɥiglas] *s. m.* limpiaparabrisas *inv.*
essuie-mains [esɥimɛ̃] *s. m. inv.* paño.
essuyer [esɥije] *v. tr.* **1.** secar [Essuyer la vaisselle. *Secar los platos.*] **2.** (le visage, les larmes) enjugar. **3.** (nettoyer) limpiar. **4.** sufrir [Essuyer une défaite. *Sufrir una derrota.*]
est [ɛst] *s. m.* este [À l'est. *Al este.*]
estampe [estɑ̃p] *s. f.* estampa.
estampé, -ée [estɑ̃pe] *adj.* estampado, -da.
estamper [estɑ̃pe] *v. tr.* estampar.
esthétique [estetik] *adj.* **1.** estético, -ca. || *s. f.* **2.** estética.
estimable [estimabl] *adj.* estimable.
estimation [estimasjɔ̃] *s. f.* **1.** (calcul, aperçu) estimación; apreciación; valoración. **2.** (prévision) previsión.
estime [estim] *s. f.* estima; aprecio *m.*
estimer [estime] *v. tr.* estimar.
estival, -le, -aux [estival, -o] *adj.* estival.
estocade [estɔkad] *s. f., Taur.* estocada.
estomac [estɔma] *s. m.* estómago. || **avoir de l'~** tener agallas.
estrade [estrad] *s. f.* **1.** estrado *m.* (en actos oficiales). **2.** (à l'école) tarima. **3.** (de planches en bois) tablado *m.*
estuaire [estɥɛʀ] *s. m.* **1.** estuario. **2.** (ria) ría *f.*

et [e] *conj.* y; e. •"E" c'est la forme de la conjonction "y" devant un mot qui commence par "e" ou "he".

et cætera ou et cetera [ɛtseteʀa] *loc. pron.* etcétera.

étable [etabl] *s. f.* **1.** (pour les vaches, les porcs) establo *m.* **2.** (écurie) cuadra.

établi, -ie [etabli] *adj.* **1.** establecido, -da. **2.** (assis, installé) asentado, -da. ‖ **banc d'~** banco (de carpintero).

établir [etabliʀ] *v. tr.* **1.** establecer. **2.** (installer) instalar. **3.** (asseoir, fonder) asentar. **4.** *fig.* (créer, organiser) establecer. **5.** (de manière stable ou incontestable) fijar. ‖ **s'établir** *v. pr.* **6.** establecerse. **7.** (s'installer) instalarse. **8.** (un peuple) asentarse.

établissement [etablismɑ̃] *s. m.* establecimiento.

étage [etaʒ] *s. m.* **1.** (d'une maison) piso; planta *f.* **2.** (volée d'escalier) tramo.

étager [etaʒe] *v. tr.* escalonar.

étagère [etaʒɛʀ] *s. f.* estantería.

étai [ete] *s. m., Constr.* puntal.

étain [etɛ̃] *s. m.* estaño.

étal, -le, -als/-aux [etal, -o] *s. m.* (au marché) puesto.

étalage [etalaʒ] *s. m.* **1.** (d'un magasin) escaparate. **2.** (marchandises) muestrario; exposición *f.* ‖ **faire ~ de** hacer alarde de.

étalement [etalmɑ̃] *s. m.* **1.** disposición. **2.** (temporel) escalonamiento.

étaler [etale] *v. tr.* **1.** (marchandises) exponer; mostrar. **2.** (une couche de) untar; extender. **3.** (déployer) desplegar. **4.** (échelonner) escalonar. **5.** *fig.* ostentar.

étalon [etalɔ̃] *s. m.* **1.** (cheval) semental. **2.** (référence) patrón [Étalon-or. *Patrón oro.*]

étalonner [etalɔne] *v. tr.* **1.** (un instrument de mesure) graduar. **2.** (avec un test) clasificar.

étamine [etamin] *s. f., Bot.* estambre *m.*

étanche [etɑ̃ʃ] *adj.* estanco, -ca; impermeable.

étancher [etɑ̃ʃe] *v. tr., fig.* (la soif) apagar; aplacar.

étang [etɑ̃] *s. m.* **1.** (bassin artificiel) estanque. **2.** (naturel) albufera *f.*

étape [etap] *s. f.* etapa.

état [eta] *s. m.* estado.

étatique [etatik] *adj.* estatal.

étatiser [etatize] *v. tr.* nacionalizar.

étau [eto] *s. m.* (d'établi) torno.

étayer [eteje] *v. tr.* **1.** *Constr.* apuntalar. **2.** *fig.* (appuyer) apoyar.

été [ete] *s. m.* verano [En été. *En verano.*] ‖ **d'~** veraniego; de verano.

éteindre [etɛ̃dʀ] *v. tr.* **1.** apagar; extinguir. **2.** (amortir une dette) amortizar; redimir.

éteint, -te [etɛ̃, -ɛ̃t] *adj.* apagado, -da.

étendard [etɑ̃daʀ] *s. m.* estandarte.

étendre [etɑ̃dʀ] *v. tr.* **1.** extender; estirar; alargar. **2.** (le linge) tender; colgar. **3.** *fig.* (élargir) extender. **4.** (coucher) acostar; tumbar. ‖ **s'étendre** *v. pr.* **5.** extenderse. **6.** (se coucher) tumbarse; acostarse. **7.** *fig.* alargarse.

étendu, -ue [etɑ̃dy] *adj.* **1.** (vaste) extenso, -sa; amplio, -plia. **2.** (une personne, le linge) tendido, -da.

étendue [etɑ̃dy] *s. f.* **1.** (surface) extensión; superficie. **2.** (durée) duración.

éternel, -elle [etɛʀnɛl] *adj.* eterno, -na.

éternité [etɛʀnite] *s. f.* eternidad.

éternuement [etɛʀnymɑ̃] *s. m.* estornudo.

éternuer [etɛʀnɥe] *v. intr.* estornudar.

éther [etɛʀ] *s. m.* éter.

ÉTHIQUE - ÊTRE

éthique [etik] *adj.* **1.** ético, -ca. ‖ *s. f.* **2.** ética.

ethnie [ɛtni] *s. f.* etnia.

étincelant, -te [etɛ̃s(ə)lɑ̃, -ɑ̃t] *adj.* **1.** chispeante. **2.** *fig.* fulgurante.

étinceler [etɛ̃s(ə)le] *v. intr.* **1.** destellar; brillar. **2.** (resplendir) relumbrar.

étincelle [etɛ̃sɛl] *s. f.* chispa [Jeter des étincelles. *Echar chispas.*] **2.** *fig.* (petite lueur) destello *m.* **3.** (éclair) centella. **4.** (électrique) chispazo *m.*

étiquette [etiket] *s. f.* etiqueta.

étirer [etiʀe] *v. tr.* **1.** estirar. ‖ **s'étirer** *v. pr.* **2.** estirarse. **3.** (une persone) desperezarse.

étoffe [etɔf] *s. f.* tela; tejido *m.*

étoffer [etɔfe] *v. tr.* **1.** tapizar. **2.** *fig.* (un récit) dar consistencia.

étoile [etwal] *s. f.* estrella. ‖ **à la belle ~** al raso. **~ brillante** lucero *m.* **~ filante** estrella fugaz.

étonnant, -te [etɔnɑ̃, -ɑ̃t] *adj.* asombroso, -sa.

étonné, -ée [etɔne] *adj.* sorprendido, -da; atónito, -ta.

étonnement [etɔnmɑ̃] *s. m.* (stupéfaction) asombro; extrañeza *f.*; sorpresa *f.*

étonner [etɔne] *v. tr.* **1.** (stupéfier) asombrar; sorprender; extrañar. ‖ **s'étonner** *v. pr.* **2.** (être surpris) asombrarse; sorprenderse. **3.** (trouver bizarre) extrañarse.

étouffant, -te [etufɑ̃, -ɑ̃t] *adj.* **1.** (chaleur) sofocante; asfixiante. **2.** (climat) bochornoso, -sa.

étouffée, à l' [etufe] *loc. adj.* estofado, -da.

étouffement [etufmɑ̃] *s. m.* ahogo; sofocón.

étouffer [etufe] *v. tr.* **1.** (qqun) ahogar; asfixiar. **2.** (un feu) apagar; extinguir. **3.** *fig.* (un bruit) amortiguar. ‖ *v. intr.* **4.** sofocarse; ahogarse; asfixiarse. ‖ **s'étouffer** *v. pr.* **5.** (à cause d'une mauvaise odeur, de la fumée) atufarse. **6.** (en avalant de travers) atragantarse.

étourderie [etuʀdəʀi] *s. f.* **1.** atolondramiento *m.* **2.** (distraction) despiste *m.*

étourdi, -ie [etuʀdi] *adj.* **1.** (distrait) atolondrado, -da. **2.** (à cause du bruit ou d'un coup) aturdido, -da; atontado, -da.

étourdir [etuʀdiʀ] *v. tr.* aturdir; dejar atontado; atontar.

étourdissement [etuʀdismɑ̃] *s. m.* mareo.

étrange [etʀɑ̃ʒ] *adj.* **1.** extraño, -ña. **2.** (exceptionnel) raro, -ra.

étranger, -ère [etʀɑ̃ʒe, -eʀ] *adj. et s. m. et f.* **1.** (de l'étranger) extranjero, -ra. **2.** (provenant d'un autre lieu) forastero, -ra. **3.** (intrus, différent) extraño, -ña. ‖ *adj.* **4.** ajeno, -na [Étranger à ce qui arrivait. *Ajeno a lo que ocurría.*] ‖ *s. m.* **5.** extranjero. ‖ **à l'~** en el extranjero.

étrangeté [etʀɑ̃ʒte] *s. f.* extrañeza.

étranglement [etʀɑ̃gl(ə)mɑ̃] *s. m.* estrangulación *f.*

étrangler [etʀɑ̃gle] *v. tr.* **1.** estrangular. ‖ **s'étrangler** *v. intr. et pr.* **2.** (une vallée) estrecharse. **3.** (en mangeant) atragantarse; ahogarse.

être¹ [etʀ] *s. m.* ser. ‖ **les êtres vivants** los seres vivos.

être² [etʀ] *v. copul.* **1.** ser [Le livre est cher. *El libro es caro.*] **2.** estar [Il est déçu. *Está decepcionado.*] **3.** (se trouver) estar; encontrarse. **4.** (appartenir) pertenecer [Cela est à Pierre. *Eso pertenece a Pierre.*] ‖ *v. aux.* **5.** haber [Je suis tombé. *Me he caído.*] ‖ **ça y est!** ¡ya está!; **ce que...?** ¿acaso...? **~ à** tocar [C'est à moi de cuisiner. *Me toca cocinar.*] **~ sur le point de**

estar a punto de; estar para. **ne pas ~ là** no estar. • On utilise "ser" pour construire la voix passive et avec un certain nombre d'adjectifs qui indiquent en général des propriétés intrinsèques des noms. On utilise "estar" pour localiser dans l'espace et avec un certain nombre d'adjectifs qui indiquent en général des caractéristiques temporaires des noms.

étreindre [etʀɛ̃dʀ] v. tr. **1.** (serrer) estrechar; apretar. **2.** (dans ses bras) abrazar; estrechar. **3.** fig. (opprimer) oprimir.

étreinte [etʀɛ̃t] s. f. **1.** (enlacement) abrazo m. (de cariño). **2.** (d'une main) apretón m. (de manos).

étrenner [etʀene] v. tr. estrenar.

étrier [etʀije] s. m. estribo.

étrille [etʀij] s. f., Zool. (crabe) nécora.

étriper [etʀipe] v. tr. destripar.

étroit, -te [etʀwa, -at] adj. estrecho, -cha.

étroitesse [etʀwates] s. f. estrechez.

étude [etyd] s. f. **1.** (salle) estudio m. (habitación). **2.** (d'un avocat) bufete m.; despacho m. ‖ **études** s. f. pl. **3.** estudios m.; carrera sing. ‖ **faire des études** cursar; estudiar.

étudiant, -te [etydjɑ̃, -ɑ̃t] s. m. et f. estudiante.

étudier [etydje] v. tr. et intr. estudiar.

étui [etɥi] s. m. **1.** estuche. **2.** (gaine) funda f.

étuve [etyv] s. f. estufa.

étuvée [etyve] s. f. estofado m. ‖ **à l'~** estofado, -a.

étuver [etyve] v. tr. estofar.

eucalyptus [økaliptys] s. m., Bot. eucalipto.

eucharistie [økaʀisti] s. f., Rel. eucaristía.

euphorie [øfɔʀi] s. f. euforia.

euro [øʀo] s. m. (monnaie) euro.

eurodéputé [øʀɔdepyte] s. m. eurodiputado, -da.

européen, -enne [øʀɔpeɛ̃, -ɛn] adj. **1.** europeo, -a. ‖ **Européen, -enne** s. m. et f. **2.** europeo, -a.

euthanasie [øtanazi] s. f. eutanasia.

eux [ø] pron. pers. 3ème m. pl. **1.** (emphatique) ellos [Avec eux. Con ellos.] **2.** (réfléchi) sí [Ils ne parlent que d'eux. Sólo hablan de sí mismos.] ‖ **à ~** suyo, -ya [C'est à eux. Esto es suyo (de ellos).] ‖ suyos, -yas [Ce sont à eux. Son suyos / suyas (de ellos).]

évacuation [evakɥasjɔ̃] s. f. evacuación.

évacuer [evakɥe] v. tr. **1.** (vider) evacuar. **2.** (déloger) desalojar; desocupar.

évader, s' [evade] v. pr. evadirse; huir.

évaluation [evalɥasjɔ̃] s. f. evaluación.

évaluer [evalɥe] v. tr. evaluar; valorar.

évangélique [evɑ̃ʒelik] adj. et s. m. et f. evangélico, -ca.

évangéliste [evɑ̃ʒelist] adj. et s. m. **1.** Rel. (de l'Évangile) evangelista. ‖ s. m. et f. **2.** Rel. (de l'évangélisme) evangelista.

évangile [evɑ̃ʒil] s. m. **1.** fig. evangelio. ‖ **Évangile** s. m. **2.** Rel. Evangelio.

évanouir, s' [evanwiʀ] v. pr. **1.** desfallecer; desmayarse. **2.** (disparaître) desvanecerse.

évanouissement [evanwismɑ̃] s. m. desmayo; desvanecimiento.

évaporation [evapɔʀasjɔ̃] s. f. evaporación.

évaporer [evapɔʀe] v. tr. **1.** evaporar. ‖ **s'évaporer** v. pr. **2.** evaporarse. **3.** fig. (disparaître) desaparecer.

évaser [evaze] v. tr. **1.** (à l'extrémité) ensanchar. ‖ **s'évaser** v. pr. **2.** ensancharse.

évasif, -ive [evazif, -iv] adj. evasivo, -va.

évasion [evazjɔ̃] s. f. evasión.

ÉVEIL - EXCEPTER

éveil [evɛj] *s. m.* despertar.
éveillé, -ée [eveje] *adj.* **1.** despierto, -ta. **2.** (vif) despierto; avispado, -da.
éveiller [eveje] *v. tr.* **1.** (réveiller) despertar; espabilar. **2.** *fig.* suscitar. ‖ **s'éveiller** *v. pr.* **3.** espabilarse; desvelarse.
événement [evenmɑ̃] *s. m.* acontecimiento; suceso.
éventail, -ails [evɑ̃taj] *s. m.* abanico.
éventer [evɑ̃te] *v. tr.* **1.** ventilar; airear. **2.** (avec un éventail) abanicar. **3.** *fig.* (un secret) airear.
éventrer [evɑ̃tʀe] *v. tr., fam.* destripar.
éventuel, -elle [evɑ̃tɥɛl] *adj.* eventual.
éventuellement [evɑ̃tɥɛlmɑ̃] *adv.* **1.** posiblemente. **2.** si acaso.
évêque [evɛk] *s. m., Rel.* obispo.
évertuer, s' [evɛʀtɥe] *v. pr.* **1.** (s'efforcer) esforzarse. **2.** (contre qqun) ensañarse.
évidence [evidɑ̃s] *s. f.* evidencia. ‖ **se mettre en ~** ponerse en evidencia.
évident, -te [evidɑ̃, -ɑ̃t] *adj.* **1.** evidente. **2.** (clair) claro, -ra. **3.** (facile) fácil [Ce n'est pas évident. *No es fácil.*]
évider [evide] *v. tr.* vaciar; ahuecar.
évier [evje] *s. m.* **1.** (d'une cuisine) fregadero; pila *f.* **2.** (déversoir) sumidero; colector.
évincer [evɛ̃se] *v. tr.* **1.** *Dr.* (dépouiller juridiquement) despojar. **2.** desbancar; eliminar [Évincer un candidat. *Eliminar a un candidato.*]
éviter [evite] *v. tr.* **1.** evitar. **2.** (fuir qqun) rehuir.
évoluer [evɔlɥe] *v. intr.* evolucionar.
évolution [evɔlysjɔ̃] *s. f.* evolución.
évoquer [evɔke] *v. tr.* evocar. **2.** (mentionner) mencionar.
exact, -te [ɛgza(kt), -akt] *adj.* exacto, -ta.

exactitude [ɛgzaktityd] *s. f.* **1.** (véracité) exactitud. **2.** (des mesures et des calculs) precisión. **3.** (ponctualité) puntualidad.
exagération [ɛgzaʒeʀasjɔ̃] *s. f.* exageración.
exagéré, -ée [ɛgzaʒeʀe] *adj.* exagerado, -da.
exagérer [ɛgzaʒeʀe] *v. tr.* exagerar.
exaltation [ɛgzaltasjɔ̃] *s. f.* exaltación.
exalté, -ée [ɛgzalte] *adj. et s. m. et f.* exaltado, -da.
exalter [ɛgzalte] *v. tr.* exaltar.
examen [ɛgzamɛ̃] *s. m.* examen [Passer un examen. *Hacer un examen.*] ~ ‖ **médical** reconocimiento médico.
examiner [ɛgzamine] *v. tr.* **1.** (étudier) examinar. **2.** (un malade) reconocer.
exaspérer [ɛgzaspeʀe] *v. tr.* **1.** exasperar. **2.** (mettre au désespoir) desesperar. ‖ **s'exaspérer** *v. pr.* **3.** exasperarse. **4.** desesperarse.
excavateur [ɛkskavatœʀ, -tʀis] *s. m.* excavadora *f.*
excavation [ɛkskavasjɔ̃] *s. f.* excavación.
excédant, -te [ɛksedɑ̃, -ɑ̃t] *adj.* excedente; sobrante.
excédé, -ée [ɛksede] *adj.* harto, -ta.
excédent [ɛksedɑ̃] *s. m.* **1.** (bénéfice) excedente. **2.** (de poids) exceso.
excéder [ɛksede] *v. tr.* **1.** exceder. **2.** (dépasser) sobrepasar. ‖ **~ les limites** excederse; sobrepasarse.
excellence [ɛkselɑ̃s] *s. f.* excelencia.
excellent, -te [ɛkselɑ̃, -ɑ̃t] *adj.* excelente.
excentrique [ɛksɑ̃tʀik] *adj. et s. m. et f.* extravagante; excéntrico, -ca.
excepté, -ée [ɛksɛpte] *adj.* **1.** exceptuado, -da. ‖ *prép.* **2.** excepto; salvo.
excepter [ɛksɛpte] *v. tr.* exceptuar.

EXCEPTION - EXOTIQUE

exception [ɛksɛpsjɔ̃] *s. f.* excepción. ‖ **à l'~ de** a excepción de. **~ faite de** menos. **faire ~** exceptuar.

exceptionnel, -elle [ɛksɛpsjɔnɛl] *adj.* excepcional.

excès [ɛksɛ] *s. m.* exceso.

excessif, -ive [ɛksɛsif, -iv] *adj.* excesivo, -va.

excitant, -te [ɛksitɑ̃, -ɑ̃t] *adj. et s. m.* excitante.

excitation [ɛksitasjɔ̃] *s. f.* excitación.

exciter [ɛksite] *v. tr.* **1.** excitar. ‖ **s'exciter** *v. pr.* **2.** excitarse.

exclamation [ɛksklamasjɔ̃] *s. f.* exclamación.

exclamer, s' [ɛksklame] *v. pr.* exclamar.

exclure [ɛksklyʀ] *v. tr.* excluir.

exclusif, -ive [ɛksklyzif, -iv] *adj.* exclusivo, -va.

exclusion [ɛksklyzjɔ̃] *s. f.* exclusión.

exclusivité [ɛksklyzivite] *s. f.* exclusiva.

excommunier [ɛkskɔmynje] *v. tr.* excomulgar.

excrément [ɛkskʀemɑ̃] *s. m.* excremento.

excursion [ɛkskyʀsjɔ̃] *s. f.* excursión.

excuse [ɛkskyz] *s. f.* **1.** excusa. **2.** (regret) disculpa [Présenter ses excuses. *Presentar sus disculpas.*]

excuser [ɛkskyze] *v. tr.* **1.** excusar. **2.** perdonar; disculpar [Excusez-moi. *Perdone/Disculpe.*]. ‖ **s'excuser** *v. pr.* **3.** excusarse; disculparse.

exécuter [ɛgzekyte] *v. tr.* ejecutar.

exécutif, -ive [ɛgzekytif, -iv] *adj. et s. m.* ejecutivo, -va.

exécution [ɛgzekysjɔ̃] *s. f.* ejecución.

exemplaire [ɛgzɑ̃plɛʀ] *adj.* **1.** ejemplar. ‖ *s. m.* **2.** ejemplar; copia *f.* ‖ **en double ~** por duplicado.

exemple [ɛgzɑ̃pl] *s. m.* ejemplo.

exempt, exempte [ɛgzɑ̃(pt), ɛgzɑ̃pt] *adj.* exento, -ta.

exempter [ɛgzɑ̃(p)te] *v. tr.* eximir.

exemption [ɛgzɑ̃psjɔ̃] *s. f.* exención.

exercer [ɛgzɛʀse] *v. tr.* **1.** (une profession) ejercer; practicar. **2.** (entraîner) ejercitar. ‖ **s'exercer** *v. pr.* **3.** ejercitarse.

exercice [ɛgzɛʀsis] *s. m.* ejercicio. ‖ **en ~** en activo; en ejercicio.

exhalaison [ɛgzalɛzɔ̃] *s. f.* exhalación.

exhalation [ɛgzalasjɔ̃] *s. f.* exhalación.

exhaler [ɛgzale] *v. tr.* **1.** (une odeur) exhalar. **2.** (expirer l'air) espirar.

exhaustif, -ive [ɛgzostif, -iv] *adj.* exhaustivo, -va.

exhiber [ɛgzibe] *v. tr.* **1.** exhibir. **2.** (faire étalage de) ostentar. ‖ **s'exhiber** *v. pr.* **3.** exhibirse.

exhorter [ɛgzɔʀte] *v. tr.* exhortar.

exigeant, -te [ɛgziʒɑ̃, -ɑ̃t] *adj.* exigente.

exigence [ɛgziʒɑ̃s] *s. f.* exigencia.

exiger [ɛgziʒe] *v. tr.* exigir.

exigu, -uë [ɛgzigy] *adj.* exiguo, -gua.

exil [ɛgzil] *s. m.* exilio; destierro.

exilé, -ée [ɛgzile] *adj. et s. m. et f.* exiliado, -da.

exiler [ɛgzile] *v. tr.* exiliar; desterrar.

existant, -te [ɛgzistɑ̃, -ɑ̃t] *adj.* existente.

existence [ɛgzistɑ̃s] *s. f.* existencia.

exister [ɛgziste] *v. intr.* existir.

exode [ɛgzɔd] *s. m.* éxodo.

exonération [ɛgzɔneʀasjɔ̃] *s. f.* exención.

exonérer [ɛgzɔneʀe] *v. tr.* exonerar.

exorbitant, -te [ɛgzɔʀbitɑ̃, -ɑ̃t] *adj.* **1.** exorbitante. **2.** (démesuré) desorbitado, -da.

exorbité, -ée [ɛgzɔʀbite] *adj.* desorbitado, -da (ojos).

exotique [ɛgzɔtik] *adj.* exótico, -ca.

EXPANSIF - EXPULSER

expansif, -ive [ɛkspɑ̃sif, -iv] *adj.* **1.** expansivo, -va. **2.** (démonstratif) efusivo, -va.

expansion [ɛkspɑ̃sjɔ̃] *s. f.* **1.** expansión. **2.** (économique, démographique) auge *m.*

expatrier [ɛkspatrije] *v. tr.* expatriar.

expédier [ɛkspedje] *v. tr.* **1.** (envoyer) expedir. **2.** (accomplir rapidement) despachar.

expéditeur, -trice [ɛkspeditœr, -tris] *s. m. et f.* remitente (personne); remite *m.* (nom et adresse).

expédition [ɛkspedisjɔ̃] *s. f.* **1.** (envoi) expedición; envío *m.* **2.** (voyage) expedición.

expérience [ɛkspeʁjɑ̃s] *s. f.* **1.** experiencia. **2.** (pratique) práctica. **3.** (test scientifique) experimento *m.* **4.** (vécu) vivencia. ‖ **faire l'~ de** probar.

expérimenté, -ée [ɛkspeʁimɑ̃te] *adj.* **1.** experimentado, -da. **2.** (chevronné) curtido, -da.

expérimenter [ɛkspeʁimɑ̃te] *v. tr.* experimentar.

expert, -te [ɛkspɛʁ, -ɛʁt] *adj. et s. m. et f.* **1.** experto, -ta. **2.** (profession) perito.

expier [ɛkspje] *v. tr.* expiar.

expirer [ɛkspiʁe] *v. tr.* **1.** (de l'air) espirar. ‖ *v. intr.* **2.** expirar.

explicatif, -ive [ɛksplikatif, -iv] *adj.* explicativo, -va.

explication [ɛksplikasjɔ̃] *s. f.* explicación.

explicite [ɛksplisit] *adj.* explícito, -ta.

expliquer [ɛksplike] *v. tr.* explicar.

exploit [ɛksplwa] *s. m.* hazaña *f.*; proeza *f.*

exploiter [ɛksplwate] *v. tr.* **1.** explotar (utilizar). **2.** *fig.* (abuser de) aprovecharse.

explorateur, -trice [ɛksplɔʁatœʁ, -tʁis] *s. m. et f.* explorador, -ra.

exploration [ɛksplɔʁasjɔ̃] *s. f.* exploración.

explorer [ɛksplɔʁe] *v. tr.* explorar.

exploser [ɛksploze] *v. intr.* **1.** (une bombe) explotar; hacer explosión. **2.** (éclater) estallar; reventarse. **3.** *fig.* reventar.

explosif, -ive [ɛksplozif, -iv] *adj. et s. m.* explosivo, -va.

explosion [ɛksplozjɔ̃] *s. f.* **1.** explosión; detonación. **2.** (éclat) estallido *m.*; bombazo *m.* **3.** (de colère) explosión; bufido *m.*

exportation [ɛkspɔʁtasjɔ̃] *s. f.* exportación.

exporter [ɛkspɔʁte] *v. tr.* exportar.

exposant [ɛkspozɑ̃] *s. m.*, *Math.* exponente.

exposé, -ée [ɛkspoze] *adj.* **1.** expuesto, -ta. ‖ *s. m.* **2.** (description) exposición *f.* [Exposé des faits. *Exposición de los hechos.*] **3.** (compte rendu) informe.

exposer [ɛkspoze] *v. tr.* **1.** exponer. **2.** *fig.* (expliquer) explicar.

exposition [ɛkspozisjɔ̃] *s. f.* exposición.

exprès, -esse [ɛkspʁɛ, -ɛs] *adj.* **1.** expreso, -sa. ‖ *adj. m. inv.* **2.** (courrier, lettre) urgente. ‖ *adv.* **3.** a propósito, adrede.

express [ɛkspʁɛs] *adj. et s. m.* (train, café) exprés; expreso. ‖ **Réseau ~ régional** (R.E.R.) cercanías (en París, red de ferrocarriles de corto recorrido).

expressif, -ive [ɛkspʁesif, -iv] *adj.* expresivo, -va.

expression [ɛkspʁesjɔ̃] *s. f.* **1.** expresión. **2.** (du visage) expresión; ademán *m.*

exprimer [ɛkspʁime] *v. tr.* **1.** (extraire) exprimir. **2.** *fig.* (formuler) expresar. ‖ **s'exprimer** *v. pr.* **3.** expresarse.

exproprier [ɛkspʁɔpʁije] *v. tr.* expropiar.

expulser [ɛkspylse] *v. tr.* **1.** expulsar; echar. **2.** (un locataire) desahuciar.

expulsion [ɛkspylsjɔ̃] *s. f.* **1.** expulsión. **2.** (d'un locataire) desahucio *m*.

exquis, -se [ɛkski, -iz] *adj.* **1.** exquisito, -ta. **2.** (délicieux) sabroso, -sa.

extase [ɛkstaz] *s. f.* éxtasis *m.*; arrebato *m*.

extension [ɛkstɑ̃sjɔ̃] *s. f.* extensión.

exténué, -ée [ɛkstenɥe] *adj.* extenuado, -da.

exténuer [ɛkstenɥe] *v. tr.* extenuar.

extérieur, -re [ɛksterjœr] *adj.* **1.** exterior. **2.** (externe) externo, -na. ‖ *s. m.* **3.** exterior. **4.** *fig.* exterior; apariencia *f.* ‖ **à l'~** afuera [Être à l'extérieur. Estar afuera.] | afuera [Aller à l'extérieur. Ir afuera.]

extérioriser [ɛksterjɔrize] *v. tr.* exteriorizar.

extermination [ɛkstɛrminasjɔ̃] *s. f.* exterminio *m*.

exterminer [ɛkstɛrmine] *v. tr.* exterminar.

externe [ɛkstɛrn] *adj. et s. m. et f.* externo, -na.

extincteur [ɛkstɛ̃ktœr] *s. m.* extintor. ‖ **~ d'incendie** extintor de incendios.

extirper [ɛkstirpe] *v. tr.* extirpar.

extra [ɛkstra] *adj.* **1.** (qualité supérieure) extra, de primera. **2.** *fam.* chachi.

extraction [ɛkstraksjɔ̃] *s. f.* extracción.

extraire [ɛkstrɛr] *v. tr.* **1.** extraer. ‖ **s'extraire** *v. pr.* **2.** (d'un lieu étroit) salir a duras penas.

extrait [ɛkstrɛ] *s. m.* extracto.

extraordinaire [ɛkstraɔrdinɛr] *adj.* extraordinario, -ria.

extraterrestre [ɛkstraterɛstr] *adj. et s. m. et f.* extraterrestre.

extravagance [ɛkstravagɑ̃s] *s. f.* (bizarrerie) extravagancia; rareza.

extravagant, -te [ɛkstravagɑ̃, -ɑ̃t] *adj. et s. m. et f.* **1.** extravagante. **2.** estrafalario, -ria.

extrême [ɛkstrɛm] *adj.* **1.** extremo, -ma. ‖ *s. m.* **2.** extremo.

extrêmement [ɛkstrɛmmɑ̃] *adv.* extremadamente, en extremo.

extrémité [ɛkstremite] *s. f.* **1.** extremidad. **2.** (bout) extremo *m.* ‖ **extrémités** *s. f. pl.* **3.** (pieds et mains) extremidades.

exubérance [ɛgzyberɑ̃s] *s. f.* exuberancia.

exubérant, -te [ɛgzyberɑ̃, -ɑ̃t] *adj.* exuberante.

f [ef] *s. m.* f *f.*
fa [fa] *s. m., Mus.* fa.
fable [fɑbl] *s. f.* fábula.
fabrication [fabʀikasjɔ̃] *s. f.* fabricación.
fabrique [fabʀik] *s. f.* fábrica [*Prix de fabrique. Precio de fábrica.*]
fabriquer [fabʀike] *v. tr.* fabricar.
fabuleux, -euse [fabylø, -øz] *adj.* fabuloso, -sa.
façade [fasad] *s. f.* fachada.
face [fas] *s. f.* **1.** cara. **2.** *fig.* (aspect) aspecto *m.*; cariz *m.* **3.** (monnaie) cara; anverso. **4.** (d'une figure) cara. ‖ **en ~** enfrente. **en ~ de** enfrente de; frente a [*En face du parc. Frente al parque.*] **- à** (en face de) delante de; enfrente de. | (en présence de) ante; frente a; con. **faire ~** plantar cara. **mettre - à ~** afrontar; enfrentar.
facette [faset] *s. f.* faceta; aspecto *m.* ‖ **à facettes** polifacético, -ca.
fâcher [fɑʃe] *v. tr.* **1.** (irriter) enfadar. **2.** (contrarier) disgustar. ‖ **se ~** *v. pr.* **3.** enfadarse; molestarse; incomodarse. **4.** (deux personnes) reñirse.
fâcheux, -euse [fɑʃø, -øz] *adj.* desagradable; molesto, -ta; fastidioso.
facho [faʃo] *adj. et s. m. et f.* facha.
facial, -le, -als/-aux [fasjal, -o] *adj.* facial.
facile [fasil] *adj.* fácil.
facilité [fasilite] *s. f.* **1.** facilidad. **2.** (aisance) soltura. **3.** (aptitudes) facultades *pl.*
faciliter [fasilite] *v. tr.* facilitar.
façon [fasɔ̃] *s. f.* **1.** forma; manera; modo *m.* **2.** (moyen) medio *m.* ‖ **façons** *s. f. pl.* **3.** maneras; modales *m.* ‖ **de cette ~** así. **de ~ à ce que** de forma que. **de toute ~** (de toutes façons) en cualquier caso; de todas formas; cualquier manera.
façonner [fasɔne] *v. tr.* **1.** (objets) dar forma; plasmar. **2.** (pierre) labrar. **3.** *fig.* formar; educar.
facteur, -trice [faktœʀ] *s. m. et f.* **1.** (de la poste) cartero, -ra. ‖ *s. m.* **2.** (élément) factor.
faction [faksjɔ̃] *s. f.* facción.
facture [faktyʀ] *s. f.* factura; cuenta.
facturer [faktyʀe] *v. tr.* facturar.
facultatif, -ive [fakyltatif, -iv] *adj.* **1.** facultativo, -va. **2.** (optionnel) optativo, -va.
faculté [fakylte] *s. f.* **1.** facultad. **2.** (propriété) propiedad; virtud. **3.** (pouvoir) poder *m.* **4.** (droit) derecho *m.* **5.** (université) facultad.
fadaise [fadɛz] *s. f.* sosería; bobada.
fade [fad] *adj.* soso, -sa; insípido, -da.
fagot [fago] *s. m.* (de bois) haz de leña.
faible [fɛbl] *adj.* **1.** débil. **2.** (insuffisant) escaso, -sa; bajo, -ja. **3.** (caractère) blando, -da. **4.** (lumière) tenue. ‖ *s. m.* **5.** punto flaco; debilidad *f.* ‖ **avoir un ~ pour** tener debilidad por.
faiblesse [fɛbles] *s. f.* **1.** debilidad; flaqueza. **2.** (faible) punto flaco.
faiblir [feblir] *v. intr.* **1.** debilitarse; ceder. **2.** (la mémoire, les jambes) fallar; flaquear; flojear. **3.** (vent) amainar; remitir.
faïence [fajɑ̃s] *s. f.* loza.
faille [faj] *s. f.* **1.** (géologique) falla. **2.** *fig.* (point faible) fallo *m.*
faillir [fajiʀ] *v. intr.* **1.** (un mécanisme) fallar. **2.** (être sur le point de) estar a punto de [*Il a failli mourir. Ha estado a punto de morir.*] **3.** faltar poco para. [*Il a failli tomber. Faltó poco para que se cayera.*]
faillite [fajit] *s. f.* quiebra; ruina. ‖ **faire ~** quebrar.

faim [fɛ̃] *s. f.* hambre [J'ai faim. *Tengo hambre.*] || **rester sur sa ~** quedarse con las ganas.

fainéant, -te [fɛneɑ̃, -ɑ̃t] *adj. et s. m. et f.* holgazán, -na; vago, -ga.

fainéanter [fɛneɑ̃te] *v. intr.* vaguear.

faire [fɛʀ] *v. tr.* **1.** hacer [Il ne l'a pas fait. *No lo ha hecho.*] **2.** hacer; mandar [Il l'a fait reparer. *Lo hizo reparar.*] **3.** (construire) construir. **4.** (une erreur) cometer. **5.** (composer) marcar [Faire un code. *Marcar un código.*] || *v. intr.* **6.** hacer juego; ir [Ces deux pièces font très bien ensemble. *Estas dos prendas hacen juego.*] **7.** importar [Cela ne fait rien. *Eso no importa.*] **8.** correr [Il fait les 200 km à l'heure. *Corre a 200 km por hora.*] || *v. impers.* **9.** hacer [Ça fait peu de temps. *Hace poco.*] || **se ~** *v. pr.* **10.** hacerse. || **comment se fait-il?** ¿cómo es eso? **~ sous lui** (faire caca) cagarse. | (faire pipi) hacerse pis (encima). **s'en ~** *fam.* preocuparse; apurarse [Ne t'en fais pas. *No te preocupes.*]

faire-part [fɛʀpaʀ] *s. m.* **1.** (de décès) esquela *f.* **2.** (de mariage) parte.

faisable [f(ə)zabl] *adj.* factible.

faisan [f(ə)zɑ̃] *s. m.*, *Zool.* faisán.

faisceau [fɛso] *s. m.* haz.

fait, faite [fɛ, fɛt] *adj.* **1.** hecho, -cha. || *s. m.* **2.** hecho. **3.** (événement) suceso. || **aller au ~** ir al caso; ir al grano. **de ~** de hecho. **du ~ que** por el hecho de que. **en ~** a propósito. **~ divers** suceso [La rubrique des faits divers. *La sección de sucesos.*] **~ sur mesure** hecho a la medida.

faîte [fɛt] *s. m.* **1.** (d'un toit) techumbre *f.* **2.** (d'un édifice, d'une montagne, d'un arbre) alto. **3.** *fig.* (sommet) cima *f.*; cumbre *f.*; cúspide *f.*

fakir [fakiʀ] *s. m.* faquir.

falaise [falɛz] *s. f.* acantilado.

fallacieux, -euse [fa(l)lasjø, -øz] *adj.* falaz.

falloir [falwaʀ] *v. impers.* **1.** haber que [Il faut partir. *Hay que irse.*] **2.** tener que [Il faut que nous parlions. *Tenemos que hablar.*] **3.** (avoir besoin) necesitar; faltar [Il me faut de l'aide. *Necesito ayuda.*] || **comme il faut** como es debido.

falsification [falsifikasjɔ̃] *s. f.* falsificación.

falsifier [falsifje] *v. tr.* (un document) falsificar.

famé, -ée [fame] *adj.* reputado, -da. || **mal ~** de mala fama.

fameux, -euse [famø, -øz] *adj.* **1.** (connu) famoso, -sa. **2.** (excellent au goût) excelente.

familial, -le, -aux [familjal, -o] *adj.* familiar (de la familia).

familiarité [familjaʀite] *s. f.* familiaridad.

familier, -ière [familje, -jɛʀ] *adj. et s. m. et f.* **1.** familiar (conocido). || *adj.* **2.** *Ling.* (registre de langue) informal.

famille [famij] *s. f.* familia.

famine [famin] *s. f.* hambruna; hambre.

fan [fan] *s. m.*, *fam.* fan; forofo, -fa.

fanatique [fanatik] *adj. et s. m. et f.* fanático, -ca.

fane [fan] *s. f.* **1.** hoja caída. || **fanes** *s. f. pl.* **2.** mata. **3.** hojarasca *sing.*

fané, -ée [fane] *adj.* **1.** (fleurs) mustio, -tia; marchito, -ta. **2.** (couleur) desvaído, -da.

faner [fane] *v. tr.* **1.** marchitar || **se ~** *v. pr.* **2.** marchitarse.

fanfare [fɑ̃faʀ] *s. f.* charanga.

fanfaron, -onne [fɑ̃faʀɔ̃, -ɔn] *adj. et s. m. et f.* fanfarrón, -rrona; jactancioso, -sa.

fanfaronnade [fɑ̃faʀɔnad] *s. f.* fanfarronada; bravata.

fanfaronner [fɑ̃faʀɔne] *v. intr.* fanfaronear.
fangeux, -euse [fɑ̃ʒø, -øz] *adj.* fangoso, -sa; cenagoso, -sa.
fanion [fanjɔ̃] *s. m.* banderín.
fantaisie [fɑ̃tezi] *s. f.* **1.** fantasía. **2.** (imagination) imaginación. **3.** (caprice) capricho *m.* **4.** fantasía [Costume de fantaisie. *Traje de fantasía.*]
fantaisiste [fɑ̃tezist] *adj.* fantasioso, -sa.
fantastique [fɑ̃tastik] *adj.* fantástico, -ca.
fantoche [fɑ̃tɔʃ] *s. m.* fantoche.
fantôme [fɑ̃tom] *s. m.* fantasma.
farce [faʀs] *s. f.* **1.** *Théâtr.* farsa. **2.** *fig.* broma. **3.** (cuisine) relleno *m.* (del pastel).
farceur, -euse [faʀsœʀ, -øz] *adj. et s. m. et f.* bromista.
farcir [faʀsiʀ] *v. tr.* rellenar (pastel).
fard [faʀ] *s. m.* **1.** (maquillage pour le visage) colorete. **2.** (ombre à paupière) sombra de ojos. **3.** *fig.* disfraz.
fardé, -ée [faʀde] *adj.* maquillado, -da; pintado, -da.
fardeau [faʀdo] *s. m.* **1.** fardo; carga *f.* **2.** *fig.* (poids) peso *f.*
farder, se [faʀde] *v. pr.* pintarse, maquillarse.
farine [faʀin] *s. f.* harina.
farouche [faʀuʃ] *adj.* **1.** (animaux) salvaje. **2.** (caractère) arisco, -ca; huraño, -ña.
fascicule [fasikyl] *s. m.* fascículo.
fascinant, -te [fasinɑ̃, -ɑ̃t] *adj.* fascinante.
fascination [fasinasjɔ̃] *s. f.* fascinación.
fasciner [fasine] *v. tr.* fascinar.
fastidieux, -euse [fastidjø, -øz] *adj.* fastidioso, -sa.
fastueux, -euse [fastɥø, -øz] *adj.* fastuoso, -sa.
fat, fate [fa(t), fat] *adj.* fatuo, -tua.
fatal, -le, -als [fatal] *adj.* fatal.
fatalité [fatalite] *s. f.* fatalidad.

fatigant, -te [fatigɑ̃, -ɑ̃t] *adj.* **1.** cansado, -da. **2.** (ennuyeux) fastidioso, -sa.
fatigue [fatig] *s. f.* cansancio *m.;* fatiga.
fatigué, -ée [fatige] *adj.* **1.** cansado, -da. **2.** (las de) harto, -ta.
fatiguer [fatige] *v. tr.* **1.** cansar; fatigar. **2.** *fig.* (ennuyer) molestar; fastidiar. **3.** (lasser) aburrir. ‖ **se ~** *v. pr.* **4.** cansarse.
faubourg [fobuʀ] *s. m.* **1.** (quartier) barrio (periférico). **2.** (exterior a la muralla de la ciudad) arrabal; suburbio.
fauché, -ée [foʃe] *adj., fam.* (sans argent) sin blanca; pelado, -da.
faucher [foʃe] *v. tr.* **1.** (les blés) segar. **2.** *fam.* (voler) birlar; mangar. **3.** *fig.* (une tête) segar. **4.** (renverser) atropellar.
faucheur, -euse [foʃœʀ, -øz] *s. m. et f.* segador, -ra.
faucille [fosij] *s. f.* hoz.
faucon [fokɔ̃] *s. m., Zool.* halcón.
faufiler [fofile] *v. tr.* **1.** hilvanar. ‖ **se ~** *v. pr.* **2.** *fig.* deslizarse; colarse.
faune [fon] *s. f.* fauna.
fausser [fose] *v. tr.* **1.** (une clé, un mécanisme, une serrure) forzar. **2.** *fig.* (un résultat) falsear; desvirtuar.
fausseté [foste] *s. f.* falsedad.
faute [fot] *s. f.* **1.** (défaut) falta; defecto *m.* **2.** (erreur) falta [Faute d'orthographe. *Falta de ortografía.*] **3.** culpa [C'est de ma faute. *Es culpa mía.*] ‖ **être de sa ~** tener la culpa. **~ de** a falta de. **sans ~** sin falta.
fauteuil [fotœj] *s. m.* **1.** sillón; butaca *f.* **2.** *Théâtr.* butaca [Fauteuil d'orchestre. *Butaca de patio.*]
fauve [fov] *s. m.* (bête sauvage) fiera *f.*
faux [fo] *s. f.* (dail) guadaña.
faux, fausse [fo, fos] *adj.* **1.** falso, -sa. **2.** (nez, dents, cheveux) postizo, -za. ‖ *s. m.* **3.** (œuvre d'art) falsificación *f.*

faux-pas [fopɑ] *s. m.* traspié (ou traspiés).

faveur [favœʀ] *s. f.* **1.** favor *m.*; servicio *m.* [Faire une faveur. *Hacer un favor.*] **2.** (avantage, bénéfice) favor *m.* ‖ **en ~ de** en favor de.

favorable [favɔʀabl] *adj.* favorable.

favori, -te [favɔʀi, -it] *adj. et s. m. et f.* favorito, -ta.

favoriser [favɔʀize] *v. tr.* favorecer.

fax [faks] *s. m.* fax; telefax [Envoyer, recevoir un fax. *Enviar, recibir un fax.*]

fébrile [febʀil] *adj.* febril.

fèces [fɛs] *s. f. pl.* heces.

fécond, -de [fekɔ̃, -ɔ̃d] *adj.* fecundo, -da.

féconder [fekɔ̃de] *v. tr.* fecundar.

fécule [fekyl] *s. f.* fécula.

fédéral, -le, -aux [fedeʀal, -o] *adj. et s. m.* federal.

fédération [fedeʀasjɔ̃] *s. f.* federación.

fée [fe] *s. f.* hada. ‖ **avoir des doigts de ~** ser un manitas.

féerique [feʀik] *adj.* mágico, -ca; maravilloso, -sa.

feignant, -te [fɛɲɑ̃, -ɑ̃t] *adj. et s. m. et f., fam.* gandul, -la.

feindre [fɛ̃dʀ] *v. tr. et intr.* fingir; aparentar.

feinte [fɛ̃t] *s. f.* **1.** *Sport* finta; regate *m.* **2.** *fam.* (ruse) treta.

fêler [fele] *v. tr.* **1.** cascar. **2.** (un os) astillar; rajar.

félicitation [felisitasjɔ̃] *s. f.* felicitación. ‖ **félicitations** felicidades; ¡enhorabuena!

féliciter [felisite] *v. tr.* felicitar; dar la enhorabuena.

félin, -ne [felɛ̃, -in] *adj. et s. m.* felino, -na.

fêlure [felyʀ] *s. f.* **1.** raja; grieta. **2.** *Méd.* (du crâne) fisura.

femelle [f(ə)mɛl] *s. f.* hembra.

féminin, -ne [feminɛ̃, -in] *adj. et s. m.* femenino, -na.

femme [fam] *s. f.* **1.** mujer. **2.** (épouse) mujer; esposa. ‖ **bonne ~** *fam.* mujer, tía. **~ de chambre** doncella. **pauvre ~** infeliz.

fendre [fɑ̃dʀ] *v. tr.* **1.** (avec une hache) hender; partir. **2.** (briser, éclater) astillar; rajar. **3.** (gercer) agrietar; resquebrajar. ‖ **se ~ 4.** (se craqueler) rajarse; partirse. **5.** (se crevasser) cuartearse.

fenêtre [f(ə)nɛtʀ] *s. f.* **1.** ventana. **2.** (d'un train) ventanilla. ‖ **grande ~** ventanal *m.*

fenouil [f(ə)nuj] *s. m., Bot.* hinojo.

fente [fɑ̃t] *s. f.* **1.** (fissure) grieta; raja; hendidura. **2.** (entrouverture) rendija; resquicio *m.* **3.** (d'un vêtement) abertura; raja. **4.** (d'une machine) ranura.

féodal, -le, -aux [feɔdal] *adj.* feudal.

fer [fɛʀ] *s. m.* hierro. ‖ **~ à cheval** herradura. **~ à repasser** plancha *f.* **fil de ~** alambre.

fer-blanc [fɛʀblɑ̃] *s. m.* hojalata *f.*; lata *f.*

férié, -ée [feʀje] *adj.* festivo, -va [Jour férié. *Día festivo.*]

fermage [fɛʀmaʒ] *s. m.* **1.** (bail) arrendamiento. **2.** (loyer) renta *f.*

ferme¹ [fɛʀm] *adj.* **1.** firme. **2.** (solide) sólido, -da; duro, -ra. **3.** (fort, vigoureux) robusto, -ta. **4.** *fig.* (énergique) enérgico, -ca.

ferme² [fɛʀm] *s. f.* granja; finca.

fermé, -ée [fɛʀme] *adj.* cerrado, -da.

fermement [fɛʀm(ə)mɑ̃] *adv.* firme.

ferment [fɛʀmɑ̃] *s. m.* fermento.

fermenter [fɛʀmɑ̃te] *v. intr.* fermentar. ‖ **faire ~** fermentar.

fermer [fɛʀme] *v. tr.* cerrar. ‖ **~ à moitié** entornar.

fermeté [fɛʀm(ə)te] *s. f.* firmeza.

fermeture [fɛʀm(ə)tyʀ] *s. f.* cierre *m.* ‖ **~ éclair** cierre de cremallera.

FERMIER - FICELLE

fermier, -ière [fɛʀmje, -jɛʀ] *s. m. et f.* (cultivateur) granjero, -ra.

féroce [feʀɔs] *adj.* **1.** (animal sauvage) feroz. **2.** (personne) fiero, -ra.

ferraille [feʀɑj] *s. f.* chatarra; hierro viejo.

ferré, -ée [feʀe] *adj.* **1.** férreo, -a [Voie ferrée. *Vía férrea.*] **2.** *fig.* ducho, -cha.

ferrer [feʀe] *v. tr.* (un cheval) herrar.

ferry-boat [feʀibɔt] *s. m.* transbordador.

fertile [fɛʀtil] *adj.* fértil; fecundo.

fertilisant, -te [fɛʀtilizɑ̃, -ɑ̃t] *adj.* fertilizante.

fertilisation [fɛʀtilizasjɔ̃] *s. f.* fertilización.

fertiliser [fɛʀtilize] *v. tr.* fertilizar.

fertilité [fɛʀtilite] *s. f.* fertilidad.

fervent, -te [fɛʀvɑ̃, -ɑ̃t] *adj.* **1.** ferviente; fervoroso, -sa. **2.** *fig.* entusiasta.

ferveur [fɛʀvœʀ] *s. f.* fervor *m.*

fesse [fɛs] *s. f.* **1.** nalga. ‖ **fesses** *s. f. pl.* **2.** culo *m. sing.*; trasero *m. sing.*

fessée [fese] *s. f.* azotaina.

fessier [fesje] *s. m., Anat.* glúteo.

festin [fɛstɛ̃] *s. m.* festín.

festival, -als [fɛstival] *s. m.* festival.

festivité [fɛstivite] *s. f.* festividad; fiesta.

festoiement [fɛstwamɑ̃] *s. m.* festejo.

fête [fɛt] *s. f.* **1.** fiesta. **2.** (festivité) festividad. **3.** santo [Souhaiter à quelqu'un sa fête. *Felicitar a alguien por su santo.*] ‖ **de ~** festivo, -va [Costume de fête. *Traje festivo.*] **faire ~ à** recibir calurosamente. **faire la ~** estar de juerga. **~ des mères** día de la madre. **~ des pères** día del padre. **~ patronale** fiesta patronal. **jour de la ~** (d'une personne) onomástica; santo.

fêter [fete] *v. tr.* festejar; celebrar.

fétiche [fetiʃ] *s. m.* fetiche.

fétide [fetid] *adj.* fétido, -da.

feu [fø] *s. m.* **1.** fuego. **2.** (d'une arme) fuego; descarga *f.* **3.** (d'une voiture) piloto. **4.** disco; semáforo [Feu rouge. *Disco rojo.*] **5.** *fig.* ardor. ‖ **feux** *s. m. pl.* **6.** (d'une voiture) luces *f.* ‖ **à petit ~** a fuego lento. **~ de signalisation** semáforo. **~ jaune** semáforo en ámbar. **~ orange** semáforo en ámbar. **~ rouge** semáforo en rojo; disco rojo. **~ vert** semáforo en verde.

feu, feue [fø] *adj.* difunto, -ta.

feuillage [fœjaʒ] *s. m.* **1.** follaje. **2.** hojarasca *f.* (feuilles mortes).

feuille [fœj] *s. f.* hoja. ‖ **~ de papier** pliego *m.* **~ morte** hoja caída. **feuilles mortes** hojarasca *sing.*

feuillet [fœje] *s. m.* **1.** (livre) folio; hoja. **2.** (in-quarto) cuartilla *f.*

feuilleter [fœjte] *v. tr.* hojear.

feuilleton [fœjtɔ̃] *s. m.* (télévisé) telenovela *f.*

feuillu, -ue [fœjy] *adj.* frondoso, -sa.

feulement [følmɑ̃] *s. m.* bufido (de un felino).

feutre [føtʀ] *s. m.* **1.** (tissu) fieltro. **2.** (marqueur) rotulador.

fève [fɛv] *s. f., Bot.* haba.

février [fevʀije] *s. m.* febrero [Le premier ou le deux février. *El uno o el dos de febrero.*]

fiançailles [fjɑ̃saj] *s. f. pl.* **1.** (promesses) esponsales *m. pl.* **2.** (période) noviazgo *m. sing.*

fiancé, -ée [fjɑ̃se] *s. m. et f.* novio, -via; prometido, -da.

fiasco [fjasko] *s. m.* chasco.

fibre [fibʀ] *s. f.* fibra.

ficeler [fis(ə)le] *v. tr.* atar (con un cordel).

ficelle [fisɛl] *s. f.* **1.** cordel; cuerda. **2.** (demi-baguette) barrita de pan. ‖ **ficelles** *s. f. pl. fig.* **3.** tinglado *m. sing.*; hilos.

fiche [fiʃ] *s. f.* **1.** ficha; papeleta. **2.** (de standard téléphonique) clavija. ‖ **mettre sur ~** fichar.

ficher [fiʃe] *v. tr.* **1.** (mettre sur fiche) fichar. **2.** (fixer) clavar. ‖ **se ~** *v. pr., fam.* **3.** (de qqun) burlarse. **4.** pasar [Il se fiche de tout. *Pasa de todo.*] ‖ **~ dehors** echar; botar *Amér.* **~ la paix** dejar en paz [Fiche-moi la paix! *¡Déjame en paz!*] **s'en ~** *fam.* importar un bledo [Je m'en fiche. *Me importa un bledo.*]

fichier [fiʃje] *s. m.* fichero.

fichu, -ue [fiʃy] *adj., fam.* **1.** (perdu) perdido, -da [L'affaire est fichue. *El asunto está perdido.*] **2.** (abîmé) estropeado, -da.

fictif, -ive [fiktif, -iv] *adj.* ficticio, -cia.

fiction [fiksjɔ̃] *s. f.* **1.** ficción. **2.** (romanesque) novela.

fidèle [fidɛl] *adj. et s. m. et f.* fiel; leal.

fidélité [fidelite] *s. f.* fidelidad; lealtad.

fiel [fjɛl] *s. m.* **1.** hiel *f.* **2.** *fig.* hiel *f.*

fier [fje] *v. pr.* fiarse; confiar.

fier, fière [fjɛʀ] *adj.* orgulloso, -sa (satisfecho).

fierté [fjɛʀte] *s. f.* orgullo *m.*

fièvre [fjɛvʀ] *s. f.* fiebre.

fiévreux, -euse [fjevʀø, -øz] *adj.* **1.** febril. **2.** (légèrement) destemplado, -da.

figue [fig] *s. f.* higo *m.* **~ fleur** breva *f.*

figuier [figje] *s. m.* higuera *f.*

figurant, -te [figyʀɑ̃, -ɑ̃t] *s. m. et f., Ciné.* extra.

figuration [figyʀasjɔ̃] *s. f., Ciné.* extras *pl.*

figure [figyʀ] *s. f.* **1.** (géométrique) figura. **2.** (face) cara. **3.** (visage) cara; rostro *m.*

figurer [figyʀe] *v. intr.* **1.** figurar. ‖ **se ~** *v. pr.* **2.** figurarse; concebir.

figurine [figyʀin] *s. f.* figurín *m.*

fil [fil] *s. m.* **1.** hilo. **2.** (dans les légumes) hebra *f.* **3.** (tranchant) filo. ‖ **~ à plomb** plomada *f.*, plomo. **~ barbelé** alambre espinoso. **passer un coup de ~** dar un telefonazo. **sans ~** inalámbrico, -ca.

filament [filamɑ̃] *s. m.* filamento.

filant, -te [filɑ̃, -ɑ̃t] *adj.* (étoile) fugaz.

file [fil] *s. f.* **1.** (colonne, ligne) fila. **2.** (rang, rangée) hilera. ‖ **~ d'attente** cola.

filer [file] *v. tr.* **1.** hilar. **2.** *fam.* (personne) seguir; espiar. **3.** (dans le bas) tener una carrerilla. ‖ *v. intr.* **4.** (partir vite) largarse; salir pitando.

filet [file] *s. m.* **1.** red *f.* **2.** filete; lomo (de porc). ‖ **faux ~** solomillo bajo.

filial, -le, -aux [filjal, -o] *adj.* **1.** filial. ‖ **filiale** *s. f.* **2.** (d'une banque) filial.

fille [fij] *s. f.* **1.** hija [Ma fille est aînée. *Mi hija mayor.*] **2.** (petite fille) niña. **3.** (jeune fille) muchacha; chica. ‖ **vieille ~** soltera.

fillette [fijɛt] *s. f.* niña; chiquilla.

filleul, -le [fijœl] *s. m. et f.* ahijado, -da.

film [film] *s. m.* película *f.*; film; filme.

filmer [filme] *v. tr.* **1.** filmar. **2.** *Ciné.* rodar.

filon [filɔ̃] *s. m.* filón.

filou [filu] *s. m.* **1.** (voleur) ratero; caco. **2.** (tricheur) tramposo; estafador.

fils [fis] *s. m.* hijo. ‖ **~ à papa** hijo de papá.

filtre [filtʀ] *s. m.* **1.** filtro. **2.** (pour les liquides) manga *f.* **3.** (potion) pócima *f.*; poción *f.*

filtrer [filtʀe] *v. tr.* **1.** filtrar. ‖ *v. intr.* **2.** filtrarse.

fin, fine [fɛ̃, fin] *adj.* **1.** fino, -na. **2.** *fig.* (malin) astuto, -ta; agudo, -da. ‖ *s. f.* **3.** final *m.*; fin *m.* **4.** (objectif) fin *m.*; objetivo *m.*; destino *m.* ‖ **à la ~** al final. **à la ~ de** a finales de.

final, -le, -aux/-als [final, -o] *adj.* **1.** final. ‖ **finale** *s. f.* **2.** final.

finalement [finalmɑ̃] *adv.* **1.** (à la fin) al final. **2.** (joyeux) por fin. **3.** (dans une énumération) por último.
finaliste [finalist] *adj. et s. m. et f.* finalista.
finalité [finalite] *s. f.* finalidad.
finance [finɑ̃s] *s. f.* **1.** mundo financiero; finanzas *pl.* ‖ **Finances** *S. f. pl.* **2.** Hacienda *sing.;* Tesoro Público. ‖ **ministère des Finances** Ministerio de Hacienda.
financier, -ière [finɑ̃sje, -ɛʀ] *adj. et s. m.* financiero, -ra.
finesse [fines] *s. f.* **1.** finura; delgadez. **2.** (politesse) finura. **3.** *fig.* agudeza.
fini, -ie [fini] *adj.* acabado, -da.
finir [finiʀ] *v. tr.* **1.** (achever) acabar; terminar. ‖ *v. intr.* **2.** (arriver à son terme) acabar. **3.** (mourir) morir. ‖ **en ~** terminar de una vez.
finition [finisjɔ̃] *s. f.* acabado *m.*
fioriture [fjɔʀityʀ] *s. f.* floritura.
firmament [fiʀmamɑ̃] *s. m.* firmamento.
firme [fiʀm] *s. f.* firma; razón social.
fisc [fisk] *s. m.* fisco.
fiscal, -le, -aux [fiskal, -o] *adj.* fiscal.
fissure [fisyʀ] *s. f.* fisura; grieta.
fissurer [fisyʀe] *v. tr.* **1.** fisurar; agrietar. **2.** *fig.* (rompre l'unité) fracturar; dividir.
fixe [fiks] *adj.* fijo, -ja.
fixer [fikse] *v. tr.* **1.** fijar; sujetar. **2.** (de façon définitive) fijar. **3.** (coller) adherir; pegar. **4.** (le regard) mirar fijamente; clavar (los ojos). **5.** (l'attention) clavar; fijar. ‖ **se ~** *v. pr.* **6.** fijarse. **7.** (s'établir) asentarse.
flacon [flakɔ̃] *s. m.* frasco.
flageller [flaʒele] *v. tr.* flagelar.
flageolet [flaʒɔlɛ] *s. m.* habichuela *f.*
flair [flɛʀ] *s. m.* olfato.
flairer [flɛʀe] *v. tr.* **1.** olfatear; husmear. **2.** (renifler) olisquear. **3.** *fig.* (pressentir) presentir. ‖ *v. intr.* **4.** husmear.

flamand [flamɑ̃, -ɑ̃d] *adj.* **1.** (de Flandre) flamenco, -ca. ‖ *s. m.* **2.** (langue) flamenco.
flamant [flamɑ̃] *s. m., Zool.* flamenco.
flambé, -ée [flɑ̃be] *adj.* flambeado, -da.
flambeau [flɑ̃bo] *s. m.* antorcha *f.*
flambée [flɑ̃be] *s. f.* fogata.
flamber [flɑ̃be] *v. tr.* **1.** (passer à la flamme) flamear. **2.** flambear [Des bananes flambées. *Plátanos flambeados.*]. ‖ *v. intr.* **3.** arder. **4.** (les prix) subir de golpe.
flamboyant, -te [flɑ̃bwajɑ̃, -ɑ̃t] *adj.* **1.** flamante. **2.** *Arch.* flamígero, -ra.
flamenco [flamɛnko] *adj. et s. m.* flamenco, -ca.
flamingant, -te [flamɛ̃gɑ̃, -ɑ̃t] *adj.* (qui parle flamand) flamenco, -ca.
flamme [flam] *s. f.* llama.
flan [flɑ̃] *s. m.* flan.
flanc [flɑ̃] *s. m.* **1.** (d'une personne) flanco. **2.** (d'une chose) lateral. **3.** (d'une montagne) falda *f.;* ladera *f.*
flanchet [flɑ̃ʃɛ] *s. m.* falda *f.* (de una res).
flanelle [flanɛl] *s. f.* franela.
flâner [flɑne] *v. intr.* **1.** (se promener) vagar; errar. **2.** (musarder) vaguear.
flâneur, -euse [flɑnœʀ, -øz] *adj. et s. m. et f.* callejero, -ra.
flanquer [flɑ̃ke] *v. tr., fam.* sacudir; meter; largar; zumbar [Flanquer une gifle. *Meter una torta.*]. ‖ **~ une raclée** zurrar.
flaque [flak] *s. f.* charco *m.*
flash [flaʃ] *s. m.* **1.** flas (ou flash); fogonazo. **2.** (bulletin) avance.
flasque [flask] *adj.* fofo, -fa.
flatter [flate] *v. tr.* **1.** (caresser) acariciar. **2.** (charmer) deleitar. **3.** (louer) halagar.
flatterie [flatʀi] *s. f.* adulación; halago *m.*
flatteur, -euse [flatœʀ, -øz] *adj.* **1.** halagador, -ra. ‖ *adj. et s. m. et f.* **2.** adulador, -ra. **3.** (enjôleur) zalamero, -ra.

fléau [fleo] *s. m.* **1.** *fig.* azote; plaga *f.*; peste *f.* **2.** (malheur, catastrophe) calamidad. **3.** *Techn.* (d'une balance) fiel.

flèche [flɛʃ] *s. f.* **1.** flecha. **2.** *Arch.* (de clocher) aguja.

fléchir [fleʃiʀ] *v. tr.* **1.** doblar. **2.** (faiblir) flojear. || *v. intr.* **3.** (courber) ceder. **4.** *fig.* (se soumettre) someterse.

flegme [flɛgm] *s. m.* flema; lentitud. *fam.*

flemmard, -de [flemaʀ, -aʀd] *adj. et s. m. et f.* holgazán, -zana.

flemmarder [flemaʀde] *v. intr., fam.* vaguear.

flemme [flɛm] *s. f., fam.* pereza; pachorra *fam.*

flétri, -ie [fletʀi] *adj.* (fleurs) marchito, -ta.

flétrir [fletʀiʀ] *v. tr.* marchitar.

fleur [flœʀ] *s. f.* flor. || **en ~** en flor.

fleuri, -ie [flœʀi] *adj.* florido, -da.

fleurir [flœʀiʀ] *v. intr.* florecer.

fleuriste [flœʀist] *s. m. et f.* **1.** (qui cultive des fleurs) floricultor, -ra. **2.** (vendeur) florista.

fleuve [flœv] *s. m.* río (grande).

flexible [flɛksibl] *adj.* flexible.

flexion [flɛksjɔ̃] *s. f.* flexión.

flic [flik] *s. m., fam.* (police) poli.

flicaille [flikaj] *s. f., péj.* plasta (policía).

flirt [flœʀt] *s. m.* (action) ligue.

flirter [flœʀte] *v. intr.* flirtear; tontear.

flocon [flɔkɔ̃] *s. m.* copo (de nieve).

flore [flɔʀ] *s. f.* flora.

floriculture [flɔʀikyltyʀ] *s. f.* jardinería.

florissant, -te [flɔʀisɑ̃, -ɑ̃t] *adj.* floreciente; próspero, -ra. || **être ~** florecer.

flot [flo] *s. m.* **1.** (marée) marea *f.*; influjo. **2.** (de lumière, d'eau) raudal; chorro. **3.** (débordement) riada *f.* **4.** *fig.* multitud *f.*; oleada *f.*; riada *f.* || **flots** *s. m. pl.* **5.** mar *sing.* || **à flots** a mares; a raudales.

flotte¹ [flɔt] *s. f.* flota.

flotte² [flɔt] *s. f., fam.* **1.** (eau) agua. **2.** lluvia.

flottement [flɔt(ə)mɑ̃] *s. m.* **1.** flotación *f.* **2.** *fig.* fluctuación *f.*

flotter [flɔte] *v. intr.* flotar.

flotteur [flɔtœʀ] *s. m.* **1.** flotador. **2.** (d'un filet) boya *f.*

flou, floue [flu] *adj.* **1.** (photo) borroso, -sa. **2.** *fig.* (idée) confuso, -sa.

fluctuation [flyktɥasjɔ̃] *s. f.* fluctuación.

fluctuer [flyktɥe] *v. intr.* fluctuar.

fluet, fluette [flyɛ, -ɛt] *adj.* **1.** (mince) flaco, -ca. **2.** (frêle) endeble.

fluide [flɥid] *adj. et s. m.* fluido, -da.

fluidité [flɥidite] *s. f.* fluidez.

fluor [flyɔʀ] *s. m.* flúor.

fluorescent, -te [flyɔʀesɑ̃, -ɑ̃t] *adj.* fluorescente.

flûte [flyt] *s. f.* **1.** *Mus.* flauta. **2.** (pain) barra (de pan).

fluvial, -le, -aux [flyvjal, -o] *adj.* fluvial.

flux [fly] *s. m.* **1.** (écoulement) flujo. **2.** (marée montante) influjo.

fœtus [fetys] *s. m.* feto.

foi [fwa] *s. f.* fe.

foie [fwa] *s. m.* hígado.

foie-gras [fwagʀa] *s. m.* **1.** foie-gras. **2.** (de porc, etc.) paté.

foin [fwɛ̃] *s. m.* heno.

foire [fwaʀ] *s. f.* feria. || **aller faire la ~** irse de juerga. **faire la ~** estar de juerga.

foire-exposition [fwaʀɛkspozisjɔ̃] *s. f.* feria de muestras.

foirer [fwaʀe] *v. intr.* **1.** (vis) pasarse de rosca **2.** *fig. et fam.* fracasar.

fois [fwa] *s. f.* vez [Bien des fois. *Muchas veces*] || **à la ~** a la vez. **chaque ~ que** cada vez que. **deux ~ plus** el doble. **deux ~ trois** *Math.* dos por tres. **encore**

une ~ otra vez; una vez más. **il était une ~** había una vez.
foison, à [fwazɔ̃] en abundancia.
foisonner [fwazɔne] v. intr. abundar.
fol [fɔl] adj. m. *fou. •Esta forma se usa delante de s. m. que empiece por vocal o "h" aspirada.
folâtre [fɔlɑtʀ] adj. juguetón, -tona.
folâtrer [fɔlɑtʀe] v. intr. juguetear.
folie [fɔli] s. f. locura.
folio [fɔljo] s. m. folio.
folklore [fɔlklɔʀ] s. m. folclore.
folle [fɔl] adj. f. *fou.
fomenter [fɔmɑ̃te] v. tr. fomentar.
foncé, -ée [fɔ̃se] adj. oscuro, -ra.
foncer [fɔ̃se] v. tr. 1. Techn. (un puits) cavar. 2. (couleur) oscurecer. ‖ v. intr. 3. lanzarse; arremeter; abalanzarse.
foncier, -ière [fɔ̃sje, -jɛʀ] adj., fig. innato, -ta; fundamental. ‖ **crédit ~** crédito hipotecario. **propriétaire ~** hacendado.
fonction [fɔ̃ksjɔ̃] s. f. función. ‖ **en fonctions** en funciones.
fonctionnaire [fɔ̃ksjɔnɛʀ] s. m. et f. funcionario, -ria.
fonctionnel, -elle [fɔ̃ksjɔnɛl] adj. funcional.
fonctionnement [fɔ̃ksjɔnmɑ̃] s. m. funcionamiento.
fonctionner [fɔ̃ksjɔne] v. intr. funcionar.
fond [fɔ̃] s. m. fondo.
fondamental, -le, -aux [fɔ̃damɑtal, -o] adj. fundamental.
fondateur, -trice [fɔ̃datœʀ, -tʀis] adj. et s. m. fundador, -ra.
fondation [fɔ̃dasjɔ̃] s. f. 1. (association) fundación. ‖ **fondations** s. f. pl. 2. Arch. cimientos m.
fondement [fɔ̃dmɑ̃] s. m. 1. fundamento. ‖ **fondements** s. m. pl. 2. cimientos.
‖ **jeter les fondements** fundamentar. **sans ~** infundado, -da.
fonder [fɔ̃de] v. tr. 1. fundar. 2. (une maison) cimentar. 3. fig. fundamentar.
fonderie [fɔ̃dʀi] s. f. fundición.
fondre [fɔ̃dʀ] v. tr. 1. (une glace, un glaçon) derretir. 2. (sucre) disolver. 3. (couleurs, textes) mezclar. 4. Techn. (fer) fundir. ‖ v. intr. 5. fundirse; derretirse. 6. (un sucre) disolverse. 7. fig. deshacerse.
fonds [fɔ̃] s. m. 1. finca rústica; heredad f. 2. (somme d'argent) capital. ‖ s. m. pl. 3. (publiques) fondos pl. ‖ **~ de commerce** negocio.
fontaine [fɔ̃tɛn] s. f. fuente.
fonte [fɔ̃t] s. f. 1. (métal) fundición. 2. (neige, glace) deshielo m.
football [futbol] s. m., Sport fútbol.
footballeur, -euse [futbolœʀ, -øz] s. m. et f. futbolista.
for [fɔʀ] s. m. (juridiction) fuero. ‖ **~ intérieur** fuero interno.
forage [fɔʀaʒ] s. m. 1. perforación f. 2. (d'un puits de pétrole) sondeo.
forain, -ne [fɔʀɛ̃, -ɛn] s. m. et f. feriante. ‖ **fête foraine** feria.
force [fɔʀs] s. f. fuerza. ‖ **à ~ de** a fuerza de; a. **de ~** a la fuerza.
forcé, -ée [fɔʀse] adj. forzoso, -sa.
forcer [fɔʀse] v. tr. forzar.
forer [fɔʀe] v. tr. perforar.
forestier, -ière [fɔʀɛstje, -jɛʀ] adj. forestal.
forêt [fɔʀɛ] s. f. 1. (bois) bosque m. 2. selva (La fôret tropical. *La selva tropical*).
forfait [fɔʀfɛ] s. m., litt. crimen. ‖ **à ~ a** destajo. **entreprise à ~** destajo m.
forge [fɔʀʒ] s. f. 1. (fourneau) fragua; forja. 2. (industrielle) herrería.
forger [fɔʀʒe] v. tr. 1. forjar; fraguar. ‖ v. pr. 2. **~** fig. forjarse; labrarse.

forgeron [fɔʀʒ(ə)ʀɔ̃] s. m. herrero.
formaliser [fɔʀmalize] v. tr. formalizar.
formalité [fɔʀmalite] s. f. formalidad.
format [fɔʀma] s. m. formato.
formater [fɔʀmate] v. tr. formatear.
formation [fɔʀmasjɔ̃] s. f. formación.
forme [fɔʀm] s. f. 1. forma. 2. (figure) figura. ‖ **formes** s. f. pl. 3. modales m. ‖ **être en** ~ estar en forma. **prendre** ~ plasmarse; tomar forma.
formel, -elle [fɔʀmɛl] adj. 1. formal. 2. (catégorique) terminante [Ordre formel. *Orden terminante.*]
former [fɔʀme] v. tr. 1. formar. 2. instruir. 3. fig. (projet) concebir.
formidable [fɔʀmidabl] adj. formidable.
formulaire [fɔʀmylɛʀ] s. m. formulario.
formule [fɔʀmyl] s. f. fórmula. ‖ ~ **1** fórmula uno. ~ **de politesse** fórmula de cortesía; fórmula de tratamiento.
formuler [fɔʀmyle] v. tr. formular.
fort, forte [fɔʀ, fɔʀt] adj. 1. fuerte. 2. (une personne) robusto, -ta. 3. (résistent) resistente. 4. (connaisseur) ducho, -cha; conocedor, -ra; bueno, -na [Fort en mathématiques, au jeu. *Bueno en matemáticas, en el juego.*] ‖ adv. 5. fuerte; con fuerza. 6. (très) muy.
forteresse [fɔʀt(ə)ʀɛs] s. f. fortaleza.
fortification [fɔʀtifikasjɔ̃] s. f. fortificación.
fortifier [fɔʀtifje] v. tr. 1. (une ville) fortificar; amurallar. 2. (tonifier) fortalecer; robustecer.
fortuit, -te [fɔʀtɥi, -it] adj. fortuito, -ta.
fortune [fɔʀtyn] s. f. fortuna.
fortuné, -ée [fɔʀtyne] adj. et s. m. et f. hacendado, -da; acaudalado, -da.
fosse [fos] s. f. 1. (cavité) foso m.; hoyo m. 2. (d'un garage) foso m. 3. (océanique)

FORGERON - FOUILLER

fosa. 4. (tombeau) fosa; tumba. 5. *Anat.* (nasale) fosa.
fossé [fose] s. m. 1. (fosse allongée) zanja f. 2. (d'un château) foso. 3. (au bord de la route) cuneta f.
fossile [fɔsil] adj. et s. m. fósil.
fossoyeur [foswajœʀ] s. m. sepulturero, -ra.
fou, fol, folle [fu, fɔl] adj. et s. m. et f. 1. loco, -ca. ‖ adj. 2. fig. loco, -ca [Un fou rire. *Una risa loca.*] ‖ s. m. 3. (aux échecs) alfil. ‖ ~ **à lier** loco perdido; loco de atar. ~ **rire** ataque de risa. **rendre** ~ volver loco; enloquecer. **un monde** ~ un montón de gente. •La forma "fol" es m. sing. ▾ se usa delante de vocal o "h" muda. "Folle" es f. sing.
foudre [fudʀ] s. f. 1. rayo m. 2. centella [Rapide comme la foudre. *Rápido como una centella.*] ‖ **coup de** ~ flechazo; amor a primera vista.
foudroyant, -te [fudʀwajɑ̃, -ɑ̃t] adj. fulminante.
foudroyer [fudʀwaje] v. tr. fulminar.
fouet [fwɛ] s. m. 1. látigo. 2. fig. (douleur) azote. ‖ **coup de** ~ latigazo.
fouetté, -ée [fuete] adj. batido, -da.
fouetter [fwete] v. tr. 1. (à l'aide d'un fouet) dar latigazos. 2. (frapper) azotar; zurrar. 3. (œufs, crème) batir. 4. fig. (critiquer) fustigar.
fougère [fuʒɛʀ] s. f., *Bot.* helecho m.
fougue [fug] s. f. 1. fogosidad; brío m. 2. (fureur) furia; furor m.
fougueux, -euse [fugø, -øz] adj. fogoso, -sa.
fouille [fuj] s. f. 1. (archéologique) excavación. 2. (de la police) registro m. (de bagages, d'une maison); cacheo m. (d'individus). 3. (exploration) busca.
fouiller [fuje] v. tr. 1. (archéologie) excavar. 2. (la police) registrar; cachear (une

personne). **3.** (faire des recherches) buscar. ‖ *v. intr.* **4.** (fouiner) revolver; hurgar [Fouiller dans sa poche. *Hurgar su bolsillo.*] **5.** (un animal) escarbar. ‖ **~ du regard** escudriñar; escrutar.

fouillis [fuji] *s. m., fam.* revoltijo; lío.

fouinard, -de [fwinaʀ, -aʀd] *adj. et s. m. et f.* fisgón, -ona; metomentodo.

fouiner [fwine] *v. intr., fam.* **1.** fisgonear; husmear. **2.** curiosear.

foulard [fulaʀ] *s. m.* pañuelo; fular.

foule [ful] *s. f.* **1.** (multitude) multitud; gentío *m.;* muchedumbre. **2.** (grand nombre de) infinidad.

foulée [fule] *s. f.* huella (de un animal).

fouler [fule] *v. tr.* **1.** (avec les pieds) pisar. [Fouler l'herbe. *Pisar la hierba.*] **2.** (avec les mains ou un outil) prensar; aplastar. ‖ **se ~** *v. pr.* **3.** (se faire une entorse) torcerse. ‖ **~ aux pieds** pisotear.

foulure [fulyʀ] *s. f.* esguince *m.*

four [fuʀ] *s. m.* horno. ‖ **mettre au ~** hornear. **petits fours** pastas *f. pl.*

fourche [fuʀʃ] *s. f.* **1.** horca. **2.** (de bicyclette) horquilla.

fourchette [fuʀʃet] *s. f.* tenedor *m.*

fourgon [fuʀɡɔ̃] *s. m.* furgón.

fourgonnette [fuʀɡɔnet] *s. f.* furgoneta.

fourmi [fuʀmi] *s. f., Zool.* hormiga.

fourmilière [fuʀmiljeʀ] *s. f.* **1.** hormiguero *m.* **2.** *fig.* (de gens) hervidero *m.*

fourmillement [fuʀmijmɑ̃] *s. m.* hormigueo.

fourmiller [fuʀmije] *v. intr.* **1.** hormiguear. **2.** *fig.* bullir.

fournaise [fuʀnɛz] *s. f., fig.* horno *m.*

fourneau [fuʀno] *s. m.* **1.** (de cuisine) hornillo; fogón. **2.** (grand) horno [Haut fourneau. *Alto horno.*]

fournée [fuʀne] *s. f.* hornada.

fourni, -ie [fuʀni] *adj.* **1.** (approvisionné, pourvu) surtido, -da. **2.** (abondant) poblado, -da

fournir [fuʀniʀ] *v. tr.* **1.** (approvisionner) proveer; abastecer; suministrar. **2.** (procurer) proporcionar; facilitar. ‖ **se ~** *v. pr.* **3.** abastecerse; surtirse.

fournisseur, -euse [fuʀnisœʀ, -øz] *adj. et s. m. et f.* proveedor, -ra.

fourniture [fuʀnityʀ] *s. f.* **1.** suministro *m.* **2.** (accessoires) accesorios *m. pl.* ‖ **fournitures scolaires** material escolar.

fourrage [fuʀaʒ] *s. m.* forraje.

fourré [fuʀe] *s. m.* espesura *f.;* maleza *f.*

fourrer [fuʀe] *v. tr.* **1.** forrar; guarnecer de pieles. **2.** *fam.* (enfoncer) meter. **3.** (une pâtisserie) rellenar. ‖ **se ~** *v. pr.* **4.** (dans, sous qqch) meterse. ‖ **~ son nez** meter la nariz.

fourre-tout [fuʀtu] *s. m., fam.* **1.** (pièce) trastero; desván. **2.** *fig.* (fouillis) cajón de sastre. **3.** (sac) bolso de viaje.

fourrière [fuʀjɛʀ] *s. f.* perrera.

fourrure [fuʀyʀ] *s. f.* **1.** piel [Manteau de fourrure. *Abrigo de piel.*] **2.** (vêtement) pieles *pl.* **3.** (doublure) forro de piel.

fourvoyer [fuʀvwaje] *v. tr.* **1.** extraviar; descarriar. ‖ **se ~** *v. pr.* **2.** (faire fausse route) ir descaminado. **3.** *fig.* (s'égarer) descarriarse.

foutre [futʀ] *v. tr., vulg.* **1.** joder. ‖ **se ~** *v. pr., fam.* **2.** (se ficher de) pasar. **3.** (se moquer) burlarse. ‖ **~ en l'air** (une chose, un projet, une situation) joder.

foutu, -ue [futy] *adj.* estropeado, -da; jodido, -da *vulg.*

foyer [fwaje] *s. m.* **1.** (maison) hogar; casa *f.* **2.** (famille) familia *f.* ‖ **à double ~** bifocal. **femme au ~** ama de casa.

fracas [fʀaka] *s. m.* estrépito; estruendo.

fraction [fraksjɔ̃] *s. f.* fracción.
fractionnaire [fraksjɔnɛʁ] *adj.* quebrado, -da.
fractionner [fraksjɔne] *v. tr.* fraccionar.
fracture [fraktyʁ] *s. f.* fractura; rotura.
fracturer [fraktyʁe] *v. tr.* fracturar.
fragile [fraʒil] *adj.* frágil.
fragment [fragmɑ̃] *s. m.* fragmento.
fraîchement [fʁɛʃmɑ̃] *adv.* recién [Fraîchement peinte. *Recién pintada.*]
fraîcheur [fʁɛʃœʁ] *s. f.* frescura.
fraîchir [fʁɛʃiʁ] *v. intr. et impers.* refrescar.
frais [fʁɛ] *s. m. pl.* **1.** (dépense) gastos. **2.** (coût) costes. **3.** expensas *f.*; costa *f. sing.* [À mes frais. *A mi costa/ A mis expensas.*]
frais, fraîche [fʁɛ, fʁɛʃ] *adj.* **1.** (légèrement froid) fresco, -ca. **2.** tierno, -na [Pain frais. *Pan tierno.*]
fraise [fʁɛz] *s. f., Bot.* fresa.
fraisier [fʁɛzje] *s. m., Bot.* fresa *f.* (planta).
framboise [fʁɑ̃bwaz] *s. f., Bot.* frambuesa.
franc [fʁɑ̃] *s. m.* (monnaie) franco [Franc suisse. *Franco suizo.*].
franc, franche [fʁɑ̃, fʁɑ̃ʃ] *adj.* **1.** franco, -ca; sincero, -ra. **2.** (loyal) leal. **3.** (clair, direct) claro, -ra. **4.** (d'impôts) libre de impuestos; exento de impuestos.
franc, franque [fʁɑ̃, fʁɑ̃k] *adj.* **1.** franco, -ca. ‖ **Franc, -nque** *s. m. et f.* **2.** franco, -ca (pueblo germánico).
français, -se [fʁɑ̃sɛ, -ɛz] *adj. et s. m.* **1.** francés, -cesa. ‖ **Français, -se** *s. m. et f.* **2.** francés, -cesa.
franchir [fʁɑ̃ʃiʁ] *v. tr.* **1.** (traverser) atravesar; pasar. **2.** (enjamber) saltar; salvar. **3.** *fig.* (surmonter) superar.
franchisage [fʁɑ̃ʃizaʒ] *s. m.* franquicia *f.*
franchise [fʁɑ̃ʃiz] *s. f.* **1.** franquicia. **2.** *fig.* franqueza; sinceridad.
franchisé [fʁɑ̃ʃize] *s. m., Comm.* concesionario de una franquicia.
francophone [fʁɑ̃kɔfɔn] *adj.* **1.** de habla francesa; francófono, -na. ‖ **Francophone** *s. m. et f.* **2.** francófono, -na.
francophonie [fʁɑ̃kɔfɔni] *s. f.* francofonía.
frange [fʁɑ̃ʒ] *s. f.* **1.** (tissu) fleco *m.* **2.** (coiffure) flequillo *m.*
frapper [fʁape] *v. tr.* **1.** (taper) golpear; pegar; azizar. **2.** *fig.* (blesser) herir. **3.** (les touches) teclear. **4.** (une boisson) granizar; helar [Du café frappé. *Café granizado.*] **5.** *fig.* (faire impression) llamar la atención; sorprender; impresionar. ‖ *v. intr.* **6.** (à la porte) llamar; tocar; dar.
fraternel, -elle [fʁatɛʁnɛl] *adj.* fraternal.
fraternité [fʁatɛʁnite] *s. f.* **1.** fraternidad. **2.** (communauté religieuse) hermandad.
fraude [fʁod] *s. f.* fraude *m.*
frauder [fʁode] *v. tr.* defraudar (fraude).
frauduleux, -euse [fʁodylø, -øz] *adj.* fraudulento, -ta.
frayer [fʁeje] *v. tr.* **1.** (un chemin, un passage) abrir; trazar. ‖ **se ~** *v. pr.* **2.** (un chemin) fraguarse.
frayeur [fʁejœʁ] *s. f.* pavor *m.*; espanto *m.* terror *m.*
fredonner [fʁ(ə)dɔne] *v. tr. et intr.* tararear.
freezer [fʁizœʁ] *s. m.* congelador.
frégate [fʁegat] *s. f.* fragata.
frein [fʁɛ̃] *s. m.* **1.** freno. **2.** *fig.* tope.
freiner [fʁene] *v. tr. et intr.* frenar.
frêle [fʁɛl] *adj.* **1.** (fluet) frágil; endeble; débil. **2.** (santé, objet) quebradizo, -za.
freluquet [fʁ(ə)lykɛ] *s. m.* zascandil.
frémir [fʁemiʁ] *v. intr.* (de peur, de bonheur, de colère) estremecerse; temblar. ‖ **faire ~** estremecer.
frêne [fʁɛn] *s. m., Bot.* fresno.

frénésie [fʀenezi] *s. f.* frenesí *m.*
frénétique [fʀenetik] *adj.* frenético, -ca.
fréquemment [fʀekamɑ̃] *adv.* con frecuencia.
fréquence [fʀekɑ̃s] *s. f.* frecuencia.
fréquent, -te [fʀekɑ̃, -ɑ̃t] *adj.* frecuente.
fréquentation [fʀekɑ̃tasjɔ̃] *s. f.* **1.** frecuentación; trato *m.* **2.** (relations) compañías *pl.*
fréquenter [fʀekɑ̃te] *v. tr.* **1.** (aller souvent) frecuentar. **2.** (une personne) tener trato; relacionarse con. ‖ **se ~** *v. pr.* **3.** tratarse.
frère [fʀɛʀ] *s. m.* **1.** hermano. **2.** (moines) fray (seulement devant le prénom); hermano.
fresque [fʀɛsk] *s. f.* fresco *m.*; mural *m.*
fret [fʀɛ(t)] *s. m., Mar.* flete.
fréter [fʀete] *v. tr., Mar.* fletar.
frette [fʀɛt] *s. f.* abrazadera.
friand, -de [fʀijɑ̃, -ɑ̃d] *adj.* **1.** goloso, -sa; aficionado, -da [Il est très friand des pâtisseries. *Es muy goloso para los pasteles.*] ‖ *s. m.* **2.** empanadilla *f.*; empanada *f.*
friandise [fʀijɑ̃diz] *s. f.* golosina; chuchería.
fric [fʀik] *s. m., fam.* pasta *f.*; tela *f.* (dinero).
friche [fʀiʃ] *s. f.* baldío *m.* ‖ **en ~** baldío, -a.
friction [fʀiksjɔ̃] *s. f.* **1.** fricción; friega. **2.** *fig.* (frottement) roce *m.*
frictionner [fʀiksjɔne] *v. tr.* friccionar.
frigidaire [fʀiʒidɛʀ] *s. m.* frigorífico; nevera *f.*
frigo [fʀigo] *s. m., fam.* nevera *f.*; frigo *m.*
frigorifique [fʀigɔʀifik] *adj. et s. m.* frigorífico, -ca.
frileux, -euse [fʀilø, -øz] *adj. et s. m. et f.* friolero, -a.
frimeur, -euse [fʀimœʀ, -øz] *s. m. et f., fam.* (snob) repipi.

fringant, -te [fʀɛ̃gɑ̃, -ɑ̃t] *adj.* (gai) vivaracho, -cha.
fripier, -ière [fʀipje, -jɛʀ] *s. m. et f.* trapero, -ra.
fripon, -onne [fʀipɔ̃, -ɔn] *adj. et s. m. et f.* bribón, -bona; pillo, -lla; tunante.
fripouille [fʀipuj] *s. f.* (voyou) canalla *m.*
frire [fʀiʀ] *v. tr.* **1.** freír. ‖ **se ~** *v. pr.* **2.** freírse. ‖ **faire ~** freír.
frise [fʀiz] *s. f.* friso.
frisé, -ée [fʀize] *adj.* rizado, -da.
friser [fʀize] *v. tr.* **1.** (les cheveux) rizar. **2.** *fig.* rayar, rozar [Ça frise la folie. *Raya en la locura.*]
frisson [fʀisɔ̃] *s. m.* **1.** escalofrío. **2.** *fig.* estremecimiento; temblor.
frissonner [fʀisɔne] *v. intr.* **1.** tiritar. **2.** *fig.* temblar; estremecerse.
frit, frite [fʀi, fʀit] *adj.* **1.** frito, -ta. ‖ **frite** *s. f.* **2.** patata frita.
frivole [fʀivɔl] *adj.* frívolo, -la.
frivolité [fʀivɔlite] *s. f.* frivolidad.
froid, froide [fʀwa, fʀwad] *adj.* **1.** frío, -a. ‖ *s. m.* **2.** frío. ‖ **faire ~** hacer frío [Il fait froid. *Hace frío.*]
froisser [fʀwase] *v. tr.* arrugar; chafar.
frôlement [fʀolmɑ̃] *s. m.* rozamiento; roce.
frôler [fʀole] *v. tr.* rozar.
fromage [fʀɔmaʒ] *s. m.* queso. ‖ **blanc** queso fresco. **portion de ~** quesito *m.*
froncer [fʀɔ̃se] *v. tr.* **1.** fruncir. **2.** (une étoffe) plisar. ‖ **~ les sourcils** fruncir el ceño; fruncir el entrecejo.
fronde [fʀɔ̃d] *s. f.* **1.** *Bot.* fronda. **2.** (arme) honda. **3.** (lance-pierres) tirachinas *m. inv.*
front [fʀɔ̃] *s. m.* frente *f.*
frontal, -le, -aux [fʀɔ̃tal, -o] *adj. et s. m.* frontal.
frontalier, -ière [fʀɔ̃talje, -jɛʀ] *adj.* fronterizo, -za.

frontière [fʀɔ̃tjɛʀ] *s. f.* frontera.
fronton [fʀɔ̃tɔ̃] *s. m.* frontón.
frottement [fʀɔtmɑ̃] *s. m.* **1.** (action de frotter) frotamiento. **2.** (désaccord) roce.
frotter [fʀɔte] *v. tr.* frotar.
frottoir [fʀɔtwaʀ] *s. m.* (chiffon) trapo.
fructifère [fʀyktifɛʀ] *adj.* fructífero, -ra.
fructueux, -euse [fʀyktɥø, -øz] *adj.* fructuoso, -sa.
frugal, -le, -aux [fʀygal, -o] *adj.* frugal.
fruit [fʀɥi] *s. m.* **1.** fruto. **2.** (les fruits) fruta *f.* ‖ **fruits de mer** marisco *sing.;* mariscos.
fruitier, -ière [fʀɥitje, -jɛʀ] *adj.* **1.** frutal ‖ *s. m. et f.* **2.** (marchand) frutero, -ra.
frustrer [fʀystʀe] *v. tr.* frustrar.
fuchsia [fyʃja] *adj. et s. m.* fucsia.
fugace [fygas] *adj.* fugaz.
fugacité [fygasite] *s. f.* fugacidad.
fugitif, -ive [fyʒitif, -iv] *adj. et s. m. et f.* fugitivo, -va; prófugo, -ga.
fugue [fyg] *s. f.* fuga.
fuir [fɥiʀ] *v. intr.* **1.** huir; escapar. **2.** salirse [L'eau fuit du réservoir. *El agua se va del depósito.*] ‖ *v. tr.* **3.** huir; evitar [Fuir les disputes. *Huir de las discusiones.*]
fuite [fɥit] *s. f.* fuga. ‖ **~ d'eau** gotera. **mettre en ~** ahuyentar.
fulgurant, -te [fylgyʀɑ̃, -ɑ̃t] *adj.* fulgurante.
fulminant, -te [fylminɑ̃, -ɑ̃t] *adj.* fulminante.
fulminer [fylmine] *v. intr.* fulminar.
fumant, -te [fymɑ̃, -ɑ̃t] *adj.* humeante.
fumé, -ée [fyme] *adj.* ahumado, -da.
fume-cigare [fymsigaʀ] *s. m. inv.* boquilla *f.*
fumée [fyme] *s. f.* humo *m.*
fumer [fyme] *v. tr. et intr.* **1.** (du tabac) fumar. ‖ *v. intr.* **2.** (un volcan, la soupe) humear; echar humo. ‖ *v. tr.* **3.** (des aliments) ahumar.
fumet [fymɛ] *s. m.* olor (de la carne cocinada).
fumeur, -euse [fymœʀ, -øz] *adj. et s. m. et f.* fumador, -ra. ‖ **non fumeurs** no fumadores.
fumeux, -euse [fymø, -øz] *adj., fig.* (les idées) confuso, -sa; borroso, -sa.
fumier [fymje] *s. m.* **1.** (engrais) estiércol; abono. **2.** *fig.* basura *f.*
funèbre [fynɛbʀ] *adj.* fúnebre.
funérailles [fyneʀaj] *s. f. pl.* funeral *m. sing.*
funérarium [fyneʀaʀjɔm] *s. m.* tanatorio.
funeste [fynɛst] *adj.* funesto, -ta.
funiculaire [fynikylɛʀ] *adj. et s. m.* funicular.
furet [fyʀɛ] *s. m., Zool.* hurón.
fureter [fyʀ(ə)te] *v. intr., fig.* husmear; curiosear.
fureteur, -euse [fyʀ(ə)tœʀ, -øz] *s. m. et f.* metementodo.
fureur [fyʀœʀ] *s. f.* **1.** (colère) furia; furor *m.* **2.** *fig.* (passion) furor; pasión.
furibond, -de [fyʀibɔ̃, -ɔ̃d] *adj.* furibundo, -da.
furie [fyʀi] *s. f., fig.* furia; ímpetu *m.;* furor *m.*
furieux, -euse [fyʀjø, -øz] *adj.* furioso, -sa; airado, -da. ‖ **devenir ~** enfurecerse. **rendre ~** enfurecer.
furtif, -ive [fyʀtif, -iv] *adj.* furtivo, -va.
fuseau [fyzo] *s. m.* **1.** (pour filer) huso. **2.** (pour éviter le fil) canilla *f.* **3.** (pantalon) pantalón de tubo. ‖ **~ horaire** huso horario.
fusée [fyze] *s. f.* cohete *m.*
fusible [fyzibl] *adj. et s. m.* fusible.
fusil [fysi] *s. m.* fusil. ‖ **~ de chasse** escopeta *f.*

fusillade [fyzijad] *s. f.* **1.** (coups de fusil) tiroteo *m.* **2.** (décharge) descarga de fusilería. **3.** (exécution) fusilamiento *m.*
fusiller [fyzije] *v. tr.* fusilar.
fusion [fyzjɔ̃] *s. f.* fusión.
fusionner [fyzjɔne] *v. tr.* fusionar.
fustiger [fystiʒe] *v. tr., fig.* hostigar.

futaie [fyte] *s. f.* arboleda.
futé, -ée [fyte] *adj., fam.* listo, -ta.
futile [fytil] *adj.* frívolo, -la.
futur, -re [fytyʀ] *adj.* **1.** futuro, -ra; venidero, -ra (à venir). ‖ *s. m.* **2.** futuro.
fuyant, -te [fɥijɑ̃, -ɑ̃t] *adj.* **1.** huidizo, -za. **2.** (fugitif) escurridizo, -za.

G

g [ʒe] *s. m.* g *f.*
gabardine [gabaʀdin] *s. f.* gabardina.
gâcher [gɑʃe] *v. tr.* **1.** (gaspiller) malgastar. **2.** *fig.* estropear; desperdiciar [Gâcher une bonne occasion. *Estropear una buena ocasión.*] **3.** aguar [Gâcher la fête. *Aguar la fiesta.*]
gâchette [gɑʃɛt] *s. f.* patilla; gatillo *m.*
gâchis [gɑʃi] *s. m.* **1.** (amas de choses gâchées) amasijo; montón de cosas estropeadas. **2.** *fig. et fam.* (pagaille) enredo.
gaffe [gaf] *s. f., fig. et fam.* metedura de pata; plancha. ‖ **faire une ~** meter la pata.
gaffer [gafe] *v. intr., fam.* meter la pata.
gaffeur, -euse [gafœʀ, -øz] *s. m. et f.* metepatas *inv.*
gage [gaʒ] *s. m.* **1.** prenda *f.*; garantía *f.* **2.** (biens immeubles) hipoteca *f.* ‖ **gages** *s. m. pl.* **3.** (d'un domestique) sueldo *sing.*
gager [gaʒe] *v. tr.* **1.** (parier) apostar. **2.** *Fin.* avalar.
gagnant, -te [gaɲɑ̃, -ɑ̃t] *adj. et s. m. et f.* **1.** ganador, -ra. **2.** (numéro, personne) premiado, -da.
gagner [gaɲe] *v. tr.* **1.** ganar. **2.** ganarse [Gagner sa vie, son pain. *Ganarse la vida, el pan.*] ‖ *v. intr.* **3.** ganar.
gai, gaie [gɛ] *adj.* alegre.
gaieté ou gaîté [gete] *s. f.* alegría.
gain [gɛ̃] *s. m.* **1.** ganancia *f.* **2.** *fig.* (avantage) ventaja *f.*
gaine [gɛn] *s. f.* **1.** funda (con la forma del objeto) [Gaine d'un pistolet. *Funda de pistola.*] **2.** (d'épée) vaina. **3.** (pour les femmes) faja.
gala [gala] *s. f.* (spectacle) gala.
galant, -te [galɑ̃, -ɑ̃t] *adj.* galante.
galanterie [galɑ̃tʀi] *s. f.* galantería.
galaxie [galaksi] *s. f.* galaxia.
gale [gal] *s. f.* **1.** (maladie des êtres humains) sarna. **2.** (des animaux) roña.
galère [galɛʀ] *s. f., Mar.* galera.
galerie [galʀi] *s. f.* **1.** galería. **2.** (portebagages) baca; portaequipajes *m. inv.*
galet [galɛ] *s. m.* **1.** guijarro. **2.** (caillou poli) canto rodado.
galette [galɛt] *s. f.* **1.** (gâteau rond et plat) torta. **2.** (biscuit) galleta. **3.** *fam.* (argent) pasta. ‖ **~ des Rois** roscón de Reyes.
galicien, -enne [galisjɛ̃, -ɛn] *adj. et s. m.* **1.** gallego, -ga. ‖ **Galicien, -enne** *s. m. et f.* **2.** gallego, -ga.
galion [galjɔ̃] *s. m., Mar.* galeón.
galipette [galipɛt] *s. f.* voltereta.
gallois, -se [galwa, -az] *adj.* **1.** galés, -lesa. ‖ **Gallois, -se** *s. m. et f.* **2.** galés, -lesa.
galon [galɔ̃] *s. m.* galón.
galop [galo] *s. m.* galope.
galoper [galɔpe] *v. intr.* galopar.
gambade [gɑ̃bad] *s. f.* brinco *m.*; salto *m.*
gambas [gɑ̃bas] *s. f. pl.* langostinos *m.*
gamelle [gamɛl] *s. f.* fiambrera; tartera.
gamin, -ne [gamɛ̃, -in] *s. m. et f.* chiquillo, -lla; chaval, -la.
gamme [gam] *s. f., Mus.* gama; escala.
gang [gɑ̃g] *s. m.* banda de malhechores.
ganglion [gɑ̃glijɔ̃] *s. m., Anat.* ganglio.
gangster [gɑ̃gstɛʀ] *s. m.* gánster.
gant [gɑ̃] *s. m.* guante.
garage [gaʀaʒ] *s. m.* garaje.
garant, -te [gaʀɑ̃, -ɑ̃t] *adj. et s. m. et f.* fiador, -ra.
garantie [gaʀɑ̃ti] *s. f.* **1.** garantía. **2.** (assurance, sûreté, preuve) seguridad. **3.** (caution) garantía; fianza. **4.** (aval) aval *m.* **5.** (certificat, bon) resguardo *m.*
garantir [gaʀɑ̃tiʀ] *v. tr.* **1.** garantizar. **2.** (assurer) asegurar. **3.** (défendre) preservar; proteger. **4.** (abriter) resguardar.

GARCE - GASTRONOME

garce [gaʀs] *s. f., fig. et fam.* zorra; pendón *m.*

garçon [gaʀsɔ̃] *s. m.* **1.** chico; muchacho. **2.** (enfant) niño. **3.** (de café, de restaurant) camarero. **4.** (enfant du sexe masculin) varón [C'est un garçon. *Es un varón.*] ‖ ~ **de courses** botones *sing.* (chico de los recados). **petit** ~ muchacho; niño. **vieux** ~ solterón.

garçonnière [gaʀsɔnjɛʀ] *s. f.* piso de soltero.

garde [gaʀd] *s. f.* **1.** (surveillance) guardia; custodia; vigilancia. **2.** (groupe de soldats) guardia; guarnición. ‖ *s. m.* **3.** (surveillant) guarda. ‖ **être sur ses gardes** desconfiar. ~ **du corps** guardaespaldas. ~ **forestier** guarda forestal. **prendre** ~ **à** tener cuidado con.

garde-à-vous [gaʀdavu] *interj.* ¡firmes! ‖ **se mettre au** ~ cuadrarse.

garde-boue [gaʀd(ə)bu] *s. m. inv.* guardabarros.

garde-corps [gaʀd(ə)kɔʀ] *s. m. inv.* **1.** parapeto. **2.** (dans un navire) barandilla *f.*

garde-côte ou garde-côtes [gaʀd(ə)kot] *s. m.* guardacostas *inv.* • Pl. garde-côtes.

garde-manger [gaʀd(ə)mãʒe] *s. m. inv.* (armoire) despensa *f.*

gardénia [gaʀdenja] *s. m., Bot.* gardenia *f.*

garder [gaʀde] *v. tr.* **1.** guardar [Garder un secret, son argent. *Guardar un secreto, su dinero.*] **2.** (conserver pour soi) conservar; mantener. **3.** (des enfants) cuidar. **4.** (surveiller) custodiar; vigilar.

garderie [gaʀdəʀi] *s. f.* (crèche) guardería.

garde-robe [gaʀd(ə)ʀɔb] *s. f.* guardarropa *m.;* vestuario. • Pl. garde-robes.

gardien, -enne [gaʀdjɛ̃, -ɛn] *s. m. et f.* **1.** (d'un jardin, d'un musée) guarda. **2.** (surveillant) guardián, -diana. ‖ ~ **d'immeuble** portero. ~ **de but** guardameta; portero, -ra.

gare [gaʀ] *s. f.* estación (de tren, de autobuses).

garer [gaʀe] *v. tr.* **1.** (trouver une place) aparcar; estacionar. ‖ **se** ~ *v. pr.* **2.** aparcar; estacionarse.

gargarisme [gaʀgaʀism] *s. m.* gárgara *f.*

gargote [gaʀgɔt] *s. f.* bodegón *m.*

gargoulette [gaʀgulɛt] *s. f.* botijo *m.*

garnement [gaʀn(ə)mã] *s. m.* pícaro; granuja.

garni, -ie [gaʀni] *adj.* poblado, -da.

garnir [gaʀniʀ] *v. tr.* **1.** (agrémenter) guarnecer. **2.** (orner) adornar. **3.** (pourvoir) dotar. **4.** (les cheveux) poblar. ‖ **se** ~ *v. pr.* **5.** (un lieu) llenarse.

garnison [gaʀnizɔ̃] *s. f., Mil.* guarnición.

garniture [gaʀnityʀ] *s. f.* guarnición.

garrigue [gaʀig] *s. f.* (maquis) matorral *m.*

garrot [gaʀo] *s. m.* garrote.

garrotter [gaʀɔte] *v. tr.* agarrotar.

gars [ga] *s. m.* **1.** *fam.* (garçon) chico; chaval [Eh, mon gars! *¡Oye, chaval!*] **2.** (jeune homme) mozo. **3.** (mec) tío. **4.** (type) tipo.

gas-oil ou gazole [gazɔl] *s. m.* gasóleo.

gaspacho [gaspatʃo] *s. m., Gastr.* (soupe froide à base de tomates typique de l'Andalousie) gazpacho.

gaspillage [gaspijaʒ] *s. m.* despilfarro; derroche; desperdicio.

gaspiller [gaspije] *v. tr.* **1.** (l'argent, les biens) malgastar; derrochar; despilfarrar. **2.** (la fortune) dilapidar. **3.** *fig.* desperdiciar.

gaspilleur, -euse [gaspijœʀ, -øz] *adj. et s. m. et f.* derrochador, -ra; manirroto, -ta.

gastronome [gastʀɔnɔm] *s. m.* gastrónomo, -ma.

gastronomie [gastrɔnɔmi] *s. f.* gastronomía.

gâté, -ée [gate] *adj.* **1.** (détérioré) estropeado, -da. **2.** (dent) picado, -da. **3.** *fig.* (enfant) mimado, -da; consentido, -da.

gâteau [gato] *s. m.* **1.** (pâtisserie) pastel. **2.** (génoise) bizcocho. **3.** (d'anniversaire) tarta *f.* ‖ ~ **sec** galleta *f.* madraza. **papa** ~ padrazo.

gâter [gate] *v. tr.* **1.** estropear; echar a perder. **2.** *fig.* viciar [L'affaire est gâtée. *El asunto se ha viciado.*] **3.** *fig.* (enfants) mimar; consentir. ‖ **se** ~ *v. pr.* **4.** (les fruits) estropearse; echarse a perder. **5.** (el tiempo) estropearse.

gâterie [gatʀi] *s. f.* mimo *m.* (con los niños).

gâteux, -euse [gatø, -øz] *adj., fam.* (un vieillard) chocho, -cha. ‖ **devenir** ~ chochear.

gauche [goʃ] *adj.* **1.** izquierdo, -da; zurdo, -da [La main gauche. *La mano izquierda.*] ‖ *s. f.* **2.** izquierda. ‖ **à** ~ a la izquierda.

gaucher, -ère [goʃe, -ɛʀ] *adj. et s. m. et f.* (une personne) zurdo, -da; zocato, -da.

gaucherie [goʃʀi] *s. f., fam.* torpeza.

gaufre [gofʀ] *s. f.* **1.** (des abeilles) panal *m.* **2.** (pâtisserie) gofre *m.*

gaver [gave] *v. tr.* **1.** cebar. ‖ **se** ~ *v. pr.* **2.** atracarse; atiborrarse; hartarse.

gay [gɛ] *s. m.* gay.

gaz [gaz] *s. m.* gas.

gaze [gaz] *s. f.* (tissu) gasa.

gazelle [gazɛl] *s. f., Zool.* gacela.

gazer [gaze] *v. tr.* **1.** atacar con gases asfixiantes. ‖ *v. intr.* **2.** ir a toda velocidad.

gazette [gazɛt] *s. f.* (journal) gaceta.

gazeux, -euse [gazø, -øz] *adj.* **1.** gaseoso, -sa. **2.** con gas [De l'eau gazeuse. *Agua con gas.*]

gazon [gazɔ̃] *s. m.* césped; hierba *f.*

gazouiller [gazuje] *v. intr.* **1.** murmurar; susurrar. **2.** (enfants) balbucear.

géant, -te [ʒeɑ̃, -ɑ̃t] *adj.* **1.** gigante. ‖ *s. m. et f.* **2.** gigante, -ta.

geignard, -de [ʒɛɲaʀ, -aʀd] *adj. et s. m. et f., fam.* quejica.

geindre [ʒɛ̃dʀ] *v. intr.* gimotear.

gel [ʒɛl] *s. m.* **1.** helada *f.* [Le gel a fait éclaté les tuyaux. *La helada ha estallado las tuberías.*] **2.** (substance) gel.

gélatine [ʒelatin] *s. f.* gelatina.

gelée [ʒ(ə)le] *s. f.* **1.** helada [Gelées nocturnes. *Heladas nocturnas.*] **2.** (de viande, de poisson) gelatina. **3.** jalea [Gelée royale. *Jalea real.*] **4.** mermelada. ‖ ~ **blanche** escarcha.

geler [ʒ(ə)le] *v. tr.* **1.** helar; congelar. **2.** *fig.* congelar. **3.** (paralyser) pasmar; helar. ‖ *v. intr.* **4.** (souffrir du froid) pasmarse.

Gémeaux [ʒemo] *s. m. pl.* Géminis.

gémir [ʒemiʀ] *v. intr.* gemir; quejarse.

gémissement [ʒemismɑ̃] *s. m.* gemido.

gemme [ʒɛm] *s. f.* gema.

gênant, -te [ʒenɑ̃, -ɑ̃t] *adj.* molesto, -ta.

gencive [ʒɑ̃siv] *s. f.* encía.

gendarme [ʒɑ̃daʀm] *s. m.* **1.** (en Espagne) guardia civil. **2.** *fig.* sargento.

gendarmerie [ʒɑ̃daʀm(ə)ʀi] *s. f.* **1.** (corps) guardia civil. **2.** (caserne) cuartel de la guardia civil.

gendre [ʒɑ̃dʀ] *s. m.* yerno; hijo político.

gène [ʒɛn] *s. m.* gen.

gêne [ʒɛn] *s. f.* **1.** (malaise physique) molestia; malestar *m.* **2.** (embarras, obstacle) estorbo *m.*; obstáculo *m.* **3.** (incommodité) incomodidad. **4.** (économique) aprieto *m.*; apuro *m.* **5.** (à respirer) ahogo *m.* ‖ **sans** ~ sin consideración.

gêné, -ée [ʒene] *adj.* **1.** (embêté) molesto, -ta. **2.** (mal à l'aise) violento, -ta. **3.** apurado, -da (de dinero).
généalogie [ʒenealɔʒi] *s. f.* genealogía.
gêner [ʒene] *v. tr.* **1.** (ennuyer) fastidiar; molestar. **2.** (empêcher) estorbar; incomodar; entorpecer. **3.** (obstruer) obstaculizar. **4.** (embarrasser) azarar. **5.** ser una molestia [*Si cela ne vous gêne pas. Si no es una molestia.*] ‖ **se ~** *v. pr.* **6.** molestarse; tomarse la molestia.
général, -le, -aux [ʒeneʀal, -o] *adj.* **1.** general. ‖ *s. m.* **2.** *Mil.* general.
généralement [ʒeneʀalmã] *adv.* en general.
généraliser [ʒeneʀalize] *v. tr.* **1.** generalizar. ‖ **se ~** *v. pr.* **2.** generalizarse.
générateur, -trice [ʒeneʀatœʀ, -tʀis] *adj. et s. m.* generador, -ra.
génération [ʒeneʀasjɔ̃] *s. f.* generación.
généreux, -euse [ʒeneʀø, -øz] *adj.* generoso, -sa.
générosité [ʒeneʀozite] *s. f.* generosidad.
génétique [ʒenetik] *adj.* **1.** genético, -ca. ‖ *s. f.* **2.** genética.
génial, -le, -aux [ʒenjal, -o] *adj.* genial.
génie [ʒeni] *s. m.* **1.** (esprit) genio. **2.** (talent) genio; ingenio. **3.** ingeniería *f.* [*Génie rural. Ingeniería agrícola.*]
genièvre [ʒ(ə)njɛvʀ] *s. m.* **1.** (alcool) ginebra *f.* **2.** *Bot.* (plante) enebro.
génital, -le, -aux [ʒenital, -o] *adj.* genital. ‖ **parties génitales** partes.
genou [ʒ(ə)nu] *s. m., Anat.* rodilla *f.*
genouillère [ʒ(ə)nujɛʀ] *s. f.* rodillera.
genre [ʒãʀ] *s. m.* género.
gens [ʒã] *s. m. ou f. pl.* gente *f. sing.* [*Les gens sont contents. La gente está contenta.*] ‖ **de braves ~** buena gente.
gentil [ʒãti] *s. m.* (païen) gentil.

gentil, -ille [ʒãti, -ij] *adj.* **1.** (gracieux) gentil. **2.** (obligeant) amable; atento, -ta. **3.** (choses) lindo, -da.
gentilhomme [ʒãtijɔm] *s. m.* **1.** (noble) noble. **2.** (noble espagnol, de la petite noblesse) hidalgo. •Pl. gentilshommes.
gentillesse [ʒãtijɛs] *s. f.* **1.** amabilidad; gentileza. **2.** (attention) atención; detalle *m.*
géographie [ʒeɔgʀafi] *s. f.* geografía.
geôle [ʒol] *s. f., fig.* (prison) prisión; cárcel.
geôlier, -ière [ʒolje, -jɛʀ] *s. m.* carcelero, -ra.
géologie [ʒeɔlɔʒi] *s. f.* geología.
géométrie [ʒeɔmetʀi] *s. f.* geometría.
géométrique [ʒeɔmetʀik] *adj.* geométrico, -ca.
gérance [ʒeʀãs] *s. f.* gerencia.
géranium [ʒeʀanjɔm] *s. m., Bot.* geranio.
gérant, -te [ʒeʀã, -ãt] *s. m. et f.* **1.** gerente; manager. **2.** (administrateur) gestor, -ra.
gerbe [ʒɛʀb] *s. f.* **1.** (de céréales) gavilla; haz *m.* **2.** *fig.* (bouquet) ramo *m.* **3.** (d'eau, d'écume, de feu) chorro *m.;* haz *m.*
gercer [ʒɛʀse] *v. tr. et intr.* **1.** (la peau) agrietar; cortar. ‖ **se ~** *v. pr.* **2.** (le sol, la peau) agrietarse.
gerçure [ʒɛʀsyʀ] *s. f.* **1.** grieta; raja. **2.** (aux troncs des arbres) hendidura.
gérer [ʒeʀe] *v. tr.* administrar; dirigir.
germain, -ne [ʒɛʀmɛ̃, -ɛn] *adj.* **1.** (parenté) carnal. ‖ *adj.* **2.** (germanique) germano, -na. ‖ **Germain, -ne** *s. m. et f.* **3.** (de la Germanie) germano, -na. ‖ **cousin ~** primo hermano. **cousin issu de ~** primo segundo.
germe [ʒɛʀm] *s. m.* germen; semilla *f.*
germer [ʒɛʀme] *v. intr.* germinar; brotar.
gérondif [ʒeʀɔ̃dif] *s. m., Ling.* gerundio.
gésir [ʒeziʀ] *v. intr.* yacer.

gestation [ʒɛstasjɔ̃] *s. f.* gestación.
geste [ʒɛst] *s. m.* **1.** gesto; ademán. **2.** (acte) acto; acción *f.* ‖ *s. f.* **3.** gesta.
gesticuler [ʒɛstikyle] *v. intr.* gesticular.
gestion [ʒɛstjɔ̃] *s. f.* gestión.
gibecière [ʒib(ə)sjɛʀ] *s. f.* (de caza) morral *m.*; zurrón *m.*
gibier [ʒibje] *s. m.* caza *f.* (mayor y menor).
giboulée [ʒibule] *s. f.* aguacero; chubasco *m.*
gicler [ʒikle] *v. intr.* **1.** (jaillir) salpicar; rociar. **2.** (le sang) brotar.
gifle [ʒifl] *s. f.* bofetada; bofetón *m.*; torta.
gifler [ʒifle] *v. tr.* abofetear.
gigantesque [ʒigɑ̃tɛsk] *adj.* gigantesco, -ca.
gigot [ʒigo] *s. m.* pierna *f.* (de cordero).
gigoter [ʒigɔte] *v. tr.* patalear.
gilet [ʒile] *s. m.* **1.** (avec manches) chaqueta *f.* **2.** (sans manches) chaleco *m.* [Gilet de sauvetage. *Chaleco salvavidas.*]
gin [dʒin] *s. m.* (genièvre) ginebra *f.*
girafe [ʒiʀaf] *s. f.*, *Zool.* jirafa.
girofle [ʒiʀɔfl] *s. m.* clavo (especia). ‖ **clou de ~** clavo.
giroflée [ʒiʀɔfle] *s. f.*, *Bot.* alhelí *m.*
giron [ʒiʀɔ̃] *s. m.* regazo.
girouette [ʒiʀwɛt] *s. f.* veleta.
gisement [ʒizmɑ̃] *s. m.* yacimiento.
gitan, -ne [ʒitɑ̃, -an] *s. m.* et *f.* gitano, -na.
gîte [ʒit] *s. m.* **1.** (rural, d'étape) albergue. **2.** (logement, refuge) cobijo. **3.** (d'un animal) guarida *f.*; madriguera *f.*
givre [ʒivʀ] *s. m.* escarcha *f.*
glace [glas] *s. f.* **1.** (eau congelée) hielo *m.* **2.** (crème glacée) helado *m.* [Une glace au chocolat ou à la vanille. *Un helado de chocolate o de vainilla.*] **3.** (miroir) espejo *m.* **4.** (fenêtre) cristal *m.*; ventanilla (de la voiture). **5.** (vitre) luna. ‖ **glaces flottantes** iceberg *m. sing.* **sucre ~** azúcar glas.
glacé, -ée [glase] *adj.* **1.** helado, -da. **2.** (très froid) gélido, -da.
glacer [glase] *v. tr.* helar. ‖ **se ~** *v. pr.* **2.** helarse.
glaciaire [glasjɛʀ] *adj.* glaciar.
glacial, -le, -als [glasjal] *adj.* glacial.
glacier [glasje] *s. m.* glaciar.
glacière [glasjɛʀ] *s. f.* nevera (portátil).
glaïeul [glajœl] *s. m.*, *Bot.* gladiolo.
glaire [glɛʀ] *s. f.* (mucosité) mucosidad.
glaise [glɛz] *s. f.* arcilla.
gland [glɑ̃] *s. m.* **1.** *Bot.* bellota *f.* **2.** (passementerie) borla.
glande [glɑ̃d] *s. f.*, *Anat.* glándula.
glapir [glapiʀ] *v. intr.* chillar (animales).
glissade [glisad] *s. f.* resbalón *m.*
glissant, -te [glisɑ̃, -ɑ̃t] *adj.* **1.** resbaladizo, -za. **2.** (qui glisse entre les mains) escurridizo, -za.
glissement [glismɑ̃] *s. m.* **1.** (déplacement) deslizamiento. **2.** (de terrain) corrimiento.
glisser [glise] *v. intr.* **1.** (tomber) resbalar; escurrirse. **2.** (patiner) patinar. **3.** (doucement) deslizarse. **4.** (des mains de qqun) resbalarse. **5.** *fig.* escabullirse. ‖ *v. tr.* **6.** deslizar. ‖ **se ~** *v. pr.* **7.** (s'introduire) deslizarse.
global, -le, -aux [glɔbal, -o] *adj.* global.
globe [glɔb] *s. m.* globo (esfera).
globe-trotter [glɔbtʀɔtœʀ] *s. m.* et *f.* trotamundos.
globule [glɔbyl] *s. m.* glóbulo.
gloire [glwaʀ] *s. f.* gloria.
glorieux, -euse [glɔʀjø, -øz] *adj.* glorioso, -sa.
glorifier [glɔʀifje] *v. tr.* **1.** glorificar. ‖ **se ~** *v. pr.* **2.** vanagloriarse.

glose [gloz] *s. f.* glosa.
gloser [gloze] *v. tr. et intr.* glosar.
glossaire [glɔsɛʀ] *s. m.* glosario.
glouton, -onne [glutɔ̃, -ɔn] *adj. et s. m. et f.* glotón, -tona; tragón, -gona.
gluant, -te [glyɑ̃, -ɑ̃t] *adj.* pegajoso, -sa; viscoso, -sa.
glycérine [gliseʀin] *s. f.* glicerina.
gnome [gnom] *s. m.* gnomo.
gnon [ɲɔ̃] *s. m., fam.* mamporro.
gnou [gnu] *s. m., Zool.* ñu.
goal, -als [gol] *s. m. Sport* portero, -ra; guardameta *m. et f.*
gobelet [gɔblɛ] *s. m.* vaso (cilíndrico de papel o plástico).
gober [gɔbe] *v. tr.* (avaler) sorber (tragar sin masticar).
goguenard, -de [gɔgnaʀ, -aʀd] *adj.* guasón, -sona.
goinfre [gwɛ̃fʀ] *s. m., fam.* tragón, -gona.
goinfrer [gwɛ̃fʀe] *v. tr.* **1.** (personnes) cebar. ‖ **se** ~ *v. pr.* **2.** engullir. **3.** inflarse [Se goinfrer de pâtisseries. *Inflarse de bollos.*]
golf [gɔlf] *s. m., Sport* golf.
golfe [gɔlf] *s. m., Géogr.* golfo.
gomina [gɔmina] *s. f.* gomina.
gomme [gɔm] *s. f.* goma.
gommer [gɔme] *v. tr.* borrar (con goma).
gommeux [gɔmø, -øz] *s. m.* figurín.
gond [gɔ̃] *s. m.* gozne; quicio. ‖ **faire sortir de ses gonds** *fig.* sacar de quicio.
gondole [gɔ̃dɔl] *s. f.* góndola.
gondoler [gɔ̃dɔle] *v. intr.* **1.** torcerse (deformar). ‖ **se** ~ *v. pr.* **2.** torcerse; combarse.
gonflé, -ée [gɔ̃fle] *adj.* hinchado, -da.
gonflement [gɔ̃fləmɑ̃] *s. m.* hinchazón *f.*
gonfler [gɔ̃fle] *v. tr.* **1.** hinchar; inflar. ‖ **se** ~ *v. pr.* **2.** hincharse.
gonfleur [gɔ̃flœʀ] *s. m.* bomba *f.* (para hinchar).

gong [gɔ(g)] *s. m.* gong.
gorge [gɔʀʒ] *s. f.* garganta.
gorgée [gɔʀʒe] *s. f.* trago *m.;* sorbo *m.*
gorille [gɔʀij] *s. m., Zool.* gorila.
gosier [gozje] *s. m.* garganta *f.*
gosse [gɔs] *s. m. et f.* **1.** (bébé) crío, -a; bebé. **2.** *fam.* (enfant) chico, -ca; crío, -a; chaval, -la. **3.** *fam.* (adolescent) muchacho, -cha.
gothique [gɔtik] *adj., et s. m.* gótico, -ca.
goudron [gudʀɔ̃] *s. m.* alquitrán.
goudronner [gudʀɔne] *v. tr.* alquitranar.
gouffre [gufʀ] *s. m.* **1.** sima *f.* **2.** (abîme) abismo. **3.** (précipice) precipicio.
goulot [gulo] *s. m., Géogr.* (entrée ou passage étroit) cuello. ‖ **~ de bouteille** cuello de botella.
goulu, -ue [guly] *adj. et s. m. et f.* glotón, -tona; tragón, -gona.
gourde [guʀd] *s. f.* **1.** (pour l'eau) cantimplora. **2.** (de vin) bota. **3.** *Bot.* calabaza.
gourdin [guʀdɛ̃] *s. m.* garrote (palo).
gourmand, -de [guʀmɑ̃, -ɑ̃d] *adj. et s. m. et f.* (qui aime les sucreries) goloso, -sa.
gourmandise [guʀmɑ̃diz] *s. f.* **1.** (vice, péché) gula. **2.** (gloutonnerie) glotonería. **3.** (friandise) golosina.
gourmet [guʀmɛ] *s. m.* gastrónomo.
gourmette [guʀmɛt] *s. f.* esclava (pulsera).
gousse [gus] *s. f.* (d'ail) diente *m.*
goût [gu] *s. m.* gusto. ‖ **avoir bon ~** saber [La sauce a bon goût. *La salsa sabe bien.*] **bon ~** buen gusto. **de mauvais ~** (objets) cursi. ‖ (plouc) hortera. **mauvais ~** mal gusto.
goûter[1] [gute] *v. tr.* **1.** (déguster) probar; catar. **2.** (savourer) saborear. ‖ *v. intr.* **3.** merendar.
goûter[2] [gute] *s. m.* merienda *f.;* merendola *f. fam.*

goutte [gut] *s. f.* **1.** gota [Une goutte d'eau. *Una gota de agua.*] **2.** (maladie) gota. ‖ *adv.* **3.** nada; ni jota [N'y voir goutte. *No ver nada/ ni jota.*]

goutter [gute] *v. intr.* gotear.

gouttière [gutjɛʀ] *s. f.* canalón *m.*

gouvernail [guvɛʀnaj] *s. m.* **1.** Aéron. timón. **2.** Mar. timón. •Pl. gouvernails.

gouvernant, -te [guvɛʀnɑ̃, -ɑ̃t] *adj. et s. m.* **1.** gobernante. ‖ **gouvernante** *s. f.* **2.** (bonne d'enfants) aya; institutriz. **3.** (femme de ménage d'un homme seul) ama de llaves.

gouverne [guvɛʀn] *s. f.* **1.** Aéron. timón *m.* ‖ **gouvernes** *s. f. pl.* **2.** mandos *m.*

gouvernement [guvɛʀnəmɑ̃] *s. m.* gobierno.

gouvernemental, -le, -aux [guvɛʀnəmɑ̃tal, -o] *adj.* gubernamental.

gouverner [guvɛʀne] *v. tr.* gobernar.

gouverneur [guvɛʀnœʀ] *s. m.* gobernador, -ra.

grabat [gʀaba] *s. m.* camastro.

grâce [gʀɑs] *s. f.* gracia. ‖ **~ à** gracias a.

gracier [gʀasje] *v. tr.* indultar.

gracieux, -euse [gʀasjø, -øz] *adj.* gracioso, -sa.

gracile [gʀasil] *adj.* grácil.

gradation [gʀadasjɔ̃] *s. f.* gradación.

grade [gʀad] *s. m.* grado. ‖ **conférer un ~** graduar; licenciar (délivrer le diplôme de licencié).

gradin [gʀadɛ̃] *s. m.* **1.** (banc) grada *f.* ‖ **gradins** *s. m. pl.* **2.** (stade de football) graderío *sing.* **3.** Taur. (arène) tendido *sing.*

graduation [gʀadɥasjɔ̃] *s. f.* graduación.

graduel, -elle [gʀadɥɛl] *adj.* gradual.

graduer [gʀadɥe] *v. tr.* graduar.

graffiti [gʀafiti] *s. m. pl.* pintada *f. sing.*

grain [gʀɛ̃] *s. m.* **1.** Bot. grano. **2.** (de sable) grano. **3.** (du chapelet) cuenta *f.* ‖ **~ de beauté** lunar.

graine [gʀɛn] *s. f.* **1.** Bot. (semence) semilla. **2.** (d'un fruit) pepita. **3.** pipa [Graine de tournesol. *Pipa de girasol.*]

graisse [gʀɛs] *s. f.* **1.** grasa; unto *m.;* pringue *amb.* **2.** (de porc) manteca; sebo *m.*

graisser [gʀese] *v. tr.* **1.** engrasar; pringar. **2.** (oindre) untar.

graisseux, -euse [gʀesø, -øz] *adj.* grasiento, -ta.

grammaire [gʀa(m)mɛʀ] *s. f.* gramática.

grammatical, -le, -aux [gʀamatikal, -o] *adj.* gramatical.

gramme [gʀam] *s. m.* gramo.

grand, grande [gʀɑ̃, gʀɑ̃d] *adj.* **1.** grande; gran. **2.** (taille d'une personne) alto, -ta. **3.** (âge) mayor. **4.** (important) grande; importante [Un gran jour. *Un gran día.*] ‖ **plus ~** (comparatif et superlatif) mayor. (superlatif) máximo, -ma [La plus grande quantité. *La cantidad máxima.*] •"Grande" devient "gran" devant un nom m. ou f. sing. *Una gran casa, un gran coche.*

grandeur [gʀɑ̃dœʀ] *s. f.* **1.** (dimension) dimensión; magnitud. **2.** (taille) tamaño *m.* **3.** (importance) magnitud; amplitud. [La grandeur du problème. *La amplitud del problema.*] **4.** *fig.* (dignité) grandeza; nobleza.

grandi, -ie [gʀɑ̃di] *adj.* crecido, -da.

grandiose [gʀɑ̃djoz] *adj.* grandioso, -sa.

grandir [gʀɑ̃diʀ] *v. intr.* **1.** (un être vivant) crecer. **2.** (l'obscurité, un objet) aumentar. ‖ *v. tr.* **3.** (grossir) hacer más grande. **4.** *fig.* (exagérer) aumentar; agrandar.

grand-mère [gʀɑ̃mɛʀ] *s. f.* abuela. •Pl. grand-mères, grands-mères.

grand-père [gʀɑ̃pɛʀ] *s. m.* abuelo. •Pl. grands-pères.

grand-rue [gʀɑ̃ʀy] *s. f.* calle mayor. •Pl. grand-rues.

grands-parents [gʀɑ̃pαʀɑ̃] *s. m. pl.* abuelos (abuelo y abuela).

grange [gʀɑ̃ʒ] *s. f.* granero *m.*

granit [gʀanit] *s. m.* granito.

granité [gʀanite] *s. m.* (sorbet) granizado.

granulaire [gʀanylɛʀ] *adj.* granular.

graphie [gʀafi] *s. f.* grafía.

graphique [gʀafik] *adj. et s. m.* gráfico, -ca.

graphite [gʀafit] *s. m.* grafito.

grappe [gʀap] *s. f.* racimo *m.*

gras, grasse [gʀɑ, gʀɑs] *adj.* **1.** (formé de graisse) graso, -sa [Aliment gras. *Alimento graso.*] **2.** (gros) gordo, -da [Un enfant gras. *Un niño gordo.*] **3.** (épais, large) grueso, -sa. **4.** (sali, enduit de graisse) grasiento, -ta. **5.** carnoso, -sa [Plante grasse. *Planta carnosa.*] || *s. m. et f.* **6.** gordo, -da. || **caractère ~** *Impr.* negrita *f.*

gratification [gʀatifikasjɔ̃] *s. f.* gratificación.

gratifier [gʀatifje] *v. tr.* gratificar.

gratiner [gʀatine] *v. tr.* gratinar.

gratis [gʀatis] *adj. et adv.* **1.** gratis. || *adv.* **2.** *fam.* de gorra.

gratitude [gʀatityd] *s. f.* gratitud.

gratte-ciel [gʀatsjɛl] *s. m. inv.* rascacielos.

gratter [gʀate] *v. tr.* **1.** (avec l'ongle) rascar. **2.** (avec un outil) raspar. **3.** (la terre) escarbar. || **~ les fonds** rebañar.

grattoir [gʀatwaʀ] *s. m.* **1.** raspador. **2.** (pour la vaisselle) estropajo.

gratuit, -te [gʀatɥi, -ɥit] *adj.* gratuito, -ta.

gravats [gʀava] *s. m. pl.* escombros.

grave [gʀav] *adj.* **1.** (comportement, sons) grave. **2.** *fig.* grave; serio, -ria. || **peu ~** (une blessure) leve.

gravé, -ée [gʀave] *adj.* grabado, -da.

graver [gʀave] *v. tr.* **1.** (arts) grabar. **2.** (sur le bois) tallar.

graveur [gʀavœʀ] *s. m.* grabador. || **~ de CD** grabadora de CD.

gravier [gʀavje] *s. m.* **1.** (petits cailloux) grava *f.* **2.** (petit caillou) guijo.

gravillon [gʀavijɔ̃] *s. m.* grava *f.*

gravir [gʀaviʀ] *v. tr.* **1.** subir (con esfuerzo). **2.** escolar.

gravité [gʀavite] *s. f.* **1.** gravedad. **2.** (caractère sérieux) seriedad.

graviter [gʀavite] *v. intr.* gravitar.

gravure [gʀavyʀ] *s. f.* **1.** (art et reproduction) grabado *m.* **2.** (image, photographie) estampa.

gré [gʀe] *s. m.* gusto. || **bon ~ mal ~** por las buenas o por las malas. **de bon ~** de buena gana. **de mauvais ~** de mala gana.

grec, grecque [gʀɛk] *adj.* **1.** griego, -ga. || **Grec, Grecque** *s. m. et f.* **2.** griego, -ga. || **grecque** *s. f.* **3.** greca.

grecque [gʀɛk] *adj. f.* *grec.

gréement [gʀemɑ̃] *s. m.*, *Mar.* aparejos.

greffe [gʀɛf] *s. f.* **1.** *Agr.* injerto *m.* **2.** *Méd.* injerto *m.*; transplante *m.* (d'un organe).

greffer [gʀefe] *v. tr.* **1.** injertar. || **se ~** *v. pr.* **2.** *fig.* (s'ajouter) añadirse.

greffier, -ière [gʀefje] *s. m. et f.* escribano.

grêle [gʀɛl] *s. f.* **1.** granizo *m.*; pedrisco *m.* **2.** (chute de grêle) granizada.

grêler [gʀɛle] *v. intr. et impers.* granizar.

grêlon [gʀɛlɔ̃] *s. m.* bola de granizo.

grelot [gʀəlo] *s. m.* cascabel.

grelotter [gʀ(ə)lɔte] *v. intr.* tiritar.

grenade [gʀ(ə)nad] *s. f.* granada.

grenat [gʀ(ə)na] *adj. inv. et s. m.* granate.

grenier [gʀ(ə)nje] *s. m.* **1.** granero. **2.** (à foin) pajar. **3.** (d'une maison) desván; ático.

grenouille [gʀ(ə)nuj] *s. f.*, *Zool.* rana.

grenu, -ue [gʀ(ə)ny] *adj.* granado, -da.
grésiller [gʀezije] *v. intr.* **1.** (la radio, le téléphone) chirriar. **2.** (pétiller) chisporrotear.
grève [gʀɛv] *s. f.* **1.** (arrêt d'activité) huelga. **2.** (au bord de la mer) playa de arena. **3.** (d'un cours d'eau) arenal *m.*
grever [gʀ(ə)ve] *v. tr.* gravar.
gribouillage [gʀibujaʒ] *s. m.* garabato.
gribouiller [gʀibuje] *v. tr. et intr., fam.* **1.** (barbouiller) pintarrajear. **2.** (écrire) garabatear; garrapatear.
gribouillis [gʀibuji] *s. m.* garabato.
grief [gʀijɛf] *s. m.* queja *f.*
griffe [gʀif] *s. f.* **1.** (ongle) uña. **2.** (patte) garra; zarpa. || **coup de ~** zarpazo.
griffer [gʀife] *v. tr.* (égratigner) arañar.
griffon [gʀifɔ̃] *s. m.* **1.** (animal fabuleux) grifo. **2.** (chien de chasse) sabueso.
griffonnage [gʀifɔnaʒ] *s. m.* garabato.
griffonner [gʀifɔne] *v. tr.* **1.** garabatear; garrapatear. **2.** *fig. et fam.* (écrire vite) escribir de prisa (y sin cuidado). **3.** (dessiner grossièrement) emborronar.
grignoter [gʀiɲɔte] *v. tr.* picotear; picar.
gril [gʀil] *s. m.* parrilla *f.*; barbacoa *f.*; grill.
grill [gʀil] *s. m.* (restaurant) grill.
grillade [gʀijad] *s. f.* parrillada; barbacoa.
grillage [gʀijaʒ] *s. m.* **1.** (d'un jardin) alambrada *f.* **2.** (d'une fenêtre) enrejado; reja *f.*; rejilla *f.*
grille [gʀij] *s. f.* **1.** (fenêtre) reja. **2.** (jardin) verja. **3.** (enclos) cerca. **4.** (barreaux entrecroisés ou parallèles) rejilla. **5.** (des programmes) parrilla. **6.** (tableau, feuille quadrillée) tabla.
grillé, -ée [gʀije] *adj.* **1.** tostado, -da [Du pain grillé. *Pan tostado.*] **2.** *Électr.* fundido. || **être ~** fundirse [L'ampoule est grillée. *La bombilla se ha fundido.*]

griller [gʀije] *v. tr.* **1.** (viande) asar. **2.** (café) tostar. **3.** (fermer par une grille) enrejar. **4.** *Agr.* quemar; abrasar; requemar. **5.** *fig.* saltarse [Griller un feu rouge. *Saltarse un semáforo en rojo.*] || *v. intr.* **6.** (sur le gril) asarse; tostarse. **7.** (une ampoule) fundirse.
grillon [gʀijɔ̃] *s. m., Zool.* grillo.
grimace [gʀimas] *s. f.* mueca; gesto *m.*
grimacer [gʀimase] *v. intr.* hacer muecas; hacer gestos; gesticular.
grimpant, -te [gʀɛ̃pɑ̃, -ɑ̃t] *adj.* trepador, -ra [Plante grimpante. *Planta trepadora.*]
grimper [gʀɛ̃pe] *v. intr.* **1.** trepar; encaramarse; subir; subirse. || *v. tr.* **2.** (une montagne) escalar.
grimpeur, -euse [gʀɛ̃pœʀ, -øz] *adj.* **1.** (animal ou plante) trepador, -ra. || *s. m. et f.* **2.** escalador, -ra; montañero, -ra.
grincer [gʀɛ̃se] *v. intr.* **1.** (les dents) rechinar. **2.** (une porte) rechinar; chirriar. **3.** (la chauve-souris) el épervier) chillar.
grincheux, -euse [gʀɛ̃ʃø, -øz] *adj. et s. m. et f.* cascarrabias *inv.*
grippe [gʀip] *s. f.* gripe.
gripper [gʀipe] *v. intr., Méc.* **1.** agarrotarse. || **se ~** *v. pr.* **2.** coger la gripe.
gris, grise [gʀi, gʀiz] *adj. et s. m.* **1.** (couleur) gris. || *adj.* **2.** (temps) nublado, -da.
grisâtre [gʀizɑtʀ] *adj.* grisáceo, -a.
griserie [gʀizʀi] *s. f.* ligera embriaguez.
grisonnant, -te [gʀizɔnɑ̃, -ɑ̃t] *adj.* canoso, -sa.
grisonner [gʀizɔne] *v. intr.* encanecer; tener canas.
grivois, -se [gʀivwa, -az] *adj.* verde *fig.*
groggy [gʀɔgi] *adj.* grogui.
grognement [gʀɔɲmɑ̃] *s. m.* gruñido.
grogner [gʀɔɲe] *v. intr.* gruñir.

grommeler [gʀɔm(ə)le] *v. tr. et intr.* refunfuñar.

grondement [gʀɔ̃dmɑ̃] *s. m.* **1.** (chien) gruñido. **2.** (rugissement) rugido. **3.** *fig.* (vacarme) estrépito. **4.** (de la bataille) estruendo.

gronder [gʀɔ̃de] *v. intr.* **1.** (chien) gruñir. **2.** (tigre) rugir. **3.** (vent) bramar. **4.** (d'un bruit sourd) retumbar; resonar. || *v. tr.* **5.** (un enfant) reñir; regañar.

gronderie [gʀɔ̃dʀi] *s. f.* reprimenda; regañina.

gros, grosse [gʀo, gʀos] *adj.* **1.** grueso, -sa; gordo, -da. **2.** (sans raffinement) basto, -ta; tosco, -ca; rústico, -ca [Gros drap. *Tela basta.*]. **3.** (corpulent) fuerte. **4.** (volumineux) abultado, -da. || *s. m.* **5.** grueso [Le gros de l'armée. *El grueso del ejército.*] || **en ~** *Comm.* al por mayor. | **en** líneas generales. **être ~** (être volumineux) abultar. ~ **lot** premio gordo. ~ **mot** palabrota *f.*; taco.

grossesse [gʀoses] *s. f.* embarazo *m.*

grosseur [gʀosœʀ] *s. f.* **1.** (taille, volume) tamaño *m.* **2.** (épaisseur) espesor *m.* **3.** (largeur) grosor *m.*

grossier, -ière [gʀosje, -jɛʀ] *adj.* **1.** (sans finesse) tosco, -ca; basto, -ta [De la vaisselle grossière. *Vajilla tosca.*]. **2.** (rustre) grosero, -ra. **3.** (qui dit des inconveniences, des gros mots) malhablado, -da; soez.

grossièreté [gʀosjɛʀte] *s. f.* **1.** grosería. **2.** (gros mot) taco; palabrota.

grossir [gʀosiʀ] *v. tr.* **1.** (rendre gros) engordar. **2.** (faire paraître gros) hacer gordo. **3.** (grandir) aumentar. **4.** *fig.* exagerar. || *v. intr.* **5.** (devenir gros) engordar.

grossissement [gʀosismɑ̃] *s. m.* (microscope) aumento.

grotesque [gʀɔtɛsk] *adj. et s. m. et f.* grotesco, -ca.

grotte [gʀɔt] *s. f.* gruta; cueva; caverna.

grouillement [gʀujmɑ̃] *s. m.* hormigueo.

grouiller [gʀuje] *v. intr.* **1.** (fourmiller) bullir; hormiguear. **2.** *fig.* (être plein de) rugir [La rue grouillait. *La calle rugía.*]. **3.** (les intestins) rugir.

groupe [gʀup] *s. m.* grupo.

groupement [gʀupmɑ̃] *s. m.* (groupe, réunion) agrupación *f.*

grouper [gʀupe] *v. tr.* **1.** agrupar. || **se ~** *v. pr.* **2.** agruparse.

grue [gʀy] *s. f.* **1.** *Zool.* grulla. **2.** *Méc.* grúa. **3.** *fig. et fam.* fulana; ramera; puta.

grumeau [gʀymo] *s. m.* grumo.

guatémaltèque [gwatemaltɛk] *adj.* **1.** guatemalteco, -ca. || **Guatémaltèque** *s. m. et f.* **2.** guatemalteco, -ca.

gué [ge] *s. m.* vado (de un río).

guenille [g(ə)nij] *s. f.* (haillon) harapo *m.*

guenon [g(ə)nɔ̃] *s. f.*, *Zool.* mona (simio).

guêpe [gɛp] *s. f.*, *Zool.* avispa.

guêpier [gepje] *s. m.* avispero.

guère [gɛʀ] *adv.* **1.** (pas beaucoup) casi; apenas [Il n'a guère d'argent. *Apenas tiene dinero / No tiene casi dinero.*]. **2.** (pas très) poco [Il n'est guère raisonnable. *Es poco razonable.*] || **ne ...** ~ (presque pas) casi no; apenas [Je ne le vois guère. *Casi no le veo.*] • "Guère" siempre se usa en frases negativas.

guérilla [geʀija] *s. f.* guerrilla.

guérir [geʀiʀ] *v. tr.* **1.** curar; sanar. || *v. in.* **2.** curarse.

guérison [geʀizɔ̃] *s. f.* curación.

guérisseur, -euse [geʀisœʀ, -øz] *s. m. et f.* curandero, -ra.

guérite [geʀit] *s. f.* garita.

guerre [gɛʀ] *s. f.* guerra. || **de ~** bélico, -ca.

guerrier, -ière [gɛʀje, -jɛʀ] *adj. et s. m. et f.* guerrero, -ra.
guerroyer [gɛʀwaje] *v. intr.* guerrear.
guet-apens [gɛtapɑ̃] *s. m.* emboscada *f.* encerrona *f.*
guetter [gete] *v. tr.* **1.** (surveiller) acechar. **2.** (observer) atisbar; otear. **3.** *péj.* (épier) fisgar. **4.** (comme une menace) acechar [La mort le guette. *La muerte le acecha.*]
guetteur, -euse [getœʀ] *s. m. et f.* **1.** (veilleur) vigía; vigilante. **2.** (sentinelle) centinela.
gueule [gœl] *s. f.* **1.** (d'une bête sauvage) fauces *pl.* **2.** *vulg.* (d'une personne) boca [Ferme ta gueule. *Cierra la boca.*] **3.** *fam.* (face, tête) cara [Une belle gueule. *Una cara bonita.*] ‖ **grande ~** *péj.* bocazas *m. et f. inv.* **~ de bois** resaca (de borrachera). **ta ~ !** *vulg.* ¡cierra el pico!
gueuler [gœle] *v. intr., fam.* gritar.
gueux, -euse [gø, gøz] *adj. et s. m. et f.* mendigo, -ga; pordiosero, -ra.
gui [gi] *s. m., Bot.* muérdago.
guichet [giʃɛ] *s. m.* (banque, administration) ventanilla *f.*; taquilla *f.*
guichetier, -ière [giʃ(ə)tje, -jɛʀ] *s. m. et f.* taquillero, -ra (encargado de taquilla).
guide [gid] *s. m. et f.* **1.** (cicérone) guía. ‖ *s. m.* **2.** (pour guider les aveugles) lazarillo. **3.** (livre) guía *f.* ‖ **guides** *s. f. pl.* **4.** (rênes) riendas.
guider [gide] *v. tr.* guiar.
guidon [gidɔ̃] *s. m.* **1.** (d'une bicyclette) manillar; guía *f.* **2.** (d'un fusil) punto de mira. **3.** *Mil.* banderín.
guigne [giɲ] *s. f.* **1.** *Bot.* guinda. **2.** *fam.* (malchance, poisse) mala pata. *fam.*
guignol [giɲɔl] *s. m.* guiñol.
guillemets [gijmɛ] *s. m. pl.* comillas. ‖ **mettre entre ~** entrecomillar.
guillotine [gijotin] *s. f.* guillotina.
guindé, -ée [gɛ̃de] *adj.* **1.** (affecté) estirado, -da; tieso, -sa. **2.** (pompeux) cursi.
guinguette [gɛ̃gɛt] *s. f.* merendero *m.*
guirlande [giʀlɑ̃d] *s. f.* guirnalda.
guitare [gitaʀ] *s. f., Mus.* guitarra.
guttural, -le, -aux [gytyʀal, -o] *adj.* **1.** gutural. ‖ **gutturale** *s. f.* **2.** gutural.
gymkhana [ʒimkana] *s. m.* gincana *f.*
gymnase [ʒimnɑz] *s. m.* gimnasio.
gymnaste [ʒimnast] *s. m. et f.* gimnasta.
gymnastique [ʒimnastik] *adj.* **1.** gimnástico, -ca. ‖ *s. f.* **2.** gimnasia.
gynécologue [ʒinekɔlɔg] *s. m. et f.* ginecólogo, -ga.
gypaète [ʒipaɛt] *s. m., Zool.* (vautour barbu) quebrantahuesos.
gypse [ʒips] *s. m.* yeso (mineral).

H

***h** [aʃ, 'aʃ] *s. m.* h *f.*
habile [abil] *adj.* hábil.
habileté [abilte] *s. f.* habilidad.
habiliter [abilite] *v. tr., Dr.* habilitar.
habillé, -ée [abije] *adj.* vestido, -da. ‖ **une robe ~** un vestido de salir.
habillement [abijmɑ̃] *s. m.* ropa *f.*; indumentaria *f.*
habiller [abije] *v. tr.* **1.** (vêtir) vestir. **2.** *Gastr.* preparar. ‖ **s'habiller** *v. pr.* **3.** vestirse; vestir.
habit [abi] *s. m.* **1.** (vêtement de dessus) prenda *f.* **2.** (propre à une époque) vestido. **3.** (d'homme) traje. **4.** frac. **5.** (pour une activité) traje [Habit de clown. *Traje de payaso.*] **6.** (de religieux) hábito. ‖ **habits** *s. m. pl.* **7.** ropa *f. sing.*
habitable [abitabl] *adj.* habitable.
habitant, -te [abitɑ̃, -ɑ̃t] *s. m. et f.* habitante.
habitat [abita] *s. m.* hábitat.
habitation [abitasjɔ̃] *s. f.* vivienda.
habiter [abite] *v. intr.* **1.** vivir; habitar. ‖ *v. tr.* **2.** vivir; habitar; morar.
habitude [abityd] *s. f.* **1.** costumbre; hábito *m.* **2.** (façon d'agir propre à qqun) estilo *m.* ‖ **avoir l'~ de** soler; acostumbrar. **d'~** normalmente. **mauvaise ~** vicio *m.* **prendre l'~ de** acostumbrarse.
habituel, -elle [abityɛl] *adj.* habitual.
habituer [abitye] *v. tr.* **1.** acostumbrar; habituar. **2.** (familiariser) familiarizar. ‖ **s'habituer** *v. pr.* **3.** habituarse; acostumbrarse.
***hache** [aʃ] *s. f.* hacha.
***haché, -ée** [aʃe] *adj.* picado, -da [Viande hâchée. *Carne picada.*]

***hacher** [aʃe] *v. tr.* **1.** (en petits morceaux) picar [Hacher fin. *Picar muy fino.*] **2.** (endommager) destrozar.
***hache-viande** [aʃvjɑ̃d] *s. m. inv.* picadora *f.*
***hachoir** [aʃwaʀ] *s. m.* picadora *f.* (de carnicero).
***hagard, -de** ['agaʀ, -aʀd] *adj.* **1.** (expression, yeux) aterrado, -da. **2.** (yeux) desorbitado, -da. **3.** (visage) desencajado, -da.
***haie** [ɛ] *s. f.* **1.** (clôture d'arbustes) seto *m.*; valla. **2.** (de personnes) hilera. **3.** *Sport* valla.
***haillon** [ɑjɔ̃] *s. m.* harapo; andrajo.
haine [ɛn] *s. f.* odio *m.*
***haineux, -euse** ['enø, -øz] *adj.* rencoroso, -sa; lleno de odio.
***haïr** ['aiʀ] *v. tr.* odiar; detestar.
haïssable ['aisabl] *adj.* odioso, -sa.
***hâlé, -ée** ['ɑle] *adj.* bronceado, -da; tostado, -da [Peau hâlée. *Piel tostada.*]
haleine [alɛn] *s. f.* **1.** aliento *m.*; hálito *m. litt.* **2.** (souffle) respiración [Haleine hachée. *Respiración entrecortada.*] ‖ **hors d'~** sin aliento.
***hâler** ['ɑle] *v. tr.* (la peau) tostar; curtir.
***haletant, -te** [('al(ə)tɑ̃, -ɑ̃t] *adj.* (hors d'haleine) jadeante.
***haleter** ['al(ə)te] *v. intr.* jadear.
***hall** ['ol] *s. m.* **1.** (grande salle dans un édifice public) hall. **2.** (dans une maison) vestíbulo; entrada *f.*
***halle** ['al] *s. f.* **1.** mercado *m.*; lonja; plaza. ‖ **halles** *s. f. pl.* **2.** plaza de abastos.
hallucination [a(l)lysinasjɔ̃] *s. f.* alucinación.
halluciner [a(l)lysine] *v. tr.* alucinar.
***halte** ['alt] *s. f.* **1.** alto *m.*; parada. **2.** (pause) descanso *m.* **3.** (étape) apeadero *m.* ‖ *interj.* **4.** ¡alto!
haltérophilie [alteʀɔfili] *s. f.* halterofilia.
***hamac** ['amak] *s. m.* hamaca *f.*

***hamburger** ['ãbœrgœr] *s. m.* hamburguesa *f.*
***hameau** ['amo] *s. m.* aldea *f.*; poblado.
hameçon [amsɔ̃] *s. m.* anzuelo.
***hampe** ['ãp] *s. f.* **1.** (d'un drapeau, d'une croix) asta. **2.** (d'un pinceau, d'un instrument) mango *m.*
***hamster** ['amstɛr] *s. m., Zool.* hámster.
***hanche** ['ãʃ] *s. f., Anat.* cadera.
***hand-ball** ['ãdbal] *s. m., Sport* balonmano.
***handicap** ['ãdikap] *s. m.* **1.** *Sport* handicap; minusvalía *f.* **2.** *fig.* desventaja *f.*
***handicapé, -ée** ['ãdikape] *adj. et s. et f.* discapacitado, -da; minusválido, -da.
***hangar** ['ãgar] *s. m.* **1.** (pour les avions) hangar. **2.** (pour le matériel agricole ou certaines marchandises) cobertizo. **3.** (pour les voitures) cobertizo. **4.** (dans l'industrie) nave *f.*
***hanté, -ée** ['ãte] *adj.* encantado, -da [Une maison hantée. *Una casa encantada.*]
***hanter** ['ãte] *v. tr., fig.* obsesionar; atormentar.
***hantise** ['ãtiz] *s. f.* obsesión.
***happer** ['ape] *v. tr.* atrapar (los animales).
***haranguer** ['arɑ̃ge] *v. tr.* arengar.
***harcèlement** ['arsɛlmã] *s. m.* acoso; hostigamiento.
***harceler** ['ars(ə)le] *v. tr.* **1.** (traquer) hostigar; acosar. **2.** (importuner) atosigar.
***hardi, -ie** ['ardi] *adj.* **1.** atrevido, -da; osado, -da; lanzado, -da; audaz. ‖ *interj.* **2.** ¡ánimo!
***hardiesse** ['ardjɛs] *s. f.* **1.** (audace) osadía; atrevimiento *m.* **2.** (vaillance) arrojo *m.*; intrepidez *f.*; gallardía.
***hareng** ['arã] *s. m.* arenque.
***hargneux, -euse** ['arɲø, -øz] *adj.* arisco, -ca.

***haricot** ['ariko] *s. m.* **1.** judía *f.*; alubia *f.*; habichuela *f.* **2.** frijol *Amér.*
harmonica [armɔnika] *s. m.* armónica *f.*
harmonie [ɛrmɔni] *s. f.* armonía.
harmonieux, -euse [armɔnjø, -øz] *adj.* armonioso, -sa.
harmoniser [armɔnize] *v. tr.* **1.** armonizar. **2.** (accorder, coordonner) sintonizar.
***harnacher** ['arnaʃe] *v. tr.* enjaezar.
***harnais** ['arnɛ] *s. m.* arreos *pl.*; montura *f.*
***harpe** ['arp] *s. f., Mus.* arpa.
***harpie** ['arpi] *s. f.* arpía.
***harpon** [arpɔ̃] *s. m.* arpón.
***hasard** ['azar] *s. m.* **1.** (coïncidence) azar; casualidad *f.*; acaso. **2.** (sort) suerte *f.*; fortuna *f.* ‖ **à tout ~** por si acaso. **par ~** por casualidad.
***hasarder** ['azarde] *v. tr.* aventurar; arriesgar.
***hasardeux, -euse** ['azardø, -øz] *adj.* arriesgado, -da.
***haschich** ou **haschisch** ['aʃiʃ] *s. m.* hachís.
***hâte** ['ɑt] *s. f.* prisa; precipitación. ‖ **avoir ~ de** tener prisa por.
***hâté, -ée** ['ɑte] *adj.* apresurado, -da.
***hâter** ['ɑte] *v. tr.* **1.** apresurar; acelerar. ‖ **se ~** *v. pr.* **2.** apresurarse; apurarse *Amér.* ‖ **~ le pas** apretar el paso.
***hâtif, -ive** ['ɑtif, -iv] *adj.* **1.** prematuro, -ra. **2.** apresurado, -da [Des conclusions hâtives. *Conclusiones apresuradas.*]
***hausse** ['os] *s. f.* subida; alza.
***haussement** ['osmã] *s. m.* **1.** levantamiento. **2.** (des épaules) encogimiento.
***hausser** ['ose] *v. tr.* **1.** (le ton, la voix, les bras) subir; alzar. **2.** (surélever) levantar. ‖ **~ les épaules** encoger de hombros.
***haut, haute** ['o, 'ot] *adj.* **1.** (note, voix) agudo, -da. **2.** alto, -ta [Le haut Moyen

Âge. *La Alta Edad Media.*] ‖ *s. m.* **3.** alto. **4.** (hauteur) altura *f.* [Cent mètres de haut. *Cien metros de altura.*] **5.** (arbre) copa *f.* **6.** (montagne) cima *f.* ‖ **à voix haute** en voz alta. **de ~ en bas** de arriba abajo. **hauts et bas** altibajos.

***haut** ['o] *adv.* alto [Voler haut. *Volar alto.*] ‖ **en ~** arriba. | (vers le haut) hacia arriba. **~ les mains!** ¡arriba las manos! **là-haut** allá arriba; arriba [Il est là-haut. *Está (allá) arriba.*] **plus ~** (dans un écrit) más arriba.

***hautain, -ne** [otɛ̃, -ɛn] *adj.* altivo, -va.
***hautbois** ['obwa] *s. m., Mus.* oboe.
***haut-de-forme** ['od(ə)fɔrm] *s. m.* chistera *f.* • Pl. hauts-de-forme.
***hauteur** ['otœr] *s. f.* **1.** altura; alto *m.* **2.** *Techn.* elevación. **3.** *fig.* (fierté) altanería.
***haut-le-cœur** ['ol(ə)kœr] *s. m. inv.* arcadas *f. pl.;* náuseas *f.*
***haut-parleur** ['oparlœr] *s. m.* altavoz.
***haut-relief** ['or(ə)ljef] *s. m.* alto relieve.
***heaume** ['om] *s. m.* yelmo.
hebdomadaire [ɛbdɔmadɛr] *adj.* **1.** semanal. ‖ *s. m.* **2.** (journal) semanario.
hébergement [ebɛrʒ(ə)mɑ̃] *s. m.* hospedaje.
héberger [ebɛrʒe] *v. tr.* albergar; hospedar.
hébété, -ée [ebete] *adj.* pasmado, -da; abobado, -da.
hébraïque [ebraik] *adj.* hebreo, -a.
hébreu [ebrø] *adj. m.* **1.** hebreo. ‖ *s. m.* **2.** (langue) hebreo. ‖ **Hébreu** *s. m.* **3.** hebreo. •En femenino se utiliza "israélite" o "juive". Para el adj. también "hébraïque".
hécatombe [ekatɔ̃b] *s. f.* hecatombe.
hectare [ɛktar] *s. m.* hectárea *f.*
hectogramme [ɛktɔgram] *s. m.* hectogramo.

hectolitre [ɛktɔlitr] *s. m.* hectolitro.
hectomètre [ɛktɔmɛtr] *s. m.* hectómetro.
hégémonie [eʒemɔni] *s. f.* hegemonía.
hélas! [elas] *interj.* ¡ay!; ¡ah!
hélice [elis] *s. f.* hélice.
hélicoptère [elikɔptɛr] *s. m.* helicóptero.
héliport [elipɔr] *s. m.* helipuerto.
hématome [ematom] *s. m.* hematoma.
hémicycle [emisikl] *s. m.* hemiciclo.
hémisphère [emisfɛr] *s. m.* hemisferio.
hémorragie [emɔraʒi] *s. f.* **1.** hemorragia. **2.** (cérébrale) derrame *m.*
***hennir** [enir] *v. intr.* relinchar.
heptagone [ɛptagɔn] *s. m.* heptágono.
herbe [ɛrb] *s. f.* hierba; yerba.
herbivore [ɛrbivɔr] *adj. et s. m. et f.* herbívoro, -ra.
herboristerie [ɛrbɔrist(ə)ri] *s. f.* herbolario *m.*
hérédité [eredite] *s. f.* herencia.
hérésie [erezi] *s. f.* herejía.
hérétique [eretik] *adj. et s. m. et f.* hereje.
***hérissé, -ée** ['erise] *adj.* erizado, -da.
***hérisser** ['erise] *v. tr.* **1.** erizar. **2.** (de peur) encrespar. ‖ **s'hérisser** *v. pr.* **3.** (les poils) erizarse; ponerse de punta.
***hérisson** ['erisɔ̃] *s. m.* erizo.
héritage [eritaʒ] *s. m.* herencia *f.*
hériter [erite] *v. tr. et intr.* heredar.
héritier, -ière [eritje, -jɛr] *s. m. et f.* heredero, -ra.
hermétique [ɛrmetik] *adj.* hermético, -ca.
hermine [ɛrmin] *s. f., Zool.* armiño *m.*
***hernie** ['ɛrni] *s. f.* hernia.
héroïne [erɔin] *s. f.* heroína.
héroïque [erɔik] *adj.* heroico.
héroïsme [erɔism] *s. m.* heroísmo.
***héron** ['erɔ̃] *s. m., Zool.* garza *f.*
***héros** ['ero] *s. m.* héroe.

HERSE - HISTOIRE

*herse [ɛRs] *s. f.* rastrillo *m.* ‖ ~ à blé Agr. trilla; trillo *m.*

hésitant, -te [ezitɑ̃, -ɑ̃t] *adj.* vacilante; indeciso, -sa; dudoso, -sa.

hésitation [ezitasjɔ̃] *s. f.* vacilación; indecisión; titubeo *m.*

hésiter [ezite] *v. intr.* **1.** vacilar; titubear. **2.** (entre) dudar. **3.** (osciller) fluctuar. ‖ ~ à no atreverse a.

hétérogène [eteRɔʒɛn] *adj.* heterogéneo, -a.

*hêtre ['ɛtR] *s. m., Bot.* haya *f.*

heure [œR] *s. f.* hora [Quelle heure est-il? ¿Qué hora es?] ‖ à l'~ actuelle ahora. à tout à l'~ ! ¡hasta ahora! de bonne ~ temprano; pronto. de très bonne ~ muy temprano. heures supplémentaires horas extraordinarias. tout à l'~ (il y a un moment) hace un momento. | (tout de suite) dentro de poco; luego; ahora.

heureusement [øRøzmɑ̃] *adv.* **1.** afortunadamente. ‖ *interj.* **2.** menos mal.

heureux, -euse [øRø, -øz] *adj.* **1.** feliz; dichoso, -sa. **2.** (au jeu) afortunado, -da.

*heurt ['œR] *s. m.* choque; golpe.

*heurter ['œRte] *v. tr. et intr.* **1.** chocar; toparse con. **2.** *fig.* (contrarier) contrariar; chocar. **3.** (offenser) herir. ‖ se ~ *v. tr. et intr.* **4.** darse; darse un golpe; chocar. **5.** *fig.* tropezar; topar. **6.** (réciproque) tropezarse.

*heurtoir ['œRtwaR] *s. m.* **1.** (d'une porte) aldaba *f.* **2.** *Ferr.* tope.

hexagone [egzagɔn] *s. m.* hexágono. •"L'Hexagone" es sinónimo de Francia (en referencia a la forma del país).

*hiatus [jatys, 'jatys] *s. m., Ling.* hiato.

hibernal, -le, -aux [ibɛRnal, -o] *adj.* **1.** (durant l'hiver) invernal. **2.** (relatif à l'hibernation) hibernal.

hibernation [ibɛRnasjɔ̃] *s. f.* hibernación.

hiberner [ibɛRne] *v. intr.* hibernar.

*hibou ['ibu] *s. m., Zool.* **1.** búho. **2.** mochuelo. • Pl. hiboux.

*hideux, -euse ['idø, -øz] *adj.* horroroso, -sa; horrible (feo).

hier [jɛR] *adv.* ayer. ‖ ~ matin ayer por la mañana. ~ soir anoche; ayer por la noche.

*hiérarchie ['jeRaRʃi] *s. f.* jerarquía.

*hiéroglyphe ['jeRɔglif] *s. m.* jeroglífico.

*hiéroglyphique ['jeRɔglifik] *adj.* jeroglífico, -ca.

hindou, -oue [ɛ̃du] *adj.* **1.** hindú; indio, -dia. ‖ Hindou, -oue *s. m. et f.* **2.** hindú; indio, -dia.

hippique [ipik] *adj.* hípico, -ca.

hippisme [ipism] *s. m.* hípica *f.*

hippodrome [ipodRom] *s. m.* hipódromo.

hippopotame [ipɔpɔtam] *s. m., Zool.* hipopótamo.

*hippy ou hippie ['ipi] *adj. et s. m. et f.* hippy.

hirondelle [iRɔ̃dɛl] *s. f., Zool.* golondrina.

hispanique [ispanik] *adj.* hispánico, -ca.

hispano-américain, -ne [ispanoameRikɛ̃, -ɛn] *adj.* **1.** hispanoamericano, -na. ‖ Hispano-américain, -ne *s. m. et f.* **2.** hispanoamericano, -na.

hispanophone [ispanɔfɔn] *adj.* **1.** hispanohablante. ‖ Hispanophone *s. m. et f.* **2.** hispanohablante.

*hisser [ise] *v. tr.* izar.

histoire [istwaR] *s. f.* **1.** (discipline) Historia. **2.** *fig.* (conte) historia; cuento *m.* **3.** (anecdote) caso *m.* **4.** lío [Des histoires de famille. *Líos de familia.*] **5.** *fam.* gaita; tinglado *m.* [Pour s'y garer c'est toute une histoire. *Para aparcar es una*

gaita.] || **à dormir debout** cuento chino. **~ grivoise** chiste verde.
historien, -enne [istɔʀjɛ̃, -ɛn] *s. m. et f.* historiador, -ra.
historiette [istɔʀjɛt] *s. f.* historieta.
historique [istɔʀik] *adj.* histórico, -ca.
hiver [ivɛʀ] *s. m.* invierno [En hiver. *En invierno.*]
hivernal, -le, -aux [ivɛʀnal, -o] *adj., litt.* invernal.
hiverner [ivɛʀne] *v. intr.* invernar.
*****hobby** [ˈɔbi] *s. m.* hobby.
*****hocher** [ˈɔʃe] *v. tr.* sacudir; menear.
*****hochet** [ˈɔʃɛ] *s. m.* **1.** sonajero. **2.** *fig.* (chose futile) juguete.
*****hockey** [ˈɔkɛ] *s. m., Sport* hockey.
*****hold-up** [ˈɔldœp] *s. m., (anglicisme)* atraco.
holocauste [ɔlɔkost] *s. m.* holocausto.
homicide [ɔmisid] *adj. et s. m. et f.* **1.** (une personne) homicida. || *s. m.* **2.** (l'acte) homicidio.
hommage [ɔmaʒ] *s. m.* homenaje.
hommasse [ɔmas] *adj., péj.* masculino, -na. || **femme ~** marimacho *m.*
homme [ɔm] *s. m.* **1.** hombre. **2.** (sur la carte d'identité) varón. **3.** (vêtements) caballero. || **~ d'état** estadista. **jeune ~** joven; muchacho.
homogène [ɔmɔʒɛn] *adj.* homogéneo, -a.
homologue [ɔmɔlɔg] *adj.* homólogo, -ga. || *s. m. et f.* **2.** homólogo; colega.
homosexuel, -elle [ɔmɔsɛksɥɛl] *adj. et s. m. et f.* homosexual.
*****hondurien, -enne** [ˈɔ̃dyʀjɛ̃, -ɛn] *adj.* **1.** hondureño, -ña. || **Hondurien, -enne** *s. m. et f.* **2.** hondureño, -ña.
honnête [ɔnɛt] *adj.* **1.** (respecte ses obligations) honrado, -da. **2.** (moral) honesto, -ta. **3.** (vertueux) bueno, -na. **4.** (acceptable) aceptable; razonable.

honnêteté [ɔnɛtte] *s. f.* **1.** honradez. **2.** (moralité) honestidad.
honneur [ɔnœʀ] *s. m.* **1.** honor. || **honneurs** *s. m. pl.* **2.** (funèbres) honras *f.* **3.** honores. **4.** *Jeux* (cartes) triunfos. || **en l'~ de** en honor de.
honorable [ɔnɔʀabl] *adj.* honorable.
honoraire [ɔnɔʀɛʀ] *adj.* **1.** honorario, -ria. || **honoraires** *s. m. pl.* **2.** honorarios.
honorer [ɔnɔʀe] *v. tr.* **1.** honrar. **2.** (rendre honneur à) hacer honor a. **3.** (les honoraires) pagar.
*****honte** [ˈɔ̃t] *s. f.* **1.** vergüenza. **2.** (humiliation) bochorno *m.* **3.** (déshonneur) deshonra; deshonor. **4.** (discrédit) mengua. || **avoir ~** tener vergüenza de; avergonzarse. **faire ~** avergonzar.
*****honteux, -euse** [ˈɔ̃tø, -øz] *adj.* **1.** vergonzoso, -sa. **2.** (penaud) avergonzado, -da.
hôpital, -aux [ɔpital, -o] *s. m.* hospital.
*****hoquet** [ˈɔkɛ] *s. m.* hipo [Avoir le hoquet. *Tener hipo.*]
horaire [ɔʀɛʀ] *s. m.* horario. || **décalage ~** diferencia horaria.
*****horde** [ˈɔʀd] *s. f.* horda.
horizon [ɔʀizɔ̃] *s. m.* horizonte.
horizontal, -le, -aux [ɔʀizɔ̃tal, -o] *adj. et s. f.* horizontal.
horloge [ɔʀlɔʒ] *s. f.* reloj *m.* (de torre, de pared).
horloger, -ère [ɔʀlɔʒe, -ɛʀ] *adj. et s. m. et f.* relojero, -ra.
horlogerie [ɔʀlɔʒʀi] *s. f.* relojería.
hormone [ɔʀmɔn] *s. f.* hormona.
horoscope [ɔʀɔskɔp] *s. m.* horóscopo.
horreur [ɔʀœʀ] *s. f.* horror *m.* || **avoir ~** (déplaire) dar grima. | detestar [J'ai horreur des avions. *Detesto los aviones.*] **faire ~** horrorizar. **film d'~** película de miedo.

horrible [ɔʀibl] *adj.* horrible; horroroso, -sa.
horrifier [ɔʀifje] *v. tr.* horrorizar.
*****hors** ['ɔʀ] *prép.* fuera de [Hors la loi, hors série, hors jeu. Fuera de la ley, fuera de serie, fuera de juego.] || **être ~ de soi** estar fuera de sí. **~ d'ici!** ¡afuera!; ¡fuera de aquí! **~ de** fuera de. **~ prix** carísimo. **mettre ~ de soi** desquiciar. •Suele escribirse con guión: "hors-série", "hors-jeu", "hors-service", "hors-la-loi".
*****hors-d'œuvre** [ɔʀdœvʀ] *s. m. inv.*, *Gastr.* entremés.
*****hors-la-loi** ['ɔʀlalwa] *s. m. et f. inv.* forajido, -da.
hortensia [ɔʀtɑ̃sja] *s. m.*, *Bot.* hortensia *f.*
hospice [ɔspis] *s. m.* hospicio.
hospitalier, -ière [ɔspitalje, -jɛʀ] *adj.* hospitalario, -ria.
hospitalité [ɔspitalite] *s. f.* hospitalidad.
hostie [ɔsti] *s. f.*, *Rel.* hostia; oblea.
hostile [ɔstil] *adj.* hostil.
hostilité [ɔstilite] *s. f.* hostilidad.
hôte, hôtesse [ot, otɛs] *s. m.* **1.** (amphitryon) anfitrión, -triona. **2.** huésped, -da. || **chambre d'~** casa de huéspedes. **hôtesse d'accueil** recepcionista *f.* **hôtesse de l'air** azafata. •Con el significado de "huésped" no se usa el femenino.
hôtel [otɛl] *s. m.* hotel. || **~ de ville** ayuntamiento. **petit ~** hostal.
hôtelier, -ière [otlje, -jɛʀ] *s. m. et f.* (d'un petit hôtel) hostelero, -ra; posadero, -ra.
hôtellerie [otɛlʀi] *s. f.* (secteur) hostelería.
hôtesse [otɛs] *s. f.* *hôte.
*****houblon** [ublɔ̃] *s. m.* lúpulo.
*****houe** ['u] *s. f.* azada.
*****houille** ['uj] *s. f.* hulla.

*****houle** ['ul] *s. f.* oleaje *m.*; marejada.
*****houlette** [ulɛt] *s. f.* cayado *m.*
*****houppe** ['up] *s. f.* borla.
*****housse** ['us] *s. f.* funda. || **enlever la ~** desenfundar.
*****houx** ['u] *s. m.*, *Bot.* acebo.
*****hublot** ['yblo] *s. m.* **1.** (dans un avion) ventanilla *f.* **2.** (dans un bateau) portilla *f.*
*****huée** ['ɥe] *s. f.* **1.** *litt.* griterío *m.* || **huées** *s. f. pl.* **2.** abucheo *m. sing.*
*****huer** ['ɥe] *v. tr.* abuchear.
huile [ɥil] *s. f.* **1.** aceite *m.* **2.** *Peint.* óleo *m.*
huileux, -euse [ɥilø, -øz] *adj.* aceitoso, -sa.
huilier, -ière [ɥilje, -jɛʀ] *adj.* **1.** aceitero, -ra. || *s. m.* **2.** (à huile) aceitera *f.* **3.** (à huile ou à vinaigre) vinagrera *f.* **4.** (huilier-vinégrier) vinagreras *f. pl.*
huilier-vinaigrier [ɥiljevinɛgʀije] *s. m.* vinagreras *f. pl.*
huis clos, à [aɥiklo] *loc.* a puerta cerrada.
huissier [ɥisje] *s. m.* **1.** ujier. **2.** (dans un ministère) ordenanza.
*****huit** ['ɥi(t)] *adj. et pron.* **1.** ocho. || *s. m.* **2.** ocho. || **~ cents** ochocientos, -tas. •Sólo las centenas simples utilizan "cents": huit cents; huit cent trois.
*****huitième** ['ɥitjɛm] *adj. et pron.* **1.** (ordinal) octavo, -va. || *adj. et s. m.* **2.** (fractionnaire) octavo, -va.
huître [ɥitʀ] *s. f.*, *Zool.* ostra.
humain, -ne [ymɛ̃, -ɛn] *adj. et s. m.* humano, -na.
humaniste [ymanist] *adj. et s. m.* humanista.
humanitaire [ymanitɛʀ] *adj.* humanitario, -ria.
humanité [ymanite] *s. f.* humanidad.
humble [œ̃bl] *adj.* **1.** humilde. **2.** modesto [À mon humble avis. En mi modesta opinión.]

humecter [ymɛkte] *v. tr.* **1.** humedecer. ‖ **s'humecter** *v. pr.* **2.** humedecerse.
*****humer** ['yme] *v. tr.* **1.** (sentir) olisquear. **2.** (l'air) aspirar.
humeur [ymœʀ] *s. f.* **1.** (caractère) humor *m.*; talante *m.* **2.** *Méd.* humor *m.* ‖ **bonne ~** buen humor. **de mauvaise ~** malhumorado, -da. **mauvaise ~** malhumor *m.*; mal humor.
humide [ymid] *adj.* húmedo, -da.
humidifier [ymidifje] *v. tr.* humedecer.
humidité [ymidite] *s. f.* humedad.
humiliation [ymiljasjɔ̃] *s. f.* humillación.
humilier [ymilje] *v. tr.* humillar.
humilité [ymilite] *s. f.* humildad.
humoriste [ymɔʀist] *adj. et s. m. et f.* humorista.
humour [ymuʀ] *s. m.* humor [Il a le sens de l'humour. *Tiene sentido del humor.*]
*****huppe** ['yp] *s. f.* (touffe de plumes) cresta.
*****hurlement** [yʀl(ə)mɑ̃] *s. m.* **1.** aullido. **2.** *fig.* grito; alarido.
*****hurler** ['yʀle] *v. intr.* **1.** aullar. **2.** (crier) dar alaridos; gritar. **3.** (vent) rugir. **4.** (gronder) bramar.
*****hurleur, -euse** [yʀlœʀ, -øz] *adj. et s. m. et f.* chillón, -llona.
hurluberlu [yʀlybɛʀly] *s. m.*, *fam.* alocado, -da.
*****hutte** ['yt] *s. f.* **1.** choza. **2.** (cabane) cabaña.

hybride [ibʀid] *adj. et s. m.* híbrido, -da.
hydrater [idʀate] *v. tr.* hidratar.
hydraulique [idʀolik] *adj.* **1.** hidráulico, -ca. ‖ *s. f.* **2.** hidráulica.
hydravion [idʀavjɔ̃] *s. m.* hidroavión.
hydrogène [idʀɔʒɛn] *s. m.* hidrógeno.
*****hyène** [jɛn, 'jɛn] *s. f.* hiena.
hygiène [iʒjɛn] *s. f.* **1.** higiene. **2.** (publique) sanidad.
hygiénique [iʒjenik] *adj.* higiénico, -ca. ‖ **papier ~** papel higiénico.
hymne [imn] *s. m.* himno. •En algunos usos "hymne" es f.
hypermarché [ipɛʀmaʀʃe] *s. m.* hipermercado.
hypnotiser [ipnɔtize] *v. tr.* hipnotizar.
hypocondriaque [ipɔkɔ̃dʀijak] *adj. et s. m. et f.*, *Méd.* hipocondríaco, -ca.
hypocrisie [ipɔkʀizi] *s. f.* hipocresía.
hypocrite [ipɔkʀit] *adj. et s. m. et f.* hipócrita.
hypoténuse [ipɔtenyz] *s. f.* hipotenusa.
hypothèque [ipɔtɛk] *s. f.* hipoteca.
hypothéquer [ipɔteke] *v. tr.* hipotecar.
hypothèse [ipɔtɛz] *s. f.* **1.** hipótesis. **2.** (supposition) supuesto *m.* [Dans l'hypothèse où. *En el supuesto de que.*]
hystérie [isteʀi] *s. f.* histeria; histerismo *m.*
hystérique [isteʀik] *adj. et s. m. et f.* histérico, -ca.

I

i [i] *s. m.* i *f.*
ibéro-américain, -ne [iberoamerikɛ̃, -ɛn] *adj.* **1.** iberoamericano, -na. ‖ **Ibéro-américain, -ne** *s. m. et f.* **2.** iberoamericano, -na.
iceberg [isbɛʀg] *s. m.* iceberg.
ici [isi] *adv.* aquí; acá *Amér.* ‖ **d'~ peu** dentro de poco.
icône [ikon] *s. m., Rel.* icono.
idéal, -le, -als/-aux [ideal, -o] *adj. et s. m.* ideal.
idéaliser [idealize] *v. tr.* idealizar.
idéaliste [idealist] *adj. et s. m. et f.* idealista.
idée [ide] *s. f.* idea.
idem [idɛm] *pron. et adv.* ídem.
identifier [idɑ̃tifje] *v. tr.* identificar.
identique [idɑ̃tik] *adj.* idéntico, -ca.
identité [idɑ̃tite] *s. f.* identidad.
idéologie [ideɔlɔʒi] *s. f.* ideología.
idiome [idjom] *s. m.* expresión idiomática.
idiot, -te [idjo, -ɔt] *adj. et s. m. et f.* idiota.
idiotie [idjɔsi] *s. f.* idiotez.
idiotisme [idjɔtism] *s. m.* modismo.
idolâtre [idɔlɑtʀ] *adj. et s. m. et f.* idólatra.
idolâtrie [idɔlɑtʀi] *s. f.* idolatría.
idole [idɔl] *s. f.* ídolo *m.*
igloo [iglu] *s. m.* iglú *m.*
ignorance [iɲɔʀɑ̃s] *s. f.* ignorancia.
ignorant, -te [iɲɔʀɑ̃, -ɑ̃t] *adj. et s. m. et f.* ignorante.
ignorer [iɲɔʀe] *v. tr.* ignorar.
il [il] *pron. pers. 3ème m. sing.* él (sujet).
île [il] *s. f.* isla.
illégal, -le, -aux [i(l)legal] *adj.* ilegal.
illégitime [i(l)leʒitim] *adj.* ilegítimo, -ma.
illettré, -ée [i(l)letʀe] *adj. et s. m. et f.* analfabeto, -ta; iletrado, -da.

illicite [i(l)isit] *adj.* ilícito, -ta.
illimité, -ée [i(l)imite] *adj.* ilimitado, -da.
illisible [i(l)izibl] *adj.* ilegible.
illogique [i(l)ɔʒik] *adj.* ilógico, -ca.
illumination [i(l)yminasjɔ̃] *s. f.* iluminación.
illuminer [i(l)ymine] *v. tr.* iluminar.
illusion [i(l)yzjɔ̃] *s. f.* ilusión.
illusionner [i(l)yzjɔne] *v. tr.* **1.** ilusionar. ‖ **s'illusionner** *v. pr.* **2.** ilusionarse.
illusionniste [i(l)yzjɔnist] *s. m. et f.* ilusionista.
illusoire [i(l)yzwaʀ] *adj.* ilusorio, -ria.
illustration [i(l)ystʀasjɔ̃] *s. f.* ilustración.
illustre [i(l)ystʀ] *adj.* ilustre.
illustré [i(l)ystʀe] *s. m.* tebeo.
illustrer [i(l)ystʀe] *v. tr.* ilustrar.
îlot [ilo] *s. m.* **1.** islote. **2.** (pâté de maisons) manzana *f.*; cuadra *f.*
ils [il] *pron. pers. 3ème m. pl.* ellos (sujet).
image [imaʒ] *s. f.* imagen.
imagé, -ée [imaʒe] *adj.* (style) lleno, -na; rico de i nágenes.
imaginaire [imaʒinɛʀ] *adj. et s. m.* imaginario, -ria.
imaginatif, -ive [imaʒinatif, -iv] *adj.* imaginativo, -va.
imagination [imaʒinasjɔ̃] *s. f.* imaginación.
imaginer [imaʒine] *v. tr.* imaginar.
imbattable [ɛ̃batabl] *adj.* **1.** imbatible. **2.** invencible.
imbécile [ɛ̃besil] *adj. et s. m. et f.* imbécil.
imbécillité [ɛ̃besilite] *s. f.* idiotez.
imbiber [ɛ̃bibe] *v. tr.* empapar; embeber.
imbroglio [ɛ̃bʀɔljo] *s. m.* embrollo.
imbuvable [ɛ̃byvabl] *adj.* **1.** (mauvais) no potable. **2.** (dégoûtant) asqueroso, -sa. **3.** *fig. et fam.* (infumable, insupportable) infumable.
imitateur, -trice [imitatœʀ, -tʀis] *adj. et s. m. et f.* imitador, -ra.

imitation [imitasjɔ̃] *s. f.* **1.** imitación. **2.** de imitación [Un canapé imitation. *Un sofá de piel de imitación.*]

imiter [imite] *v. tr.* imitar.

immaculé, -ée [imakyle] *adj.* inmaculado, -da.

immatriculation [imatrikylasjɔ̃] *s. f.* matrícula [Numéro et plaque d'immatriculation. *Número y placa de matrícula.*]

immatriculer [imatrikyle] *v. tr.* (voitures) matricular.

immature [imatyr] *adj.* inmaduro, -ra (una persona).

immédiat, -te [imedja, -at] *adj.* inmediato, -ta.

immédiatement [imedjatmɑ̃] *adv.* enseguida; al momento.

immense [i(m)mɑ̃s] *adj.* inmenso, -sa.

immergé, -ée [imɛrʒe] *adj.* inmerso, -sa.

immerger [imɛrʒe] *v. tr.* sumergir.

immérité, -ée [imerite] *adj.* inmerecido, -da.

immersion [imɛrsjɔ̃] *s. f.* inmersión.

immeuble [imœbl] *adj.* **1.** inmueble. ǁ *s. m.* **2.** inmueble; edificio. **3.** (propriété, bien immeuble) finca *f.*

immigrant, -te [imigrɑ̃, -ɑ̃t] *adj. et s. m. et f.* inmigrante.

immigration [imigrasjɔ̃] *s. f.* inmigración.

immigrer [imigre] *v. intr.* inmigrar.

imminent, -te [iminɑ̃, -ɑ̃t] *adj.* inminente.

immobile [i(m)mɔbil] *adj.* inmóvil; quieto, -ta.

immobiliser [imɔbilize] *v. tr.* inmovilizar.

immonde [i(m)mɔ̃d] *adj.* inmundo, -da.

immondice [i(m)mɔ̃dis] *s. f.* inmundicia.

immoral, -le, -aux [i(m)mɔral, -o] *adj.* inmoral.

immortaliser [imɔrtalize] *v. tr.* inmortalizar.

immortalité [imɔrtalite] *s. f.* inmortalidad.

immortel, -elle [imɔrtel] *adj. et s. m. et f.* inmortal.

immuable [imɥabl] *adj.* inmutable.

impact [ɛ̃pakt] *s. m.* impacto.

impair, -re [ɛ̃pɛr] *adj. et s. m., Math.* impar.

imparfait, -te [ɛ̃parfɛ, -ɛt] *adj. et s. m.* imperfecto, -ta.

impartial, -le, -aux [ɛ̃parsjal, -o] *adj.* imparcial.

impasse [ɛ̃pɑs] *s. f.* **1.** (cul-de-sac) callejón sin salida. **2.** *fig.* atolladero *m.*

impassible [ɛ̃pasibl] *adj.* impasible.

impatience [ɛ̃pasjɑ̃s] *s. f.* impaciencia.

impatient, -te [ɛ̃pasjɑ̃, -ɑ̃t] *adj.* impaciente.

impeccable [ɛ̃pekabl] *adj.* impecable.

impénétrable [ɛ̃penetrabl] *adj.* impenetrable.

impératif, -ive [ɛ̃peratif, -iv] *adj. et s. m.* imperativo, -va.

impératrice [ɛ̃peratris] *s. f.* emperatriz.

imperceptible [ɛ̃pɛrseptibl] *adj.* imperceptible.

imperfection [ɛ̃pɛrfɛksjɔ̃] *s. f.* imperfección.

impérissable [ɛ̃perisabl] *adj.* (durable) imperecedero, -ra.

imperméable [ɛ̃pɛrmeabl] *adj. et s. m.* impermeable.

impersonnel, -elle [ɛ̃pɛrsɔnel] *adj.* impersonal.

impertinence [ɛ̃pɛrtinɑ̃s] *s. f.* impertinencia; insolencia.

impertinent, -te [ɛ̃pɛrtinɑ̃, -ɑ̃t] *adj. et s. m. et f.* impertinente; insolente.

imperturbable [ɛ̃pɛrtyrbabl] *adj.* imperturbable.

impétueux, -euse [ɛ̃petçø, -øz] *adj.* impetuoso, -sa.

impie [ɛ̃pi] *adj. et s. m. et f.* impío, -a.

impitoyable [ɛ̃pitwajabl] *adj.* **1.** despiadado, -da. **2.** implacable.

implacable [ɛ̃plakabl] *adj.* implacable.

implicite [ɛ̃plisit] *adj.* implícito, -ta.

impliquer [ɛ̃plike] *v. tr.* implicar.

implorer [ɛ̃plɔʀe] *v. tr.* **1.** implorar. ǁ *v. intr.* **2.** clamar.

impoli, -ie [ɛ̃pɔli] *adj. et s. m. et f.* maleducado, -da.

impolitesse [ɛ̃pɔlites] *s. f.* **1.** incorrección. **2.** (grossièreté) descortesía.

impopulaire [ɛ̃pɔpylɛʀ] *adj.* impopular.

importance [ɛ̃pɔʀtɑ̃s] *s. f.* importancia.

important, -te [ɛ̃pɔʀtɑ̃, -ɑ̃t] *adj.* **1.** importante. **2.** (grave) grave. **3.** (quantité) grande; bueno, -na; considerable [Une quantité importante. *Una buena cantidad.*] ǁ **faire l'~** pavonearse; darse importancia.

importation [ɛ̃pɔʀtasjɔ̃] *s. f.* importación.

importer [ɛ̃pɔʀte] *v. tr.* **1.** *Comm.* importar. ǁ *v. intr. et impers.* **2.** (être important) importar. **3.** (avoir de l'importance) tener importancia; valer [Ce qui importe. *Lo que vale.*] **4.** (convenir) convenir. ǁ **n'importe comment** de cualquier forma. **n'importe lequel** (laquelle, lesquels, lesquelles) cualquiera [Cualquiera vale. *N'importe lequel est valable.*] **n'importe où** donde sea; en cualquier lugar [Il peut se produire un accident n'importe où. *En cualquier lugar puede producirse un accidente.*] | a cualquier sitio; a cualquier lugar [Il se dirigeait n'importe où. *Se dirigía a cualquier sitio.*] **n'importe quand** en cualquier momento. **n'importe quel** (quelle, quels, quelles) cualquier. **n'importe qui** (sólo personas) cualquiera. **n'importe quoi** cualquier cosa; lo que sea. **qu'importe** ¿qué más da? • "Cualquiera" devient "cualquier" devant un s. m. ou f. sing. • Le pluriel, peu utilisé en espagnol, de "cualquier(a)" est "cualesquier(a)".

imposant, -te [ɛ̃pozɑ̃, -ɑ̃t] *adj.* imponente.

imposé, -ée [ɛ̃poze] *adj.* impuesto, -ta.

imposer [ɛ̃poze] *v. tr.* **1.** imponer. **2.** *fig.* dictar [Imposer ses conditions. *Dictar sus condiciones.*] **3.** (impôts) gravar. ǁ **s'imposer** *v. pr.* **4.** imponerse. ǁ **en ~** infundir respeto.

imposition [ɛ̃pozisjɔ̃] *s. f.* imposición.

impossible [ɛ̃pɔsibl] *adj.* imposible.

imposteur [ɛ̃pɔstœʀ] *s. m.* impostor, -ra.

imposture [ɛ̃pɔstyʀ] *s. f.* impostura.

impôt [ɛ̃po] *s. m.* impuesto. ǁ **~ sur le revenu** impuesto sobre la renta.

impraticable [ɛ̃pʀatikabl] *adj.* impracticable.

imprécis, -se [ɛ̃pʀesi, -iz] *adj.* impreciso, -sa.

imprégner [ɛ̃pʀeɲe] *v. tr.* impregnar.

impresario ou imprésario [ɛ̃pʀesaʀjo] *s. m.* empresario (de un artista); manager; agente artístico.

impression [ɛ̃pʀesjɔ̃] *s. f.* impresión.

impressionnant, -te [ɛ̃ʀejɔnɑ̃, -ɑ̃t] *adj.* impresionante.

impressionner [ɛ̃pʀesjɔne] *v. tr.* impresionar.

imprévu, -ue [ɛ̃pʀevy] *adj. et s. m.* imprevisto, -ta.

imprimante [ɛ̃pʀimɑ̃t] *s. f.* impresora.

imprimé, -ée [ɛ̃pʀime] *adj. et s. m.* impreso, -sa.

imprimer [ɛ̃pʀime] *v. tr.* imprimir. ǁ **faire ~** (tirer) imprimir.

imprimerie [ɛ̃pʀimʀi] *s. f.* imprenta.
improbable [ɛ̃pʀɔbabl] *adj.* improbable.
improductif, -ive [ɛ̃pʀɔdyktif, -iv] *adj.* improductivo, -va.
impromptu, -ue [ɛ̃pʀɔ̃pty] *adj.* **1.** improvisado, -da. ‖ *s. m.* **2.** improvisación *f.*
impropre [ɛ̃pʀɔpʀ] *adj.* impropio, -pia.
improvisation [ɛ̃pʀɔvizasjɔ̃] *s. f.* improvisación.
improviser [ɛ̃pʀɔvize] *v. tr.* improvisar.
improviste, à l' [ɛ̃pʀɔvist] *loc. adv.* **1.** de improviso. **2.** (au dépourvu) desprevenido, -da.
imprudence [ɛ̃pʀydɑ̃s] *s. f.* imprudencia.
imprudent, -te [ɛ̃pʀydɑ̃, -ɑ̃t] *adj. et s. m. et f.* imprudente; incauto, -ta.
impudique [ɛ̃pydik] *adj. et s. m. et f.* impúdico, -ca.
impuissance [ɛ̃pɥisɑ̃s] *s. f.* impotencia.
impulsif, -ive [ɛ̃pylsif, -iv] *adj. et s. m. et f.* impulsivo, -va.
impulsion [ɛ̃pylsjɔ̃] *s.* impulso *m.*
impuni, -ie [ɛ̃pyni] *adj.* impune.
impunité [ɛ̃pynite] *s. f.* impunidad.
impur, -re [ɛ̃pyʀ] *adj.* impuro, -ra.
impureté [ɛ̃pyʀte] *s. f.* impureza.
imputer [ɛ̃pyte] *v. tr.* imputar; achacar.
in vitro [invitʀo] *loc. adv.* in vitro.
inabordable [inabɔʀdabl] *adj.* **1.** inaccesible. **2.** *fig.* (le prix) inasequible.
inacceptable [inakseptabl] *adj.* inaceptable.
inaccessible [inaksesibl] *adj.* inaccesible.
inaccoutumé, -ée [inakutyme] *adj.* **1.** (inhabituel) insólito, -ta; inusual. **2.** (non accoutumé) desacostumbrado, -da.
inachevé, -ée [inaʃ(ə)ve] *adj.* inacabado, -da; incompleto, -ta.
inactif, -ive [inaktif, -iv] *adj.* inactivo, -va.
inaction [inaksjɔ̃] *s. f.* inacción; inercia.

inactivité [inaktivite] *s. f.* inactividad.
inadaptation [inadaptasjɔ̃] *s. f.* inadaptación.
inadéquat, -te [inadekwa(t), -at] *adj.* inadecuado, -da.
inaltérable [inalteʀabl] *adj.* **1.** inalterable. **2.** *fig.* (indestructible) incombustible.
inanimé, -ée [inanime] *adj.* inanimado, -da.
inaperçu, -ue [inapɛʀsy] *adj.* inadvertido, -da; desapercibido, -da.
inappétence [inapetɑ̃s] *s. f.* desgana.
inapte [inapt] *adj.* no apto, -ta.
inattendu, -ue [inatɑ̃dy] *adj. et s. m.* inesperado, -da; imprevisto, -ta.
inattentif, -ive [inatɑ̃tif, -iv] *adj.* desatento. -ta; distraído, -da.
inattention [inatɑ̃sjɔ̃] *s. f.* distracción; descuido *m.*
inaudible [inodibl] *adj.* inaudible.
inauguration [inogyʀasjɔ̃] *s. f.* inauguración.
inaugurer [inogyʀe] *v. tr.* inaugurar.
incalculable [ɛ̃kalkylabl] *adj.* incalculable.
incandescent, -te [ɛ̃kɑ̃desɑ̃, -ɑ̃t] *adj.* incandescente; candente.
incapable [ɛ̃kapabl] *adj.* incapaz.
incapacité [ɛ̃kapasite] *s. f.* incapacidad.
incarner [ɛ̃kaʀne] *v. tr.* **1.** encarnar. ‖ **s'incarner** *v. pr.* **2.** encarnarse.
incendie [ɛ̃sɑ̃di] *s. m.* incendio; quema *f.*
incendier [ɛ̃sɑ̃dje] *v. tr.* incendiar.
incertain, -te [ɛ̃sɛʀtɛ̃, -ɛn] *adj.* incierto, -ta; dudoso, -sa; inseguro, -ra.
incertitude [ɛ̃sɛʀtityd] *s. f.* incertidumbre.
incessant, -te [ɛ̃sesɑ̃, -ɑ̃t] *adj.* incesante.
inceste [ɛ̃sɛst] *s. m.* incesto.
incidence [ɛ̃sidɑ̃s] *s. f.* incidencia.

INCIDENT - INCUBER

incident, -te [ɛ̃sidɑ̃, -ɑ̃t] *adj. et s. m.* incidente.

incinérer [ɛ̃sineʀe] *v. tr.* incinerar.

incisif, -ive [ɛ̃sizif, -iv] *adj.* **1.** incisivo, -va. ‖ **incisive** *s. f.* **2.** (dent) incisivo *m.*

incision [ɛ̃sizjɔ̃] *s. f.* incisión.

incitation [ɛ̃sitasjɔ̃] *s. f.* incitación.

inciter [ɛ̃site] *v. tr.* incitar; instigar.

inclinaison [ɛ̃klinɛzɔ̃] *s. f.* inclinación.

inclination [ɛ̃klinasjɔ̃] *s. f.* inclinación.

incliné, -ée [ɛ̃kline] *adj.* inclinado, -da.

incliner [ɛ̃kline] *v. tr.* **1.** inclinar. ‖ **s'incliner** *v. pr.* **2.** inclinarse.

inclure [ɛ̃klyʀ] *v. tr.* incluir.

inclus, -se [ɛ̃kly, -yz] *adj.* incluido, -da.

incognito [ɛ̃kɔɲito] *adv.* de incógnito.

incohérent, -te [ɛ̃kɔeʀɑ̃, -ɑ̃t] *adj.* incoherente.

incolore [ɛ̃kɔlɔʀ] *adj.* incoloro, -ra.

incomber [ɛ̃kɔ̃be] *v. intr.* incumbir.

incombustible [ɛ̃kɔ̃bystibl] *adj.* incombustible.

incommode [ɛ̃kɔmɔd] *adj.* incómodo, -da; molesto, -ta.

incommoder [ɛ̃kɔmɔde] *v. tr.* incomodar; molestar; estorbar.

incommodité [ɛ̃kɔmɔdite] *s. f.* inconveniente *m.*; incomodidad; molestia.

incomparable [ɛ̃kɔ̃paʀabl] *adj.* incomparable.

incompatibilité [ɛ̃kɔ̃patibilite] *s. f.* incompatibilidad.

incompétent, -te [ɛ̃kɔ̃petɑ̃, -ɑ̃t] *adj.* incompetente.

incomplet, -ète [ɛ̃kɔ̃plɛ, -ɛt] *adj.* incompleto, -ta.

incompréhensible [ɛ̃kɔ̃pʀeɑ̃sibl] *adj.* incomprensible.

incompris, -se [ɛ̃kɔ̃pʀi] *adj.* incomprendido, -da.

inconditionnel, -elle [ɛ̃kɔ̃disjɔnɛl] *adj. et s. m. et f.* incondicional.

inconfortable [ɛ̃kɔ̃fɔʀtabl] *adj.* incómodo, -da.

inconnu, -ue [ɛ̃kɔny] *adj.* **1.** desconocido, -da. ‖ **inconnue** *s. f.* **2.** *Math.* incógnita.

inconscient, -te [ɛ̃kɔ̃sjɑ̃, -ɑ̃t] *adj. et s. m. et f* **1.** inconsciente. ‖ *s. m.* **2.** inconsciente.

inconséquent, -te [ɛ̃kɔ̃sekɑ̃, -ɑ̃t] *adj. et s. m. et f.* inconsecuente.

inconsistant, -te [ɛ̃kɔ̃sistɑ̃, -ɑ̃t] *adj.* inconsistente.

inconstance [ɛ̃kɔ̃stɑ̃s] *s. f.* inconstancia.

incontestable [ɛ̃kɔ̃tɛstabl] *adj.* incontestable; indiscutible.

inconvenance [ɛ̃kɔ̃v(ə)nɑ̃s] *s. f.* inconveniencia.

inconvenant, -te [ɛ̃kɔ̃v(ə)nɑ̃, -ɑ̃t] *adj.* inconveniente.

inconvénient [ɛ̃kɔ̃venjɑ̃] *s. m.* inconveniente; desventaja *f.*

incorporation [ɛ̃kɔʀpɔʀasjɔ̃] *s. f.* integración.

incorporer [ɛ̃kɔʀpɔʀe] *v. tr.* **1.** incorporar. ‖ **s'incorporer** *v. pr.* **2.** incorporarse.

incorrect, -te [ɛ̃kɔʀɛkt] *adj.* incorrecto, -ta.

incorrection [ɛ̃kɔʀɛksjɔ̃] *s. f.* incorrección.

incorrigible [ɛ̃kɔʀiʒibl] *adj.* incorregible.

incrédule [ɛ̃kʀedyl] *adj. et s. m. et f.* incrédulo, -la.

increvable [ɛ̃kʀ(ə)vabl] *adj.* **1.** (un pneu) que no se pincha. **2.** *fam.* (infatigable) incansable.

incroyable [ɛ̃kʀwajabl] *adj.* increíble.

incruster [ɛ̃kʀyste] *v. tr.* **1.** incrustar. ‖ **s'incruster** *v. pr.* **2.** incrustarse.

incuber [ɛ̃kybe] *v. tr.* incubar.

inculper [ɛ̃kylpe] *v. tr., Dr.* inculpar.
inculquer [ɛ̃kylke] *v. tr.* inculcar.
inculte [ɛ̃kylt] *adj.* inculto, -ta.
incurable [ɛ̃kyrabl] *adj. et s. m. et f.* incurable.
incursion [ɛ̃kyrsjɔ̃] *s. f.* incursión.
indécent, -te [ɛ̃desɑ̃, -ɑ̃t] *adj.* indecente.
indécis, -se [ɛ̃desi, -iz] *adj.* **1.** (personne) indeciso, -sa. **2.** (chose) dudoso, -sa.
indécision [ɛ̃desizjɔ̃] *s. f.* indecisión.
indéfini, -ie [ɛ̃defini] *adj. et s. m.* indefinido, -da.
indemne [ɛ̃demn] *adj.* indemne.
indemnisation [ɛ̃demnizasjɔ̃] *s. f.* indemnización.
indemniser [ɛ̃demnize] *v. tr.* indemnizar.
indemnité [ɛ̃demnite] *s. f.* indemnización.
indépendance [ɛ̃depɑ̃dɑ̃s] *s. f.* independencia.
indépendant, -te [ɛ̃depɑ̃dɑ̃, -ɑ̃t] *adj. et s. m. et f.* independiente. ǁ **devenir ~** independizarse. **rendre ~** independizar. **travailleur ~** trabajador autónomo.
indescriptible [ɛ̃deskriptibl] *adj.* indescriptible.
indestructible [ɛ̃destryktibl] *adj.* indestructible.
indéterminé, -ée [ɛ̃determine] *adj.* indeterminado, -da.
index [ɛ̃deks] *s. m.* **1.** (doigt) índice. **2.** (dans un ouvrage) índice alfabético.
indicateur, -trice [ɛ̃dikatœr, -tris] *adj. et s. m.* indicador, -ra.
indicatif, -ive [ɛ̃dikatif, -iv] *adj.* **1.** indicativo, -va. ǁ *s. m.* **2.** *Ling.* indicativo.
indice [ɛ̃dis] *s. m.* **1.** indicio. **2.** *Math.* índice.
indifférence [ɛ̃diferɑ̃s] *s. f.* indiferencia.
indifférent, -te [ɛ̃diferɑ̃, -ɑ̃t] *adj.* indiferente.
indigence [ɛ̃diʒɑ̃s] *s. f.* indigencia.
indigène [ɛ̃diʒɛn] *adj. et s. m. et f.* indígena.
indigent, -te [ɛ̃diʒɑ̃, -ɑ̃t] *adj. et s. m. et f.* indigente.
indigeste [ɛ̃diʒɛst] *adj.* indigesto, -ta.
indigestion [ɛ̃diʒɛstjɔ̃] *s. f.* indigestión; empacho *f.*
indignation [ɛ̃diɲasjɔ̃] *s. f.* indignación.
indigne [ɛ̃diɲ] *adj.* indigno, -na.
indigner [ɛ̃diɲe] *v. tr.* indignar.
indiquer [ɛ̃dike] *v. tr.* indicar.
indirect, -te [ɛ̃dirɛkt] *adj.* indirecto, -ta.
indiscret, -ète [ɛ̃diskrɛ, -ɛt] *adj. et s. m. et f.* indiscreto, -ta.
indiscrétion [ɛ̃diskresjɔ̃] *s. f.* indiscreción; curiosidad.
indiscutable [ɛ̃diskytabl] *adj.* indiscutible.
indispensable [ɛ̃dispɑ̃sabl] *adj.* indispensable; imprescindible.
indisposition [ɛ̃dispozisjɔ̃] *s. f.* **1.** (malaise) dolencia. **2.** (désaccord) indisposición.
individu [ɛ̃dividy] *s. m.* individuo.
individuel, -elle [ɛ̃dividɥɛl] *adj.* individual.
indolence [ɛ̃dɔlɑ̃s] *s. f.* indolencia.
indomptable [ɛ̃dɔ̃(p)tabl] *adj.* indomable.
indubitable [ɛ̃dybitabl] *adj.* indudable.
induction [ɛ̃dyksjɔ̃] *s. f.* inducción.
induire [ɛ̃dɥir] *v. tr.* inducir.
induit, -te [ɛ̃dɥi, -it] *adj. et s. m.* inducido, -da.
indulgence [ɛ̃dylʒɑ̃s] *s. f.* indulgencia.
indulgent, -te [ɛ̃dylʒɑ̃, -ɑ̃t] *adj. et s.* indulgente; clemente.
indult [ɛ̃dylt] *s. m., Rel.* indulto (del Papa).
industrialiser [ɛ̃dystrijalize] *v. tr.* industrializar.

industrie [ɛ̃dystʀi] *s. f.* industria.
industriel, -elle [ɛ̃dystʀijɛl] *adj. et s. m. et f.* industrial.
inédit, -te [inedi, -it] *adj.* inédito, -ta.
inefficace [inefikas] *adj.* ineficaz.
inégal, -le, -aux [inegal, -o] *adj.* desigual.
inégalité [inegalite] *s. f.* desigualdad.
inepte [inɛpt] *adj.* inepto, -ta.
inépuisable [inepɥizabl] *adj.* inagotable.
inerte [inɛʀt] *adj.* inerte.
inertie [inɛʀsi] *s. f.* inercia.
inespéré, -ée [inɛspeʀe] *adj.* inesperado, -da.
inestimable [inɛstimabl] *adj.* inestimable.
inévitable [inevitabl] *adj.* inevitable.
inexact, -te [inɛgza(kt), -akt] *adj.* inexacto, -ta.
inexactitude [inɛgzaktityd] *s. f.* inexactitud.
inexistant, -te [inɛgzistɑ̃, -ɑ̃t] *adj.* inexistente.
inexorable [inɛgzɔʀabl] *adj.* inexorable.
inexpérimenté, -ée [inɛkspeʀimɑ̃te] *adj.* inexperto, -ta.
inexplicable [inɛksplikabl] *adj.* inexplicable.
infaillible [ɛ̃fajibl] *adj.* infalible.
infaisable [ɛ̃f(ə)zabl] *adj.* no factible.
infamie [ɛ̃fami] *s. f.* infamia.
infanterie [ɛ̃fɑ̃tʀi] *s. f.* infantería.
infantile [ɛ̃fɑ̃til] *adj.* infantil.
infarctus [ɛ̃faʀktys] *s. m.* infarto.
infatigable [ɛ̃fatigabl] *adj.* infatigable.
infécond, -de [ɛ̃fekɔ̃, -ɔ̃d] *adj., litt.* infecundo, -da; estéril.
infect, -te [ɛ̃fɛkt] *adj.* infecto, -ta.
infecter [ɛ̃fɛkte] *v. tr.* infectar.
infectieux, -euse [ɛ̃fɛksjø, -øz] *adj.* infeccioso, -sa.

infection [ɛ̃fɛksjɔ̃] *s. f.* infección.
inférer [ɛ̃feʀe] *v. tr.* inferir.
inférieur, -re [ɛ̃feʀjœʀ] *adj.* inferior.
infériorité [ɛ̃feʀjɔʀite] *s. f.* inferioridad.
infernal, -le, -aux [ɛ̃fɛʀnal, -o] *adj.* infernal.
infester [ɛ̃fɛste] *v. tr.* (envahir) infestar.
infidèle [ɛ̃fidɛl] *adj. et s. m. et f.* infiel.
infidélité [ɛ̃fidelite] *s. f.* infidelidad.
infiltrer [ɛ̃filtʀe] *v. pr.* infiltrarse; filtrarse.
infime [ɛ̃fim] *adj.* ínfimo, -ma.
infini, -ie [ɛ̃fini] *adj. et s. m.* infinito, -ta.
infiniment [ɛ̃finimɑ̃] *adv.* infinitamente.
infinité [ɛ̃finite] *s. f.* infinidad.
infinitif [ɛ̃finitif, -iv] *s. m.* infinitivo.
infirme [ɛ̃fiʀm] *adj.* **1.** *litt.* achacoso, -sa. || *adj. et s. m. et f.* **2.** lisiado, -da. **3.** (handicapé) d scapacitado, -da.
infirmerie [ɛ̃fiʀm(ə)ʀi] *s. f.* enfermería.
infirmier, -ière [ɛ̃fiʀmje, -jɛʀ] *s. m. et f.* enfermero, -ra.
infirmité [ɛ̃fiʀmite] *s. f.* **1.** minusvalía; discapacidad [La surdité est une infirmité. La sordera es una minusvalía.] **2.** (maladie habituelle) achaque *m.;* dolencia.
inflammable [ɛ̃flamabl] *adj.* inflamable.
inflammation [ɛ̃flamasjɔ̃] *s. f.* inflamación.
inflexible [ɛ̃flɛksibl] *adj.* inflexible.
infliger [ɛ̃fliʒe] *v. tr.* infligir.
influence [ɛ̃flyɑ̃s] *s. f.* influencia. || **avoir de l'~** tener influencia. **avoir une ~** influir.
influencer [ɛ̃flyɑ̃se] *v. tr.* influir.
influx [ɛ̃fly] *s. m.* influjo (nervioso).
informateur, -trice [ɛ̃fɔʀmatœʀ, -tʀis] *adj. et s. m. et f.* informador, -ra.
information [ɛ̃fɔʀmasjɔ̃] *s. f.* **1.** información. **2.** (enquête) investigación. || **bulletin d' (informations)** noticiario (de la ra-

dio). **d'~** informativo, -va [*Une lettre d'information. Una carta informativa.*]
informatique [ɛ̃fɔʀmatik] *adj.* **1.** informático, -ca. || *s. f.* **2.** informática.
informe [ɛ̃fɔʀm] *adj.* informe.
informer [ɛ̃fɔʀme] *v. tr.* **1.** informar. || **s'informer** *v. pr.* **2.** (se renseigner) enterarse.
infortune [ɛ̃fɔʀtyn] *s. f.* infortunio *m*.
infortuné, -ée [ɛ̃fɔʀtyne] *adj. et s. m. et f.* desventurado, -da; infeliz.
infos [ɛ̃fo] *s. f. pl.* noticias.
infraction [ɛ̃fʀaksjɔ̃] *s. f.* infracción.
infusion [ɛ̃fyzjɔ̃] *s. f.* infusión.
ingénier, s' [ɛ̃ʒenje] *v. pr.* ingeniárselas.
ingénierie [ɛ̃ʒeniʀi] *s. f.* ingeniería.
ingénieur [ɛ̃ʒenjœʀ] *s. m.* ingeniero, -ra.
• Para el femenino se usa "ingénieur" o "femme ingénieur".
ingénieux, -euse [ɛ̃ʒenjø, -øz] *adj.* ingenioso, -sa.
ingéniosité [ɛ̃ʒenjozite] *s. f.* destreza.
ingénu, -ue [ɛ̃ʒeny] *adj. et s. m. et f.* **1.** ingenuo, -nua. **2.** (simple) cándido, -da.
ingénuité [ɛ̃ʒenɥite] *s. f.* ingenuidad.
ingérer [ɛ̃ʒeʀe] *v. tr.* ingerir.
ingrat, -te [ɛ̃gʀa, -at] *adj. et s. m. et f.* ingrato, -ta; desagradecido, -da.
ingratitude [ɛ̃gʀatityd] *s. f.* ingratitud.
ingrédient [ɛ̃gʀedjɑ̃] *s. m.* ingrediente.
inguérissable [ɛ̃geʀisabl] *adj. et s. m. et f.* incurable.
inhabile [inabil] *adj., Dr.* inhábil.
inhabité, -ée [inabite] *adj.* deshabitado, -da.
inhabituel, -elle [inabitɥɛl] *adj.* no habitual.
inhaler [inale] *v. tr.* inhalar.
inhumain, -ne [inymɛ̃, -ɛn] *adj.* inhumano, -na.
inimitié [inimitje] *s. f.* enemistad.
iniquité [inikite] *s. f.* iniquidad.
initial, -le, -aux [inisjal, -o] *adj.* **1.** inicial. || **initiale** *s. f.* **2.** inicial.
initiative [inisjativ] *s. f.* iniciativa. || **syndicat d'~** oficina de turismo.
initier [inisje] *v. tr.* iniciar (instruir).
injecter [ɛ̃ʒɛkte] *v. tr.* inyectar.
injection [ɛ̃ʒɛksjɔ̃] *s. f.* inyección.
injure [ɛ̃ʒyʀ] *s. f.* (insulte) improperio *m*.
injurier [ɛ̃ʒyʀje] *v. tr.* injuriar; insultar.
injuste [ɛ̃ʒyst] *adj. et s. m. et f.* injusto, -ta.
injustice [ɛ̃ʒystis] *s. f.* injusticia.
inlassable [ɛ̃lasabl] *adj.* incansable.
inné, -ée [i(n)ne] *adj.* innato, -ta.
innocence [inɔsɑ̃s] *s. f.* inocencia.
innocent, -te [inɔsɑ̃, -ɑ̃t] *adj. et s. m. et f.* inocente.
innombrable [i(n)nɔ̃bʀabl] *adj.* innumerable.
innovation [inɔvasjɔ̃] *s. f.* innovación.
innover [inɔve] *v. tr. et intr.* innovar.
inoccupé, -ée [inɔkype] *adj.* desocupado, -da.
inodore [inɔdɔʀ] *adj.* inodoro, -ra.
inoffensif, -ive [inɔfɑ̃sif, -iv] *adj.* inofensivo, -va.
inondation [inɔ̃dasjɔ̃] *s. f.* inundación.
inondé, -ée [inɔ̃de] *adj.* inundado, -da.
inonder [inɔ̃de] *v. tr.* inundar.
inopportun, -ne [inɔpɔʀtœ̃, -yn] *adj.* inoportuno, -na.
inorganique [inɔʀganik] *adj.* inorgánico, -ca.
inoubliable [inubljabl] *adj.* inolvidable.
inouï, -ïe [inwi] *adj.* inaudito, -ta.
inquiet, -ète [ɛ̃kjɛ, -ɛt] *adj.* preocupado, -da; inquieto, -ta.
inquiéter [ɛ̃kjete] *v. tr.* **1.** inquietar; preocupar. || **s'inquiéter** *v. pr.* **2.** inquietarse; preocuparse; alarmarse.
inquiétude [ɛ̃kjetyd] *s. f.* inquietud.

insatiable [ɛ̃sasjabl] *adj.* insaciable.
insatisfait, -te [ɛ̃satisfɛ, -ɛt] *adj.* (mécontent) descontento, -ta.
inscription [ɛ̃skripsjɔ̃] *s. f.* **1.** inscripción. **2.** (à l'université) matrícula.
inscrire [ɛ̃skRiR] *v. tr.* **1.** inscribir. **2.** (à l'école, à l'université) matricular. **3.** *Comm.* registrar. ‖ **s'inscrire** *v. pr.* **4.** inscribirse. **5.** matricularse.
insecte [ɛ̃sɛkt] *s. m.* insecto.
insecticide [ɛ̃sɛktisid] *adj. et s. m.* insecticida.
insécurité [ɛ̃sekyrite] *s. f.* inseguridad.
insensé, -ée [ɛ̃sɑ̃se] *adj. et s. m. et f.* insensato, -ta.
insensible [ɛ̃sɑ̃sibl] *adj.* insensible.
inséparable [ɛ̃separabl] *adj.* inseparable.
insérer [ɛ̃sere] *v. tr.* **1.** insertar; incluir. ‖ **s'insérer** *v. pr.* **2.** insertarse.
insigne [ɛ̃siɲ] *adj.* **1.** insigne. ‖ *s. m.* **2.** insignia *f.* **3.** (d'une association) distintivo *m.*
insignifiant, -te [ɛ̃siɲifjɑ̃, -ɑ̃t] *adj.* insignificante.
insinuer [ɛ̃sinɥe] *v. tr.* insinuar.
insipide [ɛ̃sipid] *adj.* insípido, -da.
insistance [ɛ̃sistɑ̃s] *s. f.* insistencia.
insistant, -te [ɛ̃sistɑ̃, -ɑ̃t] *adj.* insistente.
insister [ɛ̃siste] *v. intr.* insistir.
insociable [ɛ̃sɔsjabl] *adj.* huraño, -ña.
insolation [ɛ̃sɔlasjɔ̃] *s. f.* insolación.
insolence [ɛ̃sɔlɑ̃s] *s. f.* insolencia.
insolent, -te [ɛ̃sɔlɑ̃, -ɑ̃t] *adj. et s. m. et f.* insolente.
insolite [ɛ̃sɔlit] *adj.* insólito, -ta.
insoluble [ɛ̃sɔlybl] *adj.* insoluble.
insolvable [ɛ̃sɔlvabl] *adj.* insolvente.
insomnie [ɛ̃sɔmni] *s. f.* insomnio *m.*
insouciance [ɛ̃susjɑ̃s] *s. f.* **1.** despreocupación. **2.** (indifférence) indiferencia. **3.** (frivolité) desenfado.
insouciant, -te [ɛ̃susjɑ̃, -ɑ̃t] *adj.* **1.** despreocupado, -da; indiferente. **2.** (négligent, frivole) descuidado, -da.
insoumis, -se [ɛ̃sumi, -iz] *adj. et s. m. et f.* insumiso, -sa.
inspecter [ɛ̃spɛkte] *v. tr.* inspeccionar.
inspecteur, -trice [ɛ̃spɛktœr, -tris] *s. m. et f.* inspector, -ra.
inspection [ɛ̃spɛksjɔ̃] *s. f.* inspección.
inspiration [ɛ̃spirasjɔ̃] *s. f.* inspiración.
inspirer [ɛ̃spire] *v. tr. et intr.* inspirar. ‖ **s'inspirer de** inspirarse en.
instabilité [ɛ̃stabilite] *s. f.* inestabilidad.
instable [ɛ̃stabl] *adj.* inestable.
installation [ɛ̃stalasjɔ̃] *s. f.* instalación.
installer [ɛ̃stale] *v. tr.* **1.** instalar. ‖ **s'installer** *v. pr.* **2.** instalarse.
instance [ɛ̃stɑ̃s] *s. f.* instancia.
instant [ɛ̃stɑ̃] *s. m.* instante; momento. ‖ **à l'~** ahora mismo; al instante. **à tout ~** a cada rato. **dans un ~** dentro de un momento. **pour l'~** por ahora.
instantané, -ée [ɛ̃stɑ̃tane] *adj.* instantáneo, -a.
instaurer [ɛ̃stɔre] *v. tr.* instaurar.
instiguer [ɛ̃stige] *v. tr., Belg.* instigar.
instinct [ɛ̃stɛ̃] *s. m.* instinto.
instinctif, -ive [ɛ̃stɛ̃ktif, -iv] *adj.* instintivo, -va.
instituer [ɛ̃stitɥe] *v. tr.* instituir.
institut [ɛ̃stity] *s. m.* instituto.
instituteur, -trice [ɛ̃stitytœr, -tris] *s. m. et f.* **1.** (de l'enseignement primaire) maestro, -tra (de primaria). ‖ *s. m.* **2.** preceptor. ‖ **institutrice** *s. f.* **3.** (préceptrice) institutriz.
institution [ɛ̃stitysjɔ̃] *s. f.* institución.
instructeur, -trice [ɛ̃stryktœr] *adj. et s. m. et f.* instructor, -ra.
instruction [ɛ̃stryksjɔ̃] *s. f.* instrucción.

instruire [ɛ̃stʀɥiʀ] *v. tr.* **1.** instruir. ‖ **s'instruire** *v. pr.* **2.** instruirse.

instruit, -te [ɛ̃stʀɥi, -it] *adj.* instruido, -da.

instrument [ɛ̃stʀymɑ̃] *s. m.* instrumento.

insu de, à l' [ɛ̃sy] *loc. prép.* a espaldas de; sin saberlo.

insuffisance [ɛ̃syfizɑ̃s] *s. f.* insuficiencia.

insuffisant, -te [ɛ̃syfizɑ̃, -ɑ̃t] *adj.* insuficiente.

insulaire [ɛ̃sylɛʀ] *adj. et s. m. et f.* insular.

insulte [ɛ̃sylt] *s. f.* insulto *m.*

insulter [ɛ̃sylte] *v. tr.* insultar.

insupportable [ɛ̃sypɔʀtabl] *adj.* **1.** insoportable; inaguantable. **2.** intolerable.

insurger, s' [ɛ̃syʀʒe] *v. pr.* sublevarse.

insurmontable [ɛ̃syʀmɔ̃tabl] *adj.* insuperable.

insurrection [ɛ̃syʀɛksjɔ̃] *s. f.* insurrección; levantamiento *m.*

intact, -te [ɛ̃takt] *adj.* intacto, -ta.

intarissable [ɛ̃taʀisabl] *adj.* inagotable.

intégral, -le, -aux [ɛ̃tegʀal, -o] *adj.* íntegro, -gra; entero, -ra.

intégralité [ɛ̃tegʀalite] *s. f.* integridad.

intégration [ɛ̃tegʀasjɔ̃] *s. f.* integración.

intègre [ɛ̃tegʀ] *adj.* íntegro, -gra; recto, -ta.

intégrer [ɛ̃tegʀe] *v. tr.* **1.** integrar. ‖ **s'intégrer** *v. pr.* **2.** integrarse.

intégrité [ɛ̃tegʀite] *s. f.* integridad.

intellectuel, -elle [ɛ̃telɛktɥɛl] *adj. et s. m. et f.* intelectual.

intelligence [ɛ̃teliʒɑ̃s] *s. f.* inteligencia.

intelligent, -te [ɛ̃teliʒɑ̃, -ɑ̃t] *adj.* **1.** inteligente. **2.** listo, -ta.

intempérie [ɛ̃tɑ̃peʀi] *s. f.* **1.** intemperie. ‖ **intempéries** *s. f. pl.* **2.** inclemencias.

intempestif, -ive [ɛ̃tɑ̃pɛstif, -iv] *adj.* intempestivo, -va.

intendant, -te [ɛ̃tɑ̃dɑ̃, -ɑ̃t] *s. m. et f.* **1.** intendente, -ta. **2.** (dans un lycée) administrador, -ra.

intense [ɛ̃tɑ̃s] *adj.* intenso, -sa.

intensifier [ɛ̃tɑ̃sifje] *v. tr.* intensificar.

intensité [ɛ̃tɑ̃site] *s. f.* intensidad.

intention [ɛ̃tɑ̃sjɔ̃] *s. f.* **1.** (dessein) intención. **2.** (propos) propósito *m.* ‖ **dans l'~ de** (+ infinitive) con la intención de.

intentionné, -ée [ɛ̃tɑ̃sjɔne] *adj.* intencionado. -da. ‖ **mal ~** malintencionado, -da.

intentionnellement [ɛ̃tɑ̃sjɔnɛlmɑ̃] *adv.* intencionadamente; a propósito.

interactif, -ive [ɛ̃teʀaktif, -iv] *adj.* interactivo, -va.

intercaler [ɛ̃tɛʀkale] *v. tr.* intercalar.

intercéder [ɛ̃tɛʀsede] *v. intr.* interceder.

intercepter [ɛ̃tɛʀsɛpte] *v. tr.* interceptar.

interdiction [ɛ̃tɛʀdiksjɔ̃] *s. f.* prohibición. ‖ **~ de fumer** prohibido fumar.

interdire [ɛ̃tɛʀdiʀ] *v. tr.* prohibir.

interdit, -te [ɛ̃tɛʀdi, -it] *adj.* prohibido, -da.

intéressant, -te [ɛ̃teʀesɑ̃, -ɑ̃t] *adj.* interesante.

intéressé, -ée [ɛ̃teʀese] *adj.* interesado, -da.

intéresser [ɛ̃teʀese] *v. tr.* interesar; importar. ‖ **s'intéresser à** interesarse por.

intérêt [ɛ̃teʀɛ] *s. m.* interés.

interface [ɛ̃tɛʀfas] *s. f., Inform.* interfaz.

interférence [ɛ̃tɛʀfeʀɑ̃s] *s. f.* interferencia.

intérieur, -re [ɛ̃teʀjœʀ] *adj.* **1.** interior. **2.** interno, -na [For intérieur. *Fuero interno.*] ‖ *s. m.* **3.** interior.

interjection [ɛ̃tɛʀʒɛksjɔ̃] *s. f., Ling.* interjección.

interlocuteur, -trice [ɛ̃tɛʀlɔkytœʀ, -tʀis] *s. m. et f.* interlocutor, -ra.

intermède [ɛ̃tɛʀmɛd] *s. m.* intermedio.
intermédiaire [ɛ̃tɛʀmedjɛʀ] *adj.* **1.** intermedio, -dia. ‖ *s. m. et f.* **2.** intermediario, -ria. ‖ **par l'~ de** por mediación de.
interminable [ɛ̃tɛʀminabl] *adj.* interminable; inacabable.
internat [ɛ̃tɛʀna] *s. m.* internado.
international, -le, -aux [ɛ̃tɛʀnasjɔnal] *adj.* internacional.
internaute [ɛ̃tɛʀnot] *s. m. et f.* internauta.
interne [ɛ̃tɛʀn] *adj. et s. m. et f.* interno, -na.
interné, -ée [ɛ̃tɛʀne] *adj. et s. m. et f.* internado, -da.
interner [ɛ̃tɛʀne] *v. tr.* internar.
internet [ɛ̃tɛʀnɛt] *s. m., Inform.* internet.
interphone [ɛ̃tɛʀfɔn] *s. m.* **1.** (à l'entrée d'un immeuble) telefonillo. **2.** interfono.
interposer [ɛ̃tɛʀpoze] *v. tr.* interponer.
interprète [ɛ̃tɛʀpʀɛt] *s. m. et f.* intérprete.
interpréter [ɛ̃tɛʀpʀete] *v. tr.* interpretar.
interrogateur, -trice [ɛ̃tɛʀɔɡatœʀ, -tʀis] *s. m. et f.* examinador, -ra.
interrogatif, -ive [ɛ̃tɛʀɔɡatif, -iv] *adj.* interrogativo, -va.
interrogation [ɛ̃tɛʀɔɡasjɔ̃] *s. f.* interrogación.
interroger [ɛ̃tɛʀɔʒe] *v. tr.* **1.** (examen) interrogar; preguntar. ‖ **s'interroger** *v. pr.* **2.** preguntarse (tener dudas).
interrompre [ɛ̃tɛʀɔ̃pʀ] *v. tr.* interrumpir.
interrupteur, -trice [ɛ̃tɛʀyptœʀ, -tʀis] *adj. et s. m.* interruptor, -ra.
interruption [ɛ̃tɛʀypsjɔ̃] *s. f.* interrupción.
intersection [ɛ̃tɛʀsɛksjɔ̃] *s. f.* intersección.
interurbain, -ne [ɛ̃tɛʀyʀbɛ̃, -ɛn] *adj.* interurbano, -na.
intervalle [ɛ̃tɛʀval] *s. m.* intervalo.

intervenir [ɛ̃tɛʀv(ə)niʀ] *v. intr.* intervenir.
intervention [ɛ̃tɛʀvɑ̃sjɔ̃] *s. f.* intervención.
intervertir [ɛ̃tɛʀvɛʀtiʀ] *v. tr.* invertir; alternar.
interview [ɛ̃tɛʀvju] *s. f.* entrevista.
interviewer [ɛ̃tɛʀvjuve] *v. tr.* entrevistar.
intestin, -ne [ɛ̃tɛstɛ̃, -in] *adj. et s. m.* intestino, -na.
intime [ɛ̃tim] *adj. et s. m. f.* íntimo, -ma.
intimider [ɛ̃timide] *v. tr.* intimidar.
intimité [ɛ̃timite] *s. f.* intimidad.
intitulé [ɛ̃tityle] *s. m.* título.
intituler [ɛ̃tityle] *v. tr.* **1.** titular. ‖ **s'intituler** *v. pr.* **2.** titularse.
intolérable [ɛ̃tɔleʀabl] *adj.* intolerable.
intolérance [ɛ̃tɔleʀɑ̃s] *s. f.* intolerancia.
intolérant, -te [ɛ̃tɔleʀɑ̃, -ɑ̃t] *adj. et s. m. et f.* intolerante.
intonation [ɛ̃tɔnasjɔ̃] *s. f.* entonación.
intoxiquer [ɛ̃tɔksike] *v. tr.* intoxicar.
intransigeant, -te [ɛ̃tʀɑ̃ziʒɑ̃, -ɑ̃t] *adj.* intransigente.
intransitif, -ive [ɛ̃tʀɑ̃sitif, -iv] *adj., Ling.* intransitivo, -va.
intrépide [ɛ̃tʀepid] *adj.* intrépido.
intrigue [ɛ̃tʀig] *s. f.* intriga.
intriguer [ɛ̃tʀige] *v. tr.* **1.** intrigar. ‖ *v. intr.* **2.** (pour obtenir des avantages) intrigar. **3.** (comploter) confabularse; tramar un complot.
intrinsèque [ɛ̃tʀɛ̃sɛk] *adj.* intrínseco, -ca.
introduction [ɛ̃tʀɔdyksjɔ̃] *s. f.* introducción.
introduire [ɛ̃tʀɔdɥiʀ] *v. tr.* **1.** introducir. **2.** (insérer) insertar. ‖ **s'introduire** *v. pr.* **3.** introducirse.
introverti, -ie [ɛ̃tʀɔvɛʀti] *adj.* introvertido, -da.

intrus, -se [ɛ̃tʀy, -yz] *adj. et s. m. et f.* intruso, -sa.
intuitif, -ive [ɛ̃tɥitif, -iv] *adj.* intuitivo, -va.
intuition [ɛ̃tɥisjɔ̃] *s. f.* intuición.
inusité, -ée [inyzite] *adj.* inusitado, -da.
inutile [inytil] *adj. et s. m. et f.* inútil.
inutilisable [inytilizabl] *adj.* inservible.
inutiliser [inytilize] *v. tr.* inutilizar.
inutilité [inytilite] *s. f.* inutilidad.
invalide [ɛ̃valid] *adj. et s. m. et f.* inválido, -da.
invalider [ɛ̃valide] *v. tr.* invalidar.
invariable [ɛ̃vaʀjabl] *adj.* invariable.
invasion [ɛ̃vazjɔ̃] *s. f.* invasión.
inventaire [ɛ̃vɑ̃tɛʀ] *s. m.* inventario.
inventer [ɛ̃vɑ̃te] *v. tr.* inventar.
inventeur, -trice [ɛ̃vɑ̃tœʀ, -tʀis] *s. m. et f.* inventor, -ra.
invention [ɛ̃vɑ̃sjɔ̃] *s. f.* **1.** invención; invento *m.* **2.** (mensonge) montaje *m.*
inverse [ɛ̃vɛʀs] *adj.* **1.** inverso, -sa. ‖ *s. m.* **2.** contrario. ‖ **à l'~ de** al revés de.
inverser [ɛ̃vɛʀse] *v. tr.* invertir.
inversion [ɛ̃vɛʀsjɔ̃] *s. f.* inversión.
invertébré, -ée [ɛ̃vɛʀtebʀe] *adj. et s. m.* invertebrado, -da.
investigation [ɛ̃vɛstigasjɔ̃] *s. f.* **1.** (enquête) investigación. **2.** (quête, recherche) búsqueda.
investir [ɛ̃vɛstiʀ] *v. tr.* **1.** (revêtir d'un pouvoir) investir; conferir. **2.** (une somme d'argent) invertir; colocar.
investissement [ɛ̃vɛstismɑ̃] *s. m.* (d'une somme d'argent) inversión *f.*
invincible [ɛ̃vɛ̃sibl] *adj.* invencible.
invisible [ɛ̃vizibl] *adj.* invisible.
invitation [ɛ̃vitasjɔ̃] *s. f.* invitación.
inviter [ɛ̃vite] *v. tr.* invitar; convidar.
involontaire [ɛ̃vɔlɔ̃tɛʀ] *adj.* involuntario.
invoquer [ɛ̃vɔke] *v. tr.* invocar; conjurar.
invraisemblable [ɛ̃vʀesɑ̃blabl] *adj.* inverosímil.
iode [jɔd] *s. m.* yodo (ou iodo).
irascible [iʀasibl] *adj.* irascible.
iris [iʀis] *s. m.* **1.** *Anat.* iris. **2.** *Bot.* lirio.
irlandais, -se [iʀlɑ̃dɛ, -ɛz] *adj. et s. m.* **1.** irlandés, -desa. ‖ **Irlandais, -se** *s. m. et f.* **2.** irlandés, -desa.
ironie [iʀɔni] *s. f.* ironía.
ironique [iʀɔnik] *adj.* irónico, -ca.
irradier [iʀadje] *v. tr. et intr.* radiar.
irraisonné, -ée [iʀezɔne] *adj.* **1.** infundado, -da. **2.** (irrépressible) irracional [Peur irraisonnée. *Miedo irracional.*]
irrationnel, -elle [iʀasjɔnɛl] *adj.* irracional (ilógico).
irréalisable [iʀealizabl] *adj.* irrealizable.
irréel, -elle [iʀeɛl] *adj.* irreal.
irréfléchi, -ie [iʀefleʃi] *adj.* irreflexivo, -va.
irrégulier, -ière [iʀegylje, -jɛʀ] *adj.* irregular.
irrémédiable [iʀemedjabl] *adj.* irremediable.
irrépressible [iʀepʀesibl] *adj.* incontenible.
irréprochable [iʀepʀɔʃabl] *adj.* irreprochable; intachable.
irrésistible [iʀezistibl] *adj.* irresistible.
irresponsable [iʀɛspɔ̃sabl] *adj.* irresponsable.
irrigation [iʀigasjɔ̃] *s. f.* irrigación; riego *m.* ‖ **terrain d'~** regadío.
irriguer [iʀige] *v. tr.* irrigar.
irritable [iʀitabl] *adj.* irritable.
irritation [iʀitasjɔ̃] *s. f.* irritación.
irriter [iʀite] *v. tr.* **1.** irritar. ‖ **s'irriter** *v. pr.* **2.** (brûler) irritarse.
irruption [iʀypsjɔ̃] *s. f.* irrupción. ‖ **faire ~** irrumpir.

isard [izaʀ] *s. m., Zool.* gamuza *f.*
islamisme [islamism] *s. m.* islamismo.
isolant, -te [izɔlɑ̃, -ɑ̃t] *adj. et s. m.* aislante.
isolé, -ée [izɔle] *adj.* aislado, -da.
isolement [izɔlmɑ̃] *s. m.* aislamiento.
isoler [izɔle] *v. tr.* **1.** aislar. ‖ **s'isoler** *v. pr.* **2.** incomunicarse.
issu, -ue [isy] *adj.* nacido, -da.
issue [isy] *s. f.* **1.** salida; desembocadura [Rue sans issue. *Calle sin salida.*] **2.** (échappatoire) escapatoria. **3.** *fig.* (dénouement) desenlace *m.* ‖ **~ de secours** salida de emergencia.
isthme [ism] *s. m., Géogr.* istmo.

italien, -enne [italjɛ̃, -ɛn] *adj. et s. m.* **1.** italiano, -na. ‖ **Italien, -enne** *s. m. et f.* **2.** italiano, -na.
itinéraire [itineʀɛʀ] *s. m.* itinerario; ruta *f.*
ivoire [ivwaʀ] *s. m.* marfil.
ivraie [ivʀɛ] *s. f.* cizaña.
ivre [ivʀ] *adj.* **1.** *litt.* borracho, -cha; ebrio, -bria. **2.** *fig.* (enivré) embriagado, -da [Ivre de joie, de colère. *Embriagado de alegría, de ira.*] ‖ **~ mort** borracho perdido *fam.*
ivresse [ivʀɛs] *s. f.* embriaguez.
ivrogne [ivʀɔɲ] *adj. et s. m. et f.* borracho, -cha.

J

j [ʒi] *s. m.* j *f.*

j' [ʒ] *pron. pers.* *je.

jabot [ʒabo] *s. m.* (des oiseaux) buche.

jacinthe [ʒasɛ̃t] *s. f., Bot.* jacinto *m.*

jadis [ʒadis] *adv.* antiguamente; antaño.

jaillir [ʒajiʀ] *v. tr.* **1.** (un liquide, de la lumière) brotar; surgir; manar. **2.** (apparaître brusquement) salir; surgir. **3.** (sortir rapidement) prorrumpir. **4.** (des étincelles) saltar. **5.** *fig.* (se dégager) surgir.

jais [ʒɛ] *s. m.* azabache.

jalon [ʒalɔ̃] *s. m., fig.* (repère) hito.

jalouser [ʒaluze] *v. tr.* (être jaloux) envidiar; tener celos; tener envidia.

jalousie [ʒaluzi] *s. f.* **1.** (envie) celos *m. pl.*; envidia. **2.** (en amour) celos *m. pl.*

jaloux, -ouse [ʒalu, -uz] *adj. et s. m. et f.* celoso, -sa. ‖ **être** ~ tener celos. **rendre** ~ dar celos; dar envidia.

jamais [ʒamɛ] *adv.* **1.** jamás; nunca [Il n'est jamais revenu. *Nunca volvió / No volvió nunca.*] **2.** (une fois) alguna vez [Es-tu jamais venu? *¿Has venido alguna vez?*]

jambage [ʒɑ̃baʒ] *s. m.* **1.** (porte) quicio. **2.** (d'une lettre) trazo.

jambe [ʒɑ̃b] *s. f.* **1.** (d'une personne) pierna. **2.** (d'un pantalon) pernera. **3.** *Arch.* jamba.

jambon [ʒɑ̃bɔ̃] *s. m.* jamón [Jambon cru, jambon cuit. *Jamón serrano, jamón (de) York.*]

jambonneau [ʒɑ̃bɔno] *s. m.* lacón.

jante [ʒɑ̃t] *s. f.* llanta.

janvier [ʒɑ̃vje] *s. m.* enero [Le premier ou le deux janvier. *El uno o el dos de enero.*]

jardin [ʒaʀdɛ̃] *s. m.* **1.** (d'agrément) jardín. **2.** (potager, fruitier) huerto. ‖ ~ **d'enfants** jardín de infancia. ~ **des plantes** jardín botánico. ~ **fruitier** huerto; huerta *f.* ~ **public** parque público.

jardinage [ʒaʀdinaʒ] *s. m.* **1.** (de plantes ornementales) jardinería *f.* **2.** (de légumes frais) horticultura *f.*

jardiner [ʒaʀdine] *v. intr.* trabajar en jardinería.

jardinier, -ière [ʒaʀdinje, -jɛʀ] *s. m. et f.* **1.** (plantes) jardinero, -ra. **2.** (légumes frais) hortelano, -na.

jardinière [ʒaʀdinjɛʀ] *s. f.* **1.** (pour les fleurs) jardinera. **2.** (macédoine de légumes) menestra.

jargon [ʒaʀgɔ̃] *s. m.* jerga *f.*; argot.

jarre [ʒaʀ] *s. f.* jarra; tinaja.

jarretelle [ʒaʀtɛl] *s. f.* liga.

jars [ʒaʀ] *s. m.* ganso.

jaser [ʒaze] *v. intr.* parlar (un ave). ‖ ~ **comme une pie** hablar como una cotorra.

jasmin [ʒasmɛ̃] *s. m., Bot.* jazmín.

jauge [ʒoʒ] *s. f.* **1.** (règle graduée) varilla graduada; regla [Jauge de niveau d'huile. *Varilla del aceite.*] **2.** (capacité) cabida.

jaugeage [ʒoʒaʒ] *s. m.* aforo.

jauger [ʒoʒe] *v. tr.* **1.** (un tonneau) calar. **2.** *fig.* (juger, apprécier) calibrar; juzgar.

jaunâtre [ʒonɑtʀ] *adj.* amarillento, -ta.

jaune [ʒon] *adj.* **1.** amarillo, -lla. ‖ *s. m.* **2.** (couleur) amarillo. **3.** yema *f.* [Le jaune d'œuf. *La yema de huevo.*]

Javel, eau de [odəʒavɛl] *loc. s.* lejía.

javelot [ʒavlo] *s. m., Sport* jabalina *f.*

jazz [dʒaz] *s. m.* jazz.

je [ʒ(ə)] *pron. pers.* 1ère *sing.* yo (sujeto). • Delante de una palabra que empiece por vocal o *h* muda se usa j'.

je-m'en-fichiste ou je m'en fichiste [ʒ(ə)mɑ̃fiʃist] *adj. et s. m. et f.* pasota.

je-m'en-foutiste ou je m'en foutiste [ʒ(ə)mɑ̃futist] *adj. et s. m. et f.* pasota.

jerrican ou jerrycan [(d)ʒɛʀikan] *s. m.* bidón (de gasolina).

jersey [ʒɛʀzɛ] *s. m.* jersey.

jésuite [ʒezɥit] *adj. et s. m.* jesuita.

jet[1] [dʒɛt] *s. m., Aéron.* reactor.

jet[2] [ʒɛ] *s. m.* **1.** tiro; lanzamiento. **2.** (de liquide, de vapeur) chorro. **3.** (de lumière) chorro; rayo; ráfaga *f.* ‖ **être à un ~ de pierre** estar a un tiro de piedra. **~ d'eau** surtidor (de agua).

jetable [ʒ(ə)tabl] *adj.* desechable.

jetée [ʒ(ə)te] *s. f.* malecón *m.*; dique *m.*; muelle *m.*

jeter [ʒ(ə)te] *v. tr.* **1.** echar. **2.** lanzar [Jeter une bombe, jeter un os. *Lanzar una bomba, lanzar un hueso.*] **3.** tirar; arrojar [Jeter une pierre. *Lanzar una piedra.*] **4.** (se débarrasser de) tirar [Jeter à la poubelle. *Tirar a la basura.*] **5.** (entre deux points) tender; echar [Jeter un pont. *Tender un puente.*] **6.** *fig.* poner [Jeter dans l'embarras. *Poner en un apuro.*] **7.** (sons, mots, cris) lanzar. **8.** proyectar; arrojar [Jeter de la lumière, l'ombre. *Proyectar luz, sombra.*] **9.** (mettre) meter [Jeter en prison. *Meter en la cárcel.*] ‖ **se ~** *v. pr.* **10.** tirarse; arrojarse; echarse; lanzarse. **11.** (se coucher) tumbarse; acostarse. **12.** (une rivière, un fleuve) desembocar. ‖ **~ un coup d'oeil** echar una vistazo; echar una mirada.

jeton [ʒ(ə)tɔ̃] *s. m.* (de jeu, de téléphone, de machine) ficha *f.*

jeu [ʒø] *s. m.* **1.** juego. **2.** *fig.* (propos) intenciones *f. pl.* **3.** (façon de manier un instrument ou une arme) manejo. **4.** *Théâtr.* actuación *f.*; representación *f.* ‖ **faire son ~** (risquer, parier) hacer juego. **~ de mots** juego de palabras. **jeux olympiques** juegos olímpicos; olimpiada *f. sing.*

jeudi [ʒødi] *s. m.* jueves [Jeudi, le jeudi, le jeudi 13 juin. *El jueves, los jueves, el jueves 13 de junio.*]

jeun, à [aʒœ̃] *loc. adj.* en ayunas.

jeune [ʒœn] *adj.* **1.** (propre à la jeunesse) joven. **2.** (peu avancé en âge) pequeño, -ña [Jeune chien, jeune enfant. *Perro pequeño, niño pequeño.*] **3.** (qui convient à la jeunesse) juvenil [Une coiffure jeune. *Un peinado juvenil.*] **4.** nuevo, -va [Une entreprise jeune. *Una empresa nueva.*] **5.** recién [Jeunes mariés. *Recién casados.*] ‖ *s. m. et f.* **6.** joven. ‖ **jeunes gens** jóvenes.

jeûne [ʒøn] *s. m.* ayuno.

jeûner [ʒøne] *v. intr.* ayunar.

jeunesse [ʒœnɛs] *s. f.* juventud.

jeunot [ʒœno] *adj. et s. m.* jovenzuelo, -la. ‖ **petit ~** mico.

joaillier, -ière [ʒɔaje, -jɛʀ] *s. m. et f.* joyero, -ra.

jockey [ʒɔkɛ] *s. m.* yóquey.

joie [ʒwa] *s. f.* alegría. ‖ **remplir de ~** ilusionar. **se remplir de ~** ilusionarse.

joindre [ʒwɛ̃dʀ] *v. tr.* **1.** (mettre en contact ou ensemble deux choses) juntar; unir. **2.** (mettre en communication) unir. **3.** (embrancher, raccorder deux bouts) empalmar; enlazar. **4.** *fig.* aunar; conjugar. **5.** (ajouter) sumar. **6.** (adjoindre) adjuntar. **7.** (rencontrer, rejoindre) reunirse [Il va nous joindre plus tard. *Se reunirá con nosotros más tarde.*] ‖ *v. intr.* **8.** encajar; ajustar [La porte ne joint pas bien. *La puerta no encaja bien.*] ‖ **se ~** *v. pr.* **9.** juntarse [Les chemins se joignent ici. *Los caminos se juntan aquí.*] **10.** (prendre part) unirse.

joint, -te [ʒwɛ̃, -ɛ̃t] *adj.* **1.** junto, -ta; unido, -da [Les mains jointes. *Con las manos juntas.*] **2.** ajustado, -da [Portes join-

jointure [ʒwɛ̃tyʀ] *s. f.* juntura.

joli, -ie [ʒɔli] *adj.* **1.** (beau) bonito, -ta; precioso, -sa; lindo, -da. **2.** (amusant) bueno, -na; divertido, -da; gracioso, -sa. **3.** (considérable) bueno, -na; hermoso, -sa [Une jolie quantité. *Una buena cantidad.*] **4.** (ironique) bueno; menudo, -da [Quelle jolie histoire tu me racontes! *¡Buen/Menudo lío me cuentas!*]

joliment [ʒɔlimɑ̃] *adv.* **1.** (d'une manière agréable) bien [Il a joliment chanté. *Ha cantado bien.*] **2.** *fam.* (très) muy [On est joliment bien ici. *Estamos muy bien aquí.*] **3.** *fam.* (beaucoup) mucho [On s'est joliment trompé. *Nos hemos equivocado mucho.*] **4.** *fam.* (très mal) muy mal.

jonc [ʒɔ̃] *s. m.* **1.** *Bot.* (plante) junco. **2.** (canne) junco.

joncher [ʒɔ̃ʃe] *v. tr.* alfombrar; cubrir; tapizar.

jonction [ʒɔ̃ksjɔ̃] *s. f.* unión. ‖ **point de ~** (de deux routes) confluencia *f.*

jongler [ʒɔ̃gle] *v. intr.* hacer malabarismos.

jonglerie [ʒɔ̃gl(ə)ʀi] *s. f.* malabarismo *m.*

jongleur, -euse [ʒɔ̃glœʀ, -øz] *s. m. et f.* (cirque) malabarista.

jongleur, -eresse [ʒɔ̃glœʀ, -œʀɛs] *s. m. et f.* (trouvère) juglar, -resa.

jonque [ʒɔ̃k] *s. f., Mar.* junco *m.*

joue [ʒu] *s. f.* mejilla; carrillo *m.* ‖ **en ~ !** ¡apunten! **grosse ~** moflete *m.* **mettre en ~** apuntar.

jouer [ʒwe] *v. intr.* **1.** jugar [Jouer aux cartes. *Jugar a las cartas.*] **2.** (deux pièces d'un mécanisme) tener juego (tener holgura). **3.** (manipuler) manejar [Jouer bien avec un couteau. *Manejar un cuchillo.*] **4.** (prendre à la légère) jugar [Jouer avec son cœur. *Jugar con su corazón.*] **5.** hacerse [Jouer au généreux. *Hacerse el generoso.*] **6.** (agir, intervenir) actuar; intervenir. **7.** *Ciné. et Théâtre* actuar; trabajar. **8.** *Mus.* tocar. ‖ *v. tr.* **9.** (imiter par ex.) hacer [Jouer le marchand. *Hacer de vendedor.*] **10.** *Jeux* mover [Jouer un pion. *Mover un peón.*] **11.** (miser sur) apostar. **12.** *Théâtr.* (sur la scène) representar [Jouer une pièce. *Representar una obra.*] **13.** *Mus.* tocar. ‖ **se ~** *v. pr.* **14.** sortear [Se jouer les difficultés. *Sortear las dificultades.*] ‖ **faire ~** hacer funcionar. **~ faux** (un instrument) desafinar. **~ un mauvais tour** hacer una faena. **~ un rôle** (être un facteur) desempeñar un papel; actuar. | *Ciné. et Théâtre* actuar.

jouet [ʒwɛ] *s. m.* juguete. ‖ **magasin de jouets** juguetería.

joueur, -euse [ʒwœʀ, -øz] *adj.* **1.** juguetón, -tona. ‖ *adj. et s. m. et f.* **2.** *Sport* jugador, -ra. **3.** *Mus.* tocador, -ra. ‖ **~ invétéré** tahúr. •En español, on utilise très fréquemment le suffixe "-ista" pour créer les noms de joueurs : Joueur de football, de guitare. *Futbolista, guitarrista.*

joug [ʒu] *s. m.* yugo.

jouir [ʒwiʀ] *v. intr.* disfrutar; gozar.

jouissance [ʒwisɑ̃s] *s. f.* goce *m.*; disfrute *m.*

jour [ʒuʀ] *s. m.* **1.** día. **2.** (lumière, clarté) luz *f.*; claridad *f.* **3.** *fig.* (aspect, perspective) aspecto [Sous un autre jour. *Bajo otro aspecto.*] **4.** *Arch.* vano; hueco; agujero. ‖ **commencer à faire ~** amanecer [Il commence à faire jour. *Amanece.*] **de nos jours** hoy día; hoy en día. **faire ~** ser de día [Il fait déjà jour. *Ya es de día.*]

mettre à ~ actualizar; revisar. **mettre au ~** publicar; sacar a la luz. **petit ~** madrugada *f.*; alba *f.*

journal, -aux [ʒuʀnal, -o] *s. m.* **1.** (publication périodique) periódico; diario. **2.** (intime) diario. **3.** (à la télévision ou à la radio) noticias *f. pl.* ‖ **~ télévisé** informativo; telediario. **livre ~** (livre de commerce) diario.

journalier, -ière [ʒuʀnalje, -jɛʀ] *adj.* **1.** diario, -ria. ‖ *s. m.* **2.** jornalero.

journaliste [ʒuʀnalist] *s. m.* periodista.

journée [ʒuʀne] *s. f.* **1.** (de l'aube au coucher du soleil) día *m.* **2.** (travail d'une journée, chemin effectué dans une journée) jornada. **3.** (salaire d'un jour) jornal *m.* ‖ **à la ~** a jornal.

jovial, -le, -aux [ʒɔvjal, -o] *adj.* jovial.

joyau [ʒwajo] *s. m.* joya *f.*; alhaja *f.*

joyeux, -euse [ʒwajø, -øz] *adj.* **1.** (qui ressent la joie) alegre; gozoso, -sa. **2.** (qui exprime la joie) jovial. **3.** feliz [Joyeuse nouvelle. *Feliz noticia.*] **4.** (félicitations) feliz [Joyeux anniversaire. *Feliz cumpleaños.*]

jubilé [ʒybile] *s. m.* **1.** *Rel.* jubileo. **2.** (fête pour le cinquantenaire de l'entrée dans une fonction) jubileo de oro.

jucher [ʒyʃe] *v. intr.* **1.** (oiseaux) posarse. ‖ **se ~** *v. pr.* **2.** (oiseaux) posarse; encaramarse.

judaïsme [ʒydaism] *s. m.* judaísmo.

judas [ʒyda] *s. m.* mirilla *f.*

judiciaire [ʒydisjɛʀ] *adj.* judicial.

judicieux, -euse [ʒydisjø, -øz] *adj.* juicioso, -sa; sensato, -ta.

judo [ʒydo] *s. m., Sport* judo; yudo.

judoka [ʒydoka] *s. m. et f., Sport* yudoca.

juge [ʒyʒ] *s. m.* **1.** (magistrat) juez, -za. **2.** (autorité) juez.

jugé, -ée [ʒyʒe] *adj.* juzgado, -da.

jugement [ʒyʒmã] *s. m.* (discernement) juicio.

juger [ʒyʒe] *v. tr. et intr.* juzgar.

jugulaire [ʒygylɛʀ] *adj. et s. f., Anat.* yugular.

juif, juive [ʒɥif, ʒɥiv] *adj.* **1.** judío, -a. ‖ **Juif, Juive** *s. m. et f.* **2.** judío, -a.

juillet [ʒɥijɛ] *s. m.* julio [Le premier ou le deux juillet. *El uno o el dos de julio.*]

juin [ʒɥɛ̃] *s. m.* junio [Le premier ou le deux juin. *El uno o el dos de junio.*]

jumeau, -elle [ʒymo, -mɛl] *adj. et s.* gemelo, -la; mellizo, -za. ‖ **jumelles** *s. f. pl.* prismáticos *m. pl.*; gemelos *m. pl.* ‖ **pavillons jumeaux** adosados (chalets).

jumelle [ʒymɛl] *s. f.* *jumeau.

jument [ʒymã] *s. f., Zool.* yegua.

jungle [ʒɔ̃gl] *s. f.* **1.** (tropicale) jungla. **2.** (lieu sauvage) selva [La loi de la jungle. *La ley de la selva.*]

junior [ʒynjɔʀ] *adj. et s. m. et f.* junior.

junte [ʒœ̃t] *s. f.* junta (dans le monde ibérique et latinoaméricain).

jupe [ʒyp] *s. f.* falda.

jupette [ʒypɛt] *s. f.* falda corta; minifalda.

juré, -ée [ʒyʀe] *adj.* jurado, -da. ‖ *s. m. et f.* (membre d'un jury) jurado, -da.

jurer [ʒyʀe] *v. tr. et intr.* jurar.

juridiction [ʒyʀidiksjɔ̃] *s. f.* jurisdicción.

juridique [ʒyʀidik] *adj.* jurídico, -ca.

juron [ʒyʀɔ̃] *s. m., fam.* juramento; taco.

jury [ʒyʀi] *s. m.* **1.** *Dr.* jurado. **2.** (examens, concours) tribunal.

jus [ʒy] *s. m.* **1.** (de fruits, légumes) zumo; jugo *Amér.* **2.** (de la viande) jugo. ‖ **sans ~** seco, -ca.

jusque [ʒysk(ə)] *prép.* **1.** hasta. ‖ **jusqu'à** (partie du corps) hasta; a [L'eau jusqu'aux genoux. *Con el agua hasta las*

rodillas.] | (distance spatiale) hasta; a [Il reste 30 km jusqu'à Bordeaux. *Faltan 30 km hasta Burdeos.*] | (même) hasta [Il va jusqu'à se moquer de nous. *Hasta se ríe de nosotros.*] **jusqu'à ce que** hasta que. **jusqu'alors** hasta entonces. **jusqu'en** (mois, années) hasta [Jusqu'en mars, jusqu'en 1999. *Hasta marzo, hasta 1999.*] **jusque-là** (limite spatiale) hasta ahí. | (limite temporelle) hasta aquí; hasta ahí; hasta entonces. **jusqu'où?** ¿hasta dónde?

justaucorps [ʒystokɔʀ] *s. m.* (maillot de danse) body.

juste [ʒyst] *adj.* **1.** justo, -ta. **2.** *Rel.* justo; fiel [Les justes. *Los justos.*] ‖ *adv.* **3.** (avec justesse) justamente [Parler juste. *Hablar justamente.*] **4.** (précisément) justo; justamente [Juste à côté. *Justo al lado.*] **5.** justo [Il est arrivé juste. *Ha llegado justo.*]

justement [ʒyst(ə)mã] *adv.* **1.** justamente; justo [Voilà justement ce que je voulais. *Eso es justo lo que quería.*] **2.** (à juste titre) con razón.

justesse [ʒystɛs] *s. f.* **1.** (exactitud, correction) exactitud. **2.** (précision) precisión. **3.** (des idées, du jugement) rectitud. ‖ **de ~** *fam.* por los pelos.

justice [ʒystis] *s. f.* justicia.

justifiant, -te [ʒystifjã, -ãt] *adj.* justificante.

justificatif, -ive [ʒystifikatif, -iv] *s. m.* justificante. ‖ **pièce justificative** justificante *m.*

justifier [ʒystifje] *v. tr.* **1.** justificar. **2.** *Impr.* justificar.

juteux, -euse [ʒytø, -øz] *adj.* jugoso, -sa.

juvénile [ʒyvenil] *adj.* juvenil.

juxtaposer [ʒykstapoze] *v. tr.* yuxtaponer.

K

k [ka] *s. m.* k *f.*
kaki [kaki] *adj. et s. m.* (jaune brunâtre) caqui *inv.*; kaki *inv.*
kangourou [kɑ̃guʀu] *s. m., Zool.* canguro.
karaoké [kaʀaɔke] *s. m.* karaoke.
karaté [kaʀate] *s. m., Sport* kárate.
karatéka [kaʀateka] *s. m. et f., Sport* karateca.
kayac [kajak] *s. m.* kayac.

ketchup [kɛtʃœp] *s. m.* ketchup.
kilo [kilo] *s. m.* kilo.
kilogramme [kilɔgʀam] *s. m.* kilogramo.
kilomètre [kilɔmɛtʀ] *s. m.* kilómetro.
kimono [kimɔno] *s. m.* quimono.
kiosque [kjɔsk] *s. m.* quiosco; kiosco.
kiwi [kiwi] *s. m.* **1.** *Bot.* (fruit) kiwi; quivi. **2.** *Zool.* (oiseau) kiwi.
klaxon [klaksɔn] *s. m.* claxon; bocina *f.*
klaxonner [klaksɔne] *v. intr.* tocar el claxon; pitar (un coche).
koala [kɔala] *s. m., Zool.* koala.
k-way [kawɛ] *s. m.* chubasquero.
kyste [kist] *s. m., Méd.* quiste.

L

l [ɛl] *s. m.* l *f.*

l' [l] *art. déf.* **1.** el *m.* [L'avion. *El avión.*] **2.** la *f.* [L'idée. *La idea.*] || *pron. pers.* **3.** le *m.;* lo *m.* [Je l'ai vu. *Le vi.*] **4.** la *f.* [Je l'ai écrite. *La he escrito.*] • Delante de vocal o "h" muda se produce elisión de las vocales "a" o "e" del artículo (le, la) o del pronombre personal (le, la).

la¹ [la] *s. m., Mus.* (note) la.

la² [la] *art. déf. f. sing.* **1.** la. || *pron. pers. 3ème sing. f.* **2.** la [Je la vois. *La veo.*] • Delante de vocal o "h" se usa "l'".

là [la] *adv.* **1.** ahí. **2.** (là-bas, loin) allí; allá. **3.** (alors) entonces. || **par ~** por ahí; por allí. • "Là" forma compuestos con los demostrativos, teniendo éstos valor de lejanía: Cet homme-là. *Este / Aquel hombre.*

là-bas [labɑ] *adv.* **1.** (très loin) allí; allá. **2.** (un peu éloigné) ahí [Là-bas il n'y a personne. *Ahí no hay nadie.*] **3.** (en bas) allá abajo.

labeur [labœʀ] *s. m.* labor *f.*

laboratoire [labɔʀatwaʀ] *s. m.* laboratorio.

laborieux, -euse [labɔʀjø, -øz] *adj.* **1.** (difficile) laborioso, -sa; trabajoso, -sa. **2.** (à la maison) hacendoso, -sa.

labour [labuʀ] *s. m.* **1.** *Agr.* labor *f.*; labranza *f.* [Instruments de labour. *Instrumentos de labranza.*] || **labours** *s. m. pl.* **2.** labranza *f. sing.*; tierra de labor.

labourer [labuʀe] *v. tr.* **1.** labrar. **2.** (avec la charrue) arar.

laboureur [labuʀœʀ] *s. m.* labrador.

labyrinthe [labiʀɛ̃t] *s. m.* laberinto.

lac [lak] *s. m.* lago.

laçage [lasaʒ] *s. m.* lazada.

lacer [lase] *v. tr.* **1.** (attacher) atar. **2.** (les chaussures) abrochar. || **~ ses chaussures** atarse los cordones.

lacet [lase] *s. m.* **1.** (chaussure) cordón. **2.** (chasse) lazo. **3.** (zigzag) zigzag; ese [Une route en lacets. *Una carretera que hace eses.*]

lâche [lɑʃ] *adj.* **1.** flojo, -ja; suelto, -ta. **2.** (muscle) flácido, -da. || *adj. et s. m. et f.* **3.** *fig.* (couard) cobarde.

lâcher [lɑʃe] *v. tr.* **1.** soltar. **2.** (desserrer) aflojar. **3.** (une bombe) lanzar. **4.** *fam.* (un amant, un copain) dejar. || **les ~** soltar la pasta.

lâcheté [lɑʃte] *s. f.* **1.** (couardise) cobardía. **2.** (bassesse) villanía.

laconique [lakɔnik] *adj.* lacónico, -ca.

lacrymal, -le, -aux [lakʀimal, -o] *adj.* lagrimal.

lacrymogène [lakʀimɔʒɛn] *adj.* lacrimógeno, -na.

lacs [la] *s. m.* **1.** lazo (para animales). **2.** *fig.* (piège) trampa *f.*

lacté, -ée [lakte] *adj.* lácteo, -a.

lacune [lakyn] *s. f.* laguna; omisión.

lagon [lagɔ̃] *s. m.* albufera *f.*

lagune [lagyn] *s. f.* laguna.

laid, laide [lɛ, lɛd] *adj. et s. m. et f.* feo, -a.

laideur [lɛdœʀ] *s. f.* fealdad.

laie [lɛ] *s. f.* jabalina (hembra del jabalí).

laine [lɛn] *s. f.* lana [En laine. *De lana.*] || **à ~** lanar [Bêtes à laine. *Ganado lanar.*]

laïque [laik] *adj.* laico, -ca.

laisser [lese] *v. tr.* **1.** dejar. **2.** (confier) confiar; abandonar. **3.** olvidar [Laisser ses clés à la maison. *Olvidar las llaves en casa.*] **4.** (perdre) dejar; perder [Laisser la vie, la peau. *Dejar su vida, dejarse la piel.*] || **se ~** *v. pr.* **5.** dejarse [Se

laisser guider. *Dejarse guiar.*] **6.** dejarse [Le vin se laisse boire. *El vino se deja beber.*] ‖ **se ~ aller** dejarse llevar; abandonarse.

laissez-passer [lesepɑse] *s. m. inv.* pase; autorización *f.*; permiso.

lait [lɛ] *s. m.* leche *f.* ‖ **~ de toilette** leche limpiadora.

laiteux, -euse [lɛtø, -øz] *adj.* lechoso, -sa.

laitier, -ière [lɛtje, -jɛʀ] *adj.* **1.** lácteo, -a [Produit laitier. *Producto lácteo.*] **2.** lechero, -ra [Vache laitière, centrale laitière. *Vaca lechera, central lechera.*] ‖ **laitière** *s. f.* **3.** (pot à lait) lechera.

laiton [lɛtɔ̃] *s. m.* latón.

laitue [lety] *s. f.* lechuga.

lama¹ [lama] *s. m., Zool.* llama *f.*

lama² [lama] *s. m.* lama. ‖ **dalaï-lama** dalai-lama.

lambin, -ne [lɑ̃bɛ̃, -in] *s. m. et f.* remolón, -lona.

lambris [lɑ̃bʀi] *s. m.* **1.** (mur) revestimiento. **2.** (plâtre) capa de yeso. **3.** (plafond) artesonado.

lambrisser [lɑ̃bʀise] *v. tr.* **1.** (les murs) revestir. **2.** (plâtrer un mur) dar una capa de yeso.

lame [lam] *s. f.* **1.** (couteau, épée) hoja. **2.** cuchilla [Lame de rasoir. *Cuchilla de afeitar.*] **3.** (bande de métal) lámina; chapa; plancha. **4.** (vague) ola. ‖ **fine ~** espadachín *m.*

lamentable [lamɑ̃tabl] *adj.* lamentable.

lamentation [lamɑ̃tasjɔ̃] *s. f.* **1.** lamentación; lamento *m.* **2.** quejido *m.*

laminer [lamine] *v. tr.* laminar.

lampadaire [lɑ̃padɛʀ] *s. m.* **1.** (d'appartement) lámpara de pie. **2.** (de rue) farola *f.*

lampe [lɑ̃p] *s. f.* **1.** lámpara. **2.** (source de lumière électrique) luz [Éteins la lampe. *Apaga la luz.*] **3.** (radio) válvula [Lampe à grille. *Válvula de rejilla.*] ‖ **~ d'architecte** flexo *m.* **~ de bureau** flexo *m.* **~ de poche** linterna.

lance [lɑ̃s] *s. f.* lanza. ‖ **~ d'arrosage** manguera. **~ d'incendie** manga de incendio.

lancement [lɑ̃smɑ̃] *s. m.* **1.** lanzamiento; tiro. **2.** *Mar.* botadura *m.*

lance-pierres [lɑ̃spjɛʀ] *s. m. inv.* tirachinas.

lancer [lɑ̃se] *v. tr.* **1.** lanzar; tirar, arrojar. **2.** (un câble) tirar; tender. **3.** (un bateau) botar; varar. **4.** (un regard) echar. **5.** (rayons, étincelles) despedir. **6.** (dire) soltar; lanzar. **7.** (mettre en route) lanzar; poner en marcha; impulsar. **8.** (un produit) lanzar; dar publicidad; sacar. **9.** (un artiste, un homme politique) dar a conocer; lanzar a la fama. ‖ **se ~** *v. pr.* **10.** lanzarse; abalanzarse; precipitarse. **11.** (se faire connaître) darse a conocer. ‖ **~ des cris** chillar; gritar.

lanciner [lɑ̃sine] *v. tr.* punzar.

landau [lɑ̃do] *s. m.* cochecito de niño.

langage [lɑ̃gaʒ] *s. m.* lenguaje.

lange [lɑ̃ʒ] *s. m.* **1.** (couche) pañal; braga *f.* **2.** (maillot) mantilla *f.*

langouste [lɑ̃gust] *s. f., Zool.* langosta.

langue [lɑ̃g] *s. f.* lengua.

languette [lɑ̃gɛt] *s. f.* lengüeta.

languir [lɑ̃giʀ] *v. intr.* languidecer.

languissant, -te [lɑ̃gisɑ̃, -ɑ̃t] *adj.* lánguido, -da.

lanière [lanjɛʀ] *s. f.* tira; correa.

lanterne [lɑ̃tɛʀn] *s. f.* **1.** farol *m.* **2.** (petit ou vénitienne) farolillo *m.* **3.** (d'une voiture) faro *m.* **4.** *Techn.* linterna. **5.** *Arch.* linterna.

lapereau [lapʀo] *s. m.* gazapo (conejo).
lapin, -ne [lapɛ̃, -in] *s. m. et f.* conejo, -ja.
laps [laps] *s. m.* lapso. ‖ **~ de temps** lapso de tiempo.
lapsus [lapsys] *s. m.* lapsus.
laque [lak] *s. f.* **1.** (pour les cheveux, à ongles) laca. **2.** (vernis pour protéger ou décorer) barniz. ‖ *s. m. ou f.* **3.** (pour les meubles et objets) laca *f.*
laquer [lake] *v. intr.* dar laca; lacar.
larcin [laʀsɛ̃] *s. m.* hurto.
lard [laʀ] *s. m.* tocino; beicon.
lardon [laʀdɔ̃] *s. m.* beicon (en taquitos).
large [laʀʒ] *adj.* **1.** ancho, -cha [De gros épaules. *Hombros anchos.*] **2.** (vêtements) amplio, -plia; holgado, -da. **3.** (quantité) grande; considerable; abundante. **4.** (généreux) generoso, -sa. **5.** *fig.* amplio, -plia [Au sens large. *En sentido amplio.*] ‖ *s. m.* **6.** ancho. ‖ **au ~** en alta mar. **prendre le ~** largarse.
largement [laʀg(ə)mã] *adv.* a gusto; en abundancia.
largeur [laʀʒœʀ] *s. f.* **1.** anchura; ancho *m.* **2.** (d'un vêtement) holgura. **3.** (ampleur) amplitud. **4.** *fig.* amplitud.
larguer [laʀge] *v. tr.* **1.** (voiles, amarres) largar; soltar. **2.** (bombes, parachutistes) lanzar.
larme [laʀm] *s. f.* **1.** lágrima. **2.** *fam.* gota. ‖ **larmes** *s. f. pl.* **3.** llanto *m. sing.*
larmier [laʀmje] *s. m.* **1.** *Arch.* (d'une corniche) visera *f.* **2.** *Anat.* lagrimal.
llarve [laʀv] *s. f.* larva.
las, lasse [lɑ, lɑs] *adj.* **1.** cansado, -da. **2.** (fatigué de) aburrido, -da. **3.** (irrité) harto, -ta [Las d'attendre. *Harto de esperar.*]
lascif, -ive [lasif, -iv] *adj.* lascivo, -va.
lasciveté [lasivte] *s. f.* lascivia; lujuria.
laser [lazɛʀ] *s. m., Techn.* láser.
lasser [lɑse] *v. tr.* **1.** cansar; fatigar. **2.** *fig.* aburrir. ‖ **se ~** *v. tr.* **3.** aburrirse. **4.** (se décourager) desanimarse.
lassitude [lɑsityd] *s. f.* **1.** cansancio *m.*; fatiga. **2.** (ennui) aburrimiento *m.*; tedio *m.*
latent, -te [latã, -ãt] *adj.* latente.
latéral, -le, -aux [lateʀal, -o] *adj.* lateral.
latin, -ne [latɛ̃, -in] *adj.* **1.** latino, -na. ‖ *s. m.* **2.** latín.
latino-américain, -ne [latinoameʀikɛ̃, -ɛn] *adj.* latino, -na.
latitude [latityd] *s. f.* latitud.
latrines [latʀin] *s. f. pl.* letrina *sing.*
latte [lat] *s. f.* **1.** (planche) tabla delgada. **2.** *Sport* listón *m.* **3.** lama [Un sommier à lattes. *Un somier de lamas.*]
laurier [loʀje] *s. m., Bot.* laurel.
lavable [lavabl] *adj.* lavable.
lavabo [lavabo] *s. m.* lavabo.
lavande [lavãd] *s. f., Bot.* lavanda.
lave [lav] *s. f.* lava.
lave-glace [lavglas] *s. m.* (de la voiture) limpiaparabrisas *inv.* (chorro de agua). • Pl. lave-glaces.
lave-mains [lavmɛ̃] *s. m.* lavabo.
lavement [lavmã] *s. m., Méd.* lavativa *f.*
laver [lave] *v. tr.* **1.** lavar. ‖ **se ~** *v. pr.* **2.** lavarse. **3.** (faire sa toilette) asearse. ‖ **machine à ~** lavadora.
laverie [lavʀi] *s. f.* **1.** (automatique) lavandería. **2.** *Minér.* lavadero *m.*
lavette [lavɛt] *s. f.* estropajo *m.*
lave-vaisselle [lavvɛsɛl] *s. m. inv.* lavavajillas; lavaplatos.
lavoir [lavwaʀ] *s. m.* lavadero.

LAXATIF - LEQUEL

laxatif, -ive [laksatif, -iv] *adj. et s. m.* laxante.

layette [lεjεt] *s. f.* canastilla.

le [l(ə)] *art. déf. m. sing.* **1.** el. ‖ *pron. pers. 3ème m. sing.* **2.** lo; le [Je l'ai vu. *Lo he visto.*] •Delante de vocal o "h" se usa "l'".

leader [lidœR] *s. m.* líder.

lèche [lεʃ] *s. f., fam.* (flatterie) coba.

lécher [leʃe] *v. tr.* **1.** lamer. ‖ **se ~** *v. pr.* **2.** lamerse. ‖ **s'en ~ les babines** relamerse de gusto.

leçon [l(ə)sɔ̃] *s. f.* **1.** lección. **2.** *fig.* (punition) escarmiento *m.*; recordatorio *m.*

lecteur, -trice [lεktœR, -tRis] *s. m. et f.* lector, -ra. ‖ **~ CD** lector de CD.

lecture [lεktyR] *s. f.* lectura.

ledit, ladite, lesdits, lesdites [l(ə)di, ladit, ledi, ledit] *adj.* dicho, -cha.

légal, -le, -aux [legal, -o] *adj.* legal.

légaliser [legalize] *v. tr.* **1.** legalizar. **2.** (un document) formalizar.

légat [lega] *s. m., Dr.* legado.

légendaire [leʒɑ̃dεR] *adj.* legendario, -ria.

légende [leʒɑ̃d] *s. f.* **1.** leyenda. **2.** (d'une photo ou dessin) pie *m.*

léger, -ère [leʒe, -εR] *adj.* **1.** (qui a peu de poids) ligero, -ra; liviano, -na. **2.** (fin) fino, -na; fresco, -ca [Une étoffe légère. *Una tela fresca.*] **3.** (peu grave) leve [Une blessure légère. *Una herida leve.*] **4.** *fig.* ligero, -ra; leve [Une faute légère. *Una falta leve.*] **5.** (frivole) zascandil. ‖ **un café** ~ un café poco cargado.

légèreté [leʒεRte] *s. f.* **1.** (poids) ligereza. **2.** *fig.* (style) ligereza; soltura. **3.** *fig.* (inconstance) frivolidad.

légiférer [leʒifeRe] *v. intr.* legislar.

légion [leʒjɔ̃] *s. f.* legión.

légionnaire [leʒjɔnεR] *s. m.* legionario.

législation [leʒislasjɔ̃] *s. f.* legislación.

législature [leʒislatyR] *s. f.* legislatura.

légiste, médecin [leʒist, medsɛ̃leʒist] forense.

légitime [leʒitim] *adj.* legítimo, -ma.

légitimer [leʒitime] *v. tr.* legitimar.

legs [lε(g)] *s. m.* legado; manda *f.*

léguer [lege] *v. tr.* legar.

légume [legym] *s. m.* **1.** (vert) verdura *f.;* hortaliza *f.* **2.** (sec) legumbre *f.* ‖ **marchand de légumes** verdulero, -ra. **vendeur de légumes** verdulero, -ra.

légumineux, -euse [legyminø, -øz] *adj. et s. f.* leguminoso, -sa.

lendemain [lɑ̃dmɛ̃] *s. m., fig.* futuro; mañana. ‖ **le ~** al día siguiente [Le lendemair, il est parti vite. *Al día siguiente se marchó rápido.*]

lent, -te [lɑ̃, lɑ̃t] *adj.* lento, -ta.

lente [lɑ̃t] *s. f.* (œuf de pou) liendre.

lentement [lɑ̃tmɑ̃] *adv.* despacio.

lenteur [lɑ̃tœR] *s. f.* **1.** lentitud. **2.** *fig.* (pesanteur, lourdeur) pesadez. **3.** (délai) tardanza.

lentille [lɑ̃tij] *s. f.* **1.** (légume) lenteja. **2.** (optique) lente. **3.** lentilla [Lentille de contact. *Lentilla de contacto.*]

léopard [leɔpaR] *s. m., Zool.* leopardo.

lèpre [lεpR] *s. f.* lepra.

lépreux, -euse [lepRø, -øz] *adj. et s. m. et f.* leproso, -sa.

lequel, laquelle, lesquels, lesquelles [l(ə)kεl, la)kεl, lekεl, lekεl] *pron. rel.* **1.** (après une préposition) el que (la que, los que, las que); el cual (la cual, los cuales, las cuales); quien (quienes) [La porte par laquelle je suis passé. *La puerta por la que pasé.*] ‖ *pron. int.* **2.** cuál (cuáles) [Lequel viendra? *¿Cuál vendrá?*] **3.** quién (quié-

nes). || ~ **de** cuál de. •On utilise "quien" pour les personnes seulement.

les [le] *art. déf. m. pl.* **1.** los [Los aviones. *Les avions.*] || *art. déf. f. pl.* **2.** las [Les écoles. *Las escuelas.*] *pron. pers. 3ème pl.* **3.** (m. pl.) los; les [Les voir. *Verlos, verles.*] **4.** (f. pl.) las [Je les ai regardées. *Las miré.*]

lesbienne [lɛsbjɛn] *s. f.* lesbiana.

léser [leze] *v. tr.* **1.** (porter préjudice) perjudicar; causar perjuicio. **2.** *Méd.* lesionar.

lésiner [lezine] *v. intr.* tacañear; escatimar [Il lésine sur tout ce qu'il achète. *Escatima en todo lo que compra.*]

lésion [lezjɔ̃] *s. f.* lesión.

lessive [lesiv] *s. f.* colada [Faire la lessive. *Hacer la colada.*]

lest [lɛst] *s. m.* lastre.

leste [lɛst] *adj.* ágil; ligero, -ra.

létal, -le, -aux [letal, -o] *adj.* letal.

léthargie [letarʒi] *s. f.* letargo *m.*

lettre [lɛtr] *s. f.* **1.** (de l'alphabet) letra. **2.** (correspondance) carta. **3.** *Comm.* letra [Lettre de change. *Letra de cambio.*] **homme de lettres** literato.

lettré, -ée [letre] *adj. et s. m. et f.* letrado, -da; docto, -ta.

leur¹ [lœʀ] *adj. poss.* **1.** su [Leur voyage (à eux, à elles). *Su viaje (de ellos, de ellas).*] || *pron. poss. 3ème pl.* **2.** suyo, -ya [Voici la leur (à eux, à elles). *Aquí está la suya (de ellos, de ellas).*] || **leurs** *adj. poss. pl.* **3.** sus [Leurs voitures (à eux, à elles). *Sus coches (de ellos, de ellas).*] || *pron. poss. pl.* **4.** suyos, -yas [Ce sont les leurs (à eux, à elles). *Son los suyos, las suyas (de ellos, de ellas).*]

leur² [lœʀ] *pron. pers. 3ème pl.* **1.** (complément d'objet indirect) les [Je leur ai dit de ne pas venir. *Les dije que no vinieran.*] **2.** (devant les pronoms "lo", "la", "los" et "las", le pronom espagnol "les" devient "se") se [Je le leur ai dit. *Se lo dije (a ellos, a ellas).*]

leurre [lœʀ] *s. m.* **1.** (pour les animaux) señuelo. **2.** (pour une personne) engaño.

leurrer [lœʀe] *v. tr., fig.* **1.** embaucar; engañar. || **se ~** *v. pr.* **2.** ilusionarse.

levain [l(ə)vɛ̃] *s. m.* **1.** levadura *f.* **2.** *fig.* (ferment, germe) germen.

levant, -te [l(ə)vɑ̃, -ɑ̃t] *adj.* **1.** naciente [Soleil levant. *Sol naciente.*] || *s. m.* **2.** levante.

levée [l(ə)ve] *s. f.* **1.** (du courrier, des ordures) recogida. **2.** (des impôts) recaudación. **3.** (aux cartes) baza.

lever¹ [l(ə)ve] *v. tr.* **1.** levantar; alzar. **2.** (redresser) levantar; erguir [Lever la tête. *Erguir la cabeza.*] **3.** (le courrier) recoger. || **se ~** *v. pr.* **4.** (se mettre debout) levantarse; ponerse de pie. **5.** (se soulever) levantarse [Le couvercle se lève sans difficulté. *La tapa se levanta sin dificultad.*] **6.** (sortir de son lit) levantarse. **7.** (le soleil) salir; nacer. **8.** (le vent, la brise) levantarse. || **~ l'ancre** zarpar. **se ~ de bonne heure** madrugar; darse un madrugón.

lever² [l(ə)ve] *s. m.* salida *f.* [Le lever du soleil. *La salida del sol.*]

levier [l(ə)vje] *s. m.* palanca *f.*; barra *f.* || **~ de vitesse** palanca de cambios.

lèvre [lɛvʀ] *s. f.* labio *m.*

lévrier [levʀije] *s. m.* galgo; lebrel.

levure [l(ə)vyʀ] *s. f.* levadura.

lexique [lɛksik] *s. m.* léxico.

lézard [lezaʀ] *s. m., Zool.* lagarto. || **petit ~** lagartija *f.*

lézarde [lezaʀd] *s. f.* (dans un mur) grieta.
lézarder, se [lezaʀde] *v. pr.* (un mur) agrietarse; cuartearse.
liaison [ljɛzɔ̃] *s. f.* **1.** enlace *m.*; unión. **2.** (connexion, rapport) conexión; relación. **3.** comunicación [Liaison par signaux optiques. *Comunicación por señales ópticas.*] **4.** (amoureuse) ligue *m.*; relación.
liane [ljan] *s. f.* liana.
liant, -te [ljɑ̃, -ɑ̃t] *adj.* **1.** *fig.* sociable. ‖ *s. m.* **2.** *fig.* carácter sociable.
liasse [ljas] *s. f.* **1.** (de papiers, de billets) fajo *m.*; taco *m.* **2.** (de documents) expediente *m.*
libeller [libele] *v. tr.* (chèque) extender.
libéral, -le, -aux [liberal, -o] *adj.* liberal.
libéralité [liberalite] *s. f.* liberalidad.
libération [liberasjɔ̃] *s. f.* liberación.
libérer [libere] *v. tr.* **1.** libertar. **2.** (d'une obligation, d'un impôt, d'une dette) liberar. **3.** (délivrer de ce qui embarrasse) librar. **4.** (de l'énergie) desprender; liberar. ‖ *se* ~ *v. pr.* **5.** (ne pas être occupé) desocuparse; estar libre [Je ne peux pas me libérer demain. *No estoy libre mañana.*] **6.** (se débarrasser) librarse.
liberté [libɛʀte] *s. f.* libertad.
libertinage [libɛʀtinaʒ] *s. m.* libertinaje.
libraire [libʀɛʀ] *s. m. et f.* librero, -ra.
librairie [libʀɛʀi] *s. f.* librería.
libre [libʀ] *adj.* libre. ‖ ~ **d'impôts** (d'impôts) exento de impuestos, -ta.
libre-service [libʀ(ə)sɛʀvis] *s. m.* autoservicio.
licence [lisɑ̃s] *s. f.* **1.** (liberté d'action) licencia. **2.** (permis) permiso *m.*; autorización; licencia. **3.** (diplôme universitaire) licenciatura [Licence en sciences, en lettres, en droit. *Licenciatura en Ciencias, en Filosofía y Letras, en Derecho.*] ‖ **passer sa ~ en** licenciarse. •La "licence" es un diploma de 2º ciclo que se obtiene después de tres años de estudios universitarios. •La "licenciatura" est un diplôme de 2ème cycle que l'on obtient après au moins quatre ans d'études.
licencié, -ée [lisɑ̃sje] *adj.* licenciado, -da.
licenciement [lisɑ̃simɑ̃] *s. m.* despido.
licencier [lisɑ̃sje] *v. tr.* **1.** (un ouvrier, un employé) despedir. **2.** *Mil.* licenciar.
licencieux, -euse [lisɑ̃sjø, -øz] *adj.* licencioso, -sa.
lichen [likɛn] *s. m.*, *Bot.* liquen.
licite [lisit] *adj.* lícito, -ta.
licorne [likɔʀn] *s. f.* unicornio *m.*
lie [li] *s. f.* poso *m.*; Hez pl.
lié, liée [lje] *adj.* **1.** (attaché) atado, -da. **2.** *fig.* (relié) ligado, -da; asociado, -da. **3.** (attaché à qqun) unido.
liège [ljɛʒ] *s. m.* corcho.
lien [ljɛ̃] *s. m.* **1.** (attache) ligadura *f.* **2.** *fig.* lazo; vínculo. **3.** (enchaînement) enlace; nexo.
lier [lje] *v. tr.* **1.** (attacher) atar; ligar; fijar. **2.** (assembler) juntar; unir. **3.** (une sauce) espesar; trabar. **4.** *fig.* (unir) asociar; vincular. **5.** (des idées, des mots) enlazar. ‖ *se* ~ *v. pr.* **6.** atarse. (avoir une liaison avec qqun) liarse. **7.** (d'amitié) intimar. **8.** (s'engager) ligarse. ‖ *se* ~ **d'amitié** trabar amistad; entablar amistad; intimar.
lierre [ljɛʀ] *s. m.*, *Bot.* hiedra *f.*; yedra *f.*
lieu [ljø] *s. m.* lugar; sitio. ‖ **au ~ de** en lugar de. **avoir ~** (se tenir) tener lugar; ser. | (survenir) ocurrir. **donner ~ à**

lugar a. ~ **commun** lugar común; tópico. **s'il y a** ~ si procede.
lieue [ljø] *s. f.* legua.
lieutenant, -te [ljøt(ə)nɑ̃] *s. m. et f.* **1.** (adjoint, second) lugarteniente. ‖ *s. m.* **2.** *Mil.* teniente *m. et f.*
lièvre [ljɛvʀ] *s. m., Zool.* liebre *f.*
ligature [ligatyʀ] *s. f., Méd.* ligadura.
light [lajt] *adj.* light; ligero, -ra.
ligne [liɲ] *s. f.* **1.** línea. **2.** (rangée) fila (personas o cosas unas al lado de otras). **3.** (d'un écrit) línea; renglón *m.* **4.** (fil de pêche) sedal *m.* **5.** caña [Pêcher à la ligne. *Pescar con caña.*] **6.** (trait) trazo *m.* **7.** (système de fils ou de câbles) tendido *m.* [Ligne électrique. *Tendido eléctrico.*] **8.** *fig.* (de conduite) pauta. ‖ **à grandes lignes** a grandes rasgos. **grandes lignes** líneas de largo recorrido.
lignée [liɲe] *s. f.* **1.** (descendance) descendencia. **2.** (ascendance) linaje *m.*
ligoter [ligɔte] *v. tr.* atar; amarrar.
ligue [lig] *s. f.* liga.
lilas [lila] *s. m., Bot.* lila *f.*
limace [limas] *s. f., Zool.* babosa.
lime[1] [lim] *s. f.* lima (herramienta).
lime[2] [lim] *s. m., Bot.* (fruit) lima *f.*
limer [lime] *v. tr.* limar.
limier [limje] *s. m.* sabueso.
limitation [limitasjɔ̃] *s. f.* **1.** limitación. **2.** límite *m.*
limite [limit] *s. f.* **1.** límite *m.* **2.** (plafond) tope *m.;* máximo *m.* ‖ **à la** ~ (à la rigueur) si acaso. | (en dernier recours) en último caso; en último término.
limiter [limite] *v. tr.* **1.** limitar. **2.** *fig.* poner obstáculos; poner trabas. ‖ **se** ~ *v. pr.* **3.** (se borner) limitarse.
limitrophe [limitʀɔf] *adj.* limítrofe.
limonade [limɔnad] *s. f.* gaseosa.
limousine [limuzin] *s. f.* limusina.
limpide [lɛ̃pid] *adj.* **1.** (diaphane) diáfano, -na. **2.** límpido, -da.
lin [lɛ̃] *s. m.* lino.
linceul [lɛ̃sœl] *s. m.* mortaja *f.*
linge [lɛ̃ʒ] *s. m.* **1.** ropa blanca. **2.** (à laver ou lavé) ropa *f.* [Laver le linge sale. *Lavar la ropa sucia.*] | (ropa limpia). ~ **de rechange** muda *f.* | (ropa limpia). ~ **de table** mantelería *f.*
lingerie [lɛ̃ʒʀi] *s. f.* **1.** (fine) lencería [Le rayon de lingerie. *La sección de lencería.*] **2.** (sous-vêtements de femme) ropa interior.
lingot [lɛ̃go] *s. m.* lingote.
linguistique [lɛ̃gɥistik] *adj.* **1.** lingüístico, -ca. ‖ *s. f.* **2.** lingüística.
liniment [linimɑ̃] *s. m.* linimento.
linteau [lɛ̃to] *s. m., Arch.* dintel.
lion, lionne [ljɔ̃, ljɔn] *s. m. et f., Zool.* **1.** león, -ona. ‖ **Lion** *s. m.* **2.** (zodiaque) Leo.
lippe, faire la [lip] *loc., fam.* hacer pucheros (un petit enfant); estar de morros.
liquéfier [likefje] *v. tr.* licuar; liquidar.
liqueur [likœʀ] *s. f.* licor *m.*
liquidation [likidasjɔ̃] *s. f.* liquidación.
liquide [likid] *adj. et s. m.* líquido, -da.
liquider [likide] *v. tr.* liquidar; saldar.
lire[1] [liʀ] *v. tr.* leer.
lire[2] [liʀ] *s. f.* (monnaie) lira.
lis ou lys [lis] *s. m.* **1.** lis [Fleur de lys. *Flor de lis.*] **2.** *Bot.* azucena *f.*
liseré [liz(ə)ʀe] *s. m.* (bordure) ribete; orla *f.*
liseron [lizʀɔ̃] *s. m.* enredadera *f.*
lisible [lizibl] *adj.* legible.
lisière [lizjɛʀ] *s. f.* **1.** (d'un tissu) borde *m.;* ribete *m.;* orilla *f.* **2.** (d'une forêt) lindero *m.*

lisse [lis] *adj.* liso, -sa.
lisser [lise] *v. tr.* alisar.
liste [list] *s. f.* **1.** lista; enumeración. **2.** listín *m.* **3.** (catalogue) nómina.
lit [li] *s. m.* **1.** (pour dormir) cama *f.*; lecho. **2.** (d'un cours d'eau) cauce; lecho; madre *f.*; canal. ‖ **lits superposés** litera *f.*
litanies [litani] *s. f. pl.* letanía *sing.*
litière [litjɛʀ] *s. f.* litera (parihuelas).
litige [litiʒ] *s. m.* litigio; proceso.
litre [litʀ] *s. m.* litro.
littéraire [liteʀɛʀ] *adj.* literario, -ria.
littéral, -le, -aux [literal, -o] *adj.* literal.
littérature [literatyʀ] *s. f.* literatura.
littoral, -le, -aux [litɔʀal, -o] *adj. et s. m.* litoral.
liturgie [lityʀʒi] *s. f.* liturgia.
livide [livid] *adj.* lívido, -da.
livraison [livrɛzɔ̃] *s. f.* **1.** (délivrance) entrega; suministro. **2.** (distribution) reparto. **3.** (fascicule) entrega.
livre[1] [livʀ] *s. m.* (bouquin) libro.
livre[2] [livʀ] *s. f.* **1.** (monnaie) libra. **2.** (unité de poids) libra.
livrer [livre] *v. tr.* **1.** (délivrer) repartir. **2.** (donner) entregar; abandonar. **3.** (envoyer) enviar; remitir. ‖ **se ~** *v. pr.* **4.** (se consacrer) entregarse. **5.** (au jeu, au vice) darse. **6.** (s'enfoncer, approfondir) adentrarse.
livret [livʀɛ] *s. m.* libreta *f.*
lobe [lɔb] *s. m., Anat.* lóbulo.
local, -le, -aux [lɔkal, -o] *adj. et s. m.* local.
localisation [lɔkalizasjɔ̃] *s. f.* localización.
localiser [lɔkalize] *v. tr.* **1.** (déterminer l'emplacement) localizar. **2.** ubicar; situar [Localiser la nouvelle usine. *Ubicar la nueva fábrica.*]
localité [lɔkalite] *s. f.* localidad; población.
locataire [lɔkatɛʀ] *s. m. et f.* **1.** (d'une maison) inquilino, -na. **2.** (d'un terrain) arrendatario, -ria.
location [lɔkasjɔ̃] *s. f.* **1.** (d'une maison, d'une voiture) alquiler *m.* **2.** (d'une terre) arriendo *m.* **3.** (action de prendre ou de donner à loyer) arrendamiento *m.* ‖ **~ des places** venta de localidades.
locomotion [lɔkɔmosjɔ̃] *s. f.* locomoción.
locomotive [lɔkɔmɔtiv] *s. f.* locomotora.
locution [lɔkysjɔ̃] *s. f.* locución.
loge [lɔʒ] *s. f.* **1.** (du concierge) portería. **2.** *Théâtr.* (des spectateurs) palco *m.* **3.** *Théâtr.* (d'un acteur) camerino *m.* **4.** (francs-maçons) logia.
logement [lɔʒmɑ̃] *s. m.* **1.** vivienda *f.* [La politique du logement. *La política de la vivienda.*] **2.** (habituel) alojamiento. **3.** (temporaire) alojamiento. **4.** (hébergement) cobijo; hospedaje; albergue.
loger [lɔʒe] *v. intr.* **1.** (habiter) vivir; habitar. **2.** (de façon temporaire) alojarse; hospedarse. **3.** (trouver place) caber. [Le batîment peut loger cent personnes. *En el edificio caben cien personas.*] ‖ *v. tr.* **4.** (installer) alojar; hospedar.
logiciel [lɔʒisjɛl] *s. m., Inform.* software; programa.
logique [lɔʒik] *adj.* **1.** lógico, -ca. ‖ *s. f.* **2.** lógica.
logo [logo] *s. m.* logotipo.
logotype [lɔgɔtip] *s. m.* logotipo.
loi [lwa] *s. f.* ley. ‖ **homme de ~** letrado.
loin [lwɛ̃] *adv.* lejos. ‖ **au ~** a lo lejos; en la lejanía. **~ de là** *fig.* ni mucho menos.

plus ~ (dans un écrit) más abajo; más allá. | (plus en avant) adelante; hacia delante [Il a poussé son cheval plus loin. *Llevó su caballo adelante.*] | a [Tolède se trouve 4 km plus loin. *Toledo está a 4 km.*] | (au-delà) más allá.

lointain, -ne [lwɛ̃tɛ̃, -ɛn] *adj.* **1.** lejano, -na; remoto, -ta. || *s. m.* **2.** lejanía *f.*

loisir [lwaziʀ] *s. m.* **1.** ocio. **2.** (temps libre) tiempo libre. || **loisirs** *s. m. pl.* **3.** ocio *sing.*

long, longue [lɔ̃, lɔ̃g] *adj.* **1.** largo, -ga. **2.** (tardif) lento, -ta. || *s. m.* **3.** largo; longitud *f.* [Deux mètres de long. *Dos metros de largo/ de longitud.*] || **tout au ~ de** a lo largo de.

longer [lɔ̃ʒe] *v. tr.* bordear; ir a lo largo de.

longitude [lɔ̃ʒityd] *s. f.* longitud.

longitudinal, -le, -aux [lɔ̃ʒitydinal, -o] *adj.* longitudinal.

long-métrage [lɔ̃metʀaʒ] *s. m.*, *Ciné.* largometraje.

longtemps [lɔ̃tɑ̃] *adv.* mucho tiempo. || **depuis ~** desde hace mucho tiempo. **il y a ~ que** hace mucho tiempo.

longueur [lɔ̃gœʀ] *s. f.* **1.** longitud [La longueur de la rue. *La longitud de la calle.*] **2.** largo *m.* [Faire dix longueurs à la piscine. *Nadar diez largos en la piscina.*] **3.** (durée) duración. **4.** (étendue) extensión.

look [luk] *s. m.* look; imagen *f.*

looping [lupiŋ] *s. m.* rizo (de un avión).

loquace [lɔkas] *adj.* locuaz.

loquet [lɔkɛ] *s. m.* picaporte; pestillo.

lord [lɔʀ(d)] *s. m.* lord.

lorgnette [lɔʀɲɛt] *s. f.* gemelos *m. pl.*

lorgnon [lɔʀɲɔ̃] *s. m.* lentes *f. pl.*

lors de [lɔʀdə] durante [Lors du spectacle. *Durante el espectáculo.*]

lorsque [lɔʀsk(ə)] *conj.* **1.** cuando. **2.** (au moment où) al [Lorsqu'il est rentré chez lui. *Al volver a su casa.*]

losange [lɔzɑ̃ʒ] *s. m.* rombo.

lot [lo] *s. m.* **1.** lote; parte *f.* **2.** (ensemble, paquet) lote; tanda *f.* **3.** (loterie) premio. || **gros ~** gordo (de la lotería).

loterie [lɔtʀi] *s. f.* lotería.

loti, -ie [lɔti] *adj.* agraciado, -da.

lotier [lɔtje] *s. m.*, *Bot.* loto (hierba).

lotion [lɔsjɔ̃] *s. f.* loción.

loto [loto] *s. m.* lotería *f.*

lotus [lɔtys] *s. m.*, *Bot.* (nénuphar) loto.

louange [lwɑ̃ʒ] *s. f.* alabanza; elogio *m.*

loubard [lubaʀ] *s. m.*, *fam.* macarra.

louche¹ [luʃ] *adj.* **1.** bizco, -ca. **2.** *fig.* (trouble) turbio, -bia; sospechoso, -sa.

louche² [luʃ] *s. f.* cucharón *m.*; cazo *m.*

loucher [luʃe] *v. intr.* bizquear; ser bizco.

louer¹ [lwe] *v. tr.* **1.** alabar; loar. **2.** (élever) elogiar; ensalzar. || **se ~ de** estar satisfecho de.

louer² [lwe] *v. tr.* **1.** (voiture, maison) alquilar [À louer. *Se alquila.*] **2.** (une terre) arrendar. **3.** (réserver une place) reservar.

loueur, -euse [lwœʀ, -øz] *adj. et s. m. et f.* arrendador, -ra; el que alquila.

loup [lu] *s. m.*, *Zool.* lobo.

loupe [lup] *s. f.* lupa; lente.

louper [lupe] *v. tr.*, *fam.* (manquer) perder [J'ai loupé le train. *He perdido el tren.*]

lourd, lourde [luʀ, luʀd] *adj.* **1.** pesado, -da. **2.** (erreur, conséquence) grave. **3.** (charges) excesivo, -va; gravoso, -sa. **4.** *fig.* (temps) bochornoso, -sa. || **il fait ~** hace bochorno.

lourdeur [luʀdœʀ] *s. f.* **1.** pesadez; pesadumbre. **2.** (maladresse) torpeza.

|| **lourdeurs d'estomac** pesadez de estómago.
loutre [lutʀ] *s. f., Zool.* nutria.
louve [luv] *s. f., Zool.* loba.
louveteau [luv(ə)to] *s. m.* lobato; lobezno.
louvoyer [luvwaje] *v. intr., fig.* andar con rodeos.
loyal, -le, -aux [lwajal, -o] *adj.* leal.
loyauté [lwajote] *s. f.* **1.** lealtad. **2.** (fidélité) fidelidad.
loyer [lwaje] *s. m.* **1.** (d'une maison) alquiler. **2.** (de terres) arriendo.
lubie [lybi] *s. f., fam.* capricho *m.*
lubrifiant, -te [lybʀifjɑ̃, -ɑ̃t] *adj. et s. m.* lubricante.
lubrifier [lybʀifje] *v. tr.* lubricar.
lucarne [lykaʀn] *s. f.* tragaluz *m.*; claraboya.
lucide [lysid] *adj.* lúcido, -da.
lucidité [lysidite] *s. f.* lucidez.
luciole [lysjɔl] *s. f., Zool.* luciérnaga.
lucratif, -ive [lykʀatif, -iv] *adj.* lucrativo, -va. || **à but non ~** sin ánimo de lucro.
lucre [lykʀ] *s. m.* lucro.
ludique [lydik] *adj.* lúdico, -ca.
lueur [lɥœʀ] *s. f.* **1.** luz tenue; resplandor *m.* **2.** (du regard) brillo *m.*
lugubre [lygybʀ] *adj.* lúgubre.
lui [lɥi] *pron. pers. 3ème sing.* **1.** (complément d'objet indiret) le [Lui dire. Decirle (a él, a ella).] **2.** (devant les pronoms "lo", "la", "los" et "las" le pronom espagnol "le" devient "se") se [Je le lui dirai. Se lo diré (a él, a ella).] || *pron. pers. 3ème sing. m.* (emphatique) **3.** él [C'est lui. Es él.] || *pron. pers.* **4.** (avec des prépositions) sí [Il ne parle que de lui. No habla más que de sí mismo.] || **à ~** suyo, -ya [Ce qui est à lui. Lo suyo (de él).] | **suyos, -yas** [Ils sont à lui. Son suyos (de él)] **avec ~** consigo.
luire [lɥiʀ] *v. intr.* relucir; lucir.
luisant, -te [lɥizɑ̃, -ɑ̃t] *adj.* brillante. || **ver ~** luciérnaga *f.*
lumière [lymjɛʀ] *s. f.* luz.
lumineux, -euse [lyminø, -øz] *adj.* luminoso, -sa.
lunaire [lynɛʀ] *adj.* lunar.
lunatique [lynatik] *adj. et s. m. et f.* lunático, -ca.
lundi [lœ̃di] *s. m.* lunes [Lundi, le lundi, le lundi 13 juin. El lunes, los lunes, el lunes 13 de junio.]
lune [lyn] *s. f.* luna. || **~ de miel** luna de miel.
lunetier, -ière [lyn(ə)tje, -jɛʀ] *adj.* óptico, -ca.
lunettes [lynɛt] *s. f., pl.* gafas.
lusitanien, -enne [lyzitanjɛ̃, -ɛn] *adj.* **1.** (luso-) luso, -sa. **2.** (portugais) lusitano, -na. || **Lusitanien, -enne** *s. m. et f.* **3.** (portugais) lusitano, -na.
lustre [lystʀ] *s. m.* **1.** lustre; brillo. **2.** *litt.* esplendor. **3.** (lampe) araña *f.* (lámpara). **4.** (cinq ans) lustro.
lustrer [lystʀe] *v. tr.* dar brillo.
luth [lyt] *s. m., Mus.* (instrument) laúd.
luthérien, -enne [lyteʀjɛ̃, -ɛn] *adj. et s. m. et f., Rel.* luterano, -na.
lutin [lytɛ̃] *s. m.* duende.
lutrin [lytʀɛ̃] *s. m.* (messe) atril.
lutte [lyt] *s. f.* **1.** lucha. **2.** pelea.
lutter [lyte] *v. tr.* **1.** luchar. **2.** (se battre) pelear **3.** (livrer bataille) batallar.
luxe [lyks] *s. m.* lujo.
luxembourgeois, -se [lyksɑ̃buʀʒwa, -az] *adj.* **1.** luxemburgués, -guesa. || **Luxembourgeois, -se** *s. m. et f.* **2.** luxemburgués, -guesa.

luxer [lykse] *v. tr., Méd.* dislocar.
luxueux, -euse [lyksɥø, -øz] *adj.* lujoso, -sa.
luxure [lyksyʀ] *s. f.* lujuria.
luxuriant, -te [lyksyʀjɑ̃, -ɑ̃t] *adj.* **1.** *litt.* (végétation) frondoso, -sa. **2.** *fig.* (style, décoration, goût) rico, -ca.
lycée [lise] *s. m.* instituto (de enseñanza secundaria); liceo.

lycéen, -enne [liseɛ̃, -ɛn] *s. m. et f.* (de un instituto) alumno, -na; colegial.
lycra [likʀa] *s. m.* lycra *f.*
lyncher [lɛ̃ʃe] *v. tr.* linchar.
lynx [lɛ̃ks] *s. m., Zool.* lince.
lyre [liʀ] *s. f., Mus.* lira.
lyrique [liʀik] *adj.* **1.** lírico, -ca. ‖ *s. f.* **2.** lírica.
lys [lis] *s. m.* *lis.

M

m [ɛm] *s. m.*, m *f.*
m' [m] *pron. pers.* *me.
ma [ma] *adj. poss. 1ère sing. f.* mi [Ma valise. *Mi maleta.*]
macabre [makɑbʀ] *adj.* macabro, -bra.
macadam [makadam] *s. m.* firme.
macaque [makak] *s. m.*, *Zool.* macaco.
macaron [makaʀɔ̃] *s. m.* macarrón (merengue).
macaroni [makaʀɔni] *s. m.* **1.** macarrón (pasta). ‖ *s. m. pl.* **2.** macarrones.
macchabée [makabe] *s. m.*, *fam.* fiambre *fam.* (muerto).
macédoine [masedwan] *s. f.* **1.** (de fruit) ensalada (de frutas); macedonia. **2.** (de légumes) menestra. **3.** (légumes à la mayonnaise) ensaladilla rusa.
mâcher [mɑʃe] *v. tr.* masticar; mascar.
machette [maʃɛt] *s. f.* machete *m.*
machin, -ne [maʃɛ̃, -in] *s. m. et f.*, *fam.* **1.** fulano, -na. ‖ *s. m.*, *fam.* **2.** (truc) chisme; trasto; cacharro. **3.** (chose) cosa *f.*
machination [maʃinasjɔ̃] *s. f.* intriga.
machine [maʃin] *s. f.* máquina. ‖ **~ à sous** tragaperras *inv.*
machiniste [maʃinist] *s. m.*, *Théâtr.* maquinista.
machisme [ma(t)ʃism] *s. m.* machismo.
machiste [ma(t)ʃist] *adj.* machista.
macho [maʃo] *s. m.* machista.
mâchoire [mɑʃwaʀ] *s. f.* **1.** (de l'homme) mandíbula. **2.** (des animaux) quijada.
mâchonner [mɑʃɔne] *v. tr.* **1.** (mâcher lentement) mascar. **2.** *fig.* (marmonner) mascullar.
maçon [masɔ̃] *s. m.* albañil.
maçonner [masɔne] *v. tr.* **1.** construir (un muro). **2.** *fig.* fabricar [L'abeille maçonne du miel. *La abeja fabrica miel.*]
maçonnerie [masɔnʀi] *s. f.* **1.** (métier du maçon) albañilería. **2.** (construction) obra de albañilería. **3.** (avec des pierres grossières) mampostería. **4.** (francmaçonnerie) masonería.
madame [madam] *s. f.* **1.** señora [Madame la présidente. *La señora presidenta.*] **2.** (seulement devant le prénom) doña [Madame (Luisa) Álvarez. *Doña Luisa (Álvarez).*] ‖ *vocat.* **3.** (seul ou suivi du prénom ou du nom d'épouse ou, éventuellement, du nom de jeune fille) señora. •Pl. mesdames.
madeleine [madlɛn] *s. f.* magdalena.
mademoiselle [mad(ə)mwazɛl] *s. f.* señorita. •Pl. mesdemoiselles.
mafia [mafja] *s. f.* mafia.
magasin [magazɛ̃] *s. m.* **1.** (boutique) tienda *f.* **2.** (entrepôt) almacén; depósito. ‖ **grands magasins** grandes almacenes.
magazine [magazin] *s. m.* revista *f.* (ilustrada).
mage [maʒ] *adj. et s. m.* (astrólogo) mago, -ga. ‖ **roi ~** Rey Mago [Les trois rois mages. *Los tres Reyes Magos.*]
maghrébin, -ne [magʀebɛ̃, -in] *adj.* **1.** magrebí. ‖ **Maghrébin, -ne** *s. m. et f.* **2.** magrebí.
magicien, -enne [maʒisjɛ̃, -ɛn] *s. m. et f.* mago, -ga.
magie [maʒi] *s. f.* magia.
magique [maʒik] *adj.* mágico, -ca.
magistral, -le, -aux [maʒistʀal, -o] *adj.* magistral.
magistrat [maʒistʀa] *s. m.* magistrado.
magnanimité [maɲanimite] *s. f.* magnanimidad; generosidad.
magnat [maɲa] *s. m.* magnate.
magnétiser [maɲetize] *v. tr.* magnetizar.

magnétisme [maɲetism] *s. m.* magnetismo.

magnétophone [maɲetɔfɔn] *s. m.*, *Techn.* grabadora *f.*, magnetófono *m.*; casete.

magnétoscope [maɲetɔskɔp] *s. m.* vídeo (aparato).

magnifique [maɲifik] *adj.* magnífico, -ca.

magnolia [maɲɔlja] *s. m.*, *Bot.* magnolia *f.*

mai [mɛ] *s. m.* mayo [Le premier ou le deux mai. *El uno o el dos de mayo.*]

maigre [mɛgʀ] *adj.* **1.** (d'un tricot) delgado, -da; flaco, -ca. *fig.* escaso, -sa; pobre. ‖ *s. m.* **3.** magro, **être ~ comme un clou** estar como un fideo. **jour ~** día de vigilia.

maigreur [mɛgʀœʀ] *s.f.* delgadez.

maigrir [megʀiʀ] *v. tr. et intr.* adelgazar.

maille [maj] *s.f.* **1.** (d'un tricot) punto *m.* **2.** (d'un filet) malla. **3.** *Techn.* (de chaîne) eslabón *m.*

maillet [majɛ] *s. m.* mazo.

maillon [majɔ̃] *s. m.* eslabón.

maillot [majo] *s. m.* **1.** (de bain) bañador. **2.** (de sport) camiseta *f.* **3.** (de danse) body; maillot. ‖ **~ de bain** traje de baño; bañador. **~ de corps** camiseta *f.*

main [mɛ̃] *s.f.* mano. ‖ **donner un coup de ~** echar una mano. **grosses mains** manazas. **~ courante** (de una escalera) baranda; barandilla. **~ d'oeuvre** mano de obra. **se faire faire les mains** hacerse la manicura (por otra persona). **se faire les mains** hacerse la manicura (uno mismo).

maintenance [mɛ̃tnɑ̃s] *s.f.* mantenimiento *m.*

maintenant [mɛ̃t(ə)nɑ̃] *adv.* **1.** ahora. **2.** (or, cependant) ahora bien; ahora. ‖ **dès ~** desde ahora.

maintenir [mɛ̃t(ə)niʀ] *v. tr.* **1.** mantener; conservar. **2.** (tenir, soutenir) sostener.

maintien [mɛ̃tjɛ̃] *s. m.* **1.** mantenimiento. **2.** (d'un régime) supervivencia *f.*

maints, -tes [mɛ̃, mɛ̃t] *adj. pl.* **1.** varios, -rias. **2.** (un grand nombre) muchos, -chas.

maire [mɛʀ] *s. m.* alcalde *m.*; alcaldesa *f.*

mairie [meʀi] *s. f.* ayuntamiento *m.*

mais [mɛ] *conj.* **1.** pero. **2.** (correction) sino [Il n'est pas beau, mais bien laid. *No es guapo, sino feo.*] ‖ **~ oui** claro que sí. **~ si!** que sí. **non ~ !** ¡pero bueno!

maïs [mais] *s. m.* maíz. ‖ **~ soufflé** palomitas *f. pl.*

maison [mɛzɔ̃] *s. f.* casa. ‖ **à la ~** (localisation) en casa. ‖ (direction) a casa. **~ de correction** reformatorio *m.*.

maisonnette [mɛzɔnɛt] *s. f.* caseta.

maître, -esse [mɛtʀ] *s. m. et f.* **1.** (propriétaire) amo, -ma; dueño, -ña [Le chien et son maître. *El perro y su amo.*] **2.** (qui a l'autorité) señor, -ra [Le maître de maison. *El señor de la casa.*] **3.** (patron) amo, -ma; patrón, -trona. **4.** *fig.* dueño, -ña [Maître de soi. *Dueño de sí.*] **5.** (à l'école) maestro, -tra. ‖ *adj.* **6.** (clé) clave; maestro, -tra [Une idée maîtresse. *Una idea clave.*] **7.** todo, -da Une maîtresse femme. *Toda una mujer.*] ‖ **maîtresse** *s. f.* **8.** amante.

maître-auxiliaire [mɛtʀoksiljɛʀ] *s. m. et f.* agregado, -da (profesor).

maîtrise [metʀiz] *s.f.* **1.** (contrôle) dominio *m.* **2.** (adresse) maestría; habilidad. **3.** licenciatura. • La "maîtrise" es un diploma de 2º ciclo que se obtiene después de cuatro años de estudios y después de obtener el título de "licence".
• La "licenciatura" est un diplôme de 2ème cycle que l'on obtient après au moins quatre ans d'études.

maîtriser [metʀize] *v. tr.* dominar.

majesté [maʒɛste] *s. f.* majestad.
majestueux, -euse [maʒɛstɥø, -øz] *adj.* majestuoso, -sa.
majeur, -re [maʒœr] *adj.* **1.** mayor. **2.** (adulte) mayor de edad.
majoration [maʒɔrasjɔ̃] *s. f.* **1.** recargo *m.* **2.** (du salaire) aumento *m.*
majordome [maʒɔrdɔm] *s. m.* (chef des domestiques) mayordomo.
majorer [maʒɔre] *v. tr.* **1.** (une facture) inflar; recargar. **2.** (les prix) aumentar.
majorité [maʒɔrite] *s. f.* **1.** mayoría. **2.** (âge légal) mayoría de edad.
majuscule [maʒyskyl] *adj.* **1.** (important) mayúsculo, -la. ‖ *adj. et s. f.* **2.** (lettre) mayúscula.
mal, maux [mal, mo] *s. m.* **1.** mal. **2.** (maladie) mal; enfermedad *f.* **3.** (douleur) dolor; daño. **4.** (effort, difficulté) pena *f.*; esfuerzo *m.* **5.** mal [C'est pas mal. *No está mal.*] ‖ **aller très ~** empeorar. **avoir du ~** à costar trabajo. **avoir le ~ de mer** marearse (en un barco). **avoir ~ à** doler [J'ai mal au dos. *Me duele la espalda.*] **avoir ~ au cœur** marearse (en un barco). **c'est pas ~** *fam.* no está mal. **de ~ en pis** de mal en peor. **donner ~ au cœur** marear (un barco). **faire ~** hacer daño. **~ au cœur** mareo. **~ de tête** dolor de cabeza. **~ au ventre** dolor de barriga. **~ de mer** mareo. **pas ~ de** *fam.* bastante. **se faire ~** hacerse daño.
malade [malad] *adj. y s. m. et f.* enfermo, -ma.
maladie [maladi] *s. f.* enfermedad; mal *m.*
maladif, -ive [maladif, -iv] *adj.* enfermizo, -za.
maladresse [maladrɛs] *s. f.* torpeza.
maladroit, -te [maladrwa, -at] *adj. et s. m. et f.* **1.** (malhabile) torpe; patoso, -sa; manazas. **2.** (gaffeur) metepatas *m. y f.* ‖ *adj.* **3.** desacertado, -da.
malaise [malɛz] *s. m.* malestar.
malaria [malarja] *s. f.* paludismo *m.*
malchance [malʃɑ̃s] *s. f.* mala suerte.
mâle [mɑl] *s. m.* **1.** (animaux) macho. **2.** (homme) varón. **3.** (viril) varonil; viril [Voix mâle. *Voz varonil.*] **4.** (animaux) macho [Crapaud mâle. *Sapo macho.*] **5.** (fleurs, cellules) masculino, -na [Fleur mâle. *Flor masculina.*] **6.** de sexo masculino [La population mâle. *La población de sexo masculino.*]
malédiction [malediksjɔ̃] *s. f.* maldición.
maléfice [malefis] *s. m.* maleficio.
maléfique [malefik] *adj.* maléfico, -ca.
malentendu [malɑ̃tɑ̃dy] *s. m.* malentendido; equívoco.
mal-être [malɛtr] *s. m.* malestar (social).
malfaisant, -te [malf(ə)zɑ̃, -ɑ̃t] *adj.* **1.** maléfico, -ca; maligno, -na. **2.** (pernicieux, malsain) malsano, -na.
malfaiteur [malfetœr] *s. m.* **1.** malhechor; gánster. **2.** (agresseur) navajero (qui porte un couteau).
malfamé, -ée [malfame] *adj.* de mala fama.
malgré [malgre] *prép.* a pesar de. ‖ **~ lui** a su pesar. **~ le fait que** a pesar de que. **~ tout** a pesar de todo.
malheur [malœr] *s. m.* desgracia *f.*; infortunio; desventura *f.*; desdicha *f.*
malheureux, -euse [malørø, -øz] *adj. et s. m. et f.* **1.** desdichado, -da; infeliz; desventurado, -da; desafortunado, -da. ‖ *adj.* **2.** (malchanceux) desgraciado, -da; desafortunado, -da. **3.** (fatal, funeste) aciago, -ga; funesto, -ta.
malhonnête [malɔnɛt] *adj.* deshonesto, -ta; falto de honradez.

malice [malis] *s. f.* (espièglerie) picardía.

malicieux, -euse [malisjø, -øz] *adj.* et *s. m.* et *f.* (espiègle) travieso, -sa.

malin, -igne [malɛ̃, -liɲ] *adj.* **1.** maligno, -na. **2.** (méchant) malicioso, -sa. **3.** *fam.* listo, -ta; astuto, -ta; cuco, -ca. ‖ *s. m.* et *f.* **4.** tunante, -ta. ‖ **faire le ~** pasarse de listo.

malingre [malɛ̃gʀ] *adj.* enclenque; canijo, -ja.

malle [mal] *s. f.* baúl *m.*

malléable [maleabl] *adj.* maleable.

mallette [malɛt] *s. f.* maletín *m.*

malmener [malm(ə)ne] *v. tr.* **1.** (avec violence) maltratar. **2.** *fig.* castigar [La vie le malmène. *La vida le castiga.*]

malnutrition [malnytʀisjɔ̃] *s. f.* desnutrición.

malodorant, -te [malɔdɔʀɑ̃, -ɑ̃t] *adj.* maloliente.

malpoli, -ie [malpɔli] *adj.* maleducado, -da.

malpropre [malpʀɔpʀ] *adj.* (mal fait) mal hecho, -cha.

malsain, -ne [malsɛ̃, -ɛn] *adj.* malsano, -na.

malséant, -te [malseɑ̃, -ɑ̃t] *adj.* inconveniente, fuera de lugar.

malsonnant, -te [malsɔnɑ̃, -ɑ̃t] *adj.* malsonante.

malt [malt] *s. m.* malta *f.*

maltraiter [maltʀete] *v. tr.* maltratar.

malveillant, -te [malvejɑ̃, -ɑ̃t] *adj.* malévolo, -la.

mal-voyant, -te [malvwajɑ̃, -ɑ̃t] *adj.* et *s. m.* et *f.* invidente (con visión reducida).

maman [mamɑ̃] *s. f.* mamá.

mamelle [mamɛl] *s. f.* **1.** (des femelles) mama; teta; tetilla. **2.** (des mâles) tetilla. **3.** (des vaches) ubre.

mamelon [mam(ə)lɔ̃] *s. m.* pezón.

mammifère [mamifɛʀ] *adj.* et *s. m.* mamífero, -ra.

mammouth [mamut] *s. m.* mamut.

mana [mana] *s. m.* maná.

manager [manadʒɛʀ] *s. m.* **1.** *Sport* apoderado. **2.** empresario; manager.

manche [mɑ̃ʃ] *s. m.* **1.** mango. **2.** (guitare) mástil. **3.** (des outils) astil. **4.** palo [Manche à balai. *Palo de escoba.*] ‖ *s. f.* **5.** (vêtement) manga. **6.** *Jeux* mano; partida. **7.** (à air, de pompe) manguera.

manchette [mɑ̃ʃɛt] *s. f.* **1.** puño *m.* [Manchette de chemise. *Puño de camisa.*] **2.** (l'intérieur des manches) bocamanga.

manchot, -ote [mɑ̃ʃo, -ɔt] *adj.* manco, -ca.

mandarine [mɑ̃daʀin] *s. f.* mandarina.

mandat [mɑ̃da] *s. m.* **1.** (écrit) mandato; poder. **2.** (d'un juge) orden *f.*; auto. **3.** (ordre de paiement) libranza *f.* **4.** (souveraineté) mandato. **5.** (virement) giro [Mandat postal. *Giro postal.*]

mandataire [mɑ̃datɛʀ] *s. m.* et *f.* (fondé de pouvoir) apoderado, -da.

mandat-poste [mɑ̃dapɔst] *s. m.* giro postal.

mandibule [mɑ̃dibyl] *s. f.* mandíbula.

manège [manɛʒ] *s. m.* **1.** tiovivo. **2.** (intrigue) tejemaneje.

manette [manɛt] *s. f.* palanca; manivela.

mangeoire [mɑ̃ʒwaʀ] *s. f.* comedero *m.*

manger [mɑ̃ʒe] *v. tr.* **1.** comer. **2.** (tout manger) comerse [Il a mangé une pomme. *Se ha comido una manzana.*]

maniaque [manjak] *adj.* et *s. m.* et *f.* **1.** (fou) maníaco, -ca. **2.** (obsédé) maniático, -ca.

manie [mani] *s. f.* manía.

maniement [manimɑ̃] *s. m.* manejo.

manier [manje] *v. tr.* manejar.

MANIÉRÉ - MAQUILLER

maniéré, -ée [manjeRe] *adj.* amanerado, -da; afectado, -da.

manière [manjɛR] *s. f.* **1.** (façon) manera; forma; modo *m.* **2.** (moyen) medio *m.* **3.** (d'un artiste, d'un écrivain) manera; estilo *m.* ‖ **manières** *s. f. pl.* **4.** maneras; modales *m.* **5.** (gestes) ademanes *m.* ‖ **de la même ~** así mismo. **de ~ à** con objeto de. **de ~ à ce que** con el objeto de que. **de toutes manières** de todas formas; en cualquier caso.

manifestation [manifɛstasjɔ̃] *s. f.* manifestación.

manifeste [manifɛst] *adj.* **1.** manifiesto, -ta. **2.** (évident) manifiesto, -ta; evidente. ‖ *s. m.* **3.** manifiesto.

manifester [manifɛste] *v. tr.* **1.** manifestar. ‖ *v. intr.* **2.** hacer una manifestación.

manigance [manigɑ̃s] *s. f., fam.* tejemaneje *m.*

manigancer [manigɑ̃se] *v. tr.* **1.** tramar; maquinar. **2.** traerse unos tejemanejes.

manioc [manjɔk] *s. m.* mandioca *f.*

manipuler [manipyle] *v. tr.* **1.** manipular. **2.** *fig.* (influencer) manipular.

manivelle [manivɛl] *s. f.* manivela.

mannequin [mankɛ̃] *s. m.* **1.** (statue) maniquí. **2.** (profession) modelo.

manœuvre [manœvʀ] *s. f.* **1.** maniobra; manejo *m.* ‖ *s. m.* **2.** bracero; peón. **3.** operario.

manœuvrer [manœvʀe] *v. intr.* **1.** maniobrar. ‖ *v. tr.* **2.** manejar.

manoir [manwaR] *s. m.* mansión *f.*; casa señorial.

manque [mɑ̃k] *s. m.* **1.** (absence) falta *f.* **2.** (carence) escasez *f.*; carencia *f.* ‖ **~ de** por falta de.

manquer [mɑ̃ke] *v. intr.* **1.** (ne pas y avoir) faltar [Le pain manquait. *El pan faltaba.*] **2.** (ne pas être suffisant) escasear. **3.** (être privé) carecer [Ces pays manquent de ressources. *Esos países carecen de recursos.*] **4.** (être absent) faltar. **5.** (échouer) fallar; fracasar; salir mal. **6.** (ne pas venir) faltar [Cet élève manque souvent. *Este alumno falta a menudo.*] **7.** (regretter) echar de menos; añorar [Mon pays me manque. *Echo de menos mi país.*] ‖ *v. tr.* **8.** echar a perder; estropear [Manquer le travail, le gâteau. *Echar a perder el trabajo, el pastel.*] **9.** (rater) fallar; errar; no acertar [Manquer le coup. *Errar el tiro.*] **10.** perder [Manquer le train. *Perder el tren.*] ‖ *v. impers.* **11.** faltar [Il manque plusieurs bijoux. *Faltan varias joyas.*]

mansarde [mɑ̃saRd] *s. f.* **1.** (grenier) desván *m.* **2.** (chambre) buhardilla.

mante [mɑ̃t] *s. f.* manto *m.*

manteau [mɑ̃to] *s. m.* abrigo (de mujer).

mantille [mɑ̃tij] *s. f.* mantilla; toquilla.

manucure [manykyR] *s. m. ou f.* (profession) manicura *f.*

manuel, -elle [manµɛl] *adj.* **1.** manual. ‖ *s. m.* **2.** manual.

manufacture [manyfaktyR] *s. f.* manufactura.

manufacturer [manyfaktyRe] *v. tr.* manufacturar; fabricar.

manuscrit, -te [manyskRi, -it] *adj. et s. m.* manuscrito, -ta.

mappemonde [mapmɔ̃d] *s. f.* mapamundi *m.*

maquereau [makRo] *s. m., Zool.* (poisson) caballa *f.*

maquette [makɛt] *s. f.* maqueta.

maquillage [makijaʒ] *s. m.* maquillaje.

maquillé, -ée [makijaʒ] *adj.* maquillado, -da; pintado, -da.

maquiller [makije] *v. tr.* maquillar.

maquis [maki] *s. m.* matorral.
maracas [maRakas] *s. m. pl.* maracas *f.*
maraîcher, -ère [maReʃe, -εR] *adj.* **1.** de huerta. || *s. m. et f.* **2.** hortelano, -na.
marais [maRε] *s. m.* **1.** pantano. **2.** (d'eau salée) marisma *f.* || **~ salant** salina *f.*
marathon [maRatɔ̃] *s. m.* maratón *amb.*
marâtre [maRɑtR] *s. f.* madrastra.
marauder [maRode] *v. intr.* merodear.
marbre [maRbR] *s. m.* mármol.
marc [maR] *s. m.* **1.** (de raisin) orujo. **2.** (de café) poso.
marcassin [maRkasɛ̃] *s. m.* jabato.
marchand, -de [maRʃɑ̃, -ɑ̃d] *s. m. et f.* **1.** vendedor, -ra [Marchand de tabac. *Vendedor de tabaco.*] **2.** (commerçant) comerciante. **3.** (acheteur et vendeur) tratante. || *adj.* **4.** mercante.
marchander [maRʃɑ̃de] *v. tr.* regatear.
marchandise [maRʃɑ̃diz] *s. f.* **1.** mercancía; género *m.* **2.** (produit, article) artículo *m.* • No se utiliza para productos alimenticios. En ese caso se usa "denrées".
marche [maRʃ] *s. f.* **1.** (d'escalier) peldaño *m.*; escalón *m.*; grada. **2.** (à pied) marcha; andar *m.* **3.** *Sport* marcha. **4.** camino *m.* [La ville est à une heure de marche. *La ciudad está a una hora de camino.*] **5.** (fonctionnement) funcionamiento *m.* || **~ arrière** marcha atrás; retroceso *m.* **mettre en ~** arrancar.
marché [maRʃe] *s. m.* **1.** mercado. **2.** (hebdomadaire) mercadillo. **3.** (accord) trato; transacción *f.* **4.** *Comm.* mercado; salida *f.* (de mercancías). || **bon ~** barato, -ta. **~ arabe** zoco. **~ aux puces** rastro. **~ noir** mercado negro.
marcher [maRʃe] *v. intr.* **1.** marchar; ir; caminar; andar [Marcher en avant. *Marchar delante.*] **2.** (fonctionner) funcionar;

ir. **3.** (se déplacer) moverse. **4.** (prospérer) prosperar; marchar. || **~ sur** pisar. **~ sur le pied de** dar un pisotón a.
mardi [maRdi] *s. m.* martes [Mardi, le mardi, le mardi 13 juin. *El martes, los martes, el martes 13 de junio.*] || **~ gras** martes de carnaval.
mare [maR] *s. f.* **1.** charca; poza. **2.** *fig.* charco *m.* [Une mare de sang. *Un charco de sangre.*]
marécageux, -euse [maRekaʒø, -øz] *adj.* pantanoso, -sa; cenagoso, -sa.
maréchal, -aux [maReʃal, -o] *s. m., Mil.* mariscal.
maréchal-ferrant [maReʃalfeRɑ̃] *s. m.* herrador; herrero (de caballos). •Pl. maréchaux-ferrants.
marée [maRe] *s. f.* marea.
margarine [maRgaRin] *s. f.* margarina.
marge [maRʒ] *s. f.* **1.** (page) margen *m.* **2.** *fig.* margen *m.*; tiempo *m.* || **laisser une ~** dejar un margen.
marger [maRʒe] *v. tr.* marginar.
marginal, -le, -aux [maRʒinal, -o] *adj.* (une personne) marginado, -da.
marginalisé, -ée [maRʒinalize] *adj.* marginado, -da.
marginaliser [maRʒinalize] *v. tr.* marginar.
marguerite [maRg(ə)Rit] *s. f., Bot.* margarita.
mari [maRi] *s. m.* marido; esposo.
mariachi [maRjatʃi] *s. m.* mariachi.
mariage [maRjaʒ] *s. m.* **1.** matrimonio. **2.** (noces) boda *f.*; casamiento.
marié, -ée [maRje] *adj.* casado, -da. || **jeune ~** novio, -via (en la boda).
marier [maRje] *v. tr.* **1.** (le curé, le maire) casar. **2.** (épouser) casarse [Marier une jeune fille. *Casarse con una joven.*] **3.** *fig.* casar. || **se ~** *v. pr.* **4.** casarse; desposarse.

marihuana [maʀiʀwana] *s. f.* marihuana; yerba; hierba.

marin, -ne [maʀɛ̃, -in] *adj.* **1.** (de la mer) marino, -na; náutico, -ca. **2.** (de la marine ou des marins) marinero, -ra. || *s. m. y f.* **3.** marinero, -ra. || *s. m.* **4.** (navigateur) marino.

marinade [maʀinad] *s. f.* escabeche *m.*

marine [maʀin] *s. f.* marina. || **bleu ~** azul marino. **~ marchande** marina mercante.

mariner [maʀine] *v. tr.* (viande) adobar.

marinier, -ière [maʀinje, -jɛʀ] *s. m. et f.* **1.** barquero, -ra; marinero, -ra. || **marinière** *s. f.* **2.** (blouse) blusón *m.*

marionnette [maʀjɔnet] *s. f.* marioneta; títere *m.*

maritime [maʀitim] *adj.* marítimo, -ma.

marivaudage [maʀivodaʒ] *s. m.* (propos galant recherché) galanterías *f. pl.*

marjolaine [maʀʒɔlɛn] *s. f., Bot.* orégano *m.*

mark [maʀk] *s. m.* marco (moneda).

marmelade [maʀm(ə)lad] *s. f.* mermelada; compota.

marmite [maʀmit] *s. f.* marmita; olla; cacerola.

marmonner [maʀmɔne] *v. tr.* murmurar; mascullar.

marmot [maʀmo] *s. m., fam.* chiquillo; crío.

marmotte [maʀmɔt] *s. f., Zool.* marmota.

marmotter [maʀmɔte] *v. tr. et intr.* bisbisear; musitar; murmurar.

marocain, -ne [maʀɔkɛ̃, -ɛn] *adj.* **1.** marroquí. || **Marocain, -ne** *s. m. et f.* **2.** marroquí.

marquant, -te [maʀkɑ̃, -ɑ̃t] *adj.* notable.

marque [maʀk] *s. f.* **1.** marca; señal. **2.** (cachet) sello *m.*; distintivo *m.* **3.** (empreinte) huella; rastro *m.* **4.** (d'un produit) marca. || **~ deposée** marca registrada.

marquer [maʀke] *v. tr.* **1.** marcar; señalar. **2.** (un papier) sellar. **3.** (une date) señalar; fijar. || *v. tr. et intr.* **4.** *Sport* marcar. || *v. intr.* **5.** marcar.

marqueur, -euse [maʀkœʀ, -øz] *adj.* **1.** marcador, -ra. || *s. m.* **2.** rotulador. **3.** *Sport* marcador.

marraine [maʀɛn] *s. f.* madrina.

• **marrant, -te** [maʀɑ̃, -ɑ̃t] *adj.* **1.** *fam.* divertido, -da; gracioso, -sa. **2.** (bizarre) raro, -ra.

marrer, se [maʀe] *v. pr., fam.* destornillarse.

marron [maʀɔ̃] *s. m.* **1.** (fruit) castaña *f.* || *s. m. et adj. inv.* **2.** (couleur) marrón; castaño, -ña [Des yeux marron. *Ojos marrones.*]

mars [maʀs] *s. m.* marzo [Le premier ou le deux mars. *El uno o el dos de marzo.*]

marteau [maʀto] *s. m.* martillo. || **entre le ~ et l'enclume** entre la espada y la pared.

marteler [maʀt(ə)le] *v. tr.* martillear.

martial, -le, -aux [maʀsjal, -o] *adj.* marcial.

martien, -enne [maʀsjɛ̃, -ɛn] *adj.* marciano, -na.

martyr, -re [maʀtiʀ] *s. m. et f.* **1.** mártir. || **martyre** *s. m.* **2.** martirio.

martyriser [maʀtiʀize] *v. tr.* martirizar.

marxisme [maʀksism] *s. m.* marxismo.

mascara [maskaʀa] *s. m.* rímel.

mascarade [maskaʀad] *s. f.* (déguisement) disfraz *m.*

mascotte [maskɔt] *s. f.* mascota.

masculin, -ne [maskylɛ̃, -in] *adj.* masculino, -na.

masochisme [mazɔʃism] *s. m.* masoquismo.

masque [mask] *s. m.* **1.** máscara *f.* **2.** (de beauté, de chirurgien) mascarilla *f.* **3.** *fig.* máscara *f.*

masquer [maske] *v. tr.* **1.** enmascarar. **2.** (camoufler) disfrazar.

massacre [masakʀ] *s. m.* masacre *f.*

massacrer [masakʀe] *v. tr.* **1.** hacer una matanza; asesinar. **2.** *fig.* masacrar; destrozar.

massage [masaʒ] *s. m.* masaje.

masse [mas] *s. f.* **1.** masa; mole. **2.** (amas) montón *m.* **3.** (foule) masa. **4.** (outil) maza.

massepain [maspɛ̃] *s. m.* mazapán.

masser [mase] *v. tr.* **1.** (prétrir) dar masaje. **2.** (regrouper) amontonar. ‖ **se ~** *v. pr.* **3.** (se réunir) agruparse.

massicot [masiko] *s. m., Impr.* guillotina *f.*

massif, -ive [masif, -iv] *adj.* **1.** macizo, -za. **2.** (en masse) masivo, -va; en masa. ‖ *s. m.* **3.** (montagne) macizo (montañoso).

massue [masy] *s. f.* porra; maza.

master [masteʀ] *s. m.* máster.

mastic [mastik] *s. m.* (pour boucher des trous) masilla *f.*

mastiquer [mastike] *v. tr.* **1.** (mâcher) masticar; mascar. **2.** (avec du mastic) poner masilla a.

mastodonte [mastɔdɔ̃t] *s. m.* mastodonte.

masturber, -se [mastyʀbe] *v. pr.* masturbarse.

masure [mazyʀ] *s. f.* casucha.

mat, -te [mat] *adj.* **1.** (sans éclat) mate; sin brillo. **2.** (sourd) apagado, -da; sordo, -da [Bruit mat. *Ruido sordo.*] ‖ *s. m.* **3.** *Jeux* (aux échecs) mate.

mât [mɑ] *s. m.* mástil; palo. ‖ **~ de cocagne** cucaña *f.*

matador [matadɔʀ] *s. m., Taur.* torero; matador.

match [matʃ] *s. m.* **1.** *Sport* (de football, de sports en général) partido; encuentro. **2.** (d'échecs, de cartes) torneo. **3.** (de boxe) combate. ‖ **faire ~ nul** empatar. **~ nul** empate.

maté [mate] *s. m.* yerba mate; mate.

matelas [mat(ə)la] *s. m.* **1.** colchón. **2.** (pour les bancs) cojín. **3.** (dans les bateaux) colchoneta *f.* **4.** (gonflable) colchoneta *f.*

matelot [mat(ə)lo] *s. m.* marinero.

mater [mate] *v. tr.* **1.** *Jeux* (aux échecs) dar mate. **2.** *fig.* (soumettre à son autorité) dominar. **3.** (les passions, la colère) dominar.

matérialiser [mateʀjalize] *v. tr.* **1.** (concrétiser) materializar; plasmar. ‖ **se ~** *v. pr.* **2.** materializarse; plasmarse.

matérialiste [mateʀjalist] *adj.* materialista.

matériau [mateʀjo] *s. m.* **1.** material (para fabricar o elaborar). ‖ **matériaux** *s. m. pl.* **2.** materiales.

matériel, -elle [mateʀjɛl] *adj.* **1.** material. ‖ *s. m.* **2.** material [Le matériel. *Lo material.*] **3.** (équipement) material. **4.** (données à traiter, matériau) material.

maternel, -elle [mateʀnɛl] *adj.* **1.** (de la mère) materno, -na. **2.** (qui a le comportement d'une mère) maternal. ‖ **maternelle** *s. f.* **3.** escuela de párvulos; preescolar. ‖ **de l'école maternelle** preescolar.

maternité [mateʀnite] *s. f.* **1.** maternidad. **2.** (hôpital) maternidad.

mathématicien, -enne [matematisjɛ̃, -ɛn] *s. m. et f.* matemático, -ca.

mathématique [matematik] *adj.* matemático, -ca.

mathématique ou mathématiques [matematik] *s. f.* matemática.

matière [matjɛʀ] *s. f.* materia.

matin [matɛ̃] *s. m.* **1.** mañana *f.* **2.** (petit jour) madrugada *f.* ‖ **demain ~** mañana por la mañana. **le ~** por la mañana.

matinal, -le, -aux [matinal, -o] *adj.* matinal.

matinée [matine] *s. f.* **1.** mañana. **2.** *Théâtr.* función de tarde; matiné. ‖ **faire la grasse ~** levantarse tarde.

matou [matu] *s. m.* gato (macho, doméstico).

matraque [matʀak] *s. f.* (de police) porra.

matrice [matʀis] *s. f.* matriz.

matricule [matʀikyl] *s. f.* matrícula.

matrone [matʀɔn] *s. f.* matrona.

maturité [matyʀite] *s. f.* madurez.

maudire [modiʀ] *v. tr.* maldecir.

maudit, -te [modi, -it] *adj.* maldito, -ta.

maugréer [mogʀee] *v. tr. et intr.* renegar.

maure [mɔʀ] *adj.* **1.** moro, -ra. ‖ **Maure** *s. m. et f.* **2.** moro, -ra.

mauresque [mɔʀɛsk] *adj.* morisco, -ca; moro, -ra (hispano-árabe).

maussade [mosad] *adj.* **1.** (grognon) hosco, -ca. **2.** (terne, ennuyeux) apagado, -da

mauvais, -se [mɔvɛ, -ɛz] *adj.* **1.** malo, -la; mal, -la. ‖ *adv.* **2.** mal [Ça sent mauvais. *Huele mal.*] ‖ **plus ~** peor. • "Malo" devient "mal" devant les s. m. sing.

mauve [mov] *s. f.* **1.** *Bot.* malva. ‖ *s. m.* **2.** (couleur) malva. ‖ *adj.* **3.** malva *inv.*

maximal, -le, -aux [maksimal, -o] *adj.* máximo, -ma.

maxime [maksim] *s. f.* máxima.

maximum, maximums/maxima [maksimɔm, pl. maksima] *s. m.* **1.** máximo. ‖ *adj.* **2.** (maximal) máximo, -ma [Température maximum. *Temperatura máxima.*] ‖ **au ~** como máximo. **faire le ~** hacer todo lo que se pueda.

mayonnaise [majɔnɛz] *s. f.* mayonesa.

me [m(ə)] *pron. pers. 1ère sing.* me [Il m'a parlé. *Me habló.*] • Delante de vocal o "h" muda se usa "m": *Je m'arrête.*

mec [mɛk] *s. m., fam.* tipo; tío (individuo).

mécanicien, -enne [mekanisjɛ̃, -ɛn] *adj. et s. m. et f.* mecánico, -ca.

mécanique [mekanik] *adj.* **1.** mecánico, -ca. ‖ *s. f.* **2.** (science) mecánica. **3.** (mécanisme) mecanismo *m.*; maquinaria.

Meccano [mekano] *s. m., Jeux* mecano. • Marque deposée.

méchanceté [meʃɑ̃ste] *s. f.* maldad.

méchant, -te [meʃɑ̃, -ɑ̃t] *adj. et s. m. et f.* **1.** malo, -la; malvado, -da. **2.** (enfants) travieso, -sa; revoltoso, -sa.

mèche [mɛʃ] *s. f.* **1.** (lampe) mecha. **2.** (de cheveux) mechón *m.* ‖ **grosse ~** mechón *m.*

méconnaissance [mekɔnɛsɑ̃s] *s. f.* desconocimiento *m.*

méconnaître [mekɔnɛtʀ] *v. tr.* **1.** (connaître mal) desconocer; ignorar. **2.** (ne pas apprécier) no apreciar; no agradecer.

mécontent, -te [mekɔ̃tɑ̃, -ɑ̃t] *adj. et s. m. et f.* **1.** descontento, -ta.

mécontentement [mekɔ̃tɑ̃tmɑ̃] *s. m.* enfado; descontento; disgusto.

médaille [medaj] *s. f.* medalla.

médaillon [medajɔ̃] *s. m.* medallón.

médecin [med(ə)sɛ̃] *s. m.* médico, -ca. • Para una mujer se dice: *femme médecin.*

médecine [med(ə)sin] *s. f.* medicina (ciencia).

media [medja] *s. m.* medio de comunicación.

médiateur, -trice [medjatœʀ, -tʀis] *adj. et s. m. et f.* mediador, -ra.

médiation [medjasjɔ̃] *s. f.* mediación.

médical, -le, -aux [medikal, -o] *adj.* médico, -ca.

médicament [medikamɑ̃] *s. m.* medicina *f.*; medicamento *fam.*

MÉDICATION - MÉNAGE

médication [medikasjɔ̃] *s. f.* medicación.
médicinal, -le, -aux [medisinal, -o] *adj.* medicinal.
médiéval, -le, -aux [medjeval, -o] *adj.* medieval.
médiocre [medjɔkʀ] *adj.* mediocre.
médire de [mediʀd(ə)] *v. intr.* (critiquer) hablar mal de; murmurar; maldecir.
médisance [medizɑ̃s] *s. f.* murmuración.
méditer [medite] *v. tr. et intr.* meditar.
méduse [medyz] *s. f., Zool.* medusa.
méfait [mefɛ] *s. m.* **1.** (mauvais coup) fechoría *f.;* mala acción. **2.** (résultat pernicieux ou dégât) perjuicio.
méfiance [mefjɑ̃s] *s. f.* recelo.
méfiant, -te [mefjɑ̃, -ɑ̃t] *adj. et s. m. et f.* **1.** desconfiado, -da. ‖ *adj.* **2.** receloso, -sa; suspicaz.
méfier, se [mefje] *v. pr.* desconfiar; recelar.
mégaphone [megafɔn] *s. m.* megáfono.
mégaphonie [megafɔni] *s. f.* megafonía.
mégarde [megaʀd] *s. f.* descuido. ‖ **par ~** por descuido.
mégère [meʒɛʀ] *s. f., fam.* arpía; bruja.
mégot [mego] *s. m., fam.* colilla *f.*
meilleur, -re [mɛjœʀ] *adj.* **1.** mejor. ‖ *s. m. et f.* **2.** mejor [La meilleure de ses œuvres. *La mejor de sus obras.*] ‖ *s. m.* **3.** mejor.
mélancolie [melɑ̃kɔli] *s. f.* melancolía.
mélange [melɑ̃ʒ] *s. m.* mezcla *f.*
mélanger [melɑ̃ʒe] *v. tr.* **1.** (des substances, des choses) mezclar; revolver [Il a mélangé tous les papiers. *Ha mezclado todos los papeles.*] **2.** (des fils, des couleurs) entremezclar. **3.** confundir [Mélanger deux noms. *Confundir dos nombres.*] ‖ **se ~** *v. pr.* **4.** mezclarse. ‖ **~ d'eau** aguar.

mêlée [mele] *s. f.* **1.** pelea; refriega; contienda; lucha. **2.** (confusion) barullo *m.*
mêler [mele] *v. tr.* **1.** (des substances, des couleurs) mezclar. **2.** (entremêler) entremezclar. **3.** (mettre en désordre) mezclar; revolver; enmarañar. **4.** *Jeux* (les cartes) barajar. **5.** (impliquer) implicar; enzarzar. **6.** confundir [Mêler plusieurs sujets. *Confundir varios temas.*] ‖ **se ~** *v. pr.* **7.** mezclarse. **8.** (prendre part à) meterse; liarse; involucrarse. **9.** (s'unir) unirse.
mélodie [melɔdi] *s. f.* melodía.
mélodieux, -euse [melɔdjø, -øz] *adj.* melodioso, -sa.
mélodrame [melɔdʀam] *s. m.* melodrama.
melon [m(ə)lɔ̃] *s. m.* **1.** (fruit) melón. **2.** (chapeau) hongo. ‖ **~ d'eau** sandía *f.*
membrane [mɑ̃bʀan] *s. f.* membrana.
membre [mɑ̃bʀ] *s. m.* **1.** *Anat.* miembro. **2.** (affilié) miembro; socio, -cia. **3.** (qui ont une voix dans une assemblée) vocal.
même [mɛm] *adj.* **1.** mismo, -ma [Nous avons vu le même film. *Vimos la misma película.*] **2.** (emphatique) mismo, -ma [Moi-même, pour moi-même. *Yo mismo, para mí mismo.*] ‖ *adv.* **3.** incluso; hasta; aun. [Même endormi, il l'entendait. *Le oía incluso dormido.*] ‖ *conj.* **4.** (même que) aunque; aun cuando. ‖ **de ~** de asimismo. **de ~ que** (aussi) lo mismo que. **être à ~ de** estar en condiciones de; ser capaz de. **~ pas** ni siquiera. **~ si** aunque; aun; aun cuando.
mémoire [memwaʀ] *s. m.* **1.** memoria *f.;* informe; estudio. ‖ *s. f.* **2.** memoria.
mémorable [memɔʀabl] *adj.* memorable.
menace [m(ə)nas] *s. f.* amenaza.
menacer [m(ə)nase] *v. tr.* amenazar.
ménage [menaʒ] *s. m.* **1.** (travaux domestiques) quehaceres de la casa; limpieza.

2. (couple mari et femme) matrimonio. **3.** (foyer) familia *f.* **4.** (couverts, vaisselle) menaje. ‖ **faire bon ~** llevarse bien. **faire le ~** hacer la limpieza.

ménagement [menaʒmɑ̃] *s. m.* miramiento. ‖ **sans ménagements** sin ningún miramiento.

ménager [menaʒe] *v. tr.* **1.** (économiser) economizar. **2.** *fig.* (mots, critiques) ahorrar. **3.** (parler avec prudence) medir; cuidar [Il a ménagé ses mots. *Midió sus palabras.*] **4.** (vie, forces) no abusar [Ménage tes forces. *No abuses de tus fuerzas.*] **5.** tratar con consideración [C'est un homme à ménager. *Es un hombre que hay que tratar con consideración.*] **6.** (une surprise) preparar; reservar. **7.** (réserver) reservar; disponer [Ménager la place d'une table. *Reservar espacio para una mesa.*]

ménager, -ère [menaʒe, -ɛʀ] *adj.* doméstico, -ca [Appareils ménagers. *Aparatos domésticos.*]

ménagère [menaʒɛʀ] *s. f.* **1.** ama de casa. **2.** cubertería. ‖ **panier de la ~** *fig.* bolsa de la compra.

mendiant, -te [mɑ̃djɑ̃, -ɑ̃t] *s. m. et f.* **1.** mendigo, -ga. ‖ *adj.* **2.** mendicante [Ordre mendiant. *Orden mendicante.*]

mendier [mɑ̃dje] *v. tr. et intr.* mendigar.

meneau [m(ə)no] *s. m., Arch.* montante.

mener [m(ə)ne] *v. tr.* **1.** (guider, conduire) llevar; conducir; guiar. **2.** (affaires) dirigir; llevar. **3.** (être en tête) liderar. **4.** *Sport* liderar. ‖ **~ la danse** llevar la batuta.

meneur, -euse [m(ə)nœʀ, -øz] *s. m. et f., fig.* cabecilla; líder.

menhir [menir] *s. m.* menhir.

ménisque [menisk] *s. m., Anat.* menisco.

menottes [m(ə)nɔt] *s. f. pl.* esposas.

mensonge [mɑ̃sɔ̃ʒ] *s. m.* mentira *f.*

menstruation [mɑ̃stʀyasjɔ̃] *s. f.* menstruación.

mensualité [mɑ̃syalite] *s. f.* mensualidad.

mensuel, -elle [mɑ̃syɛl] *adj.* mensual.

mental, -le, -aux [mɑ̃tal, -o] *adj.* mental.

mentalité [mɑ̃talite] *s. f.* mentalidad.

menteur, -euse [mɑ̃tœʀ, -øz] *adj.* **1.** (chose trompeuse) engañoso, -sa. ‖ *adj. et s. m. et f.* **2.** (personne) mentiroso, -sa; embustero, -ra.

menthe [mɑ̃t] *s. f., Bot.* menta; hierbabuena. ‖ **à la ~** mentolado, -da.

mentholé, -ée [mɑ̃tɔle] *adj.* mentolado, -da.

mention [mɑ̃sjɔ̃] *s. f.* **1.** (fait de mentionner) mención. **2.** (en francés: mention passable, assez bien, bien, très bien) nota (en espagnol: aprobado, bien, notable, sobresaliente).

mentionner [mɑ̃sjɔne] *v. tr.* mencionar.

mentir [mɑ̃tiʀ] *v. intr.* mentir.

menton [mɑ̃tɔ̃] *s. m.* barbilla *f.*; mentón. ‖ **double ~** papada *f.*

menu, -ue [m(ə)ny] *adj.* **1.** (petit) menudo, -da. ‖ *s. m.* **2.** carta *f.* ‖ *adv.* **3.** en pedacitos; en trozos.

menuiserie [m(ə)nɥizʀi] *s. f.* carpintería.

menuisier [m(ə)nɥizje] *s. m.* carpintero. ‖ **banc de ~** banco.

méprendre, se [mepʀɑ̃dʀ] *v. pr.* equivocarse; confundirse; engañarse.

mépris [mepʀi] *s. m.* desprecio; menosprecio; desdén.

méprisable [mepʀizabl] *adj.* despreciable.

méprisant, -te [mepʀizɑ̃, -ɑ̃t] *adj.* despectivo, -va.

méprise [mepʀiz] *s. f.* error *m.*; equivocación.

mépriser [meprize] *v. tr.* despreciar; menospreciar; desdeñar.

mer [mɛʀ] *s. f.* mar. ‖ **en haute ~** mar adentro; en alta mar. **en pleine ~** mar adentro; en alta mar.

mercantile [mɛʀkɑ̃til] *adj.* mercantil.

mercerie [mɛʀs(ə)ʀi] *s. f.* mercería.

merci [mɛʀsi] *s. m.* **1.** gracias *f. pl.* ‖ **merci!** *form.* **2.** ¡gracias! ‖ **~ beaucoup!** ¡muchas gracias! **~ bien!** ¡muchas gracias!

mercredi [mɛʀkʀ(ə)di] *s. m.* miércoles [Mercredi, le mercredi, le mercredi 13 juin. *El miércoles, los miércoles, el miércoles 13 de junio.*]

mercure [mɛʀkyʀ] *s. m.* mercurio.

merde [mɛʀd] *s. f.* **1.** mierda. ‖ **merde!** *interj.* **2.** ¡mierda!

mère [mɛʀ] *s. f.* madre.

méridien, -enne [meʀidjɛ̃, -ɛn] *adj.* meridiano, -na.

méridional, -le, -aux [meʀidjɔnal, -o] *adj.* **1.** meridional. ‖ **Méridional, -le** *s. m. et f.* **2.** meridional.

meringue [m(ə)ʀɛ̃g] *s. f.* (pâtisserie) merengue *m.*

mérite [meʀit] *s. m.* (valeur) mérito.

mérité, -ée [meʀite] *adj.* merecido, -da.

mériter [meʀite] *v. tr.* **1.** merecer. **2.** (gagner) ganarse.

merlan [mɛʀlɑ̃] *s. m., Zool.* pescadilla *f.*

merle [mɛʀl] *s. m., Zool.* mirlo.

merlu [mɛʀly] *s. m., Zool.* merluza *f.*

mérou [meʀu] *s. m., Zool.* mero.

merveille [mɛʀvɛj] *s. f.* maravilla.

merveilleux, -euse [mɛʀvɛjø, -øz] *adj.* maravilloso, -sa.

mes [me] *adj. poss.* 1ère *sing.* mis [Mes amis et mes amies. *Mis amigos y mis amigas.*]

mésaventure [mezavɑ̃tyʀ] *s. f.* desventura.

mesdames [medam] *s. f. pl.* *madame.

mesdemoiselles [medmwazɛl] *s. f. pl.* *mademoiselle.

mésestimer [mezɛstime] *v. tr.* menospreciar; desestimar.

mesquin, -ne [mɛskɛ̃, -in] *adj.* **1.** (médiocre) mezquino, -na. **2.** (avare) miserable.

mesquinerie [mɛskinʀi] *s. f.* mezquindad.

message [mesaʒ] *s. m.* **1.** mensaje. **2.** (au téléphone) recado.

messager, -ère [mesaʒe, -ɛʀ] *s. m. et f.* **1.** mensajero, -ra. **2.** (voiture du service de messagerie) ordinario, -ria. ‖ *adj.* **3.** mensajero, -ra [Pigeon messager. *Paloma mensajera.*]

messagerie [mesaʒʀi] *s. f.* servicio de transporte.

messe [mɛs] *s. f.* misa.

messieurs [mesjø] *s. m. pl.* *monsieur.

mesure [m(ə)zyʀ] *s. f.* **1.** (action de mesurer) medición. **2.** medida; dimensión. **3.** (modération) mesura; moderación. **4.** *Mus.* compás *m.* ‖ **au fur et à ~** poco a poco. **au fur et à ~ que** conforme; a medida que. **dans la ~ où** en la medida en que. **sur ~** a la medida.

mesuré, -ée [m(ə)zyʀe] *adj.* **1.** medido, -da. **2.** *fig.* comedido, -da; moderado, -da.

mesurer [m(ə)zyʀe] *v. tr.* **1.** medir. ‖ **se ~** *v. pr.* **2.** medirse.

métabolisme [metabɔlism] *s. m.* metabolismo.

métairie [meteʀi] *s. f.* **1.** finca en aparcería. **2.** granja; cortijo; finca.

métal, -aux [metal, -o] *s. m.* metal.

métallique [metalik] *adj.* metálico, -ca.

métallurgie [metalyʀʒi] *s. f.* metalurgia.

métallurgique [metalyʀʒik] *adj.* metalúrgico, -ca.

métamorphose [metamɔʀfoz] *s. f.* metamorfosis.

métaphore [metafɔʀ] *s. f.* metáfora.

métayer, -ère [meteje, -jeʀ] *s. m. et f.* colono, -na.

météore [meteɔʀ] *s. m.* meteoro.

météorite [meteɔʀit] *s. f.* meteorito *m.*

météorologie [meteɔʀɔlɔʒi] *s. f.* meteorología.

méthode [metɔd] *s. f.* método *m.*

méthodique [metɔdik] *adj.* metódico, -ca.

méticuleux, -euse [metikylø, -øz] *adj.* meticuloso, -sa.

métier [metje] *s. m.* **1.** (art, industrie) oficio. **2.** (profession) carrera *f.*; profesión *f.* ∥ **arts et métiers** artes y oficios.

métis, -isse [metis] *adj. et s. m. et f.* mestizo, -za.

mètre [mɛtʀ] *s. m.* metro. ∥ **~ carré** metro cuadrado. **~ cube** metro cúbico.

métro [metʀo] *s. m.* metro (metropolitano).

mets [mɛ] *s. m.* **1.** plato; guiso. **2.** (de légumes) potaje.

metteur, -euse [metœʀ, -øz] *s. m. y f.* ponedor, -ra. ∥ **~ en scène** *Ciné.* realizador. **~ en ondes** (radio) realizador.

mettre [mɛtʀ] *v. tr.* **1.** (placer) poner; colocar; situar. **2.** (dedans) meter. **3.** (introduire) introducir. **4.** (un vêtement) ponerse. **5.** (verser) echar [Mettre du sel. *Echar sal.*] **6.** (à la poste) echar. **7.** prender [Mettre le feu. *Prender fuego.*] **8.** (à la table) poner la mesa. ∥ **se ~** *v. pr.* **9.** (se placer) ponerse; colocarse; meterse. **10.** (vêtement) ponerse. **11.** echarse; ponerse [Se mettre à pleurer. *Ponerse a llorar.*] ∥ **en mettant les choses au pire** en el peor de los casos. **~ à la porte** poner de patitas en la calle; echar. **~ bas** (animales) parir. **~ d'aplomb** cobrar aplomo. **~ dans la tête** meter en la cabeza. **~ dans un coin** arrinconar. **~ de côté** ahorrar. **~ des menottes** esposar. **~ devant** anteponer. **~ du soin** esmerarse. **~ en pièces** desgarrar; destrozar. **~ en train** (mettre en action) poner en marcha. ∣ (amuser) animar. **~ la main sur** echar el guante. **~ longtemps** tardar [Il y a mis longtemps. *Tardó mucho.*]

meuble [mœbl] *s. m.* mueble.

meubler [mœble] *v. tr.* **1.** amueblar. **2.** (garnir, décorer) decorar. ∥ **se ~** *v. pr.* **3.** (acheter des meubles) comprarse muebles.

meule [mœl] *s. f.* rueda; muela.

meunier, -ière [mønje, -jɛʀ] *adj. m. et f.* molinero, -ra.

meurtre [mœʀtʀ] *s. m.* homicidio; asesinato.

meurtrier, -ière [mœʀtʀije, -jɛʀ] *adj. et s. m. et f.* **1.** homicida; asesino, -na. ∥ *adj.* **2.** mortal; mortífero, -ra [Coup meurtrier. *Golpe mortal.*]

meurtrir [mœʀtʀiʀ] *v. tr.* **1.** (une personne) magullar. **2.** (les fruits) estropear; dañar; averiar. **3.** *fig.* herir.

meute [møt] *s. f.* jauría.

mexicain, -ne [mɛksikɛ̃, -ɛn] *adj.* **1.** mejicano, -na; mexicano, -na. ∥ **Mexicain, -ne** *s. m. et f.* **2.** mejicano, -na; mexicano, -na.

mi- [mi] *préf.* (+adj.) medio, -dia [Mi-soûl. *Medio borracho.*] ∥ **~ ... ~** mitad ... mitad; entre...y [Mi-homme, mi-cheval. *Entre hombre y caballo.*] ∣ (+adj.) medio ... medio [Mi-espagnol, mi-français. *Medio español, medio francés.*]

mi [mi] *s. m., Mus.* mi.

miaulement [mjolmɑ̃] *s. m.* maullido.

miauler [mjole] *v. intr.* maullar.
miche [miʃ] *s. f.* pan *m.*; hogaza.
micmac [mikmak] *s. m., fam.* **1.** (intrigue) tejemaneje. **2.** (situation embrouillée) follón; fandango.
micro [mikʀo] *s. m.* (microphone) micrófono.
microbe [mikʀɔb] *s. m.* microbio.
microfilm [mikʀofilm] *s. m.* microfilme.
micro-ondes [mikʀoɔ̃d] *s. m. inv.* microondas.
micro-organisme [mikʀooʀganism] *s. m.* microorganismo.
microphone [mikʀɔfɔn] *s. m.* micrófono.
microscope [mikʀɔskɔp] *s. m.* microscopio.
microscopique [mikʀɔskɔpik] *adj.* microscópico, -ca.
midi [midi] *s. m.* **1.** (douze heures) mediodía; las doce (del mediodía). ‖ **Midi** *n. p. m.* **2.** (región francesa) Sur; Mediodía.
mie [mi] *s. f.* miga.
miel [mjɛl] *s. m.* miel *f.*
mielleux, -euse [mjelø, -øz] *adj.* meloso, -sa; pegajoso.
mien, mienne [mjɛ̃, mjɛn] *pron. poss. 1ère sing.* **1.** mío, -a [Quiero el mío. *Je veux le mien.*] ‖ **miens, -ennes** *pron. poss. 1ère pl.* **2.** míos, -as.
miette [mjɛt] *s. f.* **1.** migaja; miga. ‖ **miettes** *s. f. pl.* **2.** restos *m.* **3.** añicos *m.*
mieux [mjø] *adv.* **1.** mejor. ‖ *s. m.* **2.** mejor. ‖ **au ~** lo mejor posible. | (dans le meilleur des cas) en el mejor de los casos. **de ~ / en ~** cada vez mejor. **faire de son ~** hacer todo lo posible.
mignon, -onne [miɲɔ̃, -ɔn] *adj.* lindo, -da; bonito, -ta; mono, -na; precioso, -sa. ‖ **être ~** *fam.* ser una monada. **péché ~** favorito (debilidad).

migraine [migʀɛn] *s. f.* jaqueca.
migration [migʀasjɔ̃] *s. f.* migración.
mijoter [miʒɔte] *v. tr. et intr.* cocer a fuego lento.
mil [mil] *adj. et pron.* **1.** (cardinal) mil. ‖ *s. m.* **2.** mil.
milice [milis] *s. f.* milicia.
milieu [miljø] *s. m.* **1.** medio; centro. **2.** (pendant) mitad *f.* [Au milieu de la nuit, au milieu du repas. *En mitad de la noche, en mitad de la comida.*] **3.** término medio [Le milieu entre le bien et le mal. *El término medio entre el bien y el mal.*] **4.** (environnement) entorno; medio. **5.** (ambiant) ambiente; entorno; ámbito. ‖ **milieux** *s. m. pl.* **6.** círculos; medios. ‖ **au ~ de** en medio de. **en plein ~** justo en medio.
militaire [militɛʀ] *adj. et s. m.* militar.
militant, -te [militɑ̃, -ɑ̃t] *s. m. et f.* militante.
militer [milite] *v. intr.* militar.
milk-shake [milkʃɛk] *s. m.* batido.
mille [mil] *adj. et pron.* **1.** (cardinal) mil. ‖ *s. m.* **2.** (chiffre) mil. **3.** (quantité) millar. **4.** (mesure anglaise) milla *f.*
mille-feuille [milfœj] *s. m. inv.* **1.** (pâtisserie) milhojas. ‖ *s. f.* **2.** *Bot.* milhojas *m.*
millénaire [milenɛʀ] *adj. et s. m.* milenario, -ria.
mille-raies [milʀɛ] *s. m. inv.* milrayas.
millésime [milezim] *s. m.* **1.** millares *pl.* (cifra anterior a las centenas). **2.** cosecha *f.* [Bouteille du millésime de 1975. *Botella de la cosecha del 75.*]
milliard [miljaʀ] *s. m.* millardo. •En espagnol, on utilise généralement "mil millones".
milliardaire [miljaʀdɛʀ] *adj. et s. m. et f.* multimillonario, -ria.

millième [miljεm] *adj. et s. m. et f.* **1.** (ordinal) milésimo, -ma. ‖ *adj. et s. m.* **2.** (fraction) milésima *f.* [Un millième de seconde. *Una milésima de segundo.*]

millier [milje] *s. m.* **1.** millar. ‖ **milliers** *s. m. pl.* **2.** miles; millares. ‖ **par milliers** a millares.

milligramme [miligram] *s. m.* miligramo.

millilitre [mililitr] *s. m.* mililitro.

millimètre [milimεtr] *s. m.* milímetro.

million [miljɔ̃] *s. m.* millón.

millionième [miljɔnjεm] *adj. et s. m. et f.* **1.** (ordinal) millonésimo, -ma. ‖ *adj. et s. m.* **2.** (fraction) millonésimo, -ma *f.*

millionnaire [miljɔnεr] *adj. et s. m. et f.* millonario, -ria.

mime [mim] *s. m.* **1.** (mimique) mímica *f.* **2.** (acteur, genre de spectacle) mimo.

mimer [mime] *v. tr. et intr.* imitar.

mimétisme [mimetism] *s. m.* mimetismo.

mimique [mimik] *s. f.* mímica.

minable [minabl] *adj.* lastimoso, -sa; penoso.

minaudier, -ière [minodje, -jεr] *adj. et s. m. et f.* melindroso, -sa.

mince [mɛ̃s] *adj.* **1.** delgado, -da; fino, -na. **2.** *fig.* (peu) pobre; escaso, -sa; ínfimo, -ma. ‖ **mince!** *interj.* **3.** ¡caramba!

minceur [mɛ̃sœr] *s. f.* delgadez.

mine¹ [min] *s. f.* cara; semblante; aspecto *m.* ‖ **faire ~ de** fingir; simular.

mine² [min] *s. f.* **1.** mina [Mine de charbon. *Mina de carbón.*] **2.** (d'un crayon) mina. **3.** (explosive) mina. ‖ **École des Mines** Escuela de Minería.

minerai [minrε] *s. m.* mineral.

minéral, -le, -aux [mineral, -o] *adj.* mineral.

minet, -ette [minε, -εt] *s. m. et f.* **1.** *fig. et fam.* (jeunes gens de la bourgeoisie aisée) pijo, -ja. **2.** (chat) minino, -na.

mineur [minœr] *s. m.* **1.** *Miner.* minero; picador. ‖ **mineurs** *s. m. pl.* **2.** (main-d'œuvre minière) minería *f. sing.*

mineur, -re [minœr] *adj.* **1.** menor; de poca importancia. **2.** menor [Un peintre mineur. *Un pintor menor.*] ‖ *adj. et s. m. et f.* **3.** (âge) menor de edad; menor.

miniature [minjatyr] *adj. et s. f.* miniatura.

minier, -ière [minje, -jεr] *adj.* minero, -ra (de la mina).

mini-jupe [miniʒyp] *s. f.* minifalda.

minimal, -le, -aux [minimal, -o] *adj.* mínimo, -ma.

minime [minim] *adj.* **1.** mínimo, -ma. [C'est un budget minime. *Es un presupuesto mínimo.*] ‖ *s. m.* **2.** *Sport* (de 13 à 15 ans) alevín; infantil.

minimum [minimɔm] *adj.* **1.** mínimo, -ma [Âge minimum. *Edad mínima.*] ‖ *s. m.* **2.** mínimo. ‖ **au ~** al mínimo [Réduire au minimum. *Reducir al mínimo.*] ‖ (du moins) como mínimo; por lo menos.

ministère [ministεr] *s. m.* (département) ministerio. ‖ **~ de l'Intérieur** Ministerio del Interior. **~ des Finances** Ministro de Hacienda.

ministre [ministr] *s. m.* ministro, -tra.

minorité [minɔrite] *s. f.* minoría.

minuit [minɥi] *s. m.* **1.** medianoche *f.* **2.** las doce (de la noche).

minuscule [minyskyl] *adj.* **1.** minúsculo, -la; diminuto, -ta. ‖ *s. f.* **2.** minúscula.

minute [minyt] *s. f.* **1.** minuto *m.* ‖ *interj.* **2.** ¡un momento!

minutieux, -euse [minysjø, -øz] *adj.* minucioso, -sa.

mioche [mjɔʃ] *s. m. et f., fam.* chaval, -la; chico, -ca; meón, -ona.

miracle [mirakl] *s. m.* milagro. ‖ **par ~ de** milagro.

miraculeux, -euse [miRakylø, -øz] *adj.* milagroso, -sa.

mirador [miRadɔR] *s. m.* mirador.

mirage [miRaʒ] *s. m.* **1.** (phénomène optique) espejismo. **2.** *fig.* (apparence trompeuse) ilusión *f.*

mire [miR] *s. f.* mira [Angle de mire, point de mire. *Ángulo de mira, punto de mira.*] ‖ **point de ~** *fig.* punto de mira.

mirer [miRe] *v. tr.* **1.** (en transparence) mirar al trasluz. **2.** *fig.* (viser) poner la mira.

miroir [miRwaR] *s. m.* espejo.

miroiter [miRwate] *v. intr.* relucir.

mise [miz] *s. f.* **1.** (action de mettre) puesta. **2.** (action de placer) colocación. **3.** (au jeu) apuesta [Doubler la mise. *Doblar la apuesta.*] **4.** (parure) porte *m.* **5.** (tenue) atuendo *m.* ‖ **à jour** revisión; puesta al día. **~ au point** (d'un mécanisme) puesta a punto. | (dernière main) último toque. | *Phot.* enfoque. **~ bas** parto. **~ en oeuvre** aplicación. **~ en pages** *Impr.* ajuste. **~ en place** colocación [La mise en place de la première pierre. *La colocación de la primera piedra.*] | (installation) instalación; establecimiento. **~ en scène** *Ciné.* montaje. | *Théâtr.* escenografía; dirección escénica.

miser [mize] *v. tr.* apostar.

misérable [mizeRabl] *adj. et s. m. et f.* miserable.

misère [mizɛR] *s. f.* **1.** miseria. ‖ **misères** *s. f. pl.* **2.** calamidades.

miséricorde [mizeRikɔRd] *s. f.* misericordia.

miss [mis] *s. f.* miss.

missile [misil] *s. m.* misil.

mission [misjɔ̃] *s. f.* **1.** misión. **2.** (tâche, devoir) cometido *m.*

missionnaire [misjɔnɛR] *adj. et s. m.* misionero, -ra.

mister [mistɛR] *s. m.* míster.

mite [mit] *s. f.* (teigne) polilla.

mitiger [mitiʒe] *v. tr.* mitigar; calmar.

mitraille [mitRaj] *s. f.* metralla.

mitraillette [mitRajɛt] *s. f.* metralleta.

mitrailleuse [mitRajøz] *s. f.* ametralladora.

mixage [miksaʒ] *s. m.* mezcla *f.*

mixeur [miksœR] *s. m.* batidora *f.* (de cocina).

mixte [mikst] *adj.* (combiné) mixto, -ta.

mixture [mikstyR] *s. f.* mejunje *m.*

mobile [mɔbil] *adj.* **1.** móvil. **2.** movible. ‖ *s. m.* **3.** (en suspension) móvil. **4.** *fig.* (cause) móvil.

mobilier, -ière [mɔbilje, -jɛR] *adj.* **1.** mobiliario, -ria. ‖ *s. m.* **2.** (ensemble de meubles) mobiliario; muebles *pl.* **3.** (de la maison) menaje; ajuar.

mobiliser [mɔbilize] *v. tr.* movilizar.

mobilité [mɔbilite] *s. f.* inconstancia.

mocassin [mɔkasɛ̃] *s. m.* mocasín.

moche [mɔʃ] *adj., fam.* (laid) feo, -a.

mode [mɔd] *s. m.* **1.** modo. ‖ *s. f.* **2.** moda. ‖ **à la ~** de moda. **être à la ~** estar de moda. **~ d'emploi** instrucciones de uso.

modèle [mɔdɛl] *adj.* **1.** modelo [Une fille modèle. *Una niña modelo.*] ‖ *s. m.* **2.** modelo. **3.** (pour des artistes) modelo. **4.** (moule) molde; calaña *f.* **5.** (patron) patrón. **6.** (prototype) prototipo.

modeler [mɔd(ə)le] *v. tr.* **1.** modelar. **2.** (façonner) moldear. **3.** (conférer une forme) plasmar. **4.** *fig.* (adapter) amoldar.

modérateur, -trice [mɔdeRatœR, -tRis] *adj. et s. m. et f.* moderador, -ra.

modération [mɔdeRasjɔ̃] *s. f.* moderación.

MODÉRÉ - MOLLESSE

modéré, -ée [mɔdeʀe] *adj. et s. m. et f.* **1.** (mesuré) moderado, -da; comedido, -da. **2.** (conservateur) conservador, -ra [Politique modérée. *Política conservadora*.] ‖ *adj.* **3.** (raisonnable) moderado, -da [Prix modéré. *Precio moderado*.]

modérer [mɔdeʀe] *v. tr.* moderar.

moderne [mɔdɛʀn] *adj.* moderno, -na.

moderniser [mɔdɛʀnize] *v. tr.* modernizar.

modeste [mɔdɛst] *adj.* modesto, -ta.

modestie [mɔdɛsti] *s. f.* modestia.

modification [mɔdifikasjɔ̃] *s. f.* **1.** modificación. **2.** (réforme) reforma.

modifier [mɔdifje] *v. tr.* modificar.

modique [mɔdik] *adj.* módico, -ca.

modulaire [mɔdylɛʀ] *adj.* modular.

module [mɔdyl] *s. m.* módulo.

moduler [mɔdyle] *v. tr.* modular.

moelle [mwal] *s. f.* médula; meollo.

moelleux, -euse [mwalø, -øz] *adj.* **1.** (mou) blando, -da; mullido, -da. **2.** (agréable au goût) suave [Chocolat moelleux, vin moelleux. *Chocolate suave, vino suave*.] **3.** (lignes, formes) suave.

mœurs [mœʀ(s)] *s. f. pl.* costumbres; hábitos *m.*

moi [mwa] *pron. pers. 1ère sing.* **1.** yo [Moi, je pense. *Yo creo*.] **2.** (+impératif) me [Dites-moi. *Decidme*.] **3.** (+prép.) mí [Pour moi. *Para mí*.] ‖ **à ~** mío [Ce qui est à moi. *Lo mío*.] **avec ~** conmigo.

moignon [mwaɲɔ̃] *s. m.* muñón.

moindre [mwɛ̃dʀ] *adj.* menor [Les moindres détails. *Los menores detalles*.]

moine [mwan] *s. m.* monje; fraile.

moineau [mwano] *s. m.*, *Zool.* gorrión.

moins [mwɛ̃] *adv.* **1.** menos. **2.** bajo [Moins quinze degrés. *Quince grados bajo cero*.] ‖ *s. m.* **3.** menos. ‖ **à ~ de** a menos que. **à ~ que** a menos que; a no ser que; no sea que. ‖ (sauf que) salvo que; salvo si. **au ~** al menos. **de ~ en ~** cada vez menos. **du ~** al menos. **~ que ... ne** menos ... de lo que [Il est moins jeune que je ne l'avais pensé. *Es menos joven de lo que había pensado*.]

mois [mwa] *s. m.* **1.** mes. **2.** (salaire mensuel) mensualidad *f.*

moisir [mwaziʀ] *v. tr. et intr.* **1.** enmohecer. ‖ *v. intr.* **2.** criar moho.

moisissure [mwazisyʀ] *s. f.* moho.

moisson [mwasɔ̃] *s. f.* siega; cosecha.

moissonner [mwasɔne] *v. tr.* **1.** (récolter) cosechar; recolectar. **2.** (faucher) segar.

moissonneur, -euse [mwasɔnœʀ, -øz] *s. m. et f.* **1.** segador, -ra. ‖ **moissonneuse** *s. f.* **2.** (machine à moissonner) segadora.

moite [mwat] *adj.* húmedo, -da.

moitié [mwatje] *s. f.* mitad. ‖ **à ~** a medias [Je l'ai compris à moitié. *Le entendí a medias*.] ‖ (+adj.) medio [À moitié soûl. *Medio borracho*.] À moitié fini. *A medio terminar*.] **à ~ plein** medio lleno, -na [La bouteille est à moitié pleine. *La botella está medio llena*.]

moka [mɔka] *s. f.* moca.

mol [mɔl] *adj. m.* *mou.

molaire [mɔlɛʀ] *adj.* molar. ‖ *s. f.* **2.** muela.

môle [mol] *s. m.* (brise-lames) malecón.

molécule [mɔlekyl] *s. f.* molécula.

molester [mɔlɛste] *v. tr.* maltratar.

mollasse [mɔlas] *adj.* flácido, -da.

mollasson, -onne [mɔlasɔ̃, -ɔn] *adj. et s. m et f.*, *fam.* remolón, -lona.

molle [mɔl] *adj. f.* *mou.

mollesse [mɔlɛs] *s. f.* **1.** blandura [La mollesse d'un coussin, d'un lit. *La blandura*

MOLLET - MONSIEUR

de un cojín, de una cama.] **2.** (formes, climat, vitesse) suavidad [Mollesse de la rivière, des contours. *Suavidad del río, de los contornos.*] **3.** (paresse, langueur) desidia. **4.** (volupté) voluptuosidad.

mollet [mɔlɛ, -ɛt] *s. m.* pantorrilla *f.*

mollir [mɔliʀ] *v. intr.* flojear [Ses jambes mollissent. *Sus piernas flojean.*]

mollusque [mɔlysk] *s. m.* molusco.

môme [mom] *s. m. et f., fam.* chaval, -la.

moment [mɔmɑ̃] *s. m.* **1.** momento. **2.** (laps de temps) rato. [Je suis là depuis un moment. *Estoy aquí desde hace un rato.*] **3.** (instant) instante. **4.** (temps, époque) tiempo [À ce moment, j'étais trop naïf. *En aquel tiempo, yo era demasiado inocente.*] **5.** (occasion) momento; oportunidad *f.* ǁ **à ce ~ -là** en aquel momento. **à tout ~** a cada momento. **au ~ de** a la hora de. **au ~ où** en el momento en que. **dans un ~** dentro de un momento. **en ce ~** aquí.

momentané, -ée [mɔmɑ̃tane] *adj.* momentáneo, -a.

momerie [mɔmʀi] *s. f.* **1.** *litt.* (simulation, comédie) comedia. **2.** (enfantillage) niñería.

momie [mɔmi] *s. f.* momia.

mon [mɔ̃] *adj. poss. 1ère sing.* mi [Mi cajón, mi autoridad. *Mon tiroir, mon autorité.*]
• "Mon" se usa delante de sustantivo masculino singular y (sólo si empieza por vocal o "h" muda) delante de femenino singular. Para los otros femeninos se usa "ma".

monarchie [mɔnaʀʃi] *s. f.* monarquía.

monarque [mɔnaʀk] *s. m.* monarca.

monastère [mɔnastɛʀ] *s. m.* monasterio.

monceau [mɔ̃so] *s. m.* montón.

mondain, -ne [mɔ̃dɛ̃, -ɛn] *adj. et f.* mundano, -na.

monde [mɔ̃d] *s. m.* **1.** mundo. **2.** (gens) gente *f.* [Il y a du monde. *Hay gente.*] ǁ **le petit ~** la gente menuda. **mettre au ~** dar a luz; traer al mundo; alumbrar. **venir au ~** ver la luz; nacer.

mondial, -le, -aux [mɔ̃djal, -o] *adj.* **1.** mundial. **2.** (universel) universal.

mongol, -le [mɔ̃gɔl] *adj.* mongol; mongólico, -ca (de Mongolia).

mongolien, -enne [mɔ̃gɔljɛ̃, -ɛn] *adj. et s. m. et f.* mongólico, -ca.

mongolique [mɔ̃gɔlik] *adj.* mongólico, -ca (de Mongolia y los mongoles).

moniteur, -trice [mɔnitœʀ, -tʀis] *s. m. et f.* monitor, -ra.

monnaie [mɔnɛ] *s. f.* **1.** moneda. **2.** vuelta [Il m'a rendu la monnaie. *Me ha dado la vuelta.*] **3.** cambio *m.* [Je veux la monnaie de mille pesetas. *Quiero cambio de mil pesetas.*] **4.** suelto *m.* [Je n'ai pas de monnaie. *No tengo suelto.*] ǁ **faire de la ~** dar cambio; cambiar. **pièce de ~** moneda. **rendre la ~** dar la vuelta.

monocle [mɔnɔkl] *s. m.* monóculo.

monologue [mɔnɔlɔg] *s. m.* monólogo.

monopole [mɔnɔpɔl] *s. m.* monopolio.

monopoliser [mɔnɔpɔlize] *v. tr.* monopolizar.

monosyllabe [mɔnɔsi(l)lab] *adj. et s. m.* monosílabo, -a.

monotone [mɔnɔtɔn] *adj.* monótono, -na.

monotonie [mɔnɔtɔni] *s. f.* monotonía.

monsieur [m(ə)sjø] *s. m.* **1.** señor; caballero. **2.** (devant les noms de famille) señor [Monsieur Dubois. *El señor Dubois.*] **3.** don [Monsieur (Luis) Álvarez. *Don Luis (Álvarez).*] **4.** señorito (titre donné au fils du maître par les domestiques). **5.** (dans une lettre) muy señor mío. • Pl. messieurs.

monstre [mɔ̃stʀ] *s. m.* monstruo.
monstrueux, -euse [mɔ̃stʀyø, -øz] *adj.* monstruoso, -sa.
mont [mɔ̃] *s. m.* **1.** monte. **2.** (montaigne) montaña *f.*
montage [mɔ̃taʒ] *s. m.* **1.** (action, fait de monter) subida *f.* *La subida de la leche.*] **2.** *Techn.* montaje. **3.** *Ciné.* (d'un film) montaje.
montagnard, -de [mɔ̃taɲaʀ, -aʀd] *adj. et s. m. et f.* montañero, -ra; serrano, -na.
montagne [mɔ̃taɲ] *s. f.* **1.** montaña. **2.** (mont) monte *m.* **3.** sierra [Passer la journée à la montagne. *Pasar el día en la sierra.*] || **de ~** serrano, -na; montañés, -ñesa.
montagneux, -euse [mɔ̃taɲø, -øz] *adj.* montañoso, -sa.
montant, -te [mɔ̃tɑ̃, -ɑ̃t] *adj.* **1.** ascendiente. || *s. m.* **2.** montante.
mont-de-piété [mɔ̃d(ə)pjete] *s. m.* monte de piedad.
monte-charge [mɔ̃tʃaʀʒ] *s. m.* montacargas.
montée [mɔ̃te] *s. f.* **1.** (d'une pente) subida. **2.** (côte) cuesta; pendiente. **3.** (d'un avion, d'un ascenseur) elevación. **4.** ascenso *m.* [Ascension en ballon. *Ascenso en globo.*] **5.** (des prix) subida.
monter [mɔ̃te] *v. tr.* **1.** subir. **2.** (un cheval, une bicyclette) montar. **3.** (les prix) subir; aumentar. **4.** (un meuble, une machine) armar; montar. **5.** (sertir, enchâsser) engastar. **6.** (ourdir, préparer) preparar; montar [Monter un complot. *Preparar un complot.*] **7.** (couvrir la femelle) montar. **8.** (hausser le ton, la voix) subir. **9.** *Théâtr.* poner en escena. || *v. intr.* **10.** subir [L'oiseau montait. *El pájaro subía.*] **11.** (aller en haut) subir [Monter au deuxième étage. *Subir al segundo pisc.*] **12.** (escalader) subir; ascender. **13.** subirse; subir [Monter sur la bicyclette, dans le bus. *Subirse en la bicicleta, en el autobús.*] **14.** (se dresser) elevarse; tener una altura de [La tour monte de vingt mètres. *La torre se eleva veinte metros.*] **15.** (un fleuve) crecer [La Seine a monté. *El Sena ha crecido.*] **16.** (atteindre un niveau) llegar; alcanzar. **17.** *fig.* (accroître) aumentar [Leur intérêt a monté. *Su interés ha aumentado.*] || **en montant** arriba [En montant la rue. *Calle arriba.*] - **à la tête** subirse a la cabeza.
monteur, -euse [mɔ̃tœʀ, -øz] *s. m. et f.* montador, -ra.
monticule [mɔ̃tikyl] *s. m.* montículo; mota *f.*
montre [mɔ̃tʀ] *s. f.* **1.** (montre-bracelet ou de poche) reloj *m.* **2.** (exhibition, démonstration) muestra. **3.** (étalage) escaparate *m.*
montrer [mɔ̃tʀe] *v. tr.* **1.** (manifester, exprimer) mostrar; demostrar; manifestar. **2.** (présenter) enseñar; presentar [Montrer une pièce d'identité. *Enseñar un documento de identidad.*] **3.** (faire voir) hacer ver; enseñar. **4.** (témoigner, indiquer) mostrar; indicar; señalar. **5.** (faire savoir) hacer saber. **6.** (porter avec complaisance) ostentar. || **se ~** *v. pr.* **7.** mostrarse. **8.** asomarse.
monture [mɔ̃tyʀ] *s. f.* **1.** montura; caballería. **2.** *Techn.* armadura.
monument [mɔnymɑ̃] *s. m.* monumento.
monumental, -le, -aux [mɔnymɑ̃tal, -o] *adj.* monumental.
moquer, se [mɔke] *v. pr.* burlarse.
moquerie [mɔkʀi] *s. f.* **1.** (raillerie) burla; mofa. **2.** (rigolade) cachondeo *m.* **3.** (ri-

sée, outrage public) escarnio *m.* **4.** (mise en boîte) recochineo *m.*

moquette [mɔkɛt] *s. f.* moqueta.

moqueur, -euse [mɔkœʀ, -øz] *adj. et s. m. et f.* burlón, -lona.

moral, -le, -aux [mɔʀal, -o] *adj.* **1.** moral. ‖ *s. m.* **2.** ánimo; moral *f.;* espíritu [Avoir le moral à zéro. *Tener el ánimo por los suelos.*] ‖ **morale** *s. f.* **3.** (règles de conduite, mœurs) moral. **4.** (d'une fable) moraleja. **5.** (leçon, réprimande) reprimenda; sermón *m.;* moralina *fam.*

moralité [mɔʀalite] *s. f.* **1.** moralidad; moral. **2.** (d'une fable) moraleja.

morbide [mɔʀbid] *adj.* morboso, -sa.

morceau [mɔʀso] *s. m.* **1.** pedazo; trozo; cacho *fam.* **2.** terrón [Morceau de sucre. *Terrón de azúcar.*] **3.** (d'étoffe) retazo. **4.** (littéraire ou musical) fragmento. **5.** (bouchée) bocado. **6.** (carré) taco [Morceau de fromage. *Taco de queso.*] ‖ **morceaux** *s. m. pl.* **7.** añicos [Se briser en mille morceaux. *Hacerse añicos.*]

morceler [mɔʀs(ə)le] *v. tr.* **1.** partir en trozos. **2.** (lotir) trocear [Morceler un terrain. *Parcelar un terreno.*]

morcellement [mɔʀsɛlmɑ̃] *s. m.* división *f.* (en trozos).

mordant, -te [mɔʀdɑ̃, -ɑ̃t] *adj.* **1.** que muerde [Un animal mordant. *Un animal que muerde.*] **2.** (voix) penetrante; agudo, -da. **3.** *fig.* mordaz.

mordiller [mɔʀdije] *v. tr.* mordisquear.

mordre [mɔʀdʀ] *v. tr.* **1.** morder. **2.** (insectes) picar. ‖ *v. intr.* **3.** morder. **4.** (les poissons) picar; morder.

morfondre, se [mɔʀfɔ̃dʀ] *v. pr.* aburrirse; cansarse.

morgue [mɔʀg] *s. f.* depósito de cadáveres.

moribond, -de [mɔʀibɔ̃, -ɔ̃d] *adj. et s. m. et f.* moribundo, -da.

morne [mɔʀn] *adj.* **1.** (mélancolique) sombrío, -a; triste; mustio, -tia. **2.** (maussade) apagado, -da; desvaído, -da [Couleur morne. *Color apagado.*] **3.** (lugubre) lúgubre. ‖ *s. m.* **4.** (montagne) morro.

morose [mɔʀoz] *adj.* (taciturne) taciturno, -na; sombrío, -a.

morphème [mɔʀfɛm] *s. m.* morfema.

morphologie [mɔʀfɔlɔʒi] *s. f.* morfología.

mors [mɔʀ] *s. m.* (du cheval) bocado.

morse[1] [mɔʀs] *s. m., Zool.* morsa *f.*

morse[2] [mɔʀs] *s. m.* (code) morse.

morsure [mɔʀsyʀ] *s. f.* **1.** mordedura; mordisco *m.;* [Faire une morsure. *Dar un mordisco.*] **2.** (serpent, insecte) picadura.

mort [mɔʀ, mɔʀt] *s. f.* muerte.

mort, -te [mɔʀ, mɔʀt] *adj. et s. m. et f.* muerto, -ta.

mortadelle [mɔʀtadɛl] *s. f.* mortadela.

mortaise [mɔʀtɛz] *s. f., Techn.* mortaja; muesca.

mortalité [mɔʀtalite] *s. f.* mortalidad; mortandad.

mortel, -elle [mɔʀtɛl] *adj. et s. m. et f.* mortal.

morte-saison [mɔʀt(ə)sɛzɔ̃] *s. f.* temporada baja; época de menor venta. •Pl. mortes-saisons.

mortier [mɔʀtje] *s. m.* mortero.

mortifère [mɔʀtifɛʀ] *adj.* (qui cause la mort) mortífero, -ra.

mortifier [mɔʀtifje] *v. tr.* mortificar.

mortuaire [mɔʀtɥɛʀ] *adj.* mortuorio, -ria.

morue [mɔʀy] *s. f., Zool.* bacalao *m.*

morve [mɔʀv] *s. f.* (du nez) moco *m.*

morveux, -euse [mɔʀvø, -øz] *adj.* **1.** mocoso, -sa. ‖ *s. m. et f.* **2.** *fam.* (gamin) mocoso, -sa.

MOSAÏQUE - MOULER

mosaïque [mɔzaik] *s. f.* mosaico *m.*

mosquée [mɔske] *s. f.* mezquita.

mot [mo] *s. m.* **1.** palabra *f.* **2.** *fam.* (courte lettre) letras *f. pl.*; líneas *f. pl.* **3.** (note, message) nota *f.* ‖ **bon ~** gracia *f.*; salida *f.* **~ d'esprit** ocurrencia *f.*; latiguillo. **~ de passe** contraseña *f.*; consigna *f.*; santo y seña. **mots croisés** crucigrama. **pas un ~ !** ¡ni una palabra!

motel [mɔtɛl] *s. m.* motel.

moteur, -trice [mɔtœʀ, -tʀis] *adj.* **1.** motor, -ra. ‖ *s. m.* **2.** motor. • L'adjectif espagnol a souvent pour féminin "motriz" quant il s'agit de quelque chose qui donne le mouvement.

motif [mɔtif] *s. m.* **1.** (dessin) motivo. **2.** (raison, pourquoi) motivo; porqué; razón *f.* **3.** (occasion) causa *f.* [Donner des motifs de le haïr. *Dar motivos para odiarle.*]

motiver [mɔtive] *v. tr.* **1.** (donner lieu à) motivar [Cela a motivé notre décision. *Eso ha motivado nuestra decisión.*] **2.** (fournir une motivation) motivar [Motiver un élève. *Motivar a un alumno.*] **3.** (expliquer) justificar; razonar.

moto [mɔto] *s. f., fam.* moto; motocicleta.

motocross [mɔtokʀɔs] *s. m.* motocross.

motocycliste [mɔtɔsiklist] *s. m. et f.* motorista.

motte [mɔt] *s. f.* (morceau de terre) terrón *m.* ‖ **~ de terre** terruño *m.*; terrón *m.*

mou, mol, molle [mu, mɔl] *adj.* **1.** (substance) blando, -da [Pain mou. *Pan blando.*] **2.** (un coussin, un matelas) blando, -da. **3.** (la chair, la peau) flácido, -da; fofo, -fa. **4.** (une corde) flojo, -ja. **5.** (doux, souple) suave [Étoffe molle. *Tela suave.*] **6.** *fig.* (caractère) blando, -da. ‖ *s. m. et f.* **8.** *fam.* blando, -da. • La forma "mol" se usa para m. sing. delante de vocal o "h" muda. "Molle" es f. sing.

mouchard, -de [muʃaʀ, -aʀd] *s. m. et f., fam.* (de la police) soplón, -plona.

mouchardage [muʃaʀdaʒ] *s. m., fam.* soplo, chivatazo.

moucharder [muʃaʀde] *v. tr. et intr., fam.* soplar; chivarse.

mouche [muʃ] *s. f.* **1.** mosca. **2.** (grain de beauté) lunar postizo. **3.** (d'une cible) blanco; ciana [Faire mouche. *Dar en el blanco.*] ‖ **fine ~** (femme maline) lagarta; pájara. **~ bleue** moscardón *m.*; moscón *m.* **~ de la viande** moscardón *m.*

moucher [muʃe] *v. tr.* **1.** sonar (la nariz); limpiar (la nariz) [Moucher les mocos. **2.** *fam.* reprender. ‖ **se ~** *v. pr.* **3.** sonarse.

moucheter [muʃ(ə)te] *v. tr.* salpicar.

mouchoir [muʃwaʀ] *s. m.* pañuelo.

moudre [mudʀ] *v. tr.* moler.

moue [mu] *s. f.* mueca; mohín *m.* ‖ **faire la ~** poner mala cara; poner morros *fam.*

mouette [mwɛt] *s. f.* (oiseau) gaviota.

mouffette [mufɛt] *s. f., Zool.* mofeta.

moufle [mufl] *s. f.* (gant) manopla.

mouiller [muje] *v. tr.* **1.** (tremper) mojar; empapar. **2.** (couper) aguar [Mouiller le vin, le lait. *Aguar el vino, la leche.*] ‖ *v. intr.* **3.** anclar; fondear.

moulage [mulaʒ] *s. m.* molde. ‖ **prendre un ~** sacar un molde.

moule[1] [mul] *s. m.* molde [Moule à gâteau. *Molde de bizcocho.*]

moule[2] [mul] *s. f.* **1.** *Zool.* mejillón *m.* **2.** *fig.* (imbécile) percebe *m.*

mouler [mule] *v. tr.* **1.** (obtenir une forme à l'aide d'un moule) moldear. **2.** *fig.* moldear. **3.** (plâtre, cire) vaciar. **4.** (vêtements) ajustar; ceñirse. ‖ **se ~** *v. pr.* **5.** ajustarse; amoldarse.

moulin [mulɛ̃] *s. m.* **1.** (à vent, à eau) molino. **2.** (à café, à poudre, à sel) molinillo. ‖ **à café** molinillo de café. **~ à huile** molino de aceite. **~ à paroles** *fig.* (bavard) sacamuelas *inv.;* cotorra *f.*

moulinet [mulinɛ] *s. m.* **1.** (jeu) molinillo. **2.** (de canne à pêche) carrete (de la caña de pescar).

moulure [mulyʀ] *s. f.* moldura.

mourant, -te [muʀɑ̃, -ɑ̃t] *adj. et s. m. et f.* **1.** moribundo, -da. ‖ *adj.* **2.** (languissant) lánguido, -da.

mourir [muʀiʀ] *v. intr.* **1.** morir; morirse; cascar *fam.* **2.** (décéder) fallecer. **3.** (périr) perecer *lit.* ‖ **faire ~** matar.

mousquetaire [musk(ə)tɛʀ] *s. m.* mosquetero.

mousse [mus] *s. m.* **1.** *Mar.* grumete. ‖ *s. f.* **2.** *Bot.* musgo *m.* **3.** espuma [Mousse de savon, de bière. *Espuma de jabón, de cerveza.*] **4.** (dessert) mousse.

mousseline [muslin] *s. f.* muselina.

mousseux, -euse [musø, -øz] *adj.* **1.** espumoso, -sa. ‖ *s. m.* **2.** (vin) espumoso.

moustache [mustaʃ] *s. f., fam.* bigote *m.*

moustiquaire [mustikɛʀ] *s. m.* mosquitero.

moustique [mustik] *s. m., Zool.* mosquito.

moût [mu] *s. m.* **1.** mosto. **2.** (de pommes, de poires) jugo (de frutas hacer licor).

moutard [mutaʀ] *s. m., fam.* chaval; crío.

moutarde [mutaʀd] *s. f.* mostaza.

mouton [mutɔ̃] *s. m.* **1.** carnero. **2.** (jeune) cordero [Des côtelettes de mouton. *Chuletas de cordero.*]

mouvant, -te [muvɑ̃, -ɑ̃t] *adj.* **1.** (qui s'enfonce) movedizo, -za [Terrain mouvant, sables mouvants. *Terreno movedizo, arenas movedizas.*] **2.** *fig.* (changeant) inestable.

mouvement [muvmɑ̃] *s. m.* movimiento. ‖ **mettre en ~** poner en movimiento. **~ d'humeur** (accès de colère) pronto; arrebato.

mouvementé, -ée [muvmɑ̃te] *adj.* **1.** movido, -da; animado, -da. **2.** (terrain) accidentado, -da.

mouvementer [muvmɑ̃te] *v. tr.* animar; dar movimiento; dar animación.

mouvoir [muvwaʀ] *v. tr.* mover.

moyen, -enne [mwajɛ̃, -ɛn] *adj.* **1.** medio, -dia [De taille moyenne. *De estatura media.*] **2.** (médiocre) mediano, -na; mediocre. **3.** (ordinaire) común.

moyen [mwajɛ̃] *s. m.* **1.** (manière) medio; forma *f.;* manera *f.;* modo [Il l'ha obtenu par ces moyens. *Lo consiguió por estos medios.*] **2.** (ressource) recurso. ‖ **moyens** *s. m. pl.* **3.** (fortune) medios; recursos. **4.** (capacité, faculté) facultades *f.* **5.** (possibilité) medios; posibilidades *f.* ‖ **au ~ de** por medio de.

moyennant [mwajɛnɑ̃] *prép.* **1.** (au moyen de) mediante. **2.** (en échange de) a cambio de. **3.** (par l'intermédiaire de) a través de.

moyenne [mwajɛn] *s. f.* (nota media) media. ‖ **en ~** por término medio.

moyennement [mwajɛnmɑ̃] *adv.* regular.

mozambicain, -ne [mɔzɑ̃bikɛ̃, -ɛn] *adj.* **1.** mozambiqueño, -ña. ‖ **Mozambicain, -ne** *s. m. et f.* **2.** mozambiqueño, -ña.

mucosité [mykozite] *s. f.* **1.** mucosidad. **2.** (morve) moco *m.*

mucus [mykys] *s. m., Méd.* moco.

mue [my] *s. f.* muda (cambio de piel, de voz).

muer [mɥe] *v. intr.* mudar.

muet, -ette [mɥɛ, -ɛt] *adj. et s. m. et f.* mudo, -da. ‖ **devenir ~** enmudecer.

mufle [myfl] *s. m.* hocico; morro.
muflier [myflije] *s. m., Bot.* dragón.
mugir [myʒiʀ] *v. intr.* **1.** (bovidés) mugir; berrear; bramar. **2.** *fig.* (le vent, une sirène) roncar (le vent).
mugissement [myʒismã] *s. m.* **1.** (vaches) mugido. **2.** (taureaux) bramido.
mulâtre, -tresse [mylɑtʀ, -tʀɛs] *adj. et s. m. et f.* mulato, -ta.
mule [myl] *s. f.* mula.
mulet [mylɛ] *s. m.* (bête de somme) mulo.
muleta [muleta] *s. f., Taur.* muleta.
muletier, -ière [myl(ə)tje, -jɛʀ] *adj.* **1.** de mulos. ‖ *s. m.* **2.** arriero.
multicolore [myltikɔlɔʀ] *adj.* multicolor.
multiforme [myltifɔʀm] *adj.* multiforme.
multinational, -le, -aux [myltinasjɔnal, -o] *adj.* multinacional.
multiple [myltipl] *adj.* **1.** múltiple. ‖ *s. m.* **2.** *Math.* múltiplo.
multiplication [myltiplikasjɔ̃] *s. f.* multiplicación.
multiplier [myltiplije] *v. tr.* **1.** multiplicar. ‖ **se** ~ *v. pr.* **2.** multiplicarse.
multitude [myltityd] *s. f.* multitud.
municipal, -le, -aux [mynisipal, -o] *adj.* municipal.
municipalité [mynisipalite] *s. f.* (commune) municipio *m.*; término municipal.
munir [myniʀ] *v. tr.* **1.** proveer; abastecer; aprovisionar. ‖ **se** ~ *v. pr.* **2.** equiparse; proveerse. **3.** armarse [Se munir de patience. *Armarse de paciencia.*]
munition [mynisjɔ̃] *s. f.* munición.
mur [myʀ] *s. m.* **1.** (d'une chambre) pared *f.* **2.** (d'un bâtiment) muro. **3.** (de la ville) muralla *f.* **4.** (de clôture) tapia *f.* **5.** *fig.* (obstacle) barrera *f.*; obstáculo. ‖ ~ **en pisé** tapia.

mûr, -re [myʀ] *adj.* **1.** (fruit) maduro, -ra. ‖ **mûre** *s. f.* **2.** mora. ‖ **mûre sauvage** zarzamora
muraille [myʀɑj] *s. f.* muralla.
mural, -le, -aux [myʀal, -o] *adj.* mural.
mûrier [myʀje] *s. m., Bot.* moral *f.*
mûrir [myʀiʀ] *v. tr. et intr.* madurar.
murmure [myʀmyʀ] *s. m.* murmullo.
murmurer [myʀmyʀe] *v. tr. et intr.* murmurar.
musarder [myzaʀde] *v. intr.* vaguear.
muscat, -te [myska] *adj. et s. m.* moscatel.
muscle [myskl] *s. m.* músculo.
musclé, -ée [muskle] *adj.* musculoso, -sa.
musculaire [myskylɛʀ] *adj.* muscular.
musculeux, -euse [myskylø, -øz] *adj.* (musclé) musculoso, -sa.
muse [myz] *s. f.* musa.
museau [myzo] *s. m.* **1.** hocico; jeta *f.* **2.** morros *pl.* [Museau de veau, de porc. *Morros de ternera, de cerdo.*] **3.** *fig. et fam.* (tête) jeta.
musée [myze] *s. m.* museo.
museler [myz(ə)le] *v. tr.* **1.** (mettre une muselière) poner bozal. **2.** (bâillonner) amordazar.
muselière [myz(ə)ljɛʀ] *s. f.* bozal *m.*
musette[1] [myzɛt] *s. f.* **1.** *Mus.* (instrument) gaita. **2.** (sac) morral *m.*
musette[2] [myzɛt] *s. f., Zool.* musaraña.
muséum [myzeɔm] *s. m.* museo (de Historia Natural).
musical, -le, -aux [myzikal, -o] *adj.* musical.
musicien, -enne [myzisjɛ̃, -ɛn] *adj. et s. m. et f.* músico, -ca.
musique [myzik] *s. f.* música.
musulman, -ne [muzulmã, -an] *adj. et s. m. et f.* musulmán, -mana.
mutant, -te [mytã, -ãt] *adj.* mutante.

mutation [mytasjɔ̃] s. f. **1.** mutación. **2.** (de poste) cambio m.; traslado m. **3.** Mus. mudanza.
mutilation [mytilasjɔ̃] s. f. mutilación.
mutiler [mytile] v. tr. mutilar.
mutin, -ne [mytɛ̃, -in] adj. **1.** (gamin) travieso, -sa. **2.** (qui aime à plaisanter) pícaro, -ra.
mutiner, se [mytine] v. pr. amotinarse.
mutinerie [mytinʀi] s. f. motín m.
mutisme [mytism] s. m. mutismo.
mutuel, -elle [mytɥɛl] adj. **1.** mutuo, -tua. ‖ **mutuelle** s. f. **2.** mutua.
myope [mjɔp] adj. et s. m. et f. miope.
myopie [mjɔpi] s. f. miopía.
mystère [mistɛʀ] s. m. misterio.
mystérieux, -euse [misteʀjø, -øz] adj. misterioso, -sa.
mystique [mistik] adj. et s. m. et f. **1.** místico, -ca. ‖ s. f. **2.** mística.
mythe [mit] s. m. mito.
mythologie [mitɔlɔʒi] s. f. mitología.

N

n [ɛn] *s. m.* n.
n' [n] *adv.* *ne.
nacelle [nasɛl] *s. f.* barquilla.
nacre [nakʀ] *s. f.* nácar *m.*
nage [naʒ] *s. f.* natación. ‖ **à la** ~ a nado.
nageoire [naʒwaʀ] *s. f.* aleta (del pez).
nager [naʒe] *v. intr.* nadar.
nageur, -euse [naʒœʀ, -øz] *s. m. et f.* nadador, -ra.
naïf, -ïve [naif, -iv] *adj.* **1.** cándido, -da; sencillo, -lla; simple. **2.** ingenuo, -nua; incauto, -ta.
nain, -ne [nɛ̃, nɛn] *adj. et s. m. et f.* **1.** enano, -na. ‖ **nains** *s. m. pl.* **2.** (pendant le carnaval) cabezudos.
naissance [nɛsɑ̃s] *s. f.* nacimiento *m.*
naître [nɛtʀ] *v. intr.* nacer. ‖ **faire** ~ fig. dar origen; provocar.
naïveté [naivte] *s. f.* ingenuidad.
nandou [nɑ̃du] *s. m., Zool.* ñandú.
naphtaline [naftalin] *s. f.* naftalina.
nappe [nap] *s. f.* **1.** (de table) mantel *m.* **2.** (d'eau, de gaz) capa (de agua, gas). **3.** mancha [Nappe de pétrole, d'huile. *Mancha de petróleo, de aceite.*]
napperon [napʀɔ̃] *s. m.* tapete.
narcisse [naʀsis] *s. m., Bot.* narciso.
narcotique [naʀkɔtik] *adj. et s. m.* narcótico, -ca.
nard [naʀd] *s. m., Bot.* nardo.
narine [naʀin] *s. f.* **1.** orificio nasal; ventana de la nariz; nariz. **2.** (aile du nez) aleta.
narquois, -se [naʀkwa, -az] *adj.* socarrón, -rrona.
narrateur, -trice [naʀatœʀ, -tʀis] *s. m. et f.* narrador, -ra.
narration [naʀasjɔ̃] *s. f.* relato *m.*; narración.

nasal, -le, -aux [nazal, -o] *adj.* nasal.
naseau [nazo] *s. m.* nariz *f.* (de animales).
nasillard, -de [nazijaʀ, -aʀd] *adj.* gangoso, -sa.
natal, -le, -als [natal] *adj.* natal.
natalité [natalite] *s. f.* natalidad.
natation [natasjɔ̃] *s. f.* natación.
natif, -ive [natif, -iv] *adj. et s. m. et f.* nativo, -va.
nation [nasjɔ̃] *s. f.* nación.
national, -le, -aux [nasjɔnal, -o] *adj.* nacional.
nationaliser [nasjɔnalize] *v. tr.* (étatiser) nacionalizar.
nationalisme [nasjɔnalism] *s. m.* nacionalismo.
nationaliste [nasjɔnalist] *adj. et s. m. et f.* nacionalista.
nationalité [nasjɔnalite] *s. f.* nacionalidad.
nativité [nativite] *s. f.* natividad.
natte [nat] *s. f.* **1.** des Chinois) coleta. **2.** (grosse tresse) trenza. **3.** (tapis) estera.
naturaliser [natyʀalize] *v. tr.* (personnes, mots) naturalizar.
nature [natyʀ] *s. f.* **1.** naturaleza. ‖ *adj. inv.* **2.** al natural; solo, -la (boissons) [Fraises nature, café nature. *Fresas al natural, café solo.*] ‖ **grandeur** ~ tamaño natural.
naturel, -elle [natyʀɛl] *adj.* natural.
naturellement [natyʀɛlmɑ̃] *adv.* naturalmente.
naufrage [nofʀaʒ] *s. m.* naufragio. ‖ **faire** ~ naufragar.
nauséabond, -de [nozeabɔ̃, -ɔ̃d] *adj.* nauseabundo, -da.
nausée [noze] *s. f.* **1.** náusea (o náuseas) [Avoir la nausée. *Tener náuseas.*] **2.** *fig.* (répugnance) repugnancia; asco *m.* [Ça me donne la nausée. *Me da asco.*] ‖ **nausées** *s. f. pl.* **3.** náuseas [Avoir des nausées.

Sentir náuseas.] **4.** (haut-le-cœur) arcadas [*Donner la nausée. Dar arcadas.*]
nautique [notik] *adj.* **1.** náutico, -ca. ‖ *s. f.* **2.** náutica.
naval, -le, -als [naval] *adj.* naval.
navet [navɛ] *s. m.* **1.** *Bot.* nabo. **2.** *fam.* (tableau, livre) birria. **3.** *fam.* (film) tostón.
navette [navɛt] *s. f.* (de tisserand) lanzadera. ‖ **faire la ~** *fig.* ir y venir (entre dos puntos). **~ spatiale** lanzadera espacial.
navigable [navigabl] *adj.* navegable.
navigateur, -trice [navigatœʀ, -tʀis] *s. m. et f.* navegante.
navigation [navigasjɔ̃] *s. f.* navegación.
naviguer [navige] *v. intr.* navegar.
navire [naviʀ] *s. m.* navío; buque.
navrant, -te [navʀɑ̃, -ɑ̃t] *adj.* **1.** lastimoso, -sa. **2.** (fâcheux) penoso, -sa.
navrer [navʀe] *v. tr.* consternar.
ne [n(ə)] *adv.* no. • La frase negativa en francés se hace con un morfema discontinuo: *ne...pas* que se coloca delante y detrás del verbo simple o de la primera parte del verbo compuesto. • Se usa sólo *pas* en registro familiar. • Delante de vocal o "h" muda se usa "n'": *Je n'arrête pas.*
né, -ée [ne] *adj.* nacido, -da.
néanmoins [neɑ̃mwɛ̃] *adv. et conj.* sin embargo; no obstante.
néant [neɑ̃] *s. m.* nada *f.*
nécessaire [neseseʀ] *adj.* **1.** necesario, -ria. ‖ *s. m.* **2.** (trousse de toilette, de couture) neceser. ‖ **pas ~** innecesario, -ria.
nécessité [nesesite] *s. f.* necesidad.
nécessiter [nesesite] *v. tr.* necesitar.
nécessiteux, -euse [nesesitø, -øz] *adj. et s. m. et f.* necesitado, -da; indigente.
nectar [nɛktaʀ] *s. m.* néctar.
nectarine [nɛktaʀin] *s. f.* nectarina.
nef [nɛf] *s. f., Arch.* nave (de iglesia).

néfaste [nefast] *adj.* nefasto, -ta.
négatif, -ive [negatif, -iv] *adj.* **1.** negativo, -va. ‖ *s. m.* **2.** *Phot.* (cliché) negativo.
négation [negasjɔ̃] *s. f.* negación.
négligé, -ée [negliʒe] *adj.* **1.** descuidado, -da. ‖ *s. m.* **2.** (de la tenue) descuido. **3.** en bata (de trapillo).
négligeable [negliʒabl] *adj.* despreciable.
négligence [negliʒɑ̃s] *s. f.* **1.** negligencia. **2.** (oubli, inattention) descuido *m.* **3.** (manque de soin) abandono *m.* **4.** (manque d'intérêt) dejadez; desidia.
négligent, -te [negliʒɑ̃, -ɑ̃t] *adj.* **1.** negligente. **2.** (paresseux) dejado, -da.
négliger [negliʒe] *v. tr.* **1.** descuidar; desatender; despreocuparse. **2.** (ne pas tenir compte) ignorar. ‖ **se ~** *v. pr.* **3.** descuidarse. **4.** dejarse. ‖ **se ~ de** dejar de; olvidarse.
négocier [negɔsje] *v. tr.* negociar.
nègre, négresse [nɛgʀ, negʀɛs] *s. m. et f.* **1.** *péj.* (personne de race noire) negro, -gra. **2.** *fam.* (personne exploitée professionnellement) negro, -gra.
neige [nɛʒ] *s. f.* nieve.
neiger [neʒe] *v. intr. et impers.* nevar [Il neige. *Nieva.*]
neigeux, -euse [nɛʒø, -øz] *adj.* nevado, -da.
nerf [nɛʀ] *s. m.* nervio. ‖ **crise de nerfs** ataque de nervios. **nerfs en pelote** nervios de punta.
nerveux, -euse [nɛʀvø, -øz] *adj.* nervioso, -sa.
nervosité [nɛʀvozite] *s. f.* nerviosismo *m.*
nervure [nɛʀvyʀ] *s. f.* **1.** *Arch.* nervadura. **2.** *Bot.* nervio *m.*
net, nette [nɛt] *adj.* **1.** (propre) limpio, -pia. **2.** (image) nítido, -da. **3.** *fig.* nítido, -da; claro, -ra; preciso, -sa. **4.** neto, -ta

[Poids net. *Peso neto.*] ‖ *adv.* **5.** (tout à coup) en seco [S'arrêter net. *Pararse en seco.*]
netteté [nɛtte] *s. f.* **1.** nitidez. **2.** claridad.
nettoyage [nɛtwajaʒ] *s. m.* limpieza *f.* ‖ ~ **à sec** limpieza en seco.
nettoyer [nɛtwaje] *v. tr.* limpiar. ‖ **bien ~** frotar; restregar.
neuf [nœf] *adj. et pron.* **1.** nueve. ‖ *s. m.* **2.** nueve. ‖ ~ **cents** novecientos, -tas. • Sólo las centenas simples utilizan "cents": neuf cents; neuf cent vingt.
neuf, neuve [nœf, nœv] *adj.* **1.** (non utilisé) nuevo, -va. **2.** (original) novedoso, -sa. ‖ **remettre à ~** (rénover) renovar. (remettre en état) dejar como nuevo.
neutraliser [nøtralize] *v. tr.* neutralizar.
neutre [nøtʀ] *adj.* **1.** (couleur) neutro, -tra. **2.** (une nation) neutral. ‖ *s. m.* **3.** *Ling.* neutro.
neuvième [nœvjɛm] *adj. et pron.* **1.** (ordinal) noveno, -na. ‖ *adj. et s. m.* **2.** (fractionnaire) noveno, -na.
neveu [n(ə)vø] *s. m.* sobrino.
nez [ne] *s. m.* nariz *f.*
niais, niaise [nje, njɛz] *adj. et s. m. et f.* tonto, -ta; bobo, -ba; memo, -ma.
niaiserie [njɛzʀi] *s. f.* **1.** (caractère du niais) tontería; ñoñería. **2.** (action ou parole de niaise) sandez. **3.** (sottise) bobada.
nicaraguayen, -enne [nikaʀagwajɛ̃, -ɛn] *adj.* **1.** nicaragüense. ‖ **Nicaraguayen, -enne** *s. m. et f.* **2.** nicaragüense.
niche [niʃ] *s. f.* **1.** nicho *m.* **2.** (du chien) caseta del perro.
nichée [niʃe] *s. f.* **1.** (oiseaux) nidada. **2.** (autres animaux) camada.
nicher [niʃe] *v. intr.* **1.** anidar. ‖ **se ~** *v. pr.* **2.** anidar. **3.** (se cacher) meterse; esconderse.

nicotine [nikɔtin] *s. f.* nicotina.
nid [ni] *s. m.* nido.
nièce [njɛs] *s. f.* sobrina.
nier [nje] *v. tr.* negar.
niveau [nivo] *s. m.* nivel. ‖ **passage à ~** paso a nivel.
noble [nɔbl] *s. m. et f.* noble.
noblesse [nɔblɛs] *s. f.* nobleza.
noce [nɔs] *s. f.* **1.** *fam.* (fête) juerga. **2.** *fam.* (bruit) jolgorio *m.* ‖ **noces** *s. f. pl.* **3.** (mariage) boda *sing.* **4.** nupcias [Se marier en secondes noces. *Casarse en segundas nupcias.*] ‖ **faire la ~** *fam.* andar de parranda. **noces d'or** bodas de oro. **voyage de noces** viaje de novios.
nocif, -ive [nɔsif, -iv] *adj.* nocivo, -va.
noctambule [nɔktɑ̃byl] *adj. et s. m. et f.* noctámbulo, -la.
nocturne [nɔktyʀn] *adj.* **1.** nocturno, -na. ‖ *s. m.* **2.** *Mus.* nocturno.
Noël [nɔɛl] *s. m.* Navidad *f.* [À Noël. *En Navidad.*] ‖ **chant de ~** villancico. **de ~** navideño, -ña.
nœud [nø] *s. m.* **1.** nudo; lazo. **2.** (doigts) nudillo. **3.** *fig.* (lien) vínculo; lazo. **4.** (laçage) lazada *f.*
noir, noire [nwaʀ] *adj.* **1.** negro, -gra. **2.** (obscur) oscuro, -ra. **3.** solo, -la [Café noir. *Café solo.*] ‖ *s. m.* **4.** (couleur) negro. **5.** negro; oscuridad. **6.** (personne de race noire) negro, -gra.
noirâtre [nwaʀɑtʀ] *adj.* negruzco, -ca.
noircir [nwaʀsiʀ] *v. tr.* ennegrecer.
noise [nwaz] *s. f.* camorra.
noisetier [nwaz(ə)tje] *s. m., Bot.* (arbre) avellano.
noisette [nwazɛt] *s. f.* **1.** avellana. ‖ *adj. inv.* **2.** avellana; color avellana. ‖ **café ~** café cortado.
noix [nwa] *s. f.* nuez *f.* ‖ ~ **de coco** coco.

nom [nɔ̃] *s. m.* **1.** nombre; denominación *f.* **2.** (nom de famille) apellido. **3.** *Ling.* nombre; sustantivo. ‖ **au ~ de** en nombre de. **~ de famille** apellido.

nomade [nɔmad] *adj. et s. m. et f.* nómada.

nombre [nɔ̃bʀ] *s. m.* número.

nombreux, -euse [nɔ̃bʀø, -øz] *adj.* numeroso, -sa.

nombril [nɔ̃bʀi(l)] *s. m.* ombligo.

nominal, -le, -aux [nɔminal, -o] *adj.* nominal.

nominatif, -ive [nɔminatif, -iv] *adj. et s. m.* nominativo, -va.

nomination [nɔminasjɔ̃] *s. f.* **1.** (à un poste) nombramiento *m.* **2.** (à un prix) nominación.

nommé, -ée [nɔme] *adj.* **1.** llamado, -da. **2.** (désigné) nombrado, -da.

nommer [nɔme] *v. tr.* **1.** (désigner) nombrar; designar. **2.** (par un prénom ou un nom) llamar. **3.** (par un nom) denominar.

non [nɔ̃] *adv.* no. ‖ **~ pas** (opposition ou contraste) no [Non pas bien, mais génial. *No bien, sino genial.*] **~ plus** tampoco. **~ que** no porque. • Se utiliza "non" como respuesta a una pregunta afirmativa o como rechazo a una petición.

nonchalance [nɔ̃ʃalɑ̃s] *s. f.* dejadez; calma; indolencia; desidia.

nonchalant, -te [nɔ̃ʃalɑ̃, -ɑ̃t] *adj.* indolente.

nonobstant [nɔnɔpstɑ̃] *adv., litt.* no obstante.

non-sens [nɔ̃sɑ̃s] *s. m.* falta de sentido.

non-voyant, -te [nɔ̃vwajɑ̃, -ɑ̃t] *adj. et s. m. et f.* invidente.

nord [nɔʀ] *s. m.* norte [Au nord. *Al norte.*]

nord-américain, -ne [nɔʀameʀikɛ̃, -ɛn] *adj.* **1.** norteamericano, -na. ‖ **Nord-américain, -ne** *s. m. et f.* **2.** norteamericano, -na.

nord-est [nɔʀɛst] *s. m.* nordeste.

nordique [nɔʀdik] *adj. et s. m. et f.* (du nord de l'Europe) nórdico, -ca.

nord-ouest [nɔʀwɛst] *s. m.* noroeste.

noria [nɔʀja] *s. f.* noria.

normal, -le, -aux [nɔʀmal, -o] *adj.* normal.

normalement [nɔʀmalmɑ̃] *adv.* en principio.

normand, -de [nɔʀmɑ̃, -ɑ̃d] *adj.* **1.** (de la Normandie) normando, -da. ‖ **Normand, -de** *s. m. et f.* **2.** normando, -da.

normatif, -ive [nɔʀmatif, -iv] *adj.* normativo, -va.

norme [nɔʀm] *s. f.* **1.** (règle) norma. **2.** (réglementation) normativa.

nos [no] *adj. poss. 1ère pl.* nuestros, -tras [Nos identités. *Nuestras identidades.*]

nostalgie [nɔstalʒi] *s. f.* nostalgia.

notable [nɔtabl] *adj.* notable.

notaire [nɔtɛʀ] *s. m.* notario, -ria.

notamment [nɔtamɑ̃] *adv.* especialmente.

note [nɔt] *s. f.* nota.

noter [nɔte] *v. tr.* **1.** (écrire) anotar; apuntar. **2.** (marquer pour se souvenir) marcar; señalar [Noter les paragraphes les plus intéressants. *Señalar los párrafos interesantes.*] **3.** (remarquer) notar; observar. **4.** (un examen) calificar.

notice [nɔtis] *s. f.* reseña. ‖ **~ d'utilisation** instrucciones de uso.

notification [nɔtifikasjɔ̃] *s. f.* notificación.

notifier [nɔtifje] *v. tr.* notificar.

notion [nɔsjɔ̃] *s. f.* noción.

notoire [nɔtwaʀ] *adj.* notorio, -ria.

notoriété [nɔtɔʀjete] *s. f.* (renom) notoriedad.

notre [nɔtʀ] *adj. poss. 1ère pl. m. et f.* nuestro, -tra [Notre pays, notre union. *Nuestro país, nuestra unión.*]

nôtre [notʀ] *pron. poss. 1ère pl.* **1.** nuestro, -tra [C'est le nôtre. *Es el nuestro.*] ‖ **nôtres** *pron. poss. 1ère pl.* **2.** nuestros, -tras [Ce sont les nôtres. *Son los nuestros.*]

nouer [nwe] *v. tr.* **1.** (faire un nœud) anudar. **2.** (attacher, lier) atar. **3.** *fig.* trabar; contraer [Nouer une amitié, une relation. *Trabar una amistad, una relación.*]

noueux, -euse [nwø, -øz] *adj.* nudoso, -sa.

nougat [nuga] *s. m.* turrón.

nounou [nunu] *s. f.* (nourrice) tata.

nourri, -ie [nuʀi] *adj.* nutrido, -da. ‖ **~ au sein** lactante.

nourrice [nuʀis] *s. f.* nodriza.

nourrir [nuʀiʀ] *v. tr.* **1.** alimentar; nutrir. **2.** (animaux) criar. **3.** (enfants) criar; amamantar. **4.** *fig.* (l'esprit) nutrir. **5.** mantener [Nourrir la famille. *Mantener a la familia.*] **6.** (des espoirs) albergar; tener. ‖ **se ~** *v. pr.* **7.** nutrirse. **8.** *fig.* sustentarse.

nourrissant, -te [nuʀisɑ̃, -ɑ̃t] *adj.* **1.** nutritivo, -va. ‖ **très ~** de mucho alimento.

nourrisson [nuʀisɔ̃] *s. m.* **1.** (bébé) niño de pecho; bebé; lactante. **2.** (animal) cría *f.*

nourriture [nuʀityʀ] *s. f.* **1.** comida; alimento *m.* **2.** (pour les animaux) cebo *m.* **3.** *fig.* sustento *m.*; mantenimiento.

nous [nu] *pron. poss. 1ère pl.* **1.** nosotros, -tras [C'est nous. *Somos nosotros.*] **2.** (complément d'objet direct, indirect ou réfléchi) nos [Ils nous pardonnent; Nous nous asseyons. *Nos perdonan. Nos sentamos.*] ‖ **à ~** (sing.) nuestro, -tra [Ce qui est à nous. *Lo nuestro.*] | (pl.) nuestros, -tras [Ceux qui sont à nous. *Los nuestros.*]

nouveau, nouvel, nouvelle [nuvo, nuvɛl] *adj.* **1.** nuevo, -va. **2.** (moderne) moderno, -na. **3.** (débutant, inexpert) nuevo, -va; novel. **4.** (récent, original) novedoso, -sa. **5.** (fruits, légumes) temprano, -na. ‖ *adv.* **6.** recién [Les nouveaux arrivés. *Los recién llegados.*] ‖ **à ~** de nuevo; una vez más. **de ~** de nuevo. **rien de ~** sin novedad. •La forma "nouvel" se usa delante de s. m. sing. que empieza por vocal o "h" muda. •"Nouvelle" es f. sing.

nouveau-né, -ée [nuvone] *adj. et s. m. et f.* recién nacido, -da. •Pl. nouveau-nés, nouveau-nées.

nouveauté [nuvote] *s. f.* novedad.

nouvel [nuvɛl] *adj.* *nouveau.

nouvelle [nuvɛl] *s. f.* **1.** noticia. **2.** (récit) novela corta; relato *m.* ‖ **nouvelles** *s. f. pl.* **3.** informativo *m. sing.*; telediario *m. sing.*

novembre [nɔvɑ̃bʀ] *s. m.* noviembre [Le premier ou le deux novembre. *El uno o el dos de noviembre.*]

novice [nɔvis] *adj. et s. m. et f.* **1.** novicio, -cia. **2.** (débutant) novato, -ta; novel.

noyau [nwajo] *s. m.* **1.** núcleo. **2.** (d'un fruit) hueso *m.*

noyer¹ [nwaje] *s. m., Bot.* nogal.

noyer² [nwaje] *v. tr.* **1.** (dans l'eau) ahogar. **2.** (un moteur) ahogar. **3.** *fig.* (baigner dans un liquide) bañar. ‖ **se ~** *v. pr.* **4.** ahogarse.

nu, nue [ny] *adj.* **1.** desnudo, -da. **2.** (sans végétation) pelado, -da. ‖ **tout ~** en cueros.

nuage [nɥaʒ] *s. m.* **1.** nube *f.* **2.** (de poussière) polvareda *f.*; nube. ‖ **gros ~** nubarrón.

nuageux, -euse [nɥaʒø, -øz] *adj.* nublado, -da; nuboso, -sa.

nuance [nɥɑ̃s] *s. f.* matiz *m.*
nuancer [nɥɑ̃se] *v. tr.* matizar.
nucléaire [nykleɛʀ] *adj.* nuclear.
nudisme [nydism] *s. m.* nudismo.
nudité [nydite] *s. f.* desnudez.
nuée [nɥe] *s. f.* **1.** nubarrón *m.* **2.** *fig.* nube; bandada.
nuire à [nɥiʀa] *v. intr.* perjudicar; dañar.
nuisette [nɥizɛt] *s. f.* picardías *m. inv.*
nuisible [nɥizibl] *adj.* nocivo, -va.
nuit [nɥi] *s. f.* noche. ‖ **bonne ~** buenas noches. **de ~** nocturno, -na. **faire ~** ser de noche [Il fait nuit. *Es de noche.*] ǀ anochecer [Il commence à faire nuit. *Comienza a anochecer.*] **la ~** por la noche.
nul, nulle [nyl] *adj.* **1.** nulo, -la. **2.** (personne incapable) inepto; negado, -da. *fam.* ‖ **nulle part** en ninguna parte; por ninguna parte [Il n'est nulle part. *No está en ninguna parte.*] ǀ a ninguna parte [N'aller nulle part. *No ir a ninguna parte.*]
nullement [nylmɑ̃] *adv.* de ningún modo.
nullité [nylite] *s. f.* nulidad; desastre. *m.*

numéral, -le, -aux [nymeʀal, -o] *adj.* numeral.
numérateur [nymeʀatœʀ] *s. m., Math.* numerador.
numérique [nymeʀik] *adj.* **1.** numérico, -ca. **2.** (digital) digital [Pendule numérique. *Reloj digital.*]
numéro [nymeʀo] *s. m.* **1.** número [Numéro de téléphone. *Número de teléfono.*] **2.** (chiffre) cifra *f.* **3.** (d'une revue) número. **4.** (jeu, spectacle) actuación *f.* ‖ **~ vert** llamada gratuita.
numérotation [nymeʀɔtasjɔ̃] *s. f.* numeración.
numéroter [nymeʀɔte] *v. tr.* numerar.
nuptial, -le, -aux [nypsjal, -o] *adj.* nupcial.
nuque [nyk] *s. f., Anat.* nuca.
nurse [nœʀs] *s. f.* niñera.
nutritif, -ive [nytʀitif, -iv] *adj.* nutritivo, -va.
nutrition [nytʀisjɔ̃] *s. f.* nutrición.
nylon [nilɔ̃] *s. m.* nailon (ou nylon).

O

o [o] *s. m.* o *f.*
oasis [ɔazis] *s. f.* oasis *m.*
obéir à [ɔbeiʀa] *v. intr.* obedecer.
obéissance [ɔbeisɑ̃s] *s. f.* obediencia.
obéissant, -te [ɔbeisɑ̃, -ɑ̃t] *adj.* **1.** obediente. **2.** (un animal) dócil.
obèse [ɔbɛz] *adj. et s. m. et f.* obeso, -sa.
obésité [ɔbezite] *s. f.* obesidad.
objecter [ɔbʒɛkte] *v. tr.* objetar.
objecteur [ɔbʒɛktœʀ] *s. m.* objetor, -ra.
objectif, -ive [ɔbʒɛktif, -iv] *adj.* **1.** objetivo, -va. ‖ *s. m.* **2.** objetivo.
objection [ɔbʒɛksjɔ̃] *s. f.* objeción.
objet [ɔbʒɛ] *s. m.* objeto.
obligation [ɔbligasjɔ̃] *s. f.* obligación.
obligatoire [ɔbligatwaʀ] *adj.* obligatorio, -ria.
obligé, -ée [ɔbliʒe] *adj.* **1.** obligado, -da. **2.** (reconnaissant) agradecido, -da. **3.** (obligatoire) obligatorio, -ria.
obligeant, -te [ɔbliʒɑ̃, -ɑ̃t] *adj.* **1.** servicial. **2.** (gentil) amable; atento, -ta.
obliger [ɔbliʒe] *v. tr.* **1.** (contraindre) obligar. ‖ **s'obliger** *v. pr.* **2.** obligarse.
oblique [ɔblik] *adj. et s. f.* oblicuo, -cua.
oblitérateur [ɔbliteʀatœʀ, -tʀis] *s. m.* matasellos.
oblitérer [ɔbliteʀe] *v. tr.* **1.** (timbre) poner el matasellos; sellar. **2.** (un ticket) picar (un billete).
oblong, -gue [ɔblɔ̃, -ɔ̃g] *adj.* apaisado, -da.
obscène [ɔpsɛn] *adj.* obsceno, -na.
obscur, -re [ɔpskyʀ] *adj.* oscuro, -ra.
obscurcir [ɔpskyʀsiʀ] *v. tr.* **1.** oscurecer. ‖ **s'obscurcir** *v. pr.* **2.** oscurecerse.
obscurité [ɔpskyʀite] *s. f.* oscuridad.

obsédant, -te [ɔpsedɑ̃, -ɑ̃t] *adj.* **1.** obsesivo, -va. **2.** (musique) machacón, -cona.
obséder [ɔpsede] *v. tr.* obsesionar.
obsèques [ɔpsɛk] *s. f. pl.* exequias.
observateur, -trice [ɔpsɛʀvatœʀ, -tʀis] *adj. et s. m. et f.* observador, -ra.
observation [ɔpsɛʀvasjɔ̃] *s. f.* **1.** observación. **2.** (des lois) cumplimiento *m.*
observatoire [ɔpsɛʀvatwaʀ] *s. m.* observatorio.
observer [ɔpsɛʀve] *v. tr.* observar.
obsession [ɔpsesjɔ̃] *s. f.* obsesión.
obstacle [ɔpstakl] *s. m.* obstáculo.
obstination [ɔpstinasjɔ̃] *s. f.* obstinación.
obstiner, s' [ɔpstine] *v. pr.* obstinarse.
obstruction [ɔpstʀyksjɔ̃] *s. f.* obstrucción.
obstruer [ɔpstʀye] *v. tr.* **1.** obstruir. **2.** (encombrer) obstaculizar.
obtenir [ɔpt(ə)niʀ] *v. tr.* **1.** (avoir) obtener; conseguir; lograr. **2.** (un prix) llevarse. **3.** (un bon résultat, un chiffre) alcanzar.
obtention [ɔptɑ̃sjɔ̃] *s. f.* obtención.
obturer [ɔptyʀe] *v. tr.* obturar.
obtus, -se [ɔpty, -yz] *adj., fig.* obtuso, -sa.
obvier à [ɔbvjea] *v. intr.* obviar.
occasion [ɔkazjɔ̃] *s. f.* ocasión. ‖ **à l'~** (éventuellement) si llega el caso; llegado el caso. **à l'~ de** con motivo de. **d'~** de segunda mano.
occasionnel, -elle [ɔkazjɔnɛl] *adj.* ocasional.
occasionner [ɔkazjɔne] *v. tr.* **1.** ocasionar. **2.** (entraîner) causar; acarrear.
occident [ɔksidɑ̃] *s. m.* occidente.
occidental, -le, -aux [ɔksidɑ̃tal, -o] *adj.* occidental.
occupation [ɔkypasjɔ̃] *s. f.* ocupación.
occupé, -ée [ɔkype] *adj.* ocupado, -da. ‖ **être ~** comunicar; estar ocupado. **sonner ~** comunicar [Ça sonne occupé. *Comunica.*]

occuper [ɔkype] *v. tr.* **1.** ocupar. ‖ **s'occuper 2.** ocuparse; atender.
océan [ɔseã] *s. m.* océano.
octobre [ɔktɔbʀ] *s. m.* octubre [Le premier ou le deux octobre. *El uno o el dos de octubre.*]
octroi [ɔktʀwa] *s. m.* concesión *f.*
octroyer [ɔktʀwaje] *v. tr.* otorgar.
oculaire [ɔkylɛʀ] *adj. et s. m.* ocular.
oculiste [ɔkylist] *s. m. et f.* oculista.
odeur [ɔdœʀ] *s. f.* olor *m.*
odieux, -euse [ɔdjø, -øz] *adj.* odioso, -sa.
odorat [ɔdɔʀa] *s. m.* olfato.
œil, yeux [œj, pl. jø] *s. m.* **1.** ojo. ‖ **yeux** *s. m. pl.* **2.** ojos. ‖ **à l'~** a ojo *fam.* **jeter un coup d'~** echar una ojeada. **regarder du coin de l'~** mirar de reojo.
œil-de-bœuf [œjd(ə)bœf] *s. m.* tragaluz; claraboya *f.* •Pl. oeils-de-bœuf.
œillet [œjɛ] *s. m., Bot.* clavel.
œilleton [œjtɔ̃] *s. m.* mirilla *f.*
œsophage [ezɔfaʒ] *s. m.* esófago.
œuf, œufs [œf, pl. ø] *s. m.* **1.** huevo. **2.** (de certains poissons) hueva *f.* ‖ **~ à la coque** huevo pasado por agua. **œufs brouillés** huevos revueltos.
œuvre [œvʀ] *s. f.* obra. ‖ **mettre en ~** poner en práctica. | (recourir à) emplear. **~ d'art** obra de arte. **se mettre à l'~** poner manos a la obra.
offensant, -te [ɔfɑ̃sɑ̃, -ɑ̃t] *adj.* ofensivo, -va.
offense [ɔfɑ̃s] *s. f.* ofensa.
offenser [ɔfɑ̃se] *v. tr.* **1.** ofender. ‖ **s'offenser** *v. pr.* **2.** ofenderse.
offensif, -ive [ɔfɑ̃sif, -iv] *adj.* **1.** ofensivo, -va. ‖ **offensive** *s. f.* **2.** ofensiva.
office [ɔfis] *s. m.* **1.** (bureau) oficina *f.*; delegación *f.*; agencia *f.* [Office du tourisme. *Oficina de turismo.*] **2.** *Rel.* oficio.

officiel, -elle [ɔfisjɛl] *adj.* oficial.
officier¹ [ɔfisje] *s. m., Mil.* oficial. ‖ **~ ministériel** funcionario del ministerio.
officier² [ɔfisje] *v. intr., Rel.* oficiar; celebrar.
offrande [ɔfʀɑ̃d] *s. f.* ofrenda.
offre [ɔfʀ] *s. f.* oferta.
offrir [ɔfʀiʀ] *v. tr.* ofrecer.
offusquer [ɔfyske] *v. tr.* ofuscar.
ogre, ogresse [ɔgʀ, ɔgʀɛs] *s. m. et f.* ogro, -gresa.
oie [wa] *s. f., Zool.* **1.** (en général) oca; ganso *m.* **2.** (femelle) gansa. ‖ **jeu de l'~** juego de la oca.
oignon [ɔɲɔ̃] *s. m.* **1.** (plante et bulbe) cebolla *f.* **2.** (à l'orteil) juanete; callo.
oindre [wɛ̃dʀ] *v. tr., Rel.* ungir.
oiseau [wazo] *s. m.* ave *f.*; pájaro (petit).
oisif, -ive [wazif, -iv] *adj.* ocioso, -sa.
oisiveté [wazivte] *s. f.* ociosidad.
O.K. [ɔke] *adv.* de acuerdo; bien; vale.
olive [ɔliv] *s. f.* aceituna; oliva.
oliveraie [ɔlivʀɛ] *s. f.* olivar *m.*
olivier [ɔlivje] *s. m., Bot.* olivo.
olympiade [ɔlɛ̃pjad] *s. f.* olimpiada.
olympique [ɔlɛ̃pik] *adj.* olímpico, -ca.
ombilical, -le, -aux [ɔ̃bilikal, -o] *adj.* umbilical.
ombragé, -ée [ɔ̃bʀaʒe] *adj.* sombrío, -a.
ombrager [ɔ̃bʀaʒe] *v. tr.* (mettre de l'ombre) sombrear (poner sombra).
ombrageux, -euse [ɔ̃bʀaʒø, -øz] *adj.* **1.** (un animal de trait) espantadizo, -za. **2.** *fig.* receloso, -sa; desconfiado, -da.
ombre [ɔ̃bʀ] *s. f.* sombra.
ombrelle [ɔ̃bʀɛl] *s. f.* sombrilla.
ombrer [ɔ̃bʀe] *v. tr.* sombrear.
omelette [ɔmlɛt] *s. f.* tortilla.
omettre [ɔmɛtʀ] *v. tr.* omitir.
omission [ɔmisjɔ̃] *s. f.* omisión.

omnisports, salle [salɔmnispɔʀ] *loc. s.* polideportivo *m.*
on [ɔ̃] *pron. indéf.* **1.** (impersonnel) se [On dit que. *Se dice que.*] **2.** (une personne) uno, -na [On n'a pas le droit. *Uno no tiene derecho.*] **3.** (nous) nosotros, -tras [Nous, on n'a pas encore parlé. *Nosotros todavía no hemos hablado.*]
oncle [ɔ̃kl] *s. m.* tío.
onde [ɔ̃d] *s. f.* (radio) onda.
ondé, -ée [ɔ̃de] *adj.* ondulado, -da.
ondée [ɔ̃de] *s. f.* aguacero *m.*
ondoyer [ɔ̃dwaje] *v. intr.* ondear.
ondulation [ɔ̃dylasjɔ̃] *s. f.* ondulación.
ondulé, -ée [ɔ̃dyle] *adj.* ondulado, -da.
onduler [ɔ̃dyle] *v. tr.* et *intr.* ondular.
ongle [ɔ̃gl] *s. m.* uña *f.*
onguent [ɔ̃gɑ̃] *s. m.* ungüento; unto.
onze [ɔ̃z] *adj. et pron.* **1.** once. ‖ *s. m.* **2.** once.
onzième [ɔ̃zjem] *adj. et pron.* **1.** (ordinal) undécimo, -ma. ‖ *adj. et s. m.* **2.** (fractionnaire) onceavo, -va.
opaque [ɔpak] *adj.* opaco, -ca.
opéra [ɔpera] *s. m.* ópera *f.*
opérateur, -trice [ɔperatœr, -tris] *s. m. et f.* operador, -ra.
opération [ɔperasjɔ̃] *s. f.* operación.
opérer [ɔpere] *v. tr.* **1.** (produire) operar; producir. **2.** (un effet, un miracle) obrar; producir. **3.** *Méd.* operar. ‖ *v. intr.* **4.** (procéder) proceder. **5.** (faire effet) obrar [La nature a opéré. *La naturaleza ha obrado.*]
ophtalmologue [ɔftalmɔlɔg] *s. m. et f.* oftalmólogo, -ga; oculista.
opiniâtre [ɔpinjɑtʀ] *adj.* tozudo, -da.
opinion [ɔpinjɔ̃] *s. f.* opinión.
opportun, -ne [ɔpɔʀtœ̃, -yn] *adj.* **1.** oportuno, -na. **2.** (pertinent) pertinente.
opportunité [ɔpɔʀtynite] *s. f.* oportunidad.
opposant, -te [ɔpozɑ̃, -ɑ̃t] *adj. et s. m. et f.* oponente; opositor, -ra.
opposé, -ée [ɔpoze] *adj.* **1.** opuesto, -ta. **2.** (contraire) contrario, -ria.
opposer [ɔpoze] *v. tr.* **1.** oponer. ‖ **s'opposer** *v. pr.* **2.** oponerse.
opposition [ɔpozisjɔ̃] *s. f.* oposición.
oppresser [ɔprese] *v. tr.* oprimir.
oppresseur [ɔpresœr] *adj. et s. m.* opresor, -ra.
oppression [ɔpresjɔ̃] *s. f.* opresión.
opprimer [ɔprime] *v. tr.* oprimir.
opter [ɔpte] *v. intr.* optar.
opticien, -enne [ɔptisjɛ̃, -ɛn] *s. m. et f.* óptico, -ca.
optimal, -le, -aux [ɔptimal, -o] *adj.* óptimo, -ma.
optimisme [ɔptimism] *s. m.* optimismo.
optimiste [ɔptimist] *adj. et s. m. et f.* optimista.
optimum [ɔptimɔm] *adj. et s. m.* óptimo, -ma.
option [ɔpsjɔ̃] *s. f.* opción.
optionnel, -elle [ɔpsjɔnel] *adj.* optativo, -va.
optique [ɔptik] *adj.* **1.** óptico, -ca. ‖ *s. f.* **2.** (science) óptica. **3.** (approche) enfoque; prisma *m.;* perspectiva.
opulence [ɔpylɑ̃s] *s. f.* opulencia.
or[1] [ɔr] *conj.* ahora bien; ahora [Voilà ce qu'il m'a dit. Or, je sais que ce n'est pas vrai. *Eso es lo que me dijo. Ahora, yo sé que no es verdad.*] ‖ **~ donc** así pues.
or[2] [ɔr] *s. m.* oro [En or. *De oro.*] ‖ **plaqué ~** chapado en oro.
orage [ɔraʒ] *s. m.* tormenta *f.*
orageux, -euse [ɔraʒø, -øz] *adj.* borrascoso, -sa; tempestuoso, -sa.

oral, -le, -aux [ɔʀal, -o] *adj. et s. m.* oral.
orange [ɔʀɑ̃ʒ] *s. f.* **1.** naranja. ‖ *adj. inv.* **2.** naranja.
orangeade [ɔʀɑ̃ʒad] *s. f.* naranjada.
oranger [ɔʀɑ̃ʒe] *s. m., Bot.* (arbre) naranjo. ‖ **fleur d'~** azahar *m.*
orang-outan ou **orang-outang** [ɔʀɑ̃utɑ̃] *s. m., Zool.* orangután.
orateur, trice [ɔʀatœʀ, -tʀis] *s. m. et f.* orador, -ra.
orbite [ɔʀbit] *s. f.* **1.** (d'une planète) órbita. **2.** *Anat.* órbita; cuenca.
orchestre [ɔʀkɛstʀ] *s. m.* **1.** orquesta *f.* **2.** *Théâtr.* (fauteuils) patio de butacas; platea *f.* ‖ **~ d'étudiants** tuna *f.*; rondalla *f.*
orchidée [ɔʀkide] *s. f., Bot.* orquídea.
ordinaire [ɔʀdinɛʀ] *adj.* ordinario, -ria. ‖ **d'~** habitualmente.
ordinal, -le, -aux [ɔʀdinal, -o] *adj., Ling.* ordinal.
ordinateur [ɔʀdinatœʀ] *s. m.* ordenador.
ordonnance [ɔʀdɔnɑ̃s] *s. f.* **1.** (arrêté du préfet de police) bando *m.* **2.** (d'un médecin) receta. **3.** *Mil.* ordenanza; reglamento *m.* ‖ *s. m. et f.* **4.** *Mil.* ordenanza.
ordonner [ɔʀdɔne] *v. tr.* **1.** ordenar. **2.** (le médecin) recetar.
ordre [ɔʀdʀ] *s. m.* **1.** orden *f.* [Mettre des papiers en ordre. *Poner papeles en orden.*] **2.** (d'un supérieur) mandato. **3.** *Arch.* orden. **4.** *Rel.* orden. ‖ **à l'~ de** a favor de. **~ du jour** agenda *f.*; orden del día.
ordure [ɔʀdyʀ] *s. f.* **1.** basura [Benne à ordure. *Camión de la basura.*] ‖ **ordures** *s. f. pl.* **2.** basura *sing.*
oreille [ɔʀɛj] *s. f.* **1.** (organe) oreja. **2.** (ouïe) oído *m.*
oreiller [ɔʀeje] *s. m.* almohada *f.*
oreillons [ɔʀɛjɔ̃] *s. m. pl., Méd.* paperas *f.*

orfèvre [ɔʀfɛvʀ] *s. m. et f.* orfebre.
orfèvrerie [ɔʀfɛvʀ(ə)ʀi] *s. f.* orfebrería.
organe [ɔʀgan] *s. m.* órgano.
organisation [ɔʀganizasjɔ̃] *s. f.* organización.
organiser [ɔʀganize] *v. tr.* **1.** organizar. ‖ **s'organiser** *v. pr.* **2.** organizarse.
organisme [ɔʀganism] *s. m.* organismo.
orge [ɔʀʒ] *s. f.* cebada.
orgeat [ɔʀʒa] *s. m.* horchata *f.*
orgelet [ɔʀʒ(ə)lɛ] *s. m., Méd.* orzuelo.
orgie [ɔʀʒi] *s. f.* orgía.
orgue [ɔʀg] *s. m., Mus.* órgano.
orgueil [ɔʀgœj] *s. m.* orgullo.
orgueilleux, -euse [ɔʀgœjø, -øz] *adj. et s. m. et f.* orgulloso, -sa.
orient [ɔʀjɑ̃] *s. m.* oriente.
oriental, -le, -aux [ɔʀjɑ̃tal, -o] *adj.* **1.** oriental. ‖ **Oriental, -le** *s. m. et f.* **2.** oriental.
orientation [ɔʀjɑ̃tasjɔ̃] *s. f.* orientación.
orienter [ɔʀjɑ̃te] *v. tr.* **1.** orientar. ‖ **s'orienter** *v. pr.* **2.** orientarse.
orifice [ɔʀifis] *s. m.* orificio.
origan [ɔʀigɑ̃] *s. m., Bot.* orégano.
originaire [ɔʀiʒinɛʀ] *adj.* originario, -ria.
original, -le, -aux [ɔʀiʒinal, -o] *adj. et s. m.* original.
originalité [ɔʀiʒinalite] *s. f.* originalidad.
origine [ɔʀiʒin] *s. f.* origen *m.* ‖ **à l'~** al principio. **d'~** nativo, -va [D'origine grecque. *Nativo de Grecia. Nativo griego.*]
originel, -elle [ɔʀiʒinɛl] *adj.* original.
orme [ɔʀm] *s. m., Bot.* olmo.
ornement [ɔʀn(ə)mɑ̃] *s. m.* adorno.
ornementer [ɔʀn(ə)mɑ̃te] *v. tr.* ornamentar.
orner [ɔʀne] *v. tr.* adornar.
ornière [ɔʀnjɛʀ] *s. f.* **1.** surco *m.*; bache *m.* **2.** *fig.* rutina.

orphelin, -ne [ɔrf(ə)lɛ̃, -in] *adj. et s. m. et f.* huérfano, -na.
orphelinat [ɔrf(ə)lina] *s. m.* orfanato.
orque [ɔrk] *s. f., Zool.* orca.
orteil [ɔrtɛj] *s. m.* dedo (del pie). ‖ **gros ~** dedo gordo (del pie).
orthodoxe [ɔrtɔdɔks] *adj. et s. m. et f.* ortodoxo, -xa.
orthographe [ɔrtɔgraf] *s. f.* ortografía.
orthopédique [ɔrtɔpedik] *adj.* ortopédico, -ca.
orthopédiste [ɔrtɔpedist] *s. m. et f.* ortopédico, -ca (médico).
ortie [ɔrti] *s. f., Bot.* ortiga.
os [ɔs, pl. o] *s. m.* hueso. •Pl. os.
oscillation [ɔsilasjɔ̃] *s. f.* oscilación.
osciller [ɔsile] *v. intr.* oscilar.
osé, -ée [oze] *adj.* osado, -da; atrevido, -da.
oser [oze] *v. tr. et intr.* atreverse; osar.
osier [ozje] *s. m.* **1.** (matière) mimbre. **2.** (arbrisseau) mimbrera *f.* ‖ **baguette d'~** mimbre *m*.
ossements [ɔsmɑ̃] *s. m. pl.* huesos (de un cadáver); osamenta *f. sing.*
ostentation [ɔstɑ̃tasjɔ̃] *s. f.* ostentación.
otage [ɔtaʒ] *s. m.* rehén [Prise d'otages. *Toma de rehenes.*]
ôter [ote] *v. tr.* **1.** (enlever) quitar. **2.** quitarse [Ôter son chapeau. *Quitarse el sombrero.*] **3.** (soustraire) restar.
ou [u] *conj.* o; u [Sept ou huit. *Siete u ocho.*] •"O" devient "u" devant un mot commençant par "o" ou "ho": seis o siete; siete u ocho.
où [u] *pron. rel.* **1.** donde; en donde; en el que (en que) [Voilà la maison où j'habitais. *Ahí está la casa donde vivía.*] **2.** adonde; donde; al que [Les lieux où nous allons. *Los lugares a los que vamos.*] **3.** (expressions temporelles) que; en que [Le jour où tu es venu. *El día que viniste.*] ‖ *adv. rel.* **4.** donde [Où j'aurai rendez-vous. *Donde he quedado.*] ‖ *adv. int.* **5.** dónde [Où es-tu? *¿Dónde estás?*] **6.** dónde; adónde [Je ne sais pas où tu vas. *No sé (a)dónde vas.*] ‖ **d'~** (+ substantif) de ahí [D'où mon étonnement. *De ahí mi asombro.*] **d'~ le fait que** de ahí que.
ouaté, -ée [wate] *adj.* guateado, -da.
oubli [ubli] *s. m.* olvido.
oublier [ublije] *v. tr.* **1.** olvidar; olvidarse [Oublier ses clés. *Olvidar(se) las llaves.*] **2.** (de faire qqch) olvidarse [J'ai oublié de l'appeler. *Se me ha olvidado llamarle.*] ‖ **s'oublier** *v. pr.* **3.** olvidarse.
ouest [west] *adj. et s. m.* oeste [À l'ouest. *Al oeste.*]
oui [wi] *adv.* sí.
ouï-dire [widir] *s. m. inv.* (bruit) rumor.
ouïe [wi] *s. f.* oído *m.* (sentido).
ouragan [uragɑ̃] *s. m.* huracán.
ourdir [urdir] *v. tr.* urdir; tejer.
ourler [urle] *v. tr.* hacer el dobladillo.
ourlet [urlɛ] *s. m.* (couture) dobladillo.
ours, -se [urs] *s. m. et f., Zool.* oso, -sa.
oursin [ursɛ̃] *s. m., Zool.* erizo (de mar).
ourson [ursɔ̃] *s. m., Zool.* osezno.
outil [uti] *s. m.* **1.** herramienta *f.*; útil. **2.** (instrument) instrumento.
outillage [utijaʒ] *s. m.* herramientas *f. pl.*
outrage [utraʒ] *s. m.* ultraje.
outrager [utraʒe] *v. tr.* ultrajar.
outre [utr] *prép.* además de; aparte de. ‖ **en ~** además. **~ le fait que** además de que; aparte de que.
outre-mer [utr(ə)mɛr] *s. m.* **1.** ultramar. ‖ *adv.* **2.** a ultramar [Voyager outre-mer. *Viajar a ultramar.*] **3.** en ultramar [Cela se trouve outre-mer. *Eso se encuentra en*

ultramar.] ‖ **d'~** ultramarino, -na. **pays d'~** ultramar. **produits d'~** ultramarinos.
outrepasser [utʀ(ə)pase] *v. tr.* excederse.
ouvert, -te [uvɛʀ, -ɛʀt] *adj.* abierto, -ta. ‖ **grand ~** abierto de par en par.
ouverture [uvɛʀtyʀ] *s. f.* **1.** abertura. **2.** *Arch.* hueco *m.* **3.** *fig.* abertura. **4.** (d'une séance) apertura. **5.** *Mus.* obertura.
ouvrable [uvʀabl] *adj.* (jour) laborable.
ouvrage [uvʀaʒ] *s. m.* **1.** (travail) labor *f.;* obra *f.;* trabajo. **2.** (livre) obra *f.*
ouvre-boîte ou **ouvre-boîtes** [uvʀ(ə)bwat] *s. m.* abrelatas *inv.*
ouvre-bouteille ou **ouvre-bouteilles** [uvʀ(ə)butej] *s. m.* abrebotellas *inv.*
ouvreuse [uvʀøz] *s. f. Ciné. et Théâtr.* acomodadora.
ouvrier, -ière [uvʀije, -jɛʀ] *adj. et s. m. et f.* **1.** obrero, -ra; trabajador, -ra. **2.** (mécanicien, èlectricien, etc.) operario, -ria.

‖ **~ ouvrière** *s. f.* **3.** *Zool.* (abeille) obrera. ‖ **~ agricole** peón.
ouvrir [uvʀiʀ] *v. tr.* **1.** abrir. ‖ *v. intr.* **2.** (sur) dar; dar acceso a [La porte ouvre sur la rue. *La puerta da a la calle.*] ‖ **s'ouvrir** *v. pr.* **3.** abrirse. **4.** (donner sur) dar.
ovaire [ɔvɛʀ] *s. m.* ovario.
ovale [ɔval] *adj.* **1.** ovalado, -da; oval. ‖ *s. m.* **2.** óvalo.
ovation [ɔvasjɔ̃] *s. f.* ovación.
overdose [ɔvœʀdoz] *s. f.* sobredosis.
ovin, -ne [ɔvɛ̃, -in] *adj.* ovino, -na.
ovni ou **O.V.N.I.** [ɔvni] *s. m.* ovni.
ovule [ɔvyl] *s. m.* (gamète femelle) óvulo.
oxyde [ɔksid] *s. m.* óxido.
oxygène [ɔksiʒɛn] *s. m.* oxígeno.
oxygéner [ɔksiʒene] *v. tr.* oxigenar.
ozone [ozon] *s. m.* ozono. ‖ **couche d'~** capa de ozono.

P

p [pe] *s. m.* p *f.*

pacage [pakaʒ] *s. m.* pasto.

pacifier [pasifje] *v. tr.* pacificar.

pacifique [pasifik] *adj.* pacífico, -ca.

pacifisme [pasifism] *s. m.* pacifismo.

pacotille [pakɔtij] *s. f.* pacotilla.

pacte [pakt] *s. m.* pacto. ‖ **faire un ~** pactar. **signer un ~** pactar.

paella [paela] *s. f., Gastr.* (plat espagnol) paella. ‖ **poêle à ~** paellera.

pagaille ou pagaïe [pagaj] *s. f., fam.* **1.** desorden *m.* **2.** (mélange, histoire) follón *m.;* mogollón *m.* **3.** (confusion) cacao *m.* **4.** (manque de contrôle) descontrol *m.;* desbarajuste *m., fam.* ‖ **mettre la ~** *fam.* armar follón.

page[1] [paʒ] *s. f.* **1.** página. **2.** hoja [Plier les pages d'un livre. *Doblar las hojas de un libro.*]

page[2] [paʒ] *s. m.* paje.

pagne [paɲ] *s. m.* taparrabo.

paie ou paye [pɛ, pɛj] *s. f.* **1.** paga. **2.** cobro *m.* [Jour de paie. *Día de cobro.*] ‖ **double ~** extra; paga extraordinaria. **fiche de ~** nómina.

paiement [pɛmɑ̃] *s. m.* pago.

païen, -enne [pajɛ̃, -ɛn] *adj. et s. m. et f.* pagano, -na.

paillasse [pajas] *s. f.* jergón *m.*

paillasson [pajasɔ̃] *s. m.* felpudo.

paille [paj] *s. f.* paja. ‖ **tirer à la courte ~** echar pajas (sortear).

pailler [paje] *v. tr.* pajar.

paillette [pajɛt] *s. f.* **1.** lentejuela. **2.** pepita [Paillette d'or. *Pepita de oro.*]

pain [pɛ̃] *s. m.* pan. ‖ **~ à chanter** oblea *f.;* hostia *f.* **~ au chocolat** napolitana *f.* **~ de mie** pan de molde. **~ frais** pan tierno. **~ grillé** pan tostado; tostadas *f. pl.* **~ perdu** (à Pâques) torrija *f.* **petit ~** bollo; panecillo; medianoche *f.* **tranche de ~ grillé** tostada.

pair, -re [pɛʀ] *adj.* par [Nombre pair. *Número par.*] ‖ **au ~** a la par. **hors ~** sin par.

paire [pɛʀ] *s. f.* **1.** (ensemble de deux choses identiques) par *m.* [Une paire de chaussures. *Un par de zapatos.*] **2.** (d'amis, d'animaux) pareja; par *m.* **3.** (de bœufs) yunta.

paisible [pezibl] *adj.* **1.** pacífico, -ca; tranquilo, -la. **2.** (serein) sereno, -na. **3.** (lieu) apacible; tranquilo, -la.

paître [pɛtʀ] *v. tr.* **1.** apacentar. ‖ *v. intr.* **2.** pastar; pacer.

paix [pɛ] *s. f.* **1.** paz. **2.** (calme) tranquilidad; calma. ‖ **faire la ~** hacer las paces.

palais [palɛ] *s. m.* **1.** palacio. **2.** *Anat.* paladar.

pale [pal] *s. f.* pala (remo, hélice).

pâle [pal] *adj.* pálido, -da.

palette [palɛt] *s. f.* paleta.

pâleur [palœʀ] *s. f.* palidez.

palier [palje] *s. m.* **1.** (dans les escaliers) rellano; descansillo. **2.** (d'une route ou voie ferrée) llano. **3.** *Méc.* soporte.

pâlir [paliʀ] *v. intr.* palidecer.

palis [pali] *s. m.* **1.** (pieu) estaca **2.** (palissade) empalizada *f.*

palissade [palisad] *s. f.* empalizada; vallado *m.;* valla.

palissader [palisade] *v. tr.* vallar.

palmaire [palmɛʀ] *adj., Anat.* palmar.

palmarès [palmaʀɛs] *s. m.* lista de premios.

palme [palm] *s. f.* **1.** (feuille du palmier) palma. **2.** (palmier) palmera. **3.** (de nageur) aleta.

palmé, -ée [palme] *adj.* **1.** *Bot.* (feuilles) palmeado, -da. **2.** *Zool.* (les doigs réunis par une membrane) palmeado, -da.

palmeraie [palm(ə)ʀɛ] *s. f.* (plantation de palmiers) palmar *m.*

palmier [palmje] *s. m., Bot.* palmera; palma.

palonnier [palɔnje] *s. m.* balancín.

palper [palpe] *v. tr.* palpar.

palpitation [palpitasjɔ̃] *s. f.* palpitación.

palpiter [palpite] *v. intr.* palpitar; latir.

paludisme [palydism] *s. m.* paludismo.

pâmer [pɑme] *v. intr.* **1.** pasmarse. ‖ **se ~** *v. pr.* **2.** pasmarse.

pampa [pɑ̃pa] *s. f.* pampa.

pamphlet [pɑ̃flɛ] *s. m.* panfleto.

pamplemousse [pɑ̃pl(ə)mus] *s. m.* pomelo.

pan [pɑ̃] *s. m.* **1.** (de mur) lienzo. **2.** (d'un vêtement) faldón. **3.** (face d'un objet polyédrique) cara *f.*; lado.

panache [panaʃ] *s. m.* penacho.

panaméen, -enne [panameɛ̃, -ɛn] *adj.* **1.** panameño, -ña. ‖ **Panaméen, -enne** *s. m. et f.* **2.** panameño, -ña.

pancarte [pɑ̃kaʀt] *s. f.* pancarta; cartel *m.*

panda [pɑ̃da] *s. m., Zool.* panda.

paner [pane] *v. tr.* empanar.

panetière [pan(ə)tjɛʀ] *s. f.* (del pastor, del peregrino) zurrón *m.*

panier [panje] *s. m.* **1.** cesta *f.*; cesto *m.* **2.** (corbeille) canasto. **3.** *Sport* (au basketball) punto; canasta *f.* **4.** (à provisions) bolsa de la compra. **5.** (du pêcher) chistera *f.* ‖ **~ percé** *fam.* manirroto, -ta.

panique [panik] *adj.* **1.** pánico, -ca. ‖ *s. f.* **2.** pánico *m.*

panne [pan] *s. f.* **1.** (voiture) avería. **2.** (d'électricité) corte *m.*; apagón *m.* **3.** (graisse de porc) manteca (de cerdo). **4.** (étoffe) pana (de pelo largo). **5.** *Arch.* viga. ‖ **en ~** averiado, -da. **tomber en ~** averiarse.

panneau [pano] *s. m.* **1.** (d'affichage) panel. **2.** (tableau) tablero. **3.** (planche) tablón. **4.** (pour peindre) tabla *f.* **5.** (filet, piège) red *f.* ‖ **~ d'affichage** tablón de anuncios.

panorama [panɔʀama] *s. m.* panorama.

panse [pɑ̃s] *s. f., fam.* panza; barriga.

pansement [pɑ̃smɑ̃] *s. m.* **1.** gasa *f.*; cura *f.* **2.** (bande adhésive) tirita *f.*

panser [pɑ̃se] *v. tr.* **1.** (bander) vendar. **2.** *fig.* (une blessure) curar.

pantalon [pɑ̃talɔ̃] *s. m.* pantalón (ou pantalones).

panthéon [pɑ̃teɔ̃] *s. m.* panteón.

panthère [pɑ̃tɛʀ] *s. f.* pantera.

pantin [pɑ̃tɛ̃] *s. m.* muñeco; títere; pelele.

pantois [pɑ̃twa, -az] *adj. m., fig. et fam.* (por la sorpresa o la emoción) estupefacto, -ta; atónito, -ta; pasmado, -da.

pantoufle [pɑ̃tufl] *s. f.* zapatilla.

papa [papa] *s. m.* papá.

paparazzi [paparadzi] *s. m. pl.* paparazzi.

pape [pap] *s. m.* **1.** *Rel.* Papa. **2.** *fig.* papa.

papeterie [papɛtʀi] *s. f.* **1.** (magasin) papelería. **2.** (fabrique) papelera.

papier [papje] *s. m.* papel. ‖ **~ de verre** lija *f.*; papel de lija. **~ gris** papel de estraza. **~ monnaie** papel moneda.

papillon [papijɔ̃] *s. m., Zool.* **1.** (insecte) mariposa *f.* **2.** (petite annonce) cartel *m.* ‖ **noeud ~** corbata de pajarita.

papilloter [papijɔte] *v. intr.* parpadear.

papoter [papɔte] *v. intr., fam.* parlotear.

paprika [papʀika] *s. m.* paprika *f.*; pimentón dulce.

papyrus [papiʀys] *s. m.* papiro.

pâque [pɑk] *s. f.* **1.** pascua. **2.** *Rel.* Pascua [La pâque juive et la pâque russe. *La Pascua Judía y la Pascua Rusa*]. ‖ *s. m.* **3.** (fête chrétienne célébré un dimanche)

Pascua *f.* [Quand Pâques sera venu. *Cuando llegue (la) Pascua.*] ‖ **Pâques** *s. f. pl.* **4.** *Rel.* Pascua *sing.* [Pâques fleuries. *Pascua florida.*] **5.** Semana Santa.

paquet [pakɛ] *s. m.* **1.** paquete [Paquet de café, de linge. *Paquete de café, de ropa.*] **2.** (ballot) bulto. **3.** (de tabac, de cigarettes) cajetilla *f.* **4.** (lot, ensemble) tanda *f.*

par [paʀ] *prép.* **1.** (moyen, lieu) por [Voyager par terre. *Viajar por tierra.*] **2.** (moyen de transport) en [Il est venu par le train. *Vino en tren.*] **3.** (cause) por [Par prudence, par erreur, par crainte de. *Por prudencia, por error, por miedo a.*] **4.** (cause) de [Il tremblait par la peur. *Estaba temblando de miedo.*] **5.** (distributif) a [Par milliers, deux par deux. *A millares, dos a dos.*] **6.** (instrument, moyen) con [Prouver par des exemples. *Demostrar con ejemplos.*] **7.** (agent) por [Transporté par lui. *Transportado por él.*] **8.** de [Prendre par la main. *Coger de la mano.*] **9.** (dans) por [On peut lire ces affiches par les rues. *Se pueden leer esos carteles por las calles.*]

parabole [paʀabɔl] *s. f.* parábola.

parabolique [paʀabɔlik] *s. f.* parabólica.

parachever [paʀaʃ(ə)ve] *v. tr.* acabar; rematar.

parachute [paʀaʃyt] *s. m.* paracaídas.

parachutisme [paʀaʃytism] *s. m., Sport* paracaidismo.

parade [paʀad] *s. f.* **1.** parada; desfile *m.* **2.** gala [Tenue de parade. *Uniforme de gala.*]

paradis [paʀadi] *s. m.* paraíso.

parages [paʀaʒ] *s. m. pl.* **1.** (environs) parajes; sitio *sing.* **2.** (contrée, pays) lugares.

paragraphe [paʀagʀaf] *s. m.* párrafo.

paraguayen, -enne [paʀagɥejɛ̃, -ɛn] *adj.* **1.** paraguayo, -ya. ‖ **Paraguayen, -enne** *s. m. et f.* **2.** paraguayo, -ya.

paraître [paʀɛtʀ] *v. intr.* **1.** (apparaître) aparecer; mostrarse; salir. **2.** (se manifester) manifestarse. **3.** (être publié) publicarse; aparecer. **4.** (donner l'impression, avoir l'air) parecer. **5.** (faire, se faire passer pour) aparentar; representar. **6.** *fig.* (se faire valoir) distinguirse. ‖ *v. impers.* **7.** parecer [Il paraît qu'il est tranquille. *Parece que está tranquilo.*] ‖ **faire ~** publicar.

parallèle [paʀalɛl] *adj.* **1.** paralelo, -la. ‖ *s. m.* **2.** *Géogr.* paralelo. ‖ *s. f.* **3.** paralela. ‖ **mettre en ~** equiparar; comparar.

paralyser [paʀalize] *v. tr.* paralizar.

paralysie [paʀalizi] *s. f.* parálisis.

paralytique [paʀalitik] *adj. et s. m. et f.* paralítico, -ca.

paranormal, -le, -aux [paʀanɔʀmal, -o] *adj.* paranormal.

paraolympiade [paʀaɔlɛ̃pjad] *s. f.* paraolimpiada.

parapente [paʀapɑ̃t] *s. m.* parapente.

parapet [paʀapɛ] *s. m.* parapeto.

parapluie [paʀaplɥi] *s. m.* paraguas *inv.*

parapsychologie [paʀapsikɔlɔʒi] *s. f.* parapsicología.

parasite [paʀazit] *adj. et s. m.* parásito, -ta.

parasol [paʀasɔl] *s. m.* **1.** quitasol; parasol. **2.** (à la plage) sombrilla *f.*; toldo.

paratonnerre [paʀatɔnɛʀ] *s. m.* pararrayos.

parâtre [paʀɑtʀ] *s. m.* padrastro (malvado).

paravent [paʀavɑ̃] *s. m.* **1.** biombo; mampara *f.* **2.** *fig.* pantalla *f.*

parc [paʀk] *s. m.* **1.** parque. **2.** (de poissons, de coquillage) criadero; vivero [Parc à huîtres. *Criadero de ostras.*] **3.** (de

voitures) aparcamiento. **~ de stationnement** parking.
parce que [paʀs(ə)k(ə)] *loc. conj.* porque.
parcelle [paʀsɛl] *s. f.* parcela.
parchemin [paʀʃ(ə)mɛ̃] *s. m.* pergamino.
parcourir [paʀkuʀiʀ] *v. tr.* recorrer.
parcours [paʀkuʀ] *s. m.* **1.** recorrido; trayecto. **2.** (chemin à parcourir ou parcouru) camino. **3.** *Sport* carrera *f.* **4.** (dans un voyage) ruta *f.*
pardessus [paʀd(ə)sy] *s. m.* gabán; abrigo (de hombre).
pardi! [paʀdi] *interj.* ¡claro!
pardon [paʀdɔ̃] *s. m.* **1.** perdón. ‖ *form.* **2.** perdón. ‖ **pardon?** *interj.* **3.** ¿cómo?
pardonner [paʀdɔne] *v. tr.* perdonar.
paré, -ée [paʀe] *adj.* arreglado, -da.
pare-boue [paʀbu] *s. m. inv.* guardabarros.
pare-brise [paʀbʀiz] *s. m. inv.* parabrisas.
pare-chocs [paʀʃɔk] *s. m. inv.* parachoques.
pareil, -eille [paʀɛj] *adj.* **1.** (identique, équivalent, semblable) igual [Deux chaises pareilles. *Dos sillas iguales.*] **2.** (comparable, conforme) semejante; parecido, -da. **3.** (tel) tal; semejante. ‖ *s. m. et f.* **4.** (du même rang ou caractère) igual [Il n'est pas un de nos pareils. *No es uno de nuestros iguales.*] **5.** (réplique) doble. ‖ *adv.* **6.** lo mismo; igual [C'est pareil. *Es lo mismo.*] ‖ **rendre la pareille** pagar con la misma moneda. **sans ~** sin par.
pareillement [paʀɛjmɑ̃] *adv.* **1.** del mismo modo. **2.** asimismo.
parent, -te [paʀɑ̃, -ɑ̃t] *s. m. et f.* **1.** pariente, -ta [Parent éloigné, proche parent. *Pariente lejano, pariente cercano.*] ‖ **parents** *s. m. pl.* **2.** padres.

parenté [paʀɑ̃te] *s. f.* **1.** (lien entre parents) parentesco *m.* **2.** (ensemble de parents) parentela.
parenthèse [paʀɑ̃tɛz] *s. f.* paréntesis *m.*
parer [paʀe] *v. tr.* **1.** (orner, arranger) adornar; engalanar; aderezar. **2.** (embellir, garnir) embellecer. **3.** limpiar [Parer la viande et les légumes. *Limpiar la carne y las verduras.*] **4.** parar [Parer un coup. *Parar un golpe.*] ‖ *v. intr.* **5.** prevenirse; precaverse [Parer à des difficultés. *Prevenirse contra las dificultades.*] ‖ **se ~** *v. pr.* **6.** (s'apprêter) arreglarse. **7.** (faire parade) lucirse.
paresse [paʀɛs] *s. f.* pereza; vagancia.
paresser [paʀese] *v. intr.* vaguear.
paresseux, -euse [paʀesø, -øz] *adj. et s. m. et f.* perezoso, -sa; holgazán, -zana.
parfaire [paʀfɛʀ] *v. tr.* perfeccionar.
parfait, -te [paʀfɛ, -ɛt] *adj.* perfecto, -ta.
parfois [paʀfwa] *adv.* a veces.
parfum [paʀfœ̃] *s. m.* **1.** perfume. **2.** (essence) esencia *f.* **3.** (fragrance) fragancia *f.* **4.** (goût d'un produit aromatisé) sabor [Parfum de vanille. *Sabor a vainilla.*] **5.** (arôme) aroma. ‖ **~ d'ambiance** ambientador.
parfumer [paʀfyme] *v. tr.* **1.** perfumar. ‖ **se ~** *v. pr.* **2.** perfumarse.
parfumerie [paʀfymʀi] *s. f.* perfumería.
pari [paʀi] *s. m.* apuesta *f.* ‖ **faire un ~** apostar. **~ mutuel** quiniela *f.* (hípica).
parier [paʀje] *v. tr.* **1.** apostar. **2.** apostarse [Combien paries-tu qu'il n'arrive pas le premier? *¿Cuánto te apuestas que no llega primero?*]
parité [paʀite] *s. f.* paridad.
parjure [paʀʒyʀ] *adj. et s. m. et f.* perjuro, -ra.
parjurer [paʀʒyʀe] *v. intr.* **1.** perjurar. ‖ **se ~** *v. pr.* **2.** (violer son serment) perjurarse.

parking [paʀkiŋ] *s. m.* parking; aparcamiento.

parlant, -te [paʀlɑ̃, -ɑ̃t] *adj., Ciné.* sonoro, -ra.

parlement [paʀl(ə)mɑ̃] *s. m.* parlamento.

parlementaire [paʀl(ə)mɑ̃tɛʀ] *adj. et s. m. et f.* parlamentario, -ria.

parlementer [paʀl(ə)mɑ̃te] *v. intr.* parlamentar.

parler[1] [paʀle] *v. tr. et intr.* hablar [Je parle le chinois. *Hablo chino.*] ‖ **tu parles!** (incrédulité) ya.

parler[2] [paʀle] *s. m.* **1.** (langage) habla *f.* **2.** (dialecte) dialecto.

parloir [paʀlwaʀ] *s. m.* locutorio.

parmi [paʀmi] *prép.* entre (más de dos) [Parmi tous ceux-là, parmi les arbres, parmi la masse. *Entre todos ellos, entre los árboles, entre la muchedumbre.*]

parodie [paʀɔdi] *s. f.* parodia.

parodier [paʀɔdje] *v. tr.* parodiar.

paroi [paʀwa] *s. f.* **1.** (d'un organe, d'un récipient, d'une caverne, de la cellule) pared. **2.** (cloison) tabique *m.*

paroisse [paʀwas] *s. f.* parroquia.

paroissien, -enne [paʀwasjɛ̃, -ɛn] *s. m. et f.* parroquiano, -na; feligrés, -gresa.

parole [paʀɔl] *s. f.* **1.** (action de parler) palabra [Adresser la parole. *Dirigir la palabra.*]. **2.** (gralm. en pl.) (discours) palabra [Des paroles sensées. *Palabras sensatas.*] **3.** (faculté de parler) habla [Troubles de la parole. *Trastornos del habla.*] ‖ **paroles** *s. f. pl.* **4.** letra *sing.* (de una canción). ‖ **~ d'honneur** palabra de honor. **sur ~** bajo palabra. **tenir sa ~** mantener su palabra.

parolier, -ière [paʀɔlje, -jɛʀ] *s. m. et f.* letrista.

parquer [paʀke] *v. tr.* (animaux) encerrar [Parquer le bétail. *Encerrar el ganado.*]

parquet [paʀkɛ] *s. m.* **1.** (sol) parqué (ou parquet). **2.** (ministère public) ministerio fiscal. **3.** (de la Bourse) corro.

parqueter [paʀk(ə)te] *v. tr.* entablar.

parrain [paʀɛ̃] *s. m.* padrino.

parrainer [paʀene] *v. tr.* apadrinar.

parricide [paʀisid] *adj. et s. m. et f.* parricida.

parsemer [paʀs(ə)me] *v. tr.* **1.** sembrar; esparcir. **2.** *fig.* salpicar.

part [paʀ] *s. f.* **1.** parte. **2.** (portion) porción [Une part de gâteau. *Una porción de tarta.*]. ‖ **à ~** (en particulier) aparte [Il lui a parlé à part. *Le habló aparte.*] | (sauf) aparte; excepto. **de la ~ de** de parte de. **faire ~** dar parte; comunicar. **mettre à ~** separar. **mis à ~** fuera de [Mis à part ces détails. *Fuera de esos detalles.*] **mis à ~ cela** (outre cela) aparte de eso. **quelque ~** por ahí [L'as-tu vu quelque part? *¿Lo has visto por ahí?*]

partage [paʀtaʒ] *s. m.* **1.** reparto; partición *f.* **2.** empate (de votos). **3.** división *f.* (de opiniones).

partagé, -ée [paʀtaʒe] *adj.* **1.** compartido, -da. **2.** mutuo, -tua.

partager [paʀtaʒe] *v. tr.* **1.** repartir. **2.** (avec quelqu'un) compartir. **3.** participar [Partager la même joie. *Participar de la misma alegría.*] **4.** (un peuple, une société) dividir; separar.

partenaire [paʀt(ə)nɛʀ] *s. m. et f.* **1.** (sentimental, de juego, de baile) compañero, -ra; pareja *f.* **2.** (social) socio, -cia.

parterre [paʀtɛʀ] *s. m.* cuadro (de un jardín).

parti [paʀti] *s. m.* **1.** (politique) partido. **2.** bando; facción *f.* **3.** (ligue) banda *f.* **4.** *Mil.* (de soldats) partida *f.* **5.** (décision) decisión *f.* [Prendre un parti. *Tomar una*

decisión.] **6.** partido [*Prendre parti pour. Tomar partido por.*] ‖ ~ **pris** prejuicio.

partial, -le, -aux [paʀsjal, -o] *adj.* parcial (no imparcial).

participant, -te [paʀtisipɑ̃, -ɑ̃t] *adj. et s. m. et f.* participante.

participation [paʀtisipasjɔ̃] *s. f.* **1.** participación. **2.** (*dans une entreprise*) parte.

participe [paʀtisip] *s. m.*, *Ling.* participio.

participer [paʀtisipe] *v. intr.* ‖ **à** participar en. ~ **de** *litt.* (tener de la nature de) participar de.

particularité [paʀtikylaʀite] *s. f.* particularidad.

particule [paʀtikyl] *s. f.* partícula.

particulier, -ière [paʀtikylje, -jɛʀ] *adj.* **1.** particular. **2.** (*privé*) privado, -da. **3.** (*distinctif*) inconfundible. **4.** (*spécial*) especial. ‖ **en** ~ en particular; particularmente.

partie [paʀti] *s. f.* **1.** parte. **2.** (*morceau, bout*) trozo *m.* **3.** *Jeux* (aux cartes) mano. **4.** (*travailleurs, personnes*) partida; tanda. ‖ **faire** ~ **de** formar parte de. | (*participer à*) tomar parte. ~ **de campagne** (excursión). ~ **de chasse** cacería.

partiel, -elle [paʀsjɛl] *adj.* parcial (no completo).

partir [paʀtiʀ] *v. intr.* **1.** (*s'en aller*) irse; marchar; marcharse. **2.** salir; partir [*Le train est parti. El tren ha salido.*] **3.** (*démarrer*) ponerse en marcha; arrancar. ‖ **à** ~ **de** a partir de.

partisan, -ne [paʀtizɑ̃, -an] *adj. et s. m. et f.* partidario, -ria. •El femenino es raro.

partition [paʀtisjɔ̃] *s. f.*, *Mus.* partitura.

partout [paʀtu] *adv.* por todas partes; en todas partes. ‖ **deux** ~ *Sport* empate a dos. ~ **ailleurs** en cualquier otra parte.

parure [paʀyʀ] *s. f.* **1.** (de bijoux, de vêtements) juego *m.*; aderezo *m.*; adorno *m.* **2.** (*mise, toilette*) atavío *m.*; atuendo *m.*

parution [paʀysjɔ̃] *s. f.* publicación; aparición.

parvenir [paʀv(ə)niʀ] *v. intr.* **1.** llegar; alcanzar [*La lettre m'est parvenue. La carta me ha llegado.*] **2.** (*réussir*) conseguir; alcanzar. ‖ ~ **à** llegar; lograr; conseguir.

parvis [paʀvi] *s. m.* (d'église) atrio.

pas[1] [pɑ] *s. m.* **1.** paso. **2.** (*trace*) pisada *f.* **3.** (*marche*) peldaño; paso. **4.** (de la porte) umbral (de una puerta). **5.** *Géogr.* paso. ‖ **faux** ~ tropiezo. ~ **redoublé** carrerilla *f.*

pas[2] [pɑ] *adv.* no. ‖ **n'est-ce** ~ ? ¿no?; ¿no es así?; ¿no es verdad? **ne ...** ~ no. ~ **beaucoup** no mucho. ~ **du tout** de ninguna manera; en absoluto; nada [*Je n'attendrai pas du tout. No esperaré en absoluto.*] | nada de; ningún [*Elle n'a pas d'enthousiasme du tout. No tiene nada de entusiasmo.*] ~ **encore** ni uno; ninguno. •La frase negativa en francés se construye con "ne ... pas", que se coloca delante y detrás del verbo simple o de la primera parte del verbo compuesto. La negación sólo con "pas" es coloquial.

passable [pɑsabl] *adj.* **1.** pasable; regular; así así. **2.** (note entre 5 et 6 sur 10) suficiente.

passablement [pɑsabləmɑ̃] *adv.* así así.

passage [pɑsaʒ] *s. m.* **1.** paso [*Passage interdit. Prohibido el paso.*] **2.** (de un libro) pasaje; trozo. **3.** (*ruelle*) pasadizo; callejón; travesía *f.* **4.** (*dans une montagne*) desfiladero; cañada *f.* **5.** pasada *f.* [*Au passage. De pasada.*] **6.** (*droit à payer*) tránsito. **7.** (*billet*) pasaje.

passager, -ère [pɑsaʒe, -ɛʀ] *adj. et s. m. et f.* pasajero, -ra. ‖ ~ **clandestin** polizón.

passant, -te [pasã, -ãt] *s. m. et f.* **1.** transeúnte. ‖ *s. m.* **2.** (d'un pantalon) presilla *f.* **3.** (d'un courroie, d'une ceinture) presilla *f.* ‖ **en ~** de paso; de refilón.

passe [pas] *s. f.* **1.** paso *m.* [La passe des oiseaux. *El paso de las aves.*] **2.** (de la main) pase *m.* ‖ **mot de ~** código secreto.

passé, -ée [pase] *adj.* **1.** pasado, -da. ‖ *s. m.* **2.** pasado. ‖ **passées** *adj. f. pl.* **3.** y pico [Il est 4 heures passées. *Son las 4 y pico.*]

passée [pase] *s. f.* pasada (las aves).

passe-montagne [pasmɔtaɲ] *s. m.* pasamontañas *inv.*

passe-partout [paspaʀtu] *s. m. inv.* **1.** (clef) llave maestra. **2.** (cadre) marco; orla *f.*

passeport [paspɔʀ] *s. m.* pasaporte.

passer [pase] *v. intr.* **1.** (le temps) pasar; transcurrir. **2.** (traverser, parcourir un chemin) transitar. **3.** (aller) pasarse [Je vais passer chez toi. *Voy a pasarme por tu casa.*] **4.** (se joindre) pasarse [Passer dans l'opposition. *Pasarse a la oposición.*] **5.** (une pièce) representarse. **6.** (les vitesses) meter [Passer en seconde (vitesse). *Meter la segunda.*] ‖ *v. tr.* **7.** (dépasser) pasar; exceder; sobrepasar. **8.** (franchir, traverser) pasar; atravesar. **9.** (examen, concours) hacer; presentarse [Passer un examen. *Presentarse a un examen.*] **10.** (un vêtement) ponerse. **11.** (un film) poner. **12.** (faire croire, convaincre) colar. **13.** (donner) dar; alargar. **14.** (filtrer) colar. **15.** (un fil) enhebrar. ‖ **se ~** *v. pr.* **16.** pasar; ocurrir; suceder. ‖ **bien se ~** salir bien. **faire ~** pasar. **faire ~ un examen** examinar. **~ en revue** pasar revista. **~ la nuit** pernoctar. **~ la nuit blanche** trasnochar. **~ les menottes** esposar. **~ sur** pasar por alto. **~ un examen** examinarse. ‖ **se ~ de** pasar sin; prescindir.

passerelle [pasʀɛl] *s. f.* pasarela; escalerilla.

passe-temps [pastã] *s. m. inv.* pasatiempo; entretenimiento.

passif, -ive [pasif, -iv] *adj.* pasivo, -va.

passion [pasjɔ̃] *s. f.* pasión.

passionné. -ée [pasjɔne] *adj.* apasionado, -da.

passionner [pasjɔne] *v. tr.* **1.** apasionar. ‖ **se ~** *v. pr.* **2.** apasionarse.

passoire [paswaʀ] *s. f.* colador *m.*

pastel [pastɛl] *s. m.* (couleur) pastel.

pastèque [pastɛk] *s. f.* sandía.

pasteur [pastœʀ] *s. m., Rel.* pastor.

pasticher [pastiʃe] *v. tr.* imitar; plagiar.

pastille [pastij] *s. f.* pastilla.

patate [patat] *s. f., Bot.* batata.

patauger [patoʒe] *v. intr.* chapotear.

pâte [pɑt] *s. f.* **1.** pasta. **2.** (de pain) masa. **3.** (mélange pâteux) plasta. ‖ **~ à modeler** plastilina. **~ feuilletée** hojaldre *m.*

pâté [pɑte] *s. m.* **1.** paté. **2.** pastel (pasta de carne, pescado). **3.** (terrine, mousse) foie-gras. **4.** (en croûte) empanada *f.*; redondo. **5.** *fig. et fam.* borrón. ‖ **~ de maisons** manzana *f.* (de casas); cuadra *f.* **~ en croûte** empanada *f.*

pâtée [pate] *s. f.* **1.** (nourriture pour des chiens) comida para perros. **2.** (soupe dégoûtante) pegote *m.*

patelle [patɛl] *s. f., Zool.* (mollusque) lapa.

patent, -te [patã, -ãt] *adj.* patente.

patente [patãt] *s. f.* patente.

pater [patɛʀ] *s. m., Rel.* padrenuestro.

paternel, -elle [patɛʀnɛl] *adj.* **1.** paterno, -na. **2.** (attitude propre du père) paternal [Geste paternel. *Gestos paternales.*]

pâteux, -euse [patø, -øz] *adj.* pastoso, -sa.
pathétique [patetik] *adj.* patético, -ca.
patience [pasjɑ̃s] *s. f.* **1.** paciencia. **2.** *Jeux* (cartes) solitario *m.*
patient, -te [pasjɑ̃, -ɑ̃t] *adj.* **1.** paciente. ǁ *s. m. et f.* **2.** (malade) paciente.
patienter [pasjɑ̃te] *v. intr.* esperar; aguardar.
patin [patɛ̃] *s. m.* **1.** patín. **2.** *Méc.* (d'un frein) zapata *f.*
patinage [patinaʒ] *s. m.* (d'une voiture) patinazo.
patiner [patine] *v. intr.* patinar.
pâtir [patiʀ] *v. intr.* sufrir; padecer.
pâtisserie [patisʀi] *s. f.* **1.** (magasin et fabrication de gâteaux) pastelería. **2.** (fabrication de gâteaux, tartes) repostería. **3.** (avec de la crème) pastel *m.* [On a pris du thé avec des pâtisseries. *Hemos tomado té con pasteles.*] **4.** (croissant, petite brioche, petit pain,...) bollo *m.* [Un café avec une pâtisserie. *Un café con un bollo.*]
patois, -se [patwa, -az] *s. m.* habla *f.* (regional y popular).
pataque [patʀak] *adj.* pachucho, -cha.
patrie [patʀi] *s. f.* patria.
patrimoine [patʀimwan] *s. m.* **1.** patrimonio. **2.** (biens, richesse) capital.
patriote [patʀijɔt] *adj. et s. m. et f.* patriota.
patriotisme [patʀijɔtism] *s. m.* patriotismo.
patron, -onne [patʀɔ̃, -ɔn] *s. m. et f.* **1.** (maître) patrón, -trona; dueño, -ña; amo, -ma. **2.** (fils du maître) señorito (utilisé par les domestiques). **3.** (chef) patrón, -trona; patrono, -na; jefe, -fa; empresario, -ria. **4.** (d'une pension de famille) posadero, -ra. **5.** (saint) patrón, -trona; patrono, -na. ǁ *s. m.* **6.** (modèle) patrón.
patronage [patʀɔnaʒ] *s. m.* patronato.

patronat [patʀɔna] *s. m.* patronato.
patronner [patʀɔne] *v. tr.* patrocinar.
patrouille [patʀuj] *s. f.* patrulla.
patrouiller [patʀuje] *v. tr.* patrullar.
patte [pat] *s. f.* **1.** (d'un animal) pata; pierna. **2.** (pied) mano; pie *m.* [Pattes de cochon. *Manos de cerdo.*] **3.** (extrémité antérieure d'un animal, bras) brazo *m.* **4.** (d'un portefeuille) lengüeta; presilla. **5.** (de lapin) patilla (en las sienes). ǁ **à quatre pattes** a gatas; a cuatro patas. **grosses pattes** manazas.
pâturage [patyʀaʒ] *s. m.* pasto; dehesa *f.*
pâture [patyʀ] *s. f.* (action de pâturer) pasto *m.* (acción).
pâturer [patyʀe] *v. intr.* pastar; pacer.
paume [pom] *s. f.* **1.** palma (de la mano). **2.** *Sport* pelota.
paupière [popjɛʀ] *s. f.* párpado *m.*
pause [poz] *s. f.* **1.** pausa. **2.** (arrêt) parada; detención. **3.** *Sport* descanso *m.;* pausa. **4.** (entreacte) intermedio *m.* **5.** *fig.* (repos) respiro *m.;* tregua.
pauvre [povʀ] *adj. m.* **1.** (affectif) pobre [Pauvre homme. *Pobre hombre.*] **2.** triste [Une pauvre récompense. *Una triste recompensa.*] ǁ *adj. et s. m. et f.* **3.** (sans argent) pobre; necesitado, -da; mendigo, -ga.
pauvreté [povʀ(ə)te] *s. f.* pobreza.
pavage [pavaʒ] *s. m.* (de cailloux) empedrado.
pavaner, se [pavane] *v. pr.* (faire l'important) pavonearse; darse importancia.
pavé, -ée [pave] *adj.* **1.** empedrado, -da. ǁ *s. m.* **2.** (dalle pour revêtir la chaussée) adoquín. **3.** (revêtement d'une rue) pavimento. **4.** (de pierres, de cailloux) empedrado. **5.** *fig.* calle *f.* [Être sur le pavé. *Estar en el arroyo.*]

paver [pave] *v. tr.* **1.** (avec des dalles) adoquinar. **2.** (avec des pierres) empedrar.

pavillon [pavijɔ̃] *s. m.* **1.** (construction) pabellón. **2.** (villa) chalé *m.* (ou chalet). **3.** (drapeau) pabellón. **4.** *Mar.* pabellón. **5.** *Anat.* (oreille) pabellón.

payant, -te [pejɑ̃, -ɑ̃t] *adj.* **1.** (qui paie) que paga. **2.** (qu'il faut payer) de pago. **3.** *fam.* (choses) rentable.

paye [pɛj] *s. f.* *paie.

payer [peje] *v. tr.* **1.** pagar. **2.** abonar; pagar [Payer à la caisse. *Abonar en caja.*] **3.** (les frais) costear. **4.** *fig.* pagar. ‖ **se** ~ *v. pr.* **5.** costearse. ‖ **se ~ la tête de** tomar el pelo a; pitorrearse.

payeur, -euse [pejœr, -øz] *adj. et s. m. et f.* pagador, -ra.

pays [pei] *s. m.* país. ‖ **mal du ~** *fam.* nostalgia *f.*; morriña *f.*

paysage [peizaʒ] *s. m.* paisaje.

paysan, -anne [peizɑ̃, -an] *adj. et s. m. et f.* **1.** (villageois) campesino, -na. **2.** (laboureur) labrador, -ra. **3.** *péj.* cateto, -ta; paleto, -ta.

péage [peaʒ] *s. m.* peaje.

peau [po] *s. f.* **1.** piel. **2.** (du visage) cutis *m.* **3.** (d'un animal) piel; pellejo *m.* **4.** (d'un fruit) monda. **5.** *fig.* pellejo *m.* [Sauver la peau. *Salvar el pellejo.*]

péché [peʃe] *s. m.* pecado. ‖ ~ **mignon** debilidad *f.*

pêche [pɛʃ] *s. f.* **1.** pesca. **2.** (fruit, couleur) melocotón *m.*

pécher [peʃe] *v. intr.* pecar.

pêcher [peʃe] *v. tr.* pescar.

pécheur, pécheresse [peʃœr, peʃres] *adj. et s. m. et f.* pecador, -ra.

pêcheur, -euse [pɛʃœr, -øz] *adj. et s. m. et f.* pescador, -ra.

pédagogie [pedagɔʒi] *s. f.* pedagogía.

pédale [pedal] *s. f.* **1.** pedal *m.* **2.** *fam.* (gay) mariquita *m.*; marica *m.*

pédant, -te [pedɑ̃, -ɑ̃t] *adj. et s. m. et f.* pedante, -ta; sabiondo, -da.

pédé [pede] *s. m.* marica.

pédiatrie [pedjatri] *s. f.* pediatría.

pédicure [pedikyr] *s. m. et f.* callista *fam.*

pedzouille [pɛdzuj] *s. m. et f.*, *péj.* (paysan) paleto, -ta.

peigne [pɛɲ] *s. m.* **1.** peine. **2.** (des Espagnoles) peineta *f.* **3.** (pour le lin, le chanvre) rastrillo. ‖ **grand ~** (de mantille) peineta *f.* **passer au ~ fin** *fig.* registrar a fondo.

peigné, -ée [peɲe] *adj.* peinado, -da. ‖ **frais ~** recién peinado.

peigner [peɲe] *v. tr.* (les cheveux) peinar.

peignoir [pɛɲwar] *s. m.* albornoz.

peindre [pɛ̃dr] *v. tr.* pintar.

peine [pɛn] *s. f.* **1.** (punition) pena; condena. **2.** (chagrin) pena. **3.** (effort) trabajo *m.* **4.** (souffrance, épreuve) penalidad *f.* ‖ **à grand-peine** a duras penas. **à ~** apenas; casi no. | apenas [Il a à peine 10 ans. *Tiene apenas 10 años.*] | nada más [À peine sorti. *Nada más salir.*] **à ~ ... que** apenas [Il est à peine entré qu'il aperçut sa sœur. *Apenas entró, vio a su hermana.*] **être la ~** valer la pena; merecer la pena [Ce n'est pas la peine. *No merece la pena.*] **~ de mort** pena capital. **se donner de la ~** tomarse la molestia; esforzarse. **valoir la ~** valer la pena; merecer la pena.

peiner [pene] *v. tr.* **1.** apenar. ‖ *v. intr.* **2.** hacer sufrir. **3.** (se donner de la peine) esforzarse. **4.** (avoir du mal à) costar trabajo.

peintre [pɛ̃tr] *s. m.* pintor, -ra.

peinture [pɛ̃tyʀ] *s. f.* pintura.

péjoratif, -ive [peʒɔʀatif, -iv] *adj.* **1.** peyorativo, -va. **2.** *Ling.* despectivo, -va.

pékinois, -se [pekinwa, -az] *adj.* **1.** (de Pekín) pequinés, -nesa. **2.** (chien) pequinés, -nesa.

pelage [p(ə)laʒ] *s. m.* pelo; pelaje.

pelé, -ée [p(ə)le] *adj.* (découvert) pelado, -da.

pêle-mêle [pɛlmɛl] *adv.* **1.** en desorden. ‖ *s. m.* **2.** barullo.

peler [p(ə)le] *v. tr.* pelar.

pèlerin, -ne [pɛlʀɛ̃, -in] *adj. et s. m. et f.* peregrino, -na.

pèlerinage [pɛlʀinaʒ] *s. m.* peregrinación *f.*; romería *f.* ‖ **aller en ~** peregrinar.

pelican [pelikɑ̃] *s. m., Zool.* pelícano.

pelisse [p(ə)lis] *s. f.* pelliza; zamarra.

pelle [pɛl] *s. f.* **1.** pala. **2.** (de cocina) paleta. **3.** (à ordures) recogedor *m.* ‖ **~ mécanique** excavadora. **petite ~** paleta.

pelleterie [pɛltʀi] *s. f.* peletería.

pelleteuse [pɛltøz] *s. f.* excavadora.

pellicule [pelikyl] *s. f.* **1.** *Phot.* película. ‖ **pellicules** *s. f. pl.* **2.** caspa *sing.* [Contre les pellicules. *Anti-caspa.*]

pelote [p(ə)lɔt] *s. f.* **1.** pelota; bola. **2.** *Sport* pelota. **3.** (de laine) ovillo *m.*; madeja.

peloter [p(ə)lɔte] *v. tr.* **1.** *fam.* (palper indiscrètement) meter mano; manosear; sobar. **2.** *fig. et fam.* (flatter grossièrement) hacer la pelota.

peloton [p(ə)lɔtɔ̃] *s. m.* **1.** (groupe) pelotón. **2.** (petite pelote) ovillo. **3.** *Mil.* pelotón [Peloton d'exécution. *Pelotón de ejecución.*]

pelotonner [p(ə)lɔtɔne] *v. tr.* **1.** apelotonar. **2.** (fil) devanar. ‖ **se ~** *v. pr.* **3.** apelotonarse; acurrucarse.

pelouse [p(ə)luz] *s. f.* césped *m.*

peluche [p(ə)lyʃ] *s. f.* **1.** (tissu) felpa; peluche *m.* **2.** (de poussière) pelusa. ‖ **poupée en ~** peluche *m.*

pelure [p(ə)lyʀ] *s. f.* **1.** (d'un fruit) piel. **2.** (des pommes de terre) monda.

pénal, -le, -aux [penal, -o] *adj.* penal.

pénalisation [penalizasjɔ̃] *s. f., Sport* penalidad.

pénaliser [penalize] *v. tr.* penar.

pénalité [penalite] *s. f.* penalidad.

penalty [penalti] *s. m., Sport* penalti.

penaud, -de [p(ə)no, -od] *adj.* avergonzado, -da.

penchant [pɑ̃ʃɑ̃] *s. m.* **1.** *fig.* (tendance) inclinación; propensión; tendencia. **2.** (goût) afición; gusto. ‖ **avoir un ~ pour** ser dado a.

pencher [pɑ̃ʃe] *v. tr.* **1.** inclinar. **2.** (d'un côté) ladear. ‖ *v. intr.* **3.** (être ou devenir oblique) inclinarse [Écriture qui penche à gauche. *Escritura que se inclina hacia la izquierda.*] ‖ **se ~** *v. pr.* **4.** asomarse. **5.** (s'incliner) inclinarse; ladearse.

pendant [pɑ̃dɑ̃] *prép.* durante [Pendant ce voyage. *Durant ce voyage.*] ‖ **~ ce temps** (entre-temps) mientras tanto; entretanto. **~ que** mientras que.

pendant, -te [pɑ̃dɑ̃, -ɑ̃t] *adj.* pendiente. ‖ **~ d'oreille** pendiente.

penderie [pɑ̃dʀi] *s. f.* **1.** (petite pièce) guardarropa *m.*; ropero *m.* ‖ **armoire-penderie** (ou armoire à penderie) armario ropero.

pendre [pɑ̃dʀ] *v. tr.* **1.** colgar; suspender. **2.** (une personne) ahorcar; colgar. ‖ *v. intr.* **3.** colgar; pender. ‖ **se ~** *v. pr.* **4.** (à une branche, à une barre) colgarse. **5.** (se suicider) ahorcarse.

pendule [pɑ̃dyl] *s. m.* **1.** (d'une horloge) péndulo. ‖ *s. f.* **2.** reloj *m.* (de pared, de chimenea).

pénétrant, -te [penetrã, -ãt] *adj.* penetrante.

pénétrer [penetre] *v. tr.* **1.** penetrar. ‖ *v. intr.* **2.** penetrar; internarse; adentrarse. ‖ **se ~** *v. pr.* **3.** (être impregné) empaparse.

pénible [penibl] *adj.* penoso, -sa.

péniche [peniʃ] *s. f.* (de río) barcaza.

pénicilline [penisilin] *s. f.* penicilina.

péninsule [penɛ̃syl] *s. f.* península.

pénis [penis] *s. m., Anat.* pene.

pénitence [penitãs] *s. f.* penitencia.

pénitencier [penitãsje] *s. m.* penal; presidio.

penny, pennies/pence [peni, pl. pens] *s. m.* (monnaie anglaise) penique.

pénombre [penɔ̃br] *s. f.* penumbra.

pensant, -te [pãsã, -ãt] *adj.* inteligente; racional.

pense-bête [pãsbɛt] *s. m.* recordatorio.

pensée [pãse] *s. f.* **1.** pensamiento *f.* **2.** (idée) idea.

penser [pãse] *v. tr.* **1.** pensar. **2.** (donner son avis) opinar; pensar; parecer [Qu'est-ce que tu en penses? *¿Qué opinas de ello?*] **3.** (croire) creer. ‖ *v. intr.* **4.** (raisonner) pensar; razonar; discurrir. **5.** pensar [Je pense à ses paroles. *Pienso en sus palabras.*] **6.** (faire attention) pensar [Pense à ce que tu dis. *Mira lo que dices.*]

penseur, -euse [pãsœʀ, -øz] *s. m. et f.* pensador, -ra.

pensif, -ive [pãsif, -iv] *adj.* **1.** (méditatif) pensativo, -va. **2.** (soucieux) reflexivo, -va.

pension [pãsjɔ̃] *s. f.* **1.** (allocation) pensión. **2.** (établissement) pensión; fonda. **3.** (pensionnat) internado *m.*; pensionado *m.*; colegio de internos. **4.** pensión [Demi-pension, pension complète. *Media pensión, pensión completa.*] ‖ **~ de famille** casa de huéspedes; posada.

pensionnaire [pãsjɔnɛʀ] *s. m. et f.* **1.** (dans une pension) huésped. **2.** (dans un collège) pensionista; interno, -na.

pentagone [pɛ̃tagɔn] *s. m.* pentágono.

pente [pãt] *s. f.* **1.** pendiente; cuesta; bajada. [Monter une pente. *Subir una cuesta.*] **2.** (forte) caída [La pente du terrain. *La caída del terreno.*] **3.** (déclivité) declive; inclinación.

Pentecôte [pãtkot] *n. p. f.* Pentecostés *m.*

pénultième [penyltjɛm] *adj. et s. m. et f.* penúltimo, -ma.

pénurie [penyʀi] *s. f.* penuria; escasez.

pépier [pepje] *v. intr.* piar.

pépin [pepɛ̃] *s. m.* **1.** (fruits) pipa *f.*; pepita *f.* **2.** (ennui) lío; percance.

pépinière [pepinjɛʀ] *s. f.* vivero.

pépite [pepit] *s. f.* pepita (de metal).

perçage [pɛʀsaʒ] *s. m.* taladro.

perçant, -te [pɛʀsã, -ãt] *adj.* **1.** que taladra; que horada. **2.** *fig.* agudo, -da; penetrante.

perce [pɛʀs] *s. f.* taladro *m.*; barreno *m.*

percée [pɛʀse] *s. f.* **1.** abertura. **2.** (forêt) paso *m.* **3.** (porte, fenêtre) luz; vano *m.*

percepteur, -trice [pɛʀsɛptœʀ, -tʀis] *s. m. et f.* **1.** (d'impôts) recaudador, -ra. **2.** (d'amendes) cobrador, -ra.

perception [pɛʀsɛpsjɔ̃] *s. f.* **1.** percepción. **2.** (d'impôts) recaudación.

percer [pɛʀse] *v. tr.* **1.** (trouer) agujerear; taladrar horadar. **2.** (avec une vrille) barrenar. **3.** (un tunnel) abrir; perforar. **4.** (rue, fenêtre) abrir. **5.** (traverser) traspasar; atravesar. **6.** *fig.* (les oreilles) taladrar. **7.** echar [L'enfant perce ses dents. *El niño está echando los dientes.*] **8.** *fig.* descubrir; penetrar.

percevoir [pɛʀs(ə)vwaʀ] *v. tr.* **1.** (des sensations) percibir. **2.** (des impôts) recaudar. **3.** (de l'argent) percibir; cobrar.

perche [pɛrʃ] *s. f.* **1.** (gaule) vara. **2.** (à houblon) estaca. **3.** *Sport* pértiga.
perchoir [pɛrʃwar] *s. m.* **1.** (des oiseaux) percha *f.* **2.** (poules) palo. **3.** (dans une cage) varilla *f.*
perçoir [pɛrswar] *s. m.* barrena *f.*; taladro.
percussion [pɛrkysjɔ̃] *s. f.* percusión.
percuter [pɛrkyte] *v. tr.* **1.** golpear. ‖ *v. intr.* **2.** chocar.
perdition [pɛrdisjɔ̃] *s. f.* perdición.
perdre [pɛrdr] *v. tr.* **1.** (égarer) perder; extraviarse. ‖ *v. intr.* **2.** (dans une compétition) perder. ‖ **se ~** *v. pr.* **3.** perderse. **~ connaissance** perder el sentido. **~ son souffle** quedarse sin aliento.
perdrix [pɛrdri] *s. f.*, *Zool.* perdiz.
perdu, -ue [pɛrdy] *adj.* perdido, -da.
père [pɛr] *s. m.* **1.** padre. **2.** *Rel.* padre.
pérégrination [peregrinasjɔ̃] *s. f.*, *fig.* peregrinación (viajes frecuentes).
péremptoire [perɑ̃ptwar] *adj.* perentorio, -ria.
pérennant, -te [perenɑ̃, -ɑ̃t] *adj.* (plantes) perenne.
perfection [pɛrfɛksjɔ̃] *s. f.* perfección.
perfectionnement [pɛrfɛksjɔnmɑ̃] *s. m.* perfeccionamiento.
perfectionner [pɛrfɛksjɔne] *v. tr.* perfeccionar.
perforer [pɛrfɔre] *v. tr.* perforar.
performance [pɛrfɔrmɑ̃s] *s. f.*, *Sport* resultado *m.*; marca.
péril [peril] *s. m.* (risque) peligro; riesgo [Les périls de la vie moderne. *Los peligros de la vida moderna.*]
périlleux, -euse [perijø, -øz] *adj.* peligroso, -sa [Entreprise périlleuse. *Empresa peligrosa.*] ‖ **saut ~** salto mortal.
périmé, -ée [perime] *adj.*, *fig.* caduco, -ca.

périmer, se [perime] *v. pr.* caducar.
périmètre [perimɛtr] *s. m.* perímetro.
période [perjɔd] *s. f.* período *m.* (ou periodo). ‖ **~ de chance** racha.
périodique [perjɔdik] *adj.* **1.** periódico, -ca. ‖ *s. m.* **2.** publicación periódica. **3.** (revue) revista *f.* ‖ **périodiques** *s. m. pl.* **4.** (dans une bibliothèque) hemeroteca *f. sing.*
péripétie [peripesi] *s. f.* peripecia.
périphérie [periferi] *s. f.* periferia.
périr [perir] *v. intr.* **1.** perecer. **2.** (faire naufrage, disparaître) naufragar; perecer.
périscope [periskɔp] *s. m.* periscopio.
perle [pɛrl] *s. f.* **1.** perla. **2.** (percée d'un trou) cuenta (de collar).
perler [pɛrle] *v. tr.* **1.** (l'orge, le riz) pelar; mondar. ‖ *v. intr.* **2.** rezumar.
permanent, -te [pɛrmanɑ̃, -ɑ̃t] *adj.* **1.** permanente. **2.** (éternel) perenne. ‖ **permanente** *s. f.* **3.** permanente.
permettre [pɛrmɛtr] *v. tr.* **1.** permitir. ‖ **se ~** *v. tr.* **2.** permitirse.
permis, -se [pɛrmi, -iz] *adj.* **1.** permitido, -da. ‖ *s. m.* **2.** (officiel) permiso; autorización *f.* [Permis de bâtir. *Autorización para construir.*] **4.** licencia *f.*; permiso; autorización *f.* [Permis de chasse, de pêche. *Licencia de caza, de pesca.*] **5.** carné (ou carnet) [Permis de conduire. *Carnet de conducir.*]
permission [pɛrmisjɔ̃] *s. f.* **1.** permiso; licencia; autorización. **2.** (approbation) autorización. **3.** (du soldat) permiso *m.* [En permission. *De permiso.*]
pernicieux, -euse [pɛrnisjø, -øz] *adj.* pernicioso, -sa.
perpendiculaire [pɛrpɑ̃dikylɛr] *adj. et s. f.* perpendicular.
perpétrer [pɛrpetre] *v. tr.* perpetrar.

PERPÉTUEL - PÉTARD

perpétuel, -elle [pɛʀpetɥɛl] *adj.* perpetuo, -tua.
perpétuer [pɛʀpetɥe] *v. tr.* **1.** perpetuar. ‖ **se ~** *v. pr.* **2.** perpetuarse.
perplexe [pɛʀplɛks] *adj.* perplejo, -ja.
perplexité [pɛʀplɛksite] *s. f.* perplejidad.
perquisition [pɛʀkizisjɔ̃] *s. f.* pesquisa; registro *m.*
perron [pɛʀɔ̃] *s. m.* escalinata *f.*
perroquet [pɛʀɔkɛ] *s. m.* loro; papagayo.
perruche [pɛʀyʃ] *s. f., Zool.* **1.** cotorra. **2.** (petit oiseau) periquito *m.*
perruque [pɛʀyk] *s. f.* peluca; peluquín *m.* (d'homme).
persécuter [pɛʀsekyte] *v. tr.* **1.** (harceler) perseguir; acosar. **2.** (opprimer, martyriser) oprimir; perseguir.
persécution [pɛʀsekysjɔ̃] *s. f.* **1.** persecución [Manie de persécution. *Manía de persecución.*] **2.** castigo *m.*
persévérance [pɛʀseveʀɑ̃s] *s. f.* perseverancia; tesón *m.*
persévérant, -te [pɛʀseveʀɑ̃, -ɑ̃t] *adj. et s. m. et f.* voluntarioso, -sa.
persévérer [pɛʀseveʀe] *v. intr.* perseverar.
persienne [pɛʀsjɛn] *s. f.* persiana.
persil [pɛʀsi] *s. m.* perejil.
persistance [pɛʀsistɑ̃s] *s. f.* persistencia.
persister [pɛʀsiste] *v. intr.* persistir.
personnage [pɛʀsɔnaʒ] *s. m.* personaje.
personnalité [pɛʀsɔnalite] *s. f.* personalidad.
personne [pɛʀsɔn] *s. f.* **1.** persona. ‖ *pron. indéf.* **2.** nadie; ninguno [Je n'ai vu personne. *No he visto a nadie.*]
personnel, -elle [pɛʀsɔnɛl] *adj.* **1.** personal. ‖ *s. m.* **2.** personal; plantilla *f.*
personnifier [pɛʀsɔnifje] *v. tr.* personificar.
perspective [pɛʀspɛktiv] *s. f.* perspectiva.
perspicace [pɛʀspikas] *adj.* perspicaz.

perspicacité [pɛʀspikasite] *s. f.* **1.** perspicacia. **2.** (sagacité) sagacidad.
persuader [pɛʀsɥade] *v. tr.* persuadir; convencer.
perte [pɛʀt] *s. f.* **1.** pérdida. **2.** *fig.* (ruine) ruina; perdición. **3.** *Mil.* baja. ‖ **profits et pertes** *Comm.* pérdidas y ganancias.
pertinent, -te [pɛʀtinɑ̃, -ɑ̃t] *adj.* pertinente.
perturbation [pɛʀtyʀbasjɔ̃] *s. f.* perturbación.
perturber [pɛʀtyʀbe] *v. tr.* perturbar.
péruvien, -enne [peʀyvjɛ̃, -ɛn] *adj.* **1.** peruano, -na. ‖ **Péruvien, -enne** *s. m. et f.* **2.** peruano, -na.
pervers, -se [pɛʀvɛʀ, -ɛʀs] *adj.* **1.** perverso, -sa. ‖ *s. m. et f.* **2.** pervertido, -da.
pervertir [pɛʀvɛʀtiʀ] *v. tr.* **1.** pervertir. **2.** (altérer) alterar [Pervertir le sens. *Alterar el sentido.*]
pesant, -te [p(ə)zɑ̃, -ɑ̃t] *adj.* **1.** (lourd) pesado, -da. **2.** *fig.* (pénible) duro, -ra; penoso, -sa.
pèse-personne [pɛzpɛʀsɔn] *s. m.* báscula *f.* (de baño). • Pl. pèse-personnes.
peser [p(ə)ze] *v. tr.* **1.** pesar. ‖ *v. intr.* **2.** pesar.
peseta [pezeta] *s. f.* (monnaie espagnole) peseta.
peso [peso] *s. m.* (monnaie de plusieurs pays d'Amérique) peso.
pessimisme [pesimism] *s. m.* pesimismo.
pessimiste [pesimist] *adj. et s. m. et f.* pesimista.
peste [pɛst] *s. f.* peste.
pet [pɛ] *s. m.* pedo.
pétale [petal] *s. m.* pétalo.
pétard [petaʀ] *s. m.* **1.** (explosif) petardo. **2.** *fig. et fam.* (nouvelle sensationnelle) escándalo; bombazo. **3.** *argot* revólver.

péter [pete] *v. intr., fam.* ventosear.
pète-sec [pɛtsɛk] *adj. et s. m. inv., fam.* mandón, -dona.
pétillant, -te [petijɑ̃, -ɑ̃t] *adj.* **1.** chispeante. **2.** (boisson) con gas.
pétiller [petije] *v. intr.* **1.** (le bois qui brûle) chisporrotear. **2.** (une boisson) burbujear. **3.** (scintiller) brillar; chispear. **4.** (yeux, bijoux) centellear.
petit, -te [p(ə)ti, -it] *adj.* **1.** (de petite taille) pequeño, -ña; menudo, -da. **2.** bajo, -ja [Une femme petite. *Una mujer baja.*] **3.** (humble, modeste) humilde; modesto, -ta [Petite origine. *Origen humilde.*] ‖ *adj. et s. m. et f.* **4.** pequeño, -ña. **5.** (à l'école) párvulo *m.* ‖ *s. m.* **6.** (des oiseaux) pollo. **7.** (d'un mammifère) cría; cachorro [La chienne et ses petits. *La perra y sus crías.*] ‖ **- à -** poco a poco. **plus ~** menor. •L'adjectif "petit" peut être équivalent au sufix espagnol "-ito/-ita" : Un petit chien. *Un perrito.*
petit-beurre [p(ə)tibœʀ] *s. m.* galleta *f.* •Pl. petits-beurre, petits-beurres.
petit-déjeuner ou petit déjeuner [p(ə)tideʒœne] *s. m.* *déjeuner.
petite-fille [p(ə)titfij] *s. f.* nieta.
petit-fils [p(ə)tifis] *s. m.* nieto.
pétition [petisjɔ̃] *s. f., Dr.* petición; solicitud; reclamación (réclamation).
petits-enfants [p(ə)tizɑ̃fɑ̃] *s. m. pl.* nietos.
pétrifier [petʀifje] *v. tr.* petrificar.
pétrin [petʀɛ̃] *s. m.* **1.** artesa *f.* **2.** (embarras) atolladero [Tirer du pétrin. *Sacar del atolladero.*]
pétrir [petʀiʀ] *v. tr.* **1.** (une pâte) amasar. **2.** (les muscles) dar masaje. **3.** (palper en tous les sens) sobar. **4.** (d'orgueil) llenar; henchir [Il est pétri d'orgueil. *Está henchido de orgullo.*] **5.** *fig.* modelar; formar.

pétrole [petʀɔl] *s. m.* petróleo.
pétrolier, -ière [petʀɔlje, -jɛʀ] *adj. et s. m.* petrolero, -ra.
pétulant, -te [petylɑ̃, -ɑ̃t] *adj.* impetuoso, -sa; fogoso, -sa.
peu [pø] *adv.* **1.** poco [Il a peu voyagé. *Ha viajado poco.*] ‖ *pron. indéf.* **2.** poco, -ca [Il en a vu très peu (de films). *Ha visto muy pocas (películas).*] ‖ **depuis ~** desde hace poco. **~ de** poco, -ca [Nous mangeons peu de fromage. *Comemos poco queso.*] **si ~ que** por poco que. **un ~** (quelque peu) algo. **un ~ de** algo de; algún, -guna [J'ai un peu de vin. *Tengo algo de vino.*]
peuple [pœpl] *s. m.* pueblo (gente).
peuplé, ée [pœple] *adj.* poblado, -da.
peuplement [pœpləmɑ̃] *s. m.* **1.** población *f.* (acción de poblar). **2.** (population) población *f.*
peupler [pœple] *v. tr.* poblar.
peuplier [pøplije] *s. m., Bot.* álamo. ‖ **promenade de peupliers** alameda.
peur [pœʀ] *s. f.* miedo *m.*; temor *m.* ‖ **avoir ~** tener miedo; temer. | (s'effrayer) asustarse. **de ~ de** por miedo a. **faire ~** asustar; atemorizar.
peureux, -euse [pøʀø, -øz] *adj. et s. m. et f.* miedoso, -sa; temeroso, -sa.
peut-être [pøtɛtʀ] *adv.* quizá; quizás; tal vez.
pharaon [faʀaɔ̃] *s. m.* faraón.
phare [faʀ] *s. m.* **1.** faro. **2.** *fig.* guía.
pharmaceutique [faʀmasøtik] *adj.* farmacéutico, -ca.
pharmacie [faʀmasi] *s. f.* farmacia; botica. ‖ **~ portative** botiquín *m.*
pharmacien, -enne [faʀmasjɛ̃, -ɛn] *s. m. et f.* farmacéutico, -ca.
pharyngite [faʀɛ̃ʒit] *s. f.* faringitis.

pharynx [faʀɛ̃ks] *s. m.* faringe *f.*
phase [faz] *s. f.* fase.
phénoménal, -le, -aux [fenɔmenal, -o] *adj.* fenomenal.
phénomène [fenɔmɛn] *s. m.* fenómeno.
philanthropie [filɑ̃tʀɔpi] *s. f.* filantropía.
philatélie [filateli] *s. f.* filatelia.
philologie [filɔlɔʒi] *s. f.* filología.
philosophe [filɔzɔf] *adj. et s. m. et f.* filósofo, -fa.
philosophie [filɔzɔfi] *s. f.* filosofía.
phoque [fɔk] *s. m., Zool.* foca *f.*
phosphore [fɔsfɔʀ] *s. m.* fósforo.
phosphorescent, -te [fɔsfɔʀesɑ̃, -ɑ̃t] *adj.* fosforescente.
photo [fɔto] *s. f., fam.* fotografía.
photocopie [fɔtɔkɔpi] *s. f.* fotocopia.
photocopier [fɔtɔkɔpje] *v. tr.* fotocopiar. ‖ **machine à ~** fotocopiadora.
photocopieuse [fɔtɔkɔpjøz] *s. f.* fotocopiadora.
photographie [fɔtɔgʀafi] *s. f.* **1.** fotografía. **2.** (portrait) retrato *m.*
photographier [fɔtɔgʀafje] *v. tr.* fotografiar.
photographique [fɔtɔgʀafik] *adj.* fotográfico, -ca.
photosynthèse [fɔtɔsɛ̃tez] *s. f.* fotosíntesis.
phrase [fʀaz] *s. f.* frase; oración.
physicien, -enne [fizisjɛ̃, -ɛn] *s. m. et f.* físico, -ca.
physionomie [fizjɔnɔmi] *s. f.* fisonomía.
physique [fizik] *adj.* **1.** físico, -ca. ‖ *s. m.* **2.** físico; fisonomía *f.* ‖ *s. f.* **3.** física.
piailler [pjaje] *v. intr., fam.* **1.** (les oiseaux) piar. **2.** (enfants) chillar. **3.** (objets) chirriar.
piano [pjano] *s. m., Mus.* piano.

pic [pik] *s. m.* **1.** (outil) pico. **2.** (d'une montagne) pico. **3.** (oiseau) pájaro carpintero.
pica [pika] *s. m.* pica *f.*
picador [pikadɔʀ] *s. m., Taur.* picador.
picard, -de [pikaʀ, -aʀd] *adj.* **1.** (de la Picardie) picardo, -da. ‖ **Picard, -de** *s. m. et f.* **2.** picardo, -da.
pichet [piʃɛ] *s. m.* jarro, jarrita. *f.*
pickpocket [pikpɔkɛt] *s. m.* carterista; ratero, -ra [Une femme pickpocket. *Una carterista.*]
picorer [pikɔʀe] *v. tr. et intr.* picotear.
picotement [pikɔtmɑ̃] *s. m.* picor.
picoter [pikɔte] *v. tr.* **1.** (démanger) picar. **2.** (un papier) agujerear; picotear. **3.** (les oiseaux, les poules) picotear.
pictural, -le, -aux [piktyʀal, -o] *adj.* pictórico, -ca.
pie [pi] *s. f.* **1.** *Zool.* urraca. **2.** *fam.* cotorra.
pièce [pjɛs] *s. f.* **1.** pieza. **2.** (d'une maison ou appartement) cuarto *m.;* habitación. **3.** (document) documento *m.* [Pièce d'identité. *Documento de identidad.*] **4.** (raccomodage) remiendo *m.;* parche. **5.** (de gibier, de poisson) pieza. **6.** (de monnaie) pieza; moneda. **7.** *Théât.* obra de teatro.
pied [pje] *s. m.* **1.** pie. **2.** (support) pata *f.;* pie [Le pied de la table. *La pata de la mesa.*] ‖ **avoir ~** hacer pie (en el agua). **coup de ~** patada *f.;* puntapié. **mettre les pieds dans le plat** meter la pata; cagarla *vulg.* **mettre ~ à terre** apearse; desmontar. **mise sur ~** (organisation) montaje *m.* **pieds-nus** descalzo, -za.
pied-à-terre [pjetatɛʀ] *s. m. inv.* apeadero; vivienda de paso.
piédestal, -le, -aux [pjedestal, -o] *s. m.* pedestal.

piégé, -ée [pjeʒe] *adj.* bomba [Voiture piégée. *Coche bomba.*]

piège [pjɛʒ] *s. m.* **1.** (attrape) trampa *f.* **2.** (embuscade) celada *f.*; encerrona *f.* ‖ **~ à rats** ratonera *f.*

piéger [pjeʒe] *v. tr.* cazar con trampa.

pierre [pjɛʀ] *s. f.* piedra.

pierreries [pjɛʀʀi] *s. f. pl.* piedras preciosas; pedrería *sing.*

pierreux, -euse [pjɛʀø, -øz] *adj.* pedregoso, -sa.

piété [pjete] *s. f., Rel.* piedad.

piétinement [pjetinmɑ̃] *s. m.* pisotón.

piétiner [pjetine] *v. intr.* **1.** (faire du bruit en marchant ou en courant) patear. **2.** (marcher sur place) patear. **3.** *fig.* estancarse; no progresar [L'affaire piétine. *El asunto se estanca.*] **4.** (aller et venir) patear [Il piétinait dans les rues. *Pateaba las calles.*] ‖ *v. tr.* **5.** pisotear; pisar [Piétiner le sol, l'herbe. *Pisotear el suelo, la hierba.*] **6.** *fig.* pisotear.

piéton [pjetɔ̃, -ɔn] *adj.* **1.** peatonal [Zone piétonne. *Zona peatonal.*] ‖ *s. m.* **2.** peatón. **3.** (passant) transeúnte.

piètre [pjɛtʀ] *adj.* **1.** (petit, insignifiant) mezquino, -na; ruin. **2.** (médiocre) pobre.

pieu [pjø] *s. m.* estaca *f.*

pieuvre [pjœvʀ] *s. f., Zool.* pulpo *m.*

pif [pif] *s. m., fam.* (nez) napia *f.*

pigeon [piʒɔ̃] *s. m.* **1.** paloma *f.* **2.** pichón [Tir au pigeon. *Tiro al pichón.*]

pigeonnier [piʒɔnje] *s. m.* palomar.

piger [piʒe] *v. tr.; fam.* comprender.

pigment [pigmɑ̃] *s. m.* pigmento.

pignon [piɲɔ̃] *s. m.* **1.** *Bot.* piñón. **2.** *Méc.* piñón.

pile [pil] *s. f.* **1.** pila. **2.** (montón) pila. **3.** (monnaie) cruz; reverso *m.* **4.** *Électr.* pila. ‖ *adj.* **5.** en punto. ‖ **à ~ ou face** a cara o cruz.

piler [pile] *v. tr.* machacar.

pilier [pilje] *s. m.* pilar.

pillage [pijaʒ] *s. m.* rapiña *f.*; saqueo.

piller [pije] *v. tr.* **1.** pillar; robar. **2.** (ravager) saquear.

pilon [pilɔ̃] *s. m.* (du mortier) mano *f.*

pilonner [pilɔne] *v. tr.* **1.** (écraser) aplastar; machacar. **2.** *fig.* machacar.

pilori [pilɔʀi] *s. m.* picota *f.*

pilosité [pilozite] *s. f.* vello *m.*

pilote [pilɔt] *s. m.* piloto.

piloter [pilɔte] *v. tr.* **1.** pilotar. **2.** (un navire) tripular.

pilule [pilyl] *s. f.* píldora.

piment [pimɑ̃] *s. m., Bot.* **1.** (plante) pimiento. **2.** *Bot.* (fruit rouge ou jaune) pimiento. ‖ **~ carré** pimiento morrón. **~ rouge** (condiment) pimentón; pimentón picante; guindilla *f.*

pimpant, -te [pɛ̃pɑ̃, -ɑ̃t] *adj.* peripuesto, -ta.

pin [pɛ̃] *s. m., Bot.* pino. ‖ **bois de pins** pinar. **pomme de ~** piña (del pino).

pince [pɛ̃s] *s. f.* **1.** pinzas *f.*; tenacillas *pl.* **2.** (d'électricien) alicate *m. pl.* (ou alicates). **3.** (tenaille) tenazas *pl.* **4.** (à papiers) clip *m.* **5.** (pli de l'étoffe) pinza. **6.** (à linge) pinza (de tender).

pinceau [pɛ̃so] *s. m.* **1.** pincel. **2.** (brosse) brocha *f.* ‖ **coup de ~** pincelada *f.* **gros ~** brocha *f.*

pincée [pɛ̃se] *s. f.* pizca; pellizco *m.*

pincement [pɛ̃smɑ̃] *s. m.* **1.** pellizco. **2.** *fig.* estremecimiento.

pincer [pɛ̃se] *v. tr.* **1.** pellizcar. **2.** (prendre) coger (con dedos, pinzas, tenazas). **3.** (ajustar à la taille) ajustar; entallar. **4.** *fig. et fam.* (surprendre) pescar; atrapar; coger. **5.** *Mus.* puntear; pisar.

pince-sans-rire [pɛ̃ssɑ̃ʀiʀ] *s. m. et f. inv.* chistoso con aspecto serio.
pinçon [pɛ̃sɔ̃] *s. m.* pellizco (marca).
pingouin [pɛ̃gwɛ̃] *s. m.,* Zool. pingüino.
ping-pong [piŋpɔ̃g] *s. m.,* Sport pingpong.
pinte [pɛ̃t] *s. f.* pinta.
pioche [pjɔʃ] *s. f.* pico *m.*
pion [pjɔ̃] *s. m.* (échecs, dames) peón.
pionnier, -ière [pjɔnje, -jɛʀ] *s. m. et f.* pionero, -ra.
pipe [pip] *s. f.* pipa.
pipi [pipi] *s. m., fam.* pipí; pis.
piquant, -te [pikɑ̃, -ɑ̃t] *adj.* **1.** (qui pique, perce, blesse) punzante. **2.** picante [Sauce piquant. *Salsa picante.*] **3.** *fig.* (mordant) picante; mordaz; agudo, -da. **4.** penetrante [Un froid piquant. *Un frío penetrante.*] ‖ *s. m.* **5.** espina *f.*; pincho. **6.** *fig.* sal *f.*; salero.
pique [pik] *s. f.* **1.** (arme) pica. **2.** *fig.* pulla. ‖ *s. m.* **3.** (aux cartes) picas *f. pl.*
piqué, -ée [pike] *adj.* picado, -da.
pique-assiette [pikasjɛt] *s. m. et f. inv.* gorrón, -rrona.
pique-nique [piknik] *s. m.* picnic.
piquer [pike] *v. tr.* **1.** pinchar. **2.** (insectes) picar. **3.** (le bois) roer. **4.** (serpent) morder. **5.** (avec un burin ou poinçon) punzar. **6.** (faire une piqûre) poner una inyección. **7.** (coudre) coser. **8.** (à la machine) coser a máquina. **9.** (le vent, les yeux) picar. **10.** *fig.* (la curiosité) picar. **11.** *fig.* (vexer) picar; molestar. **12.** *fam.* (voler) birlar; soplar. **13.** Taur. picar. ‖ *v. tr. et intr.* **14.** (démanger, gratter) picar; escocer. ‖ **se ~** *s. f.* **15.** pincharse. **16.** (se fâcher) mosquearse; picarse. ‖ **~ une tête** tirarse de cabeza; zambullirse.
piquet [pikɛ] *s. m.* **1.** (pieu) estaca *f.* **2.** *Mil.* pelotón.

piqûre [pikyʀ] *s. f.* **1.** (insectes) picadura. **2.** (injection) inyección; pinchazo *m.* **3.** (couture) costura. **4.** (douleur) punzada.
pirate [piʀat] *s. m.* pirata; corsario.
piraterie [piʀatʀi] *s. f.* piratería.
pire [piʀ] *adj.* **1.** (comparatif) peor [Le remède est pire que le mal. *Es peor el remedio que la enfermedad.*] **2.** (superlatif) peor [Les pires passions. *Las peores pasiones.*] ‖ *s. m.* **3.** peor [Le pire. *Lo peor.*] ‖ **au ~** en el peor de los casos.
pirogue [piʀɔg] *s. f.* piragua.
pirouette [piʀwɛt] *s. f.* pirueta.
pis[1] [pi] *s. m.* ubre *f.*
pis[2] [pi] *adv., litt.* **1.** peor [Il est pis que laid. *Es peor que feo.*] ‖ *adj.* **2.** (comparatif) peor [Ce qui est pis encore. *Lo que es peor.*] ‖ *s. m., litt.* **3.** peor [Le pis qui puisse arriver. *Lo peor que puede pasar.*] **4.** algo peor [Il a dit pis. *Ha dicho algo peor.*] **5.** nada peor [Il n'y a rien de pis. *No hay nada peor.*] ‖ **au ~ aller** en el peor de los casos. **tant ~ pour lui!** ¡allá él!; ¡peor para él!
piscine [pisin] *s. f.* piscina.
pisser [pise] *v. intr.* hacer pis; mear *fam.* ‖ **avoir envie de ~** hacerse pis; mearse.
pisseur, -euse [pisœʀ, -øz] *s. m. et f.* meón, -ona.
pistache [pistaʃ] *s. f.* **1.** pistacho *m.* ‖ *adj. inv.* **2.** pistacho.
piste [pist] *s. f.* **1.** pista. **2.** (d'avions, de courses) pista. ‖ **mettre sur une fausse ~** despistar.
pistolet [pistolɛ] *s. m.* pistola *f.*
piston [pistɔ̃] *s. m.* **1.** pistón; émbolo. **2.** *fig.* (références) recomendación *f.*; palanca *f.*; enchufe. ‖ **avoir du ~** tener enchufe.
pistonner [pistone] *v. tr., fam.* enchufar.

pitié [pitje] *s. f.* **1.** piedad. **2.** lástima; compasión.

piton [pitɔ̃] *s. m.* (crochet) escarpia *f.*

pitoyable [pitwajabl] *adj.* **1.** (digne de pitié) lastimoso, -sa. **2.** (charitable) compasivo, -va.

pitre [pitʀ] *s. m.* payaso, -sa; bufón, -fona [Faire le pitre. *Hacer el payaso.*]

pittoresque [pitɔʀɛsk] *adj.* pintoresco, -ca.

pivotant, -te [pivɔtɑ̃, -ɑ̃t] *adj.* giratorio, -ria.

pivoter [pivɔte] *v. intr.* girar sobre su eje.

pizza [pidza] *s. f.* pizza.

pizzeria [pidzeʀja] *s. f.* pizzería.

placard [plakaʀ] *s. m.* **1.** alacena *f.* **2.** (de menuiserie) armario (de madera fijados a la pared). **3.** (armoire encastrée) armario empotrado.

place [plas] *s. f.* **1.** (endroit) lugar *m.* **2.** espacio *m.*; sitio *m.* [Il n'y a pas de place pour ta voiture. *No hay sitio para tu coche.*] **3.** *fig.* sitio *m.* [Sa place. *Su sitio.*] **4.** (train, voiture) asiento *m.* **5.** (spectacles) entrada; localidad. **6.** (ville) plaza. **7.** (emploi) colocación; puesto *m.* ‖ **nombre de places** aforo. **prendre de la ~** abultar; ocupar; coger sitio [Ta valise prend beaucoup de place. *Tu maleta abulta mucho.*] **prendre une ~** (pour s'asseoir) coger sitio. **sur ~** sobre el terreno.

placement [plasmɑ̃] *s. m.* **1.** (emploi) colocación *f.* **2.** (de l'argent) inversión.

placer [plase] *v. tr.* **1.** colocar; poner. **2.** (de façon permanente) situar. **3.** (dans un spectacle) acomodar. **4.** (un soldat, un garde) apostar. **5.** (de l'argent) invertir. ‖ **se ~** *v. pr.* **6.** apostarse. **7.** (dans un spectacle) acomodarse.

placeur [plasœʀ, -øz] *adj.* acomodador.

placide [plasid] *adj.* plácido, -da.

plafond [plafɔ̃] *s. m.* **1.** techo. **2.** (d'un avion) altura máxima. **3.** (vitesse) velocidad máxima. **4.** (limite) límite; tope; máximo.

plage [plaʒ] *s. f.* playa.

plagier [plaʒje] *v. tr.* plagiar; imitar.

plaider [plede] *v. tr.* **1.** litigar. **2.** (défendre) defender. **3.** (influer en faveur de) interceder. ‖ *v. intr.* **4.** alegar [Il a plaidé la légitime défense. *Alegar legítima defensa.*] **5.** declararse [Plaider coupable ou innocent. *Declararse culpable o inocente.*]

plaidoirie [pledwaʀi] *s. f.* defensa.

plaidoyer [pledwaje] *s. m., Dr.* defensa *f.*

plaie [plɛ] *s. f.* **1.** (ulcère) llaga. **2.** (blessure) herida. **3.** *fig.* plaga; azote *m.*

plain, -ne [plɛ̃, plɛn] *adj.* llano, -na.

plaindre [plɛ̃dʀ] *v. tr.* **1.** compadecer; compadecerse. ‖ **se ~** *v. tr.* **2.** (protester) quejarse. **3.** (se lamenter) lamentarse. **4.** (gémir, pleurer) gemir.

plaine [plɛn] *s. f.* llanura; planicie.

plainte [plɛ̃t] *s. f.* **1.** queja. **2.** lamento; gemido. **3.** *Dr.* querella.

plaire [plɛʀ] *v. intr.* **1.** agradar; gustar. **2.** (avoir envie) apetecer. ‖ *v. impers.* **3.** desear; agradar. ‖ **se ~** *v. pr.* **4.** (s'aimer) gustarse. **5.** (prendre plaisir à) complacerse. **6.** (être à l'aise) estar a gusto. ‖ **plaise à Dieu!** ¡ojalá! **s'il te plaît** (tuteo) por favor. **s'il vous plaît** (hablando de usted) por favor.

plaisance [plezɑ̃s] *s. f., litt.* placer *m.* ‖ **~ de recreo**.

plaisant, -te [plezɑ̃, -ɑ̃t] *adj.* **1.** (agréable) grato, -ta. **2.** (amusant) gracioso, -sa. ‖ **mauvais ~** bromista; gracioso (que gasta bromas pesadas).

plaisanter [plɛzɑ̃te] *v. tr.* **1.** burlarse [Plaisenter Pierre sur sa maladresse. *Burlarse de Pierre por su torpeza.*] ‖ *v. intr.* **2.** bromear.

plaisanterie [plɛzɑ̃tʀi] *s. f.* **1.** broma. **2.** (bobard) trola; cuento. **3.** (moquerie) burla; mofa. ‖ **~ de mauvais goût** broma pesada.

plaisantin [plɛzɑ̃tɛ̃] *s. m.* bromista.

plaisir [plɛziʀ] *s. m.* **1.** placer; goce. **2.** gusto; agrado [Avec beaucoup de plaisir. *Con mucho gusto.*] **3.** (service) favor; servicio [Il m'a fait un grand plaisir. *Me ha hecho un gran servicio.*] **4.** (agrément) diversión *f.* **5.** (délice) delicia *f.* ‖ **avec ~** de buena gana. **prendre ~** aficionarse.

plan [plɑ̃] *s. m.* **1.** (surface) plano. **2.** (projet) plan; proyecto. **3.** *Arch.* plano. **4.** (d'un bâtiment) planta *f.* **5.** (dans un tableau) plano; término. **6.** (aspect, domaine) terreno. **7.** *Ciné.* plano.

planche [plɑ̃ʃ] *s. f.* **1.** (en bois) tabla. **2.** (grande) tablero *m.*; tablón *m.* **3.** *Impr.* plancha. **4.** (gravure) lámina; grabado *m.* **5.** *Agr.* tabla. ‖ **planches** *s. f. pl.* **6.** *Théâtr.* tablas. ‖ **~ à roulettes** monopatín *m.* **~ à voile** windsurf *m.*

plancher [plɑ̃ʃe] *s. m.* **1.** (entre deux étages) piso; suelo. **2.** (en bois rudimentaire) tablado.

planchette [plɑ̃ʃɛt] *s. f.* tablilla.

planer [plane] *v. intr.* planear (en al aire). ‖ *v. tr.* **3.** (le bois) alisar; cepillar.

planétaire [planetɛʀ] *adj.* planetario, -ria.

planétarium [planetaʀjɔm] *s. m.* planetario.

planète [planɛt] *s. f.* planeta *m.*

planification [planifikasjɔ̃] *s. f.* planificación.

planifier [planifje] *v. tr.* planear.

plant [plɑ̃] *s. m.* **1.** (plantation de végétaux de même espèce) plantel. **2.** (d'arbres) plantío.

plantation [plɑ̃tasjɔ̃] *s. f.* plantación.

plante [plɑ̃t] *s. f., Bot.* planta.

planter [plɑ̃te] *v. tr.* **1.** plantar. **2.** (apostar) apostar. ‖ **se ~** *v. pr.* **3.** apostarse.

plantureux, -euse [plɑ̃tyʀø, -øz] *adj.* fértil.

plaque [plak] *s. f.* **1.** placa. **2.** (tôle, lame) plancha; lámina. **3.** chapa [Plaque d'identité *Chapa de identidad.*] **4.** (avec une inscription) lápida.

plaquer [plake] *v. tr., fam.* plantar.

plastique [plastik] *adj. et s. m.* **1.** plástico, -ca. ‖ *s. f.* **2.** plástica.

plastron [plastʀɔ̃] *s. m.* **1.** (de chemise) pechera *f.* **2.** (de cuirasse) peto.

plat, -te [pla, plat] *adj.* **1.** llano, -na; plano, -na. **2.** (un terrain) llano, -na; liso, -sa. **3.** llano, -na [Assiette plate. *Plato llano.*] **4.** *Sport* liso, -sa. **5.** *fig.* monótono, -na; insípido, -da; soso, -sa. ‖ *s. m.* **6.** (pièce de vaisselle) fuente *f.* (de la vajilla; plato. **7.** (plateau) bandeja *f.* **8.** (mets) plato.

plateau [plato] *s. m.* **1.** (grand plat) bandeja *f.* **2.** *Géogr.* meseta *f.* **3.** (cinéma et télévision) plató. **4.** (scène) escenario; tablado.

plate-forme [platfɔʀm] *s. f.* plataforma. • Pl. plates-formes.

platine [platin] *s. m.* (métal) platino.

plâtras [plɑtʀɑ] *s. m. pl.* escombros.

plâtre [plɑtʀ] *s. m.* **1.** yeso. **2.** (pour la chirurgie) escayola *f.*

plâtrer [plɑtʀe] *v. tr.* **1.** *Constr.* (lambrisser) enyesar; dar una capa de yeso. **2.** (enduire) revocar.

play-back [plebak] *s. m., Ciné.* play-back.

plèbe [plɛb] *s. f.* plebe.
plein, -ne [plɛ̃, plɛn] *adj.* **1.** lleno, -na. **2.** (rempli) repleto, -ta. **3.** (compact) macizo, -za; compacto, -ta. **4.** (absolu) pleno, -na; absoluto, -ta [Pleins pouvoirs. *Plenos poderes.*] **5.** (à son maximum) pleno, -na [À plein gaz. *A pleno gas.*] ‖ **pleine** *adj. f.* **6.** (animaux) preñada. ‖ **battre son ~** *fig.* estar en pleno apogeo. **faire le ~** llenar el depósito (de gasolina). **~ de** *fam.* mucho, -cha; un mogollón de.
plénitude [plenityd] *s. f.* plenitud.
pleurer [plœre] *v. tr. et intr.* llorar.
pleurnichement [plœrniʃmɑ̃] *s. m.* (larmoiement) lloriqueo; llorera *f.*
pleurnicher [plœrniʃe] *v. intr.* lloriquear.
pleurnicheur, -euse [plœrniʃœr, -øz] *adj. et s. m. et f.* llorón, -rona; llorica.
pleurs [plœr] *s. m. pl.* llanto *sing.*; lloro *sing.*; lágrimas *f. pl.*
pleuviner [pløvine] *v. intr. et impers.* chispear; llovizar; gotear.
pleuvoir [pløvwar] *v. intr. et impers.* llover [Il pleut. *Llueve.*] ‖ **~ à flots** llover a cántaros; llover a mares.
pli [pli] *s. m.* **1.** pliegue; doblez. **2.** (d'un vêtement) arruga *f.* **3.** (du pantalon) raya *f.* **4.** (document) pliego. ‖ **faux ~** bolsa *f.*
plier [plije] *v. tr.* **1.** plegar; doblar. **2.** desmontar [Plier une tente. *Desmontar una tienda.*] **3.** *fig.* (opprimer) someter; doblegar. ‖ **se ~** *v. pr.* **4.** (se soumettre) doblegarse; allanarse. ‖ **être plié** troncharse [Être plié en deux. *Troncharse de risa.*]
plissement [plismɑ̃] *s. m.* plegamiento.
plisser [plise] *v. tr.* **1.** (papier) plegar; plisar. **2.** (un tissu) plisar. ‖ *v. intr.* **3.** hacer pliegues.
pliure [plijyr] *s. f.* (endroit où se forme un pli) pliegue *m.*
plomb [plɔ̃] *s. m.* **1.** plomo. **2.** (d'une cartouche, d'un fusil) perdigón. ‖ **à ~** a plomo.
plombage [plɔ̃baʒ] *s. m.* empaste.
plomber [plɔ̃be] *v. tr.* **1.** empastar (diente, muela). **2.** *Constr.* aplomar. **3.** (sceller des sacs avec un sceau de plomb) precintar.
plomberie [plɔ̃bri] *s. f.* fontanería.
plombier [plɔ̃bje] *s. m.* fontanero, -ra.
plongée [plɔ̃ʒe] *s. f.* inmersión. ‖ **~ sous-marine** submarinismo *m.*
plongeoir [plɔ̃ʒwar] *s. m.* trampolín.
plongeon [plɔ̃ʒɔ̃] *s. m.* **1.** chapuzón. **2.** *Sport* salto de trampolín. ‖ **faire un ~** (plonger) zambullirse. | (piquer une tête) tirarse de cabeza.
plonger [plɔ̃ʒe] *v. tr.* **1.** (dans un liquide) hundir; sumergir. **2.** (un poignard) hundir; clavar. **3.** *fig.* hundir; sumir; sumergir. ‖ *v. intr.* **4.** (faire un plongeon) zambullirse. **5.** (se submerger) sumergirse. **6.** (sous l'eau) bucear. **7.** *fig.* (s'abstraire) zambullirse. **8.** (dans une situation) meterse; sumergirse.
plongeur, -euse [plɔ̃ʒœr, -øz] *s. m. et f.* buzo.
plouc [pluk] *adj.* hortera.
pluie [plɥi] *s. f.* lluvia.
plumage [plymaʒ] *s. m.* plumaje.
plume [plym] *s. f.* pluma.
plumeau [plymo] *s. m.* plumero.
plumer [plyme] *v. tr.* desplumar.
plumet [plymɛ] *s. m.* plumero.
plumier [plymje] *s. m.* **1.** plumero (estuche para pluma). **2.** (d'écolier) estuche.
plupart [plypar] *s. f.* mayor parte; mayoría.

pluriel, -elle [plyʀjɛl] *adj. et s. m.* plural.
plus [ply(s), plyz] *adv.* **1.** más. ‖ *s. m.* **2.** más [Le plus. Lo más.] **3.** *Math.* (signe) más. ‖ **au ~ tôt** cuanto antes. **de ~** además; más; encima. **de ~ en ~** cada vez más. **en ~** además; encima. | más. | además. **en ~ de** además de. **ne ... ~** ya no; no ... más; no ... ya. **~ ... moins** cuanto más... menos. **~ ... ~** cuanto más... más. **~ de** (négatif) no más; basta de. | de ~ para arriba; más de [Cela coûtera plus de cent francs. *Costará más de cien francos.*] **~ ou moins** más o menos. **qui ~ est** más aún; lo que es más. **tout au ~** todo lo más; a lo sumo; como máximo.
plusieurs [plyzjœʀ] *adj. indéf.* **1.** varios, -rias [J'ai vu plusieurs films. *He visto varias películas.*] ‖ *pron. indéf.* **2.** algunos, -nas; varios, -rias [J'en ai vu plusieurs. *He visto algunos.*]
plutôt [plyto] *adv.* **1.** (préférence) antes; primero. **2.** (précision) más bien [Ils sont moches ou plutôt affreux. *Son feos, o más bien espantosos.*] **3.** (autocorrection) mejor dicho.
pluvieux, -euse [plyvjø, -øz] *adj.* lluvioso, -sa.
pneu [pnø] *s. m.* **1.** neumático. **2.** (bandage) cubierta *f.*
pneumatique [pnømatik] *adj.* neumático, -ca.
pneumonie [pnømɔni] *s. f.* neumonía; pulmonía.
poche [pɔʃ] *s. f.* **1.** bolsillo *m.* **2.** (dans les vêtements) bolsa. **3.** *Anat.* (cavité de l'organisme ou du pli dans la peau, sous les yeux) bolsa; ojera. **4.** *Minér.* bolsa.
pocher [pɔʃe] *v. tr.* (des œufs) escalfar.
pochette [pɔʃɛt] *s. f.* **1.** (sachet en papier, en plastique, pour emballer) sobre *m.* **2.** funda [Pochette de disque. *Funda de disco.*] **3.** (trousse d'écolier, boîte de compas) estuche.
podium [pɔdjɔm] *s. m.* podio; estrado.
poêle [pwal] *s. f.* (cuisine) sartén.
poème [pɔɛm] *s. m.* poema.
poésie [pɔezi] *s. f.* poesía.
poète [pɔɛt] *adj. et s. m. et f.* poeta; poetisa *f.* ‖ **femme ~** poetisa.
poétesse [pɔetɛs] *s. f., péj.* poetisa.
poétique [pɔetik] *adj.* **1.** poético, -ca. ‖ *s. f.* **2.** poética.
poids [pwa] *s. m.* **1.** peso. **2.** (pour peser) pesa *f.* **3.** *fig.* peso. ‖ **au ~** al peso.
poignard [pwaɲaʀ] *s. m.* puñal.
poignarder [pwaɲaʀde] *v. tr.* apuñalar.
poigne [pwaɲ] *s. f.* **1.** (force du poing, de la main) puño *m.* **2.** (la main, le poing) mano. **3.** (main de fer) mano dura.
poignée [pwaɲe] *s. f.* **1.** puñado *m.* [Une poignée de sel. *Un puñado de sal.*] **2.** *fig.* puñado *m.* [Une poignée d'amis. *Un puñado de amigos.*] **3.** (du frein) palanca. **4.** (de l'épée) puño *m.* **5.** (bec de cane) manilla; picaporte *m.* **6.** (bouton de la porte) pomo *m.* **7.** (anse) asa. **8.** (d'un tiroir) tirador *m.* ‖ **~ de main** apretón de manos.
poignet [pwaɲɛ] *s. m.* **1.** *Anat.* muñeca *f.* **2.** (de chemise) puño *m.* ‖ **à la force du ~** a pulso.
poil [pwal] *s. m.* pelo. ‖ **être à ~** estar en pelotas. *fam.* "estar desnudo".
poilu, -ue [pwaly] *adj.* peludo, -da; velludo, -ca.
poinçon [pwɛ̃sɔ̃] *s. m.* **1.** (pour percer) punzón. **2.** (de graveur) buril.
poinçonner [pwɛ̃sɔne] *v. tr.* **1.** (tickets) picar. **2.** (tarauder) taladrar; perforar.
poindre [pwɛ̃dʀ] *v. intr.* **1.** (le jour, la lumière) despuntar; rayar. **2.** (le jour) albo-

rear; apuntar. **3.** asomar [Les toits poignent. *Los tejados asoman.*]

poing [pwɛ̃] *s. m.* puño. ‖ **coup de ~** puñetazo. **les poings sur les hanches** en jarras.

point¹ [pwɛ̃] *s. m.* **1.** punto. **2.** (couture) puntada *f.*; punto. **3.** (petite tache) pinta *f.* (mancha) **4.** *Jeux* tanto. ‖ **à ~** en su punto. **à tel ~ que** hasta el punto que. **au ~ du jour** al alba; al amanecer. **~ à la ligne** punto y aparte. **~ du jour** alborada.

point² [pwɛ̃] *adv.* (emphatique) no; nada [Il ne veut point parler. *No quiere hablar (nada).*] ‖ **ne ... ~** (emphatique) no [Il ne veut pas parler. *No quiere hablar.*] **~ de** nada de [Elle n'a point d'enthousiasme. *No tiene nada de entusiasmo.*] **~ du tout** de ningún modo; nada.

pointage [pwɛ̃taʒ] *s. m.* puntería *f.*

pointe [pwɛ̃t] *s. f.* **1.** punta. **2.** (extrémité aiguë) extremo *m.*; pico *m.* **3.** (aiguillé) púa; pincho *m.* **4.** (un peu de nourriture) poco *m.*; pizca. **5.** (mantille) toquilla.

pointer [pwɛ̃te] *v. tr.* **1.** (blesser) herir con la punta. **2.** (avec une arme) apuntar; encañonar. **3.** (du doigt) señalar; apuntar. **4.** aguzar; levantar [Pointer les oreilles. *Levantar las orejas.*] **5.** (marquer d'un point) marcar. **6.** (faire un point ou des points) puntear. **7.** *Mus.* puntear. **8.** despuntar [Le jour pointe. *Despunta el día.*] **9.** (un bourgeon, une plante) brotar. **10.** (les employés) fichar.

pointu, -ue [pwɛ̃ty] *adj.* puntiagudo, -da.

pointure [pwɛ̃tyʀ] *s. f.* **1.** (chaussures, gants, coiffures) número *m.*; medida [Quelle pointure chaussez-vous? *¿Qué número calza usted?*] **2.** (vêtements) talla.

poire [pwaʀ] *s. f.* pera.

poireau [pwaʀo] *s. m.* puerro; porro.

poirier [pwaʀje] *s. m., Bot.* peral.

pois [pwa] *s. m.* **1.** (plante et fruit) guisante. **2.** (sur une étoffe) lunar [Jupe à pois rouges. *Falda de lunares rojos.*] ‖ **petit ~** guisante. **- chiche** garbanzo.

poison [pwazɔ̃] *s. m.* veneno.

poisson [pwasɔ̃] *s. m.* **1.** pez. **2.** (ce que l'on mange) pescado. ‖ **Poissons** *n. p. m. pl.* Piscis *sing.* ‖ **~ d'avril** *fig.* inocentada *f.*

poissonier [pwasɔnje, -ɛʀ] *s. m. et f.* pescadero, -ra.

poissonnerie [pwasɔnʀi] *s. f.* pescadería.

poitrine [pwatʀin] *s. f.* **1.** pecho *m.*; busto *m.* **2.** (de femme) pechos *m. pl.*

poivre [pwavʀ] *s. m.* pimienta *f.*

poivron [pwavʀɔ̃] *s. m., Bot.* (vert ou rouge) pimiento (redondo). ‖ **~ rouge** pimiento morrón.

poix [pwa] *s. f.* pez (brea).

polaire [pɔlɛʀ] *adj.* polar.

pôle [pol] *s. m.* polo.

polémique [pɔlemik] *adj. f.* **1.** polémico, -ca. ‖ *s. f.* **2.** polémica; controversia.

poli, -ie [pɔli] *adj.* **1.** pulido, -da; liso, -sa. **2.** (correct) educado, -da. ‖ *s. m.* **3.** (surface brunie) bruñido.

police [pɔlis] *s. f.* **1.** policía. **2.** póliza [Police d'assurance. *Póliza de seguros.*] ‖ **agent de ~** policía.

polichinelle [pɔliʃinɛl] *s. f.* **1.** monigote *m.* **2.** *fig.* títere *m.*

policier, -ière [pɔlisje, -jɛʀ] *adj.* **1.** policiaco, -ca. ‖ *s. m.* **2.** (agent) policía.

poliomyélite [pɔljɔmjelit] *s. f., Méd.* poliomielitis.

polir [pɔliʀ] *v. tr.* **1.** (une surface) pulir. **2.** (au papier de verre) lijar. **3.** (les métaux) abrillantar. **4.** (lisser) alisar. **5.** *fig.* (le caractère, les mœurs) limar.

polisson, -onne [pɔlisɔ̃, -ɔn] *s. m. et f.* **1.** (enfant espiègle) niño travieso. **2.** (fourbe) tunante, -ta; bribón, -bona; pillo, -lla. || *adj.* **3.** (espiègle) travieso, -sa; desobediente. **4.** *fam.* (licencieux) verde; licencioso, -sa.

politesse [pɔlitɛs] *s. f.* buena educación; cortesía. || **formule de ~** fórmula de cortesía.

politicien, -enne [pɔlitisjɛ̃, -ɛn] *s. m. et f.* político, -ca.

politique [pɔlitik] *adj.* **1.** político, -ca. || *s. f.* **2.** política. || **homme ~** político.

pollen [pɔlɛn] *s. m.* polen.

polluer [pɔlɥe] *v. tr.* contaminar.

pollution [pɔlysjɔ̃] *s. f.* contaminación; polución.

polyèdre [pɔljɛdʀ] *s. m.* poliedro.

polygamie [pɔligami] *s. f.* poligamia.

polygone [pɔligɔn] *s. m.* polígono.

polyphonie [pɔlifɔni] *s. f.* polifonía.

polysémie [pɔlisemi] *s. f.* polisemia.

polyvalent, -te [pɔlivalɑ̃, -ɑ̃t] *adj.* (personnes) polifacético, -ca.

pommade [pɔmad] *s. f.* pomada. || **passer la ~** hacer la pelota.

pomme [pɔm] *s. f.* manzana. || **~ de terre** patata.

pommette [pɔmɛt] *s. f.* pómulo *m.*

pommier [pɔmje] *s. m., Bot.* manzano.

pompe [pɔ̃p] *s. f.* **1.** (machine) bomba. **2.** (faste) pompa. || **~ à essence** surtidor *m.* **pompes funèbres** funeraria *f. sing.*

pomper [pɔ̃pe] *v. tr.* sacar con la bomba; bombear.

pompier [pɔ̃pje] *s. m.* bombero.

pompon [pɔ̃pɔ̃] *s. m.* pompón; borla *f.*

pomponné, -ée [pɔ̃pɔne] *adj.* peripuesto, -ta; compuesto, -ta.

ponce, pierre [pjɛʀpɔ̃s] *loc. s.* piedra pómez.

ponctualité [pɔ̃ktɥalite] *s. f.* puntualidad.

ponctuation [pɔ̃ktɥasjɔ̃] *s. f.* **1.** (action) puntuación. **2.** *Ling.* puntuación.

ponctuel, -elle [pɔ̃ktɥɛl] *adj.* puntual.

ponctuer [pɔ̃ktɥe] *v. tr.* **1.** *Ling.* puntuar. **2.** (parsemer de points) puntuar.

pondérer [pɔ̃deʀe] *v. tr.* ponderar.

pondre [pɔ̃dʀ] *v. tr.* poner (huevos).

poney [pɔnɛ] *s. m., Zool.* poni.

pont [pɔ̃] *s. m.* puente.

ponte [pɔ̃t] *s. f.* (oiseaux) puesta.

pontife [pɔ̃tif] *s. m.* pontífice.

pont-levis [pɔ̃l(ə)vi] *s. m.* puente levadizo.

pop [pɔp] *adj. et s. m., Mus. fam.*

pop-corn [pɔpkɔʀn] *s. m.* palomitas *f. pl.*

populaire [pɔpylɛʀ] *adj.* **1.** popular. **2.** (ordinaire) vulgar.

popularité [pɔpylaʀite] *s. f.* popularidad.

population [pɔpylasjɔ̃] *s. f.* **1.** población. **2.** (d'une ville) vecindad; vecindario *m.*

porc [pɔʀ] *s. m.* **1.** (animal) cerdo. **2.** (viande) cerdo.

porcelaine [pɔʀs(ə)lɛn] *s. f.* **1.** porcelana. **2.** (faïence) loza.

porc-épic [pɔʀkepik] *s. m., Zool.* erizo.

porche [pɔʀʃ] *s. m.* **1.** (d'église) porche; pórtico. **2.** (construction en saillie) soportal.

porcherie [pɔʀʃ(ə)ʀi] *s. f.* pocilga.

porcin, -ne [pɔʀsɛ̃, -in] *adj.* porcino, -na.

pore [pɔʀ] *s. m.* poro.

pornographie [pɔʀnɔgʀafi] *s. f.* pornografía.

port [pɔʀ] *s. m.* **1.** (mer, fleuve, montagne) puerto. **2.** (action de porter) porte. || **~ d'armes** licencia de armas.

portable [pɔʀtabl] *s. m.* portátil (aparato transportable).

portail, -ails [pɔʀtaj] *s. m.* pórtico.

portant [pɔʀtɑ̃] *s. m.* **1.** (poignée) asa *f.* [Le portant d'un coffre, d'une malle. *El asa de un arca, de un baúl.*] **2.** *Théâtr.* bastidor.

portatif, -ive [pɔʀtatif, -iv] *adj.* portátil.

porte [pɔʀt] *s.f.* puerta.

porté, -ée [pɔʀte] *adj.* propenso, -sa. ‖ **bien ~** de buen tono. **être ~ à** ser propenso a. **mal ~** fuera de tono.

porte-affiches [pɔʀtafiʃ] *s. m. inv.* cartelera *f.*

porte-avions [pɔʀtavjɔ̃] *s. m. inv., Mil.* portaaviones.

porte-bagages [pɔʀt(ə)bagaʒ] *s. m. inv.* portaequipajes.

porte-billets [pɔʀt(ə)bije] *s. m. inv.* billetera *f.*; billetero.

porte-bonheur [pɔʀt(ə)bɔnœʀ] *s. m. inv.* amuleto.

porte-cigares [pɔʀt(ə)sigaʀ] *s. m. inv.* cigarrera; petaca *f.*

porte-cigarettes [pɔʀt(ə)sigaʀɛt] *s. m. inv.* **1.** pitillera *f.* **2.** boquilla *f.*

porte-clé [pɔʀt(ə)kle] *s. m. inv.* llavero.

porte-cure-dents [pɔʀtəkyʀdɑ̃] *s. m. inv.* palillero.

porte-documents [pɔʀtədɔkymɑ̃] *s. m. inv.* portafolio (maletín); maletín.

portée [pɔʀte] *s. f.* **1.** (d'animaux) camada. **2.** (d'une arme) alcance *m.*; tiro *m.* **3.** *fig.* trascendencia; alcance *m.*

portefeuille [pɔʀt(ə)fœj] *s. m.* **1.** cartera *f.*; billetera *f.*; billetero. **2.** (de ministre) cartera *f.*

porte-malheur [pɔʀtəmalœʀ] *s. m. inv.* **1.** (personne) gafe; persona de mal agüero. **2.** (chose) cosa de mal agüero. ‖ *adj.* **3.** de mal agüero.

portemanteau [pɔʀtəmɑ̃to] *s. m.* percha *f.*; perchero.

porte-monnaies [pɔʀtəmɔne] *s. m. inv.* monedero.

porte-parapluies [pɔʀtəpaʀaplɥi] *s. m. inv.* paragüero.

porte-parole [pɔʀtəpaʀɔl] *s. m. inv.* portavoz.

porte-photo [pɔʀt(ə)fɔto] *s. m.* portarretrato.

porter [pɔʀte] *v. tr.* **1.** (transporter) llevar [Porter une valise. *Llevar una maleta.*] **2.** (avoir sur soi) llevar; llevar puesto; tener [Porter une veste et des lunettes. *Llevar una chaqueta y gafas.*] **3.** (d'habitude) llevar; usar [Il ne porte jamais de cravate. *No usa nunca corbata.*] **4.** (intérêt, fruits) producir; dar. **5.** (bonheur ou malheur) dar; traer. **6.** dar; asestar [Porter un coup. *Dar un golpe.*] **7.** (changer d'endroit) trasladar. ‖ *v. intr.* **8.** (reposer sur) apoyarse; descansar. **9.** (une arme, la vue) alcanzar. **10.** tratar; referirse a [Le livre porte sur sa vie. *El libro trata de su vida.*] **11.** llevar en su seno; tener [Elle peut porter des enfants. *Puede tener hijos.*] **12.** (avoir son effet) dar resultado. ‖ **se ~** *v. pr.* **13.** *fig.* (santé) encontrarse; estar [Il se porte bien. *Está mejor.*] **14.** (être à la mode) estar de moda; llevarse ‖ **~ en avant** hacer avanzar. **~ sur les nerfs** crispar los nervios. **~ un toast** brindar.

porte-revues [pɔʀtəʀ(ə)vy] *s. m. inv.* revistero.

porterie [pɔʀtəʀi] *s. f.* portería.

porteur, -euse [pɔʀtœʀ, -øz] *adj.* **1.** (qui transporte un corps) portador, -ra. ‖ *s. m.* **2.** mozo (de equipajes).

porte-voix [pɔʀt(ə)vwa] *s. m. inv.* megáfono.

portier, -ière [pɔʀtje, -jɛʀ] *s. m. et f.* **1.** (d'une maison) portero, -ra. **2.** (dans un hôtel) maletero, -ra. **3.** *Sport* portero.

portière [pɔʀtjɛʀ] *s. f.* **1.** (d'une voiture) puerta; portezuela. **2.** (d'un train) puerta.

portion [pɔʀsjɔ̃] *s. f.* **1.** (ration) ración. **2.** (morceau, partie) porción.

portique [pɔʀtik] *s. m.* **1.** (galerie ouverte) pórtico. **2.** (parvis d'une église) atrio.

portoricain, -ne [pɔʀtɔʀikɛ̃, -ɛn] *adj.* **1.** puertorriqueño, -ña. ‖ **Portoricain, -ne** *s. m. et f.* **2.** puertorriqueño, -ña.

portrait [pɔʀtʀɛ] *s. m.* retrato. ‖ **faire le ~ de** retratar.

portugais, -se [pɔʀtygɛ, -ɛz] *adj. et s. m.* **1.** portugués, -guesa. ‖ **Portugais, -se** *s. m. et f.* **2.** portugués, -guesa.

pose [poz] *s. f.* **1.** (installation) colocación; instalación [Pose d'une serrure. *Colocación de un cerrojo.*] **2.** (câbles) tendido *m.*; instalación. **3.** (application) aplicación [Pose d'un pansement. *Aplicación de una venda.*] **4.** (attitude) postura. **5.** (temps pendant lequel le modèle pose) sesión. **6.** *Phot.* exposición.

poser [poze] *v. tr.* **1.** poner; colocar. **2.** (installer) instalar. **3.** (mettre bas) deponer [Poser les armes. *Deponer las armas.*] **4.** plantear; presentar [Poser un problème. *Plantear un problema.*] ‖ *v. intr.* **5.** (s'appuyer) apoyarse. **6.** (un modèle) posar. **7.** (se pavaner) fardar; pavonear; darse importancia. ‖ **se ~** *v. pr.* **8.** (les oiseaux) posarse; ponerse. **9.** (avions) posarse; aterrizar. **10.** *fig.* (s'ériger) hacer; erigirse [Il se pose en grand seigneur. *Hace de gran señor.*] ‖ **~ une colle** poner una pega. **~ une question** hacer una pregunta.

poseur, -euse [pozœʀ, -øz] *adj. et s. m. et f.* **1.** (prétentieux) presumido, -da. **2.** (guindé, snob) cursi. **3.** (en parlant) redicho, -cha.

positif, -ive [pozitif, -iv] *adj. et s. m.* positivo, -va.

position [pozisjɔ̃] *s. f.* **1.** posición. **2.** (emplacement) ubicación. **3.** *fig.* postura.

posséder [pɔsede] *v. tr.* **1.** (avoir) poseer; tener; ser dueño de. **2.** (disposer, jouir) disfrutar; gozar [Posséder une grande fortune. *Disfrutar de una gran fortuna.*] **3.** *fam.* (quelqu'un) tomar el pelo a.

possessif, -ive [pɔsesif, -iv] *adj.* **1.** posesivo, -va. ‖ *s. m.* **2.** *Ling.* posesivo.

possession [pɔsesjɔ̃] *s. f.* posesión.

possibilité [pɔsibilite] *s. f.* posibilidad.

possible [pɔsibl] *adj.* posible.

postal, -le, -aux [pɔstal, -o] *adj.* postal.

poste [pɔst] *s. f.* **1.** (bureau) correos *m. pl.*; correo *m.* ‖ *s. m.* **2.** cargo; puesto. **3.** *Mil.* (soldats) puesto. **4.** (de radio ou de télévision) aparato. **5.** (de radio) radio *f.* **6.** (de télévision) televisor. **7.** *Comm.* (division du budget) partida *f.* ‖ **bureau de ~** oficina de correos. **~ d'essence** gasolinera. **~ émetteur** emisora.

poster [pɔste] *v. tr.* **1.** (placer à un poste) poner; apostar. **2.** (courrier) echar al correo. ‖ **se ~** *v. pr.* **3.** apostarse.

postérieur, -re [pɔsteʀjœʀ] *adj.* **1.** (ultérieur) posterior. **2.** (suivant) siguiente. **3.** (qui est derrière) trasero.

postérité [pɔsteʀite] *s. f.* posteridad.

postiche [pɔstiʃ] *adj.* postizo, -za.

postposer [pɔstpoze] *v. tr.* posponer.

posture [pɔstyʀ] *s. f.* postura; posición.

pot [po] *s. m.* **1.** (en général) cacharro; vasija *f.* **2.** (pour contenir quelque chose) tarro; bote. **3.** (vase) jarro. **4.** (pichet, cruche) jarra *f.* **5.** (pot de fleurs) maceta *f.*; tiesto. **6.** (vase de nuit) orinal. **7.** (réunion autour d'une boisson) vino; aperiti-

vo. **8.** (verre) copa [Prendre un pot. *Tomar una copa.*] || **manque de ~** *fam.* con tan mala pata que. **manque de ~ !** ¡mala suerte! ~ **à lait** lechera *f.* ~ **de colle** lapa *f.*; pegote.

potable [pɔtabl] *adj.* potable.

potage [pɔtaʒ] *s. m.* sopa *f.*

potager, -ère [pɔtaʒe, -ɛR] *adj.* hortelano, -na. || **jardin ~** huerto; huerta *f.* **plante potagère** hortaliza.

pot-au-feu [pɔtofø] *s. m. inv., Gastr.* puchero; cocido.

pot-de-vin [pod(ə)vɛ̃] *s. m.* soborno.

poteau [pɔto] *s. m.* poste.

potentiel, -elle [pɔtɑ̃sjɛl] *adj. et s. m.* potencial.

poterie [pɔtri] *s. f.* **1.** alfarería. **2.** (récipient en terre cuite) vasija de barro.

potier, -ière [pɔtje, -jɛR] *s. m. et f.* alfarero, -ra.

potin [pɔtɛ̃] *s. m.* (commérage) chisme.

potion [pɔsjɔ̃] *s. f.* pócima; poción.

potiron [pɔtirɔ̃] *s. m.* calabaza *f.*

pot-pourri [popuri] *s. m.* **1.** *Mus.* popurrí. **2.** (mezcolanza) popurrí. **3.** (mets) olla podrida.

pou [pu] *s. m.* piojo. •Pl. poux.

poubelle [pubɛl] *s. f.* cubo de basura.

pouce [pus] *s. m.* **1.** (de la main) pulgar. **2.** (du pied) dedo gordo (del pie). **3.** (mesure) pulgada. **4.** *fig.* ápice *m.*; milímetro *m.* || **donner le coup de ~** *fam.* dar el último toque.

pouce-pied [puspje] *s. m. inv., Zool.* percebe.

poudre [pudR] *s. f.* **1.** (explosive) pólvora. **2.** (substance pulvérisée) polvo *m.* **3.** (cosmétique) polvos *m. pl.* || **~ de perlimpinpin** polvos de la madre Celestina. **traînée de ~** reguero de pólvora.

poudrer [pudRe] *v. tr.* **1.** (saupoudrer) espolvorear. **2.** (les cheveux, la peau) empolvar. || **se ~** *v. pr.* **3.** empolvarse.

poudrière [pudRijɛR] *s. f.* polvorín *m.*

pouf [puf] *s. m.* **1.** taburete (cilíndrico). **2.** (gros coussin) puf.

pouffer [pufe] *v. intr.* romper a reír.

poulailler [pulaje] *s. m.* gallinero.

poulain [pulɛ̃] *s. m.* potro.

poule [pul] *s. f.* **1.** gallina. **2.** *Sport* liga. **3.** *fam.* fulana; zorra; pendón.

poulet [pulɛ] *s. m.* pollo.

pouliche [puliʃ] *s. f.* yegua (joven).

pouliot [puljo] *s. m., Bot.* poleo.

poulpe [pulp] *s. m., Zool.* pulpo.

pouls [pu] *s. m.* pulso.

poumon [pumɔ̃] *s. m., Ant.* pulmón.

poupe [pup] *s. f.* popa.

poupée [pupe] *s. f.* muñeca; muñeco.

poupon [pupɔ̃] *s. m. et f.* nene, -na.

pour [puR] *prép.* **1.** (destinataire) para [Il a apporté un colis pour toi. *Trajo un paquete para ti.*] **2.** como para [Trop grand pour le porter. *Demasiado grande como para cargar con ello.*] **3.** (raison, motif) por [Nous l'avons fait pour lui. *Lo hicimos por él.*] **4.** (délai) para [C'est pour jeudi. *Es para el jueves.*] **5.** (but, utilité) para [Je lui ai donné une cuillère pour la soupe. *Le di una cuchara para la sopa.*] **6.** (opinion) para [Pour ma sœur rien est impossible. *Para mi hermana nada es imposible.*] **7.** (comparaison) para [Ce n'est pas beaucoup pour ce qu'il mérite. *No es mucho para lo que se merece.*] **8.** (concessif) para [Pour un novice, il ne le fait pas mal. *Para ser un novato no lo hace mal.*] **9.** (conséquence) para [Tout ce travail pour une récompense comme ça. *Todo este trabajo para una recom-*

pensa así.] **10.** (nécessité, motivation, aptitude) para [Ce n'est pas bon pour toi. *No es bueno para ti.*] **11.** (+ infinitivo) (cause) por [Il a été félicité pour avoir gagné. *Le felicitaron por haber ganado.*] **12.** (but) para; a fin de [Je le lui ai dit pour ne pas l'inquiéter. *Se lo dije para no preocuparle.*] ‖ *s. m.* **13.** pro. ‖ **le ~ et le contre** los pros y los contras. **~ ... que** por ... que. **~ ce qui est de** en lo que atañe a; en cuanto a; en lo referente a. **~ de bon** en serio. **~ peu que** por poco que. **~ que** para que [Pour que nous nous amusions. *Para que nos divirtamos.*]

pourboire [puʀbwaʀ] *s. m.* propina *f.*

pourcentage [puʀsɑ̃taʒ] *s. m.* porcentaje.

pourchasser [puʀʃase] *v. tr.* perseguir.

pourlécher [puʀleʃe] *v. tr.* **1.** relamer. ‖ **se ~** *v. pr.* **2.** relamerse. ‖ **se ~ les babines** relamerse de gusto.

pourparlers [puʀpaʀle] *s. m. pl.* tratos. ‖ **être en ~** andar en tratos.

pourpre [puʀpʀ] *adj.* **1.** púrpura. ‖ *s. m.* **2.** (couleur) púrpura. ‖ *s. f.* **3.** púrpura.

pourquoi [puʀkwa] *adv.* **1.** (cause) por qué. **2.** (but, intention) para qué [Pourquoi veux-tu mon avis? *¿Para qué quieres mi opinión?*] ‖ *s. m.* **3.** porqué. ‖ **c'est ~** por eso; por esa razón. | (parce que) por lo cual.]

pourri, -ie [puʀi] *adj.* podrido, -da.

pourrir [puʀiʀ] *v. tr.* **1.** pudrir. ‖ **se ~** *v. pr.* **2.** pudrirse.

poursuite [puʀsɥit] *s. f.* **1.** persecución. ‖ **poursuites** *s. f. pl.* **2.** *Dr.* proceso *m. sing.*

poursuivre [puʀsɥivʀ] *v. tr.* **1.** perseguir. **2.** (harceler) acosar; hostigar. **3.** (une femme) perseguir; ir detrás de. **4.** (rechercher) perseguir [Poursuivre la gloire. *Perseguir la gloria.*] **5.** (continuer) proseguir; seguir; continuar. **6.** *Dr.* demandar; procesar.

pourtant [puʀtɑ̃] *adv.* sin embargo. ‖ **et ~ ... ne pas** y aun así [Je l'ai appelé et pourtant il n'est pas venu. *Le llamé y aun así no ha venido.*]

pourvoir [puʀvwaʀ] *v. intr.* **1.** ocuparse; cuidar. **2.** (aux besoins, à une vacance) cubrir. ‖ *v. tr.* **3.** proveer; proporcionar. **4.** (munition) repostar.

pourvu que [puʀvyk(ə)] *loc. conj.* con tal de que.

poussah [pusa] *s. m.* tentempié.

pousse [pus] *s. f.* **1.** (rejeton) retoño *m.* **2.** brote *m.* [Pousses de soja. *Brotes de soja.*] **3.** crecimiento *m.*; salida [La pousse des dents. *La salida de los dientes.*]

poussé, -ée [puse] *adj.* preciso, -sa [Une analyse très poussée. *Un análisis muy preciso.*]

poussée [puse] *s. f.* **1.** (action de pousser qqun) empujón *m.*; empellón *m.* **2.** (croissance) estirón *m.* **3.** (impulsion) impulso. **4.** *fig.* (élan) empuje *m.* **5.** *Méd.* erupción. **6.** (développement rapide) ola.

pousser [puse] *v. tr.* **1.** empujar. **2.** (donner une impulsion) impulsar. **4.** (cris, soupirs) lanzar; dar; pegar *fam.* **5.** (des dents ou des cheveux) echar. **6.** *Bot.* (bourgeons) echar. **7.** (plantes) brotar. **8.** *fig.* (inciter) inducir; incitar; empujar; mover. ‖ *v. intr.* **9.** empujar. **10.** *Bot.* (les plantes) crecer. **11.** (bourgeonner) echar brotes. **12.** (sortir) nacer; salir [Ses dents et ses cheveux ont poussé. *Le han salido los dientes y el pelo.*] **13.** (devenir plus longs) crecer [Ses cheveux ont

poussé. *Su pelo ha crecido.*] || ~ **la fenêtre** entornar la ventana. || ~ **un cri** gritar.
poussette [pusɛt] *s. f.* **1.** silla de niño. **2.** (landeau) cochecito de niño.
poussière [pusjɛʀ] *s. f.* polvo *m.* (de tierra).
poussiéreux, -euse [pusjeʀø, -øz] *adj.* polvoriento, -ta.
poussin [pusɛ̃] *s. m.* pollo; polluelo.
poutre [putʀ] *s. f.* viga.
pouvoir[1] [puvwaʀ] *v. tr.* poder.
pouvoir[2] [puvwaʀ] *s. m.* poder.
prairie [pʀɛʀi] *s. f.* pradera; prado *m.*
praline [pʀalin] *s. f.* almendra garrapiñada.
pratique [pʀatik] *adj.* **1.** práctico, -ca. || *s. f.* **2.** práctica.
pratiquer [pʀatike] *v. tr.* **1.** practicar. **2.** (ménager une ouverture) practicar. || *v. tr. et intr.* **3.** (religion) practicar. || **se** ~ *v. pr.* practicarse.
pré [pʀe] *s. m.* prado; pradera (prairie).
préalable [pʀealabl] *adj.* **1.** previo, -via; preliminar. || *s. m.* **2.** (condition sine qua non) condición previa. **3.** (question préliminaire) cuestión previa.
préavis [pʀeavi] *s. m.* aviso previo.
précaire [pʀekɛʀ] *adj.* precario, -ria.
précaution [pʀekosjɔ̃] *s. f.* **1.** precaución. **2.** prudencia; cautela. || **par** ~ por si acaso; por precaución.
précédent, -te [pʀesedɑ̃, -ɑ̃t] *adj.* **1.** anterior; precedente [Le jour précédent, la page précédente. *El día anterior, la página anterior.*] || *s. m.* **2.** precedente.
précéder [pʀesede] *v. tr.* preceder.
précepte [pʀesɛpt] *s. m.* precepto.
précepteur, -trice [pʀesɛptœʀ, -tʀis] *s. m. et f.* preceptor, -ra.
prêcher [pʀeʃe] *v. tr.* predicar.
prêchi-prêcha [pʀeʃipʀeʃa] *s. m.* moralina *f.*; sermón.

précieux, -euse [pʀesjø, -øz] *adj.* **1.** (métaux) precioso, -sa. **2.** *fig.* (cher) valioso, -sa.
précipice [pʀesipis] *s. m.* precipicio.
précipitation [pʀesipitasjɔ̃] *s. f.* precipitación.
précipiter [pʀesipite] *v. tr.* **1.** (jeter par un précipice) despeñar. **2.** *fig.* (pousser) precipitar [Précipiter le monde dans le chaos. *Precipitar al mundo en el caos.*] **3.** (hâter, brusquer) precipitar. || *v. intr.* **4.** precipitar. || **se** ~ *v. pr.* **5.** (se jeter) precipitarse; arrojarse. **6.** (par un précipice) despeñarse. (s'élancer) precipitarse; dispararse.
précis, -se [pʀesi, -iz] *adj.* **1.** preciso, -sa. **2.** (style) conciso, -sa. **3.** (exact) exacto, -ta [Une date précise. *Una fecha exacta.*] || *s. m.* **4.** compendio. || **précise** *adj.* **5.** en punto [À quatre heures précises. *A las cuatro en punto.*]
préciser [pʀesize] *v. tr.* **1.** precisar. **2.** (définir, rendre plus net) concretar. **3.** (expliquer) especificar; puntualizar. || **se** ~ *v. pr.* **4.** (se dessiner) concretarse.
précision [pʀesizjɔ̃] *s. f.* precisión.
précoce [pʀekɔs] *adj.* **1.** precoz. **2.** (fruits, légumes) temprano.
prédécesseur [pʀedesesœʀ] *s. m.* predecesor, -ra; antecesor, -ra.
prédestiner [pʀedestine] *v. tr.* predestinar.
prédicat [pʀedika] *s. m., Ling.* predicado.
prédilection [pʀedilɛksjɔ̃] *s. f.* predilección.
prédire [pʀediʀ] *v. tr.* predecir; profetizar.
prédisposer [pʀedispoze] *v. tr.* predisponer.
prédisposition [pʀedispozisjɔ̃] *s. f., Méd.* propensión.

prédominance [pʀedɔminɑ̃s] *s. f.* predominio *m.*

prédominer [pʀedɔmine] *v. intr.* predominar.

préfabriqué, -ée [pʀefabʀike] *adj.* prefabricado, -da.

préface [pʀefas] *s. f.* prefacio *m.*; prólogo *m.*

préfecture [pʀefektyʀ] *s. f.* **1.** gobierno civil (en Espagne) prefectura (en Francia). **2.** jefatura [Préfecture de police. *Jefatura de policía.*]

préférence [pʀefeʀɑ̃s] *s. f.* preferencia.

préférer [pʀefeʀe] *v. tr.* preferir.

préfet [pʀefɛ] *s. m.* gobernador civil (en Espagne); prefecto (en Francia).

préfixe [pʀefiks] *s. m.* prefijo.

préhistoire [pʀeistwaʀ] *s. f.* prehistoria.

préjudice [pʀeʒydis] *s. m.* **1.** perjuicio. **2.** (tort) daño. ‖ **au ~ de** en perjuicio de.

préjudiciable [pʀeʒydisjabl] *adj.* perjudicial; ocivo, -va.

préjugé [pʀeʒyʒe] *s. m.* prejuicio.

préjuger [pʀeʒyʒe] *v. tr.* prejuzgar.

prélasser, se [pʀelase] *v. pr.* acomodarse.

prélat [pʀela] *s. m.* prelado.

prélèvement [pʀelɛvmɑ̃] *s. m.* **1.** (impôts) deducción *f.* **2.** (pour une analyse) muestra *f.* **3.** (prise de sang) toma *f.* **4.** (automatique) domiciliación *f.*; pago por adelantado (en Francia).

prélever [pʀel(ə)ve] *v. tr.* **1.** (impôt, somme) deducir. **2.** tomar (muestras); sacar (sangre).

préliminaire [pʀeliminɛʀ] *adj.* **1.** preliminar; previo, -via. ‖ **préliminaires** *s. m. pl.* **2.** preliminares.

prélude [pʀelyd] *s. m.* preludio.

prématuré, -ée [pʀematyʀe] *adj.* prematuro, -ra.

prémices [pʀemis] *s. f. pl.* primicias.

premier, -ière [pʀ(ə)mje, -jɛʀ] *adj. et pron.* **1.** (cardinal) primero, -ra. **2.** primo, -ma [Matière première. *Materia prima.*] ‖ *adj.* **3.** primer, -ra [Premier pas. *Primer paso.*] ‖ *s. m.* **4.** (étage) primer piso. **5.** uno [Le premier mai. *El uno de mayo.*] **6.** (leader) líder. ‖ *s. m. et f.* **7.** primero, -ra. ‖ **première** *s. f.* **8.** segundo curso de bachillerato (en la enseñanza española). **9.** (classe) primera. **10.** *Théâtr.* estreno *m.* • L'adjectif "primero" devient "primer" devant n. m. sing.

premièrement [pʀ(ə)mjɛʀmɑ̃] *adv.* primero.

prémunir [pʀemyniʀ] *v. tr.* prevenir; precaver.

prendre [pʀɑ̃dʀ] *v. tr.* **1.** coger; tomar. **2.** (saisir) asir; agarrar (fortement). **3.** (arrêter, attraper) atrapar; prender; coger. **4.** (surprendre) coger; pescar [Prendre au dépourvu. *Coger desprevenido.*] **5.** (manger, boire) tomar [Prendre une boisson. *Tomar una bebida.*] **6.** (demander) cobrar [Il m'a pris beaucoup d'argent. *Me cobró mucho dinero.*] **7.** (des photos, des places, des tickets) sacar. **8.** (emmener) llevar, coger [Il a pris l'enfant sur son dos. *Llevó al niño a la espalda.*] **9.** (s'emparer) tomar [Prendre la ville. *Tomar la ciudad.*] **10.** coger [Prendre froid. *Coger frío.*] **11.** llevar; requerir [Cela prend beaucoup de temps. *Eso lleva mucho tiempo.*] **12.** (acquérir) cobrar; tomar [Prendre une forme, prendre de l'assurance. *Cobrar forma, cobrar seguridad.*] **13.** *fig. et fam.* recibir [Prendre une gifle. *Recibir una bofetada.*] **14.** (faire sentir, saisir) dar [La panique les a pris. *Les dio pánico.*] ‖ *v. intr.* **15.** (les plantes) arraigar; agarrar. **16.** (envie) dar; entrar. **17.**

(le ciment) fraguar. **18.** (faire croire) colar. ‖ *Ça ne prend pas. Eso no cuela.*] **19.** (suivre un chemin) coger; tomar [*Prendre à gauche. Girar a la izquierda.*] **20.** (prendre consistance) cuajar; tomar consistencia. **21.** (une sauce) espesar. **22.** (cramer) pegarse. **23.** fig. (réussir) cuajar. **24.** (venir à l'esprit) ocurrírsele [*Se le ocurrió salir a la calle. Cela lui a pris de descendre dans la rue.*] **25.** (glace, lac) helarse. **26.** (les allumettes) encenderse; arder. ‖ **se ~** *v. pr.* **27.** (se coincer, s'attraper) cogerse. ‖ **avoir pris en grippe** tener manía a. **mal ~** tomar a mal. **passer ~** recoger. **~ à sa charge** tomar a su cargo. **~ au dépourvu** coger desprevenido. **~ au mot** tomar la palabra. **~ au sérieux** tomar en serio. **~ dans ses bras** abrazar. **~ en grippe** coger manía a. **~ feu** prenderse fuego; incendiarse. **~ son petit déjeuner** desayunar. **s'en ~ à quelqu'un** cogerla con uno. **s'y ~** arreglárselas. **se ~ pour** dárselas de.

preneur, -euse [pʀ(ə)nœʀ, -øz] *adj. et s. m. et f.,* Dr. arrendatario, -ria.

prénom [pʀenɔ̃] *s. m.* nombre de pila.

préoccuper [pʀeɔkype] *v. tr.* **1.** preocupar. ‖ **se ~** *v. pr.* **2.** preocuparse.

préparateur, -trice [pʀepaʀatœʀ, -tʀis] *s. m. et f.* (d'un chercheur ou d'un professeur de sciences) auxiliar; ayudante.

préparatifs [pʀepaʀatif] *s. m. pl.* preparativos.

préparation [pʀepaʀasjɔ̃] *s. f.* preparación.

préparer [pʀepaʀe] *v. tr.* preparar.

préposition [pʀepozisjɔ̃] *s. f.,* Ling. preposición.

près [pʀɛ] *adv.* cerca. ‖ **à peu ~** más o menos [*À peu près satisfait. Más o menos satisfecho.*] unos, -nas; cerca de; [À peu près quatre personas. *Unas cuatro personas.*] fig. (auprès de) ahí [*Il a été près de moi lorsque j'ai eu besoin. Estuvo ahí cuando lo necesité.*]

présage [pʀezaʒ] *s. m.* presagio; augurio.

présager [pʀezaʒe] *v. tr.* presagiar.

préscolaire [pʀeskɔlɛʀ] *adj.* preescolar.

prescrire [pʀeskʀiʀ] *v. tr.* **1.** prescribir. **2.** *Méd.* recetar.

présence [pʀezɑ̃s] *s. f.* **1.** presencia. **2.** (assiduité, fait d'assister) asistencia.

présent, -te [pʀezɑ̃, -ɑ̃t] *adj.* **1.** presente. ‖ *s. m.* **2.** (temps) presente. **3.** (cadeau) presente; regalo; don. **4.** (d'un seigneur) dádiva *f.* ‖ **à ~** ahora; hoy por hoy. **dès ~ en adelante**. **être ~** asistir.

présentateur, -trice [pʀezɑ̃tatœʀ, -tʀis] *s. m. et f.* **1.** presentador, -ra. **2.** (animateur, annonceur) locutor, -ra.

présentation [pʀezɑ̃tasjɔ̃] *s. f.* presentación.

présenter [pʀezɑ̃te] *v. tr.* **1.** presentar. **2.** (exposer) exponer. ‖ **se ~** *v. pr.* **3.** presentarse.

préservatif [pʀezɛʀvatif] *s. m.* condón; preservativo.

préserver [pʀezɛʀve] *v. tr.* **1.** preservar. **2.** (sauver) salvar.

présidence [pʀezidɑ̃s] *s. f.* presidencia.

président, -te [pʀezidɑ̃, -ɑ̃t] *s. m. et f.* presidente, -ta.

présider [pʀezide] *v. tr.* presidir.

présomption [pʀezɔ̃psjɔ̃] *s. f.* presunción.

présomptueux, -euse [pʀezɔ̃ptɥø, -øz] *adj. et s. m. et f.* presuntuoso, -sa; presumido, -da; fatuo, -tua; fantasioso, -sa.

presque [pʀɛsk] *adv.* casi. ‖ **~ pas** apenas [*Il n'a presque pas d'argent. No tiene apenas dinero.*]

presqu'île [pʀɛskil] *s. f.* península.
pressant, -te [pʀɛsɑ̃, -ɑ̃t] *adj.* urgente.
presse [pʀɛs] *s. f.* **1.** (journaux) prensa. **2.** *Impr.* (machine) prensa. ‖ **sous ~** en prensa.
pressé, -ée [pʀɛse] *adj.* (qui a de la hâte) apurado, -da. ‖ **être ~** tener prisa.
pressentiment [pʀɛsɑ̃timɑ̃] *s. m.* presentimiento; corazonada *f.*
pressentir [pʀɛsɑ̃tiʀ] *v. tr.* **1.** presentir. **2.** (entrevoir) barruntar; intuir.
presse-papiers [pʀɛspapje] *s. m. inv.* pisapapeles.
presse-purée [pʀɛspyʀe] *s. m. inv.* pasapurés.
presser [pʀɛse] *v. tr.* **1.** (pour en extraire un liquide) prensar; exprimir. **2.** (serrer) estrujar. **3.** (un bouton) apretar; pulsar [Pressez la touche. *Pulse el botón.*] **4.** (le pas, le rythme) apresurar; acelerar; apretar. **5.** (pousser à faire) meter prisa; urgir; apremiar. ‖ *v. intr.* **6.** (être urgent) correr prisa; urgir; apremiar. ‖ **se ~** *v. pr.* **7.** (se dépêcher) apresurarse. **8.** (s'entasser) apretarse; apiñarse; agolparse.
pressing [pʀɛsiŋ] *s. m.* tintorería *f.*
pression [pʀɛsjɔ̃] *s. f.* presión. ‖ **faire ~** presionar.
pressoir [pʀɛswaʀ] *s. m.* **1.** (fruits, grains) prensa *f.* **2.** (raisins, olives) lagar.
pressurer [pʀɛsyʀe] *v. tr.* **1.** (fruits) prensar; exprimir. **2.** (raisins) pisar.
prestance [pʀɛstɑ̃s] *s. f.* presencia. ‖ **de belle ~** apuesto, -ta.
prestation [pʀɛstasjɔ̃] *s. f.* prestación.
prestidigitateur, -trice [pʀɛstidiʒitatœʀ, -tʀis] *s. m. et f.* prestidigitador.
prestige [pʀɛstiʒ] *s. m.* prestigio.
présumé, -ée [pʀezyme] *adj.* presunto, -ta (supuesto).

présumer [pʀezyme] *v. tr.* **1.** presumir. ‖ *v. intr.* **2.** presumir [Présumer de ses forces. *Presumir de sus fuerzas.*]
présupposé, -ée [pʀesypoze] *adj. et s. m.* presupuesto, -ta.
prêt, prête [pʀɛ, pʀɛt] *adj.* **1.** dispuesto, -ta; preparado, -da. ‖ *s. m.* **2.** préstamo [Le prêt d'un livre. *El préstamo de un libro.*]
prétendre [pʀetɑ̃dʀ] *v. tr.* **1.** (vouloir) pretender. ‖ *v. intr.* **2.** (ambitionner) aspirar.
prétendu, -ue [pʀetɑ̃dy] *adj.* supuesto, -ta (falso); presunto, -ta.
prétentieux, -euse [pʀetɑ̃sjø, -øz] *adj. et s. m. et f.* **1.** presuntuoso, -sa; pretencioso, -sa. **2.** (poseur) presumido, -da. **3.** (chichiteux) redicho, -cha.
prétention [pʀetɑ̃sjɔ̃] *s. f.* pretensión.
prêter [pʀete] *v. tr.* **1.** prestar; dejar [Prêter un livre. *Prestar un libro.*] **2.** prestar [Prêter attention. *Prestar atención.*] ‖ *v. intr.* **3.** dar de sí; darse de sí. ‖ **~ à** dar motivo a. **~ serment** jurar.
prêteur, -euse [pʀetœʀ, -øz] *s. m. et f.* prestamista.
prétexte [pʀetɛkst] *s. m.* pretexto.
prêtre [pʀɛtʀ] *s. m.* **1.** (qui a été ordonné) sacerdote. **2.** (curé) cura.
preuve [pʀœv] *s. f.* **1.** prueba. **2.** (témoignage) prueba. ‖ **faire ~ de** dar muestras de.
prévaloir [pʀevalwaʀ] *v. intr.* **1.** prevalecer. **2.** (prédominer) predominar.
prévenir [pʀev(ə)niʀ] *v. tr.* **1.** (accidents, maladies) prevenir. **2.** (mettre au courant) avisar. **3.** (alerter) alarmar. **4.** (devancer) anticiparse.
prévision [pʀevizjɔ̃] *s. f.* previsión.
prévoir [pʀevwaʀ] *v. tr.* prever.

prévu, -ue [prevy] *adj.* previsto, -ta.

prier [prije] *v. tr. et intr.* **1.** orar; rezar. ‖ *v. tr.* **2.** (demander) rogar; suplicar; pedir. ‖ **je vous en prie** (je t'en prie) os lo ruego. ǀ (demande polie) por favor.

prière [prijɛr] *s. f.* **1.** (religieuse) oración; plegaria; rezo *m.* **2.** (demande) ruego *m.*; súplica; demanda. ‖ **~ de** se ruega.

primaire [primɛr] *adj.* **1.** primario, -ria. ‖ *s. m.* **2.** (enseignement) primaria *f.*

prime[1] [prim] *adj., Math.* (lettre) primo, -ma [Le A prime. *La A prima.*]

prime[2] [prim] *s. f.* **1.** prima [Prime d'assurance. *Prima del seguro.*] **2.** (gratification, commission) prima.

primer [prime] *v. tr.* ser más importante que; tener preferencia sobre.

primeur [primœr] *s. f.* **1.** primicia. ‖ **primeurs** *s. f. pl.* **2.** (fruits) frutas tempranas. **3.** (légumes) verduras tempranas.

primitif, -ive [primitif, -iv] *adj. et s. m. et f.* primitivo, -va.

primo [primo] *adv.* primero; en primer lugar.

primordial, -le, -aux [primɔrdjal, -o] *adj.* primordial.

prince [prɛ̃s] *s. m.* príncipe.

princesse [prɛ̃sɛs] *s. f.* princesa.

principal, -le, -aux [prɛ̃sipal, -o] *adj.* principal.

principauté [prɛ̃sipote] *s. f.* principado *m.*

principe [prɛ̃sip] *s. m.* principio.

printemps [prɛ̃tɑ̃] *s. m.* primavera *f.* [Au printemps. *En primavera.*]

priorité [prijɔrite] *s. f.* prioridad.

pris, prise [pri, priz] *adj.* **1.** cogido, -da. ‖ *adj.* **2.** (occupé) ocupado, -da. ‖ **parti ~** idea preconcebida.

prise [priz] *s. f.* **1.** (d'une ville, d'un navire) toma. **2.** (d'un médicament) toma. **3.** (butin) botín *m.* **4.** (chasse, capture) presa. **5.** *Sport* (judo) presa; llave. **6.** *Électr.* enchufe *m.*; conexión; toma. **7.** *Ciné.* (vue, son) toma. **8.** (de possession, de parole) toma. ‖ **donner ~ à** dar pie a; dar motivo a. **~ de bec** altercado *m.*; agarrada. **~ de courant** enchufe *m.*

priser [prize] *v. tr.* (par le nez) tomar (por la nariz).

priseur, -euse [prizœr, -øz] *s. m. et f.* tasador, -ra.

prisme [prism] *s. m.* prisma.

prison [prizɔ̃] *s. f.* **1.** (cachot) cárcel; prisión. **2.** (pénitencier) penal *m.*

prisonnier, -ière [prizɔnje, -jɛr] *adj. et s. m. et f.* **1.** (captif) prisionero, -ra. **2.** (en prison) preso, -sa.

privation [privasjɔ̃] *s. f.* carencia; escasez.

privauté [privote] *s. f.* **1.** familiaridad; excesiva confianza. ‖ **privautés** *s. f. pl.* **2.** (liberté) libertades.

privé, -ée [prive] *adj.* **1.** privado, -da [Privé de la parole. *Privado de la palabra.*] **2.** particular; íntimo, -ma. ‖ *s. m.* **3.** intimidad *f.* [En son privé. *En la intimidad.*]

priver [prive] *v. tr.* **1.** privar. ‖ **se ~** *v. pr.* **2.** privarse de.

privilège [privilɛʒ] *s. m.* privilegio.

prix [pri] *s. m.* **1.** (coût) precio. **2.** (décerné) premio. **3.** *fig.* premio.

pro [pro] *prép.* pro; en pro de.

probabilité [prɔbabilite] *s. f.* probabilidad.

probable [prɔbabl] *adj.* probable.

probant, -te [prɔbɑ̃, -ɑ̃t] *adj.* concluyente. ‖ **pièce probante** prueba.

problème [prɔblɛm] *s. m.* problema.

procédé [prɔsede] *s. m.* **1.** (méthode) procedimiento; método. **2.** (façon d'agir) proceder.

procéder [pʀɔsede] *v. intr.* proceder.
procédure [pʀɔsedyʀ] *s. f.* **1.** *Dr.* (formalités juridiques) procedimiento *m.* **2.** (instruction) proceso *m.* **3.** enjuiciamiento *m.* [Code de procédure civile. *Ley de enjuiciamiento civil.*] **4.** *Techn.* proceso *m.*
procès [pʀɔsɛ] *s. m., Dr.* juicio.
procession [pʀɔsesjɔ̃] *s. f.* procesión.
processus [pʀɔsesys] *s. m.* proceso.
procès-verbal, -aux [pʀɔsɛvɛʀbal, -o] *s. m.* **1.** atestado. **2.** (d'une session) acta *f.*
prochain, -ne [pʀɔʃɛ̃, -ɛn] *adj.* **1.** (suivant) próximo, -ma; que viene [Vendredi prochain. *El viernes próximo.*] **2.** (proche) cercano, -na. ‖ *s. m.* **3.** prójimo, -ma. ‖ **à la prochaine!** ¡hasta la próxima!
proche [pʀɔʃ] *adj.* **1.** próximo, -ma; cercano, -na. ‖ **proches** *s. m. pl.* **2.** (parents) parientes. **3.** (entourage) allegados.
proclamer [pʀɔklame] *v. tr.* proclamar.
procréer [pʀɔkʀee] *v. tr.* procrear.
procurer [pʀɔkyʀe] *v. tr.* **1.** procurar; facilitar. **2.** (réussir à donner) conseguir. **3.** (le destin) deparar.
procureur [pʀɔkyʀœʀ] *s. m.* **1.** procurador. **2.** *Dr.* fiscal; abogado fiscal.
prodige [pʀɔdiʒ] *s. m.* prodigio; portento.
prodigieux, -euse [pʀɔdiʒjø, -øz] *adj.* prodigioso, -sa.
prodigue [pʀɔdig] *adj. et s. m. et f.* pródigo, -ga.
prodiguer [pʀɔdige] *v. tr.* prodigar.
producteur, -trice [pʀɔdyktœʀ, -tʀis] *adj. et s. m. et f.* productor, -ra.
production [pʀɔdyksjɔ̃] *s. f.* producción.
produire [pʀɔdɥiʀ] *v. tr.* **1.** producir. **2.** *Dr.* (une pièce, un document) presentar; mostrar. **3.** (être productif) rentar. ‖ **se ~** *v. pr.* **4.** producirse.
produit [pʀɔdɥi] *s. m.* producto.

profane [pʀɔfan] *adj. et s. m. et f.* profano, -na.
profaner [pʀɔfane] *v. tr.* profanar.
proférer [pʀɔfeʀe] *v. tr.* proferir.
professer [pʀɔfese] *v. tr.* profesar.
professeur [pʀɔfesœʀ] *s. m.* profesor, -ra.
profession [pʀɔfesjɔ̃] *s. f.* profesión.
professionnel, -elle [pʀɔfesjɔnɛl] *adj. et s. m. et f.* profesional.
profil [pʀɔfil] *s. m.* perfil.
profiler [pʀɔfile] *v. tr.* **1.** perfilar. ‖ *v. intr.* **2.** perfilar. ‖ **se ~** *v. pr.* **3.** perfilarse.
profit [pʀɔfi] *s. m.* **1.** (avantage, fruit) provecho. **2.** (d'une activité ou travail) ganancias *f. pl.*; beneficio. **3.** (intérêt d'une terre, d'un capital) interés. ‖ **au ~ de** en provecho de. **faire ~ de** (pour soi) utilizar en beneficio propio. **tirer ~** sacar provecho. beneficiarse.
profitable [pʀɔfitabl] *adj.* **1.** útil. **2.** (avantageux) provechoso; sa; beneficioso, -sa.
profiter [pʀɔfite] *v. intr.* **1.** (jouir de) disfrutar; gozar. **2.** (saisir) aprovechar [Profiter du moment, de l'occasion. *Aprovechar el momento, la ocasión.*] **3.** (tirer avantage) aprovechar; sacar provecho [Ils ont profité du séjour. *Han aprovechado la estancia.*] **4.** (apporter du profit) beneficiar [Cela profite à ma famille. *Esto beneficia a mi familia.*] **5.** (obtenir du profit) beneficiarse; sacar provecho. **6.** (abusivement) aprovecharse [Ils ont profité de son ignorance. *Se han aprovechado de su ignorancia.*] ‖ **en ~ pour** aprovechar para; aprovechar y *fam.* **ne pas ~** de desaprovechar.
profond, -de [pʀɔfɔ̃, -ɔ̃d] *adj.* profundo, -da; hondo, -da.
profondeur [pʀɔfɔ̃dœʀ] *s. f.* profundidad.

profusion [pʀɔfyzjɔ̃] s. f. **1.** profusión. **2.** (excès) derroche m.
progéniture [pʀɔʒenityʀ] s. f. prole.
programme [pʀɔgʀam] s. m. programa.
programmer [pʀɔgʀame] v. tr. programar.
progrès [pʀɔgʀɛ] s. m. **1.** progreso. **2.** (avancement) adelanto.
progresser [pʀɔgʀese] v. intr. **1.** progresar. **2.** (faire des progrès) adelantar.
progressif, -ive [pʀɔgʀesif, -iv] adj. **1.** progresivo, -va. **2.** (lent et graduel) paulatino, -na.
progressiste [pʀɔgʀesist] adj. et s. m. et f. progresista.
prohiber [pʀɔibe] v. tr., Dr. prohibir.
prohibition [pʀɔibisjɔ̃] s. f. prohibición.
proie [pʀwa] s. f. presa.
projecteur [pʀɔʒektœʀ] s. m. proyector.
projectile [pʀɔʒektil] s. m. proyectil.
projet [pʀɔʒɛ] s. m. **1.** proyecto. **2.** plan [Je n'ai pas de projet pour ce soir. No tengo planes para esta noche.] **3.** Impr. boceto.
projeter [pʀɔʒ(ə)te] v. tr. **1.** (envoyer, jeter) proyectar. **2.** (de la lumière, de la radiation) proyectar. **3.** (réaliser un projet pour) hacer un proyecto. **4.** (concevoir) planear; proyectar; idea.
prolétaire [pʀɔletɛʀ] adj. et s. m. et f. proletario, -ria.
prologue [pʀɔlɔg] s. m. prólogo; prefacio.
prolongement [pʀɔlɔ̃ʒmɑ̃] s. m. alargamiento.
prolonger [pʀɔlɔ̃ʒe] v. tr. prolongar.
promenade [pʀɔm(ə)nad] s. f. paseo m. ‖ **faire une ~** dar un paseo; dar una vuelta. **longue ~** caminata.
promener [pʀɔm(ə)ne] v. tr. **1.** pasear. ‖ **se ~** v. pr. **2.** pasear.

promenoir [pʀɔm(ə)nwaʀ] s. m. **1.** pasillo; paseo (cubierto). **2.** Théâtr. pasillo.
promesse [pʀɔmɛs] s. f. promesa.
promettre [pʀɔmɛtʀ] v. tr. et intr. prometer.
promotion [pʀɔmosjɔ̃] s. f. promoción.
promouvoir [pʀɔmuvwaʀ] v. tr. **1.** (favoriser) promover; promocionar. **2.** (élever à un rang supérieur) ascender; promocionar. **3.** (mettre en promotion) promocionar.
prompt, prompte [pʀɔ̃(pt), pʀɔ̃(p)t] adj. **1.** pronto, -ta [Il est prompt à décider. Él es pronto en sus decisiones.] **2.** (expéditif) expedito, -ta. **3.** (véloce) veloz. **4.** (rapide) pronto, -ta. **5.** (soudain, brusque) brusco, -ca. **6.** (bref) breve.
promu, -ue [pʀɔmy] adj. **1.** promocionado, -da. **2.** (à un grade ou rang supérieur) ascendido, -da. ‖ **être ~** ascender.
promulguer [pʀɔmylge] v. tr. promulgar.
pronom [pʀɔnɔ̃] s. m., Ling. pronombre.
prononcer [pʀɔnɔ̃se] v. tr. **1.** pronunciar. ‖ **se ~** v. pr. **2.** pronunciarse.
prononciation [pʀɔnɔ̃sjasjɔ̃] s. f. pronunciación.
pronostic [pʀɔnɔstik] s. m. pronóstico.
pronostiquer [pʀɔnɔstike] v. tr. pronosticar.
propagande [pʀɔpagɑ̃d] s. f. propaganda.
propager [pʀɔpaʒe] v. tr. **1.** propagar. **2.** (divulguer) difundir. ‖ **se ~** v. pr. **3.** extenderse; cundir; propagarse [La nouvelle s'est propagée; la panique s'est propagée. La noticia se ha extendido; ha cundido el pánico.] **4.** (la lumière, les ondes) propagarse.
proparoxyton [pʀɔpaʀɔksitɔ̃] adj. et s. m. esdrújulo, -la.
prophète, prophétesse [pʀɔfɛt, pʀɔfetɛs] s. m. et f. profeta.

prophétie [pʀɔfesi] s. f. profecía.
prophétiser [pʀɔfetize] v. tr. profetizar.
propice [pʀɔpis] adj. propicio, -cia.
proportion [pʀɔpɔʀsjɔ̃] s. f. proporción.
proportionner [pʀɔpɔʀsjɔne] v. tr. proporcionar (poner en proporción).
propos [pʀɔpo] s. m. **1.** (dessein) propósito; intención f. ‖ s. m. pl. **2.** (discours) palabras f.; declaración f. ‖ à ~ a propósito; por cierto. | (opportunément) de perilla. **à ~ de** (en ce qui concerne) respecto a. | (au sujet de) a propósito de; en torno a.
proposer [pʀɔpoze] v. tr. proponer.
proposition [pʀɔpozisjɔ̃] s. f. proposición; propuesta.
propre [pʀɔpʀ] adj. **1.** propio, -pia. **2.** (nettoyé, soigné) limpio, -pia. **3.** (soigneux) pulcro, -cra. ‖ **au ~** en sentido propio. **~ à** propio de. **~ à rien** desastre; trasto. **sens ~** sentido propio.
propreté [pʀɔpʀ(ə)te] s. f. **1.** limpieza. **2.** (toilette) aseo m. **3.** (hygiène) higiene.
propriétaire [pʀɔpʀijetɛʀ] adj. et s. m. et f. **1.** propietario, -ria. ‖ s. m. et f. **2.** (de la maison que l'on loue) casero, -ra. **3.** (maître) dueño, -ña; amo, -ma.
propriété [pʀɔpʀijete] s. f. propiedad.
propulser [pʀɔpylse] v. tr. propulsar.
prorogation [pʀɔʀɔgasjɔ̃] s. f. prórroga.
proroger [pʀɔʀɔʒe] v. tr. **1.** (accorder un délai) dar una prórroga. **2.** (prolonger) prorrogar.
proscrire [pʀɔskʀiʀ] v. tr. proscribir.
prose [pʀoz] s. f. prosa.
prospecter [pʀɔspɛkte] v. tr. (une région, un marché) explorar.
prospectus [pʀɔspɛktys] s. m. prospecto.
prospère [pʀɔspɛʀ] adj. próspero, -ra.
prospérer [pʀɔspeʀe] v. intr. prosperar.
prospérité [pʀɔspeʀite] s. f. prosperidad.

prostitué, -ée [pʀɔstitye] s. m. et f. prostituto, -ta; puto, -ta.
prostitution [pʀɔstitysjɔ̃] s. f. prostitución.
protagoniste [pʀɔtagɔnist] s. m. protagonista.
protecteur, -trice [pʀɔtɛktœʀ, -tʀis] adj. et s. m. et f. **1.** protector, -ra. **2.** (personne qui protège) padrino m.
protection [pʀɔtɛksjɔ̃] s. f. protección.
protéger [pʀɔteʒe] v. tr. **1.** proteger. ‖ **se ~** v. pr. **2.** protegerse.
protéine [pʀɔtein] s. f. proteína.
protestant, -te [pʀɔtɛstɑ̃, -ɑ̃t] adj. et s. m. et f., Rel. protestante.
protestation [pʀɔtɛstasjɔ̃] s. f. protesta.
protester [pʀɔtɛste] v. tr. et intr. protestar.
prothèse [pʀɔtɛz] s. f., Méd. prótesis.
protocole [pʀɔtɔkɔl] s. m. protocolo.
prototype [pʀɔtɔtip] s. m. prototipo.
proue [pʀu] s. f. proa.
prouesse [pʀuɛs] s. f. proeza; hazaña.
prouver [pʀuve] v. tr. **1.** probar; demostrar. **2.** (témoigner, être signe de) testimoniar; atestiguar.
provenance [pʀɔv(ə)nɑ̃s] s. f. procedencia.
provençal, -le, -aux [pʀɔvɑ̃sal, -o] adj. **1.** (de la Provence) provenzal. ‖ **Provençal, -le** s. m. et f. **2.** provenzal.
provenir [pʀɔv(ə)niʀ] v. intr. **1.** proceder; provenir. **2.** venir [L'odeur provient de la poubelle. *El olor viene de la basura.*]
proverbe [pʀɔvɛʀb] s. m. proverbio.
providence [pʀɔvidɑ̃s] s. f. providencia.
province [pʀɔvɛ̃s] s. f. provincia.
provision [pʀɔvizjɔ̃] s. f. **1.** provisión; abastecimiento m. **2.** (en réserve) re-

puesto *m.* [Provision de papier. *Reserva de papel.*] **3.** (acompte) adelanto *m.* || **provisions** *s. f. pl.* **4.** (approvisionnement) provisiones. **5.** (stock d'aliments) despensa *sing.* || **chèque sans ~** cheque sin fondos. **placard à provisions** despensa *f.*

provisionnel, -elle [pʀɔvizjɔnɛl] *adj. Dr.* provisional.

provisoire [pʀɔvizwaʀ] *adj.* provisional.

provocant, -te [pʀɔvɔkɑ̃, -ɑ̃t] *adj.* provocativo, -va.

provocateur, -trice [pʀɔvɔkatœʀ, -tʀis] *adj. et s. m. et f.* provocador, -ra.

provoquer [pʀɔvɔke] *v. tr.* provocar.

prudence [pʀydɑ̃s] *s. f.* prudencia.

prudent, -te [pʀydɑ̃, -ɑ̃t] *adj. et s. m. et f.* prudente.

prune [pʀyn] *s. f.* ciruela.

prunelle [pʀynɛl] *s. f.* (pupille de l'œil) pupila; niña (del ojo).

prunier [pʀynje] *s. m., Bot.* ciruelo.

psaume [psom] *s. m., Rel.* salmo.

pseudonyme [psødɔnim] *adj. et s. m.* seudónimo, -ma.

psora [psɔʀa] *s. f.* (gale) sarna.

psychiatre [psikjatʀ] *s. m.* psiquiatra.

psychiatrie [psikjatʀi] *s. f., Méd.* psiquiatría.

psychologie [psikɔlɔʒi] *s. f.* psicología.

puant, -te [pɥɑ̃, -ɑ̃t] *adj.* hediondo, -da.

puanteur [pɥɑ̃tœʀ] *s. f.* hedor *m.*; peste.

pub [pyb] *s. f.* (publicité) **1.** publicidad. **2.** *fam.* anuncio *m.*

puberté [pybɛʀte] *s. f.* pubertad.

pubis [pybis] *s. m., Anat.* pubis.

public, -ique [pyblik] *adj.* **1.** público, -ca. || *s. m.* **2.** público.

publication [pyblikasjɔ̃] *s. f.* **1.** publicación. **2.** (édition) edición.

publicitaire [pyblisitɛʀ] *adj.* publicitario, -ria.

publicité [pyblisite] *s. f.* **1.** publicidad. **2.** anuncio *m.* [Écouter une publicité à la radio. *Oír un anuncio en la radio.*] **3.** (brochures, dépliants distribués) propaganda.

publier [pyblije] *v. tr.* publicar.

puce [pys] *s. f., Zool.* pulga. || **avoir la ~ à l'oreille** mosquearse. **mettre la ~ à l'oreille** mosquear.

puceron [pys(ə)ʀɔ̃] *s. m., Zool.* pulgón.

pudeur [pydœʀ] *s. f.* pudor *m.*

puer [pɥe] *v. tr. et intr.* **1.** apestar; atufar. || *v. intr.* **2.** apestar [Ça pue. *Apesta.*]

puéril, -le [pɥeʀil] *adj.* pueril.

puis [pɥi] *adv.* **1.** después [Je suis arrivée à la maison. Puis j'ai dîné et puis je me suis couché. *Llegué a casa. Después cené y luego me acosté.*] **2.** luego; a continuación [Mettez tout dans le four, puis attendez vingt minutes. *Ponga todo en el horno, a continuación espere veinte minutos.*] **3.** (parcours visuel) después; luego; a continuación [Il y a un parc et puis un lac. *Hay un parque y luego un lago.*] **4.** (coordination) y [Il a chanté une chanson, puis une autre, puis une autre. *Cantó una canción y otra y otra.*] || **et ~** además.

puiser [pɥize] *v. tr. et intr.* sacar; tomar.

puisque [pɥisk(ə)] *conj.* **1.** puesto que; ya que. **2.** pues [Je ne lui ai encore rien dit, puisque je viens d'arriver. *No le he dicho nada, pues acabo de llegar.*] **3.** cuando [Puisqu'il le dit cela doit être vrai. *Cuando él lo dice será verdad.*] **4.** (dans les exclamations) ya que [Puisque tu le dis. *Ya que tú lo dices.*]

puissance [pɥisɑ̃s] *s. f.* **1.** poder *m.*; poderío *m.* **2.** (domination, pouvoir) fuer-

za. **3.** (pays) potencia. **4.** potencia [En puissance. *En potencia*.]
puissant, -te [pɥisã, -ãt] *adj.* **1.** (qui a de la force, de l'énergie) poderoso, -sa [Puissantes raisons. *Poderosas razones*.] **2.** (influent) poderoso, -sa. **3.** (machines, remèdes) potente [Poderoso remedio. *Remedio poderoso*.]
puits [pɥi] *s. m.* pozo.
pull [pyl] *s. m.* **1.** jersey. **2.** (d'entraînement) sudadera *f.*
pull-over [pylɔvɛʀ] *s. m.* jersey.
pulpe [pylp] *s. f.* **1.** (fruits) pulpa. **2.** (dentaire) bulbo *m.*
pulvériser [pylveʀize] *v. tr.* pulverizar.
puma [pyma] *s. m., Zool.* puma.
punaise [pynɛz] *s. f.* **1.** *Zool.* (insecte) chinche. **2.** (petit clou) chincheta.
punch [pɔ̃ʃ] *s. m.* ponche.
punir [pyniʀ] *v. tr.* castigar.
punition [pynisjɔ̃] *s. f.* **1.** castigo *m.* **2.** (leçon) escarmiento *m.*
pupille [pypil] *s. f.* (de l'œil) pupila; niña.
pupitre [pypitʀ] *s. m.* pupitre. ǁ **~ à musique** atril.
pur, -re [pyʀ] *adj.* puro, -ra.
purée [pyʀe] *s. f.* **1.** (de légumes) puré *m.* **2.** (de pommes de terre) puré de patatas.

pureté [pyʀte] *s. f.* pureza.
purgatif, -ive [pyʀgatif, -iv] *adj.* purgante. ǁ *s. m.* **2.** purgante.
purgation [pyʀgasjɔ̃] *s. f.* purga.
purgatoire [pyʀgatwaʀ] *s. m.* purgatorio.
purge [pyʀʒ] *s. f.* **1.** (action de purger) purga. **2.** (remède purgatif) purgante *m.*
purger [pyʀʒe] *v. tr.* **1.** purgar. **2.** (les intestins) evacuar. **3.** *fig.* expiar; purgar.
purification [pyʀifikasjɔ̃] *s. f.* purificación.
purifier [pyʀifje] *v. tr.* purificar.
pur-sang [pyʀsã] *s. m. inv.* pura sangre.
pus [py] *s. m.* pus.
putain [pytɛ̃] *s. f.* **1.** puta; prostituta. ǁ **putain!** *in. erj., vulg.* **2.** ¡coño! *vulg.*; ¡mierda! *vulg.*; ¡joder! *vulg.*; vulgo culo.
putréfaction [pytʀefaksjɔ̃] *s. f.* putrefacción.
putréfié, -ée [pytʀefje] *adj.* descompuesto, -ta.
putréfier [pytʀefje] *v. tr.* **1.** pudrir. ǁ **se ~** *v. tr.* **2.** pudrirse.
puy [pɥi] *s. m.* monte (en topónimos).
puzzle [pœzl] *s. m.* puzle; rompecabezas.
pyjama [piʒama] *s. m.* pijama.
pylône [pilon] *s. m., Arch.* pilón.
pyramide [piʀamid] *s. f.* pirámide.

Q

q [ky] *s. m.* q.
qu' [k] *pron. rel.* °que. ‖ *conj.* °que. •Delante de vocal se produce la elisión de la "e" de "que".
quadrangulaire [k(w)adʀɑ̃gylɛʀ] *adj.* cuadrangular.
quadrant [kadʀɑ̃] *s. m.* cuadrante.
quadrilatère [k(w)adʀilatɛʀ] *adj. et s. m.* cuadrilátero, -ra.
quadrillage [kadʀijaʒ] *s. m.* cuadrícula *f.*
quadrupède [k(w)adʀyped] *adj. et s. m. et f.* cuadrúpedo, -da.
quadruple [kwadʀypl] *adj.* cuádruple.
quai [ke] *s. m.* 1. (chemin de fer) andén. 2. (port) muelle.
qualificatif, -ive [kalifikatif, -iv] *adj. et s. m.* calificativo, -va.
qualification [kalifikasjɔ̃] *s. f.* 1. calificación. 2. (pour une épreuve sportive) puntuación.
qualifier [kalifje] *v. tr.* 1. calificar. ‖ **se ~** *v. pr.* 2. *Sport* calificarse.
qualité [kalite] *s. f.* 1. (excellence) calidad. 2. (propriété caractéristique) cualidad. ‖ **en ~ de** con carácter de.
quand [kɑ̃] *adv. int.* 1. cuándo [Quand finira-t-il? *¿Cuándo acabará?*] ‖ *adv. excl.* 2. cuándo. ‖ *conj.* 3. cuando. 4. (au moment où) al; en el momento en que. ‖ **~ même** de todas formas.
quant à [kɑ̃ta] *loc. prép.* en cuanto a.
quantité [kɑ̃tite] *s. f.* cantidad.
quarantaine [kaʀɑ̃tɛn] *s. f.* cuarentena.
quarante [kaʀɑ̃t] *adj. et pron.* 1. cuarenta [Il en a quarante. *Tiene cuarenta.*] ‖ *s. m.* 2. cuarenta.

quart [kaʀ] *s. m.* 1. cuarto (cuarta parte) [Un quart d'heure. *Un cuarto de hora.*] 2. *Mar.* cuadrante. ‖ **mauvais ~ d'heure** mal trago.
quartier [kaʀtje] *s. m.* 1. (quart) cuarto (cuarta parte). 2. (d'une ville) barrio. 3. (d'une orange) gajo. 4. (caserne) cuartel [Quartier général. *Cuartel general.*] ‖ **dernier ~** cuarto menguante. **premier ~** cuarto creciente.
quartz [kwaʀts] *s. m.* cuarzo.
quasiment [kazimɑ̃] *adv., fam.* casi.
quatorze [katɔʀz] *adj. et pron.* 1. catorce. ‖ *s. m.* 2. catorce.
quatre [katʀ] *adj. et pron.* 1. cuatro. ‖ *s. m.* 2. cuatro. ‖ **~ cents** cuatrocientos, -tas. •Sólo las centenas simples utilizan "cents": quatre cents; quatre cent vingt.
quatre-vingt-dix [katʀ(ə)vɛ̃dis] *adj. et pron.* 1. noventa. ‖ *s. m.* 2. noventa [Quatre-vingt-treize. *Noventa y tres.*]
quatre-vingts [katʀ(ə)vɛ̃] *adj. et pron.* 1. ochenta. ‖ *s. m.* 2. ochenta. •En los compuestos se utiliza "quatre-vingt": quatre-vingt-deux.
quatrième [katʀijɛm] *adj. et pron.* 1. (ordinal) cuarto, -ta. ‖ *adj.* 2. (fractionnaire) cuarto, -ta.
que [k(ə)] *pron. rel.* 1. que [L'homme que tu vois. *El hombre que ves.*] 2. quien (personnes) [Les enfants que tu vois. *Los niños a quienes ves.*] ‖ *conj.* 3. que [Il veut que tu parles. *Quiere que hables.*] ‖ *pron. int.* 4. qué [Que dis-tu? *¿Qué dices?*] ‖ *adv. excl.* 5. (+adj.) qué [Qu'il est grand! *¡Qué grande es!*] 6. cuánto [Qu'il a grandi! *¡Cuánto ha crecido!*] ‖ **c'est ...** (manière) es ... como. | (temps) es ... cuando. | (lieu) es ... donde. | (personnes) es ... quien; es ... el que. | (chose) es ... lo que. **ne ... ~** (seulement) no ... más que [Je n'ai lu que quatre feuilles. *No he*

leído más que cuatro hojas.] **qu'est-ce ~ que** [*Qu'est-ce que tu veux? ¿Qué quieres?*] **~ de** cuánto; -ta [*Que de bêtises! ¡Cuántas tonterías!*]

quechua [ketʃwa] *adj. et s. m.* quechua.

quel, -elle [kɛl] *adj. int.* **1.** qué; cuál *Amér.* [*De quel parent tu parles? ¿De qué pariente hablas?*] || *pron. int.* **2.** cuál [*Quel est ton meilleur ami? ¿Cuál es tu mejor amigo?*] || *adj. excl.* **3.** qué; menudo, -da [*Quels prix! ¡Qué precios!*]

quelconque [kɛlkɔ̃k] *adj. indéf.* cualquiera (après le nom); cualquier (devant le nom) [*Un homme quelconque. Un hombre cualquiera / Cualquier hombre.*]

quelque [k(ə)lk(ə)] *adj. indéf.* **1.** algún, -guna [*As-tu quelque chien? ¿Tienes algún perro?*] **2.** (un peu de) algo de [*Avec quelque retard. Con algún retraso.*] || *adv. inv.* **3.** cerca de; unos, -nas [*Quelque cent mètres. Unos cien metros.*] || **quelques** *adj. indéf. pl.* **4.** unos cuantos; algunos [*Quelques années auparavant. Unos años antes.*] || **ça c'est ~ chose!** (admiration) ¡eso sí que es bueno! **et quelques** y pico. **~ chose de** (+adj.) algo [*C'est quelque chose de bon. Es algo bueno.*] **~ part** en alguna parte; en algún sitio. •"Alguno" devient "algún" devant s. m. sing.

quelquefois [kɛlk(ə)fwa] *adv.* algunas veces; a veces.

quelques-uns, -unes [kɛlk(ə)zœ̃, -yn] *pron. indéf. pl.* algunos, -nas; varios, -rias; unos cuantos, -tas [*Tengo algunas. J'en ai quelques-unes.*] || **~ de** (quelques) ciertos, -tas [*Quelques-unes de tes amies. Ciertas amigas tuyas.*]

quelqu'un, -une [kɛlkœ̃, -yn] *pron. indéf.* (une personne) alguien.

quéquette [kekɛt] *s. f., fam.* pilila.

querelle [k(ə)Rɛl] *s. f.* **1.** disputa; riña. **2.** bronca; camorra [*Chercher querelle. Buscar camorra.*]

question [kɛstjɔ̃] *s. f.* **1.** (interrogation) pregunta. **2.** (sujet) cosa; cuestión; asunto *m.* **3.** (problème) problema. **4.** (énigme) interrogante *m.* ou *f.* || **mis en ~** en tela de juicio. **pas ~ !** ¡ni hablar!; ¡de eso nada! **pas ~ de** nada de [*Pas question de se plaindre! ¡Nada de quejas!*]

questionnaire [kɛstijɔnɛR] *s. m.* cuestionario.

questionner [kɛstjɔne] *v. tr.* interrogar; preguntar.

quête [kɛt] *s. f.* **1.** (collecte) colecta. **2.** busca [*En quête de. En busca de.*]

quêter [kete] *v. tr.* **1.** buscar. || *v. intr.* **2.** (à l'église) hacer la colecta.

queue [kø] *s. f.* **1.** (d'un animal) cola; rabo *m.* **2.** (de cheveux) coleta. **3.** (d'une robe, d'un avion, d'un cerf-volant, d'un piano) cola. **4.** (d'une casserole) mango *m.* **5.** (de billard) taco *m.* || **faire la ~** hacer la cola.

qui [ki] *pron. rel.* **1.** quien; el que [*Qui peut le plus. El que más puede.*] **2.** que [*L'homme qui est sorti. El hombre que salió.*] **3.** (précédé d'une préposition) el que; el cual; quien [*L'homme à qui tu as demandé l'heure. El hombre al que preguntaste la hora.*] || *pron. int.* **4.** quién [*Qui sonne? ¿Quién llama?*] **5.** a quién [*Qui attendez-vous? ¿A quién esperas?*] || *pron. excl.* **6.** quién. || **à ~** (auquel) a quien (seulement personnes); al cual; al que. **c'est ... ~** (mise en relief) es ... quien; el que [*C'est moi qui ai chanté. Soy yo quien / el que ha cantado.*] **~ que ce soit** sea quien sea; cualquiera.

quiconque [kikɔ̃k] *pron. rel.* **1.** quienquiera que; cualquiera que (personas). **2.** (personne) cualquiera [Il est mieux que quiconque. *Él es mejor que cualquiera.*]

quiétude [kjetyd] *s. f.* quietud; sosiego *m.*

quille [kij] *s. f.* **1.** *Jeux* bolo *m.* **2.** *Mar.* (d'un bateau) quilla.

quincaillerie [kɛ̃kajʀi] *s. f.* **1.** (magasin) ferretería; quincallería. **2.** *fam.* (objets de métal) chatarra. **3.** *fam.* (bijoux) bisutería mala.

quinquennalité [kɛ̃kenalite] *s. f.* quinquenio *m.* (período de mandato).

quinquennat [kɛ̃kena] *s. m.* quinquenio (período de mandato).

quint, quinte [kɛ̃, kɛ̃t] *adj., p. us* **1.** (ordinal) quinto, -ta [Charles V (quint). *Carlos V (quinto).*] ‖ *s. m.* **2.** (cinquième partie) quinto. • Uso restringido a algunos reyes y personajes: *le pape Sixte-Quint* y a algunas expresiones.

quinte [kɛ̃t] *s. f.* **1.** acceso *m.* [Quinte de toux. *Acceso de tos.*] **2.** *Sport* (escrime) quinta.

quinzaine [kɛ̃zɛn] *s. f.* quincena.

quinze [kɛ̃z] *adj. et pron.* **1.** quince. ‖ *s. m.* **2.** quince.

quittance [kitɑ̃s] *s. f.* recibo *m.*; carta de pago.

quitte [kit] *adj.* **1.** (libéré) libre [Il est quitte de sa dette, de sa promesse. *Está libre de su deuda, de su promesa.*] **2.** *Dr.* (exonéré) exento, -ta. ‖ **être ~** (envers qqun) estar en paz (con alguien). **~ à** aun a riesgo de [Il faut continuer, quitte à rester coincés. *Hay que continuar, aun a riesgo de quedarnos bloqueados.*]

quitter [kite] *v. tr.* **1.** dejar; abandonar. **2.** (dépasser les limites) salir; salirse [Quitter la route. *Salir de la carretera.*] ‖ *v. intr.* **3.** (au téléphone) retirarse [Ne quittez pas, je vous le passe. *No se retire, le paso con él.*] ‖ **se ~** *v. pr.* **4.** (se séparer) separarse.

quoi [kwa] *pron. rel.* **1.** (précédé d'une préposition) (cosas) que; lo que; lo cual [C'est quelque chose à quoi je pense tous les jours. *En algo en lo que pienso todos los días.*] ‖ *pron. int.* **2.** *fam.* (se coloca al final de la frase o en interrogativas indirectas) qué [Il a dit quoi? *¿Qué ha dicho?*] ‖ **quoi!** *interj.* **3.** *fam.* ¡cómo!; ¡qué! ‖ **à ~ bon?** ¿para qué? **à ~ bon?** [À quoi bon discuter avec lui? *¿Para qué discutir con él? ¿Qué más da?*] **il y a de ~** no es para menos. **~ qu'il en soit** sea lo que sea; sea como sea.

quoique [kwak(ə)] *conj.* aunque; si bien.

quote-part [kɔtpaʀ] *s. f.* (part) cuota; parte proporcional.

quotidien, -enne [kɔtidjɛ̃, -ɛn] *adj.* **1.** cotidiano, -na; diario, -ria. ‖ *s. m.* **2.** diario; periódico.

quotient [kɔsjɑ̃] *s. m.* cociente.

R

r [ɛʀ] *s. m.* r *f.*

rabais [ʀabɛ] *s. m.* rebaja *f.*; descuento. || **faire un ~ de** rebajar. **mettre en ~** rebajar.

rabaisser [ʀabese] *v. tr.* rebajar [Rabaisser l'homme au niveau des animaux. *Rebajar al hombre al nivel de los animales.*]

rabat [ʀaba] *s. m.* solapa *f.* (de un libro, de un sobre).

rabat-joie [ʀabaʒwa] *adj. et s. m. inv.* aguafiestas.

rabatteur [ʀabatœʀ, -øz] *s. m., fam.* (pour attirer les clients) gancho.

rabattre [ʀabatʀ] *v. tr.* **1.** (faire redescendre) bajar. **2.** (replier, refermer) plegar [Rabattre un siège. *Plegar un asiento.*] **3.** (de haut en bas) abatir [Rabattre le capot de la voiture. *Abatir el capó del coche.*] **4.** (le gibier) ojear. || **se ~** *v. pr.* **5.** (changer brusquement de voie) desviarse. **6.** (accepter) conformarse; aceptar.

rabot [ʀabo] *s. m., Techn.* cepillo.

raboter [ʀabɔte] *v. tr.* **1.** (le bois) cepillar (la madera). **2.** (le parquet) acuchillar.

rabougrir, se [ʀabugʀiʀ] *v. pr.* encogerse.

rabrouer [ʀabʀue] *v. tr.* **1.** (gronder) regañar. **2.** (traiter avec brusquerie) tratar con aspereza. **3.** (envoyer promener) mandar a paseo.

racaille [ʀakaj] *s. f.* (rebut de la société) chusma; gentuza; escoria.

raccommodage [ʀakɔmɔdaʒ] *s. m.* **1.** (action de raccommoder) remiendo. **2.** (pièce) pieza *f.*

raccommoder [ʀakɔmɔde] *v. tr.* **1.** (rapiécer) remendar. **2.** (repriser) zurcir. **3.** *fig.* (réconcilier) reconciliar. || **se ~** *v. pr.* **4.** (se réconcilier) reconciliarse; hacer las paces.

raccompagner [ʀakɔ̃paɲe] *v. tr.* acompañar; despedir (visitas).

raccord [ʀakɔʀ] *s. m.* **1.** *Techn.* manguito. **2.** (remette du fard) retoque (en el maquillaje).

raccorder [ʀakɔʀde] *v. tr.* **1.** (joindre par un raccord) empalmar; enlazar. **2.** *Électr.* conectar; enchufar.

raccourci [ʀakuʀsi] *s. m.* (d'un chemin) atajo.

raccourcir [ʀakuʀsiʀ] *v. tr.* **1.** acortar. **2.** (un délai) abreviar. || *v. intr.* **3.** (devenir plus court) acortarse. **4.** (couper chemin) atajar.

raccrocher [ʀakʀɔʃe] *v. tr.* **1.** (le téléphone) colgar. **2.** (attraper ce qui s'échappe) coger. **3.** (un tableau) volver a colgar. **4.** (une remorque) volver a enganchar.

race [ʀas] *s. f.* raza.

racé, -ée [ʀase] *adj.* (animal) de raza.

rachat [ʀaʃa] *s. m.* **1.** *Dr.* indulto. **2.** (délivrance) rescate. **3.** (expiation, salut) redención *f.*

racheter [ʀaʃ(ə)te] *v. tr.* **1.** redimir. **2.** (acheter de nouveau) comprar de nuevo.

rachitique [ʀaʃitik] *adj. et s. m. et f.* raquítico, -ca.

racial, -le, -aux [ʀasjal, -o] *adj.* racial.

racine [ʀasin] *s. f.* **1.** raíz. **2.** *fig.* raíz; origen *m.*

racisme [ʀasism] *s. m.* racismo.

raciste [ʀasist] *adj. et s. m. et f.* racista.

raclée [ʀakle] *s. f., fam.* tunda; zurra.

racler [ʀakle] *v. tr.* raspar; raer. || **se ~ la gorge** aclararse la voz.

raconté, -ée [ʀakɔ̃te] *adj.* contado, -da.

raconter [ʀakɔ̃te] *v. tr.* (une histoire, une blague) contar [C'est lui qui m'a racontó

ce qui lui était arrivé. *Es él quien me contó lo que le había pasado.*]

radar [Radar] *s. m.* radar.

rade [Rad] *s. f.* ensenada; bahía.

radeau [Rado] *s. m.* balsa *f.* (de maderos).

radiateur [Radjatœr] *s. m.* radiador.

radiation [Radjasjɔ̃] *s. f.* **1.** (énergie) radiación. **2.** (d'une liste) supresión.

radical, -le, -aux [Radikal, -o] *adj. et s. m.* radical.

radieux, -euse [Radjø, -øz] *adj.* **1.** (rayonnant, brillant) radiante [Soleil radieux. *Sol radiante.*] **2.** *fig.* radiante [Radieux de joie. *Radiante de alegría.*]

radin, -ne [Radɛ̃, -in] *adj. et s. m. et f., fam.* tacaño, -ña; rácano, -na; roñica.

radio [Radjo] *s. f.* **1.** (poste) radio. **2.** (radiophonie) radio. **3.** (radiographie) radio.

radioactif, -ive [Radjoaktif, -iv] *adj.* radiactivo, -va.

radioactivité [Radjoaktivite] *s. f.* radiactividad.

radioamateur [Radjoamatœr] *s. m.* radioaficionado, -da.

radiocassette [Radjokaset] *s. f.* radiocasete *m.*

radiodiffuser [Radjodifyze] *v. tr.* radiar.

radiographie [Radjografi] *s. f.* radiografía.

radis [Radi] *s. m., Bot.* rábano.

radium [Radjɔm] *s. m.* radio.

radius [Radjys] *s. m., Anat.* radio.

radoter [Radote] *v. intr.* **1.** chochear. **2.** (rabâcher) repetirse.

radoteur, -euse [Radotœr, -øz] *adj.* chocho, -cha.

radoucir [Radusir] *v. tr.* **1.** (la température, le climat) suavizar. ‖ **se ~** *v. pr.* **2.** suavizarse.

rafale [Rafal] *s. f.* (de vent) ráfaga; racha.

raffermir [Rafɛrmir] *v. tr.* fortalecer.

raffinage [Rafinaʒ] *s. m.* (pétrole) refinado.

raffiné, -ée [Rafine] *adj.* **1.** (sucre) refinado, -da. **2.** *fig.* (manières) refinado, -da.

raffiner [Rafine] *v. tr., Techn.* (un produit, du sucre, du papier) refinar.

raffinerie [Rafinri] *s. f.* refinería.

raffoler de [Rafɔled(ə)] *v. intr., fam.* estar loco por.

rafistoler [Rafistɔle] *v. tr., fam.* remendar.

rafler [Rafle] *v. tr., fam.* saquear; llevarse.

rafraîchir [Rafreʃir] *v. tr.* **1.** refrescar. **2.** (la mémoire) refrescar. ‖ **se ~** *v. pr.* **3.** (le temps) refrescar. **4.** (boire un rafraîchissement) tomar un refresco.

rafraîchissement [Rafreʃismã] *s. m.* (boissons) refresco; refrigerio.

rage [Raʒ] *s. f.* **1.** rabia. **2.** dolor *m.* [Rage de dents. *Dolor de muelas.*] **3.** *Méd.* rabia.

rager [Raʒe] *v. intr., fam.* rabiar; irritarse.

ragot [Rago] *s. m., fam.* chisme.

ragoût [Ragu] *s. m.* (mets) guiso; guisado; menestra *f.*

raide [Rɛd] *adj.* **1.** (rigide) rígido, -da; tieso, -sa. **2.** (tendu) tenso, -sa; tirante. **3.** (un chemin) empinado, -da. **4.** (les cheveux) lacio, -cia. **5.** *fig. et fam.* (sans le sou) pelado, -da.

raideur [Rɛdœr] *s. f.* rigidez.

raidir [Rɛdir] *v. tr.* **1.** (tendre) estirar. **2.** (un muscle) agarrotar. **3.** (durcir) endurecer. ‖ **se ~** *v. pr.* **4.** ponerse rígido. **5.** agarrotarse.

raie [Rɛ] *s. f.* raya.

rail, -ails [Raj] *s. m.* riel; raíl; carril.

railler [Raje] *v. tr., litt.* burlarse; escarnecer.

raillerie [Rajri] *s. f.* burla; mofa.

rainure [Rɛnyr] *s. f.* ranura.

raisin [Rɛzɛ̃] *s. m.* uva *f.* ‖ **~ sec** pasa *f.*; uva pasa.

raison [REzɔ̃] *s. f.* **1.** razón. **2.** (cause) motivo; razón; causa. ‖ **en ~ de** en virtud de. **~ sociale** firma.

raisonnable [REzɔnabl] *adj.* razonable.

raisonnement [REzɔnmɑ̃] *s. m.* (construction logique) razonamiento.

raisonner [REzɔne] *v. intr.* **1.** razonar. ‖ *v. tr.* **2.** (une idée) razonar; fundamentar. **3.** (qqun) hacer entrar en razón.

rajeunir [RaʒœniR] *v. tr. et intr.* **1.** rejuvenecer. **2.** (renaître) renacer. **3.** (une installation, une tradition) remozar.

rajouter [Raʒute] *v. tr.* añadir.

ralenti [Ralɑ̃ti] *s. m.* ralentí. ‖ **au ~** *Ciné.* a cámara lenta.

ralentir [Ralɑ̃tiR] *v. tr.* **1.** (la vitesse) moderar; disminuir; aflojar; aminorar. **2.** (retarder) retrasar. ‖ *v. intr.* **3.** frenar; moderar la marcha.

râler [Rɑle] *v. intr.* **1.** jadear (agonizar). **2.** (protester) despotricar.

râleur, -euse [RɑlœR, -øz] *adj. et s. m. et f., fam.* quejica (protestón).

rallier [Ralje] *v. tr.* **1.** (ce qui est épars) reunir. **2.** *fig.* ganar; captar [Il a rallié plusieurs amis à sa cause. *Ha ganado varios amigos para su causa.*] ‖ **se ~** *v. pr.* **3.** (les troupes) reunirse. **4.** (adhérer à une opinion) adherirse.

rallonge [Ralɔ̃ʒ] *s. f.* **1.** *Électr.* alargador *m.* **2.** (d'une table) larguero *m.*

rallonger [Ralɔ̃ʒe] *v. tr.* **1.** alargar. ‖ *v. intr.* **2.** (les jours) hacerse largo; alargarse.

rallumer [Ralyme] *v. tr.* **1.** volver a encender. **2.** *fig.* avivar; reanimar.

rallye [Rali] *s. m., Sport* rally.

ramasser [Ramɑse] *v. tr.* **1.** recoger. **2.** (réunir, regrouper) reunir [Ramasser ses forces. *Reunir fuerzas.*]

rame [Ram] *s. f.* **1.** *Mar.* remo *m.* **2.** (convoi du métropolitain) convoy *m.*; unidad; tren *m.*

ramener [Ram(ə)ne] *v. tr.* **1.** (amener de nouveau) volver a llevar. **2.** (faire revenir qqun) volver a traer [Ramène-moi ton fils lorsque tu voudras. *Vuelve a traerme a tu hijo cuando quieras.*] **3.** (raccompagner) llevar [Ramène-moi à la maison. *Llévame a casa.*] **4.** *fam.* (rapporter) traer [Il m'a ramené le parapluie que j'ai oublié chez lui. *Me trajo el paraguas que olvidé en su casa.*] **5.** *fig.* (rapporter, rendre) devolver [Ramener la joie. *Devolver la alegría.*]

ramer [Rame] *v. intr.* remar.

rameur, -euse [RamœR, -øz] *s. m. et f.* remero, -ra.

ramollir [RamɔliR] *v. tr.* ablandar.

ramoneur [RamɔnœR] *s. m.* deshollinador.

rampe [Rɑ̃p] *s. f.* **1.** (des escaliers) barandilla. **2.** (main courante) baranda. **3.** (pente) rampa; pendiente.

ramper [Rɑ̃pe] *v. intr.* **1.** (les animaux) arrastrarse; reptar; deslizarse. **2.** (les plantes) trepar.

rance [Rɑ̃s] *adj.* rancio, -cia.

ranch [Rɑ̃ʃ] *s. m.* rancho.

rançon [Rɑ̃sɔ̃] *s. f.* **1.** (pour un prisonnier) rescate *m.* **2.** *fig.* precio *m.* [La rançon de la célébrité. *El precio de la celebridad.*]

rancune [Rɑ̃kyn] *s. f.* rencor *m.*; resentimiento *m.*

rancunier, -ière [Rɑ̃kynje, -jɛR] *adj. et s. m. et f.* rencoroso, -sa.

randonnée [Rɑ̃dɔne] *s. f.* excursión; vuelta; caminata (à pied seulement) [Faire une randonnée en bicyclette. *Dar una vuelta en bicicleta.*]

rang [ʀɑ̃] *s. m.* **1.** (dans une hiérarchie) rango. **2.** (dans un classement) puesto; sitio; lugar. **3.** (catégorie) rango; categoría *f.*; clase *f.* **4.** (rangée) hilera *f.*; fila *f.* **5.** (de fauteuils) fila *f.* **6.** (de perles) vuelta *f.*

rangé, -ée [ʀɑ̃ʒe] *adj.* ordenado, -da.

rangée [ʀɑ̃ʒe] *s. f.* (rang) hilera; fila.

rangement [ʀɑ̃ʒmɑ̃] *s. m.* **1.** orden; colocación *f.* **2.** (meuble) armario.

ranger [ʀɑ̃ʒe] *v. tr.* **1.** (garder) guardar [Ranger dans le tiroir. *Guardar en el cajón.*] **2.** (ordonner) ordenar; arreglar. **3.** (placer) colocar; poner. **4.** (classer, classifier) clasificar. ‖ **se ~** *v. pr.* **5.** *fig.* (s'assagir) llevar una vida ordenada. **6.** (laisser le passage) dejar paso.

ranimer [ʀanime] *v. pr.* **1.** (une personne) reanimar [Ranimer par des sels. *Reanimar con sales.*] **2.** *fig.* (le moral) reanimar. **3.** (le feu) avivar; reanimar.

rap [ʀap] *s. m., Mus.* rap.

rapace [ʀapas] *adj.* **1.** rapaz. ‖ *s. f.* **2.** *Zool.* rapaz (ave).

râpe [ʀɑp] *s. f.* rallador *m.*

râper [ʀɑpe] *v. tr.* **1.** rallar [Râper du pain, du fromage. *Rallar pan, queso.*] **2.** (bois) raer; desgastar.

rapetisser [ʀap(ə)tise] *v. tr.* achicar; empequeñecer.

rapide [ʀapid] *adj.* **1.** rápido, -da. ‖ *s. m.* **2.** (train, fleuve) rápido.

rapidement [ʀapidmɑ̃] *adv.* rápidamente; deprisa.

rapidité [ʀapidite] *s. f.* rapidez.

rapiécer [ʀapjese] *v. tr.* remendar.

rappel [ʀapɛl] *s. m.* **1.** (pour faire revenir) llamada *f.* **2.** *fig.* (évocation) recuerdo. **3.** (avertissement) recordatorio.

rappeler [ʀap(ə)le] *v. tr.* **1.** (appeler de nouveau) volver a llamar. **2.** recordar [Rappelle-moi ton nom. *Recuérdame tu nombre.*] **3.** (évoquer) parecerse [Il me rappelle ton père. *Se parece a tu padre.*] **4.** (faire revenir, avertir) llamar [Rappeler à l'ordre. *Llamar al orden.*] ‖ **se ~** *v. pr.* **5.** recordar; acordarse [Se rappeler une chose. *Recordar una cosa.*]

rapport [ʀapɔʀ] *s. m.* **1.** (relation) relación *f.* **2.** (lien) nexo. **3.** (d'une terre) producto; rendimiento; renta *f.* **4.** (compte-rendu) informe; parte. **5.** (exposé, conférence) comunicación *f.* **6.** (mémoire) memoria *f.* **7.** (contact) contacto. ‖ **en ~ avec** en relación con. **mettre en ~** conectar; relacionar. **par ~ à** con relación a; respecto a; con respecto a. **~ sexuel** contacto sexual.

rapporter [ʀapɔʀte] *v. tr.* **1.** (apporter de nouveau) volver a traer. **2.** (ramener, rendre) traer. **3.** (nouvelles, renseignements) traer. **4.** (rendre) devolver. **5.** (raconter) referir; relatar; decir. **6.** (citer) citar. **7.** (faire un rapport, un compte-rendu) informar. **8.** (un bénéfice) dar; producir; rentar. ‖ **se ~** *v. pr.* **9.** referirse.

rapporteur, -euse [ʀapɔʀtœʀ, -øz] *adj. et s. m. et f.* soplón, -plona.

rapprendre ou réapprendre [ʀapʀɑ̃dʀ] *v. tr.* volver a aprender.

rapprocher [ʀapʀɔʃe] *v. tr.* **1.** acercar; aproximar [Rapprochez votre chaise. *Acerque su silla.*] **2.** acortar [Rapprocher les distances. *Acortar las distancias.*] ‖ **se ~** *v. pr.* **3.** acercarse.

raquette [ʀakɛt] *s. f.* (tennis) raqueta.

rare [ʀɑʀ] *adj.* **1.** (petite quantité) escaso, -sa; poco, -ca. **2.** (gaz) raro. ‖ **devenir ~** enrarecerse.

raréfier [ʀaʀefje] *v. tr.* **1.** enrarecer. ‖ **se ~** *v. pr.* **2.** enrarecerse.

rarement [ʀɑʀmɑ̃] *adv.* rara vez; pocas veces.
rareté [ʀɑʀte] *s. f.* **1.** (curiosité) rareza. **2.** (disette, pénurie) carestía.
ras, rase [ʀɑ, ʀɑz] *adj.* **1.** raso, -sa. **2.** (les cheveux) al rape. **3.** (sans végétation) pelado, -da. ‖ *s. m.* **4.** ras. ‖ **au ~ de** a ras de.
rasage [ʀɑzaʒ] *s. m.* afeitado.
raser [ʀɑze] *v. tr.* **1.** (la barbe) afeitar. **2.** (tondre, tonsurer) rapar [Raser le crâne. *Rapar la cabeza.*] **3.** (démolir) arrasar. **4.** (frôler) rozar. **5.** *fam.* (ennuyer) aburrir.
raseur, -euse [ʀɑzœʀ, -øz] *s. m. et f.* **1.** (assomant) machacón, -cona. **2.** (enquiquineur) moscardón; plasta.
rasoir [ʀɑzwaʀ] *s. m.* **1.** (du coiffeur) navaja de afeitar. **2.** (électrique) maquinilla de afeitar. **3.** (lame) cuchilla de afeitar. ‖ *adj.* **4.** *fam.* pesado, -da; machacón, -cona. ‖ **lame de ~** cuchilla de afeitar. **~ électrique** maquinilla eléctrica.
rassasié, -ée [ʀasazje] *adj.* harto, -ta.
rassasier [ʀasazje] *v. tr.* (combler) saciar; hartar.
rassembler [ʀasɑ̃ble] *v. tr.* **1.** (personnes) reunir; agrupar; juntar. **2.** *fig.* (choses) reunir. ‖ **se ~** *v. pr.* **3.** agruparse.
rasséréner [ʀaseʀene] *v. tr.* serenar; sosegar.
rassis, -ie [ʀasi] *adj.* (pain, pâtisseries) duro, -ra.
rassurer [ʀasyʀe] *v. tr.* tranquilizar; calmar.
rat [ʀa] *s. m., Zool.* rata *f.*
ratatiner, se [ʀatatine] *v. pr.* arrugarse; encogerse.
rate [ʀat] *s. f.* **1.** *Anat.* bazo *m.* **2.** *Zool.* rata.
raté, -e [ʀate] *adj.* (mal fait) mal hecho, -cha; defectuoso, -sa.
râteau [ʀɑto] *s. m.* rastrillo.

râtelier [ʀɑtəlje] *s. m.* pesebre; comedero.
rater [ʀate] *v. intr.* **1.** (une arme) fallar. **2.** *fig.* (échouer) fracasar; fallar. ‖ *v. tr.* **3.** (un travail) hacer mal. **4.** (un train) perder. **5.** (une bonne occasion) dejar escapar.
ratifier [ʀatifje] *v. tr.* ratificar.
ration [ʀasjɔ̃] *s. f.* ración.
rationnel, -elle [ʀasjɔnɛl] *adj.* racional.
rationner [ʀasjɔne] *v. tr.* racionar.
râtissage [ʀatisaʒ] *s. m.* rastreo (con rastrillo).
rattacher [ʀataʃe] *v. tr.* **1.** (attacher de nouveau) atar; volver a atar. **2.** (créer un lien) unir. **3.** (un territoire) incorporar. **4.** *fig.* (relier) relacionar; enlazar.
rattraper [ʀatʀape] *v. tr.* **1.** (attrape de nouveau) volver a coger. **2.** (atteindre, rejoindre) coger; alcanzar. **3.** (un cours) recuperar.
raturer [ʀatyʀe] *v. tr.* tachar; rayar.
rauque [ʀok] *adj.* ronco, -ca.
ravage [ʀavaʒ] *s. m.* **1.** (destruction, dommages) destrozo. **2.** *fig.* estrago [Les ravages du temps. *Los estragos del tiempo.*]
ravager [ʀavaʒe] *v. tr.* devastar; destrozar.
ravi, -ie [ʀavi] *adj.* encantado, -da.
ravin [ʀavɛ̃] *s. m.* **1.** (précipice) barranco. **2.** (creusé par le ruissellement) rambla *f.*
raviner [ʀavine] *v. tr.* abarrancar.
raviser, se [ʀavize] *v. pr.* cambiar de opinión.
ravissant, -te [ʀavisɑ̃, -ɑ̃t] *adj.* **1.** (charmant) encantador, -ra. **2.** *fig.* (à propos d'une femme) arrebatador, -ra.
ravisseur, -euse [ʀavisœʀ, -øz] *adj. et s. m. et f.* raptor, -ra.
ravitaillement [ʀavitajmɑ̃] *s. m.* abastecimiento.
ravitailler [ʀavitaje] *v. tr.* **1.** abastecer; suministrar. ‖ **se ~** *v. pr.* **2.** repostar.

raviver [ravive] *v. tr.* **1.** reavivar; avivar; atizar [Raviver le feu. *Avivar el fuego.*] **2.** *fig.* (les souvenirs) refrescar; reavivar.

rayer [reje] *v. tr.* **1.** rayar. **2.** (barrer) tachar. **3.** (un meuble) arañar; rozar; rayar.

rayon [rejɔ̃] *s. m.* **1.** rayo [Rayon de lumière. *Rayo de luz.*] **2.** (d'un cercle) radio. **3.** (d'un magasin) sección *f.*; departamento. **4.** (étagère) estante. **5.** (d'une ruche) panal. ‖ **rayons X** rayos X.

rayonnage [rejɔnaʒ] *s. m.* estantería *f.*

rayonnant, -te [rejɔnɑ̃, -ɑ̃t] *adj.*, *fig.* radiante [Rayonnant de santé, de joie.]

rayonner [rejɔne] *v. intr.* **1.** (irradiar) radiar; irradiar. **2.** (briller) resplandecer; brillar. **3.** (se déplacer) dirigirse a diversos puntos (dentro de un radio) [Le service de bus rayonne dans la ville. *El servicio de autobuses se dirige a diversos puntos de la ciudad.*]

rayure [rejyr] *s. f.* **1.** (dans les vêtements) raya; lista. **2.** (d'arme à feu) estría. **3.** (d'un meuble) arañazo *m.*

ré [re] *s. m.*, Mus. re.

réacteur [reaktœr] *s. m.* reactor.

réaction [reaksjɔ̃] *s. f.* reacción.

réagir [reaʒir] *v. intr.* reaccionar.

réalisateur, -trice [realizatœr, -tris] *s. m. et f.* **1.** Ciné. realizador, -ra. **2.** (télévision) realizador, -ra.

réaliser [realize] *v. tr.* **1.** realizar. **2.** (se rendre compte) darse cuenta.

réalisme [realism] *s. m.* realismo.

réaliste [realist] *adj. et s. m. et f.* realista.

réalité [realite] *s. f.* realidad.

réapparaître [reaparetr] *v. intr.* reaparecer.

rébarbatif, -ive [rebarbatif, -iv] *adj.* **1.** desagradable. **2.** (hargneux) hosco, -ca. **3.** *fig.* (pesant) duro, -ra; árido, -da.

rebelle [r(ə)bɛl] *adj. et s. m. et f.* rebelde.

rebeller, se [r(ə)bele] *v. pr.*, *fam.* rebelarse.

rébellion [rebeljɔ̃] *s. f.* rebelión.

reboiser [r(ə)bwaze] *v. tr.* repoblar (con árboles).

rebond [r(ə)bɔ̃] *s. m.* rebote.

rebondir [r(ə)bɔ̃dir] *v. intr.* **1.** rebotar [Le ballon rebondit sur le sol. *El balón rebotó en el suelo.*] **2.** (bondir) botar.

rebord [r(ə)bɔr] *s. m.* borde; reborde.

rebours, compte à [r(ə)bur] *loc.* cuenta atrás.

rebrousse-poil, à [ar(ə)bruspwal] *loc. adv.* al revés.

rebrousser chemin [r(ə)bruse] *loc.* dar media vuelta.

rébus [rebys] *s. m.* jeroglífico (juego).

recalé, -ée [r(ə)kale] *adj.*, *fam.* (qui n'a pas eu la moyenne) suspenso, -sa (no ha aprobado en un examen).

recaler [r(ə)kale] *v. tr.*, *fam.* suspender (a alguien); catear; dejar pendiente (una asignatura).

récapituler [rekapityle] *v. tr.* recapitular.

receler [r(ə)s(ə)le] *v. tr.* **1.** Dr. (un malfaiteur) encubrir. **2.** (renfermer) ocultar.

recensement [r(ə)sɑ̃smɑ̃] *s. m.* **1.** censo. **2.** Mil. alistamiento (llamada a filas).

recenser [r(ə)sɑ̃se] *v. tr.* empadronar.

récent, -te [resɑ̃, -ɑ̃t] *adj.* reciente.

récépissé [resepise] *s. m.* resguardo; recibo.

récepteur, -trice [reseptœr, -tris] *adj.* **1.** receptor, -ra. ‖ *s. m.* **2.** (radio) receptor. **3.** (téléphone) auricular.

réception [resepsjɔ̃] *s. f.* **1.** recepción; recibo *m.* **2.** (lieu d'accueil) recepción. **3.** (accueil) recibimiento *m.* **4.** (cérémonie) recepción.

RÉCEPTIONNISTE - RÉCOMPENSER

réceptionniste [ʀesɛpsjɔnist] *s. m. et f.* recepcionista.

recette [ʀ(ə)sɛt] *s. f.* **1.** (bénéfice) ingresos *m. pl.* **2.** cobro *m.* [Faire la recette. *Efectuar el cobro.*] **3.** taquilla; recaudación [La recette du théâtre. *La taquilla del teatro.*] **4.** (de cuisine) receta. **5.** *fig.* receta; fórmula. || **qui fait ~** taquillero, -ra [Le film a fait recette. *La película ha sido muy taquillera.*]

receveur, -euse [ʀ(ə)s(ə)vœʀ, -øz] *s. m. et f.* **1.** (de contributions) recaudador, -ra. || *s. m.* **2.** *Méd.* receptor, -ra.

recevoir [ʀ(ə)s(ə)vwaʀ] *v. tr.* **1.** recibir. || *v. intr.* **2.** (inviter) recibir.

rechange [ʀ(ə)ʃɑ̃ʒ] *s. m.* recambio; repuesto. || **de ~** de recambio *m.*; de repuesto.

recharge [ʀ(ə)ʃaʀʒ] *s. f.* (de stylo, de briquet) recambio *m.*

recharger [ʀ(ə)ʃaʀʒe] *v. tr.* recargar.

réchaud [ʀeʃo] *s. m.* (à gaz, électrique) hornillo.

réchauffer [ʀeʃofe] *v. tr.* **1.** (chauffer) calentar. **2.** (chauffer à nouveau) recalentar. **3.** *fig.* (ranimer) reanimar. || **se ~** *v. pr.* **4.** calentarse.

rêche [ʀɛʃ] *adj.* (un tissu) áspero, -ra.

recherche [ʀ(ə)ʃɛʀʃ] *s. f.* **1.** busca; búsqueda [À la recherche de. *En busca de.*] **2.** (scientifique) investigación. || **faire des recherches** investigar.

recherché, -ée [ʀ(ə)ʃɛʀʃe] *adj.*, *fig.* rebuscado, -da.

rechercher [ʀ(ə)ʃɛʀʃe] *v. tr.* **1.** buscar. **2.** (chercher à savoir) averiguar. **3.** (poursuivre) perseguir.

rechute [ʀ(ə)ʃyt] *s. f.* (santé) recaída.

récidiver [ʀesidive] *v. intr.* **1.** (une personne) reincidir. **2.** (une maladie) reaparecer.

récif [ʀesif] *s. m.* arrecife.

récipient [ʀesipjɑ̃] *s. m.* **1.** recipiente. **2.** (emballage) envase.

réciproque [ʀesipʀɔk] *adj.* recíproco, -ca.

récit [ʀesi] *s. m.* relato; narración *f.*

récital, -als [ʀesital] *s. m.* recital.

réciter [ʀesite] *v. tr.* recitar.

réclamation [ʀeklamasjɔ̃] *s. f.* reclamación.

réclame [ʀeklam] *s. f.* (publicité) propaganda; publicidad [Faire de la réclame. *Hacer propaganda.*]

réclamer [ʀeklame] *v. tr.* **1.** reclamar. **2.** (exiger) requerir. **3.** (crier) exigir [Réclamer vengeance. *Exigir venganza.*] || *v. intr.* **4.** reclamar; protestar. || **se ~** *v. pr.* **5.** apelar.

reclus, -se [ʀ(ə)kly, -yz] *adj. et s. m. et f.* recluso, -sa.

réclusion [ʀeklyzjɔ̃] *s. f.* reclusión.

récolte [ʀekɔlt] *s. f.* **1.** cosecha. **2.** (action) recolección.

récolter [ʀekɔlte] *v. tr.* **1.** cosechar. **2.** *fig.* (gagner, mériter) cosechar; recoger; cobrar.

recommandation [ʀ(ə)kɔmɑ̃dasjɔ̃] *s. f.* recomendación.

recommandé, -ée [ʀ(ə)kɔmɑ̃de] *adj.* **1.** (conseillé) recomendado, -da. **2.** (par courrier) certificado, -da.

recommander [ʀ(ə)kɔmɑ̃de] *v. tr.* **1.** recomendar. **2.** (lettres) certificar.

recommencer [ʀ(ə)kɔmɑ̃se] *v. tr. et intr.* volver a empezar; comenzar de nuevo. || **~ à** volver a.

récompense [ʀekɔ̃pɑ̃s] *s. f.* **1.** recompensa. **2.** (prix) premio *m.*

récompenser [ʀekɔ̃pɑ̃se] *v. tr.* **1.** recompensar. **2.** (décerner un prix) premiar; galardonar.

recomposer [R(ə)kɔ̃poze] *v. tr.* recomponer.

réconcilier [Rekɔ̃silje] *v. tr.* **1.** reconciliar. ‖ **se** ~ *v. pr.* **2.** hacer las paces.

reconduire [R(ə)kɔ̃dɥiR] *v. tr.* **1.** (raccompagner) despedir; acompañar. **2.** (expulser) despedir, echar.

réconfort [Rekɔ̃fɔR] *s. m.* consuelo.

réconforter [Rekɔ̃fɔRte] *v. tr.* reconfortar; confortar.

reconnaissance [R(ə)kɔnɛsɑ̃s] *s. f.* **1.** reconocimiento *m.* **2.** (gratitude) agradecimiento *m.*; gratitud.

reconnaissant, -te [R(ə)kɔnɛsɑ̃, -ɑ̃t] *adj.* agradecido, -da. ‖ **être** ~ agradecer.

reconnaître [R(ə)kɔnɛtR] *v. tr.* **1.** reconocer. ‖ **se** ~ *v. pr.* **2.** reconocerse.

reconquérir [R(ə)kɔ̃keRiR] *v. tr.* reconquistar.

reconquête [R(ə)kɔ̃kɛt] *s. f.* reconquista.

reconstruire [R(ə)kɔ̃stRɥiR] *v. tr.* reconstruir.

record [R(ə)kɔR] *s. m.* récord; marca *f.*

recourber [R(ə)kuRbe] *v. tr.* encorvar.

recourir [R(ə)kuRiR] *v. intr.* **1.** *Dr.* recurrir; apelar. **2.** (avoir recours à) recurrir; echar mano de.

recours [R(ə)kuR] *s. m.* recurso. ‖ **avoir ~ à** recurrir; apelar. **en dernier ~** en último caso; como último recurso.

recouvrement [R(ə)kuvR(ə)mɑ̃] *s. m.* (de sommes dues, des impôts) cobro; recaudación *f.*

recouvrer [R(ə)kuvRe] *v. tr.* (une somme due, les impôts) recaudar; cobrar.

recouvrir [R(ə)kuvRiR] *v. tr.* recubrir; cubrir. ‖ **~ de tapis** alfombrar.

récréatif, -ive [RekReatif, -iv] *adj.* recreativo, -va.

récréation [RekReasjɔ̃] *s. f.* recreo *m.*

récrier, se [RekRije] *v. pr.* **1.** (d'étonnement) exclamar; admirarse. **2.** (protester) protestar; clamar.

récriminer [RekRimine] *v. intr.* recriminar.

recroqueviller, se [R(ə)kRɔk(ə)vije] *v. pr., fig.* encogerse.

recrue [Rəkry] *s. f., Mil.* recluta *m.*

recrutement [R(ə)kRytmɑ̃] *s. m., Mil.* alistamiento.

recruter [R(ə)kRyte] *v. tr.* (engager, employer) contratar.

rectangle [Rɛktɑ̃gl] *adj. et s. m.* rectángulo.

rectifier [Rɛktifje] *v. tr.* rectificar.

recto [Rɛkto] *s. m.* (d'une page) recto.

rectum [Rɛktɔm] *s. m., Anat.* recto.

reçu, -ue [R(ə)sy] *adj.* **1.** (à un examen) aprobado, -da. ‖ *s. m.* **2.** (d'un paiement) recibo. ‖ **être ~** aprobar; ser aprobado. **ne pas être ~** catear *fam.*

recueil [Rəkœj] *s. m.* **1.** (collection) colección *f.*; antología *f.* **2.** (réunion) recopilación *f.*

recueillement [R(ə)kœjmɑ̃] *s. m.* recogimiento.

recueillir [R(ə)kœjiR] *v. tr.* **1.** recoger; acoger [Recueillir quelqu'un dans sa maison. *Acoger a alguien en su casa.*] **2.** (rassembler) reunir; juntar [Recueillir beaucoup de documentation. *Reunir mucha documentación.*] **4.** (des fonds) recaudar.

recul [R(ə)kyl] *s. m.* **1.** retroceso. **2.** (éloignement) alejamiento (para ver mejor); distancia *f.* **3.** *fig.* (dans le temps) perspectiva *f.*

reculé, -ée [R(ə)kyle] *adj.* **1.** (lieu) apartado, -da; remoto, -ta. **2.** (temps) remoto, -ta.

reculer [R(ə)kyle] *v. tr.* **1.** retirar; echar para atrás [Reculer la chaise. *Retirar la silla.*] **2.** *fig.* retrasar [Je ne peux plus re-

culer la décision. *No puedo retrasar más la decisión.*] || *v. intr.* **3.** retroceder; echarse para atrás. **4.** *fig.* (abandonner, laisser tomber) echarse atrás.

récupération [ʀekypeʀasjɔ̃] *s. f.* recuperación.

récupérer [ʀekypeʀe] *v. tr.* recuperar.

récurer [ʀekyʀe] *v. tr.* fregar; frotar.

recycler [ʀ(ə)sikle] *v. tr.* reciclar.

rédacteur, -trice [ʀedaktœʀ, -tʀis] *s. m. et f.* redactor, -ra.

rédaction [ʀedaksjɔ̃] *s. f.* redacción.

rédempteur, -trice [ʀedɑ̃ptœʀ, -tʀis] *adj. et s. m. et f.* redentor, -ra.

rédemption [ʀedɑ̃psjɔ̃] *s. f.* redención.

redevable [ʀ(ə)d(ə)vabl] *adj.* deudor, -ra.

redevance [ʀ(ə)d(ə)vɑ̃s] *s. f.* canon *m.* (impuesto).

redevenir [ʀ(ə)d(ə)v(ə)niʀ] *v. intr.* volver a ser.

rédiger [ʀediʒe] *v. tr.* redactar.

redire [ʀ(ə)diʀ] *v. tr.* repetir. || **trouver à ~** rechistar.

redoublement [ʀ(ə)dubl(ə)mɑ̃] *s. m.* (d'une année scolaire) repetición *f.*

redoubler [ʀ(ə)duble] *v. tr.* **1.** (une année scolaire) repetir. **2.** (multiplier) redoblar. **3.** (la pluie, le vent) arreciar.

redoutable [ʀ(ə)dutabl] *adj.* temible.

redouter [ʀ(ə)dute] *v. tr.* temer.

redressement [ʀ(ə)dʀɛsmɑ̃] *s. m.* (récupération) recuperación *f.*

redresser [ʀ(ə)dʀese] *v. tr.* **1.** (remettre droit) enderezar; erguir. || **se ~** *v. pr.* **2.** incorporarse.

réduction [ʀedyksjɔ̃] *s. f.* **1.** reducción. **2.** (rabais) reducción; rebaja; descuento *m.*

réduire [ʀedɥiʀ] *v. tr.* **1.** reducir; disminuir. **2.** (les prix) abaratar; bajar; rebajar. **3.** (abréger) acortar. || **se ~** *v. pr.* **4.** (diminuer, décroître) disminuir; mermar.

réel, -elle [ʀeɛl] *adj.* real.

réélire [ʀeeliʀ] *v. tr.* reelegir.

refaçonner [ʀ(ə)fasɔne] *v. tr.* remodelar.

refaire [ʀ(ə)fɛʀ] *v. tr.* rehacer.

référence [ʀefeʀɑ̃s] *s. f.* **1.** referencia. || **références** *s. f. pl.* **2.** referencias; informes *m.*

référendum [ʀefeʀɛ̃dɔm] *s. m.* referéndum.

référent, -te [ʀefeʀɑ̃, -ɑ̃t] *adj. et s. m.* referente.

référer [ʀefeʀe] *v. intr.* **1.** informar. || **se ~** *v. pr.* **2.** (faire référence à) aludir.

refermer [ʀ(ə)fɛʀme] *v. tr.* volver a cerrar.

réfléchi, -ie [ʀefleʃi] *adj.* **1.** (lumière, rayon) reflejado, -da. **2.** *Ling.* reflexivo, -va. **3.** (sérieux) reflexivo, -va.

réfléchir [ʀefleʃiʀ] *v. tr.* **1.** (un miroir) eflejar. || *v. intr.* **2.** reflexionar; pensar [Je vous demande d'y réfléchir. *Os pido que lo penséis.*]

réfléchissant, -te [ʀefleʃisɑ̃, -ɑ̃t] *adj.* reflector, -ra; reflectante [Surface réfléchissante. *Superficie reflectora.*]

réflecteur, -trice [ʀeflɛktœʀ, -tʀis] *adj. et s. m.* reflector, -ra.

reflet [ʀ(ə)flɛ] *s. m.* reflejo.

refléter [ʀ(ə)flete] *v. tr.* reflejar.

réflexe [ʀeflɛks] *adj. et s. m.* reflejo, -ja.

réflexif, -ive [ʀeflɛksif, -iv] *adj.* reflexivo, -va.

réflexion [ʀeflɛksjɔ̃] *s. f.* reflexión.

reflux [ʀ(ə)fly] *s. m.* reflujo.

réforme [ʀefɔʀm] *s. f.* reforma.

réformer [ʀefɔʀme] *v. tr.* reformar.

refouler [ʀ(ə)fule] *v. tr.* **1.** rechazar. **2.** (expulser) expulsar. **3.** (gaz) comprimir. **4.** *fig.* (désir) reprimir; contener.

refrain [ʀ(ə)fʀɛ̃] *s. m.* (d'une chanson) estribillo.

refréner [ʀəfʀene] *v. tr.* (limiter, entraver) coartar.

réfrigérateur [ʀefʀiʒeʀatœʀ] *s. m.* frigorífico; nevera *f.*

réfrigération [ʀefʀiʒeʀasjɔ̃] *s. f.* refrigeración.

réfrigérer [ʀefʀiʒeʀe] *v. tr.* refrigerar.

refroidir [ʀ(ə)fʀwadiʀ] *v. tr.* **1.** enfriar. ‖ **se ~** *v. pr.* **2.** enfriarse.

refroidissement [ʀ(ə)fʀwadismɑ̃] *s. m.* **1.** (réfrigération) refrigeración; enfriamiento. **2.** (rhume) enfriamiento.

réfugié, -ée [ʀefyʒje] *adj. et s. m. et f.* refugiado, -da.

réfugier, se [ʀefyʒje] *v. pr.* refugiarse.

refus [ʀ(ə)fy] *s. m.* **1.** (opposition) repulsa *f.*; repulsión *f.* **2.** (rejet) rechazo [Refus des aliments, refus de l'autre. *Rechazo de alimentos, rechazo al otro.*] **3.** (à une demande) negativa *f.*

refuser [ʀ(ə)fyze] *v. tr.* **1.** (ne pas donner) negar; denegar. **2.** (ne pas accepter) rechazar; rehusar. ‖ **~ de** negarse a.

regagner [ʀ(ə)gaɲe] *v. tr.* **1.** (s'emparer) recobrar; recuperar. **2.** (retourner) volver; regresar.

régaler [ʀegale] *v. tr., fam.* (payer à boire ou à manger) pagar; invitar [C'est moi qui régale. *Invito yo.*]

regard [ʀ(ə)gaʀ] *s. m.* mirada *f.* ‖ **au ~ de** respecto a.

regarder [ʀ(ə)gaʀde] *v. tr.* **1.** mirar. **2.** (être de la responsabilité de) corresponder; concernir; atañer. ‖ **se ~** *v. pr.* **3.** mirarse.

régate [ʀegat] *s. f.* regata.

régence [ʀeʒɑ̃s] *s. f.* regencia.

régent, -te [ʀeʒɑ̃, -ɑ̃t] *adj. et s. m. et f.* regente.

régie [ʀeʒi] *s. f.* (radio et télévision) control *m.*

régime[1] [ʀeʒim] *s. m.* **1.** (politique) régimen. **2.** (diète) dieta *f.*

régime[2] [ʀeʒim] *s. m.* (de fruits) racimo [Un régime de bananes. *Un racimo de plátanos.*]

régiment [ʀeʒimɑ̃] *s. m.* regimiento.

région [ʀeʒjɔ̃] *s. f.* región.

régional, -le, -aux [ʀeʒjɔnal, -o] *adj.* regional.

registre [ʀɔʒistʀ] *s. m.* **1.** registro. **2.** *Inform.* (des données) registro.

réglage [ʀeglaʒ] *s. m.* (d'un appareil) ajuste; arreglo.

règle [ʀɛgl] *s. f.* **1.** (pour mesurer) regla. **2.** (loi) regla; norma. ‖ **règles** *s. f. pl.* **3.** regla *sing.*; período *m. sing.* [Avoir ses règles. *Tener la regla / el período.*]

règlement [ʀɛglɔmɑ̃] *s. m.* **1.** reglamento; normativa *f.* **2.** arreglo [Règlement de compte(s). *Arreglo de cuentas.*] **3.** (d'une facture) pago; saldo.

réglementation [ʀɛglɔmɑ̃tasjɔ̃] *s. f.* (ensemble de règlements) normativa.

régler [ʀegle] *v. tr.* **1.** *litt.* (organiser) regular; ordenar; arreglar. **2.** *Comm.* (compte, facture) pagar; liquidar; saldar. **3.** (un mécanisme) ajustar. **4.** (une montre) poner en hora. **5.** (un problème, une question) resolver; solventar; zanjar.

réglisse [ʀeglis] *s. f.* regaliz *m.* ‖ **bâton de ~** regaliz (palo). **jus de ~** regaliz (bebida).

règne [ʀɛɲ] *s. m.* **1.** (du roi) reinado. **2.** (de la nature) reino.

régner [ʀeɲe] *v. intr.* **1.** reinar. **2.** *fig.* (commander) imperar; dominar.

regret [ʀ(ə)gʀɛ] *s. m.* **1.** (remords, repentir) pesar. **2.** (chagrin) pena *f.*; añoranza *f.*

regrettable [ʀ(ə)gʀetabl] *adj.* lamentable; desafortunado, -da.
regretter [ʀ(ə)gʀete] *v. tr.* **1.** (être désolé) lamentar; sentir. **2.** (déplorer) deplorar. **3.** (une absence) echar de menos; añorar; extrañar.
régulariser [ʀegylaʀize] *v. tr.* regularizar.
régulier, -ière [ʀegylje, -jɛʀ] *adj.* regular.
réhabiliter [ʀeabilite] *v. tr.* rehabilitar.
rehausser [ʀ(ə)ose] *v. tr.* **1.** (rendre plus haut) levantar [Rehausser le mur d'un mètre. *Levantar el muro un metro.*] **2.** (souligner, faire ressortir) realzar [Rehausser sa beauté. *Realzar su belleza.*]
réimprimer [ʀeɛ̃pʀime] *v. tr.* reimprimir.
rein [ʀɛ̃] *s. m., Anat.* riñón.
reine [ʀɛn] *s. f.* reina.
réintégrer [ʀeɛ̃tegʀe] *v. tr.* reintegrar.
rejaillir [ʀ(ə)ʒajiʀ] *v. intr.* (ressortir) brotar; salir [Le plongeur rejaillit à la surface. *El buceador salió a la superficie.*]
rejet [ʀ(ə)ʒɛ] *s. m.* **1.** repulsión *f.* **2.** (refus) rechazo. **3.** (déversement) vertido.
rejeter [ʀ(ə)ʒəte] *v. tr.* **1.** (ne pas accepter) rechazar; desechar. **2.** (lancer en sens inverse) devolver. ‖ **~ la faute sur** echar la culpa a.
rejeton [ʀ(ə)ʒ(ə)tɔ̃] *s. m.* **1.** *Bot.* tallo; vástago. **2.** *fig.* (enfant) retoño.
rejoindre [ʀ(ə)ʒwɛ̃dʀ] *v. tr.* **1.** (retrouver) reunirse. **2.** (un chemin, une rue) ir a dar. **3.** (rattraper) dar alcance; alcanzar.
réjouir [ʀeʒwiʀ] *v. tr.* **1.** alegrar. ‖ **se ~** *v. pr.* **2.** alegrarse. **3.** (se féliciter) felicitarse.
réjouissance [ʀeʒwisɑ̃s] *s. f.* **1.** regocijo *m.*; alegría. ‖ **réjouissances** *s. f. pl.* **2.** festejos *m.*; fiestas.
relâche [ʀəlɑʃ] *s. m. ou f.* **1.** descanso *m.* [Jour de relâche, sans relâche. *Día de descanso, sin descanso.*]

relâcher [ʀ(ə)lɑʃe] *v. tr.* **1.** (la discipline) relajar. **2.** (détendre) aflojar. **3.** (un prisonnier) soltar. ‖ *v. intr.* **4.** *Mar.* hacer escala. ‖ **se ~** *v. pr.* **5.** relajarse.
relais [ʀ(ə)lɛ] *s. m.* **1.** (sur la route) albergue. **2.** (étape) etapa *f.*; parada *f.* **3.** *Sport* relevo [Course de relais. *Carrera de relevos.*] ‖ **prendre le ~** tomar el relevo.
relancer [ʀ(ə)lɑ̃se] *v. tr.* **1.** relanzar; dar nuevo impulso. **2.** (un ballon) volver a lanzar.
relatif, -ive [ʀ(ə)latif, -iv] *adj.* relativo, -va. ‖ **~ à** concerniente a; referente a.
relation [ʀ(ə)lasjɔ̃] *s. f.* relación.
relativement à [ʀ(ə)lativmɑ̃a] *loc. prép.* **1.** (à l'égard de) en lo relativo a. **2.** (en comparaison de) en comparación con.
relax [ʀəlaks] *s. m.* relax.
relaxer [ʀ(ə)lakse] *v. tr.* **1.** relajar. ‖ **se ~** *v. pr.* **2.** *fam.* relajarse.
relayer [ʀ(ə)leje] *v. tr.* **1.** (prendre la relève) relevar. ‖ **se ~** *v. pr.* **2.** relevarse. **3.** (s'alterner) turnarse; alternarse.
reléguer [ʀ(ə)lege] *v. tr.* relegar; confinar.
relent [ʀəlɑ̃] *s. m.* mal olor; tufo.
relevé [ʀ(ə)lve] *s. m.* relación *f.* ‖ **~ de compte** extracto de cuenta.
relève [ʀ(ə)lɛv] *s. f.* relevo *m.* ‖ **prendre la ~** relevar.
relever [ʀ(ə)l(ə)ve] *v. tr.* **1.** (remettre debout) levantar; poner de pie. **2.** (noter) tomar nota; apuntar. **3.** (signaler) hacer notar; señalar; sacar [Relever une erreur. *Sacar un error.*] **4.** (remplacer) relevar; reemplazar. **5.** (d'une obligation) relevar. **6.** (une sauce) poner picante. **7.** (déterminer la position) determinar la posición de. ‖ *v. intr.* **8.** (dépendre) depender. **9.** pertenecer; atañer [Cela relève d'un autre domaine. *Eso pertenece a otro campo.*]

10. (être du ressort de) competer a. ‖ **se ~** v. pr. **11.** (se remettre debout) levantarse. **12.** (se remettre d'un malheur, d'une maladie) recuperarse.

relief [ʀ(ə)ljɛf] s. m. **1.** relieve. ‖ **reliefs** s. m. pl. **2.** (d'un repas) sobras f.; restos (de comida). ‖ **mettre en ~** resaltar.

relier [ʀ(ə)lje] v. tr. **1.** (mettre en contact) unir; conectar [La route relie deux villages. *La carretera une dos pueblos.*] **2.** (rattacher, mettre en rapport) relacionar; unir; enlazar; conectar. **3.** (des livres) encuadernar.

religieux, -euse [ʀ(ə)liʒjø, -øz] adj. et s. m. et f. **1.** religioso, -sa. ‖ s. m. **2.** fraile. ‖ **religieuse** s. f. **3.** monja.

religion [ʀ(ə)liʒjɔ̃] s. f. religión.

reliquaire [ʀəlikɛʀ] s. m. relicario.

relique [ʀ(ə)lik] s. f. reliquia.

relire [ʀ(ə)liʀ] v. tr. releer.

reliure [ʀ(ə)ljyʀ] s. f. encuadernación. ‖ **~ brochée** encuadernación en rústica. **~ en cuir** encuadernación en piel. **~ toile** encuadernación en tela.

remailler [ʀ(ə)maje] v. tr. remendar.

rémanent, -te [ʀemanã, -ãt] adj. et s. m. remanente.

remaniement [ʀ(ə)manimã] s. m. (révision) arreglo.

remanier [ʀ(ə)manje] v. tr. **1.** retocar. **2.** (modifier, arranger) arreglar.

remarquable [ʀ(ə)maʀkabl] adj. **1.** (notable) notable. **2.** (exceptionnel) excelente; sobresaliente.

remarque [ʀ(ə)maʀk] s. f. (critique, observation) observación.

remarquer [ʀ(ə)maʀke] v. tr. **1.** notar; observar. **2.** (dire) señalar; decir. ‖ **se faire ~** llamar la atención; dar la nota.

rembobiner [ʀãbɔbine] v. tr. rebobinar.

remboursement [ʀãbuʀs(ə)mã] s. m. reembolso. ‖ **contre ~** contra reembolso.

rembourser [ʀãbuʀse] v. tr. **1.** reembolsar. **2.** reintegrar.

remède [ʀ(ə)mɛd] s. m. **1.** remedio. **2.** (médicament) medicamento.

remédier à [ʀ(ə)medjea] v. intr. **1.** remediar. **2.** (pallier) compensar; suplir [Remédier à un manque. *Compensar una carencia.*]

remémorer [ʀ(ə)memɔʀe] v. tr. **1.** rememorar. ‖ **se ~** v. pr. **2.** recordar.

remerciement [ʀ(ə)mɛʀsimã] s. m. agradecimiento. ‖ **remerciements** s. m. pl. **2.** gracias f.

remercier [ʀ(ə)mɛʀsje] v. tr. dar las gracias; agradecer.

remettre [ʀ(ə)mɛtʀ] v. tr. **1.** (mettre à nouveau) volver a meter. **2.** (placer à nouveau) volver a poner. **3.** (un vêtement) volver a poner. **4.** (donner) dar; entregar. **5.** (ajourner) aplazar; diferir. ‖ **se ~** v. pr. **6.** recuperarse; reponerse. ‖ **~ à neuf** reformar.

réminiscence [ʀeminisãs] s. f. reminiscencia.

remise [ʀ(ə)miz] s. f. **1.** (livraison) entrega. **2.** (réduction) descuento m.; rebaja. ‖ **~ à neuf** (d'un appartement) reforma. **~ en état** revisión; arreglo m.

remodeler [ʀ(ə)mɔd(ə)le] v. tr. **1.** remodelar. **2.** fig. (restructurer) remodelar.

remontée [ʀ(ə)mɔ̃te] s. f. **1.** (du niveau) subida. **2.** *Sport* (dans un classement) ascenso. **3.** (ski) remonte m.

remonter [ʀ(ə)mɔ̃te] v. intr. **1.** (retourner en haut) volver a subir. **2.** (aller vers le haut) subir; remontar. **3.** (à cheval) volver a montar. **4.** (avoir sa source dans) remontarse; tener su origen en [Cela re-

monte à l'Antiquité. *Se remonta a la Antigüedad.*] ‖ *v. tr.* **5.** (le moral) levantar; elevar. **6.** (une montre) dar cuerda. **7.** (une machine) volver a armar.

remords [ʀ(ə)mɔʀ] *s. m.* remordimiento.

remorque [ʀ(ə)mɔʀk] *s. f.* **1.** remolque *m.* **2.** (véhicule) remolque. ‖ **à la ~** a remolque. **prendre en ~** remolcar.

remorquer [ʀ(ə)mɔʀke] *v. tr.* remolcar.

remorqueur [ʀ(ə)mɔʀkœʀ] *adj. et s. m.* remolcador.

rémouleur [ʀemulœʀ] *s. m.* afilador, -ra.

remous [ʀ(ə)mu] *s. m.* **1.** (d'eau, d'air, de la foule) remolino. **2.** *fig.* (social) alboroto.

rempart [ʀɑ̃paʀ] *s. m.* **1.** *fig.* defensa *f.* ‖ **remparts** *s. m. pl.* **2.** (enceinte) murallas *f.*

remplaçant, -te [ʀɑ̃plasɑ̃, -ɑ̃t] *adj. et s. m. et f.* **1.** (dans le travail, au sport) suplente. **2.** (successeur) sustituto, -ta; substituto, -ta.

remplacement [ʀɑ̃plasmɑ̃] *s. m.* sustitución *f.*

remplacer [ʀɑ̃plase] *v. tr.* **1.** (qqun) reemplazar; relevar. **2.** (succéder) substituir. **3.** (suppléer) suplir [Remplacer les boutons qui manquent. *Suplir los botones que faltan.*]

rempli, -ie [ʀɑ̃pli] *adj.* lleno, -na.

remplir [ʀɑ̃pliʀ] *v. tr.* **1.** rellenar; llenar. **2.** (une fonction, une charge) ejercer; desempeñar. **3.** (le devoir) cumplir. **4.** (un formulaire) cumplimentar; rellenar. ‖ **se ~** *v. pr.* **5.** llenarse.

remplissage [ʀɑ̃plisaʒ] *s. m.* relleno. ‖ **formule de ~** muletilla.

remporter [ʀɑ̃pɔʀte] *v. tr.* **1.** llevarse (de vuelta) [Le serveur a remporté les plats sans qu'on y ait touché. *El camarero se ha llevado los platos sin que los hayamos tocado.*] **2.** llevarse; obtener; conquistar [Remporter la victoire, un prix. *Llevarse el triunfo, un premio.*]

remue-ménage [ʀ(ə)mymenaʒ] *s. m. inv.* **1.** (déplacement bruyant) barullo; escándalo; trajín; follón. **2.** *fig.* (mouvement, agitation) agitación *f.*

remuer [ʀəmɥe] *v. tr.* **1.** (faire changer de position) mover [Je n'arrive pas à remuer ce fardeau. *No consigo mover este fardo.*] **2.** (un liquide) remover; revolver. **3.** *fig.* (faire resurgir) hurgar [Remuer les souvenirs. *Hurgar en los recuerdos.*] ‖ *v. intr.* **4.** (s'agiter) moverse; menearse; removerse. ‖ **se ~** *v. pr.* **5.** (faire des mouvements) moverse [La danceuse se remuait lentement. *La bailarina se movía lentamente.*]

rémunération [ʀemyneʀasjɔ̃] *s. f.* remuneración.

rémunérer [ʀemyneʀe] *v. tr.* remunerar.

renaître [ʀ(ə)nɛtʀ] *v. intr.* renacer.

renard, -de [ʀ(ə)naʀ, -aʀd] *s. m. et f.* **1.** *Zool.* zorro, -rra; raposo, -sa. ‖ *s. m.* **2.** (fourrure) zorro (piel). **3.** *fig.* (rusé) lagarto, -ta. ‖ **vieux ~** *fig.* (rusé compère) viejo zorro; raposo.

renchérir [ʀɑ̃ʃeʀiʀ] *v. tr.* **1.** (rendre plus cher) encarecer. ‖ *v. intr.* **2.** ponderar [Renchérir sur le ridicule. *Ponderar el ridículo.*] **3.** (devenir plus cher) encarecerse; encarecer.

rencontre [ʀɑ̃kɔ̃tʀ] *s. f.* **1.** encuentro *m.* **2.** (entrevue) entrevista.

rencontrer [ʀɑ̃kɔ̃tʀe] *v. tr.* **1.** (croiser par hasard) encontrarse con. **2.** (deux équipes, deux joueurs) enfrentarse. **3.** entrevistarse [Rencontrer un émissaire. *Entrevistarse con un emisario.*] ‖ **se ~** *v. pr.* **4.** encontrarse; coincidir. **5.** (connaître) conocer.

rendement [rɑ̃dmɑ̃] *s. m.* rendimiento.
rendez-vous [rɑ̃devu] *s. m.* cita *f.* ‖ **avoir ~** quedar (tener cita, estar citado) [J'ai rendez-vous à huit heures. *He quedado a las ocho.*] **donner ~** (des amis) quedar (dar cita). I (pour un entretien) citar. **prendre ~** quedar. I pedir cita (médico). **prendre un ~ avec** citarse con.
rendormir [rɑ̃dɔrmir] *v. tr.* **1.** volver a dormir. ‖ **se ~** *v. pr.* **2.** volver a dormirse.
rendre [rɑ̃dr] *v. tr.* **1.** devolver; restituir [Rendre un livre. *Devolver un libro.*] **2.** (faire devenir) volver. [Rendre fou. *Volver loco.*] **3.** hacer [Rendre heureux. *Hacer feliz.*] **4.** (malade, nerveux) poner. ‖ **se ~** *v. pr.* **5.** ponerse. **6.** (aller) dirigirse. (assister) concurrir; acudir. **7.** (se soumettre) rendirse. ‖ **~ visite** visitar.
rêne [rɛn] *s. f.* rienda.
renfermé, -ée [rɑ̃fɛrme] *adj.* (peu communicatif) retraído, -da.
renfermer [rɑ̃fɛrme] *v. tr.* **1.** encerrar [Cette substance contient des particules inconnues. *Esta sustancia encierra partículas desconocidas.*] **2.** (impliquer, comprendre) encerrar; contener; entrañar [Ces mots renferment une énigme. *Esas palabras encierran un enigma.*] ‖ **se ~** *v. pr.* **3.** encerrarse. **4.** (en soi-même) ensimismarse.
renfoncer [rɑ̃fɔ̃se] *v. tr.* hundir más.
renforçage [rɑ̃fɔrsaʒ] *s. m.* refuerzo.
renforcer [rɑ̃fɔrse] *v. tr.* **1.** reforzar. **2.** *fig.* intensificar.
renfort [rɑ̃fɔr] *s. m.* **1.** refuerzo. **2.** refuerzo; refresco [Envoyer des renforts. *Enviar refuerzos.*]
renfrogné, -ée [rɑ̃frɔɲe] *adj.* ceñudo, -da.
renfrogner, se [rɑ̃frɔɲe] *v. pr.* ponerse ceñudo; enfurruñarse.

rengaine [rɑ̃gɛn] *s. f.* **1.** *fig. et fam.* canción [C'est toujours la même rengaine. *Es siempre la misma canción.*] **2.** (formule banale répétée) muletilla.
rengorger, se [rɑ̃gɔrʒe] *v. pr.* pavonearse.
renier [r(ə)nje] *v. tr.* (ne pas reconnaître pour sien) renegar [Renier sa famille. *Renegar de su familia.*]
renifler [r(ə)nifle] *v. intr.* **1.** (aspirer bruyamment par le nez) sorber. ‖ *v. tr.* **2.** (sentir avec insistance) olisquear.
renne [rɛn] *s. m., Zool.* reno.
renom [r(ə)nɔ̃] *s. m.* renombre; reputación *f.*
renommé, -ée [r(ə)nɔme] *adj.* famoso, -sa; célebre.
renommée [r(ə)nɔme] *s. f.* **1.** (célébrité) fama; celebridad. **2.** (opinion publique) reputación.
renommer [r(ə)nɔme] *v. tr.* volver a nombrar; reelegir.
renoncement [r(ə)nɔ̃smɑ̃] *s. m.* renuncia *f.*
renoncer [r(ə)nɔ̃se] *v. intr.* renunciar.
renouer [rənwe] *v. tr.* renovar.
renouveler [r(ə)nuv(ə)le] *v. tr.* **1.** renovar. **2.** (recommencer) repetir. ‖ **se ~** *v. pr.* **3.** renovarse.
rénovation [renɔvasjɔ̃] *s. f.* renovación.
rénover [renɔve] *v. tr.* renovar.
renseignement [rɑ̃sɛɲmɑ̃] *s. m.* **1.** información *f.* **2.** (donnée) dato.
renseigner [rɑ̃sɛɲe] *v. tr.* **1.** informar. ‖ **se ~** *v. pr.* **2.** (s'informer) informarse. (apprendre) enterarse; averiguar. **4.** (se documenter) documentarse.
rentable [rɑ̃tabl] *adj.* rentable.
rente [rɑ̃t] *s. f.* renta.
rentrée [rɑ̃tre] *s. f.* **1.** vuelta (comienzo de curso) [La rentrée des classes. *La*

vuelta al cole.] **2.** (reprise de l'activité politique) apertura.

rentrer [Rɑ̃tRe] *v. intr.* **1.** (retourner) volver; regresar [Rentrer à la maison, au pays natal. *Volver a casa, al país natal.*] **2.** (entrer dans un lieu) entrar. **3.** (avoir de la place) caber [La voiture ne rentre pas dans ton garage. *El coche no cabe en tu garaje.*] **4.** (de l'argent) ingresar. ‖ *v. tr.* **5.** meter. ‖ **~ dans** darse un trompazo (con el coche).

renverse [Rɑ̃vɛRs] *s. f., Mar.* viento contrario. ‖ **à la ~** de espaldas; boca arriba [Tomber à la renverse. *Caerse boca arriba / de espaldas.*]

renversé, -ée [Rɑ̃vɛRse] *adj.* **1.** (à l'envers) boca abajo. **2.** (tombé) caído, -da.

renversement [Rɑ̃vɛRs(ə)mɑ̃] *s. m.* **1.** (changement de position, de courant, de la situation) inversión *f*. **2** (chute) caída *f*. [Le renversement du régime. *La caída del régimen.*]

renverser [Rɑ̃vɛRse] *v. tr.* **1.** (bouleverser) trastornar. **2.** (faire tomber) volcar [Renverser un verre. *Volcar un vaso.*] **3.** (jeter à terre) tirar (al suelo). **4.** (un piéton) atropellar. **5.** *fig.* echar abajo [Renverser le gouvernement. *Echar abajo al gobierno.*] **6.** (pencher en arrière) echar hacia atrás. **7.** (un liquide) derramar. ‖ **se ~** *v. pr.* **8.** (un liquide) derramarse. **9.** (tomber) caerse. **10.** (un bateau, une voiture) volcarse.

renvoi [Rɑ̃vwa] *s. m.* **1.** (d'un salarié) despido. **2.** (d'une date, rendez-vous) aplazamiento. **3.** (dans un texte) remisión *f.*; llamada *f.* **4.** (retour) retorno; vuelta *f.* [Renvoi d'une lettre. *Vuelta de una carta.*] **5.** (rot) eructo.

renvoyer [Rɑ̃vwaje] *v. tr.* **1.** devolver. **2.** (congédier) despedir; echar. **3.** (ajourner) aplazar; diferir; posponer. **4.** (dans un texte) remitir. **5.** (lumière, son) reflejar. **6.** (une lettre) retornar. ‖ **~ à plus tard** aplazar (dejar para más tarde).

réorganiser [ReɔRganize] *v. tr.* reorganizar.

repaire [R(ə)pɛR] *s. m.* guarida *f.*

répandre [Repɑ̃dR] *v. tr.* **1.** (un liquide) derramar; verter. **2.** *fig.* (une nouvelle, un bruit) difundir; propagar. ‖ **se ~** *v. pr.* **3.** (un liquide) derramarse. **4.** (une nouvelle, un bruit) extenderse; propagarse.

reparaître [R(ə)paRɛtR] *v. intr.* reaparecer.

réparation [RepaRasjɔ̃] *s. f.* **1.** arreglo *m.* **2.** *fig.* (d'une offense) desagravio *m.*

réparer [RepaRe] *v. tr.* **1.** reparar; arreglar. **2.** (arranger un mécanisme) componer. **3.** (une offense) desagraviar.

repartir [R(ə)paRtiR] *v. intr.* volver a marcharse; volver a irse.

répartir [RepaRtiR] *v. tr.* **1.** (partager) compartir. **2.** (dispatcher) repartir. **3.** (distribuer) distribuir. **4.** (sur une surface) repartir [Répartir la pression. *Repartir la presión.*] ‖ **se ~** *v. pr.* **5.** dividirse.

répartition [RepaRtisjɔ̃] *s. f.* **1.** (partage) reparto *m.* **2.** (disposition) distribución [La répartition de la population. *La distribución de la población.*]

repas [R(ə)pa] *s. m.* comida *f.* (a lo largo del día).

repasser [R(ə)pase] *v. intr.* **1.** (revenir) volver a pasar. ‖ *v. tr.* **2.** (le linge) planchar. **3.** (une leçon) repasar.

repêchage [R(ə)pɛʃaʒ] *s. m., fig.* (nouvelle occasion) repesca.

repêcher [R(ə)peʃe] *v. tr.* **1.** (pêcher à nouveau) volver a pescar. **2.** (de l'eau) sacar

del agua. **3.** (sauver) rescatar. **4.** (le candidat à un examen) recuperar; repescar.

repenti, -ie [ʀ(ə)pɑ̃ti] *adj.* arrepentido, -da.

repentir, se [ʀ(ə)pɑ̃tiʀ] *v. pr.* arrepentirse.

répercussion [ʀepɛʀkysjɔ̃] *s. f.* repercusión. ‖ **avoir sa ~** repercutir.

répercuter [ʀepɛʀkyte] *v. tr.* **1.** repercutir. ‖ **se ~** *v. pr.* **2.** repercutir.

repère [ʀ(ə)pɛʀ] *s. m.* señal *f.*; marca *f.* ‖ **point de ~** punto de referencia.

repérer [ʀ(ə)peʀe] *v. tr.* **1.** (localiser) descubrir; localizar. ‖ **se ~** *v. pr.* **2.** orientarse.

répertoire [ʀepɛʀtwaʀ] *s. m.* repertorio. ‖ **~ téléphonique** agenda *f.*

répéter [ʀepete] *v. tr.* **1.** repetir. **2.** (une pièce musicale ou de théâtre) ensayar. **3.** (de façon insistente) machacar.

répétition [ʀepetisjɔ̃] *s. f.* **1.** repetición. **2.** *Ciné.* et *Théâtr.* ensayo *m.*

repeupler [ʀ(ə)pœple] *v. tr.* **1.** repoblar. **2.** (de végétation) repoblar; reforestar.

répit [ʀepi] *s. m.* descanso; tregua *f.*

replacer [ʀ(ə)plase] *v. tr.* reponer.

repli [ʀəpli] *s. m.* **1.** pliegue; repliegue. **2.** (d'un terrain) ondulación *f.* **3.** *Mil.* repliegue.

replier [ʀ(ə)plije] *v. tr.* **1.** (plier de nouveau) doblar. **2.** (plusieurs fois) replegar. ‖ **se ~** *v. pr.* **3.** replegarse.

répliquer [ʀeplike] *v. tr.* et *intr.* **1.** replicar. **2.** (protester) rechistar. ‖ **sans ~** sin rechistar.

répondant, -te [ʀepɔ̃dɑ̃, -ɑ̃t] *s. m.* et *f.* fiador, -ra.

répondre [ʀepɔ̃dʀ] *v. tr.* **1.** responder; contestar. **2.** (affirmer) asegurar. ‖ *v. intr.* **3.** responder; contestar [Répondre à la question. *Responder a la pregunta.*] **4.** *fig.* corresponder [Répondre à sa générosité. *Corresponder a su generosidad.*]

réponse [ʀepɔ̃s] *s. f.* respuesta; contestación.

reportage [ʀ(ə)pɔʀtaʒ] *s. m.* reportaje.

reporter[1] [ʀ(ə)pɔʀtɛʀ] *s. m.* reportero, -ra.

reporter[2] [ʀ(ə)pɔʀte] *v. tr.* **1.** trasladar. **2.** aplazar; posponer [Reporter la date de la réunion. *Aplazar la fecha de la reunión.*] ‖ **se ~** *v. pr.* **3.** (se référer) referirse. **4.** remitirse [Se reporter à ce texte. *Remitirse a este texto.*]

repos [ʀ(ə)po] *s. m.* descanso; reposo.

reposer [ʀ(ə)poze] *v. tr.* **1.** descansar; reposar. **2.** (poser de nouveau) volver a poner. ‖ **se ~** *v. pr.* **3.** descansar. **4.** reposar. **5.** (un liquide) reposar.

repoussant, -te [ʀ(ə)pusɑ̃, -ɑ̃t] *adj.* repugnante; repulsivo, -va.

repousser [ʀ(ə)puse] *v. tr.* **1.** (une offre, une tentation) rechazar; rehusar. **2.** (pousser) empujar [Repousser une table. *Empujar una mesa.*] **3.** (reporter) aplazar. ‖ *v. intr.* **4.** (la barbe, les cheveux) volver a crecer. **5.** (l'ennemi) hacer retroceder. **6.** (les plantes) echar nuevos brotes.

reprendre [ʀ(ə)pʀɑ̃dʀ] *v. tr.* **1.** (prendre de nouveau) volver a coger. **2.** volver a tomar. **3.** reanudar [Reprendre l'activité. *Reanudar la actividad.*] **4.** (connaissance, souffle, conscience) recobrar; recuperar. **5.** (blâmer) reprender. **6.** (quelqu'un) recoger [Je viendrai reprendre l'enfant. *Vendré a recoger al niño.*] ‖ *v. intr.* **7.** (repousser) recuperarse. **8.** (recommencer) volver; reanudarse; proseguir [La guerre a repris. *La guerra volvió.*] ‖ **~ connaissance** recobrar el sentido.

représailles [ʀ(e)pʀezaj] *s. f. pl.* represalias.

représentant, -te [ʀ(ə)pʀezɑ̃tɑ̃, -ɑ̃t] *s. m.* et *f.* representante.

représentatif, -ive [R(ə)pRezɑ̃tatif, -iv] *adj.* representativo, -va.
représentation [R(ə)pRezɑ̃tasjɔ̃] *s. f.* **1.** (image) representación. **2.** *Théâtr.* función; representación.
représenter [R(ə)pRezɑ̃te] *v. tr.* **1.** representar. ‖ **se ~** *v. pr.* **2.** concebir.
répression [RepResjɔ̃] *s. f.* represión.
réprimande [RepRimɑ̃d] *s. f.* (récrimination) reprimenda; regañina.
réprimander [RepRimɑ̃de] *v. tr.* reprender.
réprimer [RepRime] *v. tr.* reprimir.
reprise [R(ə)pRiz] *s. f.* **1.** (économique) recuperación. **2.** Reanudación; continuación. **3.** *Mus.* repetición. **4.** *Ciné. et Théâtr.* reposición. **5.** (à une étoffe) zurcido *m.*
repriser [R(ə)pRize] *v. tr.* zurcir.
réprobation [RepRɔbasjɔ̃] *s. f.* reprobación.
reproche [R(ə)pRɔʃ] *s. m.* reproche.
reprocher [R(ə)pRɔʃe] *v. tr.* **1.** reprochar; recriminar. **2.** echar en cara [Lui reprocher sa trahison. *Echarle en cara su traición.*]
reproduction [R(ə)pRɔdyksjɔ̃] *s. f.* reproducción.
reproduire [R(ə)pRɔdɥiR] *v. tr.* **1.** reproducir. **2.** (copier, imiter) copiar.
réprouver [RepRuve] *v. tr.* reprobar; censurar.
reptile [Reptil] *s. m.* reptil.
repu, -ue [R(ə)py] *adj.* harto, -ta (de comer).
république [Repyblik] *s. f.* república.
répudier [Repydje] *v. tr.* repudiar.
répugnance [Repyɲɑ̃s] *s. f.* **1.** repugnancia. **2.** (répulsion) asco *m.*; repulsión.
répugnant, -te [Repyɲɑ̃, -ɑ̃t] *adj.* repugnante; repulsivo, -va.

répugner [Repyɲe] *v. tr.* repugnar; dar asco.
répulsif, -ive [Repylsif, -iv] *adj., Litt.* repulsivo, -va.
répulsion [Repylsjɔ̃] *s. f.* repulsión; asco *m.*
réputation [Repytasjɔ̃] *s. f.* reputación.
réputé, -ée [Repyte] *adj.* reputado, -da.
requérir [R(ə)keRiR] *v. tr., Litt.* requerir.
requin [R(ə)kɛ̃] *s. m., Zool.* tiburón.
requisit [Rekwizit] *s. m.* requisito.
réquisitionner [Rekizisjɔne] *v. tr.* requisar.
R.E.R. [ɛRøeR] *sigle* (Réseau Express Régional) tren de cercanías.
rescapé, -ée [Reskape] *adj. et s. m. et f.* (d'un accident) superviviente.
rescousse [Reskus] *s. f.* rescate *m.* [À la rescousse de. *Al rescate de.*]
réseau [Rezo] *s. m.* **1.** red *f.* **2.** *Inform.* red *f.*; internet; web *f.*
réservation [RezeRvasjɔ̃] *s. f.* reserva [Faire une réservation. *Hacer una reserva.*]
réserve [RezeRv] *s. f.* **1.** reserva. **2.** (discrétion) discreción. **3.** (de chasse) coto *m.*
réservé, -ée [RezeRve] *adj.* **1.** reservado, -da. **2.** (discret) callado, -da.
réserver [RezeRve] *v. tr.* **1.** reservar. **2.** deparar [Le sort qui nous est réservé. *La suerte que nos depara.*]
réservoir [RezeRvwaR] *s. m.* **1.** depósito [Réservoir d'essence. *Depósito de gasolina.*] **2.** vivero [Réservoir de poissons. *Vivero de peces.*] ‖ **~ d'eau** embalse.
résidence [Rezidɑ̃s] *s. f.* residencia.
résident, -te [Rezidɑ̃, -ɑ̃t] *s. m. et f.* residente.
résider [Rezide] *v. intr.* **1.** residir; vivir; radicar. **2.** *fig.* (consister) radicar [La diffi-

culté réside dans ceci. *La dificultad radica en esto.*]
résidu [Rezidy] *s. m.* **1.** residuo. **2.** (déchet) desecho; desperdicio.
résigner, se [Rezine] *v. pr.* resignarse; conformarse.
résilier [Rezilje] *v. tr.* rescindir.
résine [Rezin] *s. f.* resina.
résistance [Rezistɑ̃s] *s. f.* resistencia.
résistant, -te [Rezistɑ̃, -ɑ̃t] *adj.* resistente.
résister [Reziste] *v. intr.* **1.** resistir [Résister au feu. *Resistir el fuego.*] **2.** (tenir) resistir. **3.** (se débattre) forcejear; resistirse.
résolu, -ue [Rezɔly] *adj.* (déterminé) resuelto, -ta; decidido, -da.
résolution [Rezɔlysjɔ̃] *s. f.* resolución.
résonance [Rezɔnɑ̃s] *s. f.* resonancia.
résonner [Rezɔne] *v. intr.* resonar.
résoudre [RezudR] *v. tr.* resolver; solucionar. ‖ **se ~ à** decidirse.
respect [Rɛspɛ] *s. m.* respeto.
respectable [Rɛspɛktabl] *adj.* respetable.
respecter [Rɛspɛkte] *v. tr.* respetar. ‖ **ne pas ~** (règle, loi) incumplir.
respectif, -ive [Rɛspɛktif, -iv] *adj.* respectivo, -va.
respectueux, -euse [Rɛspɛktɥø, -øz] *adj.* respetuoso, -sa.
respiration [RɛspiRasjɔ̃] *s. f.* respiración.
respirer [RɛspiRe] *v. tr. et intr.* respirar.
resplendir [Rɛsplɑ̃diR] *v. intr.* resplandecer; brillar.
responsabilité [Rɛspɔ̃sabilite] *s. f.* responsabilidad.
responsable [Rɛspɔ̃sabl] *adj.* **1.** responsable. ‖ *s. m. et f.* **2.** (d'un magasin) encargado, -da.
ressaisir [R(ə)seziR] *v. tr.* **1.** asir de nuevo. **2.** (récupérer) recobrar. ‖ **se ~** *v. pr.* **3.** (se remettre) reponerse; serenarse.

ressemblance [R(ə)sɑ̃blɑ̃s] *s. f.* parecido *m.*; semejanza.
ressembler [R(ə)sɑ̃ble] *v. intr.* **1.** parecer; ser semejante. **2.** (approcher de) recordar [Ce paysage ressemble à mon village. *Este paisaje me recuerda a mi pueblo.*] ‖ **se ~** *v. pr.* **3.** parecerse. ‖ **~ à** parecerse [Il ressemble à sa mère. *Se parece a su madre.*]
ressentiment [R(ə)sɑ̃timɑ̃] *s. m.* resentimiento.
ressentir [R(ə)sɑ̃tiR] *v. tr.* **1.** sentir. **2.** (éprouver) sentir; experimentar.
resserré, -ée [R(ə)seRe] *adj.* estrecho, -cha; angosto, -ta.
resserrer [R(ə)seRe] *v. tr.* **1.** apretar [Resserrer une vis, un nœud. *Apretar un tornillo, un nudo.*] **2.** (rendre plus étroit) estrechar [Resserrer le cercle. *Estrechar el círculo.*] ‖ **se ~** *v. pr.* **3.** estrecharse.
ressort [R(ə)sɔR] *s. m.* **1.** muelle; resorte. **2.** (d'une juridiction) competencia *f.* ‖ **être du ~ de** atañer; competer a.
ressortir [R(ə)sɔRtiR] *v. intr.* **1.** (sortir de nouveau) salir de nuevo. **2.** (se détacher) resaltar; sobresalir; contrastar. **3.** (résulter) resultar; deducirse [Il ressort que. *Resulta que.*] ‖ **faire ~** destacar; resaltar.
ressortissant, -te [RəsɔRtisɑ̃, -ɑ̃t] *s. m. et f.* súbdito, -ta; ciudadano, -na.
ressource [R(ə)suRs] *s. f.* recurso *m.*
ressusciter [Resysite] *v. tr. et intr.* **1.** resucitar. **2.** *fig.* revivir.
restant [Rɛstɑ̃] *s. m.* resto [Le restant de la dette, des papiers. *El resto de la deuda, de los papeles.*]
restaurant [RɛstɔRɑ̃] *s. m.* restaurante.
restaurer [RɛstɔRe] *v. tr.* **1.** restaurar. ‖ **se ~** *v. pr.* **2.** comer (para tener o recuperar fuerzas).

reste [rɛst] *s. m.* **1.** resto. **2.** demás [Le reste. *Lo demás.*] **3.** *Math.* resto. ‖ **restes** *s. m. pl.* **4.** restos. **5.** *fig.* (du repas) sobras *f.* **6.** (ruines, décombres) ruinas *f.* ‖ **du ~** (ou "au reste") por otra parte; por lo demás.

rester [rɛste] *v. intr.* **1.** (en avoir encore ou en trop) quedar; sobrar. **2.** (demeurer) permanecer; quedar. **3.** (continuer) quedarse [Rester à la maison. *Quedarse en casa.*] **4.** (se trouver toujours) estar; encontrarse; ubicarse. **5.** (continuer d'être) seguir siendo; ser [Cela reste très populaire. *Aún es muy popular.*] **6.** faltar [Il reste encore trois jours. *Faltan aún tres días.*] ‖ **~ en arrière** retrasarse; rezagarse.

restituer [rɛstitɥe] *v. tr.* restituir.

restitution [rɛstitysjɔ̃] *s. f.* restitución.

restreindre [rɛstrɛ̃dr] *v. tr.* **1.** restringir. ‖ **se ~** *v. pr.* **2.** restringirse.

restriction [rɛstriksjɔ̃] *s. f.* restricción.

résultat [rezylta] *s. m.* resultado.

résulter [rezylte] *v. intr.* resultar; deducirse.

résumé [rezyme] *s. m.* resumen.

résumer [rezyme] *v. tr.* resumir.

résurrection [resyrɛksjɔ̃] *s. f.* resurrección.

retable [rətabl] *s. m.* retablo.

rétabli, -ie [retabli] *adj.* repuesto, -ta.

rétablir [retablir] *v. tr.* **1.** restablecer. ‖ **se ~** *v. pr.* **2.** restablecerse.

rétablissement [retablismɑ̃] *s. m.* (d'une somme) restitución *f.*

retard [r(ə)tar] *s. m.* **1.** retraso. **2.** (retardement) demora *f.*; tardanza *f.* **3.** (de la montre) atraso. **4.** (du progrès matériel, mental, physique) atraso. ‖ **en ~** (trop tard) retrasado, -da; tarde. | (la montre) con atraso. **être en ~** llegar tarde; llevar retraso. **se mettre en ~** retrasarse.

retardataire [r(ə)tardatɛr] *adj.* **1.** (personne) retrasado, -da. **2.** (dans le paiement d'une dette) moroso, -sa.

retarder [r(ə)tarde] *v. tr.* **1.** (le moment d'un événement) retrasar; demorar [Retarder son départ. *Demorar su salida.*] **2.** (renvoyer à plus tard) diferir; aplazar; retrasar [Retarder une conférence. *Aplazar una conferencia.*] **3.** (faire rester en arrière) retardar; retrasar. ‖ *v. tr. et intr.* **4.** atrasar [Ma montre retarde de vingt minutes. *Mi reloj atrasa veinte minutos.*] ‖ **se ~** *v. pr.* **5.** retrasarse.

retenir [r(ə)t(ə)nir] *v. tr.* **1.** (garder pour soi) retener. **2.** (maintenir) sujetar [Retenir ses cheveux, sa jupe. *Sujetarse el pelo, la falda.*] **3.** (qqun) detener; retener. **4.** (ne pas laisser s'écouler) contener. **5.** (sa colère, ses sentiments) contener; reprimir. **6.** (réserver) reservar [Retenir une table dans un restaurant. *Reservar una mesa en un restaurante.*] **7.** (se souvenir) acordarse; recordar. ‖ **se ~** *v. pr.* **8.** contenerse.

rétention [retɑ̃sjɔ̃] *s. f.* retención.

retentir [r(ə)tɑ̃tir] *v. intr.* **1.** retumbar; tronar. **2.** *fig.* resonar.

retentissant, -te [r(ə)tɑ̃tisɑ̃, -ɑ̃t] *adj.* (dont on parle beaucoup) rotundo, -da; estrepitoso, -sa [Succès retentissant. *Éxito rotundo.*]

retentissement [r(ə)tɑ̃tismɑ̃] *s. m.* **1.** resonancia *f.* **2.** *fig.* (bruit) resonancia *f.*; repercusión *f.*

retenue [r(ə)t(ə)ny] *s. f.* **1.** (à la douane) retención *f.* **2.** (sur le salaire) retención. **3.** *fig.* (mesure) moderación *f.* **4.** (à l'école) castigo *m.*

réticence [retisɑ̃s] *s. f.* reticencia; reparo *m.*

réticent, -te [retisã, -ãt] *adj.* (rétif) reticente; reacio, -cia.

rétif, -ive [retif, -iv] *adj.* reacio, -cia.

rétine [retin] *s. f.* retina.

retirer [R(ə)tire] *v. tr.* **1.** (sa main) retirar. **2.** (sortir) sacar. **3.** (obtenir, extraire) obtener; sacar [Retirer de l'huile des olives. *Sacar aceite de las aceitunas.*] **4.** (de l'argent) retirar. ‖ **se ~** *v. pr.* **5.** (la mer) retraerse; retirarse. **6.** (prendre sa retraite) retirarse.

retomber [R(ə)tɔ̃be] *v. intr.* **1.** recaer. **2.** *fig.* recaer. **3.** volver a bajar [La fièvre est retombée. *La fiebre ha vuelto a bajar.*]

retordre [R(ə)tɔRdR] *v. tr.* retorcer.

retouche [R(ə)tuʃ] *s. f.* retoque *m.*

retoucher [R(ə)tuʃe] *v. tr. et intr.* retocar.

retour [R(ə)tuR] *s. m.* **1.** vuelta *f.*; regreso. **2.** (renvoi) retorno. ‖ **aller-retour** ida y vuelta.

retourner [R(ə)tuRne] *v. tr.* **1.** (renverser) volver; dar la vuelta. **2.** revolver [Retourner la sauce. *Revolver la salsa.*] **3.** (renvoyer) retornar. ‖ *v. intr.* **4.** volver; regresar. ‖ **se ~** *v. pr.* **5.** (mouvement) volverse. **6.** (contre) revolverse.

rétracter [RetRakte] *v. tr.* retractar. ‖ **se ~** *v. pr.* **2.** retractarse.

retrait [R(ə)tRɛ] *s. m.* **1.** (matériaux) contracción *f.* **2.** (de la mer, des troupes) retirada *f.* **3.** (d'argent) reintegro. ‖ **en ~** hacia atrás.

retraite [R(ə)tRɛt] *s. f.* **1.** (état) retiro *m.*; jubilación. **2.** (pension) retiro *m.*; pensión. ‖ **à la ~** (retraité) jubilado, -da. **mettre à la ~** jubilar; retirar. **prendre sa ~** jubilars. **prendre sa ~** jubilarse; retirarse.

retraité, -ée [R(ə)tRete] *adj. et s. m. et f.* retirado, -da; jubilado, -da.

retrancher [R(ə)tRɑ̃ʃe] *v. tr.* **1.** (enlever d'un texte) suprimir [Sans rien ajouter ni retrancher. *Sin añadir ni suprimir nada.*] **2.** (soustraire) restar. ‖ **se ~** *v. pr.* **3.** (se renfermer) encerrarse.

retransmettre [R(ə)tRɑ̃smɛtR] *v. tr.* **1.** transmitir. **2.** (par radio) radiar.

rétrécir [RetResiR] *v. tr.* **1.** encoger. ‖ *v. intr.* **2.** encoger. ‖ **se ~** *v. pr.* **3.** encogerse.

retrousser [R(ə)tRuse] *v. tr.* **1.** (les manches) subir. **2.** (relever les manches de) arremangarse; remangar; remangarse. **3.** (sa jupe) recoger; levantar.

retrouver [R(ə)tRuve] *v. tr.* **1.** (qqch de perdu) encontrar. **2.** (trouver de nouveau) volver a encontrar. ‖ **se ~** *v. pr.* **3.** encontrarse. **4.** (se donner rendez-vous) reunirse.

rétroviseur [RetRovizœR] *s. m.* retrovisor.

réunion [Reynjɔ̃] *s. f.* reunión. ‖ **~ d'amis** tertulia.

réunir [ReyniR] *v. tr.* **1.** reunir. **2.** (rassembler) juntar. ‖ **se ~** *v. pr.* **3.** (un groupe) reunirse.

réussi, -ie [Reysi] *adj.* acertado, -da.

réussir [ReysiR] *v. tr.* **1.** salir bien [Il a réussi son exercice. *Le ha salido bien el ejercicio.*] ‖ *v. intr.* **2.** (une personne) tener éxito; triunfar. ‖ **ne pas ~** fracasar. **~ à** (faire qqch) conseguir. **~ mal** (un projet) salir mal.

réussite [Reysit] *s. f.* **1.** éxito *m.* **2.** acierto *m.* [Cette idée est une réussite. *Esa idea es un acierto.*] **3.** (triomphe) triunfo *m.* **4.** (cartes) solitario *m.*

réutilisable [Reytilizabl] *adj.* retornable.

revanche [R(ə)vɑ̃ʃ] *s. f.* revancha. ‖ **en ~** en cambio.

rêvasser [Rɛvase] *v. tr.* fantasear.

rêve [Rɛv] *s. m.* sueño.

réveil [Revɛj] *s. m.* **1.** (se réveiller) despertar. **2.** (pendule) despertador.

réveille-matin [Revɛjmatɛ̃] *s. m. inv.* despertador.

réveiller [Reveje] *v. tr.* **1.** despertar. ‖ **se ~** *v. tr.* **2.** despertarse. **3.** (s'éveiller) desvelarse.

réveillon [Revejɔ̃] *s. m.* **1.** (veille de Noël) cena de Nochebuena. **2.** (veille du Nouvel An) cena de Nochevieja.

révélation [Revelasjɔ̃] *s. f.* revelación.

révéler [Revele] *v. tr.* revelar.

revenant [R(ə)v(ə)nɑ̃, -ɑ̃t] *s. m.* espectro.

revendiquer [R(ə)vɑ̃dike] *v. tr.* (réclamer) reivindicar.

revenir [R(ə)v(ə)niR] *v. intr.* **1.** (retourner) volver. **2.** (se souvenir) acordarse. **3.** (coûter) salir, costar. **4.** (échoir, obtenir) corresponder [Il lui est revenu une grande somme. *Le correspondió una buena suma.*] **5.** (être récurrent) repetirse. ‖ **~ à soi** recobrarse.

revente [R(ə)vɑ̃t] *s. f.* reventa.

revenu [R(ə)v(ə)ny] *s. m.* (rémunération) renta *f.*

rêver [Reve] *v. tr. et intr.* **1.** soñar. **2.** (penser à) soñar; imaginarse. ‖ **~ de** (pendant le sommeil) soñar con.

réverbère [ReveRbɛR] *s. m.* farola *f.*

révérence [ReveRɑ̃s] *s. f.* reverencia.

rêverie [RevRi] *s. f.* **1.** (rêve) ensueño *m.* **2.** (illusion, fantaisie) ilusión; fantasía.

revers [R(ə)vɛR] *s. m.* **1.** (envers) revés. **2.** (d'un vêtement) vuelta *f.* **3.** (de la main) dorso. **4.** (feuille de papier) reverso. **5.** *Sport* (au tennis) revés. **6.** (d'une monnaie, d'une médaille) reverso.

reverser [R(ə)vɛRse] *v. tr.* volver a echar; volver a verter.

réversible [RevɛRsibl] *adj.* reversible.

revêtement [R(ə)vɛtmɑ̃] *s. m.* **1.** (d'un mur) revestimiento. **2.** (de la chaussée) pavimento.

revêtir [R(ə)vetiR] *v. tr.* revestir; cubrir.

rêveur, -euse [RevœR, -øz] *adj. et s. m. et f.* soñador, -ra.

revient [Rəvjɛ̃] *s. m.* coste. ‖ **à prix de ~** a precio de coste.

réviser [Revize] *v. tr.* **1.** (modifier) revisar. **2.** (les leçons) repasar.

révision [Revizjɔ̃] *s. f.* **1.** revisión. **2.** (vérification) examen *m.* ‖ **revisions** *s. f. pl.* **3.** (d'une leçon) repaso *m.*

revivre [R(ə)vivR] *v. tr.* revivir.

révocation [Revokasjɔ̃] *s. f.* (d'une personne) destitución; cese *m.*

revoir[1] [R(ə)vwaR] *v. tr.* **1.** volver a ver. **2.** (examiner, réviser) revisar. **3.** (une leçon) repasar.

revoir[2] [R(ə)vwaR] *s. m.* reencuentro. ‖ **au ~ !** ¡adiós!; ¡hasta luego!; ¡hasta la vista!

révolte [Revɔlt] *s. f.* revuelta.

révolté, -ée [Revɔlte] *adj. et s. m. et f.* rebelde; sublevado, -da.

révolter [Revɔlte] *v. tr.* **1.** sublevar. **2.** *fig.* indignar. ‖ **se ~** *v. pr.* **3.** rebelarse; sublevarse.

révolu, -ue [Revɔly] *adj.* cumplido, -da [Vingt ans révolus. *Veinte años cumplidos.*]

révolution [Revɔlysjɔ̃] *s. f.* revolución.

révolutionner [Revɔlysjɔne] *v. tr.* revolucionar.

revolver [RevɔlvɛR] *s. m.* revólver.

revue [R(ə)vy] *s. f.* revista.

rez-de-chaussée [Red(ə)ʃose] *s. m. inv.* planta baja.

rhabiller [Rabije] *v. tr.* volver a vestir.

rhinocéros [RinɔseRɔs] *s. m. inv., Zool.* rinoceronte.

rhum [Rɔm] *s. m.* ron.

rhumatisme [Rymatism] *s. m.* reúma (ou reúma).

rhum-coca [ʀɔmkɔka] *s. m.* cubalibre.
rhume [ʀym] *s. m.* resfriado; catarro.
ria [ʀija] *s. f.* ría.
riant, -te [ʀjã, -ãt] *adj.* risueño, -ña.
ribambelle [ʀibãbɛl] *s. f.* sarta.
ricaner [ʀikəne] *v. intr.* reír burlonamente.
riche [ʀiʃ] *adj. et s. m. et f.* rico, -ca.
richesse [ʀiʃɛs] *s. f.* **1.** riqueza. **2.** capital *m.*; riqueza.
ricocher [ʀikɔʃe] *v. intr.* rebotar.
ricochet [ʀikɔʃɛ] *s. m.* **1.** (rebond) rebote. **2.** (conséquence) consecuencia *f.* ‖ **par ~** de rebote.
ride [ʀid] *s. f.* **1.** (de la peau) arruga. **2.** (onde) onda.
rideau [ʀido] *s. m.* **1.** cortina *f.* **2.** *Théâtr.* telón.
rider [ʀide] *v. tr.* arrugar.
ridicule [ʀidikyl] *adj.* **1.** ridículo, -la. ‖ *s. m.* **2.** ridículo, -la. **3.** ridículo; ridiculez [Le ridicule. *Lo ridículo, la ridiculez.*]
ridiculiser [ʀidikylize] *v. tr.* ridiculizar.
rien [ʀjɛ̃] *pron. indéf.* **1.** nada [Il n'a rien ajouté. *No ha añadido nada.*] ‖ *s. m.* **2.** pequeñez *f.* [Un rien le scandalise. *Una pequeñez le escandaliza.*] **3.** *fig.* (personne insignifiante) nadie [N'être rien. *No ser nadie.*] ‖ **bon à ~** inútil. **ce n'est ~** no importa. **de ~** de nada; no hay de qué. **pour ~** en balde. **~ de** (partitivo) nada de [Cela n'a rien d'extraordinaire. *No tiene nada de extraordinario.*] **~ de plus beau.** *Nada más bonito.*] **~ du tout** nada de nada. **~ que** con sólo [Rien qu'en souriant. *Con sólo sonreír.*] **~ que cela** nada más que eso. **un ~** un tris [En un rien de temps. *En un tris.*] **un ~ du tout** un don nadie.
rifle [ʀifl] *s. m.* rifle.

rigide [ʀiʒid] *adj.* **1.** rígido, -da. **2.** (raide) tieso, -sa. **3.** (rigoureux, sévère) exigente. ‖ **devenir ~** ponerse rígido; garrotarse.
rigidité [ʀiʒidite] *s. f.* rigidez.
rigolade [ʀigɔlad] *s. f.* **1.** (fête) juerga; jolgorio *m.* **2.** *fam.* (moquerie) guasa; cachondeo *m.*; juerga. ‖ **prendre à la ~** cachondearse; no tomarse en serio. **3.** (chose très simple) tontería
rigole [ʀigɔl] *s. f.* **1.** (fossé pour l'arrosage) reguero *m.* **2.** (tranchée) zanja; surco *m.*
rigoler [ʀigɔle] *v. intr., fam.* bromear; estar de broma.
rigolo, -ote [ʀigɔlo, -ɔt] *adj.* **1.** (amusant) divertido, -da. **2.** (étrange) raro, -ra.
rigoureux, -euse [ʀiguʀø, -øz] *adj.* **1.** (sévère) riguroso, -sa; severo, -ra. **2.** (précis) riguroso, -sa.
rigueur [ʀigœʀ] *s. f.* **1.** rigor. **2.** (du temps) crudeza.
rime [ʀim] *s. f.* rima. ‖ **sans ~ ni raison** sin ton ni son.
rimer [ʀime] *v. intr.* rimar.
rinçage [ʀɛ̃saʒ] *s. m.* **1.** enjuague. **2.** (du linge) aclarado.
rince-doigts [ʀɛ̃sdwa] *s. m. inv.* lavafrutas.
rincer [ʀɛ̃se] *v. tr.* **1.** (la bouche) enjuagar. **2.** (linge, cheveux) aclarar. ‖ **se ~** *v. pr.* **3.** enjuagarse (el jabón).
ring [ʀiŋ] *s. m., Sport* ring.
ringard, -de [ʀɛ̃gaʀ, -aʀd] *adj., fam.* hortera.
rire¹ [ʀiʀ] *v. intr.* reír; reírse. ‖ **pour ~** en broma. **~ aux éclats** reírse a carcajadas.
rire² [ʀiʀ] *s. m.* risa *f.* ‖ **fou ~** risa loca.
ris [ʀi] *s. m.* (de veau) molleja *f.*
risée [ʀize] *s. f.* **1.** (moquerie collective) burla; mofa [Être un objet de risée. *Ser objeto de mofa.*] **2.** (objet de risée) haz-

merreír *m*. [Il est la risée du voisinage. *Es el hazmerreír del barrio.*]

risible [Rizibl] *adj*. ridículo, -la; risible.

risque, -ée [Risk] *s. m.* **1.** riesgo. **2.** (aventure) aventura *f*. ‖ **au ~ de** a riesgo de.

risqué [Riske] *adj*. arriesgado, -da.

risquer [Riske] *v. tr*. **1.** (sa vie) arriesgar. **2.** (une question) aventurar. ‖ **se ~** *v. pr*. **3.** arriesgarse. ‖ **~ de** (une personne) correr el peligro de; correr el riesgo de; arriesgarse. | (une chose) amenazar [Cela risque de devenir insoutenable. *Amenaza con volverse insoportable.*]

rissoler [Risole] *v. tr.* **1.** (à la poêle) dorar. ‖ *v. intr.* **2.** dorarse. ‖ **faire ~** dorar.

ristourne [RistuRn] *s. f*. **1.** (bonification hors facture) comisión. **2.** (rabais) descuento. *m*.

rite [Rit] *s. m*. rito.

rivage [Rivaʒ] *s. m*. **1.** ribera *f*.; orilla *f*. **2.** (de la mer) costa *f*.

rival, -le, -aux [Rival, -o] *adj. et s. m. et f*. rival.

rivaliser [Rivalize] *v. intr*. rivalizar; competir.

rivalité [Rivalite] *s. f*. rivalidad.

rive [Riv] *s. f*. (fleuves) orilla; ribera; margen.

river [Rive] *v. tr*. (riveter) remachar.

riveter [Riv(ə)te] *v. tr*. remachar.

rivière [RivjɛR] *s. f*. **1.** río *m*. (de tamaño medio) **2.** (qui se jette dans un fleuve) afluente *m*.

riz [Ri] *s. m*. arroz.

robe [Rɔb] *s. f*. **1.** (de femme) vestido *m*. **2.** (d'animal) pelaje *m*.; pelo *m*. ‖ **~ de chambre** bata. **~ de mariée** traje de novia. **~ de soirée** traje de noche.

robinet [Rɔbinɛ] *s. m*. grifo; llave *f*.

robot [Rɔbo] *s. m*. robot.

RISIBLE - ROMAN

robuste [Rɔbyst] *adj*. **1.** robusto, -ta. **2.** (costaud) fornido, -da. **3.** (ferme, énergique) recio, -cia [Style, foi robuste. *Estilo recio, fe recia.*]

roc [Rɔk] *s. m*. *litt*. **1.** roca [Dur comme un roc. *Duro como la roca.*] **2.** (rocher) roca *f*.; peña *f*.; peñasco.

rocaille [Rɔkɛj] *s. f*. pedruscos *m. pl*.

rocailleux, -euse [Rɔkajø, -øz] *adj*. pedregoso, -sa.

roche [Rɔʃ] *s. f*. peña; roca.

rocher [Rɔʃe] *s. m*. peñón; peñasco; peña *f*.; roca *f*. [Le rocher de Gibraltar. *El peñón de Gibraltar.*] ‖ **~ escarpé** risco.

rock and roll [RɔkɛndRɔl] *s. m*. rock and roll.

rocking-chair [Rɔkiŋ(t)ʃɛR] *s. m*. (fauteuil á bascule) mecedora *f*.

rodage [Rɔdaʒ] *s. m*. rodaje.

roder [Rɔde] *v. tr*. (moteur) rodar.

rôder [Rode] *v. intr*. (traîner) rondar; merodear.

rôdeur, -euse [RodœR, -øz] *s. m. et f*. merodeador, -ra.

rogne [Rɔɲ] *s. f*., *fam*. berrinche *m*.; pataleta; rabieta [Il a piqué une rogne. *Cogió un berrinche.*]

rogner [Rɔɲe] *v. tr*. **1.** (cou per) recortar. **2.** *fig*. (le salaire) rebajar (de manera mezquina).

rognon [Rɔɲɔ̃] *s. m*., *Gastr*. riñón.

roi [Rwa] *s. m*. rey.

rôle [Rol] *s. m*. **1.** *fig*. cometido; papel; función. **2.** *Théâtr*. papel; parte. ‖ **à tour de ~** por turnos; uno tras otro. **dans le ~ de** como.

roman, -ne [Rɔmɑ̃, -an] *adj*. **1.** (langues) romance. **2.** *Arch*. románico, -ca. ‖ *s. m*. **3.** novela. **4.** (récit en langue romane) romance. ‖ **art ~** *Arch*. románico.

romancier, -ière [rɔmɑ̃sje, -jɛʀ] *s. m. et f.* novelista.

romanesque [rɔmanɛsk] *adj. et s. m.* **1.** novelesco, -ca. **2.** *fig.* novelesco, -ca; fantasioso, -sa.

romantique [rɔmɑ̃tik] *adj. et s. m. et f.* romántico, -ca.

romarin [rɔmaʀɛ̃] *s. m., Bot.* romero.

rompre [rɔ̃pʀ] *v. tr.* **1.** romper; quebrar. **2.** (une règle, le jeûne) quebrantar. **3.** (casser brusquement) partir [Rompre le fil, le cœur. *Partir el hilo, el corazón.*] **4.** *fig.* (en finir) cortar [Rompre avec ses amis. *Cortar con sus amigos.*]

ronce [rɔ̃s] *s. f., Bot.* **1.** zarza; espino *m.* **2.** (mûre) zarzamora.

ronceraie [rɔ̃sʀɛ] *s. f., Bot.* zarzal *m.*

ronchonner [rɔ̃ʃɔne] *v. tr.* gruñir.

rond, ronde [rɔ̃, rɔ̃d] *adj.* **1.** redondo, -da. ‖ *s. m.* **2.** círculo; redondel. **3.** (cercle de personnes) corro [Se disposer en rond. *Hacer un corro.*] **4.** *fam.* (argent) blanca *f.* [Sans un rond. *Sin blanca.*]

ronde [rɔ̃d] *s. f.* (visite, inspection) ronda.

rondelle [rɔ̃dɛl] *s. f.* **1.** (saucisson) rodaja. **2.** *Méc.* arandela.

rond-point [rɔ̃pwɛ̃] *s. m.* rotonda *f.*; glorieta *f.*

ronflant, -te [rɔ̃flɑ̃, -ɑ̃t] *adj.* sonoro, -ra.

ronflement [rɔ̃fl(ə)mɑ̃] *s. m.* **1.** (d'une personne) ronquido. **2.** (d'un moteur) zumbido.

ronfler [rɔ̃fle] *v. intr.* **1.** (une personne) roncar. **2.** (vrombir) zumbar; resonar.

ronger [rɔ̃ʒe] *v. tr.* **1.** (un os) roer. **2.** (un métal) corroer. **3.** (le bois) carcomer. **4.** (les mites) apolillar. **5.** *fig.* (attaquer) minar. **6.** (une maladie) consumir. **7.** (hanter) atormentar. ‖ **se ~** *v. pr.* **8.** carcomerse.

rongeur, -euse [rɔ̃ʒœʀ, -øz] *adj. et s. m., Zool.* roedor, -ra.

ronronner [rɔ̃ʀɔne] *v. intr.* ronronear.

rose [roz] *s. f., Bot.* **1.** rosa. ‖ *adj. et s. m.* **2.** (couleur) rosa.

rosé, -ée [roze] *adj.* **1.** (peau, visage) sonrosado, -da. **2.** (vin) rosado.

roseau [rozo] *s. m., Bot.* caña *f.* (planta acuática).

rosée [roze] *s. f.* rocío *m.*

rosi, -ie [rozi] *adj.* (peau, visage) sonrosado, -da.

rosier [rozje] *s. m., Bot.* rosal.

rossée [rose] *s. f.* **1.** paliza; tunda.

rossignol [rɔsiɲɔl] *s. m.* **1.** *Zool.* (oiseau) ruiseñor. **2.** (pour ouvrir les serrures) ganzúa *f.*

rotation [rɔtasjɔ̃] *s. f.* rotación.

rôti [roti] *s. m.* asado.

rôtir [rotiʀ] *v. tr.* asar.

rouages [ʀwaʒ] *s. m. pl., fig.* engranaje *sing.*; mecanismo *sing.*; mecánica *f. sing.* [Les rouages de l'État. *El engranaje del Estado.*]

roucouler [ʀukule] *v. intr.* (le pigeon) cantar.

roue [ʀu] *s. f.* rueda. ‖ **grande ~** noria. **~ de secours** rueda de repuesto.

rouer [ʀwe] *v. tr.* **~ de coups** moler a palos.

rouerie [ʀuʀi] *s. f.* marrullería.

rouge [ʀuʒ] *adj.* **1.** rojo, -ja. **2.** (fer) candente. **3.** (vino) tinto. ‖ *s. m.* **4.** (couleur) rojo. **5.** (à joues) colorete. **6.** (vino) tinto. ‖ **~ à lèvres** barra de labios; pintalabios. **~ à ongles** pintauñas.

rougeâtre [ʀuʒɑtʀ] *adj.* rojizo, -za.

rougeole [ʀuʒɔl] *s. f.* sarampión *m.*

rougeur [ʀuʒœʀ] *s. f.* **1.** *fig.* rubor *m.* ‖ **rougeurs** *s. f. pl.* **2.** manchas rojas (en la piel).

rougir [ruʒiʀ] *v.* **1.** enrojecer. ‖ *v. intr.* **2.** (devenir rouge) volverse rojo. **3.** (le visage) ruborizarse; sonrojarse; ponerse rojo. **4.** *fig.* (avoir honte) avergonzarse. ‖ **faire ~** hacer ruborizarse. ∣ (faire honte) abochornar.

rouille [ruj] *s. f.* (métaux) herrumbre.

rouiller [ruje] *v. tr. et intr.* (les métaux) oxidar.

roulade [rulad] *s. f.* (oiseaux) trino *m.* ‖ **faire des roulades** trinar.

roulage [rulaʒ] *s. m.* **1.** (transport routier) transporte rodado. **2.** (charriage) acarreo.

rouleau [rulo] *s. m.* **1.** (de papier) rollo. **2.** (pour les cheveux) rulo. **3.** (de pellicule photo) carrete. **4.** (de pâtisserie) rodillo.

roulement [rulmã] *s. m.* **1.** (du tambour) redoble. **2.** *fig.* relevo; rotación. **3.** turno; relevo [Par roulement. *Por turno.*]

rouler [rule] *v. tr.* **1.** hacer rodar; rodar. **2.** (du papier, un tissu) enrollar. **3.** (une cigarette) liar. **4.** *fam.* (tromper) timar; engañar. ‖ *v. intr.* **5.** (une balle) rodar. **6.** (une voiture) circular; ir. **7.** circular [Il y a beaucoup d'argent qui roule. *Circula mucho dinero.*] ‖ **se ~** *v. pr.* **8.** revolcarse.

roulette [rulɛt] *s. f.* ruleta.

roulotte [rulɔt] *s. f.* **1.** (des forains) carromato; carro de feriante. **2.** (de tourisme) remolque *m.*; caravana; roulotte.

round [raund] *s. m.* (boxe) asalto.

rouspéter [ruspete] *v. intr., fam.* refunfuñar; protestar.

rousseur [rusœʀ] *s. f.* color rojo. ‖ **taches de ~** pecas.

route [rut] *s. f.* **1.** carretera. **2.** (itinéraire) vía; ruta. **3.** (direction) dirección; camino *m.* **4.** *Mar.* rumbo *m.* ‖ **faire fausse ~** ir descaminado; equivocarse. **mettre en ~** poner en funcionamiento.

routier, -ière [rutje, -jɛʀ] *adj.* **1.** de carreteras. **2.** (conducteur) camionero. **3.** (restaurant) restaurante de carretera. ‖ **gare routière** estación de autobuses. **sécurité routière** seguridad vial.

routine [rutin] *s. f.* rutina.

rouvre [ruvʀ] *s. m., Bot.* roble.

rouvrir [ruvʀiʀ] *v. tr. et intr.* volver a abrir.

roux, rousse [ru, rus] *adj. et s. m. et f.* (cheveux) pelirrojo, -ja.

royal, -le, -aux [rwajal, -o] *adj.* **1.** real (del rey). **2.** (cadeau) regio, -gia.

royalisme [rwajalism] *s. m.* realismo.

royaume [rwajom] *s. m.* reino.

ruban [rybã] *s. m.* (bande) cinta *f.* [Ruban adhésif. *Cinta adhesiva.*]

rubis [rybi] *s. m.* rubí.

rubrique [rybʀik] *s. f.* **1.** (dans un journal) sección. **2.** (dans le budget) partida.

ruche [ryʃ] *s. f.* colmena.

rude [ryd] *adj.* **1.** (une personne) rudo, -da. **2.** (un travail, l'hiver) duro, -ra; penoso, -sa. **3.** (dur au toucher) áspero, -ra; basto, -ta.

rudesse [rydɛs] *s. f.* **1.** (de caractère) rudeza. **2.** (au toucher) âpreté; aspereza.

rudiment [rydimã] *s. m.* rudimento.

rue [ry] *s. f.* calle. ‖ **répertoire des rues** (d'une ville) callejero.

ruée [rɥe] *s. f.* (personnes) oleada; riada.

ruelle [rɥɛl] *s. f.* callejón *m.*; pasadizo *m.*

ruer [rɥe] *v. intr.* **1.** dar coces. ‖ **se ~** *v. pr.* **2.** abalanzarse; precipitarse.

ruffian [ryfjã] *s. m.* rufián.

rugby [rygbi] *s. m., Sport* rugby.

rugir [ryʒiʀ] *v. intr.* (lion, tigre) rugir.

rugissement [ryʒismã] *s. m.* rugido.

rugueux, -euse [ʀygø, -øz] *adj.* **1.** rugoso, -sa. **2.** (un tissu) áspero, -ra.
ruine [ʀɥin] *s. f.* ruina.
ruiner [ʀɥine] *v. tr.* **1.** *fig.* (faire perdre la prospérité, la fortune) arruinar. ‖ **se ~** *v. pr.* **2.** arruinarse.
ruisseau [ʀɥiso] *s. m.* arroyo; riachuelo; acequia *f. Amér.*
ruisseler [ʀɥis(ə)le] *v. intr.* chorrear.
ruisselet [ʀɥs(ə)le] *s. m.* riachuelo.
rumba [ʀumba] *s. f., Mus.* rumba.
rumeur [ʀymœʀ] *s. f.* **1.** (nouvelles qui se répandent) rumor *m.* **2.** (brouhaha) voces *pl.*
ruminant, -te [ʀyminɑ̃, -ɑ̃t] *adj. et s. m. et f.* rumiante.
ruminer [ʀymine] *v. tr.* rumiar.
rupestre [ʀypɛstʀ] *adj.* rupestre.
rupture [ʀyptyʀ] *s. f.* **1.** (d'un tuyau) rotura. **2.** *fig.* (d'une relation) ruptura.

rural, -le, -aux [ʀyʀal, -o] *adj.* rural ‖ **gîte ~** casa rural.
ruse [ʀyz] *s. f.* **1.** (truc) astucia; artimaña **2.** (stratagème) ardid *m.* **3.** (art de la tromperie, malice) picardía; marrullería.
rusé, ée [ʀyze] *adj. et s. m. et f.* **1.** astuto -ta. **2.** (sournois) taimado, -da.
ruser [ʀyze] *v. intr.* engañar; obrar con astucias.
rustine [ʀystin] *s. f.* parche *m.* (para neumático).
rustique [ʀystik] *adj.* rústico, -ca.
rustre [ʀystʀ] *adj. et s. m.* **1.** (paysan) cateto, -ta; paleto, -ta; palurdo, -da. **2.** (grossier) basto, -ta; tosco, -ca.
rut [ʀyt] *s. m.* celo. ‖ **en ~** (en chaleur) en celo.
rythme [ʀitm] *s. m.* ritmo.
rythmé, -ée [ʀitme] *adj.* acompasado, -da; con ritmo.

S

s [εs] *s. m.* s *f.*

s' [s] *pron. pers.* *se. ‖ *conj.* *si.

sa [sa] *adj. poss.* su (Sa maison (à lui, à elle). *Su casa (de él, de ella).*) • "Sa" se usa con sustantivos femeninos en pl. "Son" se usa delante de sustantivo masculino singular o delante de femenino singular, cuando éste empieza por vocal o "h" muda.

sable [sabl] *s. m.* arena *f.*

s'ablière [sɑblijɛʀ] *s. f.* **1.** arenal. **2.** *Constr.* solera.

sablonneux, -euse [sablɔnø, -øz] *adj.* arenoso, -sa.

sabot [sabo] *s. m.* **1.** (du cheval) casco. **2.** (des ruminants) pezuña *f.* **3.** (chaussure de bois) zueco. **4.** *Méc.* (frein) zapata *f.*

sabotage [sabɔtaʒ] *s. m.* sabotaje.

saboter [sabɔte] *v. tr.* **1.** sabotear. **2.** (un travail) chapucear.

sabre [sɑbʀ] *s. m.* sable.

sac[1] [sak] *s. m.* (pillage) saqueo. ‖ **mettre à ~** (saccager) saquear.

sac[2] [sak] *s. m.* **1.** saco. **2.** (à main) bolso. **3.** (en plastique, de sport) bolsa *f.* ‖ **sac-banane** riñonera *f.* ‖ **~ à dos** mochila *f.*; macuto *m.* **~ à main** bolso. **~ à provisions** bolsa de la compra. **~ de couchage** saco de dormir.

saccade [sakad] *s. f.* sacudida; tirón *m.* ‖ **par saccades** a trompicones.

saccadé, -ée [sakade] *adj.* **1.** (mouvement) brusco, -ca. **2.** *fig.* (style) cortado, -da. **3.** (respiration) entrecortado, -da.

saccager [sakaʒe] *v. tr.* (piller) saquear.

saccharine [sakaʀin] *s. f.* sacarina.

sachet [saʃɛ] *s. m.* **1.** (médicament) sobre. **2.** (de thé) bolsita. *f.*

sacoche [sakɔʃ] *s. f.* **1.** (du facteur, de la bicyclette) cartera. **2.** (à outils) bolsa.

sacré, -ée [sakʀe] *adj.* **1.** (temple) sagrado, -da. **2.** *fam.* maldito, -ta; condenado, -da [Sacré gosse! ¡Maldito niño!] **3.** (musique) sacro, -cra.

sacrement [sakʀ(ə)mɑ̃] *s. m.* sacramento.

sacrer [sakʀe] *v. tr.* **1.** (un évêque) consagrar. **2.** (un roi) coronar.

sacrifice [sakʀifis] *s. m.* sacrificio.

sacrifier [sakʀifje] *v. tr.* **1.** sacrificar. ‖ **se ~** *v. pr.* **2.** sacrificarse.

sacrilège [sakʀilɛʒ] *s. m.* sacrilegio.

sacristain [sakʀistɛ̃] *s. m.* sacristán.

safari [safaʀi] *s. m.* safari.

safran [safʀɑ̃] *s. m.* azafrán.

sagace [sagas] *adj.* sagaz; astuto, -ta.

sagacité [sagasite] *s. f.* sagacidad.

sage [saʒ] *adj.* **1.** (judicieux) sensato, -ta; juicioso, -sa. **2.** (prudent) prudente. **3.** (enfants) formal; bueno, -na; obediente. ‖ *s. m.* **4.** (savant) sabio.

sage-femme [saʒfam] *s. f.* comadrona.

sagesse [saʒɛs] *s. f.* **1.** (savoir) sabiduría. **2.** (bon sens) sensatez; juicio *m.*

Sagittaire [saʒitɛʀ] *s. m.* Sagitario.

saignant, -te [sɛɲɑ̃, -ɑ̃t] *adj.* sangrante. ‖ **viande saignante** carne poco hecha.

saignement [sɛɲ(ə)mɑ̃] *s. m.* hemorragia *f.*

saigner [seɲe] *v. tr. et intr.* sangrar.

saillant, -te [sajɑ̃, -ɑ̃t] *adj.* **1.** saliente. ‖ *s. m.* **2.** saliente.

saillie [saji] *s. f.* **1.** *fig.* ocurrencia; salida; latiguillo *m.*; arranque. **2.** *Arch.* saliente. *m.*

saillir [sajiʀ] *v. intr., Arch.* sobresalir.

sain, saine [sɛ̃, sɛn] *adj.* sano, -na.

saint, sainte [sɛ̃, sɛ̃t] *adj. et s. m. et f.* **1.** santo, -ta. **2.** (devant la plupart des noms masculins) san [Saint Jean. *San Juan.*] • Au féminin, on utilise "Santa", et

au masculin, on utilise parfois "Santo", devant des noms commençant par To- ou Do-: *Santo Domingo, Santo Tomás.*
sainteté [sɛ̃tte] *s. f.* santidad.
saisie [sezi] *s. f.* **1.** *Dr.* embargo *m.* **2.** (d'un journal) secuestro *m.*
saisir [sezir] *v. tr.* **1.** (prendre) coger; asir; agarrar. **2.** (empoigner) empuñar. **3.** (tenir avec force) aferrar. **4.** (un journal) secuestrar. **5.** *Dr.* (s'emparer de marchandises illégales) embargar. **6.** (comprendre) *fig.* comprender; entender; captar; coger. **7.** (bouleverser) impresionar; sobrecoger. **8.** (une émotion) embargar [La peur le saisit. *El miedo le embargó.*] **9.** (une occasion) aprovechar. ‖ **se ~** *v. pr.* **10.** (s'emparer de) apoderarse.
saisissant, -te [sezisɑ̃, -ɑ̃t] *adj.* **1.** (surprenant) impresionante. **2.** (froid) penetrante; sobrecogedor. **3.** (frappant, émouvant) sobrecogedor, -ra.
saison [sezɔ̃] *s. f.* **1.** (de l'année) estación. **2.** *Théâtr.* temporada; época. ‖ **de demi-saison** de entretiempo. **faire une excellente ~** hacer su agosto.
salade [salad] *s. f.* **1.** (de crudités) ensalada. **2.** (macédoine) ensaladilla. **3.** (verte) lechuga. ‖ **~ russe** ensaladilla rusa.
salaire [salɛr] *s. m.* **1.** (mensuel) sueldo; salario. **2.** (à la journée) jornal.
salamandre [salamɑ̃dr] *s. f., Zool.* salamandra.
sale [sal] *adj.* **1.** sucio, -cia. **2.** (dégoûtant) asqueroso, -sa. **3.** (une affaire) desagradable.
salé, -ée [sale] *adj.* **1.** (aliment) salado, -da. **2.** *fig. et fam.* (langage) picante; verde.
saler [sale] *v. tr.* salar.
saleté [salte] *s. f.* **1.** suciedad. **2.** (malpropreté) porquería.

salière [saljɛr] *s. f.* salero *m.* (para la sal).
salin [salɛ̃] *adj.* salina. *f.*
salir [salir] *v. tr.* **1.** manchar; ensuciar. ‖ **se ~** *v. pr.* **2.** mancharse.
salissant, -te [salisɑ̃, -ɑ̃t] *adj.* sucio, -cia.
salive [saliv] *s. f.* saliva.
salle [sal] *s. f.* sala. ‖ **~ à manger** comedor. **~ d'opération** quirófano *m.* **~ de bain** cuarto de baño. **~ de classe** aula. **~ de séjour** cuarto de estar; sala.
salon [salɔ̃] *s. m.* salón; sala.
salubre [salybr] *adj.* salubre.
saluer [salɥe] *v. tr.* saludar.
salut [saly] *s. m.* **1.** *Rel.* salvación *f.* **2.** (salutation) saludo. ‖ **salut!** **3.** *fam.* (pour saluer) ¡hola! **4.** (pour prendre congé) ¡adiós!
salutaire [salytɛr] *adj.* saludable.
salutation [salytasjɔ̃] *s. f.* **1.** saludo *m.* [Sincères salutations de. *Saludos cordiales de.*] ‖ **salutations** *s. f. pl.* **2.** (dans les formules de politesse) recuerdos *m.*
salvadorien, -enne [salvadɔrjɛ̃, -ɛn] *adj.* **1.** salvadoreño, -ña. ‖ **Salvadorien, -enne** *s. m. et f.* **2.** salvadoreño, -ña.
salvatrice [salvatris] *adj. et s. f.* libertadora; salvadora.
salve [salv] *s. f.* salva.
samba [sɑ̃(m)ba] *s. f., Mus.* (danse et musique brésiliennes) samba.
samedi [samdi] *s. m.* sábado [Samedi, le samedi, le samedi 13 juin. *El sábado, los sábados, el sábado 13 de junio.*]
sanctifier [sɑ̃ktifje] *v. tr.* santificar.
sanction [sɑ̃ksjɔ̃] *s. f.* sanción.
sanctionner [sɑ̃ksjɔne] *v. tr.* sancionar.
sanctuaire [sɑ̃ktɥɛr] *s. m.* **1.** santuario. **2.** (dans une église) sagrario.
sandale [sɑ̃dal] *s. f.* sandalia.

sandwich [sãdwi(t)ʃ] *s. m.* **1.** bocadillo; bocata. **2.** (au pain de mie) sándwich (ou sandwich) emparedado.

sang [sã] *s. m.* sangre.

sang-froid [sãfʀwa] *s. m. inv.* sangre fría.

sanglant, -te [sãglã, -ãt] *adj.* sangriento, -ta.

sangle [sãgl] *s. f.* (d'une selle) cincha.

sanglier [sãglije] *s. m., Zool.* jabalí.

sanglot [sãglo] *s. m.* sollozo.

sangloter [sãglɔte] *v. intr.* sollozar.

sanguin, -ne [sãgɛ̃, -in] *adj.* sanguíneo, -a.

sanguinaire [sãginɛʀ] *adj.* sanguinario, -ria.

sanitaire [sanitɛʀ] *adj.* sanitario, -ria.

sans [sã] *prép.* sin. ∥ **non ~** no sin. **~ que** sin que [Il l'a volé sans que personne s'en rende compte. *Lo robó sin que nadie se diera cuenta.*]

sans-gêne [sãʒɛn] *s. m.* **1.** frescura *f.*; descaro. ∥ *adj. et s. m. et f.* **2.** (culotté) descarado, -da. **3.** (impoli, indélicat) desaprensivo, -va.

santé [sãte] *s. f.* **1.** salud. **2.** sanidad [La Santé publique. *La Sanidad Pública.*]

sapeur-pompier [sapœʀpɔ̃pje] *s. m.* bombero.

saphir [safiʀ] *s. m.* zafiro.

sapin [sapɛ̃] *s. m.* **1.** *Bot.* abeto. **2.** (bois) pino.

sarcasme [saʀkasm] *s. m.* sarcasmo.

sarcastique [saʀkastik] *adj.* sarcástico, -ca.

sarcophage [saʀkɔfaʒ] *s. m.* sarcófago.

sardine [saʀdin] *s. f.* sardina.

satané, -ée [satane] *adj.* **1.** *fam.* (pénible) endemoniado, -da [Une pluie satanée. *Una lluvia endemoniada.*] **2.** *fam.* (personnes) condenado, -da; maldito, -ta [Satané menteur. *Maldito mentiroso.*] **3.** *fam.* (remarquable) condenado, -da [C'est un satané travailleur. *Es un condenado trabajador.*]

satellite [satelit] *s. m.* satélite.

satin [satɛ̃] *s. m.* satén; raso.

satire [satiʀ] *s. f.* sátira.

satirique [satiʀik] *adj.* satírico, -ca.

satisfaction [satisfaksjɔ̃] *s. f.* satisfacción.

satisfaire [satisfɛʀ] *v. tr.* **1.** (plaire) satisfacer. **2.** (contenter) contentar; llenar. ∥ **se ~** *v. pr.* **3.** contentarse.

satisfait, -te [satisfɛ, -ɛt] *adj.* satisfecho, -cha.

saturer [satyʀe] *v. tr.* saturar.

satyre [satiʀ] *s. m.* sátiro.

sauce [sos] *s. f.* salsa.

saucer [sose] *v. tr.* rebañar [Saucer son pain. *Rebañar con pan.*]

saucisse [sosis] *s. f.* salchicha.

saucisson [sosisɔ̃] *s. m.* salchichón.

sauf [sof] *prép.* excepto; salvo. ∥ **~ que** excepto que; salvo que.

sauf, -ve [sof, sov] *adj.* **1.** salvado, -da. **2.** ileso, -sa; salvo, -va; a salvo. ∥ **sain et ~** sano y salvo (sana y salva); ileso, -sa.

sauf-conduit [sofkɔ̃dçi] *s. m.* salvoconducto.

saule [sol] *s. m., Bot.* sauce.

saumâtre [somatʀ] *adj.* salobre.

saumon [somɔ̃] *s. m., Zool.* salmón.

saumure [somyʀ] *s. f.* salmuera.

sauna [sona] *s. m.* sauna *f.*

saupoudrer [sopudʀe] *v. tr.* espolvorear.

saur [sɔʀ] *adj. inv.* (fumé) ahumado, -da (pescado).

saut [so] *s. m.* **1.** salto; brinco. **2.** (chute d'eau) salto de agua; cascada *f.*

sauté, -ée [sote] *adj. et s. m.* **1.** (légèrement) sofrito, -ta. ∥ **~ d'oignons et d'ails** (base pour cuisiner un mets) sofrito.

sauter [sote] *v. intr.* **1.** saltar. **2.** (qqun) brincar; saltar. **3.** *fig.* (d'un sujet à l'autre) pasar; saltar. ‖ *v. tr.* **4.** (franchir d'un bond) saltar; salvar. **5.** (omettre) saltarse; omitir. **6.** (frire) saltear.

sauterelle [sotʀɛl] *s. f., Zool.* **1.** saltamontes *m.* **2.** (grande) langosta.

sautillant, -te [sotijã, -ãt] *adj.* saltarín, -rina.

sauvage [sovaʒ] *adj.* **1.** (animaux) salvaje. **2.** (plantes) silvestre. **3.** (terrain non cultivé) yermo, -ma.

sauvagerie [sovaʒʀi] *s. f.* salvajismo *m.* ‖ **acte de ~** salvajada *f.*

sauver [sove] *v. tr.* **1.** salvar; rescatar. **2.** (de qqun ou de qqch) librar. ‖ **se ~** *v. pr.* **3.** salvarse. **4.** (échapper) escaparse; irse.

sauvetage [sov(ə)taʒ] *s. m.* salvamento.

sauveteur [sov(ə)tœʀ] *s. m.* socorrista.

sauveur [sovœʀ] *adj. et s. m., Rel.* salvador.

savane [savan] *s. f.* sabana.

savant, -te [savã, -ãt] *adj.* **1.** (cultivé, lettré) culto, -ta. ‖ *s. m. et f.* **2.** (érudit) sabio, -bia; docto, -ta. **3.** (scientifique) científico, -ca.

saveur [savœʀ] *s. f.* sabor *m.*

savoir[1] [savwaʀ] *v. tr.* **1.** saber. **2.** (au conditionnel) poder [On ne saurait dire pourquoi. *No podríamos decir por qué.*] ‖ **faire ~** informar.

savoir[2] [savwaʀ] *s. m.* saber; sabiduría *f.*

savoir-faire [savwaʀfɛʀ] *s. m. inv.* habilidad; tacto.

savon [savɔ̃] *s. m.* **1.** jabón. **2.** (réprimande) bronca *f.*; rapapolvo [Passer un savon. *Echar la bronca.*]

savonner [savɔne] *v. tr.* enjabonar.

savonnette [savɔnɛt] *s. f.* pastilla de jabón.

savonnière [savɔnjɛʀ] *s. f.* jabonera.

savourer [savuʀe] *v. tr.* **1.** saborear; paladear. **2.** *fig.* saborear.

savoureux, -euse [savuʀø, -øz] *adj.* sabroso, -sa; gustoso, -sa.

saxophone [saksɔfɔn] *s. m., Mus.* saxofón.

scabreux, -euse [skabʀø, -øz] *adj.* (indécent) escabroso, -sa.

scampi [skãpi] *s. m. pl.* gambas a la gabardina.

scandale [skãdal] *s. m.* escándalo.

scandaliser [skãdalize] *v. tr.* **1.** escandalizar. ‖ **se ~** *v. pr.* **2.** escandalizarse.

scaphandre [skafãdʀ] *s. m.* escafandra *f.*

scaphandrier [skafãdʀije] *s. m.* buzo.

scapulaire [skapylɛʀ] *s. m.* escapulario.

scarabée [skaʀabe] *s. m.* escarabajo.

scarlatine [skaʀlatin] *s. f.* escarlatina.

sceau [so] *s. m.* sello (de cera o tinta). ‖ **sous le ~ de la confession** bajo secreto de confesión.

scélérat, -te [seleʀa, -at] *adj. et s. m. et f.* malvado, -da; desalmado, -da.

sceller [sele] *v. tr.* **1.** (un document) sellar. **2.** (une porte) precintar. **3.** (fixer) empotrar.

scénario [senaʀjo] *s. m., Ciné.* guión cinematográfico; guión.

scénariste [senaʀist] *s. m. et f.* guionista.

scène [sɛn] *s. f.* **1.** *Théâtr.* (les planches) escenario *m.*; escena. **2.** (divisions d'une pièce) escena. **3.** *fig.* (dispute) escena.

sceptique [sɛptik] *adj. et s. m. et f.* escéptico, -ca.

sceptre [sɛptʀ] *s. m.* cetro.

schéma [ʃema] *s. m.* esquema.

schématique [ʃematik] *adj.* esquemático, -ca.

schisme [ʃism] *s. m.* cisma.

scie [si] *s. f.* **1.** sierra. **2.** *Zool.* pez sierra. ‖ **- à main** serrucho *m.*

science [sjɑ̃s] *s. f.* **1.** ciencia. **2.** saber *m.*

scientifique [sjɑ̃tifik] *adj. et s. m. et f.* científico, -ca.

scier [sje] *v. tr.* serrar; aserrar.

scintillement [sɛ̃tijmɑ̃] *s. m.* (éclair, lueur) destello.

scintiller [sɛ̃tije] *v. intr.* **1.** (les étoiles) titilar. **2.** (le feu, les pierreries) centellear.

scission [sisjɔ̃] *s. f.* escisión.

sciure [sjyʀ] *s. f.* serrín *m.*

scléroser, se [skleʀoze] *v. pr.* **1.** endurecerse. **2.** *fig.* estancarse.

scolaire [skɔlɛʀ] *adj.* **1.** escolar. **2.** lectivo, -va [Année scolaire. *Año escolar.*]

scorie [skɔʀi] *s. f.* escoria.

scorpène [skɔʀpɛn] *s. m., Zool.* escorpión (pez).

scorpion [skɔʀpjɔ̃] *s. m.* **1.** *Zool.* escorpión; alacrán. ‖ **Scorpion** *s. m.* **2.** (signe du zodiaque) Escorpio.

scout, -te [skut] *s. m. et f.* scout; explorador, -ra.

scrupule [skʀypyl] *s. m.* escrúpulo.

scrupuleux, -euse [skʀypylø, -øz] *adj.* **1.** escrupuloso, -sa. **2.** (méticuleux) meticuloso, -sa; cuidadoso, -sa.

scruter [skʀyte] *v. tr.* escrutar; escudriñar.

scrutin [skʀytɛ̃] *s. m.* **1.** (dépouillement) escrutinio. **2.** (vote) votación *f.*

sculpter [skylte] *v. tr.* **1.** esculpir. **2.** (de bois) tallar.

sculpteur [skyltœʀ] *s. m.* escultor.

sculpture [skyltyʀ] *s. f.* **1.** escultura. **2.** (en bois) talla.

S.D.F. [esdeef] *sigle* sin techo.

se [s(ə)] *pron. pers.* se [Se repentir, s asseoir. *Arrepentirse, sentarse.*] • Delante de vocal o "h" muda se utiliza "s'": *S'arrêter.*

séance [seɑ̃s] *s. f.* **1.** (d'un spectacle) sesión. **2.** (du Parlement, d'un tribunal) sesión. ‖ **- tenante** acto seguido.

séant, -te [seɑ̃, -ɑ̃t] *adj.* **1.** decoroso, -sa. ‖ *s. m.* **2.** nalgas *f. pl.*; trasero.

seau [so] *s. m.* cubo [Un seau d'eau. *Un cubo de agua.*]

sébum [sebɔm] *s. m.* sebo.

sec, sèche [sɛk, sɛʃ] *adj.* **1.** seco, -ca. **2.** (sans humidité ni hydratation) reseco, -ca [Peau sèche. *Piel reseca.*] **3.** (plantes) marchito, -ta. **4.** (fruit desséchée au soleil) paso, -sa. ‖ **à -** (fauché) pelado, -da.

sécateur [sekatœʀ] *s. m.* podadera *f.* (tijera).

séché, -ée [seʃe] *adj.* (flétri) marchito, -ta.

sèche ou seiche [sɛʃ] *s. f., Zool.* sepia.

sèche-cheveux [sɛʃ(ə)vø] *s. m. inv.* secador.

sécher [seʃe] *v. tr.* **1.** secar. **2.** (ses larmes, ses yeux) enjugar. **3.** *fig. et fam.* fumarse [Sécher un cours. *Fumarse la clase.*] ‖ *v. intr.* **4.** secarse. ‖ **- le cours** hacer novillos.

sécheresse [seʃʀɛs] *s. f.* **1.** sequedad. **2.** *Agr.* sequía.

séchoir [seʃwaʀ] *s. m.* **1.** (lieu) secadero. **2.** (pour étendre le linge) tendedero. **3.** (à cheveux) secador. **4.** (sèche-linge) secadora *f.*

second, -de [s(ə)gɔ̃, -ɔ̃d] *adj.* **1.** segundo, -da. ‖ *s. m. et f.* **2.** *Sport* subcampeón, -ona. ‖ **seconde** *s. f.* **3.** (lycée) quinto curso (bachillerato); segundo *m.* (de BUP).

secondaire [s(ə)gɔ̃dɛʀ] *adj.* **1.** secundaria, -ria. ‖ *s. m.* **2.** (enseignement du second degré) secundaria *f.*; bachillerato.

seconde [s(ə)gɔ̃d] *s. f.* segundo *m.* (tiempo).

seconder [s(ə)gɔ̃de] *v. tr.* secundar.
secouement [s(ə)kumɑ̃] *s. m.* sacudida *f.*
secouer [s(ə)kwe] *v. tr.* **1.** (agiter) sacudir; zarandear [Secouer un arbre. *Sacudir un árbol.*] **2.** *fig.* (ébranler, bouleverser) trastornar.
secourir [s(ə)kuʀiʀ] *v. tr.* **1.** socorrer; auxiliar. **2.** (assister) asistir.
secours [s(ə)kuʀ] *s. m.* socorro; auxilio; ayuda *f.* ‖ **au ~ !** ¡Socorro! **roue de ~** rueda de repuesto.
secousse [s(ə)kus] *s. f.* (ébranlement) sacudida.
secret, -ète [s(ə)kʀɛ, -ɛt] *adj.* **1.** secreto, -ta. **2.** (caché, dérobé) recóndito, -ta. ‖ *s. m.* **3.** secreto. ‖ **en ~** en secreto.
secrétaire [s(ə)kʀetɛʀ] *s. m. et f.* **1.** secretario, -ria. ‖ *s. m.* **2.** (meuble) escritorio.
secrétariat [s(ə)kʀetaʀja] *s. m.* (bureau) secretaría *f.*
sécréter [sekʀete] *v. tr.* segregar.
secte [sɛkt] *s. f.* secta.
secteur [sɛktœʀ] *s. m.* sector.
section [sɛksjɔ̃] *s. f.* sección.
sectionner [sɛksjɔne] *v. tr.* seccionar.
séculaire [sekylɛʀ] *adj.* secular.
séculier, -ière [sekylje, -ɛʀ] *adj. et s. m.* (laïque) seglar.
sécurité [sekyʀite] *s. f.* seguridad. ‖ **en toute ~** con toda seguridad (sin riesgos). **Sécurité sociale** Seguridad Social.
sédatif, -ive [sedatif, -iv] *adj. et s. m.* sedante.
sédentaire [sedɑ̃tɛʀ] *adj.* sedentario, -ria.
sédiment [sedimɑ̃] *s. m.* sedimento.
sédition [sedisjɔ̃] *s. f.* sedición.
séducteur, -trice [sedyktœʀ, -tʀis] *adj. et s. m. et f.* seductor, -ra.
séduction [sedyksjɔ̃] *s. f.* seducción. ‖ **puissance de ~** poder de seducción.

séduire [sedɥiʀ] *v. tr.* seducir.
séduisant, -te [sedɥizɑ̃, -ɑ̃t] *adj.* seductor, -ra; atractivo, -va.
segment [sɛgmɑ̃] *s. m.* segmento.
ségrégué, -ée ou ségrégé, -ée [segʀege] *adj.* marginado, -da.
seiche ou sèche [sɛʃ] *s. f.*, *Zool.* sepia.
seigle [sɛgl] *s. m.*, *Bot.* centeno.
sein [sɛ̃] *s. m.* **1.** (de femme) pecho; mama *f.* **2.** *fig.* (centre, cœur) seno; centro.
séisme [seism] *s. m.* seísmo.
seize [sɛz] *adj. et pron.* **1.** dieciséis. ‖ *s. m.* **2.** dieciséis.
séjour [seʒuʀ] *s. m.* **1.** estancia *f.* **2.** (temps où l'on séjourne) temporada *f.* [De longs séjours. *Largas temporadas.*] **3.** (salon) cuarto de estar. ‖ **carte de ~** tarjeta de residencia.
séjourner [seʒuʀne] *v. intr.* permanecer; residir; quedarse.
sel [sɛl] *s. m.* sal *f.* ‖ **qui manque de ~** soso, -sa.
select, -te [selɛkt] *adj. fam.* selecto, -ta.
sélection [selɛksjɔ̃] *s. f.* selección.
sélectionner [selɛksjɔne] *v. tr.* seleccionar.
selle [sɛl] *s. f.* **1.** (de cavalier) silla; silla de montar. **2.** (de bicyclette) sillín *m.* ‖ **selles** *s. f. pl.* **3.** heces.
seller [sele] *v. tr.* ensillar.
sellette [selɛt] *s. f.* **1.** (des accusés) banquillo *m.* **2.** (de sculpteur) trípode *m.*
selon [s(ə)lɔ̃] *prép.* **1.** (en prenant pour guide) según [Nous avons cherché un cadeau selon ces critères. *Buscamos un regalo según esos criterios.*] **2.** (en proportion) conforme a [Il gagne selon son âge. *Gana conforme a su edad.*] **3.** (une opinion parmi d'autres) de acuerdo con [Selon cet auteur, la couche d'ozone ne

durera pas longtemps. *De acuerdo con este autor la capa de ozono no durará mucho tiempo.*]

semailles [s(ə)maj] *s. f. pl.* (action et saison) siembra *sing.* [Le temps des semailles. *La temporada de siembra.*]

semaine [s(ə)mɛn] *s. f.* semana.

sémantique [semɑ̃tik] *s. f.* semántica.

sémaphore [semafɔʀ] *s. m.* semáforo.

semblable [sɑ̃blabl] *adj.* **1.** parecido; similar; semejante. ‖ *s. m. et f.* **2.** semejante [Aimer ses semblables. *Amar a sus semejantes.*]

semblant [sɑ̃blɑ̃, -ɑ̃t] *s. m.* aspecto; falsa apariencia [Donner un semblant de triomphe. *Dar un aspecto de triunfo.*] ‖ **faire ~ d'être** fingir ser. **faire ~ de** (+infinitive) fingir; simular.

sembler [sɑ̃ble] *v. intr.* parecer [Il me semble. *Me parece.*]

semelle [s(ə)mɛl] *s. f.* **1.** (extérieur) suela. **2.** (intérieur) plantilla.

semence [s(ə)mɑ̃s] *s. f.* **1.** semilla. **2.** (sperme) semen *m.* **3.** *fig.* (germe, cause) germen *m.*; semilla.

semer [s(ə)me] *v. tr.* **1.** sembrar. **2.** *fig.* sembrar [Semer la panique. *Sembrar el pánico.*]

semestre [s(ə)mɛstʀ] *s. m.* semestre.

séminaire [seminɛʀ] *s. m.* seminario.

semis [s(ə)mi] *s. m.* **1.** siembra *f.*; sementera *f.* **2.** (terrain ensemencé) sementera *f.*

sénat [sena] *s. m.* senado.

sénile [senil] *adj.* senil.

sens [sɑ̃s] *s. m.* **1.** (raison) sentido; razón *f.* **2.** (du mouvement) dirección *f.* **3.** (signification) significado; significación *f.* ‖ **bon ~** (jugement) juicio. **~ dessus dessous** (en désordre) patas arriba; revuelto.

sensation [sɑ̃sasjɔ̃] *s. f.* sensación.

sensationnel, -elle [sɑ̃sasjɔnɛl] *adj.* sensacional.

sensé, -ée [sɑ̃se] *adj.* sensato, -ta; juicioso, -sa.

sensibilité [sɑ̃sibilite] *s. f.* sensibilidad.

sensible [sɑ̃sibl] *adj.* sensible.

sensitif, -ive [sɑ̃sitif, -iv] *adj.* sensitivo, -va.

sensuel, -elle [sɑ̃sɥɛl] *adj.* sensual.

sentence [sɑ̃tɑ̃s] *s. f.* sentencia (decisión).

sentier [sɑ̃tje] *s. m.* sendero; senda *f.*

sentiment [sɑ̃timɑ̃] *s. m.* **1.** sentimiento. **2.** sentir [Le sentiment du peuple. *El sentir del pueblo.*] **3.** (impression) sensación *f.*

sentimental, -le, -aux [sɑ̃timɑ̃tal, -o] *adj.* sentimental.

sentinelle [sɑ̃tinɛl] *s. f.* centinela *m.*; vigía *m.*

sentir [sɑ̃tiʀ] *v. tr.* **1.** (éprouver) sentir. **2.** oler [Sentir les fleurs. *Oler las flores.*] **3.** oler [Les vêtements sentent la fumée. *La ropa huele a tabaco.*] **4.** (percevoir, découvrir) notar; sentir. ‖ *v. intr.* **5.** oler [Le potage sent bon, sent mauvais. *La sopa huele bien, huele mal.*] ‖ **se ~** *v. pr.* **6.** sentirse.

séparation [separasjɔ̃] *s. f.* **1.** separación. **2.** *Dr.* (divorce) separación.

séparer [separe] *v. tr.* **1.** separar. **2.** (diviser) dividir. **3.** (détacher) desprender. **3.** (causer la ségrégation) segregar. ‖ **se ~** *v. pr.* **4.** (divorcer) divorciarse; separarse.

sépia [sepja] *s. f.* sepia *m.* (liquide, colorant).

sept [sɛt] *adj. et pron.* **1.** siete. ‖ *s. m.* **2.** **~ cents** setecientos, -tas. • Sólo las centenas simples utilizan "cents": sept cents; sept cent vingt.

septembre [sɛptɑ̃bʀ] *s. m.* septiembre [Le premier ou le deux septembre. *El uno o el dos de septiembre.*]

septentrional, -le, -aux [sεptα̃tʀijɔnal, -o] *adj.* septentrional.
septième [sεtjεm] *adj. et pron.* **1.** (ordinal) séptimo, -ma. ‖ *adj. et s. m.* **2.** (fractionnaire) séptimo, -ma.
sépulcre [sepylkʀ] *s. m.* sepulcro.
sépulture [sepyltyʀ] *s. f.* sepultura.
séquelle [sekεl] *s. f.* secuela.
séquence [sekɑ̃s] *s. f.* secuencia.
séquestration [sekεstʀasjɔ̃] *s. f., Dr.* secuestro *m.*
séquestre [sekεstʀ] *s. m.* embargo; secuestro.
séquestrer [sekεstʀe] *v. tr.* embargar; secuestrar.
serein, -ne [s(ə)ʀε̃, -εn] *adj.* sereno, -na.
sérénade [seʀenad] *s. f.* serenata.
sérénité [seʀenite] *s. f.* serenidad.
serf, serve [sεʀ(f), sεʀv] *adj. et s. m. et f.* siervo, -va.
sergent [sεʀʒɑ̃] *s. m.* sargento.
série [seʀi] *s. f.* serie. ‖ **hors ~** fuera de serie.
sérieusement [seʀjøzmɑ̃] *adv.* en serio [Il a parlé sérieusement. *Habló en serio.*]
sérieux, -euse [seʀjø, -øz] *adj.* **1.** serio, -ria. **2.** (grave, dramatique) grave. **3.** (consciencieux) formal. **4.** (sage) bueno, -na [C'est un enfant sérieux. *Es un niño muy bueno.*] ‖ *s. m.* **5.** seriedad [Le manque de sérieux. *La falta de seriedad.*] **6.** formalidad [Il manque de sérieux. *No tiene ninguna formalidad.*] ‖ **peu ~** informal.
seringue [s(ə)ʀε̃g] *s. f.* jeringa; jeringuilla.
serment [sεʀmɑ̃] *s. m.* juramento.
sermon [sεʀmɔ̃] *s. m.* **1.** sermón. **2.** *fam.* (morale) sermón.
serpe [sεʀp] *s. f.* podadera.
serpent [sεʀpɑ̃] *s. m., Zool.* serpiente *f.*
serpenter [sεʀpɑ̃te] *v. intr.* serpentear.
serpentin [sεʀpɑ̃tε̃] *s. m.* (en papier) serpentina *f.*
serpillière [sεʀpijεʀ] *s. f.* **1.** (pour nettoyer) bayeta. **2.** (balai-serpillière) fregona. **3.** (toile grossière) arpillera.
serre [sεʀ] *s. f.* **1.** (pour cultiver des plantes) invernadero *m.* **2.** (pressurage d'une substance). **3.** (d'un rapace) garra. ‖ **effet de ~** efecto invernadero.
serré, -ée [seʀe] *adj.* **1.** (les vêtements) apretado, -da. **2.** (difficile, juste) apretado, -da [Une vie serrée. *Una vida apretada.*] **3.** (étroit) estrecho, -cha; angosto, -ta. **4.** (dense, compact, épais) tupido, -da.
serrer [seʀe] *v. tr.* **1.** (la main) estrechar. **2.** (presser) apretar; estrujar. **3.** (la ceinture) ajustar; ceñir. **4.** (les vêtements) apretar; oprimir. **5.** cerrar [Serrer les rangs. *Cerrar las filas.*] **6.** *fig.* oprimir; encoger [Serrer le cœur et la gorge. *Oprimir el corazón y la garganta.*] ‖ **se ~** *v. tr.* **7.** encogerse. **8.** (les personnes) apretarse, apiñarse. ‖ **~ dans les bras** abrazar.
serrure [seʀyʀ] *s. f.* cerradura.
serrurier [seʀyʀje] *s. m.* cerrajero.
sertir [sεʀtiʀ] *v. tr.* engastar.
sérum [seʀɔm] *s. m.* suero.
servant [sεʀvɑ̃] *s. m., Mil.* sirviente.
servante [sεʀvɑ̃t] *s. f.* **1.** criada; sirvienta.
serveur, -euse [sεʀvœʀ, -øz] *s. m. et f.* camarero, -ra. ‖ *s. m.* **2.** *Inform.* servidor.
serviable [sεʀvjabl] *adj.* servicial.
service [sεʀvis] *s. m.* **1.** (activité, secteur) servicio. **2.** (domestiques) servicio. **3.** (dans une entreprise) departamento. **4.** (faveur) favor [Il m'a rendu un service. *Me ha hecho un favor.*] **5.** turno; servicio [Officier de service. *Oficial de turno.*] **6.** *Sport* (tennis) saque. **7.** juego [Service à

café, à thé. *Juego de café, de té.*] ‖ **à votre ~** a su disposición. **de ~** de turno; de servicio. **rendre ~** ser útil [Cela lui a rendu service. *Le ha sido útil.*] | (servir) servir. **~ militaire** servicio militar; mili *f.*, *fam.* [Faire son service militaire. *Hacer la mili.*] **~ sanitaire** sanidad *f.*

serviette [sɛʀvjɛt] *s. f.* **1.** (de table) servilleta. **2.** (de toilette) toalla. **3.** (livres, documents) cartera. ‖ **~ hygiénique** compresa. **~ périodique** compresa.

servile [sɛʀvil] *adj.* servil.

servir [sɛʀviʀ] *v. tr.* **1.** servir. **2.** (qqun à table, un client) servir; atender. **3.** (aider, rendre service) ayudar. ‖ *v. intr.* **4.** (être utile) servir; valer; ser útil [Cela ne sert à rien. *Eso no sirve para nada.*] **5.** (être utilisé) servir [Servir de modèle, de leçon. *Servir de modelo, de lección.*] ‖ **se ~** *v. pr.* **6.** (prendre à boire ou à manger) servirse. **7.** (utiliser) servirse; utilizar [Se servir de lui. *Servirse de él.*]

servitude [sɛʀvityd] *s. f.* servidumbre.

ses [se] *adj. poss.* 3ª *p. sing.* (+ *s. pl.*) sus [Ses amis (à lui, à elle). *Sus amigos (de él, de ella).*]

session [sesjɔ̃] *s. f.* **1.** (d'un examen) convocatoria. **2.** (d'un tribunal) sesión.

seuil [sœj] *s. m.* **1.** umbral. **2.** *fig.* umbral.

seul, -le [sœl] *adj.* **1.** solo, -la. **2.** único, -ca [La seule raison. *La única razón.*] ‖ *s. m. et f.* **3.** único, -ca. ‖ **la seule chose** lo único.

seulement [sœlmɑ̃] *adv.* solamente; sólo. ‖ **non ~ ... mais aussi** no sólo ... sino también. **~ si** siempre que.

sève [sɛv] *s. f.*, *Bot.* savia.

sévère [sevɛʀ] *adj.* **1.** severo, -ra; riguroso, -sa. **2.** (austère) austero, -ta. **3.** (très grave, très difficile) severo, -ra.

sévérité [seveʀite] *s. f.* severidad.

sévir [seviʀ] *v. intr.* **1.** (punir) castigar con severidad. **2.** *fig.* (un fléau) hacer estragos.

sevrer [s(ə)vʀe] *v. tr.* destetar.

sexe [sɛks] *s. m.* sexo.

sexisme [sɛksism] *s. m.* sexismo.

sexiste [sɛksist] *adj. et s. m. et f.* sexista.

sexualité [sɛksɥalite] *s. f.* sexualidad.

sexuel, -elle [sɛksɥɛl] *adj.* sexual.

sexy [sɛksi] *adj.* sexy.

seyant, -te [sejɑ̃, -ɑ̃t] *adj.* que sienta bien; que favorece.

shampooing [ʃɑ̃pwɛ̃] *s. m.* champú.

shilling [ʃiliŋ] *s. m.* (monnaie) chelín.

shooter [ʃute] *v. tr.* chutar; tirar.

short [ʃɔʀt] *s. m.* pantalón corto (ou "pantalones cortos").

show [ʃo] *s. m.* show.

si¹ [si] *conj.* **1.** si [Je ne me fâcherai pas si tu ris. *No me enfadaré si te ríes.*] (si) (par hasard) si acaso. **3.** (puisque) cuando [S'il le dit, cela doit être vrai. *Cuando él lo dice será verdad.*] **4.** si [Je me demande s'il viendra. *Me pregunto si vendrá.*] ‖ **~ ce n'est que** excepto que; salvo que. •Delante de una palabra que empiece por "i" se usa "s" (*S'il vous plaît*).

si² [si] *adv.* **1.** (tellement, aussi) tan; así de [Une aventure si étrange. *Una aventura tan rara.*] **2.** (respuesta a una pregunta negativa) sí [Tu ne lis pas? - Si, je lis. *¿No lees? - Sí que leo.*] ‖ **~ ... que** (concession) por ... que [Si malin qu'il soit. *Por listo que sea.*] | (conséquence) tan ... que [C'est si grand que ça ne rentre pas. *Es tan grande que no cabe.*] | (comparaison) (en frases interrogativas) tan ... como [Y a-t-il eu quelqu'un de si aimable que lui. *¿Ha sido alguien tan amable como él?*]

si³ [si] *s. m., Mus.* si.
sida [sida] *s. m., Méd.* sida.
sidérurgie [sideryrʒi] *s. f.* siderurgia.
siècle [sjɛkl] *s. m.* (cent ans) siglo.
siège [sjɛʒ] *s. m.* **1.** (fauteuil) asiento. **2.** (au parlement) escaño. **3.** (d'une société ou administration) sede; domicilio social. **4.** *Mil.* asedio. ‖ **état de ~** estado de sitio.
siéger [sjeʒe] *v. intr.* **1.** (résider, se trouver) residir; radicar. **2.** (une société) tener su sede social; tener el domicilio social. **3.** (tenir séance) celebrar una sesión.
sien, sienne [sjɛ̃, sjɛn] *pron. poss.* **1.** suyo, -ya [c'est la sienne (à lui, à elle). *Ésta es la suya (de él, de ella).*] ‖ **siens, -ennes** *pron. poss.* **2.** suyos, -yas [Donne-moi les siens. *Dame los suyos.*]
sieste [sjɛst] *s. f.* siesta.
sifflement [siflə̃mɑ̃] *s. m.* **1.** silbido. **2.** (coup de sifflet) pitido.
siffler [sifle] *v. tr.* et *intr.* **1.** silbar. **2.** (avec un sifflet) pitar. **3.** (huer) abuchear; sisear. **4.** *fam.* (avaler, boire d'un trait) trincar.
sifflet [siflɛ] *s. m.* **1.** (instrument) silbato; pito. **2.** (huées du public) silbido.
sigle [sigl] *s. m.* sigla *f.*
signal, -aux [sinal, -o] *s. m.* **1.** señal *f.* [Signal d'alarme. *Señal de alarma.*] **2.** (d'un code) signo [Un signal sonore. *Un signo sonoro.*] **3.** (entre véhicules) señal [Un signal lumineux. *Una señal luminosa.*] **4.** señal *f.* [Signal de route. *Señal de tráfico.*]
signalé, ée [sinale] *adj.* (remarquable) insigne [Un signalé service. *Un insigne servicio.*]
signaler [sinale] *v. tr.* **1.** señalar. **2.** (avertir) advertir; hacer notar; señalar. **3.** (indiquer) señalar; mencionar; indicar. **4.** (souligner) remarcar. ‖ **se ~** *v. pr.* **5.** señalarse.
signalisation [sinalizasjɔ̃] *s. f.* **1.** señalización. **2.** (ensemble de signaux) señales. ‖ **~ routière** señales de tráfico.
signaliser [sinalize] *v. tr.* señalizar.
signature [sinatyr] *s. f.* firma.
signe [sin] *s. m.* **1.** (d'écriture) signo. **2.** (geste) seña *f.* [Faire signe à quelqu'un, parler par signes. *Hacer una seña a alguien, hablar por señas.*] **3.** (marque, preuve) señal *f.*; muestra *f.*; indicio. **4.** *fig.* signo [Signe de distinction. *Signo de distinción.*] **5.** (du zodiaque) signo.
signer [sine] *v. tr.* **1.** firmar. **2.** (souscrire) suscribir. ‖ **se ~** *v. pr.* **3.** santiguarse.
signification [sinifikasjɔ̃] *s. f.* **1.** significado *m.*; significación. **2.** *Dr.* notificación.
signifié [sinifje] *s. m., Ling.* significado.
signifier [sinifje] *v. tr.* significar.
silence [silɑ̃s] *s. m.* silencio.
silencieux, -euse [silɑ̃sjø, -øz] *adj.* **1.** silencioso, -sa. **2.** (qui ne parle pas beaucoup) callado, -da.
silex [silɛks] *s. m.* pedernal.
silhouette [silwɛt] *s. f.* **1.** silueta. **2.** (contour) perfil *m.*
sillage [sijaʒ] *s. m.* **1.** (à la surface de l'eau) estela *f.* **2.** *fig.* (d'un parfum, de qqun qui passe) estela.
sillet [sije] *s. m., Techn.* cejilla *f.*
sillon [sijɔ̃] *s. m.* **1.** surco. **2.** *fig.* (trace) rastro. ‖ **sillons** *s. m. pl.* **3.** (pli, ride) arrugas *f.* [Sillons du visage. *Arrugas de la cara.*] ‖ **tracer des sillons** surcar; hacer surcos. **tracer son ~** trazar su camino.
sillonner [sijɔne] *v. tr.* **1.** (marquer) hacer surcos; surcar [De grosse rides sillonnent son visage. *Unas grandes arrugas*

surcan su cara.] **2.** (bateaux, voitures, etc) surcar [*Les véhicules sillonnaient la ville. Los vehículos surcaban la ciudad.*]

simien, -enne [simjɛ̃, -ɛn] *adj.* **1.** simio, -mia. ‖ **simiens** *s. m. pl.* **2.** *Zool.* simios.

similaire [similɛʀ] *adj.* similar. ‖ **être ~** similarse.

similitude [similityd] *s. f.* semejanza.

simple [sɛ̃pl] *adj.* **1.** (non composé) simple. **2.** (pur, seul) simple [*Une simple formatilé. Una simple formalidad.*] **3.** (facile) sencillo, -lla; fácil. **4.** (personne) sencillo, -lla; llano, -na. **5.** mero, -ra; solo, -la; simple [*C'est un simple exercice. Sólo es un ejercicio.*]

simplicité [sɛ̃plisite] *s. f.* **1.** (facilité) sencillez; simplicidad. **2.** (naturel) sencillez; naturalidad; llaneza.

simplifier [sɛ̃plifje] *v. tr.* simplificar.

simulacre [simylakʀ] *s. m.* simulacro.

simuler [simyle] *v. tr.* simular; fingir.

simultané, -ée [simyltane] *adj.* simultáneo, -a.

sincère [sɛ̃sɛʀ] *adj.* **1.** sincero, -ra. **2.** (un sentiment) sentido [*Sincère émotion. Sentida emoción.*]

sincérité [sɛ̃seʀite] *s. f.* sinceridad.

singe [sɛ̃ʒ] *s. m.* **1.** (chimpanzé, guenon) mono, -na. **2.** (primate) simio, -mia. **3.** (à longue queue) mico, -ca.

singer [sɛ̃ʒe] *v. tr.* imitar muy mal.

singulier, -ière [sɛ̃gylje, -jɛʀ] *adj.* **1.** singular. ‖ *s. m.* **2.** *Ling.* singular.

sinistre [sinistʀ] *adj.* **1.** siniestro, -tra. **2.** (catastrophe) siniestro.

sinistré, -ée [sinistʀe] *adj.* ‖ *s. m. et f.* afectado, -da (en un siniestro).

sinon [sinɔ̃] *conj.* **1.** (autrement) si no; de lo contrario; de otro modo [*Il vaut mieux partir, sinon nous arriverons en retard. Más vale irse, si no llegaremos tarde.*] ‖ *prép.* **2.** (excepto, más que) sino [*Je ne veux rien sinon ton indulgence. No quiero sino tu indulgencia.*]

sinus [sinys] *s. m. inv.* **1.** *Anat.* seno. **2.** *Math.* seno.

sirène [siʀɛn] *s. f.* sirena.

sirop [siʀo] *s. m.* jarabe.

site [sit] *s. m.* **1.** paraje; vista *f.* **2.** *Inform.* sitio.

sitôt [sito] *adv.* (en cuanto) tan pronto [*Sitôt le magasin fermé, il partit. Tan pronto cerró la tienda, él se fue.*]

situation [sitɥasjɔ̃] *s. f.* **1.** situación. **2.** (emploi) empleo; colocación. **3.** (emplacement d'une ville, d'un édifice) ubicación.

situer [sitɥe] *v. tr.* **1.** (placer, disposer) situar; colocar [*Situer l'histoire dans un village au Moyen Âge. Situar la historia en un pueblo en la Edad Media.*] **2.** (trouver la localisation) situar; localizar [*On n'arrivait pas à situer la ville. No situábamos la ciudad.*]

six [sis] *adj. et pron.* **1.** seis. ‖ *s. m.* **2.** seis. ‖ **~ cents** seiscientos, -tas. • Sólo las centenas simples utilizan "cents": six cents; six cent vingt.

sixième [sizjɛm] *adj. et pron.* **1.** (ordinal) sexto, -ta. ‖ *adj. et s. m.* **2.** (fractionnaire) sexto, -ta.

skate-board [skɛtbɔʀd] *s. m.* monopatín. • Se abrevia "skate".

ski [ski] *s. m.* esquí.

skier [skje] *v. intr.* esquiar.

slip ou slips [slip] *s. m.* **1.** (pour homme) slip; calzoncillos. **2.** (pour femme) bragas *f. pl.*

slogan [slɔgɑ̃] *s. m.* slogan; eslogan.

smoking [smɔkiŋ] *s. m.* esmoquin.

S.N.F.C. [ɛsɛnseef] *sigle* (Société National des Chemins de Fer français) red ferroviaria nacional francesa.

snob [snɔb] *adj. et s. m. et f.* **1.** snob. **2.** (minet, snobinard) pijo, -ja.

snobinard, -de [snɔbinaʀ, -aʀd] *adj. et s. m. et f.* (un peu snob) pijo, -ja.

sobre [sɔbʀ] *adj.* **1.** sobrio, -bria. **2.** parco, -ca [Sobre en mots. *Parco en palabras.*]

sobriété [sɔbʀijete] *s. f.* sobriedad.

sobriquet [sɔbʀike] *s. m.* apodo; mote.

sociable [sɔsjabl] *adj.* sociable.

social, -le, -aux [sɔsjal, -o] *adj.* social.

socialiste [sɔsjalist] *adj. et s. m. et f.* socialista.

sociétaire [sɔsjetɛʀ] *adj. et s. m. et f.* socio, -cia (de una sociedad).

société [sɔsjete] *s. f.* **1.** sociedad. **2.** (entreprise) sociedad; entidad.

socle [sɔkl] *s. m.* **1.** *Arch.* zócalo. **2.** pedestal.

socque [sɔk] *s. m.* (en cuir avec la semelle en bois) zueco.

socquette [sɔkɛt] *s. f.* calcetín corto.

sœur [sœʀ] *s. f.* **1.** (famille) hermana. **2.** *Rel.* (religieuse) monja; hermana. **3.** *Rel.* (devant le nom propre) sor [J'ai parlé à sœur Inès. *He hablado con Sor Inés.*]

sofa [sɔfa] *s. m.* sofá.

software [sɔftwaʀ] *s. m., Inform.* software.

soi [swa] *pron. pers.* sí. ‖ **avec ~ consigo. en ~** de por sí.

soie [swa] *s. f.* **1.** (tissu) seda. **2.** (poil du porc, du sanglier) cerda.

soif [swaf] *s. f.* sed. ‖ **avoir ~** tener sed. **donner ~** dar sed. **étancher la ~** apagar la sed.

soigné, -ée [swaɲe] *adj.* cuidado, -da [Une écriture soignée. *Una caligrafía cuidada.*]

soigner [swaɲe] *v. tr.* **1.** cuidar. **2.** (le médecin) asistir. **3.** (une maladie) curar. **4.** (une dent) tratar. **5.** (les details) esmerarse. ‖ **se ~** *v. pr.* **6.** (aspect) cuidarse. ‖ **se ~ bien** (santé) cuidarse.

soigneux, -euse [swaɲø, -øz] *adj.* **1.** (minutieux) cuidadoso, -sa; mirado, -da. **2.** (propre et ordonné) esmerado, -da; pulcro, -cra. **3.** (soigné, sérieux) mirado, -da; detallista.

soin [swẽ] *s. m.* **1.** (responsabilité) cuidado. **2.** (diligence, minutie) esmero. ‖ **soins** *s. m. pl.* **3.** cuidados [Les soins d'une mère. *Los cuidados de una madre.*] ‖ **petits soins** atenciones *f.* **premiers soins** primeros auxilios. **prendre ~ de** cuidar.

soir [swaʀ] *s. m.* **1.** (avant 20 heures) tarde *f.* **2.** (après 20 heures) noche *m.* ‖ **à ce ~** hasta la noche. **demain ~** mañana por la noche. **le ~** por la noche (a partir de las 5 ó 6).

soirée [swaʀe] *s. f.* **1.** (avant le coucher du soleil) tarde. **2.** (après le coucher du soleil) noche. **3.** (veillée, réunion) velada.

soit [swa] *adv.* sea; conforme; vale; bien [Soit. Nous le ferons. *Vale. Lo haremos.*] ‖ **~ ... ~** ya sea ... ya sea.

soixante [swasɑ̃t] *adj. et pron.* **1.** sesenta. ‖ *s. m.* **2.** sesenta.

soixante-dix [swasɑ̃tdis] *adj: et pron.* **1.** setenta. ‖ *s. m.* **2.** setenta.

soja ou soya [sɔʒa] *s. m., Bot.* soja *f.*

sol [sɔl] *s. m.* **1.** (terrain) suelo. **2.** (monnaie) sol. **3.** *Mus.* sol.

solaire [sɔlɛʀ] *adj.* solar.

soldat [sɔlda] *s. m.* soldado.

solde [sɔld] *s. f.* **1.** (paie du mercenaire) soldada. ‖ *s. m.* **2.** *Comm.* saldo. ‖ **soldes** *s. m. pl.* **3.** rebajas *f.*

SOLDER - SONNÉ

solder [sɔlde] *v. tr.* **1.** *Comm.* (une dette, un compte) saldar. **2.** (brader, liquider) rebajar; liquidar; saldar [Solder le stock. *Liquidar las existencias.*]

sole [sɔl] *s. f., Zool.* lenguado *m.*

soleil [sɔlɛj] *s. m.* sol.

solennel, -elle [sɔlanɛl] *adj.* solemne.

solennité [sɔlanite] *s. f.* solemnidad.

solidaire [sɔlidɛʀ] *adj.* solidario, -ria.

solidarité [sɔlidaʀite] *s. f.* solidaridad.

solide [sɔlid] *adj. et s. m.* sólido, -da.

solidité [sɔlidite] *s. f.* solidez.

soliste [sɔlist] *s. m. et f.* solista.

solitaire [sɔlitɛʀ] *adj. et s. m. et f.* solitario, -ria.

solitude [sɔlityd] *s. f.* soledad.

solliciter [sɔlisite] *v. tr.* solicitar; pedir.

sollicitude [sɔlisityd] *s. f.* solicitud.

soluble [sɔlybl] *adj.* soluble.

solution [sɔlysjɔ̃] *s. f.* solución.

sombre [sɔ̃bʀ] *adj.* **1.** (ombragé) sombrío, -a; umbrío, -a. **2.** (noir, obscur) oscuro, -ra; obscuro, -ra. **3.** (pensées, air) sombrío, -a; triste.

sombrer [sɔ̃bʀe] *v. intr., Mar.* zozobrar; hundirse; irse a pique.

sommaire [sɔmɛʀ] *adj.* **1.** sumario, -ria. **2.** somero, -ra; escueto, -ta. ‖ *s. m.* **3.** sumario.

sommation [sɔmasjɔ̃] *s. f., Dr.* (citation) requerimiento *m.* ‖ **faire une ~** *Dr.* apercibir.

somme [sɔm] *s. f.* **1.** suma; cantidad. **2.** *Math.* suma; adición. ‖ *s. m.* **3.** sueño (siestecita).

sommeil [sɔmɛj] *s. m.* sueño. [Avoir sommeil. *Tener sueño.*]

sommeiller [sɔmeje] *v. intr.* dormitar.

sommet [sɔmɛ] *s. m.* **1.** cumbre; cima *f.*; cúspide *f.*; alto. **2.** (d'un angle, d'un polygone) vértice. **3.** (couronnement) remate. ‖ **~ de la tête** coronilla *f.*

sommier [sɔmje] *s. m.* (d'un lit) somier.

somnambule [sɔmnãbyl] *adj. et s. m. et f.* sonámbulo -la.

somnifère [sɔmnifɛʀ] *adj. et s. m.* somnífero, -ra.

somnolent, -te [sɔmnɔlã, -ãt] *adj.* soñoliento, -ta.

somnoler [sɔmnɔle] *v. intr.* dormitar.

somptueux, -euse [sɔ̃ptɥø, -øz] *adj.* suntuoso, -sa.

somptuosité [sɔ̃ptɥozite] *s. f.* lujo *m.*; ostentación.

son¹ [sɔ̃] *adj. poss.* su [Su cajón, su autoridad (de él, de ella). *Son tiroir, son autorité (à lui, à elle).*] • "Son" se usa delante de sustantivo masculino singular y (sólo si empieza por vocal o "h" muda) delante de femenino singular.

son² [sɔ̃] *s. m.* **1.** (blé) sonido; son. **2.** (bruit) salvado. ‖ **prise de ~** grabación.

sondage [sɔ̃daʒ] *s. m.* (enquête, prospection) sondeo.

sonde [sɔ̃d] *s. f.* **1.** *Mar.* plomada. **2.** (de douanier) aguja.

sonder [sɔ̃de] *v. tr.* sondear.

songe [sɔ̃ʒ] *s. m.* **1.** sueño. **2.** *fig.* ensueño. **3.** (illusion) ilusión *f.*

songer [sɔ̃ʒe] *v. intr.* **1.** (penser) pensar. **2.** soñar (despierto).

songerie [sɔ̃ʒʀi] *s. f.* ensueño *m.*

songeur, -euse [sɔ̃ʒœʀ, -øz] *s. m. et f.* **1.** soñador, -ra. ‖ *adj.* **2.** pensativo, -va; preocupado, -da.

sonnaille [sɔnaj] *s. f.* (du bétail) cencerro *m.*

sonnant, -te [sɔnã, -ãt] *adj.* (heure) en punto.

sonné, -ée [sɔne] *adj., fam.* **1.** grogui. **2.** (cinglé) majareta; zumbado, -da.

SONNER - SOUFFLEUR

sonner [sɔne] *v. intr.* **1.** (le téléphone) sonar. **2.** (la sonnerie) tocar. **3.** (une trompette, un cor) tocar. **4.** dar (la hora). ‖ *v. tr.* **5.** (cloches) tocar; tañer; repicar. **6.** (à la porte) llamar. ‖ **faire ~ ses talons** taconear (andando).

sonnerie [sɔnʀi] *s. f.* **1.** (réveil, téléphone, porte) timbre *m.* **2.** *Mar.* (de trompette) toque *m.*

sonnet [sɔnɛ] *s. m.* soneto.

sonnette [sɔnɛt] *s. f.* **1.** (petite cloche) campanilla. **2.** (sonnerie, drelin) timbre *m.* ‖ **coup de ~** timbrazo.

sonore [sɔnɔʀ] *adj.* **1.** sonoro, -ra. **2.** (fort, emphatique) rotundo, -da.

sophistiqué, ée [sɔfistike] *adj.* sofisticado, -da.

soprano [sɔpʀano] *s. m. et f., Mus.* soprano. •Pl. soprani ou sopranos.

sorcellerie [sɔʀsɛlʀi] *s. f.* brujería.

sorcier, -ière [sɔʀsje, -jɛʀ] *s. m et f.* brujo, -ja; hechicero, -ra.

sort [sɔʀ] *s. m.* (fortune) suerte *f.* ‖ **mauvais ~** maleficio. **tirage au ~** sorteo.

sortant, -te [sɔʀtɑ̃, -ɑ̃t] *adj.* saliente.

sorte [sɔʀt] *s. f.* **1.** (type, classe) clase. **2.** (manière) manera; modo *m.* [Il agit toujours de la sorte. *Actúa siempre de ese modo.*] ‖ **de la ~** de este modo. **de ~ que** *litt.* de manera que, de forma que. **de telle ~ que** de tal manera que. **en quelque ~** en cierto modo.

sortie [sɔʀti] *s. f.* salida.

sortilège [sɔʀtilɛʒ] *s. m.* (sort) hechizo.

sortir [sɔʀtiʀ] *v. intr.* **1.** salir. ‖ *v. tr.* **2.** sacar. **3.** (faire apparaître) asomar. ‖ **faire ~** sacar; soltar [Faire sortir de prison. *Sacar de la cárcel.*]

sot, sotte [so, sɔt] *adj. et s. m. et f.* tonto, -ta; bobo, -ba; necio, -cia.

sottise [sɔtiz] *s. f.* **1.** (bêtise) tontería; necedad. **2.** (absurdité) disparate *m.;* sandez.

sou [su] *s. m.* (argent) duro; cuarto. ‖ **à sous** *inv.* tragaperras *inv.* **sans le ~** pelado, -da.

soubassement [subasmɑ̃] *s. m.* **1.** (mur) zócalo. **2.** (lit) rodapié.

souche [suʃ] *s. f.* **1.** (d'un arbre) cepa. **2.** (d'un mot) origen *m.* **3.** (lignée) linaje *m.;* estirpe; tronco *m.* **4.** (d'un chéquier) matriz; talón *m.* ‖ **de vieille ~** de abolengo. **registre à ~** talonario.

souchet [suʃɛ] *s. m., Bot.* chufa *f.*

souci [susi] *s. m.* preocupación *f.* ‖ **se faire des soucis** preocuparse.

soucier, se [susje] *v. pr.* preocuparse.

soucieux, -euse [susjø, -øz] *adj.* inquieto, -ta; preocupado, -da.

soucoupe [sukup] *s. f.* platillo *m.*

soudain, -ne [sudɛ̃, -ɛn] *adj.* **1.** (prompt) repentino, -na. **2.** (imprévu) súbito, -ta. ‖ *adv.* **3.** de repente; de pronto.

souder [sude] *v. tr.* soldar.

soudure [sudyʀ] *s. f.* soldadura.

souffle [sufl] *s. m.* **1.** (air) soplo. **2.** (haleine) hálito; aliento. **3.** (respiration) aliento; respiración *f.* **4.** *fig.* (inspiration) soplo; inspiración *f.*

souffler [sufle] *v. intr.* **1.** (le vent) soplar. **2.** (haleter) respirar. **3.** *fig.* (répliquer) rechistar. **4.** (les taureaux) bufar. ‖ *v. tr.* **5.** soplar. **6.** *fig. et fam.* (s'approprier) soplar. **7.** (la leçon) apuntar; soplar. **8.** *Théâtr.* (aux comédiens) apuntar. **9.** (dire en confidence) cuchichear [Souffler quelque chose à l'oreille de quelqu'un. *Cuchi-chearle algo a alguien.*]

soufflet [suflɛ] *s. m.* fuelle.

souffleur, -euse [suflœʀ, -øz] *s. m. et f.* **1.** *Techn.* soplador, -da. ‖ *s. m.* **2.** *Théâtr.* apuntador, -ra.

souffrance [sufʀɑ̃s] *s. f.* **1.** (agonie) sufrimiento *m.*; agonía. **2.** calvario *m.*; penalidad.

souffrant, -te [sufʀɑ̃, -ɑ̃t] *adj.* enfermo, -ma.

souffrir [sufʀiʀ] *v. intr.* **1.** sufrir; padecer. ‖ *v. tr.* **2.** sufrir; padecer. **3.** (supporter, endurer) aguantar.

soufre [sufʀ] *s. m.* azufre.

souhait [swɛ] *s. m.* deseo; anhelo. ‖ **à ~ a** pedir de boca.

souhaiter [swete] *v. tr.* **1.** desear. **2.** felicitar [Souhaiter une bonne année. *Felicitar el año.*] **3.** (ambitionner) aspirar a; anhelar.

souiller [suje] *v. tr.* **1.** manchar; ensuciar (de barro). **2.** *fig.* (la réputation) mancillar; manchar; ensuciar.

souillure [sujyʀ] *s. f.* mancha.

souk [suk] *s. m.* zoco.

soûl, soûle [su, sul] *adj.* **1.** *fam.* borracho, -cha. **2.** *fig.* (saturé, dégouté) harto, -ta.

soulagement [sulaʒmɑ̃] *s. m.* alivio.

soulager [sulaʒe] *v. tr.* **1.** (souci, douleur) aliviar. **2.** (décharger) aligerar. **3.** (donner libre cours à) desahogar. ‖ **se ~** *v. pr.* **4.** aliviarse. **5.** desfogarse.

soûler [sule] *v. tr.* **1.** emborrachar. **2.** (assommer) hartar; hastiar.

soulèvement [sulɛvmɑ̃] *s. m.* **1.** (action de soulever ou de se soulever) levantamiento. **2.** (révolte) sublevación *f.*; revuelta *f.*

soulever [sul(ə)ve] *v. tr.* **1.** (lever un peu) levantar; alzar. **2.** *fig.* (provoquer) provocar [Soulever l'enthousiasme. *Provocar el entusiasmo.*] **3.** (le peuple) agitar; sublevar. ‖ **se ~** *v. pr.* **4.** alzarse; sublevarse; levantarse.

soulier [sulje] *s. m.* zapato. ‖ **marchand de souliers** zapatero, -ra; zapatería.

souligner [suliɲe] *v. tr.* **1.** subrayar. **2.** *fig.* recalcar; hacer hincapié; remarcar.

soumettre [sumɛtʀ] *v. tr.* **1.** someter. **2.** (asservir) avasallar; esclavizar. ‖ **se ~** *v. pr.* **3.** (se rendre, se plier) someterse. **4.** (s'assujettir) supeditarse.

soumis, -se [sumi, -iz] *adj.* **1.** (obéissant) sumiso, -sa; obediente. **2.** (vaincu) rendido, -da.

soumission [sumisjɔ̃] *s. f.* sumisión.

soupape [supap] *s. f.* válvula.

soupçon [supsɔ̃] *s. m.* **1.** (conjecture) sospecha *f.* **2.** (doute, crainte) recelo.

soupçonner [supsɔne] *v. tr.* sospechar.

soupçonneux, -euse [supsɔnø, -øz] *adj.* suspicaz; receloso, -sa.

soupe [sup] *s. f.* sopa. ‖ **~ au lait** *fam.* cascarrabias.

souper [supe] *s. m.* **1.** cena. ‖ *v. intr.* **2.** cenar.

soupière [supjɛʀ] *s. f.* sopera.

soupir [supiʀ] *s. m.* suspiro.

soupirail, -aux [supiʀaj, -o] *s. m.* tragaluz.

soupirer [supiʀe] *v. intr.* suspirar.

souple [supl] *adj.* **1.** flexible. **2.** (vêtements) suelto, -ta; ligero, -ra. **3.** (agile) ágil; flexible [Mouvements souples. *Movimientos ágiles.*]

souplesse [suplɛs] *s. f.* **1.** (agilité) soltura; agilidad. **2.** (mouvements) suavidad; ligereza.

source [suʀs] *s. f.* **1.** fuente; manantial *m.* **2.** (origine) origen.

sourcil [suʀsi] *s. m.*, *Anat.* ceja *f.* ‖ **espace entre les sourcils** entrecejo.

sourd, -de [suʀ, suʀd] *adj. et s. m. et f.* sordo, -da. ‖ **devenir ~** (une personne) ensordecer. (un bruit) ensordecerse.

sourd-muet, sourde-muette [suʀmɥɛ, suʀd(ə)mɥɛt] *adj. et s. m. et f.* sordomudo, -da.

souriant, -te [suʀjɑ̃, -ɑ̃t] *adj.* 1. sonriente. 2. risueño, -ña.

souricière [suʀisjɛʀ] *s. f.* ratonera (trampa).

sourire [suʀiʀ] *s. m.* 1. sonrisa *f.* ‖ *v. intr.* 2. sonreír; sonreírse.

souris [suʀi] *s. f.* 1. ratón *m.* 2. *Inform.* ratón *m.*

sournois, -se [suʀnwa, -az] *adj. et s. m. et f.* taimado, -da; solapado, -da.

sous [su] *prép.* 1. debajo de; bajo *lit.* 2. (période) bajo [Sous son règne. *Bajo su reinado.*] 3. *fig.* bajo [Il travaille sous pression. *Trabaja bajo presión.*] ‖ **~ les yeux** ante los ojos. **~ peu** dentro de poco.

sous-alimentation [suzalimɑ̃tasjɔ̃] *s. f.* desnutrición.

sous-bois [subwa] *s. m.* maleza *f.*

souscrire [suskʀiʀ] *v. tr.* 1. suscribir; firmar. ‖ *v. intr.* 2. suscribirse. 3. (adhérer) convenir [Souscrire à ce qu'il a dit. *Convenir en lo que ha dicho.*]

sous-développé, -ée [sudev(ə)lɔpe] *adj.* subdesarrollado, -da.

sous-emploi [suzɑ̃plwa] *s. m.* paro encubierto.

sous-entendu, -ue [suzɑ̃tɑ̃dy] *adj.* sobreentendido, -da; ácito, -ta. ‖ *s. m.* sobreentendido.

sous-lieutenant, -te [suljøt(ə)nɑ̃, -ɑ̃t] *s. m. et f., Mil.* alférez.

sous-main [sumɛ̃] *s. m. inv.* carpeta *f.* (para escribir encima). ‖ **en ~** en secreto.

sous-marin, -ne [sumaʀɛ̃, -in] *adj. et s. m.* submarino, -na.

sous-nutrition [sunytʀisjɔ̃] *s. f.* desnutrición.

soussigné, -ée [susiɲe] *adj. et s. m. et f.* abajo firmante [La soussignée, je soussigné. *La abajo firmante.*]

sous-sol [susɔl] *s. m.* 1. (terrestre) subsuelo. 2. (cave) sótano.

sous-titrage [sutitʀaʒ] *s. m., Ciné.* (sous-titres) subtítulos *pl.*

sous-titre [sutitʀ] *s. m.* 1. subtítulo. ‖ **sous-titres** *s. m. pl.* 2. *Ciné.* subtítulos.

soustraction [sustʀaksjɔ̃] *s. f.* resta.

soustraire [sustʀɛʀ] *v. tr.* 1. (ôter) sustraer; restar. 2. (dérober) hurtar; substraer. ‖ **se ~** *v. pr.* 3. (échapper) sustraerse; librarse.

sous-vêtement [suvɛtmɑ̃] *s. m.* prenda interior.

soutane [sutan] *s. f.* sotana.

souteneur [sut(ə)nœʀ] *s. m.* chulo (de putas); rufián.

soutenir [sut(ə)niʀ] *v. tr.* 1. sostener. 2. (opinion) mantener. 3. (affirmer) afirmar.

souterrain, -ne [suteʀɛ̃, -ɛn] *adj. et s. m.* subterráneo, -a.

soutien [sutjɛ̃] *s. m.* apoyo; sostén.

soutien-gorge [sutjɛ̃gɔʀʒ] *s. m.* sujetador; sostén.

souvenir, se [suv(ə)niʀ] *s. m.* 1. (mémoire) recuerdo; memoria *f.* 2. (objet) souvenir. ‖ **se ~** *v. pr.* 3. acordarse; recordar.

souvent [suvɑ̃] *adv.* muchas veces; a menudo.

souverain, -ne [suv(ə)ʀɛ̃, -ɛn] *adj. et s. m. et f.* soberano, -na.

souveraineté [suv(ə)ʀɛnte] *s. f.* soberanía.

spacieux, -euse [spasjø, -øz] *adj.* espacioso, -sa.

spaguetti [spageti] *s. m.* espagueti.

sparadrap [spaʀadʀa] *s. m.* esparadrapo.

sparte [spaʀt] *s. m.* esparto.

spasme [spasm] *s. m.* espasmo.
spatial, -le, -aux [spasjal, -o] *adj.* espacial.
spatule [spatyl] *s. f.* espátula.
spécial, -le, -aux [spesjal, -o] *adj.* especial.
spécialement [spesjalmã] *adv.* (notamment) particularmente; sobre todo.
spécialiser [spesjalize] *v. tr.* especializar.
spécialiste [spesjalist] *adj. et s. m. et f.* especialista.
spécialité [spesjalite] *s. f.* especialidad.
spécifier [spesifje] *v. tr.* especificar.
spécifique [spesifik] *adj.* específico, -ca.
spécimen [spesimen] *s. m.* **1.** (individu) ejemplar. **2.** (échantillon) muestra *f.*
spectacle [spektakl] *s. m.* espectáculo. ‖ **rubrique des spectacles** cartelera.
spectateur, -trice [spektatœr, -tris] *s. m. et f.* espectador, -ra.
spectre [spektr] *s. m.* **1.** espectro. **2.** (fantôme) fantasma; espectro.
spéculer [spekyle] *v. intr.* especular.
spéléologie [speleɔlɔʒi] *s. f.* espeleología.
spermatozoïde [spermatozoid] *s. m.* espermatozoide.
sperme [sperm] *s. m.* esperma; semen.
sphère [sfɛr] *s. f.* esfera.
sphérique [sferik] *adj.* esférico, -ca.
sphynx ou sphynge [sfɛ̃ks] *s. m.* esfinge *f.*
spiral, -le, -aux [spiral, -o] *adj.* **1.** espiral. ‖ *s. m.* **2.** muelle; espiral *f.* ‖ **en ~ en** espiral.
spirituel, -elle [spirituɛl] *adj.* **1.** (immatériel) espiritual. **2.** (pleind'esprit) ingenioso, -sa; agudo, -da.
splendeur [splãdœr] *s. f.* esplendor *m.*
splendide [splãdid] *adj.* espléndido, -da.

spongieux, -euse [spɔ̃ʒjø, -øz] *adj.* esponjoso, -sa.
spontané, -ée [spɔ̃tane] *adj.* espontáneo, -a.
sporadique [spɔradik] *adj.* esporádico, -ca.
sport [spɔr] *s. m.* **1.** deporte. ‖ *adj. inv.* **2.** de sport; deportivo, -va.
sportif, -ive [spɔrtif, -iv] *adj.* **1.** deportivo, -va. ‖ *s. m. et f.* **2.** deportista.
spray [sprɛ] *s. m.* spray.
sprint [sprint] *s. m.* esprint.
squash [skwaʃ] *s. m., Sport* squash.
squelette [sk(ə)lɛt] *s. m.* esqueleto.
stabiliser [stabilize] *v. tr.* estabilizar.
stabilité [stabilite] *s. f.* estabilidad.
stable [stabl] *adj.* estable.
stade [stad] *s. m.* **1.** estadio. **2.** *fig.* estadio; fase *f.*
stage [staʒ] *s. m.* **1.** (cours) cursillo; curso. **2.** (dans une entreprise) prácticas *f. pl.*
stagiaire [staʒjɛr] *adj.* en pruebas; de prácticas.
stagnation [stagnasjɔ̃] *s. f.* estancamiento *m.*
stagner [stagne] *v. tr.* estancarse.
stalagmite [stalagmit] *s. f.* estalagmita.
stand [stãd] *s. m.* **1.** (d'exposition) caseta; estand. **2.** (de tir) barraca *f.* (de tiro al blanco).
standard [stãdar] *adj.* **1.** tipo; modelo. ‖ *s. m.* **2.** estándar. **3.** (téléphonique) centralita *f.*
standardiste [stãdardist] *s. m. et f.* telefonista.
star [star] *s. f.* estrella.
station [stasjɔ̃] *s. f.* **1.** (de métro) estación. **2.** (de bus, de taxis) parada. **3.** (météorologique) estación. ‖ **~ d'essence** gasolinera. **~ thermale** balneario *m.*

stationnement [stasjɔnmɑ̃] *s. m.* estacionamiento; aparcamiento. ‖ **parc de ~** aparcamiento.

stationner [stasjɔne] *v. intr.* aparcar; estacionar [Défense de stationner. *Prohibido estacionar.*]

station-service [stasjɔ̃sɛʀvis] *s. f.* estación de servicio. ●Pl. stations-service.

statique [statik] *adj.* **1.** estático, -ca. ‖ *s. f.* **2.** estática.

statistique [statistik] *s. f.* (science, calcule) estadística.

statue [staty] *s. f.* estatua.

statuer [statɥe] *v. tr. et intr.* resolver.

stature [statyʀ] *s. f.* estatura; talla.

statut [staty] *s. m.* **1.** (état, situation) estatuto. **2.** (loi) estatuto.

steak [stɛk] *s. m.* filete. ‖ **~ haché** hamburguesa *f.*

sténographie [stenɔgʀafi] *s. f.* taquigrafía.

steppe [stɛp] *s. f.* estepa.

stéréo [steʀeo] *adj.* **1.** estéreo. ‖ *s. f.* **2.** (émission en stéréo) estéreo.

stéréophonie [steʀeɔfɔni] *s. f.* estéreo *m.*

stéréophonique [steʀeɔfɔnik] *adj.* estéreo.

stérile [steʀil] *adj.* estéril.

stériliser [steʀilize] *v. tr.* esterilizar.

stérilité [steʀilite] *s. f.* esterilidad.

stéthoscope [stetɔskɔp] *s. m.* estetoscopio.

steward [stjuwaʀd, stiwaʀt] *s. m.* azafato.

stigmate [stigmat] *s. m.* estigma.

stimulant, -te [stimylɑ̃, -ɑ̃t] *adj. et s. m.* estimulante.

stimulation [stimylasjɔ̃] *s. f.* estímulo *m.*

stimuler [stimyle] *v. tr.* **1.** estimular. **2.** *fig.* (encourager, exciter) espolear; aguijonear.

stipulation [stipylasjɔ̃] *s. f.* estipulación.

stipuler [stipyle] *v. tr.* estipular.

stock [stɔk] *s. m.* existencias *f. pl.*

stockage [stɔkaʒ] *s. m.* almacenamiento.

stocker [stɔke] *v. tr.* almacenar.

stoïcien, -enne [stɔisjɛ̃, -ɛn] *adj.* estoico, -ca.

stoïque [stɔik] *adj.* estoico, -ca.

stop [stɔp] *s. m.* **1.** stop. ‖ *interj.* **2.** ¡alto!; ¡pare!

stopper [stɔpe] *v. intr.* **1.** (une machine, une voiture) pararse; detenerse. ‖ *v. tr.* **2.** (faire s'arrêter une machine) parar; detener.

store [stɔʀ] *s. m.* **1.** estor; persiana *f.* **2.** (d'un magasin) toldo.

strangulation [stʀɑ̃gylasjɔ̃] *s. f.* estrangulación.

strapontin [stʀapɔ̃tɛ̃] *s. m.* asiento plegable.

stratagème [stʀataʒɛm] *s. m.* **1.** estratagema *f.* **2.** (ruse) ardid; tinglado.

strate [stʀat] *s. m.* estrato.

stratégie [stʀateʒi] *s. f.* estrategia.

stress [stʀɛs] *s. m.* estrés.

strict, -te [stʀikt] *adj.* estricto, -ta.

strident, -te [stʀidɑ̃, -ɑ̃t] *adj.* estridente.

strie [stʀi] *s. f.* estría.

strophe [stʀɔf] *s. f.* estrofa.

structure [stʀyktyʀ] *s. f.* estructura.

studieux, -euse [stydjø, -øz] *adj.* estudioso, -sa.

studio [stydjo] *s. m.* estudio; apartamento.

stupéfaction [stypefaksjɔ̃] *s. f.* asombro.

stupéfait, -te [stypefɛ, -fɛt] *adj.* estupefacto, -ta; atónito, -ta.

stupéfier [stypefje] *v. tr.* dejar estupefacto; asombrar.

stupeur [stypœʀ] *s. f.* estupor *m.*

stupide [stypid] *adj.* estúpido, -da.

stupidité [stypidite] *s. f.* estupidez.
style [stil] *s. m.* estilo.
stylo [stilo] *s. m., fam.* estilográfica *f.*; pluma estilográfica. || **~ à bille** bolígrafo.
stylo-bille [stilobij] *s. m.* bolígrafo.
stylographe [stilɔgʀaf] *s. m.* estilográfica. *f.*
suaire [sɥɛʀ] *s. m.* mortaja *f.*
subalterne [sybaltɛʀn] *adj. et s. m. et f.* subalterno, -na.
subir [sybiʀ] *v. tr.* **1.** (éprouver) sufrir. **2.** (faire l'objet de, être la victime de) experimentar. **3.** (endurer) soportar.
subit, -te [sybi, -it] *adj.* súbito, -ta.
subjectif [sybʒɛktif, -iv] *adj.* subjetivo, -va.
subjonctif, -ive [sybjɔ̃ktif] *adj. et s. m., Ling.* subjuntivo.
subjuguer [sybʒyge] *v. tr.* subyugar.
sublime [syblim] *adj.* sublime.
submerger [sybmɛʀʒe] *v. tr.* **1.** sumergir. **2.** *fig.* (envahir) sumir.
subordination [sybɔʀdinasjɔ̃] *s. f.* subordinación.
subordonné, -ée [sybɔʀdɔne] *adj. et s. m. et f.* **1.** subordinado, -da; inferior. || *adj.* **2.** *Ling.* subordinado, -da.
subordonner [sybɔʀdɔne] *v. tr.* subordinar.
subornation [sybɔʀnasjɔ̃] *s. f., Dr.* soborno *m.*
suborner [sybɔʀne] *v. tr., Dr.* sobornar.
subside [sybsid] *s. m.* subsidio.
subsistance [sybzistɑ̃s] *s. f.* **1.** subsistencia. **2.** (nourriture) mantenimiento *m.*
subsister [sybziste] *v. intr.* **1.** subsistir. **2.** (se conserver) perdurar.
substance [sypstɑ̃s] *s. f.* sustancia.
substantif, -ive [sypstɑ̃tif, -iv] *adj. et s. m.* sustantivo, -va.
substituer [sypstitɥe] *v. tr.* sustituir.

substitut [sypstity] *s. m.* **1.** (chose) sustituto, -ta. **2.** (succédané) sucedáneo, -a.
substitution [sypstitysjɔ̃] *s. f.* sustitución.
subterfuge [sypteʀfyʒ] *s. m.* subterfugio.
subtil, -le [syptil] *adj.* sutil.
subtilité [syptilite] *s. f.* sutileza.
subventionner [sybvɑ̃sjɔne] *v. tr.* subvencionar.
suc [syk] *s. m.* **1.** jugo [Suc pancréatique, gastrique. *Jugo pancreático, gástrico.*] **2.** (extrait des plantes) zumo. **3.** *fig.* esencia *f.*; jugo.
succédané [syksedane] *s. m.* sucedáneo.
succéder [syksede] *v. intr.* suceder.
succès [syksɛ] *s. m.* **1.** éxito. **2.** (de ce qui est bien reçu) aceptación *f.* || **à ~** taquillero, -ra.
successeur [syksesœʀ] *s. m.* sucesor, -ra.
successif, -ive [syksesif, -iv] *adj.* sucesivo, -va.
succession [syksesjɔ̃] *s. f.* sucesión.
succinct, -te [syksɛ̃, -ɛ̃t] *adj.* sucinto, -ta.
succomber [sykɔ̃be] *v. intr.* (ne pas résister) sucumbir.
succulent, -te [sykylɑ̃, -ɑ̃t] *adj.* suculento, -ta.
succursale [sykyʀsal] *adj. et s. f.* sucursal.
sucer [syse] *v. tr.* chupar.
sucette [sysɛt] *s. f.* **1.** (tétine pour le bébé) chupete *m.* **2.** (sucrerie) piruleta.
sucre [sykʀ] *s. m.* azúcar *m. ou f.* || **morceau de ~** azucarillo; terrón. **~ d'orge** (bâton de sucre) pirulí.
sucré, ée [sykʀe] *adj.* dulce; azucarado, -da.
sucrer [sykʀe] *v. tr.* **1.** azucarar. **2.** endulzar.
sucrerie [sykʀ(ə)ʀi] *s. f.* **1.** (friandise) golosina. **2.** (confiserie) dulce *m.* || **sucreries** *s. f. pl.* **3.** dulces *m.*

sud [syd] *s. m.* sur [Au sud. *Al sur.*]
sud-américain, -ne [sydamerikɛ̃, -ɛn] *adj.* **1.** sudamericano, -na. ‖ **Sud-américain, -enne** *s. m. et f.* **2.** sudamericano, -na.
sud-est [sydɛst] *adj. et s. m.* sudeste.
suer [sɥe] *v. intr.* sudar.
sueur [sɥœʀ] *s. f.* sudor *m.*
suffire [syfiʀ] *v. intr.* **1.** bastar; ser suficiente. ‖ *v. impers.* **2.** bastar [Il suffit que tu cherches bien. *Basta con que busques bien.*] ‖ **ça suffit!** ¡bueno!; ¡ya está bien!
suffisamment [syfizamɑ̃] *adv.* **1.** (assez) bastante. ‖ ~ **de** (assez de) bastante. ~ **pour** lo bastante para; bastante como para.
suffisant, -te [syfizɑ̃, -ɑ̃t] *adj. indéf.* suficiente; bastante.
suffixe [syfiks] *s. m.*, *Ling.* sufijo.
suffocant, -te [syfɔkɑ̃, -ɑ̃t] *adj.* sofocante.
suffoquer [syfɔke] *v. tr.* sofocar; ahogar.
suffrage [syfʀaʒ] *s. m.* sufragio; voto.
suggérer [sygʒeʀe] *v. tr.* **1.** sugerir. **2.** (insinuer) insinuar. **3.** (inspirer) inspirar.
suicidaire [sɥisidɛʀ] *s. m. et f.* suicida.
suicidant, -te [sɥisidɑ̃, -ɑ̃t] *s. m. et f.* suicida.
suicide [sɥisid] *s. m.* **1.** suicidio. ‖ *adj.* **2.** suicida [Tentatives suicides. *Tentativas suicidas.*]
suicider, se [sɥiside] *v. pr.* suicidarse.
suif [sɥif] *s. m.* sebo.
suinter [sɥɛ̃te] *v. intr.* rezumar.
suisse [sɥis] *adj.* **1.** suizo, -za. ‖ **Suisse** *s. m. et f.* **2.** suizo, -za.
suite [sɥit] *s. f.* **1.** (série, succession) serie; sucesión. **2.** continuación [La suite du film. *La continuación de la película.*] **3.** (conséquence) consecuencia. **4.** (d'hôtel) suite. **5.** *Mus.* suite. ‖ **de** ~ sin interrupción; seguido, -da. **donner** ~ dar curso; cursar. **par la** ~ (plus tard) más tarde; más adelante. **par** ~ **de** a consecuencia de. **tout de** ~ (immediatement) enseguida; ahora. ‖ (bientôt) ya [Je finis tout de suite. *Ya acabo.*]
suivant, -te [sɥivɑ̃, -ɑ̃t] *adj.* **1.** (qui suit) siguiente [L'exemple suivant. *El ejemplo siguiente.*] ‖ **suivante** *s. f.* **2.** (domestique) doncella.
suivant [sɥivɑ̃] *prép.* (conformément à) según [Nous avons cherché un cadeau suivant ces critères. *Buscamos un regalo según esos criterios.*] ‖ ~ **que** según.
suiveur, -euse [sɥivœʀ, -øz] *adj. et s. m. et f.* **1.** *Sport* (cyclisme) seguidor, -ra. **2.** *fig.* (imitateur) seguidor, -ra.
suivi, -ie [sɥivi] *adj.* **1.** seguido, -da [Suivi par la voiture. *Seguido por el coche.*] ‖ *s. m.* **2.** seguimiento.
suivre [sɥivʀ] *v. tr.* **1.** (continuer, poursuivre) seguir. **2.** (comprendre) seguir; comprender. ‖ **à** ~ continuará. ~ **la piste** rastrear. ~ **un cours** hacer un curso.
sujet [syʒɛ] *s. m.* **1.** (d'une conversation) tema. **2.** (d'une œuvre littéraire) argumento. **3.** (affaire) asunto. **4.** *Ling.* sujeto. ‖ **à ce** ~ a ese respecto. **au** ~ **de** (en ce qui concerne) en lo referente a; en lo relativo a; respecto de. ‖ (à propos de) acerca de.
sujet, -ette [syʒɛ, -ɛt] *s. m. et f.* (d'un souverain) súbdito, -ta.
sujétion [syʒesjɔ̃] *s. f.* sujeción.
sultan, -ne [syltɑ̃, -an] *s. m. et f.* sultán, -tana.
super [sypɛʀ] *adj. inv.*, *fam.* chachi; guay.
superbe [sypɛʀb] *adj.* **1.** magnífico, -ca; soberbio, -bia. ‖ *s. f.* **2.** soberbia.
superficie [sypɛʀfisi] *s. f.* superficie (de un cuerpo, de un terreno, de la Tierra).

superficiel, -elle [sypɛʀfisjɛl] *adj.* superficial.

superflu, -ue [sypɛʀfly] *adj.* **1.** superfluo, -flua. **2.** (inutil) inútil.

supérieur, -eure [sypeʀjœʀ] *adj.* superior.

superlatif, -ive [sypɛʀlatif, -iv] *adj.* **1.** superlativo, -va. || *s. m.* **2.** *Ling.* superlativo.

supermarché [sypɛʀmaʀʃe] *s. m.* supermercado.

superstitieux, -euse [sypɛʀstisjø, -øz] *adj. et s. m. et f.* supersticioso, -sa.

superstition [sypɛʀstisjɔ̃] *s. f.* superstición.

supplanter [syplɑ̃te] *v. tr.* suplantar.

suppléant, -te [sypleɑ̃, -ɑ̃t] *adj. et s. m. et f.* suplente.

suppléer [syplee] *v. tr. et intr.* suplir.

supplément [syplemɑ̃] *s. m.* suplemento.

supplémentaire [syplemɑ̃tɛʀ] *adj.* **1.** suplementario, -ria. **2.** extra; extraordinario, -ria [Les heures supplémentaires. *Las horas extraordinarias.*]

supplication [syplikasjɔ̃] *s. f.* súplica.

supplice [syplis] *s. m.* suplicio; tormento.

supplier [syplije] *v. tr.* suplicar.

supplique [syplik] *s. f.* súplica.

support [sypɔʀ] *s. m.* soporte.

supportable [sypɔʀtabl] *adj.* soportable.

supporter[1] [sypɔʀtɛʀ] *s. m.* partidario, -ria; forofo, -fa; seguidor, -ra; fan; hincha.

supporter[2] [sypɔʀte] *v. tr.* **1.** (soutenir un poids) soportar; sostener. **2.** (endurer, tolérer) soportar; aguantar; sobrellevar. **3.** (des dépenses) sufragar.

supposé, -ée [sypoze] *adj.* supuesto, -ta.

supposer [sypoze] *v. tr.* suponer.

supposition [sypozisjɔ̃] *s. f.* suposición.

suppositoire [sypozitwaʀ] *s. m.* supositorio.

suppression [sypʀesjɔ̃] *s. f.* supresión.

supprimer [sypʀime] *v. tr.* suprimir.

suppurer [sypyʀe] *v. intr.* supurar.

suprématie [sypʀemasi] *s. f.* supremacía.

suprême [sypʀɛm] *adj.* supremo, -ma.

sur [syʀ] *prép.* **1.** (liev) sobre; encima de; en [Sur la table, sur le chemin, sur la plage. *En la mesa, en el camino, en la playa.*] **2.** (ur papier) en [Sur un papier, sur une liste. *En un papel, en una lista.*] **3.** sobre; acerca de [Parler d'un sujet. *Hablar sobre un tema.*] **4.** bajo [Sur parole. *Bajo palabra.*] **5.** de cada; de [Trois sur cinq. *Tres de cada / de cinco.*] **6.** con [Compter sur vous. *Contar con usted.*] **7.** (chaîne, media) en [Il y un film sur Arte. *Hay una película en Arte.*] **8.** encima [Je n'ai pas d'argent sur moi. *No llevo dinero encima.*]

sur, -re [syʀ] *adj.* ácido, -da.

sûr, -re [syʀ] *adj.* **1.** (fiable) seguro, -ra [Cela n'est pas sûr. *Eso no es seguro.*] **2.** (assuré, infaillible) certero, -ra; seguro, -ra [Un moyen sûr. *Un medio certero.*] || **à coup ~** con toda seguridad. **bien ~ !** ¡claro!; por supuesto.

surcharge [syʀʃaʀʒ] *s. f.* **1.** (de poids) sobrecarga. **2.** (impôts) recargo *m.*

surcharger [syʀʃaʀʒe] *v. tr.* **1.** sobrecargar. **2.** (impôts) recargar.

surchauffer [syʀʃofe] *v. tr., Techn.* recalentar.

surcroît [syʀkʀwa] *s. m.* aumento. || **de ~** además.

surdité [syʀdite] *s. f.* sordera.

surdosage [syʀdozaʒ] *s. m., Méd.* sobredosis *f.*

surélever [syʀel(ə)ve] *v. tr.* realzar.

surenchérir [syʀɑ̃ʃeʀiʀ] *v. tr.* pujar.

sûreté [syʀte] *s. f.* seguridad. || **en ~** seguro; a salvo.

surf [sœrf] *s. m., Sport* surf.
surface [syrfas] *s. f.* **1.** superficie. **2.** *Math.* (aire) superficie; área. ‖ **grande ~** hipermercado *m*.
surfiler [syrfile] *v. tr.* enfilar.
surgeler [syrʒ(ə)le] *v. tr.* congelar.
surgir [syrʒir] *v. intr.* surgir.
surhumain, -ne [syrymɛ̃, -ɛn] *adj.* sobrehumano, -na.
sur-le-champ [syrl(ə)ʃɑ̃] *loc. adv.* en el acto; enseguida.
surmener [syrm(ə)ne] *v. tr.* **1.** agotar; dejar exhausto; reventar. **2.** explotar [Surmener les travailleurs. *Explotar a los trabajadores.*]
surmonter [syrmɔ̃te] *v. tr.* **1.** (être au-dessus de) coronar. **2.** *fig.* (vaincre) superar; vencer. **3.** (maîtriser) dominar.
surnaturel, -elle [syrnatyrɛl] *adj.* sobrenatural.
surnom [syrnɔ̃] *s. m.* apodo; mote *fam.*
surnommer [syrnɔme] *v. tr.* apodar; llamar.
surpasser [syrpɑse] *v. tr.* **1.** (aller au-delà) exceder; rebasar; sobrepasar [Cela surpasse mes attentes. *Excede mis expectativas.*] **2.** (faire mieux que) superar; sobrepasar. **3.** (devancer) descollar. ‖ **se ~** *v. pr.* **3.** superarse.
surplus [syrply] *s. m.* **1.** (excès) exceso. **2.** (excédent) excedente.
surprendre [syrprɑ̃dr] *v. tr.* **1.** sorprender. **2.** coger [On l'a surpris en train de voler. *Le cogieron robando.*]
surpris, -se [syrpri, -iz] *adj.* sorprendido, -da.
surprise [syrpriz] *s. f.* sorpresa.
sursaut [syrso] *s. m.* sobresalto; susto.
sursauter [syrsote] *v. intr.* sobresaltarse.
surtaxe [syrtaks] *s. f.* recargo *m*.

surtout [syrtu] *adv.* sobre todo.
surveillance [syrvɛjɑ̃s] *s. f.* vigilancia.
surveillant, -te [syrvejɑ̃, -ɑ̃t] *s. m. et f.* vigilante.
surveiller [syrveje] *v. tr.* **1.** vigilar. **2.** (garder) custodiar. ‖ **se ~** *v. pr.* **3.** observarse.
survenir [syrv(ə)nir] *v. intr.* sobrevenir.
survêtement [syrvɛtmɑ̃] *s. m.* chándal.
survie [syrvi] *s. f.* supervivencia.
survivance [syrvivɑ̃s] *s. f.* **1.** supervivencia (de pueblos, costumbres). **2.** (statut quo, régime, système) supervivencia. **3.** *Biol.* (résistance) supervivencia.
survivant, -te [syrvivɑ̃, -ɑ̃t] *adj. et s. m. et f.* superviviente.
survivre [syrvivr] *intr.* sobrevivir.
susceptible [syseptibl] *adj.* **1.** susceptible [Susceptible d'interprétations différentes. *Susceptible de diferentes interpretaciones.*] **2.** (irascible) susceptible. **3.** (sensible, fragile) sentido, -da.
susciter [sysite] *v. tr.* suscitar.
suspect, -te [syspɛ, -ɛkt] *adj. et s. m. et f.* sospechoso, -sa.
suspecter [syspekte] *v. tr.* **1.** (tenir pour suspect) sospechar de. ‖ *v. intr.* **2.** (mettre en doute l'existence de) dudar.
suspendre [syspɑ̃dr] *v. tr.* **1.** (accrocher) colgar; suspender. **2.** (interrompre) detener; parar.
suspendu, -ue [syspɑ̃dy] *adj.* suspendido, -da; colgado, -da. ‖ **pont ~** puente colgante.
suspens, en [ɑ̃syspɑ̃] *loc. adv.* en suspenso; pendiente.
suspense [syspɑ̃s] *s. m.* suspense [Film à suspense. *Película de suspense.*]
suspension [syspɑ̃sjɔ̃] *s. f.* **1.** (d'un pont, d'un objet) suspensión. **2.** *Méc.* suspensión. ‖ **points de ~** puntos suspensivos.

susurrer [sysyʀe] *v. tr. et intr.* susurrar.
suture [sytyʀ] *s. f.* sutura.
svelte [svelt] *adj.* esbelto, -ta.
S.V.P. [εsvepe] *sigle* (s'il vous plaît) por favor.
syllabe [si(l)ab] *s. f.* sílaba.
sylvestre [silvεstʀ] *adj.* silvestre.
symbole [sɛ̃bɔl] *s. m.* símbolo.
symbolique [sɛ̃bɔlik] *adj.* simbólico, -ca.
symboliser [sɛ̃bɔlize] *v. tr.* simbolizar.
symétrie [simetʀi] *s. f.* simetría.
sympa [sɛ̃pa] *adj., fam.* **1.** (choses) guay. **2.** (personnes) majo, -ja.
sympathie [sɛ̃pati] *s. f.* simpatía.
sympathique [sɛ̃patik] *adj.* simpático, -ca.
sympathiser [sɛ̃patize] *v. intr.* **1.** simpatizar. **2.** (s'entendre bien) congeniar.
symphonie [sɛ̃fɔni] *s. f.* sinfonía.
symptôme [sɛ̃ptom] *s. m.* síntoma.

synagogue [sinagɔg] *s. f.* sinagoga.
synchronie [sɛ̃kʀɔni] *s. f.* sincronía.
synchroniser [sɛ̃kʀɔnize] *v. tr.* sincronizar.
syncope [sɛ̃kɔp] *s. f.* síncope *m.*
syndicat [sɛ̃dika] *s. m.* sindicato. ‖ **d'iniciative** oficina de turismo.
syndrome [sɛ̃dʀom] *s. m., Méd.* síndrome.
synonyme [sinɔnim] *adj. et s. m.* sinónimo, -ma.
syntagme [sɛ̃tagm] *s. m., Ling.* sintagma.
syntaxe [sɛ̃taks] *s. f., Ling.* sintaxis.
synthèse [sɛ̃tez] *s. f.* síntesis.
synthétique [sɛ̃tetik] *adj.* sintético, -ca.
syntoniser [sɛ̃tɔnize] *v. tr.* (la fréquence) sintonizar.
systématique [sistematik] *adj.* sistemático, -ca.
système [sistεm] *s. m.* sistema.

T

t [te] *s. m.* t *f.*
t' [t] *pron. pers.* *te.
ta [ta] *adj. poss. 2ème sing.* tu [Ta valise. *Tu maleta.*] ●En espagnol on utilise souvent la tournure : La casa tuya. *Ta maison.*
tabac [taba] *s. m.* **1.** tabaco. **2.** (bureau) estanco.
table [tabl] *s. f.* **1.** mesa. **2.** *Math.* tabla. ‖ **à ~ !** ¡a comer!; ¡a la mesa! **sur ~** (les cartes) boca arriba. **~ basse** mesilla (baja). **~ de nuit** mesita de noche; mesita de noche. **~ de toilette** tocador *m.;* coqueta. **~ des matières** (d'un livre) índice. **~ ronde** (meuble) camilla. | (réunion) mesa redonda.
tableau [tablo] *s. m.* **1.** (peinture) cuadro. **2.** *fig.* cuadro. **3.** (noir) encerado; pizarra *f.* **4.** (panneau) tablón. **5.** (série de chiffres ordonnés) tabla *f.* ‖ **~ d'affichage** tablón de anuncios. | *Jeux* (marqueur) marcador. **~ noir** encerado.
tablette [tablet] *s. f.* **1.** (d'une cheminée, de la salle de bains) repisa. **2.** (médicament, chocolat) tableta; pastilla.
tablier [tablije] *s. m.* **1.** (de cuisinier) delantal; mandil. **2.** (d'enfant) babero; babi.
tabou [tabu] *s. m.* tabú.
tabouret [tabuʀɛ] *s. m.* taburete.
tache [taʃ] *s. f.* **1.** mancha. **2.** (points) pinta; mota. **3.** *fig.* tacha; defecto. ‖ **~ d'encre** borrón *m.* **~ d'huile** lamparón *m.* **~ de rousseur** peca.
tâche [taʃ] *s. f.* tarea; cometido *m.*
tacher [taʃe] *v. tr.* **1.** manchar. ‖ **se ~** *v. pr.* **2.** mancharse.
tâcher de [taʃed(ə)] *v. intr.* procurar.
tacite [tasit] *adj.* tácito, -ta.

taciturne [tasityʀn] *adj.* taciturno, -na.
tact [takt] *s. m.* tacto. ‖ **avoir du ~** tener tacto.
tactile [taktil] *adj.* táctil.
tactique [taktik] *s. f.* táctica.
taie [tɛ] *s. f.* **1.** funda (de almohada). **2.** (sur l'oeil) tela.
taillader [tɑjade] *v. tr.* **1.** (sur la peau) hacer cortes (en la piel); cortar [Se tailler le menton. *Hacerse un corte en la barbilla.*] **2.** (un arbre, une table) hacer incisiones.
taille [tɑj] *s. f.* **1.** (ceinture) cintura; talle *m.* **2.** (d'un vêtement) talla. **3.** (stature) estatura. **4.** (grandeur, étendue) tamaño *m.;* dimensión. **5.** (envergure, échelle) proporción. **6.** (d'arbres) poda. ‖ **de ~** importante. **tour de ~** talle.
tailler [tɑje] *v. tr.* **1.** (pierres) tallar; labrar. **2.** (arbres) podar. **3.** (crayons) afilar; sacar punta. ‖ **se ~** *v. pr.* **4.** *fam.* darse el bote; largarse; pirarse.
tailleur [tɑjœʀ] *s. m.* **1.** (profession) sastre. **2.** (de femme) traje de chaqueta. ‖ **boutique de ~** sastrería *f.*
taillis [tɑji] *s. m.* monte bajo.
taire [tɛʀ] *v. tr.* **1.** callar. ‖ **se ~** *v. pr.* **2.** callarse; enmudecer. ‖ **faire ~** hacer callar; acallar.
talc [talk] *s. m.* talco.
talent [talɑ̃] *s. m.* talento.
talisman [talismɑ̃] *s. m.* talismán.
talkie-walkie [tokiwoki] *s. m.* walkie-talkie.
taloche [talɔʃ] *s. f.* capón *m.;* pescozón *m.*
talon [talɔ̃] *s. m.* **1.** (d'un pied) talón. **2.** (d'une chaussure) tacón. **3.** (du chéquier) talón; matriz *f.* ‖ **sur ses talons** en cuclillas.
talonner [talɔne] *v. tr.* **1.** pisar los talones. **2.** (le cheval) espolear; picar.
talus [taly] *s. m.* talud.

TAMBOUILLE - TAPIS

tambouille [tãbuj] *s. f.* rancho *m.*
tambour [tãbuʀ] *s. m., Mus.* tambor.
tambourin [tãbuʀɛ̃] *s. m., Mus.* pandereta *f.*
tambouriner [tãbuʀine] *v. tr.* golpetear.
tamis [tami] *s. m.* **1.** (crible) tamiz. **2.** (passoire) colador; pasador.
tamiser [tamize] *v. tr. et intr.* tamizar.
tampon [tãpõ] *s. m.* **1.** (bouchon en liège, bois ou d'une matière souple) tapón. **2.** (lettres) matasellos. **3.** (cachet) sello; tampón. **4.** (hygiénique) tampón. ‖ **mettre un ~ sur** sellar.
tamponnement [tãpɔnmã] *s. m.* **1.** (de trains) choque. **2.** *Méd.* taponamiento.
tamponner [tãpɔne] *v. tr.* **1.** *Méd.* taponar. **2.** (le courier) sellar. **3.** (un document) sellar. **4.** (dans le mur) poner un taco. **5.** (trains, véhicules, personnes) chocar. **6.** *fig.* (protéger, amortir un choc) proteger. ‖ **se ~** *v. pr.* **7.** chocar.
tam-tam [tamtam] *s. m., fig.* (exagération) bombo. ‖ **faire du ~** dar bombo.
tandis que [tãdik(ə)] *loc. conj.* (opposition) mientras que.
tango [tãgo] *s. m., Mus.* (danse et musique argentines) tango.
tanière [tanjɛʀ] *s. f.* madriguera; guarida.
tank [tãk] *s. m.* tanque (depósito).
tanné, -ée [tane] *adj.* **1.** (cuirs) curtido, -da. **2.** (bronzé) bronceado, -da; tostado, -da; curtido, -da; moreno, -na.
tanner [tane] *v. tr.* **1.** (cuir) curtir. **2.** *fig. et fam.* (agacer) dar la lata. **3.** *fig. et fam.* (battre) zurrar.
tant [tã] *adv.* tanto [Voilà l'homme dont il nous parle tant. *Ahí está el hombre del que nos habla tanto.*] ‖ **en ~ que** como [En tant que président. *Como presidente.*] **~ ... que** (+verbe) tanto ... que. **~ de** (+nom) (une si grande quantité) tanto, -ta [Tant de bouteilles. *Tantas botellas.*] **~ de ... que** (+nom) tanto ... que [Il a tant de jouets qu'il ne les utilise plus. *Tiene tantos juguetes que ya no los usa.*] **~ mieux** tanto mejor; mejor. **~ pis** tanto peor. **~ que** mientras [Il travaillera tant qu'il vivra *Trabajará mientras viva.*] ‖ tanto como [Reste tant que tu voudras. *Quédate tanto como quieras.*]
tante [tãt] *s. f.* tía.
tantôt [tãto] *adv.* (bientôt) luego; pronto. ‖ **~ ... como** [Tantôt il s'assoit, tantôt il se lève. *Tan pronto se sienta como se levanta.*]
tapage [tapaʒ] *s. m.* alboroto; jaleo. ‖ **faire du ~** alborotar.
tapageur, -euse [tapaʒœʀ, -øz] *adj. et s. m. et f.* **1.** alborotador, -ra. ‖ *adj.* **2.** *fig.* (voyant) llamativo, -va. **3.** (enfant) turbulento, -ta.
tape [tap] *s. f.* cachete *m.*; manotazo *m.* ‖ **donner une ~** dar un manotazo.
tape-à-l'œil [tapalœj] *adj. inv., fam.* llamativo, -va; deslumbrante.
taper [tape] *v. tr.* **1.** (qqun) pegar; dar una palmada. **2.** (faire du bruit en tapant) dar [Il a tapé plusieurs coups à la porte. *Dio varios golpes en la puerta.*] **3.** (donner des coups) golpear. **4.** (à la machine) escribir a máquina. **5.** (à l'ordinateur) teclear. ‖ *v. intr.* **6.** pegar [Le soleil tape dur. *El sol pega fuerte.*] **7.** dar una palmada [Taper sur l'épaule. *Dar una palmada en el hombro.*] **8.** (le vin) subirse a la cabeza. ‖ **~ sur les nerfs** crispar los nervios; poner los nervios de punta.
tapioca [tapjɔka] *s. m.* tapioca.
tapir [tapiʀ] *v. pr.* agazaparse.
tapis [tapi] *s. m.* **1.** (sur le parquet) alfombra *f.* **2.** *Sport* tapiz. ‖ **~ roulant** (mar-

chandises) cinta transportadora. (personnes) pasillo rodante.
tapis-brosse [tapibʀɔs] *s. m.* felpudo; estera *f.*
tapisser [tapise] *v. tr.* **1.** (revêtir de tentures) tapizar. **2.** empapelar [Du papier à tapisser. *Papel para empapelar.*] **3.** *fig.* revestir; alfombrar.
tapisserie [tapisʀi] *s. f.* **1.** (pour les meubles) tapicería. **2.** (ouvrage d'art) tapiz. **3.** (tenture) colgadura. **4.** (papier peint) empapelado *m.*
tapoter [tapɔte] *v. tr.* golpetear.
taquet [take] *s. m.* **1.** (cheville) taco. **2.** (cale) cuña *f.*
taquin, -ine [takɛ̃, -in] *adj. et s. m. et f.* guasón, -sona; incordio *m.* (niño).
taquiner [takine] *v. tr.* hacer rabiar; incordiar; pinchar.
tarantule [taʀɑ̃tyl] *s. f.*, *Zool.* tarántula.
tarauder [taʀode] *v. tr.* **1.** *Techn.* fileteár. **2.** (percer avec une tarière) taladrar.
tard [taʀ] *adv.* tarde. ‖ **plus ~** más adelante. después [4 jours plus tard. *4 días después.*]
tarder [taʀde] *v. intr.* tardar.
tardif, -ive [taʀdif, -iv] *adj.* tardío, -a.
tare [taʀ] *s. f.* tara.
targette [taʀʒet] *s. f.* pestillo *m.*; cerrojo *m.*
tarière [taʀjɛʀ] *s. f.*, *Techn.* taladro *m.* (para madera o huesos).
tarif [taʀif] *s. m.* tarifa *f.*
tarir [taʀiʀ] *v. tr.* **1.** (une source, un puits) agotar; secar. ‖ *v. intr.* **2.** secarse.
tarte [taʀt] *s. f.* **1.** (pâtisserie) tarta [Tarte aux pommes. *Tarta de manzana.*] **2.** *fam.* (gifle) torta. ‖ *adj.* **3.** (laid) feo, -a. **4.** (chose) ñoño, -ña [C'est un film tarte. *Es una película ñoña.*]

tartine [taʀtin] *s. f.* rebanada de pan (untada).
tartiner [taʀtine] *v. tr.* (une tranche de pain) untar (pan).
tartre [taʀtʀ] *s. m.* **1.** sarro. **2.** (des canalisations) cal *f.*
tas [tɑ] *s. m.* **1.** (amas) montón; pila *f.* **2.** (beaucoup) montón [Des tas d'années. *Un montón de años.*] **3.** hatajo *fam.*; banda *f.* [Tas de petits voyous. *Hatajo de sinvergüenzas.*]
tasse [tɑs] *s. f.* taza.
tasser [tɑse] *v. tr.* **1.** (réduire le volume) apretar; comprimir. **2.** (mettre en tas) amontonar. **3.** (des gens) apretujar.
tatami [tatami] *s. m.*, *Sport* tatami.
tâter [tɑte] *v. tr.* **1.** (toucher) tentar; palpar. **2.** *fig.* (sonder) tantear; sondear. **3.** *fig.* (faire l'expérience de) tantear. ‖ **~ le pouls** tomar el pulso.
tâtonner [tɑtɔne] *v. intr.* **1.** buscar a tientas. **2.** (tâter) palpar; tentar. **3.** *fig.* (hésiter) tantear; titubear.
tatouage [tatwaʒ] *s. m.* tatuaje.
tatouer [tatwe] *v. tr.* tatuar.
taupe [top] *s. f.*, *Zool.* topo *m.*
taureau [tɔʀo] *s. m.* **1.** *Zool.* toro. ‖ **Taureau** *s. m.* **2.** (zodiaque) Tauro.
taurillon [tɔʀijɔ̃] *s. m.* novillo.
taurin, -ne [tɔʀɛ̃, -in] *adj.* taurino, -na.
tauromachie [tɔʀɔmaʃi] *s. f.* tauromaquia.
taux [to] *s. m.* (prix fixé) tasa *f.* ‖ **~ d'intérêt** tipo de interés.
taverne [tavɛʀn] *s. f.* taberna.
tavernier, -ière [tavɛʀnje, -ɛʀ] *adj. et s. m. et f. lit.* tabernero, -ra.
taxateur, -trice [taksatœʀ, -tʀis] *adj. et s. m. et f.* tasador, -ra.
taxe [taks] *s. f.* **1.** tasa. **2.** (impôt) impuesto *m.* ‖ **~ sur la valeur ajoutée** impuesto

sobre el valor añadido. **toutes taxes comprises** IVA incluido.

taxer [takse] *v. tr.* **1.** (le prix) tasar. **2.** (impôt) gravar. **3.** *fig.* tachar; tildar.

taxi [taksi] *s. m.* taxi.

taximètre [taksimɛtʀ] *s. m.* taxímetro.

te [t(ə)] *pron. pers. 2ème sing.* te [Il t'a convaincu. *Te convenció.*] • La "e" de "te" desaparece delante de vocal o "h" muda: *Je t'arrête.*

technicien, -enne [tɛknisjɛ̃, -ɛn] *s. m. et f.* técnico, -ca (persona).

technique [tɛknik] *adj.* **1.** técnico, -ca. ‖ *s. f.* **2.** técnica. ‖ **de ~ de pointe** de última tecnología.

technologie [tɛknɔlɔʒi] *s. f.* tecnología.

teenager [tinɛdʒœʀ] *s. m. et f.* quinceañero, -ra; adolescente.

tee-shirt ou T-shirt [tiʃœʀt] *s. m.* camiseta *f.*; niqui.

teigne [tɛɲ] *s. f.* tiña.

teindre [tɛ̃dʀ] *v. tr.* **1.** teñir. ‖ **se ~** *v. pr.* **2.** teñirse.

teint, teinte [tɛ̃, tɛ̃t] *adj.* **1.** teñido, -da. ‖ *s. m.* **2.** (d'un tissu) tinte. **3.** (du visage) tez *f.*; color.

teinte [tɛ̃t] *s. f.* **1.** (couleur) color. **2.** *fig.* (trace) matiz *m.*; tinte *m.*

teinter [tɛ̃te] *v. tr.* teñir.

teinture [tɛ̃tyʀ] *s. f.* **1.** (substance) tintura; tinte *m.* **2.** (action de teindre) teñido *m.*; tinte *m.*

teinturerie [tɛ̃tyʀʀi] *s. f.* tintorería; tinte *m.*

tel, telle [tɛl] *adj.* **1.** tal [J'habite dans telle rue. *Vivo en tal calle.*] **2.** semejante; tal [De tels mots. *Semejantes palabras.*] **3.** (exemple) tal como [Les agrumes, tels (que) l'orange ou le citron. *Los cítricos tales como la naranja o el limón.*] ‖ *pron.* **4.** tal [Tels furent ses derniers mots. *Tales fueron sus últimas palabras.*] ‖ **~ que** (conformément) tal como; conforme [Tel que je lui ai dit. *Tal como le dije.*] ‖ (comme) tal como. ‖ (comme) como [Une amie telle qu'elle. *Una amiga como ella.*] **un ~** (une telle) fulano, -na.

télé [tele] *s. f.* tele. •Forma abreviada de "télévision".

télécharger [teleʃaʀʒe] *v. tr., Inform.* (des fichiers) bajar; descargar.

télécommande [telekɔmɑ̃d] *s. f.* mando a distancia.

télécommunication [telekɔmynikasjɔ̃] *s. f.* telecomunicación.

télécopie [telekɔpi] *s. f.* telefax *m.*

téléfax [te efaks] *s. m.* telefax.

télégramme [telegʀam] *s. m.* telegrama.

télégraphe [telegʀaf] *s. m.* telégrafo.

télégraphie [telegʀafi] *s. f.* telegrafía.

télégraphier [telegʀafje] *v. tr.* telegrafiar.

télégraphique [telegʀafik] *adj.* telegráfico, -ca.

télépathie [telepati] *s. f.* telepatía.

téléphérique [telefeʀik] *s. m.* teleférico, -ca.

téléphone [telefɔn] *s. m.* teléfono [Téléphone portable, sans fil. *Teléfono móvil, inalámbrico.*] ‖ **coup de ~** llamada de teléfono.

téléphoner [telefɔne] *v. tr.* telefonear; llamar por teléfono.

télescope [telɛskɔp] *s. m.* telescopio.

télescoper [telɛskɔpe] *v. tr.* **1.** chocar (de frente). ‖ **se ~** *v. pr.* **2.** chocar (de frente).

télésiège [telesjɛʒ] *s. m.* telesilla *f.*

téléspectateur, -trice [telespɛktatœʀ, -tʀis] *s. m. et f.* telespectador, -ra; televidente.

télétexte [teletɛkst] *s. m.* teletexto.

télétype [teletip] *s. m.* teletipo.
téléviser [televize] *v. tr.* televisar.
téléviseur [televizœʀ] *s. m.* televisor; televisión *f.*
télévision [televizjɔ̃] *s. f.* televisión. ‖ **poste de ~** televisión *f.*; televisor.
tellement [tɛlmɑ̃] *adv.* **1.** (+verbe) tanto [Il a tellement mangé qu'il en est tombé malade. *Comió tanto que se puso enfermo.*] **2.** (+adj./adv.) tan; así de *fam.* [C'est une aventure tellement bizarre. *Es una aventura tan rara.*] ‖ **pas ~** *fam.* no muy; no tan. **~ de** *fam.* (+nom) (tant de) tanto, -ta.
témérité [temeʀite] *s. f.* temeridad.
témoignage [temwaɲaʒ] *s. m.* **1.** testimonio. **2.** *fig.* prueba *f.*; muestra *f.* ‖ **rendre ~ de** dar testimonio de.
témoigner [temwaɲe] *v. tr.* **1.** (montrer) demostrar; manifestar; mostrar. **2.** *Dr.* (déclarer) testificar. ‖ *v. intr.* **3.** *Dr.* (déclarer) declarar como testigo; declarar. **4.** ser testimonio de; dar fe de [Ses actes témoignent de sa foi. *Sus obras son testimonio de su fe.*]
témoin [temwɛ̃] *s. m.* testigo *m. y f.*
tempe [tɑ̃p] *s. f.* sien.
tempérament [tɑ̃peʀamɑ̃] *s. m.* (humeur, caractère) temperamento.
tempérance [tɑ̃peʀɑ̃s] *s. f.* templanza.
tempérant, -te [tɑ̃peʀɑ̃, -ɑ̃t] *adj.* templado, -da.
température [tɑ̃peʀatyʀ] *s. f.* **1.** temperatura. **2.** (fièvre) fiebre.
tempérer [tɑ̃peʀe] *v. tr.* **1.** (les températures) templar. **2.** *fig.* moderar.
tempête [tɑ̃pɛt] *s. f.* **1.** tormenta. **2.** (en mer) temporal *m.*; tempestad.
tempétueux, -euse [tɑ̃petɥø, -øz] *adj., fig.* (agité) tempestuoso, -sa.

temple [tɑ̃pl] *s. m.* templo.
temporaire [tɑ̃pɔʀɛʀ] *adj.* temporal (transitorio).
temporal, -le, -aux [tɑ̃pɔʀal, -o] *adj. et s. m., Anat.* temporal.
temporel, -elle [tɑ̃pɔʀɛl] *adj.* temporal (del tiempo).
temps [tɑ̃] *s. m.* **1.** tiempo. **2.** (époque) época *f.* **3.** hora *f.* [Il est temps de partir. *Es hora de irse.*] ‖ **à ~** a tiempo. **dans le ~** en otra época. **de ~ à autre** de vez en cuando. **de ~ en ~** de vez en cuando. **en même ~** al mismo tiempo; a la vez. **tout le ~** siempre.
tenace [t(ə)nas] *adj.* tenaz.
ténacité [tenasite] *s. f.* **1.** tenacidad. **2.** (persévérance) tesón.
tenailles [t(ə)naj] *s. f. pl.* (outil) tenazas.
tendance [tɑ̃dɑ̃s] *s. f.* tendencia.
tendon [tɑ̃dɔ̃] *s. m., Anat.* tendón.
tendre[1] [tɑ̃dʀ] *v. tr.* **1.** (le linge) tender; colgar. **2.** (le bras) estirar. **3.** aguzar [Tendre l'oreille. *Aguzar el oído.*] ‖ *v. intr.* **4.** *fig.* tender.
tendre[2] [tɑ̃dʀ] *adj.* **1.** tierno, -na; blando, -da [Viande tendre. *Carne tierna.*] **2.** (sensible) sensible; tierno, -na.
tendresse [tɑ̃dʀɛs] *s. f.* **1.** ternura. ‖ **tendresses** *s. f. pl.* **2.** caricias.
tendu, -ue [tɑ̃dy] *adj.* **1.** (une corde, les nerfs) tenso, -sa; tirante. **2.** tendido, -da [La main tendue. *La mano tendida.*]
ténèbres [tenɛbʀ] *s. f. pl.* tinieblas.
ténébreux, -euse [tenebʀø, -øz] *adj.* **1.** tenebroso, -sa. **2.** (obscur) lóbrego, -ga.
ténia [tenja] *s. m., Zool.* tenia *f.*
tenir [t(ə)niʀ] *v. tr.* **1.** (dans la main, dans les bras) tener; tener cogido. **2.** (pour empêcher le mouvement ou le départ) tener sujeto [Tenir par le bras. *Tener su-*

jeto del brazo.] **3.** (une maison, l'état de quelque chose) mantener [Tener un plat au chaud. *Mantener un plato caliente.*] **4.** (conserver, garder) conservar [Tener son sérieux. *Conservar la seriedad.*] **5.** (résister) resistir; aguantar [Il ne tient pas l'alcool. *No aguanta el alcohol.*] **6.** (une place, une position) ocupar [Ces livres tiennent beaucoup de place. *Estos libros ocupan mucho espacio.*] **7.** (contenir) caber [C'est trop grand ; ça ne tiendra pas. *Es demasiado grande; no va a caber.*] **8.** (des propos, un discours) decir. **9.** (soutenir) sostener; soportar. **10.** (un commerce) dirigir; llevar. **11.** (une promesse) cumplir. **12.** (un renseignement, une nouvelle) saber [Je tiens cette information de ton frère. *Sé ese dato por tu hermano.*] **13.** (considérer) considerar [On tient ce fait pour certain. *Se considera cierto ese hecho.*] ‖ *v. intr.* **14.** (être fixé) estar sujeto; sujetarse [Le tableau tient au mur. *El cuadro está sujeto a la pared.*] **15.** (être solide, durer) mantenerse. **16.** (entrer) caber [Les vêtements ne tiennent plus dans l'armoire. *La ropa ya no cabe en el armario.*] **17.** (être dû) obedecer; deberse [Cela tient à son attitude. *Eso se debe a su actitud.*] **18.** (vouloir) querer [Il tient à ce que le travail soit vite fait. *Quiere que el trabajo se haga rápido.*] ‖ *v. impers.* **19.** (dépendre) depender [Il ne tient qu'à moi qu'il vienne. *Depende de mí que venga.*] ‖ **se ~** *v. pr.* **20.** (pour ne pas tomber) tenerse; sujetarse. **21.** (rester) mantenerse [Se tenir à genoux. *Mantenerse de rodillas.*] **22.** cogerse [Se tenir par la main. *Cogerse de la mano.*] ‖ **s'en ~ à** atenerse; ceñirse. **~ tête** resistir; hacer frente. **~ un rôle** desempeñar un papel. **y ~** tener interés en ello.

tennis [tenis] *s. m.* **1.** *Sport* tenis. ‖ *s. m. pl.* **2.** (chaussures) zapatillas de deporte.

ténor [tenɔʀ] *s. m.* tenor.

tension [tɑ̃sjɔ̃] *s. f.* tensión; tirantez.

tentacule [tɑ̃takyl] *s. m.* tentáculo.

tentation [tɑ̃tasjɔ̃] *s. f.* tentación.

tentative [tɑ̃tativ] *s. f.* tentativa; intento *m.*

tente [tɑ̃t] *s. f.* tienda de campaña.

tenter [tɑ̃te] *v. tr.* **1.** (essayer) intentar [Tenter un mouvement. *Intentar un movimiento.*] **2.** (chercher à séduire) tentar. ‖ *v. intr.* (+de) **3.** intentar [Ils ont tenté d'arriver par le tunnel. *Intentaron llegar por el túnel.*]

ténu, -ue [ˈteny] *adj.* tenue.

tenue [t(ə)ny] *s. f.* **1.** corrección; modales *m. pl.* **2.** (vêtements et accessoires propres à une profession) traje *m.*; atuendo *m.* **3.** (façon de s'habiller) manera de vestir; presentación. **4.** (maintien de la discipline) orden *m.* **5.** (de la maison) cuidado *m.* ‖ **en ~** de uniforme. **~ de soirée** etiqueta.

térébenthine [terebɑ̃tin] *s. f.* trementina. ‖ **essence de ~** aguarrás.

tergal, -als [tɛʀgal] *s. m.* tergal.

tergiverser [tɛʀʒivɛʀse] *v. intr.* **1.** divagar; andar con rodeos. **2.** (hésiter longtemps avant de se décider) titubear; vacilar.

terme [tɛʀm] *s. m.* **1.** (mot) término. **2.** (délai) plazo [À court terme. *A corto plazo*]

terminaison [tɛʀminɛzɔ̃] *s. f.* terminación.

terminal, -le, -aux [tɛʀminal, -o] *adj.* terminal.

terminer [tɛʀmine] *v. tr.* **1.** (mettre fin à) terminar; acabar; finalizar [Terminer une

guerre, une réunion. *Terminar una guerra, una reunión.*] ‖ **se ~** *v. pr.* **2.** terminarse; acabarse.
terne [tɛʀn] *adj.* **1.** apagado, -da; sin brillo; desvaído, -da. **2.** *fig.* deslucido, -da.
ternir [tɛʀniʀ] *v. tr.* (un miroir) empañar.
terrain [tɛʀɛ̃] *s. m.* **1.** terreno. **2.** (football) campo. **3.** (tennis) cancha *f.* ‖ **~ à bâtir** solar.
terrasse [tɛʀas] *s. f.* terraza.
terrasser [tɛʀase] *v. tr.* **1.** (égaliser un terrain) nivelar. **2.** (jeter par terre) tirar al suelo; derribar; revolcar.
terre [tɛʀ] *s. f.* tierra. ‖ **par ~** en el suelo [Être par terre. *Estar en el suelo.*] | al suelo [Tomber par terre. *Caer al suelo.*] | (jeté, renversé) tirado, -da.
terre-plein [tɛʀplɛ̃] *s. m.* terraplén.
terrer, se [tɛʀe] *v. pr.* (se cacher dans un terrier) meterse en una madriguera. (se mettre dans un lieu souterrain) meterse bajo tierra.
terrestre [tɛʀɛstʀ] *adj.* **1.** (de la planète Terre, qui vit la sur terre ferme) terrestre [Des animaux terrestres et marins. *Animales terrestres y marinos.*] **2.** (d'ici-bas) terrenal [Le paradis terrestre, des intérêts terrestres. *El paraíso terrenal, intereses terrenos.*] **3.** terráqueo, -a [Le globe terrestre. *El globo terráqueo.*]
terreur [tɛʀœʀ] *s. f.* terror *m.*; pavor *m.*
terrible [tɛʀibl] *adj.* terrible.
terrien, -enne [tɛʀjɛ̃, -ɛn] *s. m. et f.* **1.** (habitant de la Terre) terrícola. ‖ *adj.* **2.** (de la campagne) rural.
terrier [tɛʀje] *s. m.* (gîte) madriguera *f.*
terrifiant, -te [tɛʀifjɑ̃, -ɑ̃t] *adj.* terrorífico, -ca.
terrifier [tɛʀifje] *v. tr.* aterrorizar; aterrar.
terrine [tɛʀin] *s. f.* tarrina.

territoire [tɛʀitwaʀ] *s. m.* territorio.
terroriser [tɛʀɔʀize] *v. tr.* aterrorizar.
terrorisme [tɛʀɔʀism] *s. m.* terrorismo.
terroriste [tɛʀɔʀist] *adj. et s. m. et f.* terrorista.
tertre [tɛʀtʀ] *s. m.* colina *f.*; montículo.
tes [te] *adj. poss.* (+s. pl.) tus [Tes amis et tes amies. *Tus amigos y tus amigas.*]
test [tɛst] *s. m.* test; prueba *f.*
testament [tɛstamɑ̃] *s. m.* testamento.
tester [tɛste] *v. intr.* **1.** testar. ‖ *v. tr.* **2.** (une personne) someter a un test. **3.** (qqch) probar.
testicule [tɛstikyl] *s. m.*, *Anat.* testículo.
têtard [tɛtaʀ] *s. m.*, *Zool.* renacuajo.
tête [tɛt] *s. f.* **1.** cabeza. **2.** *fig.* cabeza [Passer par la tête. *Pasar por la cabeza.*] **3.** (chevet) cabecera. ‖ **avoir la ~ comme ça** tener la cabeza como un bombo. **coup de ~** cabezazo. | *fig. et fam.* (caprice) ventolera. **en voir par-dessus la ~** *fam.* estar hasta la coronilla. **être à la ~ de** encabezar. **grosse ~** sabiondo, -da (listo). **mauvaise ~** *fig.* calavera; juerguista. **se mettre dans la ~** dar una ventolera. **~ basse** cabizbajo, -ja. **~ brûlée** cabeza loca; juerguista. **~ de bétail** res. **~ de mort** calavera. **~ de mule** cabezota.
tête-à-tête [tɛtatɛt] *s. m.* **1.** (entretien) mano a mano. ‖ *adv.* **2.** (face à face) cara a cara; frente a frente. **3.** (seuls) a solas. ‖ **en ~** a solas; mano a mano.
téter [tete] *v. tr. et intr.* mamar.
tétine [tetin] *s. f.* **1.** (sucette) chupete *m.* **2.** (d'un biberon) tetina.
têtu, -ue [tety] *adj. et s. m. et f.* testarudo, -da.
texte [tɛkst] *s. m.* texto.
textile [tɛkstil] *adj.* **1.** textil. ‖ *s. m.* **2.** (matière) tejido. **3.** (secteur, industrie) textil.

xture [tɛkstyʀ] s. f. textura.

G.V. [teave] sigle (Train à grande vitesse) AVE.

é [te] s. m. té.

éâtral, -le, -aux [teatʀal, -o] adj. teatral.

éâtre [teatʀ] s. m. teatro.

éière [tejɛʀ] s. f. tetera.

ème [tɛm] s. m. 1. (sujet) tema. 2. (question, problème) asunto; materia f. 3. (traduction de sa langue maternelle dans une langue étrangère) traducción inversa.

héologie [teɔlɔʒi] s. f. teología.

héorie [teɔʀi] s. f. teoría.

hérapie [teʀapi] s. f. terapia.

hermes [tɛʀm] s. m. pl. termas f.

hermomètre [tɛʀmɔmɛtʀ] s. m. termómetro.

hermos [tɛʀmos] s. m. ou f. inv. termo m.

hermostat [tɛʀmɔsta] s. m. termostato.

hèse [tɛz] s. f. tesis.

hon [tɔ̃] s. m., Zool. 1. atún. 2. (bonite) bonito.

horax [tɔʀaks] s. m., Anat. tórax.

hym [tɛ̃] s. m., Bot. tomillo.

tibia [tibja] s. m., Anat. tibia f.

tic [tik] s. m. tic.

ticket [tikɛ] s. m. 1. (de train, d'autobus) billete; boleto Amér. 2. (de caisse) tique. 3. cupón [Ticket de rationnement. *Cupón de racionamiento.*]

tiède [tjɛd] adj. tibio, -bia; templado, -da.

tien, tienne [tjɛ̃, tjɛn] pron. poss. 1. tuyo, -ya [Je veux le tien. *Quiero el tuyo.*] ‖ **tiens, -ennes** pron. poss. 2. tuyos, -yas.

tiens! [tjɛ̃] interj. 1. (surprise) ¡anda!; ¡hombre!; ¡caramba! 2. (en donnant quelque chose) ¡toma!

tiercé [tjɛʀse] s. m. quiniela f. (hípica).

tiers, tierce [tjɛʀ, tjɛʀs] adj. 1. (tercera persona, tercer elemento, tercer término) tercer, -ra. ‖ s. m. 2. (fractionnaire) tercio (tercera parte). • "Tiers" se utiliza sólo en algunas locuciones: Tercer mundo, Tercer estado. *Tiers monde, Tiers état.*

tifs [tif] s. m. pl. greñas f.

tige [tiʒ] s. f. 1. Bot. (plantes) tallo m. 2. Bot. (des graminées) "caña. 3. Bot. (ligneux) tronco m. 4. (baguette) fusta. 5. (en bois ou métal) barra; varilla. 6. Arch. fuste m. 7. Méc. vástago m.

tignasse [tiɲas] s. f. greñas pl.

tigre [tigʀ] s. m., Zool. tigre.

tigresse [tigʀɛs] s. f., Zool. tigresa.

tilde [tild] s. m. tilde f.

tilleul [tijœl] s. m., Bot. 1. (arbre) tilo. 2. (fleur et tisane) tila f.

timbale [tɛ̃bal] s. f. 1. Mus. (instrument) timbal m. 2. (gobelet de métal cylindrique) cubilete m.

timbre [tɛ̃bʀ] s. m. 1. (sonnerie) timbre. 2. (de la voix, d'un instrument) timbre. 3. (timbre-poste) sello.

timbre-poste [tɛ̃bʀpɔst] s. m. sello de correos.

timbrer [tɛ̃bʀe] v. tr. 1. (un document) sellar; timbrar. 2. (une lettre) poner un sello.

timide [timid] adj. et s. m. et f. tímido, -da.

timidité [timidite] s. f. timidez.

timon [timɔ̃] s. m. 1. (d'une voiture) lanza f.; timón. 2. fig. (direction) timón.

timonier [timɔnje] s. m., Mar. timonel.

tine [tin] s. f. tinaja.

tintamarre [tɛ̃tamaʀ] s. m., fam. estruendo; jaleo.

tinter [tɛ̃te] v. tr. 1. (les cloches) tocar; sonar. ‖ v. intr. 2. (bourdonner) zumbar [Les oreilles lui tintent. *Le zumban los oídos.*]

tique [tik] *s. f., Zool.* garrapata.

tir [tiʀ] *s. m.* **1.** (action de tirer) tiro. **2.** (direction du projectil) tiro; puntería *f.* **3.** (lancement) lanzamiento. **4.** (série de projectiles, feu) fuego.

tirade [tiʀad] *s. f., Théâtr.* tirada.

tirage [tiʀaʒ] *s. m.* **1.** (d'une cheminée) tiro. **2.** (au sort) sorteo. **3.** (impression sur papier) impresión *f.* **4.** *Impr.* tirada *f.* [Tirage à mille exemplaires. *Tirada de mil ejemplares.*] ‖ **procéder au ~** rifar.

tirailler [tiʀaje] *v. tr.* **1.** dar tirones. ‖ *v. intr.* **2.** tirotear.

tirant [tiʀɑ̃] *s. m.* **1.** cordón. **2.** (de la viande) nervio.

tire [tiʀ] *s. f.* tirón *m.* ‖ **voleur à la ~** carterista; ratero, -ra.

tire-bouchon [tiʀbuʃɔ̃] *s. m.* sacacorchos.

tirelire [tiʀliʀ] *s. f.* hucha.

tirer [tiʀe] *v. tr.* **1.** tirar. **2.** (des lignes) trazar; tirar. **3.** (extraire) sacar. **4.** (la langue) sacar. **5.** (une photo) sacar; tirar. **6.** (fermer les rideaux) correr. **7.** (ouvrir les rideaux, le verrou) descorrer. **8.** *Comm.* (une traite) girar. **9.** (un chèque) extender. **10.** *Sport* (un ballon) tirar; chutar. **11.** (imprimer) imprimir [Tirer sur une imprimante laser. *Imprimir en una impresora laser.*] ‖ **se ~** *v. pr.* **12.** *fam.* (partir) largarse; pirarse. **13.** *fam.* (fuir) zafarse [Se tirer d'un sujet épineux. *Zafarse de un asunto espinoso.*] ‖ **s'en ~** salir bien. salir del paso [Il s'en est tiré habilement. *Salió del paso hábilmente.*] **~ au clair** aclarar (un asunto); sacar en claro. **~ au sort** echar a suertes; rifar. **~ les cartes** echar las cartas. **~ sur** tirotear. **~ un coup de feu** disparar.

tiret [tiʀe] *s. m.* guión.

tireur, -euse [tiʀœʀ, -øz] *s. m. et f.* (d'armes à feu) tirador, -ra. **2.** *Comm.* (d'une traite) librador.

tiroir [tiʀwaʀ] *s. m.* cajón (de mueble).

tison [tizɔ̃] *s. m.* tizón.

tisonner [tizɔne] *v. tr. et intr.* **1.** (attiser le feu) atizar. **2.** *fig.* hurgar.

tisser [tise] *v. tr.* tejer. ‖ **métier à ~** telar.

tissu [tisy] *s. m.* tejido.

titiller [titije] *v. tr.* titilar.

titre [titʀ] *s. m.* **1.** (d'un livre, d'un tableau) título. **2.** (brevet, diplôme) diploma. **3.** (rang, dignité) título. **4.** tratamiento [On leur donne le titre de Votre Altesse. *Se les da del tratamiento de Su Alteza.*] **5.** (charge, grade, fonction) título. **6.** *Sport* (sportif) título. ‖ **à ~ de** en calidad de. **gros ~** titular.

tituber [titybe] *v. intr.* titubear (tambalearse).

titulaire [titylɛʀ] *adj.* **1.** titular. ‖ *s. m. et f.* **2.** titular.

toast [tost] *s. m.* **1.** brindis [Porter un toast à. *Hacer un brindis por.*] **2.** (pain grillé) tostada *f.* (sólo de pan de molde).

toboggan [tɔbɔgɑ̃] *s. m.* tobogán.

tocsin [tɔksɛ̃] *s. m.* toque de alarma.

toge [tɔʒ] *s. f.* toga.

toi [twa] *pron. pers.* **1.** tú [C'est toi. *Eres tú.*] **2.** (après l'impératif affirmatif) te [Taistoi. *Cállate.*] **3.** (après préposition) ti [Pour toi. *Para ti.*] ‖ **à ~** tuyo, -ya [C'est à toi. *Es tuyo / tuya.*] **avec ~** contigo.

toile [twal] *s. f.* tela ‖ **~ à voile** lona. **~ d'araignée** telaraña.

toilette [twalɛt] *s. f.* **1.** (propreté) aseo *m.* ‖ **toilettes** *s. f. pl.* **2.** servicios *m. pl.*; aseos. ‖ **faire sa ~** (se laver) lavarse; asearse. ‖ (s'apprêter) arreglarse. **papier de ~** papel higiénico.

TOISON - TORÉER

toison [twazɔ̃] *s. m.* **1.** (des moutons) vellón. **2.** (chevelure) pelambrera *f.*

toit [twa] *s. m.* **1.** tejado. **2.** (toiture) techo.

toiture [twatyʀ] *s. f.* techumbre; tejado *m.*

tôle [tol] *s. f.* (lame, plaque) chapa.

tolérable [toleʀabl] *adj.* tolerable.

tolérance [toleʀɑ̃s] *s. f.* tolerancia.

tolérer [toleʀe] *v. tr.* **1.** tolerar. **2.** (permettre) consentir.

tomate [tɔmat] *s. f.* (fruit) tomate *m.*

tombe [tɔ̃b] *s. f.* tumba; sepultura.

tombeau [tɔ̃bo] *s. m.* sepulcro; tumba *f.*

tombée [tɔ̃be] *s. f., litt.* caída. ‖ **à la ~ du jour** al caer el día. **~ de la nuit** anochecer.

tomber [tɔ̃be] *v. intr.* **1.** caer; caerse. **2.** *fig.* caer [Tomber dans le désespoir. *Caer en la desesperación.*] **3.** (décliner) decaer; declinar [La conversation tombe, le jour tombe. *La conversación decae, el día decae.*] **4.** (la nuit) anochecer. **5.** (le jour) atardecer. **6.** (la fièvre) bajar. **7.** (trouver) dar [Tomber sur quelqu'un. *Dar con alguien.*] ‖ **laisser ~** dejar; abandonar. **~ à pic** venir como anillo al dedo. **~ dans le piège** caer en la red. **~ enceinte** quedarse embarazada. **~ entre les mains de** ir a parar. **~ malade** ponerse enfermo; enfermar.

tombola [tɔ̃bɔla] *s. f.* tómbola; rifa.

tome [tɔm] *s. m.* tomo.

ton[1] [tɔ̃] *adj. poss.* tu [Tu cajón, tu autoridad. *Ton tiroir, ton autorité*]. • "Ton" se usa delante de sustantivo masculino singular (y sólo si empieza por vocal o "h" muda) delante de femenino singular.

ton[2] [tɔ̃] *s. m.* tono.

tonalité [tɔnalite] *s. f.* **1.** tonalidad. **2.** (téléphone) señal.

tondeuse [tɔ̃døz] *s. f.* **1.** maquinilla (de cortar el pelo). **2.** (à gazon) cortadora (de césped).

tondre [tɔ̃dʀ] *v. tr.* **1.** (le gazon) cortar. **2.** (les cheveux) rapar. **3.** (les animaux) esquilar.

tondu, -ue [tɔ̃dy] *adj.* **1.** (sans végétation) pelado, -da. **2.** (coupé ras) pelón, -lona.

tonifier [tɔnifje] *v. tr.* tonificar; entonar.

tonique [tɔnik] *adj. et s. m.* tónico, -ca.

tonne [tɔn] *s. f.* tonelada.

tonneau [tɔno] *s. m.* tonel; barril; cuba *f.*

tonner [tɔne] *v. impers.* **1.** (l'orage) tronar. ‖ *v. intr.* **2.** tronar. **3.** *fig.* echar pestes. **4.** (le canon) retumbar.

tonnerre [tɔnɛʀ] *s. m.* **1.** trueno. **2.** salva *f.* [Tonnerre d'acclamations. *Salva de aclamaciones.*] ‖ **du ~** *fam.* estupendo, -da.

tonus [tɔnys] *s. m.* tono.

topique [tɔpik] *adj.* tópico, -ca.

toquade [tɔkad] *s. f.* chifladura; ventolera. ‖ **avoir une ~** dar una ventolera.

toqué, -ée [tɔke] *adj. et s. m. et f., fam.* chiflado, -da; chalado, -da.

toquer, se [tɔke] *v. pr., fam.* dar una ventolera; colarse.

torche [tɔʀʃ] *s. f.* antorcha.

torchon [tɔʀʃɔ̃] *s. m.* trapo; paño.

tordant, -te [tɔʀdɑ̃, -ɑ̃t] *adj., fam.* de caerse de risa. ‖ **c'est ~** es la monda.

tordre [tɔʀdʀ] *v. tr.* **1.** (un torchon, des fils, des câbles) retorcer. **2.** (la cheville, le bras) torcer. **3.** (courber) doblar. ‖ **se ~** *v. pr.* **4.** (de douleur) torcerse; retorcerse. **5.** (de rire) mondarse; desternillarse; troncharse.

tordu, -ue [tɔʀdy] *adj.* **1.** (le pied, le poignet, le corps) torcido, -da. **2.** *fig.* (l'esprit) retorcido, -da.

toréer [tɔʀee] *v. intr.* torear.

torero [toreRo] *s. m.* torero, -ra.
torpille [tɔRpij] *s. f.* torpedo *m.*
torpiller [tɔRpije] *v. tr.* torpedear.
torréfier [tɔRefje] *v. tr.* tostar.
torrent [tɔRɑ̃] *s. m.* torrente.
torrentiel, -elle [tɔRɑ̃sjɛl] *adj.* torrencial.
torride [tɔRid] *adj.* tórrido, -da.
tors, -se [tɔR, tɔRs] *adj.* torcido, -da; retorcido, -da.
torse [tɔRs] *s. m.* torso.
tort [tɔR] *s. m.* (dommage causé indûment) perjuicio; daño. ‖ **à ~** sin razón. **avoir ~** no tener razón. **faire du ~** perjudicar.
torticolis [tɔRtikɔli] *s. m., Méd.* torticolis *f.*
tortiller [tɔRtije] *v. tr.* retorcer.
tortue [tɔRty] *s. f., Zool.* tortuga.
torture [tɔRtyR] *s. f.* tortura.
torturer [tɔRtyRe] *v. tr.* **1.** torturar. **2.** (tourmenter) atormentar.
tôt [to] *adv.* pronto. ‖ **le plus ~ possible** cuanto antes; lo antes posible. **plus ~** antes (más pronto); más temprano.
total, -le, -aux [tɔtal, -o] *adj.* **1.** total. ‖ *s. m.* **2.** total.
totalité [tɔtalite] *s. f.* totalidad.
touchant, -te [tuʃɑ̃, -ɑ̃t] *adj.* conmovedor, -ra.
touche [tuʃ] *s. f.* **1.** (action de toucher) toque. **2.** (de peinture) pincelada. **3.** (d'un clavier, d'un piano) tecla. ‖ **ligne de ~** *Sport* línea de banda.
touche-à-tout [tuʃatu] *s. m.* (qui fait plusieurs choses) polifacético, -ca.
toucher¹ [tuʃe] *v. tr.* **1.** (un objet) tocar. **2.** (argent) percibir; cobrar. **3.** *fig.* (concerner) atañer [Cela les touche de très près. *Eso les toca muy de cerca.*] **4.** (affecter) afectar [Cela touchera notre économie. *Eso afectará nuestra economía.*] **5.** *fig.* impresionar; afectar [Son problème m'a touché. *Su problema me ha impresionado.*] **6.** (émouvoir) conmover. **7.** (atteindre) llegar [Toucher au but. *Llegar a la meta.*] ‖ **~ à** (arriver, atteindre) llegar a [Cela touche à sa fin. *Esto llega a su fin.*]
toucher² [tuʃe] *s. m.* tacto (sentido).
touffe [tuf] *s. f.* **1.** (d'herbe) mata. **2.** (de cheveux) mechón *m.*
touffu, -ue [tufy] *adj.* **1.** (poils, végétation) tupido, -da; espeso, -sa. **2.** (arbres) frondoso, -sa.
toujours [tuʒuR] *adv.* **1.** siempre [Il est toujours aimable. *Siempre es amable.*] **2.** (encore) aún; todavía [Il fume toujours. *Aún fuma.*] ‖ **être ~** seguir. **~ pas** aún no (sigue sin) [Il ne pleut toujours pas. *Aún no llueve.*]
toupet [tupɛ] *s. m.* **1.** tupé. **2.** *fig. et fam.* (culot) frescura *f.*; caradura *f.*; jeta *f.*
toupie [tupi] *s. f.* **1.** (jouet) peonza; trompo *m.* **2.** (outil) torno.
tour [tuR] *s. m.* **1.** (du potier) torno. **2.** (mouvement circulaire) vuelta *f.* **3.** (promenade) vuelta *f.*; paseo [Faire un tour. *Dar una vuelta.*] **4.** (touristique) tour. **5.** *Sport* tour (vuelta) [Le Tour de France. *El tour de Francia.*] **6.** (ordre) turno; vez *f.* [Parler chacun son tour. *Hablar por turnos.*] **7.** (coup, plaisanterie) chasco; engaño. ‖ *s. f.* **8.** torre. ‖ **chacun son ~** por turnos. **faire à ~ de rôle** turnar. **faire un ~** dar un paseo; dar una vuelta. **mauvais ~** mala pasada; mala jugada; jugarreta. **~ de cochon** jugarreta *f.*; guarrada *f. fam.*
tourbillon [tuRbijɔ̃] *s. m.* torbellino.
tourbillonner [tuRbijɔne] *v. intr.* **1.** arremolinarse. **2.** *fig.* agitarse; dar vueltas.
tourisme [tuRism] *s. m.* turismo.

touriste [tuʀist] *s. m. et f.* turista.
tourment [tuʀmɑ̃] *s. m.* tormento.
tourmente [tuʀmɑ̃t] *s. f.* tormenta.
tourmenter [tuʀmɑ̃te] *v. tr.* atormentar.
tournage [tuʀnaʒ] *s. m., Ciné.* rodaje.
tournant [tuʀnɑ̃] *s. m.* **1.** (coin, angle d'une rue) vuelta *f.* **2.** *fig.* (changement radical) giro. ‖ **au ~** *fig.* (lorsque l'occasion se présentera) a la vuelta de la esquina.
tournant, -te [tuʀnɑ̃, -ɑ̃t] *adj.* giratorio, -ria.
tourné, -ée [tuʀne] *adj.* (le lait) cortado, -da. ‖ **avoir l'esprit ~** ser un malpensado. **qui a l'esprit ~** malpensado, -da.
tourne-disques [tuʀn(ə)disk] *s. m., inv* tocadiscos.
tournée [tuʀne] *s. f.* **1.** (itinéraire régulier) ronda [La tournée du facteur. *La ronda del cartero*.] **2.** (artistique) gira. **3.** (consommations) ronda [Offrir une tournée de vin. *Ofrecer una ronda de vino.*]
tourner [tuʀne] *v. tr.* **1.** (des tours complets) dar vueltas; girar. **2.** (mettre en sens inverse) volver [Tourner le dos. *Volver la espalda.*] **3.** (le visage, les yeux) volver. **4.** doblar [Tourner le coin. *Doblar la esquina.*] **5.** (les feuilles d'un livre) pasar. **6.** *Ciné.* (un film) rodar. ‖ *v. intr.* **7.** (sur soi-même) dar vueltas; girar. **8.** girar; torcer [Tourner à droite. *Torcer a la derecha.*] **9.** cortarse [Le lait a tourné. *La leche se ha cortado.*] **10.** *Ciné.* (dans un film) trabajar. **11.** (moteur) funcionar. ‖ **bien ~** salir bien. **~ autour** versar sobre; tratar de. **~ un film** filmar; rodar.
tournesol [tuʀn(ə)sɔl] *s. m., Bot.* girasol.
tournevis [tuʀn(ə)vis] *s. m.* destornillador.

tournoi [tuʀnwa] *s. m.* torneo.
tournoyer [tuʀnwaje] *v. intr. fig.* revolotear; dar vueltas.
tournure [tuʀnyʀ] *s. f.* **1.** giro *m.*; cariz *m.* **2.** (expression, construction) giro *m.*
touron [tuʀɛ̃, -ɔn] *s. m.* (nougat espagnol) turrón.
tourte [tuʀt] *s. f.* **1.** pastel *m.*; empanada. **2.** (pain rond) hogaza.
tourterelle [tuʀt(ə)ʀɛl] *s. f., Zool.* tórtola.
tout-terrain [tuteʀɛ̃] *adj. inv.* todoterreno.
tousser [tuse] *v. intr.* toser.
tout, toute, tous, toutes [tu, tut, tu(s), tut] *adj. indéf.* **1.** (l'ensemble, la totalité) todo, -da [Leí todas las notas. *J'ai lu toutes les notes.*] **2.** (périodicité) todo, -da; cada [Tous les ans. *Todos los años / Cada año.*] **3.** (unité de longueur) cada [Tous les cent mètres. *Cada cien metros.*] **4.** (n'importe lequel) todo, -da; cualquier [Tout homme mérite de rester libre. *Todo hombre merece ser libre.*] **5.** (emphatique) todo [Elle est toute contente. *Está toda contenta.*] ‖ *pron. indéf.* **6.** todo [Tout arrive. *Todo llega.*] **7.** todo, -da [Elles sont toutes arrivées / Toutes sont arrivées. *Han llegado todas / Todas han llegado.*] **8.** (entier, plein) todo, -da [À toute vitesse. *A toda velocidad.*] ‖ **c'est ~** eso es todo. **comme ~** muy [Il est beau comme tout. *Es muy bonito.*] **du ~** en absoluto. **en ~** en total. **~ à coup** de pronto. **~ à fait** completamente; del todo [C'est tout à fait faux. *Es completamente falso.*] **~ ce que** (complément) cuanto; todo lo que. **~ ce qui** (sujet) todo lo que; cuanto [Tout ce qui compte. *Todo lo que importa.*] **~ de même** a pesar de todo; aun así. **~ en bas** abajo del todo. **~ en haut** arriba del todo. **~ le monde** todo el mundo.

~ **près** muy cerca. ~ **seul** solo, -la [Parler toute seule, le faire tout seul. *Hablar sola, hacerlo solo.*]

tout [tu] *s. m.* **1.** (ensemble) todo [Ça fait un tout. *Forma un todo.*] ‖ *adv.* **2.** todo, -da; completamente [Tout rouge. *Todo rojo.*] **3.** muy [Tout autre. *Muy distinto.*] • El pl. de "tout" como sustantivo es "touts".

toutefois [tutfwa] *adv.* sin embargo.

toutou [tutu] *s. m.* chucho.

toux [tu] *s. f.* tos.

toxicomane [tɔksikɔman] *adj. et s. m. et f.* toxicómano, -na; drogadicto, -ta; drogodependiente; adicto, -ta.

toxique [tɔksik] *adj.* tóxico, -ca.

trac [trak] *s. m.* **1.** miedo; nerviosismo. **2.** (devant le public) parálisis *f.*

tracas [traka] *s. m. pl.*, *fam.* preocupaciones *f.* (personales, domésticos); problemas.

tracasser [trakase] *v. tr.* **1.** preocupar; inquietar. ‖ **se** ~ *v. pr.* **2.** preocuparse.

trace [tras] *s. f.* **1.** (empreinte) rastro *m.;* huella. **2.** (d'un pas) pisada. **3.** (marque) marca; indicio *m.* **4.** *fig.* (sillage) estela [La trace d'un parfum. *La estela de un perfume.*] **5.** (vestige) vestigio *m.* **6.** (sur le visage, la peau, le corps) marca. ‖ **recherche de traces** rastreo *m.*

tracé [trase] *s. m.* trazado.

tracer [trase] *v. tr.* trazar.

tract [trakt] *s. m.* octavilla *f.;* folleto.

tracteur [traktœr] *s. m.* tractor.

tradition [tradisjɔ̃] *s. f.* tradición. ‖ **de vieille** ~ de rancio abolengo.

traditionnel, -elle [tradisjɔnɛl] *adj.* tradicional.

traducteur, -trice [tradyktœr, -tris] *s. m. et f.* traductor, -ra.

traduction [tradyksjɔ̃] *s. f.* traducción.

traduire [tradɥir] *v. tr.* **1.** traducir. **2.** (interpréter) interpretar. **3.** *fig.* (peindre, refléter) reflejar. ‖ **se** ~ *v. pr.* **4.** traducirse.

trafic [trafik] *s. m.* tráfico. ‖ ~ **de drogue** narcotráfico.

trafiquer [trafike] *v. intr.* traficar.

tragédie [traʒedi] *s. f.* tragedia.

tragique [traʒik] *adj.* trágico, -ca.

trahir [trair] *v. tr.* **1.** traicionar. **2.** (un secret) revelar; descubrir. **3.** faltar a [Trahir sa promesse. *Faltar a su promesa.*]

trahison [traizɔ̃] *s. f.* traición.

train [trɛ̃] *s. m.* **1.** tren. **2.** (allure) paso; marcha *f.* [Aller bon train. *Ir a buen paso.*] ‖ **à fond de** ~ a todo correr. **être en** ~ **de** estar [Estoy rezando. *Je suis en train de prier.*] ~ **à grande vitesse** (T.G.V.) tren de alta velocidad. ~ **de banlieue** tren de cercanías.

traînage [trɛnaʒ] *s. m.* arrastre; rastreo.

traîne [trɛn] *s. f.* (d'une robe, d'une comète) cola [Robe à traîne. *Vestido de cola.*]

traîneau [trɛno] *s. m.* trineo.

traînée [trɛne] *s. f.* **1.** (de poudre) reguero *m.* **2.** (d'une comète) estela.

traîner [trɛne] *v. tr.* **1.** arrastrar. **2.** (remorquer) tirar. ‖ *v. intr.* **3.** arrastrarse. **4.** eternizarse. **5.** *péj.* (flâner) callejear; rodar; vaguear. ‖ **se** ~ *v. pr.* **6.** arrastrarse.

train-train [trɛ̃trɛ̃] *s. m.* rutina *f.*

traire [trɛr] *v. tr.* ordeñar.

trait [trɛ] *s. m.* **1.** rasgo; característica *f.* **2.** (ligne) trazo; raya *f.* **3.** (trait d'union) guión. ‖ **traits** *s. m. pl.* **4.** (du visage) facciones *f.* ‖ **avoir** ~ **à** tener relación con. **bête de** ~ animal de tiro. **boire d'un** ~ beber de un trago. ~ **d'esprit** golpe; latiguillo. ~ **d'union** *Ling.* (tiret) guión.

traitable [trɛtabl] *adj.* tratable.

traitant [tʀetɑ̃] *adj. m.* de cabecera [Médecin traitant. *Médico de cabecera.*]
traite [tʀɛt] *s. f.* **1.** (parcours) trecho; tirada. **2.** trata [Traite des Blanches. *Trata de blancas.*] **3.** *Comm.* (lettre de change) letra (de cambio). ‖ **d'une seule traite** de un tirón.
traité [tʀete] *s. m.* tratado.
traitement [tʀetmɑ̃] *s. m.* **1.** (médicament) tratamiento. **2.** (manière de s'adresser, d'accueillir) trato; tratamiento. **3.** (salaire) sueldo (de funcionario). ‖ **~ de texte** *Inform.* tratamiento de texto.
traiter [tʀete] *v. tr.* tratar.
traiteur [tʀetœʀ] *s. m.* servicio de comida preparada.
traître, -esse [tʀɛtʀ, -tʀɛs] *adj. et s. m. et f.* traidor, -ra.
traîtrise [tʀetʀiz] *s. f.* traición.
trajectoire [tʀaʒɛktwaʀ] *s. f.* trayectoria.
trajet [tʀaʒɛ] *s. m.* trayecto.
trame [tʀam] *s. f.* trama.
tramer [tʀame] *v. tr.* **1.** (un tissu) tramar. **2.** (conspirer) tramar; urdir.
tramway [tʀamwɛ] *s. m.* tranvía.
tranchant, -te [tʀɑ̃ʃɑ̃, -ɑ̃t] *adj.* **1.** cortante. **2.** (le ton) tajante. ‖ *s. m.* **3.** filo.
tranche [tʀɑ̃ʃ] *s. f.* **1.** (rondelle) rodaja [Tranche de saucisson. *Rodaja de salchichón.*] **2.** (fruits, fromage) raja. **3.** (jambon) loncha. **4.** (pain) rebanada. **5.** (d'un livre, d'une monnaie) canto *m.*
tranchée [tʀɑ̃ʃe] *s. f.* **1.** (fossée, excavation) zanja. **2.** *Mil.* trinchera.
trancher [tʀɑ̃ʃe] *v. tr.* **1.** cortar. **2.** *fig.* (couper court à) zanjar. ‖ *v. intr.* **3.** (décider) resolver; decidir.
tranquille [tʀɑ̃kil] *adj.* tranquilo, -la.
tranquillisant [tʀɑ̃kilizɑ̃] *s. m., Méd.* tranquilizante.

tranquilliser [tʀɑ̃kilize] *v. tr.* tranquilizar.
tranquillité [ː ʀɑ̃kilite] *s. f.* tranquilidad.
transaction [tʀɑ̃zaksjɔ̃] *s. f.* transacción.
transatlantique [tʀɑ̃zatlɑ̃tik] *adj.* **1.** transatlántico, -c.. ‖ *s. m.* **2.** (paquebot) transatlántico. **3.** (chaise longue) tumbona *f.*
transbordeur [tʀɑ̃sbɔʀdœʀ] *s. m.* transbordador.
transcendance [tʀɑ̃sɑ̃dɑ̃s] *s. f.* trascendencia.
transcendant, -te [tʀɑ̃sɑ̃dɑ̃, -ɑ̃t] *adj.* trascendental.
transcendantal, -le, -aux [tʀɑ̃sɑ̃dɑ̃tal, -o] *adj.* (en philosophie) trascendental.
transcrire [tʀɑ̃skʀiʀ] *v. tr.* transcribir.
transe [tʀɑ̃s] *s. f.* (d'un médium) trance *m.*
transférer [tʀɑ̃sfeʀe] *v. tr.* **1.** transferir. **2.** (un prisonnier) trasladar. **3.** *Dr.* (un commerce) traspasar. **4.** *Inform.* (des fichiers) bajar.
transfert [tʀɑ̃sfɛʀ] *s. m.* **1.** (de biens) transferencia *f.* **2.** (d'un fonds de commerce) traspaso. **3.** (d'une personne) traslado.
transformer [tʀɑ̃sfɔʀme] *v. tr.* transformar.
transfusion [tʀɑ̃sfyzjɔ̃] *s. f.* transfusión.
transgresser [tʀɑ̃sgʀese] *v. tr.* infringir.
transi, -ie [tʀɑ̃zi] *adj.* (pétrifié) helado, -da; pasmado, -da. ‖ **être ~ de froid** aterirse. **~ de froid** aterido, -da.
transistor [tʀɑ̃zistɔʀ] *s. m.* transistor.
transit [tʀɑ̃zit] *s. m.* tránsito; paso.
transiter [tʀɑ̃zite] *v. tr. et intr.* estar en tránsito.
transitif, -ive [tʀɑ̃zitif, -iv] *adj., Ling.* transitivo, -va.
transition [tʀɑ̃zisjɔ̃] *s. f.* transición.
transitoire [tʀɑ̃zitwaʀ] *adj.* transitorio, -ria.

transmetteur [trɑ̃smetœr] *s. m.* transmisor.
transmettre [trɑ̃smetr] *v. tr.* transmitir.
transparence [trɑ̃spaʀɑ̃s] *s. f.* transparencia. || **en ~** al trasluz.
transparent, -te [trɑ̃spaʀɑ̃, -ɑ̃t] *adj.* **1.** transparente. || *s. m.* **2.** transparencia *f.*
transpercer [trɑ̃spɛʀse] *v. tr.* traspasar; atravesar.
transpiration [trɑ̃spiʀasjɔ̃] *s. f.* sudor *m*; transpiración.
transpirer [trɑ̃spiʀe] *v. intr.* **1.** (suer) sudar. **2.** transpirar.
transplanter [trɑ̃splɑ̃te] *v. tr.* trasplantar.
transport [trɑ̃spɔʀ] *s. m.* transporte.
transporter [trɑ̃spɔʀte] *v. tr.* transportar.
transposer [trɑ̃spoze] *v. tr.* transponer.
transversal, -le, -aux [trɑ̃svɛʀsal, -o] *adj.* transversal.
trapèze [tʀapɛz] *s. m.* trapecio.
trapéziste [tʀapezist] *s. m. et f.* trapecista.
trappe [tʀap] *s. f.* trampa; trampilla.
traquenard [tʀaknaʀ] *s. m.* trampa *f.*
traumatisme [tʀomatism] *s. m., Méd.* trauma.
travail, -aux [tʀavaj, -o] *s. m.* **1.** (emploi) trabajo. **2.** (besogne) tarea *f.*; faena *f.* **3.** (ouvrage) labor *f.* || **travaux** *s. m. pl.* **4.** obras *f. pl.* || **du ~** laboral. **Travaux publics** Obras Públicas.
travailler [tʀavaje] *v. intr.* **1.** trabajar. || *v. tr.* **2.** (façonner) trabajar. **3.** (la pierre) labrar.
travailleur, -euse [tʀavajœʀ, -øz] *adj. et s. m. et f.* trabajador, -ra.
travers [tʀavɛʀ] *s. m.* (défaut) defecto. || **à tort et à ~** a tontas y a locas. **à ~** a través de [À travers la forêt. *A través del bosque.*] **de ~** (dévié) torcido; -da. || (regarder avec antipathie) de reojo. **en ~** de través **mettre de ~** poner de lado; atravesar.

traverse [tʀavɛʀs] *s. f.* (voie ferrée) traviesa. || **chemin de ~** atajo.
traversée [tʀavɛʀse] *s. f.* travesía.
traverser [tʀavɛʀse] *v. tr.* **1.** (la route) atravesar; cruzar; pasar. **2.** traspasar [Défense de traverser. *Prohibido traspasar.*] **3.** (l'eau, la pluie, le regard) traspasar; calar. **4.** *fig.* (une situation difficile) atravesar.
traversier, -ière [tʀavɛʀsje, -jɛʀ] *adj., Mar.* transversal.
travesti, -ie [tʀavɛsti] *adj.* **1.** (déguisé) travestido, -da. || *s. m.* **2.** (qui fait du travestisme) travestido.
trébucher [tʀebyʃe] *v. intr.* tropezar.
trèfle [tʀɛfl] *s. m., Bot.* (plante) trébol.
treille [tʀɛj] *s. f.* parra.
treillis [tʀɛji] *s. m.* **1.** enrejado. **2.** tela metálica.
treize [tʀɛz] *adj. et pron.* **1.** trece. || *s. m.* **2.** trece.
tréma [tʀema] *s. m., Ling.* diéresis *f.*
tremblant, -te [tʀɑ̃blɑ̃, -ɑ̃t] *adj.* **1.** tembloroso, -sa. **2.** (la voix) trémulo, -la.
tremblement [tʀɑ̃bl(ə)mɑ̃] *s. m.* **1.** temblor. **2.** (à cause du froid) tiritona *f.* || **~ de terre** terremoto.
trembler [tʀɑ̃ble] *v. intr.* temblar.
trembloter [tʀɑ̃blɔte] *v. intr.* **1.** temblar. **2.** (la lumière) parpadear. **4.** (la voix) temblar.
trempage [tʀɑ̃paʒ] *s. m.* **1.** (du linge) remojo. **2.** (avec ou dans un liquide) calada.
trempe [tʀɑ̃p] *s. f.* (de l'acier) temple *m.*
tremper [tʀɑ̃pe] *v. tr.* **1.** mojar [Il a trempé le pain dans la sauce. *Mojó el pan en la salsa.*] **2.** (les vêtements) mojar; calar. **3.** (baigner) remojar [Tremper les pieds dans l'eau. *Remojar los pies en el agua.*] || *v. intr.* **6.** (rester plongé) estar en remo-

jo [Le linge trempe dans l'eau de javel. *La ropa está en remojo en lejía.*] **7.** *fig.* estar metido [Ils ont trempé dans la conspiration. *Están metidos en la conspiración.*] ‖ **faire ~** (des aliments) poner en remojo. ‖ (dans une affaire) pringar *fam.* [Faire tremper quelqu'un dans une affaire. *Pringar a alguien en un asunto.*]

tremplin [tʀɑ̃plɛ̃] *s. m.* trampolín.

trente [tʀɑ̃t] *adj. et pron.* **1.** treinta. ‖ *s. m.* **2.** treinta.

trépied [tʀepje] *s. m.* trípode.

trépigner [tʀepiɲe] *v. intr.* (de joie, d'impatience, de colère) patalear; patear.

très [tʀɛ] *adv.* **1.** (+adj./adv.) muy. [Muy alto. *Très grand.*] **2.** (+nom) mucho, -cha [Il fait très froid. *Hace mucho frío.*]

trésor [tʀezɔʀ] *s. m.* tesoro.

trésorerie [tʀezɔʀ(ə)ʀi] *s. f.* tesorería.

trésorier, -ière [tʀezɔʀje, -jɛʀ] *s. m. et f.* tesorero, -ra.

tressaillir [tʀesajiʀ] *v. intr.* (de peur, de bonheur) estremecerse.

tresse [tʀɛs] *s. f.* trenza.

tresser [tʀese] *v. tr.* trenzar.

tréteau [tʀeto] *s. m.* **1.** (chevalet) borriqueta *f.*; caballete. ‖ **tréteaux** *s. m. pl.* **2.** *Théâtr.* (scène) tablas *f. pl.* **3.** (pour danser du flamenco) tablao *sing.*

trêve [tʀɛv] *s. f.* tregua.

tri [tʀi] *s. m.* **1.** (sélection) selección *f.* **2.** (répartition) clasificación *f.*

triangle [tʀijɑ̃gl] *s. m.* triángulo.

triangulaire [tʀijɑ̃gylɛʀ] *adj.* triangular.

tribord [tʀibɔʀ] *s. m., Mar.* estribor.

tribu [tʀiby] *s. f.* tribu.

tribunal, -aux [tʀibynal, -o] *s. m.* **1.** (magistrat, jury, justice de Dieu ou jugement moral) tribunal. **2.** (palais de justice) juzgado; tribunal.

tribune [tʀibyn] *s. f.* (de la presse, du public) tribuna (gradas).

tribut [tʀiby] *s. m.* tributo.

tricher [tʀiʃe] *v. intr.* hacer trampas.

tricherie [tʀiʃʀi] *s. f.* trampa.

tricheur, -euse [tʀiʃœʀ, -øz] *adj. s. m. et f.* (au jeu) tramposo, -sa.

tricorne [tʀikɔʀn] *adj. et s. m.* tricornio.

tricot [tʀiko] *s. m.* **1.** (pull-over) jersey. **2.** (vêtement tricoté) género de punto.

tricoter [tʀikɔte] *v. intr.* hacer punto.

tricycle [tʀisikl] *s. m.* triciclo.

triennat [tʀijena] *s. m.* trienio.

trier [tʀije] *v. tr.* **1.** (sélectionner) seleccionar. **2.** (répartir) clasificar [Trier les lettres. *Clasificar las cartas.*]

trimestre [tʀimɛstʀ] *s. m.* trimestre.

tringle [tʀɛ̃gl] *s. f.* barra; varilla (de cortina).

trinquer [tʀɛ̃ke] *v. intr.* **1.** (porter un toast) brindar; beber [Trinquer à la santé de quelqu'un. *Brindar a la salud de alguien.*] **2.** *fig. et fam.* (éprouver des désagréments) pagar el pato.

trio [tʀijo] *s. m.* trío.

triomphant, -te [tʀijɔ̃fɑ̃, -ɑ̃t] *adj.* triunfante; vencedor, -ra.

triomphe [tʀijɔ̃f] *s. m.* triunfo.

triompher [tʀijɔ̃fe] *v. intr.* triunfar.

tripe [tʀip] *s. f.* **1.** tripa. ‖ **tripes** *s. f. pl.* **2.** *Gastr.* callos *m.*

triphtongue [tʀiftɔ̃g] *s. f.* triptongo.

triple [tʀipl] *adj. et s. m.* triple.

tripler [tʀiple] *v. tr.* **1.** triplicar. ‖ *v. intr.* **2.** triplicarse.

tripotage [tʀipɔtaʒ] *s. m.* chanchullo.

tripoter [tʀipɔte] *v. tr.* **1.** *fam.* manosear. ‖ *v. intr.* **2.** hacer chanchullos.

trique [tʀik] *s. f.* garrote *m.*

trisaïeul, -le [tʀizajœl] *s. m. et f.* tatarabuelo, -la. •Pl. trisaïeuls o trisaïeux.

triste [tʀist] *adj.* **1.** triste. **2.** (lamentable) miserable [*Une triste femme. Una miserable mujer.*]
tristesse [tʀistɛs] *s. f.* tristeza.
trisyllabe [tʀisi(l)lab] *adj.* trisílabo, -ba.
trisyllabique [tʀisi(l)labik] *adj.* trisílabo, -ba.
triturer [tʀityʀe] *v. tr.* triturar; machacar.
troc [tʀɔk] *s. m.* trueque.
trois [tʀwɑ] *adj. et pron.* **1.** tres. ‖ *s. m.* **2.** tres. ‖ ~ **cents** trescientos, -tas. ●Sólo las centenas simples utilizan "cents": trois cents; trois cent vingt.
troisième [tʀwɑzjɛm] *adj. et pron.* (ordinal) tercero, -ra; tercer. ●"Tercero" deviene "tercer" devant *s. m. sing.*
trombe [tʀɔ̃b] *s. f.* (pluie torrentielle) tromba.
trombone [tʀɔ̃bɔn] *s. m.* **1.** (agrafe) clip. **2.** *Mus.* (instrument) trombón. **3.** *Mus.* (musicien) trombón. ‖ ~ **à coulisse** trombón de varas. ~ **à pistons** trombón de llaves.
trompe [tʀɔ̃p] *s. f.* **1.** (d'éléphant) trompa. **2.** *Mus.* (instrument) trompa. **3.** (klaxon) bocina.
trompe-l'œil [tʀɔ̃plœj] *s. m. inv.* apariencia engañosa.
tromper [tʀɔ̃pe] *v. tr.* **1.** (duper) engañar; burlar; embaucar. **2.** (son mari, sa femme) engañar. ‖ **se** ~ *v. pr.* **3.** confundirse; equivocarse.
tromperie [tʀɔ̃pʀi] *s. f.* **1.** (duperie) engaño *m.*; paripé *m.* **2.** (bluff) embuste *m.*
trompette [tʀɔ̃pɛt] *s. f.*, *Mús.* trompeta.
trompeur, -euse [tʀɔ̃pœʀ, -øz] *adj.* engañoso, -sa.
tronc [tʀɔ̃] *s. m.* **1.** (arbres) tronco. **2.** cepillo [*Le tronc de l'église. El cepillo de la iglesia.*]

tronçon [tʀɔ̃sɔ̃] *s. m.* **1.** (morceau fragment) trozo [*Un tronçon de statue, de bois. Un trozo de estatua, de madera.*] **2.** *fig.* tramo; travesía *f.* (d'une route) [*Un tronçon de rue. Un tramo de calle.*]
trône [tʀon] *s. m.* trono.
tronquer [tʀɔ̃ke] *v. tr.* **1.** (un arbre, une colonne) truncar. **2.** (un texte, les faits) truncar; mutilar.
trop [tʀo] *pron. indéf.* **1.** demasiado, -da [*J'en ai trop. Tengo demasiado, -da, -dos, -das.*] ‖ *adv.* **2.** demasiado [*Il parle trop fort. Habla demasiado alto.*] **3.** en exceso [*Parler trop. Hablar en exceso.*] **4.** (un petit peu trop) algo [*C'est un peu trop grand. Es algo grande.*] ‖ **de** ~ de más. **en** ~ de más; de sobra. **être de** ~ sobrar; estar de más. **pas** ~ no mucho. ~ **de** demasiado, -da.
trophée [tʀɔfe] *s. m.* trofeo.
tropical, -le, -aux [tʀɔpikal, -o] *adj.* tropical.
tropique [tʀɔpik] *s. m.* trópico. ‖ ~ **du Cancer** trópico de Cáncer. ~ **du Capricorne** trópico de Capricornio.
trot [tʀo] *s. m.* trote. ‖ **au** ~ al trote.
trotter [tʀɔte] *v. intr.* trotar; ir al trote.
trottiner [tʀɔtine] *v. intr.* **1.** (cheval) trotar corto. **2.** (marcher à pas menus) andar a pasitos cortos y deprisa.
trottoir [tʀɔtwaʀ] *s. m.* **1.** (de la rue) acera *f.* **2.** (d'un pont) andén *m.* ‖ **faire le** ~ hacer la calle.
trou [tʀu] *s. m.* **1.** agujero. **2.** (dans le sol) hoyo. **3.** (sur la route) bache. **4.** (de la serrure) ojo. ‖ ~ **percé** taladro.
troubadour [tʀubaduʀ] *s. m.* trovador.
trouble[1] [tʀubl] *adj.* **1.** (un liquide) turbio, -bia. **2.** *fig.* (nébuleux) confuso, -sa. **3.** (une image) borroso, -sa. **4.** (une affaire) sospechoso, -sa.

trouble² [tʀubl] *s. m.* **1.** (social) disturbio; perturbación *f.*; convulsión *f.* **2.** (embarras) turbación *f.*; confusión *f.* [Le trouble du candidat. *La turbación del candidato.*] ‖ **troubles** *s. m. pl.* **3.** (dérèglement) trastornos. ‖ **troubles légers** (de santé) molestias *f.* (de salud).

trouble-fête [tʀubl(ə)fɛt] *adj. et s. m. et f. inv.* aguafiestas.

troubler [tʀuble] *v. tr.* **1.** (un liquide) enturbiar. **2.** (qqun) turbar; perturbar. ‖ **se ~** *v. pr.* **3.** (avoir honte) turbarse. **4.** (la vue, un liquide) enturbiarse.

trouer [tʀue] *v. tr.* agujerear.

troupe [tʀup] *s. f.* **1.** *Mil.* tropa. **2.** (d'âmis) pandilla; banda. **3.** *Théâtr.* compañía (de teatro).

troupeau [tʀupo] *s. m.* **1.** (d'animaux domestiques) rebaño. **2.** (bétail) ganadería. **3.** (d'animaux sauvages) manada; banda.

trousse [tʀus] *s. f.* **1.** estuche *m.* **2.** (de toilette, de couture) neceser. ‖ **~ de secours** botiquín *m.*

trousseau [tʀuso] *s. m.* **1.** (dot) ajuar. **2.** (de clefs) manojo de llaves. ‖ **~ pour enfant** canastilla *f.*

trouvaille [tʀuvaj] *s. f.* hallazgo.

trouvé, -ée [tʀuve] *adj.* (deviné, réussi) acertado, -da.

trouver [tʀuve] *v. tr.* **1.** encontrar; hallar; dar. **2.** (découvrir) descubrir; encontrar. **3.** (deviner) acertar. **4.** (sembler) parecer; pensar [Je le trouve intéressant. *Me parece interesante.*] ‖ *v. intr.* **5.** acertar. ‖ **se ~** *v. pr.* **6.** (être) encontrarse; hallarse. **7.** (être situé) estar; encontrarse. **8.** (dans une publication) venir [Sa photo se trouve à la une. *Su foto viene en primera página.*] **9.** suceder; resultar [Il se trouve que ce n'est pas nouveau. *Resulta que no es una novedad.*] ‖ **se ~ nez à nez** tropezar [Ils se sont trouvés nez à nez. *Tropezaron.*] ‖ **se ~ nez à nez avec** tropezarse [Se trouvez nez à nez avec lui. *Tropezarse con él.*]

trouvère [tʀuvɛʀ] *s. m.* trovador.

truc [tʀyk] *s. m.* **1.** (stratagème) truco. **2.** (affaire, question, objet) cosa *f.* **3.** (machin) *fam.* chisme.

truffe [tʀyf] *s. f.* **1.** (champignon) trufa. **2.** *vulg.* (nez) napia. ‖ **~ en chocolat** trufa de chocolate.

truffer [tʀyfe] *v. tr., fig.* (couvrir, semer) plagar.

truie [tʀɥi] *s. f., Zool.* cerda; puerca.

truite [tʀɥit] *s. f., Zool.* trucha.

truquage ou trucage [tʀykaʒ] *s. m., Ciné.* efectos especiales.

tsar ou tzar ou czar [tsaʀ] *s. m.* zar.

tsarine ou tzarine [tsaʀin] *s. f.* zarina.

T.T.C. [tetese] *sigle* (Toutes taxes comprises) IVA incluido.

tu [ty] *pron. pers.* 2ème *sing.* tú.

tuba [tyba] *s. m., Mus.* (instrument) tuba *f.*

tube [tyb] *s. m.* tubo.

tubercule [tybɛʀkyl] *s. m.* tubérculo.

tue-mouches, papier [tymuʃ] *loc.* matamoscas (papel).

tuer [tɥe] *v. tr.* **1.** matar. **2.** (de façon violente) asesinar. **3.** *fig.* (faire mourir, faire disparaître) matar.

tuerie [tyʀi] *s. f.* matanza.

tue-tête, à [atytɛt] *loc. adv.* a voz en grito.

tueur, tueuse [tɥœʀ, tɥøz] *s. m. et f.* (meurtrier) asesino, -na.

tuile [tɥil] *s. f.* teja.

tulipe [tylip] *s. f., Bot.* tulipán *m.*

tumeur [tymœʀ] *s. f., Méd.* tumor *m.*

tumulte [tymylt] *s. m.* tumulto.

tumultueux, -euse [tymyltçø, -øz] *adj.* tumultuoso, -sa.
tunique [tynik] *s. f.* túnica.
tunnel [tynɛl] *s. m.* túnel.
turban [tyʀbɑ̃] *s. m.* turbante.
turbine [tyʀbin] *s. f.* turbina.
turbulent, -te [tyʀbylɑ̃, -ɑ̃t] *adj. et s. m. et f.* **1.** alborotador, -ra. **2.** (enfant) revoltoso, -sa; travieso, -sa. || *adj.* **3.** (tapageur) turbulento, -ta. **4.** (l'air) turbulento, -ta.
turf [tyʀf] *s. m.* hípica *f.*
turquoise [tyʀkwaz] *s. f.* **1.** turquesa. || *adj. inv.* **2.** turquesa.
tutelle [tytɛl] *s. f.* tutela.
tuteur, -trice [tytœʀ, -tʀis] *s. m. et f.* tutor, -ra.
tutoyer [tytwaje] *v. tr.* tutear.
tutti frutti [tytifʀuti] *s. m. inv.* tutti-frutti.
tutu [tyty] *s. m.* (jupe de ballet) tutú.
tuyau [tɥijo] *s. m.* **1.** tubo. **2.** (conduite) cañería *f.*; tubería *f.* **3.** (d'une fontaine) caño. **4.** (d'arrosage) manguera *f.* **5.** (pour la douche) manga *f.* **6.** *fam.* (information confidentielle) confidencia *f.* || **~ d'échappement** tubo de escape.
tuyauter [tɥijote] *v. tr., fam.* informar confidencialmente.
tuyauterie [tɥijotʀi] *s. f.* tuberías *pl.*; cañerías *pl.* (de l'eau).
T.V.A. [tevea] *sigle* (Taxe sur la Valeur ajoutée) IVA.
tympan [tɛ̃pɑ̃] *s. m., Anat.* tímpano.
type [tip] *s. m.* **1.** (modèle) tipo. **2.** (classe) tipo. **3.** (individu) tío; tipo.
typique [tipik] *adj.* típico, -ca.
tyran [tiʀɑ̃] *s. m.* tirano, -na. • Se usa "tyran" para el femenino, aunque también existe "tyanne".
tyrannie [tiʀani] *s. f.* tiranía.
tyranniser [tiʀanize] *v. tr.* tiranizar.
tzigane ou tsigane [dzigan] *adj. et s. m. et f.* zíngaro, -ra; cíngaro, -ra; gitano, -na.

U

u [y] *s. m.* u *f.*

ulcère [ylsɛʀ] *s. f.* úlcera.

ultérieur, -re [ylteʀjœʀ] *adj.* ulterior.

ultimatum [yltimatɔm] *s. m.* ultimátum.
• Pl. ultimatums.

ultime [yltim] *adj.* (final) último, -ma [La récompense ultime. *La recompensa última.*]

ultra-léger, -ère [yltraleʒe] *adj.* ultraligero, -ra.

ultraviolet, -ette [yltravjɔle, -ɛt] *adj.* **1.** ultravioleta. ‖ **ultraviolets** *s. m. pl.* **2.** rayos ultravioleta.

ululer [ylyle] *v. intr.* ulular.

un, une[1] [œ̃, yn] *art. indéf.* **1.** un, -na [Un tiroir, une porte. *Un cajón, una puerta.*] ‖ *adj. num.* **2.** un, -na [Un homme et non pas deux. *Un hombre y no dos.*] ‖ *pron. num.* **3.** uno, -na [Il lui en a donné une. *Le dio una.*] ‖ *s. m.* **6.** (unité) uno. ‖ **à la une** en primera plana (de un periódico).
• El pl. del artículo indefido en francés es "des".

un, une[2] [œ̃, yn] *pron. indéf.* uno, -na [Un des élèves. *Uno de los alumnos.*] ‖ **l'~ l'autre** [L'un des jours les plus heureux de ma vie. *Uno de los días más felices de mi vida.*] **l'~ l'autre** (réciproquement) uno a otro. **les uns les autres** (réciprocamente) unos a otros.

unanime [ynanim] *adj.* unánime.

unanimité [ynanimite] *s. f.* unanimidad. ‖ **à l'~** por unanimidad.

uni, -ie [yni] *adj.* **1.** (deux amis) unido, -da. **2.** liso, -sa. **3.** *fig.* (uniforme) uniforme. **4.** (sans changement) monótono, -na [Vie unie. *Vida monótona.*]

unicorne [ynikɔʀn] *adj.* unicornio, -nia.

unifamilial, -le, -aux [ynifamiljal] *adj.* unifamiliar.

unifier [ynifje] *v. tr.* unificar.

uniforme [ynifɔʀm] *adj.* **1.** uniforme. ‖ *s. m.* **2.** (tenue) uniforme. ‖ **rendre ~** uniformar.

uniformité [ynifɔʀmite] *s. f.* **1.** uniformidad. **2.** (régularité, égalité) igualdad.

unilatéral, -le, -aux [ynilateral, -o] *adj.* unilateral.

union [ynjɔ̃] *s. f.* unión. ‖ **l'Union Européenne** la Unión Europea.

unique [ynik] *adj.* **1.** único, -ca. **2.** (exceptionnel) único, -ca; excepcional.

unir [yniʀ] *v. tr.* **1.** unir. **2.** (relier) enlazar; relacionar [Unir deux mots. *Enlazar dos palabras.*] ‖ **s'unir** *v. pr.* **3.** unirse.

unisson [ynisɔ̃] *s. m., Mus.* unísono.

unitaire [ynitɛʀ] *adj.* unitario, -ria.

unité [ynite] *s. f.* unidad.

univers [ynivɛʀ] *s. m.* universo.

universel, -elle [ynivɛʀsɛl] *adj.* universal.

universitaire [ynivɛʀsitɛʀ] *adj.* **1.** universitario, -ria. ‖ *s. m. et f.* **2.** profesor de universidad (funcionario).

université [ynivɛʀsite] *s. f.* universidad.

urbain, -ne [yʀbɛ̃, -ɛn] *adj.* urbano, -na.

urbanisme [yʀbanism] *s. m.* urbanismo.

urbanité [yʀbanite] *s. f.* urbanidad.

urgence [yʀʒɑ̃s] *s. f.* **1.** urgencia; emergencia [Service des Urgences. *Servicio de Urgencias.*] **2.** (rapidité) premura.

urgent, -te [yʀʒɑ̃, -ɑ̃t] *adj.* urgente. ‖ **être ~** urgir; correr prisa.

urinal, -aux [yʀinal, -o] *s. m.* orinal (para enfermos).

urine [yʀin] *s. f.* orina.

uriner [yʀine] *v. intr.* orinar.

urinoir [yʀinwaʀ] *s. m.* urinario.

urne [yʀn] *s. f.* urna.

usage [yzaʒ] *s. m.* **1.** (utilisation) empleo. **2.** (coutume) uso; costumbre *f.* ‖ **d'~** usual. **hors d'~** fuera de uso.

usagé, -ée [yzaʒe] *adj.* usado, -da.

usager, -ère [yzaʒe, -ɛʀ] *s. m. et f.* usuario, -ria.

usé, -ée [yze] *adj.* **1.** (vêtements, objets) usado, -da; gastado, -da. **2.** (élimé) raído, -da.

user [yze] *v. tr.* **1.** (détériorer) desgastar; gastar. **2.** (la santé) debilitar. **3.** (consommer) gastar. ‖ **s'user** *v. pr.* **4.** desgastarse.

usine [yzin] *s. f.* fábrica.

usité, -ée [yzite] *adj.* usado, -da; empleado, -da.

ustensile [ystɑ̃sil] *s. m.* utensilio.

usuel, -elle [yzɥɛl] *adj.* usual.

usure [yzyʀ] *s. f.* **1.** usura. **2.** (érosion) desgaste *m.*

usurier, -ière [yzyʀje, -jɛʀ] *adj. et s. m. et f.* usurero, -ra.

usurper [yzyʀpe] *v. tr. et intr.* usurpar.

uterus [yterys] *s. m., Anat.* útero.

utile [ytil] *adj.* útil.

utilisation [ytilizasjɔ̃] *s. f.* utilización; uso *m.* [Notice d'utilisation. *Informaciones de uso.*]

utiliser [ytilize] *v. tr.* **1.** utilizar. **2.** (employer) usar.

utilitaire [ytilitɛʀ] *adj. et s. m.* utilitario, -ria.

utilité [ytilite] *s. f.* utilidad.

utopie [ytɔpi] *s. f.* utopía.

V

v [ve] *s. m.* v *f.*

vacance [vakɑ̃s] *s. f.* **1.** vacante. ‖ **vacances** *s. f. pl.* **2.** vacaciones [En vacances. *De vacaciones.*] ‖ **grandes vacances** vacaciones de verano; veraneo *m. sing.*

vacancier, -ière [vakɑ̃sje, -ɛʀ] *s. m. et f.* **1.** persona de vacaciones. **2.** (en été) veraneante.

vacant, -te [vakɑ̃, -ɑ̃t] *adj.* vacante.

vacarme [vakaʀm] *s. m.* **1.** (tumulte de gens) alboroto; jaleo. **2.** (fracas) estrépito; estruendo.

vaccin [vaksɛ̃] *s. m.* vacuna *f.*

vaccination [vaksinasjɔ̃] *s. f.* vacunación.

vacciner [vaksine] *v. tr.* vacunar.

vache [vaʃ] *s. f.* vaca.

vacher, -ère [vaʃe, -ɛʀ] *s. m. et f.* vaquero, -ra.

vacherie [vaʃʀi] *s. f.* vaquería.

vacillant, -te [vasijɑ̃, -ɑ̃t] *adj.* vacilante.

vacillation [vasi(l)asjɔ̃] *s. f.* vacilación.

vaciller [vasije] *v. intr.* vacilar.

vadrouiller [vadʀuje] *v. intr.* (traîner) errar; vagar.

va-et-vient [vaevjɛ̃] *s. m. inv.* vaivén.

vagabond, -de [vagabɔ̃, -ɔ̃d] *adj. et s. m.* vagabundo, -da.

vagabondage [vagabɔ̃daʒ] *s. m., Dr.* vagancia *f.*

vagabonder [vagabɔ̃de] *v. intr.* vagabundear.

vagin [vaʒɛ̃] *s. m., Anat.* vagina *f.*

vagir [vaʒiʀ] *v. intr.* llorar (el recién nacido).

vague¹ [vag] *s. f.* **1.** (de la mer) ola; onda. **2.** *fig.* oleada; ola.

vague² [vag] *adj.* **1.** (imprécis) vago, -ga. **2.** (terrain) baldío, -a. ‖ *s. m.* **3.** (imprécision, indétermination) vaguedad *f.* **4.** (vide) vacío. ‖ **terrain ~** descampado; solar.

vaguer [vage] *v. intr., fig.* vagar.

vaillance [vajɑ̃s] *s. f.* valentía.

vaillant, -te [vajɑ̃, -ɑ̃t] *adj.* valiente; valeroso, -sa.

vain [vɛ̃, vɛn] *adj.* vano, -na. ‖ **en ~** en vano.

vaincre [vɛ̃kʀ] *v. tr.* **1.** vencer; derrotar. **2.** (triompher) triunfar.

vainqueur [vɛ̃kœʀ] *adj.* **1.** vencedor, -ra. ‖ *s. m.* **2.** vencedor, -ra.

vaisseau [vɛso] *s. m.* **1.** nave *f.* **2.** *Anat.* vaso. **3.** *Bot.* vaso. ‖ **~ spatial** nave espacial.

vaisselle [vɛsɛl] *s. f.* **1.** vajilla. **2.** (faïence) loza. **3.** (à laver) cacharros *m. pl.* ‖ **faire la ~** fregar los cacharros; lavar los platos.

val, vaux ou vals [val, pl. vo, val] *s. m.* valle [Le val de Loire. *El valle del Loira.*]

valable [valabl] *adj.* válido, -da.

valencien, -enne [valɑ̃sjɛ̃, -ɛn] *adj.* **1.** valenciano, -na. ‖ **Valencien, -enne** *s. m. et f.* **2.** valenciano, -na.

valet [valɛ] *s. m.* **1.** criado, -a. **2.** *Jeux* (cartes) sota *f.*

valeur [valœʀ] *s. f.* **1.** (d'un bien) valor *m.* **2.** (mérite d'une personne) valía *f.* **3.** *fig.* (importance) valía *f.* ‖ **de ~** valioso, -sa.

valide [valid] *adj.* válido, -da.

validité [validite] *s. f.* validez.

valise [valiz] *s. f.* **1.** maleta. **2.** valija [Valise diplomatique. *Valija diplomática.*] **3.** *fig. et fam.* (poche sous les yeux) ojera *f.*

vallée [vale] *s. f.* valle *m.* ‖ **~ fertile** vega.

vallon [valɔ̃] *s. m.* **1.** (petite vallée) pequeño valle. **2.** (resserré) cañada *f.*

valoche [valɔʃ] *s. f., fig. et fam.* ojera.

valoir [valwaʀ] *v. intr.* **1.** valer [Ça vaut combien? *¿Cuánto vale?*] ‖ *v. impers.* **2.** valer [Il vaut mieux que. *Más vale que.*] ‖ **à ~** a cuenta. **à ~ sur** a cuenta de. **faire**

~ (appliquer) hacer valer [Faire valoir ses droits. *Hacer valer sus derechos.*] | (mettre en valeur) poner de relieve. | (un argument) esgrimir.
valse [vals] *s. f.* (musique et danse) vals *m.*
valser [valse] *v. tr.* bailar un vals.
valve [valv] *s. f.* **1.** (de mollusque) valva. **2.** *Techn.* válvula.
valvule [valvyl] *s. f.* válvula.
vampire [vɑ̃piʀ] *s. m.* vampiro.
vandalisme [vɑ̃dalism] *s. m.* vandalismo.
vanille [vanij] *s. f.* vainilla.
vanité [vanite] *s. f.* vanidad.
vaniteux, -euse [vanitø, -øz] *adj. et s. m. et f.* vanidoso, -sa.
vanne [van] *s. f.* compuerta.
vantard, -de [vɑ̃taʀ, -aʀd] *adj. et s. m. et f.* jactancioso, -sa. ‖ **faire le ~** alardear.
vantardise [vɑ̃taʀdiz] *s. f.* jactancia.
vanter [vɑ̃te] *v. tr.* **1.** alabar; ensalzar. **2.** (sa marchandise) vocear; vociferar. ‖ **se ~** *v. pr.* **3.** (faire étalage de) jactarse; alardear; presumir.
va-nu-pieds [vanypje] *s. m. et f. inv.* descamisado, -da; desharrapado, -da.
vapeur [vapœʀ] *s. f.* vapor *m.*
vaporeux, -euse [vapɔʀø, -øz] *adj.* vaporoso, -sa.
vaporisateur [vapɔʀizatœʀ] *s. m.* vaporizador.
vaporiser [vapɔʀize] *v. tr.* vaporizar.
vaquer [vake] *v. intr.* dedicarse.
vareuse [vaʀøz] *s. f.* **1.** (de femme) chaquetón *m.* **2.** (de sport) cazadora.
variable [vaʀjabl] *adj.* variable.
variation [vaʀjasjɔ̃] *s. f.* variación.
varicelle [vaʀisɛl] *s. f., Méd.* varicela.
varié, -ée [vaʀje] *adj.* **1.** variado, -da. **2.** diverso, -sa [Détails variés. *Detalles diversos.*]
varier [vaʀje] *v. tr.* **1.** variar. ‖ *v. intr.* **2.** (changer) variar. **3.** (être différent) diferir.
variété [vaʀjete] *s. f.* **1.** variedad. ‖ **variétés** *s. f. pl.* **2.** (musique) variedades.
variole [vaʀjɔl] *s. f.* viruela.
vase[1] [vaz] *s. m.* **1.** (pour les fleurs) florero; jarrón. **2.** (arts) vaso; vasija *f.;* jarrón.
vase[2] [vaz] *s. f.* limo *m.;* cieno *m.*
vassal, -le, -aux [vasal, -o] *s. m. et f.* vasallo, -lla.
vaste [vast] *adj.* vasto, -ta.
vaurien, -enne [voʀjɛ̃, -ɛn] *s. m. et f.* golfo, -fa; granuja.
vautour [votuʀ] *s. m., Zool.* (oiseau de proie) buitre.
vautrer, se [votʀe] *v. pr.* revolcarse.
veau [vo] *s. m.* **1.** (animal) ternero; becerro. **2.** (viande) ternera *f.*
vécu, -ue [veky] *adj.* **1.** vivido, -da. ‖ *s. m.* **2.** vivencia *f.;* experiencia *f.*
vedette [v(ə)dɛt] *s. f.* **1.** (petite embarcation automobile) lancha motora. **2.** (petit navire de guerre) barcaza armada. **3.** (star) estrella. ‖ **mettre en ~** poner en primer plano.
végétal, -le, -aux [veʒetal, -o] *adj. et s. m.* vegetal.
végétarien, -enne [veʒetaʀjɛ̃, -ɛn] *adj. et s. m. et f.* vegetariano, -na.
végétation [veʒetasjɔ̃] *s. f.* vegetación.
végéter [veʒete] *v. intr.* vegetar.
véhémence [veemɑ̃s] *s. f.* vehemencia.
véhicule [veikyl] *s. m.* vehículo.
véhiculer [veikyle] *v. tr.* **1.** transportar en vehículo. **2.** *fig.* transmitir.
veille [vɛj] *s. f.* **1.** (temps qu'on passe sans dormir) vigilia; vela. **2.** (le jour précédent) víspera. ‖ **~ de Noël** Nochebuena. **~ du Nouvel An** Nochevieja.

VEILLÉE - VENTRICULE

veillée [veje] *s. f.* **1.** velada. **2.** (d'un défunt) velatorio *m.*

veiller [veje] *v. intr.* **1.** (ne pas dormir) velar. **2.** (se coucher tard) pasar la noche en vela; trasnochar. **3.** (surveiller) vigilar. ‖ *v. tr.* **4.** velar; cuidar [Veiller un malade. *Cuidar un enfermo.*] ‖ **- à ce que** procurar que. **~ sur** (garder, protéger) velar; mirar por.

veilleur, -euse [vejœr, -øz] *s. m. et f.* **1.** vigilante [Veilleur de nuit. *Vigilante nocturno.*] **2.** (qui ne dort pas) velador, -ra. ‖ **veilleuse** *s. f.* **3.** mariposa (lamparita).

veine [vɛn] *s. f.,* Anat. vena.

vélo [velo] *s. m.* bicicleta *f.*; bici *f.*

vélodrome [velodrom] *s. m.* velódromo.

velours [v(ə)lur] *s. m.* terciopelo. ‖ **- côtelé** pana *f.*

velu, -ue [v(ə)ly] *adj.* velludo, -da.

vélum [veləm] *s. m.* toldo. •Pl. vélums.

velvet [velvet] *s. m.* terciopelo.

vénal, -le, -aux [venal, -o] *adj.* venal.

vendange [vɑ̃dɑ̃ʒ] *s. f.* vendimia.

vendanger [vɑ̃dɑ̃ʒe] *v. tr.* vendimiar.

vendeur, -euse [vɑ̃dœr, -øz] *adj. et s. m. et f.* **1.** vendedor, -ra. ‖ *s. m. et f.* **2.** (l'employé d'un magasin) dependiente, -ta.

vendre [vɑ̃dr] *v. tr.* **1.** vender. ‖ **se ~** *v. pr.* **2.** venderse. ‖ **- à crédit** fiar. **~ aux enchères** subastar.

vendredi [vɑ̃dr(ə)di] *s. m.* viernes [Vendredi, le vendredi, le vendredi 13 juin. *El viernes, los viernes, el viernes 13 de junio.*]

vénéneux, -euse [venenø, -øz] *adj.* venenoso, -sa.

vénérable [venerabl] *adj.* venerable.

vénération [venerasjɔ̃] *s. f.* veneración.

vénérer [venere] *v. tr.* venerar.

vénézuélien, -enne [venezɥeljɛ̃, -ɛn] *adj.* **1.** venezolano, -na. ‖ **Vénézuélien, -enne** *s. m. et f.* **2.** venezolano, -na.

vengeance [vɑ̃ʒɑ̃s] *s. f.* venganza.

venger [vɑ̃ʒe] *v. tr.* **1.** vengar. ‖ **se ~** *v. pr.* **2.** vengarse.

vengeur, vengeresse [vɑ̃ʒœr, vɑ̃ʒ(ə)rɛs] *adj. et s. m. et f.* vengador, -ra.

venimeux, -euse [v(ə)nimø, -øz] *adj.* venenoso, -sa [Serpent venimeux. *Serpiente venenosa.*]

venin [v(ə)nɛ̃] *s. m.* veneno (en animales).

venir [v(ə)nir] *v. intr.* **1.** venir. **2.** (arriver) venir; llegar. **3.** acabar [Je viens d'entendre la nouvelle. *Acabo de oír la noticia.*] ‖ **à ~** venidero, -ra. **~ à l'esprit** ocurrírsele. **~ en aide** ayudar.

vénitien, -enne [venisjɛ̃, -ɛn] *adj.* veneciano, -na. ‖ **lanterne vénitienne** farolillo *m.*

vent [vɑ̃] *s. m.* **1.** viento. **2.** (air en mouvement) aire [Il fait du vent. *Hace aire.*] **3.** (flatulence) ventosidad *f.* ‖ **coup de ~** ventolera. **faire un ~** tirarse un pedo. **instrument à ~** instrumentos de viento. **lâcher des vents** ventosear. **~ de tempête** vendaval.

vente [vɑ̃t] *s. f.* venta.

venteux, -euse [vɑ̃tø, -øz] *adj.* ventoso, -sa.

ventilateur [vɑ̃tilatœr] *s. m.* ventilador.

ventilation [vɑ̃tilasjɔ̃] *s. f.* ventilación.

ventiler [vɑ̃tile] *v. tr.* (aérer) ventilar.

ventouse [vɑ̃tuz] *s. f.* ventosa.

ventre [vɑ̃tr] *s. m.* **1,** Anat. vientre. **2.** (panse) barriga *f.*; panza *f.* ‖ **à plat ~** boca abajo. **sur le ~** boca abajo.

ventrée [vɑ̃tre] *s. f.* panzada [Se flanquer une ventrée. *Darse una panzada.*]

ventricule [vɑ̃trikyl] *s. m.,* Anat. ventrículo.

ventriloque [vɑ̃trilɔk] *adj. et s. m. et f.* ventrílocuo, -cua.

ventru, -ue [vɑ̃try] *adj.* panzudo, -da.

venu, -ue [v(ə)ny] *adj.* **1.** venido, -da. ‖ **venue** *s. f.* **2.** llegada; venida.

ver [vɛʀ] *s. m., Zool.* gusano. ‖ **~ à soie** gusano de seda. **~ de terre** lombriz *f*.

véracité [verasite] *s. f.* veracidad.

verbal, -e, -aux [vɛʀbal, -o] *adj.* **1.** verbal. **2.** (oral) oral.

verbe [vɛʀb] *s. m., Ling.* verbo.

verdâtre [vɛʀdɑtʀ] *adj.* verdoso, -sa.

verdeur [vɛʀdœʀ] *s. f.* **1.** verdor *m*. **2.** (d'un fruit vert ou d'un vin vert) acidez. **3.** *fig.* (de la jeunesse) lozanía.

verdict [vɛʀdik(t)] *s. m.* veredicto.

verdir [vɛʀdiʀ] *v. tr.* **1.** pintar de verde. ‖ *v. intr.* **2.** verdear; ponerse verde.

verdure [vɛʀdyʀ] *s. f.* **1.** verdor *m.*; verde *m*. **2.** (pelouse) hierba; césped *m*.

verge [vɛʀʒ] *s. f.* (en métal) vara; varilla.

verger [vɛʀʒe] *s. m.* vergel.

verglas [vɛʀglɑ] *s. m.* hielo (en carretera).

véridique [veridik] *adj.* **1.** verídico, -ca. **2.** (authentique, exact) veraz [Histoire véridique. *Historia veraz.*]

vérification [verifikɑsjɔ̃] *s. f.* verificación, comprobación; chequeo *m*.

vérifier [verifje] *v. tr.* **1.** verificar; comprobar. **2.** (contrôler) examinar; averiguar.

véritable [veritabl] *adj.* verdadero, -ra.

vérité [verite] *s. f.* verdad.

vermeil, -eille [vɛʀmɛj] *adj.* **1.** bermejo, -ja. **2.** (rouge) encarnado, -da; rojo, -ja.

vermicelle [vɛʀmisɛl] *s. m.* fideo [Des vermicelles. *Fideos.*] **2.** (soupe) fideos *pl*.

vermillon [vɛʀmijɔ̃] *s. m.* bermellón.

vermine [vɛʀmin] *s. f.* **1.** parásitos *m. pl*. **2.** *fig. et fam.* alimaña.

vermoulu, -ue [vɛʀmuly] *adj.* carcomido, -da.

vernir [vɛʀniʀ] *v. tr.* **1.** (un meuble) barnizar. **2.** (les ongles) pintar; lacar.

vernis [vɛʀni] *s. m.* **1.** barniz. **2.** (émail) esmalte. **3.** (du cuir) charol. ‖ **~ à ongles** esmalte para uñas; pintaúñas.

vernissage [vɛʀnisaʒ] *s. m.* **1.** *fig.* (d'une exposition de peinture) inauguración *f*. (de una exposición de pintura).

vernisser [vɛʀnise] *v. tr.* lacar.

vérole [veʀɔl] *s. f., Méd.* sífilis. ‖ **petite ~** *Méd.* viruela.

verre [vɛʀ] *s. m.* **1.** vidrio. **2.** (des lunettes, des fenêtres) cristal. **3.** (pour boire) vaso; copa *f*. ‖ **prendre un ~** tomar una copa; tomar algo. **~ à pied** copa *f*.

verrière [vɛʀjɛʀ] *s. f.* **1.** (vitrail) vidriera. **2.** (baie ou toit vitrés) cristalera.

verrou [vɛʀu] *s. m.* cerrojo; pestillo.

verrouiller [vɛʀuje] *v. tr.* **1.** (fermer) echar el cerrojo. **2.** (enfermer sous les verrous) encerrar. **3.** (une arme) bloquear.

verrue [vɛʀy] *s. f.* verruga.

vers[1] [vɛʀ] *s. m.* verso.

vers[2] [vɛʀ] *prép.* **1.** (direction) hacia [Vers le nord. *Hacia el norte.*] **2.** (approximativement) hacia; alrededor de; sobre.

versant [vɛʀsɑ̃] *s. m.* vertiente *f*.; ladera *f*.

versatile [vɛʀsatil] *adj.* versátil.

versé, -ée [vɛʀse] *adj.* versado, -da.

Verseau [vɛʀso] *s. m.* Acuario.

versement [vɛʀs(ə)mɑ̃] *s. m.* **1.** (d'argent) entrega *f*.; pago *m*. **2.** (déboursement) desembolso. **3.** (sur un compte bancaire) ingreso.

verser [vɛʀse] *v. tr.* **1.** (faire couler un liquide) verter. **2.** (faire tomber un liquide) derramar. **3.** (une substance) echar [Verser du sel. *Echar sal.*] **4.** (de l'argent)

entregar; desembolsar. **5.** (sur un compte bancaire) ingresar; abonar.
versifier [vɛʀsifje] *v. tr. et intr.* versificar.
version [vɛʀsjɔ̃] *s. f.* **1.** versión. **2.** (traduction dans la langue de l'élève) traducción directa.
verso [vɛʀso] *s. m.* verso; reverso; dorso.
vert, verte [vɛʀ, vɛʀt] *adj.* **1.** verde. ‖ *s. m.* **2.** (couleur) verde. **3.** (verdure, plantes potagères) verdura *f.*; hortalizas *f. pl.* ‖ **feu ~** (de circulation) disco verde.
vertébré, -ée [vɛʀtebʀe] *adj., Zool.* vertebrado, -da.
vertèbre [vɛʀtɛbʀ] *s. f.* vértebra.
vertical, -le, -aux [vɛʀtikal, -o] *adj.* **1.** vertical. ‖ **verticale** *s. f.* **2.** vertical.
vertige [vɛʀtiʒ] *s. m.* vértigo [Avoir le vertige. *Tener vértigo.*]
vertigineux, -euse [vɛʀtiʒinø, -øz] *adj.* vertiginoso, -sa.
vertu [vɛʀty] *s. f.* virtud.
vertueux, -euse [vɛʀtɥø, -øz] *adj.* (qui a des vertus) virtuoso, -sa.
verve [vɛʀv] *s. f.* **1.** (d'un orateur) labia. **2.** (d'un poète) vena *f.*; inspiración.
vesce [vɛs] *s. f., Bot.* algarroba.
vésicule [vezikyl] *s. f. Anat.* vesícula.
vessie [vesi] *s. f., Anat.* vejiga.
veste [vɛst] *s. f.* **1.** chaqueta (en general). **2.** (veston) chaqueta; americana. **3.** (vareuse pour une femme) chaquetón *m.*
vestiaire [vɛstjɛʀ] *s. m.* vestuario.
vestibule [vɛstibyl] *s. m.* **1.** vestíbulo; entrada *f.* **2.** (à l'entrée d'un immeuble) portal.
vestige [vɛstiʒ] *s. m.* vestigio.
veston [vɛstɔ̃] *s. m.* americana *f.*; chaqueta *f.*
vêtement [vɛtmɑ̃] *s. m.* **1.** (industrie) vestido. **2.** (effet, habit) ropa *f.*; prenda *f.* [C'est un vêtement cher. *Es una ropa cara.*] **3.** (professionnel) traje. ‖ **vêtements** *s. m. pl.* **4.** ropa *f. sing.*
vétéran [veteʀɑ̃] *s. m.* veterano, -na.
vétérinaire [veteʀinɛʀ] *s. m.* veterinario, -ria. ‖ **médecine ~** veterinaria.
vétille [vetij] *s. f.* fruslería; pequeñez.
veto [veto] *s. m. inv.* veto.
veuf, veuve [vœf, vœv] *adj. et s. m. et f.* viudo, -da. ‖ **devenir ~** enviudar.
veuvage [vœvaʒ] *s. m.* viudedad *f.*
vexation [vɛksasjɔ̃] *s. f.* vejación.
vexer [vɛkse] *v. tr.* **1.** vejar. ‖ **se ~** *v. pr.* **2.** picarse.
viable [vjabl] *adj.* viable.
viaduc [vjadyk] *s. m.* viaducto.
viande [vjɑ̃d] *s. f.* carne.
vibration [vibʀasjɔ̃] *s. f.* vibración.
vibrer [vibʀe] *v. intr.* vibrar.
vicaire [vikɛʀ] *s. m.* vicario.
vice [vis] *s. m.* **1.** vicio. **2.** (défaut) defecto.
vice versa [vis(e)vɛʀsa] *loc. adv.* viceversa.
vice-président, -te [visprezidɑ̃, -ɑ̃t] *s. m. et f.* vicepresidente, -ta.
vicier [visje] *v. tr.* **1.** (l'air) viciar. **2.** (une personne) enviciar. ‖ **se ~** *v. pr.* **3.** enviciarse.
vicieux, -euse [visjø, -øz] *adj. et s. m. et f.* vicioso, -sa.
vicissitude [visitityd] *s. f.* vicisitud.
victime [viktim] *s. f.* víctima.
victoire [viktwaʀ] *s. f.* victoria.
victorieux, -euse [viktɔʀjø, -øz] *adj.* victorioso, -sa; vencedor, -ra.
vidange [vidɑ̃ʒ] *s. m.* **1.** vaciado (de un depósito). **2.** (d'une voiture) cambio de aceite.
vidanger [vidɑ̃ʒe] *v. tr.* **1.** (un récipient) vaciar. **2.** (l'huile d'une voiture) cambiar el aceite.

vide [vid] *adj.* **1.** vacío, -a. **2.** (vacant, libre) vacante; vacío, -a. **3.** (creux) hueco, -ca. **4.** *fig.* hueco, -ca [Des mots vides. *Palabras huecas.*] ‖ *s. m.* **5.** (néant) vacío. **6.** (espace vide) vacío [Regarder dans le vide. *Mirar al vacío.*]

vidéo [video] *s. f.* **1.** (technique) vídeo *m.* **2.** (cassette) cinta de vídeo. ‖ **bande ~** cinta de vídeo. **club ~** videoclub. **disque ~** DVD. **film ~** película de vídeo. **jeu ~** videojuego.

vidéocassette [videokasɛt] *s. f.* casete *m. ou f.* (de vídeo); cinta.

vidéo-clip [videoklip] *s. m.* videoclip.

vidéoclub [videoklœb] *s. m.* videoclub.

vidéoconsole [videokɔ̃sɔl] *s. f.* videoconsola.

vidéodisque [videodisk] *s.* (disque vidéo) DVD.

vider [vide] *v. tr.* **1.** vaciar. **2.** *fig. et fam.* (épuiser) agotar. **3.** (un verre, une bouteille) beberse. **4.** (un poulet) limpiar. ‖ **se ~** *v. pr.* **5.** vaciarse.

vidoir [vidwar] *s. m.* vertedero.

vie [vi] *s. f.* vida. ‖ **à ~** de por vida.

vieil [vjɛj] *adj. m.* *vieux.

vieillard [vjɛjar] *s. m.* anciano; viejo.

vieille [vjɛj] *adj. f.* *vieux.

vieillerie [vjɛjri] *s. f.* **1.** (objet usé, démodé) trasto viejo. **2.** (ensemble d'objets vieux) trastos viejos.

vieillesse [vjɛjɛs] *s. f.* vejez.

vieilli, -ie [vjeji] *adj.* **1.** (marqué par l'âge) envejecido, -da. **2.** *fig.* (démodé) anticuado, -da; pasado, -da.

vieillir [vjejir] *v. intr.* envejecer.

vierge [vjɛrʒ] *adj.* **1.** virgen. ‖ **Vierge** *s. f.* **2.** Virgo *m.* **3.** *Rel.* Virgen.

vieux, vieil, vieille [vjø, vjɛj] *adj.* **1.** (âgé) anciano, -na; viejo, -ja. **2.** (qui n'est pas neuf) viejo, -ja. **3.** (qui existe depuis longtemps) antiguo, -gua [Vieille tradition. *Antigua tradición.*] **4.** (vin) añejo. ‖ *s. m. et f.* **5.** viejo, -ja; anciano, -na. • La forma "vieil" se usa delante de s. m. sing. que empiece por vocal o "h" muda. • "Vieille" es f. sing.

vif, vive [vif, viv] *adj.* **1.** vivo, -va. **2.** (aigu, intense) agudo, -da; intenso, -sa [Douleur vive. *Dolor agudo.*] ‖ **à ~** en carne viva.

vigie [viʒi] *s. f.* vigía *m.*

vigilance [viʒilɑ̃s] *s. f.* vigilancia.

vigilant, -te [viʒilɑ̃, -ɑ̃t] *adj.* vigilante.

vigne [viɲ] *s. f.* **1.** (plante) vid. **2.** (vignoble) viña.

vignette [viɲɛt] *s. f.* **1.** (dessin) viñeta. **2.** (de paiement des droits) timbre *m.*; póliza. **3.** pegatina (del impuesto de circulación o en documentos oficiales).

vignoble [viɲɔbl] *s. m.* viñedo.

vigoureux, -euse [viguʁø, -øz] *adj.* vigoroso, -sa.

vigueur [vigœʁ] *s. f.* **1.** vigor *m.* **2.** (application) vigencia. ‖ **en ~** en vigor; vigente; en vigencia.

vil, -le [vil] *adj.* vil; bajo, -ja.

vilain, -ne [vilɛ̃, -ɛn] *adj.* **1.** (laid) feo, -a. **2.** (méchant) despreciable; ruin; malo, -la. ‖ *s. m. et f.* **3.** (personne méchante) villano, -na. **4.** (paysan) campesino, -na; villano, -na.

vilenie [vil(ə)ni] *s. f.* vileza.

villa [villa] *s. f.* **1.** (en Italie) villa. **2.** (maison, pavillon) chalé *m.* (ou chalet).

village [vilaʒ] *s. m.* pueblo.

villageois, -se [vilaʒwa, -az] *adj. et s. m. et f.* **1.** (d'un village) aldeano, -na. **2.** (de la campagne) campesino, -na.

ville [vil] *s. f.* ciudad. ‖ **dîner en ~** cenar fuera.

VIN - VISER

vin [vɛ̃] *s. m.* vino [Vin rouge, rosé, blanc. *Vino tinto, rosado, blanco.*]

vinaigre [vinɛgʀ] *s. m.* vinagre.

vinaigré, -ée [vinegʀe] *adj.* avinagrado, -da.

vinaigrette [vinegʀɛt] *s. f.* vinagreta.

vinaigrier [vinegʀije] *s. m.* vinagrera *f.*

vindicatif, -ive [vɛ̃dikatif, -iv] *adj.* vengativo, -va.

vingt [vɛ̃] *adj. et pron.* **1.** veinte. ‖ *s. m.* **2.** veinte. ‖ **~ et un** veintiuno, -na. veintiún, -una. • "Veintiuno" devient "veintiún" devant s. m. sing.

vingtaine [vɛ̃tɛn] *s. f.* veintena.

vingt-cinq [vɛ̃tsɛ̃k] *adj. et pron.* **1.** veinticinco. ‖ *s. m.* **2.** veinticinco.

vingt-deux [vɛ̃tdø] *adj. et pron.* **1.** veintidós. ‖ *s. m.* **2.** veintidós.

vingt-huit [vɛ̃tɥit] *adj. et pron.* **1.** veintiocho. ‖ *s. m.* **2.** veintiocho.

vingtième [vɛ̃tjɛm] *adj. et pron.* (ordinal) vigésimo, -ma.

vingt-neuf [vɛ̃tnœf] *adj. et pron.* **1.** veintinueve. ‖ *s. m.* **2.** veintinueve.

vingt-quatre [vɛ̃tkatʀ] *adj. et pron.* **1.** veinticuatro. ‖ *s. m.* **2.** veinticuatro.

vingt-sept [vɛ̃tsɛt] *adj. et pron.* **1.** veintisiete. ‖ *s. m.* **2.** veintisiete.

vingt-six [vɛ̃tsis] *adj. et pron.* **1.** veintiséis. ‖ *s. m.* **2.** veintiséis.

vingt-trois [vɛ̃tʀwa] *adj. et pron.* **1.** veintitrés. ‖ *s. m.* **2.** veintitrés.

vinicole [vinikɔl] *adj.* vinícola *f.*

viol [vjɔl] *s. m.* violación *f.*

violation [vjɔlasjɔ̃] *s. f.* violación.

violence [vjɔlɑ̃s] *s. f.* violencia.

violent, -te [vjɔlɑ̃, -ɑ̃t] *adj.* **1.** violento, -ta. **2.** (fort) fuerte [Un coup violent. *Un golpe fuerte.*]

violer [vjɔle] *v. tr.* violar.

violet, -ette [vjɔlɛ, -ɛt] *adj.* **1.** violeta; morado, -da. ‖ *s. m.* **2.** (couleur) violeta. ‖ **violette** *s. f.* **3.** *Bot.* violeta.

violon [vjɔlɔ̃] *s. m., Mus.* violín.

violoncelle [vjɔlɔ̃sɛl] *s. m., Mus.* violoncelo; violonchelo.

vipère [vipɛʀ] *s. f., Zool.* víbora.

virage [viʀaʒ] *s. m.* curva *f.* ‖ **prendre un ~** hacer un giro (con el coche).

virement [viʀmɑ̃] *s. m.* transferencia. ‖ **~ postal** giro postal.

virer [viʀe] *v. intr.* **1.** torcer; girar; virar. ‖ *v. tr.* **2.** (de l'argent sur un compte bancaire) hacer una transferencia.

virginité [viʀʒinite] *s. f.* virginidad.

virgule [viʀgyl] *s. f.* coma.

viril, -le [viʀil] *adj.* viril; varonil.

virtuel, -elle [viʀtɥɛl] *adj.* virtual.

virtuose [viʀtɥoz] *adj. et s. m. et f.* (artiste) virtuoso, -sa.

virus [viʀys] *s. m.* virus.

vis [vis] *s. f.* tornillo *m.* ‖ **escalier à ~** escalera de caracol.

visa [viza] *s. m.* **1.** (du passeport) visado. **2.** *fig.* visto bueno.

visage [vizaʒ] *s. m.* cara *f.*; rostro.

vis-à-vis [vizavi] *s. m.* (rencontre) cara a cara. ‖ **en ~** frente a frente. **~ de** (devant) enfrente de. *fig.* (par rapport à) respecto de; con relación a.

viscère [visɛʀ] *s. f.* víscera; entraña.

viscosité [viskozite] *s. f.* viscosidad.

visée [vize] *s. f.* **1.** (mire) mira [Ligne de visée. *Línea de mira.*] ‖ **visées** *s. f. pl.* **2.** *fig.* (but, intention) miras; intenciones.

viser [vize] *v. tr.* **1.** apuntar [Viser une cible. *Apuntar a un blanco.*] **2.** *fig.* (ambitionner) poner la mirada en; buscar. **3.** (avec une caméra) enfocar. **4.** (le passe-

port) visar. **5.** (un document) poner el visto bueno. ‖ *v. intr.* **6.** apuntar [Viser avant de tirer. *Apuntar antes de disparar.*] **7.** (chercher) pretender.
viseur [vizœʀ] *s. m.* mira *f.*
visibilité [vizibilite] *s. f.* visibilidad.
visible [vizibl] *adj.* visible.
visière [vizjɛʀ] *s. f.* visera.
vision [vizjɔ̃] *s. f.* visión.
visite [vizit] *s. f.* visita. ‖ **carte de ~** tarjeta de visita. **~ médicale** reconocimiento médico.
visiter [vizite] *v. tr.* visitar.
visiteur, -euse [vizitœʀ, -øz] *adj. et s. m. et f.* (touriste) visitante.
vison [vizɔ̃] *s. m., Zool.* visón.
visqueux, -euse [viskø, -øz] *adj.* viscoso, -sa.
visser [vise] *v. tr.* **1.** (fixer avec une vis) atornillar. **2.** enroscar [Visser un couvercle. *Enroscar una tapa.*]
visuel, -elle [vizɥɛl] *adj.* visual.
vital, -le, -aux [vital, -o] *adj.* vital.
vitalité [vitalite] *s. f.* vitalidad.
vitamine [vitamin] *s. f.* vitamina.
vite [vit] *adv.* deprisa.
vitesse [vites] *s. f.* velocidad.
vitrage [vitʀaʒ] *s. m.* (vitrail) vidriera *f.*
vitrail, -aux [vitʀaj, -o] *s. m.* vidriera *f.*
vitre [vitʀ] *s. f.* **1.** (d'une fenêtre) cristal *m.* **2.** (glace d'un magasin ou d'une voiture) luna.
vitrer [vitʀe] *v. tr.* poner cristales a.
vitrine [vitʀin] *s. f.* **1.** (d'un magasin) escaparate *m.* [Faire les vitrines. *Ver escaparates.*] **2.** (armoire vitrée) vitrina.
vivace [vivas] *adj.* vivaz.
vivacité [vivasite] *s. f.* **1.** (promptitude) viveza; rapidez. **2.** vivacidad.

vivant, -te [vivɑ̃, -ɑ̃t] *adj.* **1.** vivo, -va. **2.** *fig.* (plein de vie) animado, -da; lleno de vida, -na. ‖ **en vida de.**
vivier [vivje] *s. m.* vivero (de peces).
vivre [vivʀ] *v. intr.* **1.** vivir. ‖ **vive!** *interj.* **2.** ¡viva!; ¡arriba!
vizir [vizir] *s. m.* visir.
vocabulaire [vɔkabylɛʀ] *s. m.* vocabulario.
vocal, -le, -aux [vɔkal, -o] *adj.* vocal.
vocaliser [vɔkalize] *v. tr. et intr.* vocalizar.
vocation [vɔkasjɔ̃] *s. f.* vocación.
vociférer [vɔsifere] *v. tr. et intr.* vociferar.
vœu [vø] *s. m.* **1.** (promesse à une divinité, à Dieu) voto. **2.** (souhait) deseo [Faire un vœux. *Pedir un deseo.*] ‖ **vœux** *s. m. pl.* **3.** felicitación *f. sing.* [Carte de vœux. *Tarjeta de felicitación.*]
vogue [vɔg] *s. f.* **1.** moda. **2.** *Mar.* boga.
voguer [vɔge] *v. intr.* bogar; navegar.
voici [vwasi] *prép.* **1.** (au moment d'apercevoir qqun ou qqch) aquí está [Me voici, le voici, la voici, les voici. *Aquí estoy, aquí está (él), aquí está (ella), aquí están.*] **2.** (si qqun arrive) ya llega; aquí viene [Voici Pierre et Marie. *Ya llegan / Aquí vienen Pierre y Marie.*] **3.** (il y a) hace ya [Voici deux jours qu'il est parti. *Hace ya dos días que se fue.*]
voie [vwa] *s. f.* **1.** vía. **2.** *fig.* camino *m.* **3.** carril *m.* [Route à trois voies. *Carretera de tres carriles.*] ‖ **~ ferrée** vía férrea. **Voie lactée** Vía Láctea.
voilà [vwala] *prép.* **1.** (si on trouve qqch.) ahí está; allí está [Voilà tes clés, le problème. *Ahí están tus llaves, el problema.*] **2.** (si qqun arrive) ahí viene; ahí llega; allí viene [Les voilà. *Ahí llegan / Ahí están.*

voile [vwal] *s. f.* **1.** vela. || *s. m.* **2.** velo.

voiler [vwale] *v. tr.* **1.** (masquer) cubrir; ocultar [Voiler le visage. *Cubrir el rostro.*] **2.** (cacher) esconder. **3.** *fig.* velar; disimular. **4.** *Phot.* velar.

voilier [vwalje] *s. m.* velero.

voir [vwaʀ] *v. tr.* **1.** ver. **2.** (attentivement, avec intérêt) mirar. || **se ~** *v. pr.* **3.** verse. **4.** (être visible) notarse. || **avoir à ~** tener que ver [Ceci n'a rien à voir avec cela. *Esto no tiene nada que ver con aquello.*] **faire ~** mostrar.

voire [vwaʀ] *adv.* incluso; hasta; aun [Des mois, voire des années. *Meses e incluso años.*]

voisin, -ne [vwazɛ̃, -in] *adj. et s. m. et f.* vecino, -na.

voisinage [vwazinaʒ] *s. m.* **1.** (proximité) cercanía *f.*; proximidad *f.* **2.** (alentours) proximidades *f. pl.*; alrededores *f. pl.* **3.** (ensemble des voisins) vecindario.

voisiner [vwazine] *v. intr.* estar cerca de; lindar.

voiture [vwatyʀ] *s. f.* coche *m.*; carro *m. Amér.* || **~ d'enfant** cochecito de niño. **~ de pompiers** coche de bomberos.

voix [vwa] *s. f.* **1.** voz [À voix basse. *En voz baja.*] **2.** voto *m.* [Donner sa voix à un candidat. *Dar su voto a un candidato.*] **3.** *Ling.* voz.

vol[1] [vɔl] *s. m.* **1.** (action) vuelo. **2.** (groupe) bandada *f.* (d'oiseaux).

vol[2] [vɔl] *s. m.* robo.

volaille [vɔlaj] *s. f.* **1.** (viande) ave. **2.** (collectif) aves de corral.

volant, -te [vɔlɑ̃, -ɑ̃t] *adj.* volador, -ra; volante.

volant [vɔlɑ̃] *s. m.* volante.

volatil, -le [vɔlatil] *adj.* volátil.

volatiliser, se [vɔlatilize] *v. pr.* esfumarse.

vol-au-vent [vɔlovɑ̃] *s. m. inv.* volován.

volcan [vɔlkɑ̃] *s. m.* volcán.

volcanique [vɔlkanik] *adj.* volcánico, -ca.

volée [vɔle] *s. f.* **1.** (d'oiseaux) bandada; banda. **2.** (des escaliers) tramo *m.* **3.** *fam.* tunda; paliza.

voler[1] [vɔle] *v. intr.* (oiseaux) volar.

voler[2] [vɔle] *v. tr.* robar. || **~ à main armée** atracar.

volet [vɔlɛ] *s. m.* **1.** (battant) postigo; contraventana *f.* **2.** *fig.* apartado. || **~ roulant** persiana *f.*

voleur, -euse [vɔlœʀ, -øz] *adj. et s. m. et f.* **1.** ladrón, -drona. **2.** (à main armée) atracador, -ra.

volley-ball [vɔlebol] *s. m., Sport* voleibol.

volontaire [vɔlɔ̃tɛʀ] *adj. et s. m. et f.* voluntario, -ria.

volontariat [vɔlɔ̃taʀja] *s. m., Mil.* voluntariado.

volonté [vɔlɔ̃te] *s. f.* voluntad.

volontiers [vɔlɔ̃tje] *adv.* con mucho gusto.

volt [vɔlt] *s. m.* voltio.

voltage [vɔltaʒ] *s. m.* voltaje.

voltiger [vɔltiʒe] *v. intr.* revolotear.

volume [vɔlym] *s. m.* volumen.

volumineux, -euse [vɔlyminø, -øz] *adj.* voluminoso, -sa.

volupté [vɔlypte] *s. f.* voluptuosidad.

voluptueux, -euse [vɔlyptɥø, -øz] *adj. et s. m. et f.* voluptuoso, -sa.

VOMIR - VOYAGER

vomir [vɔmiʀ] *v. tr.* vomitar.
vomissement [vɔmismã] *s. m.* vómito.
vorace [vɔʀas] *adj.* voraz.
voracité [vɔʀasite] *s. f.* voracidad.
vos [vo] *adj. poss. 2ème pl.* (se usa con sustantivos en pl.) **1.** (pour le tutoiement au pl.) vuestros, -tras [Vos chemins. *Vuestros caminos.*] **2.** (pour le vouvoiement sing. ou pl.) sus [Vos amies. *Sus amigas (de usted, de ustedes).*]
votant, -te [vɔtã, -ãt] *s. m. et f.* votante.
vote [vɔt] *s. m.* **1.** (action) votación *f.* **2.** (voie) voto.
voter [vɔte] *v. tr. et intr.* votar.
votre [vɔtʀ] *adj. poss. 2ème pl.* **1.** vuestro, -tra [Votre confiance. *Vuestra confianza / la confianza vuestra.*] **2.** su [Votre maison. *Su casa (de usted, de ustedes).*]
vôtre [votʀ] *pron. poss.* **1.** (pour le tutoiement) vuestro, -tra [C'est le vôtre. *Es el vuestro.*] **2.** (pour le vouvoiement) suyo, -ya [C'est le vôtre. *Es el suyo (de usted, de ustedes).*] ‖ **vôtres** *pron. poss. pl.* **3.** vuestros, -tras [Ce sont les vôtres. *Son los vuestros.*] **4.** suyos, -yas [Ce sont les vôtres. *Son las suyas (de usted, de ustedes).*]
vouer [vwe] *v. tr.* **1.** (dédier) consagrar; dedicar. **2.** (prédestiner, destiner) destinar. **3.** *fig.* profesar. ‖ **se ~** *v. pr.* **4.** consagrarse; dedicarse.
vouloir [vulwaʀ] *v. tr.* **1.** querer. ‖ **veuillez** *interj.* **2.** tenga a bien; sírvase. ‖ **bien ~** parecer; tener a bien. **comme vous voulez** como usted guste. **s'en ~ de** estar avergonzado; reprocharse.
vous [vu] *pron. pers. 2ème pl.* **1.** vosotros, -tras. **2.** vos *Amér.* (avec la valeur de "tu"). **3.** (pour le vouvoiement au sing.) usted. **4.** (pour le vouvoiement au pl.) ustedes. **5.** (pour le vouvoiement m. sing.) lo; le [Monsieur, je vous accompagne. *Señor, lo acompaño.*] **6.** (pour le vouvoiement f. sing.) la [Je vous vois. *Le veo (a usted).*] **7.** (pour le vouvoiement m. pl.) las [Je vous ai vues. *Las he visto (a ustedes).*] **8.** (pour le vouvoiement m. pl.) los [Je vous ai vus. *Los he visto (a ustedes).*] **9.** (pour le vouvoiement m. et f. sing.) le [Je vous ai dit non ; je vous ai connu hier. *Le dije (a usted) que no; le he conocido (a usted) ayer.*] **10.** (pour le vouvoiement m. et f. pl.) les [Je vous ai dit non. *Les dije (a ustedes) que no.*] **11.** (pronominal pour le vouvoiement) se [Vous vous asseyez. *Usted se sienta / ustedes se sientan.*] **12.** (2ème pl.) os [Vous vous asseyez. *(Vosotros) os sentáis.*] **13.** (impersonnel) uno [Le bruit finit par vous lasser. *El ruido acaba por cansarle a uno.*] ‖ **à ~** vuestro, -tra *sing.* [C'est à vous. *Es vuestro (de vosotros).*] ‖ vuestros, -tras *pl.* [C'est à vous. *Son vuestros.*] (vouvoiement) ‖ suyo, -ya *sing.* [C'est à vous. *Esto es suyo (de usted, ustedes).*] ‖ (vouvoiement) suyos, -yas *pl.* [C'est à vous. *Son suyos (de usted, ustedes).*] • En français, le vouvoiement se fait en conjuguant le verbe à la 2ème pl., tandis qu'en espagnol on distingue "usted" à la 3ème sing. et "ustedes" à la 3ème pl.
voûte [vut] *s. f., Arch.* bóveda.
voûté, -ée [vute] *adj.* encorvado, -da.
voûter [vute] *v. tr.* **1.** *Arch.* abovedar. **2.** *fig.* encorvar. ‖ **se ~** *v. pr.* **3.** encorvarse.
vouvoyer [vuvwje] *v. tr.* tratar de usted; hablar de usted.
voyage [vwajaʒ] *s. m.* viaje. ‖ **partir en ~** irse de viaje.
voyager [vwajaʒe] *v. intr.* viajar.

voyageur, -euse [vwajaʒœr, -øz] *s. m. et f.* **1.** viajero, -ra. **2.** (de commerce) viajante. ‖ **pigeon ~** paloma mensajera. **~ à pied** caminante.

voyant, -te [vwajɑ̃, -ɑ̃t] *adj.* **1.** (couleur) vivo, -va. **2.** *fig.* llamativo, -va; vistoso, -sa. ‖ *s. m. et f.* **3.** (devin) vidente. **4.** indicador [Voyant lumineux. *Indicador luminoso.*]

voyelle [vwajɛl] *s. f., Ling.* vocal.

voyou [vwaju] *adj. et s. m.* gamberro, -rra; golfo, -fa. ‖ **petit ~** sinvergüenza.

vrac, en [ɑ̃vrak] *loc. adv.* **1.** (au poids) a granel; al peso. **2.** (pêle-mêle) en desorden.

vrai, -ie [vrɛ] *adj.* **1.** verdadero, -ra [Une histoire vraie. *Una historia verdadera.*] **2.** cierto, -ta [C'est vrai. *Es cierto.*] **3.** auténtico, -ca [De vrais bijoux. *Joyas auténticas.*] ‖ *s. m.* **4.** (vérité) verdad; verdadero. ‖ **c'est ~ ?** ¿de verdad?

vraiment [vrɛmɑ̃] *adv.* de veras; en serio [Vraiment? *¿De veras? / ¿En serio?*]

vraisemblable [vrɛsɑ̃blabl] *adj.* verosímil.

vrille [vrij] *s. f.* **1.** *Bot.* zarcillo *m.* **2.** *Techn.* barrena; taladro *m.*

vriller [vrije] *v. tr.* **1.** (tarauder) barrenar. ‖ *v. intr.* **2.** (un avion, une fusée) elevarse en espiral. ‖ **se ~** *v. pr.* **3.** enroscarse.

vrillette [vrijɛt] *s. f.* carcoma.

vrombir [vrɔ̃bir] *v. intr.* zumbar.

vrombissement [vrɔ̃bismɑ̃] *s. m.* zumbido.

vu, vue [vy] *adj.* **1.** visto, -ta. ‖ *prép.* **2.** en vista de [Vu ses circonstances. *En vista de las circunstancias.*] ‖ **~ que** en vista de que.

vue [vy] *s. f.* vista. ‖ **du point de ~** desde el punto de vista. **en ~ de** (+nom) con miras a; con vistas a (+verbe) para; a fin de; con el propósito de. **point de ~** punto de vista; perspectiva *f.*

vulgaire [vylgɛr] *adj.* **1.** (courant, usuel) vulgar [Termes vulgaires et scientifiques. *Términos vulgares y científicos.*] **2.** (bas, grossier) bajo, -ja.

vulgarité [vylgarite] *s. f.* vulgaridad.

vulnérable [vylnerabl] *adj.* vulnerable.

vulve [vylv] *s. f., Anat.* vulva.

w [dubl(ə)ve] *s. m.* w *f.*
wagon [vagɔ̃] *s. m.* **1.** (de marchandises) vagón. **2.** (de voyageurs) coche.
wagon-lit [vagɔ̃li] *s. m.* coche-cama. •Pl. wagons-lits.
wagon-restaurant [vagɔ̃rɛstɔrɑ̃] *s. m.* vagón restaurante. •Pl. wagons-restaurants.
walkie-talkie ou walky-talky [wɔ(l)kitɔ(l)ki] *s. m.* *talkie-walkie.
walkman [wɔ(l)kman] *s. m.* (anglicisme) (baladeur) walkman. •Nom déposé.
water-polo [watɛrpɔlɔ] *s. m., Sport* waterpolo.
waters [watɛr] *s. m. pl.* váter *sing.*; retrete *sing.*
watt [wat] *s. m., Électr.* vatio.
W.C. ou vécés [dubl(ə)vese, vese] *s. m. pl.* váter *sing.*; servicios; servicio *sing.* [Aller aux W.C. *Ir al servicio.*] •Abrev. de water-closet.
web [wɛb] *s. m., Inform.* web *f.*
week-end [wikɛnd] *s. m.* fin de semana [Partir en week-end. *Irse de fin de semana.*] •Pl. week-ends.
western [wɛstɛrn] *s. m., Ciné.* western (del oeste); película del oeste.
western-spaghetti [wɛstɛrnspageti] *s. m., Ciné.* espagueti western.
whisky [wiski] *s. m.* whisky. •Pl. whiskies.
windsurf [windsœrf] *s. m., Sport,* (planche à voile) windsurf.

x [iks] *s. m.* x *f.* ‖ **monsieur X** el señor X.
xénophobe [gzenɔfɔb] *adj. et s. m. et f.* xenófobo, -ba.
xénophobie [gzenɔfɔbi] *s. f.* xenofobia.
xylographie [ksilɔgʀafi] *s. f.* xilografía.
xylophone [ksilɔfɔn] *s. m., Mus.* (instrument) xilófono (ou xilofón).

Y

y¹ [igʀɛk] *s. m.* (i grec) y *f.* (i griega).
y² [i] *adv.* **1.** ahí; allí [Il connaît Bordeau. Il y va tous les ans. *Conoce Burdeos. Va allí todos los años.*] ‖ *pron.* **2.** a él. **3.** en él [On y lit la phrase suivante. *En él se lee la frase siguiente.*] ‖ **allez-y!** *interj.* **4.** ¡venga! ‖ **il ~ a** hay [Il y a quelqu'un dans le jardin. *Hay alguien en el jardín.* Il y a peu de temps. *Hace poco.*] **il ~ avait** había [Il y avait plusieurs problèmes. *Había varios problemas.*] •En fran- cés el pronombre adverbial "y" sustituye a un complemento que empieza por la prep. "à" y que puede traducirse al español por distintas preposiciones y pronombres: *a él, a ella, a ello, a ellas, a ellos*. •"Y" no puede sustituir a complementos de persona.

yacht [jɔt] *s. m.*, *Mar.* (navire de plaisance) yate.
yaourt ['jauʀt] *s. m.* yogur.
yard ['jaʀd] *s. m.* (mesure) yarda *f.*
yeuse [jøz] *s. f.*, *Bot.* (chêne) encina.
yeux [jø] *s. m. pl.* *œil.
yoga ['jɔga] *s. m.* yoga.
yo-yo ou yoyo ['jojo] *s. m.*, *Jeux* yoyó.
yuppie ['jupi] *s. m.* yuppie.

Z

z [zɛd] *s. m.* z *f.*

zapping [zapiŋ] *s. m.* zapping.

zarzuela [zaRzwela] *s. f.* **1.** (opérette espagnole) zarzuela. **2.** *Gastr.* (plat typique espagnol composé de poissons et de fruits de mer) zarzuela.

zèbre [zɛbR] *s. m., Zool.* cebra *f.*

zélé, -ée [zele] *adj. et s. m. et f.* celoso, -sa.

zèle [zɛl] *s. m.* **1.** celo; afán. **2.** (application à l'étude, au travail) aplicación *f.*

zéro [zeRo] *s. m.* **1.** cero. ‖ *adj. indéf.* **2.** cero; ningún, -na [J'ai zéro franc. *Tengo cero francos / No tengo ningún franco.*]

zeste [zɛst] *s. m.* cáscara *f.* (de naranja o de limón).

zézayer [zezeje] *v. intr.* cecear. •En français, prononcer la "j" y la "g" como "z", y la "ch" como "s". •En espagnol, prononcer le "s" comme "z".

zigzag [zigzag] *s. m.* zigzag.

zinc [zɛ̃k] *s. m.* zinc; cinc.

zinguer [zɛ̃ge] *v. tr.* galvanizar (con zinc).

zinzin [zɛ̃zɛ̃] *adj.* zumbado, -da; chiflado, -da.

zizanie [zizani] *s. f.* **1.** *Bot.* cizaña. **2.** *fig.* (discorde) cizaña; discordia.

zizi [zizi] *s. m., fam.* (pénis) pilila *f.*; pito.

zodiaque [zɔdjak] *s. m.* Zodiaco. ‖ **signe du ~** signo del Zodiaco.

zombie ou zombi [zɔ̃bi] *s. m.* zombi *m. y f.*

zona [zona] *s. m., Méd.* zona *f.*

zone [zon] *s. f.* **1.** zona [Zone piétonne. *Zona peatonal.*] **2.** (banlieu pauvre) chabolas *pl.*; suburbio *m.*

zoo [z(o)o] *s. m.* zoo; zoológico.

zoologie [zɔɔlɔʒi] *s. f.* zoología.

zoologique [zɔɔlɔʒik] *adj.* zoológico, -ca.

zoom [zum] *s. m.* zoom [Effet zoom. *Efecto de zoom.*]

196 - 30 deg